LAND ROVER
ABOVE AND BEYOND
W0407619
ANGE ROVER
RR 2100
n (l/100 km) außerorts 9,7–6,3, innerorts 18,3–6,7, kombiniert
C, B, A+. Alle Angaben wurden nach dem Messverfahren
sst: on- wie offroad.

DER KLEINE JOHNSON

WEINFÜHRER 2015

Gesamtredaktion: Margaret Rand

Hallwag

Zum richtigen Gebrauch

Bei den meisten Stichwörtern besteht die erste Zeile aus folgenden Kurzinformationen:

①	②	③	④
Aglianico del Vulture Bas DOC(G)	r; tr	★→★★★	**06 07 08** 10 11 (12)

① **Weinname** und Gegend des betreffenden Landes, aus der der Wein stammt (Hinweise auf Landkarten im Buch).

② Welche Farbe der Wein hat; ob er trocken, lieblich oder süß ist; schäumend, in verschiedenen Formen vorkommt (und welcher die größte Bedeutung zukommt).

r	rot	**tr**	trocken*
rs	rosé	**lbl**	lieblich
w	weiß	**s**	süß
br	braun/bernsteingelb	**sch**	schäumend
( )	in Klammern gesetzte Angaben bedeuten relativ bescheidene Produktionsmengen		
*	steht hier keine Angabe, wird von einem trockenen Wein ausgegangen		

③ Allgemeiner Qualitätsstand; eine freilich nur grobe Einstufung aufgrund des derzeitigen Ansehens, wie es sich aus dem Preis ergibt.

★	einfache Qualität für jeden Tag
★★	überdurchschnittlich
★★★	bekannt, berühmt
★★★★	erstklassig, anspruchsvoll, teuer
★ usw.	farbige Sterne erhalten Weine, die nach meiner Erfahrung in der jeweiligen Preisklasse besonders gut sind; das gilt für gute Alltagsweine ebenso wie Luxuskreszenzen.

④ Der Jahrgang: Angegeben sind die empfehlenswerten neueren Jahrgänge, zusammen mit einer Einschätzung, ob sie bereits trinkreif sind (Ziffer in **fetter** Schrift) oder ob sie sich bei weiterer Lagerung noch entfalten (normale Schrift). Bitte beachten Sie aber, dass die Entwicklung eines Weins vielen Faktoren unterliegt und auch anders verlaufen kann als erwartet. Sind sowohl rote als auch weiße Weine angegeben, so ist der Rotwein gemeint, wenn nicht ausdrücklich anders erwähnt.

08 usw.	allgemein erhältliche, empfohlene Jahrgänge, die sich für weitere Lagerung eignen
09' usw.	nach Angaben der jeweiligen Erzeuger besonders gut ausgefallener Jahrgang
06 usw.	genussreifer Jahrgang
04 usw.	2015 bevorzugt zu genießender Jahrgang
(13) usw.	vorläufige Bewertung

Deutsche Weinjahrgänge werden nach einem anderen System geführt. Näheres siehe Seite 214.

Sonstige Abkürzungen

BV	baldiger Verbrauch, d. h. möglichst jung zu trinken
oJ	ohne Jahrgangsangabe auf dem Etikett. Bei Champagner eine einheitlichen Geschmack garantierende Mischung mehrerer Jahrgänge

Weitere, länderspezifische Abkürzungen befinden sich am Anfang des jeweiligen Kapitels.

Erzeuger- oder Weinnamen in Farbe kennzeichnen Hugh Johnsons persönliche Favoriten.

KAPITÄLCHEN verweisen auf eigene Einträge im selben Kapitel oder im Abschnitt »Rebsorten«, S. 14–28.

Inhalt

Dank

Die hier vorliegende Sammlung ausführlicher Empfehlungen stammt teilweise aus meinen eigenen Aufzeichnungen, hauptsächlich aber von vielen guten Freunden. Ohne die großzügige Hilfe und Unterstützung unzähliger Winzer, Kellermeister, Händler und Weinkenner hätte ich sie nie zusammenstellen können. Ganz besonders danken möchte ich den nachstehend Genannten für ihre Recherchen in den Gebieten, in denen sie echte Experten sind:

Sarah Ahmed
Helena Baker
Nicolas Belfrage MW
Jim Budd
Michael Cooper
Terry Copeland
Cole Danehower
Michael Edwards
Sarah Jane Evans MW
Rosemary George MW
Caroline Gilby MW
Anthony Gismondi
Annie Kay
James Lawther MW
Konstantinos Lazarakis MW
John Livingstone-Learmonth
Wes Marshall
Campbell Mattinson
Adam Montefiore
Jasper Morris MW
Fabricio Portelli
Margaret Rand
Ulrich Sautter
Eleonora Scholes
Stephen Skelton MW
Paul Strang
Marguerite Thomas
Larry Walker
Philip van Zyl

Bildnachweis

Alamy Gianni Dagli Orti/The Art Archive 443. courtesy **Champagne Aubry** 447. **Getty Images** AM-C 454; Cesar Manso/AFP 449; Don Bayley 453; Mauro Grigollo 448. **Octopus Publishing Group** Adrian Pope 5. **Shutterstock** PhotostockAR 456 rechts; Richard Semik 456 Mitte. **Thinkstock** Aneb 451; Gaz Taechin 444; Giovanni Marino 456 links; Stockbyte 441.

Zur Ausgabe 2015

Die Größe der Weinwelt in exakte Zahlen zu fassen ist nicht so einfach. Unproblematisch ist die Rebfläche: 8 Mio. Hektar – alle Reben der Welt würden etwa die Fläche Österreichs bedecken, Alpen inklusive. Auch die Produktion lässt sich beziffern. 2010 wurden 260 Mio. Hektoliter erzeugt oder 34 Milliarden Flaschen. Das macht fast fünf Flaschen pro Jahr für jeden Menschen auf dieser Welt.

Die wirtschaftliche Bedeutung einer Industrie dieser Größe einzuschätzen ist da schon schwieriger. Die Herstellung ist ja nur der erste Schritt, schließlich ist Wein in den Geschäften der halben Welt präsent. Die dafür nötige Logistik, von der Abfüllung und dem Versand über das Auffüllen der Regale bis zum Ziehen der Korken, sichert den Lebensunterhalt einer unbekannten Zahl von Menschen. Sicher ist, dass diese Zahl schnell steigt – und jeder Zuwachs steigert auch die physische und mentale Energie, die im Ganzen steckt. Anders gesagt, mehr Intelligenz, Geschmack, Meinungen und Ideen sammeln sich um den Wein herum. Was früher einmal eine recht übersichtliche Sache mit klaren Voraussetzungen, Konventionen und, doch, Regeln war, hat jetzt ziemlichen Rückenwind bekommen. Wohin bringt er uns?

In der letztjährigen Ausgabe schrieb ich, dass wir an einem Wendepunkt angelangt sind, ab dem die alten Modelle nicht länger unantastbar sind. Der Preis, jahrhundertelang der anerkannte Maßstab für Qualität, richtet sich jetzt nur noch nach Seltenheit und Ruhm. Wenn also Genuss der neue Maßstab ist anstatt Reputation und Preis, dann wird sich die Weinwelt tiefgreifend verändern. Genuss, Qualität und Charakter sind reichlich vorhanden, und Weintrinker lassen sich nicht mehr vorschreiben, was sie mögen sollen. Für Investoren ist das wahrscheinlich anders. Aber dieser spezielle Markt lässt sich, wie der Kunstmarkt ja auch, ziemlich leicht an der Nase herumführen.

Zeitalter der Divergenz

Alle Anzeichen stehen dafür, dass Orthodoxie beim Wein der Vergangenheit angehört. Wir befinden uns im Zeitalter der Divergenz, des Auseinanderstrebens von Regionen, Rebsorten, Kellertechniken und Philosophien – und natürlich des Geschmacks. Die kleine Minderheit von Weintrinkern, die die etablierten Klassiker noch erkennen (oder womöglich sogar beurteilen) können, ist nicht nur am Verschwinden, sie ist komplett untergegangen. Sehen Sie nur, wie dick dieses Buch geworden ist. Wann ließ es sich noch mal einfach in die Tasche stecken? Die meisten der darin beschriebenen Weine (für alle kann ich nicht bürgen) sind einen Versuch wert und werden Ihnen eine angenehme Mahlzeit bescheren.

Aus einem neuen Selbstbewusstsein heraus (manchmal auch einfach aus Verzweiflung) tun die Erzeuger radikale Dinge – am offensichtlichsten jene, die für ihren Wein in Anspruch nehmen, dass er »natürlich« ist. Nun beruht die Weinbereitung auf der Steuerung eines natürlichen Prozesses. *Naturwein* nannte man auf Deutsch früher einfach einen Wein, der nicht aufgezuckert wurde. Das war immerhin eine konkrete Definition. Überzeugender und interessanter sind die Mystiker, die mit biodynamischen Methoden (und unzähligen Stunden voll Schweiß, Sorge und vielleicht auch Gebet) Weine erzeugen, die von wunderbarer Reinheit und Vitalität sein können. Und wirklich faszinierend sind die Meister der Gärung, die mit vergrabenen Tonkrügen wie im alten Georgien arbeiten, oder mit eiförmigen Behältern, gefertigt aus Beton oder – mit einiger Mühe – sogar aus Eichenholz. All das zeigt, wie Menschen, die sich mit Leib und Seele dem Wein verschrieben haben, die seltsamsten Wege gehen, um ihre Ideale zu verwirklichen. Nicht jeder Weintrinker dürfte ihr Interesse für merkwürdige orangefarbene Flüssigkeiten teilen, aber neugierig wird immer irgendjemand sein.

Zeitalter der Ampelographen

Mit Sicherheit befinden wir uns im Zeitalter der Ampelographen, jener speziellen Botaniker, die – nun unterstützt von der DNA-Analyse – das Erbe der Weinrebe erforschen. Wann sonst hätte man Hunderte Exemplare eines Buchs verkaufen können, das 1.400 verschiedene Rebsorten beschreibt, wie es ein Team um meine Kollegin Jancis Robinson erst jüngst getan hat? Früher haben Winzer ihre Reben erstens nach Tradition oder örtlicher Bedeutung ausgewählt, zweitens nach der Erfahrung, wie es um die Traubenreife in einem bestimmten Klima und auf einem bestimmten Boden bestellt war, drittens nach ihrer Gesundheit und Widerstandsfähigkeit gegen Krankheiten und Wetterunbilden, viertens nach ihrer Produktivität (unter Einbeziehung von Punkt 3) und fünftens nach ihrem Geschmack (wie im diesjährigen Spezial besprochen; siehe S. 441ff).

In den Weinbergen der Welt heute hat sich diese Reihenfolge umgekehrt. Geschmacksunterschiede sind nun das erste Kriterium, das zweite die wirtschaftlichen Faktoren Gesundheit und Ertrag, dann kommt die Erfahrungsgeschichte (oft nicht vorhanden) und zuletzt (oder überhaupt nicht) das, was frühere Generationen als normal angesehen haben. Wir, die Konsumenten, gewinnen dadurch eine unendlich größere Auswahl. Wir verlieren andererseits die Verlässlichkeit von Gewohnheit und Vertrautheit. Vertrautheit und Neuerung stehen in einem permanenten Konflikt miteinander.

Warum ist Bordeaux mit all seiner Wechselhaftigkeit immer noch die erfolgreichste Erzeugerregion für »feine« Weine? Ist das darauf zurückzuführen, dass das dort zugrunde liegende System zumindest den Eindruck erweckt, verständlich zu sein? Das Wort Château ist hier der Schlüssel zum Erfolg, scheint es doch für das ganze riesige Département Gironde gleiche Voraussetzungen zu schaffen. In der Wirklichkeit kann sich kaum ein Kunde in den Höhen der *Grands crus, Premiers crus* und *Crus bourgeois* sicher bewegen oder sich auch nur ein paar tiefere Gedanken darüber machen. Bekannte Namen und hohe Preise decken das eine Ende des Markts ab, der Rest der Konsumenten hangelt sich mit Punktwertungen und Empfehlungen durch, glücklich, dass »Château« eine Einheit ist, die man fassen kann.

Das galt bis jetzt. Wenn ich recht habe, sind wir nun an die Grenzen dieser Vertrautheit gelangt, ans Ende der Verlässlichkeit von Konventionen. Warum gibt es jetzt eine neue Divergenz? Die neuen Weinregionen haben sich in ihren Premierenvorstellungen gut geschlagen. Der Applaus war lang und laut, und auch an der Kasse war es ein Erfolg. Nun kann improvisiert werden. Dazu kommt, und das ist vielleicht noch wichtiger, dass wir, das Publikum, mehr Erfahrung haben. Wir sind so weit, dass wir selbst entscheiden können – und auch weit genug, um zu fragen, wozu die Weinwelt einen derartig bürokratischen Apparat braucht.

Die Wahl liegt ganz bei Ihnen. Sie können sich entscheiden zwischen den dichten, süßen Stilen Kaliforniens und der intensiven Fruchtigkeit Neuseelands, zwischen Italiens kantigen, Frankreichs harmonischen und Spaniens herzhaften Weinen. Früher haben wir die Neue und die Alte Welt verglichen, dann lernten wir, wie bestimmte Rebsorten in anderen Hemisphären ganz andere Ergebnisse erbrachten. Wir haben uns so ans Vergleichen und an die Konkurrenz gewöhnt, dass wir die einfache, direkte Wertschätzung vergessen haben. Manchmal beneide ich die Menschen in Weinregionen, die ihre einheimischen Weine zutiefst lieben (aber auch nichts anderes kennen). Sprichwörtlich ist der Chauvinismus der Franzosen – jemand aus Burgund wird kaum zugeben, dass es einen Ort wie Bordeaux überhaupt gibt. Die Briten dagegen brüsten sich damit, dass alle Weine der Welt in London zusammenkommen. Wir sind völlig verwöhnt worden durch die riesige Auswahl – aber führt eine große Auswahl wirklich zu echter Wertschätzung? Ich frage ja nur.

Fragen Sie sich selbst

Stellen Sie sich selbst ein paar grundlegende Fragen. Wie eindringlich möchten Sie Ihren Wein wirklich haben? Mit viel Getöse zieht man zwar leichter die Aufmerksamkeit auf sich, aber Stärke (des Geschmacks, insbesondere aber Alkoholstärke) steht auf dem Prüfstand wie nie zuvor. Viele der traditionellen Weintrinker, wahrscheinlich immer noch die Mehrheit, ist im »Mehr-ist-besser«-Lager. Warum auch nicht? Mehr Geschmack, mehr Farbe, mehr Alkohol – geht's nicht genau darum beim Wein? Und *Grands crus*, große Gewächse, haben doch sicher mehr Geschmack als kleine, oder?

Andererseits kommt das neue Ernährungsbewusstsein ins Spiel und damit neue Moden beim Essen. Für mich ist ein Hähnchen immer noch ein Hähnchen, ein herrliches Geschenk, das mit Bedacht ausgewählt, mit Können zubereitet und mit Freude gegessen werden sollte. Ich kenne aber eine ganze Menge Leute (nein zu viele auch wieder nicht), die seine Kalorien zählen und seine Fette analysieren, die herrliche Haut liegen lassen und die »carbs« (das sind bei uns Engländern Bratkartoffeln) verschmähen, die das Festmahl vervollständigen.

Und dieselben Bekannten schütten sich dann fröhlich massige, alkoholschwere Weine hinter die Binde. Ihre Kriterien fürs Essen legen sie beim Wein nicht an.

Jedes Jahr, wenn ich die außergewöhnliche Sammlung von Fakten und Meinungen lese und redigiere, die in dieses Buch einfließen (dieser deutschen Fassung liegt die 38. Originalausgabe zugrunde, an der neben mir 29 Fachleute gearbeitet haben), staune ich, was sie alles enthält. Trends und Moden – alle sind vertreten, ebenso wie Persönlichkeiten, Techniken und Entdeckungen; dargestellt in dem ziemlich verknappten Stil, den wir entwickelt haben, um alles im Buch unterzubringen. Ich kann stundenlang darin blättern. Und wenn Sie einfach nur eine Idee brauchen, was Sie abends zum Essen trinken könnten, dann werden Sie sicher auch fündig werden.

Hugh Johnson

Der Jahrgang 2013

Frankreich 2013, das bedeutete Hagel. Er fuhr durch Blätter und wachsende Trauben und zerschmetterte die Lebensgrundlage von Winzern in Minutenschnelle. Man kann den Schaden kaum ermessen, den Hagelkörner von der Größe eines Golfballs anrichten können. Hagel kommt örtlich und urplötzlich und schädigt das Holz der Reben ebenso wie Trauben und Blätter, sodass auch der Ertrag des Folgejahrs in Mitleidenschaft gezogen wird.

Es begann im Juni an der **Loire**, mit eigroßen Hagelkörnern in Vouvray, und in Deutschland an der Mosel. Im Juli war die Côte de Beaune in **Burgund** dran, wo einige Güter den Großteil ihrer Ernte verloren. 17 Minuten dauerte der Hagel, nun sind Weine aus Pommard, Volnay und Beaune Mangelware. In Gevrey-Chambertin hagelte es im August. Auch die **Provence** wurde getroffen, v. a. um die Ste-Victoire herum, ebenso der Süden des **Elsass**, insbesondere die Ebenen um Turckheim und Colmar – die *Grands crus* kamen mit einem blauen Auge davon. In der **Champagne** erstreckten sich die Schäden auf 300 ha v. a. an der Côte des Blancs. **Cognac** erwischte es nicht allzu schlimm, dafür knickte in **Bordeaux** ein Sturm mit fast 165 km/h Bäume um und beschädigte Dächer in Pauillac, während es auf der anderen Flussseite um Libourne, in Fronsac und in Lalande-de-Pomerol hagelte. In Entre-Deux-Mers war es am schlimmsten: etwa 5.000 ha wurden ausradiert. Gavin Quinney vom Château Bauduc in Entre-Deux-Mers sagte, dass am nächsten Tag «kein Blatt und keine Traube mehr zu sehen waren«.

»Aber sie werden doch versichert gewesen sein«, könnte man nun leicht sagen. Aber eine Hagelversicherung, die wirklich adäquate Schadenssummen auszahlt, ist sehr teuer und in Regionen, die ohnehin schon am Rand des Abgrunds stehen (wie der Großteil von Entre-Deux-Mers), unerschwinglich. In Burgund will man wieder Maßnahmen wie das Impfen von Wolken mit Trockeneis oder Silberjodid prüfen, was Unwetter abmildern und den Niederschlag eher als Regen denn als Hagel niedergehen lassen soll. Doch das ist nicht allzu wirkungsvoll, außerdem ist unklar, wie der Regen in angrenzenden Gebieten oder sogar längerfristige Wetterschemata dadurch beeinflusst werden. Das Wetter kann Winzer brotlos machen. Wenn es nicht der Hagel ist, kann es Frost sein oder Kälte oder Regen. Die hohen Preise der Spitzenweine verdecken, dass der Großteil von Bordeaux kaum profitabel arbeitet. Über die Qualität lässt sich noch nichts sagen, doch sollte man den Jahrgang 2013 noch nicht abschreiben.

Auch in **Österreich** hagelte es, v. a. im Mai im Mittelburgenland, doch auch in Niederösterreich und der Steiermark. Dazu kam eine schwierige Blüte, als das Wetter plötzlich von warm auf nasskalt wechselte. Verrieseln, also ein unzureichender Fruchtansatz, war das Resultat – doch selbst so war die Ernte 2013 etwas größer als 2012, als Frost die Mengen schrumpfen ließ. Immerhin gab es 2013 noch einen warmem Sommer, in dem sich die Reben nach dem späten und kalten Frühling erholen konnten. Im April schüttelten die Winzer im Veneto in **Italien** die Köpfe angesichts der Reben, die einen Monat zu spät dran waren – und das gleiche Bild zeigte sich in **Deutschland** (schlechtes Wetter während der Blüte, dann Überschwemmungen), in **Spanien** und in **England**. Ein später Start bedeutet auch ein spätes Ende, doch da in den Vorjahren immer früher gelesen worden war, brachte der späte Frühling 2013 die Ernte nur in die Jahreszeit zurück, wo sie vor 20 Jahren war. Insofern war es keine späte Lese, sondern eine althergebrachte.

In **Australien** war der Sommer der heißeste der Wetteraufzeichnungen und einer der trockensten. Sonst aber war es recht ruhig: keine Überschwemmungen, kaum Krankheiten und genug Wasser hinter den Dämmen. Auch in **Neuseeland** war man bester Stimmung: In Gimblett Gravels, einer Quelle herrlicher Rotweine, herrschte die ganze Zeit perfektes Wetter. Bei Craggy

Range berichtete der Kellermeister tatsächlich, nur zehn faule Weinbeeren gefunden zu haben, und er wird eine Weile nach ihnen gesucht haben müssen. Gut war es auch anderswo in Neuseeland: etwas Frost in Central Otago, aber schließlich ein guter Jahrgang; exzellent in Marlborough und sehr gut in Martinborough. **Südafrika** erlebte einen späten und kühlen Frühling, doch der warme Dezember beschleunigte die Dinge, und die Weine zeigen Struktur und Frische. **Kalifornien** freute sich ebenfalls über gute Ergebnisse mit intensiven, ausgewogenen Weinen. Die Lese begann früh, im Napa Valley schon am 1. August. In **Chile** war 2013 qualitativ wie quantitativ ein guter Jahrgang, doch die Ernte 2014 wird wohl von Frühlingsfrösten im September 2013 beeinträchtigt werden – den schlimmsten seit 84 Jahren.

2012 unter der Lupe

Wenn dieses Buch erscheint, sind die 2012er Bordeaux-Weine abgefüllt und in den Geschäften, und es wird wohl keinen Mangel an ihnen geben. Sollte man sie kaufen? Ja, da einige sehr schön sind: mit Finesse und Balance, geschmeidig und elegant. Nein, da sie zu teuer sind.

Letzteres dürfte auch der Grund sein, warum es genug davon gibt. Dies war der Jahrgang, zu dem die Bordelaiser die Botschaft hätten hören und ihre Preise senken sollen. Die *Premiers crus* taten das, etwa um ein Drittel; andere *Crus classés* nicht so stark. Die Négociants, also die Händler, die die Weine von den Châteaux abnehmen und an die Einzelhändler weiterverkaufen, stellten fest, dass sie nicht nur noch beachtliche Mengen 2012er, sondern auch unverkaufte 2011er und sogar einige 2010er auf Lager hatten. Weinbereitung und Traubenanbau in **Bordeaux** wird jedes Jahr präziser, weshalb selbst ein feuchter Frühling und früher Sommer am Ende zu einem ziemlich leckeren Jahrgang führte – ihre Marktanalyse aber war weniger weitsichtig. Vielleicht hatten sie auch nur Angst, dass niedrigere Preise beim 2012er den Wert der früheren, teureren Jahrgänge untergraben könnte, insbesondere den 2011er. Keiner möchte derjenige sein, der die Blase zum Platzen bringt – oder aussprechen, dass der Kaiser nackt ist.

Es ist kein großer Jahrgang, aber es gibt einige sehr schöne Weine. Das Rechte Ufer mit dem früher reifenden Merlot hatte die besten Karten; die auf Cabernet basierenden Médoc-Weine wirken manchmal etwas grün, am wenigsten noch in Pessac-Léognan. Insgesamt ist es ein ungleichmäßiges Jahr für Rotweine. Auch die Süßweine zeigten sich uneinheitlich, manche Spitzenchâteaux in Sauternes kündigten an, dass sie keinen *grand vin* herausbringen würden. Trockene Weiße waren die Gewinner – sie zeigen Balance, Frische und gute Konzentration. Legen Sie hier Ihr Geld an.

Das Jahr war auch in **Burgund** nicht einfach, doch geht der Preisdruck hier nach oben. Es war wieder ein Jahrgang mit kleinen Mengen – die Côte de Beaune litt unter Hagel, nachdem schon Überschwemmungen beiden Côtes zu schaffen gemacht hatten. Es gab Mehltau, Oidium (aber keine Botrytis); die Qualität bei Roten und Weißen ist unterschiedlich. Die Weine sind aber köstlich: konzentriert, ausgewogen, aromatisch. Einige werden lange Zeit im Keller brauchen, andere sind sicherlich jung am besten, sogar auf *Grand-cru* Niveau. Wie es in uneinheitlichen Jahren üblich ist, gibt es deutliche Unterschiede zwischen einzelnen Terroirs, auch zwischen guten und weniger guten Terroirs. Die Côte Chalonnaise schnitt sehr gut ab.

In **Italien** wirken die Rotweine der Toskana reichhaltig und kraftvoll. Es war ein trockenes Jahr, die Blüte fiel nicht sehr gut aus, und der Sommer war heiß, aber Regen im September brachte die Dinge wieder etwas ins Lot: Säure und Struktur sind gut. Im Piemont sind die Barolos noch in ihrer fest verschlossenen Kindheit, sehen aber außerordentlich vielversprechend aus, während sich die Dolcettos schon wunderbar delikat erheben. Diese Traube scheint ihren Flirt mit Gewicht und Kraft hinter sich zu haben – wer braucht das schon hier? –, und leichtere Weine sind 2012 weit verbreitet. Dann gibt es noch etwas, was wie eine Kreuzung zwischen Barolo und Dolcetto wirkt, mit der Traube des einen und der Frische des anderen: Langhe Nebbiolo sieht 2012 grandios aus. Das gilt auch für die Weißen: wunderbar knackig-frische, ausgewogene Weine.

Österreichs Ernte 2012 fiel nach Frost im Mai gering aus, die Weine aber machen sich gut. Die Roten sind kompakt und vielversprechend, die Rieslinge strukturiert und ausgewogen. Der Grüne Veltliner litt am meisten unter dem Frost, die Qualität aber lässt nichts zu wünschen übrig. In **Deutschland** berichtet Ernst Loosen von der Mosel, dass seine 2012er nach einem Jahr nun Griffigkeit und Konzentration entwickelt haben und jetzt vom exzellenten 2011er gar nicht so verschieden sind: »Nur ein halbes Gramm mehr Säure«, sagt er. Am **Douro** indes können die 2012er Ports nicht mit denen von 2011 mithalten. Jenes war ein klassisches Jahr; 2012 wird gut für Single-Quinta-Weine sein. Wenn Sie Lust auf den üppigen Genuss haben, den ein Baby-Vintage-Port ein oder zwei Jahre nach der Abfüllung bietet, könnte 2012 ein guter Tipp für Sie sein.

Alternativen gefällig?

In diesem Buch geht es nicht nur darum, neue Weine zu entdecken; manchmal müssen auch alte, verloren gegangene Weine wiederentdeckt werden. Dann bereitet es besonderes Vergnügen, neue Verbindungen zu finden, neue Ähnlichkeiten, die die Weine in andere Zusammenhänge stellen. Mit der Perspektive ändert sich alles.

Sie mögen Grünen Veltliner – probieren Sie erstklassigen Muscadet
Das perfekte Beispiel für eine Wiederentdeckung. Muscadet verschwand von den Tischen der meisten Menschen, als der australische Chardonnay auftauchte: Niemand wollte mehr schlanke Mineralität haben. Doch nun ist genau das wieder sehr gefragt, und erstklassiger Muscadet *sur lie* kann reife »Weinigkeit« liefern, gepaart mit Säure und Subtilität. War es nicht der Grüne Veltliner, der die Freuden der Mineralität von Weißweinen zurück in die Welt brachte? All den weißen Pfeffer und die Frucht mit Lorbeernoten? Muscadet hat mehr Salz als Pfeffer, und *sur-lie*-Versionen zeigen eine besondere Spannung, die man sich nicht entgehen lassen sollte. Außerdem können sie in der Flasche problemlos ein paar Jahre altern.

Sie mögen Albariño – probieren Sie Petit Manseng
Die wunderbare Aprikosenfrucht von Albariño, durchsetzt mit Limettennoten, ist unwiderstehlich. Petit Manseng und seinen nahen Verwandten Gros Manseng findet man nicht so leicht, doch sie bieten ein noch stärkeres Aprikosen-und-Limetten-Geschmackserlebnis, und das mit der gleichen Säure, die den Albariño so erfrischend macht. Die Manseng-Trauben wachsen in Südwestfrankreich in den Appellationen Béarn und Jurançon, doch auch in Virginia in den USA gibt es welche – vielleicht kommen sie ja von dieser Seite her in Mode. Dem Albariño ist es schließlich auch gelungen.

Sie mögen Meursault – probieren Sie Elsässer Pinot blanc
Meursault bietet wie kein anderer weißer Burgunder faszinierende Fruchtnoten von Rauch und Kohl – das mag nicht sehr ansprechend klingen, stellt sich im Glas aber als unglaublich verführerisch heraus. Andere weiße Burgunder sind komplex und mineralisch, Meursault ist drall und sexy und macht einen total an. Elsässer Pinot blanc kommt nicht ganz so frech daher und zeigt seine vegetabile Rauchigkeit auf andere Art – mehr Erde und Pilze, mehr Unterholz, weniger Moder – aber wenn Sie auf Holzrauch und Sauerrahm stehen, dann ist das Elsass mit Sicherheit einen Blick wert.

Sie mögen Sancerre – probieren Sie Graves Blanc
Noch eine Wiederentdeckung. Weißer Graves ist schon so lange so hoffnungslos out, dass man leicht vergisst, dass er vorwiegend von Sauvignon blanc gekeltert und üblicherweise in einem reifen, mineralischen Stil ausgebaut wird, der das Gegenmodell zu den neuseeländischen grünen Bohnen und Stachelbeeren darstellt. Unreife Fruchtnoten können einen irgendwann ermüden, und wenn es bei Ihnen so weit ist, dann schauen Sie mal wieder nach Bordeaux. Statt Stachelbeeren finden Sie dort die Blätter Schwarzer Johannisbeeren: knackige Reife, Frische, Leichtigkeit. Qualität ist ebenso vorhanden wie Süffigkeit. Es spricht einiges für reife Trauben.

Sie mögen Dolcetto – probieren Sie chilenischen Syrah
Jeder, der frische Rotweine mit einem Geschmack von in Tee getauchten Kirschen mag, sollte Dolcetto mögen. Man beschreibt ihn meist als den leichtesten des Piemonteser Trios, mit Barolo und Barbaresco als den großen Brüdern. Aber Dolcetto kann außerordentlich intensiv schmecken. Chilenischer

Syrah? Nun, aus den nördlichen Regionen Elqui und Limarí kommen Weine mit einer Aromatik von schwarzen Oliven und Veilchen – nicht genau das Gleiche wie die Kirschen und der Darjeeling des Dolcetto, aber ein interessanter Vergleich. Und in der Struktur – kraftvoll, mit Säure und seidigen Tanninen – sind sie sich sehr ähnlich.

Sie mögen Pauillac – probieren Sie Boğazkere und Öküzgözö
Das würde ich ja vielleicht tun, höre ich Sie sagen, wenn ich einen davon nur aussprechen könnte oder die leiseste Idee hätte, woher sie kommen. Letzteres ist einfach: Es sind autochthone Trauben der Türkei. Ersteres ist meist gar nicht nötig, da die beiden Sorten oft miteinander verschnitten werden und wahrscheinlich nur auf dem Rückenetikett auftauchen, wo Sie sie nicht laut vorlesen werden müssen. Boğazkere steckt voller griffiger Tannine, Gewürzen, strahlender Frucht und Säure und erinnert an Cabernet Sauvignon, der Hauptzutat im tabakduftigen, mineralischen, griffigen, würzigen Pauillac. Öküzgözö zeigt weichere, breitere Frucht, die im Verschnitt wirkt wie Merlot zu Cabernet Sauvignon. Türkische Weine können sich vielleicht noch nicht mit Château Latour messen, probierenswert sind sie allemal.

Sie mögen Hermitage – probieren Sie Nero d'Avola
Gut, schon wieder ein Syrah – aber erstklassiger Syrah kann seine Freunde in die verschiedensten Richtungen auf der Welt führen. Hier führt der Weg nach Süditalien, wo die lokale Nero d'Avola all die Aromen von schwarzen Oliven und Kräutern zeigt, die wir mit den Felsen und der *garrigue* der nördlichen Rhône verbinden. Es ist ein kompromissloser Stil, nichts für Feiglinge, der nach kräftigem Essen und vielleicht einem Winterabend verlangt. Nero d'Avola hat vielleicht nicht die Finesse eines Spitzenweins von der nördlichen Rhône, doch die Welt hat seine Weine ja auch erst kürzlich entdeckt. Seine Mundfülle und die wilden Aromen werden von der Säure ausbalanciert – und das ist auch nötig! Der Vergleich zu einem der großartigsten Rotweine der Welt ist nicht ohne Berechtigung.

Sie mögen argentinischen Malbec – probieren Sie Mencía
Kennzeichen der besten argentinischen Malbecs im neuen Stil sind Aroma, Säure und Höhenlage – und damit erheben sie sich weit über die herkömmlichen Tropfen, die an zu viel Holz und meist auch zu hohen Preisen leiden. Ein Malbec sollte sich konzentriert und voll anfühlen, ja, aber auch elegant, mit Johannisbeer- und Gewürznoten. Mencía, die Rotweintraube der spanischen Region Bierzo, hat Säure im Überfluss, dazu schmackhafte Johannisbeerfrucht und Gewürze, und sie liefert derzeit einen der beliebtesten Weine Spaniens, insbesondere, wenn die Trauben von den wiederentdeckten Parzellen mit alten Reben hoch im unzugänglichen Hügelland stammen. Es ist schon komisch, wie oft Winzer die besten Weine erzeugen, wenn sie sich selbst das Leben schwer machen.

Rebsorten

In den vergangenen zwei Jahrzehnten vollzog sich allenthalben ein grundlegender Wandel, von dem nur die Weinländer mit der längsten Tradition ausgenommen waren. Mit einem Schlag wurden die Namen einer Handvoll Rebsorten zur geläufigen Bezeichnung für die verschiedenen Weine. In den alten Weinländern dagegen, insbesondere in Frankreich und Italien, bezeichnet man alle seit Langem renommierten Weine weiterhin mehr oder weniger genau nach ihrem Herkunftsgebiet, weniger nach der Traube, aus der sie gekeltert wurden.

Gegenwärtig liegen die beiden Bezeichnungsmöglichkeiten im Wettstreit miteinander. Am Ende dürfte sich die Herkunftsbezeichnung gegenüber der Rebsorte wieder durchsetzen, zumindest für Qualitätsweine. Im Augenblick allerdings ist die Traubensorte und ihr Geschmack für viele Weinfreunde der einfachste und wichtigste Bezugspunkt – ungeachtet der Tatsache, dass der Geschmack oft durch die Eichenholzkomponente nicht unerheblich verändert wird. Käme es nur auf das Traubenaroma an, dann wäre dieses Buch um einiges schmaler.

Gleichwohl spielt die Traubensorte eine wichtige Rolle, und darüber Bescheid zu wissen kann helfen, neue Geschmacksnuancen zu entdecken und Vergleiche zwischen den Regionen anzustellen. Daher ist auch der zuerst in Kalifornien entstandene Begriff »sortenreiner Wein« sinnvoll, unter dem man Wein versteht, der grundsätzlich aus nur einer Traubensorte bereitet wurde.

Bei mindestens sieben Sorten – Cabernet Sauvignon, Pinot noir, Riesling, Sauvignon blanc, Chardonnay, Gewürztraminer und Muscat – sind Geschmack und Duft so eindeutig, dass sie zu internationalen Unterscheidungskategorien geworden sind. Dasselbe gilt für Merlot, Malbec, Syrah, Sémillon, Chenin blanc, Pinot blanc, Pinot gris, Silvaner, Viognier, Nebbiolo, Sangiovese, Tempranillo ... Hier nun folgen die besten bzw. beliebtesten Rebsorten

ANMERKUNG: Alle Verweise auf Rebsorten und deren Synonyme in anderen Kapiteln dieses Buchs beziehen sich auf dieses Kapitel.

Trauben für Rotwein

Agiorgitiko Griechische Sorte; ursprünglich aus der Nemea-Region, heute aber fast überall angebaut. Vielseitig und köstlich, von weich und charmant bis dicht und alterungswürdig. Unbedingt probieren.

Aghiorghitiko Andere Schreibweise für AGIORGITIKO.

Aglianico Dunkle Sorte aus Süditalien für tieffarbige Weine, derzeit sehr in Mode.

Aragonez Siehe TEMPRANILLO.

Auxerrois Für Rotwein siehe MALBEC. Die weiße Auxerrois hat einen eigenen Eintrag bei den Trauben für Weißwein.

Băbească Neagră Die traditionelle »schwarze Großmuttertraube« aus der Moldau-Region liefert rubinrote Weine mit leichtem Körper.

Babić Rotweinsorte aus Dalmatien, wächst in steinigen Lagen an der Küste bei Šibenik. Enormes Potenzial für hohe Qualität.

Baga Portugiesische Rotweintraube (Bairrada). Dunkel, tanninreich – großes Potenzial, aber schwierig im Weinberg.

Barbera Weit verbreitete Rebsorte in Italien, am besten im Piemont. Viel Säure, wenig Tannin, Kirschfrucht. Weine gibt es von seriös mit Barriqueausbau bis halbsüß und perlend. Auch in Kalifornien und Australien in Mode; vielversprechend in Argentinien.

Blauburger Österreichische Kreuzung von BLAUEM PORTUGIESER mit BLAUFRÄNKISCH. Einfache Weine.

Blauburgunder Siehe PINOT NOIR.

Blauer Portugieser Mitteleuropäische Sorte, v.a. in Deutschland (Rheinhessen, Pfalz, meist für Rosé), Österreich, Ungarn. Leichte, fruchtige Rotweine, die in ihrer Jugend leicht gekühlt getrunken werden. Nichts zum Einkellern.

Blauer Zweigelt Siehe ZWEIGELT.

Blaufränkisch (Kékfrankos, Lemberger, Modra Frankinja) Im österreichischen Mittelburgenland weitverbreitet. Mittelschwere Weine mit pfeffriger Säure, einer charakteristisch salzigen Note sowie Beeren- und Eukalyptusaromen. Häufig mit CABERNET SAUVIGNON oder ZWEIGELT verschnitten. Heißt in Deutschland Lemberger, in Ungarn Kékfrankos, in Slowenien Modra Frankinja.

Boğazkere Tanninreiche türkische Sorte, liefert körperreiche Weine.

Bonarda Verschiedene Sorten sind unter diesem Namen bekannt. Im italienischen Oltrepò Pavese nennt man so die Croatina und erzeugt milden, frischen roten Frizzante und Stillwein aus ihr. In der Lombardei und der Emilia-Romagna ist es ein Synonym für die Uva rara. Bonarda aus Argentinien kann beides sein – oder etwas ganz anderes.

Bouchet Siehe CABERNET FRANC.

Brunello Anderer Name des SANGIOVESE, großartig in Montalcino.

Cabernet franc Die geringere der beiden in Bordeaux angebauten Cabernet-Sorten; herrscht jedoch in St-Émilion vor. Übertrumpft CABERNET SAUVIGNON an der Loire (Chinon, Saumur, Champigny und Roséwein), in Ungarn (Tiefe und Komplexität in Villány and Szekszárd) und oft in Italien. Viele Reben in Nordostitalien, die man für Cabernet franc gehalten hatte, entpuppten sich als CARMENÈRE. Überall auf der Welt in Bordeaux-Verschnitten mit Cabernet Sauvignon und MERLOT verwendet.

Cabernet Sauvignon Traube mit großem Charakter, würzig, kräuterduftig, gerbstoffreich, typisches Aroma von Schwarzen Johannisbeeren. Die Hauptsorte im Médoc; liefert meist auch die besten kalifornischen, südamerikanischen und osteuropäischen Rotweine. Verträgt sich gut mit Shiraz in Australien. Wird nahezu überall angebaut und leitete etwa in Italien eine Weinrenaissance ein. Spitzenweine brauchen Zeit zum Reifen. Cabernet Sauvignon gewinnt in Verschnitten z.B. mit MERLOT, CABERNET FRANC, SYRAH, TEMPRANILLO, SANGIOVESE usw. Liefert auch aromatischen Rosé.

Cannonau Sardische Form der GRENACHE: meist sehr gut und stark.

Carignan Weine von alten Reben mit geringem Ertrag sind überall von Südfrankreich bis Chile schwer in Mode; am besten in Corbières: sehr tiefgründig und lebhaft. Bei hohem Ertrag flach und harmlos. In Nordafrika, Spanien (als Cariñena) und Kalifornien verbreitet.

Carignano Siehe CARIGNAN.

Cariñena Siehe CARIGNAN.

Carmenère Eine alte Rebsorte aus Bordeaux, jetzt ein Star in Chile (dort »Carminjer« oder auch »Carminaire« ausgesprochen) für volle, tiefe Weine. Wird auch in Bordeaux wieder beachtet.

Castelão Siehe PERIQUITA.

Cencibel Siehe TEMPRANILLO.

Chiavannasca Siehe NEBBIOLO.

Cinsault (oder Cinsaut) Bedeutend in Südfrankreich; sehr gut bei niedrigen Erträgen, sonst Massenprodukt. Erbringt guten Rosé. Elternteil von PINOTAGE.

Cornalin du Valais Schweizer Spezialität, v.a. im Wallis.

Corvina Dunkle, würzige Traube, eine der besten im Valpolicella-Verschnitt. Die noch dunklere Corvinone ist eine eigene Rebsorte.

Côt Siehe MALBEC.

Dolcetto Liefert im Piemont süffige, milde, trockene Rotweine. Heute groß in Mode.

Dornfelder In Deutschland, Teilen der USA und England angebaute Sorte, die angenehm leichte, einfache, in der Regel rustikale dunkle Weine erbringt. Die Rebfläche in Deutschland hat sich seit dem Jahr 2000 verdoppelt.

Fer Servadou Kommt nur in Südwestfrankreich vor; besonders wichtig in Marcillac, Gaillac und St-Mont. Duftet nach Beeren und Gewürzen.

Feteascǎ neagrǎ »Schwarze Mädchentraube«. Die rote Feteascǎ hat das Zeug dazu, Rumäniens Paradestück zu werden und größere Anbauflächen zu erobern. Braucht gute Pflege und geringe Erträge im Weinberg, kann dann aber tiefgründige, körperreiche Rotweine mit viel Charakter ergeben.

Frühburgunder Eine alte Mutation von Spätburgunder (PINOT NOIR), die man vor allem an der Ahr findet, aber auch in Franken und in Württemberg, wo man sie verwirrenderweise als Clevner kennt. Nicht so säurereich wie Pinot noir und daher leichter zugänglich.

Gamay Die Beaujolais-Traube: leichter, sehr duftiger Wein, jung am besten, außer in den teilweise hervorragenden Beaujolais-Crus (siehe Kapitel »Frankreich«), die 2–10 Jahre alt werden können. An der Loire, in Zentralfrankreich, in der Schweiz und in Savoyen liefert sie noch leichteren Wein. Kalifornischer Napa Gamay ist in Wirklichkeit Valdiguié (Gros Auxerrois).

Gamza Siehe KADARKA.

Grenache (Cannonau, Garnatxa, Garnacha) Bei den *terroiristes* jetzt extrem beliebte Sorte, da sie den Lagencharakter sehr gut ausdrückt. Auch gut für Rosé und Vin doux naturel. Wird in Südfrankreich, Spanien und Kalifornien angebaut und bildet die Hauptingredienz des mächtigen Priorat. Weine von alten Reben erfreuen sich in South Australia höchster Anerkennung. Meist in Verschnitten mitverarbeitet. Heißt Cannonau in Sardinien, Garnacha in Spanien, Garnatxa auf Katalanisch.

Graciano Die spanische Sorte zählt zu den traditionellen Rioja-Zutaten. Veilchenaroma, tanninreich, schlanke Struktur, erinnert an Petit Verdot. Im Anbau schwierig, aufgrund hoher Nachfrage aber verstärkt angepflanzt.

Garnacha Siehe GRENACHE.

Grignolino Italienische Sorte; liefert im Piemont guten Alltagswein.

Kadarka (Gamza) Erbringt in Osteuropa würzige, leichte Rotweine. Wurde in Ungarn v. a. für Bikavér wiederbelebt.

Kékfrankos Ungarisch für BLAUFRÄNKISCH.

Lagrein Norditalienische Sorte: dunkel, bitter im Abgang, volle Pflaumenfrucht. DOC in Südtirol (siehe Kapitel »Italien«).

Lambrusco Ertragreiche Sorte in der unteren Po-Ebene, erbringt lebendigen, lieblichen, perlenden, ausgesprochen italienischen Rotwein.

Lefkada Wiederentdeckte autochthone Sorte aus Zypern, von besserer Qualität als Mavro. Wird wegen ihrer aggressiven Tannine meist verschnitten.

Lemberger Siehe BLAUFRÄNKISCH.

Malbec (Auxerrois, Côt) In Bordeaux in geringem Maß angebaut, in Cahors (als Auxerrois) und besonders in Argentinien verbreitet. Dunkler, dichter, gerbstoffreicher, aber fleischiger Wein mit echtem Qualitätspotenzial. Exemplare von hoch gelegenen Weinbergen aus Argentinien sind das Allergrößte.

Maratheftiko Dunkle zyprische Traube mit Qualitätspotenzial. Nicht leicht im Anbau, doch die Erzeuger lernen, mit ihr umzugehen.

Mataro Siehe MOURVÈDRE.

Mavro Zyperns meistangebaute dunkle Traube. Einfacher zu kultivieren als MARATHEFTIKO, aber nur passable Qualität. Am besten für Rosé geeignet.

Mavrodaphne Griechische Rebsorte, die üblicherweise für gespritete Süßweine verwendet wird, wörtlich »schwarzer Lorbeer«. Eine Spezialität der Region Patras, wird aber auch auf Kefallonia angebaut. Trockene Versionen werden immer häufiger erzeugt und sind sehr vielversprechend.

Mavrotragano Nahezu ausgestorbene, nun aber auf Santorini wiederbelebte erstklassige griechische Traube.

Mavrud Gilt als Bulgariens beste Rebsorte, in Thrakien heimisch und spät reifend. Bringt alterungsfähige dunkle Rotweine mit Pflaumenaroma hervor.

Melnik Bulgarische Traubensorte aus der gleichnamigen Region. Dunkle Weine mit angenehm dichtem Sauerkirschcharakter, die gut altern können.

Mencía Schlägt derzeit Wellen im spanischen Bierzo. Aromatische Weine mit stahligen Tanninen und viel Säure. Hervorragendes Potenzial bei einem guten Erzeuger.

Merlot Die Traube hinter den großen, duftigen, pflaumenwürzigen Weinen von Pomerol und (zusammen mit CABERNET FRANC) von St-Émilion; wichtiges Element im roten Médoc. Merlot ergibt in Kalifornien, Washington, Chile und Australien weiche und starke (Mode-)Weine; leichtere, aber häufig gute Tropfen kommen aus Norditalien (in der Toskana teils Weltklasse), der italienischen Schweiz, Slowenien, Argentinien, Südafrika, Neuseeland usw. Die Anpassungsfähigkeit tut ihr nicht immer gut, manche Weine können auch ziemlich mies sein. Schmeckt grün, wenn sie nicht ganz reif ist. Sehr verbreitet in Osteuropa; in Rumänien die meistangebaute rote Sorte.

Modra Frankinja Siehe BLAUFRÄNKISCH.

Modri Pinot Siehe PINOT NOIR.

Monastrell Siehe MOURVÈDRE.

Mondeuse Vorkommen in Savoyen; dunkle Farbe, gute Säure. Mit SYRAH verwandt.

Montepulciano Die dunkle Rotweintraube ist vorherrschend in den italienischen Abruzzen und bedeutend entlang der Adriaküste von den Marken bis in den Süden Apuliens. Die gleichnamige bekannte toskanische Stadt hat nichts mit der Traube zu tun.

Morellino Ein Synonym für SANGIOVESE im südtoskanischen Scansano.

Mourvèdre (Mataro, Monastrell) Ein Star in Südfrankreich und Australien (teils unter dem Namen Mataro) sowie, als Monastrell, in Spanien. Exzellente dunkle, aromatische, tanninstarke Traube, die sich gut in Verschnitten macht. Erfreut sich auch in South Australia und Kalifornien wachsender Beliebtheit.

Napa Gamay Identisch mit der südfranzösischen Sorte Valdiguié. Nichts, worüber man ins Schwärmen geraten könnte.

Nebbiolo (Spanna, Chiavennasca) Eine der besten roten Trauben Italiens für Barolo, Barbaresco, Gattinara und Valtellina. Edle Frucht, volles Bukett, aber viel Tannin – gewinnt durch jahrelanges Altern.

Negoramaro Wörtlich »schwarzer Bitterer«. Apulische Traube mit Zeug zu Qualität oder Quantität oder ein bisschen von beidem.

Nerello mascalese Sizilianische Rotweinsorte mit Charakter, mittlerer Farbintensität und dem Potenzial für Weine von beträchtlicher Eleganz,

Nero d'Avola Dunkelrote Traube aus Sizilien, deren Qualitätsniveau von großartig bis industrielle Massenerzeugung reicht.

Nielluccio Korsische Sorte; säure- und tanninreich. Gut für Rosé.

Öküzgözü Türkische Rebsorte, die weiche, fruchtige Rotweine liefert. Oft mit BOĞAZKERE verschnitten, so wie man in Bordeaux MERLOT mit CABERNET SAUVIGNON verschneidet.

Pamid Traube für leichten, weichen Alltagsrotwein aus Bulgarien.

Periquita (Castelão) In ganz Südportugal verbreitet, insbesondere im Gebiet Península de Setúbal. Nach der beliebten (eingetragenen) Marke von Fonseca ursprünglich Periquita genannt; der offizielle Name ist aber Castelão. Liefert feste Rotweine mit Himbeeraroma, im Alter entwickeln sich Feigen- und Teernoten.

Petite Sirah Traube für rustikale, tanninreiche dunkle Weine, glänzt in Kalifornien in Verschnitten mit ZINFANDEL. Vorkommen auch in Südamerika, Mexiko und Australien. Hat nichts mit SYRAH zu tun.

Petit Verdot Ausgezeichnete, aber schwierige Traube im Médoc, weltweit in CABERNET-Gebieten angepflanzt, um Duftigkeit beizusteuern. Wird meist verschnitten, es gibt aber auch einige sehr gute sortenreine Weine, v.a. in Virginia.

Pinotage Südafrikanische Traubenzüchtung (PINOT NOIR X CINSAULT). Genoss mal mehr, mal weniger Ansehen, scheint jetzt aber bei den besten Erzeugern beachtliche, angenehme, sogar tiefgründige Weine hervorbringen zu können. Auch guter Rosé. Der in Mode gekommene »Coffee Pinotage« ist leicht süß, mit Espressonote und hat ein junges Publikum als Zielgruppe.

Pinot Crni Siehe PINOT NOIR.

Pinot Meunier (Schwarzriesling) Die dritte Traube der Champagnerproduktion, von manchen verachtet, von den meisten verwendet. Weicher und früher trinkreif als PINOT NOIR, deshalb nützlich für den Verschnitt. Wird an vielen Orten angebaut und entweder weiß oder als Schaumwein vinifiziert, gelegentlich sogar (z.B. Württemberger Schwarzriesling) als stiller Rotwein. Samtrot ist eine lokale Württemberger Variante.

Pinot noir (Spät- oder Blauburgunder, Modri Pinot, Pinot Crni) Die große Burgundertraube der Côte d'Or hat in Bukett, Geschmack und Fülle nicht ihresgleichen. Neuere Bemühungen in Deutschland zeitigen exzellente Ergebnisse. Sehr gut auch in Österreich, v.a. im Kamptal, im Burgenland und in der Thermenregion. Leichte Weine in Ungarn, leicht bis mittelgewichtig in der Schweiz, wo sie die wichtigste rote Sorte ist und auch unter dem Namen Clevner läuft. Ausgezeichnete Ergebnisse in Sonoma, Carneros und an der Central Coast (Kalifornien), in Oregon, in Ontario, im Yarra Valley und in den Adelaide Hills (Australien), in Tasmanien, auf der Südinsel Neuseelands (Central Otago) und in Südafrika (Walker Bay). Auch in Chile ein paar sehr hübsche Weine. Neue französische Klone lassen auf Verbesserungen in Rumänien hoffen. In Slowenien liefert sie als Modri Pinot die wohl besten Roten des Landes. Die besten Ergebnisse in Italien kommen aus dem Nordosten, Richtung Süden nimmt die Qualität zunehmend ab. PINOT BLANC und PINOT GRIS sind Mutationen von Pinot noir.

Plavac Mali (Crljenak) Kroatische Rotweintraube, verwandt mit ZINFANDEL. Gutes Potenzial für hochklassige und langlebige Weine, kann aber auch sehr alkoholstark und stumpf ausfallen.

Primitivo Süditalienische Traube, aus Kroatien stammend, die ausladende, rustikale Weine ergibt. Der Name bedeutet nicht »primitiv«, sondern »früh reifend«. Jetzt in Mode, da Primitivo genetisch identisch ist mit ZINFANDEL – ursprünglich hießen die beiden Sorten wohl Tribidrag.

Refosco (Refošk) Etliche italienische DOCs, v.a. in den Colli Orientali. Ergibt tiefe, hocharomatische, lagerfähige Weine, v.a. in wärmerem Klima. Dunkel, säurereich. Die Refošk in Slowenien und weiter östlich ist genetisch nicht identisch, schmeckt aber ähnlich.

Refošk Siehe REFOSCO.

Rubin Bulgarische Kreuzung (NEBBIOLO X SYRAH), pfeffrig und körperreich. Macht sich gut in Verschnitten, gewinnt aber auch reinsortig zunehmend an Beliebtheit.

Sagrantino Italienische Sorte mit Hauptvorkommen in Umbrien; liefert kräftige Weine mit Kirschnote.

St. Laurent Dunkle, geschmeidige und hocharomatische österreichische Spezialität. Kann leicht und saftig, aber auch tiefgründig und strukturiert sein; die Mode der Überextraktion ist zum Glück vorbei. Auch in der Pfalz anzutreffen.

Sangiovese (Brunello, Morellino, Sangioveto) Die wichtigste Rotweintraube des westlichen Mittelitaliens mit dem Ruf, schwierig in der Behandlung zu sein; wenn man sie aber erfolgreich verarbeitet, ergibt sie vorzügliche, langlebige Weine. Die Forschung hat bedeutende Verbesserungen bewirkt. Vorherrschend in Chianti, Vino Nobile, Brunello di Montalcino, Morellino di Scansano und verschiedenen feinen IGT-Weinen. Auch überall in Umbrien (z. B. Montefalco und Torgiano) und jenseits der Apenninen in der Romagna und in den Marken zu finden. Weniger gut geht es ihr in den wärmeren, niedriger gelegenen Weinbergen an der toskanischen Küste oder in anderen Gegenden Italiens (obwohl sie fast allgegenwärtig ist). Auch in Australien interessant.

Sangioveto Siehe SANGIOVESE.

Saperavi Liefert in Georgien, der Ukraine usw. guten, ausgewogenen, langlebigen Wein; wird v. a. in Moldawien mit CABERNET SAUVIGNON verschnitten. Das enorme Potenzial wird leider nur selten umgesetzt.

Schiava Siehe TROLLINGER.

Schwarzriesling Württemberger Name für PINOT MEUNIER.

Sciacarello Korsische Sorte mit Kräuter- und Pfeffernote; nicht sehr tanninstark.

Shiraz Siehe SYRAH.

Spanna Siehe NEBBIOLO.

Spätburgunder Name für PINOT NOIR in Deutschland.

Syrah (Shiraz) Die große Traube der Rhône erbringt tanninreichen, pfeffrigen, purpurroten Wein, der sich superb entwickeln kann. In Australien als Shiraz von großer Bedeutung. Unter beiden Namen in Chile und Südafrika immer besser, wunderbar in Neuseeland (v.a. Hawke's Bay). Sehr weit verbreitet.

Tannat Gerbstoffreiche Traube mit Himbeerduft, die fest strukturierten Rotweinen aus Südwestfrankreich wie Madiran oder Tursan Kraft verleiht. Auch für Rosé. In Uruguay jetzt ein Star.

Tempranillo (Aragonez, Cencibel, Tinto fino, Tinta del País, Tinta Roriz, Ull de Llebre) Die aromatische, feine, früh reifende Rioja-Traube heißt in Katalonien Ull de Llebre, in La Mancha Cencibel, in Ribera del Duero Tinto fino, in Kastilien Tinta del País, am Douro Tinta Roriz und in Südportugal Aragonez. Wird jetzt auch in Australien angebaut. Groß in Mode; erbringt elegante Weine in kühlem, mächtige in heißem Klima. Die Trauben reifen früh, die Weine können lange altern.

Teran Naher verwandter der REFOSCO mit ähnlich dunkler Farbe und betonter Säure; guter Speisenbegleiter. Wächst vor allem auf Kalkstein (Karst) in Slowenien und anderswo.

Teroldego Rotaliano Die beste einheimische Rebsorte des Trentino (Italien) erbringt anspruchsvollen, gehaltvollen Wein; die Reben wachsen hauptsächlich auf dem flachen Campo Rotaliano.

Tinta Amarela Siehe TRINCADEIRA.

Tinta del País Siehe TEMPRANILLO.

Tinta Negra Bis vor Kurzem Tinta Negra Mole genannt. Die meistangepflanzte rote Rebsorte in Madeira, sehr produktiv und Hauptbestandteil der billigeren Madeira-Weine. Kommt jetzt in Colheitas zu ihrem Recht (siehe Kapitel »Port, Sherry und Madeira«).

Tinta Roriz Siehe TEMPRANILLO.

Tinto fino Siehe TEMPRANILLO.

Touriga Nacional Rote Traube der Spitzenklasse im Douro-Tal für Portweine und mehr und mehr auch für blumige, stilvolle Tischweine. Bei der australischen Touriga handelt es sich in der Regel um dieselbe Sorte, die kalifornische kann auch Touriga Franca sein.

Trincadeira (Tinta Amarela) Sehr gute rote Traube im Alentejo (Portugal) für würzige Weine. Am Douro als Tinta Amarela bekannt.

Trollinger (Schiava, Vernatsch) In Württemberg beliebte hellrote Traube, in Südtirol Vernatsch/Schiava genannt. Umfasst eine ganz Gruppe von Rebsorten, die nicht unbedingt miteinander verwandt sind. In Italien lebhafte, schmissige Weine.

Vernatsch Siehe TROLLINGER.

Xinomavro Griechenlands Antwort auf NEBBIOLO; der Name bedeutet »säuerlich schwarz«. Dient als Grundlage für Naoussa, Rapsani, Goumenissa und Amindeo. Auch etwas stiller und schäumender Rosé. Hervorragende Qualität, Jahrzehnte haltbar. Wird auch in China ausprobiert.

Zinfandel Vielseitige, fruchtige Sorte aus Kalifornien mit (manchmal metallischem) Brombeeraroma. Kann strukturiert und überaus üppig geraten und hält sich dann jahrzehntelang, wird aber auch weiß bzw. hellrosa *(blush)* gekeltert und ist dann üblicherweise süß und marmeladig. Genetisch identisch mit der süditalienischen PRIMITIVO.

Zweigelt Kreuzung aus BLAUFRÄNKISCH x ST. LAURENT; in Österreich beliebt für aromatische, dunkle, geschmeidig-samtige Weine. Wird auch in Ungarn und Deutschland angebaut.

Trauben für Weißwein

Airén Sorte für Massenweine aus La Mancha, Spanien; bei guter Bereitung frisch.

Albariño (Alvarinho) Spaniens schicke und teure Sorte liefert Weine mit guter Säure und Aprikosenduft. Hervorragend in Rías Baixas, taucht aber zunehmend auch anderso auf. Wird nicht überall dem Hype gerecht, der um sie gemacht wird. Ebenso gut in Portugal als Alvarinho mit aromatischem Vinho Verde, v. a. in Monção and Melgaço.

Aligoté Die zweitwichtigste weiße Traube in Burgund. Scharfer, jung zu trinkender Wein; mit Cassis (Schwarzem Johannisbeerlikör) zum Kir gemixt, ist er hervorragend. Die Sorte ist auch in Osteuropa, v. a. in Russland, verbreitet.

Alvarinho Siehe ALBARIÑO.

Amigne Schweizer Spezialität mit Tradition im Wallis, die auf insgesamt 43 ha angebaut wird, v. a. in Vétroz. Körperreiche, schmackhafte Weine, oft mit etwas Restsüße, manchmal sehr trocken.

Ansonica Siehe INSOLIA.

Arinto Portugiesische Traube, die in Bucelas sehr aromatische, zitrusduftige Weine erbringt und, v. a. im Alentejo, Verschnitten Spritzigkeit verleiht.

Arneis Aromatische Traube aus Nordwestitalien mit Apfel-/Pfirsicharoma, die hohe Preise erzielt. Im Roero (Piemont) wurde eine DOCG für sie eingerichtet, in den Langhe eine DOC.

Arvine Trocken oder süß ausgebaute Schweizer Spezialität aus dem Wallis (auch Petite Arvine genannt), die elegante Weine mit langem, leicht salzigem Abgang hervorbringt.

Assyrtiko Griechische Sorte; eine der besten Weißweintrauben des Mittelmeerraums mit schöner Balance von Kraft, Mineralität, Extrakt und kräftiger Säure. Potenziell langlebige Weine, die die Welt erobern könnten ...

Auxerrois Roter Auxerrois ist ein Synonym für MALBEC, während weißer Auxerrois eher wie eine fettere, würzigere Version von PINOT BLANC wirkt. Im Elsass häufig für Crémant verwendet; kommt auch in Deutschland vor.

Beli Pinot Siehe PINOT BLANC.

Blanc fumé Siehe SAUVIGNON BLANC.

Boal Siehe BUAL.

Bourboulenc Ergibt, ebenso wie die seltene Rolle-Rebe, einige der besten Weine des Midi.

Bouvier Indigene österreichische aromatische Traubensorte, besonders gut für Beeren- und Trockenbeerenauslesen; wird selten trocken ausgebaut.

Bual (Boal) Liefert hochwertigen süßen Madeira, weniger voll als Malmsey.

Carricante Italienische Sorte, Hauptzutat im Etna Bianco. Gewinnt wieder an Boden.

Catarratto Die ertragreiche Weißweintraube ist in ganz Sizilien anzutreffen, v. a. im Westen in der DOC Alcamo.

Cerceal Siehe SERCIAL.

Chardonnay (Morillon) Die weiße Traube von Burgund und der Champagne, jetzt weltweit allgegenwärtig – z. T. auch, weil sie so leicht an- und auszubauen ist. Auch eine Mâcon-Villages-Gemeinde heißt so. Die Mode für überholzte Karamellbonbon-Versionen ist glücklicherweise vorüber. In der Steiermark Morillon genannt.

Chasselas (Fendant, Gutedel) Schweizer Rebsorte (ursprünglich aus dem Waadtland). Im Geschmack neutral, aber je nach Terroir mit starkem lokalem Charakter, der von elegant (Genf), finessenreich-vollmundig (Waadt) bis zu kräftig-rassig (Wallis) reicht. Im Wallis wird sie Fendant genannt. Fast ein Drittel der Schweizer Weine sind von Chasselas, die Traube wird jedoch mehr und mehr von anderen Sorten verdrängt. Heißt Gutedel in

Deutschland und wird v. a. in Südbaden angebaut. In anderen Gegenden meist eine Tafeltraube.

Chenin blanc Die großartige weiße Traube an der mittleren Loire (Vouvray, Layon usw.). Ergibt trockenen bis lieblichen (sogar süßen) Wein, doch stets mit reichlich Säure. Massenware in Kalifornien. In Südafrika (dort auch Steen genannt) wird sie sehr ernst genommen – muss dort noch ihr wahres Ich finden, hat aber enormes Potenzial.

Cirfandl Siehe ZIERFANDLER.

Clairette Schwach säurehaltige Sorte; in Südfrankreich in vielen Verschnitten zu finden. Verbesserte Weinbereitungsmethoden wirken sich positiv aus.

Colombard Leicht fruchtige, angenehm säuerliche Traube, aus der man in Südafrika, Kalifornien und Südwestfrankreich Alltagsweine bereitet, oft in Verschnitten.

Dimiat Stark duftende bulgarische Sorte, die trocken oder halbtrocken ausgebaut oder zur Destillation verwendet wird. Hat weit mehr Synonyme, als eine Traube je braucht.

Ermitage Siehe MARSANNE.

Ezerjó Sinngemäß etwa »tausend Segnungen«. Ungarische Rebsorte mit scharfer Säure.

Falanghina Die historische italienische Traube aus dem kampanischen Bergland erbringt ausgezeichnete, dichte, aromatische trockene Weißweine.

Fendant Siehe CHASSELAS.

Fernão Pires Siehe MARIA GOMES.

Fetească albă/regală Rumänien hat zwei Weißweinsorten namens Fetească, beide mit leichtem, an MUSCAT erinnerndem Aroma. Feteascǎ regală, eine Kreuzung aus Feteascǎ albǎ und GRASǍ, besitzt mehr Finesse und eignet sich gut für Spätleseweine.

Fiano Qualitätstraube, ergibt im süditalienischen Kampanien würzige Weine mit Pfirsichnote.

Folle blanche (Gros Plant) Viel Säure, wenig Aroma, ideal für Branntwein. Heißt in der Bretagne Gros Plant, in Armagnac Picpoul, obwohl keine Verwandtschaft mit der echten PICPOUL besteht. Liefert auch in Kalifornien respektable Weine.

Friulano (Sauvignonasse, Sauvignon vert) NorditalienischeTraube für frische, pikante, subtil florale Weißweine, am besten in den Gebieten Collio, Isonzo und Colli Orientali. Hieß früher Tocai friulano. Im benachbarten Slowenien Sauvignonasse genannt, ebenso in Chile, wo die Sorte lange mit SAUVIGNON BLANC verwechselt wurde. Der ehemalige Tocai aus Venetien heißt jetzt Tai.

Fumé blanc Siehe SAUVIGNON BLANC.

Furmint (Šipon) Ausgezeichnete, charaktervolle Rebe, das Gütezeichen Ungarns sowohl als Haupttraube im Tokajer als auch in lebendigen, kräftigen Tafelweinen, die manchmal mineralisch, manchmal mit Aprikosennote und manchmal beides sind. In Slowenien unter der Bezeichnung Šipon. Auch in Rust in Österreich trocken und süß ausgebaut.

Garganega Die beste Traube im Soave-Verschnitt, auch in Gambellara. Spitzenweine, v. a. süße, altern vorzüglich.

Garnacha blanca (Grenache blanc) Die weiße Ausgabe der GRENACHE/Garnacha, sehr verbreitet in Spanien und Südfrankreich. Säurearm; kann recht harmlos, aber auch überraschend gut ausfallen.

Gewürztraminer (Traminac, Traminec, Traminer, Tramini) Eine der ausdrucksvollsten Trauben, identisch mit SAVAGNIN; ausgesprochen würzig, erinnert an Rosenblüten, Gesichtscreme, Litschis und Grapefruit. Die Weine sind oft voll und weich, selbst wenn sie trocken ausgebaut sind.

Am besten im Elsass; auch gut in Deutschland (Baden, Pfalz, Sachsen), Osteuropa, Australien, Kalifornien, im pazifischen Nordwesten und in Neuseeland. Kann als »Traminer« (oder Varianten davon) etikettiert relativ unaromatisch ausfallen. Trockene Versionen in Italien heißen Traminer aromatico. Außerhalb deutschsprachiger Länder oft ohne Umlaut »Gewurztraminer« geschrieben.

Glera Glanzloser neuer Name für die Prosecco-Traube; Prosecco nennt man ab sofort nur noch den Wein, nicht mehr die Rebsorte.

Godello Erstklassige Rebsorte in Nordwestspanien; erbingt intensive, mineralische Weine. Im portugiesischen Dão heißt sie Verdelho, ist aber nicht verwandt mit der echten VERDELHO.

Grasă (Kövérszőlő) Rumänische Sorte; der Name bedeutet »fett«. Anfällig für Botrytis. Die wichtigste Traube in Cotnari, kann herrliche Süßweine hervorbringen. Wird im ungarischen Tokaj unter dem Namen Kövérszőlő angebaut.

Graševina Siehe WELSCHRIESLING.

Grauburgunder Siehe PINOT GRIS.

Grechetto Alte Rebsorte aus Mittel- und Süditalien mit gutem Ruf für lebendige, stilvolle Weine. Wird verschnitten oder (in Orvieto) sortenrein verwendet.

Greco In Süditalien tragen einige Weißweinsorten den Namen Greco (wahrscheinlich griechischen Ursprungs), was aber nicht bedeutet, dass sie verwandt sein müssen. Bekannt ist v. a. der Greco di Tufo mit anregenden Pfirsicharomen. Greco di Bianco wird aus halbgetrockneten Trauben gewonnen. Als dunkle Verson gibt es auch Greco nero.

Grenache blanc Siehe GARNACHA BLANCA.

Grignolino Italienische Sorte für gute Alltagsweine im Piemont.

Gros Manseng Siehe MANSENG.

Gros Plant Siehe FOLLE BLANCHE.

Grüner Veltliner Das Flaggschiff unter Österreichs Weißweinsorten kann sich bemerkenswert unterschiedlich geben: von einfachen, pfeffrigen Alltagsweinen zu Kreszenzen mit großer Komplexität und überraschendem Alterungspotenzial. Findet sich auch in anderen Ländern Mitteleuropas und zeigt nun selbst in Neuseeland sein Potenzial. Momentan top in Mode.

Gutedel Siehe CHASSELAS.

Hárslevelű Die »Lindenblättrige« ist die zweite wichtige Traubensorte im Tokajer, aber weicher und pfirsichfruchtiger als FURMINT. Gut auch in Somló und Eger.

Heida Siehe SAVAGNIN.

Humagne Schweizer Spezialität, älter als CHASSELAS, die frische, dralle, nicht sehr aromatische Weine liefert. Humagne rouge, ebenfalls im Wallis verbreitet (und immer beliebter), ist nicht mit ihr verwandt, sondern identisch mit Cornalin d'Aoste; Cornalin du Valais ist wieder etwas anderes.

Insolia (Ansonica, Inzolia) Sizilianische Weißweintraube, heißt an der Toskanaküste Ansonica. Frische, rassige Weine im Bestfall. Für Süßweine werden auch halbgetrocknete Trauben verwendet.

Irsai Olivér Ungarische Kreuzung zweier Trauben für Tischwein, ergibt aromatische Weißweine, die an MUSCAT erinnern und jung zu trinken sind.

Johannisberg Siehe SILVANER.

Kéknyelű Wenig ertragreiche, aromareiche Traube für einen der besten ungarischen Weißweine. Hohes Potenzial für feurigen, würzigen Wein.

Kerner Recht erfolgreiche deutsche Kreuzung. Reift früh und liefert blumige (manchmal etwas aufdringliche) Weine mit guter Säure.

Királyleányka Ungarische Sorte; erbringt sanfte, frische Weine.

Kövérszőlő Siehe GRASĂ.

Laski Rizling Siehe WELSCHRIESLING.

Leányka Ungarische Sorte (»Mädchentraube«); erbringt weiche, blumige Weine.

Listán Siehe PALOMINO.

Loureiro Die nach ALVARINHO beste Vinho-Verde-Traube ergibt zart blumige Weißweine. Kommt auch in Spanien vor.

Macabeo Siehe VIURA.

Malagousia Wiederentdeckte griechische Rebsorte für wunderbar aromatische Weine.

Malmsey Siehe MALVASIA. Der süßeste Madeira-Stil, erzeugt aus der gleichnamigen Traube.

Malvasia (Malmsey, Malvazija, Malvoisie, Marastina) Keine einzelne Varietät, sondern gleich eine ganze Gruppe von Rebsorten, die nicht unbedingt miteinander verwandt sind oder auch nur Ähnlichkeiten aufweisen. In Italien, Frankreich und überall auf der iberischen Halbinsel vertreten; die Weine können rot oder weiß, still oder schäumend, kräftig oder mild, süß oder trocken, aromatisch oder neutral sein. Die slowenische bzw. kroatische Version Malvazija istarka (in Kroatien manchmal auch Marastina genannt) liefert knackige und leichte Weine, aber auch reichhaltige Gewächse, die in Eiche ausgebaut werden. Das Wort »Malmsey« (der süßeste Madeira-Stil) ist eine Verballhornung von Malvasia.

Malvoisie Siehe MALVASIA. Der Name wird in Frankreich für verschiedene Sorten verwendet, darunter BOURBOULENC, Torbato und VERMENTINO. Im Wallis nennt man den PINOT GRIS so.

Manseng, Gros/Petit Traube für wunderbar würzige, florale Weine aus Südwestfrankreich. Der Schlüssel zu Jurançon. Liefert auch ausgezeichnete Spätlesen und Süßweine.

Maria Gomes (Fernão Pires) Portugiesische Traube für reif-aromatische, leicht würzige Weißweine aus den Regionen Bairrada und Tejo.

Marsanne (Ermitage) Neben ROUSSANNE die Hauptweißweintraube an der nördlichen Rhône (Hermitage, St-Joseph, St-Péray). Auch in Australien, Kalifornien und (als Ermitage blanc) im Wallis mit Erfolg angebaut. Milde, volle Weine, die sehr schön altern.

Melon de Bourgogne Siehe MUSCADET.

Misket Bulgarische mild-aromatische Traubensorte; Grundlage der meisten Weißweine des Landes.

Morillon In einigen Teilen Österreichs der Name für CHARDONNAY.

Moscatel Siehe MUSCAT.

Moscato Siehe MUSCAT.

Moschofilero Hochwertige griechische Traube mit Rosenduft, hellroter Schale und kräftiger Säure. Liefert eher alkoholschwache Weine, meist weiß, es gibt aber auch ein paar Rosé-Versionen sowie Schaumwein.

Müller-Thurgau Liefert aromatische, jung zu trinkende Weine. Die süßen Varianten können gut sein, die trockenen dagegen sind oft nichtssagende, derbe Wässerchen. In Deutschland v.a. in der Pfalz, in Rheinhessen, an der Nahe, in Baden und in Franken verbreitet. Hat sich in Italien (Trentino–Südtirol, Friaul) einige Meriten verdient. Wird in der Schweiz manchmal noch (inkorrekt) Riesling x Sylvaner genannt.

Muscadelle Verleiht manchem weißen Bordeaux (v.a. Sauternes) besondere Würze. Wird im australischen Victoria (zusammen mit MUSCAT, mit dem keine Verwandtschaft besteht) für Rutherglen Muscat verwendet.

Muscadet (Melon de Bourgogne) Erbringt leichte, sehr trockene, erfrischende Weine mit einem Hauch von Meer in der Gegend um Nantes (Bretagne). Als Melon de Bourgogne auch in Teilen Burgunds anzutreffen.

Muscat (Moscatel, Moscato, Muskateller) Diese Sorte existiert in vielen Varianten, am besten ist Muscat blanc à petits grains (alias Gelber Muskateller, Rumeni Muškat, Sarga Muskotály, Yellow Muscat). Die weit verbreiteten, leicht erkennbaren, ausdrucksvollen Trauben werden meist zu bukettreichen, süßen Weinen verarbeitet, oft auch gespritet (z.B. Vin doux naturel in Frankreich). Wunderbar dunkel und süß in Australien. In Spanien süß, z.T. sehr gut. Ungarischer Muskotály ist meist Muscat Ottonel, nur in Tokaj, wo Sarga Muskotály vorherrscht, bringt er (in kleinen Mengen) Duft in den Verschnitt. Gelegentlich (z.B. im Elsass, in Österreich und in Teilen Süddeutschlands) auch trocken ausgebaut. Süßer Muscat vom Cap Corse kann vorzüglich sein. In Italien als Moscato leichter Schaumwein.

Muskateller Siehe MUSCAT.

Narince Türkische Sorte; frische und fruchtige Weine.

Neuburger Lange vernachlässigte österreichische Traube, anzutreffen v.a. in der Wachau (elegante, blumige Weine), in der Thermenregion (körperreich, breit) und in den nördlicheren Teilen des Burgenlands (kräftig, voll).

Olaszriesling Siehe WELSCHRIESLING.

Païen Siehe SAVAGNIN.

Palomino (Listán) Die wichtigste Traube für Sherry. Kaum eigener Charakter, es kommt alles auf die Bereitungsmethode an. An heißen Tagen in der Region auch als Tischwein passabel. Liefert unter dem Namen Listán auf den Kanarischen Inseln trockenen Weißwein.

Pansa blanca Siehe XAREL-LO.

Pecorino Keine Käsesorte, sondern ein verführerischer trockener Weißwein (IGT Colline Pescaresi) von der gleichnamigen Sorte, die vor Kurzem noch fast ausgestorben war.

Pedro Ximénez (PX) Wird für süße Sherry-Stile (reinsortig unter dem eigenen Namen) sowie für Montilla und Málaga verwendet. Auch auf den Kanaren, in Argentinien, Australien, Kalifornien und Südafrika angebaut.

Petit Manseng Siehe MANSENG.

Picpoul (Piquepoul) Südfranzösische Traube mit viel Säure; am bekanntesten ist der sortenrein von Piquepoul blanc bereitete Picpoul de Pinet. Die Picpoul noir hat eine dunkle Schale.

Pinela Lokale slowenische Sorte für subtile, säurearme, jung zu trinkende Weine.

Pinot bianco Siehe PINOT BLANC.

Pinot blanc (Beli Pinot, Pinot bianco, Weißburgunder) Cousin des PINOT NOIR. Ähnelt CHARDONNAY, ist aber milder im Charakter. Leicht, frisch, fruchtig, kaum aromatisch, jung am besten. Gut für italienischen *spumante,* im Nordosten potenziell exzellent, v.a. in hohen Lagen in Südtirol. Weit verbreitet. Heißt in Deutschland Weißburgunder und glänzt dort v.a. im Süden, da er rassiger ausfällt als Chardonnay.

Pinot gris (Pinot grigio, Grauburgunder, Ruländer, Sivi Pinot, Szürkebarát) Als Pinot grigio leicht und modisch in Norditalien, selbst für Rosé – charaktervolle Spitzenweine können aber exzellent sein (Südtirol, Friaul). Billige Versionen sind nur dies: billig. Großartig im Elsass für würzige, körperreiche Weißweine. Heißt in Deutschland Ruländer (süß) oder Grauburgunder (trocken); die besten Weine kommen aus Baden (v.a. vom Kaiserstuhl) und der Südpfalz. Szürkebarát in Ungarn, Sivi Pinot in Slowenien (charaktervoll, aromatisch).

Pošip Kroatische Sorte v.a. auf der Insel Korčula. Recht charaktervoll, Zitrusaroma, hohe Erträge.

Prosecco Siehe GLERA.

Renski Rizling Siehe RIESLING.

Ribolla gialla/Rebula Säurehaltige Weine mit Charakter; in Italien v.a. aus dem Collio, in Slowenien traditionell aus Brda. Sehr hohes Qualitätspotenzial, sowohl bei klassischer Vinifikation als auch mit Hülsenmaischung.

Rieslaner Deutsche Kreuzung zwischen Silvaner und Riesling; bekannt für geringe Erträge und schwierige Reifung, jetzt eine Rarität (weniger als 50 ha). Erbringt in Franken und der Pfalz gute Auslesen.

Riesling italico Siehe WELSCHRIESLING.

Riesling (Renski Rizling, Rhine Riesling) Mindestens so gut wie CHARDONNAY, wenn nicht besser, allerdings in einem völlig anderen Stil. Riesling bietet eine Fülle von Duft- und Geschmacksnoten – die Bandbreite reicht von stahlig bis üppig, doch immer mit positivem Grundton – und hat größeres Alterungspotenzial als Chardonnay. Großartig in allen Stilrichtungen in Deutschland; kraftvoll und stahlig in Österreich; Noten von Limettensirup und gerösteten Früchten in South Australia; reichhaltig und würzig im Elsass; vielversprechend am deutschen Stil augerichtet in Neuseeland, dem Staat New York und dem pazifischen Nordwesten der USA; mit Potenzial in Ontario und Südafrika.

Rkatsiteli In Osteuropa, Russland und Georgien sehr verbreitete Sorte, winterhart und säurereich, liefert daher auch bei schlechter Weinbereitung zum Teil noch einigermaßen akzeptable Ergebnisse. Wird auch im Nordosten der USA angebaut.

Robola Erstklassige Traube aus Griechenland (Kefallonia) mit blumigem Aroma. Nicht mit Ribolla gialla verwandt.

Roditis Rosafarbige Traube, die vorwiegend Weißwein liefert, in ganz Griechenland verbreitet. Bei niedrigen Erträgen gute Ergebnisse.

Roter Veltliner Österreichische Sorte, nicht verwandt mit dem GRÜNEN VELTLINER. Es gibt auch Frühroten und (nicht verwandten) Braunen Veltliner.

Rotgipfler Einheimische aromatische Traubensorte der österreichischen Thermenregion. Ergibt im Verschnitt mit ZIERFANDLER lebendige, üppige, aromatische Weine.

Roussanne Rhône-Traube von großer Finesse, die man jetzt auch in Kalifornien und Australien antrifft. Kann viele Jahre altern.

Ruländer Siehe PINOT GRIS.

Sauvignonasse Siehe FRIULANO.

Sauvignon blanc Erbringt sehr ausdrucksvolle, aromatische Weine mit Noten von Gras bis hin zu tropischen Früchten – pikant in Neuseeland, oft mineralisch in Sancerre, reifer in Australien; gut auch in Rueda, Österreich, Norditalien (Isonzo, Piemont, Südtirol), dem chilenischen Casablanca-Tal und Südafrika. Wird in Bordeaux mit SÉMILLON verschnitten. Kann herb ausfallen oder auch herzhaft (und manchmal ganz schrecklich). Sauvignon gris ist eine weniger aromatische Version mit rosafarbener Schale und noch unerforschtem Potenzial.

Sauvignon vert Siehe FRIULANO.

Savagnin (Heida, Païen) Die Traube des Vin jaune aus Savoyen, deren aromatische Spielart der GEWÜRZTRAMINER ist. In der Schweiz als Heida, Païen oder Traminer bekannt. Körperreiche, säurebetonte Weine.

Scheurebe Deutsche Traube mit Grapefruitaroma, wahrscheinlich eine Kreuzung aus RIESLING x SILVANER. In der Pfalz sehr beliebt, besonders für Auslesen und darüber. Als trockener Wein manchmal krautig, nur voll ausgereift gut.

Sémillon (Semillon) Verleiht dem Sauternes seine Fülle, ist aber immer weniger von Bedeutung für Graves und andere trockene weiße Bordeaux-Weine. Grasig, wenn nicht voll ausgereift, kann aber weichen, trockenen Wein mit großem Alterungspotenzial liefern. In Australien (wo man sie ohne Akzent schreibt) hervorragend; in Neuseeland und Südafrika vielversprechend.

Sercial (Cerceal) Die portugiesische Traube liefert den trockensten Madeira. Als Cerceal (ebenfalls portugiesisch) scheint man dieselbe Sorte zu bezeichnen, aber auch noch einige andere.

Seyval blanc In Frankreich gezüchtete Hybride aus französischen und amerikanischen Reben. Sehr widerstandsfähig, angenehm fruchtig. Im Osten der USA und in England recht erfolgreich, von den dogmatischen Richtlinien der Europäischen Union jedoch nicht für »Qualitätswein« zugelassen.

Silvaner (Johannisberg, Sylvaner) Der ehemalige Schwerarbeiter unter den deutschen Reben; kann in Rheinhessen und der Pfalz exzellente Ergebnisse hervorbringen, besonders aber in Franken, wo die pflanzlichen/erdigen und mineralischen Noten ihren Höhepunkt erreichen. Liefert im Wallis als Johannisberg sehr guten, kraftvollen Wein. Im Elsass die Sorte für die leichtesten Weine.

Šipon Siehe FURMINT.

Spätrot Siehe ZIERFANDLER.

Sylvaner Siehe SILVANER.

Tămâioasă românească Zur MUSCAT-Familie gehörige rumänische »frankincense«-Weißweintraube mit exotischem Aroma und Geschmack.

Torrontés Eine ganze Reihe von Trauben wird so genannt, die meisten haben einen aromatischen, floralen, manchmal etwas seifigen Charakter. Eine Spezialität in Argentinien, auch in Spanien anzutreffen. Jung zu trinken.

Traminac Alias Traminec. Siehe GEWÜRZTRAMINER.

Traminer In Ungarn auch Tramini. Siehe GEWÜRZTRAMINER.

Trebbiano (Ugni blanc) Die wichtigste weiße Sorte der Toskana, kommt aber in verschiedenster Gestalt in ganz Italien vor. Erhebt sich selten über die Masse, außer im toskanischen Vin Santo. Einige gute trockene Weißweine unter den DOCs Romagna und Abruzzo. Trebbiano di Soave und Trebbiano di Lugana – alias VERDICCHIO – sind nur entfernt verwandt. Wird in Südfrankreich als Ugni blanc und in Cognac als St-Émilion angebaut. Liefert meist dünnen, neutralen Wein, gut für Verschnitte geeignet. Bräuchte mehr Sorgfalt beim Anbau.

Ugni blanc Siehe TREBBIANO.

Ull de Llebre Siehe TEMPRANILLO.

Verdejo Die Traube von Rueda in Kastilien kann feinen, langlebigen Wein erbringen.

Verdelho In Australien hervorragende Qualität (körperreich und etwas scharf); selten, aber gut (und mittelsüß) auf Madeira.

Verdicchio Liefert den potenziell guten, muskulösen trockenen Wein gleichen Namens im östlichen Mittelitalien.

Vermentino Italienische Traube, die lebhafte Weine mit ordentlicher Textur und guter Alterungsfähigkeit ergibt. Hat Potenzial.

Vernaccia Steht für viele Trauben in Italien, die nicht miteinander verwandt sind. Vernaccia di San Gimignano ist frisch und lebhaft, Vernaccia di Oristano eher sherryähnlich.

Vidal Französische Hybridrebe; verbreitet in Kanada für Eiswein angebaut.

Viognier Die Rhône-Traube ist gerade groß in Mode. Die besten Exemplare stammen aus Condrieu, danach kommen die immer noch aromatischen Weine aus dem Midi. Auch in Kalifornien, Virginia, Uruguay und Australien bereitet man gute Versionen.

Viura (Macabeo, Maccabéo, Maccabeu) Die häufigste weiße Sorte Nordspaniens, weitverbreitet in Rioja und den katalanischen Cava-Gebieten. Wird auch jenseits der Grenze in Südwestfrankreich angebaut. Gutes Qualitätspotenzial.

Weißburgunder Deutscher Name für PINOT BLANC.

Welschriesling (Graševina, Laski Rizling, Olaszriesling, Riesling italico) Liefert leichte und frische bis süße und volle Weine in Österreich; in Osteuropa allgegenwärtig, wo einige bemerkenswert gute trockene und süße Weine aus ihr bereitet werden. Mit RIESLING nicht verwandt.

Xarel-lo (Pansa blanca) Traditionelle katalanische Traube, zusammen mit Parellada and MACABEO für Cava verwendet. Neutral, aber sauber. Charaktervoller (mit Noten von Limettensirup) als Pansa blanca in Alella.

Xynisteri Die meistangebaute Weißweintraube Zyperns. Kann recht schlicht geraten und wird meist jung getrunken; in Höhenlagen liefert sie allerdings frische, ansprechende, mineralische Weine.

Zéta Ungarische Kreuzung von BOUVIER und FURMINT, die einige Winzer für ihren Tokaji Aszú verwenden.

Zierfandler (Spätrot, Cirfandl) In der österreichischen Thermenregion vorkommende Weißweinsorte, oft mit ROTGIPFLER zu aromatischen, gewichtigen Weinen mit Orangenschalenduft verschnitten.

Wein und Speisen

Soll sich das Essen nach dem Wein richten oder eher umgekehrt? Normalerweise geht natürlich das Essen vor, weshalb in diesem Kapitel Speisen aufgeführt sind, zusammen mit den Weinen, die uns dazu geschmeckt haben. Für ganz besondere Kreszenzen ist die Liste auf S. 43 gedacht.

Gibt es Regeln? Stellen Sie selbst welche auf, wenn Sie wollen, aber wählen Sie nie Speisen oder Weine, von denen Sie nicht wissen, ob Sie sie mögen. Was Sie aber mögen, egal, was es ist, passt aller Wahrscheinlichkeit nach dann auch zusammen. Was gar nicht geht, haben Sie schnell herausgefunden (öliger Fisch mit tanninstarkem Wein etwa), aber die meisten Sachen funktionieren im Zeitalter der seidigen Tannine, in dem wir heute leben. Salatsaucen mit Essig ruinieren allerdings alles, auch den Salat. Selten verkehrt ist es, vom Hellen zum Dunklen und vom Trockenen zum Süßen vorzugehen. Aber nun zu den einzelnen Empfehlungen:

Vor dem Essen – einen Aperitif

Herkömmliche Aperitifs sind entweder Schaumweine (am besten: Champagner) oder gespritete Weine (z. B. Sherry in Großbritannien, Port in Frankreich, Wermut in Italien usw.). Einfach ein Glas leichten Wein vor dem Essen zu trinken ist nie verkehrt.

Eine Warnung: Meiden Sie Erdnüsse, denn sie zerstören das Aroma des Weins. Auch Oliven sind für viele Weine zu pikant; sie verlangen nach Sherry oder einem Martini. Essen Sie zu Champagner stattdessen Mandeln, Pistazien oder Walnüsse, einfache Kartoffelchips oder Käsegebäck.

Vorspeisen

Aïoli Zu so viel Knoblauch braucht man einen Durstlöscher. Junger weißer Rhônewein, Rosé aus der Provence, Verdicchio oder Sauvignon blanc. Und natürlich Marc oder Grappa – für die Courage!

Antipasti Trockener oder halbtrockener Weißwein aus Italien (Arneis, Soave, Pinot grigio, Vermentino, Grechetto) oder ein leichter, aber griffiger Rotwein, z. B. Vapolicella. Auch Fino Sherry.

Artischocken *Mit Sauce hollandaise:* Ein voller, frischer, trockener Weißwein, z. B. Pouilly-Fuissé oder ein Erstes Gewächs aus Deutschland.
Mit Sauce vinaigrette: Ein ausdrucksvoller, trockener Weißwein, z. B. ein neuseeländischer Sauvignon blanc, ein Côtes de Gascogne oder ein moderner Grieche (ein vier Jahre alter Malagousia, um genau zu sein). Oder junger roter Bordeaux bzw. Côtes du Rhône.

Auberginenpüree (Melitzanosalata) Frischer Sauvignon blanc aus der Neuen Welt, z. B. aus Südafrika oder Neuseeland, oder ein moderner trockener griechischer bzw. sizilianischer Weißer. Auberginengerichte aus dem Ofen brauchen einen kräftigeren Roten: Shiraz, Zinfandel – oder türkischen Wein.

Austern *Gegart:* Puligny-Montrachet oder ein guter Chardonnay aus der Neuen Welt. Champagner passt zu allen Austern.
Roh: Champagner oJ, außerdem Chablis, Muscadet, weißer Graves, Sancerre – oder Guinness. Manzanilla passt hervorragend.

Avocado *Mit Riesengarnelen:* Trockener bis halbtrockener oder etwas säuerlicher Weißwein, z. B. Pfälzer oder Rheingauer Kabinett, Grüner Veltliner, Riesling aus der Wachau, Sancerre, Pinot grigio, australischer Chardonnay (ohne Eichennote) oder ein trockener Rosé. Oder Chablis Premier cru.

Mit Mozzarella und Tomaten: Frischer, aber reifer Weißwein: Soave, Sancerre, griechischer Weißwein.

Carpaccio *Vom Lachs:* Chardonnay oder Champagner.

Vom Rind: Hierzu passt fast jeder Wein, auch ein Roter. Ein Toskaner ist eine gute Wahl, aber auch ein feiner Chardonnay oder ein Jahrgangs- oder Rosé-Champagner.

Vom Thunfisch: Viognier, kalifornischer Chardonnay oder neuseeländischer Sauvignon blanc.

Ceviche Australischer Riesling oder Verdelho, Sauvignon blanc aus Chile, Torrontés.

Chorizo Nicht einfach. Fino ist am besten, oder Riesling bzw. Grüner Veltliner aus Österreich.

Crostini Ein trockener Weißer aus Italien, z. B. Verdicchio oder Orvieto, oder einfacher Morellino di Scansano, Montepulciano d'Abruzzo, Valpolicella, Manzanilla.

Dim-Sum Klassischerweise: chinesischer Tee. Zum Vergnügen: Pinot grigio, oder ein leichter Pinot noir. Bei Rotweinen sind weiche Tannine der Schlüssel: reife Rote passen überraschend gut. Bardolino, Rioja oder ein leichter Wein von der südlichen Rhône sind ebenfalls Kandidaten. Sonst Champagner oJ oder guter Schaumwein aus der Neuen Welt.

Eierspeisen Siehe auch Soufflé. Nicht einfach: Mit den meisten Weinen vertragen sie sich nicht, gute Tropfen werden sogar ruiniert. Viognier, v. a. australischer, ist beachtlich. Zu Rührei trinke ich allenfalls Champagner – v.a. am Wochenende.

Œufs en meurette: Ein Geniestreich aus Burgund; die Eier in Rotweinsauce verlangen natürlich nach einem Burgunder.

Wachteleier: Blanc-de-Blancs Champagner, Viognier.

Fischterrine oder Fischsalat (inkl. Krebse) Braucht etwas Feines. Trockene Pfälzer Riesling Spätlese, Grüner Veltliner, Chablis Premier cru, Sonoma Chardonnay oder Manzanilla.

Forelle, geräuchert Sancerre, kalifornischer oder südafrikanischer Sauvignon blanc, Rully oder Bourgogne Aligoté, Chablis oder Champagner. Oder ein Riesling Kabinett aus Deutschland.

Gänseleberpastete Süßwein. In Bordeaux Sauternes. Anderswo wird Pinot gris Spätlese, Riesling, Vouvray, Montlouis, Jurançon moelleux oder Gewürztraminer bevorzugt. Für Feinschmecker: Tokaji Aszú 5 Puttonyos. Trockener Amontillado kann vorzüglich sein. Zu warmer Gänseleberpastete alter Jahrgangschampagner. Auf keinen Fall Chardonnay, Sauvignon blanc oder irgendein Rotwein.

Garnelen, Krabben oder Scampi Muscadet ist ok, besser aber einen feinen, trockenen Weißwein: Burgunder, Graves, neuseeländischer Chardonnay, Riesling aus Washington, der Pfalz oder Australien. Auch feiner, reifer Champagner. (Cocktailsauce richtet den Wein zugrunde.)

Gemüseterrine Nicht gerade ein großartiger Partner für feinen Wein. Modern ist chilenischer Chardonnay; Chenin blanc oder Vouvray sind besser.

Guacamole Mexikanisches Bier. Oder kalifornischer Chardonnay, neuseeländischer Sauvignon blanc, trockener Muscat, Sherry.

Hering, grün oder Matjes Junger Genever, Aquavit aus Skandinavien oder kühles Bier. Wenn es unbedingt Wein sein soll: Muscadet.

Kaviar Eisgekühlter Wodka; körperreicher Champagner (z. B. Bollinger, Krug). Cuvée Anna-Maria Clementi von Ca' del Bosco. Keine rohen Zwiebeln dazugeben!

Lachs, geräuchert Trockener, aber ausdrucksvoller Weißwein, z. B. Manzanilla Sherry, Condrieu, Elsässer Pinot gris, Chablis Grand cru, Pouilly-Fumé, Pfälzer Riesling Spätlese, Jahrgangschampagner. Wodka, Aquavit.

Makrelen, geräuchert Zu ölig für Wein. Manzanilla, trockener Vinho Verde oder Schnaps, Pfefferwodka, Grasovka. Bier. Oder schwarzer Tee.

Mayonnaise-Vorspeisen Verlangen nach kräftigem Kontrast. Weißwein von der Côte Chalonnaise (z. B. Rully) eignet sich gut. Oder probieren Sie neuseeländischen Sauvignon blanc, Verdicchio, eine Spätlese trocken, oder provençalischen Rosé.
Mit Hummer: Pfälzer Riesling Erstes Gewächs, Chablis Premier cru.

Mezze (eine Auswahl warmer und kalter Gemüsegerichte) Ein Heimspiel für Fino Sherry.

Mozzarella mit Tomaten und Basilikum Siehe auch Avocado. Ein frischer italienischer Weißwein (z. B. Soave, Südtiroler). Vermentino aus Ligurien oder südfranzösischer Rolle.

Pasta Rot- oder Weißwein, je nach Sauce.
Mit Fleischsauce: Montepulciano d'Abruzzo, Salice Salentino, Malbec.
Mit Pesto: Barbera, Vermentino aus Ligurien, neuseeländischer Sauvignon blanc, ungarischer Furmint.
Mit Sahnesauce: Orvieto, Frascati, Greco di Tufo. Junger Sangiovese.
Mit Seafood (z. B. Muscheln): Verdicchio, Soave, weißer Rioja, Cirò, Chardonnay ohne Holznote.
Mit Tomatensauce: Chianti, Barbera, sizilianischer Rotwein, Zinfandel, südaustralischer Grenache.

Pastrami Elsässer Riesling, junger Sangiovese, St-Émilion.

Pastete *Hühnerleber:* Ein pikanter Weißwein (Elsässer Pinot gris oder Marsanne) oder ein milder Rotwein (leichter Pomerol, Volnay oder neuseeländischer Pinot noir). Auch Amontillado Sherry. Zu kräftigeren Pasteten (Entenleber usw.) passt Châteauneuf-du-Pape, Cornas, Chianti Classico oder guter weißer Graves.

Pipérade Rosado aus Navarra, der Provence oder dem Midi. Oder trockener australischer Riesling. Wenn's Rotwein sein soll: Corbières.

Prosciutto (auch mit Melonen, Birnen oder Feigen) Gehaltvoller trockener bis halbtrockener Weißwein: Orvieto, Grechetto, Grüner Veltliner, Furmint-Tokajer, australischer Semillon, Jurançon Sec.

Risotto Je nach Geschmacksrichtung: *Mit Gemüse (z. B. Primavera):* Pinot grigio aus dem Friaul, Gavi, recht junger Semillon, Dolcetto, Barbera d'Alba.
Mit Steinpilzen: Feinster reifer Barolo oder Barbaresco.
Nero: Voller trockener Weißer: Viognier oder sogar Corton-Charlemagne.

Rohkost Leichter Rot- oder Roséwein: Côtes du Rhône, Minervois, Chianti, Pinot noir. Oder Fino Sherry, Elsässer Sylvaner bzw. Pinot blanc.

Salate Jeder trockene und appetitanregende Weißwein.
Hinweis: Essig in Salatsaucen zerstört das Aroma des Weins. Will man einen guten Wein zum Essen trinken, sollte der Salat mit Wein oder etwas Zitronensaft angemacht werden.

Schellfisch, geräuchert, Mousse oder Brandade Hierzu passt ein körperreicher, ausdrucksvoller trockener Weißwein, u. a. Chablis Grand cru oder Chardonnay aus Sonoma, Südafrika oder Neuseeland.

Schinken, roh oder luftgetrocknet Siehe auch Prosciutto. Elsässer Pinot gris Grand cru oder guter, frischer weißer italienischer Collio. Zu spanischem Pata Negra oder Serranoschinken Fino Sherry oder Tawny Port.

Schnecken Rote von der Rhône (z. B. Gigondas, Vacqueyras) oder weißen St-Véran oder Rully. Im Midi nehme man einen Weiß-, Rosé- oder Rotwein der Gegend zu Petits gris. Im Elsass Pinot blanc oder trockener Muscat.

Soufflé Hierzu gehört ein ★★★-Wein. Zu allen Soufflé-Arten passt Champagner, insbesondere Jahrgangschampagner.
Fischsoufflé: Trockener Weißwein: Burgunder, Bordeaux, Elsässer, Chardonnay usw.
Käsesoufflé: Reifer roter Burgunder oder Bordeaux, Cabernet Sauvignon (nicht aus Chile oder Australien) usw. Oder feiner weißer Burgunder.
Spinatsoufflé: Schwierig zu Wein. Mâcon-Villages, St-Véran, Valpolicella.

Spargel Schwierig zu Wein, wegen des leicht bitteren Geschmacks; am besten ein ausdrucksstarker Tropfen. Riesling ist immer einen Versuch wert, Rheingau-Riesling ein Klassiker. Sauvignon blanc verstärkt den Spargelgeschmack. Australischer Semillon ist besser als Chardonnay, der wiederum besser zu zerlassener Butter oder Sauce hollandaise passt; ansonsten Elsässer Pinot gris, auch trockener Muscat oder Jurançon Sec.

Tapas Perfekt ist kalter, frischer Fino Sherry, der die ganze Bandbreite an Geschmacksrichtungen der warmen und kalten Speisen abdeckt. Auch Sake.

Tapenade Manzanilla oder Fino Sherry oder jeder leicht scharfe, trockene Weißwein oder Rosé.

Tarama/Taramosalata Rustikaler, markanter Weißwein aus dem Süden, auch Retsina. Fino Sherry passt gut. Ebenso ein Marsanne von der Rhône. Die milde Supermarktversion eignet sich gut für feine, delikate Weißweine oder Champagner.

Tempura Die Japaner mögen dazu Chardonnay mit Säure und Eichennote. Ich bevorzuge Champagner.

Tortilla Rioja Crianza, Fino Sherry oder weißer Mâcon-Villages.

Wurstwaren/Salami Junger Beaujolais-Villages, Loire-Rotweine (z.B. Saumur), Pinot noir aus Neuseeland oder aus Oregon. Lambrusco oder junger Zinfandel. Junge argentinische oder italienische Rote. Auch weißer Bordeaux und leichter Chardonnay (z.B. Côte Chalonnaise) können passen.

Ziegenkäse, warm (z.B. in Salat) Die Klassiker: Sancerre, Pouilly-Fumé oder Sauvignon blanc aus der Neuen Welt.
Kalt: Chinon, Saumur-Champigny oder Rosé aus der Provence. Oder ein kräftiger Roter: Château Musar, ein Grieche, Türke oder auch australischer Shiraz-Schaumwein.

Meeresfrüchte & Fischgerichte

Aal, geräuchert Riesling aus dem Elsass oder aus Österreich. Oder Tokaji Furmint, Fino Sherry, Jahrgangschampagner. Schnaps.

Barsch, See- Weißburgunder aus Baden oder der Pfalz, aber auch jeder andere delikate Weißwein eignet sich gut, z.B. trockener Clare-Riesling, Chablis, weißer Châteauneuf-du-Pape. Aber je kräftiger der Fisch gewürzt ist, desto aromareicher sollte der Wein sein: mit Ingwer, Frühlingszwiebeln usw. etwa ein gehaltvoller Riesling, nicht unbedingt trocken.

Brandade Chablis Premier cru, roter Sancerre oder Neuseeländer Pinot noir.

Curry Ein allgemeiner Begriff für eine Vielzahl von Geschmacksrichtungen. Chili hebt das Tannin hervor, deshalb brauchen Rotweine geschmeidige, entwicklete Tannine. Ein fruchtiger, nicht zu trockener Rosé könnte passen. Sauer-scharfe Gerichte (mit Tamarinde, Tomate usw.) brauchen säurehaltige Weine (vielleicht Sauvignon blanc), milde, sahnige eher solche mit guter Textur (trockener Elsässer Riesling). Am besten aber ist immer noch Sherry: Fino mit Fisch, Palo Cortado oder trockener Amontillado mit Fleisch. Und ein Glas Wasser: eine Offenbarung.

Fisch im Salzmantel Ein körperreicher Weißer oder Rosé: Albariño; aus Sizilien, aus Griechenland, aus Ungarn, Côtes du Luberon, Minervois.

Fisch in Beurre blanc Bester Muscadet *sur lie*, Sémillon/Sauvignon-blanc-Verschnitt, Chablis Premier cru, Vouvray, Albariño, Rheingauer Riesling.

Fischpastete (mit Sahnesauce) Albariño, Soave Classico, Riesling Erstes Gewächs, spanischer Godello.

Fish and Chips, Fritto misto, Tempura Chablis, weißer Bordeaux, Sauvignon blanc, Pinot blanc, Gavi, Fino, Montilla, Koshu, Sake, Tee; oder Champagner oJ bzw. Cava.

Forelle, gegrillt oder gebraten Delikate Weißweine, z.B. Mosel (v.a. von der Saar oder Ruwer), Elsässer Pinot blanc, Fendant.

Garnelen *Mit Knoblauch:* leichter, trockener Weiß- oder Roséwein.
Mit Gewürzen (auch scharf, mit Chili): Hier ist etwas mehr Körper nötig, aber keine Eichennote: trockener Riesling ist gut.
Mit Mayonnaise: Menetou-Salon.

Glattbutt Sehr delikater Fisch, geeignet z. B. für feinen alten Puligny.

Graved Lachs Sercial Madeira (z.B. 10 Jahre alter Henriques), Amontillado, Tokaji Furmint.

Heilbutt Siehe Steinbutt.

Heringe, gebraten, gegrillt Ein scharfer Weißwein, der dem ausgeprägten Geschmack des Herings entgegenwirkt: Rully, Chablis, Bourgogne Aligoté, Weißwein aus Griechenland, trockener Sauvignon blanc. Oder Cidre.

Hummer *Kalt mit Mayonnaise:* Champagner oJ, Elsässer Riesling, Chablis Premier cru, Condrieu, Mosel Spätlese oder ein lokaler Schaumwein.
Mit reichlich Sauce: Jahrgangschampagner, feiner weißer Burgunder, Graves Cru classé, sogar Sauternes, ein deutsches Großes Gewächs, auch Pfälzer Spätlese.

Jakobsmuscheln Am besten halbtrockene Weißweine.
Auf asiatische Art: ein Neuseeländer Chardonnay, Chenin blanc, Verdelho, Godello oder Gewürztraminer.
Gegrillt oder sautiert: Hermitage blanc, Grüner Veltliner, Pessac-Léognan Blanc, Jahrgangschampagner oder Pinot noir.
In Sahnesauce: Deutsche Spätlese, Montrachet, erstklassiger australischer Chardonnay.

Kabeljau, gebraten Eine gute, neutrale Grundlage für feine trockene bis halbtrockene Weißweine, z. B. Chablis, Meursault, Corton-Charlemagne, Graves Cru classé, Grüner Veltliner; Kabinett oder Großes Gewächs aus Deutschland; oder auch ein guter, eher leichter Pinot noir.
Black cod mit Misosauce: Pinot noir aus Neuseeland oder Oregon, Meursault Premier cru oder Rheingauer Riesling Spätlese.

Kedgeree (anglo-indisches Fischgericht) Volle Weißweine, auch schäumend: Mâcon-Villages, südafrikanischer Chardonnay, Grüner Veltliner, ein deutsches Großes Gewächs oder (zum Frühstück) Champagner.

Kipper (kalt geräucherter Hering) Eine gute Tasse Tee, vorzugsweise Ceylon (mit Milch, ohne Zucker). Scotch? Trockener Oloroso ist überraschend gut.

Krabben (Krebse) Krabben und Riesling sind füreinander gemacht.
Mit Chili und Knoblauch: Ein eher kraftvoller Riesling, vielleicht ein Großes Gewächs oder einer aus der Wachau.
Chinesische Art, mit Ingwer und Zwiebeln: Deutscher halbtrockener Riesling (Kabinett oder Spätlese); Tokaji Furmint, Gewürztraminer.
Cioppino: Sauvignon blanc. An der amerikanischen Westküste trinkt man Zinfandel. Auch kalifornischer Schaumwein.
Kalt angemacht: Spitzenriesling von der Mosel, trockener Elsässer oder australischer Riesling, oder Condrieu.
Mit Schwarzer-Bohnen-Sauce: Kräftiger Barossa-Shiraz oder Syrah.
Softshell crabs: Chardonnay, Albariño oder deutsche Spitzen-Riesling-Spätlese.
Thailändische Crabcakes: Ausdrucksvoller Sauvignon blanc (von der Loire, aus Südafrika, Australien, Neuseeland) oder Riesling (deutsche Spätlese oder aus Australien).

Lachs, sautiert oder gegrillt In Mode ist Pinot noir, doch Chardonnay ist besser. Merlot oder leichter Bordeaux sind auch nicht übel. Am besten ist feiner weißer Burgunder: Puligny- oder Chassagne-Montrachet, Meursault, Corton-Charlemagne, Chablis Grand cru; oder Grüner Veltliner, Condrieu, Chardonnay aus Kalifornien, Idaho oder Neuseeland, Rheingau-Riesling (Kabinett/Spätlese) oder aus Australien.
Lachsklößchen: Ähnliche, aber weniger große Weine.
Siehe auch Graved Lachs.

Lamproie à la Bordelaise (Neunauge) Großartig mit fünf Jahre altem St-Émilion oder Fronsac. In Portugal auch Douro-Rotweine.

Makrelen *Gegrillt:* Weiße mit kräftiger Säure: Sauvignon blanc aus der Touraine, Gaillac, Vinho Verde, weißer Rioja, englischer Weißer. Oder Guiness.

Meeräsche Verdicchio, Rully, Chardonnay ohne Eichenwürze.

Meerbarbe, Rote Eine Verwandlungskünstlerin, passt sich sowohl guten Weiß- als auch Rotweinen an, v. a. Pinot noir.

(Mies)Muscheln Muscadet *sur lie*, Chablis Premier cru, Chardonnay ohne Eichennote.

In Curry: Mittelsüßer Wein; Elsässer Riesling.

Gefüllt, mit Knoblauch/Petersilie: Siehe Vorspeisen/Schnecken.

Paella, mit Schalentieren Körperreicher Weißwein oder Rosé, Chardonnay ohne Eichennote. Oder den lokalen spanischen Rotwein.

Rochen, in brauner Butter Würziger Weißwein, z. B. Elsässer Pinot gris, oder sauberer, einfacher Wein wie Muscadet oder Verdicchio.

Sardellen, mariniert*:* Die Marinade verträgt sich mit kaum einem Wein. In Salade niçoise vielleicht provencalischer Rosé.

Sardinen, frisch gegrillt Sehr trockener Weißwein, z. B. Vinho Verde, Muscadet, moderner griechischer Wein.

Sashimi Die Japaner präferieren körperreichen Weißwein (Chablis Premier cru, Elsässer Riesling) zu weißem Fisch, Pinot noir zu rotem. Beide brauchen Säure, weshalb ein säurearmer Wein nicht passt. Einfacher Chablis ist vielleicht ein bisschen dünn. Wenn Sojasauce dabei ist, passt ein tanninarmer Roter (wieder Pinot). Ansonsten Sake (oder Fino). Auf Champagner wären Sie sicher selbst gekommen.

Schalentiere Trockener Weißwein zu gekochten Schalentieren, vollere Weine zu gehaltvollen Saucen. Riesling ist die Traube der Wahl.

Zu einem Meeresfrüchteteller: Chablis, Muscadet, Picpoul de Pinet, Pinot bianco aus Südtirol.

Schellfisch Reichhaltige trockene Weißweine: Meursault, kalifornischer Chardonnay, Marsanne oder Grüner Veltliner.

Schnapper Sauvignon blanc, wenn orientalische gewürzt; Rhône-Weißwein oder provençalischer Rosé mit mediterranen Aromen.

Schwertfisch Körperreicher, trockener lokaler Weißwein (und warum nicht auch Rotwein?), aber nichts Besonderes.

Seegurke Das einzige chinesische Fischgericht, zu dem Rotwein besser passt als Weißwein. Vor allem die Sauce bestimmt den Geschmack. Ein komplexer Wein mit seidiger Textur wird benötigt: reifer Pinot noir oder Barolo, ebenso erstklassiger Rioja oder Bordeaux.

Seehecht Sauvignon blanc oder sonst ein frisch-fruchtiger Weißwein, z. B. Pacherenc du Vic-Bilh, Tursan, weißer Navarra.

Kalt mit Mayonnaise: Feiner Chardonnay.

Seeohr (Abalone) Trockener bis halbtrockener Weißwein, z. B. Sauvignon blanc, Meursault, Pinot grigio, Grüner Veltliner.

Chinesisch: Mindestens Jahrgangschampagner. Oder Elsässer Wein.

Seeteufel Ein üppiges, aber neutrales Gericht; alles kommt auf die Sauce an: vollaromatischer Weiß- oder Rotwein, je nachdem.

Seezunge, Scholle u. Ä. *Gegart, gegrillt oder gebraten:* Ideal zu feinen Weinen: weißer Burgunder und Gleichrangige.

Mit Sauce: Je nach den Zutaten der Sauce; säuerlich-trockene Weine bei Tomatensauce; ziemlich reichhaltige Tropfen für sahnigere Varianten.

Steinbutt Gehaltvoller trockener Spitzenweißwein, z. B. Meursault, Chassagne-Montrachet, Corton-Charlemagne, reifer Chablis oder sein kalifornisches, australisches bzw. neuseeländisches Äquivalent; reife Rheingauer, Mosel- oder Nahe-Spätlese oder Auslese (nicht trocken); Condrieu.

Sushi Wird meist schon mit scharfem Wasabi zubereitet. Trockener deutscher QbA oder einfacher Chablis passen gut, aber auch Champagne Brut oJ. Nichts mit zu deutlicher Frucht. Ansonsten natürlich Sake und Bier.

Tagine, mit Couscous Nordafrikanische Aromen brauchen gehaltvolle Weißweine – aus Österreich oder von der Rhône – oder frische, neutrale Weiße, die nicht mit ihnen konkurrieren. Vorsichtig mit Eichennoten. Viognier oder Albariño können gut passen.

Thunfisch, gegrillt oder sautiert Wird am besten nicht ganz durchgebraten mit leichtem Rotwein serviert: Cabernet franc oder Pinot noir. Junger Rioja ist auch eine Möglichkeit.

Zander Exquisiter Fisch, verlangt feinsten Wein: weißer Spitzenburgunder, Elsässer Riesling Grand cru oder edler Mosel. Oder Chasselas aus der Schweiz (Dezaley, St Saphorin).

Fleisch, Geflügel & Wild

Barbecue Passende lokale Weine kommen aus Australien, Südafrika, Chile oder Argentinien. Rote brauchen Tannin und Kraft.
Asiatisch (Limette, Koriander usw.): Rosé, Pinot grigio, Riesling.
Chili: Shiraz, Zinfandel, Pinotage, Malbec, chilenischer Syrah.
Fisch mit Öl, Zitrone, Kräuter: Sauvignon blanc.
Orientalisch (Kreuzkümmel, Minze): Frischer trockener Weißwein, Rosé.
Tomatensaucen: Zinfandel, Sangiovese.

Bœuf Stroganoff Massiver Rotwein: Barolo, Amarone della Valpolicella, Priorat, Hermitage, Zinfandel Spätlese, sogar Saperavi aus Georgien oder Negru de Purkar aus Moldawien.

Bratenreste, Kalte Besser ein sehr aromatischer Weißer als Rotwein. Sehr gut passen Mosel-Spätlese, Hochheimer oder Weine von der Côte Chalonnaise und aus dem Beaujolais. Reste von kaltem Braten mit dem Rest aus der Champagnerflasche hinunterzuspülen ist einfach herrlich.

Bratwurst In England trinken wir jungen Malbec aus Argentinien (jedenfalls einen Roten) oder London Pride (britisches Ale).

Boudin blanc Chenin blanc von der Loire; falls mit Äpfeln serviert: trockener Vouvray, Saumur Savennières; ohne Äpfel: reifer roter Côtes de Beaune.

Boudin noir (Blutwurst) Sauvignon blanc oder Chenin blanc aus der Gegend, insbesondere an der Loire. Oder Beaujolais Cru, v. a. Morgan. Oder ein leichter Tempranillo. Oder Fino.

Cajun-Küche Fleurie, Brouilly oder Sauvignon blanc aus der Neuen Welt.
Gumbo: Amontillado.

Cassoulet Rotwein aus dem Südwesten Frankreichs (Gaillac, Minervois, Corbières, St. Chinian, Fitou) oder Shiraz. Am besten ist jedoch ein Wein aus Fronton, ein Beaujolais Cru oder junger Tempranillo.

Chili con Carne Junger Rotwein: Beaujolais, Tempranillo, Zinfandel, argentinischer Malbec, chilenischer Carmenère.

Chinesische Speisen *Kanton-Art:* Roséweine oder trockene bis halbtrockene Weißweine (Riesling Kabinett von der Mosel oder trockene Spätlese) sind oft für chinesische Menüs geeignet. Riesling sollte nicht zu trocken sein; Gewürztraminer wird zwar häufig vorgeschlagen, passt aber selten – kantonesisches Essen verlangt Säure vom Wein. Trockener Schaumwein (v. a. Cava) passt zur Textur. Rotweine können passen, wenn sie reife Komplexität und seidige Fülle haben. Junge Tannine wirken ebenso katastrophal wie überholzte Extraktmonster. Pinot noir ist erste Wahl, probieren Sie auch St-Émilion (★★) oder Châteauneuf-du-Pape. Zu chinesischer Küche biete ich im Übrigen häufig Weiß- und Rotwein gleichzeitig an. Pekingente verträgt fast alles. Champagner löscht den Durst.

Shanghai-Art: Reichhaltiger und öliger als kantonesisches Essen, passt weniger gut zu Wein. Es ist nicht so scharf, enthält aber mehr Essig. Deutsche und Elsässer Weißweine, vielleicht ein bisschen süßer als für kantonesische Gerichte. Bei den Roten ist reifer Pinot noir wieder der beste.

Szechuan-Art: Verdicchio, Elsässer Pinot blanc oder sehr kaltes Bier. Auch hier kann reifer Pinot noir passen, sollte aber seidige Tannine haben.

Choucroute garnie (Schlachtplatte) Elsässer Pinot gris, Pinot blanc, Riesling oder Bier.

Confit d'oie/de canard Junger, tanninreicher roter Bordeaux, kalifornischer Cabernet Sauvignon und Merlot sowie Priorat nehmen diesem Gericht die Schwere; Elsässer Pinot gris oder Gewürztraminer passen ebenso.

Coq au vin Roter Burgunder. Der Idealfall ist eine Flasche Chambertin im Gericht und zwei auf dem Tisch.

Currys Siehe Indische Küche.

Eintopfgerichte Burgunder wie Nuits St-Georges oder Pommard, aber eher einfacher; andernfalls kräftiger, geschmacksintensiver Rotwein, z. B. junger Côtes du Rhône, Toro, Corbières, Barbera, Shiraz, Zinfandel o. Ä.

Ente oder **Gans** Gehaltvoller Weißwein: Pfälzer Spätlese oder halbtrockener Elsässer Grand cru; gut reife Rotweine mit Wildaroma wie Morey-St-Denis, Côte Rôtie oder Pauillac. Mit Orangen oder Pfirsichen ist Sauternes zu empfehlen, aber auch Monbazillac bzw. Riesling Auslese. Darüber hinaus reifer, körperreicher Jahrgangschampagner, der sich zudem überraschend gut mit Rotkohl versteht.

Wildente: Ausdrucksstarker, üppiger Rotwein, z. B. Hermitage, Bandol, kalifornischer oder südafrikanischer Cabernet Sauvignon, australischer Shiraz – am besten Penfolds Grange, wenn man ihn sich leisten kann.

Mit Oliven: Spitzen-Chianti oder ein anderer Toskaner.

Gebratene Entenbrust sowie Confit mit Puy-Linsen: Madiran, St-Émilion, Fronsac.

Fleischbällchen Würzige, mittelschwere Rotweine: Mercurey, Crozes-Hermitage, Madiran, Morellino di Scansano, Langhe Nebbiolo, Zinfandel, Cabernet Sauvignon.

Orientalisch (scharf): Einfacher, rustikaler Rotwein.

Frankfurter Würstchen Deutscher oder New Yorker Riesling, Beaujolais oder leichter Pinot noir. Ansonsten Budweiser.

Grillgerichte Siehe Barbecue.

Gulasch Aromatischer junger Rotwein: ungarischer Kékoportó, Zinfandel, Tannat aus Uruguay, Morellino di Scansano, Mencía, junger australischer Shiraz. Oder trockener Weißwein aus Tokaj.

Hamburger Junger Rotwein: australischer Cabernet Sauvignon, Chianti, Zinfandel, argentinischer Malbec, chilenischer Carmenère oder Syrah, Tempranillo. Oder echte Cola (nicht »Diät« oder »Zero«).

Hammel Der Geschmack ist intensiver als bei Lamm, das Fleisch wird immer durchgebraten. Hier ist ein robuster Rotwein angeraten – und auf jeden Fall erstklassig: reifer Cabernet Sauvignon oder Syrah. Eine gewisse süße Fruchtnote (z. B. Barossa) passt gut.

Hase Hasenpfeffer verlangt nach einem vollduftigen Rotwein: nicht zu reifer Burgunder oder Bordeaux, von der Rhône (z. B. Gigondas), Bandol, Barbaresco, Ribera del Duero oder Rioja Reserva. Dasselbe gilt für Hasenrücken oder -ragout mit Pappardelle.

Huhn, Perlhuhn, Pute, gebraten So gut wie jeder Wein, auch bester trockener bis halbtrockener Weißwein und feiner alter Rotwein (v. a. Burgunder). Welcher Wein am besten passt, entscheidet die Sauce. Siehe auch Tandoori Chicken.

Hühnchen Kiewer Art Elsässer Riesling, Collio, Chardonnay, roter Bergerac.

Indische Küche Hier gibt es viele Möglichkeiten; eine neue Entdeckung war, wie gut trockener Sherry zu indischen Speisen passt. Wählen Sie einen einigermaßen gewichtigen Fino zu Fisch und einen Palo Cortado, Amontillado oder Oloroso zu Fleisch, je nach Schwere des Essens. Die Schärfe ist kein Problem, und die Textur passt auch. Ansonsten lieblichen Weißwein, gut gekühlt: Orvieto abboccato, südafrikanischen Chenin blanc, Elsässer Pinot blanc, Torrontés, indischen Schaumwein, Cava oder Champagner oJ. Rosé passt im Prinzip immer. Tannin – Barolo, Barbaresco bzw. andere geschmacksintensive Rotweine wie Châteauneuf-du-Pape, Cornas, australischer Grenache bzw. Mourvèdre oder Amarone della Valpolicella – betont die Schärfe. Sauer-scharfe Gerichte brauchen einen säurehaltigen Wein.

Japanische Küche Auf Textur und Balance kommt es an, die Aromen sind sehr delikat. Guter reifer Schaumwein passt ebenso wie reifer trockener Riesling: Säure, etwas Körper und Komplexität sind gefragt. Fleischgerichte mit viel Umami freunden sich mit leichten, geschmeidigen Roten wie Beaujolais oder reifem Pinot noir an. Der intensive Geschmack von Yakitori braucht ähnliche Rote in einer lebhaften, fruchtigen, jüngeren Version. Siehe auch Sushi, Sashimi (Fischgerichte).

Kalbfleisch, gebraten Gut für feine alte Rotweine, die im Lauf der Zeit vielleicht ein wenig Aroma verloren haben, z. B. Rioja Reserva. Oder deutscher bzw. österreichischer Riesling, Vouvray oder Elsässer Pinot gris.

Kalbsbries Ein reichhaltiges Gericht, also ein großer Weißwein: Rheingau-Riesling, Silvaner Spätlese aus Franken, Elsässer Grand cru Pinot gris oder Condrieu, abhängig von der Sauce.

Kaninchen Lebendiger, mittelschwerer, junger italienischer Rotwein, etwa Aglianico del Vulture; Chiroubles, Chinon, Saumur Champigny oder Roséwein von der Rhône.

Mit Pflaumen: Mächtigerer, gehaltvollerer, fruchtigerer Rotwein.

Als Ragout: Mittelschwerer Rotwein mit genug Säure.

Mit Senf: Cahors.

Kebab Kräftiger Rotwein, z. B. ein moderner griechischer Wein, Corbières, chilenischer Cabernet Sauvignon, Zinfandel oder Barossa-Shiraz. Viel Knoblauch wird von Sauvignon blanc gemeistert.

Koreanische Küche Fruchtbetonte Weine scheinen am besten mit dem kräftigen, scharfen Geschmack koreanischer Speisen zurechzukommen. Probieren Sie Pinot noir, Beaujolais oder Valpolicella, wichtig ist die Säure. Oder nichtaromatische Weiße: Grüner Veltliner, Silvaner, Vernaccia. Ich trinke allerdings Bier.

Kohl, gefüllt Ungarischer Cabernet franc oder Kadarka; Côtes du Rhône-Villages; Salice Salentino, Primitivo und andere würzige Rotweine aus Süditalien. Oder argentinischer Malbec.

Lamm, gebraten Traditionell einer der besten Partner für sehr guten roten Bordeaux oder entsprechenden Cabernet Sauvignon aus der Neuen Welt. In Spanien feinster alter Rioja, Ribera del Duero Reserva oder Priorat, in Italien ebensolcher Sangiovese.

Lammkoteletts, -chops: Wie oben, aber etwas weniger fein.

Langsam geschmorter Braten: Ideal für Spitzenrotweine, allerdings mit weniger Tannin als für rosa gebratenes Fleisch.

Lammkeule: Junger roter Burgunder, z. B. Santenay. Crozes-Hermitage. Montefalco Sagrantino

Leber Junger Roter: Beaujolais-Villages, St-Joseph, italienischer Merlot, Breganze-Cabernet-Sauvignon, Zinfandel, Priorat, Bairrada.

Kalbsleber: Roter Rioja Crianza, Fleurie. Oder eine mächtige Pfälzer Riesling-Spätlese.

Moorhuhn (Grouse) Siehe Wildgeflügel – aber hauen Sie dabei auf den Putz.

Moussaka Rot- oder Roséwein, z.B. griechischer Naoussa, Sangiovese, Corbières, Côtes de Provence, Ajaccio, junger Zinfandel, Tempranillo.

Nieren Rotwein: St-Émilion oder Fronsac; Nuits-St-Georges, Cornas, Barbaresco, Rioja, spanischer oder australischer Cabernet Sauvignon, Rotwein vom Douro.

Ochsenbrust, geschmort Ein wunderbar zartes, schmackhaftes Fleisch, das den besten Rotweinen schmeichelt: Vega Sicilia, St-Émilion. Am besten körperreich.

Ochsenschwanz Ziemlich gehaltvoller Rotwein: St-Émilion, Pomerol, Pommard, Nuits-St-Georges, Barolo, Rioja Reserva, Priorat oder Ribera del Duero, kalifornischer oder Coonawarra-Cabernet-Sauvignon, Châteauneuf-du-Pape, mittelschwerer Shiraz, Amarone.

Osso buco Geschmeidige, tanninarme Rotweine: Dolcetto d'Alba oder Pinot noir. Auch trockener italienischer Weißwein wie Soave.

Paella Junge spanische Weine: Rote, trockene Weiß- oder Roséweine, z.B. Penedès, Somontano, Navarra oder Rioja.

Pot au feu, Bollito misto, Cocido Rustikale Rotweine aus dem jeweiligen Heimatland; Sangiovese di Romagna, Chusclan, Lirac, Rasteau, portugiesischer Alentejo oder spanischer Yecla bzw. Jumilla.

Rindfleisch *Gebraten:* Hierzu passt jede Art von feinem Rotwein. Vielleicht Amarone? Siehe auch die Bemerkung zu Senf im nächsten Eintrag.
Gekocht: Rotwein, z.B. Bordeaux (Bourg oder Fronsac), Roussillon, Gevrey-Chambertin oder Côte Rôtie. Gut ist auch weißer Burgunder aus dem mittleren Segment, z.B. Auxey-Duresses. Senf lässt tanninreiche Rote sanfter erscheinen, Meerrettich ruiniert Ihren Geschmackssinn – aber manchmal muss man eben Opfer bringen.
Geschmort: Stämmige Rote: Pomerol oder St-Émilion, Hermitage, Cornas, Barbera, Shiraz, Napa-Cabernet-Sauvignon, Ribera del Duero, roter Douro.

Saté Shiraz aus dem McLaren Vale oder Elsässer bzw. neuseeländischer Gewürztraminer. Mit der Erdnusssauce hat es kein Wein leicht.

Schinken, gekocht Weichere rote Burgunder, z.B. Volnay, Savigny, Beaune, Chinon oder Bourgueil; lieblicher deutscher Weißwein, z.B. Riesling Spätlese; Furmint aus Tokaj oder tschechischer Frankovka; ein leichter Cabernet Sauvignon (z.B. aus Chile) oder Pinot noir aus der Neuen Welt. Schinken und Sherry sind eine göttliche Kombination. Siehe auch Schinken, roh oder luftgetrocknet, unter Vorspeisen.

Schweinefleisch, gebraten Eine kräftige, neutrale Grundlage für leichte Rote oder reichhaltige Weiße. Aber ein ★★-Wein sollte es schon sein, z.B. ein Médoc. Zu portugiesischem Spanferkel trinkt man Bairrada-Garrafeira, zu chinesischen Schweinefleischgerichten Pinot noir.

Schweinebauch Langsam gegart und sehr zart, benötigt er einen Roten mit ausreichend Tannin oder Säure, vielleicht einen Italiener: Barolo, Dolcetto oder Barbera. Sonst Loire-Rotwein leichter argentinischer Malbec.

Shepherd's Pie Zum typisch britischen Hackfleisch-Kartoffelpüree-Auflauf ist das einzig Wahre Bier oder trockener Cidre. Ansonsten ist ein robuster Roter am ehesten angemessen, z.B. Sangiovese di Romagna.

Singapur-Küche Teils indisch, teils malaysisch, teils chinesisch. Sehr kräftige Geschmacksnoten, nicht einfach mit Wein. Halbtrockener Riesling ist einen Versuch wert. Zu Fleischgerichten reife, geschmeidige Rote: Valpolicella, Pinot noir, Dornfelder, Merlot ohne Holznote oder Carmenère.

Steak *Bistecca alla fiorentina:* Chianti Classico Riserva oder Brunello. Je roher das Steak ist, desto klassischer sollte der Wein sein, je durchgebratener, desto mehr passt ein süßer/kräftiger Tropfen aus der Neuen Welt. Argentinischer Malbec ist ideal für Steaks auf argentinische Art (d.h. komplett durchgebraten).

Filet, Ribeye oder Tournedos: Jeder gute Rotwein, v. a. Burgunder (doch zu Sauce béarnaise keinen alten Wein, dann ist ein Spitzen-Pinot-noir aus der Neuen Welt besser).

Koreanisches Yuk Whe (das weltbeste Steak Tatar): Sake.

Pfeffersteak: Eher junger Roter von der Rhône oder Cabernet Sauvignon.

Tatar: Wodka oder leichter junger Roter: Beaujolais, Bergerac, Valpolicella.

T-Bone: Strukturreicher Rotwein wie Barolo, Hermitage, australischer Cabernet Sauvignon oder Shiraz, chilenischer Syrah.

Steak and Kidney Pie Roter Rioja Reserva oder gereifter Bordeaux.

Tafelspitz Zu diesem erstklassigen gekochten Rindfleischgericht der Wiener Küche ist Grüner Veltliner Pflicht.

Tagine (nordafrikanisches Schmorgericht) Hier gibt es enorme Unterschiede, doch mit einem fruchtigen jungen Roten fährt man meist gut: Beaujolais, Tempranillo, Sangiovese, Merlot, marokkanischer Shiraz.

Huhn mit eingelegten Zitronen und Oliven: Viognier.

Tandoori Chicken Riesling, Sauvignon blanc oder junger roter Bordeaux, auch leichter, gekühlter Roter aus Norditalien. Ebenso Cava oder Champagner oJ, oder aber Palo Cortado oder Amontillado Sherry.

Taube Pinot noir passt perfekt; sonst junger Rhône-Wein, argentinischer Malbec, junger Sangiovese. Oder probieren Sie eine Silvaner Spätlese aus Franken.

Thai-Küche Ingwer und Zitronengras passen zu pikantem Sauvignon blanc (Loire, Australien, Neuseeland, Südafrika) oder Riesling (Spätlese oder aus Australien). Die meisten Currys mögen aromatische Weiße mit einem Hauch Süße wie Gewürztraminer.

Vitello tonnato Körperreicher Weißwein, v. a. Chardonnay; oder leichter Rotwein (z. B. Valpolicella), kühl serviert.

Wachtel Carmignano, Rioja Reserva, reifer roter Bordeaux, Pinot noir. Oder ein milder Weißer wie Vouvray oder St Péray.

Wild Mächtige Rotweine, u. a. Mourvèdre – reinsortig wie aus Bandol oder in Verschnitten. Rhône-Wein, Bordeaux, Gimblett Gravels (Neuseeland) oder kalifornischer Cabernet Sauvignon eines reifen Jahrgangs; auch voller Weißwein, z. B. Pfälzer Spätlese oder Elsässer Pinot gris. Zu Wild mit süß-scharfer Beerensauce probieren Sie einen deutschen Riesling Großes Gewächs oder einen chilenischen Carmenère oder Syrah.

Wildgeflügel *Jung, gebraten:* Der beste Rotwein, den man auftreiben kann, aber nicht zu schwer.

Ältere Exemplare in der Kasserolle: Rotwein, z. B. Gevrey-Chambertin, Pommard, Châteauneuf-du-Pape, St-Émilion Grand cru classé, Rhône-Wein.

Gut abgehangen: Vega Sicilia, ein großer Roter von der Rhône, Château Musar aus dem Libanon.

Zu kaltem Geflügel: Reifer Jahrgangschampagner.

Wildpastete *Kalt:* Guter weißer Burgunder, Beaujolais Cru oder Champagner.

Warm: Rotwein: Pinot noir aus Oregon.

Wildschwein Spitzen-Toskaner oder Rioja, neuseeländischer Syrah.

Zunge Ausladender Rot- oder Weißwein, besonders italienischer. Auch Beaujolais, Rotwein von der Loire, Tempranillo sowie voller, trockener Rosé.

Vegetarische Gerichte

Siehe auch Vorspeisen.

Bärlauch Nicht einfach. Am ehesten ein neutraler Weißer mit guter Säure.

Blumenkohl, mit Käse überbacken Frischer, aromatischer Weißwein: Sancerre, Riesling Spätlese, Muscat, Albariño, Godello. Beaujolais Villages.

Couscous mit Gemüse Junger Rotwein mit Biss: Shiraz, Corbières, Minervois; oder gut gekühlter Rosé aus Navarra oder Somontano. Auch ein robuster Roter aus Marokko.

Fenchelgerichte Sauvignon blanc (Pouilly-Fumé oder aus Neuseeland), Sylvaner oder englischer Seyval blanc oder auch ein junger Tempranillo.

Kürbis in Ravioli/Risotto Körperreicher, fruchtiger, trockener oder halbtrockener Weißwein: Viognier oder Marsanne, halbtrockener Vouvray, Gavi, südafrikanischer Chenin blanc.

Linsengerichte Ein stämmiger Roter: Corbières, Zinfandel oder Shiraz.
Dhal mit Spinat: Schwierig. Am besten ein leichter, weicher Roter oder Rosé – und keineswegs ein Spitzengewächs.

Makkaroniauflauf, mit Käse überbacken Wie für überbackenen Blumenkohl.

Mediterranes Gemüse, gegrillt Brouilly, Barbera, Tempranillo oder Shiraz.

Nudeln und Pasta, überbacken Vegetarisch gefüllte Lasagne, Cannelloni oder Pasticcio bieten großen Weinen Raum zur Entfaltung, etwa sehr feinem rotem Toskaner, aber auch Bordeaux oder Burgunder.

Paprika oder Auberginen, gefüllt Lebhafter Rotwein: Nemea, Chianti, Dolcetto, Zinfandel, Bandol, Vacqueyras.

Pilze Viele Rote passen ganz ausgezeichnet, z. B. Pomerol, kalifornischer Merlot, Rioja Reserva, Spitzen-Burgunder oder Vega Sicilia. Für Pilze auf Toast nehmen Sie Ihren besten Bordeaux. Zu Steinpilzen schmecken am besten Ribera del Duero, Barolo, Chianti Rufina, Pauillac, St-Estèphe oder Gimblett Gravels (Neuseeland).

Ratatouille Kräftiger junger Rotwein: Chianti; Cabernet Sauvignon aus Neuseeland, Merlot, Malbec, Tempranillo; junger roter Bordeaux, Gigondas oder Coteaux du Languedoc.

Rote Bete Hat eine Note, die auch roter Burgunder zeigt. Bleiben Sie dabei.
Als Gratin mit Ziegenkäse: Sancerre, Bordeaux, Sauvignon blanc.

Spanakopita Junger griechischer oder italienischer Rot- oder Weißwein.

Vegetarische Gerichte (scharf) Siehe indische bzw. Thai-Küche (Fleisch).

Zwiebel-/Lauchtarte Fruchtiger, trockener bis halbtrockener Weißer: Elsässer Pinot gris oder Gewürztraminer, Riesling aus Kanada, Australien oder Neuseeland, Jurançon. Oder Cabernet franc von der Loire.

Desserts

Apfelkuchen, -strudel oder -tarte Süßer Weißwein aus Deutschland, Österreich oder von der Loire, Tokaji Aszú oder kanadischer Eiswein.

Blätterteig Delikater süßer Schaumwein, z. B. Moscato d'Asti oder halbtrockener Champagner.

Birnen in Rotwein Port. Oder probieren Sie Rivesaltes, Banyuls oder Riesling Beerenauslese – in jedem Fall aber davor eine Pause.

Crème brûlée Sauternes oder Rheinwein-Beerenauslese bzw. bester Madeira oder Tokajer. (Mit Früchten: einfacherer Süßwein.)

Crèmes und **Puddings** Sauternes, Loupiac, Ste-Croix-du-Mont oder Monbazillac. Siehe auch Schokoladen-, Kaffee-, Ingwer-, Rumdesserts.

Crêpe Suzette Süßer Champagner, Orange Muscat oder Asti Spumante.

Eiscreme und Sorbet Gespriteter Wein (australischer Liqueur Muscat, Banyuls), Pedro Ximénez.

Erdbeeren *Mit Sahne:* Sauternes oder ähnlicher süßer Bordeaux, Vouvray moelleux oder Jurançon Vendange tardive.
Walderdbeeren (ohne Sahne): Mit rotem Bordeaux (sehr erlesen ist Margaux) übergießen.

Himbeeren (ohne Sahne, wenig Zucker) Sehr gut zu feinen Rotweinen, die selbst eine Himbeernuance besitzen: junger Juliénas, Regnié.

Ingwergeschmack, Desserts mit Süßer Muskat, edelfauler Riesling und Semillon aus der Neuen Welt.

Kaffeedesserts Süßer Muscat, australischer Liqueur Muscat, Tokaji Aszù.

Karamell-Mousse-/Parfait, salzig Riesling Spätlese, Tokaji Aszú.

Käsekuchen Süßer Weißwein (Vouvray, Anjou) oder Vin Santo – nichts zu Spezielles.

Kuchen und **Gebäck** Bual- oder Malmsey-Madeira, Oloroso oder Cream Sherry. Siehe auch Schokoladen-, Kaffee-, Ingwer-, Rumdesserts.

Meringen Recioto di Soave, Asti oder bester reifer Jahrgangschampagner.

Nüsse Feinster Oloroso Sherry, Madeira, Jahrgangs-Port oder Tawny (ideal für Walnüsse), Tokáji Aszú, Vin Santo, Moscatel de Setúbal.
Salziges Nussparfait: Tokaji Aszú, Vin Santo.

Obst *Frisch:* Süßer Coteaux du Layon, leicht süßer Muskateller.
Kompott, z.B. Aprikosen, Birnen usw.: Süßer Muskateller: Muscat de Beaumes-de-Venise, Moscato di Pantelleria oder Tarragona-Dessertwein.
Obstsalat, Orangensalat: Feiner süßer Sherry; alle Weine auf Muscat-Basis.
Obsttorten: Sauternes, Monbazillac oder süßer Vouvray bzw. Anjou.

Orangengeschmack, Desserts mit Versuchsweise alter Sauternes, Tokaji Aszú oder kalifornischer Orange Muscat.

Panettone Jurançon moelleux, Riesling Spätlese, Barsac, Tokaji Aszú.

Rumdesserts (Baba, Mousse, Eiscreme) Muscat – vom Asti bis zu australischem Likörwein, je nach Schwere des Desserts.

Schokoladendesserts Kräftige Geschmacksnoten sind gefragt: Bual, kalifornischer Orange Muscat, Tokaji Aszú, australischer Liqueur Muscat, 10-Year-Old Tawny oder sogar junger Vintage Port, Asti für leichte, luftige Mousse. Versuchen Sie auch volle, reife Rote: Syrah, Zinfandel, vielleicht sogar Shiraz-Schaumwein. Banyuls, wenn man es etwas schwerer mag. Médoc nimmt es auch mit schwarzer Bitterschokolade auf, Amarone macht aber mehr Spaß. Oder guter Rum.
Schokoladen-Olivenöl-Mousse: 10 Jahre alter Tawny, oder wie für Bitterschokolade oben.

Soufflés, süß Sauternes oder Vouvray moelleux; süßer (oder reichhaltiger) Champagner.

Tiramisù Vin Santo, junger Tawny, Muscat de Beaumes-de-Venise, Sauternes oder australischer Liqueur Muscat.

Trifle Sollte bereits reichlich mit Sherry getränkt sein.

Trockenfrüchte Banyuls, Rivesaltes, Maury. Tokaji Aszú.

Zabaglione Leichter, goldener Marsala, edelfauler australischer Semillon oder Asti.

Zitronengeschmack, Desserts mit Für Nachspeisen wie Tarte au Citron bietet sich süßer deutscher oder österreichischer Riesling an, aber auch Tokaji Aszú – je saurer, desto süßer.

Wein & Käse

Der Glaube, dass die Kombination von Wein und Käse eine göttliche Fügung sei, hält einer objektiven Prüfung nicht stand. Feine Rotweine werden von kräftigen Käsesorten geradezu erschlagen, nur herbe oder süße Weißweine behaupten sich. Trotz gewisser Ausnahmen sollte man sich an folgende Prinzipien halten: Je härter der Käse ist, desto tanninhaltiger darf der Wein sein. Und je cremiger der Käse ist, desto mehr Säure benötigt der Wein – vor Süße müssen Sie sich allerdings nicht scheuen. Käse wird durch seine Konsistenz und die Beschaffenheit seiner Rinde klassifiziert. Sein Aussehen gibt daher schon einen Hinweis darauf, welcher Wein zu ihm passt. Im Folgenden einige Beispiele; ich versuche immer, mir etwas Weißwein für den Käse aufzuheben.

Frischkäse ohne Rinde: Rahmkäse, Crème fraîche, Mozzarella, Mascarpone (ohne Blauschimmel) Leichter, lebhafter Weißwein – Chablis, Bergerac, Entre-Deux-Mers; oder Rosé – Anjou, Rhône-Wein; auch sehr leichter, sehr junger und sehr frischer roter Bordeaux, Bardolino, Beaujolais.

Hartkäse, gewachst oder geölt, oft mit Spuren von Käseleinen – Gruyère, Manchego und viele andere spanische Käsesorten, Parmesan, Cantal, Comté, alter Gouda, Cheddar und traditioneller englischer Käse Hier lässt sich kaum eine allgemeine Regel aufstellen. Gouda, Gruyère sowie einige spanische und englische Käsesorten harmonieren gut mit feinem roten Bordeaux oder Cabernet Sauvignon sowie großen Shiraz-Weinen. Kräftige Käse indessen verlangen nach weniger edlen Weinen, vorzugsweise lokalen Erzeugnissen. Der rote holländische Mimolette oder der Beaufort passen zu einem feinen, reifen Bordeaux. Oder zu Tokaji Aszú. Sie können aber auch Weißwein probieren.

Blauschimmelkäse Die Süße von Sauternes (oder Tokajer), insbesondere wenn er alt ist, ergänzt sehr gut den hohen Salzgehalt von Roquefort. Eine klassische Kombination ist auch Stilton mit Port: eher junger Vintage oder Tawny. Gehaltvoller alter Oloroso, Amontillado, Madeira, Marsala und andere gespritete Weine passen zu den meisten Blauschimmelsorten.

Käse mit natürlicher Rinde (insbesondere Ziegenkäse) und blaugrauem Schimmel. Die Rinde schrumpft im Reifungsprozess und ist manchmal mit Asche bestreut (z. B. St-Marcellin) Sancerre, Valençay, leichter frischer Sauvignon blanc, Jurançon, Savoie, Soave, italienischer Chardonnay.

Weichkäse mit flaumiger Rinde, reiner weißer Rinde, pasteurisiert oder rot gesprenkelt: Brie, Camembert, Chaource, Bougon (Ziegenmilch-»Camembert«) Voller trockener weißer Burgunder oder Rhône-Wein zu weißem, noch nicht reifem Käse; zu reifem, kräftigem, fruchtigem Käse passt kraftvoller, fruchtiger St-Émilion, aber auch junger Shiraz/Syrah oder Grenache aus Australien bzw. von der Rhône.

Würziger Weichkäse mit gewaschener oder klebriger orangeroter Rinde: Langres, reifer Epoisses, Maroilles, Carré de l'Est, Milleens, Münsterkäse Lokale Rotweine, besonders zu Burgunder-Käse; lebhafter Languedoc, Cahors, Côtes du Frontonnais, Bairrada sowie Wein aus Korsika, Süditalien oder Sizilien. Auch kräftige Weißweine, v. a. elsässischer Gewürztraminer oder Muscat.

Halbweicher Käse mit graurosa, dicker Rinde: Livarot, Pont l'Evêque, Reblochon, Tomme de Savoie, St-Nectaire Kräftiger weißer Bordeaux, Chardonnay, Elsässer Pinot gris, trockener Riesling, süditalienischer Wein, alter weißer Rioja, trockener Oloroso Sherry. Die stärksten Vertreter dieser Käsesorten sind tödlich für fast jeden Wein. Probieren Sie Marc oder Calvados.

Feinste Genüsse zu edelsten Tropfen

Bei ganz besonderen Gewächsen geht es oft eher darum, das passende Gericht zum Wein zu finden, und nicht – wie sonst üblich – umgekehrt. Die folgenden Anregungen sind weitgehend an gastronomische Gepflogenheiten und neuere Experimente angelehnt und beruhen im Übrigen auf eigenen Studien. Die empfohlenen Gerichte dürften besonders edlen Tropfen zu gebührender Geltung verhelfen.

Rotweine

Amarone Klassischer Begleiter in Verona ist Risotto all'Amarone oder *pastissada*. Wenn aber Ihr Metzger nichts mit Pferdefleisch am Hut hat, geht auch in noch mehr Amarone langsam geschmorte Rinderhaxe.

Barolo, Barbaresco Risotto mit weißen Trüffeln; Pasta mit Wildsauce (z. B. Pappardelle alle lepre); Steinpilze; Parmesan.

Roter Burgunder von der Côte d'Or Achten Sie auf Gewicht und Textur, die mit zunehmendem Alter leichter und samtiger werden. Auch der Charakter des Weins ist von Bedeutung: Nuits ist erdig, Musigny blumig, großer Romanée kann exotisch sein, Pommard gilt als stämmig. Mit Brathähnchen oder Kapaun ist man immer auf der sicheren Seite; Perlhuhn braucht schon etwas kräftigere Weine, und bei Reb- oder Waldhuhn und Schnepfe müssen sie zunehmend gehaltvoll und pikant sein. Alternativen: Hase und Reh.

Große, alte rote Burgunder Der klassische Begleiter ist ein Käse: nicht gereifter burgundischer Epoisses. Ein wundervoller Käse – aber eine schreckliche Vergeudung feiner, alter Weine.

Lebhafter jüngerer Burgunder Ente oder Gans, möglichst fettarm. Alternative: *Faisinjan* (in Granatapfelsaft gegarter Fasan). Oder Räucherschinken.

Roter Bordeaux

Sehr alt, leicht und zart (z. B. Jahrgänge vor 1959) Lammkeule oder -karree, gebraten, mit einer Spur Kräuter (jedoch nicht mit Knoblauch) gewürzt; Entrecôte; einfaches gebratenes Rebhuhn; Kalbsbries.

Vollreife große Jahrgänge (z. B. 59 61 82 85) Lammschulter oder -rücken, gebraten, mit einer Spur Knoblauch; Rippenstück, gebraten, oder Rumpsteak, gegrillt.

Reif, aber immer noch lebhaft (z. B. 89 90) Lammschulter oder -rücken (inkl. Nieren) mit reichhaltiger Sauce. Rinderfilet mit Sauce *marchand de vin* (mit Wein und Knochenmark). Beef Wellington passt nicht, Blätterteig stumpft den Gaumen ab.

Auf Merlot-Basis Rindfleisch (wie oben), insbesondere reichhaltiges Filet, oder gut abgehangenes Wild.

Große Syrah-Weine wie Hermitage, Côte Rôtie, Grange; oder ein Vega Sicilia Rindfleisch (wie die herrliche füllige, wunderbar zarte, extrem langsam gegarte Ochsenbacke, die ich bei Vega Sicilia bekommen habe), Wildbret; gut abgehangenes Wild, Mark auf Toast; englischer Käse (v. a. Farm-Cheddar der besten Art), aber auch Hartkäsesorten aus Ziegen- und Schafsmilch wie die englischen Sorten Berkswell oder Ticklemore.

Rioja Gran Reserva, Pesquera usw. Kräftige Braten: Wildschwein, Hammel, Hasenrücken, Spanferkel.

Großer Vintage Port oder Madeira Pecan- oder Walnüsse. In England sind ein Cox-Orange-Apfel und ein Keks die klassische Begleitung.

Weißweine

Beeren- und Trockenbeerenauslese Gebäck, Pfirsiche, Renekloden. Rhabarber-, Stachelbeer-, Quitten- oder Apfeldesserts.

Feinster weißer Burgunder (Le Montrachet, Corton-Charlemagne) oder gleichwertiger Graves Kalbsbraten; Hähnchen aus artgerechter Haltung, das unter der Haut mit Trüffeln oder Kräutern gefüllt ist; Kalbsbries; Felchen mit gehaltvoller Sauce (z. B. Steinbutt) oder Kammmuscheln wie oben. Auch Hummer oder Wildlachs.

Sehr guter Chablis/weißer Burgunder/Chardonnay Fisch mit weißem Fleisch, gegrillt oder Müllerin-Art. Am besten Dover-Seezunge, Steinbutt oder Heilbutt; in Butter gewendeter Glattbutt kann vorzüglich sein. Seebarsch ist zu zart; Lachs geht, gibt den feinsten Weinen aber nicht viel.

Condrieu, Château-Grillet oder Hermitage blanc Sehr leichte Nudelgerichte mit Kräutern und jungen Erbsen oder Dicken Bohnen. Auch ein sehr milder, zarter Schinken.

Elsässer Grand-cru-Weine

Riesling Forelle blau, Räucherlachs, Choucroute garni.

Pinot gris Kalbfleisch, gebraten oder gegrillt. Oder ein Trüffelsandwich: Eine ganze Trüffel in Scheiben schneiden, auf ein mit gesalzener Butter bestrichenes Sandwich legen, alles in Frischhaltefolie wickeln und über Nacht kalt stellen. Dann im Ofen toasten.

Gewürztraminer Käsesoufflé (Münsterkäse).

Vendange tardive Gänseleber oder Tarte Tatin.

Sauternes Einfaches, mürbes Buttergebäck, weiße Pfirsiche, Nektarinen, Erdbeeren (ohne Sahne). Keine tropischen Früchte. Sautierte Gänseleber. Château d'Yquem empfiehlt Austern und sogar Hummer. Ein Versuch mit (Blauschimmel-)Käse ist zu empfehlen. Rocquefort ist der Klassiker, braucht aber einen kraftvollen Wein.

Feinster Vouvray moelleux usw. Buttergebäck, Äpfel, Apfelkuchen.

Tokaji Aszù (5–6 Puttonyos) Gänseleberpastete, Desserts mit Früchten, Cremespeisen und sogar Schokolade können wundervoll dazu sein.

Alter Jahrgangschampagner (kein Blanc de Blancs) Als Aperitif oder zu kaltem Reb- oder Waldhuhn bzw. Schnepfe. Die entwickelten Aromen eines reifen Champagners machen die Kombination mit Essen erheblich einfacher als bei einem jungen, straffen Wein. Warme Foie gras kann sensationell gut passen. Scheuen Sie sich nicht vor Knoblauch oder sogar indischen Gewürzen, aber lassen Sie Chili weg.

Spät degorgierte alte Weine besitzen eine besondere Frische plus Tertiäraromen. Probieren Sie Trüffel, Hummer, Jakobsmuscheln, Krebs, Bries, Schweinebauch, Kalbsbraten, Huhn.

Technische Weinsprache

Alkoholgehalt (vorwiegend Ethanol) Er wird in Prozenten des Gesamtflüssigkeitsvolumen angegeben. Tischwein enthält in der Regel zwischen 12,5 und 14,5 Vol.-%; mehr und mehr findet man aber auch Weine mit bis zu 16 Vol.-%. Kluge Erzeuger achten inzwischen darauf, ihre Weine nicht allzu alkoholstark werden zu lassen.

Barriques Das 225-l-Bordeauxfass ist aus der modernen Weinbereitung nicht mehr wegzudenken. Durch Gärung und/oder Reifung im Holzfass bekommt der Wein die beliebte Eichennote – je neuer das Holz, umso stärker. Billige Tricks, aber kein Ersatz, sind Eichenchips oder sogar Eichenextrakt. Neulingen soll mit dem typischen Vanillearoma ein vornehmer Wein vorgegaukelt werden, auch wenn er nur künstlich aufpoliert wurde. Doch echte Barriques sind teuer. Sinnvoll setzt man sie nur für Weine ein, die selbst gut genug sind, um langfristig von der Holznote zu profitieren. Französische Eiche, der Klassiker, ist am teuersten, amerikanische Eiche duftet stärker nach Vanille.

Biologischer Säureabbau (BSA) inkorrekt auch malolaktische oder Zweitgärung genannt, kann natürlich einsetzen oder bewusst in Gang gebracht werden. Dabei wandelt sich die scharfe Apfelsäure in die mildere Milchsäure um; mit der alkoholischen Gärung hat das nichts zu tun. Sowohl Rot- als auch Weißweine können dabei komplexer und runder werden. In heißen Gegenden, wo der Säuregehalt von Natur aus gering ist, sucht man ihn eher zu vermeiden.

Gesamtsäure (oder titrierbare Säure) wird die Summe der flüchtigen und nichtflüchtigen Säuren genannt. Als Faustregel gilt, dass ausgewogener Wein etwa 0,1 % Säure auf je 10° Öchsle haben soll.

Mikrooxidation heißt eine weitverbreitete Methode, den Wein während der Reifezeit kontrolliert mit Sauerstoff in Kontakt treten zu lassen. Der erzielte Effekt ähnelt dem Ausbau im Fass, erfordert weniger Abstiche und stabilisiert den Wein.

pH-Wert Das Maß für die Intensität der Säure: je niedriger der Wert, umso stärker die Säure. Im Wein beträgt der pH-Wert normalerweise 2,8 bis 3,8. In heißen Ländern kann ein zu hoher pH-Wert zum Problem werden. Niedrige pH-Werte ergeben eine bessere Farbe, wirken schädlichen Bakterien entgegen und lassen mehr freies, konservierendes SO_2 zu.

Restsüße ist der nach Ende der Gärung im Wein verbliebene Gesamtzucker, gemessen in g/l. Trockener Wein hat praktisch keine Restsüße, eine geringe Menge lässt ihn allerdings fruchtiger erscheinen.

Säure ist sowohl für den Geschmack als auch für die Haltbarkeit eines Weins von essenzieller Bedeutung. Sie kommt im Wein in nichtflüchtiger und in flüchtiger Form vor. Nichtflüchtige Säuren sind v. a. die schon in der Traube enthaltene Wein-, Apfel- und Zitronensäure sowie die bei der Gärung entstehende Milch- und Bernsteinsäure. Die wichtigste flüchtige Säure ist die Essigsäure, die bei Sauerstoffkontakt von Bakterien gebildet wird. Kleine Mengen an flüchtiger Säure sind unvermeidlich und sogar ansprechend. Zu viel davon gibt dem Wein einen »Stich«; er wird zu Essig. Wenn, etwa in warmen Regionen, der natürliche Säuregehalt zu gering ist, kann dem Wein auch künstlich Säure hinzugefügt werden.

Schwefeldioxid (SO_2) gibt man dem Wein bei, um Oxidation oder andere Fehlentwicklungen bei der Weinbereitung zu verhindern. Es ist unschädlich. Ein Teil des SO_2 verbindet sich mit dem Zucker und ist also »gebunden«. Nur »freies« SO_2 wirkt konservierend. Der zulässige SO_2-Gehalt im Wein ist im Verhältnis zur Restsüße gesetzlich festgelegt: je mehr Zucker, desto mehr SO_2.

Tannine (Gerbstoffe) bilden – wie die Säure bei den Weißen – das Rückgrat der Rotweine. Sie stehen im Mittelpunkt, wenn ein Rotwein weicher und zugänglicher bereitet werden soll. Weichere Tannine, so sie denn erwünscht sind, werden durch späte Traubenlese und ein erhöhtes Augenmerk auf die Tanninreife statt auf den Zuckergehalt gefördert.

Toastwürze kommt von der Anröstung des Fasses auf der Innenseite. Eine starke Anröstung verleiht dem Wein eine deutliche Toastnote und karamellähnliche Geschmacksnuancen.

Die richtige Temperatur

Nichts tut einem Wein beim Servieren so wohl oder weh wie die Temperatur. Weißwein schmeckt unweigerlich flach und langweilig, wenn er zu warm ins Glas kommt, und Rotwein zeigt enttäuschend wenig Duft und Geschmacksfülle, wenn er zu kalt ist. Nachstehend sollen einige Hinweise auf die richtige Serviertemperatur für verschiedene Weine gegeben werden.

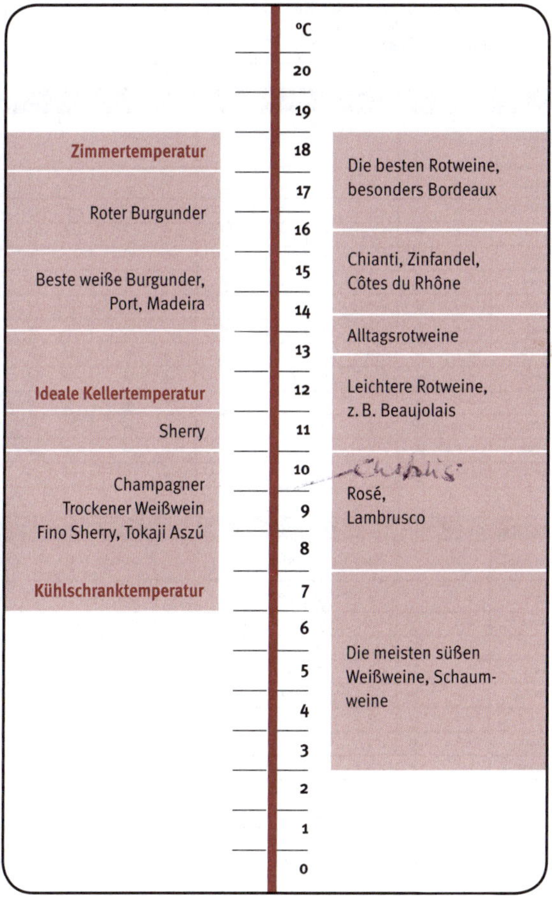

Übersichtstabelle der Weinjahrgänge

Diese Tabellen sollen ein allgemeines Bild der in den Hauptanbaugebieten erzeugten Qualitäten vermitteln und als Anleitung dienen, ob ein Wein getrunken oder noch aufbewahrt werden sollte. Verallgemeinerungen sind unvermeidlich.

- (trinken) jetzt trinken
- (Genuss) kann jetzt mit Genuss getrunken werden, bessere Weine lohnen jedoch weitere Aufbewahrung
- (lagern) muss noch länger lagern
- meiden
- 0 nicht gut
- 10 am besten

	Deutschland		Italien		Spanien
Jahrgang	Rhein	Mosel	Piemontesischer Rotwein	Toskanischer Rotwein	Rioja
2013	6-7 (lagern)	5-6 (lagern)	6-7 (lagern)	7-8 (lagern)	6-8 (lagern)
2012	7-8 (lagern)	7-8 (lagern)	7-9 (lagern)	7-9 (lagern)	7-9 (lagern)
2011	8-9 (Genuss)	8-10 (Genuss)	6-7 (lagern)	5-8 (lagern)	7-8 (lagern)
2010	6-8 (trinken)	6-8 (Genuss)	6-8 (lagern)	7-8 (lagern)	7-8 (Genuss)
2009	7-9 (Genuss)	6-8 (Genuss)	7-8 (Genuss)	7-8 (Genuss)	8-9 (Genuss)
2008	6-8 (Genuss)	6-8 (Genuss)	7-9 (Genuss)	7-8 (Genuss)	7-8 (Genuss)
2007	8-9 (trinken)	8-9 (trinken)	7-9 (Genuss)	8-9 (Genuss)	7-8 (Genuss)
2006	6-7 (trinken)	6-9 (trinken)	8-9 (Genuss)	7-10 (Genuss)	6-7 (trinken)
2005	8-10 (Genuss)	8-10 (Genuss)	6-8 (Genuss)	5-9 (Genuss)	7-8 (Genuss)
2004	6-8 (Genuss)	6-8 (trinken)	7-9 (Genuss)	7-9 (Genuss)	7-9 (Genuss)
2003	6-9 (trinken)	6-9 (trinken)	6-8 (trinken)	6-8 (trinken)	6-7 (trinken)
2002	7-8 (trinken)	7-8 (trinken)	5-6 (trinken)	5-6 (trinken)	6-7 (trinken)
2001	7-9 (Genuss)	8-10 (Genuss)	8-9 (Genuss)	6-9 (Genuss)	7-9 (trinken)

	Australien		Champagner	Portwein
Jahrgang	Shiraz	Chardonnay	Jahrgang	Jahrgang
2013	6-8 (lagern)	7-8 (Genuss)	2013 7-8 (lagern)	2013 5-7 (lagern)
2012	6-9 (lagern)	6-9 (Genuss)	2012 6-7 (lagern)	2012 7-8 (lagern)
2011	6-8 (lagern)	7-9 (Genuss)	2011 6-7 (lagern)	2011 8-10 (lagern)
2010	7-8 (lagern)	7-8 (Genuss)	2010 6-7 (lagern)	2010 6-8 (lagern)
2009	7-9 (Genuss)	7-8 (Genuss)	2009 8-10 (lagern)	2009 7-9 (lagern)
2008	7-8 (Genuss)	7-8 (Genuss)	2008 8-9 (lagern)	2008 7-8 (lagern)
2007	7-8 (Genuss)	7-8 (Genuss)	2007 6-7 (lagern)	2007 8-10 (lagern)
2006	7-8 (Genuss)	7-8 (Genuss)	2006 7-9 (Genuss)	2006 6-7 (Genuss)
2005	7-9 (Genuss)	7-9 (Genuss)	2005 7-8 (Genuss)	2005 7-8 (Genuss)
2004	6-8 (Genuss)	6-8 (trinken)	2004 8-9 (Genuss)	2004 7-8 (Genuss)
2003	5-7 (Genuss)	5-7 (trinken)	2003 6-7 (Genuss)	2003 8-9 (Genuss)
2002	5-8 (Genuss)	5-8 (trinken)	2002 8-10 (Genuss)	2002 k. A.

	Kalifornien		Neuseeland		Südafrika
Jahrgang	Cabernet	Chardonnay	Rotwein	Weißwein	Rotwein
2013	8-9 (lagern)	8-9 (Genuss)	7-9 (lagern)	7-9 (Genuss)	8-9 (lagern)
2012	7-9 (Genuss)	8-9 (Genuss)	7-8 (Genuss)	7-8 (Genuss)	7-8 (Genuss)
2011	6-9 (Genuss)	7-8 (Genuss)	6-7 (Genuss)	6-7 (Genuss)	6-8 (Genuss)
2010	6-8 (Genuss)	6-8 (Genuss)	7-9 (Genuss)	7-9 (Genuss)	7-9 (Genuss)
2009	7-9 (Genuss)	7-9 (Genuss)	7-8 (Genuss)	7-9 (Genuss)	7-8 (Genuss)

Frankreich					
	Roter Bordeaux		Weißer Bordeaux		Elsass
Jahrgang	Médoc/Graves	Pom/St-Ém	Sauternes & süß	Graves & trocken	
2013	4–7	4–7	8–9	7–8	8–9
2012	6–8	6–8	6–7	7–9	8–9
2011	7–9	6–9	8–10	7–8	5–7
2010	7–10	6–10	8–10	7–9	8–9
2009	7–10	7–10	8–10	7–9	8–9
2008	6–9	6–9	6–7	7–8	7–8
2007	5–7	6–7	8–9	8–9	6–8
2006	7–8	7–9	8–9	8–9	6–8
2005	9–10	8–9	8–10	8–10	8–9
2004	7–8	7–9	5–7	6–7	6–8
2003	5–9	5–8	7–8	6–7	6–7
2002	6–8	5–8	7–8	7–8	7–8
2001	6–8	7–8	8–10	7–9	6–8
2000	8–10	7–9	6–8	6–8	8–10
1999	5–7	5–8	6–9	7–10	6–8
1998	5–8	6–9	5–8	5–9	7–9
1997	5–7	4–7	7–9	4–7	7–9
1996	6–8	5–7	7–9	7–10	8–10
1995	7–9	6–9	6–8	5–9	6–9

Frankreich Fortsetzung					
	Burgund			Rhône	
Jahrgang	Côte d'Or rot	Côte d'Or weiß	Chablis	Rhône (N)	Rhône (S)
2013	5–7	7–8	6–8	7–9	7–8
2012	8–9	7–8	7–8	7–9	7–9
2011	7–8	7–8	7–8	7–8	6–8
2010	8–10	8–10	8–10	8–10	8–9
2009	7–10	7–8	7–8	7–9	7–8
2008	7–9	7–9	7–9	6–7	5–7
2007	7–8	8–9	8–9	6–8	7–8
2006	7–8	8–10	8–9	7–8	7–9
2005	7–9	7–9	7–9	7–8	6–8
2004	6–7	7–8	7–8	6–7	6–7
2003	6–7	6–7	6–7	5–7	6–8
2002	7–8	7–8	7–8	4–6	5–5
2001	6–8	7–9	6–8	7–8	7–9
2000	7–8	6–9	7–9	6–8	7–9

Beaujolais 11, 10, 09. Crus länger haltbar. **Mâcon–Villages** (weiß) 12, 10 jetzt trinken. **Loire** (süße Weine aus dem Anjou und der Touraine) beste neuere Jahrgänge: 10, 09, 07, 05, 02, 97, 96, 93, 90, 89; Bourgueil, Chinon und Saumur-Champigny: 10, 09, 06, 05, 04, 02, 00. **Obere Loire** (Sancerre, Pouilly-Fumé): 12, 10. **Muscadet** BV.

Frankreich

Die folgenden Abkürzungen werden im Text verwendet:

Beauj	Beaujolais
Bg	Burgund
Bx	Bordeaux
Champ	Champagne
El	Elsass
H-Méd	Haut-Médoc
Lang	Languedoc
Lo	Loire
Méd	Médoc
N-Rh	Nördliche Rhône
OF	Ostfrankreich
Prov	Provence
Rh	Rhône
Rouss	Roussillon
Saut	Sauternes
Sav	Savoyen
S-Rh	Südliche Rhône
SWF	Südwestfrankreich
ZF	Zentralfrankreich
AC	Appellation Contrôlée
Ch.	Château
Dom.	Domaine

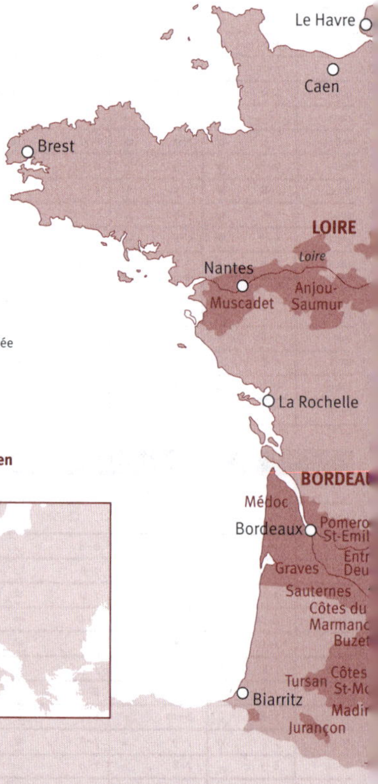

Die dunklen Flächen bezeichnen die Weinbaugebiete

Da Trauben in diesem Jahr das besondere Thema dieses Buches sind, soll hier noch einmal darauf hingewiesen werden, dass Frankreich stets im Zentrum der Debatte über internationale gegen einheimische Rebsorten stand. Zunächst einmal haben fast alle Trauben, die als »internationale Sorten« bekannt geworden sind – Cabernet Sauvignon, Merlot, Chardonnay, Sauvignon blanc und nun auch Syrah und Pinot noir –, ihren Ursprung in Frankreich und liefern einige der großartigsten Weine des Landes. Zweitens aber haben Frankreichs Appellationsregeln die Erzeuger in weniger gesegneten Regionen daran gehindert, Nutzen aus der Popularität von Cabernet, Chardonnay & Co. zu ziehen.

Zumindest war das so in den 1980er-Jahren, als man es als verbohrt ansah, Erzeugern in, sagen wir, Pacherenc du Vic-Bihl zu verbieten, ihren kaum verkäuflichen Courbu und Petit Manseng zu roden und stattdessen Chardonnay anzupflanzen. Heute applaudieren wir ihnen für ihre Weitsicht und Hartnäckigkeit, mit denen ein wertvolles Weinerbe gerettet wurde. Chardonnay? Bitte nicht! Chardonnay haben wir hinter uns. Aber Petit Manseng, ja der ...

Frankreichs Weinberge sind glücklicherweise immer noch voll solcher Reben – manche hat man inzwischen kennengelernt, andere sind noch kaum bekannt. Es gibt sie im Südwesten ebenso wie im Midi, auch wenn sich die internationalen Trauben dort breitgemacht haben, indem Erzeuger die AC-Regeln unterliefen und die Weine als Vins de pays auf den Markt kamen. Eine Reihe dieser traditionellen Sorten werden Sie auf den folgenden Seiten finden. Und selbst wenn viele von ihnen nie auch nur auf dem Rückenetikett erwähnt und noch weniger zum Tischgespräch werden, sind sie doch wichtig: Sie erinnern uns daran, woher wir kommen, und welche Vielfalt diese wundervolle Pflanze, die Weinrebe, zu bieten hat.

Verweise können sich auch auf das Kapitel »Die Châteaux von Bordeaux« beziehen.

Neuere Jahrgänge klassischer französischer Weine

Roter Bordeaux

Médoc/roter Graves Bei manchen Weinen ist Flaschenalterung wünschenswert, bei diesen aber unerlässlich. Kleinere Gewächse aus leichteren Jahrgängen brauchen nur 2–3 Jahre, aber selbst einfache Weine aus großen Jahrgängen können über 15 Jahre hinweg noch gewinnen; die großen Kreszenzen solcher Jahrgänge profitieren sogar von der doppelten Zeit.

2013 Der schlechteste Jahrgang seit 1992. Grauenhafter Frühling mit Regen und Fäulnis. Ungleichmäßige Erfolge klassifizierter Gewächse; einige gute Weine schälen sich heraus.
2012 Launisches Wetter, kleine Ernte. Cabernet Sauvignon reifte nicht überall aus. Frühreifer, fruchtbetonter Stil. Seien Sie wählerisch.
2011 Ein schwieriges Jahr: trockener Frühling, kühler Juli, Regen, Hitze, Fäule. Die Rettung war der Altweibersommer. Unterschiedliche Qualität. Klassische Frische mit moderatem Alkoholgehalt. Bescheidene Crus sind jetzt trinkreif.
2010 Herausragendes Jahr. Großartiger Cabernet Sauvignon mit tiefdunkler Farbe, Konzentration, fester Struktur. Entsprechende Preise. Wird sich Jahre halten.
2009 Hervorragendes Jahr, als »das großartigste« beworben. Strukturierte Weine mit überbordender Frucht. Unbedingt probieren! Beginnen Sie mit einfachen Weinen.
2008 Viel besser als erwartet; frische, klassische Geschmacksnoten. Der Cabernet Sauvignon reifte in der Herbstsonne. Hat Alterungspotenzial.
2007 Miserabler Sommer, schwieriges Jahr, nur wenige Weine werden gut altern. Seien Sie wählerisch.
2006 Cabernet Sauvignon hatte Schwierigkeiten bei der Reifung; die Besten sind zart, schmackhaft, nervig und können alt werden. Schöne Farbe und Säure. Ab jetzt trinkreif.
2005 Reichhaltige, ausgewogene, für lange Lagerung geeignete Weine: ein hervorragender Jahrgangs. Heben Sie die großen Namen noch auf.
2004 Gemischte Ergebnisse; die Spitzenweine nach klassischer Art sind aber gut. Jetzt trinken.
2003 Der heißeste Sommer seit Beginn der Wetteraufzeichnungen. Cabernet Sauvignon kann grandios sein (St-Estèphe, Pauillac). Untypische, aber reichhaltige, kraftvolle Weine auf der einen Seite (aufheben), unausgewogen auf der anderen Seite (austrinken). Achtung: Die meisten bald trinken.
2002 Bei sorgfältiger Auslese einige gute Weine. Jetzt bis 2018 trinken.
2001 Einige hervorragende frische Weine, die jetzt gut trinkbar sind.

Ältere gute Jahrgänge: 2000 1998, 1996, 1995, 1990, 1989, 1988, 1986, 1985, 1982, 1975, 1970, 1966, 1962, 1961, 1959, 1955, 1953, 1949, 1948, 1947, 1945, 1929, 1928.

St-Émilion/Pomerol

2013 Merlot mit schwieriger Blüteperiode (deshalb winzige Ernte) und Fäulnis. Mäßiger bis schwacher Jahrgang.
2012 Dieselben Bedingungen wie im Médoc. Früher gelesener Merlot fällt ein klein wenig besser aus.

2011 Ebenso schwierig wie im Médoc. Niedrigerer Alkoholgehalt als 2010 und 2009. Guter Cabernet franc. Pomerol schneidet womöglich am besten ab. Nicht links liegen lassen.

2010 Ausgezeichnet. Abermals kraftvolle Weine mit hohem Alkoholgehalt. Viel Konzentration dank kleiner Beeren.

2009 Erneut ausgezeichnet. Kraftvolle Weine (mit viel Alkohol), doch offenbar ausgewogen. In St-Émilion zog Hagel den Ertrag einiger Güter in Mitleidenschaft.

2008 Ähnlich wie im Médoc. Dass die Erträge sehr gering waren, war der Qualität zuträglich, die überraschend hoch ist. Ab jetzt trinkreif, aber den Besten sollte man noch Zeit lassen.

2007 Das gleiche Bild wie im Médoc. Die Lese fand zu sehr unterschiedlichen Zeitpunkten statt (Abweichungen von bis zu 5 Wochen). Ausgesprochen durchwachsen und nichts, was sich lang einlagern ließe.

2006 Zur Lese Regen und Fäulnis. Der früher reifende Pomerol war erfolgreich, gemischte Qualität in St-Émilion und den Satelliten.

2005 Bedingungen wie im Médoc. Überall ein Erfolg. Ab jetzt trinkreif.

2004 Der Merlot in Pomerol ist oft besser als 2003. Guter Cabernet franc.

2003 Der Merlot litt unter der Hitze, aber der Cabernet franc ist hervorragend. Sehr gemischter Jahrgang, St-Émilion-Spitzenweine vom Plateau gut. Die meisten müssen jetzt getrunken werden.

2002 Probleme mit der Reife und mit Fäulnis. Mittelprächtig bis gut. Trinkreif.

2001 Einige kraftvolle Merlot-Weine, teilweise besser als 2000. Jetzt schön trinkreif.

Ältere gute Jahrgänge: 2000, 1998, 1995, 1990, 1989, 1988, 1985, 1982, 1971, 1970, 1967, 1966, 1964, 1961, 1959, 1953, 1952, 1949, 1947, 1945.

Roter Burgunder

Côte d'Or Die Rotweine von der Côte de Beaune sind meist früher ausgereift als die gewichtigeren Kreszenzen von der Côte de Nuits. Die leichteren Weine, z. B. Volnay und Beaune, sind am frühesten trinkreif, am längsten brauchen die Grands crus z. B. von Chambertin und Musigny. Aber auch der beste Burgunder ist jung ansprechender als gleichwertiger roter Bordeaux.

2013 Erneut furchtbarer Hagelschlag an der Côte de Beaune: Für roten Volnay, Pommard, Beaune und Savigny sieht es heikel aus. Kleine Ernte an der Côte de Nuits, feine Weine dürften es noch schwerer haben als 2012.

2012 Infolge einer katastrophalen Blüteperiode sehr geringe Ausbeute an feinen Weinen an der Côte de Nuits. Noch übler erging es der Côte de Beaune mit vielfachem Hagelschlag. Sehr üppige, trotzdem erstklassige Weine.

2011 Einige Parallelen zu 2007: Auf einen mittelmäßigen Sommer folgte eine frühe Lese, allerdings sorgten diesmal dickere Schalen für mehr Struktur im Wein. Abermals geringe Erträge.

2010 Viel besser als erwartet. Frische, klassische Rotweine, die beständig an Format gewinnen. Feingliedrige Klassiker. Jetzt bis 2030?

2009 Schöne, reife, füllige Rotweine, die noch vor den 2005ern zugänglich werden. Wirken in ihrer Jugend gerade etwas unbeholfen. Hüten Sie sich vor überreifen Versionen. Jetzt bis 2030?

2008 Wer Pilzkrankheiten vermeiden konnte, brachte schöne Weine mit frischer Struktur hervor, andere Erzeuger erlebten eine Katastrophe. Sorgfältig auswählen. Ab jetzt trinkreif. Die Besten sind Pinots in Reinform. Jetzt bis 2025.

2007 Kleine Ernte; attraktive, intensiv duftende Weine. Viele sind jetzt trinkreif. Côte de Beaune fällt ziemlich gut aus. Jetzt bis 2020.
2006 Ein ansprechendes Jahr an der Côte de Nuits (weniger Regen); die Weine besitzen genug Kraft, um sich mittelfristig zu entfalten. Côte-de-Beaune-Rotweine sollten ab jetzt getrunken werden. Die Besten halten bis 2025.
2005 Der beste Jahrgang seit mehr als einer Generation. Die Spitzengewächse müssen, so groß die Versuchung auch sein mag, noch lagern. Halten Sie sich einstweilen an die einfacheren (Village-)Weine. Ansonsten 2018–2040.
2004 Leichtere Weine, einige sehr hübsch, andere ziemlich unangenehm krautig. Bald trinken.
2003 Die Rotweine kamen mit der Hitze besser klar als die Weißen. Muskulöse, reichhaltige Weine; die besten sind außergewöhnlich, die anderen alkoholstark und mit kurzem Abgang. Keine Eile bei Spitzengewächsen.
2002 Mittelgewichtige Weine von großer Klasse, ansprechende frische Note. Zeigen jetzt, was in ihnen steckt. Aber nichts überstürzen. Jetzt bis 2027.
2001 Hätten etwas mehr Sonne benötigt, um exzellent zu sein. Jetzt trinkreif.

Ältere gute Jahrgänge: 1999, 1996 (noch lagern), 1995, 1993, 1990, 1988, 1985, 1978, 1971, 1969, 1966, 1964, 1962, 1961, 1959 (reif).

Weißer Burgunder

Côte de Beaune Weiße Burgunder werden nur noch selten für eine lange Lagerung bereitet, wie es früher üblich war. Spitzengewächse sollten aber bis zu 10 Jahre von einer Alterung profitieren.

2013 Der Hagel im Juli verschonte die Weißweine. Uneinheitlich, aber einige sehen schon jetzt gut aus.
2012 Sehr geringe Erträge nach katastrophaler Blüteperiode und darauffolgendem Hagel, später annehmbares Wetter. Die Weine sind sehr intensiv, manchmal fein, andere allerdings auch plump.
2011 Großer Ertrag; feines Material für gewissenhafte Erzeuger, einige fleischige, schön ausgewogene Weine – aber die Versuchung, es mit der Ernte zu übertreiben, war groß. Sind früh attraktiv und trinkreif.
2010 Aufregende Weine mit schönem Frucht-Säure-Spiel; der Regen im September vernichtete einen Teil der Ernte. Meursault- und Corton-Charlemagne-Gewächse sind erstklassig. Jetzt bis 2020.
2009 Vollständige Ernte, gesunde Trauben. Die Weine sind auf alle Fälle bezaubernd, aber ob sie genug Säure für eine Reifezeit haben? Wer früh erntete, hat dafür gesorgt, die anderen sollten jetzt getrunken werden.
2008 Geringe Ernte; reife Aromen, dennoch viel Säure. Sehr feine Weine; die besten einlagern. Jetzt bis 2020.
2007 Große Ernte – wer spät las, erzielte sehr gute Ergebnisse. Bald trinken.
2006 Reiche Ernte und charmante, aromatische Weine. Jetzt austrinken.
2005 Kleiner, aber hervorragender Ertrag. Dichte, konzentrierte Weine. Einigen fehlt es noch an Anmut, mit dem Trinken daher noch warten. Hin und wieder leichte Oxidationserscheinungen.
2004 Aromatische, manchmal kräuterwürzige Weine. Bald trinken.

Mit Weißweinen aus dem Mâconnais (Pouilly-Fuissé, St-Véran, Mâcon-Villages) verhält es sich ähnlich, sie sind aber nicht so lange haltbar und zeichnen sich mehr durch Frische als durch Fülle aus.

Chablis Grands crus aus Jahrgängen mit Kraft und gutem Säuregehalt entwickeln sich bis zu 10 Jahre superb, Premiers crus entsprechend kürzer, aber auch sie brauchen mindestens 3 Jahre.

2013 Kleine Erträge, späte Ernte, einige Fäulnisprobleme. Im besten Fall ist ein gemischtes Ergebnis zu erwarten.
2012 Die Erträge waren nicht ganz so unbedeutend wie an der Côte d'Or, aber dennoch zu gering. Wer früh las, erhielt ungemein konzentrierte und klassisch strenge Weine. Die spätere Lese musste mit Regen kämpfen und brachte weiche, säurearme Tropfen hervor.
2011 Frühe Ernte mit großen Erträgen und reizvollen Weinen. Ähnlich wie 2002. Trinkreif 2015–2025.
2010 Die Lese erfolgte zur selben Zeit wie an der Côte d'Or, die Resultate waren hervorragend. Feiner Jahrgang mit körperreichen, kraftvollen Weinen von mineralischer Säure. Ein großartiges Jahr für klassischen Chablis. Trinkreif 2015–2030.
2009 Volle, zugängliche Weine; weniger mineralisch als die 2007er oder 2008er. Trinkreif 2014–2016.
2008 Hervorragend. Eine geringe Ernte erbrachte kraftvolle, saftige Weine mit Entfaltungspotenzial für 2014–2020.
2007 Hervorragende Grands crus und Premiers crus wurden nicht durch den Hagel beeinträchtigt. Der normale Chablis ist nicht so gut, deshalb austrinken. Trinkreif 2014–2017.

Beaujolais

2013 Späte Ernte mit gemischten Ergebnissen.
2012 Winziger Ertrag, Existenzkampf, verlassene Weinberge.
2011 Der dritte Volltreffer in Folge! Der beste Jahrgang überhaupt?
2010 Kompakt und konzentriert, reift jetzt aus.
2009 Wunderbar; der beste Jahrgang seit Langem hat für neu erwachtes Interesse an Beaujolais gesorgt.
2008 Durch weit verbreiteten Hagel stark beeinträchtigter Jahrgang.
2005 Konzentrierte Weine; die besten lohnen weitere Lagerung.

Südwestfrankreich

2013 Vergleichbar mit 2012, aber noch schlimmer. Verheerender Hagelschlag, Stürme und Fäulnis reduzierten die Erträge dramatisch. Ironischerweise dann aber gute Erntebedingungen.
2012 Hagel, Frost und kühle Witterung bis Mitte Juni verringerten den Ertrag, doch was erzeugt wurde, zeigt sich vielversprechend.
2011 Gute Weine, allerdings tendieren Cahors und Madiran zu Übertriebenheit. Erstklassige Weißweine.
2010 Der Altweibersommer sorgte überall für eine schöne Ernte. Guter Jahrgang, kann jetzt getrunken werden.
2009 Verlässliche Weine, die man jetzt trinken sollte.
2008 Mittelmäßiger Jahrgang. Wurde ganz zum Schluss einigermaßen durch Sonnenschein gerettet.
2007 Der späte Regen verdarb alles außer Madiran und die Süßweine.

Midi

2013 Sehr feuchtes Frühjahr. Schwierige Blüteperiode, einige Gebiete schlugen sich besser als andere. Späte Lese bis Mitte Oktober. Die Ergebnisse sind gut: kein Wasserstress, reife, gesunde Trauben.

2012 Geringe Quantität bei guter Qualität. Die Weine entwickeln sich gut.

2011 Recht frische Weine dank des eher kühlen Sommers, mit schöner Ausgewogenheit. Qualität und Quantität sind gut.

2010 Schöne Qualität; geringere Erträge als sonst wegen der sommerlichen Dürre.

2009 Kühler Frühling, heißer, trockener Sommer. Exzellente Qualität, die Weine sind jetzt wunderbar zu trinken.

2008 Ähnlich wie 2007, mit einigen eleganten Weinen, die sich jetzt schön trinken lassen. Schwere Hagelschäden in Faugères.

Nördliche Rhône

2013 Schwieriger Sommer, späte Ernte mit reduzierten Erträgen. Syrah mit gutem Körper und schön eingebundenen Tanninen. Spitzenweine haben ein Alterungspotenzial von 15 Jahren. Gute, haltbare Weißweine, v. a. Condrieu.

2012 Guter bis sehr guter Jahrgang; Rotweine mit kräftiger Struktur, die sich langsam entwickeln. Die besten dürften sich mindestens 15 Jahre halten. Weiße mit Stil und Frische, v. a. Condrieu.

2011 Jahrgang mit mittelschweren Weinen; sauber und erfreulich fruchtig in Crozes-Hermitage, gut in Hermitage und Cornas. Die Côte-Rôtie-Weine brauchen noch Zeit. Besser als 2008. Die frischen Weißen sind zufriedenstellend.

2010 Wunderbar. Herrliche Frucht, Ausgewogenheit, Frische und Flair bei den Roten, die ein langes Leben vor sich haben. Côte Rôtie ist so gut wie 1978. Sehr guter Condrieu und andere volle Weiße.

2009 Hervorragende Weine mit viel Sonne im Gepäck. Einige tiefgründige, reichhaltige rote Hermitage- und sehr volle Côte-Rôtie-Weine. Die besten Crozes- und St-Joseph-Abfüllungen altern gut. Recht mächtige Weiße, die lagern können.

2008 Verregneter Jahrgang, die Weine gewinnen allmählich an Tiefe. Spitzenwinzer schlugen sich am besten. Gute, saubere Weiße, die reifen können, v. a. Condrieu. Rotweine halten sich 8–12 Jahre.

2007 Weine von gelungener, ansprechender Tiefe mit gutem Reifepotenzial. Die besten Hermitage-, Côte-Rôtie-, Cornas- und St-Joseph-Abfüllungen haben eine Lebenserwartung von 18 und mehr Jahren. Gute Weißweine, die sich immer noch entfalten.

2006 Reichhaltige, zufriedenstellende Weine, die jetzt ihre Klasse zeigen, v. a. der Côte Rôtie. Schöne Säure bei den robusten Weißen, alkoholstarker Condrieu.

2005 Großteils hervorragender Jahrgang; die Tannine erfordern noch Geduld. Gutes Alterungspotenzial bei Hermitage-, Cornas- und den vollsten Côte-Rotie-Weinen. Volle Weiße, die jetzt schön zu trinken sind.

2004 Mittelgewichtige und geschmeidige, aber feine Weine, v. a. der Côte Rotie. Herrliche Weiße, die jetzt eine komplexe Reife entfaltet haben.

2003 Die intensive Sonneneinstrahlung sorgte für gekochte, »südliche« Aromen. Die besten Rotweine warten mit echter Fülle auf, brauchen aber noch Zeit; ihre Lebenserwartung beträgt 25 Jahre und mehr.

Südliche Rhône

2013 Winziger Grenache-Ertrag, der sich in den Verschnitten widerspiegeln wird. Angemessene Qualität, niedrigerer Alkoholgehalt als üblich. Laudun, Lirac und Tavel schnitten ordentlich ab. Gute Weißweine.

2012 Sehr guter Jahrgang. Die Rotweine sind voll und dunkel, mit besseren Tanninen als 2011. Recht volle Weiße, die feine Essensbegleiter abgeben. Gute Rosés (Tavel).

2011 Sofort zugängliche, geschmeidige Frucht. Sehr milde Tannine, daher recht früh trinkreif. In Châteauneuf-du-Pape schneidet Grenache am besten ab. Die roten Côte-du-Rhône-Weine bieten ein sehr gutes Preis-Leistungs-Verhältnis.

2010 Exzellente, körperreiche Rote mit schöner Ausgewogenheit. Ein Spitzenjahr für Châteauneuf-du-Pape. Weine von klarer Frucht und gut eingebundenen Tanninen. Interessante, volle Weiße, die gute Essensbegleiter sind.

2009 Volle Rote. Trockenheit sorgte bei einigen für gebackene Noten und körnige Tannine. Sehr reife Châteauneuf-du-Pape-Rotweine; die roten Côtes-du-Rhône- und -Villages-Weine sind jetzt gut. Solide Weiße.

2008 Heikler Jahrgang; die besten Weine sind jetzt schön zu trinken (idealerweise im Restaurant), halten sich aber auch noch 12–15 Jahre. Orientieren Sie sich an den großen Namen. Sehr gute, lebhafte Weißweine.

2007 Sehr guter Jahrgang: Sortenreine Grenache-Weine sind mächtig, aber lecker. Herausragender Châteauneuf-du-Pape von Spitzenerzeugern. Die Côtes-du-Rhône-Weine sollte man jetzt austrinken.

2006 Unterbewertet; fruchtige, aromatische Châteauneuf-du-Pape- und Gigondas-Weine: zugänglicher als 2005, weniger süß und mächtig als 2007. Gute, volle Weiße, ideal zum Essen.

2005 Sehr guter Jahrgang, der sich langsam entfaltet. Straff gewirkte, seriöse, konzentrierte Weine, die sich lange halten werden: erstklassiger Châteauneuf mindestens 20 Jahre. Die körperreichen Weißen haben sich schön entfaltet.

2004 Gut, aber uneinheitlich. Châteauneuf mineralisch und verführerisch. Gigondas im Idealfall mit körniger Textur und tiefgründig. Sind ab jetzt gut zu trinken. Gute, komplexe Weiße, die man einlagern kann.

2003 Stämmige, alkoholstarke Weine (Châteauneuf-du-Pape, Gigondas), die jetzt im Einklang mit sich sind. Halten Sie sich an die besten Erzeuger und Bereiche.

Champagne

2013 Ein kalter Frühling mit unregelmäßiger Blüte, dann aber viel Sonnenschein bei der spätesten Lese an der Marne seit 20 Jahren. Das Gegenteil von 2012. Für Chardonnay könnte es ein großartiger Jahrgang werden; Pinot noir mit gemischterem Ergebnis, aber glorreiche Ausnahme in Aÿ. Die Region Aube trafen Hagel und Regen.

2012 Der sonnige August und der schöne September waren die Rettung: kleiner Ertrag von hervorragendem Pinot noir und Meunier, der beste seit 1952. Chardonnay konnte weniger glänzen.

2011 Fragwürdige Qualität.

2009 Reife, Charme und verfeinerte Aromen werden früher als die 2008er herrlichen Genuss bieten. Üppiger Pinot noir aus Aube.

2008 Einer der drei besten Jahrgänge seit 2000. Klassische Ausgewogenheit von Säure und Reife: ein Champagnerjahrgang zum Einlagern, allerdings etwas strenger als der anmutige 2002er.

2006 Reife, ausdrucksstarke Weine, geschmeidig und fein. Sollten bald getrunken werden, um sich die Wartezeit auf die besten 2002er-Champagner zu vertreiben. Deutz, Roederer Cristal, Armand Margaine mit herausragenden Ergebnissen.

Ältere gute Jahrgänge: 2004, 2002, 2000, 1996, 1995, 1992, 1990, 1989, 1988, 1982, 1976.

Loire

2013 Sehr schwierige späte Ernte, die die Winzer vor große Herausforderungen stellte. Weit verbreitet war Fäulnis, die zum Handeln zwang. Geringer Zucker-, hoher Säuregehalt. Einige ansprechende Weine, die früh trinkreif sind. Im Anjou konnte ein wenig Süßwein erzeugt werden. Kleiner Ertrag, aber nicht ganz so gering wie 2012.

2012 Ein sehr schwieriger Jahrgang mit geringen Erträgen infolge von Frost und verbreitetem Mehltaubefall. Hohe Qualität bei Melon de Bourgogne und Sauvignon blanc, aber nur wenig Süßwein.

2011 Ein auf den Kopf gestelltes Jahr, das Können und richtiges Timing verlangte. In der Muscadet-Region trat Fäule auf. Sehr uneinheitliche Qualität. Einige feine Süßweine in Anjou.

2010 Sehr schön ausgewogene trockene Weiß- und großartige süße Anjou-Weine. Einige Rote sind besser als 2009. Beträchtliches Alterungspotenzial.

2009 Im Allgemeinen sehr gut. Bei einigen Sauvignon-blanc-Weinen ist der zu hohe Alkoholgehalt problematisch.

2008 Sehr gesunde Trauben mit hohem Säuregehalt. Rote mit gutem Alterungspotenzial und exzellente trockene Weiße, v. a. Chenin blanc; Süßweine machte der nasse November zunichte.

2007 Hier ist der Erzeuger entscheidend. Strenge trockene Weiße und wirklich außerordentliche Anjou-Süßweine. Die Roten jetzt austrinken.

Elsass

2013 Feine, frische, mineralische Weine mit eleganter Säure. Erfolgreich für Riesling.

2012 Kleiner Ertrag, konzentrierte Weine im Stil des Jahrgangs 2010.

2011 Aromatische Weine mit Charme für baldigen Genuss.

2010 Sehr geringer Ertrag. Exzellente, meist trocken ausgebaute Weine, die man lange einlagern kann.

2009 Großartiger Pinot gris und Gewürztraminer; einige feine Spätlesen.

2008 Trockene, frische Weine: Der Riesling ist ein großes Vergnügen, v. a. von Weinbach und Trimbach.

2007 Heiß im Frühling, nasskalt im Sommer, sonnig im Herbst: reife Trauben. Austrinken.

2006 Dem heißesten Juli seit Beginn der Wetteraufzeichnungen folgte der kälteste August. Spitzenerzeugern gelang subtiler, feiner Riesling.

Abymes Sav w ★ BV – Hügeliger Bereich bei Chambéry; leichter, milder AC Vin de Savoie von der Jacquère-Traube mit alpinem Charme. SAVOYEN hat eine ganze Reihe solcher lokaler Crus.

AC oder AOC (Appellation Contrôlée)/AOP Staatliche Herkunfts- und Produktionskontrolle (aber nicht für Qualität!) für das Gros der französischen Spitzenweine; etwa 45 % der Gesamtmenge. Wird sukzessive in AOP (Appellation d'Origine Protégée) umbenannt.

Ackerman Lo r rs w; (tr) (s); (sch) ★→★★ Großer Négociant und die erste Schaumweinfirma in SAUMUR. Aktionäre sind Loire-Winzer, darunter die Alliance Loire mit 8 Genossenschaften. Die Ackerman-Gruppe, zu der auch Rémy-Pannier und Monmousseau (seit 2010) gehören, bietet Weine von der ganzen Loire, oft in eigenen Kellereien bereitet. Das einzige große Handelshaus für Weine von der gesamten Loire in lokalem Besitz.

Agenais SWF r rs w ★ BV – IGP aus dem Departement Lot-et-Garonne. Ein gutes Preis-Leistungs-Verhältnis bieten die Weine der Dom. du Boiron, Lou Gaillot und Campet, die mit den großteils langweiligen Genossenschaftsweinen konkurrieren.

Alliet, Philippe Lo r w ★★→★★★ **02 04 05' 06 08** 09' 10 11 12 – Top-CHINON-Erzeuger mit lagerfähigen CUVÉES. Am besten sind der in Eiche ausgebaute Coteau de Noiré (von einer Steillage östlich von Chinon), der Tradition und der VIEILLES VIGNES von flachem Kiesboden sowie l'Huisserie von einer Hanglage. Anhänger der Reifung im Holzfass.

Aloxe-Corton Bg r w ★★→★★★ **99' 02' 03** 05' **06 07 08 09'** 10' 11 12' 13 – Weinort am Nordende der CÔTE DE BEAUNE; berühmt für seine GRAND-CRU-Lagen CORTON und CORTON-CHARLEMAGNE, die PREMIER-CRU- und Village-Weine sind weniger interessant. Wenn Überextraktion vermieden wurde, können die Roten ansprechend sein. Beste Erzeuger: Pierre André, Doms. Follin-Arbelet, Comte Senard, TOLLOT-BEAUT.

Alquier, Jean-Michel Lang r w – Führender Erzeuger in FAUGÈRES. Weißer Verschnitt von MARSANNE und GRENACHE BLANC, außerdem IGP Les Pierres Blanches (Sauvignon blanc) sowie die roten CUVÉES Les Premières von jüngeren Reben, Maison Jaune und der herausragende lagerfähige Les Bastides (SYRAH) von alten Reben. Nicht zu verwechseln mit der Dom. Alquier seines Bruders Fréderic.

Alsace Grand cru El w ★★★→★★★★ **90' 97 02 05 06 07 08' 09 10' 11** 12 13' – AC nur für die 51 (KAEFFERKOPF kam 2006 dazu) besten Lagen (ca. 1.600 ha, 800 ha in Produktion) und für vier »edle« Trauben: RIESLING, PINOT GRIS, GEWÜRZTRAMINER und MUSCAT, überwiegend trocken, einige aber auch süß ausgebaut. Zu den neuen, dringend benötigten Produktionsvorschriften zählen ein höherer Mindestreifegrad und das Verbot der Chaptalisierung.

Amirault, Yannick Lo r ★★→★★★★ **03 04 05' 06 08'** 09' 10' **11** – Vorzeige-Erzeuger für BOURGUEIL und ST-NICOLAS-DE-BOURGUEIL aus Ökoanbau. Spitzen-CUVÉES: La Petite Cave und Les Quartiers aus Bourgueil sowie Malagnes und La Mine aus St-Nicolas. Sohn Benoît ist jetzt vollständig beteiligt.

André, Pierre Côte d'Or r w ★★ Solider Erzeuger, hauptsächlich Négociant, aber auch Winzer, im Ch. Corton-André, ALOXE-CORTON, mit 5 ha in und um CORTON.

Angerville, Marquis d' Côte d'Or r w ★★★★ Der Superstar in VOLNAY mit biologisch-dynamischem Anbau: legendärer Clos des Ducs (MONOPOLE-Lage) sowie erstklassiger Champans und Taillepieds. Das neue Projekt im Jura (Dom. du PÉLICAN) sollte man im Auge behalten.

Anjou Lo r rs w; (tr) (s); (sch) ★→★★★★ Region, aber auch übergeordnete AC an der Loire, die Anjou und SAUMUR beinhaltet. Große Stilvielfalt: Das Spektrum der trockenen CHENIN-BLANC-Weißweine reicht von leichten Alltagstropfen bis zu kräftigen Weinen mit Alterungspotenzial. Unter den Roten findet man z. B. den AC Anjou GAMAY, den fruchtigen Anjou Rouge auf CABERNET-FRANC-Basis und den alterungsfähigen, aber tanninstarken ANJOU-VILLAGES, der auch CABERNET SAUVIGNON enthält. Daneben der kräftige, meist trockene SAVENNIÈRES, der leicht süße bis üppige COTEAUX DU LAYON (Chenin blanc), trockene und liebliche Rosés sowie Schaumweine. Die Erzeugnisse der AC Anjou sind sehr unterschiedlich, nicht selten aber hervorragend und zudem preiswert. 2012 und 2013 gab es nur wenige Süßweine; halten Sie sich an 2010 und 2011.

Anjou-Coteaux de la Loire Lo w; lbl s ★★→★★★ **02 03 05' 07' 09 10' 11** – Kleine AC (38 ha) ganz im Westen der AC ANJOU für süße CHENIN-BLANC-Weißweine, die weniger voll, aber nerviger sind als COTEAUX DU LAYON. Erzeuger: v. a. Doms. Delaunay, Fresche, Musset-Roullier und Ch. de Putille. Wenige Weine in den Jahrgängen 2012 und 2013.

Anjou-Villages Lo r ★→★★★ **03 05' 06 08 09' 10' 11** 12 (13) – Höherwertige AC für Rotweine (v. a. CABERNET FRANC/CABERNET SAUVIGNON, aber auch einige reinsortige, oft erstklassige Weine von Cabernet Sauvignon) aus dem Herzen der AC ANJOU. Die Tannine sind mitunter heftig, die Spitzenweine aber zum Ausgleich vergleichsweise preiswert. Erzeuger: v. a. Bergerie, Branchereau, Brizé, CADY, Clos de Coulaine, Philippe Delesvaux, Ogereau, Ch. PIERRE-BISE, Sauveroy. Der Unterbereich Anjou-Villages-Brissac liegt im selben Gebiet wie COTEAUX DE L'AUBANCE; Erzeuger darin v. a.: Bablut, Dom. de Haute Perche, Montigilet, Princé, Richou, Rochelles, Ch. de Varière.

Apremont Sav w ★★ BV – Einer der besten Weinorte in SAVOYEN; helle, zarte Weißweine, v. a. von der Jacquère-Traube, seit Kurzem aber auch guter CHARDONNAY.

Arbin Sav r ★★ Dunkler, lebhafter Rotwein aus MONDEUSE-Trauben, vergleichbar mit einem CABERNET SAUVIGNON von der Loire. Trinkreif mit 1–2 Jahren; ideal zum Après-Ski.

Arbois Jura r rs w; (sch) ★★→★★★ Verschiedene gute, urwüchsige Weine, die tatsächlich ihr Terroir verraten; Spezialität: VIN JAUNE. Beste Erzeuger: Stéphane Tissot, Jacques Puffeney. Guter Crémant-Schaumwein von der lokalen Genossenschaft.

Arlay, Château d' Jura r w; s ★→★★ Großes Weingut in tüchtigen Händen. Zu den Weinen zählen sehr guter VIN JAUNE, VIN DE PAILLE, PINOT NOIR und MACVIN.

Ariège SWF r ★ **10 11** (12') (13) – Winzige Kult-IGP südlich von Toulouse. Bester Erzeuger ist die DOMAINE des Coteaux d'Engraviès (★★), gefolgt von Dom. Sabarthès und Dom. de Lastronques (beide ★).

Arlaud Côte d'Or r ★★★ Guter Erzeuger in MOREY-ST-DENIS mit CHARMES-CHAMBERTIN, CLOS DE LA ROCHE u. a. Feiner BOURGOGNE Roncevie. Die junge Generation hat sich auf alte Tugenden besonnen, z. B. wird jetzt mit dem Pferdepflug gearbeitet.

Arlot, Domaine de l' Côte d'Or r w ★★→★★★ Einstmals berühmter Vertreter der Ganztraubenvergärung (bis 2010) – der Stil hat sich unter der neuen Leitung allerdings geändert. Wird jetzt stärker von AXA kontrolliert. Betörend duftender NUITS-ST-GEORGES und Clos des Fôrets St-Georges, außerdem VOSNE-ROMANÉE Les Suchots und ROMANÉE-ST-VIVANT. Die raren Weißen sind ebenfalls sehr gut.

Armand, Comte Côte d'Or r ★★★ Einziger Besitzer des großartigen Clos des Épeneaux in POMMARD sowie anderer Weinberge in AUXEY und VOLNAY. Seit 1999 in Topform. Biologisch-dynamischer Anbau.

Aube Champ – Südlicher Ausläufer der CHAMPAGNE (auch Côte de Bar genannt). Sehr guter PINOT NOIR (**09 10**).

Auxey-Duresses Côte d'Or r w ★★ **99' 02' 03** 05' **06 07 08 09' 10'** 11 12 – Versteckt gelegener Ort der CÔTE DE BEAUNE-Villages hinter MEURSAULT. Die Rotweine sind intensiver im Duft und weniger rustikal als früher; ansprechende mineralische Weiße. Beste Beispiele (rot): COMTE ARMAND, COCHE-DURY, Gras, MAISON LEROY (Les Boutonniers), Prunier; (weiß): Lafouge, ROULOT.

Aveyron SWF r rs (w) ★ IGP BV – Hoch gelegenes Departement, das auch MARCILLAC und ENTRAYGUES umfasst. Die Kult-Erzeuger von NATURWEINEN Nicolas Carmarans und Patrick Rols (beide ★★) haben unbekannte lokale Rebsorten wiederbelebt (z. B. Négret de Banhars). Den üblichen Standard bieten die Domaines Bertau und Pleyjean.

Sprichwort in Aveyron: »Trink Wein morgens pur, unverdünnt am Mittag und abends so, wie der Herrgott ihn uns gab.«

Avize Champ – Feiner Ort der Côte des Blancs für CHARDONNAY. Exzellente Winzerweine, in Topform sind Selosse und Agrapart.

Aÿ Champ – Hochgeschätzter Ort für PINOT NOIR mit kraftvollen Weinen. Heimat von BOLLINGER. Mischung aus Négociant- und Winzerweinen, die oft in Fässern bereitet werden: z. B. von Claude Giraud, dem einflussreichen Meister der Argonne-Eiche.

Ayala Champ – Wiederbelebtes Champagnerhaus in AŸ im Besitz von BOLLINGER. Schöner BRUT Nature Zéro Dosage und sehr guter Rosé. Ausgezeichnete Prestige-CUVÉE Perle d'Ayala (**05 06** 08' **09** 12'). Neuer Kellermeister; preiswert.

AOP und IGP: Was tut sich in Frankreich?
Die europaweite Einführung der Bezeichnungen AOP (Appellation d'Origine Protégée) und IGP (Indication Géographique Protégée) heißt, dass diese Begriffe nun auf den Etiketten zu finden sein können. AC/AOC wird weiterverwendet werden, aus Gründen der Einfachheit und Kürze wird in diesem Buch aber nur noch der Ausdruck IGP für alle ehemaligen VINS DE PAYS verwendet.

Bachelet Bg r w ★★→★★★★ Weitverbreiteter Familienname in Burgund. Exzellente Weißweine kommen von B.-Monnot (MARANGES), Jean-Claude B. (ST-AUBIN) und von B.-Ramonet (CHASSAGNE). Am anderen Ende der CÔTE D'OR erzeugt Denis B. alkoholstarken GEVREY-CHAMBERTIN.

Bandol Prov r rs (w) ★★★ **96 97 98 99 00 01 02 03 04 05** 06 07 08 09 10 11 12 13 – Kompakte AC an der Küste mit den besten Weinen der PROVENCE: hervorragende, in Eiche ausgebaute Rote mit enormem Alterungspotenzial, vorwiegend von MOURVÈDRE mit GRENACHE und CINSAULT; elegante Rosés von jungen Reben und ein wenig Weißwein von CLAIRETTE, UGNI BLANC und gelegentlich SAUVIGNON BLANC. Spitzenerzeuger: u. a. Ch. La Bastide Blanche, Ch. La Bégude, Dom. du Gros'Noré, Dom. Lafran Veyrolles, Dom. de la Laidière, Ch. Pibarnon, Ch. Mas de la Rouvière, Dom. La Suffrène, Dom. de Terrebrune, Dom. TEMPIER, Ch. Vannières.

Banyuls Rouss br; s ★★→★★★ Charaktervolle VINS DOUX NATURELS, hauptsächlich von GRENACHE (GRAND CRU reift 2 Jahre und länger). Neuere Jahrgangsweine ähneln im Stil Ruby Port, überzeugender sind aber die jahrelang gereiften traditionellen RANCIOS. Sie erinnern an feinen alten Tawny Port oder sogar an Madeira. Am besten sind die DOMAINES du Mas Blanc (★★★), la Rectorie (★★★), de la Tour Vieille (★★★), Coume del Mas (★★), Vial Magnères (★★), Les Clos de Paulilles und Dom. Madeloc. Siehe auch MAURY.

Barrique In Bordeaux (und Cognac) gebräuchliche Bezeichnung für ein Eichenfass mit 225 l Inhalt. Kommt weltweit zum Einsatz, doch die Allerweltsbegeisterung für die exzessive Verwendung neuer Eiche flaut gnädigerweise allmählich ab. Die Frucht überlagerndes Holz wirkt heutzutage altmodisch.

Barsac Saut w; s ★★→★★★★ **88' 89' 90' 95 96 97' 98 99' 01' 02 03' 05' 07' 09' 10'** 11' 12 (13) – Nachbar von SAUTERNES mit ähnlich feinen edelfaulen Weinen von tiefer liegenden Kalksteinböden: frischer und nicht so kraftvoll. Im Gegensatz zu Sauternes 2012 einigermaßen erfolgreich. Spitzenweine von CLIMENS, COUTET, DOISY-DAËNE, DOISY-VÉDRINES, NAIRAC.

Barthod, Ghislaine Côte d'Or r ★★★→★★★★ Duftende, feine Weine, die dennoch Tiefe und Konzentration mitbringen. Eindrucksvolle Reihe von neun PREMIERS CRUS in CHAMBOLLE-MUSIGNY, etwa Les Baudes, Charmes, Cras und Fuées.

Bâtard-Montrachet Côte d'Or w ★★★★ **99' 00 02' 04'** 05' **06 07' 08'** 09' 10 11 12 13 – GRAND CRU (12 ha) unterhalb von MONTRACHET selbst. Großartige stämmige Weißweine, denen man Zeit geben sollte. Von den Geschwisterlagen Bienvenues-Bâtard-Montrachet und Criots-Bâtard-Montrachet kommen in der Regel etwas leichtere Gewächse. Ausschau halten nach: BACHELET-Monnot, J.-M. BOILLOT, CARILLON, FAIVELEY, GAGNARD, Louis LATOUR, LEFLAIVE, MOREY, Pernot, Ramonet, SAUZET, VOUGERAIE.

Baudry, Domaine Bernard Lo r rs w ★★→★★★ **03 05 06 08 09'** 10' **11** 12 (13) – 30 ha auf Kiesebene und Kalksteinhängen. Erstklassige CHINON-Weine: Weiße von CHENIN BLANC, Rosés und Rote auf CABERNET-FRANC-Basis, u. a. köstlicher Les Granges, strukturierter Les Grézeaux, Clos Guillot und Croix Boissées. Ökoweinbau mit Handlese. Sohn Mathieu hat jetzt die Leitung übernommen.

Baudry-Dutour Lo r rs w; (sch) ★★→★★★ **03 05' 06 08 09'** 10' **11** (13) – Größter Erzeuger in CHINON; zum Besitz zählen u. a. Ch. de St-Louand und Ch. de la Grille (wurde 2009 erworben; seit 2013 mit Besucherzentrum). Verlässliche Qualität von leichten, jung zu genießenden Alltagsweinen bis hin zu alterungswürdigen Roten. Moderne Kellereien in Panzoult und im Ch. de la Grille. Chinon blanc mit Schraubverschluss.

Baumard, Domaine des Lo r rs w; tr s; sch ★★→★★★ tr **03 05' 06 07'**; s **08 09 10** 11 – Umstrittener Erzeuger in ANJOU, v. a. mit Weißweinen von CHENIN BLANC, u. a. SAVENNIÈRES (Clos St-Yves, Clos du Papillon), QUARTS DE CHAUME und Clos Ste-Catherine. Befürwortet sehr ertragreiche *vignes larges* und Kryoextraktion (Tiefgefrieren der Trauben zur Konzentration des Zuckergehalts). Hat 2012 eine Riesenmenge Quarts de Chaume deklariert, die Menge für 2013 klingt glaubwürdiger.

Baux-de-Provence, Les Prov r rs w ★★→★★★ **06 07 08 09 10** 11 12 13 – Weinberge an den spektakulären Bauxit-Abbaustellen der Alpilles rund um den Touristenort Les Baux. Weißweine von CLAIRETTE, GRENACHE, Rolle und ROUSSANNE, Rote von CABERNET SAUVIGNON, SYRAH und Grenache. Meist ökologischer Anbau. Mit Abstand bester Erzeuger ist die Dom. de TRÉVALLON mit ihrem Cabernet Sauvignon/Syrah (darf nur als IGP verkauft werden, da ohne Grenache-Anteil). Durch den Tourismus besteht allerdings die Gefahr von Selbstzufriedenheit. Weitere Erzeuger: Mas de la Dame, Ch. d'Estoublon, Dom. Hauvette, Ch. Romanin, Mas Ste Berthe, Dom. des Terres Blanches.

Béarn SWF r rs w ★→★★ r **10 11** (12) (13); rs w BV – Am besten sind die Roséweine der AC/AOP, v. a. von der Genossenschaft in Bellocq. Gute Rotweine erzeugt die Dom. Lapeyre et Guilhemas (★★), deren rare Weiße von der Sorte Raffiat de Moncade ebenfalls empfehlenswert sind.

Beaucastel, Château de S-Rh r w ★★★★ **78' 81' 83 85 88 89' 90' 94' 95' 96' 97 98' 99' 00' 01' 03' 04 05' 06'** 07' **08** 09' 10' 11' 12' – Seit Langem ökologisch bewirtschaftetes CHÂTEAUNEUF-Spitzengut mit alten MOURVÈDRE- und 100 Jahre alten ROUSSANNE-Reben. Gehört zur ausgezeichneten Firma Famille Perrin an der südlichen Rhône (Weinberge teils in eigenem Besitz, teils gepachtet), die mit Maison Nicolas Perrin auch ein Handelshaus an der nördlichen Rhône betreibt. Rauchige, tiefgründige, komplexe, manchmal rustikale Weine, die in den ersten beiden Jahren oder aber erst nach 7–8 Jahren getrunken werden sollten. Die letzten Jahrgänge sind weicher ausgefallen. Erstklassig der rote Hommage à Jacques Perrin mit 60 % Mourvèdre. Wundervoller Roussanne Vieilles Vignes (alte Reben), 5–25 Jahre haltbar. Geschliffener roter CÔTES DU RHÔNE Coudoulet de Beaucastel (Lebensdauer 8 Jahre und mehr). Sehr gut und authentisch sind Famille Perrin CAIRANNE (preiswert), GIGONDAS, RASTEAU und VINSOBRES. Gut ist auch der Ökowein Perrin Nature Côtes du Rhône (rot und weiß). Siehe auch TABLAS CREEK im Kapitel »Kalifornien«.

Beaujolais r (rs) (w) ★ BV – Die einfachste Appellation der großen Region Beaujolais, deren leichte Weine jetzt auch unter dem Etikett COTEAUX BOURGUIGNONS vermarktet werden können. Hat wirtschaftlich schwer zu kämpfen. Weine aus den Hügeln können hervorragend sein.

Beaujolais Primeur (oder Nouveau) Beauj – Ist eher ein Ereignis als ein Getränk. Der BEAUJOLAIS des neuen Jahrgangs wird im Schnellverfahren bereitet, damit er am dritten Mittwoch im November um Mitternacht freigegeben werden kann. Sollte sehr fruchtig und süffig sein, kann aber auch scharf und alkoholstark ausfallen.

Beaujolais-Villages Beauj r ★★ **09' 10' 11' 12 13** – Wein der mittleren Kategorie zwischen einfachem BEAUJOLAIS und den zehn »Crus« (z. B. MOULIN-À-VENT), die den Aufpreis wert sind. Am besten sind die Weine der Gemeinden Beaujeu und Lantigné – es lohnt sich, auf die Freigabe dieser Weine zu warten.

Beaumes-de-Venise S-Rh r (rs) (w) br ★★ r **07' 08 09' 10' 11 12'**; Muscat BV – Gemeinde der CÔTES DU RHÔNE südlich von GIGONDAS, die für VIN DOUX NATUREL von der MUSCAT-Traube bekannt ist. Der v. a. als Aperitif getrunkene Wein hat Aromen von Trauben und Honig und sollte sehr kalt getrunken werden. Feine Versionen bieten z. B. die Doms. Beaumalric, Bernardins (moschusartig, traditionell), Durban (reichhaltig), Fenouillet, JABOULET, Pigeade (frisch, sehr gut), VIDAL-FLEURY und die Genossenschaft. Auch ausdrucksstarke, griffig texturierte Rote (Dom. Cassan, Fenouillet, Ferme St-Martin, Durban, St-Amant, Ch. Redortier), die in sonnenreichen Jahren am besten ausfallen und 2–3 Jahre lagern sollten. Die einfachen Weißen (ein wenig trockener MUSCAT und VIOGNIER) und beschwingten Rosés sind Côtes-du-Rhône-Weine.

Beaumont des Crayères Champ sch – Genossenschaft an der Côte d'Épernay, deren Grande Réserve oJ auf PINOT-MEUNIER-Basis vorbildlich ist. Der Jahrgangschampagner Fleur de Prestige ist sein Geld mehr als wert (**04 06** 08' **09** 11 12). Außerdem großartige Cuvée Nostalgie (**02' 06** 08) auf CHARDONNAY-Basis und Fleur de Rosé (**05 06 09**).

Beaune Côte d'Or r (w) ★★★ **02' 03 05' 07 08** 09' 10' 11 12 – Die historische Weinhauptstadt Burgunds ist der Sitz der HOSPICES DE BEAUNE und klassischer Weinhändler wie BOUCHARD, CHAMPY, CHANSON, DROUHIN, JADOT, LATOUR und Remoissenet. Aber auch junge Anwärter wie Gambal, Lemoine, Leroux und Roche de Bellene sind hier ansässig. Es gibt keine GRAND-CRU-Lagen, aber einige anmutige, duftende PREMIER-CRU-Rotweine, z. B. aus Bressandes, Cras, Teurons, Vignes Franches, kraftvollere Gewächse aus Grèves. Zunehmend wird auch Weißwein erzeugt: am besten ist der CLOS DES MOUCHES von Drouhin.

Becker, Caves J. El r w ★→★★ Das Gut wird ökologisch bewirtschaftet und sukzessive auf Biodynamie umgestellt. Stilvolle Weine, u. a. der herausragende GRAND CRU Froehn, den es als GEWÜRZTRAMINER und RIESLING (**06 08' 10** 13) gibt.

Bellet Prov r rs w ★★ Winzige AC, deren 32 ha innerhalb Nizzas liegen, doch wird der lokale Wein dort kaum beachtet. Die überraschend langlebigen Weißweine von der Rolle-Traube sind am besten; von den Sorten Braquet und Folle noire werden leichte Rote bereitet (BV). Nur eine Handvoll tapferer Erzeuger hält die Stellung: Ch. de Bellet (am ältesten), CLOS St-Vincent, Collet de Bovis, Les Coteaux de Bellet, Dom. de la Source und Toasc.

Bellivière, Domaine de Lo r w; s ★★→★★★ **03 05' 07 08 09'** 10' 11 – Die DOMAINE mit 13 ha verstreut liegenden Parzellen wird von Christine und Eric Nicolas geführt und biodynamisch bewirtschaftet. Sie erzeugen präzisen CHENIN BLANC aus JASNIÈRES und den COTEAUX DU LOIR sowie pfeffrigen roten Pineau d'Aunis.

Bergerac SWF r rs w; tr s ★→★★★ **05' 07'**; s 08 **09 10 11 12** (13) – Weine im BORDEAUX-Stil (gleiche Rebsorten), doch deutlich niedrigere Preise. Beachtenswert sind v. a. die frischen, trockenen Weißweine (meist SÉMILLON) und die seit Kurzem stämmiger gewordenen Roten. Empfehlenswerte Erzeuger finden Sie in den Einträgen MONBAZILLAC, MONTRAVEL, PÉCHARMANT, ROSETTE und SAUSSIGNAC, alles Unterbereiche der AOP. Außerdem: Clos des Verdots und La Tour des Gendres (beide ★★★), dazu die Doms. Jaubertie, Jonc Blanc, Les Marnières sowie die Chx. Les Fontenelles und Grinou (alle ★★).

Bertrand, Gérard Lang r rs w ★★ Der ehrgeizige frühere Rugbyspieler ist heute einer der größten Weinbauern im MIDI: Villemajou im CORBIÈRES-Cru Boutenac, Laville-Bertou in MINERVOIS-LA LIVINIÈRE, Dom. de l'Aigle in LIMOUX, Cigalus (IGP Pays d'Oc) und la Sauvageonne in Terrasses du Larzac. Aushängeschild ist Ch. l'Hospitalet in La CLAPE.

Besserat de Bellefon Champ sch – Champagnerhaus in Épernay, das sich auf sanft schäumende Weine (nach Art des früheren CRÉMANT) spezialisiert hat. Gehört zu Lanson-BCC. Respektable Qualität, moderate Preise.

Beyer, Léon El r w ★★→★★★ Erzeuger sehr feiner, intensiver trockener Weine, die häufig 10 Jahre und mehr Flaschenreife brauchen. Erlesener RIESLING Comtes d'Eguisheim (**08' 10**) aus der GRAND-CRU-Lage PFERSIGBERG, was aber nicht auf dem Etikett steht. Unverfälschte trockene Weine für die gehobene Küche. Jetzt auch feinere PINOT-NOIR-Gewächse (**10' 12**).

Bichot, Maison Albert Bg r w ★★→★★★ Bedeutendes Handelshaus mit eigenem Anbau, das zunehmend eindrucksvollere Weine produziert in einem kräftigen, leicht eichenholzwürzigen Stil. Die besten stammen von den eigenen DOMAINES wie LONG-DEPAQUIT (CHABLIS), Clos Frantin (NUITS-ST-GEORGES) und Pavillon (BEAUNE).

Bienvenues-Bâtard-Montrachet Côte d'Or ★★★→★★★★ **02' 04** 05 **06 07 08** 09 10 11 12 13 – Die einen Tick leichtere und früher reifende Version des BÂTARD-MONTRACHET mit zugänglicher, cremiger Textur. Am besten von BACHELET-Monnot, CARILLON, LEFLAIVE, Pernot und Ramonet.

Billecart-Salmon Champ – Das Champagnerhaus in Familienbesitz erzeugt in Holzfässern vergorene schöne, langlebige Jahrgangs-CUVÉES. Ausgezeichneter Clos St-Hilaire Blanc de Noirs (**96' 99** 02), NF Billecart (**98 99 00 02' 04** 08' 12'), erstklassiger BLANC DE BLANCS (**99 00**), BRUT (**06**) und Extra Brut oJ (★★★). Die Cuvée Sous Bois wird ausschließlich in Eiche vinifiziert. Erlesene Cuvée Elisabeth Salmon Rosé (**99' 02** 04).

Bize, Simon Côte d'Or r w ★★→★★★ Wichtigster Erzeuger in SAVIGNY-LÈS-BEAUNE mit einer großen Vielfalt an PREMIER-CRU-Lagen, v. a. in PERNAND-VERGELESSES. Auch sehr preiswerter AC BOURGOGNE (rot und weiß). Spitzenwein ist der LATRICIÈRES-CHAMBERTIN. Die Trauer um Besitzer Patrick Bize ist groß, der im Oktober 2013 viel zu früh verstorben ist.

Blagny Côte d'Or r ★★→★★★ **99' 02' 03'** 05' **07 08** 09' 10' 11 12 13 – AC auf einem Hügel südlich von MEURSAULT, oberhalb von PULIGNY-MONTRACHET. Die recht strengen Roten sind aus der Mode gekommen, seit die Winzer die Weinberge mit CHARDONNAY neu bestocken, um PREMIER CRU Meursault-Blagny zu erzeugen. Die besten Rotweinlagen sind Pièce sous le Bois, Sous le Dos d'Âne und La Jeunelotte. Beste Rotweinerzeuger: Matrot, Martelet de Cherisey.

Blanc de Blancs Ein Weißwein nur aus weißen Trauben, insbesondere bei CHAMPAGNER. Eine Bezeichnung für den Stil, nicht für Qualität.

Blanc de Noirs Weißwein aus roten Trauben (oft mit rosigem Schimmer); insbesondere CHAMPAGNER. Im Stil üblicherweise reichhaltig, manchmal sogar klotzig.

Blanck, Paul et Fils El r w ★★→★★★ Erzeuger in Kientzheim mit riesigem Angebot. Die feinsten Gewächse stammen von den 6 ha des GRAND CRU Furstentum (RIESLING, GEWÜRZTRAMINER, PINOT GRIS) und von der Grand-cru-Lage SCHLOSSBERG (großartiger Riesling; **06 08'** 10 12 13). Außerdem guter PINOT BLANC.

Frankreich

Blanquette de Limoux Lang w; sch ★★ Sehr preisgünstiger Schaumwein aus einem kühlen hügeligen Gebiet südwestlich von Carcassonne, älter als CHAMPAGNER. Basiert auf der Mauzac-Traube, die mit CHARDONNAY, CHENIN BLANC und seit einiger Zeit auch mit PINOT NOIR aufgebessert wird. Die Gewächse der AC Crémant de Limoux sind eleganter. Die große Genossenschaft produziert unter dem Etikett Sieur d'Arques; weitere Erzeuger: Antech, Delmas, Laurens, Rives-Blanques, Robert.

Blaye Bx r ★→★★ **05' 06 08 09' 10' 11** 12 – Bezeichnung für konzentrierte Spitzenrotweine (Ertragsbeschränkung etc.) von den früheren Premières Côtes de Blaye, die seit 2008 in der neuen AC BLAYE – CÔTES DE BORDEAUX aufgegangen sind.

Blaye – Côtes de Bordeaux Bx r w ★→★★ **08 09' 10' 12** – AC am rechten Ufer der Gironde, hauptsächlich für Rotweine und wenige trockene Weiße. Die früheren Premières Côtes de Blaye tragen seit 2008 diese neue Bezeichnung. Deutlich gestiegene Qualität. Die besten CHÂTEAUX: Bel Air la Royère, Cantinot, Gigault (CUVÉE Viva), Haut-Bertinerie, Haut-Colombier, Haut-Grelot, Jonqueyres, Monconseil-Gazin, Mondésir-Gazin, Montfollet, Roland la Garde, Segonzac, des Tourtes. Für Weißweine: Ch. Charron und die Genossenschaft Cave des Hauts de Gironde.

Boillot Côte d'Or r w – Verschiedene Erzeuger gleichen Nachnamens in Burgund. Feine Rot- und Weißweine mit Eichennote finden Sie bei Jean-Marc in POMMARD (★★★), konzentrierte Weiße und moderne Rote bei Henri (★★→★★★★; Dom. und Négociant in MEURSAULT), bei dem mit Ghislaine BARTHOD verheirateten Louis (★★★) in CHAMBOLLE-MUSIGNY sowie dessen Bruder Pierre in GEVREY-CHAMBERTIN (★★→★★★).

Boisset, Jean-Claude Bg r w – Überaus erfolgreiche, in den vergangenen 50 Jahren entstandene Handelsgruppe. Exzellente Weine vom eigenen Weingut Dom. de la VOUGERAIE. Die letzte Errungenschaft war der Ankauf von Vincent GIRARDIN. Um die Projekte in Kanada, Kalifornien, Chile und Uruguay kümmert sich Jean-Claudes Sohn Jean-Charles, der mit Gina Gallo vom gleichnamigen US-Weingiganten verheiratet ist.

Boizel Champ – Schön gereifter BLANC DE BLANCS oJ und Vorzeigeprodukt Joyau de France (**02' 04 06** 08), Joyau Rosé (**02' 04 06 09**) sowie Grand Vintage BRUT (**02' 04 06** 08 09) und CUVÉE Sous Bois. Gute Qualität zu sehr günstigen Preisen.

Bollinger Champ – Großartiges klassisches Champagnerhaus, in Höchstform bei neueren Jahrgängen, z. B. Grande Année (**95 97 00 02' 04 06**). Jetzt gibt es auch einen Rosé oJ. PINOT NOIR wird viel Beachtung geschenkt, erlesenen ist der Grande Année Rosé (**02**). Luxusmarken: R.D. (**99' 02'** 04'), VIEILLES VIGNES Françaises (**02**) und der La Côte aux Enfants aus AŸ (**09'** 12'). Neuer Kellermeister. Siehe auch LANGLOIS-CHÂTEAU.

Bonneau du Martray, Domaine Côte d'Or r ★★ w ★★★★ Wegweisender Erzeuger von CORTON-CHARLEMAGNE; brillant mineralische Weine, die noch für lange Lagerung konzipiert sind. Kleine Mengen von feinem roten CORTON.

Bonnes-Mares Côte d'Or r ★★★→★★★★ **90' 91 93 95** 96' **98 99' 00 02' 03** 05' **06 07 08** 09' 10' 11 12' 13 – GRAND-CRU-Lage zwischen CHAMBOLLE-MUSIGNY und MOREY-ST-DENIS, die ein wenig von der wilderen Art Letzterer hat. Robuste, langlebige Weine, weniger duftend als MUSIGNY. Spitzenerzeuger: BOUCHARD PÈRE ET FILS, Bruno CLAIR, Drouhin-Laroze, DUJAC, Groffier, JADOT, MUGNIER, ROUMIER, de VOGÜÉ, VOUGERAIE.

Bonnezeaux Lo w; s ★★★→★★★★ **89' 90' 95' 96' 97' 03' 05' 07' 09** 10' 11 – Herrlich voller, praktisch unendlich haltbarer CHENIN-BLANC-Wein aus einer nach Süden ausgerichteten Spitzenlage in den COTEAUX DU LAYON, jetzt weniger streng als QUARTS DE CHAUME. Erzeuger: v. a. Ch. de Fesles, Ch. les Grandes Vignes, Dom. du Petit Val, Ch. de Varière. 2012 gab es nur sehr kleine Mengen, 2013 ist ein schwieriger Jahrgang.

Bordeaux r (rs) w ★→★★ **09' 10' 12** – Riesige, alles umfassende AC für Bordeaux-Weine (unter der fast die Hälfte der Produktion der Region läuft). Unterschiedliche, aber in der Regel wiedererkennbare Qualität. Die meisten Markenweine (DOURTHE, MOUTON CADET) fallen in diese Kategorie. Empfehlenswert: Chx. Bauduc, BONNET, Tour de Mirambeau.

Bordeaux Supérieur Bx r ★→★★ **08 09' 10' 12** – Eine Stufe über der einfachen AC BORDEAUX, mit vorschriftsmäßig etwas höherem Alkoholmindestgehalt, geringeren Erträgen und längerer Reifezeit. Das Gros der Produktion sind Erzeugerabfüllungen. Beständige Qualität von: Chx. de Courteillac, Grand Village, Landereau, PARENCHÈRE, Penin, PEY LA TOUR (Réserve), Pierrail, Reignac, THIEULEY.

Borie-Manoux Bx – Erstklassiges Weinhandelshaus mit eigenen Gütern in BORDEAUX: u. a. Chx. BATAILLEY, BEAU-SITE, Croix du Casse, HAUT-BAGES MONPELOU, TROTTE VIEILLE und DOM. DE L'EGLISE.

Bouchard Père et Fils Bg r w ★★→★★★★ Größter Weinbergbesitzer an der CÔTE D'OR mit Sitz auf Ch. de Beaune. Gute Weiße v. a. aus MEURSAULT und von GRANDS CRUS, z. B. CHEVALIER-MONTRACHET. Aushängeschilder unter den Roten sind BEAUNE Grèves Vigne de L'Enfant Jésus und VOLNAY Caillerets Ancienne Cuvée Carnot. Die einfachen Weine sind passabel. Wie auch die burgundischen Erzeuger William FÈVRE (CHABLIS) und Villa Ponciago (BEAUJOLAIS) im Besitz von HENRIOT.

Bouches-du-Rhône Prov r rs w ★ IGP in der Gegend um Marseille. Einfache, (hoffentlich) fruchtige Rotweine von Lokalrebsorten sowie CABERNET SAUVIGNON, SYRAH und MERLOT.

Bourgeois, Henri Lo r w ★★→★★★ **05 06 07 08 10 11 12** (13) – Dynamischer, beständig investierender SANCERRE-Winzer und -Händler. Das sehr qualitätsvolle Sortiment umfasst Weine der ACS POUILLY-FUMÉ, MENETOU-SALON, QUINCY, COTEAUX DU GIENNOIS, CHÂTEAUMEILLANT und der IGP Petit Bourgeois. Spitzengewächse: MD de Bourgeois, La Bourgeoise (rot und weiß), Jadis, Sancerre d'Antan. Erzeugt auch im neuseeländischen Marlborough Rot- und Weißwein unter dem Namen Clos Henri.

Bourgogne Bg r (rs) w ★★ r **05' 09' 10 11** 12 13; w **10' 11 12** 13 – Umfassende AC für Burgund; die Qualität reicht von Massenerzeugnissen bis hin zu preiswerten Schätzen aus Orten in Randlagen der CÔTE D'OR, ein Spitzentipp für Schnäppchenjäger. Manchmal wird der Unterbereich, z. B. CÔTE CHALONNAISE, Haute Côtes oder eine lokale Möchtegernappellation wie Chitry, Tonnerre, VÉZELAY usw. an den AC-Namen angehängt. Die Hauptrebsorten sind PINOT NOIR und CHARDONNAY, aber auch herabgestufter BEAUJOLAIS Cru kann als Bourgogne etikettiert werden (und wird als Bourgogne GAMAY verkauft).

Bourgogne Grand Ordinaire Bg – Siehe COTEAUX BOURGUIGNONS.

Bourgogne Passe-tout-grains Bg r (rs) ★ Keine alte burgundische Rebsorte, sondern ein Verschnitt von PINOT NOIR (über 30 %) und GAMAY. Oft ansprechend von Gütern der CÔTE D'OR, z. B. Chevillon, Clavelier, LAFARGE, Rouget. Sollte 1–2 Jahre lagern.

Bourgueil Lo r (rs) ★★→★★★ **96' 02 03 05' 06 08 09' 10'** 11 – Stämmige, hocharomatische rote TOURAINE-Weine und mächtige, duftende Rosés v. a. auf CABERNET-FRANC-Basis. Gute Jahrgänge können 40 Jahre und mehr altern. Erzeuger: v. a. Yannick AMIRAULT, Audebert, Dom. de la Butte, Dom. de la Chevalerie, Courant, Druet, Gambier, Herlin, Lamé Delisle Boucard, Minière, Nau Frères. Siehe auch ST-NICOLAS-DE-BOURGUEIL.

Bouscassé, Château SWF r w ★★★ **04 05' 06 08 09** 10 (11) (12) – Die Schaltzentrale von Alain BRUMONT in MADIRAN. Die Weine sind so muskulös wie sein Château MONTUS, wenn nicht noch stämmiger. Hübscher trockener PACHERENC DU VIC-BILH ohne Eichenausbau.

Bouvet-Ladubay Lo w; sch ★→★★★ Großer Erzeuger von SAUMUR-Schaumwein, im Besitz von United Breweries. Chef im Haus ist der dynamische Patrice Monmousseau. Am besten ist die Cuvée Trésor (weiß und rosé). Auch Stillweine, hauptsächlich aus ANJOU-Saumur. Gastgeber der Journées Nationales du Livre et du Vin.

Der Preis für Weinbergland in der Champagne? Ca. 2 Mio. €/ha.

Bouzereau Côte d'Or r w ★★→★★★ Familie von Winzern in MEURSAULT, die gute Weiße zu attraktiven Preisen und besser werdende Rote bereitet. Am besten sind Jean-Baptiste (Dom. Michel Bouzereau) und Vincent Bouzereau, aber auch Bouzereau-Gruère & Filles ist probierenswert.

Bouzeron Bg w ★★ Seit 1998 AC an der CÔTE CHALONNAISE für ALIGOTÉ, mit strengeren Vorschriften als für Weine der einfachen AC BOURGOGNE und größerem Potenzial. Gut sind Briday, FAIVELEY, Jacqueson, am besten ist die Dom. A. et P. de Villaine mit ihrem roten Bourgogne La Digoine (★★).

Bouzy Rouge Champ r ★★★ **95 97 99 02 09 12** – Roter Stillwein aus dem für PINOT NOIR berühmten Ort, ähnelte früher einem sehr leichten Burgunder, ist mittlerweile aber intensiver (Klimawandel?). Weine aus dem Clos Colin sind ★★★ .

Brocard, J.-M. Chablis w ★★→★★★ Vater Jean-Marc begründete in und um CHABLIS ein florierendes Unternehmen, Sohn Julien hat biodynamische Anbaumethoden eingeführt – eine erfolgreiche Verbindung von Geschäftssinn und Qualität. Kosten Sie die Weine der Dom. Sainte Claire.

Brouilly Beauj r ★★ **09' 10' 11' 12** 13 – Der größte der zehn BEAUJOLAIS-Crus: solide, abgerundete Weine mit leicht fruchtigem Tiefgang, die früh zugänglich, aber auch 3–4 Jahre haltbar sind. Spitzenerzeuger: Ch. de la Chaize, Chermette, Dubost, Lapalu, Michaud, Piron.

Brumont, Alain SWF r w ★★★ Nach wie vor bereitet Brumont Weine im fleischigen MADIRAN-Stil (La Tyre, Ch. Montus und Ch. Bouscassé müssen lange in der Flasche reifen), nur der Torus (★) gibt sich etwas moderner. Früh trinkreif sind die IGP-Weine (★), z. B. sortenreiner GROS MANSENG oder Verschnitte von TANNAT und CABERNET SAUVIGNON.

Brut Champ – Bezeichnung für trockenen klassischen Schaumwein. In den letzten Jahren haben die meisten Champagnerhäuser die *dosage* (Zusatz von Süße) reduziert.

Brut Ultra/Zéro Bezeichnung für knochentrockene CHAMPAGNER (ohne *dosage*) – auch als Brut Nature bekannt –, die jetzt mit unterschiedlichem Erfolg wieder in Mode sind. Brauchen Reife, alte Reben und ein Maximum an Sorgfalt.

Bugey Sav r rs w; sch ★→★★ BV – Subalpine AC für leichte Schaum-, Perl- und Stillweine von Roussette (Altesse) und CHARDONNAY (gut). Am besten aus Montagnieu; auch Rosé de Cerdon, vorwiegend von GAMAY.

Burguet, Alain Côte d'Or r ★★→★★★ Kleiner VIGNERON mit großem GEVREY-CHAMBERTIN, v. a. Mes Favorites. Die Söhne Eric und Jean-Luc haben jetzt die Gutsleitung übernommen.

Buxy Bg r (rs) w ★→★★ Führende Genossenschaft mit anständigem CHARDONNAY und PINOT NOIR. Der bei Weitem größte Lieferant für Weine der AC MONTAGNY.

Buzet SWF r (rs) (w) ★★ **10 11** 12 (13) – Rotwein im BORDEAUX-Stil vom Land, knapp 100 km die Garonne flussaufwärts. Die mächtige Genossenschaft reicht qualitativ weder an die unkonventionelle, biodynamisch arbeitende, unabhängige Dom. du Pech (★★★) heran noch an die traditionelleren Chx. du Frandat und de Salles (beide ★★). Halten Sie Ausschau nach Ch. Mazelières (★★).

Der Klimawandel und bessere Methoden im Weinberg machen Burgunder aus Epineuil, Irancy und Coulanges-la-Vineuse immer intereressanter.

Cabardès Lang r ★→★★ **06 07 08 09** 10 11 12 13 – Ein Mix aus BORDEAUX und dem MIDI in der Nähe von Carcassone: CABERNET SAUVIGNON und MERLOT werden mit SYRAH und GRENACHE zu ungewöhnlichen Verschnittweinen verarbeitet, für die maximal 60 % Bordeaux-Sorten zugelassen und mindestens 40 % Midi-Trauben vorgeschrieben sind. Am besten von Dom. de Cabrol mit Vin de l'Est und Vin d'Ouest; gut auch Cazaban, Font Juvénal und Jouclary. Ch. Pennautier ist der größte Erzeugerbetrieb.

Cabernet d'Anjou Lo rs; lbl ★→★★ Süßlicher Rosé, wieder in Mode. Die raren lagerfähigen alten Jahrgänge (★★★) sind umwerfend. Heute ist der Wein früh trinkreif. Erzeuger: Ch. PIERRE-BISE, Bablut, CADY, Chauvin, Clau de Nell, Grandes Vignes, Ogereau, de Sauveroy, Varière.

Cabrières Lang (r) rs ★★ BV – Die tatkräftige Genossenschaft des Orts dominiert die Produktion von molligen Roten und körperreichen Rosés. Die Reben stehen auf Schieferhängen unweit des Pic de Vissou. Ch. de Deux Rocs ist ein neuer Erzeuger.

Cadillac – Côtes de Bordeaux Bx r ★→★★ **05' 08 09' 10' 12** – Langgestreckter, schmaler, hügeliger Bereich am rechten Ufer der Garonne, gegenüber von GRAVES. War Teil der früheren AC Premières Côtes de Bordeaux und wurde mit dem Jahrgang 2008 umbenannt. Mittelschwere, frische Rotweine höchst unterschiedlicher Qualität. Am besten von: Alios de Ste-Marie, Biac, Carignan, Carsin, Clos Chaumont, Clos Ste-Anne, Le Doyenné, Grand-Mouëys, Lezongars, Mont-Pérat, Plaisance, Puy Bardens, REYNON und Suau. Chinesische Beteiligungen.

Cady, Domaine Lo r rs; s; sch ★★→★★★ tr **03 04 05' 07'**; s **09 10'** 11' – Ausgezeichnetes familiengeführtes Gut, das die ganze Palette von ANJOU-Weinen erzeugt: von trockenen Weißen über halbtrockene Rosés bis zu herrlich süßem COTEAUX DE LAYON und Chaume. Am stärksten bei Süßweinen.

Cahors SWF r ★★→★★★ **01'** 02 **,04 05' 06 08** 09 10 (11) (12') – AC ausschließlich für Rotwein (mind. 70 % Malbec). Aus Mangel an klaren Regeln kann man hier eine Vielzahl von Stilen entdecken. Leichtere, fruchtigere

Versionen bieten die CHÂTEAUX CLOS Coutale, Latuc, Les Ifs und Paillas (alle ★★), Wuchtigeres liefern die Chx. Armandière, La Coustarelle, Croze de Pys, Gaudou sowie die DOMAINES de la Bérengeraie, du Garinet (biodynamisch), Pinéraie, Les Rigalets und Savarines (biodynamisch) (alle ★★). Weine im traditionellen Stil, die lagern müssen, kommen von den Gütern Clos de Gamot (★★★; Cuvée Vignes Centenaires und Clos St-Jean; Letzerer ★★★★) und Clos Triguedina; einen moderneren Stil pflegen Ch. du CÈDRE, Clos d'Un Jour, Les Croisille, Lamartine, La Périé und La Reyne (alle ★★★) sowie La Caminade und Eugénie (beide ★★). Mit Abstand am besten ist die Kult-Domaine Cosse Maisonneuve (★★★★).

Cailloux, Les S-Rh r (w) ★★★ **78' 79' 81' 85' 89' 90' 95' 96' 98' 99 00' 01 03' 04' 05' 06' 07'** 09' 10' **11'** 12' – Die 18-ha-Domaine in CHÂTEAUNEUF-DU-PAPE erzeugt stilvoll-blumigen GRENACHE – elegante, handwerklich bereitete Rote zu sehr günstigen Preisen. Die kostspielige, edle CUVÉE Centenaire wird aus den ältesten Grenache-Reben (von 1889) bereitet. Außerdem Weine unter dem Etikett DOMAINE André Brunel (z. B. roter CÔTES DU RHÔNE Est-Ouest) und der Marke Féraud-Brunel Côtes du Rhône (ordentlich).

Frankreich

Cairanne S-Rh r rs w ★★→★★★ **05' 06' 07' 09' 10' 11 12'** – Beste der Gemeinden der CÔTES DU RHÔNE-VILLAGES. Etliche qualitätsvolle DOMAINES mit Weinen, die Charakter zeigen: ausdrucksstarke dunkle Frucht, rauchige Kräuternoten und Tannine, v. a. von Alary, Ameillaud, Armand, Brusset, Escaravailles, Féraud-Brunel, Grosset, Hautes Cances (traditionell), Oratoire St Martin (stilvoll), Famille Perrin, Présidente, Rabasse-Charavin und Richaud (großartige Frucht). Die Weißen mit schöner Tiefe passen gut zum Essen.

Canard-Duchêne Champ – Champagnerhaus im Besitz von Alain THIÉNOT. Jahrgangschampagner BRUT (**06 08' 09** 12 13) und sehr feine CUVÉE Léonie (★★★); die Standardweine sind simple, fruchtige Gewächse.

Canon-Fronsac Bx r ★★→★★★ **01 03 05' 06 08 09' 10'** 11 12 – Kleine Enklave in FRONSAC, recht ähnliche Weine. Die besten sind reichhaltig, voll und fein strukturiert. Empfehlenswerte CHÂTEAUX: Barrabaque, Canon Pécresse, Cassagne Haut-Canon La Truffière, La Fleur Caillou, GABY, Grand-Renouil, Haut-Mazeris, MOULIN-PEY-LABRIE, Pavillon, Vrai Canon Bouché.

Carillon, Louis Côte d'Or w ★★★ Klassischer Erzeugerbetrieb in PULIGNY-MONTRACHET, jetzt unter den beiden Brüdern aufgeteilt: Jacques setzt die alte Tradition fort, François ist ehrgeiziger und hat neue Rebflächen für sich erschlossen. Erstklassige Quelle für PREMIERS CRUS, z. B. Combettes, Perrières und Referts. Die Rotweine sind weniger interessant.

Cassis Prov (r) (rs) w ★★ BV – Angesagter Küstenort östlich von Marseille, bekannt für trockene Weiße auf der Basis von CLAIRETTE und MARSANNE, z. B. von Dom. de la Ferme Blanche, CLOS Ste-Magdelaine, Paternel, Fontcreuse. Die Winzer kämpfen mit den Grundstücksmaklern, deshalb sind die Preise hoch.

Castillon – Côtes de Bordeaux Bx r ★★→★★★ **01 02 03 04 05' 08 09' 10'** 12 – Seit 2008 gültiger Name für die früheren Côtes de Castillon. Spannendes Gebiet östlich von ST-ÉMILION, in das jüngst viel investiert wurde. Ähnliche Weine, in der Regel aber weniger füllig, mit Alterungspotenzial. Spitzenerzeuger: de l'A, d'AIGUILHE, Ampélia, Joanin Bécot, Cap de Faugères, La Clarière-Laithwaite, Clos l'Eglise, Clos Les Lunelles, Clos Puy Arnaud, Côte Montpezat, Montlandrie, Poupille, Robin, Verniotte, Veyry, Vieux Château Champs de Mars.

Cathiard Côte d'Or r ★★★ Seit den 1990er-Jahren erzeugte Sylvain Cathiard strahlende, duftende Weine von Lagen in VOSNE-ROMANÉE (v. a. Les Malconsorts) und NUITS-ST-GEORGES (v.a. Murgers). Unter Sohn Sébastien, der das Gut seit 2011 leitet, geraten die Weine womöglich präziser, aber nicht mehr so verführerisch.

Cave Kellerei; auch jede beliebige Weinfirma.

Cave coopérative Genossenschaftskellerei. Auf Betriebe dieser Art entfällt mehr als die Hälfte der französischen Weinerzeugung. Viele Genossenschaften sind gut geführt und ausgestattet, mit Weinen, die ihren Preis wert sind. Haben aber wirtschaftlich oft schwer zu kämpfen.

Cazes, Domaine Rouss r rs w; s ★★→★★★ Größter Erzeuger von Ökoweinen im ROUSSILLON, immer noch familiengeführt, obwohl jetzt Teil von Advini. Ein Pionier für IGP-Weine von MERLOT und CABERNET SAUVIGNON; der Le Canon du Maréchal enthält jetzt auch SYRAH, und Le Crédo ist jetzt wie Ego und Alter ein CÔTES DU ROUSSILLON-VILLAGES. Außerdem Collioure sowie vollendet gereifter RIVESALTES namens CUVÉE Aimé Cazes. Weine aus BANYULS kommen vom Gut Les Clos de Paulilles. Tolles Preis-Leistungs-Verhältnis.

Chablis

Nirgends findet der alles und alle erobernde CHARDONNAY einen besseren Ausdruck als in den vollen, aber straffen, klaren, mineralischen Weinen, die er auf den schweren Kalkböden in CHABLIS hervorbringt. Die besten Erzeuger machen wenig oder keinen Gebrauch von neuen Eichenfässern, um die deutliche Prägung durch Rebsorte und Terroir nicht zu überdecken: Barat, Bessin, Samuel Billaud, Billaud-Simon, Boudin, J.-M. BROCARD, J. Collet, D. Dampt, V. DAUVISSAT*, B. Defaix, Droin, DROUHIN*, Duplessis, Jean DURUP, FÈVRE*, Geoffroy, J.-P. Grossot, LAROCHE, LONG-DEPAQUIT, Dom. des Malandes, L. Michel, Christian MOREAU*, Picq, Pinson*, Piuze, RAVENEAU*, G. Robin, Servin, Temps Perdu, Tribut, Vocoret. Einfacher Chablis ohne Zusatzbezeichnung ist oft dünn; am besten sind PREMIER CRU und GRAND CRU. Die Genossenschaftskellerei La CHABLISIENNE hat einen hohen Standard (v.a. Grenouille) und viele verschiedene Etiketten. (* = herausragend)

Cèdre, Château du SWF r w ★★→★★★ **01'** 02 **04 06 08 09 10** 11 (12') (13) – Von den Brüdern Verhaeghe kommt der bekannteste moderne CAHORS-Wein. Le Prestige (★★; seit 2006 umbenannt in Ch. du Cèdre) reift schneller als die eichenwürzigen Spitzengewächse. Außerdem köstlicher weißer IGP VIOGNIER.

Cépage Rebsorte. Siehe Gesamtverzeichnis Seiten 14–28.

Cérons Bx w; s ★★ **03' 05' 07 09' 10' 11** (13) – Wenig bekannte, an SAUTERNES angrenzende AC für Süßweine, die jedoch weniger intensiv sind: z.B. Ch. de Cérons, Ch. CHANTEGRIVE, Ch. Grand Enclos.

Chablis w ★★→★★★ **07' 08' 10' 11** 12 13 – Schlanker, aber anmutiger CHARDONNAY (sofern ertragsreduziert und nicht zu eichenholzwürzig) aus dem nördlichen Burgund. Mein Standardweißwein, wenn er ordentlich bereitet wurde.

Chablis Grand cru Chablis w ★★★→★★★★ **00' 02' 05' 06 07' 08' 09** 10' 11' 12 13 – Ein kleiner Block von Weinbergen an einem Steilhang am Nordufer des Flusses Serein. Der üppigste CHABLIS, den feinen Weißen der CÔTE DE BEAUNE vergleichbar. Braucht Reife, um Mineralität und individuellen Stil zu entwickeln. Lagennamen: Blanchots (blumig), Bougros (einschließlich

Côte Bougerots), Les CLOS (in der Regel am besten), Grenouilles (würzig), Les Preuses, Valmur, Vaudésir (mit der nicht klassifizierten Enklave La Moutonne).

Chablisienne, La Chablis r w ★★→★★★ Hinter so manchem CHABLIS-Etikett verbirgt sich diese tatkräftige Winzergenossenschaft – eine große Nummer im Chablis. Die Weine sind durchweg solide, am besten ist der GRAND CRU Château Grenouilles.

Chablis Premier cru Chablis w ★★★ **00' 02' 05' 07' 08' 09 10'** 11' 12 13 – Höherpreisig als einfacher CHABLIS, aber lohnend. Die besseren Lagen an sanften Hügeln, mit eher blumigen Weinen vom südlichen Serein-Ufer (Côte de Léchet, Montmains, Vaillons) und gelber Frucht vom Nordufer (Fourchaume, Mont de Milieu, Montée de Tonnerre).

Chaize, Château de la Beauj r ★★★ Eine Sehenswürdigkeit im BEAUJOLAIS: prachtvolles CHÂTEAU mit schönen Gartenanlagen, das seit sieben Generationen im selben Besitz ist. 99 ha zusammenhängende Rebfläche in BROUILLY.

Chambertin Côte d'Or r ★★★★ **88 89 90' 93 95 96' 98 99' 01 02' 03** 05' 06 **07** 08 09' 10' 11 12' 13 – 13 ha (bzw. 28 ha inklusive CHAMBERTIN-CLOS DE BÈZE) bringen Burgunds gebieterischsten Wein hervor: erstaunlich dicht, opulent, langlebig und teuer. Nicht alle Erzeuger genügen diesem Anspruch; empfehlenswert sind BOUCHARD Père et Fils, Charlopin, Damoy, DROUHIN, DUGAT-Py, Dom. LEROY, MORTET, PRIEUR, Rémy, ROSSIGNOL-TRAPET, ROUSSEAU und TRAPET.

Chambertin-Clos de Bèze Côte d'Or r ★★★★ **88 89 90' 93 95 96' 98 99' 01 02'** 03 05' 06 **07** 08 09' 10' 11 12' 13 – Darf unter dem Namen des benachbarten CHAMBERTIN verkauft werden. Ähnlich großartige Weine, mit samtiger Textur, vielleicht ein wenig zugänglicher in der Jugend. Am besten von: Bruno CLAIR, Damoy, DROUHIN, Drouhin-Laroze, FAIVELEY (v. a. Les Ouvrées Rodin), Groffier, JADOT, Prieuré-Roch, ROUSSEAU.

Chambolle-Musigny Côte d'Or r ★★★→★★★★ **90' 93 95' 96' 98 99' 02' 03** 05' **07 08** 09' 10' 11 12' 13 – Der Inbegriff der Eleganz an der CÔTE DE NUITS: Duft und seidige Textur bieten Weine aus den Lagen Les Amoureuses, BONNES-MARES, Les Charmes, Cras, Fuées und MUSIGNY. Die Superstars unter den Erzeugern heißen BARTHOD, MUGNIER, ROUMIER und de VOGÜÉ, empfehlenswert sind aber auch Amiot-Servelle, Bertheau, Digioia-Royer, DROUHIN, Felettig, Groffier und RION.

Champagner in weißen Flaschen plus Licht im Laden = Aromen perdu. Finger weg!

Champagner Schaumwein von PINOT NOIR, PINOT MEUNIER und/oder CHARDONNAY aus der 33.000 ha großen Champagne, 150 km östlich von Paris, hergestellt nach der MÉTHODE CHAMPENOISE. Schaumwein anderer Herkunft – so gut er auch sein mag – darf sich nicht Champagner nennen.

Champagne Le Mesnil Champ – Erstklassige Genossenschaft im großartigsten GRAND-CRU-Dorf für CHARDONNAY. Hervorragende CUVÉE Sublime (**04 08'** 11' 12 13') von besten Lagen. Günstig.

Champs-Fleuris, Domaine des Lo r w rs; s ★★→★★★ **05' 06 08 09' 10 11** 12 (13) – Dynamische DOMAINE mit sehr gutem SAUMUR Blanc, SAUMUR-CHAMPIGNY (u. a. fruchtig-saftiger Audace mit Schraubverschluss), feinem CRÉMANT (z. B. Prestige Zéro) und saftigem COTEAUX DE SAUMUR namens CUVÉE Sarah.

Champy, Maison Bg r w ★★→★★★ Altes Weinhandelshaus (1720), wiederbelebt von der Familie Meurgey. Das eigene, biodynamisch bewirtschaf-

Frankreich

Champagnererzeuger für 2015

Claude Cazals Spannender BLANC DE BLANCS Extra BRUT (**00 02' 04 06**) und außergewöhnlicher CLOS Cazals (96 ★★★★ 99 **02 04**).

Fleury Pere et Fils Der Vater des biodynamischen Weinbaus in Aube (1989) und immer noch der Beste. Schöner Sonate (**09**), PINOT NOIR (**09**), herrlicher Jahrgangs-Rosé (★★★★ **09'**). Keine Ausfälle beim Blanc de Blancs, einschl. dem noch vorhandenen PINOT BLANC.

Jean-Luc Lallement Außergewöhnlicher Erzeuger in Verzenay mit muskulösem, aber erlesen raffiniertem Blanc de Noirs. Hervorragender Jahrgangswein (12) ab 2020. Auch großartiger Rosé.

Lancelot-Pienne Stark unterschätzter Erzeuger in Cramant mit ausgezeichneten CHARDONNAY-CUVÉES. Exquisiter Marie Pienne (★★★★ **08** 09).

Lilbert-Fils Die Domaine im GRAND-CRU-Ort Cramant führt den sortenreinen Chardonnay-Champagner mit großartiger Reinheit der Aromen und vibrierender Energie zu neuen Höhen. Beispielhafter Cramant Grand cru (**04 06 08**).

Michel Loriot Spitzenwinzer in Festigny im Marne-Tal mit auf einem Hügel prachtvoll gelegenem Weinberg. Erlesen-ausgewogene PINOT-MEUNIER- und ausladende Chardonnay-Weine.

Gonet-Médeville Spannende DOMAINE mit schönem Rebbesitz in Ambonnay und LE MESNIL. Langlebige Champagner für die Gastronomie: erlesener Chante Alouette Le Mesnil und Ambonnay Grandes Ruelles (beide **04 06 08' 09**12').

Jacques Selosse Der bekannteste Erzeuger in AVIZE zeigt sich in Höchstform mit zwei exquisiten Champagnern: Les Caresses (Le Mesnil **99**) und Le Bout du Clos (Ambonnay **02**).

J.-M. Sélèque Aufgehender Stern in Pierry im Cubry-Tal nahe Épernay. Brillante Cuvées von Chardonnay und Pinot noir/Meunier. Weiniger Rosé, bestechender Jahrgangswein Comedie (08).

J.-L. Vergnon Schön renoviertes Gut in Le Mesnil mit köstlichen Extra-Brut-Cuvées aus 100 % Chardonnay, v. a. Confidence (**06 08'** ★★★★ 09 11').

Veuve Fourny Aufgehender Côte-de-Blancs-Stern in Vertus: Extra Brut (★★★★ **02' 04**) und erstklassiger Einzellagenchampagner Clos du Faubourg Notre Dame (**00 02 04'** 08').

tete Gut (einschließlich Dom. Laleure-Piot) umfasst Rebflächen v. a. in BEAUNE und um CORTON. Seit 2011 gehört auch die frühere Dom. Louis Boillot mit der MONOPOLE-Lage Clos de la Chapelle in VOLNAY zum Besitz.

Chandon de Briailles, Domaine Côte d'Or r w ★★→★★★ Bekannt für feine, leichtere Rotweine, v. a. PERNAND-VERGELESSES, Île de Vergelesses und CORTON Les Bressandes. Stilistisch durch Biodynamie, jede Menge Stiele im Gärbottich und den Verzicht auf Eiche beim Ausbau gekennzeichnet. Einige Weine sind ungeschwefelt.

Chanson Père et Fils Bg r w ★→★★★ Ein altbekannter Name in BEAUNE, der jetzt für gute Qualität und faire Preisgestaltung steht. Probierenswert sind sämtliche roten und weißen Beaune-Weine, v. a. aber der rote Clos des Fèves und der weiße Clos des Mouches. Außerdem großartiger weißer CORTON-Vergennes.

Chapelle-Chambertin Côte d'Or r ★★★ **90' 93 95 96' 98 99' 01 02'** 03 05' **07 08** 09' 10' 11 12' 13 – 5,2 ha Anbaufläche in der Nachbarschaft von CHAM-

BERTIN; feingliedrige, weniger fleischige Weine. In kühleren Jahren sehr gut. Spitzenerzeuger: Damoy, Drouhin-Laroze, JADOT, ROSSIGNOL-TRAPET, TRAPET, Tremblay.

Chapoutier N-Rh ★★→★★★★ Redegewandter biodynamischer Winzer/Weinhändler, v. a. für HERMITAGE. Stilvolle Weine, viele davon CUVÉES aus kleinen, ertragsarmen Parzellen: füllige CHÂTEAUNEUF-GRENACHE-Weine, z. B. Barbe Rac, Croix de Bois (rot), CÔTE RÔTIE La Mordorée; rote Hermitage-Weine L'Ermite (hervorragend) und Le Pavillon, weiße Hermitage-Weine L'Ermite, Cuvée de l'Orée und Le Méal. Außerdem ST-JOSEPH Les Granits (rot und weiß). Von der nördlichen Rhône komplexe reinsortige MARSANNE-Weißweine. Preiswerter Crozes Meysonniers. Auch Besitzungen in den COTEAUX D'AIX-EN-PROVENCE, CÔTES DU ROUSSILLON-VILLAGES (guter Dom. Bila-Haut) und in RIVESALTES. Michel Chapoutier hat auch im ELSASS Weinbergbesitz, darüber hinaus Joint Ventures in Australien (v. a. Domaine Tournon und Terlato & Chapoutier mit feinen, duftenden Weinen) und in Portugal.

Charbonnière, Domaine de la S-Rh r (w) ★★★ **95' 98 99' 00 01' 03 04 05' 06' 07'** 09' 10' 11' 12' – Von Schwestern geführtes fortschrittliches 17-ha-Gut in CHÂTEAUNEUF-DU-PAPE. Verlässliche Standardweine, bemerkenswerter, authentischer Mourre des Perdrix; auch Hautes Brusquières, L'Envol (neu) und VIEILLES VIGNES. Schmackhafter, frischer Weißer und authentischer roter VACQUEYRAS.

Chardonnay Nicht nur eine Weißweintraube, sondern auch der Name eines MÂCON-VILLAGES-Weinorts; daher Mâcon-Chardonnay.

Charmes-Chambertin Côte d'Or r ★★★ **90' 93 95 96' 98 99' 01 02' 03** 05' **06 07 08** 09' 10' 11 12' 13 – Weinberg mit 31 ha einschließlich der Nachbarlage MAZOYÈRES-CHAMBERTIN, nicht durchweg von GRAND-CRU-Qualität. Die besten Weine zeigen Noten von lebhafter, tiefgründiger Schwarzkirschfrucht, haben eine opulente Textur und einen nachhaltigen Abgang. Probieren Sie ARLAUD, BACHELET, DUGAT, DUJAC, Duroché, Jouan, LEROY, Perrot-Minot, Roty, ROUSSEAU oder VOUGERAIE.

Chassagne-Montrachet Côte d'Or r w ★★→★★★★ (w) **00 02' 04 05' 06' 07 08' 09' 10** 11 12' 13 – Großes Dorf am Südende der CÔTE DE BEAUNE. Die GRANDS CRUS sowie z. B. die Lagen Blanchots, Caillerets und Romanée liefern großartige Weißweine. Die besten Rotweine kommen von den Lagen CLOS St-Jean und Morgeot, die anderen fallen rustikaler aus. Probieren Sie von den Erzeugerfamilien Coffinet, COLIN, GAGNARD, MOREY und Pillot; erstklassig sind die Domaines MOREAU, Niellon, Ramonet (auch die Roten) sowie Ch. de la Maltroye. Doch zu viel mittelmäßige Anbaufläche, die für Rote besser geeignet wäre, ist den Weißen vorbehalten.

Château Bezeichnung für (ein großes oder kleines) Weingut, v. a. in BORDEAUX gebräuchlich. Im wörtlicheren Sinn Schloss oder großes Haus. In Burgund herrscht der Ausdruck DOMAINE vor.

Château-Chalon Jura w ★★★ Kein Weingut, sondern eine AC und eine Ortschaft mit einzigartigem trockenem, gelbem, sherryähnlichem Wein von der SAVAGNIN-Traube. Entwickelt Flor (siehe Kapitel »Port, Sherry und Madeira«) bei der mind. 6 Jahre dauernden Reifung im Fass. Wahnsinnig teuer im Vergleich zum oft besseren Sherry. Nach der Abfüllung genussreif, hält sich aber ewig. Eine Kuriosität, aber großartig von Spitzenerzeugern: Berthet-Bondet, Macle, Mossu.

Château-Grillet N-Rh w ★★ **91' 95' 98' 00' 01' 04' 05 06' 07' 08 09'** 10' **11** 12 – Frankreichs kleinste AC mit amphitheaterförmigem 3,6-ha-Weinberg auf lockerem Granitboden. 2011 von F. Pinault von Ch. LATOUR gekauft. Die Preise steigen jetzt rasant. Der VIOGNIER gibt sich jetzt glatter, weniger tief

Frankreich

und etwas neutraler: ein feiner, großzügiger Wein, den man dekantieren und bei Kellertemperatur trinken sollte, am besten zu innovativer Küche (in einem hübschen Restaurant).

Châteaumeillant Lo r rs ★→★★ BV – Neue kleine AC (seit 2010) südwestlich von Bourges. Von GAMAY und PINOT NOIR werden leichte Rote (75% der Produktion), VIN GRIS und Rosé (zusammen 25%) erzeugt. Sortenreiner Pinot noir ist albernerweise nicht mehr zugelassen. Empfehlenswerte Erzeuger: BOURGEOIS, Chaillot, Geoffrenet-Morval, Siret-Courtaud.

Champagne: Zahlen, die man sich ansehen sollte

Endlich zusätzliche Zahlen, die man auf dem Etikett studieren kann! Es mag unsexy klingen, dass immer mehr Champagnererzeuger das Dégorgement-Datum auf dem Etikett nennen, doch in Wirklichkeit ist das eine richtig gute Idee. BRUNO PAILLARD war der Erste, Philipponnat, JACQUESSON, CHARLES HEIDSIECK, Moutard, BEAUMONT DES CRAYÈRES, KRUG und LANSON sind ihm nachgefolgt, und RUINART, MOËT & CHANDON und VEUVE CLICQUOT planen dasselbe. Normalerweise wird dieses Datum nur bei Jahrgangschampagnern angegeben, doch es ist eine nützliche Information: Die Weine altern nach dem Degorgieren unterschiedlich, und sie brauchen Zeit, um sich abzurunden. Diese Angabe hilft uns daher abzuschätzen, wann der Wein seinen Höhepunkt erreicht hat, und bewahrt uns vor kostspieligem Kindsmord.

Châteauneuf-du-Pape S-Rh r (w) ★★★ **78' 81' 83 85 88 89' 90' 95' 96 98' 99' 00' 01' 03' 04' 05' 06'** 07' **08** 09' 10' 11 12' – Gebiet bei Avignon mit rund 45 Weingütern, die die besten Weine erzeugen (die Qualität der anderen 85 ist gemischt bis dürftig). Verschnitte von bis zu 13 roten und weißen Rebsorten, angeführt von GRENACHE, plus SYRAH, MOURVÈDRE und Counoise. Die warmen, aromatischen, gut texturierten, langlebigen Weine sollten fein, schön abgerundet und reintönig sein, doch gibt es zu viele süße, schwere Tropfen (wie Robert Parker sie liebt). Kleinere, traditionelle Betriebe bieten oft ein gutes Preis-Leistungs-Verhältnis (großartig im Jahr 2010), während Prestigeweine von alten Reben (schlimmstenfalls späte Lese, Ausbau in neuer Eiche) häufig zu teuer sind. Die Weißen sind frisch und fruchtig oder robust; die besten halten sich 15 Jahre. Die bekanntesten Namen: Chx. de BEAUCASTEL, Fortia, Gardine, Mont-Redon, La NERTHE, RAYAS (fantastisch), Sixtine, Vaudieu; Doms. de Barroche, Beaurenard, Bois de Boursan, Bosquet des Papes, les CAILLOUX, Chante Cigale, Chante Perdrix, CHARBONNIÈRE, Charvin (Weine mit Terroircharakter), Cristia, Font-de-Michelle, Grand Veneur (eichenwürzig), Marcoux (großartiger VIEILLES VIGNES), Pegaü, Roger Sabon, VIEUX TÉLÉGRAPHE, Henri Bonneau, Clos du Mont-Olivet, CLOS DES PAPES, Clos St-Jean (süffig), P. Usseglio, Vieux Donjon.

Chave, Domaine Jean-Louis N-Rh r w ★★★★ **85' 88' 89' 90' 91' 94 95' 96 97 98' 99' 00 01' 03' 04** 05' **06'** 07' **08** 09' 10' 11' 12' 13 – Erstklassige Familiendomaine im Herzen von HERMITAGE mit ausgeklügelten Verschnitten von besten Hanglagen. Klassische, geschmeidige, langlebige Rotweine, gelegentlich auch teurer Cathelin. Sehr gute Weiße (v. a. von MARSANNE), manchmal auch fantastischer VIN DE PAILLE. Tiefgründiger, reichhaltiger roter ST-JOSEPH (2009 wurden die Dom. Florentin und neue Weinberge zugekauft), fruchtige Abfüllungen St-Joseph Offerus unter der Marke J.-L. Chave sowie solider Hermitage (rot und weiß), den Chave als Négociant vertreibt.

Chavignol Lo – Malerisches Dorf in SANCERRE mit den beiden berühmten Steillagen Les Monts Damnés und Cul de Beaujeu. Der ton- und kalkhaltige Boden bringt körperreiche, mineralische Weiß- und Rotweine mit mind. 10 Jahren Reifezeit hervor; v.a. von Boulay, BOURGEOIS, Cotat, DAGUENEAU, Thomas Laballe, Yves & Pierre Martin, Alphonse Mellot und Paul Thomas. Die Weißen passen perfekt zu *Crottin de Chavignol* (Ziegenkäse).

Chénas Beauj r ★★★ **09' 10'** 11' **12 13** – Der kleinste der BEAUJOLAIS-Crus liegt zwischen MOULIN-À-VENT und JULIÉNAS, ist aber weniger bekannt. Wer fleischigen Wein mag, wird hier zu moderaten Preisen fündig. Probierenswert von: Aufranc, DUBŒUF, LAPIERRE, Pacalet, Piron, Thillardon (ein kommender Star), Trichard und der Genossenschaft.

Chevalier-Montrachet Côte d'Or w ★★★★ **99' 00'** 02' 04 05' 06' 07' **08** 09' 10 11 12 13 – Geografisch ein wenig oberhalb von MONTRACHET, im Hinblick auf die Qualität ein wenig unterhalb, bringt nichtsdestotrotz strahlende, kristalline Weine hervor, die sich lang halten, aber häufig auch früh zu genießen sind. Spezial-CUVÉES aus der Lage Les Demoiselles von JADOT und LATOUR, aus La Cabotte von BOUCHARD. Spitzenerzeuger ist LEFLAIVE. Ebenfalls empfehlenswert: Dancer, Niellon, SAUZET.

Cheverny Lo r rs w ★→★★ **06 08 09' 10 11** – AC an der Loire bei Chambord; 2012 schwer von Frostschäden betroffen. Trockene, rassige Weißweine von SAUVIGNON BLANC und CHARDONNAY; leichte Rote, vorwiegend von GAMAY und PINOT NOIR (auch von CABERNET FRANC, CÔT). Reichhaltiger und lagerfähiger ist der Cour Cheverny, reinsortig von der Lokaltraube Romorantin. Empfehlenswerte Erzeuger: Cazin, Clos Tue-Bœuf, Gendrier, Huards, de Montcy, Philippe Tessier sowie die Doms. de la Desoucherie, du Moulin, Veillox, Villemade.

Chevillon, R. Côte d'Or r ★★★ Erzeuger von köstlichem, nicht zu tanninstarkem NUITS-ST-GEORGES von den besten Lagen, etwa Les St-Georges, Cailles, Vaucrains und Roncières.

Chidaine, François Lo (r) w; tr s; sch ★★★ **05' 08' 09 10' 11** 12 – Erzeuger von sehr präzisen MONTLOUIS- und VOUVRAY-Weinen, v.a. im trockenen und halbtrockenen Stil. Übernahm 2002 das altehrwürdige Vouvray-Gut Clos Baudoin. Die Weine von Rebflächen bei Chissay im Cher-Tal sind als AC TOURAINE etikettiert. Biodynamie-Champion, der eine große, neue Kellerei errichtet hat. War in Vouvray 2012 von Frost, 2013 von Hagel betroffen.

Chignin Sav w ★ BV – Leichter, weicher Weißwein aus Jacquère-Trauben. Für Sommertage in den Alpen. Am besten und lebhaftesten ist Chignin-Bergeron (ROUSSANNE-Trauben).

Chinon Lo r (rs) (w) ★★→★★★ **96' 97 02 03 05' 06 08 09' 10'** 11 12 (13) – Die Heimat von Rabelais. Das breite Spektrum des CABERNET FRANC aus der TOURAINE reicht von leicht bis gehaltvoll; 10% der Produktion entfallen auf Rosé. Spitzenjahrgänge halten sich 20 Jahre und mehr. Auch einige stahlige trockene CHENIN-BLANC-Weiße. Erzeuger: ALLIET, BAUDRY, BAUDRY-DUTOUR, Ch. de la Bonnelière, Ch. de Coulaine, Couly (Pierre & Bertrand), Couly-Dutheil, Grosbois, Pain, Dom. de la Noblaie, J. M. Raffault. Leicht zugängliche 2012er. Sieben westlich von Chinon gelegene Gemeinden sollen 2015 in die AC aufgenommen werden.

Chiroubles Beauj r **11' 12** 13 – Sehr kleiner BEAUJOLAIS-Cru in den Hügeln oberhalb von FLEURIE; frischer, fruchtiger, seidiger Wein für baldigen Verbrauch (1–3 Jahre). Erzeuger: Cheysson, Coquelet, DUBŒUF, Fourneau, Métrat, Passot, Raousset, Trenel.

Chorey-lès-Beaune Côte d'Or r (w) ★★ **05' 06 07 08** 09' 10' **11** 12 – Angenehmer, erschwinglicher Burgunder aus der Nachbarschaft von BEAUNE. Tollot-Beaut ist der führende Betrieb. Weitere Erzeuger: Arnoux, DROUHIN, JADOT, Loichet.

Frankreich

Chusclan S-Rh r rs w ★→★★ **09' 10' 11' 12' 13** – Eine der CÔTES DU RHÔNE-VILLAGES mit der überdurchschnittlichen Genossenschaft Laudun-Chusclan, die neben guten, frischen Weißen und knackigen Rosés zugängliche Rote erzeugt. Die besten Rotweinmarken der Genossenschaft sind Dom. de l'Olivettte (Chusclan), Femme de Gicon (CÔTES DU RHÔNE) sowie LIRAC. Ferner voller Ch. Signac (mit Alterungspotenzial) und Dom. La Romance sowie Spezial-CUVÉES von André Roux. Die meisten jung trinken.

Clair, Bruno Côte d'Or r rs w ★★★→★★★★ Großartiges Gut in MARSANNAY mit ausgedehnten Besitzungen in GEVREY-CHAMBERTIN (v. a. Clos de Bèze, CLOS ST-JACQUES, Cazetiers), FIXIN und MOREY-ST-DENIS. Beachtung verdienen zudem der La Dominode von alten Reben (SAVIGNY) sowie die Weißweine, u. a. CORTON-CHARLEMAGNE.

Clairet Bx – Sehr heller Rotwein, fast Rosé. BORDEAUX Clairet ist eine AC. Erzeuger: Ch. Fontenille, Ch. Penin, Ch. Turcaud.

Clairette de Bellegarde S-Rh w ★ BV – AC an der südlichen Rhône bei Nîmes mit ansprechenden, knackigen trockenen Weißweinen von der CLAIRETTE-Traube; besonders stilvolle, preisgünstige Exemplare bereitet Mas Carlot.

Clairette de Die N-Rh w; tr lbl; sch ★★ oJ – Unterschätzter MUSCAT-Schaumwein mit Feuerstein- oder (besser) lieblicher Note aus dem Voralpenland. Auch trockener CLAIRETTE-Weißwein, 3–4 Jahre haltbar. Erzeuger: Achard-Vincent, Carod, Poulet et Fils, J.-C. Raspail.

Clairette du Languedoc Lang w ★ BV – Alte, aber vernachlässigte kleine AC bei Pézenas für Weißwein von der traditionsreichen CLAIRETTE-Traube. Weiche trockene Weine, die als Spätlese *moelleux* (lieblich) oder RANCIO bereitet charaktervoller sind. Probierenswert: Dom. La Croix Chaptal.

Clape, Auguste, Pierre und Olivier N-Rh r (w) ★★★→★★★★ **90' 95' 97 98' 99' 00 01' 02** 03' **04'** 05' **06' 07'** 08 09' 10' 11' 12' 13 – Die Könige von Cornas. Netzwerk von zentral gelegenen, erstklassigen SYRAH-Rebflächen in CORNAS, viele alte Reben. Tiefgründige, sehr beständige Rotweine, die aus einer gemächlicheren Zeit zu stammen scheinen und mind. 6 Jahre Entfaltung brauchen. Schön fruchtig ist der Renaissance von jüngeren Reben. Außerdem guter CÔTES DU RHÔNE, VIN DE FRANCE (rot) und ST-PÉRAY.

Clape, La Lang r rs w ★★→★★★ Kleines Gebiet von Kalksteinhügeln, einst eine Insel bei Narbonne. Warme, würzige Rotweine. Die ursprünglichen herben, salzigen Weißen profitieren vom Meereseinfluss und altern erstaunlich gut. AC-Status und Klassifikation zum LANGUEDOC-Cru stehen bevor; siehe COTEAUX DU LANGUEDOC. Gute Erzeuger: Chx. d'Anglès, Camplazens, l'Hospitalet, Mire l'Etang, Moyau, La Négly, Pech-Céléyran, Pech-Redon, Ricardelle, Rouquette-sur-Mer und Mas du Soleila.

Climat Bg – Burgundischer Ausdruck für Einzellage, z. B. MEURSAULT Tesson.

Clos Ein prestigeträchtiger Ausdruck, einzelnen, meist umfriedeten Weinbergen vorbehalten, die sich oft in einer einzigen Hand befinden. In Burgund, der Champagne und im ELSASS häufig anzutreffen.

Clos de Gamot SWF r ★★★ **00 01' 02' 04 05' 06** 08 09 10' (11) (12) – Die Familie Jouffreau führt seit Langem vor, wie MALBEC wirklich schmecken sollte. Die CUVÉE Vignes Centenaires (★★★), die nur in den besten Jahren bereitet wird, und der Clos St-Jean (★★★★) von der Hügelkuppe überdauern auf bewundernswerte Weise heutige Moden.

Clos de la Roche Côte d'Or r ★★★ **90' 93' 95 96' 98 99' 01 02' 03** 05' **06 07** 08 09' 10' 11 12' 13 – Wohl der feinste GRAND CRU von MOREY-ST-DENIS. Die Weine besitzen ebenso viel Grazie wie Kraft und sind eher pikant als opulent. Brauchen viel Zeit zur Entfaltung. Sehr empfehlenswert von DUJAC und PONSOT, aber auch von Amiot, ARLAUD, Castagnier, LEROY, LIGNIER und ROUSSEAU.

Clos des Lambrays Côte d'Or r ★★★ **99'** **02 03** 05' **06 07** 09' 10' 11 12' 13 – GRAND-CRU-Lage in MOREY-ST-DENIS, auf die die DOMAINE du Clos des Lambrays praktisch ein Monopol hat. Sie baut den Wein nach früher Lese in würzig-stämmigem Stil aus – ganz im Gegensatz zum benachbarten CLOS DE TART.

Clos des Mouches Côte d'Or r w ★★★ **02 05'** 09' 10' 11 13 – Grandiose PREMIER-CRU-Lage in BEAUNE, deren Ruhm DROUHIN begründet hat. Würzige, denkwürdige Weiß- und Rotweine, die beständig gut sind. Empfehlenswert auch von BICHOT und CHANSON. Kaum bekannte Weinberge gleichen Namens existieren auch in SANTENAY (Clair, Moreau, Muzard) und MEURSAULT (Germain).

Clos des Papes S-Rh r w ★★★★ **90' 95 98' 99' 00 01' 03' 04'** 05' **06'** 07' **08** 09' 10' 11 12' – Stets erstklassiges CHÂTEAUNEUF-DU-PAPE-Gut der Familie Avril mit winzigen Erträgen. Gehaltvolle, komplexe und neuerdings merklich saftigere Rotweine (v. a. von GRENACHE und MOURVÈDRE; trinkreif mit 2–3 Jahren oder erst nach mind. 8 Jahren) sowie großartige Weiße (sechs verschiedene Rebsorten) mit Klasse, denen man Zeit schenken und die zu feinen Speisen getrunken werden sollten. Halten 5–18 Jahre.

Clos de Tart Côte d'Or r ★★★★ **90' 96' 99' 01' 02' 03** 05' **06 07 08'** 09 10 11 12' 13 – GRAND CRU in MOREY-ST-DENIS; der Wein hat unter Gutsleiter Sylvain Pitiot qualitativ, aber auch preislich erheblich zugelegt. In weniger guten Jahren oft am spannendsten.

Clos de Vougeot Côte d'Or r ★★★→★★★★ **90' 93' 96' 98 99' 01 02' 03'** 05' 06 **07 08** 09' 10' 11 12' 13 – Gefeierter GRAND CRU an der CÔTE DE NUITS, unter viele Besitzer aufgeteilt. Manchmal von höchster Feinheit. Sein Entfaltungspotenzial hängt von den Ideen und Techniken des Erzeugers sowie der Lage am Hang ab. Spitzenerzeuger: DROUHIN, EUGÉNIE, FAIVELEY, GRIVOT, GROS, HUDELOT-Noëllat, JADOT, LEROY, LIGER-BELAIR, MÉO-CAMUZET, MONTILLE, MUGNERET, Ch. de la Tour, Vougeraie.

Clos du Mesnil Champ – Von dem berühmten ummauerten Weinberg des Champagnerhauses Krug in der GRAND-CRU-Lage Le Mesnil kommen besonders langlebige, reintönige CHARDONNAY-Jahrgangs-CUVÉES (die 92er und 95er sind jetzt perfekt, halten aber mindestens noch bis 2020). Pure Freude vermittelt die aktuelle Cuvée (**00**).

Clos du Roi Côte d'Or r ★★→★★★ Die beste Parzelle des GRAND CRU CORTON; außerdem der beste PREMIER-CRU-Weinberg in MERCUREY, ein weniger guter in BEAUNE und eine Spitzenlage in MARSANNAY. Der König hat üblicherweise gut gewählt.

Clos Rougeard Lo r w; (s) ★★★★ **03 04 05' 06 07 08** 09' 10' 11 – Die kleine Kultdomaine erzeugt wunderbaren SAUMUR-CHAMPIGNY, großartigen SAUMUR Blanc und köstlichen COTEAUX DE SAUMUR. Hier gab es bereits NATURWEIN, als er noch nicht in Mode war.

Clos St-Denis Côte d'Or r ★★★ **90' 93' 95 96' 98 99' 01 02' 03** 05' 06 **07 08** 09' 10' 11 12' 13 – GRAND CRU in MOREY-ST-DENIS. Der Wein ist in der Jugend üppig und gewinnt mit zunehmendem Alter an seidiger Textur. Empfehlenswerte Erzeuger: ARLAUD, Bertagna, Castagnier, DUJAC, Jouan, Leroux, PONSOT.

Clos Ste-Hune El w ★★★★ Der großartigste RIESLING aus dem ELSASS (**00' 04 06 08' 10'** 12 13'). Die Spitzenabfüllung von TRIMBACH aus der GRAND-CRU-Lage ROSACKER ist ein feiner, zunächst verschlossener Wein, der 5 bis 10 Jahre und mehr Flaschenreife braucht.

Clos St-Jacques Côte d'Or r ★★★ **90' 93 95' 96' 98 99' 01 02' 03** 05' **06 07 08** 09' 10' 11 12' 13 – PREMIER-CRU-Hanglage in GEVREY-CHAMBERTIN mit perfekter Südostausrichtung. Erstklassige Erzeuger: CLAIR, ESMONIN, FOUR-

RIER, JADOT und ROUSSEAU. Wuchtige, samtige Weine, die oft höher eingeschätzt werden als viele GRANDS CRUS.

Coche-Dury Côte d'Or r w ★★★★ Die ausgezeichnete DOMAINE in MEURSAULT wird von Jean-François Coche und seinem Sohn Raphaël geführt. Außergewöhnliche Weißweine von ALIGOTÉ bis CORTON-CHARLEMAGNE sowie sehr schöne Rotweine. Machen sich rar.

Colin Côte d'Or r w ★★★ Führende Erzeugerfamilie in CHASSAGNE-MONTRACHET und ST-AUBIN. Die neue Generation erregt Aufsehen, v. a. Pierre-Yves Colin-Morey (hervorragende Weiße) und Dom. Marc Colin. Auch die Söhne von Michel Colin-Deléger, Bruno und Philippe, haben probierenswerte Weine zu bieten.

Collines Rhodaniennes N-Rh r w ★★ Qualitätsvoller IGP-Wein von der nördlichen Rhône: Rote von Granithanglagen mit klarer Frucht und sehr günstigen Preisen. Können auch Lesegut von jungen Reben der CÔTE RÔTIE enthalten. Von den neueren Weinbergen in Seyssuel kommen tiefgründige, aber teure Weine mit Feuersteinnote. Vorwiegend von SYRAH (die besten), aber auch von MERLOT und GAMAY. Die Weißen werden von der Kleinausgabe eines CONDRIEU VIOGNIER angeführt, dazu CHARDONNAY. Rotweine von: Bonnefond, L. Cheze, J.-M. Gérin, Jamet (sehr gut), Jasmin, Monier, M. & S. Ogier und S. Pichat. Weißweine von: Alexandrins, Barou, Y. Cuilleron, Perret (sehr gut) und G. Vernay (sehr gut).

Collioure Rouss r rs w ★★ Zwillingsappellation von BANYULS für Tischweine; die meisten Erzeuger produzieren beides. Kraftvolle Rotweine, meist GRENACHE, von terrassierten Steilhängen oberhalb der malerischen Stadt. Auch Rosé und seit 2002 Weißwein von GRENACHE BLANC. Spitzenerzeuger: Le Clos de Paulilles, Coume del Mas, Madeloc, Dom. du Mas Blanc, Dom. de la Rectorie, Dom. La Tour Vieille, Dom. Vial-Magnères und die Genossenschaft Cellier des Templiers.

Comté Tolosan SWF r rs w ★→★★ IGP-Weine aus ganz Südwestfrankreich, meist BV. Der köstlich süße PETIT MANSENG vom Ch. de Cabidos (★★★), der Dom. de Moncaut (ganz und gar JURANÇON, außer im Namen) und der wegweisenden Dom. de RIBONNET (beide ★★) ist meilenweit entfernt von den meisten Erzeugnissen dieser Dach-IGP, die für Mittelmäßigkeit steht.

Condrieu N-Rh w ★★★ **05 08' 09 10' 11' 12'** 13 – Blumiger Weißwein von Granithängen aus der Heimat des VIOGNIER, mit kraftvollem Spiel mineralischer bis moschusartiger Aromen von Aprikose und Pfirsich. Die Besten sind reintönig und präzise bereitet und passen wie kaum ein anderer Weißer zu Spargel und Räucherlachs. 75 Winzer mit unterschiedlicher Qualität (sehr gut 08, angenehm 10), nicht selten zu viel Eiche, Süße und Alkohol. Führende Erzeuger: CHAPOUTIER, Y. Cuilleron, DELAS, Gangloff (großartige Stilistik), GUIGAL, F. Merlin, Niéro, A. Perret, C. Pichon, ROSTAING, G. Vernay (v. a. der erstklassige, langlebige Coteau de Vernon), F. Villard.

Corbières Lang r (rs) (w) ★★→★★★ **06 07 08 09 10** 11 12 13 – Die größte AC des LANGUEDOC mit der Cru-Lage Boutenac. Die Weine sind so verwegen wie die Landschaft: sonnendurchflutete, markante Gewächse. Beste Erzeuger sind die CHÂTEAUX Aiguilloux, Baronne, Borde-Rouge, Cabriac, Les Clos Perdus, Lastours, Ollieux Romanis, Les Palais, Pech-Latt, Voulte Gasparets und die DOMAINES Grand Arc, Grand Crès, Fontsainte, Serres-Mazard, Trillol, Vieux Parc, Villemajou, Villerouge. Genossenschaften: Camplong und Castelmaure.

Cornas N-Rh r ★★★ **78' 83' 85' 88' 89' 90' 91' 94' 95' 96 97' 98' 99' 00' 01' 02 03' 04 05' 06' 07' 08** 09' 10' **11'** 12' 13 – SYRAH hoher Qualität von der nördlichen Rhône. Tiefgründiger, fruchtstrotzender, mineralisch getönter

Wein, den man z.T. jung (mit lebhafter Frucht) trinken kann, meist jedoch 5–15 Jahre einlagern muss. Der Jahrgang 2010 ist umwerfend. Spitzenerzeuger: Allemand (Top 2), Balthazar (traditionell), M. Barret, Clape (ist der Maßstab), Colombo (neue Eiche), Courbis (modern), Delas, J. & E. Durand (rassige Frucht), G. Gilles, JABOULET (CUVÉE St-Pierre), Lemenicier, V. Paris, Tardieu-Laurent (Eichenausbau), Dom. du Tunnel, Voge (Eiche).

Corton Côte d'Or r (w) ★★★ **90' 95 96' 98 99' 01 02' 03'** 05' **06 07 08** 09' 10' 11 12' 13 – 160 ha klassifiziert als GRAND CRU sind viel zu viel – nur wenige Corton-Spitzenlagen wie CLOS DU ROI, Les Bressandes und Rognet verdienen diese Einstufung tatsächlich. Rotweine dieser Lagen haben Gewicht und Struktur, andere sind eher mittelmäßige, weichere Gewächse. Empfehlenswerte Erzeuger: d'Ardhuy, BONNEAU DU MARTRAY, CHANDON DE BRIAILLES, Dom. des Croix, Dubreuil-Fontaine, FAIVELEY, Camille Giroud, MÉO-CAMUZET, Dom. de la ROMANÉE-CONTI (seit 2009), Senard, TOLLOT-BEAUT. Gelegentlich auch Weißwein, etwa von den HOSPICES DE BEAUNE, der jedoch weniger interessant ausfällt als CORTON-CHARLEMAGNE.

Corton-Charlemagne Côte d'Or w ★★★→★★★★ **99' 00' 02' 03 04 05' 06 07' 08** 09' 10' 11 12' 13 – Einmaliger, unvergleichlicher weißer Burgunder. Wächst auf den nach Südwesten und Westen ausgerichteten Kalksteinlagen des Corton-Bergs, dazu kommt ein östlicher Streifen um den Gipfel herum. Intensive Mineralität und großes Alterungspotenzial, aber leider häufig ungenügend umgesetzt. Spitzenerzeuger: BONNEAU DU MARTRAY, BOUCHARD, COCHE-DURY, FAIVELEY, HOSPICES DE BEAUNE, JADOT, P. Javillier, LATOUR, Rapet, Rollin, VOUGERAIE.

Costières de Nîmes S-Rh r rs w ★→★★ **07' 09' 10' 11 12'** – Anbaugebiet an der südlichen Rhône südwestlich von CHÂTEAUNEUF-DU-PAPE mit hohem Qualitätsanspruch und ähnlich steinigen Böden. Die Roten (GRENACHE, SYRAH) sind 5–8 Jahre lagerfähig und bieten ein gutes Preis-Leistungs-Verhältnis. Am besten von den CHÂTEAUX Grande Cassagne, Mas des Bressades, Mas Carlot, Mas Neuf, Mourgues-du-Grès, de Nages, d'Or et des Gueules, Roubaud sowie den DOMAINES Petit Romain, Tardieu-Laurent und du Vieux Relais. Dazu gute, lebhafte Rosés sowie stilvolle Weiße (ROUSSANNE).

Coteaux Bourguignons Bg ★ BV – Die seit 2011 vorwiegend für Rote (GAMAY, PINOT NOIR) geltende AC ersetzt die AC BOURGOGNE GRAND ORDINAIRE. Sie wird v.a. für schwer verkäuflichen einfachen BEAUJOLAIS (weder von Hanglagen noch »aus Burgund«) in Anspruch genommen, der unter diesem »schickeren« Namen vielleicht eine Aufwertung erfährt. Auch ein wenig Weißwein von ALIGOTÉ, CHARDONNAY, MELON DE BOURGOGNE, PINOT BLANC und PINOT GRIS.

Coteaux Champenois Champ r (rs) w ★★★ BV (Weißwein) – Die AC für die Stillweine der Champagne, z.B. BOUZY. Jahrgänge wie bei CHAMPAGNER. Die Rotweine gewinnen im Zuge des Klimawandels und besserer Weinbaupraktiken (v.a. **09** 12') an Qualität.

Coteaux d'Aix-en-Provence Prov r rs w ★★ Ausgedehnte AC ohne echte Identität in den Hügeln nördlich von Aix und in der in der Nähe gelegenen Ebene nördlich des Etang de Berre. Bunter Rebsortenmix mit Trauben sowohl aus BORDEAUX als auch dem MIDI. Am besten sind die Rotweine, v.a. von den CHÂTEAUX Bas, Beaupré, Calissanne, Revelette, Vignelaure sowie den DOMAINES les Bastides, les Béates, la Realtière. Siehe auch Les BAUX-DE-PROVENCE.

Coteaux d'Ancenis Lo r rs w; (s) ★→★★ meist BV – Gebiet zwischen Nantais und ANJOU, jetzt mit AC-Status. Erzeugt werden v.a. trockene, halbtrockene und süße Weißweine von CHENIN BLANC sowie alterungswürdiger

Frankreich

Malvoisie; auch leichte Rotweine und Rosés, v. a. von GAMAY plus CABERNET FRANC und CABERNET SAUVIGNON. Empfehlenswert: Athimon et ses Enfants, Guindon, Quarteron.

Coteaux de Chalosse SWF r rs w ★ BV – Bescheidene IGP für Weine von lokalen Rebsorten, beliebt in den Restaurants vor Ort, sonst kaum zu finden. Die jetzt mit TURSAN fusionierte Genossenschaft beherrscht die Produktion.

Coteaux de Glanes SWF r rs ★★ BV – Ein Must-have für alle, die an der oberen Dordogne unterwegs sind. Die acht Mitglieder der örtlichen Genossenschaft setzen die Ségalin-Traube in ihrem Verschnittrezept für MERLOT und GAMAY ein.

Coteaux de l'Ardèche S-Rh r rs w ★→★★ Hügelgebiet westlich der Rhône mit vielfältigem, preiswertem Angebot. Neue Erzeuger und frische, z. T. in Eiche ausgebaute Rote sowie VIOGNIER (z. B. Mas de Libian, CHAPOUTIER) und MARSANNE. Die besten Rotweine sind von SYRAH bereitet, außerdem GAMAY (oft von alten Reben) und CABERNET SAUVIGNON (Serret). Burgunderartigen Ardèche-CHARDONNAY erzeugt Louis LATOUR. Empfehlenswert: DOMAINES du Colombier, J. & E. Durand, Favette, Flacher, Grangeon, Mazel und Vigier sowie Ch. de la Selve.

Coteaux de l'Aubance Lo w; s ★★→★★★★ **89' 90' 95' 96' 97' 02 03 05' 07' 09** 10' 11' (13) – Kleine AC für Süßweine von CHENIN BLANC. Von sanfteren Hügeln (südlich der Loire bei Angers), nerviger und allgemein weniger üppig als COTEAUX DU LAYON, ausgenommen SÉLECTION DE GRAINS NOBLES. Oft recht günstig. Erzeuger: v. a. Bablut, Haute-Perche, Montgilet, Ch. Princé, Richou, Rochelles, Ch. la Varière.

Totgesagte leben länger

Vor 1900 wurden im MIDI über 150 Rebsorten angebaut; viele sind im Zuge von Mehltau, Reblaus und Industrialisierung der Weinberge verschwunden. Doch einige leben plötzlich wieder auf. Mas des Chimères erzeugt einen Wein von der Oeillade-Traube (mit CINSAULT verwandt), Thierry Navarre einen Ribeyrenc. Clos Centeilles baut Piquepoul noir, Morastel, Oeillade, Ribeyrenc gris und blanc sowie Araignan blanc an. Carignan blanc und Terret blanc werden wegen ihrer natürlichen Säure geschätzt: Probieren Sie den Clos des Papillons von Mas Gabriel. Sogar die früher gemiedenen Sorten Aramon und Alicante Bouschet stoßen auf neues Interesse.

Coteaux de Saumur Lo w; s ★★→★★★ **03 05 07' 09 10' 11** – Süßer CHENIN BLANC aus von Hand gelesenen Trauben, der an COTEAUX DU LAYON erinnert, aber zarter, zitrusfruchtiger und nicht so reichhaltig ist. Erzeuger: v. a. CHAMPS-FLEURIS, CLOS ROUGEARD, Régis Neau, Targe, Vatan. 2012/13 nur geringe Mengen.

Coteaux des Baronnies S-Rh r rs w ★ BV – IGP-Wein an der Rhône, dessen Rebgut auf hoch gelegenen Hängen inmitten von Weideland östlich von VINSOBRES spät ausreift. SYRAH (am besten), MERLOT, CABERNET SAUVIGNON und CHARDONNAY (gut und günstig) sowie GRENACHE, CINSAULT usw. Besser werdende einfache Rotweine; auch frischer VIOGNIER. Probierenswert sind die DOMAINES Le Mas Sylvia, du Rieu-Frais und Rosière.

Coteaux du Giennois Lo r rs w ★→★★ BV – Kleine AC nördlich von POUILLY mit verstreut liegenden Weinbergen von Cosne bis Gien. Der SAUVIGNON BLANC wirkt wie ein kleiner Bruder des SANCERRE oder POUILLY-FUMÉ.

Leichte Rotweine, die durch das wenig überzeugende, aber gesetzlich festgelegte Verschnittrezept GAMAY/PINOT NOIR nicht eben begünstigt sind. Am besten von: Emile Balland, Jean Marie Berthier (v.a. L'Inédit), BOURGEOIS, Catherine & Michel Langlois, Paulat, Treuillet, Villargeau.

Coteaux du Languedoc Lang r rs w ★★→★★★ **06 07 08 09 10** 11 12 13 – Die AC erstreckt sich von Narbonne bis Nîmes mit einer Vielzahl von Unterbereichen und enorm breitem Qualitätsspektrum. Sie soll 2017 zugunsten der noch größeren, 2007 geschaffenen AC LANGUEDOC verschwinden; die dann mögliche Cru-Einstufung umfasst u.a. die neueren Bereiche GRÈS DE MONTPELLIER, TERRASSES DU LARZAC und PÉZENAS sowie die bekannten ST-CHINIAN und FAUGÈRES. Hier sind richtig viele neue Erzeuger mit aufregendem Potenzial zu entdecken.

Coteaux du Layon Lo w; s **89 90 95 96 97 02 03 05' 07' 09** 10' 11 – Das Kernstück von ANJOU, mit süßem, im Bestfall fast unendlich haltbarem CHENIN BLANC von stark variierendem Süßegrad, doch stets wundervoller Säure. Sieben Orte können ihren Namen vor die AC setzen, wobei Chaume als PREMIER CRU klassifiziert ist. Spitzenappellationen: BONNEZEAUX, QUARTS DE CHAUME. Erzeuger: Baudouin, BAUMARD, Delesvaux, des Forges, Dom. Les Grandes Vignes, Guegniard, Dom. de Juchepie, Ogereau, Ch. PIERRE-BISE, Pithon-Paillé. Der Jahrgang 2010 ist fantastisch.

Frankreich

Coteaux du Loir Lo r rs w; tr s ★→★★★ **05' 07 08 09' 10'** 11 (13) – Der Loir ist ein von Norden kommender Nebenfluss der Loire; das dazugehörige Weinbaugebiet mit den Appellationen Coteaux du Loir und JASNIÈRES ist nicht von großer Bedeutung, aber dynamisch. Stahlige, feine, apfelduftende Weine von Chenin blanc, dazu GAMAY, pfeffriger, gelegentlich schäumender Pineau d'Aunis sowie Grolleau (rosé), CABERNET und CÔT. Spitzenerzeuger: Ange Vin, Dom. de BELLIVIÈRE, Breton, Le Briseau, Fresneau, Gigou, Janvier, Les Maisons Rouges, de Rycke. Den Jahrgang 2012 erwischten Frost und Mehltau, die Erträge 2013 waren klein, aber gut.

Coteaux du Lyonnais Beauj r rs (w) ★ BV – Kleinere AC des BEAUJOLAIS. Als Primeur-Weine am besten.

Coteaux du Quercy SWF r rs ★ **06 08 09' 10** 11 (12) – AC südlich von CAHORS mit Weinen auf CABERNET-FRANC-Basis; wird von der Genossenschaft (★) mit ihrer preiswerten Reihe Bessey de Boissy angeführt, charaktervoller sind jedoch die Weine der unabhängigen DOMAINES du Merchien (IGP; ★★), d'Aries, de Guyot, de Lafage und Lagarde (alle ★). Passen gut zur lokalen Küche.

Coteaux du Vendômois Lo r rs w ★→★★ BV – AC mit 28 Gemeinden zwischen Vendôme und Montoire im Loir-Tal. Am charakteristischsten ist der VIN GRIS von der Pineau-d'Aunis-Traube, die auch den regionalen roten Verschnitten ihre pfeffrige Eigenart verleiht; außerdem CABERNET FRANC, PINOT NOIR und GAMAY. Weißweine von CHENIN BLANC und CHARDONNAY. Erzeuger: Brazilier, Patrice Colin, Dom. du Four à Chaux, Dom. J. Martellière, Dom. de Montrieux, CAVE du Vendôme-Villiers.

Coteaux et Terrasses de Montauban SWF r rs w ★→★★ BV – Die in diesem IGP-Bereich überaus erfolgreiche DOMAINE de Montels mit einem breiten Spektrum an preiswerten Weinen hat Konkurrenz bekommen. Probieren Sie Dom. Biarnès und Mas des Anges (beide ★).

Coteaux Varois-en-Provence Prov r rs w ★→★★ **07 08 09** 10 11 12 13 – Übersehene AC, eingezwängt zwischen den größeren Appellationen COTEAUX D'AIX und CÔTES DE PROVENCE. Liefert Rotweine mit warmem Charakter sowie frische Rosés hauptsächlich von südlichen Rebsorten. Ist dabei, ihr Potenzial umzusetzen, v.a. mit SYRAH. Empfehlenswert: Chx. la Calisse, Miraval (gehört Brangelina), Doms. les Alysses, des Aspras, des Chaberts, du Deffends, du Loou, Routas, Trians.

Côte Chalonnaise Bg r w; sch ★★ Weinbaugebiet unmittelbar südlich der CÔTE-D'OR-Weinberge; niedrigere Preise. Aus BOUZERON kommen Weiße von der ALIGOTÉ-Traube, aus Mercurey und GIVRY strukturierte Rote und interessante Weiße, aus Rully leichtere Weine beider Farben und aus MONTAGNY eher schlanker CHARDONNAY. Der Region fehlt trotzdem noch ein richtiges Zugpferd.

Côte de Beaune Côte d'Or r w ★★→★★★★ Die südliche Hälfte der CÔTE D'OR, aber auch ein eigenständiger AC-Bereich auf der Hügelkuppe oberhalb von BEAUNE.

Côte de Beaune-Villages Côte d'Or r ★★ **09' 10' 11** 12 – Rotweine aus den geringeren Gemeinden der Südhälfte der CÔTE D'OR. Selten aufregend und nur noch selten im Handel.

Côte de Brouilly Beauj r ★★ **09' 10' 11' 12** 13 – Die seitlichen Berghänge oberhalb von BROUILLY bringen einen der reichhaltigsten BEAUJOLAIS-Crus hervor, der einen weit höheren Bekanntheitsgrad verdienen würde. Probieren Sie: J.-P. Brun, L. Martray, Ch. Thivin.

Côte de Nuits Côte d'Or r (w) ★★→★★★★ Die nördliche Hälfte der CÔTE D'OR. Vorwiegend Rotwein: MARSANNAY, FIXIN, GEVREY-CHAMBERTIN, MOREY-ST DENIS, CHAMBOLLE-MUSIGNY, VOUGEOT, VOSNE-ROMANÉE, NUITS-ST GEORGES.

Côte de Nuits-Villages Côte d'Or r (w) ★★ **05' 06 08 09' 10' 11** 12' 13 – Eine neuere AC für das äußerste Nord- und Südende der CÔTE DE NUITS; oft sehr preiswerte Weine. Langsam kommen Einzellagenabfüllungen auf den Markt. Probieren Sie: Ardhuy, BACHELET, Chopin, Gachot-Monot, Jourdan und Loichet.

Côte d'Or Bg – Departementname, gilt für den mittleren und Hauptteil der burgundischen Weinberghänge, bestehend aus der CÔTE DE BEAUNE und der CÔTE DE NUITS. Der Name wird auf Etiketten nicht verwendet, außer für die geplante AC BOURGOGNE Côte d'Or, die in Kürze bevorsteht.

Die Weinberge an der Côte d'Or sind Kandidat fürs UNESCO-Weltkulturerbe.

Côte Roannaise Lo r rs ★★ **10 11 12 13** – Qualitäts-AC auf den niedrigeren Hängen der hohen Granithügel westlich von Roanne; Cousin des BEAUJOLAIS. Hervorragender, saftig-fruchtiger GAMAY. Erzeuger: Désormiere, Fontenay, Giraudon, Paroisse, Plasse, Pothiers, Sérol, Vial. Auch IGP-Weißwein Urfé von CHARDONNAY und zunehmend VIOGNIER.

Côte Rôtie N-Rh r ★★★→★★★★ **78' 85' 88' 89' 90' 91' 95' 98' 99' 00 01' 03' 04 05' 06' 07' 08** 09' 10' **11** 12' 13 – Der feinste Rhône-Rotwein, v.a. von SYRAH plus etwas VIOGNIER; stilistisch vergleichbar mit Burgunder. Duftet nach Veilchen, ist reintönig, komplex und sehr fein mit zunehmendem Alter (nach 5–10 oder mehr Jahren). Herrlich ist der Jahrgang 2010. Beste Erzeuger: Barge (traditionell), Bernard, Bonnefond (Eiche), Bonserine (im Besitz von GUIGAL), Burgaud, CHAPOUTIER, Clusel-Roch (Öko), DELAS, Duclaux, Gaillard (Eiche), Garon, J.-M. Gérin (Eiche), Guigal (langer Eichenausbau), Jamet (großartig), Jasmin, M. & S. Ogier (Eiche), ROSTAING (fein), J.-M. Stéphan (Öko), VIDAL-FLEURY (La Chatillonne).

Côtes Catalanes Rouss r rs w ★★→★★★ IGP des ROUSSILLON, die einen Großteil des Gebiets abdeckt, deren Qualität aber leicht an AC-Status heranreicht. Hier wird auf spannende Weise erneuert und investiert. Insbesondere alte GRENACHE- und CARIGNAN-Reben gibt es in Hülle und Fülle, deren Weine man unbedingt probieren sollte. Am besten von: Doms. of the Bee, Casenove, Gérard GAUBY, L'Horizon, Jones, Matassa, Padié, Olivier Pithon, La Préceptorie Centernach, le Soula, Soulanes, Treloar, Vaquer.

Côtes d'Auvergne ZF r rs (w) ★→★★ Meist BV – Kleine AC; überwiegend GAMAY, aber auch etwas PINOT NOIR (der idiotischerweise nicht reinsortig ausgebaut werden darf) und CHARDONNAY. Die besten Roten profitieren von 2–3 Jahren Reife. Beste Gemeinden: Boudes, Chanturgue, Châteaugay, Corent und Madargues (Rotwein) sowie Corent (Rosé). Erzeuger: Cave St-Verny, Maupertuis, Sauvat.

Côtes de Bordeaux Bx ★ Unnötig komplizierte, 2008 eingerichtete AC für Rotwein, die den Verschnitt von Lesegut aus CASTILLON, FRANCS, BLAYE und CADILLAC (früher Premières Côtes de Bordeaux) gestattet. Winzer, die die Identität bestimmter Terroirs bewahren wollen, unterliegen nun strengeren Auflagen, dürfen aber Namen wie Cadillac, Castillon usw. der AC-Bezeichnung voranstellen. BLAYE – CÔTES DE BORDEAUX und FRANCS – CÔTES DE BORDEAUX erzeugen auch etwas trockenen Weißwein. Die AC CÔTES DE BOURG gehört nicht zur neuen Appellation.

Côtes de Bourg Bx r w ★→★★ **04 05' 08 09' 10'** 12 – Von der AC CÔTES DE BORDEAUX unabhängige AC für solide, schmackhafte Rot- und einige trockene Weißweine am östlichen Gironde-Ufer. Größter Exportmarkt ist China. Spitzen-CHÂTEAUX: Brulesécaille, Bujan, Civrac, Falfas, Fougas-Maldoror, Grand-Maison, Grave (Nectar VIEILLES VIGNES), Haut-Guiraud, Haut-Maco, Haut-Mondésir, Macay, Mercier, Nodoz, Roc de Cambes, Rousset, Sociondo.

Côtes de Duras SWF r rs w; (s) ★→★★★ **10** 11' 12 (13) – AC zwischen Bordeaux und Bergerac. Wird von unabhängigen Ökobetrieben wie den DOMAINES Mouthes-les-Bihan, Petit Malromé, Mont Ramé und Nadine Lussau (alle ★★★) angeführt, gefolgt von Les Hauts de Riquet, Le Petit Clos des Vents und Les Cours (alle ★★). Der Süßwein von Ch. Condom Perceval (★★★) übertrifft immer noch alle anderen. Ältere Betriebe wie die Doms. des Allegrets und Laulan (beide ★★) sind nach wie vor gut, und sogar die langweilige alte Genossenschaft Berticot (★) hat etwas zu bieten.

Côtes de Gascogne SWF (r) (rs) w ★★ BV – Überzeugende weiße IGP-Durstlöscher, die von den Exporteur-Giganten PRODUCTEURS PLAIMONT und Ch. de Tariquet (beide ★★) dominiert werden. Kleinere, unabhängige Erzeuger: u. a. DOMAINES d'Arton, Chiroulet, Haut-Campagnau, Ménard, Millet, Pellehaut, de San Guilhem (alle ★★) sowie Ch. des Cassagnoles, de Joÿ, de Laballe, de Lauroux, de Magnaut, Papolle, St-Lannes, Sédouprat (v. a. die rote CUVÉE Sanglier) und Uby (alle ★). Siehe auch BRUMONT.

Côtes de Millau SWF r rs w; ★ BV – Norman Fosters großartiges Viadukt von Millau mag die enthusiastische Genossenschaft sowie sechs ihr ebenbürtige unabhängige Erzeuger, u. a. Dom. du Vieux Noyer (★), angestachelt haben, dem einst riesigen Weinberg im Tarn-Tal (IGP) neues Leben einzuhauchen. Ordentliche Tropfen mit gutem Preis-Leistungs-Verhältnis.

Côtes de Montravel SWF w; s ★★ 09 **10 11' 12** (13) – Sub-AC von BERGERAC für Liebhaber von Weinen im altmodischen *moelleux*-Stil, die bedauernswerterweise nicht mehr en vogue sind. Nicht so süß wie HAUT-MONTRAVEL, aber süßer als halbtrocken. Ein köstlicher Aperitif.

Côtes de Provence Prov r rs w ★→★★★ r **06 07 08 09 10** 11 12 13; rs w BV – Die große AC steht hauptsächlich für Roséweine, deren Qualität immer besser wird (nirgendwo sonst wird Rosé so ernst genommen). Auch angenehme Rote, sowohl von CABERNET als auch mediterranen Sorten, dazu kräuterwürzige Weißweine. Unterbereiche sind SAINTE-VICTOIRE, Fréjus, La Londe und seit Kurzem Pierrefeu. Führende Erzeuger: u. a. Castel Roubine, Commanderie de Peyrassol, Doms. Bernarde, de la Courtade, Léoube, Gavoty (großartig), Chx. d'Esclans, de Selle sowie Clos Mireille, des Planes, Rabiéga, Richeaume, Rimauresq und Ste-Rosaline. Siehe auch COTEAUX D'AIX, BANDOL, COTEAUX VAROIS.

Frankreich

Côtes de Thongue Lang r rs w ★★ rs w BV – Dynamischste IGP-Region von HÉRAULT im Thongue-Tal. Eher experimentelle Verschnitte als sortenreine Weine. Lagerfähige Rote. Erzeuger: DOMAINES Arjolle, les Chemins de Bassac, la Croix Belle, des Henrys, Monplézy.

Côtes de Toul El r rs w ★ BV – Sehr leichte Weine aus Lothringen, v.a. VIN GRIS.

Côtes du Brulhois SWF r rs (w) ★→★★ **09 10 11** 12 – Wachsende AC bei Agen, deren »schwarzer« Wein etwas TANNAT enthalten muss und am besten zur lokalen Küche getrunken wird. Die Genossenschaft (★) arbeitet eng mit den unabhängigen Erzeugern zusammen: Dom. des Thermes, Dom. du Bois de Simon (beide ★★), Ch. La Bastide, Dom. de Coujétou-Peyret, Dom. du Pountet (alle ★).

Côtes du Couchois Bg ★→★★ **09' 10' 11** 12 13 – Unterbereich der AC BOURGOGNE Rouge am südlichen Ende der CÔTE D'OR, aus dem kraftvolle, recht tanninbetonte Rotweine kommen. Seit der beste Erzeuger, Alain Hasard, in RULLY tätig ist, ist hier nicht mehr viel los.

Côtes du Forez Lo r rs; (sch) ★ BV – Spannende AC am Oberlauf der Loire mit Rotweinen und Rosés von GAMAY. Wichtigste Erzeuger: Bonnefoy, Gaumon, Guillot, Mondon-Demeure, Real, Verdier/Logel und Les Vignerons Foréziens. IGP-Weißweine von CHARDONNAY, PINOT GRIS und VIOGNIER.

Spitzenerzeuger der Côtes du Rhône

CHÂTEAUX La Courançonne, Fonsalette (wunderschön), Grand Moulas, Haut-Musiel, Hugues, Montfaucon (auch Weißwein), St-Estève, Trignon (u.a. VIOGNIER); Winzergenossenschaften CAIRANNE, RASTEAU, CAVE Estézargues; DOMAINES Bramadou, André Brunel, Chaume-Arnaud, Charvin (Terroir, sehr gut), Combebelle, Coudoulet de BEAUCASTEL (Rotwein mit Klasse), Cros de la Mûre (preiswert), M. Dumarcher, Espigouette, Ferrand (füllig), Gourget, Gramenon (biodynamisch), Janasse (alte GRENACHE-Reben), Jaume, Manarine, Famille PERRIN, Réméjeanne (auch Weißwein), Romarins, Rouge-Bleu (saubere Ökoweine), Soumade, Vieille Julienne (klassisch), Mas Poupéras; DUBŒUF, GUIGAL (sehr preiswert).

Côtes du Jura Jura r rs w; (sch) ★★→★★★ **99' 00 03' 05' 06** 09 10 11 12 – Wiederbelebte Region für die weißen Sorten CHARDONNAY und SAVAGNIN mit vielen verschiedenen Stilen: von frisch und fruchtig bis kontrolliert oxidativ, darunter VIN JAUNE. Leichte, helle Rotweine von PINOT NOIR, Poulsard und Trousseau. Empfehlenswerte Erzeuger: Berthet-Bondet, Bourdy, Ch. d'ARLAY, GANEVAT, GRAND, Mossu, PIGNIER.

Côtes du Rhône S-Rh r rs w ★→★★ **09' 10' 11' 12'** – Der Hochleistungsmotor an der südlichen Rhône mit über 170 Weinbau treibenden Gemeinden. Zwischen interessanten, zunehmend handwerklich erzeugten Qualitätsweinen und Massenware klafft eine große Lücke. In sehr guten Jahren (v.a. 2011, 2012) sind die fruchtbetonten Weine ein Hit. Vorwiegend GRENACHE, aber auch SYRAH und CARIGNAN. Am besten jung zu trinken. Die Vaucluse schneidet am besten ab, gefolgt von GARD (Syrah).

Côtes du Rhône-Villages S-Rh r rs w ★→★★ **07' 09' 10' 11' 12'** – Eindrucksvolle, ausladende Rotweine von 7.700 ha, darunter die 18 renommiertesten Orte der südlichen Rhône. Die besten Gewächse geizen nicht mit würziger dunkler Frucht und sind preiswert; die Grundlage bildet GRENACHE, dazu kommen SYRAH und MOURVÈDRE. Auch Weißweine von steigender Qualität, meist von VIOGNIER und ROUSSANNE zusammen mit CLAIRETTE und

GRENACHE BLANC – gut zum Essen. Siehe auch CAIRANNE, CHUSCLAN, LAUDUN, SABLET, ST-GERVAIS, SÉGURET, VISAN (wird besser). Seit 2005 gehören auch die Gemeinden MASSIF D'UCHAUX (gut), PLAN DE DIEU (robust), PUYMÉRAS und SIGNARGUES dazu, seit 2012 auch Gadagne (bei Avignon). Beachtenswerte Erzeuger: Ch. Fontségune, Ch. Signac und die DOMAINES Aphillantes, Aure, Cabotte, Coulange, Coste Chaude, Grand Moulas, Grand Veneur, Jérôme, Montbayon, Mourchon, Pique-Basse, Rabasse-Charavin, Renjarde, Romarins, Ste-Anne, St-Siffrein, Saladin, Valériane, Vieux Chêne, Viret (international) sowie Mas de Libian, CAVE Estézargues und Cave RASTEAU.

Côtes du Roussillon Rouss r rs w ★→★★ **06 07' 08 09 10** 11 12 13 – AC in den östlichen Pyrenäen, hinter Perpignan. Von Genossenschaften dominiert, v. a. Les Vignerons Catalans. Am besten sind die z. T. von alten CARIGNAN- und GRENACHE-Reben stammenden wärmenden Rotweine.

Côtes du Roussillon-Villages Rouss r ★★→★★★ **06 07 08 09 10** 11 12 13 – 28 Ortschaften im besten Teil des ROUSSILLON, dominiert von Genossenschaften und den Vignerons Catalans. Unabhängige Erzeuger mit guter Qualität: Bila Haut, la Cazenove, CAZES, des Chênes, Clos des Fées, Clot de l'Oum, GAUBY (auch charaktervoller weißer IGP), Ch. de Jau, Mas Crémat, Modat, Piquemal, Rancy, Roc des Anges, Thunevin-Calvet. Siehe auch CÔTES CATALANES.

Côtes du Tarn SWF r rs w ★ BV – Der IGP-Bereich überschneidet sich mit GAILLAC, ist aber etwas größer. Erstaunlich gut sind die Dom. D'en Ségur, v. a. mit halbtrockenem SAUVIGNON BLANC, und Les Vignes des Garbasses mit der Bioweinreihe Lou (beide ★★). Wird auch von Gaillac-Erzeugern verwendet, die die AC-Regeln umgehen wollen.

Côtes du Vivarais S-Rh r rs w ★ **10' 12** (großteils BV) – Die AC liegt im Hügelland der Ardèche westlich von Montélimar. Die süffigen Weine auf GRENACHE- und SYRAH-Basis werden definitiv immer besser; zudem gibt es robustere, in Eiche ausgebaute Rote. Beachtenswerte Erzeuger: Gallety (am besten), Mas de Bagnols, Vignerons de Ruoms (preiswert).

Coulée de Serrant Lo w; tr s ★★★ **95 96 97 98 99 02 03 04 05 07 08** 10' 11 (12) – Historischer, steiler CHENIN-BLANC-Weinberg bei SAVENNIÈRES. Die Weine von Nicolas Joly, dem Hohepriester des biodynamischen Anbaus, waren eine Zeit lang nicht auf der Höhe, doch seit Tochter Virginie die Gutsleitung übernommen hat, geht es wieder aufwärts. Die Weine sollten nicht gekühlt und rechtzeitig vor dem Servieren dekantiert werden. Alte Jahrgänge sind bisweilen sehr fein.

Courcel, Domaine de Côte d'Or r ★★★ Führendes Gut in POMMARD mit den Spitzen-PREMIERS-CRUS Rugiens und Les Epenots, außerdem interessante CUVÉE Croix Noires. Die feinen, blumigen Weine durchlaufen eine Ganztraubenvergärung und altern schön.

Crémant Bedeutete früher »Perlwein« in der Champagne und heißt dort jetzt *demi-mousse* oder *perle*. Seit 1975 AC für Schaumweine hoher Qualität nach der klassischen Methode aus BORDEAUX, Burgund, dem ELSASS, Die, dem Jura, LIMOUX und von der Loire. Auch Luxemburg verfügt über eine Crémant-Appellation.

Crépy Sav w ★★ BV – Leichter, milder Weißwein nach Schweizer Art vom Südufer des Genfer Sees; *crépitant* bedeutet leicht perlend.

Criots-Bâtard-Montrachet Côte d'Or ★★★ **02' 04 05 06 07 08 09 10** 11 12 13 – Mit nur 1,57 ha die kleinste Lage der MONTRACHET-Familie. Die Weine sind nicht ganz so konzentriert wie ausgewachsene BÂTARD-MONTRACHET-Gewächse, aber im schönsten Sinne reintönig und sinnlich. Empfehlenswerte Erzeuger: Belland, Blain-GAGNARD, Fontaine-Gagnard.

Crozes-Hermitage N-Rh r w ★★ **05' 06 07 09' 10' 11' 12'** 13 – Mit Syrah bestockte, flache Weinberge in der Nähe des Flusses Isère sowie Lagen auf Granithängen bei HERMITAGE. Lebhafte Weine mit dunklen Frucht-, Lakritze- und Teernoten, die meist jung zu trinken (nach 2–5 Jahren). Die Besten (einfache CUVÉES) sind vielseitige Begleiter bei Grillabenden und Partys; eichenholzwürzige Exemplare von alten Reben sind teurer. Spitzenerzeuger: Belle, Y. Chave, Chapoutier, Dom. du Colombier, Dom. Combier, Ch. Curson, Darnaud, Delas (Tour d'Albon und Le Clos sehr gut), Dumaine (Öko), Les Bruyères, des Entrefaux (Eiche), A. Graillot, Hauts-Chassis, Lises (fein), Mucyn, de Thalabert von JABOULET. Weißweine (von MARSANNE) jung trinken; sehr gut sind die Jahrgänge 2010, 2011 und 2012.

Cuve close Abgekürztes Verfahren der Schaumweinherstellung im Tank. Die Bläschenbildung im Glas kommt schneller zum Stillstand als bei der traditionellen Methode.

Cuvée In einer *cuve*, d.h. in einem Bottich enthaltener Wein. Sonst auch Allerweltswort, bei CHAMPAGNER z.B. Bezeichnung für »Verschnitt« und erstgepresste Weine. Bezeichnet oft einfach einen »Posten« Wein.

Dagueneau, Didier Lo w ★★★→★★★★ **02 03 04 05' 07 08' 09' 10** 11 12 (13) – Der beste Erzeuger von POUILLY-FUMÉ, Vorbild für brillant und präzise bereiteten SAUVIGNON BLANC. Sohn Louis-Benjamin hat nach dem Unfalltod des Vaters (2008) die Gutsleitung übernommen und beeindruckt mit überaus sorgfältiger Weinbereitung. Spitzen-CUVÉES: Pur Sang, Silex und der – astronomisch teure – Astéroïde von wurzelechten Reben. Von einem kleinen Weinberg in CHAVIGNOL auch SANCERRE; zudem JURANÇON. Guter, aber winziger Ertrag 2013.

Dauvissat, Vincent Chablis w ★★★★ Unbeirrbarer Bio-Erzeuger von großartigem klassischem CHABLIS, der in alten Fässern, insbesondere den lokalen, 132 Liter fassenden *feuillettes* ausgebaut wird. Sehr langlebige Weine, vergleichbar mit denen seines Cousins RAVENEAU. Am besten sind Forest, Preuses, Séchet und Les Clos.

Degré alcoolique Alkoholgehalt, d.h. Volumenprozent.

Deiss, Domaine Marcel El r w ★★★ Biodynamisch arbeitendes Elsässer Weingut in Bergheim, das v.a. Verschnitte aus Lesegut von oft gemischt bestockten Einzellagen bereitet. Nicht durchweg gelungen. Bester Wein: RIESLING Schoenenbourg (**08 10**).

Delamotte Champ BRUT; Blanc de Blancs **97 02 04** 06 08; CUVÉE Nicolas Delamotte – Kleines Haus mit feinen CHAMPAGNERN (vorwiegend von CHARDONNAY) in Le MESNIL. Sehr guter schäumender, nach der Saignée-Methode erzeugter Rosé. Wird zusammen mit SALON von LAURENT-PERRIER geleitet. Gilt als Salon-Gewächs des kleinen Mannes, übertrifft ihn aber manchmal (etwa 1985 und 1997).

Delas Frères N-Rh r rs w ★→★★★ Handelshaus an der nördlichen Rhône mit sehr verlässlicher Qualität von Lagen in CONDRIEU, CROZES-HERMITAGE, CÔTE RÔTIE und HERMITAGE. Spitzengewächse: Condrieu (CLOS Boucher), Côte Rôtie Landonne, Hermitage Domaine des Tourettes (rot), M. de la Tourette (weiß), Les Bessards (rot; sehr fein, rauchig, langlebig). Die Weißen fallen in letzter Zeit leichter aus. Im Besitz von ROEDERER.

Demi-sec »Halbtrocken«, eher lieblich (z.B. bei CHAMPAGNER).

Deutz Champ Brut Classic oJ; Rosé oJ; Brut **00 02 04 06** – Eines der besten unter den kleineren Champagnerhäusern, im Besitz von ROEDERER. Sehr trockene, klassische Weine. Spitzenreiter: die CHARDONNAY-CUVÉE Amour de Deutz (**04 08**). Überragende Cuvée William Deutz (**02' 04 08** 13'). Bezieht sein Traubengut mit Umsicht aus Spitzenlagen.

Domaine In Burgund und in ländlichen Gegenden gebräuchlich für Weingut.

Dom Pérignon Champ **02'** (superb) **03** (eine Überraschung) **04** 06 08'; Rosé **02 04** 06 08' 12 – Luxusmarke von MOËT & CHANDON mit ungemein beständiger Qualität. Cremiger Charakter, v. a. nach 10–15 Jahren Flaschenreife, aber in der Jugend recht straff. In der *Oenothèque* kürzlich degorgierte Jahrgänge (**95' 88**) sowie märchenhafter Rosé (**02'**). In letzter Zeit tritt PINOT NOIR deutlicher hervor.

Dopff & Irion El w ★→★★ Seit dem 17. Jh. bestehender Betrieb in Riquewihr im ELSASS, der jetzt zur Genossenschaft in PFAFFENHEIM gehört. MUSCAT Les Amandiers und GEWÜRZTRAMINER Les Sorcières. Anständige Qualität.

Dopff au Moulin El w ★★★ Alteingesessener Spitzenerzeuger in Familienbesitz in Riquewihr. Beste Weine: GEWÜRZTRAMINER GRANDS CRUS Brand und Sporen (**09 10' 11** 12 13), RIESLING SCHOENENBOURG (**08' 10'** 12 13'), Sylvaner de Riquewihr. Wegbereiter des CRÉMANT d'Alsace; empfehlenswert sind die CUVÉES Bartholdi und Julien. Besonders gute Weine in Jahrgängen, die den trockenen Stil begünstigen, der jetzt wieder gefragt ist.

Dourthe, Vins et Vignobles Bx – Handelshaus und Winzer mit großem, qualitätsorientiertem Angebot: gut v. a. Chx. BELGRAVE, Le BOSCQ, La GARDE. Aus ST-ÉMILION kommt der immer besser werdende Grand Barrail Lamarzelle Figeac. Die gut bereiteten einfachen BORDEAUX-Weine heißen PEY LA TOUR und Dourthe No. 1 und bieten verlässliche Qualität.

Drappier, André Champ – Großartiges familiengeführtes Champagnerhaus in der Region AUBE. Voller, von Pinot noir dominierter Champagner oJ, BRUT ZÉRO, ungeschwefelter Brut sans souffre (★★), Millésime Exception (**04 06**), herrliche Prestige-CUVÉE Grande Sendrée (**04' 05 09'**), dazu Cuvée Quatuor (von vier Rebsorten) und superbe ältere Jahrgänge in Magnumflaschen (**82 85 95**).

DRC Côte d'Or – Siehe ROMANÉE-CONTI, Domaine de la.

Drouhin, J. et Cie. Bg r w ★★★→★★★★ Prestigeträchtiges Handelshaus und Erzeugerbetrieb in BEAUNE; der Weinbergbesitz wird durchweg biodynamisch bewirtschaftet, auch die Lagen für die Weißweine Clos de Mouches und LAGUICHE MONTRACHET (beide Beaune). Besonders duftende Rotweine vom hübschen CHOREY-LÈS-BEAUNE bis hin zu majestätischen GRAND-CRU-Gewächsen wie Musigny und GRANDS-ECHÉZEAUX. Auch die Domaine Drouhin Oregon (DDO) gehört zum Besitz; siehe Kapitel »Vereinigte Staaten«, Abschnitt »Oregon«.

Dubœuf, Georges Beauj r w ★★→★★★ Der berühmteste Name im BEAUJOLAIS, Verfechter des Beaujolais Nouveau. Riesiges, seit vielen Jahren beständiges Angebot an CUVÉES und Crus.

Dugat Côte d'Or r ★★★ Die Cousins Claude und Bernard (Dugat-Py) erzeugen jeweils ausgezeichnete, tieffarbige GEVREY-CHAMBERTIN-Weine. Geringe Mengen, v. a. aus GRAND-CRU-Lagen, gesalzene Preise (v. a. Dugat-Py).

Dujac, Domaine Côte d'Or r w ★★★→★★★★ Erzeuger in MOREY-ST-DENIS mit einer außergewöhnlichen Reihe von sieben GRANDS CRUS: v. a. CLOS ST DENIS, CLOS DE LA ROCHE und ECHÉZEAUX. Heller in der Farbe, aber mit intensiver Frucht sowie Rauch- und Erdbeernoten, da die Stiele mit eingemaischt werden. Besitzt auch Dom. Triennes in den COTEAUX VAROIS.

Dureuil-Janthial Bg r w ★★ Die Leitung des Spitzenguts in RULLY liegt in den fähigen Händen von Vincent Dureuil-Janthial, der frische, ausdrucksstarke Weiße und fruchtig-muntere Rote bereitet. Kosten Sie den Maizières (rot und weiß) oder den weißen PREMIER CRU Meix Cadot.

Durup, Jean Chablis w ★★ Riesiger CHABLIS-Erzeuger, dessen Dom. de l'Eglantière und Ch. de Maligny nun durch Heirat mit der Dom. Colinot in IRANCY vermählt wurden.

Duval-Leroy Champ – Dynamisches Champagnerhaus an der Côte des Blancs in Familienbesitz. Guter, gefälliger Fleur de Champagne oJ, feiner Blanc de

CHARDONNAY (**04**) und exzellente Prestige-CUVÉE Femme de Champagne (**96' 00' 04**). Neue Abfüllungen von Einzellagen bzw. aus einzelnen Gemeinden, v. a. Authentis Cumières (**04 06 09**).

Echézeaux Côte d'Or r ★★★ **90' 93 96' 99' 02' 03** 05' **06 07 08** 09' 10' 11 12' 13 – GRAND CRU neben CLOS DE VOUGEOT. Mittelschwere Weine, die bisweilen aber einen außergewöhnlich nuancenreichen Geschmack und überwältigende Nachhaltigkeit besitzen. Am besten von: Arnoux, DRC, DUJAC, EUGÉNIE, GRIVOT, GROS, Lamarche, LIGER-BELAIR, Mongeard-MUGNERET, Mugneret-Gibourg, ROUGET und Tremblay.

Ecu, Domaine de l' Lo (r) w; tr; (sch) ★★★ **05 06 09' 10' 11** 12 (13) – Biodynamisch wirtschaftender Erzeuger (eine Partnerschaft zwischen Guy Bossard und Fred Niger Van Herck) von feinem MUSCADET-SÈVRE-ET-MAINE (v. a. die mineralische CUVÉE Granite) und GROS PLANT (einschließlich Schaumwein) sowie ausgezeichnetem CABERNET FRANC.

Edelzwicker El w ★ BV – Leichter Weißweinverschnitt. Köstlich vom Château d'Ittenwiller (**11**); Spitzenreiter ist der Gentil von HUGEL.

Eguisheim, Cave Vinicole d' El r w ★★ In Anbetracht ihrer Größe sehr gute Elsässer Winzergenossenschaft mit ungemein fairen Preisen: feiner GRAND CRU Hatschbourg, HENGST, Ollwiller und Spiegel. Zum Besitz gehört auch Willm. Hauptmarke WOLFBERGER. Am besten: Grande Réserve (**08 10**), Sigillé und Armorié. Guter CRÉMANT und PINOT NOIR (v. a. **09 10'** 11 12).

Elsass El (r) w; (s); (sch) ★★→★★★★ **04 05 06' 08' 09 10'** 11 12 13' – Französische Region an den geschützten Ostausläufern der Vogesen mit aromatischen, fruchtigen, starken und normalerweise trockenen Weinen, die der jeweiligen Rebsorte Rechnung tragen. Bei den Süßegraden ist das Spektrum groß, doch sind trockene Versionen jetzt wieder der Schwerpunkt. Werden meist mit der Nennung der Rebsorte etikettiert (PINOT BLANC, RIESLING, GEWÜRZTRAMINER). Altern gut 5–10 Jahre (ausgenommen Pinot blanc und MUSCAT), die GRANDS CRUS noch länger. Auch guter, preiswerter CRÉMANT. Der einst schwächliche PINOT NOIR wird immer besser (v. a. **10**) und ist jetzt sehr gut zu trinken. Siehe auch VENDANGE TARDIVE, SÉLECTION DE GRAINS NOBLES.

Entraygues et du Fel und **Estaing, Vins d'** SWF r rs w ★→★★ BV – Kleine Zwillings-ACS im Departement Aveyron. Am besten sind die sehr erfrischenden Weißweine (schwungvoller CHENIN BLANC). Empfehlenswert von Dom. Méjannassère und Laurent Mousset, der mit La Pauca auch einen lagerfähigen Rotwein anbietet (beide ★★). Gehaltvollerer Weißer namens Selves von Nicolas Carmarans (★★). Alaux (rot) und Fages (weiß) sind die besten Estaing-Winzer.

Entre-Deux-Mers Bx w ★→★★ BV – Oft preiswerter trockener weißer BORDEAUX aus der Gegend zwischen Garonne und Dordogne. Die besten CHÂTEAUX: BONNET, Castenet-Greffier, Fontenille, Landereau, Lestrille, Marjosse, La Mothe du Barry (v. a. French Kiss), Nardique-la-Gravière, Sainte-Marie, Tour de Mirambeau, Toutigeac, Turcaud.

Esmonin, Domaine Sylvie Côte d'Or r ★★★ Reichhaltige, dunkle Weine von voll ausgereiften Trauben, v. a. seit 2000; jede Menge Eiche und Stiele. Beachtlicher weißer GEVREY-CHAMBERTIN VIEILLES VIGNES und CLOS ST-JACQUES. Cousin Frédéric betreibt das Gut Estournelles St-Jacques.

Etoile, L' Jura w; tr (s); sch ★★ Unterbereich des Jura, bekannt für stilvolle Weißweine, u. a. VIN JAUNE, ähnlich wie CHÂTEAU-CHALON, und guten Schaumwein. Spitzenerzeuger ist Philippe Vandelle.

Eugénie, Domaine Côte d'Or r (w) ★★★→★★★★ Der neue Name für die einstige Dom. Engel, die François Pinault von Ch. LATOUR 2006 kaufte. Bietet nun konzentriertere Weine zu höheren Preisen. Seit 2008 große Fortschritte. Am besten sind CLOS VOUGEOT und GRANDS-ECHÉZEAUX.

Faiveley, Domaine Bg r w ★★→★★★★ Jetzt eher Erzeugerbetrieb als Weinhändler, der 2007 alles umgekrempelt hat und seitdem fleischig-volle, sehr fruchtbetonte Weine bereitet. Preiswerte Abfüllungen von ausgedehnten Besitzungen an der CÔTE CHALONNAISE, noch besser angelegt ist Ihr Geld aber für die Spitzenweine aus CHAMBERTIN-CLOS DE BÈZE, CHAMBOLLE-MUSIGNY, CORTON und NUITS-ST-GEORGES. Ehrgeizige Neuerwerbungen in MEURSAULT und PULIGNY, dazu kommt die Dom. Dupont-Tisserandot in GEVREY-CHAMBERTIN.

Faller, Théo/Domaine Weinbach El w ★★→★★★★ Das 1612 von Kapuzinermönchen gegründete elsässische Weingut wird heute von Catherine Faller und ihrem Sohn Théo geführt. Die herausragenden, wunderbar komplexen Weine sind jetzt häufig trockener, v.a. aus den GRAND-CRU-Lagen SCHLOSSBERG (RIESLING; v.a. **06' 08** 10') und Furstentum (GEWÜRZTRAMINER VENDANGE TARDIVE; **09**). Insgesamt zeichnen sie sich durch eine herrlich charaktervolle, elegante Art aus, insbesondere die CUVÉE Sainte Catherine Gewurztraminer SÉLECTION DE GRAINS NOBLES (**06' 09 10**).

Faugères Lang r (rs) (w) ★→★★★ **07 08 09' 10 11** 12 13 – Führende AC im LANGUEDOC, die Anwärter auf den Cru-Status ist und auf deren Initiative die Gruppe »Terroirs de Schistes« gegründet wurde, die der Individualität des hier herrschenden Schieferbodens Rechnung trägt. Warme, würzige Rote von SYRAH, GRENACHE und CARIGNAN plus MOURVÈDRE und CINSAULT, ausschließlich auf Schieferhängen angebaut. Weißweine von MARSANNE, ROUSSANNE und Rolle. Viele Investoren von außerhalb. Probieren Sie: Dom. Jean-Michel ALQUIER, Dom. Léon Barral, Dom. Cébène, Ch. Chabert, Ch. Chenaie, Mas d'Alezon, Dom. Ollier-Taillefer, Dom. St Antonin, Dom. La Sarabande, Dom. des Trinités.

Fèvre, William Chablis w ★★★ Seit dem Kauf durch HENRIOT 1998 die Hauptattraktion in CHABLIS. Besitzt die meisten GRAND-CRU-Lagen. Les Clos ist hervorragend. Es werden keine Kosten gescheut, die Preise sind dementsprechend; gehört nach den großen Schwankungen Anfang der 2000er-Jahre jetzt wieder zu den verlässlichen Quellen.

Fiefs Vendéens Lo r rs w ★→★★★ Meist BV – AC in der Vendée nahe Les Sables d'Olonne, deren Spektrum vom Touristenwein bis hin zu seriösen Gewächsen mit Alterungspotenzial reicht. Rebsorten: CHARDONNAY, CHENIN BLANC, SAUVIGNON BLANC, MELON und Grolleau gris (weiß); CABERNET FRANC, CABERNET SAUVIGNON, GAMAY, Negrette und PINOT NOIR (rot und rosé). Erzeuger: Coirier, Mourat, Prieure-la-Chaume, Dom. St-Nicolas. Schwieriger Jahrgang 2013.

Fitou Lang r ★★ **07' 08 09 10** 11 12 13 – Kraftvolle Rotweine aus den Hügeln südlich von Narbonne sowie von Lagen an der Küste. Die älteste AC des MIDI für Tischweine (seit 1948) verlangt 11 Monate Fassausbau, die Weine profitieren außerdem von weiterer Flaschenreife. Halten Sie Ausschau nach: Dom. Bergé-Bertrand, Lérys, Maria Fita, Ch. de Nouvelles, Rolland.

Fixin Côte d'Or r (w) ★★★ **99' 02' 03 05' 06 07 08 09'** 10' 11 12' 13 – Ebenbürtiger, aber unterbewerteter nördlicher Nachbar von GEVREY-CHAMBERTIN. Manchmal prachtvolle Rotweine. Beste Weinberge: CLOS de la Perrière, Clos du Chapître, Clos Napoléon. Erzeuger: Bart, CLAIR, FAIVELEY, Gelin, Guyard, MORTET und das wiederbelebte Gut Manoir de la Perrière.

Fleurie Beauj r ★★★ **09' 10' 11' 12** 13 – Der beste BEAUJOLAIS-Cru, mit herrlich duftenden, seidig texturierten, erdbeerfruchtigen Weinen. Rassigere Exemplare kommen von der Hanglage La Madone, reichhaltigere von tieferen Lagen. Empfehlenswerte Erzeuger: Chapelle des Bois, Chignard, Clos de la Roilette, Depardon, Desprès, DUBŒUF, Ch. de Fleurie, Métrat, Sunier, Villa Ponciago und die Genossenschaft.

Fourrier, Jean-Claude Côte d'Or r ★★★★ Unter der Leitung von Jean-Marie Fourrier hat die DOMAINE in GEVREY-CHAMBERTIN Kultstatus erlangt – die Preise sind entsprechend. Tiefgründige und doch saftige Rotweine, v.a. CLOS ST-JACQUES, Combe aux Moines, GRIOTTE-CHAMBERTIN.

Francs – Côtes de Bordeaux Bx r w ★★ **05' 08 09' 10'** 12 – Die BORDEAUX-Randlage nahe CASTILLON, früher Côtes de Francs, trägt den neuen Namen seit 2008. Überwiegend Rotwein, daneben auch einige gute Weiße; beide können schmackhaft und ansprechend sein. Die Roten vertragen ein wenig Alterung. Am besten von den CHÂTEAUX Charmes-Godard, de Francs, Laclaverie, Marsau, Pelan, La Prade, Puygueraud.

Fronsac Bx r ★★→★★★ **01 03 05' 06 08 09' 10'** 11 12 – Unterschätzte hügelige AC westlich von ST-ÉMILION mit einigen der preiswertesten Rotweine des Bordelais. Spitzen-CHÂTEAUX: DALEM, la Dauphine, Fontenil, La Grave, Haut-Ballet, Haut-Carles, Mayne-Vieil, Moulin Haut Laroque, Richelieu, La Rivière, La Rousselle, Tour du Moulin, Les TROIS CROIX, La VIEILLE CURE, Villars. Siehe auch CANON-FRONSAC.

Fronton SWF r rs ★★ **10 11 12' (13)** – AC nördlich von Toulouse. Die hiesige Rebsortenspezialität Négrette (manchmal sortenrein ausgebaut) bringt ideale Weine als Essensbegleiter zu deftigem Cassoulet hervor, mit Kirsch-, Veilchen und Lakritznoten. Probieren Sie: CHÂTEAUX Baudare, Bellevue-la-Forêt, Bouissel, Boujac, Caze, Flotis, Plaisance (v.a. Alabets), du Roc und die Dom. Viguerie de Belaygues (alle ★★).

Fuissé, Château Bg w ★★→★★★ Maßgeblicher Erzeuger mit einigen der besten Terroirs von POUILLY-FUISSÉ, v.a. Les CLOS und Combettes. Auch als Négociant mit eigenen Weinreihen aktiv.

Gagnard Côte d'Or r w ★★★→★★★★ Bekannter Clan in CHASSAGNE-MONTRACHET. Alterungsfähige Weine, v.a. Caillerets und BÂTARD-MONTRACHET von Jean-Noël G. Das umfassende Angebot von Blain-G. und Fontaine G. schließt auch raren CRIOTS-BÂTARD-MONTRACHET sowie MONTRACHET selbst ein. Die Preise sind bei allen durchweg fair.

Gaillac SWF r rs w; tr s; sch ★→★★ r **09 10 11** 12; w, s **05' 07' 09 10 11'** 12; rs w, tr BV – Große, kompakte AC um den Fluss Tarn mit Rebsorten, die nur hier vorkommen (Duras, Braucol, Len de l'El, Mauzac), und einer bunten Mischung an Weinen. Erzeuger: Causse-Marines, Plageoles, de la Ramaye (alle biodynamisch) sowie Newcomer Stéphane Lucas (alle ★★★), dazu L'Enclos des Roses, DOMAINES de Brin, d'Escausses, Laubarel, Mayragues (biodynamisch), Rotier, Sarrabelle, die CHÂTEAUX Bourguet (weißer Süßwein), Lecusse, Larroque, Palvié (rot) (alle ★★). Gute Allrounder: Mas Pignou, Mas d'Aurel und die Doms. La Chanade, Duffau sowie Lamothe (alle ★★).

Gauby, Domaine Gérard Rouss r w ★★★ Führender, biodynamisch arbeitender Erzeuger im ROUSSILLON. Weißer IGP Côtes Catalanes, z.B. Calcinaires, und roter CÔTES DU ROUSSILLON-VILLAGES Muntada, außerdem Les Calcinaires VIEILLES VIGNES. Ist auch an DOMAINE Le Soula beteiligt. Sohn Lionel kreiert neue CUVÉES – ein inspirierendes Vorbild für andere Debütanten.

Gers SWF r rs w ★ BV – IGP, in der Regel als CÔTES DE GASCOGNE verkauft und von diesem nicht zu unterscheiden.

Gevrey-Chambertin Côte d'Or r ★★★ **90' 96' 98 99' 01 02' 03** 05' **06 07 08** 09' 10' 11 12' 13 – Weinort mit dem großartigen CHAMBERTIN und anderen GRANDS CRUS sowie weiteren feinen Lagen (z.B. PREMIERS CRUS Cazetiers, Combe aux Moines, Combottes, CLOS ST-JACQUES). Mittlerweile beständigere Qualität. Spitzenerzeuger: BACHELET, L. BOILLOT, BURGUET, Damoy, DROUHIN, Drouhin-Laroze, DUGAT, Dugat-Py, Duroché, ESMONIN, FAIVELEY,

FOURRIER, Géantet-Pansiot, Harmand-Geoffroy, JADOT, LEROY, MORTET, ROSSIGNOL-TRAPET, Roty, ROUSSEAU, SÉRAFIN, TRAPET.

Gigondas S-Rh r rs ★★→★★★ **78' 89' 90' 95' 98' 99' 00' 01' 03' 04' 05' 06' 07' 08 09'** 10' **11** 12' – Weinberge auf gebirgigen Kalksteinhängen und in der Ebene mit Lehm-Sand-Boden im Osten des südlichen Rhône-Tals; GRENACHE, ergänzt durch SYRAH und MOURVÈDRE. Robuste, rauchige, häufig frische Weine, die besten mit schöner, klarer roter Frucht. Fantastischer Jahrgang 2010. Insbesondere mit Blick auf den US-Markt heute mehr Einsatz von Eichenholz und entsprechend höhere Preise; viele Weine zeigen aber einen unverfälscht lokalen Charakter. Spitzenerzeuger: P. Amadieu, Dom. Boissan, Dom. Bouïssière, Brusset, Espiers, Goubert, Gour de Chaulé (fein), Grapillon d'Or, Clos du Joncuas (traditionell), Ch. de Montmirail, Dom. les Pallières, Famille Perrin, Dom. du Pesquier, Dom. Raspail-Ay, Roubine, Ch. de Saint-Cosme (nobel), Dom. Santa-Duc, Dom. St-Gayan (langlebig). Vollmundige Rosés.

Girardin, Vincent Côte d'Or r w ★★→★★★ Vincent Girardin hat den Betrieb verlassen, der aber, nun im Besitz von BOISSET, mit derselben Kellermannschaft weiterläuft wie zuvor. Saubere, geschliffene Weiße und fachkundig bereitete Rote.

Givry Bg r (w) ★★ **09' 10' 11** 12 13 – Geheimtipp für die CÔTE CHALONNAISE: köstliche Rotweine mit Alterungspotenzial sowie einige hübsche Weiße. Am besten: CLOS Salomon, Faiveley, JOBLOT, F. Lumpp und THÉNARD.

Gosset Champ – Bereits im 16. Jh. gegründetes Champagnerhaus, das kürzlich nach Épernay umgezogen ist. Komplexer CHAMPAGNER in weinigem

Beachtenswerte Erzeuger im Südwesten für 2015

Domaine Arretxea (Irouléguy) Michel Rieuspeyrous hat Petit Gros und PETIT MANSENG auf dem einzigen bekannten Terroir Frankreichs gepflanzt, das auf Serpentingestein basiert.

Château Bellauc (Jurançon) Boutique-Domaine, exquisite Süßweine.

Châteaux Boissel & Boujac (Fronton) Beide Güter wurden von Cousins der jungen Generation übernommen. Ihre Rivalität untereinander hebt das Niveau und bringt beiden lokales Ansehen. Auch GEWÜRZTRAMINER.

Clos des Rocaillous (Gaillac) Die Neulinge aus England erzeugen vielversprechende Weiße.

Domaine Mourguy (Irouléguy) Der von Bruder und Schwester geführte Betrieb hat einen ganz eigenen Stil geschaffen und greift mit deutlich verbesserten Weinen nach den Sternen.

Laurent Mousset (Entraygues) Hat schon einen Namen für Rotweine, beweist jetzt auch, dass CHENIN BLANC ebenso gut auf Schiefer wie auf Ton gedeihen kann.

Château Lecusse (Gaillac) Das Gut ist der offizielle Rosenzüchter für die dänische Königsfamilie. Auch die Weine (v. a. der preisgekrönte Rote) sind erlesen.

Domaine Pichard (Madiran) Hier scheint die alte Größe wiederzukehren. Der Frühjahrsputz im *chai* und die Neustrukturierung des Weinbergs haben einen Qualitätssprung bewirkt.

Stéphane Lucas (Gaillac) Winzige Domaine bei Gaillac mit tollen Weinen. Hat sich mit ihren beiden reinsortigen Roten von der Braucol-Traube (Fer Savadou) – einer mit, der andere ohne Eichennote – ganz nach oben katapultiert.

Stil. Sehr gute CUVÉE Elegance oJ, traditioneller Grand Millésime (**02 04 06** 08' 12'). Gosset Celebris (**02 04 06** 08') ist die feinste Cuvée. Außerdem bemerkenswerter Celebris Rosé (**05 09**).

Gouges, Henri Côte d'Or r w ★★★ Grégory Gouges schreibt die Erfolgsgeschichte seiner Familie fort und bereitet vollen, fleischigen, langlebigen NUITS-ST-GEORGES aus verschiedenen PREMIER-CRU-Lagen. Empfehlenswert sind Vaucrains, Les St-Georges und Chaignots. Auch interessante Weiße.

Grand cru Offizieller Begriff, der aber in den verschiedenen Anbaugebieten unterschiedliche Bedeutungen hat. In Burgund bezeichnet er eine Spitzenlage mit eigener AC, im Elsass eine der 51 Spitzenlagen innerhalb des AC-Bereichs ALSACE GRAND CRU. In ST-ÉMILION fallen 60 % der – oft mittelmäßigen – Produktion unter die AC St-Émilion Grand cru. Im MÉDOC gibt es fünf Grand-cru-classé-Stufen. In der Champagne werden die besten Gemeinden als Grands crus bezeichnet. An der Loire gibt es jetzt eine Grand-cru-Kategorie für QUARTS DE CHAUME, im Languedoc wird an einem Cru-System gearbeitet. In der Provence ist der Begriff mit Vorsicht zu genießen.

Grande Champagne SWF – AC für den besten Cognac-Bereich. Hat nichts mit Schaumwein zu tun.

Grande Rue, La Côte d'Or r ★★★ **90' 95 96' 98 00 02' 03** 05' 06 **07** 08 09' 10' 11 12' 13 – Schmaler GRAND-CRU-Streifen zwischen LA TÂCHE und ROMANÉE-CONTI, reicht allerdings qualitativ und preislich nicht ganz an diese heran. Ein MONOPOLE der Dom. Lamarche; die junge Generation erzielt deutliche Fortschritte.

Grands-Échézeaux Côte d'Or r ★★★★ **90' 93 95 96' 99' 00 02' 03** 05' 06 **07 08** 09' 10' 11 12' 13 – Sehr feine GRAND-CRU-Lage neben CLOS DE VOUGEOT. Die Weine gleichen mit ihrer aromatischen statt gewichtigen Art jedoch eher MUSIGNY. Erzeuger: Viz BICHOT (Clos Frantin), DRC, DROUHIN, EUGÉNIE, GROS, Lamarche, Mongeard-MUGNERET.

Grange de Pères, Domaine de la Lang r w ★★★ IGP Pays de l'HERAULT vom Kultweingut, das Laurent Vaillé gleich neben MAS DE DAUMAS GASSAC geschaffen hat; erster Jahrgang 1992. Rotweine von SYRAH, MOURVÈDRE und CABERNET SAUVIGNON, Weißweine von 80 % ROUSSANNE plus MARSANNE und CHARDONNAY. Stilvolle Weine mit Alterungspotenzial, die aufzuspüren sich lohnt.

Gratien, Alfred und **Gratien & Meyer** Champ ★★→★★★ BRUT **83' 98 02 04 06** 08'; Brut oJ – Großartige Prestige-CUVÉE Paradis Brut und Rosé, ein Verschnitt aus feinen Jahrgängen. Exzellentes, unkonventionelles Champagnerhaus, jetzt in deutschem Besitz. Feine, sehr trockene, langlebige Erzeugnisse, die im Fass vergoren werden, u. a. Hauschampagner von The Wine Society. Partnerfirma in SAUMUR (Loire) ist Gratien & Meyer (Cuvée Flamme und CRÉMANT).

Graves Bx r w ★→★★ **04 05' 06 08 09' 10' 11** 12 – Bereich südlich der Stadt BORDEAUX mit besser werdenden, leckeren Rotweinen und charmanten trockenen Weißen von SAUVIGNON BLANC/SÉMILLON. Preiswert. Spitzen-CHÂTEAUX: d'ARCHAMBEAU, Brondelle, CHANTEGRIVE, Clos Floridène, Crabitey, Ferrande, Fougères, Haura, l'Hospital, Léhoul, Magneau, Rahoul, Respide, Respide-Médeville, St-Robert (CUVÉE Poncet Deville), Venus, Vieux Château Gaubert und Villa Bel Air.

Graves de Vayres Bx r w ★ BV – Winzige AC innerhalb des Gebiets ENTRE-DEUX-MERS; v. a. Rotwein, der großteils vor Ort konsumiert wird.

Grès de Montpellier Lang r rs w – Neuerer Unterbereich der AC LANGUEDOC mit Ambitionen auf Cru-Status. Weinberge in den Hügeln hinter Montpellier, darunter auch Lagen, die schon länger existieren: St-Georges d'Orques, la Méjanelle, St-Christol und St-Drézery. Erzeuger: Doms. Clavel, Terre Megère, de la Prose, Chx. L'Engarran, de Flaugergues, Grès St-Paul und Haut-Blanville.

Grignan-les-Adhémar S-Rh r (rs) w ★→★★ **09' 10' 11 12'** – Neuer AC-Name für die Coteaux du Tricastin an der mittleren Rhône. Hohe Qualität findet man nicht allzu oft; die besten Roten sind voll, pikant und kräuterwürzig. Führende Erzeuger: Dom. de Bonetto-Fabrol, Ch. la Décelle (auch weißer CÔTES DU RHÔNE), Dom. de Grangeneuve (am besten, v.a. der VIEILLES VIGNES), Dom. de Montine (gute Weißweine) und Dom. St-Luc.

Griotte-Chambertin Côte d'Or r ★★★★ **90' 95 96' 99' 00 02' 03** 05' **06 07 08** 09' 10' 11 12' 13 – Kleine GRAND-CRU-Lage neben CHAMBERTIN. Die Weine haben weniger Gewicht, zeigen aber lebhafte Noten von roten Früchten und Reifepotenzial, v.a. von DUGAT, DROUHIN, FOURRIER und Ponsot.

Grivot, Jean Côte d'Or r w ★★★→★★★★ In dieser Domaine in VOSNE-ROMANÉE wurden im vergangenen Jahrzehnt enorme Fortschritte erzielt, was sich in den höheren Preisen widerspiegelt. Die erstklassige Auswahl wird von den GRANDS CRUS CLOS DE VOUGEOT, ECHÉZEAUX und RICHEBOURG angeführt.

Gros, Domaines Côte d'Or r w ★★★→★★★★ Eine herausragende Winzerfamilie in VOSNE-ROMANÉE: Anne bereitet stilvolle Weine (üppiger RICHEBOURG), Michel saftig-leckere Rote (Clos de Réas); weitere Familienmitglieder sind die immer besser werdende Anne-Françoise (jetzt in BEAUNE) und Gros Frère et Sœur. Fast alle bieten auch recht preiswerten HAUTES-CÔTES DE NUITS an, Anne ist außerdem in CORBIÈRES aktiv.

Essenstipp: Speisen, die man mit Grenache kombinieren kann, passen wahrscheinlich auch zu Viognier.

Gros Plant du Pays Nantais Lo w; (sch) ★→★★ BV – AC für GROS-PLANT-Weißweine, die im Idealfall knackig-zitronenfrisch ausfallen und zu Austern sowie anderen Schalentieren passen. Erzeuger: Basse Ville, Bossard, Luneau-Papin, Preuille und Poiron-Dabin. Auch Schaumwein.

Guigal, E. N-Rh r w ★★→★★★★ Weltberühmter Erzeuger für CÔTE-RÔTIE-Wein, auch CONDRIEU, CROZES-HERMITAGE, HERMITAGE und ST-JOSEPH; außerdem Handelshaus (Condrieu, Côte Rôtie, Crozes-Hermitage, Hermitage, südliche Rhône). Besitzer von VIDAL-FLEURY (fruchtbetonte Weine von steigender Qualität) und Dom. de Bonserine. Hervorragende tiefgründige, reichhaltige, sehr teure Côte-Rôtie-Weine La Mouline, La Landonne und La Turque, die 42 Monate in neuen Eichenfässern ausgebaut werden, also eher untypisch sind. Alle Roten sind wunderbar dicht. Die Standardweine sind sehr verlässlich, v.a. die unglaublich preiswerten CÔTES-DU-RHÔNE-Weine (rot, rosé, weiß). Die besten Weißen sind Condrieu, Condrieu La Doriane (eichenwürzig) und Hermitage.

Hautes Côtes de Beaune/de Nuits Côte d'Or r w ★★ r **09' 10 11 12** 13 (w) **10' 11 12' 13** – AC für die Dörfer in den Bergen hinter der CÔTE DE BEAUNE. Attraktive, eher leichte Rot- und Weißweine für frühen Genuss. Spitzenerzeuger für Weißwein: Devevey, Montchovet, Naudin-Ferrand, Thevenot-le-Brun; für Rotwein: Carré, Cornu, Duband, Féry, GROS, Jacob, Jouan, Mazilly, Naudin-Ferrand, Verdet. Auch eine brauchbare große Genossenschaft bei BEAUNE.

Haut-Médoc Bx r ★★→★★★ **01 02 03 04 05' 06 08 09'** 10' 11 12 – Aus dieser AC kommen mineralische, bekömmliche Rotweine von CABERNET SAUVIGNON und MERLOT, die sich je nach Bodenbeschaffenheit unterscheiden:

Feinere Tropfen wachsen auf sandigen Kiesböden im Süden, stämmigere Versionen finden sich weiter nördlich auf den schwereren lehmhaltigen Kiesböden. Benötigen Flaschenreife. Das Haut-Médoc hat 5 Crus classés: BELGRAVE, CAMENSAC, CANTEMERLE, La LAGUNE, La TOUR-CARNET. Weitere Spitzen-CHÂTEAUX: d'AGASSAC, BELLE-VUE, CAMBON LA PELOUSE, Charmail, CISSAC, Gironville, LANESSAN, Larose Perganson, Paloumey, SÉNÉJAC, SOCIANDO-MALLET. Die sechs besten Gemeinden (u. a. PAUILLAC) haben eigene ACs.

Haut-Montravel SWF w; s ★★ **05' 07'** 08 **09** 10 **11'** 12 (13) – Einer der drei AC-Montravel-Unterbereiche von BERGERAC mit süßeren Weinen als MONBAZILLAC und SAUSSIGNAC, in deren Schatten er steht. Altern gut. Erzeuger: Dom. Moulin Caresse, Ch. Puy-Servain Terrement (beide ★★) sowie Dom. de Libarde (preiswert). Unterschätzt.

Haut-Poitou Lo r rs w; sch ★→★★ Am besten nach 3–4 Jahren. AC mit CABERNET SAUVIGNON, CABERNET FRANC, GAMAY, PINOT NOIR, CHARDONNAY und SAUVIGNON BLANC. Cave du Haut-Poitou war der größte Erzeuger, ist aber bankrottgegangen. Das dynamische Gut Ampelidae (Frédéric Brochet) erzeugt IGP-Wein von 107 ha, dazu wurden weitere 93 ha von der ehemaligen Genossenschaft gepachtet.

Heidsieck, Charles Champ BRUT Réserve oJ; Brut **00 02' 04** 08' – Die legendäre Champagnerfirma blüht unter den neuen Besitzern wieder auf – kleiner zwar, aber besser. Für den Brut Réserve wird strengere Auslese betrieben als je zuvor. Der herausragende Blanc des Millénaires (**95'**) ist jetzt perfekt trinkreif. Siehe auch PIPER-HEIDSIECK.

Heidsieck Monopole Champ – Ehemals glanzvolles Champagnerhaus, jetzt ordentliche Qualität. Bester Wein ist der Silver Top (**02 04 06** 08 **09** 12).

Hengst El – GRAND CRU in Wintzenheim, erbringt kraftvolle Weine. Herausragend durch Spitzen-GEWÜRZTRAMINER von ZIND-HUMBRECHT und JOSMEYER; auch AUXERROIS, CHASSELAS und PINOT NOIR (Letzterer ohne Grand-cru-Status).

Henriot Champ BRUT Souverain oJ (jetzt besser durch neuen Kellermeister); BLANC DE BLANCS de CHARDONNAY ★★★ oJ; Brut **04 06** 08'; Brut Rosé **05 06 09** – Feines Champagnerhaus in Familienbesitz. Eleganter, frischer, cremiger Stil. Außergewöhnlich langlebig ist die Prestige-CUVÉE Les Enchanteleurs (**88' 95' 02 04** 08'). Besitzt außerdem BOUCHARD PÈRE ET FILS, FÈVRE und Villa Ponciago (BEAUJOLAIS).

Hérault Lang – Der mit 84.540 ha (2010) größte Weinbaubereich Frankreichs umfasst u. a. FAUGÈRES, ST-CHINIAN, PIC ST-LOUP, PICPOUL DE PINET, GRÈS DE MONTPELLIER, PÉZENAS, TERRASSES DU LARZAC und LANGUEDOC. Die hiesige IGP Pays d'Hérault deckt das gesamte Qualitätsspektrum ab, von wegweisend-innovativ bis sehr schlicht. SYRAH, CARIGNAN und MERLOT belegen den Großteil der Rebfläche. Auch VIN DE TABLE.

Der Hermitage-Hügel ist nun offiziell ein historisches Monument, ebenso wie die Genossenschaft in Tavel.

Hermitage N-Rh r w ★★★→★★★★ **61' 66' 78' 83' 85' 88 89' 90' 91' 95' 96 97' 98' 99' 00 01' 03' 04** 05' **06' 07'** 09' 10' 11' 12' 13 – Robuster, »maskuliner« SYRAH von einem Granithügel am Ostufer der Rhône. Rotweine können über 20 Jahre und länger reifen, die faszinierend komplexen Weißweine mit Noten von Nüssen und weißen Früchten (MARSANNE, etwas ROUSSANNE) sollten 6–7 Jahre lagern. Spitzenerzeuger: Belle, Chapoutier, J.-L. Chave (elegant), Colombier, DELAS, Faurie (reintönige Weine), GUIGAL, Habrard (Weißwein), JABOULET, M. Sorrel, Tardieu-Laurent (Eiche).

Gute Weine auch von der Genossenschaft in TAIN (v. a. Epsilon, Gambert de Loche).

Hortus, Domaine de l' Lang r w ★★★ Spitzendomaine im LANGUEDOC. Jean Orliac war ein wegweisender Erzeuger von PIC ST-LOUP; seine Söhne übernehmen jetzt den Betrieb. Auch stilvoller weißer IGP Val de Montferrand sowie elegante Rotweine der Reihe Bergerie und Grande Réserve (in Eiche ausgebaut). Auch roter CLOS du Prieur aus dem Bereich TERRASSES DU LARZAC.

Hospices de Beaune Côte d'Or – Die seit dem Mittelalter bestehende Stiftung veranstaltet im spektakulären Gebäudekomplex des Hôtel-Dieu jeweils am dritten Sonntag im November eine große Wohltätigkeitsauktion (2005 von Christie's wiederbelebt). Nun können auch Privatpersonen mitbieten, nicht mehr nur der Handel. Unter der Leitung von Roland Masse sind die Standards einheitlicher geworden. Hier sind hervorragende Schnäppchen von BEAUNE-CUVÉES, VOLNAY-Weinen oder teuren GRANDS CRUS möglich, etwa CORTON oder – 2013 neu – ECHÉZEAUX (rot) bzw. BÂTARD-MONTRACHET (weiß).

Hudelot Côte d'Or r w ★★★ Winzerfamilie an der CÔTE DE NUITS. Bei Hudelot-Noëllat (VOUGEOT) regt sich neues Leben, doch Hudelot-Baillet (CHAMBOLLE) macht ihm harte Konkurrenz. Im Stil ist Ersterer eher elegant, Letzterer eher wuchtig.

Huet-L'Echansonne Lo w ★★★★ **88 89' 90' 95' 96' 97' 02' 03' 05' 06 07 08' 09'** 10' 11 – Weingut in VOUVRAY mit biologisch-dynamischem Anbau im Besitz von Anthony Hwang, dem auch die Kellerei Királyudvar in Tokaji (siehe Abschnitt »Ungarn« im Kapitel »Mittel- und Osteuropa«) gehört. Drei Weine von Einzellagen: Le Haut Lieu, Le Mont, Clos du Bourg. Alle altern hervorragend; Jahrgänge wie 1919, 1921, 1924, 1947, 1959, 1989 und 1990 sind immer noch erhältlich. Auch Pétillant (Perlwein). Maßstäbe setzender CHENIN BLANC. Noël Pinguet verließ das Gut 2011 – die beiden Folgejahre waren nicht einfach für das neue Team.

Hugel et Fils El r w; s ★★→★★★ Erstklassiger Erzeuger in Riquewihr. Der Gentil (EDELZWICKER) auf Einsteigerniveau ist ein köstliches Schnäppchen. Die Spätlesen sind oft prachtvoll, v. a. GEWÜRZTRAMINER VENDAGE TARDIVE (**09**) und RIESLING SÉLECTION DE GRAINS NOBLES (**05 06 09**).

IGP (Indication Géographique Protégée) Neue Bezeichnung für VIN DE PAYS. Die Qualitätseinstufung bleibt gleich, nur der wenig hilfreiche Name ist neu.

Irancy Bg r (rs) ★★ **05' 09' 10 11** 12 13 – Leichter Rotwein aus der Nähe von CHABLIS, bereitet von PINOT NOIR und der Lokaltraube César. Die besten Lagen sind Palotte und Mazelots, die besten Erzeuger Colinot, DAUVISSAT, Renaud, Goisot und Richoux.

Irouléguy SWF r rs (w) ★→★★★ **08 09 10 11'** 12 (13) – AC/AOP im Baskenland. Der brillante Rosé für Picknicks und Grillfeste verdeckt leicht, dass die Roten (von TANNAT und CABERNET FRANC) und selteneren Weißen (Petit Courbu) ernst zu nehmende Weine sind. Erzeuger: Arretxea, Mourguy (beide ★★★), Ameztia, Brana, Etchegaraya, Ilarria (alle ★★), Abotia, Bordathio, Gutizia (alle ★). Hervorragende Genossenschaft mit bemerkenswertem weißem Xuri d'Ansa (★★★).

Jaboulet Aîné, Paul N-Rh r rs w – Die berühmte, im 19. Jh. gegründete und lange inhabergeführte Weinhandelsfirma in Tain wurde 2006 an einen Schweizer Investor verkauft. Die Weine werden nun in einem glatten, internationalen Stil bereitet, die Preise sind in die Höhe geschossen. Einst führender Erzeuger von HERMITAGE (v. a. La Chapelle ★★★★, seit den 1990er-Jahren mit wechselnder Qualität), CORNAS St-Pierre, CROZES

Frankreich

Thalabert und Roure (reell); handelt außerdem mit anderen Rhône-Weinen, v. a. CÔTES DU RHÔNE Parallèle 45, CONDRIEU, VENTOUX, VACQUEYRAS. Den meist jung zu trinkenden Weißweinen fehlt es an Rhône-typischem Körper. Man setzt jetzt auf Luxusmarken, wie etwa beim neuen, sehr teuren Weißwein La Chapelle.

Jacquart Champ – Champagnermarke im Besitz einer Genossenschaft, die das Sortiment eingeschränkt hat und sich auf das konzentriert, was sie am besten beherrscht: CHARDONNAY aus PREMIER-CRU-Lagen der Côte de Blancs. Feine, für die Gastronomie gedachte Auswahl an BLANC DE BLANCS (**02 05 06 07** 08 10) und sehr guter Jahrgangs-Rosé (**99 02 04 06**). Der neue Kellermeister kommt auf der ganzen Welt herum.

Jacquesson Champ – Eine Perle von einem Champagnerhaus in Dizy mit schönen, präzise bereiteten Weinen. Herausragend der Einzellagenchampagner AVIZE Caïn (**02 04 05** 08'), außerdem Saignée-Rosé Terre Rouge (**04 05** – wird nicht weitergeführt, darum jetzt zugreifen). Hinzu kommen Corne Bautray und Dizy (**02 04** 08') sowie die ausgezeichneten nummerierten Cuvées oJ (die bislang besten: **728 730' 731 732 733 734 735 736**).

Jadot, Louis Bg r rs w ★★→★★★★ In seinem gesamten Angebot hochklassiges Handelshaus mit bedeutendem Weinbergbesitz an der CÔTE D'OR, in MÂCON und im BEAUJOLAIS (v. a. Dom. Ferret in POUILLY-FUISSÉ sowie Ch. des Jacques und Clos du Grand Carquelin in MOULIN-À-VENT). Die mineralischen Weißen sind ebenso gut wie die strukturierten Rotweine. Der neue Kellermeister wird den Stil beibehalten, aber wohl etwas verfeinern.

Jasnières Lo w; tr (s) ★★→★★★ **02 03 05' 07 08' 09' 10' 11 (13)** – An VOUVRAY erinnernder Wein (CHENIN BLANC) in einer trockenen und einer halbtrockenen Version aus einer dynamischen AC im Loir-Tal mit Südhängen. Erzeuger: de L'Ange Vin, Aubert la Chapelle, de BELLIVIÈRE, Breton, le Briseau, de la Charriére, Janvier, les Maisons Rouges, de Rycke. 2012 minimale Ernte, 2013 besser, aber immer noch klein.

Jobard Côte d'Or r w ★★★ Winzerfamilie in MEURSAULT. Die besten DOMAINES sind Antoine Jobard, bekannt v. a. für langlebigen Charmes, Genevrières und Poruzots, sowie Rémi Jobard, der unmittelbar ansprechende Meursault-Weine sowie Rote aus Lagen in MONTHELIE und VOLNAY erzeugt.

Joblot Bg r w ★★★ Hervorragender Erzeuger in GIVRY mit hohen Standards im Weinberg. Probieren Sie den PREMIER CRU La Servoisine (rot und weiß).

Joseph Perrier Champ – Exzellentes kleineres Champagnerhaus in Châlons mit guten, sonnigen Lagen für PINOT NOIR und MEUNIER bei der Dom. Cumières. Süffiger, fruchtiger Stil; am besten ist die Prestige-CUVÉE Joséphine (**02** ★★★★ **04** 08' 12). Außerdem Cuvée Royale BRUT oJ und Cuvée Royale BLANC DE BLANCS (**02 04 06** 08).

Josmeyer El w ★★→★★★ Feine, elegante, langlebige Bioweine im trockenen Stil, z. B. fantastischer RIESLING Grand cru Hengst (**06' 08** 10 12 13'). Auch von geringeren Sorten sehr gute Weine, v. a. AUXERROIS (**10**). Biodynamie mit Köpfchen – rigoros, aber nicht weltfremd.

Juliénas Beauj r ★★★ **09' 10' 11' 12** 13 – Der erstaunlich unpopuläre Cru erbringt vollen, herzhaften BEAUJOLAIS. Probierenswerte Weine erzeugen z. B. Aufranc, Santé, Michel Tête und Trenel.

Jurançon SWF w; tr s ★→★★★ s **97' 03 04' 05' 07' 10 11'** (12'); tr **04' 05' 07** 08 **09 10' 11'** (12') – Geografisch isoliertes und deshalb vernachlässigtes Paar von ACS für trockene und süße Weißweine. Gute Weine zeigen eine schöne Ausgewogenheit von Säure und Fülle. Fabelhaft ist die Boutiquekellerei Jardins de Babylon (★★★★; im Besitz von DAGUENEAU), doch auch andere Erzeuger sind nicht zu verachten: DOMAINES Cauhapé, Lapeyre, Larrédya, de Souch, Thou (alle ★★★), Ch. Jolys, Doms. Bellauc,

Bellegarde, Bordenave, Capdevielle, Castéra, Guirardel, Nigri, Uroulat, CLOS Benguères (alle ★★). Günstige trockene Weißweine von der Genossenschaft in Gan (★).

Kaefferkopf El w; tr (s) ★★★ Die Lage in Ammerschwihr ist der 51. GRAND CRU des ELSASS, von dem nicht nur sortenreine, sondern auch Verschnittweine kommen dürfen – wohl nicht allererste Qualität.

Kientzler, André El w; s ★★→★★★ Kleiner, aber sehr feiner Erzeuger in Ribeauvillé. Sehr guter RIESLING von den GRANDS CRUS Osterberg und Geisberg (**06 08 09 10** 11 12 13) sowie opulenter GEWÜRZTRAMINER vom Grand cru Kirchberg (**05 09**). Gehaltvolle, aromatische Süßweine.

Korsika (Vin de Corse) r rs w ★→★★ Frankreichs wilde Insel hat die ACS Ajaccio und PATRIMONIO sowie die besseren Crus Cap Coteaux du Corse, Sartène und Calvi. IGP: Île de Beauté. Leichte, würzige Rotweine von der SCIACARELLO-Traube, tanninhaltigere Gewächse von NIELLUCCIO, außerdem gute Rosés. Würzige Vermentino-Weißweine mit Kräuternote. Auch süßer Muscat. Spitzenerzeuger: Abbatucci, Alzipratu, Antoine Arena, Canarelli, Clos d'Alzeto, Clos Capitoro, Clos Poggiale, Fiumicicoli, Gentile, Yves Leccia, Montemagni, Nicrosi, Peraldi, Pieretti, Saperale, Torraccia, Vaccelli. Die Weine sind Originale, die kaum exportiert werden.

Kreydenweiss, Marc El w; s ★★→★★★ Guter, biologisch-dynamisch arbeitender Erzeuger, v.a. von PINOT GRIS (sehr gut aus der GRAND-CRU-Lage Moenchberg), PINOT BLANC und RIESLING. Spitzenwein: Riesling Grand cru Kastelberg (**06 08 10** 11 12 13; 20 Jahre haltbar). Auch feiner AUXERROIS Kritt Klevner und gute VENDANGE TARDIVE; ebenfalls guter Riesling/PINOT GRIS Clos du Val d'Eléon. Der Einsatz neuer Eiche wird jetzt mit mehr Fingerspitzengefühl gehandhabt. Ist auch im Rhône-Tal tätig.

Krug Champ Grande CUVÉE, v.a. die gereifte Grande Cuvée »Equilibre« auf 2002er Basis ★★★; Vintage **96 98' 00** 02 03; Rosé; Clos du Mesnil (BLANC DE BLANCS) **92 95' 00'** 02'; Krug Collection **69' 76' 81 85** – Champagnerhaus mit enormem Prestige. Gehaltvolle, nussige Weine, die, wenn sie in Eiche vergoren werden, von höchster Qualität sind, aber astronomische Preise haben. Der Vintage BRUT des schwierigen Jahres **98'** ist großartig, der des noch schwierigeren Jahrgangs 03 sehr erfolgreich. Der Clos d'Ambonnay (**95' 96 98 00**) ist etwas für Milliardäre. Leider kein Jahrgangswein 2012 – ein Jahr mit kleiner Ernte, aber großartig für Pinot noir.

Kuentz-Bas El w; s ★→★★★ Elsässische Erzeuger- und Handelsfirma in Husseren-les-Châteaux, v.a. GEWÜRZTRAMINER und PINOT GRIS. Ebenfalls gut sind die VENDANGES TARDIVES (v.a. **05 09**). Feiner, klassisch trockener Riesling (**08** 10).

Ladoix Côte d'Or r w ★★ **02' 03 05' 07 08 09' 10'** 11 12 13 – Ort am Nordende der CÔTE DE BEAUNE, u.a. mit etwas CORTON und CORTON-CHARLEMAGNE; Quelle fruchtiger Roter sowie gleichermaßen üppiger wie mineralischer Weißweine, v.a. les Joyeuses (rot) und Gréchons (weiß). Die DOMAINES Chevalier, Loichet, Mallard und Ravaut treiben die Wiederbelebung voran.

Ladoucette, de Lo (r) (rs) w ★★★ **08 09 10** 11 12 (13) – Der größte Einzelerzeuger von POUILLY-FUMÉ, mit Château de Nozet als Firmensitz. Baron de L ist die teure Luxusmarke; ferner die SANCERRE-Weine Comte Lafond und La Poussie (der stark erodierte Weinberg wird gerade instand gesetzt) sowie Marc Brédif (VOUVRAY) und Albert Pic (CHABLIS).

Lafarge, Michel Côte d'Or r ★★★★ Das klassische VOLNAY-Gut unter Leitung von Frédéric Lafarge, dem Sohn des stets gegenwärtigen Michel, wird biologisch-dynamisch bewirtschaftet. Überragende, langlebige PREMIERS CRUS Clos des Chênes, Caillerets und CLOS du Ch. des Ducs. Auch feine BEAUNE- und POMMARD-Gewächse.

Frankreich

Lafon, Domaine des Comtes Bg r w ★★★→★★★★ Kult-DOMAINE mit großartigen MEURSAULT- und MONTRACHET-Weinen und ebenso hervorragendem rotem VOLNAY (v. a. Santenots). Preiswertere Alternativen bietet die separate Domaine im Mâconnais. Dominique Lafon hat einen eigenen Betrieb in Meursault.

Laguiche, Marquis de Côte d'Or r w ★★★★ Größter Grundbesitzer in Le MONTRACHET. Herrliche Weine, auch feiner PREMIER CRU CHASSAGNE, hervorragend von DROUHIN bereitet.

Lalande de Pomerol Bx r ★★ **00' 01' 04 05' 06 08 09' 10'** 11 12 – Aufstrebender Satelliten-Nachbar von POMEROL; ähnliche Weine, aber weniger opulent aufgrund anderer Bodenbeschaffenheit und Bereitungsmethoden. Spitzen-CHÂTEAUX: Belles-Graves, BERTINEAU-ST-VINCENT, Chambrun, Les Cruzelles, La Fleur de Boüard, Garraud, Grand Ormeau, Jean de Gué, Haut-Chaigneau, Les Hauts-Conseillants, Laborderie-Mondésir, Perron (La Fleur), Sabines, La Sergue, Siaurac, TOURNEFEUILLE.

Landron, Domaines Lo w; tr; sch ★★→★★★ **05 09 10 11** 12 – Biologisch-dynamischer MUSCADET DE SÈVRE-ET-MAINE: Amphibolite und lagerfähiger Fief du Breil. Außerdem guter Schaumwein (GROS PLANT/PINOT NOIR).

Langlois-Chateau Lo ★★→★★★ Sehr guter Erzeuger von SAUMUR-Schaumwein (ausschließlich CRÉMANT de Loire), im Besitz von BOLLINGER. Auch Stillweine, v. a. der alterungsfähige Saumur Blanc VIEILLES VIGNES.

Languedoc r rs w – Allgemeine Bezeichnung für den Süden Frankreichs (MIDI), oft in Kombination mit dem ROUSSILLON genannt. Jetzt auch der Name einer neuen AC, die die jetzige AC COTEAUX DU LANGUEDOC erweitert und zusätzlich MINERVOIS, CORBIÈRES und Roussillon umfasst. Die Vorschriften sind dieselben wie für Coteaux du Languedoc; die Übergangsphase für den Namenswechsel wurde bis Mai 2017 verlängert. Die neue AC bildet die Basis der AC-Pyramide im Midi. Ein neues Stufensystem für CRUS ist in Vorbereitung.

Lanson Père et Fils Champ Black Label oJ; Rosé oJ; fantastischer BRUT **02' 04 06** 08' 12 13 – Champagnerhaus im Aufwärtstrend; gehört jetzt zu Lanson-BCC. Langlebige Luxusmarke: Noble Cuvée als BLANC DE BLANCS, Rosé und Jahrgangschampagner – teuer, aber nicht besser als der Jahrgangs-Brut. Einzellagenwein Clos Lanson (**07 08 09**). Der Extra Age (ein Verschnitt von drei Jahrgängen) und der Blanc de Blancs sind besonders gut. Der langjährige Kellermeister Jean-Paul Gandon setzt sich zur Ruhe, ein Nachfolger wird eingearbeitet.

Lapierre, Marcel Beauj r ★★ Die Kult-DOMAINE in MORGON wird nach dem Tod seines Vaters, einem Wegbereiter der Weinbereitung ohne Schwefeldioxidzusatz im BEAUJOLAIS, jetzt von Sohn Mathieu Lapierre geführt. Probierenswert ist auch der eigenwillige Raisins Gaulois.

Laroche Chablis w ★★ Großer CHABLIS-Erzeuger und Weinhändler, der auch Beteiligungen in Südfrankreich, Chile und Südafrika hält. Mehrheitseigner ist jetzt die Groupe Jeanjean. Probieren Sie den GRAND CRU Réserve de l'Obédiencerie.

Latour, Louis Bg r w ★★→★★★ Berühmtes traditionelles Handelshaus in Familienbesitz mit feinen bis ordentlichen Weißweinen von Lagen an der CÔTE D'OR (v. a. CORTON-CHARLEMAGNE), dem Mâconnais und der Ardèche (alle CHARDONNAY). Die Rotweine (alle PINOT NOIR) von der CÔTE D'OR und den Coteaux du Verdon sind weniger spannend. Zum Besitz gehört auch Henry Fessy im BEAUJOLAIS.

Latricières-Chambertin Côte d'Or r ★★★ **90' 93 95 96' 99' 02' 03** 05' **06 07** 08 09' 10' 11 12' 13 – GRAND CRU neben CHAMBERTIN. Ähnlich gehaltvoller Wein, aber nicht ganz so intensiv, am besten von BIZE, Drouhin-Laroze, Duband, FAIVELEY, LEROY, ROSSIGNOL-TRAPET, TRAPET.

Laudun S-Rh r rs w ★→★★ **09' 10' 11' 12' 13** – Führender Ort der CÔTES DU RHÔNE-VILLAGES am Westufer. Exzellente, schneidige Weißweine, direkte, pfeffrige, früh trinkreife Rotweine (viel SYRAH), schicke Rosés. Weine mit unmittelbar ansprechender Aromatik von der Genossenschaft Laudun CHUSCLAN Vignerons. Dom. Pelaquié ist der beste Erzeuger, besonders mit dem hochklassigen Weißen; empfehlenswert sind daneben die CHÂTEAUX de Bord, Courac, Juliette, Marjolet, St-Maurice sowie Dom. Duseigneur (biologisch-dynamisch) und Prieuré St-Pierre.

Laurent-Perrier Champ Sehr guter BRUT oJ; Rosé oJ; Brut **02 04 06** 08' 09 12 13 – Dynamische und erfolgreiche Champagnerfirma einer Familie in Tours-sur-Marne. Feiner mineralischer Brut oJ sowie exzellente Luxusmarken: Grand Siècle La Cuvée Lumière du Millénaire (v.a. die Extraspezialversion **02**) und Grand Siècle Alexandra Brut Rosé (**02**). Der Ultra Brut ist immer noch nicht so prickelnd.

Leflaive, Domaine Bg r w ★★★★ Biodynamisch arbeitender Spitzenerzeuger von weißem Burgunder in PULIGNY-MONTRACHET mit diversen GRANDS CRUS, u.a. Le MONTRACHET und CHEVALIER-MONTRACHET. Auch legendäre Premiers crus wie Combettes, Folatières und Pucelles. Preiswerter ist der Mâcon Verzé.

Leflaive, Olivier Côte d'Or r w ★★→★★★ Handelshaus in PULIGNY-MONTRACHET, Cousin des zuvor Genannten. Sehr verlässliche Weine, meist weiß, die jung getrunken werden sollten. Oliviers Anteil am Familiengut ist nun als Récolte du Domaine mit im Angebot. Ihm gehört auch das Hotelrestaurant mit Verkostungsraum La Maison d'Olivier.

Leroy, Domaine Côte d'Or r w ★★★★ Aus der 1988 von Lalou Bize Leroy gekauften Dom. Noëllat in VOSNE-ROMANÉE und der Dom. Philippe Rémy ist dieser Erzeugerbetrieb entstanden. Außerordentliche Qualität (und ebensolche Preise) bei winzigen Erträgen aus biodynamischem Anbau. Die Dom. d'Auvenay ist ebenfalls im Besitz der Familie Leroy (siehe nächsten Eintrag).

Leroy, Maison Côte d'Or r w ★★★★ Der bedeutendste NÉGOCIANT-ÉLEVEUR in AUXEY-DURESSES. Kleine Partien großer alter Weine zu Preisen, bei denen man sich die Augen reibt.

Liger-Belair Côte d'Or r ★★★→★★★★ Zwei Weingüter, die sich in jüngster Zeit mit hoher Qualität wieder etabliert haben: Comte Louis-Michel Liger-Belair erzeugt strahlend ätherische Weine in VOSNE-ROMANÉE, sein Cousin Thibault füllige Rote in NUITS-ST-GEORGES. Ersterer ist jetzt auch in Chile tätig, Letzterer in MOULIN-À-VENT.

Lignier Côte d'Or r w ★★→★★★ Familie in MOREY-ST-DENIS. Bester Erzeuger ist die jetzt von Sohn Laurent geleitete Domaine Hubert Lignier (z.B. CLOS DE LA ROCHE). Klasse bietet auch Virgile Lignier-Michelot, nur die Dom. Georges Lignier ist derzeit nicht in Form.

Limoux ist die einzige Weißwein-AC in Frankreich, die Fassgärung vorschreibt.

Limoux Rouss r w ★★ AC für Stillwein, zur Ergänzung der Schaumweinappellationen BLANQUETTE DE LIMOUX und CRÉMANT de Limoux. Die weiße AC Limoux ist Anwärter auf den Status GRAND CRU du LANGUEDOC; Ausbau in Eiche ist obligatorisch, die Weine werden von CHARDONNAY, CHENIN BLANC und Mauzac bereitet. Seit 2003 gibt es zudem eine AC für Rotweine (auf MERLOT-Basis, plus SYRAH, GRENACHE, beide CABERNET-Sorten sowie CARIGNAN). PINOT NOIR ist nur für CRÉMANT und IGP-Weine zugelassen. Erzeuger: u.a. DOMAINES Baron d'Arques, de Fourn, Martinolles, Mouscaillo, Rives Blanques, Jean-Louis Denois.

Lirac S-Rh r rs w ★★ **07' 09' 10' 11 12' 13** – Vier Gemeinden auf steinigen Böden nahe TAVEL. Würzige Rote von mittlerer Tiefe (können 5 Jahre und länger reifen); positive Impulse kommen neuerdings von einigen CHÂTEAUNEUF-DU-PAPE-Erzeugern, die für bessere Frucht und mehr Flair sorgen. Empfehlenswert: v. a. DOMAINES Beaumont, Duseigneur, Giraud, Joncier, Lafond Roc-Epine, Lorentine, Maby (Fermade), André Méjan, de la Mordorée (der beste), Rocalière, Rocca Maura, R. Sabon, CHÂTEAUX de Bouchassy, Manissy, Mont-Redon, St-Roch, Ségriès sowie Famille Bréchet und Mas Isabelle. Die Weißen vereinen Frische mit Körper (5 Jahre haltbar).

Listrac-Médoc H-Méd r ★★→★★★ **01 03 05' 06 08 09'** 10' 11 12 – Nachbar von MOULIS im südlichen MÉDOC. Die AC für Médoc-Freunde mit schmalerem Budget hat sich deutlich verbessert und zeigt jetzt mehr Frucht und Tiefe. Auch etwas Weißwein, als AC BORDEAUX etikettiert. Beste CHÂTEAUX: Cap Léon Veyrin, CLARKE, DUCLUZEAU, l'Ermitage, FONRÉAUD, Fourcas-Borie, FOURCAS-DUPRÉ, FOURCAS-HOSTEN, Mayne-Lalande, Reverdi, SARANSOT-DUPRÉ.

Long-Depaquit Chablis w ★★★ CHABLIS-DOMAINE im Besitz von BICHOT mit der Spitzenmarke des Hauses, GRAND CRU La Moutonne.

Lorentz, Gustave El w ★★→★★★ Erzeuger und Händler in Bergheim; v. a. GEWÜRZTRAMINER und RIESLING aus den GRAND-CRU-Lagen Altenberg de Bergheim und Kanzlerberg (**06 09**). Sowohl die gereiften als auch die jungen, in größerer Menge erzeugten Weine sind fein.

Lot SWF ★→★★ BV – Die IGP gewinnt zunehmend an Bedeutung für Weine jenseits der AC-Vorschriften (etwa Weiße von CAHORS-Erzeugern). Die ambitionierten DOMAINES Belmont, Sully und Tour de Belfort (alle ★★) stellen Clos d'Auxonne (★) nicht in den Schatten.

Loupiac Bx w; s ★★ **02 03' 05' 07 09' 10' 11** (13) – AC gegenüber von SAUTERNES am anderen Garonne-Ufer mit leichterem, frischerem Stil. Spitzen-CHÂTEAUX: Clos-Jean, Dauphiné-Rondillon, LOUPIAC-GAUDIET, Noble, de RICAUD, Les Roques.

Luberon S-Rh r rs w ★→★★ **10' 11 12'** – Bei Touristen und Neureichen beliebter hügeliger Anbaubereich im Anschluss an die südliche Rhône. Brauchbares, aber nicht überragendes Terroir, zu viele technische, seelenlose Weine. Haupttraube ist SYRAH; viele Möchtegernerzeuger. Herausragend ist Ch. de la Canorgue. Außerdem gut: Dom. de la Citadelle, Ch. Clapier, Edem, Fontvert, O. Ravoire, St-Estève de Neri (wird besser), Tardieu Laurent (gehaltvoll, Eiche), Cellier de Marrenon, Val-Joanis, La Vielle Ferme.

Lussac St-Émilion Bx r ★★ **03 05' 08 09' 10' 12** – Satellit von ST-ÉMILION mit den leichtesten Weinen. Hauptproduzent ist die Genossenschaft. Spitzen-CHÂTEAUX: Barbe-Blanche, Bel-Air, Bellevue, Courlat, la Grenière, de LUSSAC, du LYONNAT, Mayne-Blanc, Le Rival, La Rose-Perrière.

Macération carbonique Kohlensäuremaischung. Traditionelle Methode der Gärung von ganzen, unzerquetschten Trauben in einem geschlossenen Tank. Die in den einzelnen Trauben stattfindende Gärung bringt sie zum Aufplatzen. Das Ergebnis ist ein spritziger, sehr fruchtiger, milder Wein, der sich nicht lange lagern lässt. Kohlensäuremaischung ist typisch für die BEAUJOLAIS-Bereitung (allerdings nicht für die Spitzenweine), wird heute aber auch in vielen anderen Gegenden, z. B. im MIDI, angewandt, sogar bei CHÂTEAUNEUF-DU-PAPE.

Mâcon Bg r (rs) w; BV – Einfache, saftig-fruchtige Rote (von GAMAY) und sehr schlichte Weiße (CHARDONNAY) aus dem Mâconnais.

Mâcon-Villages Bg w ★★→★★★ **10' 11 12' 13** – Hauptappellation für Weißweine aus dem Mâconnais, es kann aber auch der Name der jeweiligen

Ortschaft genannt werden, z. B. Mâcon-Lugny. Jetzt gute Auswahl an Einzelerzeugern, die auf Qualität setzen. Empfehlenswert: Guillot, Guillot-Broux, LAFON, Maillet, Merlin, Rijckaert, VERGET, außerdem die Genossenschaften in Lugny, Prissé und Viré mit preiswerten Weinen.

Macvin Jura w; s ★★ AC für einen im Jura beliebten »traditionellen« Aperitif aus MARC und Traubensaft.

Madiran SWF r ★★→★★★ **05' 06 07 08 09 10'** 11 12 (13) – AC in der Gascogne, in der die strengen alten Stile teilweise neueren, fruchtigeren Weinen Platz machen, manchmal von denselben Erzeugern. Spitzengüter sind die CHÂTEAUX Montus und BOUSCASSÉ, dicht gefolgt von Berthoumieu, Capmartin, Clos Basté, Damiens, Labranche Laffont, Laffitte-Teston und Laplace (alle ★★★). Ebenfalls gut sind Barréjat, Crampilh, Dou Bernés (alle ★★). Weißweine siehe PACHERENC DU VIC-BILH.

Mähler-Besse Bx – Erstklassiger holländischer NÉGOCIANT in BORDEAUX mit vielen alten Jahrgängen. Hält auch eine Beteiligung an Ch. PALMER.

Mailly-Champagne Champ ★★★ Erstklassige Genossenschaft in der Champagne, das gesamte Lesegut stammt aus GRAND-CRU-Lagen. Die Prestige-CUVÉE des Echansons (**02' 04** 08' 12') ist ein großer Wein, der sehr alt werden kann. Überaus raffinierter L'Intemporelle (**99 02 04**).

Maire, Henri Jura r rs w ★→★★ Größter Erzeuger und Händler für Jura-Weine mit der Hälfte der gesamten AC. Einige Spitzenetiketten, aber auch viele ganz nette kommerzielle Marken. Ein Besuch macht trotzdem Spaß.

Malepère Lang r ★ BV – AC nahe Limoux für Rotweine aus einer Kombination von Trauben aus BORDEAUX und dem MIDI. Frische, etwas rustikale Rote mit eigenem Charakter, v. a. von Ch. Guilhem, Ch. de Cointes, Dom. Le Fort.

Mann, Albert El r w ★→★★★ Spitzenerzeuger in Wettolsheim mit reichhaltigen, eleganten Weinen. Sehr guter PINOT BLANC, AUXERROIS und PINOT NOIR sowie ein schönes Angebot von GRAND-CRU-Weinen aus den Lagen SCHLOSSBERG, HENGST, Furstentum und Steingrubler (v. a. **08 10**). Tadellose, biodynamisch bewirtschaftete Weinberge.

Maranges Côte d'Or r (w) ★★ **05' 07 08 09' 10' 11** 12 13 – Südlichste AC der CÔTE DE BEAUNE mit relativ tanninstarken Roten. Weine mit gutem Preis-Leistungs-Verhältnis von den PREMIERS CRUS. Am besten von: BACHELET-Monnot, Chevrot, Contat-Grangé, Moreau.

Marc Trester; auch der daraus bereitete, streng riechende Branntwein (das Gegenstück zum italienischen Grappa).

Marcillac SWF r rs ★★ AC mit charaktervollen leichten Weinen aus AVEYRON. Die Mansois-Traube (FER-SERVADOU) verleiht ihnen die violette Farbe sowie die würzige, beerenfruchtige Art; am besten sind sie mit 3 Jahren. Vielseitig, passt zu Würsten ebenso wie zu Erdbeeren. Die Genossenschaft kann teilweise mit den unabhängigen Erzeugern mithalten, z. B. DOMAINES du Cros, Costes, Mioula, Vieux Porche (alle ★★) sowie de l'Albinie, Carles-Gervas und la Carolie (alle ★).

Margaux H-Méd r ★★→★★★★ **98 00' 01 02 04 05' 06 08** 09' 10' 11 12 – Große kommunale AC im südlichen MÉDOC, die für elegante, duftige Weine bekannt ist, tatsächlich aber verschiedene Stile bietet. Neuerdings wieder viel besser. Spitzen-CHÂTEAUX: BOYD-CANTENAC, BRANE-CANTENAC, DAUZAC, FERRIÈRE, GISCOURS, ISSAN, KIRWAN, MALESCOT-ST-EXUPÉRY, MARGAUX, PALMER, RAUZAN-SÉGLA, SIRAN, DU TERTRE.

Marionnet, Henry Lo r w ★★→★★★ **09' 10 11 12** – Henry und Jean-Sébastien Marionnet, die das TOURAINE-Gut leiten, begeistern sich für Rebsorten: SAUVIGNON BLANC (angeführt von guten Jahrgängen des M. de Marionnet), Gamay (v. a. der Première Vendange), Provignage (von im Jahr

1850 gepflanzten wurzelechten Romorantin-Reben) sowie weitere Weine von wurzelechten Reben, darunter saftiger Côt und mineralischer CHENIN BLANC. Geringer, aber qualitativ guter Ertrag 2012.

Marmande SWF r rs (w) ★→★★★ r **05' 06** 08 **09 10** 11' (12') – Ehrgeizige AC an der Schwelle zur Gascogne, in der die neu fusionierten Genossenschaften an Qualität gewinnen. Mit der seltenen Sorte Abouriou befasst sich v. a. die Kult-DOMAINE Elian da Ros (★★★). Probierenswert sind auch Ch. de Beaulieu, Dom. Beyssac, Dom. Bonnet, Dom. Cavenac und Ch. Lassolle (alle ★★).

Marque déposée Schutzmarke.

Marsannay Côte d'Or r rs (w) ★★→★★ r **09' 10' 11 12' 13** – AC ganz im Norden der CÔTE DE NUITS. Unkomplizierte Weine aller drei Farben; die besten Rotweine kommen u. a. von Audoin, Bouvier, Charlopin, CLAIR, Fournier, Pataille und TRAPET. Bis jetzt noch keine PREMIERS CRUS, aber Pläne gibt es schon; Spitzenlagen sind Clos du Roy und Longeroies. Den Rosé sollte man nach 1–2 Jahren trinken.

Mas Amiel Rouss r w; s ★★★ Führende und innovative DOMAINE in MAURY, der etliche Erzeuger nacheifern. Üppiger roter CÔTES DU ROUSSILLON Carérades, weißer Altaïr, Vin de liqueur Plénitude von der MACCABEU-Traube. Jahrgangs- und fassgereifte VINS DOUX NATURELS. Star ist der 15 Jahre alte Prestige. Stéphane DERENONCOURT (Bordeaux) berät.

Mas, Domaines Paul Lang r rs w ★★ Eine große Nummer im Süden mit 478 ha eigenem Rebbesitz und 1.285 ha von Vertragswinzern bewirtschafteten Weinbergen bei PÉZENAS sowie LIMOUX. Erzeugt überwiegend IGP-Weine. Innovatives Marketing. Bekannt für die IGP-Reihe Arrogant Frog; auch La Forge, Les Tannes und Les Vignes de Nicole. Neuerwerbungen sind die Dom. Crès Richard in TERRASSES DU LARZAC und Martinolles in Limoux. Ein neues Projekt heißt Côté Mas Pézenas.

Mas de Daumas Gassac Lang r rs w ★★→★) **02 03 04 05 06 07 08** 09 10 11 12 – Einst wegweisendes Gut, das im MIDI neue Standards setzte mit seinen Weinen auf CABERNET-Basis von anscheinend einzigartigen Böden, inzwischen in qualitativer Hinsicht aber z. B. vom benachbarten Gut GRANGE DES PÈRES übertroffen wird. Außerdem ein köstlich duftender Weißer von CHARDONNAY, PETIT MANSENG und VIOGNIER, die rote Super-CUVÉE Emile Peynaud, der Rosé Frizant und der köstliche Süßwein Vin de Laurence (MUSCAT und SERCIAL).

Massif d'Uchaux S-Rh r ★★ **10' 11 12'** – Zu den CÔTES DU RHÔNE-VILLAGES gehörendes kühles, mit Pinien bewaldetes Gebiet mit fähigen Erzeugern und klar fruchtbetonten Weinen, die nicht leicht an den Mann zu bringen sind. Beachtenswert: Ch. St-Estève, Doms. La Cabotte, Chapoton, Cros de la Mûre (sehr gut, preiswert), de la Guicharde, Renjarde (geschmeidige Frucht).

Maury Rouss r; s ★★→★★★ oJ – VIN DOUX NATUREL aus dem ROUSSILLON von GRENACHE noir, blanc und gris, die auf einer Schieferinsel mitten in Kalksteinhügeln wachsen. Seit einiger Zeit erheblich besser geworden, v. a. bei Mas Amiel. Mehrere neue Weingüter, z. B. Dom. of the Bee, ordentliche Genossenschaft. RANCIO-Weine altern wunderbar. Die roten Tischweine laufen jetzt ebenfalls unter der AC Maury, mit dem Zusatz »SEC«, um sie vom süßen Stil *(doux)* abzugrenzen.

Mazis- (oder Mazy-)Chambertin Côte d'Or r ★★★ **90' 93 95 96' 99' 02' 03** 05' 06 **07 08** 09' 10' 11 12' 13 – Der nördlichste GRAND CRU von GEVREY-CHAMBERTIN; der obere Teil des Hangs ist Spitzenklasse und liefert himmlische Weine. Beste Erzeuger: Bernstein, DUGAT-PY, FAIVELEY, HOSPICES DE BEAUNE, LEROY, Maume und ROUSSEAU.

Mazoyères-Chambertin Côte d'Or – Siehe CHARMES-CHAMBERTIN.

Médoc Bx r ★★→★★★ **00' 03 04 05' 06 08 09' 10' 11** – AC für Rotwein aus dem flacheren nördlichen Teil der Médoc-Halbinsel. Wer gezielt sucht, findet gute Weine. Spitzen-CHÂTEAUX: Clos Manou, Fontis, Goulée, Les Grands Chênes, GREYSAC, LOUDENNE, Lousteauneuf, Les ORMES-SORBET, PATACHE D'AUX, POITEVIN, Potensac, Rollan-de-By (HAUT-CONDISSAS), La Tour de By, La TOUR HAUT CAUSSAN, Vieux Robin.

Meffre, Gabriel S-Rh r w ★★ Großes Rhône-Handelshaus, seit 2009 in der Hand von BOISSET/Eric Brousse. Besitzt auch die gute Dom. Longue Toque in GIGONDAS. Neuerdings Fortschritte: weniger aufdringlicher Eicheneinfluss. Übernimmt auch Abfüllung und Vermarktung für kleine CHÂTEAUNEUF-DU-PAPE-Weingüter. Verlässliche Reihe Laurus (in neuer Eiche ausgebaut) von der nördlichen Rhône, v. a. CROZES-HERMITAGE und ST-JOSEPH.

Mellot, Alphonse Lo r rs w ★★→★★★ **05 06 07 08' 09' 10' 11** 12' (13) – Sehr gutes Angebot an weißen und v. a. roten SANCERRE-Weinen (biologisch-dynamisch, Ertragsbeschränkung): La Moussière (rot und weiß), CUVÉE Edmond, Génération XIX (rot und weiß), dazu die Einzellagenweine La Demoiselle und En Grands Champs (beide rot) sowie Romains und Satellite (beide weiß). Erzeugt zudem in Les Pénitents (IGP Côtes de La Charité) CHARDONNAY und PINOT NOIR.

Menetou-Salon Lo r rs w ★★→★★★ **05 06 07 08 10** 11 12 13 – SANCERRE benachbarte, wachsende AC mit ähnlichen, aber leichteren Weinen (SAUVIGNON BLANC) von sanfteren Hügeln. Beste Erzeuger: BOURGEOIS, Clément (Dom. de Chatenoy), Gilbert (biodynamisch) Jacolin, Henry Pellé, Jean-Max Roger, Teiller, Tour St-Martin.

Méo-Camuzet Côte d'Or r w ★★★★ Sehr gute DOMAINE in VOSNE-ROMANÉE, v. a. mit den Lagen Aux Brûlées und Cros-Parantoux, plus Weine aus den GRAND-CRU-Lagen CORTON, CLOS DE VOUGEOT und RICHEBOURG. Auch weniger teure Négociant-CUVÉES.

Mercier et Cie. Champ BRUT oJ; Brut Rosé oJ; DEMI-SEC – Eine der größten Champagnerfirmen in Épernay. In der Hand von MOËT & CHANDON, Absatz vorwiegend in Frankreich. Die Qualität ist nicht weiter bemerkenswert, aber der DEMI-SEC ist gut. Körperreiche CUVÉE Eugène Mercier auf PINOT-NOIR-Basis.

Mercurey Bg r (w) ★★→★★★ **03 05' 09' 10' 11** 12 13 – Führender Rotweinort der CÔTE CHALONNAISE. Guter Mittelklasse-Burgunder, auch zunehmend bessere Weißweine. Erzeuger: u. a. Ch. de Chamirey, FAIVELEY, M. Juillot, Lorenzon, Raquillet, de Suremain.

Mesnil-sur-Oger, Le Champ ★★★★ Eine der besten Côte des Blancs-Villages; strukturierter, mineralischer Chardonnay, der sehr alt werden kann.

Méthode champenoise Champ – Traditionelle aufwendige Methode der Champagnerbereitung durch Zweitgärung in der Flasche. Außerhalb der Champagne ist nur die Bezeichnung »Méthode traditionnelle« oder »klassische Methode« zulässig.

Meursault Côte d'Or (r) w ★★★→★★★★ **00' 02' 04 05' 06' 07' 08 09' 10'** 11 12 13 – Ort an der CÔTE DE BEAUNE mit einigen der großartigsten Weißweinen der Welt: sehr aromatisch, trocken, nussig und saftig-reif. Beste Lagen: Charmes, Genevrières, Perrières. Ebenfalls gut: Goutte d'Or, Meursault-Blagny, Narvaux, Poruzots, Tesson, Tillets. Erzeuger: u. a. Boisson-Vadot, M. BOUZEREAU, V. Bouzereau, Boyer-Martenot, COCHE-DURY, Ente, Fichet, Javillier, JOBARD, Lafon, Latour-Labille, Martelet de Cherisey, Matrot, Ch. DE MEURSAULT, Mikulski, P. Morey, PRIEUR, Roulot. Siehe auch BLAGNY.

Frankreich

Meursault, Château de Côte d'Or r w ★★ Weingut mit 61 ha im Besitz von PATRIARCHE; Weine aus Lagen in BEAUNE, MEURSAULT, POMMARD, VOLNAY. Das CHÂTEAU selbst ist imposant, die Kellerei für Besucher geöffnet – derzeit aber mehr eine Touristenattraktion als ein Spitzenerzeuger.

Midi Umfassende Bezeichnung für den Süden Frankreichs, die das LANGUEDOC, ROUSSILLON und sogar die PROVENCE beinhaltet. Es gibt extreme Qualitätsunterschiede, doch das Niveau steigt mit jedem Jahrgang. Gute Aussichten, doch natürlich ohne Garantie.

Minervois Lang r (rs) (w) br; s ★★ **06 07' 08 09 10** 11 12 13 – Bergiger AC-Bereich mit dem Cru La Livinière (siehe nächsten Eintrag). Lebhafte, charaktervolle Rotweine, v. a. von den CHÂTEAUX Bonhomme, Coupe-Roses, Faiteau, la Grave, Oupia, Ste-Eulalie, St-Jacques d'Albas, La Tour Boisée, Villerambert-Julien; dazu Clos Centeilles, Dom. Borie-de-Maurel sowie die Genossenschaften de Peyriac und Pouzols. Neue Weine von dem burgundischen Erzeugerpaar GROS und Tollot dürften die Messlatte höher legen. Siehe auch MUSCAT DE ST-JEAN DE MINERVOIS.

Minervois-La Livinière Lang r ★★→★★★ Ort im MINERVOIS mit hoher Qualität und Cru du LANGUEDOC – strengere Auswahl und längere Reifung als bei Minervois-Weinen. Beste Erzeuger: Abbaye de Tholomies, Borie de Maurel, CLOS Centeilles, Combe Blanche, Ch. de Gourgazaud, Laville-Bertrou, Dom. l'Ostal Cazes, Ste-Eulalie.

Mise en bouteille au Château, au Domaine Erzeugerabfüllung. Häufig gebrauchte Angaben wie *dans nos caves* (in eigener Kellerei abgefüllt) oder *dans la région de production* (im Erzeugungsgebiet abgefüllt) haben dagegen nicht viel zu besagen.

Moët & Chandon Champ – Das mit Abstand größte Champagnerhaus ist auch führend bei der Erforschung und Entwicklung von Weinbergen. Besitzt jetzt 1.500 ha, oft in besten Lagen. Deutlich verbesserter, frischerer BRUT oJ mit weniger gezuckerter Dosage. Die Kollektion Grand Vintages bietet große Jahrgangsweine, manche über 40 Jahre alt (v. a. **59 76 90 93**). Exzellent ist der 2006er. Eindrucksvolle Prestige-CUVÉE DOM PÉRIGNON. Hat Ableger in ganz Europa sowie in der Neuen Welt.

Monbazillac SWF w; s ★★→★★★★ **95' 01' 03' 05' 07' 09 10 11'** 12 (13) – BERGERAC-AC mit Süßweinen von Weltklasse, die dem SAUTERNES Konkurrenz machen. Erzeuger: Tirecul-la-Gravière (★★★★), L'Ancienne Cure, CLOS des Verdots, La Grande Maison und Les Hauts de Caillavel (alle ★★★), CHÂTEAUX de Belingard-Chayne, Ladesvignes, la Rayre, Pécoula, Theulet und Ch. de Monbazillac von der Genossenschaft (alle ★★).

Mondeuse Sav r ★★ BV – Rote Traube aus SAVOYEN, hat das Potenzial für guten, kräftigen dunklen Wein. Zugreifen, z. B. bei Gilles Berlioz.

Monopole Weinberglage in der Hand eines einzigen Besitzers.

Montagne St-Émilion Bx r ★★ **03 05' 08 09' 10' 12** – Größter und wohl auch bester »Satellit« von ST-ÉMILION mit ähnlichen Weinen. Spitzen-CHÂTEAUX: Beauséjour, Calon, La Couronne, Croix Beauséjour, Faizeau, La Fleur-Carrère, Haut-Bonneau, Maison Blanche, Roudier, Teyssier, Vieux Château St-André.

Montagny Bg w ★★ **10' 11 12** 13 – Ort an der CÔTE CHALONNAISE, vorwiegend in der Hand von Négociants und der Genossenschaft Cave de BUXY. Mehr Winzer wären vonnöten, der beste ist Aladame.

Monthelie Côte d'Or r (w) ★★→★★★ **99' 02' 03' 05' 08 09'** 10' 11 12 – Dorf auf dem Hügel oberhalb von VOLNAY mit etwas rustikaleren Weinen. Die besten Lagen sind Champs Fulliot und Duresses. Beste Erzeuger: BOUCHARD PÈRE ET FILS, COCHE-DURY, Darviot-Perrin, Florent Garaudet, LAFON, Ch. de Monthelie (Suremain).

Montille, de Côte d'Or ★★★ Etienne de Montille hat die DOMAINE mit Zukäufen in BEAUNE, NUITS-ST-GEORGES und dem herausragenden VOSNE-ROMANÉE Malconsorts vergrößert. Zu den weißen Spitzengewächsen zählt u. a. der PULIGNY-MONTRACHET Caillerets. Mit seiner Schwester Alix betreibt Etienne auch Ch. de Puligny und die kleine Négociant-Firma Deux Montille (Weißweine).

Montlouis Lo w; tr s; sch ★★→★★★ **89' 90' 95' 96' 97' 02' 03' 05' 07 08' 09** 10' **11** – Das Pendant zu VOUVRAY am südlichen Ufer der Loire, mit CHENIN BLANC als Hauptsorte. 55 % der Produktion entfallen auf Schaumwein. Eine der interessantesten Loire-Appellationen. 2012 und 2013 nur kleine Ernten. Spitzenerzeuger: Berger, CHANSON, CHIDAINE, Delecheneau, Jousset, Les Loges de la Folie, Moyer, Saumon, TAILLE AUX LOUPS, Weisskopf.

Montpeyroux Lang ★★→★★★ Gemeinde in TERRASSES DU LARZAC mit einer wachsenden Anzahl von talentierten Erzeugern. Strebt Cru-Status an. Achten Sie auf Aupilhac, Chabanon, Villa Dondona und andere Neulinge; auch gute Genossenschaft.

Montrachet Côte d'Or w ★★★★ **92' 93 95 96' 99 00' 01 02' 04** 05' **06 07** 08 09' 10 11 12 13 – GRAND-CRU-Lage in PULIGNY und CHASSAGNE-MONTRACHET. Der potenziell großartigste weiße Burgunder: stark, bukettreich, intensiv, trocken und doch von üppiger Fülle. Spitzenweine von LAFON, LAGUICHE (DROUHIN), LEFLAIVE, Ramonet und ROMANÉE-CONTI. Geht es bei der Dom. THÉNARD aufwärts?

Montravel SWF r rs w; tr ★★ r **05' 06 08 09** 10 **11** 12 (13); w rs BV – Unterregion von BERGERAC mit eigener AC; der Ausbau in Eiche ist vorgeschrieben. Deftige Rotweine (vorwiegend MERLOT) von: DOMAINES du Bloy, de Krevel, CHÂTEAUX Jonc Blanc, Laulerie, Masburel, Masmontet, Moulin-Caresse (alle ★★). Trockene Weiße auf SAUVIGNON-BLANC-Basis und Rosés (★★) von denselben und weiteren Erzeugern. Süße Weißweine kommen aus den Unterbereichen CÔTES DE MONTRAVEL und HAUT-MONTRAVEL.

Montus, Château SWF r w ★★★ **00 01' 02 04 05' 06** 08 **09** (10') (11) (12) – Das berühmte MADIRAN-Gut von Alain BRUMONT. Alle Weine sind sortenrein von TANNAT mit ausführlicher Extraktion und kräftigem Eicheneinsatz bereitet und müssen lang reifen. Alternativ gibt es klassischen PACHERENC DU VIC-BILH mit Eichennote (trocken und süß).

Moreau Bg r w ★★→★★★ Winzerfamilie mit erstklassigem CHABLIS von der Domaine Christian Moreau (probieren Sie den CLOS des Hospices) und der DOMAINE Moreau-Naudet. In CHASSAGNE-MONTRACHET und SANTENAY erzeugen andere Familien mit dem Namen Moreau ebenfalls sehr gute Weine.

Morey, Domaines Côte d'Or r w ★★★ Winzerfamilie in CHASSAGNE-MONTRACHET, allen voran Jean-Marc (Chenevottes), Marc (Virondot), Thomas (feiner, mineralischer Baudines), Vincent (Embrazées, fülligerer Stil) und Michel Morey-Coffinet (La ROMANÉE). Pierre Morey in MEURSAULT hat einen guten Namen für Perrières- und BÂTARD-MONTRACHET-Weine.

Morey-Saint-Denis Côte d'Or r (w) ★★★ **90' 93 96' 98 99' 02' 03** 05' **06 07 08** 09' 10' 11 12' 13 – Kleiner Ort mit vier GRANDS CRUS zwischen GEVREY-CHAMBERTIN und CHAMBOLLE-MUSIGNY. Häufig übersehener, ganz hervorragender Wein: u. a. von Amiot, ARLAUD, Castagnier, CLOS DES LAMBRAYS, CLOS DE TART, DUJAC, Jeanniard, H. LIGNIER, Lignier-Michelot, Perrot-Minot, PONSOT, ROUMIER, Taupenot-Merme.

Morgon Beauj r ★★★ **09' 10'** 11' 12 13 – Fester, tanninreicher BEAUJOLAIS-Cru, v. a. von der Côte de Py. Wird im Alter recht fleischig. Les Charmes ist weicher und früher trinkreif. Probieren Sie z. B. Burgaud, Desvignes, Foillard, Gaget, Lafont, LAPIERRE, Ch. des Lumières (JADOT), Ch. de Pizay.

Frankreich

Mortet, Denis Côte d'Or r ★★★→★★★★ Arnaud Mortet hat die kraftvollen, dunklen Weine seines verstorbenen Vaters verfeinert – vom BOURGOGNE Rouge bis hin zum CHAMBERTIN GRAND CRU. Paradepferde sind der En Champs (GEVREY-CHAMBERTIN) sowie die PREMIER-CRU-Gewächse Lavaut St-Jacques und Champeaux.

Moueix, J.-P. et Cie Bx r – Das Erzeuger- und Handelshaus mit Hauptsitz in Libourne ist nach dem legendären Gründer benannt, dessen Sohn Christian die Firma leitet, wobei er zunehmend von seinem eigenen Sohn Edouard unterstützt wird. CHÂTEAUX: u. a. BELAIR-MONANGE (wozu MAGDELAINE seit 2012 gehört), HOSANNA, LAFLEUR-PÉTRUS, Providence, TROTANOY. Besorgt den Vertrieb für Ch. PÉTRUS. In Kalifornien besitzt Moueix das Gut Dominus Estate.

Moulin-à-Vent Beauj r ★★★ **99 03 05' 09' 10'** 11' 12 13 – Der potenziell feinste Cru des Beaujolais, in dem die GAMAY-Traube über sich hinauswächst. Kommt in Gewicht und Fülle der Rhône nahe, kann bei Reifung aber die Wildnoten von PINOT NOIR entwickeln. Zunehmendes Interesse an Einzellagenabfüllungen, u. a. von Ch. du Moulin-à-Vent, Ch. des Jacques (im Besitz von JADOT), Janin (Clos Tremblay), Janodet, LIGER-BELAIR (Les Rouchaux), Merlin (La Rochelle).

Moulis H-Méd r ★★→★★★ **01 02 03 04 05' 06 08 09'** 10' 11 12 – Kleine, im Landesinneren gelegene AC, Nachbar von LISTRAC-MÉDOC, mit einigen anständigen, preiswerten Weinen. Spitzen-CHÂTEAUX: Anthonic, Biston-Brillette, BRANAS GRAND POUJEAUX, BRILLETTE, Duplessis, Dutruch Grand Poujeaux, GRESSIER GRAND POUJEAUX, CHASSE-SPLEEN, MAUCAILLOU, POUJEAUX.

Moutard Champ – Champagnerhaus sehr eigenen Stils in AUBE, das an den alten Reben der Champagne hängt, darunter PINOT BLANC und v. a. die duftige Sorte Arban(n)e. Durch François Moutard, Sohn von Lucien, hat sich die Qualität enorm verbessert. Feine CUVÉE des Six Cépages (**00 02 04 06 09**).

Mouton Cadet Bx – Umsatzstärkste Marke für roten BORDEAUX (12 Mio. Flaschen), im Besitz des Eigentümers von MOUTON ROTHSCHILD. Daneben auch Weißwein, Rosé und Réserve der ACS GRAVES, MÉDOC, ST-ÉMILION und SAUTERNES.

Mugneret Côte d'Or r w ★★★ Winzerfamilie in VOSNE-ROMANÉE. Am besten ist Dr. Georges Mugneret-Gibourg (v. a. ÉCHÉZEAUX); außerdem Gérard Mugneret, Dominique Mugneret und die zu alter Form zurückfindende Dom. Mongeard-Mugneret.

Mugnier, J.-F. Côte d'Or r w ★★★→★★★★ Herausragender Erzeuger von CHAMBOLLE-MUSIGNY Les Amoureuses und MUSIGNY im Ch. de Chambolle. Hier setzt man auf Finesse statt auf Verkaufsschlager. Dieser Stil kommt auch dem Wein vom CLOS de la Maréchale in NUITS-ST-GEORGES zupass (der Weinberg gehört seit 2004 wieder zum Besitz).

Mumm, G. H. & Cie Champ Cordon Rouge oJ; Mumm de Cramant jetzt umbenannt in BLANC DE BLANCS oJ (ebenso gut); Cordon Rouge **98 00** (★★★★) **02' 04 06'**; Rosé oJ – Bedeutendes Champagnererzeuger- und -handelshaus, im Besitz von Pernod Ricard. Seit Kurzem deutlich gestiegene Qualität, v. a. bei der CUVÉE R. Lalou (99 **02**) und dem GRAND CRU Verzenay.

Muré, Clos St-Landelin El r w ★★→★★★ Einer der großen Namen im ELSASS; besonders gut sind der körperreiche Riesling Grand cru Vorbourg und der PINOT GRIS. Die reife, weinige PINOT-NOIR-Cuvée »V« (**05 09** 10 11 12 13) ist die beste der Region. Der Jahrgang 2009 ist durchweg hervorragend ausgefallen.

Muscadet Lo w ★→★★★ BV (vgl. aber die folgenden Einträge) – Beliebter, oft sehr preiswerter und köstlicher knochentrockener Wein aus der

Gegend von Nantes. Muscadet sollte nie zu säurereich, aber immer erfrischend sein. Besonders gut zu Fisch und Meeresfrüchten. Die besten stammen aus AC-Zonen: MUSCADET COTEAUX DE LA LOIRE, MUSCADET CÔTES DE GRAND LIEU, MUSCADET DE SÈVRE-ET-MAINE. Wählen Sie Weine SUR LIE. Viele Erzeuger haben wirtschaftlich zu kämpfen, und die geringen Erträge 2012 und 2013 haben die Situation noch verschlimmert.

Muscadet Coteaux de la Loire Lo w ★→★★ **10 12** (13) – Kleine, am wenigsten bekannte MUSCADET-Zone östlich von Nantes, am besten SUR LIE; v. a. Guindon, Ch. du Ponceau, Quarteron, Les Vignerons de la Noëlle.

Muscadet Côtes de Grand Lieu Lo w ★→★★★ **10 11 12** (13) – AC-Zone für MUSCADET, die dem Atlantik am nächsten liegt. Am besten SUR LIE, z. B. von Eric Chevalier, Choblet (Dom. des Herbauges), Malidain. 2012 schlimmer Frost, und auch 2013 nur kleine Ernte.

Muscadet-Sèvre-et-Maine Lo w ★→★★★ **02 03 05' 06 09' 10** 12 (13) – Die größte und beste der MUSCADET-ACS. Spitzenerzeuger: Brégeon, Bonnet-Huteau, Caillé, Chereau Carré, Cormerais, Delhommeau, Douillard, Dom. de l'ECU, Gadais, Gunther-Chereau, Dom. de la Haute Fevrie, Landron, Luneau-Papin, Métaireau, Olivier, Sauvion. Ausgezeichnetes Preis-Leistungs-Verhältnis, die Weine altern wunderbar. Die – bislang drei – neu eingeführten Crus communaux stehen für längere Hefesatzlagerung, die den Weinen eine zusätzliche Dimension verleiht.

Naturwein

Ermangelt einer klaren Definition, ist aber schwer en vogue: keine chemischen Zusätze, minimale Schwefeldosierung (was immer das heißen mag) oder auch gar keine, umfasst ökologische und biologisch-dynamische, ja sogar auf den Schalen eingemaischte (»orange«) Weißweine. Diese können tatsächlich sehr fein sein, aber auch eine Herausforderung darstellen, sofern es sich um absichtlich oxidierte Versionen handelt. Werden inzwischen von selbst ernannten Moralaposteln als überlegen angesehen, was sich allerdings nicht auf den Geschmack bezieht. Naturweine werden weltweit erzeugt, doch irgendwo musste dieser Eintrag ja untergebracht werden ... Der beste Rat, den wir Ihnen geben können: Seien Sie vorsichtig!

Muscat de Frontignan Lang s ★★ oJ – Kleine AC nahe Sète für VIN DOUX NATUREL von MUSCAT, der wunderbar zu Blauschimmelkäse passt. Auch ungespritete, spät gelesene, in Eiche ausgebaute IGP-Weine. Steigende Qualität. Die besten Erzeuger sind Dom. du Mas Rouge, Ch. la Peyrade und Ch. de Stony.

Muscat de Lunel Lang s ★★ oJ – Winziger AC-Bereich für VIN DOUX NATUREL auf MUSCAT-Basis, süß und köstlich. Einige Erzeuger experimentieren mit Spätlesen (IGP).

Muscat de Mireval Lang s ★★ oJ – Winzige AC für köstlichen VIN DOUX NATUREL von der MUSCAT-Traube aus der Gegend von Montpellier. Nur eine Handvoll kleiner Erzeuger und eine Genossenschaft. Empfehlenswert: die neue Dom. de la Rencontre.

Muscat de Rivesaltes Rouss s ★★ oJ – AC für süßen, gespriteten MUSCAT (VIN DOUX NATUREL) aus der Nähe von Perpignan. Heute trinkt man zwar lieber Muscat Sec (IGP), doch die Suche nach der süßen Variante lohnt sich – am besten von Dom. CAZES, Ch. de Jau, Corneilla, Treloar und der Genossenschaft in Baixas.

Muscat de Saint-Jean de Minervois Lang w; s ★★ Feiner VIN DOUX NATUREL von MUSCAT mit Honignote. Deutliche Qualitätssteigerung in jüngster Zeit, v. a. bei Dom. de Barroubio, CLOS Bagatelle, Clos du Gravillas, Michel Sigé und der örtlichen Genossenschaft.

Musigny Côte d'Or r (w) ★★★★(★) **85' 88' 89' 90' 91 93 95** 96' **98 99' 01 02' 03** 05' 06 **07** 08 09' 10' 11 12' 13 – GRAND CRU in CHAMBOLLE-MUSIGNY. Oft der schönste, wenn auch nicht der kraftvollste aller roten Burgunder. Beste Erzeuger: DROUHIN, JADOT, LEROY, MUGNIER, PRIEUR, ROUMIER, de VOGÜÉ, VOUGERAIE.

Nature Ungesüßt, v. a. bei CHAMPAGNER – ohne Dosage. Lecker, wenn von ausgereiften Trauben bereitet, ansonsten eher grobschlächtig.

Négociant-éleveur Händler, der den Ausbau des Weins übernimmt.

Nerthe, Château La S-Rh r w ★★★ **78' 81' 89' 90' 95' 96' 98' 99' 00 01 03 04' 05' 06' 07' 09'** 10' **11** 12 – Sehr guter Erzeuger in CHÂTEAUNEUF-DU-PAPE. Geschmeidige, geschliffene Weine mit Eichennote, die neuerdings leider dem allzu glattem Mainstream folgen. Spezielle CUVÉEs sind der köstliche Cadettes (rot) und der in Eiche ausgebaute, volle Beauvenir (weiß). Betreibt auch das sehr gute Weingut Prieuré Montézargues (TAVEL), die Dom. de la Renjarde (CÔTES DU RHÔNE; preiswert) sowie das gute Ch. Signac (CHUSCLAN).

Nuits-St-Georges Côte d'Or r ★★→★★★★ **90' 93 96' 98 99' 02' 03 05' 06' 07** 08 09' 10' 11 12' 13 – Bedeutender Weinbauort mit unterschätzten Weinen, die immer kräftig und relativ tanninbetont sind und Zeit brauchen. Die besten Lagen sind Cailles, Vaucrains und Les St-Georges im Zentrum, außerdem Boudots und Murgers näher bei VOSNE sowie die CLOS des Corvées, des Forêts, de la Maréchale und St-Marc in Prémeaux. Viele Erzeuger und Händler, v. a. Ambroise, Dom. de l'ARLOT, J. Chauvenet, R. CHEVILLON, Confuron, Faiveley, Gavignet, GOUGES, GRIVOT, Lechéneaut, LEROY, Liger-Belair, Machard de Gramont, Michelot, Mugnier, Rion.

Orléans Lo r rs w ★ BV – Aus 13 verstreut liegenden Gemeinden bestehende AC (seit 2009) im Umland der Stadt Orléans. Erzeugt wird Weißwein (vorwiegend CHARDONNAY), VIN GRIS, Rosé und Rotwein (PINOT NOIR und v. a. MEUNIER). Empfehlenswert: CLOS St-Fiacre.

Orléans-Cléry Lo r ★ BV – Separate AC im Bereich der AC ORLÉANS für einfachen CABERNET FRANC (der in schlechten Jahren nur schwer reift). Probierenswert: Deneufbourg.

Pacherenc du Vic-Bilh SWF w; tr s ★★→★★★ AC für MADIRAN-Weißwein. Die trockenen Versionen sollte man innerhalb von 4 Jahren trinken, die süßen einlagern, v. a. wenn der Wein mit Eiche in Berührung kam. Erzeuger: CHÂTEAUX MONTUS, BOUSCASSÉ, DOMAINES Damiens, Berthoumieu, Capmartin (alle ★★★) sowie Chx. Laffitte-Teston, Mascaraàs, Doms. Crampilh, Labranche-Lafont, Poujo (alle ★★).

Paillard, Bruno Champ BRUT Première CUVÉE oJ; Rosé Première Cuvée; CHARDONNAY Réserve Privée; Brut **02 04 06** 08; neuer Jahrgangs-BLANC-DE-BLANCS **95 02 04**; grandiose Prestige-Cuvée Nec-Plus-Ultra **95' 02** – Das jüngste der großen Champagnerhäuser. Verfeinerter, sehr trockener Stil, am besten bei der Blanc de Blancs Réserve Privée und dem Nec-Plus-Ultra. Bruno Paillard steht Lanson-BCC vor und ist Eigentümer von Ch. Sarrin in der PROVENCE.

Palette Prov r rs w ★★★ Winzige AC bei Aix-en-Provence mit körperreichen Roten, duftenden Rosés und verlockenden Weißen. Ch. Simone steht für traditionelle, seriöse Weine, innovativer ist Ch. Henri Bonnaud.

Patriarche Bg r w; sch ★→★★ Eins der größeren Handelshäuser für Burgunder mit Sitz in BEAUNE, 2011 vom französischen Weingiganten Groupe

Castel übernommen. Eigentümer des CH. DE MEURSAULT. Hauptmarke ist der Schaumwein Kriter.

Patrimonio Korsika r rs w ★★→★★★ AC in den spektakulären Kalksteinhügeln im Norden KORSIKAS; einige der feinsten Weine der Insel stammen von hier. Charaktervolle Rotweine von der NIELLUCCIO-Traube, verlockende Weiße von VERMENTINO, auch Spätlesen. Spitzenerzeuger: Antoine Arena, Clos de Bernardi, Gentile, Yves Leccia mit der Dom. d'E Croce, Montemagni, Pastricciola.

Pauillac H-Méd r ★★★→★★★★ **90' 94 95' 96' 98 00' 01 02 03' 04' 05' 06** 08' 09' 10' 11 12 – Kommunale AC im MÉDOC mit drei PREMIER-CRU-Gütern (Ch. LAFITE, LATOUR, MOUTON ROTHSCHILD). Berühmt für kraftvolle, langlebige Weine auf CABERNET-SAUVIGNON-Basis. Andere Spitzen-CHÂTEAUX sind d'ARMAILHAC, CLERC MILON, DUHART-MILON, GRAND-PUY-LACOSTE, LYNCH-BAGES, PICHON-LONGUEVILLE, PICHON LALANDE und PONTET-CANET.

Frankreich

Pays d'Oc, IGP Lang r rs w ★→★★ Die größte IGP-Region (früher VIN DE PAYS d'Oc), die das gesamte LANGUEDOC-ROUSSILLON umfasst, produziert v.a. sortenreine Weine. Es gibt 56 verschiedene Trauben. Technisch geht es weiter rasch voran. Wichtigste Erzeuger: Jeanjean, Dom. PAUL MAS, Dom. GÉRARD BERTRAND, VAL D'ORBIEU; außerdem örtliche Genossenschaften sowie zahlreiche kleinere Güter. Das Qualitätsspektrum ist riesig, die besten Weine sind innovativ und spannend.

Pécharmant SWF r ★★→★★★ **05' 06 08 09 10** 11 (12) (13) – Unterbereich von BERGERAC, bekannt für eisen- und manganhaltigen Boden, der den Weinen Struktur verleiht. Müssen altern. Am besten: Ch. de Tiregand, Les Chemins d'Orient, CLOS des Côtes, Dom. du Haut-Pécharmant (alle ★★★) sowie La Métairie, Ch. de Biran, Ch. d'Elle, Champarel, Terre Vieille, Dom. des Bertranoux, Dom. des Costes (alle ★★).

Pélican, Domaine du Jura – Neuer Betrieb von Marquis d'ANGERVILLE (Burgund): 2012 war der erste Jahrgang. Möchte zu den Spitzenerzeugern im Jura zählen.

Pernand-Vergelesses Côte d'Or r w ★★★ r **99' 02' 03' 05' 06 07 08 09' 10' 11** 12 13 – Ort bei ALOXE-CORTON, in dessen Gemarkung sich Teile der großen Lagen CORTON und CORTON-CHARLEMAGNE befinden. Auch Île des Vergelesses für Rotweine ist erstklassig. Erzeuger: u.a. CHANDON DE BRIAILLES, CHANSON, Delarche, Dubreuil-Fontaine, JADOT, LATOUR, Rapet, Rollin.

Perrier-Jouët Champ BRUT oJ; Blason de France oJ; Blason de France Rosé oJ; Brut **02 04 06** 08 – Einer der ersten, die trockenen CHAMPAGNER produzierten; stark mit GRAND CRU CHARDONNAY und am besten mit guten Jahrgangsweinen, v.a. der Luxusmarke Belle Epoque (95 **02' 04 06** 08'; Rosé **04 06**) in einer bemalten Flasche. Feiner neuer BLANC DE BLANCS (auf 09er Grundlage).

Pessac-Léognan Bx r w ★★★→★★★★ **95 96 98 00' 01 02 04 05' 06 08** 09' 10' 11 12 – 1987 eingerichtete AC für den besten Teil des nördlichen GRAVES mit den Weinbergen all der CRUS CLASSÉS wie HAUT-BAILLY, HAUT-BRION, LA MISSION HAUT-BRION, PAPE-CLÉMENT, Dom. de CHEVALIER usw. Füllige, mineralische Rote und zugleich die feinsten fassvergorenen trockenen Weißen des Bordelais.

Petit Chablis Chablis w ★ BV – Frischer, einfacher Beinahe-CHABLIS von etwas außerhalb gelegenen Weinbergen, die nicht auf Kimmeridge-Böden liegen. Gute Genossenschaft La CHABLISIENNE.

Pézenas Lang r rs w ★★→★★★ Unterbereich des LANGUEDOC, der zum Cru du Languedoc erhoben werden soll; die Weinberge liegen rund um die gleichnamige Stadt. Empfehlenswert: Prieuré de St-Jean de Bébian,

Doms. du Conte des Floris, des Aurelles, Monplézy, Magellan, Stella Nova, Trinités.

Pfaffenheim El ★→★★ Achtbare Elsässer Winzergenossenschaft. Reife, ausgewogene Weine, denen man die warmen Lagen anmerkt.

Pfersigberg El – GRAND CRU in Eguisheim mit zwei Parzellen; sehr aromatische Weine. GEWÜRZTRAMINER gedeiht prächtig. Guter RIESLING (v. a. **08**) von Paul Ginglinger, Bruno Sorg und Leon BÉYER (Comtes d'Eguisheim). Spitzenerzeuger: KUENTZ-BAS.

Philipponnat Champ Rosé oJ; BRUT **99** 02; CUVÉE 1522 **02**; Clos des Goisses **85'92 95 96 02 04** 08 12' – Kleine Champagnerfirma, die für ihren weinigen CHAMPAGNER bekannt ist; gehört jetzt zu Lanson-BCC. Beachtlicher Einzellagenwein Clos des Goisses.

Picpoul de Pinet Lang w ★→★★ BV – Der MUSCADET des MIDI. Inzwischen AC und Grand Vin du LANGUEDOC; exklusiv für Weine von der alten Rebsorte PICPOUL. Beste Erzeuger: Félines-Jourdan und die Genossenschaften Pomerols und Pinet. Lecker zu Austern, doch nicht mehr so charaktervoll, seit er in Mode ist.

Pic St-Loup Lang r (rs) ★★→★★★ **06 07 08 09 10** 11 12 13 – Mit die nördlichsten Weinberge des LANGUEDOC. Potenzielle AC, möglicherweise auch Grand cru du Languedoc. Auf SYRAH basierende Weine. Beste Erzeuger: Cazeneuve, Clos Marie, Lancyre, Lascaux, Mas Bruguière, DE L'HORTUS, Valflaunès und viele neue Betriebe. Großes Potenzial, einige der besten Weine des MIDI, stilvoll und lange haltbar. Die Weißen kommen als IGP, AC COTEAUX DU LANGUEDOC oder AC Languedoc auf den Markt.

Pierre-Bise, Château Lo r rs w ★★→★★★★ tr **02 03 04 05' 06** 07'; s **08 09** 10' 11 – Wegweisender Familienbetrieb in den COTEAUX DU LAYON; auch Chaume, QUARTS DE CHAUME und SAVENNIÈRES, v. a. Clos de Grand Beaupréau und ROCHE AUX MOINES. Sehr gut sind auch die CUVÉES Schist (ANJOU-GAMAY) und Spilite (ANJOU-VILLAGES) sowie der Anjou Blanc Haut de la Garde. Claude und Joëlle Papin übergeben jetzt an die nächste Generation.

Pierrevert Prov r rs w ★ Kühles Gebiet abseits ausgetretener Pfade mit unkomplizierten Weinen von Hochlagen in der Gegend um Manosque; z. B. Dom. la Blaque, Ch. Régusse, Ch. Rousset. Erhielt 1998 AC-Status.

Pignier Jura r w; s; sch ★★→★★★★ Zwei der Biodynamie verpflichtete Brüder erzeugen in der Gemeinde Montaigu sehr unterschiedliche Weine, darunter Poulsard, Trousseau, PINOT NOIR und SAVAGNIN. Hervorragender CRÉMANT de Jura, großartiger VIN JAUNE (**99'**) und Vin de Liqueur François Pignier.

Pineau des Charentes SWF – Starker, süßer Aperitif aus Traubenmost und Cognac.

Pinon, François Lo w; s; sch ★★★ **89 90 95 96 97 02 03 04 05 08 09 10'** 11 – Hervorragender Ökoerzeuger von unverfälschtem VOUVRAY. Litt leider 2012 schwer unter Frost und 2013 unter Hagel.

Piper-Heidsieck Champ – Die Champagnerfirma ist mit dem neuen Eigentümer jetzt wieder auf dem Weg nach oben. Erheblich besser gewordener BRUT oJ und fruchtiger Brut Rosé Sauvage (**04**) sowie Brut (**02 04 06 09**). Sehr gut die halbtrockene CUVÉE Sublime – reichhaltig, aber ausgewogen. Der Piper Heidsieck Rare (v. a. **04 06** 08') ist eins der bestgehüteten Geheimnisse der Champagne.

Plageoles, Robert et Bernard SWF r w; sch – Die *enfants terribles* und ultratraditionalistischen GAILLAC-Erzeuger kultivieren viele verloren geglaubte Rebsorten: Ondenc liefert den fantastischen süßen Vin d'Autan (★★★★), Prunelard einen dunklen, fruchtigen Rotwein (★★★), Verdanel einen trockenen Weißen mit sehr eigener Persönlichkeit, Duras einen würzigen Roten und Mauzac den schäumenden Mauzac NATURE.

Plan de Dieu S-Rh r ★→★★ **10' 11 12'** – AC der CÔTES DU RHÔNE-VILLAGES auf einer weiten, steinigen, windigen Ebene bei CAIRANNE mit körperreichen, unverfälschten Weinen (vorwiegend GRENACHE) – ein guter Begleiter zu Wildbret. Beste Erzeuger: Ch. La Courançonne, Doms. Aphillantes, Arnesque, Durieu, Espigouette, Martin, Pasquiers, St-Pierre (gut und traditionell).

Ganztraubengärung

Vendanges entières sagen die Franzosen zur Ganztraubengärung, also der Vergärung vollständiger Trauben mit ihren Stielen. In Burgund kommt sie wieder in Mode, nachden sie lange das Privileg ein paar exponierter Vertreter wie DRC und den Doms. DUJAC und de l'ARLOT gewesen war. Der verstorbene Henri Jayer lehnte sie ganz und gar ab, doch weilt er nicht mehr unter uns – und je reifer die Trauben und brauner die Stiele in den letzten Jahren wurden, umso mehr Anhänger gewann die Idee. Die Trauben komplett mit den Stielen zu vergären, ohne sie abzubeeren, verändert die Textur des Weins und erweitert das Aromaprofil um Noten von Pfeffer oder zerdrückten Erdbeeren. Ob Sie diese Methode nun lieben oder verdammen, Sie sollten herausfinden, welche Erzeuger sie anwenden und welche nicht.

Frankreich

Pol Roger Champ BRUT White Foil wurde umbenannt in Brut Réserve oJ; Brut **96 98' 99 00 02' 04 06** 08'; Rosé **02 04 06**; Blanc de CHARDONNAY **04 06** 08' – Champagnerhaus in Familienbesitz in Épernay, das zu den familieneigenen Weinbergen auch Reben in AVIZE hat. Sehr feiner, blumiger Brut oJ und neuer Pure Brut *(dosage zéro)*, der hervorragend zu Meeresfrüchten passt. Üppige Cuvée Sir Winston Churchill (**96' 02 04** 08'). Stets erstklassige Qualität.

Pomerol Bx r ★★★→★★★★ **95 96 98' 00' 01 04 05' 06' 08** 09' 10' 11 12 – Kleine AC an der Grenze zu ST-ÉMILION, aber keine Kalkböden, sondern nur Lehm, Kies und Sand. Berühmt für ihren von MERLOT dominierten reichhaltigen, geschmeidigen Stil. Spitzengüter: CLINET, LA CONSEILLANTE, L'ÉGLISE-CLINET, L'ÉVANGILE, LA FLEUR-PÉTRUS, HOSANNA, LAFLEUR, PETRUS, LE PIN, TROTANOY und VIEUX CHÂTEAU CERTAN. Dass es kein Klassifikationssystem gibt, hält den Preisanstieg nicht auf.

Pommard Côte d'Or r ★★★ **90' 96'** 98 **99' 02' 03** 05' 06 **07** 08 09' 10' 11 12 – Nachbar von Volnay, aber ganz anders: mächtige Weine mit viel Tannin und mindestens 10 Jahren Lebensdauer. Beste Lagen: Epenots (anmutige Weine) und Rugiens (kraftvoll). Man spricht davon, beide zum GRAND CRU aufzuwerten. Erzeuger: Comte ARMAND, J.-M. BOILLOT, COURCEL, HOSPICES DE BEAUNE, Huber-Vedereau, Lejeune, de MONTILLE, Parent, Ch. de Pommard, Pothier-Rieusset.

Pommery Champ BRUT oJ immer verlässlich; Rosé oJ; Brut **00 02 04 06** 08 – Historisches Champagnerhaus; die Marke gehört jetzt VRANKEN. Hervorragende Cuvée Louise (**90' 02** 04 08') und geschmeidiger BLANC DE NOIRS Wintertime.

Ponsot Côte d'Or r w ★★→★★★★ Sehr eigenwilliges Spitzenweingut in MOREY-ST-DENIS, das inzwischen über Reben in 12 GRANDS CRUS von CORTON bis CHAMBERTIN verfügt, einschließlich der Filetstücke Clos de la Roche und CLOS ST-DENIS. Auch im Kampf gegen Betrug hat sich Laurent Ponsot exponiert.

Potel, Nicolas Côte d'Or r w ★★→★★★ Handelsmarke im Besitz von Cottin Frères, seit 2009 ohne Beteiligung des Gründers Nicolas Potel selbst, dem jetzt Dom. de Bellene und Maison Roche de Bellene in BEAUNE gehören.

Pouilly-Fuissé Bg w ★★→★★★ **05' 06 07 08 09' 10' 11** 12 13 – Spitzenappellation des Mâconnais mit kraftvollen Weißen; die Klassifikation der Terroirs ist noch in Arbeit. Die Weine aus Chaintré sind am weichsten, die aus Fuissé am kraftvollsten, die aus Vergisson mineralisch. Spitzenerzeuger: Barraud, Ch. de Beauregard, Cornin, Ferret, Forest, Ch. de FUISSÉ, Merlin, Ch. des Rontets, Saumaize, VERGET.

Pouilly-Fumé Lo w ★→★★★ **05' 07 08 09' 10** 12 13 – AC gegenüber von SANCERRE am anderen Loire-Ufer mit ähnlichen Weinen. Die besten sind rund und sehr aromatisch und können sich 7–8 Jahre und länger entwickeln. Erzeuger: Bain, BOURGEOIS, Cailbourdin, Chatelain, Didier DAGUENEAU, Serge Dagueneau et Filles, Ch. de Favray, Edmond und André Figeat, Masson-Blondelet, Jean Pabiot, Redde, Tabordet, Ch. de Tracy, Ch. du Nozet, Treuillet.

Pouilly-Loché Bg w ★★ **10' 11 12** 13 – Der Wein wird in der Regel als POUILLY-VINZELLES verkauft. Gut sind Bret Brothers, Clos des Rocs und Tripoz, große Mengen erzeugt die Genossenschaft.

Pouilly-sur-Loire Lo w ★ BV – Geschichtsträchtiger, aber heute unbedeutender CHASSELAS-Wein aus den gleichen Lagen wie POUILLY-FUMÉ. Heute stehen nur noch 30 ha unter Reben. Am besten von Serge Dagueneau et Filles, Landrat-Guyollot, Masson-Blondelet, Jonathan Pabiot, Redde.

Pouilly-Vinzelles Bg w ★★ **10' 11 12** 13 – Hervorragender Nachbar von POUILLY-LOCHÉ; am besten von der Lage Quarts. Beste Erzeuger: Bret Brothers und Valette. Mengenmäßig größter Erzeuger ist die Genossenschaft Cave des Grands Crus Blancs.

Premier cru In BORDEAUX Lagen 1. Klasse, in Burgund (einschließlich CHABLIS) jedoch Lagen 2. Klasse, hinter GRAND CRU. An der Loire neuerdings Einstufung für Lagen 2. Klasse – bislang gilt sie einzig für COTEAUX DU LAYON Chaume, und auch darum wird vor Gericht gestritten.

Premières Côtes de Bordeaux Bx w; s ★→★★ **07 09' 10' 11** (13) – Geografisch mit CADILLAC – CÔTES DE BORDEAUX identische, aber ausschließlich für Süßwein geltende AC. Üblicherweise eher lieblich (*moelleux*) als im edelfaulen Dessertweinstil (*liquoreux*) ausgebaut. Unterschiedliche Qualität. Beste CHÂTEAUX: Crabitan-Bellevue, Fayau, du Juge, Suau.

Prieur, Domaine Jacques Côte d'Or ★★★ Weingut in MEURSAULT mit einer Reihe hervorragender GRAND-CRU-Lagen, von MONTRACHET bis MUSIGNY. Der Stil zielt eher auf Gewichtigkeit durch späte Lese und Eichenausbau ab als auf Finesse. Es gibt aber Anzeichen, dass wieder mehr Lebendigkeit Einzug hält.

Primeur Frischer, belebender junger Wein, besonders BEAUJOLAIS, auch VIN DE PAYS. *En primeur*-Verkauf bezieht sich dagegen auf Wein, der noch im Fass liegt und erst nach der Flaschenabfüllung ausgeliefert wird. Vorsicht: Hier kann man sich die Finger verbrennen.

Producteurs Plaimont SWF – Die brillante Genossenschaft, die sich auf *oeno-tourisme* spezialisiert, umspannt drei Appellationen: MADIRAN, ST-MONT und CÔTES DE GASCOGNE. Verwendet werden ausschließlich authentische Gascogner Rebsorten. Riesiges Angebot an Weinen aller Farben und Stile (überwiegend ★★), aller Geschmacksrichtungen und aller Preisklassen.

Propriétaire-récoltant Champ – Besitzer und Betriebsleiter; *récoltant* ist vom Verb *récolter* abgeleitet, das »ernten«, »sammeln« bedeutet.

Provence – Siehe CÔTES DE PROVENCE, CASSIS, BANDOL, PALETTE, Les BAUX-DE-PROVENCE, BOUCHES-DU-RHÔNE, COTEAUX D'AIX-EN-PROVENCE, PIERRE-VERT, COTEAUX VAROIS-EN-PROVENCE.

Puisseguin St-Émilion Bx r ★★ **03 05' 08 09' 10' 12** – Östlicher »Satelliten«-Nachbar von ST-ÉMILION mit festen, soliden Weinen. Spitzen-CHÂTEAUX: Bel Air, Branda, Clarisse, Durand-Laplague, Fongaban, Guibot La Fourvieille, LAURETS, La Mauriane, Soleil. Ferner der Genossenschaftswein Roc de Puisseguin.

Puligny-Montrachet Côte d'Or (r) w ★★★→★★★★ **02' 04 05' 06 07 08 09' 10'** 11 12 13 – Kleinerer Nachbar von CHASSAGNE-MONTRACHET mit potenziell noch feineren, vitaleren, blumigeren und komplexeren Weinen; scheinbare Finesse kann aber auf Überproduktion hindeuten. Lagen: u. a. BÂTARD-MONTRACHET, BIENVENUES-BÂTARD-MONTRACHET, Caillerets, CHEVALIER-MONTRACHET, Combettes, Folatières, MONTRACHET, Pucelles. Erzeuger: J.-M. Boillot, Bouchard Père et Fils, L. CARILLON, Chartron, DROUHIN, JADOT, LATOUR, Dom. Leflaive, O. LEFLAIVE, Pernot, Ch. de Puligny, Sauzet.

Puyméras S-Rh r w ★ **10' 11' 12'** – Achtbarer, zurückhaltender Weinbauort an der südlichen Rhône mit höher gelegenen windigen Weinbergen, geradlinigen, geschmeidigen Roten auf GRENACHE-Basis, recht ordentlichen Weißen und annehmbarer Genossenschaft. Empfehlenswert sind Cave la Comtadine, Dom. du Faucon Doré und Puy du Maupas.

Pyrénées-Atlantiques SWF BV – IGP-Bezeichnung für Weine, die die AC-Qualitätsanforderungen im äußersten Südwesten nicht erfüllen. Empfehlenswert sind CHÂTEAU Cabidos (★★★; mit erlesenem süßem weißem PETIT MANSENG) sowie Dom. Moncaut nahe Pau (★★) und die sortenreinen Weine von BRUMONT (★). Ansonsten auf gut Glück.

Quarts de Chaume Lo w; s ★★★→★★★★ **89' 90' 95' 96' 97' 02 03 04 05' 07'** 09 **10' 11'** – Winzige Hanglage mit hervorragender Ausrichtung in der Nähe von Layon, ausschließlich für CHENIN BLANC. Der erste GRAND CRU der Loire – mit sehr strengen Vorschriften; die besten Weine haben eine reichhaltige Textur. Beste Erzeuger: Baudouin, BAUMARD, Bellerive, FL, Yves Guegniard, Ch. Pierre-Bise, Pithon-Paillé, Suronde.

Quatourze Lang r (rs) w ★★ BV – Winziger Bereich bei Narbonne, Anwärter auf den Status Grand Vin du LANGUEDOC. Die Dom. Notre Dame du Quatourze hält beherzt nahezu im Alleingang den Ruf aufrecht.

Quincy Lo w ★→★★ Kleiner AC-Bereich mit Kiesboden im Tal des Cher westlich von Bourges, der oft von Hagel heimgesucht wird. Zitrusfruchtige SAUVIGNON-BLANC-Weine quasi im SANCERRE-Stil; innerhalb von 3 Jahren trinken. Erzeuger: Mardon, Portier, Rouzé, Siret-Courtaud, Tatin-Wilk (Doms. Ballandors und Tremblay).

Rancio Rouss – Der originellste, nachhaltigste und köstlichste Stil eines VIN DOUX NATUREL, der an Tawny Port erinnert, wird in BANYULS, MAURY, RIVESALTES und RASTEAU erzeugt. Reift in Holzfässern, die unter Sauerstoff- und Hitzeeinwirkung stehen. Bei Tischweinen wäre der daraus resultierende (stechend-durchdringende) Geschmack ein Fehler.

Rangen El – Der südlichste elsässische GRAND CRU in Thann auf extrem steilen Hängen (im Durchschnitt 90 % Gefälle) mit vulkanischem Boden. Spitzenweine: kraftvoller RIESLING und PINOT GRIS von ZIND-HUMBRECHT (CLOS St Urbain **00' 05 09'** 10 12) und SCHOFFIT (Clos St-Théobald). Durch den Klimawandel tendieren die kühleren Jahrgänge zu mehr Finesse.

Rasteau S-Rh r (rs) (w) br; (tr) s ★★ **07' 09' 10' 11 12'** – Kraftvolle Rote von Tonböden mit lokaler Identität, hauptsächlich von GRENACHE. Erzeuger: Beaurenard, Cave Ortas (gut), Ch. du Trignon, den DOMAINES Didier Charavin, Collière, Coteaux des Travers, Escaravailles, Girasols, Gourt de Mautens (talentiert, seit 2010 auch IGP-Weine), Grand Nicolet, Famille Perrin, Rabasse-Charavin, St-Gayan und Soumade. Der als VIN DOUX NATUREL von Grenache erzeugte Dessertwein wird immer besser (Doms. Banquettes, Coteaux des Travers, Escaravailles, Trapadis).

Ratafia de Champagne Champ – Süßer Aperitif aus der Champagne: zwei Drittel Traubensaft, ein Drittel Branntwein. Nicht unähnlich dem PINEAU DES CHARENTES.

Raveneau Chablis w ★★★★ Traditionelle Methoden verhelfen diesem großartigen CHABLIS-Erzeuger zu außerordentlich langlebigen Weinen. Cousin von DAUVISSAT. Empfehlenswert: Blanchots, Les CLOS, Vaillons.

Rayas, Château S-Rh r w ★★★→★★★★ **78' 79 81' 85 86 88' 89 90' 93 94 95' 96' 98' 99 00 01 03 04'** 05' 06' 07' 08 09' 10' 11' 12' – Außergewöhnliches, eigenwilliges, vornehm traditionelles Gut in CHÂTEAUNEUF-DU-PAPE. Die blassen, subtilen, aromatischen und komplexen Roten (100 % GRENACHE) altern wunderbar. Der weiße Rayas (GRENACHE BLANC, CLAIRETTE) hält sich gut und gern 18 und mehr Jahre. Günstiger Zweitwein: Pignan. Zudem erlesener Ch. Fonsalette (CÔTES DU RHÔNE), u. a. SYRAH. Alle müssen dekantiert werden. Gut auch Ch. des Tours (VACQUEYRAS) und Dom. des Tours (VIN DE PAYS de Vaucluse).

Régnié Beauj r ★★ **11' 12 13** – Der jüngste aller BEAUJOLAIS-Crus, dessen fruchtige, unkomplizierte Weine von sandigen Böden oft die leichtesten sind. Probierenswert: Burgaud, Dupré, de la Plaigne, Rochette, Sunier.

Reuilly Lo r rs w ★→★★★ **05' 08 09' 10 11** 12 13 – Kleine AC mit steigendem Niveau westlich von Bourges für Weißweine von SAUVIGNON BLANC sowie Rosé und Vin gris von PINOT NOIR und/oder PINOT GRIS. Auch für Rotweine von Pinot noir. Am besten von: Jamain, Claude Lafond, Mardot, Rouze, Sorbe. 2012 schwere Frostschäden.

Ribonnet, Domaine de SWF r rs w ★★ Christian Gerber (Pate der IGP ARIÈGE) verwendet südlich von Toulouse Rebsorten aus ganz Europa und bereitet daraus faszinierende sortenreine Weine und Verschnitte aller drei Farben.

Riceys, Rosé des Champ rs ★★★ BV – Winzige AC in AUBE, ausschließlich für einen beachtenswerten PINOT-NOIR-Rosé. Wichtigste Erzeuger: A. Bonnet, Jacques Defrance, Morize. Großartiger 09er.

Richebourg Côte d'Or r ★★★★ **90' 93' 95** 96' **98 99' 00 02' 03** 05' 06 **07** 08 09' 10' 11 12' 13 – GRAND CRU in VOSNE-ROMANÉE. Magischer Burgunder mit unendlicher Tiefe, unglaublich teurer. Erzeuger: DRC, GRIVOT, GROS, HUDELOT-Noëllat, LEROY, LIGER-BELAIR, MÉO-CAMUZET.

Rimage Rouss – Im Trend liegende, überaus fruchtige VINS DOUX NATURELS mit Jahrgangsbezeichnung. Jung trinken. Ähneln gutem Ruby Port.

Rion, Patrice Côte d'Or r ★★★ In Prémeaux ansässige DOMAINE mit ausgezeichnetem Weinbergbesitz in NUITS-ST-GEORGES, v. a. CLOS des Argillières, Clos St-Marc und CHAMBOLLE. Ebenfalls beachtenswert sind Dom. Daniel Rion in Prémeaux und Dom. Armelle et Bernard Rion in VOSNE-ROMANÉE.

Rivesaltes Rouss r w br; tr s ★★ Meist oJ oder Solera – Gespriteter Wein aus der Nähe von Perpignan. Eine gefährdete, aber erhaltenswerte Tradition. Spitzenerzeuger: Dom. CAZES, Ch. de Jau, Dom. Sarda-Malet, Dom. des Schistes, Dom. Vaquer, Dom. de Rancy, Dom. des Chênes. Die besten Exemplare sind köstlich und originell, v. a. alte RANCIOS auch enorm langlebig. Siehe auch MUSCAT DE RIVESALTES.

Roche-aux-Moines, La Lo w; s ★★→★★★ **89' 90' 96' 99 02 03 05' 06 07 08' 09** 10' **11**12 (13) – Cru in SAVENNIÈRES, ANJOU, für den neuerdings strenge Vorschriften gelten. Kraftvoller, intensiv mineralischer, alterungswürdiger Wein. Erzeuger: u. a. Le Clos de la Bergerie (Joly), Dom. des Forges, FL, Dom. M. Laroche, Damien Laureau, Ch. PIERRE-BISE.

Roederer, Louis Champ BRUT Premier oJ; Rich oJ; Brut **00 02' 04 06**; BLANC DE BLANCS **99 00 02 04 07 08'** 10 13; Brut Rosé **06 07** 08 – Der Familienbetrieb ist das Nonplusultra eines Champagnerhauses mit beneidenswerten Weinbergen in Spitzenlagen, viele jetzt biodynamisch bewirtschaftet. Schmackhafter oJ, herrlicher Cristal (vielleicht die großartigste aller Prestige-CUVÉES, z. B. **88' 90' 96 02' 04**) und Cristal Rosé (**96' 02' 05 06**). Der 1995er Cristal soll 2015 freigegeben werden. Das Projekt Brut Nature ruht momentan. Eigentümer von DEUTZ (Champagner), DELAS, Ch. de PEZ und Ch. PICHON LALANDE. Siehe auch Roederer Estate im Kapitel »Vereinigte Staaten«, Abschnitt »Kalifornien«.

Rolland, Michel Bx – Allgegenwärtiger, sehr gefragter Berater und MERLOT-Spezialist, der in BORDEAUX und überall auf der Welt tätig ist. Hat jüngst den Familienbesitz (BERTINEAU ST-VINCENT, BON PASTEUR) an einen chinesischen Konzern verkauft.

Rolly Gassmann El w; s ★★ Bewunderter Erzeuger in Rorschwihr. Sein halbtrockener Stil, v. a. von der Lage Moenchreben, findet seinen schönsten Ausdruck im gehaltvollen GEWÜRZTRAMINER Cuvée Yves (**05 06 08 09** 10 12). Biodynamische Methoden haben zu mehr Finesse geführt.

Romanée, La Côte d'Or r ★★★★ **96' 99' 00 01 02'** 03 05' 06 **07** 08 09' 10' 11 12' 13 – Der kleinste GRAND CRU in VOSNE-ROMANÉE; MONOPOLE von Comte LIGER-BELAIR. Außerordentlich feine, duftende, intensive und verständlicherweise sehr teure Weine.

Romanée-Conti Côte d'Or r ★★★★ **78' 85' 88' 89' 90' 93'** 95 96' **97 98** 99' **00 01** 02' 03 05' 06 07 09' 10' 11 12' 13 – Grand-cru-MONOPOLE in VOSNE-ROMANÉE, erbringt jährlich 450 Kisten des gefeiertsten und teuersten Rotweins der Welt mit im Idealfall allmählich sich entfaltenden, unvorstellbaren Geschmacksnuancen. 15 Jahre und länger einkellern für beste Resultate.

Romanée-Conti, Domaine de la (DRC) Côte d'Or r w ★★★★ Das großartigste Weingut in Burgund. Dazu gehören ganz ROMANÉE-CONTI und La TÂCHE sowie größere Teile von ECHÉZEAUX, GRANDS-ECHÉZEAUX, RICHEBOURG und ROMANÉE-ST-VIVANT, außerdem ein sehr kleiner Teil von Le MONTRACHET. Seit 2009 auch CORTON-Wein. Majestätische Preise; fast unbezahlbar. Spitzenjahrgänge brauchen jahrzehntelange Reife.

Romanée-St-Vivant Côte d'Or r ★★★★ **90' 93 95 96' 99' 02' 03** 05' **06 07 08** 09' 10' 11 12' 13 – GRAND CRU in VOSNE-ROMANÉE, etwas tiefer gelegen als ROMANÉE-CONTI. Der Wein hat ein betörendes Bukett und ist eher intensiv als gewichtig; etwas früher trinkreif als seine berühmten Nachbarn. Wenn Sie sich DRC oder LEROY nicht leisten können, probieren Sie Weine von ARLOT, CATHIARD, J.J. Confuron, Follin-Arbelet, HUDELOT-Noëllat, LATOUR.

Rosacker El – GRAND CRU in Hunawihr. Von hier kommt mit der beste RIESLING des ELSASS (CLOS STE-HUNE, SIPP-MACK).

Rosé d'Anjou Lo rs ★→★★ BV – Lieblicher Rosé (vorwiegend von Grolleau); oft preiswert. Es gibt einige gute Exemplare, z. B. von Mark Angeli, Clau de Nell sowie den DOMAINES de la Bergerie, les Grandes Vignes und des Sablonnettes.

Rosé de Loire Lo rs ★→★★ BV – Der trockenste der ANJOU-Rosés von sechs Rebsorten, v. a. GAMAY und Grolleau – ein erfrischender Sommerwein. Die AC deckt theoretisch auch SAUMUR und die TOURAINE ab, wird dort jedoch nur selten verwendet. Beste Erzeuger: Bablut, Cave de Saumur, Ogereau, Ch. PIERRE-BISE, Richou, Soucherie.

Rosette SWF w; lbl ★★ BV – Die Aschenputtel-AC von BERGERAC erzeugt blumige halbtrockene Aperitifweine, die perfekt zu Foie gras oder Pilzen passen. Probierenswert: Dom. de la Cardinolle, CLOS Romain, Ch. Combrillac, Dom. de Coutancie, Dom. du Grand-Jaure, Ch. Puypezat-Rosette, Ch. Spingulèbre (alle ★★).

Rossignol-Trapet Bg r ★★★ Ebenfalls biologisch-dynamisch arbeitende Cousins der Eigentümer von Dom. TRAPET, im Besitz etlicher GRAND-CRU-Lagen, v. a. CHAMBERTIN. Angefangen vom GEVREY VIEILLES VIGNES bietet das gesamte Sortiment ein gutes Preis-Leistungs-Verhältnis. Auch einige Lagen in Beaune.

Rostaing, René N-Rh r w ★★★ **95' 99' 01'** 05' **06' 07'** 09' 10' 11 12' 13 – CÔTE-RÔTIE-DOMAINE mit zentral gelegenen alten Weinbergen für drei sehr schöne, straff gewirkte Rotweine mit seidiger Frucht und dezentem Eicheneinsatz, die 5–6 Jahre reifen sollten. Verführerischer, erstklassiger Côte Blonde (mit 5 % VIOGNIER), außerdem La Landonne (dunkle Früchte, 15–20 Jahre haltbar). Dekantieren. Auch raffinierter, alles andere als protziger CONDRIEU. Zudem roter und weißer Dom. Puech Noble (LANGUEDOC).

Rouget, Emmanuel Côte d'Or r ★★★★ Erbe des legendären Besitzes von Henri Jayer in ECHÉZEAUX, NUITS-ST-GEORGES und VOSNE-ROMANÉE. Spitzenwein: Vosne-Romanée Cros Parantoux (heftiger Preis).

Roulot, Domaine Côte d'Or w ★★★→★★★★ Ausgezeichneter Erzeuger in MEURSAULT mit großartigen PREMIERS CRUS wie Bouchères (seite 2011), Charmes und Perrières, aber auch ausgezeichneten Villages-Lagen wie Les Luchets (v. a. Tesson Clos de Mon Plaisir).

Roumier, Georges Côte d'Or r ★★★★ Das Musterweingut für BONNES-MARES und andere brillante Chambolle-Weine, bereitet vom fähigen Christophe Roumier. Langlebige, aber auch schon in der Jugend ansprechende Weine.

Rousseau, Domaine Armand Côte d'Or r ★★★★ Unschlagbare DOMAINE in GEVREY-CHAMBERTIN, brillant sind der CLOS ST-JACQUES und die GRANDS CRUS. Duft, Balance und Nachhaltigkeit durchziehen das gesamte Angebot. Hat sich nun mit Rebflächen des Ch. de Gevrey-Chambertin vergrößert.

Roussette de Savoie Sav w ★★ BV – Der schmackhafteste unter den frischen Weißweinen aus der Gegend südlich des Genfer Sees.

Roussillon Wichtigste Region für traditionellen VIN DOUX NATUREL (z. B. MAURY, RIVESALTES, BANYULS). Jüngere Jahrgangsweine (RIMAGE) konkurrieren mit gereiftem RANCIO. Zudem feine Tischweine. Siehe auch CÔTES DU ROUSSILLON (und -VILLAGES), COLLIOURE und CÔTES CATALANES (IGP). Jetzt in die neue AC LANGUEDOC integriert.

Ruchottes-Chambertin Côte d'Or r ★★★★ **90' 93' 95 96' 98 99' 00 02' 03** 05' **06 07 08** 09' 10' 11 12' 13 – Winziger GRAND-CRU-Nachbar von CHAMBERTIN; weniger körperreicher, dafür ätherischer, fein gewirkter, langlebiger Wein von großer Finesse. Spitzenerzeuger: MUGNERET-Gibourg, ROUMIER, ROUSSEAU.

Ruinart Champ »R« de Ruinart BRUT oJ; Ruinart Rosé oJ; »R« de Ruinart Brut **02' 04 06** 08 – Zu Moët-Hennessy gehörende, älteste Champagnerfirma. Das bereits hohe Niveau steigt immer weiter: Die Weine sind reichhaltig und elegant. Die Prestige-CUVÉE Dom Ruinart ist einer der beiden besten BLANC-DE-BLANCS-Jahrgangsweine der Champagne (z. B. **88' 95' 02' 04**), und auch der Dom Ruinart Rosé (**88 96 02'**) ist etwas ganz Besonderes. Der Blanc de Blancs oJ macht sich, könnte allerdings noch besser sein.

Rully Bg r w ★★ r **09' 10' 12** 13; w **09' 10' 12** 13 – Ort an der CÔTE CHALONNAISE. Die Weißweine sind leicht, frisch, schmackhaft, preiswert und ebenso wie die Roten fruchtbetont. Probierenswert: Devevey, DUREUIL-JANTHIAL, FAIVELEY, Jacqueson, Claudie Jobart, Ninot, Rodet.

Sable de Camargue Lang r rs w ★ BV – IGP-Wein von Sanddünen an der Mittelmeerküste, v. a. rosafarbener Gris de Gris von CARIGNAN und CINSAULT;

hieß früher Sables du Golfe du Lion. Der Gigant Listel beherrscht die Produktion, die kleinen Erzeuger holen aber auf.

Sablet S-Rh r (rs) w ★★ **10' 11' 12'** – Vergnügliche, aber auch seriöse Weine von steigender Qualität bietet dieser Ort der CÔTES DU RHÔNE-VILLAGES. Beerenfruchtige Rote von sandigen Böden, v. a. von der Genossenschaft CAVE des Vignerons du Gravillas sowie den DOMAINES de Boissan, Espiers, Les Goubert, Pasquiers, Piaugier. Auch gute, volle Weißweine, sowohl als Aperitif als auch zum Essen.

St-Amour Beauj r ★★ **11' 12** 13 – Nördlichster Cru im BEAUJOLAIS; leichter, fruchtiger Wein, ein wenig gesichtslos. Wird unverdrossen für den 14. Februar angepriesen. Empfehlenswerte Erzeuger: Janin, Patissier, Revillon.

St-Aubin Côte d'Or r w ★★★ r **05' 08 09' 10' 11** 12 13; w **07 08 09' 10' 11 12** 13 – An PULIGNY- und CHASSAGNE-MONTRACHET angrenzende Ortschaft; gute Quelle für lebhafte, erfrischende Weißweine. Auch nette Rote. Beste Lagen: En Remilly, Murgers Dent de Chien. Spitzenerzeuger: J.C. Bachelet, COLIN, COLIN-Morey, Lamy, Prudhon.

St-Bris Bg w ★ BV – Nachbar von CHABLIS, die einzige AC für SAUVIGNON BLANC in Burgund. Frische, lebhafte Weine von J. H. Goisot, die sich zum Einkellern eignen. Auch interessant: Bersan, de Moor, Simonnet-Febvre.

St-Chinian Lang r ★→★★★ **06 07' 08 09' 10** 11 12 13 – Hügeliges Gebiet im LANGUEDOC mit wachsendem Ansehen. Seit 1982 AC für Rotwein, seit 2005 auch für Weißwein. Enthält die potenziellen Crus du Languedoc Berlou und Roquebrun. Warme, würzige, südliche Rotweine auf der Basis von SYRAH, GRENACHE und CARIGNAN. Erzeuger: die Genossenschaft in Roquebrun (gut), Dom. Borie la Vitarèle, CLOS Bagatelle, Dom. la Dournie, Dom. des Jougla, Dom. Madura, Dom. Navarre, Mas Champart, Dom. Rimbaud, Ch. de Viranel, Ch. Coujan sowie viele andere ältere und neuere Güter. Eine Erkundung lohnt sich.

Ste-Croix-du-Mont Bx w; s ★★ **03' 05' 07 09' 10' 11** (13) – AC für süße Weißweine gegenüber von SAUTERNES auf der anderen Seite der Garonne. Probierenswert von den besten Erzeugern, darunter die CHÂTEAUX Crabitan-Bellevue, Loubens, du Mont, Pavillon und la Rame.

St-Émilion Bx r ★★→★★★★ **96 98' 00' 01 03 04 05' 08 09'** 10' 11 12 – Großer, von MERLOT dominierter Bereich von BORDEAUX auf dem rechten Ufer; auch CABERNET FRANC spielt eine gewichtige Rolle. Die AC St-Émilion PREMIER GRAND CRU CLASSÉ ist die Klassifikation der Spitzengewächse. Warmer, voller, runder Stil (auch jung gut zu trinken); die besten Weine sind fest und langlebig. Es gibt sowohl moderne als auch traditionelle Stile; die Qualität kann wechseln. Spitzen-CHÂTEAUX: ANGÉLUS, AUSONE, CANON, CHEVAL BLANC, CLOS FOURTET, FIGEAC, PAVIE.

St-Estèphe H-Méd r ★★→★★★★ **95' 96' 98 00' 01 02 03 04 05' 06 08** 09' 10' 11 12 – Nördlichste kommunale AC im MÉDOC. Solide, strukturierte Weine von zunehmend verlässlicher Qualität. In die Spitzen-CHÂTEAUX – COS D'ESTOURNEL, CALON-SÉGUR und MONTROSE – wurden riesige Summen gesteckt. Daneben gibt es viele gute Châteaux ohne Klassifizierung, etwa CLAUZET, LE CROCK, HAUT-MARBUZET, MEYNEY, ORMES-DE-PEZ, DE PEZ, PHÉLAN-SÉGUR.

Ste-Victoire Prov r rs ★★ Unterbereich der CÔTES DE PROVENCE an den Südhängen der Montagne Ste-Victoire. Gute Weine aus einer beeindruckenden Landschaft. Probierenswert sind Mas de Cadenet und Mauvan.

St-Gall, de Champ BRUT oJ; Extra Brut oJ; Brut BLANC DE BLANCS oJ; Brut Rosé oJ; Brut Blanc de Blancs **02 04 06** 08'; CUVÉE Orpale Blanc de Blancs **95 02 04 06** 08' 09 10 – Markenname der Union Champagne, der von Spitzenwinzern gebildeten Genossenschaft in AVIZE. Feiner und preiswerter Pierre Vaudon oJ auf Pinot-Basis.

Frankreich

St-Georges d'Orques Lang r rs ★★→★★★ Der individuellere Teil der ausgedehnten Appellation GRÈS DE MONTPELLIER strebt einen eigenen Cru-Status an. Probierenswert sind l'Engarran und la Prose.

St-Georges Saint-Émilion Bx r ★★ **03 05' 08 09' 10'** 12 – Winziger Satellit von ST-ÉMILION. Normalerweise gute Qualität. Spitzen-CHÂTEAUX: Calon, MACQUIN-ST-GEORGES, ST-GEORGES, TOUR DU PAS-ST-GEORGES, Vieux Montaiguillon.

St-Germain, Domaine Sav – Ökologisch bewirtschaftete DOMAINE zweier junger Brüder in der Combe de Savoie (SAVOYEN). Probierenswert ist der MONDEUSE Le Pied de la Barme, ein rotes Langzeittalent.

St-Gervais S-Rh r (rs) (w) ★ **09' 10' 11 12'** 13 – Ort am Westufer der Rhône mit guten Böden, aber begrenzter Auswahl. Die Genossenschaft ist um steigende Qualität bemüht, bester Wein ist aber der ausgezeichnete, langlebige (10 Jahre und mehr) Rote der Dom. Ste-Anne (fest, mit ausgeprägten MOURVÈDRE-typischen Lakritzaromen); auch guter VIOGNIER.

St-Joseph N-Rh r w ★★ **99' 01' 05' 06' 07' 09' 10' 11' 12'** – AC entlang dem Westufer der nördlichen Rhône (65 km) mit Granitböden. Rotweine von SYRAH. Aus der ältesten und besten Zone bei Tournon kommen stilvolle, weiche Weine mit Noten roter Früchte, weiter nördlich sind die Aromen dunkler und pfeffriger, und es wird mehr Eiche verwendet. Vollendetere, strukturiertere Weine als CROZES-HERMITAGE, v.a. von CHAPOUTIER (Les Granits), J.-L. CHAVE, Gonon (Spitzenklasse), B. Gripa und GUIGAL (*lieu-dit* St-Joseph); auch: Chèze, Courbis, Coursodon (rassig, modern), Cuilleron, Delas, J. & E. Durand, B. Faurie (delikat), Faury, Gaillard, P. Marthouret, Monier-Perréol (Ökoanbau) A. Perret, Nicolas Perrin, Vallet, P.-J. Villa, F. Villard. Gute, zum Essen passende Weiße (hauptsächlich Marsanne), v.a. von Barge, CHAPOUTIER (Les Granits), Cuilleron, Gonon (fabelhaft), Gouye, B. Gripa, Faury, A. Perret, J. Pilon.

St-Julien H-Méd r ★★★→★★★★ **95' 96' 98 00' 01 02 03 04 05' 06 08** 09' 10' 11 12 – Kleine kommunale AC im mittleren MÉDOC. 11 Weingüter, die in die Klassifizierung von 1855 aufgenommen wurden, besitzen 80% der Rebfläche, u.a. drei verschiedene LÉOVILLE-CHÂTEAUX, DUCRU-BEAUCAILLOU, GRUAUD LAROSE. Der Inbegriff eines harmonischen, duftenden und leckeren Rotweins.

St-Mont SWF r rs w ★★ r **09 10 11** 12'; rs w BV – AC in Gers, zwischen ARMAGNAC und MADIRAN gelegen. Praktisch im Alleinbesitz (MONOPOLE) der PRODUCTEURS PLAIMONT. Weitere Erzeuger sind Dom. des Maouries (★), die Dom. de Turet des Saxophonisten J.-L. Garoussia und Ch. de Bergalasse.

St-Nicolas-de-Bourgueil Lo r rs ★→★★★ **89' 90' 96' 02' 03 05' 06 08 09' 10' 11** 12 (13) – Schwester-AC von BOURGUEIL mit hohem Anteil an Kiesböden und den gleichen (aber teureren) Weinen von CABERNET FRANC, die alles von leicht (von Sand-/Kiesböden) bis alterungswürdig (von Kalkhängen) sein können. Probierenswert: Yannick AMIRAULT, Cognard, David, Delanoue, Lorieux, Frédéric Mabileau, Laurent Mabileau, Mabileau-Rezé, Taluau-Foltzenlogel, Vallée.

St-Péray N-Rh w; sch ★★ **09' 10' 11' 12' 13'** – Unterschätzter weißer Rhône-Wein (MARSANNE plus ROUSSANNE), von Weinbergen auf Granithügeln und Kalkstein gegenüber von Valence. Auch etwas Schaumwein nach der Méthode champenoise – probierenswert (J.-L. Thiers). Der weiße Stillwein sollte griffig und rauchig sein. Meiden Sie die fetten Weine von sehr reifer Frucht, die in Eiche ausgebaut werden. Spitzenerzeuger: S. Chaboud, CHAPOUTIER, Clape (rein), Colombo (stilvoll), Cuilleron (fett), B. Gripa (sehr gut), J.-L. Thiers, du Tunnel, Voge (Eiche) sowie die Genossenschaft in TAIN.

St-Pourçain ZF r rs w ★→★★ BV – AC mit 19 Gemeinden. Leichte Rot- und Roséweine von GAMAY und PINOT NOIR (sortenreinen Pinot noir verbieten die Vorschriften albernerweise) sowie Weißweine von der Lokalsorte Tressalier und/oder CHARDONNAY bzw. SAUVIGNON BLANC. Erzeuger: Dom. de Bellevue, Berioles, Grosbot-Barbara, Laurent, Nebout, Pétillat, Ray und die gute Genossenschaft Vignerons de St-Pourçain mit einer Reihe von Stilen, darunter die ungemein süffige CUVÉE Ficelle.

St-Romain Côte d'Or r w ★★ w **09' 10' 11 12** 13 – Frische mineralische Weißweine und schnörkellos bereitete Rote von Rebflächen, die sich hinter der CÔTE DE BEAUNE verstecken. Es wird diskutiert, ob PREMIER-CRU-Weinberge ausgewiesen werden sollen, etwa für die Lage Sous le Château. Bester Erzeuger ist Alain Gras. Außerdem Bellene, Buisson, Dom. de Chassorney.

St-Véran Bg w ★★ **10' 11 12 13** – AC außerhalb von POUILLY-FUISSÉ. Je nach Boden und Erzeuger unterschiedliche Ergebnisse; die besten sind aufregend. Günstige Weine von Deux Roches, DUBŒUF und Poncetys, Spitzenqualität liefern Cordier, Corsin und Merlin.

Salon Champ ★★★★ Der originale BLANC DE BLANCS aus Le MESNIL an der Côte des Blancs. Winzige Produktion. Die langlebigen Weine genießen ein Ehrfurcht gebietendes Renommee, sind in Wirklichkeit aber manchmal ungleichmäßig. In letzter Zeit jedoch ganz auf der Höhe (z. B. **88' 96' 97'**), nur der 99er enttäuscht. Gelegentlich gelangen alte Weine aus dem Keller in den Verkauf, doch für Normalsterbliche wie Sie und mich sind sie unerschwinglich.

Sancerre Lo (r) (rs) w ★→★★★ **05' 08' 10 11 12** 13 – Der Maßstab für SAUVIGNON BLANC, oft aromatischer und lebhafter als POUILLY-FUMÉ. Die besten Weine halten sich 10 Jahre und länger. Immer bessere Rotweine (PINOT NOIR), während der Rosé selten sein Geld wert ist. Besonders empfehlenswert: Boulay, BOURGEOIS, Cotat, François Crochet, Lucien Crochet, Dezat, Dionysia, Fouassier, Thomas Laballe, Alphonse MELLOT, Pierre Martin, Mollet, Pinard, Pascal & Nicolas Reverdy, Raimbault, Claude Riffault, Roblin, Jean-Max Roger, Vacheron, André Vatan, Michel Vattan. 2013 wenig Ertrag.

Santenay Côte d'Or r (w) ★★★ **99' 02'** 03 **05' 06 07 08 09'** 11 12 13 – Stämmiger Rotwein aus dem Kurort südlich von CHASSAGNE-MONTRACHET. Von den besten Lagen – La Comme, Les Gravières, CLOS Rousseau, Clos de Tavannes – fällt er saftiger aus. Das Interesse an Weißwein wächst. Spitzenerzeuger: Belland, GIRARDIN, Lequin-Coulin, Jessiaume, MOREAU, V. MOREY, Muzard, Vincent.

Saumur Lo r rs w; sch ★→★★★ **05' 06 07 08 09' 10' 11 12** (13) – Übergeordnete AC für leichte bis ernst zu nehmende Weißweine und hauptsächlich unkomplizierte Rote, mit Ausnahme des Bereichs SAUMUR-CHAMPIGNY. Ansonsten angenehme Rosés und sehr viel Schaumwein: CRÉMANT und SAUMUR Mousseux. Die neue AC Saumur Le-Puy-Notre-Dame für CABERNET-FRANC-Rotweine umfasst ein (allzu) großes Gebiet mit 17 Gemeinden. Erzeuger: Bouvet-Ladubay, CHAMPS-FLEURIS, CLOS ROUGEARD, Antoine Foucault, René-Hugues Gay, Guiberteau, Clos Mélaric, Paleine, Ch. Parnay, St-Just, Cave des Vignerons de Saumur, Ch. de VILLENEUVE, Ch. Yvonne. 2012 und 2013 waren schwierige Jahrgänge.

Saumur-Champigny Lo r ★★→★★★ **96' 02' 03 05' 06 08' 09' 10 11** 12 (13) – 9 Kommunen umfassende AC für beliebte CABERNET-FRANC-Rotweine; gute Jahrgänge halten sich 15–20 Jahre. Beachtenswerte Erzeuger: Bruno Dubois, CHAMPS-FLEURIS, CLOS Cristal, CLOS ROUGEARD, de la Cune, Filliatreau, Hureau, Legrand, Nerleux, Roches Neuves, St-Just, Antoine Sanzay, die Genossenschaft in Saumur, Ch. de Targé, Vadé, Val Brun, Ch. de Villeneuve, Yvonne.

Saussignac SWF w; s ★★→★★★ **07' 09 10 11** 12' – AC in Bergerac, Nachbar von MONBAZILLAC. Süßweine, aber mit etwas mehr Säure. Beste Erzeuger: die DOMAINES Lestevénie, La Maurigne, Les Miaudoux, de Richard und Clos d'Yvigne (alle ★★★) sowie die CHÂTEAUX Le Chabrier, Court-les-Mûts, Le Payral, Le Tap (alle ★★).

Sauternes Bx w; s ★★→★★★★ **88' 89' 90' 95 96 97' 98 99' 01' 02 03' 05' 07' 09' 10'** 11' (13) – Bereich mit 5 Orten (einschließlich BARSAC), aus denen Frankreichs beste Süßweine kommen: stark, üppig, goldfarben. Zuletzt einige großartige Jahrgänge in Folge (ausgenommen 2012). Spitzen-CHÂTEAUX: u. a. GUIRAUD, LAFAURIE-PEYRAGUEY, RIEUSSEC, SUDUIRAUT, La TOUR BLANCHE, d'YQUEM. Trockene Weine dürfen nicht als Sauternes verkauft werden.

Sauzet, Etienne Côte d'Or w ★★★ Führendes Weingut in PULIGNY mit großartigen PREMIERS CRUS (Les Combettes, Folatières) und GRANDS CRUS (BÂTARD-MONTRACHET u. a.). Frische, lebhafte Weine, jetzt auch wieder langlebiger.

Savennières Lo w; tr s ★★★→★★★★ **89' 96' 97' 99 02' 03 05' 06 07 08' 09**10' **11** 12 (13) – Kleiner Bereich in ANJOU mit feinen Weißen (CHENIN BLANC) unterschiedlichen Stils. Erzeuger: Baudouin, BAUMARD, Boudignon, Closel, Clos de Coulaine (Ch. PIERRE-BISE), Ch. d'Epiré, Dom. FL, Guegniard, Laureau, Mahé, Mathieu-Tijou, Morgat, Ogereau, Pithon-Paillé, Ch. Soucherie. Spitzenlagen: COULÉE-DE-SERRANT, La ROCHE-AUX-MOINES und CLOS du Papillon.

Savigny-lès-Beaune Côte d'Or r (w) ★★★ **99' 02' 03 05' 07 08 09' 10'** 11 12 – Bedeutender Ort bei BEAUNE mit ähnlich mittelschweren Weinen, die köstlich und lebhaft sein sollten, manchmal aber rustikal geraten. Beste Lagen: Dominode, Les Guettes, Lavières, Marconnets, Vergelesses. Erzeuger: Bize, Camus, Chandon de Briailles, CLAIR, Ecard, Girard, Guyon, LEROY, Pavelot, TOLLOT-BEAUT.

Die Winzer in Savigny-lès-Beaune erlitten 2012 schwere Hagelschäden – und 2013 schon wieder.

Savoyen (Savoie) r w; sch ★★ BV – Alpiner Bereich mit leichten, trockenen Weinen, ähnlich den Schweizer oder einfacheren Loire-Weinen. Bekannteste Weißweine: APREMONT, CRÉPY und SEYSSEL; interessanter sind die Roussette-Abfüllungen. Auch guter roter Mondeuse.

Schlossberg El – GRAND CRU in Kientzheim, berühmt seit dem 15. Jh. Prachtvoller, unwiderstehlicher RIESLING von FALLER. Überragender 2010er.

Schlumberger, Domaines El w; s ★→★★★ Riesiger, erstklassiger Betrieb in Guebwiller, dem etwa 1 % aller Weinberge im Elsass gehören. Besitzt Lagen in den GRANDS CRUS Kitterlé, Kessler, Saering (**08'** ★★★ **09 10'** 12 13) und Spiegel. Gehaltvolle Weine. Das Angebot umfasst u. a. seltenen RIESLING, die unverwechselbare CUVÉE Ernest und neuerdings den PINOT GRIS Grand cru Kessler (**09'** 10' 12 13).

Schoenenbourg El – Der GRAND CRU in Riquewihr liefert sehr volle, erfolgreiche Weine: PINOT GRIS, RIESLING, sehr feine VENDAGE TARDIVE und SÉLECTION DE GRAINS NOBLES, v. a. von DOPFF AU MOULIN. Auch sehr gute MUSCAT.

Schoenheitz El – Aufstrebendes Weingut im Münstertal. Besonders gut ist der Basis-RIESLING (**09 10 11**), daneben der hübsche, mit floralen Noten ausgestattete Riesling Linsenberg (**08** 10 12).

Schoffit, Domaine El w ★★★ Der außergewöhnliche Winzer Bernard Schoffit in Colmar erzeugt exzellenten VENDANGE-TARDIVE-GEWÜRZTRAMINER und -PINOT-GRIS GRAND CRU RANGEN CLOS St-Théobald (**00' 05 08 09'** 10' 12 auf vulkanischen Böden. Ein Kontrast ist der RIESLING Grand cru Sonnenberg von Kalksteinboden (**08' 10'**). Köstlicher CHASSELAS.

Sec Wörtlich: trocken; so bezeichneter CHAMPAGNER ist allerdings eher lieblich (für Sektfrühstück und Hochzeiten besser geeignet als BRUT).

Séguret S-Rh r rs w ★★ **09' 10' 11 12'** – Klassischer provenzalischer Weinort bei GIGONDAS mit Lagen in der Ebene und auf Hügeln. Eine der führenden 18 CÔTES-DU-RHÔNE-VILLAGES. Pfeffrige, unmittelbar ansprechende, manchmal sehr volle Rotweine, vorwiegend von GRENACHE, sowie Weißweine mit klarer Frucht. Beste Erzeuger: Ch. La Courançonne, DOMAINES de l'Amauve (fein), de Cabasse (elegant), J. David (wuchtig; ökologischer Anbau), Garancière, Mourchon (stramm), Pourra (mächtig), Soleil Romain.

Sélection de grains nobles El – Von HUGEL geprägter Ausdruck für das elsässische Gegenstück zur deutschen Beerenauslese; seit 1984 strengsten Bestimmungen unterworfen. *Grains nobles* sind Trauben mit Edelfäule.

Sérafin Côte d'Or r ★★★ Christian Sérafins Weine GEVREY-CHAMBERTIN VIEILLES VIGNES und CHARMES-CHAMBERTIN sind voller Intensität. Der üppige Einsatz von neuer Eiche wird jetzt raffinierter gehandhabt, seit Christians Nichte für die Weinbereitung zuständig ist.

Seyssel Sav w; sch ★★ oJ – Delikater Weißwein und sehr angenehmer Schaumwein, z. B. aus Corbonod.

Sichel & Co. Bx r w – Eines der renommiertesten Handelshäuser in BORDEAUX (eine Spitzenmarke ist Sirius) mit Beteiligungen an Ch. d'ANGLUDET, Ch. PALMER und in CORBIÈRES.

Signargues S-Rh ★→★★ **10' 11 12'** 13 – Kaum bekannter Ort der CÔTES DU RHÔNE-VILLAGES am Westufer des Flusses mit vier Bereichen zwischen Avignon und Nîmes. Die fruchtigen Rotweine mit leichten Gewürznoten sollten innerhalb von 4 Jahren getrunken werden. Beachtenswerte Erzeuger: CAVE des Vignerons d'Estézargues (kräftig), La Font du Vent (mit den besten, tiefgründigsten Weinen), Haut-Musiel und Dom. Valériane.

Simone, Château Prov r rs w ★★→★★★ Geschichtsträchtiges Familienweingut südlich von Aix-en-Provence, auf dem Winston Churchill einst die Montagne Ste-Victoire malte. Seit über zwei Jahrhunderten im Besitz derselben Familie. Praktisch ein Synonym für die AC PALETTE. Es lohnt sich, die alterungswürdigen Weißweine zu suchen; außerdem charaktervolle Rosés und wärmende Rotweine. Teilweise seltene Rebsorten wie Castets und Manosquin (beide rot).

Sipp, Louis El w; s ★★→★★★ Erzeuger und Négociant in Ribeauvillé. Sehr guter RIESLING GRAND CRU Kirchberg, erlesener Grand cru Osterberg GEWÜRZTRAMINER VENDANGE TARDIVE (v. a. **05' 09'**). Fein in klassischen trockeneren Jahren (**08 10**).

Sipp-Mack El w; s ★★→★★★ Ausgezeichnete DOMAINE in Hunawihr. Großartiger RIESLING von den GRANDS CRUS ROSACKER (**02 07 08** 10' **11**) und Osterberg; auch sehr guter PINOT GRIS.

Sorg, Bruno El w ★★→★★★ Erstklassiger kleiner Winzer in Eguisheim mit den GRANDS CRUS Florimont (RIESLING **08 09** 10' 11 12 13) und PFERSIGBERG (MUSCAT). Tadellose, umweltfreundlich bewirtschaftete Weinberge; Weinbereitung mit Gefühl.

Sur lie »Auf der Hefe.« MUSCADET wird oft direkt vom Fass abgefüllt, um Schwung, Körper und Charakter zu bewahren.

Tâche, La Côte d'Or r ★★★★ **90' 93' 95 96' 98 99' 00 01** 02' 03 05' 06 **07** 09' 10' 11 12' 13 – GRAND CRU in VOSNE-ROMANÉE, MONOPOLE von DRC. Eine der besten Lagen der Welt: voller, bukettreicher, luxuriöser Wein (in der Jugend verschlossen).

Taille aux Loups, Domaine de la Lo w; s; sch ★★★ **02' 03' 05' 07' 08' 09 10'** 11 – Jacky Blot ist einer der führenden und dynamischsten Erzeuger an der Loire: fassvergorener MONTLOUIS und VOUVRAY, großteils trocken (v. a. von Einzellagen), in kleinen Mengen auch süß ausgebaut; Triple Zéro Montlouis Pétillant und feine Rotweine von der DOMAINE de la Butte in BOURGUEIL. Erwarb Ende 2010 Clos Mosny in Montlouis. 2012 und 2013 kleine Ernte.

Tain, Cave de N-Rh ★★ Hervorragende Genossenschaft der nördlichen Rhône mit 290 Mitgliedern und vielen Weinbergen mit älterem Rebbestand, darunter ein Viertel der Gesamtrebfläche von HERMITAGE. Solider roter Hermitage, v. a. Epsilon und Gambert de Loche, guter weißer Hermitage Au Cœur des Siècles. Guter roter ST-JOSEPH (rot und weiß), sonst eher moderne Mainstream-Rote. Vielversprechender CROZES von Lagen am Hang und in der Ebene. Günstige Weißweine von MARSANNE und formvollendeter VIN DE PAILLE.

Taittinger Champ BRUT oJ; Rosé oJ; Brut **90 95' 02' 04 06**; Collection Brut **90 95 96** – Einst gefragtes Champagnererzeuger- und -handelshaus in Reims, jetzt wieder in Familienhand. Weine mit unverwechselbar seidigem, blumigem Stil – gerade sehr in Mode und mit geringerer Dosage versehen. Hervorragende Luxusmarke: Comtes de Champagne BLANC DE BLANCS (**95' 99 02' 04 05**) und Comtes de Champagne Rosé (**96 02 06**). Auch sehr guter voller Pinot Prestige Rosé oJ. Neu sind die CUVÉES Nocturne und Prélude. Außerdem ein ausgezeichneter Einzellagenwein namens La Marquetterie. (Siehe auch Dom. Carneros in Kalifornien.)

Tavel S-Rh rs ★★ BV – Traditionell relativ dunkler Rosé auf GRENACHE-Basis, passend zur Mittelmeerküche. Zeigt heute mehr einen Provence-Stil und wird oft als Aperitif getrunken – ein Jammer. Spitzenerzeuger: Dom. Corne-Loup, Ch. Correnson, GUIGAL, Lafond Roc-Epine, Maby, Dom. de la Mordorée (voll), Prieuré de Montézargues (fein), Rocalière (fein), Ch. de Manissy, Trinquevedel (fein), VIDAL-FLEURY.

Tempier, Domaine Prov r rs w ★★★★ Pionier unter den BANDOL-Erzeugern mit Weinen von Eleganz und Langlebigkeit. Die hervorragende Qualität erhält aber jetzt durch etliche andere Winzer Konkurrenz.

Terrasses du Larzac Lang r rs w ★★→★★★ Der nördlichste Teil der AC LANGUEDOC, Anwärter auf den Status Cru du Languedoc – eine wilde, bergige Region vom Lac du Salagou bis Aniane, einschl. Montpeyroux und St-Saturnin. Die kühleren Temperaturen sorgen für frischere Weine, doch ist eine einheitliche Identität nicht so spürbar wie in anderen Gebieten, weshalb eine Einstufung als Cru von der Laune des INAO abhängt. Zu den Stars und denen, die es bald sein werden, gehören Cal Demoura, CLOS des Serres, Mas de l'Ecriture, Pas de l'Escalette, Mas Jullien und Montcalmès. Auf jeden Fall im Auge behalten.

Thénard, Domaine Bg r w – Großer Erzeuger in der AC GIVRY mit hervorragenden Rotweinen. Die Weißen kommen u. a. von einem bedeutenden Anteil an Le MONTRACHET und werden besser; der Großteil der Produktion geht an Händler wie JADOT.

Thévenet, Jean Bg r w; s ★★★ Erzeuger von gehaltvollem, teilweise edelfaulem Chardonnay im Mâconnais, z. B. CUVÉE Levroutée von der Dom. de la Bongran. Auch Dom. Emilian Gillet.

Thézac-Perricard SWF r rs ★★ **10 11 12** (13) – CAHORS benachbarter IGP-Bereich mit Weinen auf MALBEC-Basis, die allerdings schneller genussreif sind. Immer besser wird Sandrine Annibals Dom. de Lancement (★★). Auch die kleine Genossenschaft (★) ist nicht uninteressant.

Thiénot, Alain Champ BRUT oJ; Rosé Brut oJ; CUVÉE Stanislas **02 04 06** 08' 09 12; fülliger Vigne aux Gamins BLANC DE BLANCS (Einzellagen-AVIZE) **02 04**; erstklassige Grande Cuvée **96' 98 02'** – Die nachfolgende Generation bringt die Firma voran. Stets steigende Qualität; eindrucksvolle Brut-CHAMPAGNER oJ zu vernünftigen Preisen. Auch Eigentümer von Marie Stuart und CANARD-DUCHÊNE in der Champagne sowie von Ch. Ricaud in LOUPIAC.

Thomas, André et Fils El w ★★★ Sehr feiner Erzeuger in Ammerschwihr mit strikt ökologischem Anbau. Im Keller ein Kunsthandwerker, der sehr guten RIESLING KAEFFERKOPF (**08** 10') und herrlichen GEWÜRZTRAMINER VIEILLES VIGNES (**05 09' 10'** 12) bereitet.

Tollot-Beaut Côte d'Or r ★★★ Verlässlicher Erzeuger mit 20 ha Weinbergbesitz in BEAUNE, (u.a. BEAUNE-Grèves und CLOS du Roi), CORTON (Bressandes), SAVIGNY-LÈS-BEAUNE und in seinem Heimatort CHOREY-LÈS-BEAUNE (v.a. Pièce du Chapitre). Eichenwürziger Stil, aber nicht störend.

Touraine Lo r rs w; tr s; sch ★→★★★ **08 09' 10 11** 12 13 – Riesige Region mit einer Reihe von ACS (z.B. VOUVRAY, CHINON, BOURGUEIL) sowie der umfassenden AC Touraine mit unterschiedlicher Qualität: würzige Rotweine (CABERNET FRANC, CÔT, GAMAY, PINOT NOIR), Weiße (SAUVIGNON BLANC), Rosés und Schaumweine. Oft preiswert. Erzeuger: Bois-Vaudons, Corbillières, Joël Delaunay, de la Garrelière, Gosseaume; Mandard, Jacky Marteau, Marionnet, Morantin, Oisly et Thesée, Presle, Puzelat, Petit Thouars, Ricard, Roussely, Tue-Bœuf. Sehr groß sind die Village-ACs Touraine-Oisly und v.a. Touraine-Chenonceaux (27 Gemeinden). Konzentriert sich allzu sehr auf Sauvignon blanc.

Touraine: viel zu viel Sauvignon blanc, viel zu wenig Arbois, Meslier St-François und Sauvignon gris.

Touraine-Amboise Lo r rs w ★→★★ Unterbereich der AC TOURAINE mit durchwachsener Qualität, 60% Rotweine. Eine lokale Spezialität für Einsteiger sind der Verschnittwein François 1er (GAMAY/CÔT/CABERNET FRANC) oder die Weißen von CHENIN BLANC. Beste Erzeuger: Dom. des Bessons, Closerie de Chanteloup, Delecheneau (Dom. La Grange Tiphaine), Dutertre, Frissant, de la Gabillière. Möchte gern zum Cru aufsteigen.

Touraine Azay-le-Rideau Lo rs w ★→★★ Kleiner Unterbereich der AC TOURAINE für trockene und halbtrockene Weißweine auf CHENIN-BLANC-Basis sowie Rosés (von mindestens 60% Grolleau). Erzeuger: Ch. de l'Aulée, Nicolas Paget, Pibaleau, de la Roche.

Touraine Mesland Lo r rs w ★→★★ Kleiner Unterbereich für rote Verschnitte (GAMAY/CÔT/CABERNET FRANC) – 70% der Produktion, aber nicht besser als einfacher AC TOURAINE. Weißweine auf CHENIN-BLANC-Basis. Erzeuger: CLOS de la Briderie (biologisch-dynamisch), Ch. Gaillard.

Touraine Noble-Joué Lo rs ★→★★ BV – Historischer, jetzt wiederbelebter Rosé von drei PINOT-Sorten (NOIR, GRIS, MEUNIER). Die seit 2001 bestehende AC umfasst nun 28 ha unmittelbar südlich von Tours. Empfehlenswerte Weine von Cosson, Rousseau und Sard.

Trapet Père et Fils, Domaine Côte d'Or r ★★→★★★ Alteingesessene DOMAINE in GEVREY-CHAMBERTIN, die mit sinnlichen Weinen aus ökologischem Anbau zu neuem Leben erwacht ist. Aushängeschild ist der CHAMBERTIN GRAND CRU, doch auch die PREMIER-CRU-Gewächse sind sehr gut. Siehe auch Dom. ROSSIGNOL-TRAPET.

Trévallon, Domaine de Prov r w ★★★ **97 98 99 00' 01 03 04 05 06** 07 08 09 10 11 12 13 – Wegweisender Erzeuger in Les BAUX, der seine Weine allerdings als IGP BOUCHES DU RHÔNE etikettieren muss, da sie keinen GRENACHE-Anteil enthalten. Nichtsdestotrotz wird er seinem ausgezeichneten Ruf gerecht: Der rote CABERNET SAUVIGNON/SYRAH-Verschnitt ist intensiv und langlebig, außerdem im Barrique ausgebauter Weißwein von MARSANNE und ROUSSANNE mit einem Spritzer CHARDONNAY und jetzt auch GRENACHE BLANC. Die Suche nach diesen Weinen lohnt sich wirklich.

Trimbach, F. E. El w ★★★→★★★★ Unnachahmlicher Erzeuger von Elsässer RIESLING von den Kalksteinböden um Ribeauvillé, v. a. der großartige CLOS STE-HUNE (**06 08** 09 10' 12) und der beinahe ebenso gute (und viel preiswertere) Frédéric Emile (**06 08 10** 12). Trockene, elegante Weine für die gehobene Cuisine.

Tursan SWF r rs w ★★ Meist BV – AC in den Landes. Die DOMAINE de Perchade (★★) ist der authentischste unabhängige Erzeuger, die untypischen Weine des Meisterkochs Michel Guérard (★★) sind schick, aber nicht billig. Die Genossenschaft (★) bietet günstige Alltagsweine.

Vacqueyras S-Rh r (rs) w ★★ **01' 05' 06' 07' 09' 10' 11 12'** – Herzhafte, pfeffrige Weine auf GRENACHE-Basis; Nachbar von GIGONDAS mit wärmerem Klima in den Weinbergen und früher reifenden Trauben, sodass die Weine gut zu Wild und anderen Gerichten mit ausgeprägter Aromatik passen. Halten sich 10 und mehr Jahre. Empfehlenswert: Arnoux Vieux Clocher, JABOULET; Chx. de Montmirail, des Tours (sehr fein); CLOS des Cazaux (günstig); DOMAINES Amouriers, Archimbaud-Vache, Charbonnière, Couroulu (sehr gut, traditionell), Font de Papier, Fourmone (gut in Form), Garrigue (traditionell), Grapillon d'Or, Monardière (sehr gut), Montirius (Ökoanbau), Montvac, Famille Perrin, Roucas Toumba (Ökoanbau), Sang des Cailloux (sehr gut). Volle Weiße, z. B. von Clos des Cazaux, Sang des Cailloux.

Val de Loire Lo r rs w; BV – Einer der vier regionalen IGP-Bereiche Frankreichs; hieß früher Jardin de la France.

Valençay Lo r rs w ★→★★ AC in der östlichen TOURAINE. Unkomplizierte Weine, v. a. von SAUVIGNON BLANC, die Roten sind von CÔT, GAMAY und PINOT NOIR bereitet. Erzeuger: CLOS Delorme, Lafond, Jacky Preys, Sinson, Sébastien Vaillant, Vignerons de Valençay.

Valréas S-Rh r (rs) (w) ★★ **09' 10' 11' 12'** – Langsam arbeitet sich der Ort der CÔTES DU RHÔNE-VILLAGES im Norden des Departements Vaucluse aus dem alltäglichen Einerlei heraus. Hier reifen die Trauben spät, und man findet schwarze Trüffel. Strukturierte, pfeffrige, mitunter alkoholstarke Rotweine (hauptsächlich GRENACHE) und besser werdende Weiße. Empfehlenswert: Clos Bellane (guter Weißwein), Emmanuel Bouchard (charaktervoll), Ch. la Décelle, Dom. des Grands Devers, Mas de Sainte Croix, Séminaire. Es gibt eine große Genossenschaft.

VDQS Vin Délimité de Qualité Supérieure. Qualitätsstufe unterhalb der AC. Wird nicht mehr verwendet.

Vendange Lese.

Vendange tardive Der Begriff bedeutet »Spätlese«; im Elsass ist es aber eher das Pendant zur deutschen Auslese, in der Regel jedoch mit geringerem Alkoholgehalt.

Wie wär's mit einem signierten Fass aus Brangelinas Ch. Miraval? Mit 10.000 € sind Sie dabei (Preis einer Wohltätigkeitsauktion 2013).

Venoge, de Champ – Altehrwürdiges Champagnerhaus, wiederbelebt, seit es im Besitz von Lanson-BCC ist. Gute Nischenweine: Cordon Bleu Extra BRUT, Jahrgangs-BLANC-DE-BLANCS (**00 04 06 08**), CUVÉE 20 Ans und die Prestige-Cuvée Louis XV, ein 10 Jahre alter BLANC DE NOIRS.

Ventoux S-Rh r rs w ★★ **10' 11' 12'** – Sich um den Mont Ventoux herum ausbreitende AC zwischen der Rhône und der PROVENCE. Saftig-fruchtige, herbe Rotweine (GRENACHE/SYRAH, vom Hauswein bis zu volleren Versionen; Qualität steigend), Rosés und gute Weiße (zunehmend in Eiche ausgebaut). Einige höhere Lagen sorgen für frische Noten. Am besten von: CLOS des Patris, Ferme St-Pierre (rosé, weiß), Gonnet, La Vieille Ferme (rot; im Besitz von Ch. de BEAUCASTEL), Ch. Unang, Ch. Valcombe, den Genossenschaften Bédoin, Goult und St-Didier sowie den DOMAINES Anges, Berane, Brusset, Cascavel, Champ-Long, Croix des Pins, Fondrèche (sehr gut), Font-Sane, Grand Jacquet, JABOULET, Martinelle, Murmurium, Pesquié (hervorragend), Pigeade, St Jean du Barroux, Terres de Solence, Verrière, VIDAL-FLEURY.

Verget Bg w ★★→★★★ Jean-Marie Guffens' Handelshaus für Weißweine im Mâconnais ist fast so unverwechselbar wie seine DOMAINE. Feine Qualität; es ist geplant, auch Rotweine ins Sortiment aufzunehmen.

Veuve Clicquot Champ Yellow Label oJ; White Label Demi-Sec oJ; Vintage Réserve **02 04 06 08** 12'; Rosé Réserve **04 06** 08' 12 – Ein historisches Champagnerhaus mit höchstem Ansehen. Körperreicher gehaltvoller, feiner CHAMPAGNER der verlässlichen Art. Luxusmarken: La Grande Dame (**98' 04'** ★★★ 08'; soll in Zukunft als BLANC DE NOIRS bereitet werden), Rich Réserve (**02 06**) und La Grande Dame Rosé (**95 04**). Seit 2008 teilweise in Eiche vergorene Jahrgangsweine. Seit Kurzem werden alte Jahrgänge der Reihe Cave Privée neu herausgebracht, die in gutem Zustand sind (v. a. **90**). Ein neues Projekt soll eine ernsthafte Rosé-Produktion bei geringeren Erträgen voranbringen.

Veuve Devaux Champ – Der Spitzen-CHAMPAGNER der mächtigen Genossenschaft Union Auboise in Bar-sur-Seine. Hervorragend sind die gereifte Grande Réserve oJ, der Rosé Œil de Perdrix, die Prestige-CUVÉE »D« (**02' 04**) sowie der Jahrgangs-BRUT (**04 06 09'**).

Vézelay Bg r w ★→★★ Aufstrebender nördlicher Unterbereich der übergeordneten Appellation BOURGOGNE für Rotweine. Die süffigen Weißweine von CHARDONNAY oder der wiederauferstandenen Sorte MELON gelangen als COTEAUX BOURGUIGNONS in den Handel. 1–2 Jahre lagern. Probierenswert: Dom. de la Cadette, La Croix Montjoye, des Faverelles, Elise Villiers.

Vidal-Fleury, J. N-Rh r w; s ★★→★★★ Im Besitz von GUIGAL befindliches Handelshaus für Rhône-Weine und Erzeuger von CÔTE-RÔTIE-Weinen, verfügt jetzt über schicke neue Keller und strebt einen frischeren Stil an. Erstklassiger, sehr eleganter La Chatillonne (mit 12 % VIOGNIER, mindestens 5 Jahre lagern), guter CAIRANNE, CÔTES DU RHÔNE (rot, rosé, weiß), TAVEL, VENTOUX und MUSCAT de BEAUMES-DE-VENISE. Mit dem gesamten Angebot geht es voran.

Vieille Ferme, La S-Rh r w ★★ In den letzten beiden Jahren fielen die Weine etwas leichter aus, ansonsten ist dies eine extrem zuverlässige und preisgünstige Marke für roten VENTOUX und weißen LUBERON der Familie Perrin, die auch Ch. de BEAUCASTEL besitzt.

Vieilles Vignes »Alte Reben«, und diese sollten eigentlich die besten Weine hervorbringen, z. B. de VOGÜÉ MUSIGNY Vieilles Vignes. Allerdings ist das genaue Alter nicht festgelegt, deshalb kann die Bezeichnung auch ein Marketingschwindel sein.

Vieux Télégraphe, Domaine du S-Rh r w ★★★ **78' 81' 85 88 89' 90 94' 95' 96' 97 98' 99' 00 01' 03'04'** 05' **06' 07'** 09' 10' 12' – Große DOMAINE allererster Güte, Erzeuger von rauchigem, komplexem, sich nur langsam entwickelndem rotem CHÂTEAUNEUF-DU-PAPE (v. a. La Crau und seit 2011 Pied Long) sowie vollen Weißweinen, die auch in geringeren Jahrgängen (z. B. 02 08 11) gut und ausgezeichnete Begleiter zum Essen sind. Besitzt zusammen mit der US-Importfirma Kermit Lynch die Dom. Les Pallières in Gigondas, die feine, unaufdringlich komplexe, langsam sich entfaltende Weine erzeugt.

Vigne Weinberg; Rebe.

Vigneron Winzer.

Villeneuve, Château de Lo r w ★★→★★★★ **96 99 03 05 06 07 08' 09'** 10' 11 12 (13) – Penibler Erzeuger, der seinen herrlichen, alterungswürdigen SAUMUR Blanc (v.a. Les Cormiers) und den SAUMUR-CHAMPIGNY (v.a. VIEILLES VIGNES, Grand CLOS) nur in guten Jahrgängen erzeugt. Derzeit Umstellung auf ökologischen Anbau. 2013 geringe Mengen.

Vin de France Ersetzt die Kategorie VIN DE TABLE und gestattet die Angabe von Rebsorte(n) und Jahrgang. Oft handelt sich um Verschnitte aus mehreren Bereichen unter einem Markennamen. Kann ein Quell unerwarteter Genüsse sein, wenn ein talentierter Weinmacher diese Kategorie zur Umgehung bürokratischer Zwänge nutzt. Ein Beispiel ist der VIOGNIER von Cave Yves Cuilleron (nördliche Rhône).

Vin de paille »Strohwein«, aus auf Strohmatten getrockneten Trauben, daher sehr süß, etwa wie italienischer Passito. Besonders im Jura zu finden. Siehe auch CHAVE und VIN PAILLÉ DE CORRÈZE.

Vin de pays (VdP) Potenziell die dynamischste Kategorie im französischen Weinsystem (mit mehr als 150 Regionen), da sie jede Menge Spielraum bietet. Mit dem Jahrgang 2009 wurde sie in Indication Géographique Protégée (IGP) umbenannt, allerdings haben nicht alle Gebiete die neue Bezeichnung übernommen. Die Namen der einzelnen Zonen sind höchst individuell, etwa CÔTES DE GASCOGNE, CÔTES DE THONGUE, Haute Vallée de l'Orb, Duché d'Uzès. Enorme Vielfalt in Geschmack und Qualität und immer wieder überraschend.

Vin de pays du Gard Lang ★ Aus dem Departement Gard westlich der Rhône-Mündung kommen ordentliche IGP-Weine, u.a. des Cévennes und Coteaux du Pont du Gard. Duché d'Uzès ist seit 2013 eine AC.

Vin de table Kategorie für Alltagswein, der keinen besonderen Bestimmungen über Trauben und Herkunft unterliegt; heißt jetzt VIN DE FRANCE.

Vin doux naturel (VDN) Rouss – Süßer, mit Weingeist gespriteter Wein; die Süße ist also »natürlich«, nicht aber der Alkoholgehalt. Eine Spezialität des ROUSSILLON; basiert auf GRENACHE noir, gris oder blanc oder MUSCAT. Spitzenweine, v.a. ältere RANCIOS, können herrlichen Genuss bescheren.

Vin gris »Grauer Wein«; er ist blass rötlich und wird aus roten Trauben hergestellt, die vor Einsetzen der Gärung gepresst werden – anders als beim Rosé, der nach kurzer Gärung abgepresst wird. Oder er wird von nicht ganz so hellen weißen Sorten wie z.B. PINOT GRIS bereitet. Œil de Perdrix ist ungefähr dasselbe. In Kalifornien sagt man »blush« dazu.

Vin jaune Jura w ★★★ Spezialität von ARBOIS: von eigentümlich gelber Farbe wie Fino Sherry; nach dem Abfüllen (frühestens nach 6 Jahren) genussreif. Am besten ist der CHÂTEAU-CHALON. Eine nicht gänzlich oxidierte Variante ist der vor Ort verkaufte weiße *vin typé*.

Vin Paillé de Corrèze SWF r w – Alte Tradition, jetzt runderneuert. Die 25 Winzer und die kleine Genossenschaft bei Beaulieu-sur-Dordogne erzeugen einen Wein mit gewöhnungsbedürftigem Geschmack, der früher angeblich stillenden Müttern empfohlen wurde. Unendlich lang haltbar; probierenswert von Christian Tronche (★).

Vinsobres S-Rh r (rs) (w) ★★ **09' 10' 11 12'** – Für SYRAH bekannte AC mit älteren Weinbergen in Hügellagen und jüngeren auf einem windigen Plateau nahe Nyons. Die besten Rotweine bieten offenherzige rote Frucht und massigen Körper und passen gut zu rotem Fleisch. Führende Erzeuger:

CAVE la Vinsobraise, Doms. Les Aussellons, Bicarelle, Chaume-Arnaud, Constant-Duquesnoy, Coriançon, Deurre (traditionell), Jaume (modern), Moulin (traditionell), Famille Perrin (günstig), Péquélette (biologisch-dynamisch), Ch. Rouanne.

Viré-Clessé Bg w ★★ **09' 10' 11 12** 13 – AC im Umkreis der zwei besten Weißweinorte des Mâconnais. Bekannt für einen ausgesprochen üppigen Stil, manchmal auch Spätlese-Weine. Beachtenswerte Erzeuger: A. Bonhomme, Bret Brothers, Chaland, LAFON, Michel, THÉVENET, Rijckaert und die Genossenschaft.

Visan S-Rh r (rs) (w) ★★ **10' 11' 12'** – Eher spät reifende mittelschwere, pfeffrige rote CÔTES DU RHÔNE-VILLAGES-Weine mit klarer Frucht, einige mit etwas Schmelz. Auch ordentliche Weiße. Junge Winzer sorgen für mehr Qualität. Am besten sind die DOMAINES Coste Chaude (schöne Frucht), Florane, Fourmente (v. a. der Nature), des Grands Devers, Montmartel, Roche-Audran.

Vogüé, Comte Georges de Côte d'Or r w ★★★★ Weingut in CHAMBOLLE-MUSIGNY mit Kultstatus, dem der Löwenanteil der Lage MUSIGNY gehört. Die angekündigten Jahrgänge aus den 1990ern brauchen noch Zeit.

Volnay Côte d'Or r ★★★→★★★★ **90' 95 96' 98 99' 02' 03** 05' **06 07** 09' 10' 11 12 – Beste Quelle für Rotweine von der CÔTE DE BEAUNE, außer wenn es hagelt. Können strukturiert und sollten seidig sein. Beste Lagen: Caillerets, Champans, CLOS des Chênes, Clos des Ducs, Santenots, Taillepieds usw. Spitzenerzeuger: d'ANGERVILLE, H. BOILLOT, HOSPICES DE BEAUNE, LAFARGE, LAFON, de MONTILLE, Pousse d'Or, N. Rossignol.

Französischer Wein der Eisenzeit wurde mit Rosmarin und Basilikum aromatisiert, wie Überreste aus der Nähe von Montpellier zeigen.

Volnay-Santenots Côte d'Or r ★★★ Rotwein aus den besten Lagen in MEURSAULT wird unter dieser Bezeichnung verkauft. Von anderen VOLNAY-PREMIERS-CRUS kaum zu unterscheiden, vielleicht körperreicher, weniger delikat. Beste Erzeuger: AMPEAU, HOSPICES DE BEAUNE, LAFON, LEROY, PRIEUR.

Vosne-Romanée Côte d'Or r ★★★→★★★★ **90' 93' 95 96' 98 99' 02' 03 05' 06 07 08** 09' 10' 11 12 13 – Der Ort mit den grandiosesten Crus von Burgund (z. B. ROMANÉE-CONTI, LA TÂCHE) und herausragenden PREMIERS CRUS wie Brûlées, Malconsorts, Suchots u. a. Gewöhnlichen Wein gibt es in Vosne kaum (sollte es zumindest nicht geben). Viele gute, wenn auch teure Erzeuger, u. a. Arnoux-Lachaux, CATHIARD, Clavelier, DRC, EUGÉNIE, GRIVOT, GROS, Lamarche, LEROY, LIGER-BELAIR, MÉO-CAMUZET, MUGNERET, ROUGET, Tardy, Vigot.

Vougeot Côte d'Or r w ★★★ **90' 96' 99' 02' 03** 05' **06 07 08** 09' 10' 11 12 13 – Vorwiegend GRAND-CRU- (u. a. CLOS DE VOUGEOT), aber auch Villages- und PREMIER-CRU-Weine einschließlich des außergewöhnlichen weißen Clos Blanc de Vougeot (MONOPOLE) tragen diesen Namen. Die besten Erzeuger sind HUDELOT-Noëllat und VOUGERAIE.

Vougeraie, Domaine de la Côte d'Or r ★★★→★★★★ Hier sind seit 1999 alle Weinberge der Firma Jean-Claude BOISSET vereinigt. Die Bandbreite reicht vom BOURGOGNE Rouge bis zu feinen GRANDS CRUS wie CHARMES-CHAMBERTIN, BONNES-MARES, MUSIGNY sowie dem einzigartigen weißen CLOS Blanc de VOUGEOT. Inzwischen auch verschiedene erstklassige Weiße, v. a. BÂTARD-MONTRACHET.

Vouvray Lo w; tr s; sch ★★→★★★★ tr **89 90 96' 02' 03 05' 07 08' 09 10 11 12 (13)**; s **89' 90' 95' 96' 97' 03' 05'** 08 09' – AC-Gebiet östlich von Tours, berühmt für seine Süß- und Schaumweine. Gute, verlässliche Stillweine

Frankreich

von Spitzenerzeugern. DEMI-SEC im klassischen Stil, Moelleux kann in guten Jahren intensiv süß und fast ewig haltbar sein. Unterschiedlich guter trockener Schaumwein (60 % der Produktion); empfehlenswert: Pétillant. Erzeuger: Bonneau, Brunet, Carême, Champalou, CLOS Baudoin, Cosme, Dhoye-Deruet, Foreau, Fouquet (Dom. des Aubuisières), Ch. Gaudrelle, Huët, Le Clos de la Meslerie, Pinon, Dom. de la Taille aux Loups, Vigneau-Chevreau. Im Juni 2013 wurden 40 % der AC von einem schlimmen Hagelschlag getroffen. Falls Sie alte Jahrgänge wie 1921, 1924, 1947, 1959, 1970 oder 1971 entdecken sollten, greifen Sie zu.

Vranken Champ – Immer mächtiger werdendes Champagnerhaus. Recht gute Qualität. Die Spitzenmarke heißt Demoiselle. Zum Besitz gehören auch HEIDSIECK MONOPOLE und POMMERY.

Wolfberger El ★★ Hauptmarke der Genossenschaft von Eguisheim. Sehr gute Qualität für einen solchen Massenerzeuger; bedeutend für CRÉMANT.

Y Bx (Aussprache: igrek) **85 86 88 94 96 00 02 04 05 06 07 08 09 10 11** 12 – Jetzt jedes Jahr erzeugter, intensiver trockener Weißwein von CHÂTEAU d'YQUEM. Jung verführerisch, gereift jedoch interessanter. 2004 wurde er trocken ausgebaut, sonst im klassischen halbtrockenen Stil – seit 2005 aber klarer und frischer als in der Vergangenheit.

Zind-Humbrecht, Domaine El w; s ★★★★ Führender biodynamischer Betrieb, umsichtig geführt von Olivier Humbrecht, dem großartigen Weinmacher und Gelehrten. Reichhaltige, ausgewogene Weine von sehr geringen Erträgen, jetzt trockener und eleganter als früher. Die Spitzengewächse stammen von den Einzellagen Clos St-Urbain (fantastischer **00' 05 08' 09 10'** 12), Jebsal (wunderbarer PINOT GRIS **02 08 09** 10' 12) und Windsbuhl (v. a. GEWÜRZTRAMINER **05 08 09 10 12**) sowie von den GRANDS CRUS RANGEN, HENGST, Brand und Goldert.

Die Châteaux von Bordeaux

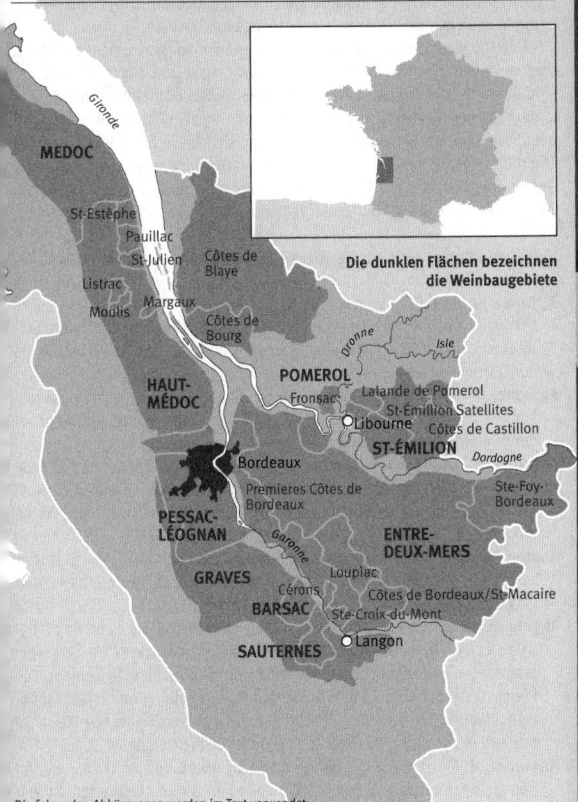

Die dunklen Flächen bezeichnen die Weinbaugebiete

Die folgenden Abkürzungen werden im Text verwendet:

Bar	Barsac	**Pes-L**	Pessac-Léognan
Bx	Bordeaux	**Pom**	Pomerol
C de Bx	Côtes de Bordeaux	**Saut**	Sauternes
H-Méd	Haut-Médoc	**St-Ém**	St-Émilion
Mar	Margaux	**St-Est**	St-Estèphe
Méd	Médoc	**St-Jul**	St-Julien
Pau	Pauillac		

So wie die erfolgreichen Bordeaux-Jahrgänge anscheinend immer als Trio auftreten (1988, 1989, 1990 oder 2008, 2009, 2010), so scheint es auch bei den schwierigeren zu sein. 1991, 1992 und 1993 waren von Frost und Regen beeinträchtigt, während 2011, 2012 und 2013 das Klima allgemein eine Herausforderung darstellte. Größere Sorgfalt im Weinberg und akribische Auslese verhalfen zu annehmbaren, wenngleich straffen 2011er- und leichten, aber charmanten 2012er-Weinen. 2013 jedoch war ein ganz anderes Kaliber: Eine katastrophale Blüteperiode, Regen, Grauschimmelfäule und verheerender Hagelschlag in Entre-Deux-Mers führten dazu, dass Rosé, trockene Weiße und Sauternes die einzigen echten Erfolgsgeschichten waren. Glücklicherweise gibt es bereits einen Vorrat an guten Rotweinjahrgängen. Während die

2010er und 2008er vorwiegend zum Einlagern gemacht sind, verlockt die üppige Frucht der 2009er auf Petit-Château-Niveau – bei stabil bleibenden Preisen – schon jetzt. Ebenfalls schön zu trinken sind die 2005er aus Appellationen wie Castillon, Fronsac, Haut-Médoc und Graves.

Gereifte Grand-cru-Jahrgänge, nach denen man sich umsehen sollte, sind 1998 (vor allem vom rechten Ufer), 2000, 2001 und 2004; interesssant sind auch die allerbesten 2007er. Trockener weißer Bordeaux (obwohl 2013 in deutlich geringerem Umfang erzeugt) bleibt hinsichtlich Qualität und Wert beständig, greifen Sie also beherzt zu. Weil sich die sehnsüchtig erwartete Edelfäule einstellte, gehört auch Sauternes 2013 wieder zu den Gewinnern. Das Problem ist hier die Qual der Wahl, da 2011, 2010, 2009, 2007, 2005, 2003 und 2001 allesamt Spitzenjahrgänge dieser Süßweinappellation sind.

Verweise können sich auch auf das Kapitel »Frankreich« beziehen.

A, Domaine de l' C de Bx r ★★ **02 03 04 05' 06 07 08 09' 10'** 11 12 – Das ökologisch bewirtschaftete Gut im Besitz des önologischen Beraters Stéphane DERENONCOURT ist eines der besten in CASTILLON: mehr Finesse als sonst in dieser AC üblich.

Agassac, d' H-Méd r ★★ **03 04 05 06 07 08 09'** 10' 11 12 – Renaissanceschloss mit imposanten Türmen im südlichen HAUT-MÉDOC, für Besucher geöffnet. Moderner, zugänglicher Wein.

Aiguilhe, d' C de Bx r ★★ **05 06 07 08 09** 10 11 12 – Führendes Gut in CASTILLON – CÔTES DE BORDEAUX auf der Hochebene; ebenso wie CANON-LA-GAFFELIÈRE und LA MONDOTTE im Besitz Stephan von Neippergs. Weine mit Kraft und Finesse.

Andron Blanquet St-Est r ★★ **98 00' 01 03 04 05' 06 08 09'** 10' 11 – Seit 1971 Schwester-CHÂTEAU von COS LABORY, wo man dieselbe Sorgfalt walten lässt. In der Regel gutes Preis-Leistungs-Verhältnis.

Angélus, L' St-Ém r ★★★★ **90' 95 96 98' 99 00' 01 02 03' 04 05 06 07** 08 09' 10' 11 12 13 – Im Jahr 2012 zum PREMIER GRAND CRU CLASSÉ (A) heraufgestufter Pionier des modernen ST-ÉMILION-Stils: dunkel, voll, opulent. Die Preise steigen. 2013 wurden Glockenturm und Kellerei umfassend renoviert. Zweitwein: Le Carillon de L'Angélus. Im selben Besitz wie FLEUR DE BOÜARD in LALANDE DE POMEROL und Bellevue in St-Émilion.

Angludet, d' Mar r ★★★ **96' 98' 00 02 04 05 06 08 09'** 10' 11 12 – Gut im Besitz und unter der Leitung des Weinhändlers SICHEL. Lebhafter, duftender, stilvoller MARGAUX, beliebt in Großbritannien; oft preiswert. Außerdem Ch. Argadens (Bordeaux Supérieur, rot und weiß).

Arche, d' Saut w; s ★★ **96 97' 98 99 00 01' 02 03' 05 07 09' 10'** 11' – Verlässliches Cru-classé-Gut am Rand von SAUTERNES. Der etwas leichtfüßigere Zweitwein heißt Perle d'Arche. Übernachtungsmöglichkeit im Klostergebäude aus dem 17. Jh.

Archambeau, d' Graves r w; tr (s) ★★ r **05 06 08 09 10 11**; w **07 08 09 10 11 12** (13) – Das verlässliche Gut gehört einem Zweig der Familie Dubourdieu. Guter, fruchtiger trockener Weißwein und fassgereifter Roter mit schönem Bukett. Ch. Suau (Cru classé in BARSAC) gehört ebenfalls dazu.

Armailhac, d' Pau r ★★★ **96' 98 99 00 01 02 03 04 05' 06 07 08** 09' 10' 11 12 13 – Bedeutender 5. Cru im Besitz der Familie (MOUTON) ROTHSCHILD. Spitzenklasse, finessenreicher als seine Schwester CLERC MILON; 15 bis 20 % CABERNET FRANC. Seit 2004 in Bestform, die Preise sind fair.

Arrosée, L' St-Ém r ★★★ **00 01 02 03 04 05' 06' 07 08 09'** 10' 11 12 – Das Weingut wurde 2013 verkauft und ging im benachbarten Ch. QUINTUS auf; bis dahin war es seit 2003 in Bestform. Sanfte, harmonische Weine mit viel CABERNET FRANC und CABERNET SAUVIGNON (40 %).

Aurelius St-Ém r ★★ 05 06 08 09 10 11 12 – Spitzen-CUVÉE der fortschrittlichen Genossenschaft ST-ÉMILION. Ertragsbeschränkung; moderner, konzentrierter, eichenbetonter Stil.

Ausone St-Ém r ★★★★ 88 89' 90 95 96' 97 98' 99 00' 01' 02 03' 04 05' 06' 07 08 09' 10' 11 12 13 – Kleiner, aber legendärer ST-ÉMILION-Premier-cru (rund 1.500 Kisten) in in allerbester Lage in den Côtes. Reichlich CABERNET FRANC (55 %) im Verschnitt – die älteste Parzelle stammt von 1906. Langlebige, voluminöse Weine mit Textur und Finesse. Das Zweitetikett Chapelle d'Ausone (500 Kisten) ist ebenfalls hervorragend. Außerdem im Besitz der Familie Vauthier sind die Châteaux de FONBEL, MOULIN ST-GEORGES und Simard.

Balestard La Tonnelle St-Ém r ★★ 00' 01 03 04 05 06 08 09 10 11 12 – Historisches Gut mit Wachturm aus dem 15. Jh. Die Weine werden inzwischen in vollem, modernem Stil bereitet, wobei jedoch das Kalksteinterroir durchscheint.

Barde-Haut St-Ém r ★★ 98 00 01 02 03 05' 06 07 08 09 10 11 12 – Im Jahr 2012 zum GRAND CRU CLASSÉ erhobenes Schwestergut von CLOS L'ÉGLISE und HAUT-BERGEY. Reichhaltiger, opulenter, moderner Stil.

Hagel und tschüss

Hagel hat den Frost als größte klimatische Herausforderung im Bordelais abgelöst. Das letzte Frühjahr mit gravierendem Frost war 1997, während die Rebflächen in den Jahren 1999, 2003, 2008, 2009, 2011 und 2013 durch Hagelschlag geschädigt wurden. Der Sturm im August 2013 betraf 22.000 ha, v. a. in ENTRE-DEUX-MERS; auf 5.000 ha gingen 80 bis 100 % der Ernte verloren – und das binnen weniger Minuten. Wegen der enorm hohen Prämien sind nur wenige Winzer durch eine Versicherung geschützt.

Bastor-Lamontagne Saut w; s ★★ 96' 97' 98 99 01' 02 03' 05 07 09' 10 11 – Großes, nicht klassifiziertes Gut in Preignac, Schwesterbetrieb von Ch. BEAUREGARD. Saubere, harmonische Weine, gutes Preis-Leistungs-Verhältnis. Zweitetikett: Les Remparts de Bastor. Neuer, fruchtiger »SO« für frühen Trinkgenuss. Beachtenswert auch Ch. St-Robert in Pujols für roten und weißen GRAVES.

Batailley Pau r ★★★ 96 00' 02 03 04 05' 06 08 09' 10' 11 12 – 5.-Cru-Gut im Besitz der Familie Castéja von BORIE-MANOUX. Im vergangenen Jahrzehnt in beständig guter Form, und in Anbetracht dessen vergleichsweise preiswert.

Beaumont H-Méd r ★★ 00' 02 04 05' 06 08 09 10' – Eines der größten Güter auf der MÉDOC-Halbinsel (rund 42.000 Kisten); schön zugängliche Weine, früh trinkreif. Zweitetikett: Ch. Moulin d'Arvigny.

Beauregard Pom r ★★★ 00' 01 02 03 04 05' 06 08 09' 10' 12 – Das POMEROL-Gut stellt gerade auf Ökoanbau um; verlässliche, mittelschwere Weine. Zweitetikett: Benjamin de Beauregard. Das Schwester-CHÂTEAU in LALANDE DE POMEROL heißt Pavillon Beauregard.

Beau-Séjour Bécot St-Ém r ★★★ 90' 95' 96 98' 99 00' 01 02 03 04 05' 06 07 08 09' 10' 11 12 – Ausgezeichneter PREMIER GRAND CRU CLASSÉ auf dem Kalksteinplateau. Die Weine verbinden Eleganz mit intensiver Frucht und können alt werden. Der frühere *garagiste* Ch. La Gomerie ging 2012 in Beau-Séjour Bécot auf.

Beauséjour Duffau St-Ém r ★★★ 96 98 99 00 01 02 03 04 05' 06 08 09' 10' 11 12 – Kleiner PREMIER GRAND CRU CLASSÉ am Westhang der CÔTES in Besitz der Familie Duffau-Lagarosse. Bringt seit 2009 die Kritiker zum Schnurren: Stéphane DERENONCOURT berät.

Beau-Site St-Est r ★★ **00 03 04 05 06 08 09 10** 11 – Weingut (2011 zum CRU BOURGEOIS gekürt) im selben Besitz wie Ch. BATAILLEY usw.; 70 % CABERNET SAUVIGNON. Geschmeidig-frische, zugängliche Weine.

Belair-Monange St-Ém r ★★★ **90' 94 95' 96 98 99 00' 01 02 03 04 05' 06 08** 09' 10' 11 12 13 – Cru-classé-Nachbargut von AUSONE, im Besitz des Négociant J.-P. MOUEIX. 2012 wurde Ch. MAGDELAINE dem Betrieb einverleibt, dessen Größe sich damit verdoppelt hat. Jetzt stehen umfassende Neubestockungen auf dem Programm. Feine, duftende, elegante Weine, seit 2008 ausladender und mit reiferer Frucht.

Belgrave H-Méd r ★★ **00' 02' 03 04' 05' 06 07 08 09'** 10' 11 12 – Relativ großer 5. Cru, gut geführt von CVBG-DOURTHE (siehe LA GARDE, REYSSON). Stilistisch ein moderner Klassiker; jetzt von beständiger Qualität. Zweitetikett: Diane de Belgrave.

Bellefont-Belcier St-Ém r ★★ **00 01 02 03 04 05' 06 07 08'** 09' 10' 11 12 – GRAND CRU CLASSÉ in ST-ÉMILION, seit 2012 in chinesischem Besitz. Nachbar von LARCIS-DUCASSE mit kreisrundem Keller aus dem 19. Jh. Schmeichelnde, frische, kultivierte Weine mit Alterungspotenzial.

Belle-Vue H-Méd r ★★ **04 05 06 07 08 09** 10 11 12 – Beständiger Roter mit gutem Preis-Leistungs-Verhältnis aus dem südlichen HAUT-MÉDOC: dunkel und dicht, aber fest, frisch und kultiviert, mit hohem PETIT-VERDOT-Anteil (21 %). Ch. Gironville gehört ebenfalls dazu.

Bel-Orme Tronquoy de Lalande H-Méd r ★★ **00 02 03 04 05 08 09** 10 11 12 – Das Weingut im nördlichen HAUT-MÉDOC ist seit 2011 CRU BOURGEOIS. Tonige Kalksteinböden, daher vorwiegend mit MERLOT (60 %) bestockt. Fester, muskulöser Stil. Im selben Besitz wie CROIZET-BAGES und RAUZAN-GASSIES.

Berliquet St-Ém r ★★ **00' 01 02 04 05' 06 08 09** 10 12 – Kleiner GRAND CRU CLASSÉ in den Côtes, geleitet von Nicolas Thienpont. Stéphane DERENONCOURT berät; Weine in frischem, elegantem Stil.

Bernadotte H-Méd r ★★→★★★ **00' 01 02 03 04 05' 06 07 08 09' 10'** 11 – Das CRU-BOURGEOIS-Weingut (seit 2011) bei PAUILLAC wurde 2012 an ein Unternehmen mit Sitz in Hongkong verkauft. Leckere Weine im HAUT-MÉDOC-Stil. Die letzten Jahrgänge besitzen mehr Finesse.

Bertineau St-Vincent Bx r ★★ **00' 01 04 05 06 08 09 10** 12 – Das kleine Gut in LALANDE DE POMEROL gehört seit 2013 einem chinesischen Unternehmer, wird aber noch immer vom Vorbesitzer Michel ROLLAND geleitet. Einigermaßen verlässliche Qualität.

Beychevelle St-Jul r ★★★ **99 00' 01 02 03 04 05' 06 07 08** 09' 10' 11 12 – In guter Form befindlicher 4. Cru mit auffälligem Schiffsmotiv auf dem Etikett (das den Verkauf in Asien ankurbelt). Seit 2011 im gemeinsamen Besitz von Castel und Suntory (LAGRANGE). Die Weine sind durchweg eher elegant als kraftvoll. Zweitetikett: Amiral de Beychevelle.

Biston-Brillette Moulis r ★★ **01 02 03 04 05' 06 08 09 10'** 11 12 – Familienbetrieb in MOULIS mit ansprechenden, fruchtbetonten Weinen. Verlässliche Qualität und Preise.

Bonalgue Pom r ★★ **00 01 04 05 06 08 09** 10 11 12 – Dunkler, reichhaltiger, fleischiger POMEROL. Man bekommt viel fürs Geld. Schwestergut: Clos du Clocher. Die CHÂTEAUX du Courlat in LUSSAC ST-ÉMILION und Les Hauts Conseillants in LALANDE DE POMEROL gehören ebenfalls dazu.

Bonnet Bx r w ★★r **06 08 09 10 11**; w BV – Im Besitz des über 80-jährigen André Lurton. Großproduzent; gehört mit zum Besten, was ENTRE-DEUX-MERS und roter Bordeaux (Réserve) zu bieten haben. 2013 verheerende

Schäden durch Hagel. LA LOUVIÈRE, COUHINS-LURTON und ROCHEMORIN gehören ebenfalls dazu.

Bon Pasteur, Le Pom r ★★★ **98' 99 00 01 02 03 04 05' 06 08 09'** 10' 11 12 – Ausgezeichnetes Weingut an der Grenze zu ST-ÉMILION, seit 2013 im Besitz eines chinesischen Konzerns, jedoch nach wie vor geleitet von Vorbesitzer Michel ROLLAND. Reife, opulente, verführerische Weine sind hier garantiert.

Steht eine Bordeaux-Dürre bevor?
Bei einer jährlichen Verkaufsmenge von rund 5,5 Mio. hl und dem auf 3,9 Mio. hl geschätzten Gesamtertrag des Jahrgangs 2013 droht womöglich ein Mangel an BORDEAUX-Wein. Erfreulich für die Erzeuger ist, dass der Fasspreis pro *tonneau* (900 l) auf 1.200 Euro gestiegen ist. Die unerfreuliche Kehrseite der Medaille: Die Konsumenten könnten sich anderswo umsehen.

Boscq, Le St-Est r ★★ **03 04 05' 06 08 09' 10** 11 12 – Qualitätsorientiertes Gut, seit 2011 als CRU BOURGEOIS klassifiziert, im Besitz von CVBG-DOURTHE. Stets gutes Preis-Leistungs-Verhältnis.

Bourgneuf Pom r ★★ **00 01' 03 04 05' 06 08 09** 10 11 12 – Der Namenszusatz »Vayron« wurde 2010 gestrichen. Subtile, schmackhafte Weine, in neuerer Zeit tiefgründiger und mit mehr Präzision bereitet. Für POMEROL-Verhältnisse preiswert.

Bouscaut Pes-L r w ★★ r **00 01 02 04 05' 06 07 08** 09 10' 11 12; w **02 03 04 05' 06 07 08 09 10' 11 12** (13) – Cru-classé-Gut im Besitz eines Zweigs der Familie Lurton (Sophie Lurton). Rotweine auf MERLOT-Basis, süffige Weiße mit Alterungspotenzial.

Boyd-Cantenac Mar r ★★★ **00 02 03 04 05' 06 07 08 09'** 10' 11 12 – Wenig bekannter 3. Cru in MARGAUX; gegenwärtig in Topform. In den Weinen dominiert CABERNET SAUVIGNON, dazu kommt ein kleiner Teil pfeffriger PETIT VERDOT. Zweitetikett: Jacques Boyd. Siehe auch POUGET.

Branaire-Ducru St-Jul r ★★★ **96 98 00' 01 02 03 04 05' 06 08** 09' 10' 11 12 13 – 4. Cru mit in der AC verstreutem, vorwiegend mit CABERNET SAUVIGNON bestocktem Weinbergbesitz. Die Weine besitzen Alterungspotenzial und sind seit Mitte der 1990er von verlässlicher Qualität – und dafür vergleichsweise preiswert. Zweitetikett: Duluc.

Branas Grand Poujeaux r ★★ **05 06 08 09** 10 11 12 – Kleines Nachbargut von CHASSE-SPLEEN und POUJEAUX, erzeugt seit 2005 beständig hochwertige, feine Weine von reifer Frucht mit geschmeidigen Tanninen. DERENONCOURT berät. Der Eigentümer hat Verbindungen zu PRIEURÉ-LICHINE und Villemaurine in ST-ÉMILION.

Brane-Cantenac Mar r ★★★ **96 98 99 00' 01 02 03 04 05' 06 07 08** 09' 10' 11 12 13 – Großer 2. Cru auf dem Plateau von Cantenac, souverän geleitet von Eigentümer Henri Lurton. Seit 2010 ist eine lasergesteuerte Sortieranlage im Einsatz. Dichter, duftender MARGAUX. Zweitetikett: Baron de Brane.

Brillette Moulis r ★★ **02 03 04 05 06 08 09** 10 11 12 – CRU BOURGEOIS (seit 2011) mit Weinen von schöner Tiefe und Frucht aus Lagen mit Kiesboden. Zweitetikett: Les Hauts de Brillette.

Cabanne, La Pom r ★★ **00 04 05 06' 08 09** 10 11 12 – Weinberg westlich des POMEROL-Plateaus. Nach einem Brand im Jahr 2010 wurde eine neue Kellerei gebaut – allem Anschein nach sorgt sie für steigende Qualität. Zweitetikett: Dom. de Compostelle.

Caillou Saut w; s ★★ **95 96 97 98 99 01' 02 03' 05' 07 09' 10'** 11' (13) – Gut geführter 2. Cru mit Rebflächen in BARSAC. Fester, fruchtiger Wein, 2010 und 2011 überragend. Spitzenauslesen sind die CUVÉE Reine und die Cuvée Prestige.

Calon-Ségur St-Est r ★★★ **90' 95 96' 98 99 00' 01 02 03' 04 05' 06 07 08'** 09' 10' 11 12 – 3. Cru mit großem historischem Renommee, 2012 an eine französische Versicherungsgesellschaft verkauft, was zu einem Preisanstieg im Sekundärmarkt führte. Seit 2008 ist das Gut im Höhenflug. Zweitetikett: Marquis de Calon.

Warum Bordeaux?
Es wird oft gefragt, ob Bordeaux immer noch ein eigenes Kapitel in diesem internationalen Weinführer verdient. Die Antwort ist eindeutig: Bordeaux bleibt die stärkste Antriebskraft in der Welt der feinen Weine. Es ist mit Abstand ihr größter Erzeuger, regt weltweit Diskussionen an, fördert Investitionen und beflügelt Sammler. Und natürlich gibt es kaum ein schöneres Getränk.

Cambon la Pelouse H-Méd r ★★ **03 04 05' 06 07 08 09 10'** 11 12 – Üppiger, geschmeidiger, leicht zugänglicher Wein von einem Gut im südlichen HAUT-MÉDOC. Der L'Aura de Cambon ist eine Micro-CUVÉE aus MARGAUX.

Camensac H-Méd r ★★ **98 01 02 03 05 06 08 09** 10' 11 12 – 5. Cru im nördlichen HAUT-MÉDOC, im selben Besitz wie CHASSE-SPLEEN. 2006 setzte mit ausgereifterem, ausdrucksstarkem CABERNET SAUVIGNON die Wende zum Besseren ein. Zweitetikett: La Closerie de Camensac.

Canon St-Ém r ★★★ **98' 99 00 01 02 03 04 05' 06 07 08'** 09' 10' 11 12 13 – Berühmter umfriedeter PREMIER GRAND CRU CLASSÉ auf dem Plateau. Im selben Besitz wie RAUZAN-SÉGLA. Jetzt in Hochform mit langlebigen Weinen. 2012 wurde Canon das benachbarte Ch. Matras einverleibt. Der Clos Canon (Zweitetikett) wird in der neuen Kellerei in der renovierten Chapelle de Mazerat bereitet.

Canon La Gaffelière St-Ém r ★★★ **96 98' 99 00' 01 02 03 04 05' 06 08** 09' 10' 11 12 13 – 2012 zum PREMIER GRAND CRU CLASSÉ geadelt; im selben Besitz wie CLOS DE L'ORATOIRE, LA MONDOTTE und d'AIGUILHE in Castillon. Stilvolle, geradlinige, beeindruckende Weine (40 % CABERNET FRANC, 5 % CABERNET SAUVIGNON).

Cantemerle H-Méd r ★★★ **00 01 02 03 04 05' 06' 07 08** 09' 10' 11 12 13 – Großer Besitz im südlichen HAUT-MÉDOC, dank in letzter Zeit beständigerer Qualität verdientermaßen als 5. Cru klassifiziert. Die sandigen Kiesböden sorgen für einen feineren Stil. Zweitetikett: Les Allées de Cantemerle.

Cantenac Brown Mar r ★★→★★★ **96 98 99 00 01 02 03 04 05' 06 08** 09' 10' 11 12 – 3. Cru mit CHÂTEAU in Pseudo-Tudorgotik, seit 2005 im Besitz eines britischen Unternehmers. Der Stil des Weins war früher robust, ist jetzt aber sinnlicher und raffinierter. Empfehlenswert ist der 2012er trockene weiße Alto. Zweitetikett: Brio du Château Cantenac Brown.

Capbern Gasqueton St-Est r ★★ **00 02 03 04 05 06 08'** 09' 10' 11 12 – Das Gut profitiert vom selben neuen Investor und Weinmacher wie das Schwester-CHÂTEAU CALON-SÉGUR. Seit 2010 neue Keller. Mit massiven, aber geschliffenen Weinen seit 2008 wieder im Rennen.

Cap de Mourlin St-Ém r ★★→★★★ **00 01 03 04 05 06 08** 09 10 11 12 – Weingut aus dem 16. Jh., im Besitz der Familie Capdemourlin (auch Eigentümer von Ch. BALESTARD LA TONNELLE und Ch. Roudier). Reifere, konzentriertere Weine als in der Vergangenheit.

Carbonnieux Pes-L r w ★★★ **98 99 00 02 04 05' 06 07 08** 09' 10 11 12 – Großes historisches Gut in Léognan mit in beträchtlichen Mengen erzeugten, gediegenen Rot- und Weißweinen. Die Weißen (65% SAUVIGNON BLANC), z. B. **02 03 04 05 06 07 08 09 10 11 12** (13), halten sich mindestens 10 Jahre. Auch die Roten sind langlebig. Die CHÂTEAUX Haut-Vigneau, Lafont Menaut und Le Sartre gehören ebenfalls zum Familienbesitz.

Carles, de Bx r ★★★ **03 04 05' 06' 07 08 09** 10 11 12 13 – Gut in FRONSAC; die bedeutendste Cuvée heißt Haut-Carles (★★★). Der Wein wird in dem eigens dafür gebauten Keller nur mithilfe der Schwerkraft bewegt und kann es mit den Spitzengewächsen von ST-ÉMILION aufnehmen.

Carmes Haut-Brion, Les Pes-L r ★★★ **00 01 02 03 04 05' 06 07 08** 09' 10' 11 12' – Kleine ummauerte Nachbarlage von HAUT-BRION; der neue Eigentümer (seit 2010) hat den Besitz beträchtlich erweitert und investiert – 2014 soll die neue Kellerei den Betrieb aufnehmen. Stéphane DERENONCOURT berät. Zweitetikett: Le Clos des Carmes.

Caronne Ste-Gemme H-Méd r ★★ **01 02 03 04 05 06 08 09'** 10' 11 12 – Gut im nördlichen HAUT-MÉDOC; Olivier Dauga berät. Die neueren Jahrgänge zeigen mehr Tiefe und Klasse.

Carruades de Lafite Pau – Der Zweitwein von Ch. LAFITE ist relativ leicht zugänglich (40% MERLOT). Die Preise sind aufgrund nachlassender chinesischer Nachfrage im Vergleich zum Spitzenwert 2011 um 45% gesunken.

Carteau Côtes Daugay St-Ém r ★★ **02 03 04 05 08 09** 10 – Grand-cru-Gut in ST-ÉMILION mit preiswerten, vollmundigen Weinen, die ebenso viel Frische wie Eleganz zeigen. Vorwiegend MERLOT.

Certan de May Pom r ★★★ **96 98 00' 01' 04 05' 06 08** 09' 10' 11 12 – Kleiner Besitz auf dem POMEROL-Plateau gegenüber von VIEUX CHÂTEAU CERTAN. Solide Weine mit Alterungspotenzial.

Certan Marzelle Pom – Kleines Weingut im Besitz von J.-P. MOUEIX mit duftendem, leichtem, fruchtbetontem Pomerol.

Chantegrive Graves r w ★★→★★★ **02 03 04 05' 06 07 08 09' 10'** 11 12 – Das größte Gut der AC GRAVES; moderne Weine von sehr guter Qualität. Die Roten sind voll und mit feiner Eichennote; Cuvée Caroline heißt die wunderbar duftende weiße Spitzenauslese (**04 05' 06 07 08 09 10 11 12** 13).

Chasse-Spleen Moulis r (w) ★★★ **00 01 02 03 04 05' 06 07 08 09'** 10' 11 – Sehr großes Gut, erzeugt beständig guten, oft ausgezeichneten, lang reifenden Wein. Zweitetikett: L'Heritage de Chasse-Spleen. Mit das Verlässlichste in BORDEAUX. Erzeugt auch etwas Weißwein. Siehe auch CAMENSAC und GRESSIER GRAND POUJEAUX.

Chauvin St-Ém r ★★ **03 04 05 06 08 09 10'** 11 12 – GRAND CRU CLASSÉ in Familienbesitz im Nordwesten von ST-ÉMILION. Zuverlässiger Erzeuger; mehr und mehr ernst zu nehmen.

Cheval Blanc St-Ém r ★★★★ **89 90' 93 94 95 96' 97 98' 99 00' 01' 02 03 04 05' 06 07** 08 09' 10' 11 12 13 – PREMIER GRAND CRU CLASSÉ (A) von ST-ÉMILION. Hoher Anteil an CABERNET FRANC (60%). Feste, duftende, kraftstrotzende Weine, die etwas von der Üppigkeit des benachbarten POMEROL haben. Schmecken auch jung schon köstlich und leben doch eine Generation lang – oder zwei. Im selben Besitz und unter derselben Leitung wie YQUEM, La TOUR DU PIN und QUINAULT L'ENCLOS. Die neue umweltfreundliche Kellerei wurde 2013 mit dem Chicago Athenaeum's International Architecture Award ausgezeichnet. Zweitetikett: Le Petit Cheval.

Chevalier, Domaine de Pes-L r w ★★★★ **95 96' 98' 99' 00' 01' 02 03 04' 05' 06 07 08** 09' 10' 11 12 13 – Ausgezeichnetes Gut in Léognan. 2013 feierte Familie Bernard Jubiläum: Bereits seit 30 Jahren ist die Domaine in ihrem Besitz. Reintöniger, dichter, fein texturierter Rotwein – beeindruckend. Der vielschichtige, langlebige Weißwein besticht durch Beständig-

Bordeaux

keit und reift langsam zu vollem Geschmack (**95 96' 97 98' 99 00 01 02 03 04 05' 06 07' 08' 09' 10' 11** 12 13). Zweitetikett: Esprit de Chevalier. 2012 brachten die Bernards zudem einen neuen trockenen weißen Bordeaux namens Clos des Lunes heraus.

Cissac H-Méd r ★★ **98 00 02 03 04 05 08** 09 10 11 – CRU BOURGEOIS (seit 2011) westlich von PAUILLAC. Feste, tanninstarke Weine, die ihre Zeit brauchen. In letzter Zeit weniger rustikal. Zweitetikett: Reflets du Ch. Cissac.

Citran H-Méd r ★★ **00 02 03 04 05' 06 08 09** 10' – Großes Gut im südlichen HAUT-MÉDOC mit Verbindungen zu CHASSE-SPLEEN und CAMENSAC. In der ersten Dekade des 21. Jhs. moderne, eichenwürzige Weine von reifer Frucht, die 2010er und 2011er fielen allerdings enttäuschend aus. Zweitetikett: Moulins de Citran.

Clarence de Haut-Brion, Le Pes-L r ★★★ **89' 90 95 96' 98 99 00 01 02 03 04 05' 06 07 08** 09' 10' 11 12 – Zweitetikett von Ch. HAUT-BRION, bis 2007 unter dem Namen Bahans Haut-Brion bekannt. Der Verschnitt ändert sich mit jedem Jahrgang erheblich, in puncto Sanftheit und Eleganz folgt er aber immer dem *grand vin*.

Clarke Listrac r (rs) (w) ★★ **01 02 03 04 05' 06 08 09'** 10' 11 12 – Großes Gut, in das seitens (Edmond) Rothschild massiv investiert wurde. Jetzt sehr gute, auf MERLOT basierende Rotweine mit dunkler Frucht und feinen Tanninen – vielleicht die besten in LISTRAC. Auch ein trockener Weißer: Le Merle Blanc du CHÂTEAU Clarke. Ch. Malmaison in MOULIS gehört ebenfalls dazu. Auch im Ausland ist die Familie Rothschild engagiert, so etwa mit der Marke Rimapere in Neuseeland.

Clauzet St-Est r ★★ **05 06 08 09** 10 11 12 – Das CRU-BOURGEOIS-Gut (2011) ist seit 1997 im Besitz von Baron Maurice Velge, der fortwährend investiert und für Verbesserungen sorgt, sodass die Qualität jetzt beständig ist – und der Preis moderat. Schwesterbetrieb ist Ch. de Côme.

Clerc Milon Pau r ★★★ **89' 90' 95 96' 98' 99 00 01 02 03 04 05' 06 07 08** 09' 10' 11 12 13 – Seit die Rothschilds (MOUTON) das Gut 1970 erwarben, hat sich der Weinbergbesitz verdreifacht (jetzt 40 ha). Ausladendere und gewichtigere Weine als beim Schwester-CHÂTEAU d'ARMAILHAC. Neues Kellerteam seit 2009 und umweltfreundliche neue Kellerei seit 2011.

Climens Saut w; s ★★★★ **88' 89 90' 95 96 97' 98 99' 00 01' 02 03' 04 05' 06 07 09'** 10' 11' 12' – Cru classé in BARSAC; erzeugt mit den stilvollsten Wein der Welt: konzentriert, aber mit lebhafter Säure für die Balance, sehr gutes Reifepotenzial. Stellt seit 2009 auf biodynamischen Weinbau um. Der 2012er ist in Anbetracht des schwierigen Jahrgangs hervorragend. Zweitetikett: Les Cyprès.

Clinet Pom r ★★★★ **96 98' 99 00 01 02 03 05' 06 07 08' 09'** 10 11 12 – Hat sich in den 1980er-Jahren einen Ruf für intensive, üppige Weine erworben (der 89er und 90er sind legendär). Mit den Jahrgängen 2008 und 2009 wurde dieses Niveau wieder erreicht, und die Qualität ist jetzt beständiger. Als Zweitetikett wurde 1997 Fleur de Clinet eingeführt, inzwischen ist es aber die Marke eines Négociant.

Clos de l'Oratoire St-Ém r ★★ **00' 01 03 04 05' 06 07 08 09** 10' 11 12 – Seriöser Erzeuger auf den Nordosthängen von ST-ÉMILION. Im selben Besitz wie CANON LA GAFFELIÈRE und LA MONDOTTE. Geschliffene Weine zum fairen Preis.

Clos des Jacobins St-Ém r ★★→★★★ **98 00 01 02 03 04 05' 06 07 08** 09' 10' 11 12 – Das Cru-classé-Gut hat seit dem Jahr 2000 an Statur gewonnen. Eigentümerwechsel 2004 (der Familie gehört auch Ch. La Commanderie, seit 2012 GRAND CRU CLASSÉ), neuer, cremiger Stil. Der Besitzer von L'ANGÉLUS berät.

Clos du Marquis St-Jul r ★★→★★★ **98 99 00 01 02 03 04 05' 06 07 08** 09' 10' 11 12 13 – Typischeres ST-JULIEN-Gewächs als Stallgefährte von LÉOVILLE-LAS CASES. Galt bis 2007 als das Zweitetikett des Letzteren, stammte aber schon immer aus einer eigenen Lage. Qualitativ so gut wie viele Crus classés.

Clos Floridène Graves r w ★★ r **04 05 06 08 09'** 10' 11 12; w **01' 04' 05' 07 08' 09 10 11' 12** (13) – Eine sichere Sache von einem der berühmtesten Weißweinerzeuger in BORDEAUX, Denis Dubourdieu. SAUVIGNON BLANC/SÉMILLON von Kalksteinböden geben dem Wein gute Alterungsfähigkeit mit. Der Rotwein ist erheblich besser geworden. CANTEGRIL, DOISY-DAËNE und REYNON gehören ebenfalls Dubourdieu.

Clos Fourtet St-Ém r ★★★ **98 99 00 01 02 03 04 05' 06 07 08** 09' 10' 11 12 13 – Premier cru auf dem Kalksteinplateau. Klassisch-stilvoller ST-ÉMILION; beständig in guter Form. Zweitetikett: DOMAINE de Martialis. Ch. POUJEAUX in MOULIS hat denselben Besitzer, ebenso wie die seit 2013 als GRANDS CRUS CLASSÉS eingestuften CHÂTEAUX Clos St-Martin, Côte de Baleau und les Grandes Murailles.

Clos Haut-Peyraguey Saut w; s ★★★ **90' 95' 96 97' 98 99 00 01' 02 03' 04 05' 06 07 09'** 10' 11' 12 – Weinmagnat Bernard Magrez erwarb das Gut 2012; es ist sein viertes Cru-classé-CHÂTEAU (siehe auch FOMBRAUGE, PAPE CLÉMENT, La TOUR CARNET). Elegante, harmonische, langlebige Weine. Haut-Bommes gehört auch dazu.

Clos l'Église Pom r ★★★ **00' 01 02 03 04 05' 06 07 08** 09' 10 11 12 13 – Rebbesitz in guten Lagen auf dem Plateau von POMEROL. Opulenter, eleganter Wein. Zweitetikett: Esprit de l'Église. Ch. HAUT-BERGEY, Branon und BARDE-HAUT gehören derselben Familie.

Schlecht weggekommen
Schätzungen zufolge belaufen sich die Herstellungskosten für ein *tonneau* (900-l-Fass) BORDEAUX-Wein heutzutage auf 1.078 Euro – der Preis für Fasswein liegt aber durchschnlich nur bei etwa 1.000 Euro pro *tonneau* (siehe aber auch Kasten S. 133). Für Abfüller liegen die Herstellungskosten pro Flasche bei 2,88 Euro netto, d.h. ohne Handelsspanne und Steuern. Behalten Sie das im Kopf, wenn Sie das nächste Mal eine Flasche echten Bordeaux kaufen.

Clos Puy Arnaud Bx r ★★ **02 03 04 05' 06 08 09' 10** 11 12 – Das biodynamisch bewirtschaftete Weingut gehört zu den führenden Erzeugern der AC CASTILLON – CÔTES DE BORDEAUX. Charakteristische Weine mit Tiefgang. Der Besitzer hatte früher Verbindungen zu Ch. PAVIE.

Clos René Pom r ★★ **98' 00' 01 04 05' 06 08 09 10** 11 – Von MERLOT dominierte Weine mit ein wenig würzigem MALBEC von sandigen Kiesböden. Nicht so sinnlich und umjubelt wie ein Spitzen-POMEROL, dafür aber preiswerter.

Clotte, La St-Ém r ★★ **00' 01 02 03 04 05 06 08 09'** 10' 11 12 – Kleines GRAND-CRU-CLASSÉ-Gut in den Côtes mit feinen, duftenden, geschmeidigen Weinen. Günstig (aber nicht weitersagen!).

Conseillante, La Pom r ★★★★ **89 90' 95' 96' 98' 99 00' 01 02 03 04 05' 06' 07** 08 09' 10' 11 12 13 – Nachbar von L'ÉVANGILE in POMEROL und seit 140 Jahren in Familienbesitz. Eines der nobelsten und am üppigsten duftenden Pomerol-Gewächse, im Stil fast wie ein MÉDOC; wird sehr alt. 2012 wurde der neue, kreisförmige *cuvier* (Fasskeller) eingeweiht. Zweitetikett: Duo de Conseillante.

Bordeaux

Corbin St-Ém r ★★ **00' 01 02 04 05 07 08 09'** 10' 11 12 – Erheblich besser gewordenes GRAND-CRU-CLASSÉ-Gut bei POMEROL. Elegante, volle Weine von verlässlicher Qualität zum moderaten Preis. Zweitetikett: Divin de Corbin.

Cos d'Estournel St-Est r ★★★★ **90' 94 95 96' 98' 00 01 02 03 04 05'** 06 **07** 08 09' 10' 11 12 13 – Angesagter, großer 2. Cru mit einem exzentrischen pagodenähnlichen *chai* (Fasslager). Hochmoderne Kellerei mit einem durch Schwerkraft betriebenen Umpumpsystem. Sehr kultivierter ST-ESTÈPHE, seit 2005 auch – teurer – Weißwein. Zweitetikett: Les Pagodes de Cos (für manche Märkte auch Ch. MARBUZET). Zum Besitz gehören außerdem das supermoderne MÉDOC-Gut Goulée und (seit 2013) die Champagnerfirma Pressoirs de France.

Cos Labory St-Est r ★★ **95 96' 98' 99 00 02 03 04 05' 06 07 08** 09' 10' 11 12 – 5. Cru, Nachbar von COS D'ESTOURNEL mit deutlich preiswerteren Weinen. Die neueren Jahrgänge besitzen mehr Tiefe und Struktur. ANDRON BLANQUET ist das Schwestergut.

Coufran H-Méd r ★★ **00 01 02 03 04 05 06 08 09 10'** 11 12 – Ch. Coufran und Ch. VERDIGNAN im äußersten Norden des HAUT-MÉDOC haben denselben Besitzer. Coufran bietet hauptsächlich geschmeidige Weine von 85 % MERLOT. Ein weiteres kleines Schwestergut ist SOUDARS.

Couhins-Lurton Pes-L r w ★★→★★★ r **03 04 05 06 08' 09** 10' 11 12; w **00 01 02 03 04 05 06 07 08' 09 10'** 11 12 (13) – Cru-classé-Gut mit feinen Weißweinen von SAUVIGNON BLANC, mineralisch und langlebig. Außerdem geschmeidiger Roter auf MERLOT-Basis. LA LOUVIÈRE und BONNET gehören derselben Familie.

Couspaude, La St-Ém r ★★★ **00' 01 02 03 04 05 06 07 08 09'** 10' 11 12 – Cru classé in guter Lage auf dem Plateau nahe der Stadt ST-ÉMILION. Moderner Stil, reichhaltig und cremig mit viel Eichenholzwürze.

Coutet Saut w; s ★★★ **89' 90' 95 96 97' 98' 99 01' 02 03' 04 05 07 09'** 10' 11 12 – Traditioneller Rivale von Ch. CLIMENS, im Stil aber pikanter. Beständig sehr feine, langlebige Weine. In bestimmten Jahrgängen (**89 90 95 97 01**) ist CUVÉE Madame eine sehr volle Auslese. Seit 2010 zudem fassvergorener trockener weißer Opalie.

Couvent des Jacobins St-Ém r ★★ **98' 00' 01 03 04 05 06 08 09'** 10' 11 12 – GRAND CRU CLASSÉ mit herrlichen Kellern in der Stadt. Eher leichter Stil, die Weine können aber durchaus alt werden. Denis Dubourdieu berät. Zweitetikett: Le Menut des Jacobins.

Crabitey Graves r w ★★ r **05 06 08 09 10** 11 12; w **09 10 11 12** (13) – Früher ein von Ordensschwestern geleitetes Waisenhaus. Die Weinberge wurden in den 1980er- und 90er-Jahren neu bestockt. Eigentümer Arnaud de Butler erzeugt jetzt harmonischen Rotwein und kleine Mengen eines lebhaften Weißen (SÉMILLON/SAUVIGNON BLANC).

Crock, Le St-Est r ★★ **00' 01 02 03 04 05 06 07 08** 09' 10 11 12 – CRU BOURGEOIS (seit 2011) im Besitz der Familie Cuvelier, der auch Ch. LÉOVILLE POYFERRÉ gehört. Solider, fruchtstrotzender Wein zum moderaten Preis.

Croix, La Pom r ★★ **00 01 04 05 06 07 08 09** 10 11 12 – Ökologisch bewirtschaftetes Gut im Besitz des Négociant Janoueix. Ansprechender, reichhaltiger, pflaumenwürziger POMEROL. La Croix St-Georges und HAUT SARPE gehören ebenfalls Janoueix.

Croix de Gay, La Pom r ★★★ **98 99 00' 01' 02 04 05 06 09'** 10' 11 12 – Gut auf dem POMEROL-Plateau; einige Parzellen wurden 2011 an L'ÉVANGILE verkauft. Runder, eleganter Stil. Die Spezial-CUVÉE heißt LA FLEUR DE GAY. Ch. Faizeau (MONTAGNE ST-ÉMILION) hat denselben Besitzer.

Croix du Casse, La Pom r ★★ **00' 01' 04 05 06 08 09 10** 11 12 – Gut auf sandigen Kiesböden im Süden von POMEROL. Im Besitz von BORIE-MANOUX, sei

2008 wurden Investitionen getätigt und Verbesserungen erzielt. Mittlerer Körper; für Pomerol-Verhältnisse preiswert.

Croizet-Bages Pau r ★★→★★★ **96' 98 00' 02 03 04 05 06 07 08** 09 10' 11 12 – Sehr viel besser gewordener 5. Cru, im selben Besitz wie RAUZAN-GASSIES. Seit Kurzem zeigen die Weine mehr Tiefe, Kraft und Beständigkeit und sind innerhalb der AC zudem preiswert.

Cru bourgeois Inzwischen ein jährlich neu vergebenes Zertifikat; 2011 wurden 256 CHÂTEAUX klassifiziert. Unbeständige Qualität.

Cruzeau, de Pes-L r w; s ★★ r **04 05 06 08 09 10** 12; w **05 06 07 08 09 10 11 12** (13) – Großer Besitz (zwei Drittel Rotwein), der von André Lurton von Ch. LA LOUVIÈRE und Ch. COUHINS-LURTON erschlossen wurde. Gutes Preis-Leistungs-Verhältnis. Auch ein Weißwein auf SAUVIGNON-BLANC-Basis.

Cruzelles, Les Bx r ★★ **05 06 08 09 10** 11 12 – Großzügig-voller Wein aus LALANDE DE POMEROL; Spitzenjahrgänge können alt werden. Besitzer und Weinmacher ist Denis Durantou von Ch. L'EGLISE-CLINET.

Dalem Bx r ★★ **03 04 05' 06 08 09'** 10' 11 12 – Traditionsgut aus dem 17. Jh. in FRONSAC, in Familienbesitz. Die Weine (vorwiegend MERLOT) zeigen im neuen Jahrtausend mehr Finesse und Charme.

Dassault St-Ém r ★★ **00 01 02 03 04 05' 06 08 09'** 10 11 12 – GRAND CRU CLASSÉ mit modernem, fruchtig-saftigem Wein von beständiger Qualität. Seit 1955 im Besitz der Familie Dassault (Flugzeugbauer), der auch La Fleur in ST-ÉMILION sowie Betriebe in Chile und Argentinien gehören.

Dauphine, de la Bx r ★★→★★★ **00 01 03 04 05 06' 08 09'** 10' 11 12' – Großes Gut in FRONSAC, in den vergangenen 15 Jahren quasi runderneuert: Gebäude und Weinberge wurden instand gesetzt und neue Kellereianlagen gebaut. 2006 wurde das Schwestergut Ch. CANON DE BREM in die Produktion integriert, 2012 der Besitz durch Landerwerb weiter vergrößert. Für 2015 ist die Zertifizierung als Ökoerzeuger angestrebt. Michel ROLLAND berät. Zweitetikett: Delphis.

Dauzac Mar r ★★→★★★ **95 96 98' 99 00' 01 02 04 05 06 08' 09'** 10' 11 12 – 5.-Cru-Gut in Labarde mit dichten, vollen, dunklen Weinen. Gehört einer Versicherungsgesellschaft und wird von André Lurtons Tochter Christine (LA LOUVIÈRE) gemanagt. Zweitetikett: La Bastide Dauzac.

Derenoncourt, Stéphane Bx – Führender international tätiger önologischer Berater; ein Autodidakt. Terroir, Frucht und Ausgewogenheit stehen bei ihm im Mittelpunkt. Hat in CASTILLON mit der Domaine de l'A ein eigenes Gut.

Desmirail Mar r ★★→★★★ **02 03 04 05 06 07 08** 09' 10' 11 12 – 3. Cru im Besitz von Denis Lurton, dessen Bruder Henri Eigentümer von BRANE-CANTENAC ist. Feiner, delikater Stil.

Destieux St-Ém r ★★ **98 99 00' 01 03' 04 05' 06 07 08 09'** 10' 11 12 – Kompaktes GRAND-CRU-CLASSÉ-Gut auf der zweithöchsten Erhebung von ST-ÉMILION in St-Hippolyte. Wuchtiger, kraftvoller Stil; zuverlässig. Michel ROLLAND berät.

Doisy-Daëne Bar (r) w; tr s ★★★ **89' 90' 95 96 97' 98' 99 01' 02 03 04 05' 06 07 09 10'** 11' 12 – Gut in Familienbesitz (Dubourdieu), das lagerfähigen trockenen Weißwein und feinen süßen Barsac erzeugt. L'Extravagant (**96 97 01 02 03 04 05 06 07 09** 10 11 12) ist eine ungeheuer volle und teure CUVÉE. Die CHÂTEAUX Cantegril, CLOS FLORIDÈNE und REYNON gehören ebenfalls zum Besitz.

Doisy-Védrines Saut w; s ★★★ **89' 90 95 96 97' 98 99 01' 03' 04 05 07 09 10'** 11' 12 – 2. Cru in BARSAC im Besitz der Familie Castéja (der auch das Weinhandelshaus Joanne gehört). Köstliche, stämmige, volle Weine, die gut altern. Eine sichere Sache für viele Jahre.

Bordeaux

Dôme, Le St-Ém r ★★★ **04 05 06 08 09** 10' 11 12 13 – Kleinsterzeuger mit ursprünglich extrem eichenholzwürzigem Wein, seit 2004 aber mehr auf Eleganz und Terroir bedacht. Zwei Drittel alte CABERNET-FRANC-Reben. Eigentümer ist Jonathan Maltus, der weitere CHÂTEAUX in ST-ÉMILION (u. a. Teyssier, Le Carré, Les Astéries, Vieux Château Mazerat) sowie World's End im kalifornischen Napa Valley besitzt.

Dominique, La St-Ém r ★★★ **95 96 98 99 00' 01 04 05' 06 08** 09' 10' 11 12 – An CHEVAL BLANC grenzender Cru classé. Bot bis 1996 solide Qualität zu fairen Preisen und geriet dann aus der Spur. Seit 2006 wieder in Form; 2013 wurde die 11 Mio. Euro teure neue Kellerei mit Dachrestaurant eingeweiht (Architekt: Jean Nouvel). Zweitetikett: St-Paul de Dominique.

Dinieren und logieren in Bordeaux

Der Tourismus boomt in Bordeaux, und mit ihm kommen neue Projekte. Schauen Sie etwa mal zum Hotel »Mama Shelter« im Philippe-Starck-Design (eröffnet 2013), zur Brasserie »Le Grand Comptoir« mit 270 Plätzen im Bahnhof St-Jean (2013), zum »Coup 2 Foudres«, wo man in meterhohen, von der Küferei Seguin Moreau gefertigten Holzfässern logiert (2013), zum Boutiquehotel mit Restaurant von Bernard Magrez und dem Sternekoch Joël Robuchon (Sommer 2014) oder zum 63 Mio. Euro teuren Weinzentrum »Cité des civilisations du vin« (Eröffnung für 2016 geplant).

Ducluzeau Listrac r ★★ **01 03 04 05 06 08 09** 10 – Kleines Schwestergut von DUCRU-BEAUCAILLOU; je zur Hälfte MERLOT und CABERNET SAUVIGNON. Runde, schön ausgewogene Weine.

Ducru-Beaucaillou St-Jul r ★★★★ **95' 96' 98 99 00' 01 02 03 04 05' 06 0**[illegible] 08 09' 10' 11 12 13 – Großartiges 2.-Cru-CHÂTEAU in exzellenter Verfassung, wenn man von einem Aussetzer in den späten 1980er-Jahren absieht. Seit 2003 sorgt Besitzer Bruno Borie für zusätzliche Impulse. Klassischer, zedernholzduftiger, langlebiger Bordeaux. Croix de Beaucaillou (das Etikett für den 2010er wurde von Mick Jaggers Tochter Jade entworfen) und LALANDE-BORIE sind die Schwesterbetriebe.

Duhart-Milon Rothschild Pau r ★★★ **95 96' 98 00' 01 02 03 04' 05' 06 0**[illegible] **08** 09' 10' 11 12 13 – 4. Cru, Stallgefährte von LAFITE. In den vergangenen 10 Jahren höhere Präzision, zunehmend feine Qualität. Der Preis, zeitweilig vom Durst der Chinesen auf die Marke Rothschild in die Höhe getrieben, ist inzwischen wieder gesunken. Zweitetikett: Moulin de Duhart.

Durfort-Vivens Mar r ★★★ **90 95 96 98 99 00 02 03 04 05' 06 08** 09' 10 11 12 – Erheblich besser gewordenes, biodynamisch bewirtschaftete 2.-Cru-Gut in MARGAUX, im Besitz von Gonzague Lurton (auch Miteigentümer von Ch. Domeyne in ST-ESTÈPHE). Vorwiegend CABERNET SAUVIGNON. Zweitetikett: Vivens.

Eglise, Domaine de l' Pom r ★★ **98 99 00 01 02 03 04 05' 06 07 08** 09 10' 1[illegible] 12 – Kleines Gut auf dem Kies-Ton-Plateau, seit 2006 in guter Form. Denis Dubourdieu berät. TROTTE VIEILLE und CROIX DE CASSE gehören ebenfalls dazu.

Eglise-Clinet, L' Pom r ★★★→★★★★ **89' 90' 93' 94 95 96 98' 99 00' 01' 0**[illegible] **03 04 05' 06 07** 08 09' 10' 11' 12 13 – Das kleine Gut, dessen Weinberg in der Nähe der Kirche von POMEROL liegt, zeichnet sich durch enorme Beständigkeit aus. Der Wein ist voll, konzentriert und fleischig – begrenzte Mengen, hohe Preise. Zweitetikett: La Petite Eglise.

Évangile, l' Pom r ★★★★ **88' 89' 90 95 96 98' 99 00' 01 02 03 04' 05' 06 07** 08 09' 10' 11 12 13 – Nachbar von Ch. LA CONSEILLANTE. Voller, opulenter Stil. Die vom Eigentümer (LAFITE) ROTHSCHILD getätigten Investitionen haben die Qualität enorm gesteigert; 2011 wurden 6 ha von CROIX DE GAY hinzugekauft. Zweitwein: Blason de l'Évangile.

Fargues, de Saut w; s ★★★ **89 90 95 96 97 98 99' 01 02 03' 04 05' 06 07 09'** 10' 11' – Rebland um eine Schlossruine im Besitz der ehemaligen Eigentümer von Ch. d'YQUEM, der Familie Lur Saluces, die hier dieselben Bereitungstechniken einsetzt. Reichhaltige, ölige und dennoch ausgewogene Weine, die sehr alt werden können.

Faugères St-Ém r ★★→★★★ **98 00' 02 03 04 05 06 07 08 09'** 10' 11 12 – Kraftvolle, reichhaltige, moderne Weine. 2012 zum GRAND CRU CLASSÉ erhoben, ebenso wie Stallgefährte Ch. Péby Faugères (100% MERLOT). Imposante, hochmoderne Kellerei, entworfen von Mario Botta. Schwestergut von Cap de Faugères (CASTILLON) und Chambrun (LALANDE DE POMEROL).

Faurie de Souchard St-Ém r ★★ **98' 00 03 04 05 06 07 08 09** 10' 11 12 – Das GRAND-CRU-CLASSÉ-Gut mit nach Norden ausgerichteten Reblagen in den Côtes hat früher nicht seine Bestleistung gezeigt, doch die junge Generation investiert und gibt sich größere Mühe. Stéphane DERENONCOURT berät.

Ferrand, de St-Ém r ★★ **00 01 03 04 05 06 08 09'** 10' 12 – Großes Gut in St-Hippolyte im Besitz von Pauline Bich (Bic-Schreibgeräte) und ihrem Mann Philippe Chandon-Moët; 2012 zum GRAND CRU CLASSÉ heraufgestuft.

Ferrande Graves r (w) ★★ **04 05 06 08 09 10** 11 12 – Beachtliches Gut in Castres im Besitz des Getränkekonzerns Castel; die Qualität ist jetzt verlässlicher. Zugänglicher, gefälliger Roter und sauberer, frischer Weißer.

Ferrière Mar r ★★→★★★ **96' 98 99 00' 02 03 04 05 06 08** 09' 10' 12 – Kleiner 3. Cru in der Ortschaft MARGAUX. Dunkle, feste Weine mit herrlichem Bukett, die Zeit brauchen. La GURGUE und HAUT-BAGES LIBÉRAL gehören ebenfalls dazu.

Feytit-Clinet Pom r ★★ **98 99 00 01 03 04 05' 06 07 08** 09' 10' 11 12 13 – Das kleine Gut wird von der Besitzerfamilie Chasseuil geleitet. Seit dem Jahr 2000 in Bestform: reichhaltiger, voller POMEROL mit Alterungspotenzial – eine sichere Bank.

Fieuzal Pes-L r (w) ★★★ r **00 01 06 07 08** 09' 10' 11 12; w **03 05 06 07 08 09' 10' 11 12** 13 – Cru classé in PESSAC-LÉOGNAN in irischem Besitz. Die Roten sind seit 2006 in Bestform – Berater ist der Eigentümer von Ch. L'ANGELUS –, die Weißen von verlässlicher Qualität. Seit 2011 neue, nur mit Schwerkraft betriebene Kellerei. Sieben der 63 Fässer tragen die Namen der Enkel des Besitzers.

Figeac St-Ém r ★★★★ **95' 96 98' 99 00' 01' 02 03 04 05' 06 07 08** 09' 10' 11 12 13 – Premier cru; Weinberge mit Kiesböden, die zu einem ungewöhnlich hohen Anteil (70%) mit CABERNET FRANC und CABERNET SAUVIGNON bestockt sind. Volle, aber elegante, bestechend langlebige Weine. 2013 wurde das Leitungsteam ausgetauscht: Bereichsleiter, Kellermeister und Geschäftsführer sind neu; Berater ist Michel ROLLAND. Hoffentlich wird die Eleganz nun nicht der Kraftmeierei geopfert! Zweitetikett: Grange Neuve de Figeac.

Filhot Saut w; tr s ★★ **96' 97' 98 99 01' 02 03' 04 05 07 09'** 10' 11' – 2. Cru in SAUTERNES mit prachtvollem CHÂTEAU und umfangreichem Weinbergbesitz. Weine in der Jugend recht schwierig, gewinnen mit dem Alter aber an Komplexität; seit 2009 reintöniger und voller.

Fleur Cardinale St-Ém r ★★ **00 01 02 03 04 05' 06 07 08 09'** 10' 11 12 – Cru-classé-Gut in St-Etienne-de-Lisse, seit 15 Jahren auf der Überholspur. Die Trauben werden stets sehr spät gelesen. Reifer, öliger, moderner Stil.

Bordeaux

Fleur de Boüard, La Bx r ★★→★★★ **04 05 06 07 08 09** 10 11 12 13 – Führendes Gut in LALANDE DE POMEROL mit vollen, dunklen, dichten, modernen Weinen. Ausgefallener ist die Spezial-CUVÉE Le Plus, ein sortenreiner MERLOT, der 3 Jahre in neuer Eiche ausgebaut wird. Im selben Besitz wie ANGÉLUS und Bellevue in ST-ÉMILION.

Fleur de Gay, La Pom r ★★★ In geringer Menge erzeugte Super-CUVÉE (100 % MERLOT) von Ch. La CROIX DE GAY.

Fleur-Pétrus, La Pom r ★★★★ **90' 95 96 98' 99 00' 01 02 03 04 05' 06** 08 09' 10' 11 12 13 – Gut im Besitz von J.-P. MOUEIX; der Weinberg liegt gegenüber von LAFLEUR. Mit dem Erwerb von Ch. Guillot 2012 wurde der Rebbesitz um 4,7 ha erweitert. Feiner im Stil als PETRUS oder TROTANOY. Braucht Zeit.

Fombrauge St-Ém r ★★→★★★ **98 99 00' 01 02 03 04 05 06 08** 09' 10' 11 12 – Großes Gut im Besitz von Bernard Magrez (siehe CLOS HAUT-PEYRAGUEY, PAPE CLÉMENT, La TOUR CARNET), 2012 zum GRAND CRU CLASSÉ erhoben. Gehaltvolle, dunkle, schokoladige Rote in modernem Stil; außerdem etwas weißer BORDEAUX. Die Spezial-CUVÉE heißt Magrez-Fombrauge.

Fonbadet Pau r ★★ **00' 01 02 03 04 05' 06 08** 09' 10' 12 – CRU BOURGEOIS (2011) in Familienbesitz mit verlässlichem, günstigem Wein im typischen PAUILLAC-Stil. Eric Boissenot berät.

Fonbel, de St-Ém r ★★ **05 06 07 08 09 10** 11 12 – Verlässliche Quelle von fruchtig-saftigem, frischem, nicht überteuertem ST-ÉMILION-Wein. Im selben Besitz wie die CHÂTEAUX AUSONE und MOULIN ST-GEORGES.

Fonplégade St-Ém r ★★ **98 00' 01 03 04 05 06' 07 08** 09' 10 12 – GRAND CRU CLASSÉ im Besitz des US-Amerikaners Stephen Adams, dem auch Ch. L'Enclos in POMEROL gehört. Investitionenen und Fortschritte führten zu Weinen in modernem, konzentriertem Stil. Michel ROLLAND berät.

Fonréaud Listrac r ★★ **98 00' 02 03 04 05 06 08 09'** 10' 11 12 – Eines der größeren und besseren LISTRAC-Güter mit schmackhaften, mundfüllenden Weinen. Auch trockener Weißwein in kleinen Mengen: fassvergorener Le Cygne. Siehe auch Ch. LESTAGE. Preiswert.

Fonroque St-Ém r ★★★ **96 98 01 03 04 05 06 08** 09' 10' 11 12 – GRAND CRU CLASSÉ auf dem Plateau nördlich von ST-ÉMILION, geleitet von Alain Moueix (siehe MAZEYRES). Der biologisch-dynamische Anbau zahlt sich aus, die Weine besitzen jetzt mehr Charakter und Eleganz. Schwestergut MOULIN DU CADET.

Fontenil Bx r ★★ **03 04 05 06 08 09'** 10' 11 12 – Führendes Gut in FRONSAC im Besitz von Michel ROLLAND. Reife, opulente, aber ausgewogene Weine. Die Spezial-CUVÉE (100 % MERLOT) heißt Défi de Fontenil.

Forts de Latour, Les Pau r ★★★→★★★★ **89' 90' 95' 96' 98 99 00' 01 02 03 04' 05' 06 07** 08 09' 10' 11 12 13 – Das (würdige) Zweitetikett von Ch. LATOUR; authentischer Geschmack in etwas leichterem Format zum 2.-Cru-Preis. Ein *En-primeur*-Verkauf findet nicht mehr statt, die Freigabe der Weine erfolgt nun, wenn sie für trinkreif erachtet werden – der 2005er kam 2013 heraus (ist in Wirklichkeit aber noch nicht so richtig trinkreif).

Fourcas Dupré Listrac r ★★ **98' 00' 01 02 03 04 05 06 08** 09 10' 11 12 – Gut geführtes CHÂTEAU mit einigermaßen beständigem Wein im festen LISTRAC-Stil, der von Flaschenreifung profitiert. Die Ertragsmenge wurde inzwischen eingeschränkt, Herbizide kommen nicht mehr zum Einsatz. Zweitetikett: Ch. Bellevue-Laffont.

Fourcas Hosten Listrac r ★★→★★★ **01 02 03 05 06 08 09** 10' 11 12 – In das große Gut in LISTRAC wurde in den vergangenen 10 Jahren beträchtlich investiert, was zu stetig steigender Qualität, sprich zu mehr Präzision und Finesse führte. Die Besitzer haben Verbindungen zur Modefirma Hermès

France, de Pes-L r w ★★ r **00 02 03 04 05 06 08** 09 10' 11 12; w **03 04 05 06 07 08 09 10 11 12** (13) – Nachbar von Ch. de FIEUZAL mit verlässlichen Weinen in einem reifen, modernen Stil. Bernard Thomassin, dem das Gut seit 1971 gehörte, starb 2013, Sohn Arnaud hat jetzt die Leitung inne.

Franc Mayne St-Ém r ★★ **98' 00' 01 03 04 05 06 08 09** 10' 12 – Kleiner GRAND CRU CLASSÉ in den Côtes, im selben Besitz wie die CHÂTEAUX de LUSSAC und Vieux Maillet in POMEROL. Investitionen und Renovierung; ein Luxushotel gehört auch dazu. Weine in frischem, fruchtigem Stil – rund, aber mit schöner Struktur.

Gaby, du Bx r ★★ **00' 01' 03 04 05 06 07 08 09** 10 12 – Herrliche Südlagen in FRONSAC erbringen ernst zu nehmende Weine, die gut altern. Dem kanadischen Eigentümer gehört auch Ch. Moya in CASTILLON – CÔTES DE BORDEAUX.

Gaffelière, La St-Ém r ★★★ **89' 90' 95 96 98' 99 00' 01 02 03 04 05' 06 07 08** 09' 10' 11 12 13 – Premier cru am Fuß der Côtes. Die Besitzerfamilie Malet Roquefort, die älteste in der Region, ist bereits seit 400 Jahren in ST-ÉMILION ansässig. Elegante, langlebige Weine; seit einigen Jahren mehr Präzision. Stéphane DERENONCOURT berät.

Garde, La Pes-L r w ★★ r **01' 02 04 05 06 07 08** 09' 10' 11 12; w **04 05 06 07 08 09 10' 11 12** (13) – Beachtliches Gut im Besitz der Négociant-Firma CVBG-DOURTHE mit verlässlichen, geschmeidigen Roten. Außerdem etwas Weißwein (SAUVIGNON BLANC/Sauvignon gris).

Gay, Le Pom r ★★★ **98 99 00 01 03 04 05' 06 07 08** 09' 10' 11 12 – Schöne Reblagen am nördlichen Rand von POMEROL. Beträchtliche Investitionen; Michel ROLLAND berät. Im Stil jetzt sehr reif und pflaumenwürzig. Eigentümerin Catherine Péré-Vergé starb 2013, die Gutsleitung hat ihr Sohn übernommen. Ch. Montviel und Ch. La Violette gehören ebenfalls zum Besitz, außerdem Weinberge in Argentinien.

Gazin Pom r ★★★ **90' 95 96 98' 99 00' 01 02 03 04 05' 06 07 08** 09' 10' 11 12 13 – Großes Gut (für POMEROL-Verhältnisse) in Familienbesitz, Nachbar von PETRUS. Sehr fit im Vertrieb und seit Mitte der 1990er-Jahre gut in Form. Zweitetikett: L'Hospitalet de Gazin.

Gilette Saut w; s ★★★ **53 55 59 61 67 70 71 75 76 78 79 81 82 83 85 86 88 89 90** – Ungewöhnliches kleines Gut in Preignac – jeweils nur rund 5.000 Flaschen –, das seine üppigen Weine 16–20 Jahre in Betontanks lagert. Ein wenig Flaschenreifung ist dann immer noch empfohlen. Ch. Les Justices ist das Schwester-CHÂTEAU (**99 01 02 03' 05 07 09 10'** 11).

Giscours Mar r ★★★ **96' 98 99 00' 01 02 03 04 05' 06 07 08'** 09' 10' 11 12 – Beachtlicher 3. Cru südlich von Cantenac. Erzeugte in den 1970er-Jahren und auch jetzt wieder sehr gute, kraftstrotzende Weine; die 1980er Jahrgänge dagegen waren unbeständig. Seit dem Besitzerwechsel vor 20 Jahren geht es stetig aufwärts. Zweitetikett: La Sirène de Giscours. Die CHÂTEAUX Duthil, Le Haut-Médoc de Giscours und du TERTRE sind Stallgefährten.

Glana, du St-Jul r ★★ **00 02 03 04 05 06 08 09** 10' 12 – Großes Gut, durch Zukäufe von Parzellen des Ch. LAGRANGE erweitert. Anspruchslose, unaufgeregte, preiswerte Weine. Im selben Besitz wie Ch. Bellegrave (PAUILLAC). Zweitetikett: Pavillon du Glana.

Gloria St-Jul r ★★→★★★ **98 99 00' 01 02 03 04 05' 06 07 08** 09' 10' 11 12 – Das Gut mit weit verstreuten Cru-classé-Reblagen hat denselben Besitzer wie ST-PIERRE. Übertrifft regelmäßig die Erwartungen. Zweitetikett: Peymartin.

Grand Corbin-Despagne St-Ém r ★★→★★★ **95 96 98 99 00' 01 03 04 05 06 08** 09' 10' 11 12 13 – Preiswerter GRAND CRU CLASSÉ in Bestform. Das Gut ist seit 1812 im Besitz der Familie Despagne – 2012 war der 200. Jahrgang. Die ökologisch angebauten, aromatischen Weine haben nun eine reifere, vollere Note. Zum Besitz gehören auch Ch. Maison Blanche (MONTAGNE ST-ÉMILION) und Ch. Ampélia (CASTILLON). Zweitetikett: Petit Corbin-Despagne.

Grand cru classé Siehe Kasten »Die ST-ÉMILION-Klassifikation«, S. 157.

Grand Mayne St-Ém r ★★★ **90' 94 95 96 98 99 00' 01' 02 03 04 05' 06 07 08 09' 10'** 11 12 – Seit 1934 im Besitz der Familie Nony befindlicher, führender GRAND CRU CLASSÉ in den westlichen Côtes. Beständige, feste, volle, Weine mit schöner Struktur.

Grand-Pontet St-Ém r ★★★ **00' 01 02 03 04 05 06 08 09** 10 11 12 – GRAND CRU CLASSÉ in den Côtes. Weine in kraftvollem, konzentriertem Stil. Familiäre Verbindungen zu BEAU-SÉJOUR BÉCOT.

Grand-Puy Ducasse Pau r ★★★ **95 96' 98' 99 00 01 02 03 04 05' 06 07** 08 **09' 10'** 11 12 – 5. Cru im Besitz einer Bank, der auch die CHÂTEAUX RAYNE VIGNEAU und MEYNEY gehören. Die Qualität war sehr wechselhaft, ist in letzter Zeit aber beständiger. Neuer Kellermeister seit 2010. Berater ist seit 2013 der Eigentümer von Ch. ANGÉLUS. Zweitetikett: Prélude à Grand-Puy Ducasse.

Grand-Puy-Lacoste Pau r ★★★ **89' 90' 94 95' 96' 98 99 00' 01 02 03 04 05' 06 07** 08' 09' 10' 11 12 13 – 5. Cru, berühmt für von CABERNET SAUVIGNON dominierten PAUILLAC zum Einkellern; preiswert. Im selben Besitz wie Ch. HAUT-BATAILLEY. Kürzlich Investitionen. Zweitetikett: Lacoste-Borie.

Grave à Pomerol, La Pom r ★★★ **98' 00 01 02 04 05 06 08 09'** 10 11 12 – Kleines Gut gegenüber von LALANDE DE POMEROL im Besitz von Christian MOUEIX. Zugänglicher POMEROL von mittlerer Fülle. Hieß früher La Grave Trigant de Boisset.

Gressier Grand Poujeaux Moulis r ★★ **98 00 01 04 05 09** 10' 11 – CRU-BOURGEOIS-Gut (2011) im selben Besitz wie CHASSE-SPLEEN. Frische, fruchtbetonte Weine mit gewissem Alterungspotenzial von je 50 % CABERNET SAUVIGNON und MERLOT.

Greysac Méd r ★★ **03 04 05' 06 08 09 10'** 11 12 – Großes, elegantes MÉDOC-Gut, 2012 vom Eigentümer der CHÂTEAUX Rollan de By und HAUT CONDISSAS erworben. Beständige, feine Qualität.

Gruaud Larose St-Jul r ★★★★ **89' 90' 95' 96' 98 99 00' 01 02 03 04 05' 06 07** 08 09' 10' 11 12 – Eines der größten und beliebtesten 2.-Cru-Güter. Reichhaltiger, kraftvoller roter Bordeaux, der sich mindestens 20 Jahre hält. Mehr Finesse seit 2007. Zweitetikett: Sarget de Gruaud-Larose.

Guadet St-Ém ★★ **01 04 05 06 08 09** 10 11 12 – Cru-classé-Gut mit Felsenkellern in der Rue Guadet in ST-ÉMILION. Vor dem Jahr 2000 war die Qualität unbeständig, seitdem ist einiges besser geworden. Seit 2010 mit Ökosiegel.

Guiraud Saut (r) w; (tr) s ★★★ **89' 90' 95 96' 97' 98 99 01' 02 03 04 05' 06 07 09'** 10' 11' – Großes Cru-classé-Gut, seit 2011 mit Ökosiegel. Zum Besitzerkonsortium gehören auch der langjährige Geschäftsführer Xavier Planty und die Familie Peugeot (Automobile). Spitzenqualität – höherer SAUVIGNON-BLANC-Anteil als sonst üblich. Der trockene Weißwein heißt G de Château Guiraud, das Zweitetikett Petit Guiraud.

Gurgue, La Mar r ★★ **02 03 04 05' 06 08 09' 10** 11 12 – Nachbargut von Ch MARGAUX mit feinem, nicht überteuertem Wein; steht unter derselben Leitung wie FERRIÈRE und HAUT-BAGES LIBÉRAL.

Hanteillan H-Méd r ★★ **00' 02 03 04 05' 06 09'** 10 – Das große Gut in Cissac im nördlichen HAUT-MÉDOC erzeugt runde, ausgewogene, jung zu trinkende Weine. Zweitetikett: Ch. Laborde.

Haut-Bages Libéral Pau r ★★★ **96' 98 99 00 01 02 03 04 05' 06 08** 09' 10 11 12 – Weniger bekanntes 5.-Cru-Gut (neben LATOUR); gehört zum selben

Besitz wie FERRIÈRE und La GURGUE. Schöne Erfolge, echte PAUILLAC-Vitalität, meist günstig.

Haut-Bages Monpelou Pau r ★★ **98 00 03 04 05 06 08 09** 10 11 – Stallgefährte von Ch. BATAILLEY mit Rebbesitz in einstigen DUHART-MILON-Lagen. Körperreicher PAUILLAC-Stil.

Haut-Bailly Pes-L r ★★★★ **89' 90' 95 96' 98' 99 00' 01 02 03 04 05' 06 07** 08' 09' 10' 11' 12 – Das hochrangige Cru-classé-Gut in PESSAC-LÉOGNAN ist im Besitz eines US-amerikanischen Bankers und wird von Véronique Sanders geleitet. Seit 17 Jahren macht es beständig Fortschritte. Erzeugt wird ausschließlich Rotwein in einem raffinierten, eleganten Stil (Parzelle mit sehr alten Reben). Im Jahr 2012 wurde Ch. Le Pape (Pessac-Léognan) erworben. Zweitetikett: La Parde de Haut-Bailly.

Haut-Batailley Pau r ★★★ **95 96' 98 99 00 02 03 04 05' 06 07** 08 09' 10' 11 12 – Der kleinere Teil der geteilten 5.-Cru-Besitzung BATAILLEY. Bevorzugt eine sanftere Art als das Schwester-CHÂTEAU GRAND-PUY-LACOSTE; in den vergangenen 10 Jahren größere Präzision. Zweitetikett: La Tour l'Aspic.

Haut-Beauséjour St-Est r ★★ **00 01 03 04 05 08 09** 10 11 – Vom Eigentümer, dem Champagnerhaus ROEDERER, wiederbelebtes Gut. Runde, aber strukturierte Weine. Ch. de PEZ gehört ebenfalls zum Besitz.

Haut-Bergeron Saut w; s ★★ **01 02 03 04 05 06 07 09 10** 11 – Das Gut ist seit fünf Generationen in Familienbesitz und zählt zu den beständigsten nicht klassifizierten SAUTERNES-Erzeugern. 60 Parzellen mit alten Reben, vorwiegend SÉMILLON (90 %). Voller, opulenter, nicht überteuerter Wein.

Haut-Bergey Pes-L r (w) ★★ r **00 01 02 04 05 06 07 08 09** 10 11 12; w **06 07 08 09 10 11 12** (13) – In den 1990er-Jahren komplett renoviertes Gut im Besitz der Schwester des Eigentümers von SMITH HAUT LAFITTE. Voller, moderner GRAVES mit Eichenwürze sowie etwas Weißwein (trocken). Ch. BARDE-HAUT, CLOS L'ÉGLISE und Ch. Branon gehören ebenfalls dazu.

Haut-Brion Pes-L r (w) ★★★★ r **83' 85' 86' 88' 89' 90' 93 94 95' 96' 97 98' 99 00' 01 02 03 04 05' 06** 08 09' 10' 11' 12 13; w **95 96 98 99 00' 01 02 03 04' 05' 06 07 08' 09 10' 11'** 12 13 – Bereits seit dem 16. Jh. bestehender Erzeuger, seit 1855 Premier cru (als einziges nicht im MÉDOC gelegenes Gut). Seit 1935 im Besitz der US-amerikanischen Familie Dillon. Überaus harmonische Weine mit wundervoller Textur, beständig hochklassig seit 1975. Die benachbarte Domaine Allary Haut-Brion wurde dem Besitz 2012 einverleibt. Schwelgerischer trockener Weißwein in kleinen Mengen. Siehe auch Le CLARENCE DE HAUT-BRION, La MISSION HAUT-BRION und LAVILLE HAUT-BRION.

Haut Condissas Méd r ★★★ **03 04 05 06 07 08 09' 10'** 11 12 – MÉDOC-Wein mit internationalem Geschmack: reichhaltig, konzentriert, kräftige Eichennote, v. a. von MERLOT (60 %) und PETIT VERDOT (20 %). Schwestergut von Ch. Rollan de By und Ch. GREYSAC.

Haut-Marbuzet St-Est r ★★→★★★ **98 99 00' 01 02 03 04 05' 06 07 08 09'** 10' 11 12 – Als der Betrieb 1952 gegründet wurde, gehörten gerade mal 7 ha Weinbergbesitz dazu, jetzt sind es 70 ha. Nicht klassifiziertes Gut auf 4.-Cru-Niveau. Zwei Drittel der Produktion werden direkt ab CHÂTEAU verkauft. Gehaltvolle, üppige Weine (60 % MERLOT), die gut altern. Im selben Besitz sind auch die Châteaux Chambert-Marbuzet, Tour de Marbuzet und Layauga-Duboscq. Zweitetikett: MacCarthy.

Haut-Sarpe St-Ém r ★★ **98 00' 01 04 05 06 08 09** 10 11 12 – GRAND CRU CLASSÉ mit elegantem CHÂTEAU und Park; Weine in reichhaltigem, tieffarbigem, modernem Stil (70 % Merlot). Ebenso wie Ch. la Confession und Ch. La CROIX im Besitz von Janoueix.

Hosanna Pom r ★★★★ **99 00 01 03 04 05' 06 07** 08 09' 10' 11' 12 – Ehemals Ch. Certan-Guiraud, bis zum Kauf durch J.-P. MOUEIX und der Umbenennung 1999. Nur die besten Lagen werden bewirtschaftet; die Weine besitzen Kraft, Komplexität und Klasse. 2008 neue Kellerei, die mit Ch. Providence geteilt wird. Stallgefährte von TROTANOY.

Issan, d' Mar r ★★★ **98 00' 01 02 03 04' 05' 06 07 08** 09' 10' 11 12 – 3. Cru mit burgartigem CHÂTEAU. Herrlich duftende Weine, die seit Ende der 1990er-Jahre mehr Substanz bekommen haben. Seit 2013 gehört das Gut zur Hälfte Christian Thiéblot, dem Eigentümer der Châteaux LILIAN LADOUYS und PÉDESCLAUX. Zweitetikett: Blason d'Issan.

Jean Faure St-Ém r ★★ **05 06 08 09** 10 11 12 – Das ökologisch bewirtschaftete Nachbargut von La DOMINIQUE wurde 2012 zum GRAND CRU CLASSÉ erhoben. Frisch-eleganter Stil dank 50 % CABERNET FRANC. Der tatkräftige Eigentümer besitzt auch Mas Amiel in MAURY.

Kirwan Mar r ★★★ **95 96 98 99 00' 01 02 03 04 05' 06 07 08** 09 10' 11 12 – 3. Cru im Besitz des Handelshauses Schröder & Schyler. In den 1990er-Jahren waren die Weine dicht gewirkt und fleischig, seit 2007 gewinnen sie an Finesse – dafür sorgt der frühere Kellerchef von Ch. PALMER. Zweitetikett: Les Charmes de Kirwan.

Labégorce Mar r ★★→★★★ **01 02 03 04 05' 07 08 09** 10' 11 12 – Beachtliches, nicht klassifiziertes MARGAUX-Gut, in das seit 2006 kräftig investiert wurde; schluckte 2009 das benachbarte Ch. Labégorce Zédé. Schöner Wein in modernem Stil. Ch. MARQUIS D'ALESME gehört ebenfalls dazu.

Lafaurie-Peyraguey Saut w; s ★★★ **83' 85 86' 88' 89' 90' 95 96' 97 98 99 01' 02 03' 04 05' 06 07 09'** 10' 11' – Führender Cru classé in Bommes (90 % SÉMILLON); Teile des CHÂTEAUS gehen auf das 13. Jh. zurück. Seit dem bemerkenswerten Jahrgang 1983 waren die Weine in verlässlicher Form und relativ preiswert. Anfang 2014 hat das Gut einen neuen Eigentümer bekommen, der vermutlich investieren und das Hauptaugenmerk auf trockenen Weißen sowie auf vollen, konzentrierten, harmonischen Süßwein richten wird. Zweitetikett: La Chapelle de Lafaurie.

Lafite Rothschild Pau r ★★★★ **85 86' 88' 89' 90' 93 94 95 96' 97 98' 99 00' 01' 02 03' 04' 05' 06 07** 08' 09' 10' 11' 12 13 – Premier cru mit berühmtem verschwenderischem Duft und Stil, aber niemals schwer, heutzutage allerdings dichter gewirkt und geschmeidiger. Große Jahrgänge brauchen jahrzehntelange Lagerung. Die meisten der berühmten Trauerweiden auf dem Anwesen fällte 2013 ein Sturm. Joint Ventures in Chile (1988), Kalifornien (1989), Portugal (1992), Argentinien (1999) und neuerdings auch im MIDI, in Italien und sogar in China. Zweitetikett: CARRUADES DE LAFITE. Zum Besitz gehören auch die CHÂTEAUX DUHART-MILON, L'ÉVANGILE und RIEUSSEC.

Lafleur Pom r ★★★★ **85' 86 88' 89' 90' 93 94 95 96 98' 99' 00' 01' 02 03 04' 05' 06' 07** 08 09' 10' 11' 12 13 – Ausgezeichnetes, allerdings sehr kleines Gut in Familienhand, kultiviert wie ein Garten. Elegante, intensive Weine zum Einkellern (50 % CABERNET FRANC) – leider teuer. Zweitwein: Pensées de Lafleur. Ch. Grand Village (AC BORDEAUX) gehört ebenfalls zum Besitz.

Lafleur-Gazin Pom r ★★ **00 01 04 05 06 08 09** 10 11 12 – Kleines Gut zwischen den CHÂTEAUX LAFLEUR und GAZIN; im Besitz von J.-P. MOUEIX. POMEROL in leichterem, geschmeidigerem Stil.

Lafon-Rochet St-Est r ★★★ **90' 95 96' 98 99 00' 01 02 03' 04 05' 06 08** 09' 10' 11 12 13 – 4. Cru, Nachbar von Ch. COS D'ESTOURNEL. Eigenwillige gelbe Keller (und Etiketten). Ein hoher MERLOT-Anteil (40 %) sorgt für Opulenz und Textur, während Cabernet Sauvignon zur nötigen Struktur für ein langes Leben verhilft. J.-C. Berrouet, der frühere Kellerchef von PETRUS, berät seit 2012. Zweitetikett: Les Pèlerins de Lafon-Rochet.

Lagrange St-Jul r ★★★ **89' 90' 94 95 96 98 99 00' 01 02 03 04 05' 06 08** 09' 10' 11 12 13 – Seit 1983 im Besitz des japanischen Getränkekonzerns Suntory befindliches großes 3.-Cru-Gut (115 ha), jetzt in bester Verfassung. In Weinberge und Keller wurde kräftig investiert. Auch trockener Weißwein Les Arums de Lagrange (seit 1997). Zweitetikett: Les Fiefs de Lagrange (günstig); Drittetikett (seit 2012): HAUT-MÉDOC de Lagrange.

Lagrange Pom r ★★ **96 98 00 01 04 05 06 09 10** – Kleine Reblage in POMEROL, zu 95% mit MERLOT bestockt und seit 1953 im Besitz der allgegenwärtigen Firma J.-P. MOUEIX. Preiswerter Wein von guter Qualität, spielt aber nicht in derselben Liga wie HOSANNA, La FLEUR-PÉTRUS usw.

Lagune, La H-Méd r ★★★ **90' 95 96' 98 00' 02 03 04 05' 07 08 09'** 10' 11 12 – 3. Cru mit sandigen Kiesböden. Schwächelte in den 1990er-Jahren, ist aber inzwischen wieder in Form. Schön konturierte Weine, die jetzt mehr Struktur und Tiefe haben. Eigentümer ist Jean-Jacques Frey (siehe auch JABOULET-AÎNÉ), seine Tochter Caroline ist die Kellermeisterin. 2013 wurde das benachbarte CHÂTEAU d'Arche erworben. Außerdem CUVÉE Mademoiselle L von einem Weinberg in Cussac-Fort-Médoc.

Lalande-Borie St-Jul r ★★ **01 02 03 04 05 06 07 08 09' 10'** 11 12 – Kleiner Bruder des großen DUCRU-BEAUCAILLOU mit Rebflächen im Westen der AC ST-JULIEN, zu 53% mit MERLOT bestockt. Anmutige, unkomplizierte Weine.

Lamarque, de H-Méd r ★★ **00' 02 03 04 05' 06 08 09' 10'** 11 12 – Prachtvolle mittelalterliche Burg im Kernland des HAUT-MÉDOC. Sachkundig bereitete Weine von mittlerer Lebensdauer. Zweitetikett: D de Lamarque.

Lamothe-Bergeron H-Méd r ★★ **00 02 03 04 05 09' 10' 11** 12 – Großes Gut in Cussac-Fort-Médoc, seit 2009 im Besitz der Cognac-Häuser Hardy und Mounier. Ansprechende, früh genussreife Weine.

Lanessan H-Méd r ★★ **00' 02 03 04 05 08 09 10'** 11 12 – Vornehmes Gut südlich von ST-JULIEN. Paz Espejo, ehemals Kellermeister bei Calvet und Cordier-Mestrezat, ist seit 2010 am Ruder – und sorgt für steigende Qualität. Hat auch ein Pferden gewidmetes Museum und bietet Reitausflüge an.

Langoa Barton St-Jul r ★★★ **95' 96' 98 99 00' 01 02 03 04' 05' 06 07 08** 09' 10' 11 12 13 – Schwestergut von LÉOVILLE BARTON, 3. Cru, mit CHÂTEAU aus dem 18. Jh. Untadelige Qualität und stets moderate Preise. Zweitwein: Réserve de Léoville Barton.

Larcis Ducasse St-Ém r ★★★ **89' 90' 95 96 98 00 02 03 04 05' 06 07 08** 09' 10' 11 12 13 – Schön gelegenes Gut in Familienbesitz in St-Laurent in den Côtes. In den 1950er- und 1960er-Jahren großartig, seit 2004 in spektakulärer Form. Spitzenjahrgänge können 40 Jahre und mehr überdauern.

Larmande St-Ém r ★★ **00' 01 03 04 05 06 07 08 09' 10** 12 – Größerer Besitz, wie auch Ch. SOUTARD im Besitz der Versicherung La Mondiale. Neu bestockt und ausgestattet; liefert jetzt zuverlässig solide Weine. Zweitetikett: Le Cadet de Larmande.

Laroque St-Ém r ★★→★★★ **98 99 00' 01 03 04 05 06 08 09'** 10' 11 12 – Großer GRAND CRU CLASSÉ mit CHÂTEAU aus dem 17. Jh. in St-Christophe-des-Bardes. Frische, vom Terroir geprägte Weine.

Larose Trintaudon H-Méd r ★★ **04 05 06 07 08 09' 10 11** 12 – Größte Rebfläche im MÉDOC: 190 ha, nachhaltig bewirtschaftet. Früher ein leichter, süffiger Wein, seit 2007 besser. Zweitetikett: Larose St-Laurent. Die dichter gewirkte, geschliffenere Sondercuvée Larose Perganson stammt von separaten Parzellen.

Laroze St-Ém r ★★ **98' 99 00 01 05 06 07 08 09'** 10' 12 – Seit 1610 in Familienbesitz befindliches Gut mit großem Rebenareal westlich von ST-ÉMILION. Recht leichte Weine von Sandböden, in den vergangenen 15 Jahren mit mehr Tiefe. Der Besitzer von Ch. ANGÉLUS berät. Zweitetikett: La Fleur Laroze.

Larrivet Haut-Brion Pes-L r w ★★★ r **00 01 02 03 04 05' 06 07 08 09** 10' 11 12; w **05 06 07 08 09 10' 11 12** (13) – Gut in PESSAC-LÉOGNAN, im Besitz des Andros-Konzerns, zu dem auch der Konfitürenhersteller Bonne Maman gehört. Voller, moderner Rotwein; auch cremiger fassvergorener Weißer (SAUVIGNON BLANC/SÉMILLON). 2007 wurde der frühere Betriebsleiter von MONTROSE verpflichtet; Michel ROLLAND berät. Zweitetikett: Les Demoiselles de Larrivet Haut-Brion.

Lascombes Mar r (rs) ★★★ **90' 96' 98' 99 00 01 02 03 04 05' 06 07** 08 09' 10' 11 12 – 2.-Cru-Gut, seit 2011 im Besitz einer französischen Versicherungsgesellschaft. Die Weine waren lange nicht zufriedenstellend, sind jetzt aber voll, dunkel und konzentriert. Michel ROLLAND berät. Der Kellermeister arbeitete zuvor bei L'ÉVANGILE. Moderner Stil. Zweitetikett: Chevalier de Lascombes.

Latour Pau r ★★★★(★) **82' 85 86 88' 89 90' 91 94 95' 96' 97 98 99 00' 01 02 03' 04'** 05' 06 **07** 08 09' 10' 11' 12 13 – Der Premier cru gilt als großartigste Verkörperung des MÉDOC. Die Weine sind tiefgründig, intensiv, in guten Jahren fast ewig haltbar, und sogar schwächere Jahrgänge zeigen den unverwechselbaren Geschmack und halten sich viele Jahre. Nach wie vor braucht der Latour 10 Jahre, um voll zur Geltung zu kommen. Ein Teil der Rebflächen wird biologisch-dynamisch bewirtschaftet (einschließlich Arbeit mit dem Pferdepflug). Dass der *En-primeur*-Verkauf 2012 eingestellt wurde, sorgte für einige Aufregung – die Freigabe erfolgt jetzt erst, wenn der Wein für genussreif erachtet wird (der 1995er im Jahr 2013). Neue Keller bieten mehr Lagerfläche. Zweitetikett: Les FORTS DE LATOUR; Drittetikett: Pauillac.

Latour à Pomerol Pom r ★★★ **89' 90' 95 96 98' 99 00' 01 02 04 05' 06 07 08** 09' 10' 11 12 – Premier cru auf dem Plateau unweit der Kirche von POMEROL, geleitet von J.-P. MOUEIX. Volle, schön strukturierte Weine, die gut altern und selten enttäuschen.

Latour-Martillac Pes-L r w ★★ r **98 00 01 02 03 04 05' 06 08** 09' 10' 11 12; w **02 03 04 05 06 07 08 09 10' 11 12** 13 – Cru classé, seit 1929 im Besitz der Familie Kressmann. Ordentliche Qualität, für dieses Niveau moderate Preise. Auch der Weißwein hält sich gut.

Laurets, des St-Ém r ★★ **04 05 06 08 09 10** 12 – Großes Gut mit CHÂTEAU aus dem späten 19. Jh. und Rebbesitz in PUISSEGUIN ST-ÉMILION und MONTAGNE ST-ÉMILION, gleichmäßig verteilt in den Côtes (40.000 Kisten). Eigentümer ist seit 2003 Benjamin de Rothschild (Ch. CLARKE).

Laville Saut w; s ★★ **01 03 04 06 07 09** 10 11 – In Familienbesitz befindliches Gut in Preignac in der Nähe von BASTOR-LAMONTAGNE. Der Weinmacher lehrt auch an der Önologischen Fakultät der Universität Bordeaux. Die von SÉMILLON (85 %) geprägten edelfaulen Weine sind üppig und voll – preiswerter nicht klassifizierter SAUTERNES.

Laville Haut-Brion Pes-L w ★★★★ **94 95' 96' 98 00' 01 02 03 04' 05' 06 07 08'** – Der frühere Name für LA MISSION HAUT-BRION Blanc (2009 umbenannt). Nur 8.000 Flaschen des besten weißen GRAVES (überwiegend SÉMILLON) werden jährlich erzeugt, der sehr gemächlich seine saftige Reife entfaltet. Wunderbar zuverlässig. Zweitetikett: La Clarté de Haut-Brion (ehemals Les Plantiers); für ihn wird auch Lesegut von HAUT-BRION verwendet.

Léoville Barton St-Jul r ★★★★ **88' 89' 90' 94' 95' 96' 98 99 00' 01 02 03' 04 05' 06 07** 08' 09' 10' 11 12 13 – 2.-Cru-Gut, das kleinste der drei Léoville-CHÂTEAUX, seit über 180 Jahren im Besitz der anglo-irischen Familie Barton (gegenwärtig Anthony Barton, unterstützt von Tochter Lilian). Harmonischer, klassischer roter Bordeaux; traditionelle Methoden, abgesehen von der lasergestützten optischen Sortieranlage, die seit 2001 im Einsatz ist. Teilt die Keller mit LANGOA BARTON.

Léoville-Las Cases St-Jul r ★★★★ **85' 86' 88 89' 90' 93 94 95' 96' 97 98 99 00' 01 02 03' 04' 05'** 06 **07** 08 09' 10' 11' 12 13 – Das größte Léoville-Gut und seit jeher ein »Super-Deuxième-cru«; der *grand vin* stammt vom Kernstück, dem Grand Enclos. Elegante, komplexe, kraftvolle Weine von ungeheurer Langlebigkeit, manchmal eher PAUILLAC als ST-JULIEN. Zweitetikett: Le Petit Lion (seit 2007); früher hieß er CLOS DU MARQUIS, doch dieser gilt jetzt als eigenständiger Wein.

Léoville Poyferré St-Jul r ★★★★ **86' 88 89' 90' 94 95 96' 98 99 00' 01 02 03 04 05'** 06 **07** 08 09' 10' 11' 12 13 – Das dritte Drittel des einst riesigen Guts Léoville; der beste Teil des Reblands liegt dem Grand Enclos von LÉOVILLE-LAS CASES gegenüber. Jetzt auf dem Niveau eines »Super-Deuxième-cru«, mit dunklen, vollen, würzigen, langlebigen Weinen. Zweitetikett: Ch. Moulin Riche. Le CROCK gehört ebenfalls zum Besitz.

Lestage Listrac r ★★ **00 02 03 04 05 06 08 09 10** 11 12 – LISTRAC-Gut, im selben Besitz wie Ch. FONRÉAUD. Fester, etwas verschlossener Bordeaux, jetzt mit höherem MERLOT-Anteil (56 %). Zweitetikett: La Dame du Cœur de CHÂTEAU Lestage.

Lilian Ladouys St-Est r ★★ **98 00 02 03 04 05 06 07 08 09' 10'** 11 12 – Das in den 1980er-Jahren geschaffene Gut besitzt insgesamt 100 Rebparzellen. Feste, manchmal robuste Weine; die jüngsten Jahrgänge zeigen größere Finesse. Seit 2008 neuer Besitzer (ihm gehören auch der Rugbyclub Racing Métro 92 und Ch. PÉDESCLAUX). Steht unter derselben Leitung wie Ch. BELLE-VUE (HAUT-MÉDOC).

Liversan H-Méd r ★★ **98 00 02 03 04 05 07 08 09 10** 12 – Das Gut im nördlichen HAUT-MÉDOC hat denselben Eigentümer wie PATACHE D'AUX. Wein in rundem, aber durchaus strukturiertem Stil. Zweitetikett: Les Charmes de Liversan.

Loudenne Méd r (w) ★★ r **00' 01 02 03 04 05 06 09' 10' 11**; w **06 07 08 09 10 11 12** – Hübsches rosafarbenes CHÂTEAU aus dem 18. Jh. am Flussufer, das als Besitz der britischen Weinhandelsfirma Gilbey's Berühmtheit erlangte. 2013 wurde es von Chinesen erworben, die 5 Mio. Euro in den Betrieb investieren wollen. Reife, runde Rotweine, außerdem ein Weißer von SAUVIGNON BLANC mit Eichenholznote. Nicht zu vergessen der Rosé Pink de Loudenne.

Loupiac-Gaudiet Bx w; s ★★ **01 02 03' 05 07 09 10 11** – Zuverlässige Quelle für preiswerten »Beinahe-SAUTERNES«, auf der anderen Seite der Garonne in der AC LOUPIAC.

Louvière, La Pes-L r w ★★★ r **00' 01 02 04 05' 06 07 08** 09' 10' 11 12; w **01 02 03 04' 05' 06 07 08 09' 10' 11 12** 13 – André Lurtons ganzer Stolz: ausgezeichneter Rot- und Weißwein in Cru-classé-Qualität. Siehe auch BONNET, COUHINS-LURTON, DE CRUZEAU sowie DE ROCHEMORIN.

Lussac, de St-Ém r ★★ **00 03 04 05 06 07 08 09 10** 11 12 – Eines der besten Weingüter in LUSSAC ST-ÉMILION, Stallgefährte von FRANC MAYNE und Vieux Maillet (POMEROL). Zweitetikett: Le Libertin de Lussac.

Lynch-Bages Pau r (w) ★★★★ **86' 88' 89' 90' 94 95' 96' 98 99 00' 01 02 03 04' 05' 06 07 08** 09' 10' 11 12 13 – Seit eh und je beliebtes Weingut, heute ein regelrechter Star, der das übliche 5.-Cru-Niveau weit überstrahlt. Erzeugt vollen, robusten Wein. Zweitetikett: Echo de Lynch-Bages. Seit 2009 gibt es auch ein Drittetikett, außerdem einen guten Weißwein, jetzt in frischerem Stil: Blanc de Lynch-Bages. Wie auch Les ORMES DE PEZ, Villa Bel-Air und Dom. de L'Ostal Cazes (MINERVOIS-LA LIVINIÈRE) im Besitz der Familie Cazes; die nachfolgende Generation – Jean-Charles – hat jetzt das Ruder übernommen.

Lynch-Moussas Pau r ★★ **98 00' 01 02 03 04 05' 07 08** 09 10' 11 12 – 5.-Cru-Gut im Besitz von BORIE-MANOUX. Qualitätsverbesserungen im neuen

Jahrtausend führten zu Weinen mit mehr Tiefe. Der PAUILLAC-Wein spielt die zweite Geige, ist aber dafür preiswert.

Lyonnat St-Ém r ★★ **01 03 04 05 06 08 09 10** 12 – Gut in LUSSAC ST-ÉMILION mit verlässlichem Wein (sortenreiner MERLOT). Der Eigentümer von Ch. ANGÉLUS berät.

Macquin St-Georges St-Ém r ★★ **00 01 03 04 05 06 08 09 10** 11 – Gleichmäßig guter Erzeuger in ST-GEORGES. Köstlicher, nicht zu schwerer Wein aus einer ST-ÉMILION-Satellitenappellation.

Magdelaine St-Ém r ★★★ **89' 90' 95 96 98' 99 00 01 03 04 05 06 07** 08 09' 10' 11 – Ging 2012 im Ch. BELAIR-MONANGE auf und exisitiert nicht länger als eigenständiger Betrieb. Zarte, feine, trügerisch langlebige Weine; seit 2008 mit mehr Dichte und Gewichtigkeit.

Malartic-Lagravière Pes-L r (w) ★★★ r **98 99 00' 01 02 03 04' 05' 06** 08 09' 10' 11 12; w **00 01' 02 03 04' 05' 06 07 08 09' 10' 11 12** 13 – Cru classé in Léognan. Seit Ende der 1990er-Jahre volle, moderne Rote sowie kleine Mengen an opulentem SAUVIGNON BLANC. Der belgische Eigentümer hat den Besitz revolutioniert und flächenmäßig verdreifacht; Michel ROLLAND berät. 2006 wurde auch Ch. Gazin Rocquencourt (PESSAC-LÉOGNAN) dazugekauft.

Malescasse H-Méd r ★★ **01 02 03 04 05 06 08 09 10 11** 12 – CRU BOURGEOIS (2011) nahe MOULIS, seit 2012 mit neuem Besitzer. Geschmeidige, früh zugängliche Weine zu erschwinglichen Preisen. Zweitetikett: La Closerie de Malescasse.

Malescot St-Exupéry Mar r ★★★ **95 96 98 99 00' 01 02 03 04 05' 06 07 08'** 09' 10' 11 12 – 3. Cru, seit den 1990ern wieder prima in Form mit reifem, duftendem, schön strukturiertem MARGAUX, der alt werden kann. Zweitetikett: La Dame de Malescot.

Malle, de Saut r w; tr s ★★★ w s **89' 90' 94 95 96' 97' 98 99 01' 02 03' 05 06 07 09 10'** 11' – Schönes CHÂTEAU aus dem 17. Jh. in Preignac. Sehr feiner, mittelschwerer SAUTERNES; auch trockener weißer M. de Malle und Ch. du Cardaillan (GRAVES).

Margaux, Château Mar r (w) ★★★★ **85' 86' 88' 89' 90' 93 94 95' 96' 97 98' 99 00' 01' 02 03' 04' 05' 06' 07** 08 09' 10' 11' 12 13 – Premier cru; der verführerischste und beständigste aller MARGAUX-Weine mit dem legendären Bukett. Corinne Mentzelopoulos besitzt und leitet das Gut. 2014 wird die neue, von Norman Foster entworfene Kellerei in Betrieb genommen. Zweitetikett: Pavillon Rouge (**00' 01 02 03 04' 05' 06 08 09'** 10' 11 12). Drittetikett: M de Margeaux (der erste Jahrgang war 2009). Pavillon Blanc (100 % SAUVIGNON BLANC; **04' 05 06 07 08 09' 10' 11' 12**) ist der beste Weißwein des MÉDOC, aber nur zu Premier-cru-Preisen zu haben.

Marojallia Mar r ★★★ **99 00' 01 02 03 04 05' 06 07 08** 09' 10 11 12 – Das Mikro-CHÂTEAU will mit mächtigen, gehaltvollen, für MARGAUX untypischen Weinen hohe Preise erzielen. Die Jahrgänge 2011 und 2012 fielen weniger wuchtig aus. Angeschlossen ist auch ein Hotel der gehobenen Kategorie. Zweitetikett: Clos Margalaine.

Marquis d'Alesme Mar r ★★ **98 00 01 04 05 07 08 09'** 10' 11 12 – 3. Cru, 2006 von LABÉGORCE erworben. Der Beiname Becker wurde 2009 aufgegeben. War eine Zeit lang enttäuschend, seit 2009 geht es aber stetig aufwärts.

Marquis de Terme Mar r ★★→★★★ **90' 95 96 98 99 00' 01 02 03 04 05' 06 07** 08 09' 10' 11 12 – 4.-Cru-Gut mit Weinbergbesitz im Umkreis der Ortschaft MARGAUX. Seit 2000 besser in Form. Mit dem neuen Manager 2009 erhielt der Wein einen volleren Stil.

Maucaillou Moulis r ★★ **01 02 03 04 05 06 08 09 10** 11 12 – Auf Besucher eingerichtetes Weingut in MOULIS mit Museum, Laden, Verkostung etc. Saubere, frische, günstige Weine. Zweitetikett: No. 2 de Maucaillou.

Mayne Lalande Listrac r ★★ **05 08 09** 10 11 12 – Gegründet 1982 von Bernard Lartigue, zählt der Betrieb mit seinen vollen, fein texturierten Weinen heute zu den führenden Gütern in LISTRAC. Ch. Myon de l'Enclos in MOULIS gehört ebenfalls dazu.

Mazeyres Pom r ★★ **98' 99 00 01 04 05' 06 08** 09 10 12 – Verlässlicher POMEROL der leichteren Art von einem für die Verhältnisse der AC recht großen Weinbergbesitz. Die Leitung hat Alain Moueix inne, der Cousin von Christian (J.-P. MOUEIX). Seit 2012 biologisch-dynamischer Anbau. Siehe auch FONROQUE.

Meyney St-Est r ★★→★★★ **98 00 01 02 03 04 05' 06** 08 09' 10' 11' 12 – Großer Besitz am Uferhang neben Ch. MONTROSE. Gehaltvolle, robuste, gut strukturierte Weine. Berater ist seit 2013 Hubert de Boüard, Eigentümer von Ch. ANGÉLUS. Zweitetikett: Prieur de Meyney. Die Cru-classé-CHÂTEAUX GRAND-PUY DUCASSE und RAYNE VIGNEAU gehören ebenfalls dazu.

Mission Haut-Brion, La Pes-L r ★★★★ **85' 86 88 89' 90' 93 94 95 96' 98' 99 00' 01 02 03 04 05' 06 07** 08 09' 10' 11' 12 13 – 2013 war die Familie Dillon von HAUT-BRION stolze 30 Jahre im Besitz von Mission Haut-Brion, und ebenfalls 30 Jahre beträgt das Durchschnittsalter der Reben. Beständig hochklassiger, vollblütiger Wein mit langer Reifezeit, sogar noch prachtvoller als Haut-Brion. Gilt jetzt als inoffizieller sechster Premier cru classé. Zweitetikett: La Chapelle de La Mission. Der Weißwein hieß früher LAVILLE HAUT-BRION und wurde 2009 in La Mission Haut-Brion Blanc (**09' 10' 11' 12'** 13) umbenannt.

Monbousquet St-Ém r (w) ★★★ **00' 01 02 03 04 05' 06 07 08 09'** 10' 11 12 – Relativ großer GRAND CRU CLASSÉ auf Kies-Sand-Boden, der von Eigentümer Gérard Perse seit 1994 gründlich umgekrempelt wurde. Jetzt werden konzentrierte Weine der üppigsten Art mit Eichennote erzeugt. Seit 1998 zudem seltener, sehr guter Weißwein (AC Bordeaux). Perse besitzt auch Ch. PAVIE und Ch. PAVIE-DECESSE.

Monbrison Mar r ★★→★★★ **90 95 96' 98 99 00 01 02 04 05' 06 08 09'** 10' 11 12 – Kleiner Familienbetrieb in Arsac mit zartem, duftendem MARGAUX (6.500 Kisten).

Mondotte, La St-Ém r ★★★(★) **96' 97 98' 99 00' 01 02 03 04' 05' 06 07** 08 09' 10' 11 12 13 – Das kleine Gut auf dem Kalksteinplateau wurde 2012 zum PREMIER GRAND CRU CLASSÉ erhoben. Intensive, stets feste und kraftstrotzende Weine. Im selben Besitz wie CANON LA GAFFELIÈRE und CLOS DE L'ORATOIRE.

Montrose St-Est r ★★★ **88 89' 90' 93 94 95 96' 98 99 00' 01 02 03' 04' 05' 06 07** 08 09' 10' 11 12 – 2. Cru mit Rebbesitz oberhalb der Gironde-Mündung, berühmt für wuchtigen, langlebigen, tiefdunklen Rotwein. Die Jahrgänge 1979 bis 1985 (außer 1982) fielen leichter aus. Nach 110 Jahren in Familienbesitz hat 2006 der Eigentümer gewechselt, seitdem wurde enorm investiert (u. a. neuer Keller für 800 Fässer). Zweitetikett: La Dame de Montrose.

Moulin du Cadet St-Ém r rs ★★ **96 98 00 01 03 05 08 09** 10' 12 – Kleiner GRAND CRU CLASSÉ auf dem Kalksteinplateau unter der Leitung von Alain Moueix (siehe auch MAZEYRES). Zertifizierter biologisch-dynamischer Anbau. Robuste Weine, seit 2009 mit mehr Tiefe und Finesse.

Moulinet Pom r ★★ **00 01 04 05 06 08 09 10** 11 12 – In POMEROL eines der größeren Güter. Berater ist seit 2009 Stéphane DERENONCOURT. Preiswerte Weine im leichteren Stil.

Moulin Haut Laroque Bx r ★★ **04 05' 06 08 09'** 10' 11 12 – Führendes Gut in FRONSAC mit beständiger Qualität: strukturierte Weine mit Alterungspotenzial von MERLOT, CABERNET FRANC und 80 Jahre alten MALBEC-Reben. Preiswert.

Bordeaux

Moulin Pey-Labrie Bx r ★★ **00' 01 02 03 04 05' 06 08 09'** 10' 11 12 – Führendes Gut in CANON-FRONSAC. Die stilvollen, von MERLOT dominierten Weine zeigen Eleganz und Struktur.

Moulin St-Georges St-Ém r ★★★ **00' 01 02 03 04 05' 06 08** 09' 10' 11 12 13 – Gut im Besitz derselben Familie wie Ch. AUSONE und diesem auf der anderen Talseite gegenübergelegen. Dichte, stilvolle Weine.

Wie vermeidet man vorzeitige Oxidation?
Wer als Erzeuger die Lese verzögert, um reifere Trauben zu erhalten, den Anteil neuer Eichenfässer erhöht und weniger Schwefeldioxid verwendet, läuft Gefahr, dass seine Rotweine vorzeitig oxidieren. Zumindest wird an der Önologischen Fakultät der Universität Bordeaux derzeit zu diesem Thema geforscht. Möglicherweise fördern besagte Praktiken in Kombination mit sehr reifem, säurearmem Lesegut wie in den Jahren 2003 und 2009 die Entwicklung oxidierter, kompottartiger Aromen und eine beschleunigte Veränderung der Farbe. Es scheint, als ob man als Erzeuger sogar mit der besten Absicht manchmal zu weit gehen kann ...

Mouton Rothschild Pau r (w) ★★★★ **82' 83' 85' 86' 88' 89' 90' 93' 94 95' 96 97 98' 99 00' 01' 02 03 04' 05'** 06' **07** 08' 09' 10' 11' 12 13 – Der exotischste und sinnlichste der Grands crus von PAUILLAC. Erklimmt seit 2004 weitere Höhen. Neue Keller seit 2012. Die Originale der seit 1945 von Künstlern wie Picasso, Dalí, Miró (2011: Guy de Rougemont) gestalteten Etiketten sind jetzt im CHÂTEAU zu bewundern. Seit 1991 gibt es den Weißwein Aile d'Argent. Zweitetikett seit 1997: Le Petit Mouton. Siehe auch Opus One (Kalifornien) und Almaviva (Chile).

Nairac Saut w; s ★★ **95' 96 97' 98 99 01' 02 03' 04 05' 06 07 09' 10** 11 – BARSAC im reichhaltigen Stil, seit 2003 in Topform. Zweitetikett: Esquisse de Nairac, ebenfalls reichhaltig, aber in frischerem Stil.

Nénin Pom r ★★★ **95 96 98 99 00' 01 02 03 04 05 06 07** 08 09' 10' 11 12 13 – Seit 1997 im Besitz von Ch. LÉOVILLE-LAS CASES. Beträchtliche Investitionen; neue Keller. Die Arbeit hat sich gelohnt, wie die neueren Jahrgänge zeigen. Der Wein ist ein POMEROL der weniger opulenten und generösen Art, benötigt aber dennoch Flaschenreife. Der günstige Zweitwein heißt Fugue de Nénin.

Olivier Pes-L r w ★★★ r **95 96 00 01 02 04' 05' 06 08 09'** 10' 11 12 13; w **01 02 03 04' 05' 06 07' 08 09 10' 11 12** 13 – Cru classé mit Wasserschloss in PESSAC-LÉOGNAN. Seit 2002 neue Investitionen sowie größere Reinheit, mehr Ausdruck und Qualität. Dümpelte einst dahin, hat jetzt aber ordentlich Fahrt aufgenommen.

Ormes de Pez, Les St-Est r ★★→★★★ **96 98 99 00' 01 02 03 04 05 06 07** 08 09' 10' 11 12 – Hervorragendes Gut in ST-ESTÈPHE, im Besitz von Ch. LYNCH-BAGES. Die dichten, fleischigen Weine brauchen 6–7 Jahre.

Ormes Sorbet, Les Méd r ★★ **00' 01 02 03' 04 05 06 08 09'** 10' 11 12 – Beständiger, verlässlicher CRU BOURGEOIS (2011) in der AC MÉDOC mit eleganten, leicht eichenwürzigen Weinen, die altern können. Zweitetikett: Ch. de Conques. Im selben Besitz wie Ch. Fontis.

Palmer Mar r ★★★★ **83' 85 86' 88' 89 90 93 94 95 96' 98' 99 00 01' 02 03 04 05' 06' 07** 08' 09' 10' 11' 12 13 – 3. Cru, der den »Super-Deuxième crus« (und manchmal so manchem Premier cru) ebenbürtig ist. Wein mit Wucht, Delikatesse und viel MERLOT (40 %). Das Gut ist in holländischem (MÄHLER-BESSE) und englischem (Familie SICHEL) Besitz. Kürzlich wurde viel Geld in neue Keller und Gebäude gesteckt. Einzigartiger Weißwein von den Sorten Lauzet und MUSCADELLE. Zweitetikett: Alter Ego de Palmer.

Pape Clément Pes-L r (w) ★★★→★★★★ r **90' 94 95 96 98' 99 00' 01 02 03 04 05 06 07** 08 09' 10' 11 12 13; w **02 03 04 05' 07 08 09 10' 11 12** 13 – Das nach dem in Avignon residierenden Papst Clemens V. benannte Gut, seit 1985 im Besitz von Bernard Magrez (siehe FOMBRAUGE, La TOUR CARNET), erzeugt mächtige, eichenwürzige, langlebige, wenngleich für die AC untypische Rotweine. Außerdem gehaltvoller, exotischer Weißer in kleinen Mengen. Akribische Weinbereitung; zum Pflügen werden Ochsen eingesetzt, im Weinberg stehen Bienenstöcke.

Parenchère, de Bx r (w) ★★ **05 06 07 08 09' 10' 11 12** – Brauchbarer AC Ste-Foy Bordeaux und AC BORDEAUX SUPÉRIEUR aus einem großen Betrieb mit hübschem CHÂTEAU. Am besten ist die CUVÉE Raphaël.

Patache d'Aux Méd r ★★ **00 02 03 04 05' 06 07 09** 10 11 – CRU BOURGEOIS (2011) in Bégadan im nördlichen MÉDOC. Von CABERNET SAUVIGNON geprägter, verlässlicher, günstiger Wein. Siehe auch Ch. LIVERSAN.

Pavie St-Ém r ★★★★ **90' 94 95 96 98 99 00' 01 02 03' 04 05'** 06 **07** 08 09' 10' 11 12 13 – 2012 zum PREMIER GRAND CRU CLASSÉ (A) heraufgestufter Besitz mit prachtvollen Reblagen auf dem Plateau und in den südlichen Côtes. Eigentümer Gérard Perse gehören auch das benachbarte Ch. PAVIE-DECESSE und Ch. MONBOUSQUET (seit 1998). Das ist der neue Stil in ST-ÉMILION: intensiv, holzlastig, ausladend-üppig. Die neue 14-Mio.-Euro-Kellerei mit Empfang, Boutique und Fasslager wurde 2013 eingeweiht.

Pavie-Decesse St-Ém r ★★ **98' 99 00' 01' 02 03 04 05' 06 07** 08 09' 10' 11 12 – Kleiner Cru classé (nur 1.000 Kisten); ebenso kraftvoll und muskulös wie das Schwestergut PAVIE.

Pavie-Macquin St-Ém r ★★★ **89' 90' 94 95 96' 98' 99 00' 01 02 03 04 05' 06 07** 08 09' 10' 11 12 13 – PREMIER GRAND CRU CLASSÉ mit Rebland auf dem Kalksteinplateau, Nachbar von TROPLONG MONDOT. Cleveres Management und raffinierte Weinbereitung durch Nicolas Thienpont von Ch. PUYGUERAUD, der von Stéphane DERENONCOURT beraten wird. Kraftvolle, strukturierte Weine, die Flaschenreife benötigen.

Pédesclaux Pau r ★★ **98' 99 00 02 03 04 05 06 09** 10' 11 12 – Der 5. Cru schöpft sein Potenzial nicht aus, wird aber gerade wieder aufgepäppelt und reorganisiert. Seit 2009 neuer Besitzer (siehe LILIAN LADOUYS) und diverse Verbesserungen, u.a. Kauf zusätzlichen Reblands, einschließlich 14 ha bester Lagen zwischen LAFITE ROTHSCHILD und MOUTON ROTHSCHILD. In den letzten Jahren gutes Preis-Leistungs-Verhältnis.

Petit-Village Pom r ★★★ **98' 99 00' 01 03 04 05 06 07** 08 09' 10' 11 12 13 – POMEROL-Spitzengut gegenüber von VIEUX CHÂTEAU CERTAN, das bis 2005 schwächelte; im selben Besitz (AXA-Versicherung) wie Ch. PICHON-LONGUEVILLE. Seit 2013 neue Weinboutique und Rezeption. Sanfter, dicht gewirkter Wein mit zunehmend feinen Tanninen. Stéphane DERENONCOURT berät. Zweitetikett: Le Jardin de Petit-Village.

Petrus Pom r ★★★★ **78 79' 81 82' 83 85' 86 88' 89' 90 93' 94 95' 96 97 98' 99 00' 01 02 03 04' 05' 06 07** 08 09' 10' 11' 12 13 – Das inoffizielle Spitzengewächs von POMEROL: reiner, himmlischer MERLOT. Der kiesige Lehmboden erbringt Weine von unvergleichlicher Fülle und Konzentration (2.500 Kisten). Mit jedem Jahrgang erhöht sich der Glanz. Leider nur für Millionäre erschwinglich. Olivier Berrouet (Jean-Claudes Sohn) ist seit 2007 für die Weinbereitung zuständig. Eigentümer ist Jean-François MOUEIX. Neuer Kellereikomplex seit 2012.

Pey La Tour Bx r ★★ **08 09 10 11** 12 – In großem Maßstab (200 ha) erzeugter preiswerter, qualitätsorientierter, typischer BORDEAUX SUPÉRIEUR. Spitzenwein ist der Réserve du Château. Im Besitz von DOURTHE.

Peyrabon H-Méd r ★★ **01 02 03 04 05 06 09' 10 11** 12 – Verlässlicher Erzeuger im nördlichen HAUT-MÉDOC, im Besitz des Handelshauses Millésima. La Fleur Peyrabon in PAUILLAC gehört auch dazu.

Pez, de St-Est r ★★★ **98' 00 01 02 03 04 05' 06 07 08** 09' 10' 11 12 13 – Altes ST-ESTÈPHE-Gut, dem der Eigentümer ROEDERER (Champagner) zu neuem Glanz verholfen hat. Die Weinbereitung liegt in den Händen des Teams von PICHON LALANDE. Großzügiger, verlässlicher Stil.

Phélan Ségur St-Est r ★★★ **95 96' 98 99 00' 0 1 02 03 04 05' 06 07 08** 09' 10' 11 12 – Nicht klassifiziertes Gut in ST-ESTÈPHE mit solidem Renommee seit 1988. Weine in geschmeidigem Stil mit langem Abgang. Der Eigentümerfamilie gehören auch die Spitzenrestaurants Les Crayères in Reims und Taillevent in Paris.

Pibran Pau r ★★ **96 99 00' 01 03 04 05' 06 07 08 09'** 10' 11 12 – Kleiner Besitz, mit PICHON-LONGUEVILLE verbunden. Rassiger Wein mit PAUILLAC-Elan.

Pichon-Longueville (Pichon Baron) Pau r ★★★★ **88' 89' 90' 93 94' 95 96 98 99 00' 01 02 03' 04 05' 06 07** 08 09' 10' 11' 12 13 – Wiederbelebter 2. Cru mit beständig kraftvollem PAUILLAC für lange Lagerung; seit 1987 im Besitz der AXA-Versicherungsgruppe. Jetzt ein führender »Super-Deuxième-cru«. Zweitetikett: Les Tourelles de Longueville (zugänglich dank höherem MERLOT-Anteil).

Pichon Longueville Comtesse de Lalande (Pichon Lalande) Pau r ★★★★ **85' 86' 88' 89' 90' 94 95 96 98 99 00 01 02 03' 04 05' 06 07** 08 09' 10' 11 12 13 – 2. Cru neben LATOUR, im Besitz von ROEDERER (seit 2007). Stets Spitzenerzeugnisse: langlebige, MERLOT-betonte Weine von fabelhafter Rasse. In den letzten Jahren mehr CABERNET SAUVIGNON; die Rebfläche wurde neu bestockt. Der Jahrgang 2013 wurde in der neuen Kellerei vinfiziert; 2014 wird der neue Empfangsbereich für Besucher eingeweiht. Zweitetikett: Réserve de la Comtesse. Weiteres Gut: Ch. de PEZ.

Pin, Le Pom r ★★★★ **85 86' 88 89 90' 94 95 96 97 98' 99 00 01' 02 04' 05' 06' 07** 08 09' 10' 11 12 – Der erste der winzigen Kult-Crus in BORDEAUX (der erste Jahrgang war 1979), lange bereitet in einem Keller von der Größe einer Garage. Inzwischen gibt es eine neue Kellerei (seit 2011). Knapp 500 Kisten sortenreiner MERLOT – er ist fast so üppig wie das Vermögen seiner Genießer, will sagen: die Preise sind jenseits von Gut und Böse. Ein neuer Stallgefährte ist Ch. L'If in ST-ÉMILION (seit 2011).

Plince Pom r ★★ **00' 01 04 05 06 08 09** 10 11 12 – Gut mit Reblagen in der Nähe von NÉNIN und La POINTE. Weine in geschmeidigem, fruchtbetontem Stil, vergleichsweise preiswert.

Pointe, La Pom r ★★ **98' 99 00' 01 04 05 06 07 08** 09' 10' 11 12 – Für POMEROL-Verhältnisse großes Gut; der neue Eigentümer (seit 2007) hat investiert, der Besitzer von Ch. ANGÉLUS berät. Seit 2009 klare Entwicklung zum Besseren. Preiswert.

Poitevin Méd r ★★ **08 09 10 11** – Geschmeidig-eleganter CRU BOURGEOIS (2011) aus dem nördlichen MÉDOC. Bietet seit einigen Jahren verlässliche Qualität.

Pontac Monplaisir Pes-L r (w) ★★ **00 02 04 05' 06 07 08 09** 10 12 – Vorwiegend Rotwein erzeugendes Gut in Villenave-d'Ornon. Ansprechender Weißer, passabler, geschmeidiger Roter. Preiswert.

Pontet-Canet Pau r ★★★★ **88 89' 90 94' 95 96' 98 99 00' 01 02' 03 04' 05' 06' 07** 08 09' 10' 11 12 13 – 5. Cru in PAUILLAC in Familienbesitz, seit 2011 mit Zertifikat für biodynamischen Weinbau. Im Zuge der umfassenden Verbesserungsmaßnahmen sind die Preise rasant gestiegen. Ein Drittel des Weins wird jetzt in Betonamphoren ausgebaut. Zweitetikett: Les Hauts de Pontet-Canet.

Potensac Méd r ★★ **98 00' 01 02 03 04' 05' 07 08** 09' 10' 11 12 – Renommierter Erzeuger im nördlichen MÉDOC. Gehört der Familie Delon von Ch. LÉOVILLE-LAS CASES und besitzt entsprechende Klasse: feste, kraftstrotzende Weine für lange Lagerung. Zweitwein: Chapelle de Potensac.

Pouget Mar r ★★ **00' 01 02 03 04 05' 06 07 08** 09' 10' 11 12 – Zu Ch. BOYD-CANTENAC gehörendes, kaum bekanntes 4.-Cru-Gut mit altem Rebbestand. Eher solider als eleganter MARGAUX.

Poujeaux Moulis r ★★ **90' 95' 96' 98 00' 01 03 04 05 06 08** 09' 10' 11 12 – Im selben Besitz wie CLOS FOURTET. Zusammen mit CHASSE-SPLEEN in der Spitzengruppe von MOULIS. Stéphane DERENONCOURT berät. Volle, robuste Weine mit langer Lebensdauer. Zweitetikett: La Salle de Poujeaux.

Premier grand cru classé St-Ém – Siehe Kasten »Die ST-ÉMILION-Klassifikation«, S. 157.

Breitschultriger Bordeaux

Die BORDEAUX-Flasche, wie wir sie kennen, nahm im 17. Jh. in England Gestalt an. Treibende Kraft waren zum einen die neuen, kohlebefeuerten Glasschmelzöfen und zum anderen die Erkenntnis, dass der in *tonneaux* (900-l-Fässern) verschiffte Wein in Flaschen einfacher zu verkaufen und aufzubewahren war. Dickere, braune, kugelförmige Flaschen mit lang gezogenem, wegen der Korken verstärktem Hals wurden bereits in den 1630er-Jahren hergestellt. In Bordeaux begann die industrielle Produktion von Flaschen *à la méthode anglaise* im frühen 18. Jh. auf Drängen der Händler. Die Flasche in ihrer gegenwärtigen breitschultrigen Form scheint zu Beginn des 19. Jhs. aufgekommen zu sein; sie wurde zunächst *le frontignan* genannt, später dann *la bordelaise.*

Pressac, de St-Ém r ★★ **05 06 08 09** 10 11 12 – Wieder zum Leben erwecktes Gut in St-Étienne-de-Lisse, das 2012 mit dem GRAND-CRU-CLASSÉ-Status belohnt wurde. Die Weine sind jetzt von verlässlicher Qualität und verbinden Kraft mit Eleganz.

Preuillac Méd r ★★ **05 06 08 09 10** 11 12 – Leckerer, strukturierter Wein aus der AC MÉDOC. Die Eigentümerfamilie Mau, der auch Ch. Brown in PESSAC-LÉOGNAN gehört, hat investiert, um die Qualität zu heben.

Prieuré-Lichine Mar r ★★★ **89' 90' 95 96 98' 99 00' 01 02 03 04 05 06 07 08** 09' 10' 11 12 13 – 4. Cru im Besitz eines Négociant; von dem verstorbenen Alexis Lichine hochgebracht und gegenwärtig in guter Verfassung. Weit in der Gegend verstreute Rebflächen. MARGAUX-Wein mit wundervollem Bukett; Stéphane DERENONCOURT berät. Zweitetikett: Confidences du Prieuré-Lichine. Auch guter weißer BORDEAUX. Besucher sind willkommen.

Puygueraud Bx r ★★ **00' 01' 02 03' 05' 06 08 09** 10 11 12 – Führendes CHÂTEAU in der kleinen AC FRANCS – CÔTES DE BORDEAUX. In Eiche ausgebaute Weine von überraschender Klasse. Vom selben Besitzer kommt der gute, preiswerte Weiße Ch. Les Charmes-Godard. Die CUVÉE Spéciale George hat einen Anteil von über 35 % MALBEC. Derselbe Kellermeister wie bei PAVIE-MACQUIN und LARCIS DUCASSE.

Quinault l'Enclos St-Ém r ★★→★★★ **09** 10 11 12 – GRAND CRU CLASSÉ (seit 2012) in Libourne. 2008 übernahm CHEVAL BLANC das Gut und veränderte den Stil der Weine hin zu mehr Frische und Finesse. Ökologischer Anbau.

Quintus St-Ém r ★★★ 11 12 – Neuer Name des ehemaligen angesehenen Ch. TERTRE DAUGAY. Jetzt im Besitz der Familie Dillon von Ch. HAUT-BRION, die weitreichende Verbesserungsmaßnahmen eingeleitet hat. 2013 wurde das Nachbargut L'ARROSÉE erworben und 2013 mit Quintus zum jetzigen 28-ha-Besitz verschmolzen. Der Preis ist in die Höhe geschossen. Zweitetikett: Le Dragon de Quintus.

Rabaud-Promis Saut w; s ★★→★★★ **96 97' 98 99 01' 02 03' 04 05' 06 07 09'** 10 11 12 – Cru classé in Familienbesitz in Bommes. Dezent, aber in der Regel sehr gut.

Rahoul Graves r w ★★ r **02 04 05 08 09'** 10 11 12; w **05 07 08 09 10 11 12** 13 – Gut in Portets. Geschmeidiger, von SÉMILLON dominierter Weißwein. Beträchtliche Fortschritte unter der Leitung von DOURTHE (seit 2007).

Ramage la Bâtisse H-Méd r ★★ **03 04 05' 07 08 09 10** 11 12 – Gut im nördlichen HAUT-MÉDOC, im Besitz einer Versicherungsgesellschaft. Wein von einigermaßen beständiger Qualität, fast überall erhältlich. Zweitetikett: L'Enclos de Ramage.

Rauzan-Gassies Mar r ★★★ **98 99 00 01' 02 03 04 05' 06 07** 08 09' 10' 11 12 – Das 2.-Cru-gut konnte seinem Nachbarn RAUZAN-SÉGLA lange Zeit nicht das Wasser reichen, doch jetzt holt es auf. Die junge Generation macht große Fortschritte, seit 2008 ist die Qualität deutlich beständiger.

Rauzan-Ségla Mar r ★★★★ **88' 89' 90' 94' 95 96 98 99 00' 01 02 03 04' 05 06 07** 08 09' 10' 11 12 13 – 2. Cru in MARGAUX, dessen Weine seit Langem für ihr Bukett berühmt sind; im Besitz der Eigentümer von Chanel (siehe CANON) und prima in Form. Seit dem Erwerb durch Chanel 1994 wurde der Besitz um 35 ha vergrößert. Zweitetikett: Ségla (preiswert).

Raymond-Lafon Saut w; s ★★★ **88 89' 90' 95 96' 97 98 99' 01' 02 03' 04 05' 06 07' 09' 10'** 11' – SAUTERNES-Gut, das 1972 vom ehemaligen Leiter von Ch. d'YQUEM gekauft wurde und jetzt von seinen Kindern geführt wird. Volle, komplexe, langlebige Weine auf GRAND-CRU-CLASSÉ-Niveau. 2012 wurde kein Wein erzeugt.

Rayne Vigneau, de Saut w; s ★★★ **89 90' 95 96 97 98 99 01' 02 03 05' 07 09'** 10' 11' – Großer Premier cru in Bommes, im selben Besitz wie GRAND-PUY DUCASSE und MEYNEY. Investitionen und Verbesserungsmaßnahmen. Zweitetikett: Madame de Rayne.

Respide-Médeville Graves r w ★★ r **04 05' 06 08 09 10** 11 12; w **04' 05' 07 08 09 10 11 12** – Gehört mit seinen Rot- und Weißweinen zu den besseren Weingütern in GRAVES. Im selben Besitz wie GILETTE und Champagne Gonet-Medeville. Die Rotweine sind mit etwa 4 bis 6 Jahren genussreif.

Reynon Bx r w ★★ r **05' 06 07 09' 10 11** 12; w **09 10' 11' 12** (13) – Führendes Weingut der AC CADILLAC – CÔTES DE BORDEAUX mit seriösem Rotwein und duftendem weißem BORDEAUX von SAUVIGNON BLANC. Siehe auch CLOS FLORIDÈNE. Im Besitz der Familie Dubourdieu.

Reysson H-Méd r ★★ **04 05 06 08 09' 10'** 11 12 – Renoviertes Gut unter Leitung von CVBG-DOURTHE (siehe BELGRAVE, La GARDE). Vorwiegend MERLOT; gehaltvoller, moderner Stil.

Ricaud, de Bx (r) w; (tr) s ★★ **01' 02 03' 05 07 09 10 11** – Größerer Erzeuger, dessen langlebiger Dessertwein an SAUTERNES erinnert, aber aus der AC LOUPIAC am anderen Flussufer stammt. Auch roter BORDEAUX.

Rieussec Saut w; s ★★★★ **83' 85 86' 88' 89' 90' 95 96' 97' 98 99 01' 02 03' 04 05' 06 07 09'** 10' 11' – Würdiger Nachbar von Ch. d'YQUEM mit Weinbergbesitz in Fargues; Eigentümer sind die (LAFITE) ROTHSCHILDS. Fabelhaft kraftvoller, üppiger Wein. Ebenso wie 1993 wurde 2012 kein Rieussec, sondern nur der Zweitwein Carmes de Rieussec erzeugt. Die trockene Version namens »R« wird jetzt im modernen Stil bereitet – und hat an Charakter verloren.

Rivière, de la Bx r ★★ **00' 01 02 03 04 05' 06 08 09' 10** 12 – Das größte (60 ha) und eindrucksvollste Gut in FRONSAC mit einem Schloss und Kellern wie aus einer Wagner-Oper. Die ehemals mächtigen, tanninstarken Weine sind inzwischen kultivierter geworden. Die CUVÉE spéciale Aria stammt von den besten Parzellen und wird manchmal sortenrein von MERLOT erzeugt. Im Dezember 2013 kamen der alte und der frischgebackene neue Besitzer bei einem Helikopterabsturz ums Leben.

Roc de Cambes Bx r ★★★ **04 05 06 07 08** 09 10 11 12 – Unangefochtener Spitzenreiter in den CÔTES DE BOURG, die Weine sind so gut wie die besten ST-ÉMILION-Gewächse und zeigen Tiefe, Intensität und Opulenz. Allerdings teuer. Schwestergut von TERTRE RÔTEBŒUF.

Rochemorin, de Pes-L r w ★★→★★★ r **01 02 04 05 06 08 09' 10'** 11 12; w **05 06 07 08 09 10 11 12** (13) – Aufwendig wiederbelebtes Weingut in Martillac mit umfangreichem Rebbestand (drei Viertel für Rotwein), im Besitz von André Lurton von Ch. LA LOUVIÈRE. Auch Weißwein auf SAUVIGNON-BLANC-Basis. Moderne Kellerei. Ziemlich beständige Qualität; fast überall erhältlich.

Die St-Émilion-Klassifikation – Version 2013

Insgesamt 82 Châteaux haben sich um die Klassifikation des Jahres 2012 beworben: 18 um die Aufstufung zum Premier grand cru classé und 64 um den Rang Grand cru classé. Die neue Klassifikation, die von Gesetzes wegen nun eher als Prüfung denn als Konkurrenzkampf angelegt ist, wurde von einer Kommission durchgeführt, die aus sieben von der INAO benannten, sämtlich nicht in BORDEAUX ansässigen Fachleuten bestand. Ch. ANGÉLUS und Ch. PAVIE wurden in den Rang Premier grand cru classé (A) erhoben, während der Kategorie Premier grand cru classé (B) die Châteaux CANON LA GAFFELIÈRE, LARCIS DUCASSE, LA MONDOTTE und VALANDRAUD hinzugefügt wurden. Erstmals den Status Grand cru classé erhielten die Châteaux BARDE-HAUT, Le Chatelet, Clos de Sarpe, La Commanderie, Côte de Baleau, FAUGÈRES, DE FERRAND, La Fleur Morange, FOMBRAUGE, JEAN FAURE, Clos la Madeleine, Péby Faugères, de PRESSAC, QUINAULT L'ENCLOS, Rochebelle und SANSONNET. Obwohl für die Erzeuger ein motivierender Ansporn, bleibt die (alle 10 Jahre zu überprüfende) Klassifikation für Konsumenten ein unhandliches Richtmaß. Drei enttäuschte Bewerber fechten die Klassifikation vor Gericht an. Falls ihnen Erfolg beschieden ist, könnte sich die Hierarchie ein für alle Mal erledigt haben.

Rol Valentin St-Ém r ★★★ **00' 01' 02 03 04 05' 06 07 08 09'** 10' 11 12 13 – Seit 1994 bestehendes Gut, jetzt mit neuem Eigentümer (seit 2010) und vergrößertem Weinbergbesitz. Volle, moderne, aber ausgewogene Weine. Stéphane DERENONCOURT berät.

Rouget Pom r ★★ **96 98' 99 00' 01' 03 04 05' 06 07 08 09'** 10' 11 12 13 – Sehr viel besser gewordenes Gut am Nordrand von POMEROL. Im selben Besitz wie die DOMAINE Jacques PRIEUR in Burgund. Jetzt exzellente Weine, gehaltvoll und üppig. Günstig.

St-André Corbin St-Ém r ★★ **00' 01 03 04 05 08 09 10** 12 – Gut mit Weinbergbesitz in ST-GEORGES ST-ÉMILION. Geschmeidige, von MERLOT dominierte Weine; preiswert.

St-Georges St-Ém r ★★ **00' 01 03 04 05' 06 08 09 10** 11 – Gut in Familienbesitz auf einem Hügel nördlich von ST-ÉMILION. Der (seit 1891 unveränderte) Weinbergbesitz umfasst ein Viertel der AC ST-GEORGES. Guter Wein, wird direkt verkauft. Zweitetikett: Puy St-Georges.

St-Pierre St-Jul r ★★★ **89 90' 95' 96' 98 99 00' 01' 02 03 04 05' 06 07** 08 09' 10' 11 12 13 – Früher unterschätztes, kleines 4.-Cru-Gut (17 ha). Der

Besitzer ist Präsident des Fußballklubs FC Girondins de Bordeaux. Stilvoller und beständiger klassischer ST-JULIEN (seit 2000). Siehe auch GLORIA.

Sales, de Pom r ★★ **00' 01' 04 05 06 08 09 10** 12 – Größtes Rebenareal von POMEROL auf Kiessandböden, zu dem ein Schloss aus dem 16. Jh. gehört. Weine der leichteren Art, eher prosaisch als poetisch: Halten Sie sich an die Spitzenjahrgänge. Zweitetikett: Ch. Chantalouette.

Sansonnet St-Ém r ★★ **00' 01 02 03 04 05' 06 08 09'** 10' 11 12 13 – Gut auf dem Plateau, 2012 zum GRAND CRU CLASSÉ erhoben; Nachbar von Ch. TROTTE VIEILLE. Engagierter Erzeuger mit Weinen im modernen Stil: voll, dunkel und konzentriert.

Saransot-Dupré Listrac r (w) ★★ **00' 01 02 03 04 05 06 09' 10'** 11 12 – Kleines Gut mit festen, fleischigen Rotweinen; hoher MERLOT-Anteil, das Besondere ist jedoch PETIT VERDOT. Außerdem wird hier einer der wenigen weißen LISTRAC-Weine (60% SÉMILLON) erzeugt.

Sénéjac H-Méd r (w) ★★ **00 01 02 03 04 05' 06 08 09' 10'** 11 12 – Gut im südlichen HAUT-MÉDOC (Le Pian-Médoc) mit verlässlichen, schön ausgewogenen Weinen. Der Weinberg wird seit 2009 vom Team von Ch. PONTET-CANET ökologisch bewirtschaftet.

Serre, La St-Ém r ★★ **98' 00' 01 02 03 04 05 06 08 09'** 10 11 12 – Kleiner GRAND CRU CLASSÉ auf dem Kalksteinplateau. Frische, stilvolle Weine mit jeder Menge Frucht.

Sigalas Rabaud Saut w; s ★★★ **88 89' 90' 95' 96' 97' 98 99 01' 02 03 04 05' 07' 09' 10'** 11 12 – Der kleinere Teil des früheren Besitzes Rabaud in Bommes; der Premier cru gehört jetzt zur Spitzenriege: schöne Weine mit herrlichem Duft. Eric Boissenot berät. Zweitetikett: Le Lieutenant de Sigalas.

Siran Mar r ★★→★★★ **96 98 00' 01 02 03 04 05 06 07 08** 09' 10' 11 12 – Nachbar von Ch. DAUZAC, seit 1859 im Besitz der Familie Miailhe – derzeit hat Edouard die Leitung inne. Die Weine altern gut und strotzen vor Aromen. Zweitetikett: S de Siran.

Smith Haut Lafitte Pes-L r (rs) (w) ★★★ r **95 96 98 99 00' 01 02 03 04' 05' 06 07** 08 09' 10' 11 12 13; w **01 02 03 04 05 06 07' 08' 09 10' 11 12** 13 – Gefeiertes Cru-classé-Gut in Martillac mit Wellnesshotel; zählt regelmäßig zu den Stars in PESSAC-LÉOGNAN. Die Weißen sind voll, reif und süffig, die Roten eichenwürzig und großzügig, aber fein. 2013 wurde eine neue, klimaneutrale Kellerei für das Zweitetikett Les Hauts de Smith in Betrieb genommen. Seit 2007 außerdem Le Petit Haut Lafitte auf CABERNET-SAUVIGNON-Basis. Das Nachbargut Le Thil Comte Clary gehört seit 2012 ebenfalls zum Besitz.

Sociando-Mallet H-Méd r ★★★ **89' 90' 94 95 96' 98' 99 00' 01' 02 03 04 05' 06 07** 09' 10' 11 12 – Prachtvolles Gut (jetzt 85 ha) nördlich von St-Estèphe mit großer Anhängerschaft. Der Besitzer hat es seit 1969 aus dem Nichts aufgebaut und geht beharrlich seinen eigenen Weg. Schwere, konservative Weine, die viele Jahre reifen müssen. Zweitwein: Demoiselle de Sociando. Außerdem Spezial-CUVÉE Jean Gautreau.

Sours, de Bx r rs w ★★ Erzeuger mit gutem Ruf für BORDEAUX-Rosé (BV); 300.000 Flaschen jährlich. Auch guter Weißwein und zunehmend besserer roter Bordeaux. Clos Cantenac in ST-ÉMILION ist im selben Besitz.

Soutard St-Ém r ★★★ **95 96 98' 99 00' 01 03 04 05 06 07 08 09** 10 11 12 – Potenziell hervorragender Cru classé auf dem Kalksteinplateau, dem 2012 Ch. CADET-PIOLA einverleibt wurde; im Besitz derselben Versicherung wie Ch. LARMANDE. Beträchtliche Investitionen; die neuen Keller und das neue Besucherzentrum wurden 2010 eröffnet. Seit 2007 feinerer Stil. Zweitetikett: Jardins de Soutard.

Suduiraut Saut w; s ★★★★ **86 88' 89' 90' 95 96 97' 98 99' 01' 02 03' 04 05' 06 07' 09'** 10' 11' 13 – Einer der besten Crus classés in SAUTERNES. Der Eigentümer, die AXA-Versicherung, hat größere Beständigkeit und köstliche Qualität erreicht. Siehe auch PICHON-LONGUEVILLE. Der trockene weiße »S« ist sehr vielversprechend. Seit 2009 gibt es den Les Lions de Suduiraut, einen Sauternes der frischeren, fruchtigeren Art. 2012 wurde kein Ch. Suduiraut erzeugt.

Tailhas, du Pom r ★★ **98' 00 01 04 05' 08 09' 10** 12 – Familiengut (seit 1932) mit bescheidenem Rebbesitz. Von sandigem Kiesboden kommen ansprechende, relativ früh genussreife Weine.

Taillefer Pom r ★★ **98' 00' 01' 02 03 04 05' 06 08 09' 10** 11 12 – Gut mit Reblagen am Rand von POMEROL. Die Weine sind zwar nicht so kraftvoll wie die der Spitzengüter, dafür aber sanft, kultiviert und preiswert. Denis Dubourdieu berät.

Talbot St-Jul r (w) ★★★ **90 94 95 96' 98' 99 00' 01 02 03 04 05' 08'** 09' 10' 11 12 – Relativ großer 4. Cru im Herzen der AC ST-JULIEN mit vollem, herrlich anmutigem und zuverlässigem Wein (wenn auch durchwachsen in den Jahren 2006 und 2007). Stéphane DERENONCOURT berät (seit 2008). Zweitetikett: Connétable de Talbot. Hervorragender Weißwein namens Caillou Blanc, der 5–6 Jahre reifen muss. Der Eigentümerfamilie gehört auch Ch. SÉNÉJAC. 2012 wurde das neue Fasslager eingeweiht.

Bordeaux

Such, such, Robbi!
Rasenmähroboter im Weinberg? O ja, das gibt's durchaus. Eine in ST-ÉMILION ansässige Firma hat den »Vitirover« entwickelt, einen Roboter, der dem Gras zwischen den Rebzeilen zu Leibe rückt. Er wiegt 11 kg (kein Schwergewicht also) und funktioniert mit Solarantrieb. Man kann ihn sogar vor einer bestimmten Parzelle stoppen, indem man auf dem Handy eine Taste drückt und ihm wie einem Hund »Bei Fuß!« befiehlt.

Tertre, du Mar r ★★★ **96' 98' 99 00' 01 03 04' 05' 06 08** 09' 10' 11 12 – Isoliert gelegener 5. Cru südlich von MARGAUX, seit der Jahrtausendwende in Topform. Fuchtige Weine mit herrlichem Duft (20 % CABERNET FRANC), schon immer stark unterbewertet. Der Kellermeister war früher bei LATOUR. Neue Technik und umfangreiche Investitionen haben sich ausgezahlt – der Wein ist jetzt konzentriert und schön strukturiert. Seit 1997 im selben Besitz wie Ch. GISCOURS.

Tertre Daugay St-Ém r ★★★ **96 98 99 00' 01 04 05 06 07 09' 10** – Der frühere Name jenes Guts, das 2011 in Ch. QUINTUS umbenannt wurde; seit 2012 als GRAND CRU CLASSÉ eingestuft. In den 1990er-Jahren war die Qualität durchwachsen, aber seit 2000 ging es qualitativ bergauf.

Tertre Rotebœuf St-Ém r ★★★★ **89' 90' 93 94 95 96 97 98' 99 00' 01 02 03' 04 05' 06' 07 08** 09' 10' 11 12 13 – Kleiner Erzeuger mit Kultstatus: konzentrierter, geradezu dramatischer Wein (vorwiegend MERLOT) seit 1979. Erschreckend hohe Preise. Besitzt auch ein Gut in den CÔTES DE BOURG: ROC DE CAMBES mit ST-ÉMILION-Cru-classé-Qualität.

Thieuley Bx r rs w ★★ Das ENTRE-DEUX-MERS-Weingut erzeugt verlässlich guten roten und weißen AC Bordeaux, fruchtigen CLAIRET sowie die in Eiche ausgebaute CUVÉE Francis Courselle (rot und weiß). Besitzt auch Clos Ste-Anne in der Appellation CADILLAC – CÔTES DE BORDEAUX.

Tour Blanche, La Saut (r) w; s ★★★ **86 88' 89' 90' 95 96 97' 98 99 01' 02 03' 04 05' 06 07 09'** 10' 11' 12 – Premier cru in SAUTERNES; außerdem Schule für Weinbereitung. Reichhaltige, kraftvolle Weine. Eines der wenigen Güter, für die der schwierige Jahrgang 2012 keine Katastrophe war. Zweitetikett: Les Charmilles de Tour Blanche.

Tour Carnet, La H-Méd r ★★ **98 99 00' 01 02 03 04 05' 06 08** 09' 10' 11 12 – 4. Cru mit mittelalterlicher Burg im Besitz von Bernard Magrez (siehe FOMBRAUGE, PAPE CLÉMENT). Volle, dunkle, konzentrierte Weine in modernem Stil. Zweitetikett: Les Douves du Château La Tour Carnet, außerdem die Spezial-CUVÉE Servitude Volontaire du Tour Carnet.

Tour de By, La Méd r ★★ **00 01 02 03 04 05' 06 08 09** 10 11 12 – Großer (109 ha) Familienbetrieb im nördlichen MÉDOC. Stämmige, aber verlässliche Weine mit fruchtiger Note (500.000 Flaschen pro Jahr). Außerdem Rosé und die Spezial-CUVÉE Héritage Marc Pagès.

Tour de Mons, La Mar r ★★ **98' 00 01 02 04 05' 06 08 09' 10** 12 – CRU BOURGEOIS (2011) in MARGAUX. Nach längerer Schwächeperiode zahlen sich die Investitionen der neueren Zeit nun aus: Die Jahrgänge 2009 und 2010 sind sehr gut ausgefallen.

Tour du Haut-Moulin H-Méd r ★★ **98 00' 02 03 04 05' 06 08 09** 10 11 – CRU BOURGEOIS (2011) in Cussac mit intensiven, beständigen Weinen zum Einkellern.

Tour du Pas St-Georges St-Ém r ★★ **00' 01 03 04 05' 06 08 09' 10** 11 12 – Gut in ST-GEORGES ST-ÉMILION im Besitz von Pascal Delbeck (dem früheren Miteigentümer von Ch. BELAIR-MONANGE). Verlässliche Qualität.

Tour du Pin, La St-Ém r ★★ **98 00' 01 04 05 06 08 09'** 10' 11 – Das frühere Ch. du Pin Figeac-Moueix wurde 2006 von CHEVAL BLANC gekauft und umbenannt. Die Kellermannschaft ist dieselbe. War einst als Cru classé eingestuft, allerdings hat man sich 2012 nicht neuerlich um eine Klassifizierung beworben. Seit 2007 geht es – bei begrenztem Produktionsvolumen – stetig bergauf.

Tour Figeac, La St-Ém r ★★ **98' 00' 01' 02 04 05' 06 07 08** 09' 10' 11 12 – GRAND CRU CLASSÉ zwischen FIGEAC und POMEROL. Ökologische Methoden (Stéphane DERENONCOURT und seine Frau beraten). Volle, fleischige, harmonische Weine.

Tour Haut-Brion, La Pes-L r ★★★ **95 96' 98' 99 00' 01 02 03 04' 05'** – 2005 kam das Aus für den Cru classé, er gehört jetzt zu La MISSION HAUT-BRION.

Tour Haut Caussan, La Méd r ★★ **02 03 04 05' 06 08 09' 10' 11** 12 – CRU BOURGEOIS (2011) in Blaignan; verlässlich und günstig. Erzeugt auch CORBIÈRES-Weine.

Tournefeuille Bx r ★★ **00' 01' 02 03 04 05' 06 07 08 09** 10' 11 12 – Verlässlicher Erzeuger in LALANDE DE POMEROL. Ein Anteil von 30 % CABERNET FRANC sorgt für würzige Noten. Stallgefährten sind Ch. Lécouyer (POMEROL) und Ch. La Révérance (ST-ÉMILION).

Tour St-Bonnet, La Méd r ★★ **02 03 04 05 06 08 09' 10 11** 12 – CRU BOURGEOIS (2011) in St-Christoly im nördlichen MÉDOC; verlässliche und preiswerte Weine.

Trois Croix, Les Bx r ★★ **05 06 07 08 09** 10 11 12 13 – Verlässlicher Erzeuger in FRONSAC mit ausgewogenen, feinen Weinen. Das Gut ist im Besitz des früheren Kellerchefs von MOUTON ROTHSCHILD und wird von dessen Sohn und Tochter geleitet.

Tronquoy-Lalande St-Est r ★★ **00' 02 03 04 05 06 07 08 09'** 10' 11 12 – Seit 2006 im selben Besitz wie Ch. MONTROSE, seitdem geht es aufwärts. Viel MERLOT und PETIT VERDOT. Zweitwein: Tronquoy de Ste-Anne.

Troplong Mondot St-Ém r ★★★ **89' 90' 94' 95 96' 98' 99 00' 01' 02 03 04 05' 06 07 08** 09' 10 11 12 – Premier cru auf einer Kuppe auf dem Kalksteinplateau unweit des Wasserturms. Weine mit Kraft und Tiefe, die immer eleganter werden. Es gibt auch ein Restaurant (Les Belles Perdrix). Zweitetikett: Mondot.

Trotanoy Pom r ★★★★ **89' 90' 93 94 95 96 98' 00' 01 02 03 04' 05' 06 07** 08 09' 10' 11 12 13 – Seit 1953 Teil der CHÂTEAUX-Sammlung von Jean-Pierre

MOUEIX. Erstklassige Lage auf dem Plateau mit kiesigen Lehmböden. Seit 1989 großartig in Form. Zweitetikett: L'Espérance de Trotanoy (seit 2009; wird nicht jedes Jahr erzeugt).

Trotte Vieille St-Ém r ★★★ **89' 90 94 95 96 98 99 00' 01 03' 04 05' 06 07 08** 09' 10' 11 12 – Premier cru auf dem Kalksteinplateau. Die Besitzer haben Verbindungen zu BORIE-MANOUX. Deutliche Qualitätssteigerung seit 2000. Limitierte Abfüllungen von alten, wurzelechten CABERNET-FRANC-Reben. Das frühere GRAND-CRU-CLASSÉ-CHÂTEAU Bergat ging 2012 in Trotte Vielle auf. Zweitetikett: La Vieille Dame de Trotte Vieille.

Valandraud St-Ém r ★★★★ **93 94 95' 96 98 99 00' 01' 02 03 04 05' 06 07 08** 09' 10' 11 12 13 – Der Wein, der die Garagenwein-Bewegung anstieß, ist heute ein PREMIER GRAND CRU CLASSÉ. Der Besitz umfasst offiziell 8 ha in St-Étienne-de-Lisse. Der Wein war ursprünglich extrem konzentriert und ist seit 1998 komplexer. Eine weitere Auslese heißt Virginie de Valandraud. Seit 2003 auch Blanc de Valandraud (weiß).

Verdignan H-Méd r ★★ **00' 01 02 03 04 05 06 08 09 10** 11 12 – Größeres Gut im nördlichen HAUT-MÉDOC, Schwester-CHÂTEAU von COUFRAN und SOUDARS. Mehr CABERNET SAUVIGNON als bei Coufran. Weine mit Alterungspotenzial und gutem Preis-Leistungs-Verhältnis.

Vieille Cure, La Bx r ★★ **00' 01' 02 03 04 05' 06 08 09'** 10' 11 12 13 – Führendes Gut in FRONSAC, in US-amerikanischem Besitz. Jean-Luc Thunevin, der Eigentümer von Ch. VALANDRAUD, berät seit 2013. Preiswert.

Vieux Château Certan Pom r ★★★★ **83' 85 86' 88' 89 90' 94 95' 96' 98' 99 00' 01 02 04' 05' 06 07** 08 09' 10' 11' 12 13 – In puncto Qualität oft in die Nähe des PETRUS gerückt, in der Art aber ganz anders (30 % CABERNET FRANC und 10 % CABERNET SAUVIGNON) – elegant, harmonisch, eine echte Schönheit. Im Durchschnitt 40 bis 50 Jahre alte Reben. Der Jahrgang 2010 ist über alle Maßen gelungen.

Vieux Château St-André St-Ém r ★★ **03 04 05 06 08 09' 10** 11 12 – Kleines Weingut in MONTAGNE ST-ÉMILION; Besitzer ist der ehemalige Kellermeister von PETRUS. Stets gute Qualität und vergleichsweise preiswert.

Villegeorge, de H-Méd r ★★ **98' 00' 02 03 04 05 06 08 09' 10** 12 – Das Gut im südlichen HAUT-MÉDOC gehört Marie-Laure Lurton. Weine im klassischen MÉDOC-Stil. Die CHÂTEAUX Duplessis in MOULIS und La Tour de Bessan in MARGAUX sind Gefährten; nun alle im selben Stall wie LATOUR.

Vray Croix de Gay Pom r ★★ **95 96 98' 00' 04 05' 06 08 09' 10'** 11 12 – Sehr kleines, in der besten Gegend von POMEROL gelegenes Gut. Seit 2005 beständigere Qualität. Schwester-CHÂTEAU von Siaurac in LALANDE DE POMEROL und Le Prieuré in ST-ÉMILION.

Yon-Figeac St-Ém r ★★ **00' 02 03 04 05 06 09 10'** 11 12 – GRAND CRU CLASSÉ am Fuß des Hangs mit Weinen der leichteren, geschmeidigen Art, vorwiegend von MERLOT. Denis Dubourdieu berät. Seit 2005 ist die Qualität gestiegen.

Yquem, d' Saut w; (tr) s ★★★★ **79 80' 81' 83' 85 86' 88' 89' 90' 93 94 95' 96 97' 98 99' 00 01' 02 03' 04 05' 06' 07' 08** 09' 10' 11' – Der König der Süßweine – stark, intensiv und üppig, 3 Jahre Fassausbau. Die meisten Jahrgänge sollten mindestens 15 Jahre reifen; einige überdauern auch 100 Jahre und mehr in überirdischer Grandezza. Seit das Gut im Jahr 2000 von LVMH übernommen wurde, hat sich der Stil dezent in Richtung mehr Frische und kürzerer Fassausbau verändert. Wie in den Jahren 1952, 1972 und 1992 wurde auch 2012 kein Yquem erzeugt. Seit 2011 wurde die Bezeichnung SAUTERNES auf das Rückenetikett verbannt. Der »Y« (sprich: Igrek) ist ein trocken ausgebauter Weißer.

Italien

Die folgenden Abkürzungen werden im Text verwendet:

Abr	Abruzzen
Ao	Aostatal
Apu	Apulien
Bas	Basilikata
Em-Ro	Emilia-Romagna
F-JV	Friaul–Julisch Venetien
Kal	Kalabrien
Kamp	Kampanien
Lat	Latium
Lig	Ligurien
Lomb	Lombardei
Mar	Marken
Mol	Molise
Piem	Piemont
Sar	Sardinien
Siz	Sizilien
Tosk	Toskana
T-S	Trentino–Südtirol
Umb	Umbrien
Ven	Venetien
CS	Cantina Sociale
DOC(G)	Denominazione di Origine Controllata (e Garantita): Kontrollierte (und garantierte) Herkunftsbezeichnung; DOCG ist die höchste Stufe der DOC; siehe auch Seite 165.
IGT	Indicazione Geografica Tipica
fz	frizzante
Pa	Passito

Eurokraten lieben es, an den Regelungen für den Verkauf von Wein herumzubasteln. Gerade basteln sie wieder, und auf Italien haben sie es besonders abgesehen. Für uns Konsumenten viel wichtiger aber sind Italiens exponentiell wachsender Ehrgeiz und seine Errungenschaften. Ganz zu schweigen von seiner Vielseitigkeit – langweilig wird es hier nie. Doch zurück zur Bastelei:

Der größte derzeit stattfindende Wandel ist die rapide voranschreitende Umstellung von den italienischen Ursprungsbezeichnungen DOC (*Denominazione di Origine Controllata*) und IGT (*Indicazione Geografica Tipica*) auf die EU-Siegel DOP und IGP (wobei P für *protetta, das heißt* »geschützt«, steht). Dies ist insofern sinnvoll, als die EU sicherlich mehr Handhabe hat, eine Bezeichnung vor nichteuropäischen Imitationen zu »schützen«, als ein einzelnes Land – ein gutes Beispiel aus der jüngsten Vergangenheit ist Prosecco. Dagegen spricht, dass bei der Dechiffrierung von Etiketten Verwirrung entstehen kann und dass die Regierungen einzelner Länder die Produktion eines Weins besser »kontrollieren« können. Die Umstellung von »kontrolliert« auf »geschützt« wird so oder so relativ bald abgeschlossen sein – aufgrund höherer Gewalt.

Es gibt noch eine, diesmal jedoch regionale Änderung bei den Bezeichnungen italienischer Weine: Mit dem 2012er Jahrgang wurde die DOC Sicilia eingeführt und die alte Bezeichnung IGT Sicilia durch IGP Terre Siciliane ersetzt. Nicht unerheblich ist, dass bei IGT-Wein nahezu der doppelte Ertrag pro Hektar zugelassen ist und dass dieser im Gegensatz zu DOC-Wein auch außerhalb des Erzeugungsgebiets abgefüllt werden darf.

In der Toskana ist eine weitere wichtige Änderung im Gespräch: die Beschränkung des Namens »Chianti« auf Chianti Classico. Bis es hier zu einer Entscheidung kommt, können aber Jahre vergehen, und Befürworter und Gegner werden sich erbitterte Schlachten liefern. Dabei hieße das nur – abgesehen davon, dass ein italienischer Klassiker vor der Verwässerung bewahrt würde –, dass man einen Zustand so wiederherstellt, wie er vor nicht einmal hundert Jahren schon war.

Neuere Jahrgänge

Amarone, Venetien, Friaul

2013 Im September gutes Wetter für Weißweine. Die Roten, vor allem Passito, wurden durch sporadischen Regen und Hagel im Oktober/November beeinträchtigt.
2012 Die andauernde HItze und Trockenheit beeinträchtigte Mengen und Qualität. Der Amarone müsste gut ausfallen.
2011 Für Amarone das beste Jahr überhaupt. Die Weißweine sind ausgewogen und konzentriert, einige Rotweine sehr tanninhaltig und alkoholstark.
2010 Kühles Jahr, gut für leichtere Weine. Bald zu trinken beginnen.
2009 Ideale Bedingungen zum Trocknen für Passito: klassische Weine. Gut für Prosecco, Pinot grigio etc. Amarone ab 2015 trinken.
2008 Klassische Weine guter Qualität. Ab 2016 trinken.
2007 Teilweise hervorragende Weine; sorgfältig auswählen.
2006 Herausragend; es wurde mehr Amarone erzeugt als je zuvor. Trinken.

Kampanien und Basilikata

2013 Wie anderswo ausgewogene, duftende Weißweine, weniger gute Rotweine; vor allem der spät gelesene Aglianico wurde durch späten Regen beeinträchtigt.
2012 Regen im September rettete die Weißweine. Der schöne Spätsommer sorgte für hervorragenden Aglianico.
2011 Konzentrierte, volle Weine; hoher Alkohol- und Tanningehalt bei den Roten. Die Weißen sind ausgewogener.
2010 Leichtere Weißweine mit guten Aromen. Die Rotweine sind guter Durchschnitt.
2009 Reife, gesunde, aromatische Weißweine; Rote mit Substanz und Konzentration. Aglianico/Taurasi trinken.
2008 Ein klassischer Jahrgang für Aglianico; ebenfalls gut für Weißweine. Trinken.
2007 Gute bis ausgezeichnete Qualität. Trinken.
2006 Regen und Fäulnis in den tiefer gelegenen Gebieten; Sonne in den höheren Lagen. Sorgfältig auswählen.

Marken und Abruzzen

2013 Ein schwieriges Jahr: Hagel und Fäulnis. Der schöne September rettete die Weißen; die Roten wurden nicht so stark in Mitleidenschaft gezogen wie befürchtet.
2012 Warme Tage und kühle Nächte zur Lesezeit. Später gelesene Sorten sind am besten.
2011 Teilweise allzu konzentrierte, alkohol- und tanninhaltige Rotweine. Die besten dürften sich gut entwickeln.
2010 Ein schwieriges Jahr, aber zum Teil gute Ergebnisse. Jetzt trinken.
2009 Gute bis sehr gute Qualität, v.a. bei den Weißen. Montepulciano d'Abruzzo/Conero jetzt trinken.
2008 Einige ausgezeichnete Weine. Ab jetzt in den nächsten 5 Jahren trinken.
2007 Einige exzellente Rotweine. Jetzt trinken.

Piemont

2013 Aufgrund des kühlen, feuchten Frühlings zog sich die Lese weit in den wechselhaften Oktober hinein. Glanzhelle, frische Weiße und gute, aber nicht überragende Rote.

2012 Die Qualität ist gut bis sehr gut, die Mengen sind äußerst gering.

2011 Hoher Alkoholgehalt; Risiko übermäßiger Konzentration. Gute Durchschnittsqualität.

2010 Die Qualität ist ungleichmäßig, aber geduldige Winzer bereiteten sehr gute Weine. Sorgfältig auswählen.

2009 Gut bis sehr gut, insbesondere Nebbiolo. Barolo/Barbaresco ab 2014 noch 10 Jahre und länger trinken.

2008 Einige großartige Barbera-Weine; der Nebbiolo ist gut, ausgewogen, nicht spektakulär. Noch 10 Jahre trinken.

2007 Guter bis ausgezeichneter Barolo, Barbaresco und Barbera. Einige klassische Weine. Jetzt noch 10 Jahre und länger trinken.

2006 Ausgezeichneter Nebbiolo und Barbera. Der lagernswerteste Jahrgang des Jahrzehnts. Ab jetzt noch 20 Jahre trinken.

Ältere gute Jahrgänge: 2004, 2001, 2000, 1999, 1998, 1997, 1996, 1995, 1990, 1989, 1988. Jahrgänge, die noch lagern können: 2001, 1999, 1996. Jahrgänge, die man austrinken sollte: 2003, 2000, 1997, 1990, 1988.

Was die Abkürzungen bedeuten

Denominazione di Origine Controllata (DOC) Geprüfte Herkunftsangabe; entspricht der französischen AC.

Denominazione di Origine Controllata e Garantita (DOCG) Geprüfte und garantierte Herkunftsangabe; die höchste Qualitätsstufe in Italien.

Indicazione Geografica Tipica (IGT) Geografische Angabe des Typs. Umfassender und weniger reguliert als DOC, vergleichbar mit dem französischen Vin de pays bzw. neuerdings IGP.

Denominazione di Origine Protetta/Indicazione Geografica Protetta (DOP/IGP) P = »geschützt«. Siehe Kapiteleinleitung.

Toskana

2013 Das kühle Frühlingswetter sorgte für uneinheitliche Reife. Im warmen September konnte einiges aufgeholt werden, doch der sporadische Regen im Oktober stiftete wieder Unruhe. Kein überragendes Jahr, aber einige Höhepunkte.

2012 Trockenheit und lang andauernde Hitze, aber die klassischen Weine wurden durch Regen Anfang September gerettet und könnten sehr gut ausfallen.

2011 Einige angenehm fruchtige, aber etwas alkoholstarke klassische Rotweine. Die Weißen sind etwas unausgewogen.

2010 Wechselhaft. Brunello sehr erfolgreich.

2009 Mindestens sehr gute Qualität. Chianti/Brunello ab 2014 bis 2016 trinken.

2008 Unterschiedliche Ergebnisse, darunter hervoragende Weine, aber nicht unbedingt lange haltbar. Jetzt noch 5 Jahre trinken.

2007 Ernte hoher Qualität. Ab jetzt noch 10 Jahre zu trinken.

2006 Der vermutlich beste Jahrgang seit 20 Jahren. Jetzt und noch weitere 20 Jahre trinken.

Ältere gute Jahrgänge: 2004, 2001, 1999, 1997, 1995, 1990. Jahrgänge, die noch lagern können: 2001, 1999. Jahrgänge, die man austrinken sollte: 2003, 2000, 1997, 1995, 1990.

Aglianico del Vulture Bas DOC(G) r; tr ★→★★★ **06 07 08** 10 11 (12) – DOC mit mindestens einem Jahr Reife, DOCG SUPERIORE nach zwei Jahren, DOCG Superiore RISERVA nach fünf Jahren. Verwirrung in Bezug auf die Produktionsvorschriften kennzeichnet diesen potenziell edlen Rotwein von der auf dem vulkanischen Monte Vulture wachsenden traditionellen AGLIANICO-Traube. Die besten Weingüter: Alovini, Basilisco, Bisceglia, Cantine del Notaio, Donato D'Angelo, Elena Fucci, Macarico, Madonna delle Grazie, PATERNOSTER, Terre degli Svevi.

Alba Piem – Bedeutende Weinstadt im PIEMONT, südöstlich von Turin in den LANGHE, mit Trüffeln, Haselnüssen und den prestigeträchtigsten Weinen des Piemont, wenn nicht Italiens: BAROLO, BARBARESCO, NEBBIOLO D'ALBA, Langhe, ROERO, BARBERA d'Alba, DOGLIANI (Dolcetto).

Albana di Romagna Em-Ro DOCG w; tr lbl s; (sch) ★→★★★ BV – Die erste »weiße« DOCG in Italiens Geschichte – nachvollziehbar nur für den süßen PASSITO, denn der trockene Wein ist unbedeutend. Bertinoro ist die Gemeinde mit den besten Erzeugern, zu denen Raffaella Alessandra Bissoni, Celli, Madonia Giovanna und Fattoria Paradiso zählen. Der Scacco Matto von ZERBINA ist die wohl beste süße Version.

Alberello Auch Gobelet. Traditionelle süditalienische Form der Reberziehung, die jetzt auch in Mittelitalien, namentlich in der Toskana, auf dem Vormarsch ist und sich z. B. in einem Großteil der besten und ältesten Weinberge des angesagten Bereichs ETNA findet.

Allegrini Ven ★★★ Weltberühmt für VALPOLICELLA; überragende Einzellagengewächse (La Grola, Palazzo della Torre und La Poja), AMARONE und RECIOTO. Ist auch Eigentümer von Poggio al Tesoro in BOLGHERI und Poggio San Polo in MONTALCINO, TOSKANA.

Alto Adige (Südtirol) DOC r rs w; tr s; sch ★★→★★★ Die weitgehend deutschsprachige Provinz Bozen feiert phänomenale Erfolge mit bergfrischen Weißen, weniger mit Rotweinen, ausgenommen den hervorragenden PINOT NERO und den einheimischen Lagrein. Ausgezeichnete Genossenschaften, viele hochklassige Privatbetriebe.

Ama, Castello di Tosk ★★★ Erstklassiges CHIANTI-CLASSICO-Weingut bei Gaiole. Empfehlenswerte RISERVA-Weine und Bordeaux-Verschnitt Haiku. Der MERLOT L'Apparita ist sehr gut, aber seinen saftigen Preis vielleicht nicht ganz wert.

Amarone della Valpolicella Ven DOCG r ★★→★★★★ **03' 04 06' 07 08** 09 10 (11') (12) – Intensiver, starker Rotwein von luftgetrockneten VALPOLICELLA-Trauben, einer der echten Klassiker Italiens, der jetzt endlich als DOCG anerkannt wurde, mit Zusatzbezeichnung CLASSICO, wenn aus dem historischen Gebiet. Relativ trockene Version des alten RECIOTO DELLA VALPOLICELLA. (Erzeuger siehe Kasten Valpolicella S. 198.) Ältere Jahrgänge sind rar; nach mehr als 20 Jahren neigen sie zum Austrocknen.

Angelini, Tenimenti Tosk ★★→★★★ Wohlhabender Eigentümer dreier strategisch günstig gelegener Güter/Kellereien in der TOSKANA: San Leonino im CHIANTI CLASSICO, Trerose in MONTEPULCIANO, Val di Cava in MONTALCINO – insgesamt über 170 ha. Der Vigna Spuntali BRUNELLO DI MONTALCINO ist der prestigeträchtigste Wein, aber es wird einiges getan, um den

Montepulciano im Allgemeinen und den Trerose im Besonderen zu verbessern. Zum Besitz gehört auch Puiatti in FRIAUL-JULISCH VENETIEN.

Antinori, Marchesi L. & P. Tosk ★★→★★★★ Immens einflussreiches Florentiner Haus der Familie Antinori unter Leitung von Piero, einem der Helden des italienischen Weins, und seinen drei Töchtern. Bekannt für CHIANTI CLASSICO (v. a. Tenute Marchese Antinori und Badia a Passignano) sowie Wein aus Umbrien (Castello della Sala) und dem PIEMONT (PRUNOTTO). Der revolutionäre TIGNANELLO und der SOLAIA gehören zu den wenigen heute noch erfolgreichen SUPERTOSKANERN. Besitzt auch Güter in der toskanischen MAREMMA (Fattoria Aldobrandesca), in MONTEPULCIANO (La Braccesca), in MONTALCINO (Pian delle Vigne), in BOLGHERI (Guado al Tasso), in der FRANCIACORTA (Montenisa) sowie in APULIEN (Tormaresca).

Apulien Italienisch Puglia, der 360 km lange Absatz des italienischen Stiefels. Im Allgemeinen preiswerte, ansprechende (Rot-)Weine von Reben wie NEGROAMARO, PRIMITIVO und Uva di Troia. Die interessantesten Weine kommen von der Halbinsel SALENTO, allen voran die DOCS BRINDISI, COPERTINO und SALICE SALENTINO.

Argiano, Castello di, alias Sesti Tosk – Der Astronom Giuseppe Maria Sesti erzeugt hochklassigen Bio-BRUNELLO und Brunello RISERVA Phenomena. Nicht zu verwechseln mit dem Nachbarn namens Argiano.

Argiolas, Antonio Sar ★★→★★★ Der Spitzenerzeuger auf Sardinien verarbeitet einheimische Trauben zu den hervorragenden Einzellagenweinen Turriga (★★★), Antonio Argiolas, Iselis Rosso und Iselis Bianco. Gut gemachte Standardweine.

Asti Piem DOCG s; sch ★→★★★ oJ – Piemontesischer Schaumwein von MOSCATO bianco, früher als Asti Spumante bekannt. Niedrige Preise sind wichtiger als hohe Qualität; DOCG-Status fragwürdig. Siehe auch MOSCATO D'ASTI, BARBERA. Wenige Spitzenerzeuger: BERA, Cascina Fonda, CAUDRINA, Vignaioli di Santo Stefano.

Azienda agricola (oder agraria) Ein – großes oder kleines – Weingut, das selbst angebaute Trauben verkeltert.

Azienda Monaci Apu r rs ★★→★★★ Weingut im Besitz der Familie von Severino Garofano, dem führenden Önologen im apulischen SALENTO. Charaktervoller NEGROAMARO-Rotwein (Eloquenzia, I Censi und der herrliche Le Braci von spät gelesenen Trauben) und -Rosé (Girofle) sowie Uva di Troia (Sine Pari) und AGLIANICO (Sine Die).

Badia a Coltibouno Tosk ★★→★★★ Das historische Weingut für CHIANTI CLASSICO feiert nach jahrelanger Flaute ein Comeback. Spitzenwein ist der von 100% SANGIOVESE bereitete, im Barrique ausgebaute SUPERTOSKANER namens Sangioveto.

Banfi (Castello oder Villa) Tosk ★→★★★ Kellerei eines großen US-Importeurs italienischer Weine in MONTALCINO. Ausgedehnte Weinberge auf niedriger gelegenen Südhängen bei MONTALCINO, in denen auch aus eigenem Versuchsanbau stammende SANGIOVESE-Klone stehen; dazu CABERNET SAUVIGNON, MERLOT, SYRAH, PINOT NERO, CHARDONNAY, SAUVIGNON BLANC und PINOT GRIGIO. Die SUPERTOSKANER-Verschnitte, etwa Cum Laude und Summus, machen sich meist besser als die etwas zu extraktreichen BRUNELLO-Weine.

Barbaresco Piem DOCG r ★★→★★★★ **01 04 06' 07 08 09** 10 11 (12) – Genauso wie sein Bruder BAROLO reinsortig von NEBBIOLO. Ähnlich große aromatische und geschmackliche Komplexität; weniger Kraft, mehr Eleganz. Mindestalterung 2 Jahre, davon 1 Jahr im Holz; nach 4 Jahren RISERVA. (Spitzenerzeuger siehe Kasten S. 169.)

Bardolino Ven DOC(G) r rs ★→★★ BV – Leichter, sommerlicher Rotwein vom größten See Italiens, dem Lago di GARDA. Der Bardolino SUPERIORE DOCG

Italien

hat viel niedrigere Erträge als der Bardolino DOC. Der hellrosa CHIARETTO ist einer der besten Roséweine Italiens. Gute Erzeuger: Cavalchina, Costadoro, Guerrieri Rizzardi, Le Fraghe, ZENATO, Zeni.

Barolo Piem DOCG r ★★★→★★★★ **96' 99' 01' 04'** 06' **07' 08 09'** (10) (11) (12) – Italiens großartigster Rotwein, reinsortig von NEBBIOLO, aus dem gleichnamigen Ort südlich von ALBA oder einer von zehn anderen Gemeinden (bzw. Teilen davon). Die besten verbinden Kraft und Eleganz, jede Menge – manchmal raue – Tannine und einen verlockenden floralen Duft mit einem fast süßen, portweinartigen Abgang. Sie müssen bei der Freigabe 3 Jahre (5 für RISERVA) ausgebaut worden sein, davon 2 Jahre im Holzfass. (Spitzenerzeuger siehe Kasten S. 170.) Entweder von Traditionalisten (lange Maischestandzeit, große Eichenfässer) oder von Modernisten (kürzere Maischestandzeit, oft Barrique).

Zehn Spitzen-Barberas

Die meisten erstklassigen Barbera-Weine stammen aus den piemontesischen DOC-Bereichen Barbera d'ASTI und Barbera d'ALBA, doch gelegentlich entstehen auch anderswo ausgezeichnete Versionen.

Barbera d'Alba: BOGLIETTI (Vigna dei Romani), CLERICO (Trevigne), PRUNOTTO (Pian Romualdo), Voerzio Gianni (Ciabot della Luna), VOERZIO ROBERTO (Pozzo dell'Annunziata)

Barbera d'Asti: BRAIDA (Bricco dell'Uccellone), COPPO (Pomorosso), CS Vinchio Vaglio (Vigne Vecchie), Perrone (Mongovone)

Langhe: Altare (Larigi)

Beato Bartolomeo da Breganze Ven ★★ Gut geführte Genossenschaft in den Hügeln Venetiens mit einer der größten Anbauflächen von echtem PINOT GRIGIO. Auch Still-, Schaum- und Süßweine (TORCOLATO) von der einheimischen Vespaiolo-Traube.

Bellavista Lomb ★★★ Weingut in der FRANCIACORTA mit überzeugendem Schaumwein im Champagnerstil (Gran Cuvée Franciacorta ist der beste). Außerdem Extra Brut Vittorio Moretti und Satèn.

Bera, Walter Piem ★★→★★★ Kleines Weingut mit erstklassigem MOSCATO (Moscato d'Asti, ASTI) und feinen Rotweinen (Barbera d'Asti, BARBARESCO, LANGHE NEBBIOLO).

Berlucchi, Guido Lomb ★★ Mit fünf Mio. Flaschen der größte Hersteller von METODO-CLASSICO-Schaumwein in Italien. Der Hauptwein läuft unter dem Namen Cuvée Imperiale, aber die Aufmerksamkeit richtet sich zunehmend auf FRANCIACORTA DOCG.

Bertani Ven ★★→★★★ Der alteingesessene Erzeuger von VALPOLICELLA und SOAVE mit Weinbergen in verschiedenen Teilen der Provinz Verona rüstet nun auf, indem er zu längst aufgegebenen Weinbereitungsstilen zurückkehrt, etwa zur traditionellen Maischung auf den Schalen bei Weißweinen. Auch der legendäre Hauswein Valpolicella Valpantena Secco Bertani wird wiederbelebt.

Bianco di Custoza Ven DOC w; (sch) ★→★★ BV – Frischer, unkomplizierter Weißwein vom Gardasee, bereitet von GARGANEGA- und Cortese-Trauben. Empfehlenswert von Cavalchina, Le Tende, Le Vigne di San Pietro, Montresor und Zeni.

Biferno Mol DOC r rs w ★→★★ (r) **08 10 11** 12 – Gute bis interessante Weine aus der leicht übersehenen, zwischen den Abruzzen und APULIEN eingeklemmten Region Molise. Der Rotwein wird von MONTEPULCIANO-, de

Weißwein von TREBBIANO-Trauben erzeugt. Empfehlenswert sind DI MAJO NORANTE (Ramitello) und Borgo di Colloredo (Gironia).

Biondi-Santi Tosk ★★★★ Der kürzlich verstorbene Franco Biondi-Santi hielt bis zuletzt an den klassischen Traditionen dieses berühmten Guts in MONTALCINO fest und bereitete so kompromisslosen BRUNELLO, v.a. RISERVA, dass dieser in Spitzenjahrgängen jahrzehntelang lagern musste, bevor man ihn trinken konnte. Sein Sohn Jacopo wird die Weine wohl benutzerfreundlicher machen, möglicherweise auf Kosten der Eleganz.

Boca Piem – Siehe GATTINARA.

Boglietti, Enzo Piem ★★★ Dynamischer neuer Erzeuger in La Morra im BAROLO-Gebiet. Erstklassige Barolos im modernen Stil (Vigna Arione, Case Nere) und hervorragender BARBERA D'ALBA (Vigna dei Romani, Roscaleto).

Bolgheri Tosk DOC r rs w; (s) ★★→★★★★ Das von einer Stadtmauer umgebene Künstlerdorf an der toskanischen Küste steht Pate für eine Gruppe stilvoller und teurer SUPERTOSKANER, die vornehmlich von französischen Sorten erzeugt werden. Klingende Namen: SASSICAIA (ursprünglicher Auslöser des Kults), ANTINORI (Guado al Tasso), FRESCOBALDI (ORNELLAIA), GAJA (CÀ MARCANDA), ALLEGRINI (Poggio al Tesoro), Folonari (Campo al Mare) sowie die einheimischen Erzeuger LE MACCHIOLE und MICHELE SATTA. Viele Spitzenerzeuger folgen dem Beispiel von Sassicaia und geben den IGT-Status zugunsten von BOLGHERI DOC auf.

Bolla Ven ★★ Historischer Veroneser Erzeuger von SOAVE, VALPOLICELLA, AMARONE, RECIOTO. Heute im Besitz der mächtigen GRUPPO ITALIANO VINI.

Borgo del Tiglio F-JV ★★★→★★★★ Nicola Manferrari ist einer der besten Weißweinerzeuger in Italien. Besonders eindrucksvoll sind der COLLIO FRIULANO Ronco della Chiesa und der Studio di Bianco.

Boscarelli, Poderi Tosk ★★★ Kleines Weingut mit sehr gutem VINO NOBILE DI MONTEPULCIANO Nocio dei Boscarelli und RISERVA.

Die Besten bei Barbaresco

Hier sind zehn hervorragende BARBARESCO-Weine, die es sich zu erjagen lohnt: Cantina del Pino (Ovello), Castello di Neive (RISERVA Santo Stefano), Castello di Verduno (Rabajà), GAJA (Barbaresco), GIACOSA BRUNO (Asili Riserva), Marchesi di Gresy (Camp Gros), Paitin (Vecchie Vigne), PRODUTTORI DEL BARBARESCO (Ovello), Rocca Albino (Brich Ronchi), ROCCA BRUNO (Rabajà).

Botte (Plural *botti*) Großes Fass mit 6 bis 250 hl, meist aber zwischen 20 und 50 hl Kapazität, traditionell aus slawonischer, immer öfter jedoch auch aus französischer Eiche. Für Traditionalisten der ideale Behälter für den Ausbau italienischer Weine, in denen kein zu deutlicher Eichenton erwünscht ist.

Brachetto d'Acqui Piem DOCG r; s; (sch) ★★ BV – Süßer roter Schaumwein mit verlockendem Muskataroma. Die Berechtigung des DOCG-Status wird von einigen angezweifelt.

Braida Piem ★★★ Das Weingut des verstorbenen Giacomo Bologna wird nun mit Erfolg von seinen Kindern Giuseppe und Raffaella geführt. Erstklassiger BARBERA d'ASTI (Bricco dell'Uccellone, Bricco della Bigotta, Ai Suma).

Bramaterra Piem – Siehe GATTINARA.

Breganze Ven DOC r w; sch ★→★★★ r **06 07 08** 09 10 11 13; w BV – Großes Anbaugebiet für PINOT GRIGIO; auch guter Vespaiolo (stiller und schäumender Weißwein sowie süßer TORCOLATO), PINOT NERO und CABERNET. Die wichtigsten Erzeuger sind MACULAN und BEATO BARTOLOMEO.

Brindisi Apu DOC r rs ★★ r **06 07 08 09 10** 11 (12) (13); rs BV – Geschmeidiger Rotwein auf NEGROAMARO-Basis mit MONTEPULCIANO; v. a. von VALLONE, Due Palme, Rubino. Die ROSATO-Version gehört manchmal zu Italiens besten.

Brolio, Castello di Tosk ★★→★★★ Das historische Gut ist das größte im CHIANTI-CLASSICO-Gebiet und gedeiht nach einem Tief unter fremder Leitung nun wieder unter der Familie RICASOLI. Sehr guter Chianti Classico und IGT Casalferro.

Barolo-Top-Ten

»Italiens großartigster Wein« ist für manchen eine Nummer zu groß. Hier sind einige Spitzen-Crus, anhand derer man beide Teile dieser Behauptung überprüfen kann:
BURLOTTO (Monvigliero), Cavallotto (Bricco Boschis Vigna San Giuseppe), CONTERNO FANTINO (SORÍ Ginestra), CONTERNO GIACOMO (Monfortino), MASCARELLO Giuseppe (Monprivato), Rinaldi Giuseppe (Brunate-Le Coste), SANDRONE (Cannubi Boschis), SCAVINO PAOLO (Bric del Fiasc), VIETTI (Lazzarito), VOERZIO ROBERTO (La Serra).

Brunelli, Gianni Tosk ★★★ Vor Kurzem verstorbener Erzeuger von elegantem, verfeinertem BRUNELLO DI MONTALCINO. Nicht mit anderen Brunellis in MONTALCINO zu verwechseln. Giannis Witwe Laura hat jetzt die Leitung des Guts übernommen.

Brunello di Montalcino Tosk DOCG r ★★★→★★★★ **90' 95 97 99' 00 01' 04' 05** 06' **07 09** (10') (11) (12) (13) – Spitzenwein der Toskana, kompakt, aber elegant mit Duft und Struktur, potenziell äußerst langlebig. Mindestens 4 Jahre Reife, nach 5 Jahren RISERVA. Initiativen zur Zulassung kleiner Anteile französischer Rebsorten in dem eigentlich reinsortigen SANGIOVESE wurden abgewehrt, aber es ist weiterhin Wachsamkeit geboten. Siehe auch ROSSO DI MONTALCINO.

Bucci Mar ★★★ Fast burgundischer VERDICCHIO, der langsam reift, aber im Alter komplex wird. Der RISERVA Villa Bucci spielt definitv in einer anderen Liga als die meisten anderen Verdicchio-Weine; der rote Pongelli ist weniger interessant.

Burlotto, Commendatore G. B. Piem ★★★ Schön bereitete und klar definierte Weine, allen voran BAROLO Cannubi und Monvigliero; für Letzteren werden die Trauben mit den Füßen gestampft.

Bussola, Tommaso Ven ★★★★ Führender Erzeuger von AMARONE, RECIOTO und RIPASSO in der Region VALPOLICELLA. Ausgezeichneter Amarone Vigneto Alto und Recioto TB.

Ca' dei Frati Lomb ★★★ Führender Qualitätserzeuger in der wiederbelebten DOC LUGANA. Der Frati ist ein guter Wein auf Einstiegsniveau, der Brolettino ein spezieller Cru mit leichtem Eicheneinfluss. Der für demnächst angekündigte VALPOLICELLA wird freudig erwartet.

Ca' del Bosco Lomb ★★★★ Nummer eins der Weingüter in der FRANCIACORTA, das dem großen PINOT-GRIGIO-Erzeuger SANTA MARGHERITA gehört, aber immer noch vom Gründer Maurizio Zanella geleitet wird. Hervorragender Schaumwein nach der klassischen Methode, v. a. Annamaria Clementi (der Dom Pérignon Italiens) und Dosage Zéro; daneben auch ausgezeichneter Rotwein Maurizio Zanella im Bordeaux-Stil, burgunderartiger PINOT NERO Pinero und CHARDONNAY.

Caiarossa Tosk ★★★ Der niederländische Besitzer Eric Jelgersma (Château Giscours; siehe Bordeaux) und der in Australien ausgebildete französische Önologe Dominique Genot führen dieses Gut mit internationaler Ausrichtung nördlich von BOLGHERI und erzeugen den ausgezeichneten Caiarossa Bianco sowie Rotweine, etwa Pergolaia (SANGIOVESE plus CABERNET und MERLOT).

Caluso/Erbaluce di Caluso Piem DOCG w ★★ BV – Heller, mineralischer Weißwein von der Erbaluce-Traube im Norden des PIEMONT. Der beste Erzeuger ist Orsolani, v. a. La Rustia.

Canalicchio di Sopra Tosk ★★★ Die dynamische, terroirbewusste Familie Ripaccioli verarbeitet Trauben zweier Weinberge, von denen einer auf den Hängen von Montosoli liegt, zu herrlich ausgewogenem, komplexem und dennoch angenehm zu trinkendem BRUNELLO und ROSSO DI MONTALCINO.

Cantina Kellerei, doch auch Weinbars schmücken sich mit diesem Namen.

Caparra & Siciliani Kal ★→★★ Winzergenossenschaft in Kalabriens bekanntestem Anbaugebiet CIRÒ. Über 200 ha CLASSICO-Rebland, 50 Jahre Erfahrung.

Capezzana, Tenuta di Tosk ★★★ Das Weingut einer toskanischen Adelsfamilie westlich von Florenz, an dessen Spitze bis vor Kurzem die toskanische Weinlegende Graf Ugo Contini Bonacossi stand, wird nun von seinen Kindern geführt. Guter Barco Reale DOC, ausgezeichneter CARMIGNANO (Villa di Capezzana, Villa di Trefiano) sowie ein sehr guter Rotwein im Bordeaux-Stil namens Ghiaie della Furba und ein hervorragender VIN SANTO.

Capichera Sar ★★★ Sehr guter, wenn auch teurer Erzeuger von VERMENTINO DI GALLURA, v. a. Vendemmia tardiva. Jetzt auch exzellenter roter Manènghja von CARIGNANO-Trauben.

Die besten Brunellos – Top Ten und der Rest

Jeder der folgenden Erzeuger liefert einen anständigen BRUNELLO DI MONTALCINO; die zehn, die wir für die besten halten, sind mit einem Stern gekennzeichnet.

Pieri Agostina, Altesino, ARGIANO, ARGIANO (CASTELLO DI), Baricci, BIONDI-SANTI*, Gianni BRUNELLI*, Camigliano, La Campana, Campogiovanni, Canalicchio di Sopra, Canalicchio di Sotto, Caparzo, CASANOVA DI NERI, CASE BASSE*, CASTELGIOCONDO, Ciacci Piccolomini, COL D'ORCIA, Collemattoni, Corte Pavone, Costanti, Eredi FULIGNI, Il Colle, Il Paradiso di Manfredi, La Fuga, La Gerla, Lambardi, LISINI*, La Magia, La Mannella, Le Potazzine, Marroneto, Mastrojanni*, Oliveto, Salvioni*, Siro Pacenti, Palazzo, Pertimali, Pieve di Santa Restituta, La Poderina, Pian dell'Orino*, Il POGGIONE*, POGGIO ANTICO, Poggio di Sotto*, Salvioni-Cerbaiola*, Uccelliera, Val di Suga, Valdicava.

Cappellano Piem ★★★ Der verstorbene Teobaldo Cappellano war einer der Charakterköpfe des BAROLO, der einen Teil seiner Lagen im Cru Gabutti für wurzelechte NEBBIOLO-Reben reserviert hatte (Pie Franco). Exzellente Barolos in ausgeprägt traditionellem Stil, auch »medizinischer« Barolo Chinato, der von einem seiner Vorfahren erfunden wurde.

Caprai Umb ★★★→★★★★ Großer, hochklassiger und experimenteller Erzeuger im umbrischen MONTEFALCO. Wunderbarer DOCG Montefalco Sagrantino (v. a. der 25 Anni); sehr guter DOC ROSSO DI MONTEFALCO.

Carema Piem DOC r ★★→★★★ **04' 06' 07 08** 09 10 (11) (13) – Unbekannter, leichter, intensiver NEBBIOLO von Trauben, die auf niedrigen, aber steilen Hängen bei Aosta wachsen. Am besten von Luigi Ferrando (v. a. Etichetta Nera) und Produttori Nebbiolo di Carema.

Carignano del Sulcis Sar DOC r rs ★★→★★★ **06 07 08 09** 10 (12) (13) – Milder, aber intensiver Rotwein aus dem Südwesten SARDINIENS. Am besten sind Terre Brune und Rocca Rubia von der CS di SANTADI.

Carmignano Tosk DOCG r ★★★ **02 04 06 07 08 09** 10 11 (12) (13) – Feiner toskanischer Verschnitt aus SANGIOVESE und Bordeaux-Trauben, der im 20. Jh. vom verstorbenen Grafen Bonacossi (Capezzana) erfunden wurde. Am besten von Ambra, CAPEZZANA, Farnete, Piaggia, Le Poggiarelle, Pratesi.

Carpenè Malvolti Ven ★★ Historische und immer noch bedeutende Marke für PROSECCO und andere Schaumweine in CONEGLIANO.

Cartizze Ven ★★ Bekannter, häufig zu teurer und zu süßer PROSECCO aus dem angeblich besten Unterbereich von Valdobbiadene.

Casanova di Neri Tosk ★★★ Moderner BRUNELLO DI MONTALCINO, teurer Cerretalto und Tenuta Nova, dazu Pietradonice (CABERNET SAUVIGNON) und sehr guter ROSSO DI MONTALCINO.

Case Basse Tosk ★★★★ Nachdem er im Dezember 2012 Opfer eines schlimmen Falls von Vandalimus geworden war, erklärte der Ökomusterknabe Gianfranco Soldera kampflustig, er werde auch weiterhin lange in Eiche ausgebauten, qualitativ hochwertigen Bio-BRUNELLO erzeugen. Die Flaschen, die gerettet werden konnten, werden rarer und kostbarer sein als je zuvor.

Castel del Monte Apu DOC r rs w ★→★★ r **06 07 08** 09 10 11 (13); w rs BV – Trockene, frische, zunehmend anspruchsvolle Weine aus einer DOC in APULIENS Mitte. Von Tormaresca (ANTINORI) stammen der gute Pietrabianca und der ausgezeichnete Bocca di Lupo; sehr gut auch Le More von Santa Lucia. Interessante Rote kommen von Cocevola und Giancarlo Ceci. Siehe auch RIVERA, dessen Il Falcone RISERVA als der Kult-Einzellagenwein des Gebiets gilt.

Castellare Tosk ★★→★★★ CHIANTI-CLASSICO-Erzeuger mit erstklassigem IGT I Sodi di San Niccolò auf SANGIOVESE-Basis und zeitgemäßem CHIANTI, v. a. Riserva Vigna Poggiale. Außerdem Poggio ai Merli (Merlot) und Coniale (CABERNET SAUVIGNON).

Castell' in Villa Tosk ★★★ Individuelles, traditionalistisches CHIANTI-CLASSICO-Weingut im äußersten Südwesten des Gebiets. Weine großer Klasse, von der Autodidaktin Prinzessin Coralia Pignatelli bereitet.

Castelluccio Em-Ro ★★→★★★ Hochwertiger SANGIOVESE vom Weingut des berühmten Önologen Vittorio Fiore in der Romagna: IGT Ronco dei Ciliegi und Ronco delle Ginestre. Der Massicone ist ein hervorragender Sangiovese/CABERNET SAUVIGNON-Verschnitt.

Cavallotto Piem ★★★ In Castiglione Falletto ansässiger führender BAROLO-Traditionalist mit Weinbergen im Herzen des Anbaugebiets. Herausragender Barolo RISERVA Bricco Boschis Vigna San Giuseppe und Riserva Vignolo, sehr guter LANGHE NEBBIOLO.

Cerasuolo Abr DOC rs ★ Die BV-ROSATO-Version von MONTEPULCIANO D'ABRUZZO, nicht zu verwechseln mit dem roten CERASUOLO DI VITTORIA aus Sizilien. Ist manchmal hervorragend; zum Beispiel CONTESA.

Cerasuolo di Vittoria Siz DOCG r ★★ **09 10 11** (13) – Mittelschwerer Rotwein von Frappato- und Nero-d'Avola-Trauben in Südost-SIZILIEN; interessant v. a. von COS, Nicosia, PLANETA und Valle dell'Acate.

Ceretto Piem ★★→★★★ Führender Erzeuger von BARBARESCO (Bricco Asili) und BAROLO (Bricco Rocche, Brunate, Prapò) sowie LANGHE Rosso Monsoro (Verschnitt aus französischen Sorten) und Langhe Bianco Blange (ARNEIS).

Cerro, Fattoria del Tosk ★★★ Weingut im Besitz des Versicherungsgiganten SAI, das sehr guten DOCG VINO NOBILE DI MONTEPULCIANO (v. a. Einzellagenwein Antica Chiusina) erzeugt. SAI gehören auch La Poderina (BRUNELLO DI MONTALCINO), Colpetrone (MONTEFALCO SAGRANTINO) und das 1.000 ha große Weingut Monterufoli im Norden der MAREMMA.

Cesanese del Piglio oder **Piglio** Lat DOCG r ★→★★ Mittelschwerer Rotwein, kann gut eine Zeitlang gelagert werden. Am besten von Petrucca e Vela und Terre del Cesanese. Die Weine Cesanese di Olevano Romano und Cesanese di Affile sind ähnlich.

Chianti Tosk DOCG r ★→★★★ Seit eh und je der süffige Wein der mittleren Toskana, frisch, fruchtig, leicht adstringierend, angenehm zu trinken, früher mit einem gewissen Anteil an weißen Trauben bereitet. Die Einführung von Unterbereichen, die ungerechtfertigte Beförderung zur DOCG und der Ausschluss der Weißen komplizierten die Sache unnötig. Ich wollt', ich wär eine DOC ... (siehe Kapiteleinleitung).

Wer macht wirklich guten Chianti Classico?
Da das Chianti-Classico-Gebiet ziemlich groß ist und sich dort Hunderte von Erzeugern tummeln, ist es gar nicht so einfach, die besten herauszupicken. Die Top Ten sind mit einem Stern gekennzeichnet. AMA*, ANTINORI, BADIA A COLTIBUONO*, Bibbiano, Le Boncie, Il Borghetto, Bossi, BROLIO, Cacchiano, CAFAGGIO, Capannelle, Capraia, Carobbio, Casaloste, Casa Sola, CASTELLARE, CASTELL'IN VILLA, Le Cinciole, Collelungo, Le Corti, Mannucci Droandi, FÈLSINA*, Le Filigare, FONTERUTOLI, FONTODI*, ISOLE E OLENA*, Lilliano, Il Molino di Grace, MONSANTO*, Monte Bernardi, Monteraponi, NITTARDI, NOZZOLE, Palazzino, Paneretta, Petroio-Lenzi, Poggerino, Poggiolino, Poggiopiano, Poggio al Sole, QUERCIABELLA*, RAMPOLLA, Riecine, Rocca di Castagnoli, Rocca di Montegrossi, RUFFINO, San Fabiano Calcinaia, SAN FELICE, SAN GIUSTO A RENTENNANO*, Savignola Paolina, Selvole, Vecchie Terre di Montefili, Verrazzano, Vicchiomaggio, VIGNAMAGGIO, Villa La Rosa*, Viticcio, VOLPAIA*.

Chianti Classico Tosk DOCG r ★★→★★★★ **04 06 07 08 09 10** 11 (12) (13) – Das historische Gebiet durfte seinem Namen den Begriff CLASSICO hinzufügen, als die Weinbauregion CHIANTI Anfang des 20. Jhs. auf praktisch die ganze mittlere Toskana ausgeweitet wurde. Es umfasst ganz oder teilweise 9 Gemeinden im hügeligen oder felsigen Gelände auf Höhen zwischen 250 und 500 m. Der Wein mit dem schwarzen Hahn ist traditionell ein Verschnitt, und nun wird darüber debattiert, ob dem SANGIOVESE französische oder einheimische Trauben zugesetzt werden sollen.

Chiaretto Ven – Heller Rosé mit ganz leichtem rötlichen Einschlag, v.a. vom Gardasee. Siehe BARDOLINO.

Ciabot Berton Piem ★★★ Kleiner Erzeuger in La Morra mit erstklassigem BAROLO zu bescheidenen Preisen. Zu den Einzellagenweinen zählen der Roggeri und der neue Rochettevino.

Ciliegiolo Tosk – Der sortenreine Wein der toskanischen MAREMMA wird aus der gleichnamigen Traube gewonnen, von der SANGIOVESE abstammt. Empfehlenswert von Rascioni e Cecconello, Sassotondo.

Cinque Terre Lig DOC w; tr s ★★ Trockene Weißweine auf VERMENTINO-Basis von der ligurischen Steilküste. Die süße Version heißt Sciacchetrà. Empfehlenswerte Erzeuger sind Arrigoni, Bisson und Buranco.

Cirò Kal DOC r (rs w) ★→★★★ Kräftiger Rotwein von der wichtigsten kalabrischen Traube Gaglioppo oder leichter, fruchtiger Weißwein von GRECO (BV). Spitzenerzeuger: CAPARRA & SICILIANI, Ippolito, Librandi (Duca San

Felice ★★★), San Francesco (Donna Madda und RONCO dei Quattro Venti), Santa Venere.

Classico Bezeichnung für Wein aus einem begrenzten, meist historischen und edleren Bereich innerhalb einer kommerziell ausgeweiteten DOC. Siehe CHIANTI CLASSICO, VALPOLICELLA, SOAVE und zahlreiche andere.

Clerico, Domenico Piem ★★★ Etablierter BAROLO-Erzeuger der modernistischen Fraktion in Monforte d'ALBA, v. a. mit den Crus Percristina und Ciabot Mentin Ginestra. Den Aeroplan Servaj gibt es erst seit Kurzem.

Coffele Ven ★★★ Erzeuger mit einigen der besten Lagen im SOAVE-CLASSICO-Gebiet; stahlige, mineralische Weine im klassischen Stil. Probieren Sie den Cru Cà Visco.

Italien an Meistbietenden

Italienische Starweine kommen immer öfter unter den Hammer, und das Auktionshaus Gelardini & Romani hat enthüllt, welches die gefragtesten Crus sind: 1. BRUNELLO DI MONTALCINO RISERVA von BIONDI SANTI; 2. Masseto von ORNELLAIA; 3. BAROLO Riserva Monfortino von Giacomo CONTERNO; 4. AMARONE dal Forno; 5. Barolo Riserva Le Rocche del Falletto von Bruno GIACOSA; 6. Amarone Riserva von Giuseppe QUINTARELLI; 7. SASSICAIA von Tenuta San Guido; 8. MONTEPULCIANO D'ABRUZZO von VALENTINI; 9. BARBARESCO von Giacosa; 10. BRUNELLO DI MONTALCINO Riserva von Gianfranco Soldera. Was? Keiner von GAJA?

Col d'Orcia Tosk ★★★ Das drittgrößte Weingut in MONTALCINO (Besitzer Francesco Marone Cinzano) mit Topqualität. Am besten ist der BRUNELLO RISERVA Poggio al Vento.

Colli = Hügel. Einzahl: *colle*.

Colline (Einzahl: *collina*) sind kleinere Hügel. Siehe auch COLLIO, POGGIO.

Colli Euganei Ven DOC r w; tr lbl; (sch) ★→★★ BV – DOC südwestlich von Padua. Rot-, Weiß- und Schaumwein sind gefällig, aber selten besser. Spitzenerzeuger: Ca' Lustra, La Montecchia, Vignalta.

Colline Novaresi Piem – Siehe GATTINARA.

Collio F-JV DOC r w ★★→★★★★ Hügeliges Anbaugebiet an der slowenischen Grenze. Bekannt v. a. für komplexe, manchmal absichtlich oxidierte Weine, die teilweise zusammen mit den Schalen in eingegrabenen irdenen Gefäßen/Amphoren vinifiziert werden. Aus verschiedenen französischen, deutschen und slawischen Sorten entstehen auf diese Weise einige exzellente, einige schauerliche Weine. Zu den vielen guten bis ausgezeichneten Erzeugern gehören u. a. BORGO DEL TIGLIO, La Castellada, Castello di Spessa, MARCO FELLUGA, Fiegl, GRAVNER, Renato Keber, LIVON, Aldo Polencic, Primosic, Princic, Russiz SUPERIORE, Schiopetto, Tercic, Terpin, Venica & Venica, VILLA RUSSIZ, Zuani.

Colli Orientali del Friuli F-JV DOC r w; tr s ★★→★★★★ DOC im Osten von FRIAUL; ähnlich wie COLLIO, aber weniger experimentell und mehr auf Rot- und Süßweine ausgerichtet. Spitzenerzeuger: Meroi, Miani, Moschioni, LIVIO FELLUGA, Rosa Bosco, RONCO del Gnemiz. Süßweine von VERDUZZO (alias Ramandolo wenn aus der Umgebung von Nimis: Anna Berra, Giovanni Dri) oder PICOLIT-Trauben (Ronchi di Cialla) sind oft großartig.

Colli Piacentini Em-Ro DOC r rs w ★→★★ BV – Leichte süffige Weine, oft perlend (rot und weiß) von verschiedenen Trauben, darunter BARBERA und BONARDA (r), MALVASIA und Pignoletto (w) sowie mehrere PINOT-Varianten. Ähnlich wie OLTREPÒ PAVESE, aber eher in der Emilia als in der Lombardei getrunken. Gute Erzeuger: Montesissa, Mossi, Romagnoli, Solenghi, La Stoppa, Torre Fornello, La Tosa. Siehe auch GUTTURNIO.

Colognole Tosk ★★ Das ehemalige Gut Conti Spalletti erzeugt immer hochklassigeren CHIANTI RUFINA und RISERVA del Don aus steilen Südlagen am Monte Giovi.

Colterenzio, Cantina Produttori (Schreckbichl) T-S ★★→★★★ Protagonist unter den Kellereigenossenschaften SÜDTIROLS mit Sitz in Girlan. Die Weißweine (SAUVIGNON Lafoa, CHARDONNAY Altkirch, PINOT BIANCO Weisshaus Praedium) sind trotz des guten Rufs des CABERNET SAUVIGNON Lafoa insgesamt besser als die Rotweine.

Conegliano Valdobbiadene Ven DOCG w; sch ★→★★ BV – Bezeichnungen für Spitzen-PROSECCO, die einzeln oder zusammen verwendet werden können.

Conterno, Aldo Piem ★★★→★★★★ Der vor Kurzem verstorbene Spitzenerzeuger in Monforte d'ALBA galt als Traditionalist, v. a. im Hinblick auf seine erstklassigen BAROLO-Weine Granbussia, Cicala und Colonnello. Seine Söhne richten die Kellerei modernistischer aus.

Conterno, Giacomo Piem ★★★★ Kulterzeuger von extrem traditionellem BAROLO mit Kellerei in Monforte d'Alba; Giacomos Enkel Roberto führt nun das Werk seines Vaters Giovanni fort. Im Angebot sind zwei Barolos vom Weinberg Cascina Francia in Serralunga: Cascina Francia und Monfortino, mit langer Maischestandzeit bereitet und sehr langlebig.

Conterno Fantino Piem ★★★ Zusammenschluss zweier Familien, die in Monforte d'Alba die ausgezeichneten BAROLOS (im modernen Stil) Sorì Ginestra und Vigna del Gris erzeugen. Außerdem ein NEBBIOLO-BARBERA-Verschnitt namens Monprà.

Conterno, Paolo Piem ★★→★★★ Die Familie baut seit 1886 NEBBIOLO und BARBERA an; der derzeitige *titolare* Giorgio führt die Tradition fort und erzeugt die mustergültigen BAROLO-Einzellagenweine Ginestra und Riva del Bric sowie den besonders feinen LANGHE Nebbiolo Bric Ginestra.

Contesa Abr ★★→★★★ Auf den Weinbergen des Önologen Rocco Pasetti in Collecorvino bei Pescara entstehen ausgezeichneter roter MONTEPULCIANO D'ABRUZZO, Rosé von CERASUOLO und weißer PECORINO unter dem Namen Contesa.

Chianti Classico Gran Selezione

Seit Januar 2014 gibt es einen neuen Super-CHIANTI-CLASSICO, in der Hoffnung, das stets inoffiziell gebliebene und eigentlich schon überholte Konzept des SUPERTOSKANERS unter einem offiziell klingenden Begriff wiederzubeleben. Er soll für bestimmte Weine gelten, die einer chemischen und organoleptischen Analyse unterzogen werden und die Spitze der Chianti-Classico-Qualiätspyramide bilden, direkt über RISERVA und zwei Stufen über Chianti Classico. Und wer hat das Ganze angestoßen? Die üblichen Verdächtigen natürlich (ANTINORI, BROLIO, AMA, FONTERUTOLI, RUFFINO), insgesamt etwa 35 Erzeuger. Da kommen in den nächsten Jahren sicher noch einige dazu.

Contini, Attilio Sar ★→★★★ Berühmter sardischer Erzeuger von VERNACCIA DI ORISTANO. Am besten ist der Jahrgangsverschnitt Antico Gregori.

Conti Zecca Apu ★★→★★★ Großes Gut im SALENTO, dessen 320 ha fast zwei Mio. Flaschen hervorbringen. Die IGT-Salento-Reihe Donna Marzia ist preiswert, ebenso der SALICE SALENTINO Cantalupi. Der bekannteste der vielen Weine ist der NEGROAMARO/CABERNET SAUVIGNON Nero.

Italien

Contucci Tosk ★★→★★★ Seit vielen Jahrhunderten Erzeuger von VINO NOBILE im traditionellen Stil. Der alte Keller in MONTEPULCIANO ist jeden Umweg wert.

Copertino Apu DOC r (rs) ★★★ **08 10 11** (12) – Geschmeidiger, saftiger Rotwein von NEGROAMARO-Trauben vom Stiefelabsatz Italiens. Gute Erzeuger: AZIENDA MONACI, CS Copertino.

Coppo Piem ★★→★★★ Spitzenerzeuger von BARBERA d'ASTI (Pomorosso und RISERVA della Famiglia). Ausgezeichnet sind auch der CHARDONNAY Monteriolo und der Schaumwein Riserva del Fondatore.

Cortona Tosk – Toskanische DOC, die an das Gebiet des VINO NOBILE DI MONTEPULCIANO angrenzt. Verschiedene einheimische und internationale rote und weiße Sorten. Gute Weine sind u.a. der MERLOT/CABERNET Desiderio von Avignonesi, einige erstklassige SYRAH-Weine von Luigi d'Alessandro, Il Castagno und La Braccesca.

CS (Cantina Sociale) Genossenschaftskellerei.

Cusumano Siz ★★→★★★ Betrieb mit 450 ha Rebfläche in verschiedenen Teilen SIZILIENS. Rotweine von NERO D'AVOLA, CABERNET SAUVIGNON, SYRAH; Weißweine von CHARDONNAY, INZOLIA. Gute Qualität, preiswert.

Dal Forno, Romano Ven ★★★★ Erzeuger von VALPOLICELLA, AMARONE und RECIOTO von sehr hoher Qualität. Die Perfektion ist umso bemerkenswerter, als die Weinberge außerhalb des CLASSICO-Gebiets liegen.

De Bartoli, Marco Siz ★★★ Das berühmte Gut erzeugt den Vecchio Samperi in der Art eines MARSALA Vergine. Am besten ist der fassgereifte Ventennale, ein Verschnitt aus jungen und sehr alten Jahrgängen. Die Söhne des vor Kurzem verstorbenen Besitzers Marco de Bartoli erzeugen auch Spitzenweine der DOC Marsala und hervorragende Tischweine wie den Grillo. Auf dem Weingut Bukkuram auf PANTELLERIA entsteht auch exzellenter PASSITO.

Dei Piem ★★→★★★ Die Pianistin Caterina Dei führt dieses elegante aristokratische Gut in MONTEPULCIANO, auf dem sie mit Kunstfertigkeit und Leidenschaft VINO NOBILE erzeugt. Ihr Meisterwerk ist der Nobile di Montepulciano Bossona.

Di Majo Norante Mol ★★→★★★ Einer der wenigen Qualitätserzeuger in Molise mit sehr gutem Biferno Rosso, Ramitello, Molise Rosso RISERVA Don Luigi und Molise AGLIANICO Contado, dem weißen FALANGHINA-GRECO-Verschnitt Biblos sowie MOSCATO PASSITO Apianae.

DOC, DOCG Qualitätsweinbezeichnung; siehe Kasten Seite 165.

Dogliani Piem DOCG r ★→★★★ **08 09 10 11** 12 – Ein DOLCETTO-DOCG-Wein aus dem PIEMONT; der Rebsortenname wurde vom Etikett genommen, um uns Weinliebhaber zu verwirren. Einige Versionen sind jung zu trinken, andere eignen sich für eine nicht allzu lange Lagerung. Gute Erzeuger: Marziano Abbona, Osvaldo Barbaris, Francesco Boschis, Chionetti, Clavesana, Einaudi, Pecchenino.

Donnafugata Siz r w ★★→★★★ Hochklassiges Angebot an sizilianischen Weinen, u.a. die Roten Mille e Una Notte, Sherazade und Tancredi sowie die Weißen Chiarandà und Ligheia. Dazu sehr feiner MOSCATO PASSITO di PANTELLERIA Ben Ryé.

Duca di Salaparuta Siz ★★ War früher mit der Marke Corvo in jedem Gasthaus der christlichen Welt auf der Weinkarte zu finden, konzentriert sich jetzt jedoch – unter dem Eigentümer Ilva (Amaretto) aus Saronno – auf anspruchsvollere Weine wie den weißen Kados von Grillo-Trauben sowie Passo delle Mule 9Ro, Triskele (NERO D'AVOLA/MERLOT), Lavico (NERELLO MASCALESE) und den alten Favoriten Duca Enrico (Nero d'Avola).

Elba Tosk r w; (sch) ★→★★ BV – Der Weißwein der Insel (aus den Sorten Ansonica und TREBBIANO) passt meist gut zu Fisch. Trockene Rotweine basieren auf SANGIOVESE. Dazu gute weiße (MOSCATO) und rote (Aleatico Passito DOCG) Süßweine. Gute Erzeuger: Acquabona, Sapereta.

Enoteca »Vinothek«; das kann eine Weinhandlung sein oder auch ein Restaurant mit anspruchsvoller Weinkarte. In der Fortezza von Siena gibt es die nationale Enoteca Italiana.

Die ungewöhnlicheren Weine Italiens

Die Suche nach italienischen Raritäten geht weiter. Dieses Jahr besteht die Herausforderung darin, Ungewöhnliches in Mittel- und Süditalien ausfindig zu machen – eine Kellerei pro Region.

Toskana: San Lorenzo (Ciliegiolo) von Sassotondo; **Marken:** LACRIMA DI MORRO D'ALBA von MONTE SCHIAVO; **Umbrien:** Calcaia (mit Edelfäule) von Barberani; **Latium:** CESANESE DEL PIGLIO SUPERIORE Romanico von Coletti Conti; **Abruzzen:** PECORINO von CONTESA; **Molise:** Tintilia von Angelo d'Uva; **Kampanien:** Sannio Fiano Colle di Tilio; **Basilikata:** AGLIANICO DEL VULTURE Alvolo von Alovini; **Apulien:** Dunico (PRIMITIVO) von Racemi; **Kalabrien:** Terre di Gerace Bianco von Barone Macri; **Sizilien:** ZIBIBBO von Ottoventi; **Sardinien:** VERNACCIA DI ORISTANO von CONTINI.

Italien

Esino Mar DOC r w ★→★★★ **06 07 08 09 10** 11 (12) (13) – Weitere DOC des VERDICCHIO-Gebiets, die im Bianco neben Verdicchio 50 % und im Rosso neben SANGIOVESE/MONTEPULCIANO 40 % andere Trauben zulässt. Die besten Rotweine liefern Monte Schiavo (Adeodato) und Belisario (Colferraio).

Est! Est!! Est!!! Lat DOC w; tr lbl ★ BV – Wenig bemerkenswerter Weißwein aus Montefiascone nördlich von Rom; profitiert von der (wenig wahrscheinlichen) Legende über die Entstehung seines Namens. FALESCO ist der beste Erzeuger.

Etna Siz DOC r rs w ★★→★★★ **06 07 08 09 10** 11 (12) – Wein von oft hohen Lagen am Nordhang des Ätna. Im 20. Jh. schrumpften die Rebflächen am Vulkan – doch neues Geld hat Neuanpflanzungen und einige ausgezeichnete Weine ermöglicht, die recht burgunderartig sind, obwohl sie auf den Sorten NERELLO MASCALESE (rot) und CARRICANTE (weiß) beruhen. Gute Erzeuger: Benanti, Calcagno, Il Cantante, Cottanera, Nicosia, Passopisciaro, Girolamo Russo, Terre Nere, Barone di Villagrande.

Falchini Tosk ★★→★★★ Erzeuger von gutem DOCG VERNACCIA DI SAN GIMIGNANO (Vigna a Solatio und dem in Eiche gereiften Ab Vinea Doni), dem erstklassigen Bordeaux-Verschnitt Campora und dem Paretaio auf SANGIOVESE-Basis. Riccardo Falchini war ein Meister des feinen SAN GIMIGNANO; seine halb amerikanischen Kinder sind würdige Nachfolger.

Falerno del Massico Kamp DOC r w ★★→★★★ **04 06 07 08 09 10** 11 (12) (13) – Der Falernum (oder Falerner) war der Château d'Yquem der alten Römer. Heute tragen ein eleganter AGLIANICO-Rotwein und ein fruchtiger trockener Weißer von der FALANGHINA-Traube diesen Namen. Die besten Erzeuger: VILLA MATILDE, Amore Perrotta, Felicia, Moio, Trabucco.

Fara Piem – Siehe GATTINARA.

Faro Siz DOC r ★★★ **06' 07 08** 09 10 11 (12) (13) – Intensive, harmonische Rotweine von NERELLO MASCALESE und Nerello Cappuccio in den Hügeln im Hinterland von Messina. Salvatore Geraci von Palari, dem größten Erzeuger, hat sie wieder zum Leben erweckt, als ihr letztes Stündlein schon geschlagen schien. Weiterer Erzeuger: Bonavita.

Felluga, Livio F-JV ★★★ Beständig feine Weine aus den COLLI ORIENTALI DEL FRIULI, v. a. die Verschnitte Terre Alte und Illivio sowie Pinot grigio, SAUVIGNON BLANC, FRIULANO, PICOLIT und der MERLOT-REFOSCO-Verschnitt Sossò.

Felsina Tosk ★★★ Giuseppe Mazzocolin steht diesem CHIANTI-CLASSICO-Gut seit über 30 Jahren vor: klassischer RISERVA Rancia und IGT Fontalloro, beides reinsortige SANGIOVESE-Weine. Außerdem guter CHARDONNAY I Sistri. Mazzocolin führt auch das Castello di Farnetella mit gutem CHIANTI Colli Senesi.

Ferrari T-S ★★→★★★ Trientiner Produzent des besten METODO-CLASSICO-Schaumweins außerhalb der FRANCIACORTA. Sein Spitzen-Cru ist Giulio Ferrari; ebenfalls gut sind der Brut RISERVA Lunelli auf CHARDONNAY-Basis und der Extra Brut Perle' Nero auf PINOT-NERO-Basis.

Feudi di San Gregorio Kamp ★★→★★★ Äußerst angesagter Erzeuger in KAMPANIEN mit DOCG TAURASI Piano di Montevergine, FIANO di Avellino Pietracalda und GRECO DI TUFO Cutizzi. Dazu die roten IGT-Weine Serpico (AGLIANICO) und Patrimo (MERLOT) sowie die weißen Falanghina und Campanaro.

Florio Siz – Historischer Qualitätserzeuger von MARSALA; Spezialist für Marsala Vergine Secco Baglio Florio. Bester Wein: Terre Arse (»verbranntes Land«).

Folonari Tosk – Seitdem Ambrogio Folonari und sein Sohn Giovanni sich von dem Riesen RUFFINO getrennt haben, bestreiten sie ihr ansehnliches Angebot allein: Cabreo (CHARDONNAY bzw. SANGIOVESE/CABERNET SAUVIGNON), die NOZZOLE-Weine (u. a. der erstklassige Cabernet Sauvignon Pareto), BRUNELLO DI MONTALCINO La Fuga sowie VINO NOBILE DI MONTEPULCIANO Gracciano Svetoni. Außerdem Weine aus BOLGHERI, MONTECUCCO und den COLLI ORIENTALI DEL FRIULI.

Fontana Candida Lat ★★ Der größte Erzeuger des einst angesagten FRASCATI; besonders gut ist der Einzellagenwein Santa Teresa. Teil der riesigen GRUPPO ITALIANO VINI.

Fontanafredda Piem ★★→★★★ Viel besser gewordener großer Erzeuger von Weinen aus dem PIEMONT auf ehemals königlichen Gütern, darunter BAROLO Serralunga und die Barolo-Crus Lazzarito Mirafiore und Vigna La Rosa. Ausgezeichneter LANGHE NEBBIOLO Mirafiore. Außerdem Weine der DOC ALBA sowie trockene Schaumweine (Contessa Rosa Pas Dosé) und süße Schaumweine (ASTI).

Fonterutoli Tosk ★★★ Historisches CHIANTI-CLASSICO-Gut der Familie Mazzei in Castellina mit Burg und Hightechkellerei im Herzen der toskanischen Hügellandschaft. Bemerkenswert der Castello di Fonterutoli (eichenholzwürziger, dunkler, modischer CHIANTI) und der IGT Siepi (SANGIOVESE/MERLOT). Der Familie gehört auch die Tenuta di Belguardo in der MAREMMA mit gutem MORELLINO DI SCANSANO und IGT-Weinen.

Fontodi Tosk ★★★→★★★★ Das herausragende Gut der Familie Manetti in Panzano erzeugt neben der RISERVA Vigna del Sorbo und dem absolut großartigen CHIANTI CLASSICO auch den erstklassigen 100%igen SANGIOVESE Flaccianello, einen IGT, der Chianti Classico sein könnte und sollte. Die IGT-Weine Case Via PINOT NERO und SYRAH zählen zu den besten Weinen von diesen Trauben in der TOSKANA.

Foradori T-S ★★★ Elisabetta Foradori ist seit 30 Jahren eine Vorreiterin des italienischen Weinbaus, hauptsächlich mit der großen Rotweinsorte des Trentino, dem TEROLDEGO. Inzwischen verkeltert sie Rotweine wie More und Sgarzon sowie Weißweine wie den Nosiola Fontanabianca in Amphoren. Das Spitzenprodukt ist weiterhin der Granato auf Teroldego-Basis.

Franciacorta Lomb DOCG (rs) w; sch ★★→★★★★ Italiens wichtigstes Gebiet für erstklassige METODO-CLASSICO-Schaumweine. Spitzenerzeuger: Barone Pizzini, BELLAVISTA, CA' DEL BOSCO, Castellino, Cavalleri, Gatti, Uberti, Villa; ebenfalls sehr gut: Contadi Gastaldi, Monte Rossa, Ricci Curbastri.

Franco, Nino Ven ★★★→★★★★ Die Kellerei von Primo Franco ist nach seinem Großvater benannt. Zu den allerbesten PROSECCOS zählen Rive di San Floriano Brut und Primo Franco Dry. Ausgezeichneter CARTIZZE, köstlicher normaler Prosecco di Valdobbiadene Brut.

Frascati Lat DOC w; tr lbl s; (sch) ★→★★ BV – Der bekannteste Wein von den Hügeln um Rom ist ständig durch die Ausweitung der Stadtgrenzen bedroht. Er wird von MALVASIA und/oder TREBBIANO erzeugt und ist meistens enttäuschend neutral. Zu empfehlen sind Weine von Castel de Paolis, Conte Zandotti, Villa Simone bzw. Santa Teresa von FONTANA CANDIDA. Eine süße Version heißt Cannellino.

Freisa Piem DOC r; tr lbl s; fz (sch) ★→★★★ Zwei verschiedene Stile werden erzeugt: einer lebhaft, manchmal perlend, manchmal süßlich, der andere anspruchsvoll, trocken und tanninbetont zum Einkellern (es gelten daher die Jahrgangsempfehlungen für BAROLO). Am besten von Brezza, Cigliuti, CLERICO, ALDO CONTERNO, COPPO, Franco Martinetti, GIUSEPPE MASCARELLO, Parusso, Pecchenino, Pelissero, Sebaste, Trinchero, VAJRA, VOERZIO.

Frescobaldi Tosk ★★→★★★★ Alte Adelsfamilie und führender Pionier für CHIANTI Rufina auf dem Gut NIPOZZANO (probieren Sie den Montesodi ★★★); außerdem BRUNELLO vom Gut CASTELGIOCONDO in MONTALCINO. Alleineigentümer des Guts LUCE (Montalcino) und von ORNELLAIA (BOLGHERI). Weinberge auch in der MAREMMA, in Montespertoli und im COLLIO.

Friulano F-JV ★→★★ Vor Kurzem eingeführter Name für das, was früher Tocai friulano hieß; der erste Teil des Namens musste auf Druck aus Ungarn verschwinden. Frische, pikante, subtil florale Weißweine, am besten aus COLLIO, ISONZO und COLLI ORIENTALI. Gute Erzeuger: BORGO DEL TIGLIO, LIVIO FELLUGA, LIS NERIS, Pierpaolo Pecorari, Ronco del Gelso, Ronco di Gnemiz, Russiz Superiore, SCHIOPETTO, LE VIGNE DI ZAMÒ, VILLA RUSSIZ. Der neue Name für den ehemaligen Tocai aus Venetien ist übrigens Tai.

Friaul–Julisch Venetien Region im Nordosten. In puncto Wein sind die Hügel an der slowenischen Grenze den weiten Schwemmtälern überlegen. Die Qualitäts-DOCS sind ISONZO, COLLIO und COLLI ORIENTALI. Ungeachtet einiger guter Rotweine gilt die Region v. a. als Heimat der spannendsten und vollendetsten Weißen Italiens.

Frizzante Leicht schäumend, mit einem Druck von bis zu 2,5 bar – etwa MOSCATO D'ASTI, die meisten PROSECCOS, LAMBRUSCO und Co. Im Nordwesten Italiens entstehen viele spritzige Weine, die es nie in die weite Welt hinaus schaffen. Schade eigentlich.

Fuligni Tosk ★★★ Hervorragender Erzeuger von BRUNELLO und ROSSO DI MONTALCINO.

Gaja Piem ★★★★ Altes Familienunternehmen in BARBARESCO unter der Leitung von Angelo Gaja, dem überaus präsenten Apostel des italienischen Weins, in dessen Fußstapfen nun Tochter Gaia Gaja tritt. Hohe Qualität, noch höhere Preise. Der Barbaresco ist der einzige Piemonteser DOCG-Wein, den Gaja noch erzeugt, nachdem er die Weine von den Barbaresco-Einzellagen Sorì Tildin, Sorì San Lorenzo und Costa Russi sowie den BAROLO Sperss jetzt nur noch als DOC LANGHE produziert, um seinem NEBBIOLO kleine Mengen BARBERA zusetzen zu können. Außerdem herrlicher CHARDONNAY (Gaia e Rey) und CABERNET SAUVIGNON Darmagi.

Besitzt außerden Pieve di Santa Restituta in MONTALCINO und CA' MARCANDA in BOLGHERI.

Galardi Kamp ★★★→★★★★ Erzeuger von Terra di Lavoro, einem hoch angesehenen Verschnitt von AGLIANICO und Piedirosso im nördlichen KAMPANIEN.

Garda Ven DOC r rs w ★→★★ r **08 09 10 11** 12 (13); w rs BV – Übergeordnete DOC für jung zu trinkende Weine aller Farben, aus den Provinzen Verona (Venetien), Brescia und Mantova (Lombardei). Gute Erzeuger sind Cavalchina und Zeni.

Garofoli Mar ★★→★★★ Spitzenreiter in puncto Qualität in den Marken (bei Ancona), Spezialist für VERDICCHIO (Podium, Macrina, Serra Fiorese) und ROSSO CONERO (Piancarda, Grosso Agontano).

Gattinara Piem DOCG r ★★→★★★ **04' 06 07 08** 09 10 (11) (12) (13) – Bekanntester einer Gruppe nordpiemontesischer DOC(G)-Bereiche auf der Basis von NEBBIOLO, der hier Spanna heißt. Die besten Erzeuger sind Travaglini, Antoniolo, Bianchi, Nervi, Torraccia del Piantavigna. Ähnliche DOC(G)s in der Umgebung sind Ghemme, Boca, Bramaterra, Colline Novaresi, Costa della Sesia, Fara, Lessona und Sizzano. Mit BAROLO/BARBARESCO in Bestform kann es jedoch keiner aufnehmen.

Gavi Piem DOCG w ★→★★★ BV – Von Cortese-Trauben gekelterter, bestenfalls subtiler, trockener, meistens jedoch uninteressanter Weißwein. Ein Großteil kommt aus der Gemeinde Gavi und heißt dann Gavi di Gavi. Am besten von Castellari Bergaglio, Franco Martinetti, Villa Sparina, Toledana, Broglia, Cascina degli Ulivi, Castello di Tassarolo, CHIARLO, La Giustiniana, Podere Saulino.

Ghemme Piem DOCG – Siehe GATTINARA.

Giacosa, Bruno Piem ★★→★★★★ Das tiefgründige Genie der Weinbereitung, von manchen als der größte Kellermeister Italiens angesehen, erlitt 2006 einen schweren Schlaganfall, bereitet jedoch weiter im traditionellen Stil herrlichen BARBARESCO (Asili, Santo Stefano) und BAROLO (Falletto und Le Rocche del Falletto). Spitzenweine (d. h. RISERVAS) bekommen das berühmte rote Etikett. Erzeugt werden auch hervorragende Rot- (DOLCETTO, NEBBIOLO, BARBERA) und Weißweine (ARNEIS) sowie der erstaunliche Schaumwein Brut METODO CLASSICO.

Grappa Alkoholstarker, kräftiger Tresterbranntwein (d. h. aus den nach dem Pressen übrig gebliebenen Traubenschalen usw. bereitet). Die Bandbreite reicht von scheußlich bis ausgezeichnet. Entspricht dem französischen Marc.

Grasso, Elio Piem ★★★→★★★★ Erstklassiger BAROLO-Erzeuger (mit den Crus Vigna Chiniera, Casa Maté). Auch sehr guter BARBERA d'ALBA Vigna Martina, DOLCETTO d'Alba und CHARDONNAY Educato.

Grave del Friuli F-JV DOC r w ★→★★ r **08 09 10** 11 (12) (13) – Die größte DOC in FRIAUL–JULISCH VENETIEN, v. a. in der Ebene gelegen. Bedeutende Mengen kaum überzeugender Weine. Lobenswerte Ausnahmen sind Borgo Magredo, Di Lenardo, RONCO Cliona, San Simone, Villa Chiopris.

Gravner, Josko F-JV ★★★ Umstrittener Erzeuger im COLLIO, der bei Rot- und Weißweinen auf Hülsenmaischung in vergrabenen Amphoren und einen langen Ausbau schwört. Seine Weine werden entweder für ihre Komplexität geliebt oder für ihre Oxidiertheit und den Phenolgeschmack gehasst. Das Angebot umfasst u. a. einen Rosso, den weißen Verschnitt Breg und einen sortenreinen RIBOLLA. Die 2006er könnten eines Tages auftauchen.

Greco di Tufo Kamp DOCG w; (sch) ★★→★★★ BV – Einer der besten Weißweine des Südens, fruchtig, mit leicht wildem Geschmack, im besten Fall lagerfähig, von der GRECO-Traube. Spitzenerzeuger: Caggiano, Caputo, Benito Ferrara, FEUDI DI SAN GREGORIO, Maccialupa, Mastroberardino (Nova Serra, Vignadangelo), Vesevo, Villa Raiano.

Grignolino Piem DOC r ★★ BV – Lebhafter, leichter Rotwein aus der Gegend um ASTI. Am besten von BRAIDA, Marchesi Incisa della Rocchetta. Daneben gibt es auch die DOC Grignolino del Monferrato Casalese (Accornero, Bricco Mondalino, La Tenaglia).

Gruppo Italiano Vini (GIV) Zusammenschluss von Genossenschaften und Kellereien mit dem größten Weinbergbesitz Italiens. Zu den angeschlossenen Weingütern gehören Bigi, BOLLA, Ca' Bianca, Calissano, Conti Serristori, FOLONARI, FONTANA CANDIDA, Lamberti, Machiavelli, MELINI, Nino Negri, Santi und Vignaioli di San Floriano. Haben mit Investitionen in SIZILIEN und der Basilikata auch Richtung Süden expandiert.

Guardiense, La Kamp ★★ Die dynamische Genossenschaft mit mehr als 1.000 Mitgliedern und 2.000 ha Rebland erzeugt unter der Leitung von Riccardo Cotarella überduchschnittliche Weiß- und Rotweine zu unterdurchschnittlichen Preisen. Weltgrößter Erzeuger von FALANGHINA.

Guerrieri Rizzardi ★★→★★★ Alteingesessener, adliger Erzeuger der Weine aus Verona, v. a. Veronese GARDA. Guter BARDOLINO CLASSICO Tacchetto, eleganter AMARONE Villa Rizzardi und Cru Calcarole sowie ROSATO Rosa Rosae. Sehr guter SOAVE Classico Costeggiola.

Gutturnio dei Colli Piacentini Em-Ro DOC r; tr ★→★★ BV – Ein BARBERA-BONARDA-Verschnitt aus den COLLI PIACENTINI, manchmal schäumend. Erzeuger: Castelli del Duca, La Pergola, La Stoppa, La Tosa.

Hofstätter T-S ★★★ SÜDTIROLER Spitzenqualitätserzeuger mit Sitz in Tramin; der erstklassige Pinot nero ist wohl der beste in Italien. Besonders empfehlenswert ist der Barthenau Vigna Sant'Urbano. Auch andere typische Südtiroler Weine, v. a. – natürlich! – GEWÜRZTRAMINER.

Il Paradiso di Manfredi Tosk ★★★ Der mit handwerklichem Geschick bereitete BRUNELLO DI MONTALCINO von diesem kleinen Gut ist empfehlenswert, weil er authentisch ist – nicht immer technisch perfekt, aber mit jeder Menge Substanz.

Indicazione Geografica Tipica (IGT) Immer häufiger als Indicazione Geografica Protetta (IGP) bezeichnet. Siehe Kasten S. 165.

Ischia Kamp DOC (r) w ★→★★ BV – Vor Neapel liegende Insel mit eigenen Rebsorten (z. B. Forastera, Biancolella), deren Weine hauptsächlich an Touristen verkauft werden. Spitzenerzeuger: D'Ambra (Biancolella, Frassitelli, Forastera, Euposia). Gute Weine kommen auch von Il Giardino Mediterraneo und Pietratorcia.

Isole e Olena Tosk ★★★→★★★★ Erstklassiges CHIANTI-CLASSICO-Weingut unter Leitung des scharfsinnigen Paolo de Marchi mit großartigem rotem IGT Cepparello. Sehr gut auch VIN SANTO, CABERNET SAUVIGNON, CHARDONNAY und SYRAH. Besitzt auch Sperino in Lessona (siehe GATTINARA).

Isonzo F-JV DOC r w ★★★ Die luftige Kiesebene des Gebiets Friuli Isonzo hat viele DOCS mit sortenreinen Weinen und Verschnitten. Die Stars sind fast alle duftende, strukturierte Weißweine, etwa der Flors d'Uis von VIE DI ROMANS und der Fiore di Campo von LIS NERIS. Gut auch: Borgo Conventi, Pierpaolo Pecorari, RONCO del Gelso.

Jermann, Silvio F-JV ★★→★★★ Das berühmte Gut mit Weinbergen im COLLIO und in ISONZO erzeugt die hochwertigen weißen Verschnitte Vintage Tunina und Capo Martino (in Eiche ausgebaut) sowie einen CHARDONNAY, der früher »Dreams« hieß.

Kampanien Die ländliche Spielwiese der Römer ist heute wie in der Antike eine der faszinierendsten Anbauregionen in Italien. Die Reben wachsen sowohl an der Küste (und auf Inseln wie Ischia und Capri) als auch im –

fast durchgängig besseren – bergigen Landesinneren. Charaktervolle weiße Sorten, allen voran FALANGHINA, FIANO und GRECO; unter den roten dominiert AGLIANICO. Zu den klassischen DOCS zählen FIANO d'Avellino, GRECO DI TUFO und TAURASI, doch neuere Anbaugebiete wie Sannio oder Benevento machen nun ebenfalls von sich reden. Gute Erzeuger: Caggiano, Cantina del Taburno, Caputo, Colli di Lapio, D'Ambra, De Angelis, Benito Ferrara, Feudi di San Gregorio, GALARDI, LA GUARDIENSE, Mastroberardino, Molettieri, MONTEVETRANO, Mustilli, Luigi Tecce, Terredora di Paolo, Trabucco, VILLA MATILDE.

Lacrima di Morro d'Alba Mar BV – Leichter Rotwein mit kuriosem Namen und Muskatnote aus einer kleinen Gemeinde in den Marken – mit dem piemontesischen ALBA oder La Morra hat er nichts zu tun. Gute Erzeuger: Mancinelli, MONTE SCHIAVO.

Lacryma (oder Lacrima) Christi del Vesuvio Kamp r rs w; tr (s); (sch) ★→★★ Weine der DOC Vesuvio auf Grundlage der Trauben Coda di Volpe (weiß) und Piedirosso (rot). Trotz des romantischen Namens kann der Vesuv in puncto Qualität nicht im Entferntesten mit dem Ätna mithalten. Caputo, De Angelis und MASTROBERARDINO erzeugen eher uninspirierte Versionen.

Lageder, Alois T-S ★★→★★★ Spitzenerzeuger in SÜDTIROL. Die faszinierendsten Weine sind sortenreine Einzellagengewächse: Lehenhof (Sauvignon blanc), Benefizium Porer (PINOT GRIGIO), Löwengang (CHARDONNAY), Am Sand (GEWÜRZTRAMINER), Krafuss (PINOT NERO), Lindenberg (LAGREIN) und Cor Römigberg (CABERNET SAUVIGNON). Mit zum Besitz gehört das Gut Cason Hirschprunn mit sehr guten roten und weißen IGT-Verschnitten.

Lago di Corbara Umb r ★★ **07' 08 09 10** 11 (12) – Relativ neuer DOC-Bereich für Qualitätsrotweine aus der Gegend um ORVIETO. Am besten von BARBERANI (Villa Monticelli) und Decugnano dei Barbi (II).

Lagrein T-S DOC r rs ★★→★★★ **04 06 07 08** 09 (11) (12) – Pflaumenwürzige Rotweine mit bitterem Abgang von der LAGREIN-Traube. Am besten aus Gries, einem Vorort von Bozen. Spitzenerzeuger: die Genossenschaften Gries, St. Magdalener, Schreckbichl und TERLAN sowie die Güter Gojer, HAAS, HOFSTÄTTER, LAGEDER, Laimburg, Josephus Mayr, Thomas Mayr, MURI-GRIES, NALS MARGREID, Niedermayr, Niedrist, St-Magdalener, TIEFENBRUNNER.

Lambrusco Em-Ro DOC (teilweise) r rs w; tr lbl ★→★★ BV – Perlender Rotwein aus der Nähe von Modena, der in seiner lieblichen Massenversion (ohne DOC) früher sehr beliebt war. Der echte Lambrusco ist dagegen trocken, frisch und lebhaft und passt hervorragend zu den deftigen Spezialitäten der Emilia-Romagna. DOCs: Lambrusco Grasparossa di Castelvetro, Lambrusco Salamino di Santa Croce und Lambrusco di Sorbara. Beste Erzeuger: Albinea Canali, Bellei, Caprari, Casali, CAVICCHIOLI, Graziano, Lini Oreste, Medici Ermete (v. a. Concerto), Rinaldo Rinaldini, Venturini Baldini.

Langhe Piem – Die Hügel in der Mitte des PIEMONT, Heimat von BAROLO, BARBARESCO usw. DOC für mehrere sortenreine Piemonteser Weine sowie die Verschnitte Bianco und Rosso. Erzeuger, die wie GAJA andere Rebsorten in ihren NEBBIOLO einbringen möchten, können dies unter der DOC Langhe Nebbiolo bis zu einem Limit von 15 % tun.

Le Potazzine Tosk ★★★ BRUNELLO und ROSSO DI MONTALCINO von Giuseppe und Gigliola Gorelli; hohe Lagen am südlichen Rand von Montalcino. Die Weine werden immer (noch) besser und ernten inzwischen überall Bewunderung. Alle sind in dem Restaurant der Familie im Zentrum von Montalcino anzutreffen.

Lessona Piem – Siehe ISOLE E OLENA.

Librandi Kal ★★★ Spitzenerzeuger und Vorreiter bei der Nutzbarmachung kalabresischer Rebsorten. Sehr guter roter CIRÒ (Riserva Duca Sanfelice ★★★), IGT Gravello (CABERNET SAUVIGNON/Gaglioppo), roter Magno Megonio (Magliocco) und weißer IGT Efeso (Mantonico). Weitere autochthone Sorten sind in der Erprobungsphase. Im Auge behalten.

Ligurien ★→★★ Steile, felsige italienische Küste: Die meisten Weine verkaufen sich mit sattem Gewinn an sonnenhungrige Touristen und kommen daher nicht weit. Die wichtigsten Trauben sind VERMENTINO (weiß) – der beste Erzeuger ist Lambruschi – und DOLCETTO (rot), doch einen SCIACCHETRÀ von den CINQUE TERRE oder einen roten Ormeasco di Pornassio sollte man sich bei Gelegenheit nicht entgehen lassen.

Lisini Tosk ★★★→★★★★ Historisches Weingut mit besonders feinem und lange haltbarem BRUNELLO di Montalcino, v. a. RISERVA Ugolaia.

Lis Neris F-JV ★★★ Spitzenweingut im Bereich ISONZO, bekannt für Weiße, v. a. PINOT GRIGIO (Gris), CHARDONNAY (Jurosa), SAUVIGNON BLANC (Picol), FRIULANO (Fiore di Campo) sowie die Verschnittweine Confini und Lis. Sehr gut sind auch der Lis Neris Rosso (MERLOT/CABERNET SAUVIGNON) und der süße weiße Tal Luc (VERDUZZO/RIESLING).

Locorotondo Apu DOC w; (sch) ★ BV – Durst löschender trockener Weißwein von den Sorten Verdeca und Bianco d'Alessano.

Luce Tosk ★★★ FRESCOBALDI ist, nachdem der ursprüngliche Partner Mondavi ausbezahlt wurde, inzwischen alleiniger Besitzer dieser Übung in Übertreibung und hohen Preisen. Ein SANGIOVESE-MERLOT-Verschnitt für Oligarchen.

Lugana DOC w; (sch) ★★→★★★ BV – Viel besser gewordener Weißwein vom südlichen Gardasee; Hauptrebe TREBBIANO di Lugana (Verdicchio). Die besten Erzeuger: CA' DEI FRATI, ZENATO. Besonders gute Einzellagenweine: Ottella (Molceo), Selva Capuzza (Menasasso).

Lungarotti Umb ★★★ Das führende Haus für TORGIANO-Weine mit Kellern, Hotel und Weinmuseum in der Nähe von Perugia. Spitzenweine sind DOC Rubesco und DOCG RISERVA Villa Monticchio. Erzeugt auch gute IGT-Weine: Sangiorgio (SANGIOVESE/CABERNET SAUVIGNON), Aurente (CHARDONNAY) und Giubilante. Guter MONTEFALCO SAGRANTINO.

Macchiole, Le Tosk ★★★ Eine der wenigen Kellereien in einheimischem Besitz in BOLGHERI. Cinzia Merli führt gemeinsam mit dem Önologen Luca d'Attoma das beachtliche Werk ihres verstorbenen Mannes fort: CABERNET FRANC (Paleo Rosso), MERLOT (Messorio) und SYRAH (Scrio).

Maculan Ven ★★★ Fausto Maculan, Qualitätspionier in Venetien, erzeugt nach wie vor ausgezeichneten CABERNET SAUVIGNON (Fratta, Palazzotto), ist aber wohl hauptsächlich für seinen süßen Torcolato (v. a. die RISERVA Acininobili) bekannt.

Malvasia delle Lipari DOC w; s ★★★ Vollmundiger lieblicher Wein von der MALVASIA-Traube, der auf der wunderschönen Insel vor der Küste SIZILIENS entsteht.

Mamete Prevostini Lomb ★★→★★★ Relativ neuer Erzeuger von VALTELLINA. Erstklassige sortenreine NEBBIOLO-DOCG-Weine, hauptsächlich Sassella SUPERIORE, aber auch Inferno und Grumello Superiore. Zwei feine SFORZATOS.

Manduria (Primitivo di) Apu DOC r; lbl ★★→★★★ Manduria ist die geistige Heimat von PRIMITIVO alias ZINFANDEL, man mache sich also auf herzhafte, alkoholstarke, manchmal portweinartige Weine gefasst, die zu würzigen Speisen passen. Gute Erzeuger in Manduria und anderswo: Cantele, de Castris, Racemi, CS Manduria.

Marchesi di Barolo Piem ★★ Historischer, vielleicht der erste BAROLO-Erzeuger in der Gemeinde Barolo, der Weine von den Crus Cannubi und Sarmassa erzeugt, aber auch andere Gewächse aus ALBA. Siehe auch Kasten S. 200.

Maremma Tosk – Angesagtes Küstengebiet im Süden der TOSKANA, das größtenteils Anfang des 19. Jhs. durch die Trockenlegung von Malaria-Sumpfland gewonnen wurde. DOC(G)S: MONTEREGIO, MORELLINO DI SCANSANO, PARRINA, Pitigliano, SOVANA (Grosseto). Die IGT Maremma Toscana ist nun zur DOC Maremma Toscana geworden.

Marsala Siz DOC w; s – Der einstmals berühmte gespritete Wein SIZILIENS (★→★★★) wurde 1773 von den Gebrüdern Woodhouse aus Liverpool »erfunden«. Im 20. Jh. verkam er zur Kochzutat; diese Versionen werden aber nicht mehr mit dem DOC-Siegel ausgezeichnet. Verschiedene Stile, von trocken bis sehr süß. Der Beste ist der sehr trockene Marsala Vergine, der manchmal einen brauchbaren, wenn auch nicht sehr angesagten Aperitif abgibt. Siehe auch VECCHIO SAMPERI.

Marzemino (Trentino) T-S DOC r ★→★★ **09 10 11** 12 – Angenehmer Alltagsrotwein, fruchtig und leicht bitter. Empfehlenswerte Erzeuger: Bossi Fedrigotti, CA' VIT, De Tarczal, Gaierhof, Letrari, Longariva, Simoncelli, E. Spagnoli, Vallarom.

Mascarello Piem – Zwei führende BAROLO-Erzeuger tragen diesen Namen: der verstorbene Bartolo Mascarello in Barolo, dessen Tochter Maria Teresa den sehr traditionellen Weg ihres Vaters weitergeht, und Giuseppe Mascarello in Monchiero, dessen Sohn Mauro großartigen Barolo im ausgeprägt traditionellen Stil von der Spitzenlage Monprivato in Castiglione Falletto bereitet. Andere Mascarellos sollten Sie besser meiden.

Masi Ven ★★→★★★ Begeisterter Experimentierer und Vorzeigewinzer in Sachen VALPOLICELLA, AMARONE, RECIOTO, SOAVE usw., u. a. mit feinem Rosso Veronese Campofiorin und an Amarone erinnernden Weinen aus dem Friaul und aus Argentinien. Sehr guter fassgereifter roter IGT Toar von CORVINA und Oseleta sowie Osar (Oseleta). Die besten Amarones sind Costasera und Campolongo di Torbe.

Massa, La Tosk ★★★ Giampaolo Motta ist ein Bordeaux-Liebhaber, der auf seinem schönen Gut in Panzano im CHIANTI CLASSICO (dessen DOCG er den Rücken gekehrt hat) dem französischen Gewächs ähnliche IGT-Weine mit toskanischen Akzent von CABERNET SAUVIGNON, MERLOT und (immer weniger) SANGIOVESE erzeugt: La Massa und Giorgio Primo.

Massolino Vigna Rionda Piem ★★★ Eines der besten Güter in der BAROLO-Gemeinde Serralunga, bekannt für typisch tanninhaltige Weine. Die Barolos Parafada und Margheria, beide ausgezeichnet, haben eine feste Struktur, aber auch eine fruchtige Süffigkeit. Der Spitzen-Cru heißt RISERVA Vigna Rionda und ist äußerst langlebig.

Mastroberardino Kamp ★★→★★★ Historischer Erzeuger in der gebirgigen kampanischen Provinz Avellino, der in der finsteren Zeit Mitte des 20. Jhs. die Fackel der Qualität für Italiens Süden hochhielt. Taurasi der Spitzenklasse (v. a. Historia Naturalis und Radici) sowie FIANO di Avellino More Maiorum und GRECO DI TUFO Nova Serra.

Matura, Gruppo Gruppe von Agronomen und Önologen unter der Leitung von Alberto Antonini und Attilio Pagli, die Erzeugern nicht nur überall in der TOSKANA, sondern auch im Rest Italiens und der Welt zur Seite steht.

Melini Tosk ★★ Großer Erzeuger von CHIANTI CLASSICO in Poggibonsi; gehört zu GRUPPO ITALIANO VINI. Gute Qualität, guter Preis, v. a. Chianti Classico Selvanella sowie die RISERVA-Weine La Selvanella und Masovecchio.

Metodo classico/tradizionale Italienisch für »Champagnermethode«, weil diese Bezeichnung nicht verwendet werden darf.

Mezzacorona T-S ★→★★ Sehr große Genossenschaft in der Gemeinde Mezzocorona (sic!) im TRENTINO mit breitem Angebot an guten Weinen, v. a. TEROLDEGO ROTALIANO Nos und Rotari METODO CLASSICO.

Monferrato Piem DOC r rs w; s ★→★★ Hügelland zwischen Po und Apennin; in der Regel eher Alltagsweine als anspruchsvollere Kreszenzen.

Monica di Sardegna Sar DOC r ★→★★ BV – In weiten Teilen SARDINIENS angebaute rote Traube für recht leichten, süffigen Wein.

Monsanto Tosk ★★★ Hoch angesehenes CHIANTI-CLASSICO-Weingut mit Il POGGIO RISERVA (dem ersten Chianti Classico aus einer Einzellage), Chianti Classico RISERVA sowie den IGTS Fabrizio Bianchi (CHARDONNAY) und Nemo (CABERNET SAUVIGNON).

Montalcino Tosk – Das kleine, aber äußerst hübsche Hügelstädtchen in der Provinz Siena ist berühmt für seinen konzentrierten, teuren BRUNELLO und den etwas zugänglicheren, günstigeren ROSSO DI MONTALCINO.

Montecarlo Tosk DOC r w ★★ w BV – Weiß- und immer mehr Rotwein aus einem Bereich bei Lucca. Erzeuger: Buonamico, Carmignani, La Torre, Montechiari und Fattoria del Teso.

Montecucco Tosk – Toskanischer DOC-Bereich auf SANGIOVESE-Basis zwischen Monte Amiata und Grosseto, der angesichts des unaufhaltsamen Anstiegs der Grundstückspreise in MONTALCINO immer beliebter wird. Als Montecucco Sangiovese DOCG. Empfehlenswert: v. a. CASTELLO DI POTENTINO (Sacromonte, Piropo); außerdem Begnardi, Ciacci Piccolomini, Colli Massari, Fattoria di Montecucco, Villa Patrizia. Betriebe wie FOLONARI, MASI, Pertimali, Riecine und Talenti haben hier beträchtliche Summen investiert.

Montefalco Sagrantino Umb DOCG r; tr (s) ★★★→★★★★ Enorm tanninhaltige, kraftvolle, langlebige Weine, denen bis vor Kurzem ein großes Potenzial nachgesagt wurde. Jetzt werden Zweifel wach, denn es ist schwierig, die Phenole zu zähmen, ohne dem Wein seinen Charakter zu nehmen. Die traditionelle bittersüße PASSITO-Version ist der Traube vielleicht angemessener, verkauft sich aber nicht so gut. Gute Erzeuger: Adanti, Antonelli, Paolo Bea, Benincasa, CAPRAI, Colpetrone, LUNGAROTTI, Scacciadiavoli, Tabarrini und Terre de' Trinci.

Montepulciano d'Abruzzo Abr DOC r rs ★★→★★★ (r) **08 09 10 11** 12 (13) – Preiswerter, geschmacksintensiver Rotwein und pikanter, schmackhafter Rosé (CERASUOLO) von Trauben dieses Namens. Die Region östlich von Rom ist von Genossenschaften dominiert; gut sind u. a. Citra, Miglianico, Roxan und Tollo. Exzellente private Erzeuger sind u. a. Cornacchia, Contesa, Contucci Ponno, Illuminati, Marramiero, Masciarelli, Pepe, La Valentina, VALENTINI, Zaccagnini. Nicht zu verwechseln mit dem toskanischen Städtchen, aus dem der hauptsächlich von SANGIOVESE erzeugte VINO NOBILE DI MONTEPULCIANO kommt.

Monteregio Tosk – DOC nahe Massa Marittima in der MAREMMA. Gute Weine von SANGIOVESE und CABERNET SAUVIGNON (rot) sowie VERMENTINO (weiß) liefern u. a. MORIS FARMS und Tenuta del Fontino. Namhafte Investoren wurden von den relativ niedrigen Grundstückspreisen angelockt, doch die DOC ist nach wie vor unbekannt.

Monte Schiavo Mar ★★→★★★ Mit der Mode gehender mittelgroßer Erzeuger von VERDICCHIO und Rotweinen auf MONTEPULCIANO-Basis verschiedener Qualitätsstufen, gut bis ausgezeichnet. Im Besitz von Pieralisi, dem weltgrößten Hersteller von Maschinen für die Olivenölpressung.

Montescudaio Tosk DOC r w ★★ Bescheidener Bereich zwischen Pisa und Livorno; am besten sind SANGIOVESE oder Verschnitte von Sangiovese und CABERNET SAUVIGNON. Erzeuger: Merlini, Poggio Gagliardo, La Regola und Sorbaiano.

Montevertine Tosk ★★★★ Weingut in Radda. Klassische Weine im CHIANTI-Stil, aber ohne DOCG. Der IGT Le Pergole Torte ist ein gutes, manchmal sogar ausgezeichnetes Beispiel für lange haltbaren reinen SANGIOVESE.

Montevetrano Kamp ★★★ Angesehene kampanische AZIENDA; die Weinbereitung wird von Berater Riccardo Cotarella überwacht. Hervorragender IGT Montevetrano (CABERNET SAUVIGNON/MERLOT/AGLIANICO).

Morellino di Scansano Tosk DOCG r ★→★★★ **08 09 10** 11 (13) – Der SANGIOVESE-Rotwein aus der MAREMMA war früher relativ leicht und einfach, gewinnt jetzt aber (in manchen Fällen: leider) an Gewicht und Substanz, vielleicht um seinen DOCG-Status zu rechtfertigen. Am besten von Belguardo, Mantellasi, MORIS FARMS, Podere 414, POGGIO Argentiera, LE PUPILLE, Terre di Talamo, Vignaioli del Morellino di Scansano.

Moris Farms Tosk ★★★ Einer der ersten modernen Erzeuger in der toskanischen MAREMMA mit den DOC-Weinen MONTEREGIO und Morellino di Scansano sowie IGT VERMENTINO. Spitzen-Cru ist der jetzt hoch angesehene IGT Avvoltore, ein reichhaltiger Verschnitt aus SANGIOVESE, CABERNET SAUVIGNON und SYRAH. Empfehlenswert ist der einfache MORELLINO.

Moscato d'Asti Piem DOCG w; s; sch ★★→★★★ BV – Die Weine sind ähnlich wie die der DOCG ASTI, doch gewöhnlich von besserem Rebgut gekeltert, außerdem weniger alkoholstark, süßer und fruchtiger und meist von kleineren Gütern bereitet. Spitzenerzeuger: L'Armangia, BERA, BRAIDA, Ca' d'Gal, Cascina Fonda, Cascina Pian d'Oro, Caudrina, Il Falchetto, Forteto della Luja, Marchesi di Grésy, Icardi, Isolabella, Manfredi/Patrizi, Marino, La Morandina, Marco Negri, Elio Perrone, Rivetti, Saracco, Scagliola, VAJRA, Vietti, Vignaioli di Santo Stefano.

Muri-Gries T-S ★★→★★★ Das Kloster im Bozener Vorort Gries ist ein traditioneller und immer noch erstklassiger Erzeuger von SÜDTIROLER LAGREIN DOC. Empfehlenswert v. a. die Reihe Abtei Muri.

Nals Margreid T-S ★★→★★★ Kleine qualitätsbewusste Winzergenossenschaft mit alpenfrischen Weißweinen (v. a. PINOT BIANCO Sirmian, der 2013 zum besten Weißwein Italiens gekürt wurde) aus zwei verschiedenen Gemeinden in SÜDTIROL.

Nebbiolo d'Alba Piem DOC r; tr ★★→★★★ **08 09 10 11** 12 (13) – Manchmal ein vollwertiger Ersatz für BAROLO/BARBARESCO; gute Exemplare liefern PIO CESARE, FONTANAFREDDA, GIACOSA, SANDRONE, VAJRA. Manchmal aber auch frisch, ohne Eichenton und süffig, z. B. von Boglietti.

Negrar, Cantina Ven ★★→★★★ Alias CS VALPOLICELLA. Wichtiger Erzeuger von erstklassigem Valpolicella, RIPASSO, AMARONE; die Trauben stammen aus verschiedenen Teilen des CLASSICO-Gebiets. Empfehlenswert ist die Marke Domini Veneti.

Nipozzano, Castello di Tosk ★★★ Das FRESCOBALDI-Weingut im Bereich RUFINA östlich von Florenz erzeugt die exzellenten CHIANTI-Rufina-RISERVA-Weine Nipozzano und v. a. Montesodi.

Nittardi Tosk ★★→★★★ Verlässliche Quelle für modernen CHIANTI CLASSICO guter Qualität. Dem deutschen Eigentümer Peter Femfert steht der Önologe Carlo Ferrini zur Seite.

Nozzole Tosk ★★→★★★ Berühmtes Gut im Zentrum des CHIANTI-CLASSICO-Bereichs, nördlich von Greve; im Besitz von Ambrogio und Giovanni FOLONARI. Sehr guter Chianti Classico Nozzole und ausgezeichneter CABERNET SAUVIGNON Pareto.

Nuragus di Cagliari Sar DOC w ★★ BV – Lebhafter, unkomplizierter sardischer Weißwein von der Nuragus-Traube.

Occhio di Pernice Tosk – »Rebhuhnauge«. Eine Art von VIN SANTO, der vorwiegend von dunklen Trauben, insbesondere SANGIOVESE, bereitet wird.

Bester Erzeuger ist Avignonesi. Auch eine seltene dunkle Rebsorte, die u. a. im Chianti Rufina anzutreffen ist.

Oddero Piem ★★→★★★ Traditionalistisches Weingut in La Morra mit gutem bis ausgezeichnetem Einzellagen-BAROLO (Brunate, Villero) und -BARBARESCO (Gallina) sowie anderen piemontesischen Weinen.

Oltrepò Pavese Lomb DOC r w; tr s; sch ★→★★★ Multi-DOC mit zahlreichen sortenreinen und verschnittenen Weinen aus der Provinz Pavia, die zum Großteil in Mailand getrunken werden. PINOT NERO und SPUMANTE sind manchmal sehr gut. Gute Erzeuger: u. a. Anteo, Barbacarlo, Casa Re, Castello di Cigognola, CS Casteggio, Frecciarossa, Le Fracce, Monsupello, Mazzolino, Ruiz de Cardenas, Travaglino und die Genossenschaft La Versa.

Ornellaia Tosk ★★→★★★★ **04' 06' 08** 10 11 (12) – Das angesagte Weingut bei BOLGHERI wurde von Lodovico ANTINORI gegründet, der es an das Konsortium Frescobaldi/Mondavi verkaufte; inzwischen befindet es sich im Alleinbesitz von FRESCOBALDI. Die Spitzenweine, Bolgheri DOC Ornellaia und IGT Masseto (MERLOT), sind im Hinblick auf Rebsorten und Methode an Bordeaux orientiert. Ebenfalls gut sind Bolgheri DOC Le Serre Nuove und IGT Le Volte.

Orvieto Umb DOC w; tr lbl s ★→★★★ BV – Der klassische umbrische Weißwein aus einer alten etruskischen Hügelstadt. Die auf Tuffsteinböden wachsenden Weine erinnern manchmal an Vouvray in Frankreich. Heute ist *secco* der beliebteste Stil, *amabile* die traditionelle Variante. Süße Exemplare von edelfaulen (*muffa nobile*) Trauben können großartig sein, z. B. der Calcaia von Barberani. Weitere gute Erzeuger: Bigi, Cardeto, CASTELLO DELLA SALA, Decugnano dei Barbi, La Carraia, Palazzone.

Pacenti, Siro Tosk ★★★ BRUNELLO und ROSSO DI MONTALCINO im modernen Stil von einem kleinen, sorgfältig arbeitenden Erzeuger.

Pantelleria Siz – Zu SIZILIEN gehörige windige Insel mit schwarzer (vulkanischer) Erde vor der Küste Tunesiens, berühmt für ihre großartigen Süßweine von MOSCATO d'Alessandria. Die PASSITO-Versionen sind besonders dicht und intensiv. Empfehlenswert: Abraxas, Colosi, De Bartoli, DONNAFUGATA, Murana.

Pasqua, Fratelli Ven ★→★★ Großer Erzeuger und Abfüller veronesischer Spezialitäten (VALPOLICELLA, AMARONE, SOAVE, BARDOLINO) und anderer Weine.

Passito Tosk, Ven – Einer der ältesten und charakteristischsten italienischen Weinstile von Trauben, die aufgehängt oder auf Gestellen ausgebreitet kurz in der Spätsommersonne (im Süden) bzw. wochen- oder gar monatelang in den luftigen oberen Stockwerken des Weinguts getrocknet werden; der Vorgang heißt *appassimento*. Die bekanntesten Vertreter sind VIN SANTO (TOSKANA), VALPOLICELLA/SOAVE und AMARONE/RECIOTO (Venetien). Siehe auch MONTEFALCO, ORVIETO, TORCOLATO, VALLONE.

Pecorino Abr ★★→★★★ Keine Käsesorte, sondern ein komplexer, äußerst angenehm zu trinkender (und langlebiger) trockener Weißwein von einer gerade noch vor dem Aussterben bewahrten Sorte. Gute Erzeuger: CONTESA, Farnese, Franco Pasetti, Illuminati, San Lorenzo, Terre d'Aligi, Tiberio.

Pian dell'Orino ★★★ Ein Ehepaar aus SÜDTIROL führt dieses kleine Gut in MONTALCINO. Der BRUNELLO ist sowohl verführerisch als auch technisch perfekt, und der Rosso ist fast ebenso gut.

Piave Ven DOC r w ★→★★ r **08 09 10** 11 (12); w BV – Massen-DOC in einer Ebene im Osten Venetiens für preiswerte sortenreine Weine. Die CABERNET-SAUVIGNON-, MERLOT- und Raboso-Rotweine vertragen alle eine gewisse Reifezeit. Überdurchschnittliche Exemplare liefern Molon, Loredan Gasparini und Villa Sandi.

Picolit F-JV DOCG w; lbl s ★★→★★★ **08 09** 10 (12) – Fast mythischer Süßwein aus den COLLI ORIENTALI DEL FRIULI; könnte jedoch diejenigen enttäuschen, die ihn a) auftreiben und b) bezahlen können. Gute Erzeuger: LIVIO FELLUGA, Meroi, Perusini, Specogna, VILLA RUSSIZ und Vinae dell'Abbazia.

Piemont Neben der TOSKANA Italiens bedeutendste Region für Spitzenqualität; in den Ausläufern der Alpen gelegen. Turin ist die Hauptstadt, ASTI und ALBA sind die Weinzentren. Keine IGT-Weine zugelassen; DOC Piemonte ist die niedrigste Herkunftsbezeichnung, die einfache Rote, Weiße, SPUMANTE und FRIZZANTE umfasst. Rebsorten: u. a. NEBBIOLO, BARBERA, BONARDA, Brachetto, Cortese, DOLCETTO, GRIGNOLINO, CHARDONNAY, MOSCATO. Siehe auch BARBARESCO, BAROLO, GATTINARA, ROERO.

Pinot bianco

Die Weißweinsorte erreicht anscheinend nicht im Elsass ihren Qualitätszenit, sondern in Südtirol, ein Urteil, das auch dadurch Nahrung erhält, dass vor Kurzem ein Pinot bianco (der Sirmian von der Winzergenossenschaft NALS MARGREID) zu Italiens bestem Weißwein gewählt wurde. Hier sind zwölf Spitzenerzeuger dieses spritzigen, mineralischen, komplexen, aber dennoch subtilen Weins, alle aus Südtirol.
Hors classe: Sirmian (Nals Margreid), Vorberg (Cantina Terlano).
★★★★: Eichhorn (Manincor), Helios (Kranzelhof).
★★★: Klaser (Niklas), DeSilva (Peter Solva), Castel Turmhof Cuvée Anna (TIEFENBRUNNER), Haselhof (Josef Brigl), Plattenriegl (Girlan), Prunar (Erste & Neue), Schulthauser (St. Michael-Eppan), Castel Juval (Unterortl)

Pieropan Ven ★★★ Nino Pieropan ist seit Langem der führende Qualitätserzeuger von SOAVE, der Mann, der einem edlen Wein wieder zu Glaubwürdigkeit verhalf. Der Cru La Rocca ist nach wie vor der ultimative Soave, und der Calvarino, der CLASSICO mit Schraubverschluss, kann gut mithalten.

Pieve di Santa Restituta Piem ★★★ Weingut im Besitz von GAJA; erzeugt eine piemontesische Interpretation von BRUNELLO DI MONTALCINO unter den Namen Sugarille und Rennina.

Pio Cesare Piem ★★→★★★ Erzeugerveteran in ALBA, der BAROLO und BARBARESCO sowohl in modernen, barriquegereiften Versionen anbietet als auch im traditionellen Stil mit Ausbau in großen Fässern. Erzeugt auch Alba-Weine, inklusive Weiße (z. B. GAVI). Besonders gut ist der NEBBIOLO D'ALBA, ein kleiner Barolo zum halben Preis.

Planeta Siz ★★→★★★ Führendes sizilianisches Gut mit sechs Besitzungen in verschiedenen Teilen der Insel, u. a. in Vittoria (CERASUOLO), Noto (NERO D'AVOLA Santa Cecilia) und seit Kurzem auch am Ätna. Die Weine stammen von einheimischen und importierten Reben. La Segreta ist die Marke für preiswerte Weißweine (Grecanico, CHARDONNAY, VIOGNIER, FIANO) und Rotweine (NERO D'AVOLA, MERLOT, SYRAH).

Podere Toskanische Bezeichnung für einen kleinen Hof, der ehemals zu einem größeren Gut gehörte.

Poggio Das Wort für »Hügel« im toskanischen Dialekt. *Poggione* heißt »großer Hügel«.

Poggio Antico Tosk ★★★ Bewundernswert beständiger, manchmal anspruchsvoller Erzeuger in MONTALCINO. Der normale BRUNELLO wird in den traditionellen BOTTE ausgebaut, Altero ist im Barrique ausgebauter Brunello und der RISERVA ist ein Verschnitt aus beiden.

Poggio di Sotto ★★★★ Kleines Gut in MONTALCINO, aber ein Qualitätsriese der illustren Appellation. Herausragender BRUNELLO und Rosso; traditioneller Charakter mit individueller Note. Der neue Besitzer Claudio Tipa bleibt der alten Linie treu.

Poggione, Tenuta Il Tosk ★★★ Mustergut für feinen BRUNELLO, v. a. in Anbetracht der großen Mengen; auch sehr guter ROSSO DI MONTALCINO.

Poggiopiano Tosk ★★→★★★ Ansprechender, aber dennoch anspruchsvoller CHIANTI aus San Casciano; eine Mischung aus alten und neuen Techniken. Ausgefeilter CHIANTI CLASSICO und RISERVA Tradizione. Der Chianti ist sortenreiner SANGIOVESE, aber der Rosso di Sera enthält bis zu 15% Colorino-Trauben.

Poggio Scalette Tosk ★★★ Das Gut der Familie des Önologen Vittorio Fiore mit überdurchschnittlichem CHIANTI CLASSICO und dem Bordeaux-Verschnitt Capogatto. Der Stolz des Hauses ist der sortenreine SANGIOVESE Il Carbonaione, der mehrere Jahre Flaschenreife braucht.

Pomino Tosk DOC r w ★★★ r **08 09 10** 11 (12) (13) – Ein Anhängsel von RUFINA mit feinen roten und weißen Verschnitten (v. a. Il Benefizio). FRESCOBALDI ist hier praktisch exklusiv vertreten.

Potentino, Castello di Tosk ★★ Die englische Exzentrikerin Charlotte Horton restauriert eine mittelalterliche Festung auf dem Monte Amiata und erzeugt gleichzeitig sehr guten SANGIOVESE Sacromonte und noch besseren PINOT NERO Piropo und Lyncurio (Rosé).

Prà Ven ★★★ Führender Erzeuger von SOAVE CLASSICO. Empfehlenswert v. a. die Einzellagenweine Monte Grande und Staforte; Letzterer liegt sechs Monate in Stahltanks auf dem (regelmäßig mechanisch aufgerührten) Hefesatz. Jetzt auch ausgezeichnete VALPOLICELLA-Weine namens Morandina und La Formica.

Produttori del Barbaresco Piem ★★★ Eine der ersten Genossenschaften in Italien, die manchen als die beste, wenn nicht gar weltbeste gilt. Aldo Vacca und sein Team erzeugen ausgezeichneten traditionellen einfachen BARBARESCO sowie die Crus Asili, Montefico, Montestefano, Ovello, Pora, Rio Sordo.

Prosecco Ven DOC(G) w; sch ★→★★ BV – Italiens beliebtester Perlwein. Neue Gesetze zum Schutz des Namens haben zur Folge, dass Prosecco keine Rebsorte mehr ist, sondern ein Wein, der in bestimmten DOC/DOCG-Gebieten (IGT ist nicht mehr zugelassen) Venetiens und FRIAUL–JULISCH VENETIENS von der nun in GLERA umbenannten Traube gekeltert wird. Kann Stillwein, SPUMANTE oder FRIZZANTE sein und ist meist Letzteres. Siehe auch Kasten S. 190.

Prunotto, Alfredo Piem ★★★→★★★★ Das traditionelle Haus in ALBA wurde in den 1990er-Jahren von ANTINORI modernisiert und wird von Pieros Tochter Albiera geführt. Sehr guter BARBARESCO (Bric Turot), BAROLO (Bussia), NEBBIOLO (Occhetti), BARBERA d'ALBA (Pian Romualdo), Barbera d'Asti (Costamiole) und MONFERRATO Rosso (Mompertone und ein Barbera-SYRAH-Verschnitt).

Pupille, Le Tosk ★★★ Elisabetta Geppetti bleibt die respektabelste Erzeugerin von MORELLINO DI SCANSANO, mit guten Versionen des DOCG-Weins, allen voran dem RISERVA Poggio Valente. Außerdem ein ausgezeichneter IGT-Verschnitt namens Saffredi (CABERNET SAUVIGNON/MERLOT/SYRAH/Alicante).

Querciabella Tosk ★★★★ Erstklassiges CHIANTI-CLASSICO-Gut mit IGT-Einzellagenweinen Camartina (CABERNET SAUVIGNON/SANGIOVESE) und fassvergorenem Batàr (CHARDONNAY/PINOT BIANCO). Zukäufe in Radda und der MAREMMA liefern mehr Trauben für CHIANTI CLASSICO und den neuen, noch nicht überzeugenden Turpino (CABERNET FRANC, SYRAH, MERLOT).

Italien

Quintarelli, Giuseppe Ven ★★★★ Erztraditionalistischer Erzeuger von feinem VALPOLICELLA, RECIOTO und AMARONE sowie einem guten Bianco Secco, einem Verschnitt aus verschiedenen Trauben, in handwerklicher Qualität. Bepi starb 2012; Tochter Fiorenza und ihre Söhne haben das Steuer übernommen und nichts geändert.

Rampolla, Castello dei Tosk ★★★ Auf CABERNET SAUVIGNON spezialisiertes Weingut in Panzano im CHIANTI-CLASSICO-Gebiet. Spitzenreiter sind die IGT-Weine Sammarco und d'Alceo. Hier entsteht Chianti Classico in internationalem Stil.

Ratti, Renato ★★→★★★ Das legendäre BAROLO-Gut wird nun von Renatos Sohn Pietro geführt. Moderne Weine mit verkürzter Maischezeit, aber jede Menge Substanz, v. a. Barolo Rocche dell'Annunziata und Barolo Conca.

Recioto della Valpolicella Ven DOCG r; lbl; (sch) ★★★→★★★★ Der endlich zur DOCG beförderte geschichtsträchtigste aller italienischen Weine (seit dem 6. Jh. urkundlich belegt) ist mit seiner üppigen Kirsch- und Schokoladenfruchtigkeit einzigartig und potenziell umwerfend.

Der beste Prosecco

PROSECCO boomt weiterhin auf dem Markt, zweifellos auch dank eines massiven Anpflanzungsprogramms sowie der jüngsten Gesetzesänderung, nach der Prosecco keine Traube mehr, sondern ein Wein aus einem bestimmten Gebiet ist (wodurch Imitaten aus aufstrebenden Anbaugebieten in aller Welt der Weg verbaut oder zumindest erschwert wird) und der daraus folgenden merklichen Verbesserung des allgemeinen Qualitätsniveaus. Gute Erzeuger: Adami, Biancavigna, Bisol, Bortolin, Canevel, CARPENÈ-MALVOLTI, Case Bianche, Col Salice, Le Colture, Col Vetoraz, Nino Franco, Gregoletto, La Riva dei Frati, Ruggeri, Vignarosa, Zardetto.

Recioto di Soave Ven DOCG w; s; (sch) ★★★→★★★★ SOAVE von rosinierten Trauben: süß, fruchtig, leichte Mandelnoten; hoher Säuregehalt, der die Süße in Schach hält. Hervorragend von ANSELMI, COFFELE, Gini, PIEROPAN, Tamellini, häufig auch sehr gut von Ca' Rugate, PASQUA, PRÀ, Suavia und Trabuchi. Wie bei RECIOTO DELLA VALPOLICELLA ist der Jahrgang weniger wichtig als der Herstellungsprozess.

Refosco (dal Peduncolo Rosso) F-JV ★★ **09 10 11** 12 (13) – Tanninstarker Rotwein rustikalen Stils. Am besten aus der DOC COLLI ORIENTALI von den Erzeugern Moschioni, Le Vigne di Zamo und Volpe Pasini. Auch gut von LIVIO FELLUGA und Miani, außerdem von Ca' Bolani, Dorigo, Ronchi di Manzano, Venica sowie von Denis Montanara in der DOC Aquileia.

Regaleali Siz – Siehe TASCA D'ALMERITA.

Ribolla F-JV DOC w ★→★★ BV – Säurehaltiger Weißwein mit Charakter am besten aus dem COLLIO. Spitzenweingüter: Il Carpino, La Castellada Damijan, Fiegl, GRAVNER, Primosic, Radikon, Tercic.

Ricasoli Tosk – Geschichtsträchtige Familie in der Toskana; Premierminister Bettino Ricasoli erfand im 19. Jh. den Verschnitt für den CHIANTI. Der wichtigste Zweig der Familie lebt im mittelalterlichen Castello di BROLIO. Castello di Cacchiano und Rocca di Montegrossi sind im Besitz anderer Familienmitglieder.

Rinaldi Giuseppe Piem ★★★ Beppe Rinaldi ist eine erztraditionalistische BAROLO-Persönlichkeit, deren Kellerei am Rand des Ortes Barolo nicht im mer ein Muster an Sauberkeit ist. Zu den charaktervollen Barolos zählen die Crus Brunate-Le Coste und Cannubi San Lorenzo-Ravera.

Ripasso Ven – Siehe VALPOLICELLA RIPASSO.

Riserva Über eine vorgeschriebene Zeit meist im (großen oder kleinen) Fass gelagerter Wein.

Rivera Apu ★★ Zuverlässiger Produzent in Andria (DOC CASTEL DEL MONTE), dessen bester Wein der RISERVA Il Falcone ist. Sehr guten Puer Apuliae auf Nero-di-Troia-Basis.

Rivetti, Giorgio (La Spinetta) Piem ★★★ Feiner MOSCATO D'ASTI, hervorragender BARBERA, interessanter IGT Pin sowie eine Reihe von äußerst konzentrierten, in Eiche ausgebauten BARBARESCOS. Besitzt jetzt auch Weinberge in den DOCGS BAROLO und CHIANTI Colline Pisane sowie den traditionellen SPUMANTE-Erzeuger Contratto.

Rizzi Piem ★★→★★★ Unterbereich in Treiso, Gemeinde des BARBARESCO-Gebiets, in dem die Familie Dellapiana 35 ha Rebland besitzt. Spitzencru ist der Barbaresco Pajore. Fondetta und Boito sind ebenfalls gut: Sie wirken leicht, gehen aber in die Tiefe.

Rocca, Bruno Piem ★★★ Bewundernswerter BARBARESCO (Rabajà) und andere ALBA-Weine, auch sehr feiner BARBERA d'ASTI.

Rocca Albino ★★★ Führender Erzeuger von elegantem, komplexem BARBARESCO; Spitzencrus Vigneto Loreto und Brich.

Roero Piem DOCG r ★★→★★★ **06 07 08 09** 10 11 (13) – Seriöse, gelegentlich BAROLO-Niveau erreichende NEBBIOLO-Weine aus den Hügeln der LANGHE, von ALBA aus gesehen jenseits des Flusses Tanaro. Gute Erzeuger: Almondo, Buganza, Ca' Rossa, Cascina Chicco, Correggia, Funtanin, Malvirà, Monchiero-Carbone, Morra, Pace, Pioiero, Taliano, Val di Prete. Siehe auch ARNEIS.

Ronco In Nordostitalien, v.a. in FRIAUL–JULISCH VENETIEN, Bezeichnung für eine Hanglage.

Rosato Die allgemeine italienische Bezeichnung für Rosé. Andere Namen für Rosé sind CHIARETTO (um den Gardasee), CERASUOLO (Abruzzen) und Kretzer (SÜDTIROL).

Rosso Conero Mar DOCG r ★★→★★★ **08 09** 11 (12) (13) – Alias normaler Conero. Einige der besten sortenreinen Roten Italiens aus der MONTEPULCIANO-Traube. Empfehlenswert: Grosso Agontano von GAROFOLI, Dorico von Moroder, Adeodato von MONTE SCHIAVO, Nerone und Vigneti del Parco von TERRE CORTESI MONCARO sowie Sassi Neri und Visions of J. von Le Terrazze.

Rosso di Montalcino Tosk DOC r ★★→★★★ **08 09 10 11**12 (13) – DOC für früher reifende Weine von BRUNELLO-Trauben, die aus jüngeren Rebbeständen oder weniger guten Lagen kommen. Vor Kurzem wurde der Vorstoß einiger großer Erzeuger, die »internationale« Trauben im Verschnitt zulassen wollten, abgewehrt. Sie werden es erneut versuchen.

Rosso di Montefalco Umb DOC r ★★→★★★ **07 08 09 10** 11 (12) (13) – Verschnitt von SANGIOVESE und Sagrantino, oft mit einem Schuss milderndem MERLOT. Erzeuger siehe MONTEFALCO SAGRANTINO.

Rosso di Montepulciano Tosk DOC r ★★ **10** 11 12 (13) – Juniorversion des VINO NOBILE DI MONTEPULCIANO; Erzeuger siehe dort. Im Vergleich zum ROSSO DI MONTALCINO trifft man ihn seltener an, vielleicht wegen der möglichen Verwechslung mit MONTEPULCIANO D'ABRUZZO, mit dem er nichts zu tun hat.

Rosso Piceno Mar DOC r ★ **07 08 09 10** 11 (13) – Süffige Verschnitte von MONTEPULCIANO und SANGIOVESE aus der Südhälfte der Marken. Eine SUPERIORE-Version kommt aus der CLASSICO-Zone bei Ascoli; hat sich in den letzten Jahren deutlich verbessert und ist sehr preiswert. Spitzenerzeuger: u. a. Aurora, Boccadigabbia, BUCCI, Fonte della Luna, Montecappone, MONTE SCHIAVO, Saladini Pilastri, TERRE CORTESI MONCARO, Velenosi Ercole, Villamagna.

Ruchè di Castagnole Monferrato Piem DOCG r ★★ BV – Intensiver, blasser Rotwein in typisch piemontesischem Stil: saure Beerenfrucht, scharfe Säure, feste Tannine. Erfordert etwas Übung. Guter Erzeuger: Pierfrancesco Gatto.

Ruffino Tosk ★→★★★ Der ehrwürdige Chianti-Betrieb, seit 100 Jahren in den Händen der Familie FOLONARI, ging vor ein paar Jahren eigene Wege. Beide Zweige der Familie sind eifrig dabei, neue Weingüter in der Toskana zu erwerben. Bei der letzten Zählung hatte dieser Zweig – der den Namen Ruffino behalten hat – es auf sieben gebracht, davon drei im CHIANTI CLASSICO (inklusive Santedame mit Spitzenwein Romitorio), eines in MONTALCINO (Greppone Mazzi) und eines in MONTEPULCIANO (Lodola Nuova). Zum Besitz gehört auch Borgo Conventi in FRIAUL.

Rufina Tosk ★★★ Kleiner, aber bedeutender, hügeliger und kühler nördlicher CHIANTI-Unterbereich östlich von Florenz. Die besten Weine stammen von Basciano, Tenuta Bossi, Castello del Trebbio, CASTELLO DI NIPOZZANO (FRESCOBALDI), Colognole, Frascole, Lavacchio, SELVAPIANA, Travignoli. Villa di Vetrice/Grati führt alte Jahrgänge, die z. T. mehr als 20 Jahre in Fässern oder Tanks ausgebaut wurden.

Sala, Castello della Umb ★★→★★★ Weingut von ANTINORI in ORVIETO. Spitzenerzeugnis ist der herrliche Cervaro della Sala (CHARDONNAY/GRECHETTO), in Eiche ausgebaut; der Bramito del Cervo ist bescheidener, aber immer noch gut, von denselben Sorten. Der Muffato della Sala war wegweisend in Italien für edelfaule Dessertweine.

Salento Apu – Die flache Halbinsel am Absatz des italienischen Stiefels scheint nicht gerade geeignet für Qualitätstrauben, doch die tiefgründigen Böden, die alten Alberello-Reben und der ständig präsente Wind vom Meer sorgen zusammen für bemerkenswerte Rot- und Roséweine von NEGROAMARO und PRIMITIVO mit ein bisschen Unterstützung von MONTEPULCIANO, MALVASIA nera und der einheimischen Traube Sussumaniello. Siehe auch APULIEN, SALICE SALENTINO.

Salice Salentino Apu DOC r ★★→★★★ **06 07 08** 10 11 (13) – Der bekannteste der (zu) vielen auf NEGROAMARO basierenden DOC-Weine des SALENTO, erzeugt von alteingesessenen Betrieben wie LEONE DE CASTRIS, CANDIDO, TAURINO, Apollonio und VALLONE. Nach 2 Jahren RISERVA.

Salvioni Tosk ★★★ Kleiner, äußerst qualitätsorientierter Betrieb des unverwüstlichen Giulio Salvioni. BRUNELLO und ROSSO di MONTALCINO gehören zum Besten, was man bekommen kann, und sind ihren nicht gerade unbedeutenden Preis wert.

Sandrone, Luciano Piem ★★★ Erzeuger von ALBA-Weinen im modernen Stil mit tiefgründigem, konzentriertem BAROLO Cannubi Boschis und Le Vigne. Auch guter DOLCETTO, BARBERA d'Alba, NEBBIOLO D'ALBA.

San Felice Tosk ★★→★★★ Bedeutender historischer Erzeuger in der TOSKANA, im Besitz von Gruppo Allianz. Feiner CHIANTI CLASSICO und RISERVA Poggio Rosso von einem Gut in Castelnuovo Berardenga. Vitiarium ist ein Versuchsweinberg für seltene Rebsorten, dessen erstes Ergebnis der ausgezeichnete IGT Pugnitello von der gleichnamigen Traube ist. Ebenfalls gut: IGT Vigorello (der allererste SUPERTOSKANER aus dem Jahr 1968) und BRUNELLO DI MONTALCINO Campogiovanni.

San Gimignano Tosk – Das von Touristen überlaufene toskanische Städtchen ist für seine Türme und seinen trockenen weißen VERNACCIA DI SAN GIMIGNANO DOCG berühmt. Letzter ist oft überteuert, überzeugt jedoch ge legentlich als Wein, wenn nicht gar als *vin de terroir*. Es gibt auch einige gute Rote auf SANGIOVESE-Basis unter der DOC San Gimignano. Erzeuger: u. a. FALCHINI, Guiccardini Strozza, Montenidoli, Mormoraia, Panizzi, Poderi del Paradiso, Pietrafitta, Pietrasereno, La Rampa di Fugnano.

Sangiovese di Romagna Mar DOC r ★★→★★★ Oft gut gemachter, ja sogar erstklassiger sortenreiner Rotwein aus dem mutmaßlichen Geburtsort des SANGIOVESE. Gute Erzeuger sind u. a. Cesari, Drei Donà, Paradiso, San Patrignano, Tre Monti, Trere (DOC Emilia-Romagna), Villa Venti (Primo Segno), ZERBINA. Empfehlenswert sind auch die IGT-Weine Ronco delle Ginestre und Ronco dei Ciliegi von CASTELLUCCIO.

San Giusto a Rentennano Tosk ★★★→★★★★ Erstklassiges CHIANTI-CLASSICO-Gut im Besitz von Verwandten der RICASOLIS. Hervorragender IGT Percarlo von SANGIOVESE und ein feiner VIN SANTO namens Vin San Giusto.

San Guido, Tenuta Tosk – Siehe SASSICAIA.

St. Magdalener (Santa Maddalena) T-S DOC r ★→★★ BV – Rotwein in deutsch-österreichischem Stil von Vernatsch (SCHIAVA), der auf sehr steilen Hängen hinter Bozen wächst. Guter Ruf, der Wein könnte (sollte?) jedoch besser sein. Empfehlenswerte Erzeuger: CS Santa Maddalena (Huck am Bach), Gojer, Josephus Mayr, Hans Rottensteiner (Premstallerhof), Heinrich Rottensteiner.

St. Michael-Eppan (San Michele Appiano) T-S – Spitzengenossenschaft in SÜDTIROL, v. a. für Weißwein. Besonders beachtenswert sind der Schulthauser PINOT BIANCO und die Sanct-Valentin-Auslesen (★★★): CHARDONNAY, PINOT GRIGIO, SAUVIGNON BLANC, CABERNET SAUVIGNON, PINOT NERO, GEWÜRZTRAMINER.

San Leonardo T-S ★★★ Spitzenweingut von Marchesi Guerrieri Gonzaga im TRENTINO; Berater ist Carlo Ferrini. Hauptwein ist der Bordeaux-Verschnitt San Leonardo, der »SASSICAIA des Nordens«. Auch sehr vielversprechender MERLOT Villa Gresti.

Sannio Kamp DOC r rs w; sch ★→★★★ BV – Wein der Samniten im gebirgigen Landesinneren KAMPANIENS. Heimat des FALANGHINA, aber auch gute sortenreine (Rot- und Weiß-)Weine, etwa FIANO, GRECO, AGLIANICO.

San Patrignano Em-Ro ★★ Drogenentzugseinrichtung mit 100 ha Rebland. Die Weinbereitung wird von Riccardo Cotarella überwacht; Tendenz zu internationalem bzw. Bordeaux-Stil beim Montepirolo und dem Noi, aber auch ausgezeichneter SANGIOVESE (Avi und der bescheidenere Aulente).

Santadi Sar ★★★ Die beste sardische Winzergenossenschaft und eine der besten Italiens, v. a. mit den auf CARIGNANO basierenden Rotweinen TERRE BRUNE, Grotta Rossa und Rocca Rubia (alle DOC CARIGNANO DEL SULCIS). Erzeugt werden auch die Weißen Vermentino Villa Solais und Villa di Chiesa (VERMENTINO/CHARDONNAY).

Sant'Antimo Tosk DOC r w; s ★★→★★★ Eine hübsche kleine romanische Abtei stand Pate für diese umfassende DOC für (fast) alles im Montalcino-Gebiet, was nicht der DOCG BRUNELLO DI MONTALCINO oder der DOC ROSSO DI MONTALCINO angehört.

Sardinien Die zweitgrößte Insel des Mittelmeers produziert viele ordentliche und einige ausgezeichnete Weine, z. B. Turriga von ARGIOLAS, VERMENTINO von CAPICHERA, die CANNONAU-RISERVA-Weine von Jerzu und Loi, Vermentino- und Cannonau-Auslesen von Dettori sowie den fantastischen sherryartigen Vernaccia von Contini. Die besten DOCS sind VERMENTINO DI GALLURA (z. B. Canayli von Cantina Gallura) und CARIGNANO DEL SULCIS (TERRE BRUNE und Rocca Rubia von SANTADI).

Sassicaia Tosk r ★★★★ **85' 88' 90' 95' 97 98' 99 01' 04' 05** 06 **07'** 08 09 10 (11) (12) – Italiens einzige DOC (BOLGHERI), die aus einer Einzellage besteht, ein Verschnitt aus CABERNET SAUVIGNON und CABERNET FRANC von

Italien

erstklassigen Lagen, bereitet von Marchese Incisa della Rocchetta auf der TENUTA SAN GUIDO: eher elegant als üppig, für lange Lagerung gemacht – und oft als Investitionsobjekt gekauft, aber einer der wichtigsten Faktoren für Italiens Spitzenqualitätsimage.

Satta, Michele Tosk ★★★ Praktisch der einzige BOLGHERI-Erzeuger, der mit reinsortigem SANGIOVESE (Cavaliere) Erfolg hat. Daneben gibt es die guten roten Verschnitte Piastraia und I Castagni SUPERIORE (beide DOC Bolgheri).

Scavino, Paolo Piem ★★★ Modernistischer BAROLO-Erzeuger in Castiglione Falletto. Empfehlenswert: v. a. Bric del Fiasc, Cannubi, Carobric und Rocche dell'Annunziata. Guter BARBERA LANGHE Corale.

Schiava T-S DOC r ★ BV – Auf dem deutschen und österreichischen Markt beliebter traditioneller, leichter Roter von der nach wie vor am meisten angebauten Rotweintraube in SÜDTIROL, die dort Vernatsch heißt. Schiava-DOC-Weine sind auch Kalterersee (Lago di Caldaro), ST. MAGDALENER und Bozner Leiten (Colli di Bolzano).

Schiopetto, Mario F-JV ★★★→★★★★ Inzwischen verstorbener legendärer Pionier des COLLIO-Weins; geräumige moderne Kellerei. Sehr guter SAUVIGNON BLANC, Pinot bianco, FRIULANO (alle DOC), IGT-Verschnitt Blanc de Rosis usw.

Schreckbichl T-S – Siehe COLTERENZIO

Sciacchetrà Lig – Siehe CINQUE TERRE.

Sella & Mosca Sar ★★ Bedeutendes Erzeuger- und Handelshaus in SARDINIEN. Sehr angenehmer weißer Torbato (v. a. Terre Bianche) sowie leichter, fruchtiger VERMENTINO Cala Viola (BV). Daneben guter roter DOC Alghero Marchese di Villamarina (CABERNET SAUVIGNON) und Tanca Farrà (CANNONAU/Cabernet Sauvignon) sowie der interessante Anghelu Ruju im Port-Stil.

Selvapiana Tosk ★★★ Mit Ausnahme des berühmteren NIPOZZANO der beste CHIANTI-RUFINA-Erzeuger. Am besten sind die Weine RISERVA Bucerchiale und IGT Fornace, doch schon der einfache Chianti Rufina ist köstlich. Auch ein feiner roter POMINO namens Petrognano.

Settesoli, CS Siz ★→★★ Die Genossenschaftskellerei mit rund 6.000 ha ist mit ihren verlässlichen und preiswerten einheimischen und internationalen sortenreinen Weinen (Nero d'Avola, SYRAH, MERLOT, CABERNET SAUVIGNON, CHARDONNAY, Grecanico, Grillo, VIOGNIER) und Verschnitten verschiedener Marken, u. a. Mandrarossa, ein Aushängeschild für SIZILIEN.

Sforzato Lomb ★★★ AMARONE-ähnlicher NEBBIOLO von getrockneten Trauben aus dem VALTELLINA im äußersten Norden der Lombardei. Entwickelt sich beim Lagern wundervoll.

Sizilien Die größte Mittelmeerinsel ist eine moderne Quelle für interessante, originelle Weine mit gutem Preis-Leistungs-Verhältnis. Einheimische Trauben (rot: NERO D'AVOLA, NERELLO MASCALESE, Frappato; weiß: INZOLIA, Catarratto, Grecanico, Grillo) und internationale Rebsorten. Die Rebflächen liegen in der Ebene im Westen, auf den Hügeln in der Mitte der Insel und an den Hängen des Ätna. Zu viele gute Kellereien, um sie alle aufzulisten.

Sizzano Piem – Siehe GATTINARA.

Soave Ven DOC w; (s) ★→★★★ BV – Berühmter, immer noch unterschätzter Weißwein aus Verona. Die Weine von den vulkanischen Böden des CLASSICO-Gebiets können intensiv, mineralisch, sehr fein und ziemlich langlebig sein. Soave SUPERIORE ist sogar DOCG, aber die besten Classico-Erzeuger verzichten auf die zusätzliche »Ehre« und bleiben bei ihrer DOC. Süßer RECIOTO kann großartig sein. Spitzenerzeuger: Cantina del Castello, La Cappuccina, Ca' Rugate, COFFELE, Fattori, Gini, GUERRIERI RIZZARDI, Inama, Montetondo, PIEROPAN, Portinari, PRÀ, Suavia, Tamellini, TEDESCHI.

Solaia Tosk r ★★★★ **85' 90' 95' 97' 99' 01 04** 06 **07** 08 09 **10** 11 (12) – Potenziell grandioser, wenn auch etwas sehr wuchtiger CABERNET SAUVIGNON/ SANGIOVESE-Verschnitt von ANTINORI, der im Einklang mit höchsten Bordeaux-Anforderungen bereitet wird; bedarf jahrelanger Lagerung.

Sorì Piem – Name für hoch gelegene Süd-, Südost- oder Südwestlagen im PIEMONT.

Sovana Tosk – DOC in der MAREMMA, im Binnenland nahe der Etruskerstadt Pitigliano gelegen. Empfehlenswert: CILIEGIOLO von Tenuta Roccaccia, Pitigliano, Ripa und Sassotondo sowie MALBEC von ANTINORI.

Speri Ven ★★★ Qualitätsfamilienbetrieb in VALPOLICELLA mit Lagen wie dem hervorragenden Monte Sant'Urbano. Unprätentiöser CLASSICO SUPERIORE in traditionellem Stil, AMARONE, RECIOTO. Kein Schnickschnack, nur guter Wein.

Spumante Schaumwein.

Südtirol T-S – Deutschsprachiger Teil der Region TRENTINO–Alto Adige. Siehe ALTO ADIGE.

Superiore Wein mit längerer Fassreife sowie mit 0,5 bis 1% mehr Alkoholgehalt als normaler DOC-Wein. Bezeichnet manchmal auch einen Teil eines Anbaugebiets, z. B. ROSSO PICENO Superiore.

Supertoskaner Tosk – Weine mit hoher Qualität und hohen Preisen, die in den 1970er- und 1980er-Jahren entwickelt wurden, um die damals geltenden unsinnigen Regelungen zu umgehen, die nun jedoch zunehmend an Bedeutung verlieren. War nie eine offizielle Bezeichnung. Siehe auch Kasten S. 175.

Tasca d'Almerita Siz ★★★ Eine neue Generation der Familie führt nun das historische und immer noch angesehene Gut, das auch in dunklen Jahren die Qualitätsfahne in SIZILIEN hochhielt. Weinberge in großer Höhe; ausgewogene IGT-Weine unter dem alten Namen Regaleali (rot, rosé, weiß), guter CHARDONNAY und CABERNET SAUVIGNON, aber der Star ist nach wie vor der hauptsächlich von NERO D'AVOLA erzeugte Rosso del Conte.

Taurasi Kamp DOCG r ★★★ **01 04 06 07 08** 09 10 (11) (12) – Die Antwort des Südens auf den BAROLO Nord- und den BRUNELLO Mittelitaliens bedarf großer Sorgfalt und langer Alterung. Es gibt freundlichere Versionen von AGLIANICO, aber keine ist potenziell so komplex, anspruchsvoll und schließlich lohnenswert. Berühmt wurde der Wein durch MASTROBERARDINO, weitere hervorragende Erzeuger sind Caggiano, Caputo, FEUDI DI SAN GREGORIO, Molettieri, LUIGI TECCE und Terredora di Paulo.

Tedeschi, Fratelli Ven ★★→★★★ Einer der Anbauer von VALPOLICELLA, die schon Qualität produzierten, als in dem Gebiet noch Mittelmäßigkeit die Regel war. Die besten Weine des achtzigjährigen Renzo Tedeschi tragen »Capitel« im Namen: AMARONE Capitel Monte Olmi, RECIOTO Capitel Fontana, RIPASSO Capitel San Rocco.

Tenuta Landwirtschaftliches Gut (siehe unter dem Eigennamen, z. B. SAN GUIDO, TENUTA).

Terlan T-S w ★★→★★★ BV – Die Bezeichnung DOC ALTO ADIGE Terlano (bzw. Terlaner DOC) steht für einen Weißweinverschnitt und 8 sortenreine Weißweine, v. a. PINOT BIANCO und SAUVIGNON BLANC, die sehr frisch und spritzig sein können. Spitzenerzeuger sind die CS Terlan (der Pinot bianco Vorberg altert bemerkenswert gut), LAGEDER, Niedermayr, Niedrist.

Teroldego Rotaliano T-S DOC r rs ★★→★★★ Die beste einheimische Rebsorte des TRENTINO erbringt auf dem flachen Campo Rotaliano wirklich schmackhaften Wein. Spitzenerzeuger ist Foradori. Ebenfalls gut: Dorigati, Endrizzi, die RISERVA Nos von MEZZACORONA sowie Zeni.

Terre Cortesi Moncaro Mar ★★★ Genossenschaftskellerei in den Marken, die es bei sehr bescheidenen Preisen mit den Besten der Region aufnehmen kann: guter VERDICCHIO DEI CASTELLI DI JESI Le Vele, ROSSO CONERO, RISERVA Nerone und ROSSO PICENO SUPERIORE Campo delle Mura.

Terriccio, Castello del Tosk ★★★ Großes Weingut südlich von Livorno mit vorzüglichem, sehr teurem IGT Lupicaia und sehr gutem IGT Tassinaia im Bordeaux-Stil. Eindrucksvoller IGT Terriccio, ein ungewöhnlicher Verschnitt hauptsächlich von Rhône-Sorten.

Tiefenbrunner T-S ★★→★★★ Erzeuger- und Handelsbetrieb in der wahrlich teutonisch anmutenden Turmburg im südlichen SÜDTIROL. Christoph Tiefenbrunner hat seinen Vater (Kellermeister seit 1943) abgelöst und erzeugt ein breites Spektrum an gebirgsfrischen Weiß- und klar definierten Rotweinen von französischen, deutschen und einheimischen Reben, v. a. den MÜLLER-THURGAU Feldmarschall aus Weingärten auf 1.000 m Höhe und die Linticlarus-Reihe mit CHARDONNAY, LAGREIN und PINOT NERO.

Tignanello Tosk r ★★★★ **01' 04' 06' 07'** 08 09 10 (11) (12) (13) – Im Barrique ausgebauter Verschnitt von SANGIOVESE und CABERNET SAUVIGNON, von ANTINORIS Spitzen-Önologen Giacomo Tachis Anfang der 1970er-Jahre eingeführt. Dies war der Wein, mit dem die SUPERTOSKANER groß herauskamen.

Torcolato Ven – Der süße Wein aus BREGANZE in Venetien wird von Vespaiolo-Trauben bereitet, die, wie beim RECIOTO DI SOAVE, monatelang zum Trocknen aufgehängt oder auf Matten ausgelegt wurden. Beste Erzeuger: MACULAN, CS BEATO BARTOLOMEO.

Torgiano Umb DOC r rs w; (sch) ★★ und **Torgiano Rosso Riserva** DOCG r ★★→★★★ **00' 01' 04 06 07** 08 09 (10) (11) (12) – Guter bis hervorragender Rotwein aus Umbrien, praktisch exklusiv von LUNGAROTTI. Der Rubesco RISERVA Vigna Monticchio aus Jahrgängen wie 1975, 1979, 1985, 1997 und 2004 ist überragend und kann viele Jahre lagern.

Toskana Brennpunkt der »Renaissance« des italienischen Weins gegen Ende des 20. Jhs. mit experimentellen Abfüllungen wie den SUPERTOSKANERN und modernisierten Klassikern wie CHIANTI, VINO NOBILE, BRUNELLO.

Travaglini Piem – Der wohl wichtigste Mann in der Welt des nordpiemontesischen NEBBIOLO, mit sehr gutem GATTINARA RISERVA und Gattinara Tre Vigne sowie ziemlich gutem Nebbiolo Coste della Sesia.

Trebbiano d'Abruzzo Abr DOC w ★→★★ BV – Für gewöhnlich frischer Wein mit neutralem Geschmack, aber die Version von VALENTINI gilt weithin als einer der besten italienischen Weißweine.

Trentino T-S DOC r w; tr s ★→★★★ DOC für rund 20 meist nach der Traubensorte benannten Weine; am besten sind CHARDONNAY, PINOT BIANCO, MARZEMINO und TEROLDEGO. Die Hauptstadt der Provinz ist Trient.

Trinoro, Tenuta di Tosk ★★★★ Individualistisches Gut für Rotweine, Pionier in der DOC Val d'Orcia zwischen MONTEPULCIANO und MONTALCINO. Großer Anteil an Bordeaux-Trauben im Flaggschiff-Wein Tenuta di Trinoro sowie im Palazzi, Le Cupole und Magnacosta. Andrea Franchetti besitzt auch Weinberge am Ätna.

Tua Rita Tosk ★★→★★★★ Der erste Erzeuger, der in den 1990er-Jahren das rund 20 km weiter südlich gelegene Suvereto als das »neue BOLGHERI« etablierte. Der Redigaffi ist vielleicht Italiens großartigster MERLOT; empfehlenswert ist auch der Bordeaux-Verschnitt Giusto di Notri. Siehe auch VAL DI CORNIA.

Umani Ronchi Mar ★★→★★★ Führender Erzeuger in den Marken; v.a. Verdicchio (Casal di Serra, Plenio), ROSSO CONERO Cùmaro, IGT-Weine Le Busche (weiß) und Pelago (rot).

Vajra, G. D. Piem ★★★ Die Familie Vajra erzeugt im Ortsteil Vergne (Barolo) makellosen BAROLO, BARBERA, DOLCETTO und FREISA sowie erstaunlich guten RIESLING. Besitzt nun auch das Gut Luigi Caudana in Serralunga.

Die toskanische Küste

In den letzten Jahren war zu beobachten, wie in großem Stil in einer Gegend Rebflächen angelegt wurden, die sich in der Vergangenheit nicht gerade durch besonders feinen (wenn überhaupt) Wein hervorgetan hatte: an der Küste der Toskana, d.h. in den Provinzen Pisa, Livorno und Grosseto. Zunächst waren es französische Rebsorten wie die CABERNET-Brüder, MERLOT, SYRAH und PETIT VERDOT; jetzt sind Italiener wie SANGIOVESE, CILIEGIOLO und Alicante angesagt. Zu den besten Erzeugern zählen: Argentiera, Belguardo (Mazzei), CAIAROSSA, CA' MARCANDA (GAJA), CASTELLO DEL TERRICCIO, Colle Massari, Guado al Tasso (ANTINORI), Gualdo del Re, LE MACCHIOLE, LE PUPILLE, Michele SATTA, Montepeloso, MORIS FARMS, ORNELLAIA (FRESCOBALDI), POGGIO al Tesoro (ALLEGRINI), Tenuta San Guido (SASSICAIA), TUA RITA.

Valdadige (Etschtaler) T-S DOC r w; tr lbl ★ Bezeichnung für die einfachen Weine die an der Etsch (ital. Adige) entstehen, d.h. in SÜDTIROL, im TRENTINO und in Nordvenetien.

Val di Cornia Tosk DOC r rs w ★★→★★★ **04 06'07 08 09** 10 11 (12) – DOC südlich von BOLGHERI. SANGIOVESE, CABERNET SAUVIGNON, MERLOT, SYRAH, MONTEPULCIANO. Erzeuger: Ambrosini, Jacopo Banti, Bulichella, Gualdo del Re, Incontri, Montepeloso, Petra, Russo, San Michele, Tenuta Casa Dei, Terricciola, TUA RITA.

Valentini, Edoardo Abr ★★★→★★★★ Sohn Francesco führt die Tradition lange eingemaischter, nicht filtrierter, nicht geschönter und von Hand abgefüllter MONTEPULCIANO-, CERASUOLO- und TREBBIANO-D'ABRUZZO-Weine fort. Die Qualität und die Verfügbarkeit sind nicht vorhersehbar, potenziell hervorragend. Siehe MONTEPULCIANO D'ABRUZZO, Trebbiano-d'Abruzzo. Büßte bei einem heftigen Schneesturm – 50 cm Schnee und Wind mit einer Geschwindigkeit von 160 km/h – im Dezember 2013 einige Reben ein.

Valle d'Aosta DOC r rs w ★★ DOC für etwa 25 Weine aus dem Aostatal, die geografische oder Rebsortenbezeichnungen tragen. Dazu gehören z.B. Prëmetta, Fumin, Blanc de Morgex, Chambave, Nus MALVOISIE, Arnad Montjovet, Torrette, Donnas, Enfer d'Arvier. Sehr kleine Produktion, die Weine gelangen nur selten ins Ausland, sind aber oft sehr lohnenswert.

Valle Isarco (Eisacktaler) T-S DOC w ★★ BV – DOC in SÜDTIROL für sieben »germanische« sortenreine Weißweine, die entlang des Eisack (ital. Isarco) nordöstlich von Bozen entstehen. Guter GEWÜRZTRAMINER, MÜLLER-THURGAU, RIESLING und SILVANER. Spitzenerzeuger sind CS Eisacktaler, Kloster Neustift, Kuenhof.

Vallone, Agricole Apu ★★→★★★ Großer Winzer auf der apulischen SALENTO-Halbinsel. Exzellenter und preiswerter BRINDISI Vigna Flaminio (rot und weiß) sowie SALICE SALENTINO Vereto, beide auch als RISERVA; bekannt aber v. a. für seinen Graticciaia, ein Wein aus rosinierten Trauben, der einem AMARONE ähnelt. Der Vigna Castello ist eine erstklassige Ergänzung des Angebots.

Valpolicella Ven DOC r ★→★★★★ Vielfältige Appellation, die vom leichten Durstlöscher mit einer gewissen fruchtigen Wärme über stärkeren SUPERIORE (der manchmal RIPASSO ist, manchmal nicht) bis hin zu AMARONE und RECIOTO mit uraltem Stammbaum alles enthält. Bittere Kirschnoten sind das gemeinsame Geschmacksmerkmal der Zutaten CORVINA und Corvinone (und anderen Trauben). Normaler Valpolicella ist heutzutage schwer aufzutreiben, weil die guten Trauben alle für den trendigen, profitablen Amarone verwendet werden.

Valpolicella – die Besten

Die Geschichte des Valpolicella begann mit den Römern in den südlichsten Alpenausläufern oberhalb der Po-Ebene in Verona, und nie war der Wein besser als heute. AMARONE DELLA VALPOLICELLA und RECIOTO DELLA VALPOLICELLA sind nun zur DOCG befördert worden, während der VALPOLICELLA RIPASSO endlich als eigenständiger historischer Wein anerkannt wurde. Folgende Betriebe erzeugen gute bis großartige Weine (die Crème de la crème ist mit einem Stern gekennzeichnet): Accordini Stefano, Serego Alighieri, ALLEGRINI*, Begali, BERTANI, BOLLA, Boscaini, Brigaldara, BRUNELLI, BUSSOLA*, Ca' la Bianca, Campagnola, Ca' Rugate, Castellani, Corteforte, Corte Sant'-Alda, CS Valpantena, Cantina Valpolicella, Valentina Cubi, DAL FORNO*, GUERRIERI-RIZZARDI*, MASI, Mazzi*, Nicolis, QUINTARELLI*, Roccolo Grassi*, Le Ragose, Le Salette, Speri*, TEDESCHI*, Tommasi, Venturini, VIVIANI*, ZENATO, Zeni.

Valpolicella Ripasso Ven DOC r ★★→★★★ **08 09 10** 11 (12) Auf den Traubenschalen von RECIOTO oder AMARONE erneut vergorener VALPOLICELLA ergibt einen lagernswerteren Wein. Gut bis ausgezeichnet: BUSSOLA, CANTINA NEGRAR, Castellani, DAL FORNO, QUINTARELLI, ZENATO.

Valtellina Lomb DOC/DOCG r ★→★★★ Langes, von Osten nach Westen verlaufendes Tal (die meisten Alpentäler verlaufen von Norden nach Süden) an der Schweizer Grenze, auf dessen steilen Südhängen seit Jahrtausenden NEBBIOLO (der hier CHIAVENNASCA genannt wird) und verwandte Reben wachsen. Die DOCG Valtellina SUPERIORE ist in fünf Bereich unterteilt: Sassella, Grumello, Inferno, Valgella und Maroggia. Sowohl die Weine als auch die Landschaft sind einen Abstecher wert. Die besten Erzeuger sind derzeit Fay, Mamete Prevostini, Nera, Nino Negri, Plozza, Rainoldi, Triacca. In der DOC Valtellina sind die Anforderungen weniger streng. Sforzato (Sfursat) ist der hiesige AMARONE.

Vecchio Samperi Siz – Siehe DE BARTOLI.

Vendemmia Lese bzw. Jahrgang.

Venegazzù Ven ★★★→★★★★ Kult-Bordeaux-Verschnitt von Erzeuger Loredan Gasparini im östlichen Venetien. Noch hochwertiger ist der Einzellagenwein Capo di Stato (was so viel heißt wie »Staatsoberhaupt«: Er wurde für den italienischen Staatspräsidenten geschaffen).

Verdicchio dei Castelli di Jesi Mar DOC w; (sch) ★★→★★★ BV – Vielseitiger Weißwein aus der Gegend um Ancona. Kann leicht und süffig ausfallen, schäumend oder strukturiert, komplex und langlebig (v. a. als RISERVA DOCG mit mindestens 2 Jahren Reifung). Auch CLASSICO. Besonders beachtliche Qualität von Accadia, Bonci-Vallerosa, Brunori, BUCCI, Casalfarneto, Cimarelli, Colonnara, Coroncino, Fazi-Battaglia, Fonte della Luna, GAROFOLI, Laila, Lucangeli Aymerich di Laconi, Mancinelli, Montecappone, MONTE SCHIAVO, Santa Barbara, SARTARELLI, TERRE CORTESI MONCARO, UMANI RONCHI.

Verdicchio di Matelica Mar DOC w; (sch) ★★→★★★ BV – Ähnlich wie Jesi (vgl. vorherigen Eintrag), kleiner, weiter im Landesinneren und höher gelegen, daher säurereichere und langlebigere Weine, die aber in jungen Jahren nicht so ansprechend sind. Der RISERVA ist ebenfalls DOCG. Erzeuger: v. a. Barone Pizzini, Belisario, Bisci, LA MONACESCA, Pagliano Tre, San Biagio.

Verduno, Castello di Piem ★★★ Ein Ehepaar, Franco Bianco mit Weinbergen in Neive und Gabriella Burlotto mit Weinbergen in Verduno, erzeugt zusammen mit dem Kellermeister Mario Andrion sehr guten BARBARESCO Rabajà und BAROLO Monvigliero.

Verduzzo F-JV DOC w; tr lbl s ★★→★★★ Körperreicher Weißwein (DOC Colli Orientali del Friuli) aus einer indigenen friaulischen Traube. Ramandolo (DOCG) ist der bedeutendste Unterbereich für Süßweine. Spitzenerzeuger: Dario Coos, Dorigo, Giovanni Dri, Meroi. Ebenfalls gut ist der süße IGT Tal Luc von LIS NERIS.

Vermentino di Gallura Sar DOCG w ★★→★★★ BV – Der beste trockene Weißwein Sardiniens aus dem Nordosten der Insel, kräftiger und intensiver im Geschmack als der VERMENTINO. Spitzenerzeuger: CS di Gallura, CS del Vermentino, CAPICHERA, Depperu.

Vermentino di Sardegna Lig w ★★ BV – Einer der charaktervollsten Weißweine in Italien, entweder leicht, trocken oder kräftig. Vermentino-Trauben wachsen überall im westlichen Ligurien, zunehmend auch entlang der toskanischen Küste und im Landesinneren in Richtung Umbrien. In SARDINIEN sind sie auf der ganzen Insel vertreten. Gute Erzeuger für Vermentino di Sardegna: SANTADI, SELLA & MOSCA.

Vernaccia di Oristano Sar DOC w; tr (s); (fz) ★→★★★ Unter Flor gereifte sardische Spezialität, ähnlich leichtem Sherry, ein wenig bitter, körperreich und interessant. Der Jahrgang ist weniger wichtig als der Herstellungsprozess. SUPERIORE mit 15,5 % Alkohol und 3 Jahren Alterung. Köstlich zu Bottarga (gepresstem Fischrogen). Spitzenerzeuger: CONTINI.

Spurenanalyse

Ein großes Thema im toskanischen MONTALCINO-Gebiet ist, ob BRUNELLO und ROSSO DI MONTALCINO wirklich wie vorgeschrieben zu 100 % von SANGIOVESE stammen. Am Forschungsinstitut in San Michele all'Adige wird zurzeit an einer Methode gearbeitet, mit der der Inhalt eines Weins anhand des Profils pflanzlicher Pigmente bestimmt werden kann. Gleichzeitig bringen neue Ansätze die DNA-Analyse – die bisher im Zusammenhang mit Alkohol als nicht verlässlich galt – wieder ins Spiel. Rita Vignani von Serge Genomics in Siena erklärt: »Heute können wir anhand des genetischen Fingerabdrucks überprüfen, ob ein Wein, der als sortenrein verkauft wird, dies auch tatsächlich ist.«

Vernaccia di San Gimignano Tosk – Siehe SAN GIMIGNANO.

Vesuvio Siehe LACRYMA CHRISTI.

Vie di Romans F-JV ★★★→★★★★ Gianfranco Gallo hat in wenigen Jahren das Gut seines Vaters im DOC-Bereich ISONZO in FRIAUL zum Spitzenstatus geführt. Exzellenter CHARDONNAY, PINOT GRIGIO Dessimis, SAUVIGNON

BLANC Piere und Vieris (in Eiche ausgebaut) sowie der MALVASIA/RIESLING/FRIULANO-Verschnitt Flors di Uis.

Vietti Piem ★★★ Winzerveteran in Castiglione Falletto mit charaktervollen piemontesischen Weinen, u. a. BARBARESCO Masseria, BARBERA d'ALBA Scarrone und Barbera d'ASTI La Crena. Hauptsächlich mustergültige Barolos: Lazzarito, Rocche, Brunate, Villero.

Vignalta Ven ★★ Spitzenerzeuger in den COLLI EUGANEI bei Padua (Venetien); sehr guter CABERNET SAUVIGNON COLLI EUGANEI RISERVA und MERLOT/Cabernet Sauvignon Gemola.

Cru: Masse statt Klasse?

Der »Cru« ist in Frankreich, besonders in Burgund, eine unantastbare Institution. Niemand würde es wagen vorzuschlagen, beispielsweise den Clos de Vougeot auf mehr als das Doppelte zu vergrößern, um der Laune eines einzelnen Erzeugers Genüge zu tun. Doch genau das ist in BAROLO geschehen: Das höchste italienische Verwaltungsgericht, der Consiglio di Stato, bestätigte ein Urteil, nach dem die Einzellage Cannubi von 15 auf über 30 ha ausgeweitet werden soll, auf alleinigen Antrag von MARCHESI DI BAROLO. Die anderen Winzer sind wütend. »Die Entscheidung ist falsch«, sagt einer. »Sie stellt alle derzeit in Barolo gültigen Weinbergbegrenzungen in Frage.«

Vignamaggio Tosk ★★→★★★ Ausgezeichnetes, sehr schönes historisches CHIANTI-CLASSICO-Gut bei Greve. Angeblich hat Leonardo da Vinci hier die Mona Lisa gemalt. Wie die RISERVA heißt, ist nicht schwer zu erraten.

Vigna oder **vigneto** Einzellage. In der Regel ein Zeichen für bessere Qualität.

Villa Matilde Kamp ★★★ Spitzenweingut in KAMPANIEN mit FALERNO Rosso (Vigna Camarato) und Bianco (Vigna Caracci) sowie Eleusi PASSITO.

Villa Russiz Lomb ★★★ Historisches Gut mit DOC-COLLIO-Weinen. Sehr guter SAUVIGNON BLANC und MERLOT (v. a. die Auslesen De la Tour), außerdem PINOT BIANCO, PINOT GRIGIO, FRIULANO und CHARDONNAY.

Vino Nobile di Montepulciano Tosk DOCG r ★★→★★★ **04 06' 07 08 09** 10 (11) (12) – Traditionsreicher SANGIOVESE (hier Prugnolo gentile genannt) aus der toskanischen Stadt MONTEPULCIANO (nicht zu verwechseln mit der gleichnamigen Rebsorte der Abruzzen). Häufig anspruchsvolle Weine mit adstringierenden Tanninen, doch komplex und nachhaltig von den besten Erzeugern: u. a. Avignonesi, Bindella, BOSCARELLI, La Braccesca, La Calonica, Canneto, Le Casalte, Fattoria del Cerro, CONTUCCI, DEI, Gracciano della Seta, Gracciano Svetoni, Icario, Nottola, Palazzo Vecchio, POLIZIANO, Romeo, Salcheto, Trerose, Valdipiatta, Villa Sant'Anna. Nach 3 Jahren RISERVA.

Vin Santo, Vinsanto oder Vino Santo T-S, Tosk DOC w; s ★★→★★★★ Süßwein von PASSITO-Trauben, in der TOSKANA (»Vin Santo«) meist von TREBBIANO, MALVASIA und/oder SANGIOVESE, im TRENTINO (»Vino Santo«) von Nosiola. Toskanische Exemplare sind sehr unterschiedlich, von trocken und sherryartig bis süß und unglaublich reichhaltig. Viele reifen zwischen 3 und 10 Jahren in kleinen Fässern, den *caratelli*, ohne umgefüllt zu werden. Legendär ist der Vin Santo von Avignonesi, doch es gibt auch andere hervorragende Erzeuger: CAPEZZANA, Fattoria del Cerro, Corzano & Paterno, FELSINA, Frascole, ISOLE E OLENA, Rocca di Montegrossi, San Gervasio, SAN GIUSTO A RENTENNANO, SELVAPIANA, Villa Sant'Anna, Villa di Vetrice. Siehe auch OCCHIO DI PERNICE.

Vivaldi-Arunda T-S ★★→★★★ Erstklassiger Südtiroler Schaumwein. Am besten: Extra Brut RISERVA, Cuvée Marianne.

Viviani Ven ★★★ Claudio Viviani beweist, wie modern ein VALPOLICELLA oder AMARONE sein kann. Sehr gut der CLASSICO SUPERIORE Campo Morar, besser der RECIOTO La Mandrella, überragend der Amarone Casa di Bepi und der Tulipano Nero.

Voerzio, Roberto Piem ★★★→★★★★ Modernistischer BAROLO-Erzeuger mit ausgezeichneten, sehr teuren Einzellagenweinen: Brunate, Cerequio, Rocche dell'Annunziata-Torriglione, Sarmassa, La Serra; auch eindrucksvoller BARBERA d'ALBA.

Volpaia, Castello di Tosk ★★→★★★ Das erstklassige CHIANTI-CLASSICO-Gut in Radda erzeugt die SUPERTOSKANER Coltassala (SANGIOVESE/Mammolo) und Balifico (Sangiovese/CABERNET SAUVIGNON).

Zenato Ven ★★ Sehr verlässliches, manchmal bestechendes Weingut für Weine vom Gardasee; auch VALPOLICELLA, SOAVE, AMARONE und LUGANA.

Zerbina, Fattoria Em-Ro ★★★ Führendes Weingut in der Romagna mit dem besten süßen DOCG ALBANA (Scacco Matto), sehr gutem SANGIOVESE (Pietramora) und im Barrique ausgebautem IGT Marzieno.

Zibibbo Siz tr s ★★ Verlockender sizilianischer Tafelwein von MUSCAT d'Alessandria, der hauptsächlich auf der Insel PANTELLERIA und im äußersten Westen SIZILIENS entsteht. Musterbeispiele für die trockene Version von Ottoventi aus Trapani und DE BARTOLI.

Zonin ★→★★ Einer der größten Eigentümer von privaten Weingütern in Italien, beheimatet in Gambellara (Venetien), aber auch einflussreich im FRIAUL, in der TOSKANA, in APULIEN, in SIZILIEN und in Barboursville, Virginia, USA.

Zuani Lomb ★★★ Kleines Gut in COLLIO, das Patricia Felluga gehört. Ausgezeichneter weißer Verschnitt Zuani RISERVA (in Eiche ausgebaut) und Zuani Vigne (ohne Eiche).

Vinitaly

Italiens größte und prestigeträchtigste Weinmesse findet jedes Jahr an vier Tagen im April in der schönen Stadt Verona statt, strategisch platziert zwischen Ost und West, Nord und Süd. Tausende Weinerzeuger aus Italien und anderen Ländern präsentieren ihre Produkte auf einer Fläche von mehreren Hektar – um sich von einem Ende zum anderen durch die Massen zu drängen, braucht man schon einmal eine Stunde. Doch für die Besucher lohnt es sich. Die meisten Spitzenerzeuger sind da, und man kann (fast) alles probieren, was das Herz begehrt. Ein Muss für Profis wie für Amateure.

Deutschland

Die folgenden Abkürzungen werden im Text verwendet:

Bad	Baden
Fran	Franken
Hess-B	Hessische Bergstraße
M	Mosel (einschließlich Saar und Ruwer)
MM	Mittelmosel
MR	Mittelrhein
Na	Nahe
Pfz	Pfalz
Rhg	Rheingau
Rhh	Rheinhessen
Sa-Un	Saale-Unstrut
Würt	Württemberg

Die dunklen Flächen bezeichnen die Weinbaugebiete

Die Jahrgänge seit 1988 oder zumindest seit 1997 waren ein langer Siegeszug für Deutschland. In diesem Zeitraum gab es keinen einzigen der Katastrophenjahrgänge, wie sie in den 1960er- und 70er-Jahren gang und gäbe waren. Für die deutschen Winzer hat sich der Klimawandel bislang als positiv erwiesen, und es besteht Anlass zu der Hoffnung, dass das auch so bleiben wird. Der Jahrgang 2013 mit dem spät einsetzenden Frühjahr und den schwierigen Lesebedingungen rief jedoch wieder in Erinnerung, dass die globale Klimasituation für die Weinrebe in weiten Teilen Deutschlands kaum von Bedeutung ist. Das ist gut. Großes kann sich nur ereignen, wenn das Risiko des Scheiterns besteht. Und große Weine können nur unter herausfordernden Bedingungen entstehen – und auch dann nur in kleinen Mengen und unter der peniblen Aufsicht erfahrener, intelligenter Winzer. Diese Winzer werden in Zukunft mit neuen Fragen konfrontiert sein: Wie können sie die Identität ihrer Weine bewahren? Wie viel ökologischer oder biologisch-dynamischer Anbau ist noch erschwinglich, und wie viel ist nötig, um die Typizität zu erhalten? In welchem Ausmaß spielt Tradition noch eine Rolle, wenn Klima und Märkte sich verändern? All diese Fragen spiegelt der deutsche Wein derzeit wider. Man sollte ihn nicht als unverbrüchliche feste Größe betrachten, obwohl er besser ist denn je. Doch wenn Sie den deutschen Wein aus dem Blickfeld verloren haben, könnte es an der Zeit sein, ihn wieder ins Auge zu fassen.

Neuere Jahrgänge

Mosel

Weine von der Mosel (einschließlich Saar und Ruwer) sind jung so ansprechend, dass ihre Haltbarkeit selten auf die Probe gestellt wird. Aber gut gepflegte Kabinettweine gewinnen bei mindestens 5 Jahren Flaschenlagerung (und oft viel mehr), Spätlesen bei 5–20 Jahren und Auslesen sowie Beerenauslesen bei über 10–30 Jahren. Als Faustregel gilt, dass Weine von Saar und Ruwer in schwachen Jahren scharf und schlank geraten; in guten Jahren aber, die mehr und mehr zur Normalität werden, kommt ihnen an Eleganz und erregender, stahliger Rasse kein anderer gleich.

2013 Der ungewöhnlich lange Winter sorgte von Anfang an für Verzögerungen, und nach einem halbwegs guten Sommer wurden im Herbst alle Hoffnungen vom Regen ertränkt. Spitzenwinzer fuhren nur die Hälfte der sonst üblichen Ernte ein. Die Weine auf Einsteigerniveau sehen ganz passabel aus, Premiumgewächse sind indes rar. Die Mittelmosel schnitt besser ab als Saar und Ruwer.

2012 Klassische Weine von QbA bis Auslese, geringer Ertrag.

2011 Ein brillanter Jahrgang, besonders für Saar und Ruwer, mit sensationellen Trockenbeerenauslesen.

2010 Hauptmerkmal der Weine ist der hohe Säuregehalt; einige gute Spät- und Auslesen.

2009 Eine Fülle prachtvoller Spät- und Auslesen mit perfekter Säure sowie trockene Weine von seltener Ausgewogenheit. Die besten sollten weiter im Keller reifen.

2008 Kein Jahrgang für Auslesen, doch Kabinette und Spätlesen können fein und elegant sein. Trinken oder einlagern.

2007 Gute Qualität und Quantität. Jetzt zunehmend reif.

2006 Jede Menge Edelfäule, nicht durchweg hochwertig. Trinken.

2005 Überaus reife Trauben, die aber mit einem besseren Säurerückgrat ausgestattet sind als etwa 2003. Außergewöhnlich, v.a. an der Saar. Trinken oder noch aufbewahren.
2004 Schöner Jahrgang, jetzt trinken.
2003 Von Hitze geprägter Jahrgang, beträchtliche Unterschiede in der Qualität. Die besten Weine könnten sich als so gut erweisen wie 1959.
2002 Saftige, lebhafte Kabinett-Weine und Spätlesen, die jetzt trinkreif sind.
2001 Der beste Mosel-Riesling seit 1990. An Saar und Ruwer ebenfalls perfekt ausgewogen, wenn auch weniger aufregend. Viele Spät- und Auslesen, die man jetzt trinken oder noch aufheben kann.
1999 Exzellent an Saar und Ruwer, viele Auslesen hier. An der Mosel insgesamt ein nur guter Jahrgang. Die Besten können noch im Keller liegen bleiben.

Ältere gute Jahrgänge: 1997, 1995, 1994, 1993, 1990, 1989, 1988, 1976, 1971, 1969, 1964, 1959, 1953, 1949, 1945, 1937, 1934, 1921.

Nahe/Rheingau/Rheinhessen/Pfalz

Neben den Mosel- sind die Rheingaugewächse die potenziell langlebigsten aller deutschen Weine. Sie entfalten sich über 15 Jahre hinweg und länger, jedoch können auch Spitzengewächse aus Rheinhessen, der Pfalz oder von der Nahe ebenso lang haltbar sein. Moderne trockene Weine wie die Großen Gewächse sollten im Allgemeinen innerhalb von 2–4 Jahren getrunken werden, die besten aber haben zweifellos das Potenzial, auf interessante Weise zu altern. Das gleiche gilt für Rotweine von der Ahr: Dank ihrer Fruchtigkeit sind sie bereits in der Jugend ansprechend, doch die besten unter ihnen entwickeln sich 10 Jahre und länger.

2013 Schwieriges Jahr mit großen Unterschieden: Die besten Weine kommen aus dem südlichen Rheinhessen, Franken und dem Ahrtal. Generell geringe Erträge.
2012 Unterdurchschnittliche Mengen, aber sehr gute, auf jeder Qualitätsstufe klassische Weine.
2011 Die Weine besitzen Frucht und ausgewogene Säure.
2010 Uneinheitliche Qualität, die trockenen Weine sollten jetzt getrunken sein.
2009 Exzellente Weine, v.a. die trockenen. Teilweise musste aufgesäuert werden.
2008 Uneinheitliche Qualität. Die Spätlesen sind gut, v.a. im Rheingau.
2007 Die trockenen Weine reifen schneller als erwartet. Trinken.
2006 Sehr viel Edelfäule; Spitzengütern gelangen annehmbare, mittelschwere Weine. Jetzt trinken.
2005 Hohe Reifegrade bei exzellenter Säure und Extrakt. Ein vorzüglicher Jahrgang. Trinken oder noch aufheben.
2004 Überall am Rhein reife, gesunde Frucht. Großer Ertrag, manchmal etwas verwässert, aber nicht bei den Spitzengütern.
2003 Reichhaltige Weine im Rheingau; vielen fehlt es an Säure. Die Roten gelangen gut, sofern man den Alkoholgehalt in den Griff bekam. Trinken.
2002 Kaum ein Wein wird es wohl mit den 2001er Spitzengewächsen aufnehmen können, dennoch ein guter Jahrgang sowohl für Kabinette und Spätlesen als auch für trockene Weine. Hervorragender Spätburgunder. Trinken.

2001 Wenngleich nicht so einheitlich wie an der Mosel, ein sehr guter Jahrgang sowohl für klassische Kabinette und Spätlesen als auch für trockene Versionen; herrlich ausgewogen. Trinken oder noch aufheben.

1999 Durchschnittsqualität dort, wo hohe Erträge zustande kamen; für Spitzenerzeuger jedoch ein ausgezeichneter Jahrgang mit sehr ansprechenden, reichhaltigen und aromatischen Weinen. Bald trinken.

Ältere gute Jahrgänge: 1998, 1997, 1996, 1993, 1990, 1983, 1976, 1971, 1969, 1964, 1959, 1953, 1949, 1945, 1937, 1934, 1921.

Die Weine des ursprünglich als so problematisch erachteten Jahrgangs 2003 (diese Hitze!) schmecken jetzt ganz vorzüglich.

Achkarren Bad ★★→★★★ Weinort am KAISERSTUHL, bekannt für opulenten GRAUBURGUNDER und kraftvollen SPÄTBURGUNDER von schwarzen Vulkanböden (GROSSE LAGE Schlossberg). Spitzenerzeuger: Dr. HEGER, Michel, St. Remigius, SCHWARZER ADLER und die Winzergenossenschaft.

Adelmann, Weingut Graf Würt ★★→★★★ Das Gut auf der malerisch gelegenen Burg Schaubeck in WÜRTTEMBERG wird jetzt vom jungen Felix Graf Adelmann geleitet. Subtile rote Verschnitte und RIESLING (GROSSE LAGE Süßmund).

Die deutschen Qualitätsstufen und Weinstile

Die amtlichen Qualitätsstufen sind in aufsteigender Reihenfolge:

1. **Deutscher Wein ohne Herkunftsangabe** (oder schlicht **Wein**; ersetzt die Bezeichnung Tafelwein): Leichter, meist lieblicher Wein ohne näher festgelegte Eigenart.
2. **Wein mit geschützter geografischer Angabe (g.g.A.)** (ersetzt Landwein): trocken oder halbtrocken, gebietstypisch. Meist nicht zu empfehlen, doch einige erfolgreiche Güter nutzen die Kategorie Landwein bzw. g.g.A., um bürokratische Zwänge zu umgehen.
3. **Wein mit geschützter Ursprungsbezeichnung (g.U.,** als traditionelle Begriffe sind auch noch **Qualitäts- und Prädikatswein** zugelassen): trocken bis lieblich, Zuckerzusatz vor der Gärung ist möglich, um den Alkoholgehalt zu steigern; stets auf Qualität geprüft und mit ausgeprägtem Charakter, je nach Landschaft und Traubensorte.
4. **Kabinett:** trocken bis lieblich (ungezuckert) mit ausgeprägter, gelegentlich vorzüglicher Eigenart und charakteristischer Leichtigkeit.
5. **Spätlese:** alkoholreicher als Kabinett, meist mit mehr Süße, körperreich. Viele hochklassige Spätlesen sind heutzutage halb- oder ganz trocken.
6. **Auslese:** süßer, oft auch alkoholreicher als Spätlese, vielfach mit an Honig erinnerndem Aroma, intensiv und langlebig. Gelegentlich trocken und schwer.
7. **Beerenauslese:** ziemlich süß und gelegentlich alkoholreich, intensiv im Geschmack, kann superb sein.
8. **Eiswein:** von im Winter am Rebstock gefrorenen Trauben der Qualitätsstufe für Beeren- oder Trockenbeerenauslese, hochkonzentriert, intensiv süß. Manchmal extrem einseitig.
9. **Trockenbeerenauslese:** intensiv süß und aromatisch, oft nicht allzu alkoholreich. Ein außergewöhnlicher, unendlich haltbarer Wein.

Ahr r ★★→★★★ **97 99 02 05 09 11** 12 **13** – Anbaugebiet südlich von Bonn. Mineralische, fruchtbetonte (und inzwischen sehr kraftvolle) SPÄT- und FRÜHBURGUNDER von Schieferböden. Beste Produzenten sind Adeneuer, Deutzerhof, Heiner-Kreuzberg, KREUZBERG, MEYER-NÄKEL, Nelles, Paul Schumacher, STODDEN und die Winzergenossenschaft Mayschoß-Altenahr.

Aldinger, Weingut Gerhard Würt ★★★ Einer der führenden Erzeuger WÜRTTEMBERGS; Spezialiäten sind dicht gefügter LEMBERGER und SPÄTBURGUNDER sowie komplexer SAUVIGNON BLANC. Auch guter RIESLING.

Alte Reben Eine auf deutschen Etiketten immer häufiger auftauchende Bezeichnung, analog zum französischen *vieilles vignes*. Wie in Frankreich ist kein Mindestalter festgelegt.

Amtliche Prüfungsnummer (A.P.Nr.) Muss auf jedem Etikett eines Qualitätsweins abgedruckt sein. Besonders nützlich zur Unterscheidung von AUSLESEN aus verschiedenen Parzellen desselben Weinbergs.

Assmannshausen Rhg r ★★→★★★★ **93 97 99 01 02 05 08 09** 10 11 12 (13) – Ort im RHEINGAU, v. a. bekannt durch seine nach Cassis duftenden, sehr haltbaren Spätburgunder von Schieferböden. GROSSE LAGE: Höllenberg. Erzeuger: BISCHÖFLICHES WEINGUT, Chat Sauvage, August KESSELER, Robert König, KRONE, Mumm und das Staatsweingut.

Auslese Wein von ausgelesenen, besonders reifen Trauben, oft durch Edelfäule verfeinert und entsprechend gehaltvoll im Geschmack. Trockene Auslesen fallen für meinen Geschmack oft zu alkoholstark und plump aus.

Ayl M ★→★★★ Alle Weinberge in Ayl sind seit 1971 unter dem Namen der historisch besten Lage bekannt: Kupp (was viel über das deutsche Weingesetz sagt). Erzeuger: BISCHÖFLICHE WEINGÜTER, Lauer, Vols.

Die wichtigsten Rebsorten in Deutschland sind Riesling (22.800 ha), Müller-Thurgau (13.100 ha) und Spätburgunder (11.700 ha).

Bacharach MR ★→★★★ **01 02** 04 **05 08 09** 10 **11 12 (13)** – Idyllisches Städtchen mit Fachwerkhäusern, Zentrum der RIESLING-Erzeugung am MITTELRHEIN. GROSSE LAGEN: Hahn, Posten, Wolfshöhle. Erzeuger: Bastian, JOST, KAUER, RATZENBERGER.

Baden r w **90 97 05** 08 **09** 10 **11 12** (13) – Großes Anbaugebiet im Südwesten (15.000 ha), bekannt vor allem für die verschiedenen Pinot-(»Burgunder«-)Trauben (weiß und rot); mit Enklaven von RIESLING, der in der Regel trocken ausgebaut wird. Viele Winzergenossenschaften. Beste Bereiche: KAISERSTUHL und ORTENAU.

Bassermann-Jordan Pfz ★★★ Weingut an der MITTELHAARDT mit 49 ha hervorragenden Lagen u. a. in DEIDESHEIM, FORST und RUPPERTSBERG. Majestätischer trockener RIESLING und üppige Süßweine.

Becker, Friedrich Pfz ★★★ Gut in der Südpfalz mit überragendem SPÄTBURGUNDER; besitzt auch einige Weinberge auf der anderen Seite der Grenze im Elsass. Außerdem immer besser werdende Weißweine (RIESLING, PINOT GRIS).

Becker, J. B. Rhg ★★→★★★ **90 92 94 97 01** 02 **05** 08 **09** 10 **11 12** – Das beste Weingut in WALLUF, jetzt ökologisch bewirtschaftet: Spezialist für altmodische, fassgereifte (und langlebige) trockene RIESLINGE und SPÄTBURGUNDER. Im Keller lagern bis in die 1990er zurückreichende Jahrgänge.

Beerenauslese Köstlich süßer Wein aus besonders reifen, einzeln ausgelesenen Beeren, durch Edelfäule verfeinert. Rar und teuer.

Bercher Bad ★★★ Familienbetrieb (25 ha) in Burkheim am KAISERSTUHL. Spezialist für fassgereifte Weine von Burgundersorten aus der GROSSEN LAGE Feuerberg. Seit einiger Zeit hat man sich auf den Ausbau in tradi tionellen großen Fässern verlegt, z. B. beim hervorragenden PINOT NOIR Jechtinger Eichert.

Bergdolt, Weingut Pfz ★★★ Südlich von Neustadt an der Weinstraße erzeugt dieses 24-ha-Gut sehr feinen WEISSBURGUNDER (vom Kirrweiler Mandelberg) sowie guten RIESLING und SPÄTBURGUNDER.

Bernkastel MM ★→★★★★ **90 94 96 97 01** 02 **03 05** 07 **08 09** 10 **11** 12 – Erstklassige Weinstadt an der MITTELMOSEL, bekannt für den perfekt abgerundeten, fruchtigen Stil ihrer Weine. GROSSE LAGEN: Doctor und Lay. Spitzenerzeuger: Kerpen, LOOSEN, Pauly-Bergweiler, PRÜM, Studert-Prüm, THANISCH (beide Güter), WEGELER. Lassen Sie aber die Finger von Weinen aus dem Bereich Bernkastel, die unter dem Namen Kurfürstlay (GROSSLAGE) verkauft werden.

Bereich, Großlage und Große Lage – trau, schau wem!

Ein »Bereich« nach dem deutschen Weinrecht bedeutet einen größeren Abschnitt innerhalb eines Anbaugebiets. Auf einem Etikett, wie z. B. bei »Bernkastel (Bereich)«, ist diese Bezeichnung als Warnsignal zu verstehen: Der Wein ist ein Verschnitt aus beliebigen Lagen innerhalb dieses Bereichs und sollte besser nicht gekauft werden. Das Gleiche gilt für Weine mit der Bezeichnung GROSSLAGE, obwohl diese viel schwerer zu erkennen sind. Wer könnte schon aus dem Stegreif erraten, ob »Forster Mariengarten« eine EINZELLAGE oder eine Großlage ist? (Es ist Letzteres.) Und seit dem Jahrgang 2012 ist es noch ein bisschen verzwickter geworden: Die GROSSEN LAGEN sind hinzugekommen, die man auf keinen Fall mit Großlagen verwechseln sollte. Es handelt sich nämlich ganz im Gegenteil um die besten Weinberge nach der Klassifikation des Winzerverbandes VDP, sozusagen die Grands crus Deutschlands.

Bischöfliches Weingut Rüdesheim Rhg ★★★ Kleines, aber beachtenswertes Kirchengut mit Sitz im Kloster Hildegard von Bingens in Eibingen und 8 ha bester Lagen in RÜDESHEIM, ASSMANNSHAUSEN und JOHANNISBERG. Peter Perabo, früher Kellermeister bei KRONE, ist ein Spezialist für Spätburgunder, doch auch der RIESLING ist sehr gut.

Bischöfliche Weingüter Trier M ★★ In den 130 ha Spitzenlagen sind der Besitz der Trierer Hohen Domkirche sowie der dreier anderer Stiftungen vereinigt. Die Weine waren lange Zeit äußerst mäßig – wird nun die Wende zum Besseren vollzogen?

Blanc de Noir(s) Immer beliebter werdender weißer oder blassrosa Stillwein von roten Trauben (vorwiegend SPÄTBURGUNDER, TROLLINGER oder SCHWARZRIESLING). Mutet oft ein wenig »technisch« an und sollte am besten sehr kalt getrunken werden.

Bocksbeutel Bauchig-flache Weinflasche, v. a. für Weine aus FRANKEN und Nordbaden.

Bodensee Bad – Idyllischer Bereich in SÜDBADEN. Eine Spezialität ist der an RIESLING erinnernde MÜLLER-THURGAU; außerdem leichter, aber delikater SPÄTBURGUNDER. Spitzenweinbauorte: Meersburg und Hagnau. Hübsche Urlaubsweine.

Boppard MR ★→★★★ Weinstadt am MITTELRHEIN mit der GROSSEN LAGE Bopparder Hamm, die wie ein Amphitheater geformt ist. Erzeuger: Lorenz, M. Müller, Perll, WEINGART. Unschlagbares Preis-Leistungs-Verhältnis.

Brauneberg MM w ★★★→★★★★ **59 71 83 90 93 94 95 96 97 99 01 02** 04 **05 06** 07 **08 09** 10 **11** 12 (13) – Erstklassiger Weinort bei BERNKASTEL mit ausgezeichneten, sehr aromatischen und herrlich rassigen RIESLINGEN. GROSSE LAGEN: Juffer, Juffer-Sonnenuhr. Erzeuger: FRITZ HAAG, WILLI HAAG, KESSELSTATT, Paulinshof, RICHTER, SCHLOSS LIESER, THANISCH.

Breuer, Georg Rhg ★★★→★★★★ Das Familienweingut in RÜDESHEIM und RAUENTHAL ist für ausgeprägt trockenen RIESLING, SEKT und SPÄTBURGUNDER bekannt. Theresa Breuer ist in die Fußstapfen ihres Vaters getreten und behält dessen klassischen Stil bei. Eine Rarität ist der Gelbe Orleans (weiß) von einer alten, in den 1990er-Jahren wiederentdeckten lokalen Rebsorte.

Esst mehr Wild!

Einige der übelsten Feinde des deutschen Winzers haben vier Beine und einen – unbestreitbar – guten Geschmack: Wildschweine und Rotwild fallen in die Weinberge ein, sobald das Nahrungsangebot an Eicheln etc. im Wald knapp wird. Nicht einmal Elektrozäune schrecken die Tiere ab, sodass bis zu einem Drittel des Traubenguts verloren gehen kann. Und natürlich schmecken die reifen Beeren am besten ... Also: Schützen Sie die AUSLESE, essen Sie mehr Wild! Und entdecken Sie, wie gut beides zusammenpasst.

Buhl, Reichsrat von Pfz ★★★ Historisches Weingut in der PFALZ mit Weinbergen in DEIDESHEIM, FORST und RUPPERTSBERG, im Besitz der Familie Niederberger, der auch BASSERMANN-JORDAN und DR. DEINHARD/von WINNING gehören. Gutsleiter ist seit 2013 Mathieu Kauffmann, zuvor Kellermeister bei Bollinger (siehe Kapitel »Frankreich«). Allem Anschein nach wird demnächst ein vielversprechender SEKT herauskommen.

Bürgerspital zum Heiligen Geist Fran ★★→★★★ Alter Stiftsbesitz mit traditionell bereiteten Weißen (Silvaner und RIESLING) von besten Lagen in und um WÜRZBURG. In neuerer Zeit nimmt der Riesling eine bedeutende Rolle ein, angeführt vom komplexen Würzburger Stein Hagemann GROSSES GEWÄCHS. Der Weinberg Stein-Harfe ist in Alleinbesitz.

Bürklin-Wolf, Dr. Pfz ★★→★★★★ Das historische, ökologisch bewirtschaftete Weingut in der PFALZ bringt von den besten GROSSEN und ERSTEN LAGEN der MITTELHAARDT langlebigen, charaktervollen trockenen und halbtrockenen RIESLING hervor.

Busch, Clemens M ★★→★★★ Ökologisch bewirtschaftetes Familiengut Clemens Busch und Sohn Florian erzeugen kraftvollen trockenen und eleganten edelsüßen RIESLING aus der Steillage Pündericher Marienburg an der Untermosel. Die besten Weine sind nach den verschiedenen Schieferböden benannt: Fahrlay, Falkenlay, Rothenpfad und Raffes.

Christmann Pfz ★★★ Bioweingut in Gimmeldingen mit vollem trockenem Riesling und SPÄTBURGUNDER, insbesondere von der GROSSEN LAGE Königsbacher Idig. Steffen Christmann ist Bundesvorsitzender des VDP.

Clüsserath, Ansgar M ★★★ Die junge Eva Clüsserath-Wittmann (ihr Gatte ist Philipp WITTMANN) erzeugt mit handwerklichem Geschick mineralischen RIESLING aus der Lage TRITTENHEIMER Apotheke. Köstlich und von kristalliner Klarheit sind die KABINETT-Versionen (z. B. 2012).

Crusius, Dr. Na ★★→★★★ Familienweingut in TRAISEN, NAHE. Lebendige, sehr haltbare RIESLINGE aus den Lagen Bastei (viel Sonne) und Rotenfels in Traisen sowie aus SCHLOSSBÖCKELHEIM.

Deidesheim Pfz ★★→★★★★ **90 97 01 02 04 05 08 09** 10 **11** 12 (13) – Zentraler Weinbauort der MITTELHAARDT. Überaus aromatische, lebhafte Weine aus privilegierten Lagen: Gainhübel, Hohenmorgen, Kalkofen, Kieselberg und Langenmorgen. Spitzenerzeuger: BASSERMANN-JORDAN, Biffar, BUHL, BÜRKLIN-WOLF, CHRISTMANN, DEINHARD, MOSBACHER, von WINNING.

Deinhard, Dr. Pfz ★★★ Seit 2008 Teil des neuen Weinguts von WINNING, erzeugt aber nach wie vor Pfälzer RIESLING im klassischen Stil.

Diel, Schlossgut Na ★★★→★★★★ Erlesener Riesling mit Lagenbezeichnung (z. B. Goldloch und Dorsheimer Pittermännchen), außerdem ernst zu nehmender SEKT und bemerkenswerter SPÄTBURGUNDER. Armin Diels Aufgaben werden zunehmend von Tochter Caroline übernommen.

Dönnhoff, Hermann Na ★★★★ **90 94 96 97 99 01 02 03 04 05 07 08 09 10 11 12** – Führendes Weingut an der NAHE von bewundernswerter Beständigkeit. Helmut Dönnhoff hat sich auf die Restaurierung aufgegebener Weinberge sowie – unterstützt von Sohn Cornelius – auf einfache, natürliche Weinbereitung spezialisiert. Weine: trockener RIESLING aus Bad Kreuznach (körperreich) und Roxheim (mineralisch, elegant); überragende GROSSE GEWÄCHSE aus NIEDERHAUSEN (Hermannshöhle), Norheim (Dellchen) und SCHLOSSBÖCKELHEIM (Felsenberg); umwerfender EISWEIN aus der Lage Oberhäuser Brücke.

Durbach Bad ★★→★★★ **08 09 11** 12 (13) – Weinbauort in der ORTENAU, bekannt für körperreichen Riesling, hier Klingelberger genannt, vom Granitboden der steilen Lage Plauelrain. Spitzenerzeuger: A. LAIBLE, H. Männle, Gräflich Wolff Metternich'sches Weingut, Schloss Staufenberg.

Egon Müller – Scharzhof M ★★★★ **59 71 76 83 85 88 89 90 93 94 95 96 97 98 99 01 02 03 04 05 06 07 08 09 10 11 12** (13) – Legendärer Erzeuger an der SAAR in WILTINGEN. Sein rassiger SCHARZHOFBERGER RIESLING zählt zu den besten Weinen der Welt: erhaben, lebhaft, unsterblich. Die Kabinette präsentieren sich federleicht, halten sich aber 10 Jahre und länger; die Spätlesen sind wunderbar voll, zugleich aber schlank. Sichern Sie sich die 2012er: Der Ertrag lag bei lediglich 16 hl/ha, doch der Jahrgang zeigt (gemäß den Aufzeichnungen von Egons Vater) viele Parallelen zum fantastischen Jahrgang 1953.

Einzellage Individuelle Weinberglage. Darf nicht mit GROSSLAGE verwechselt werden.

Eiswein Wein aus am Stock gefrorenen Trauben mit stark herabgesetztem Wassergehalt, daher sehr konzentriert und mit mindestens dem Reifegrad der BEERENAUSLESE. Der Alkoholgehalt muss nicht höher sein als 5,5 Vol.-%. Herausragende Jahrgänge für Eiswein waren 1998, 2002, 2004 und 2008.

Ellwanger Würt ★★→★★★ Jürgen Ellwanger hat eichenfassgereiften Rotweinen in WÜRTTEMBERG den Weg bereitet. Heute erzeugen seine Söhne Jörg und Felix saftigen, aber gut strukturierten LEMBERGER, SPÄTBURGUNDER und ZWEIGELT.

Emrich-Schönleber Na ★★★→★★★★ Einer der verlässlichsten Erzeuger Deutschlands, bekannt für klar umrissenen RIESLING aus den klassifizierten Lagen Halenberg und Frühlingsplätzchen in Monzingen. Die trockenen und edelsüßen Weine sind ebenfalls hervorragend.

Erden MM ★★★ **90 97 01 03 05 08 09** 10 **11** 12 (13) – An ÜRZIG grenzender Ort mit edlen, sehr aromatischen Weinen, oft mit Kräuternote. Als GROSSE LAGEN klassifiziert sind Prälat und Treppchen. Weingüter: Bremer Ratskeller, J. J. CHRISTOFFEL, LOOSEN, Mönchhof, Schmitges, WEINS-PRÜM.

Die Benediktinerinnenabtei St. Hildegard in Rüdesheim besitzt ein Weingut, das ausschließlich von Nonnen geleitet wird.

Erste Lage Nach der Klassifikation des VDP an zweithöchster Stelle eingestufte Weinberglage. (Beileibe nicht alle deutschen Winzer sind Mitglied des VDP, doch von den besten die meisten.) Zurzeit etwas zweideutig:

Deutschland

Für Jahrgänge vor 2012 wurden Weinberge von herausragender Qualität so bezeichnet; deren Weine tragen das Logo einer Weintraube, vor der eine 1 steht. 2012 wurden die meisten Ersten Lagen in »GROSSE LAGE« umbenannt (Logo: Weintraube plus »GG«), während »Erste Lage« jetzt eine neue Kategorie zwischen den Stufen ORTSWEIN und Große Lage bildet, ähnlich dem Premier cru in Burgund. Die Anbaugebiete Ahr, Mittelrhein, Mosel, Nahe und Rheinhessen werden die Bezeichnung Erste Lage allerdings völlig aufgeben; alle klassifizierten Lagen sind dann durchweg Große Lagen. Alles klar?

Erstes Gewächs Rhg – Wein von einem als Spitzenlage klassifizierten Weinberg; diese Bezeichnung darf nur im RHEINGAU verwendet werden. Die dortigen Mitglieder des VDP verwenden aber seit 2012 die Bezeichnung GROSSES GEWÄCHS.

Erzeugerabfüllung Vom Erzeuger – bei dem es sich auch um eine Winzergenossenschaft handeln kann – aus eigenem Lesegut gekelterter und selbst abgefüllter Wein. Die strengeren Kriterien unterliegende GUTSABFÜLLUNG ist, wie der Name sagt, Weingütern vorbehalten.

Escherndorf Fran ★★→★★★★ **97 01 04 05 07 08 09 10 11 12 13** – Weinbauort mit GROSSER LAGE Lump (Steillage). Der Name spielt möglicherweise darauf an, dass der Weinberg wegen des Erbrechts und der Verkaufsunwilligkeit vieler Erben in winzige Parzellen, klein wie Lumpen, aufgesplittet ist. Beste Weine sind RIESLING und SILVANER. Weingüter: Michael Fröhlich, HORST SAUER, RAINER SAUER, Egon Schäffer.

Feinherb Nicht genau definierter Begriff für Weine mit 10–20 g/l Restsüße, die man nicht unbedingt immer herausschmeckt. Wird von manchen Erzeugern als flexiblere Bezeichnung gegenüber HALBTROCKEN favorisiert. Ich entscheide mich oft für feinherbe Weine.

Forst Pfz ★★→★★★★ **90 97 01 05 08 09 10 11 12** (13) – Ort in der MITTELHAARDT mit reifen, üppig duftenden, körperreichen und dennoch subtilen Weinen. GROSSE LAGEN: Freundstück, Jesuitengarten, Kirchenstück, Pechstein, Ungeheuer. Spitzenerzeuger: Acham-Magin, BASSERMANN-JORDAN, Reichsrat von BUHL, BÜRKLIN-WOLF, Dr. DEINHARD/von WINNING, MOSBACHER, WOLF.

Franken 90 97 01 04 05 07 08 09 10 11 12 13 – Anbaugebiet mit eigenständigen trockenen Weinen, v. a. Silvaner, meist in BOCKSBEUTEL-Flaschen. Mittelpunkt ist WÜRZBURG. Die besten Weine kommen aus Bürgstadt, Klingenberg, ESCHERNDORF, IPHOFEN, RANDERSACKER und Volkach.

Franzen, Reinhold M ★★→★★★ Von Europas steilster Weinberglage, dem Bremmer Calmont, und dem nahe gelegenen Neefer Frauenberg an der MOSEL erzeugt der junge Kilian Franzen dicht gewirkte, mineralische RIESLINGE, meist trocken. Beim knackigen trockenen Quarzit-Schiefer 2012 bekommt man unglaublich viel fürs Geld.

Fuder Traditionelles deutsches Fass für Gärung und (früher langen) Ausbau mit einem Fassungsvermögen von 500 bis 1.500 Litern, je nach Anbaugebiet.

Fürst, Rudolf Fran ★★★→★★★★ **97 99 01 02 05 08 09 10 11 12 13** – Familiengut in Bürgstadt mit Weinbergbesitz dort und in den steilen Terrassen von Klingenberg. Die Qualität ist hervorragend: langlebiger Spätburgunder (einer der besten Deutschlands), dicht gewirkter FRÜHBURGUNDER klassischer SILVANER, in Eiche ausgebauter WEISSBURGUNDER, reintöniger CHARDONNAY und nobler RIESLING zum Einlagern. Paul Fürsts Sohn Sebastian bringt seine in Burgund gesammelten Erfahrungen mit ein.

Fürstlich Castell'sches Domänenamt Fran ★→★★★ Historischer Gutsbesitz. Traditionell bereiteter SILVANER, RIESLING und SPÄTBURGUNDER von der hervorragenden Einzellage im Alleinbesitz Casteller Schlossberg (eine GROSSE LAGE).

Gallais, Le M – Das zweite Gut von EGON MÜLLER mit der 4-ha-Lage Braune Kupp (in Alleinbesitz) in WILTINGEN, deren Schieferboden einen höheren Lehmanteil aufweist als der SCHARZHOFBERG. Die AUSLESEN (z. B. Goldkapsel 2009) können grandios sein.

Geisenheim Rhg – Das Städtchen im RHEINGAU hat selbst keine erstklassigen Weinberge, ist aber dafür Sitz der wichtigsten Hochschule Deutschlands für Weinbau und Önologie.

Graach MM w ★★★→★★★★ **90 93 94 95 96 97 99 01 04 05 07 08 09 10 11** 12 (13) – Kleiner Ort zwischen BERNKASTEL und WEHLEN. GROSSE LAGEN: Domprobst, Himmelreich, Josephshöfer. Spitzenweingüter: Kees-Kieren, KESSELSTATT, LOOSEN, M. MOLITOR, J. J. Prüm, S. A. PRÜM, SCHAEFER, Selbach-Oster, Studert-Prüm, WEGELER, WEINS-PRÜM. Alle sind vom geplanten Bau einer Schnellstraße (B50 neu) bedroht.

Grans-Fassian M ★★★ Feines Gut an der MOSEL mit sehr gutem Ruf für stahlige, alterungsfähige RIESLINGE von Lagen in TRITTENHEIM, PIESPORT, LEIWEN und Drohn. Als Spezialität EISWEIN.

Groebe Rhh – Der Familienbetrieb in Westhofen erzeugt ausdrucksstarke RIESLING-Weine mit Lagencharakter.

Große Lage Die Spitze der neuen Lagenklassifikation des VDP, gilt jedoch nur für Mitglieder des VDP. (Der Verband selbst benutzt übrigens nur die Schreibweise Grosse Lage, wohl um die internationalen Märkte nicht mit deutscher Orthografie zu verwirren). Darf auf keinen Fall mit der GROSSLAGE verwechselt werden. Löst als oberste Stufe die ERSTE LAGE ab. Trockene Weine von einer Großen Lage werden als GROSSES GEWÄCHS bezeichnet.

Großer Ring M – Gruppe von Spitzenweingütern (VDP) im Anbaugebiet MOSEL, bei deren jährlicher Auktion im September in Trier manchmal sogar Weltrekordpreise erzielt werden.

Großes Gewächs Bezeichnung für einen trockenen Spitzenwein aus einer ERSTEN LAGE (bis 2012) bzw. GROSSEN LAGE (ab 2012) nach der Klassifizierung des VDP. Aus Gründen der internationalen Verständlichkeit wird auch die Schreibweise »Grosses Gewächs« verwendet (vom VDP nur so). Siehe auch ERSTES GEWÄCHS.

Eine Flasche Großes Gewächs mit dem Traubenlogo plus »GG« kostet rund 70 Cent – leer.

Großlage Zusammenfassung einer Gruppe zweitrangiger Weinberge mit angeblich ähnlichen Eigenschaften. Keine Qualitätsangabe. Hat rein gar nichts zu tun mit einer GROSSEN LAGE!

Gunderloch Rhh ★★★→★★★★ **90 97 01 05 07 08 09** 10 **11 12** (13) – Auf dem Weingut in NACKENHEIM erzeugen Johannes Hasselbach (der Kellermeister) und sein Vater Fritz (der Boss) einige der feinsten RIESLINGE des gesamten Rheingebiets, v. a. auf AUSLESE-Niveau und darüber. Der fruchtig-elegante Jean Baptiste Riesling KABINETT passt perfekt zu würzigen Speisen. Beste Lagen: Rothenberg, Pettenthal.

Gutsabfüllung Auf Weingütern (im Unterschied zu Genossenschaften) anstelle von ERZEUGERABFÜLLUNG verwendet.

Haag, Fritz M ★★★★ **90 94 95 96 97 99 01 02 04 05 07 08 09 10 11** 12 (13) – BRAUNEBERGS Spitzenweingut, stets absolut verlässlich. Oliver Haag führt das Werk seines Vaters Wilhelm in einem etwas moderneren Stil fort. Siehe auch SCHLOSS LIESER.

Haag, Willi M ★★→★★★ Familienweingut in BRAUNEBERG, geleitet von Marcus Haag. RIESLING alter Schule, meist süß und voll, aber ausgewogen und preiswert. Empfehlenswert: Juffer AUSLESE 2012.

Haart, Julian M ★★→★★★ Der talentierte Neffe Theo Haarts (vom Gut REINHOLD HAART) besitzt Lagen in Wintrich und PIESPORT; der erste Jahrgang war 2010. Im Auge behalten.

Haart, Reinhold MM ★★★→★★★★ Das beste Weingut in PIESPORT. Die aromatisch-milden RIESLINGE, SPÄTLESEN, AUSLESEN und höheren PRÄDIKATE sind rassige Mosel-Rieslinge wie aus dem Bilderbuch mit großartigem Alterungspotenzial.

Halbtrocken Mit weniger als 18, jedoch über 9 g/l Restsüße. Die Bezeichnung »halbtrocken« auf dem Etikett kommt heutzutage nicht mehr so gut an – FEINHERB klingt besser.

Hattenheim Rhg ★★→★★★★ **97 01 05 08 09 11 12** – Weinort mit den berühmten GROSSEN LAGEN STEINBERG, Nussbrunnen und Wisselbrunnen. Erzeuger: Barth, Knyphausen, Lang, LANGWERTH VON SIMMERN, Ress, Schloss Schönborn, STAATSWEINGUT. Die guten Lagen Nuss- und Wisselbrunnen haben einen soliden Felsuntergrund, der Regen wie ein Auffangbecken sammelt und einen guten Schutz gegen Dürre bietet.

Heger, Dr. Bad ★★★→★★★★ **08 09 10 11** 12 (13) – Familiengut am KAISERSTUHL mit ernst zu nehmenden trockenen Weinen von steilen Lagen in ACHKARREN und IHRINGEN. Konzentriert sich jetzt – unter klug durchdachtem Einsatz von Eichenholz – auf Abfüllungen aus GROSSEN LAGEN: Häusleboden (SPÄTBURGUNDER), Gras im Ofen und Rappenecker (WEISSBURGUNDER, GRAUBURGUNDER). Die Bezeichnung »Vorderer Berg« für die besten Parzellen im Winklerberg wurde von den Behörden verboten. Weine mit dem Namen Weinhaus Joachim Heger stammen von gepachteten Rebflächen.

Hermannsberg Na ★★→★★★ Die frühere Staatsdomäne NIEDERHAUSEN wurde 2010 privatisiert und komplett modernisiert. Kraftvoller RIESLING aus als GROSSE LAGE klassifizierten Weinbergen in NIEDERHAUSEN, SCHLOSSBÖCKELHEIM und TRAISEN.

Hessische Bergstraße ★→★★★ **09 11** 12 (13) – Deutschlands kleinstes Anbaugebiet liegt nördlich von Heidelberg. Gefällige RIESLINGE vom STAATSWEINGUT, von Simon-Bürkle und dem Weingut der Stadt Bensheim.

Heyl zu Herrnsheim Rhh ★★→★★★ Das ökologisch bewirtschaftete historische Gut in NIERSTEIN ist nun Teil des Weinguts ST. ANTONY. GROSSE GEWÄCHSE von der in Alleinbesitz befindlichen ERSTEN LAGE Brudersberg können ganz ausgezeichnet sein, insgesamt ist die Qualität jedoch uneinheitlich.

Heymann-Löwenstein M ★★★ Familiengut in WINNINGEN bei Koblenz mit RIESLING von terrassierten Steillagen (14 ha). Die Abfüllungen aus den Parzellen im Winninger Uhlen (Blaufüßer Lay, Roth Lay, Laubach) sind so ausgefeilt, dass eine Unterscheidung in trocken oder halbtrocken jegliche Bedeutung verliert. Richard Löwenstein setzt sich vehement für Spontangärung ein (siehe Kasten S. 224).

Hochgewächs Selten verwendete Bezeichnung für MOSEL-RIESLING, der strengeren Vorschriften unterliegt als einfacher QbA. Ein angesehener Advokat der Hochgewächses ist Kallfelz in Zell-Merl.

Hochheim Rhg ★★→★★★★ **90 97 01 04 05 08 09** 10 **11** 12 (13) – Weinstadt im östlichen RHEINGAU. Volle, ausgesprochen erdige RIESLINGE aus den GROSSEN LAGEN Domdechaney, Hölle, Kirchenstück und Reichestal. Erzeuger: Himmel, Franz Künstler, STAATSWEINGUT, Werner. Hochheimer Wein ist in England so berühmt geworden, dass er dort in der Kurzform »Hock« für Rheinwein überhaupt steht.

Hoensbroech, Reichsgraf zu Bad ★★→★★★ Erstklassiges Gut im KRAICHGAU; die Reben wachsen auf sehr kalkhaltigem Lössboden. Der trockene WEISSBURGUNDER vom Michelfelder Himmelberg ist ein Klassiker.

Hövel, von M ★★★ Feines SAAR-Weingut in Oberemmel mit der Lage Hütte (4,8 ha, Alleinbesitz), die filigrane Weine erbringt, dem Hörecker im KANZEMER Altenberg sowie einem Anteil am SCHARZHOFBERG. Der tatkräftige Maximilian von Kunow stellt jetzt auf Ökoanbau um.

Huber, Bernhard Bad ★★★ Führender Erzeuger im Breisgau mit intensiv fruchtigem SPÄTBURGUNDER, v. a. Alte Reben und Bombacher Sommerhalde; außerdem CHARDONNAY im burgundischen Stil (Hecklinger Schlossberg).

Ihringen Bad ★→★★★★ **08 09** 10 **11 12** (13) – Der Ort am KAISERSTUHL ist vor allem für seine SPÄT- und GRAUBURGUNDER vom Vulkanboden des steilen Winklerbergs bekannt. Unsinnigerweise erlaubt das Weingesetz von 1971 den Vertrieb von auf Lössböden angebauten Weinen unter demselben Namen. Spitzenweingüter: Dr. HEGER, Konstanzer, Michel, Stigler.

Immich-Batterieberg MM ★★ Die Wiederauferstehung eines altens Namens. Die neuen Besitzer (seit 2009) erzeugen pikanten trockenen und halbtrockenen RIESLING von den Lagen Steffensberg, Ellergrub und Batterieberg in Enkirch, allerdings keine edelsüßen Weine.

Iphofen Fran ★★→★★★ **90 97 01 05 08 09 10 11 12 13** – Berühmter Weinort im STEIGERWALD, bekannt für vollen, aromatischen, langlebigen SILVANER. Klassifizierte Lagen: Julius-Echter-Berg, Kronsberg. Weingüter: Arnold, JULIUSSPITAL, RUCK, WELTNER, Wirsching.

Johannisberg Rhg ★★→★★★★ **90 97 99 01 04 05 07 08 09 10 11** 12 – Der Weinort im RHEINGAU genießt einen guten Ruf für RIESLINGE mit Beeren- und Honigduft. GROSSE LAGEN: Hölle, Klaus, Schloss Johannisberger. GROSSLAGE: Erntebringer (meiden!). Spitzenerzeuger: JOHANNISHOF, PRINZ VON HESSEN, SCHLOSS JOHANNISBERG.

Johannishof – Eser Rhg ★★→★★★ Familienweingut mit Lagen in JOHANNISBERG und RÜDESHEIM. Die von Johannes Eser bereiteten RIESLINGE zeigen perfekte Ausgewogenheit von reifer Frucht und stahliger Säure.

Josephshöfer M **83 90 02 03 05 08 09 10 11** 12 – GROSSE LAGE in GRAACH, Alleinbesitz von Reichsgraf von KESSELSTATT. Harmonischer, beerenfruchtiger RIESLING, trocken und süß ausgebaut. Wie die benachbarten Weinberge ist auch diese Lage vom Bau der neuen Schnellstraße (B50 neu) bedroht.

Jost, Toni MR ★★★ Führendes Weingut in BACHARACH mit der Lage Hahn (in Alleinbesitz), jetzt geleitet von Cecilia Jost. Aromatisch-nervige RIESLINGE, seit Kurzem auch Versuche mit SPÄTBURGUNDER. Die Familie besitzt noch ein zweites Gut in WALLUF (RHEINGAU).

Juliusspital Fran ★★★ Alte kirchliche Stiftung in WÜRZBURG mit besten Lagen in ganz FRANKEN. Probieren Sie die trockenen Silvaner (die sehr schön altern), den RIESLING und die weiße Top-Cuvée BT. In der Regel ist der Stil des Hauses eher auf Kraft als auf Eleganz ausgerichtet.

Kabinett Siehe Kasten »Die deutschen Qualitätsstufen und Weinstile«, S. 205. Deutschlands einzigartiger Beitrag zur Weinwelt in der Federgewichtsklasse – die Erzeugung wird mit dem fortschreitenden Klimawandel allerdings immer schwieriger.

Kaiserstuhl Bad r w – Hervorragendes Weinbaugebiet mit ausgesprochen warmem Klima und vulkanischem Boden. Der gute Ruf gründet sich v. a. auf die SPÄTBURGUNDER und GRAUBURGUNDER.

Kanzem M ★★★ **90 97 99 01 04 05 07 08 09 10 11** 12 (13) – Kleiner Nachbarort von WILTINGEN an der Saar. GROSSE LAGE: Altenberg. Erzeuger: BISCHÖFLICHE WEINGÜTER, OTHEGRAVEN, Van Volxem.

Karlsmühle M ★★★ Gut, in dessen Alleinbesitz die beiden Lorenzhöfer Einzellagen sind. Erzeugt werden klassische RUWER-RIESLINGE in beständiger Spitzenqualität.

Karthäuserhof M ★★★★ **90 93 95 97 99 01 04 05 07 08 09 10 11 12** (13) – Herausragendes Weingut in Eitelsbach mit dem Karthäuserhofberg in Alleinbesitz (RUWER). Leicht zu erkennen an den Flaschen, die nur ein Etikett am Hals tragen. Geschliffene TROCKENE Weine und prachtvolle AUSLESEN. Christoph Tyrell hat das Gut nun an einen Cousin übergeben.

Jahrgangsangaben im Kapitel Deutschland

Die Jahrgangsangaben bei den Stichwörtern im Kapitel Deutschland erfolgen nach einem anderen Schema als sonst in diesem Buch üblich. Es gibt zwei verschiedene Kategorien:

Fettdruck (z. B. **09**) – Klassischer, reifer Jahrgang mit einem hohen Anteil von Spät- und Auslesen bzw. bei Rotweinen mit schöner phenolischer Reife und einem guten Mostgewicht.

Normaldruck (z. B. 07) – Erfolgreicher, aber nicht außergewöhnlicher Jahrgang.

Deutsche Weißweine, insbesondere Riesling, enthalten viel Säure und altern gut, dazu weisen sie einen reintönigen Fruchtcharakter auf, da sie nicht in Berührung mit neuer Eiche kommen. Deswegen kann man sie jung trinken, um ihre intensive Fruchtigkeit zu genießen, aber auch 10–20 Jahre lagern, wobei sie eine größere aromatische Finesse entwickeln. Den »idealen Zeitpunkt«, sie zu trinken, gibt es also nicht, darum werden keine Empfehlungen für bevorzugt zu genießende Jahrgänge gegeben.

Kasel M ★★→★★★ Ort im Ruwertal mit blumigen und schön alternden RIESLING-Weinen. GROSSE LAGEN: Kehrnagel, Nies'chen. Spitzenerzeuger: Beulwitz, BISCHÖFLICHE WEINGÜTER, KARLSMÜHLE, KESSELSTATT.

Kauer, Randolf MR ★★→★★★ Familiengut in BACHARACH mit kristallklarem, aromatischem RIESLING aus ökologischem Anbau. Dr. Randolf Kauer ist Professor für Ökologischen Weinbau in GEISENHEIM.

Keller, Weingut Rhh ★★★→★★★★ Überragender, kraftvoller RIESLING GROSSES GEWÄCHS von der Lage Dalsheimer Hubacker und teurer Riesling namens G-Max von einer nicht genannten Einzellage. Jetzt außerdem Riesling aus den NIERSTEINER Lagen Hipping und Pettenthal.

Kesseler, August Rhg ★★★ Leidenschaftlicher Winzer mit feinem SPÄTBURGUNDER aus Lagen in ASSMANNSHAUSEN und RÜDESHEIM. Außerdem sehr gute klassische RIESLINGE (Rüdesheim, LORCH).

Kesselstatt, Reichsgraf von M ★★★→★★★★ 35 ha Spitzenlagen an der MOSEL und ihren beiden Nebenflüssen: u. a. BERNKASTEL, PIESPORT, KASEL, OCKFEN und SCHARZHOFBERG. Die Lage JOSEPHSHÖFER ist in Alleinbesitz. Neuerdings lässt die qualitätsbesessene Annegret Reh-Gartner mehr Weine in FUDERN spontan gären und erhält damit eine noch ausgeprägtere mineralische Definition.

Kiedrich Rhg w ★★→★★★★ Das Renommee dieses Ortes mit der ERSTEN LAGE Gräfenberg ist untrennbar mit dem Gut von Robert WEIL verknüpft. Weitere Erzeuger (u. a. Knyphausen und die Hessischen STAATSWEINGÜTER) besitzen hier nur kleine Parzellen.

Kloster Eberbach Rhg – Das herrliche Zisterzienserkloster aus dem 12. Jh bei HATTENHEIM gehört heute zu den Hessischen STAATSWEINGÜTERN und besitzt neben dem gesamten Steinberg auch eine Reihe anderer großarti ger Lagen, u.a. in ASSMANNSHAUSEN, HOCHHEIM, RAUENTHAL und RÜDESHEIM. Die Qualität ist ordentlich, aber selten herausragend.

Knipser Pfz ★★★→★★★★ Das Familiengut ist spezialisiert auf barriquegereiften SPÄTBURGUNDER, frischen SAUVIGNON BLANC und Cuvée X (ein Bordeaux-Verschnitt). Der knochentrockene RIESLING HPB ist ein Schmankerl für Kenner.

Koehler-Ruprecht Pfz ★★→★★★★ **97 99 01 02 05 07 08 09 10 11 12** – Das Gut in Kallstadt, das lange seinen guten Ruf auf Bernd Philippi und dessen traditionelle Bereitungsmethoden stützte, bietet sehr langlebige trockene RIESLINGE aus der Lage Saumagen und kraftvollen fassgereiften SPÄTBURGUNDER. Philippi hat das Gut 2010 verkauft und wirkt nur noch beratend mit.

Kraichgau Bad – Kleiner Bereich südöstlich von Heidelberg. Spitzenerzeuger: Burg Ravensburg/Heitlinger, HOENSBROECH, Hummel.

Kreuzberg Ahr ★★★ Ludwig Kreuzberg genießt einen guten Ruf für seine mineralischen, nicht übertrieben alkoholstarken, eindeutig aus kühlem Klima stammenden SPÄTBURGUNDER aus dem Ahrtal.

Krone, Weingut Rhg ★★→★★★ **97 99 02 05 06 07 08 09** 10 – Von WEGELER geleitetes Gut in ASSMANNSHAUSEN mit einigen der besten und ältesten SPÄTBURGUNDER-Parzellen in der GROSSEN LAGE Höllenberg. Erlesene Rotweine; die RIESLINGE und WEISSBURGUNDER sind allerdings weniger aufregend.

Kühn, Peter Jakob Rhg ★★★ Ausgezeichnetes Weingut in OESTRICH. Durch penible (ökologische) Weinbergpflege und lange Maischestandzeit entsteht unkonventioneller, aber aufregender RIESLING.

Kuhn, Philipp Pfz ★★★ Zuverlässiger Erzeuger in Laumersheim. Die trockenen RIESLINGE sind reichhaltig und harmonisch, die fassgereiften SPÄTBURGUNDER saftig, komplex und mächtig. Eine Novität ist der volle, fassvergorene VIOGNIER.

Künstler, Franz Rhg ★★★→★★★★ **90 97 01 05 08 09 10 11** 12 – Gunter Künstler erzeugt mit seinem kompromisslosen Qualitätsanspruch überragende trockene RIESLINGE von GROSSEN LAGEN in HOCHHEIM und Kostheim sowie neuerdings auch von der anderen Seite des RHEINGAUS in RÜDESHEIM (Roseneck, Rottland). Außerdem exzellente AUSLESEN und straffer SPÄTBURGUNDER.

Laible, Alexander ★★→★★★ Neues Gut in DURBACH, gegründet von Andreas LAIBLES jüngerem Sohn. Aromatischer trockener RIESLING und WEISSBURGUNDER. Der 2012er Riesling Tausend Sterne entstand durch Spontangärung und kommt dem Stil eines Naturweins (siehe S. 107) sehr nah.

Laible, Andreas Bad ★★★ Kristallklarer trockener RIESLING von der Lage Plauelrain in DURBACH, dazu SCHEUREBE und GEWÜRZTRAMINER. Vater Andreas hat jetzt an seinen Sohn Andreas Jr. übergeben.

Landwein Ist jetzt »Wein mit geschützter geografischer Angabe« (g.g.A.). Siehe Kasten »Die deutschen Qualitätsstufen und Weinstile«, Seite 205.

Langwerth von Simmern, Weingut Rhg ★★→★★★ Berühmtes Weingut in Eltville mit traditionellen Bereitungsmethoden. Spitzenlagen: Baiken, Mannberg (im Alleinbesitz), MARCOBRUNN. Ist jetzt wieder in Form.

Lauer, Peter M ★★→★★★ Florian Lauer gibt sich mit seinen Abfüllungen aus einzelnen Parzellen der sehr ausgedehnten Lage AYLER Kupp alle Mühe, die Fehler des Weingesetzes von 1971 zu korrigieren. Am besten: Kern, Schonfels, Stirn. Prachtvoll ist der 2012er RIESLING Auslese Große Lage Fass 10.

Leitz, J. Rhg ★★★ Wachsender Familienbetrieb in RÜDESHEIM mit reichhaltigen, aber eleganten trockenen und süßen RIESLINGEN, v.a. aus klassifizierten Lagen im Rüdesheimer Berg.

Leiwen MM ★★→★★★ Nachbarort von TRITTENHEIM mit der GROSSEN LAGE Laurentiuslay.

Liebfrauenstift-Kirchenstück Rhh – Ein umfriedeter Weingarten in der Gemarkung Worms auf Kiesboden bringt blumige, für ihre Ausgewogenheit berühmte RIESLINGE hervor. Empfehlenswerte Erzeuger: Gutzler, Schembs. Hat nichts mit der billigen, faden Imitation Liebfrauenmilch zu tun!

Loewen, Carl M ★★★ Voller RIESLING, trocken und süß, aus LEIWEN (GROSSE LAGE Laurentiuslay), von der Thörnicher Ritsch und vom 1896 bestockten Weinberg Maximin Herrenberg in Longuich.

Loosen, Dr. MM ★★→★★★★ **90 97 01 02 04 05 07 08 09 10 11** 12 13 – Der charismatische Ernst Loosen erzeugt traditionell bereitete RIESLINGE von alten Reben in BERNKASTEL, ERDEN, GRAACH, ÜRZIG und WEHLEN. Kult ist der Erdener Prälat AUSLESE. Außerdem Wein von verlässlicher Qualität aus zugekauften Trauben unter dem Etikett Dr. L Riesling. In Kooperation mit Château Ste Michelle wird im US-Bundesstaat Washington Riesling erzeugt. Siehe auch J. L. WOLF in der PFALZ.

Lorch Rhg ★→★★★ Der Ort im äußersten Westen des RHEINGAUS wird jetzt wegen seiner mineralisch-scharfen Weine wiederentdeckt. Beste Erzeuger: Chat Sauvage, Fricke, Johanninger, von Kanitz, KESSELER.

Die neue EU-Terminologie

Die Umsetzung der neuen EU-Klassifikation für Wein hat in Deutschland dazu geführt, dass der Begriff »Tafelwein« abgeschafft und seit Januar 2012 einfach durch »Wein« ersetzt wurde (im Amtsdeutsch »Deutscher Wein ohne Herkunftsbezeichnung«). »Landwein« wird jetzt als »Wein mit geschützter geografischer Angabe« (g.g.A.) bezeichnet, die Stufen QUALITÄTSWEIN und PRÄDIKATSWEIN wurden zu »Wein mit geschützter Ursprungsbezeichnung« (g.U.) zusammengefasst. Die Prädikate (SPÄTLESE, AUSLESE usw.) können weiterhin an »g.U.« angehängt werden, die Regeln dafür ändern sich nicht. Siehe auch Kasten S. 205.

Löwenstein, Fürst Fran, Rhg ★★★ Nach dem Tod von Carl Friedrich Erbprinz zu Löwenstein 2010 haben die beiden Güter im RHEINGAU und in FRANKEN turbulente Zeiten durchlebt. Jetzt geht's wieder aufwärts, v.a. für die SILVANER und RIESLINGE vom denkmalgeschützten Homburger Kallmuth, einem spektakulären terrassierten Steilhang am Main mit Steinmauern über eine Länge von 12 km.

Marcobrunn Rhg – Historische Lage in Erbach. Hinsichtlich des Potenzials eine der deutschen Spitzenlagen. Die heutigen Weine werden aber selten dem Ruf gerecht, den dieser Weinberg in den vergangenen Jahrhunderten genoss.

Markgräflerland Bad – Anbaubereich südlich von Freiburg, v.a. bekannt durch den GUTEDEL, der jung getrunken erfrischend sein kann.

Maximin Grünhaus M w ★★★★ **83 90 97 98 99 01 05 07 08 09 10 11 1** (13) – Erstklassiges Weingut in Mertesdorf an der RUWER. Dank der seh traditionellen Bereitungsmethoden ist der kräuterwürzige RIESLING (trocken und süß) delikat und langlebig.

Meyer-Näkel Ahr ★★★→★★★★ Das Vater-und-Tochter-Gespann erzeugt im Ahrtal feine SPÄTBURGUNDER – typische Beispiele für den neuen, in Eiche ausgebauten (aber dennoch mineralischen) Stil.

Mittelhaardt Pfz – Der beste Teil der PFALZ (nördliche Mitte) mit DEIDESHEIM, FORST, RUPPERTSBERG, WACHENHEIM usw.; Haupttraube: RIESLING.

Mittelmosel Der mittlere und beste Teil der MOSEL mit BERNKASTEL, BRAUNEBERG, GRAACH, PIESPORT, WEHLEN usw. – ein RIESLING-Eldorado.

Mittelrhein Wildromantisches Anbaugebiet am Rhein, sehr beliebt bei Touristen. Die wichtigsten Städte sind BACHARACH und BOPPARD. Die delikaten und zugleich stahligen Rieslinge werden unterschätzt und unter Wert verkauft. Zahlreiche gute Lagen liegen brach.

Molitor, Markus MM ★★★ Hervorragende Weinberglagen an der ganzen MITTELMOSEL und eine unglaubliche Weinliste. Maßstäbe setzender süßer RIESLING und gefeierter, schön alternder SPÄTBURGUNDER.

Mosbacher, Georg Pfz ★★★ Das Gut erzeugt einige der besten GROSSEN GEWÄCHSE (RIESLING) in FORST. Die Weine werden traditionsgemäß in großen Eichenfässern ausgebaut.

Mosel Das Anbaugebiet hieß früher Mosel-Saar-Ruwer, seit 2007 jedoch werden alle Weine, die aus dem Bereich zwischen Saarburg und Koblenz kommen, als Mosel etikettiert – obwohl sich die weinbaulichen Bedingungen an den Nebenflüssen SAAR und RUWER teils erheblich von denen der MITTELMOSEL unterscheiden. 60% RIESLING.

An der Mosel gibt es jetzt nur noch 6.000 Winzer, gegenüber mehr als 23.000 Anfang der 1980er-Jahre – rund 5.000 ha Rebland wurden aufgegeben.

Deutschland

Moselland, Winzergenossenschaft M – Die riesige Winzergenossenschaft in BERNKASTEL zählt seit den Zusammenschlüssen mit Genossenschaften an der NAHE und in der PFALZ 3.290 Mitglieder, die insgesamt über 2.400 ha Rebfläche verfügen. Mehr als Mittelklasse kommt allerdings selten dabei heraus.

Müller-Catoir Pfz ★★→★★★ Ältere AUSLESEN, BEERENAUSLESEN und TROCKENBEERENAUSLESEN (**83 90 97 98 01**) können köstlich sein; empfehlenswert ist auch der Schlössel RIESLANER Trockenbeerenauslese 2011.

Nackenheim Rhh ★→★★★★ **90 97 01 05 08 09 11** 12 – Nachbarort von NIERSTEIN mit der GROSSEN LAGE Rothenberg auf Rotschiefer. Berühmt für den vollsten RIESLING in Rheinhessen sowie herrliche TROCKENBEERENAUSLESEN. Spitzenerzeuger: GUNDERLOCH, Kühling-Gillot.

Nahe (r) w **01 05 07 08 09 10 11** 12 (13) – Nebenfluss des Rheins und dynamisches Anbaugebiet mit einer Handvoll Spitzengütern, Dutzenden weniger bekannten Erzeugern und sehr günstigen Preisen. Die RIESLINGE zeigen Eleganz und fast moselartige Rassigkeit. Eine hiesige Spezialität ist EISWEIN.

Neipperg, Graf von Würt ★★★ Vornehmes Weingut in Schwaigern mit graziösen, reintönigen Rotweinen (LEMBERGER, SPÄTBURGUNDER). Ein Spross der Familie, Stephan von Neipperg, lebt auf Château Canon La Gaffelière in St-Émilion und kümmert sich um die im Besitz der Familie befindlichen Weingüter in Bordeaux.

Niederhausen Na ★★→★★★★ **90 97 99 01 02 04 05 07 08 09 10 11** 12 – Weinort im mittleren Nahetal. Komplexe RIESLINGE aus steilen GROSSEN LAGEN: Felsensteyer, Hermannsberg, Hermannshöhle, Kertz, Steinberg. Spitzenerzeuger: CRUSIUS, DÖNNHOFF, Gut HERMANNSBERG, Mathern, von Racknitz.

Nierstein Rhh ★→★★★★ **90 97 01 04 05 07 08 09 11 12** (13) – Reichhaltiger, aber ausgewogener RIESLING, trocken und süß, der eine gewisse Reife braucht. GROSSE LAGEN: Brudersberg, Hipping, Ölberg, Orbel und Pettenthal. Empfehlenswerte Weingüter: Gehring, GUNDERLOCH, Guntrum, HEYL ZU HERRNSHEIM, KELLER, Kühling-Gillot, Manz, Schätzel, ST. ANTONY, Strub. Lassen Sie die Finger von der GROSSLAGE Gutes Domtal, das sind Supermarktweine.

Ockfen M ★★→★★★ Weinbauort mit stämmigem, intensivem SAAR-RIESLING von der GROSSEN LAGE Bockstein. Erzeuger: OTHEGRAVEN, SANKT URBANSHOF, WAGNER, Zilliken.

Odinstal Pfz ★★→★★★ Das Gut mit dem höchstgelegenen Weinberg (350 m über NN) der PFALZ, 150 m oberhalb von WACHENHEIM. Ökologischer Anbau und Vinifikation unter minimalem Einsatz von Technik ergeben reintönigen RIESLING, SILVANER und GEWÜRZTRAMINER. Die Lese zieht sich oft bis in den November hin.

Oechsle Maßeinheit für den Zuckergehalt des Traubenmosts.

Oestrich Rhg ★★→★★★ Vorbildlich stahliger RIESLING und feine AUSLESEN aus den GROSSEN LAGEN Doosberg, Lenchen und St. Nikolaus (Mittelheim). Spitzenerzeuger: August Eser, KÜHN, Querbach, SPREITZER, WEGELER.

Gelangt die Scheurebe zu neuen Ehren?
Deutschland ist berühmt (oder berüchtigt?) für seine Rebsortenzüchtungen. In den 1970er-Jahren standen Huxelrebe, Ortega, Morio Muskat, Siegerrebe und Albalonga im Rampenlicht – und sind heute großteils in der Versenkung verschwunden. Ein Trio jedoch konnte sich halten: KERNER (TROLLINGER x RIESLING, gezüchtet 1929) hat in WÜRTTEMBERG seine Nische gefunden, RIESLANER (SILVANER x Riesling, 1921) ist eine nicht ganz einfach anzubauende fränkische Rarität, und die SCHEUREBE (Riesling x Sylvaner Musqué, 1916) ist die erfolgreichste von allen – manche Winzer besitzen jetzt richtig alte Reben, die aromatisch-gewichtige trockene und geschmacksintensive, konzentrierte edelsüße Weine erbringen. Probieren Sie mal die Scheurebe-Versionen von KELLER, LAIBLE, RUCK, Seehof Fauth, WELTNER, WIRSCHING oder WITTMANN. Führender Experte für diese Sorte ist jedoch das Weingut Pfeffingen in Bad Dürkheim (PFALZ).

Oppenheim Rhh ★→★★★ Stadt südlich von NIERSTEIN mit einer imposanten Kirche aus dem 13. Jh. GROSSE LAGEN: Kreuz, Sackträger. Weingüter: Heyden, Kissinger, Kühling-Gillot, Manz.

Ortenau Bad (r) w – Bereich um und südlich von Baden-Baden. Vorwiegend Klingelberger (RIESLING) und SPÄTBURGUNDER von Granitböden. Beste Anbauorte: DURBACH, Neuweier, Waldulm.

Ortswein Zweitunterste Stufe in der Qualitätspyramide des VDP.

Othegraven, Weingut von M ★★★ Feines Gut in KANZEM mit Anteilen an der ausgezeichneten GROSSEN LAGE Kanzemer Altenberg und am OCKFENER Bockstein sowie neuerdings am (lange Zeit vergessenen) Wawerner Herrenberg. Seit Fernsehmoderator Günther Jauch den Besitz 2010 übernahm, haben die Weine an Präzision gewonnen – die SPÄTLESE und die AUSLESE Altenberg RIESLING Alte Reben 2012 legen die Messlatte höher.

Pfalz r w **90 97 01 05** 07 08 **09 10 11 12** (13) – Anbaugebiet mit überwiegend mildem Klima, im Süden ans Elsass, im Norden an RHEINHESSEN grenzend. Aus dem Gebiet MITTELHAARDT kommen körperreiche, zumeist trockene RIESLINGE, während die SÜDLICHE WEINSTRASSE sich mehr für weiße und rote Pinot-Sorten eignet, v. a. SPÄTBURGUNDER.

Piesport MM ★→★★★★ **90 92 97 01 02 03 04 05** 07 **08 09** 10 **11** 12 – Kleiner Ort, im Halbrund umgeben von den berühmten GROSSEN LAGEN Domherr, Goldtröpfchen, Kreuzwingert und Schubertslay, die im Idealfall herrlichen, reichhaltigen, aromatischen RIESLING liefern. Die GROSSLAG

Michelsberg meiden. Spitzenweingüter: GRANS-FASSIAN, Joh. Haart, JULIAN HAART, REINHOLD HAART, Kurt Hain, KESSELSTATT, ST. URBANS-HOF.

Prädikatswein Per Gesetz festgelegte Spitzenkategorie, umfasst alle Qualitätsweine mit Prädikat – vom Kabinett bis zur Trockenbeerenauslese. Siehe auch »Die deutschen Qualitätsstufen und Weinstile« S. 205.

Prinz von Hessen Rhg ★★★→★★★★ Von dem Traditionsgut in JOHANNISBERG kommen herrlich lebhafte, präzise bereitete Weine. Besonders empfehlenswert sind die SPÄTLESEN und AUSLESEN aller Kategorien sowie reife ältere Jahrgänge.

Prüm, J. J. M ★★★★ **71 76 83 88 89 90 94 95 96 97 98 99 01 02 03 04 05 07 08 09 10 11 12** (13) – Legendäres Weingut in WEHLEN mit besten Lagen im Ort selbst sowie in BERNKASTEL und GRAACH. Grazile, doch extrem langlebige Weine mit erstaunlicher Finesse und ganz eigenem Charakter. Dr. Manfred Prüm arbeitet jetzt mit seiner Tochter Katharina zusammen.

Prüm, S. A. M ★★→★★★ Populärer und im Stil weniger traditionell als der WEHLENER Nachbar J. J. PRÜM. Ordentlich bereitete Weine, mitunter von schwankender Qualität.

QbA – Qualitätswein bestimmter Anbaugebiete Die mittlere deutsche Weinqualität. Zugabe von Zucker zum Most vor der Gärung (Chaptalisation) ist erlaubt, es findet aber eine Kontrolle der zulässigen Menge – nach Rebsorte und Anbaugebiet – statt. Die Bezeichnung »Wein mit geschützter Ursprungsbezeichnung« (kurz g.U.) darf seit 1. Januar 2012 verwendet werden. Siehe Kasten »Die neue EU-Terminologie«, S. 216.

QmP – Qualitätswein mit Prädikat Bis Ende 2007 geltende Bezeichnung für die Spitzenkategorie deutscher Qualitätsweine. Heißt jetzt »Wein mit geschützter Ursprungsbezeichnung« (g.U.) oder PRÄDIKATSWEIN.

Randersacker Fran ★★→★★★ Weinbauort südöstlich von WÜRZBURG mit ausdrucksvollem, trockenem RIESLING und SILVANER. Als GROSSE LAGE klassifiziert: Pfülben. Spitzenerzeuger: BÜRGERSPITAL, JULIUSSPITAL, SCHMITT'S KINDER, STAATLICHERER HOFKELLER, Störrlein & Krenig.

Ratzenberger MR ★★→★★★ Das Gut in BACHARACH erzeugt rassige trockene und halbtrockene RIESLINGE, die besten von den GROSSEN LAGEN Posten und Steeger St. Jost. Auch guter SEKT.

Rauenthal Rhg ★★→★★★★ Würzige, strenge, aber komplexe Rieslinge von Hanglagen abseits des Rheins, früher einmal die teuersten im RHEINGAU. GROSSE LAGEN: Baiken, Rothenberg. Spitzenerzeuger: G. BREUER (mit der Lage Nonnenberg im Alleinbesitz), KLOSTER EBERBACH, A. Eser, LANGWERTH VON SIMMERN.

Rebholz, Ökonomierat Pfz ★★★→★★★★ **97 99 00 01** 02 04 **05 07 08 09 11 12** (13) – Spitzenweingut im Bereich SÜDLICHE WEINSTRASSE, bekannt für knochentrockene, mineralische RIESLINGE (z.B. die GROSSEN GEWÄCHSE Kastanienbusch und Ganshorn) sowie fokussierten CHARDONNAY und straffen SPÄTBURGUNDER zum Einlagern.

Reparaturwein Winzerjargon für einen einfachen, leichten, etwas säurebetonten Weißwein, der den Gaumen nach einer ausführlichen Verkostung »reparieren« soll. Auf Etiketten werden Sie diesen Ausdruck allerdings nicht finden.

Restsüße Unvergorener Traubenzucker, der im Wein verbleibt (oder bei billigen Weinen zugesetzt wird), um ihm Süße zu verleihen. Das reicht von 1 g/l in trockenen Weinen bis zu 300 g/l in TROCKENBEERENAUSLESEN.

Rheingau (r) w **90 97 99 01** 04 **05** 07 **08 09 10 11** 12 – Das einzige Anbaugebiet am Rhein mit Südhängen direkt am Fluss. Klassischer, gehaltvoller RIESLING, berühmt für seine stahlige Säure, und kleine Mengen graziler SPÄTBURGUNDER. Daneben ein Zentrum der Sekterzeugung.

Deutschland

Rheinhessen (r) w **05** 07 **08 09** 10 **11 12** (13) – Deutschlands größtes Anbau gebiet, zwischen Mainz und Worms gelegen, produziert viel Massenware aber auch hochklassigen RIESLING, u. a. aus NACKENHEIM und NIERSTEIN In früher kaum bekannten Gebieten ist bei Erzeugern wie KELLER und WITT-MANN im Süden und WAGNER-STEMPEL im Westen ein bemerkenswerte Qualitätssprung zu verzeichnen.

Richter, Max Ferd. MM ★★→★★★ Verlässliches Weingut in Mülheim ar der MITTELMOSEL; v. a. guter RIESLING KABINETT und SPÄTLESE, voll und aro matisch.

Probieren Sie doch mal die Kombination Riesling und Roastbeef – dafür genüg ein trockener Mosel oder Rheingau QbA.

Ruck, Johann Fran ★★★ Verlässlicher, würziger SILVANER, RIESLING, SCHEU REBE und TRAMINER aus IPHOFEN im fränkischen Bereich STEIGERWALD - traditionell und in knochentrockenem Stil bereitet.

Rüdesheim Rhg ★★→★★★★ **90 97 01** 04 **05 08 09 10 11 12** (13) – Frem denverkehrsort am Rhein mit hervorragenden, als GROSSE LAGEN klassi fizierten Weinbergen auf Schieferboden. Die vier besten (Kaisersteinfels Roseneck, Rottland und Schlossberg) tragen die Bezeichnung »Rüdeshei mer Berg«. Körperreiche, blumige Weine, auch in weniger guten Jahre oft beachtlich. Beste Erzeuger: BREUER, Chat Sauvage, Corvers-Kauter, JO HANNISHOF, KESSELER, KLOSTER EBERBACH, KÜNSTLER, LEITZ, Ress.

Ruppertsberg Pfz ★★→★★★ Ort in der MITTELHAARDT mit gutem Ruf für ele ganten RIESLING. Weingüter: BASSERMANN-JORDAN, Biffar, BUHL, BÜRKLIN WOLF, CHRISTMANN, Dr. DEINHARD/von WINNING.

Ruwer M w **90 97 99 01 02 03** 04 **05 07 08 09 10 11** 12 – Bei Trier in die MOSE mündender Nebenfluss, berühmt für delikaten, langlebigen edelsüße RIESLING und süffige leichtere trockene Versionen. Beste Winzer: Beu witz, KARLSMÜHLE, KARTHÄUSERHOF, KESSELSTATT, MAXIMIN GRÜNHAUS.

Saale-Unstrut w **03 05** 08 **09 11** 12 – Nördlich gelegenes Anbaugebiet ar Zusammenfluss dieser beiden Flüsse bei Naumburg in der Nähe von Leip zig. Die vorwiegend mit weißen Rebsorten bestockten Weinbergterrasse gehen auf die Zisterzienser zurück. Qualitätsbetriebe: Böhme, Born, Gus sek, Kloster Pforta, Lützkendorf, Pawis.

Saar M w **90 93 94 97 99 01 02 04 05 07 08 09 10 11** 12 (13) – In Hügel einge betteter Nebenfluss der MOSEL, kühleres Klima. Erzeugt die brillanteste aller RIESLINGE mit herb-stahligem Charakter. Zu den Anbauorten zähle u. a. AYL, KANZEM, OCKFEN, Saarburg, Serrig und WILTINGEN (SCHARZHO BERG).

Saarburg M – Kleine Stadt im Saartal mit der GROSSEN LAGE Rausch. Erze ger: WAGNER, ZILLIKEN.

Sachsen **03 05** 08 **09** 11 12 (13) – Anbaugebiet im Elbtal um Dresden m charaktervollen trockenen Weißweinen. Beste Erzeuger: Vincenz Richte Schloss Proschwitz, Schloss Wackerbarth, Martin Schwarz, Zimmerling.

Salm-Salm, Michael Prinz zu Na, Rhh – Besitzer von Schloss Wallhause an der NAHE (★★→★★★) und Villa Sachsen in RHEINHESSEN (★→★★ Die RIESLINGE vom ökologisch bewirtschafteten Schloss Wallhausen sin in letzter Zeit deutlich besser geworden.

Salwey Bad ★★ Führender Weinbaubetrieb am KAISERSTUHL in Oberrotwe Konrad Salwey befürwortet eine frühe Lese, um Frische und Ausgewoge heit zu erhalten. Beste Weine: die beiden GRAUBURGUNDER Henkenbe und Eichberg sowie der SPÄTBURGUNDER Kirchberg Rappen (mit den Sti len vergoren; »Rapp« oder »Rappe« bezeichnet den Traubenkamm).

St. Antony Rhh ★★→★★★ Gut in NIERSTEIN mit hervorragenden Weinberglagen. Die Verbesserungsmaßnahmen unter dem neuen Eigner (dem auch HEYL ZU HERRNSHEIM gehört) haben zu sehr guten 2011ern geführt. Einsteigerweine mit dem Etikett Bodenschatz sind ein echtes Schnäppchen.

St. Urbans-Hof M ★★★→★★★★ Großes Familiengut mit Sitz in LEIWEN, die Weinberge liegen an MITTELMOSEL und SAAR. Kristallklarer RIESLING von tadelloser Reintönigkeit und Rasse.

Sauer, Horst Fran ★★★→★★★★ Eine der Spitzenlagen in FRANKEN ist der ESCHERNDORFER Lump, und Sauer ist mit seinem rassigen, schnörkellosen trockenen Silvaner und RIESLING sowie sensationellen TROCKENBEERENAUSLESEN sein großartigster Interpret. Prachtvolle 2011er und 2012er (trocken und edelsüß).

Sauer, Rainer Fran ★★★ Aufstrebendes Familiengut in ESCHERNDORF: komplexer trockener SILVANER, von lebhaftem KABINETT bis hin zu cremig-körperreichen SPÄTLESEN.

Schaefer, Willi M ★★★ Spitzenweingut (nur 4 ha) in GRAACH. MOSEL-RIESLING vom Feinsten: rein, kristallin und federleicht; lohnend in allen Qualitätsstufen.

Schäfer-Fröhlich Na ★★★ Das Gut in Bockenau an der NAHE bietet zunehmend brillante trockene und edelsüße RIESLINGE. Vorzüglich der Felseneck Großes Gewächs, atemberaubend der EISWEIN.

Scharzhofberg M ★★→★★★★ Spitzenlage an der SAAR: Ein seltenes Zusammenspiel von Mikroklima, Boden und menschlicher Klugheit bringt RIESLING in Vollendung hervor. Spitzenerzeuger: BISCHÖFLICHE WEINGÜTER, EGON MÜLLER, von HÖVEL, KESSELSTATT, VAN VOLXEM.

Schloßböckelheim Na ★★→★★★★ **97 01 02 04 05 08 09 11 12** (13) – Ort an der NAHE mit besten Lagen, darunter die GROSSEN LAGEN Felsenberg und Kupfergrube. Fester, anspruchsvoller RIESLING, der gut altert. Spitzenweingüter: CRUSIUS, DÖNNHOFF, HERMANNSBERG, SCHÄFER-FRÖHLICH.

Schloss Johannisberg Rhg ★★→★★★ Historisches, ausschließlich RIESLING erzeugendes Gut im RHEINGAU, im Besitz von Henkell (Oetker-Gruppe). Für gewöhnlich sehr gut sind die SPÄTLESE Grünlack und die AUSLESE Rosalack; unterschiedliche Qualität bei TROCKENEN und FEINHERBEN Weinen.

Schloss Lieser MM ★★★→★★★★ Thomas Haag, Wilhelm Haags älterer Sohn (siehe FRITZ HAAG), erzeugt reintönige, rassige RIESLINGE aus der unterbewerteten Lage Niederberg-Helden (überragendes GROSSES GEWÄCHS 2012) sowie aus Parzellen in BRAUNEBERG.

Schloss Neuweier Bad ★★★ Führender Erzeuger von trockenem RIESLING; die Reben wachsen auf vulkanischen Böden unweit von Baden-Baden. Neuer Besitzer seit 2012.

Schloss Proschwitz Sachsen ★★ Wiederaufgebautes fürstliches Weingut in Meißen. Spitzenklasse in den ostdeutschen Anbaugebieten, besonders mit trockenem WEISSBURGUNDER und GRAUBURGUNDER. Ein Riesenerfolg!

Schloss Reinhartshausen Rhg ★★ Das berühmte Gut in Eltville-Erbach gehörte einst der preußischen Königsfamilie und wechselte 2013 wieder einmal den Besitzer – womit auch die Mitgliedschaft im VDP (jedenfalls vorläufig) erlosch.

Schloss Saarstein M ★→★★★ Die steilen, aber kühlen Weinberglagen in Serrig brauchen warme Jahre für den Erfolg, doch dann liefern sie stahlig-mineralische, langlebige AUSLESEN und EISWEINE.

Schloss Vollrads Rhg ★★ Historisch eines der großartigsten Traditionsweingüter im RHEINGAU, jetzt im Besitz einer Bank. RIESLING in einem eher kommerziellen Stil.

Schmitt's Kinder Fran ★★→★★★ Familienweingut in RANDERSACKER, bekannt für klassischen trockenen SILVANER, fassgereiften SPÄTBURGUNDER und edelsüßen RIESLANER. Der RIESLING Randersacker Pfülben »Wein berg Mendelssohn« ist ein Vertreter einer gefährdeten Spezies: trocke ner KABINETT.

Schnaitmann, Weingut Würt ★★★ Exzellente, im Fass ausgebaute WÜRT TEMBERGER Rotweine, u.a. SPÄTBURGUNDER und LEMBERGER aus de GROSSEN LAGE Lämmler. Stellt auf Bioweinbau um.

Schneider, Cornelia und Reinhold Bad ★★★ Familienbetrieb in Endingen am KAISERSTUHL, bekannt für sehr langlebige SPÄTBURGUNDER (**00 01 02 05 0 08 09**), die nach Buchstaben unterschieden werden: »R« steht für Vulkan boden, »C« für Löss. Außerdem altmodischer, opulenter (und knochentro ckener) RULÄNDER.

2013 war ein sogenannter neidischer Jahrgang: Dem einen Winzer beschert er armselige Weine, dem andern grandiose.

Schneider, Markus ★★ Shootingstar in Ellerstadt, PFALZ, mit einem umfas senden Angebot an sauber bereiteten Weinen.

Schoppenwein Wein im offenen Ausschank.

Schwarzer Adler – Franz Keller Bad ★★→★★★ Ein-Stern-Restaurant in Obe bergen am KAISERSTUHL und Weingut mit von Burgund inspirierten GRAU WEISS- und SPÄTBURGUNDERN. Spektakuläre, in den Weinberg hineinge baute neue Kellerei seit 2013.

Schwegler, Albrecht Würt ★★★ Der kleine Betrieb ist bekannt für gute, ur gewöhnliche rote Verschnitte wie etwa den Granat (MERLOT, ZWEIGEL LEMBERGER und andere Sorten), die man unbedingt mal probiert habe sollte. Auch origineller halbtrockener KERNER.

Sekt Deutscher Schaumwein, sehr unterschiedlich in der Qualität. Flasche gärung ist nicht vorgeschrieben. Zu den Sektspezialisten zählen Raum land, Schembs, Schloss Vaux, S. Steinmetz und Wilhelmshof.

Selbach-Oster MM ★★★ Sehr gewissenhaft arbeitender Erzeuger in ZELTIN GEN mit einer Reihe exzellenter Lagen; am bekanntesten sind seine PRÄD KATSWEINE. Eine etwas fragwürdige Novität ist der fassvergorene WEISS BURGUNDER.

Sonnenuhr M – Name mehrerer Weinberge, insbesondere der berühmte GROSSEN LAGEN in WEHLEN und ZELTINGEN (MOSEL); gegenwärtig vom Ba einer Schnellstraße (B50 neu) bedroht.

Spätlese Prädikatsklasse über KABINETT; aus nach der Hauptlese geernt ten, vollreifen Trauben. Meist reifer und in der Regel auch süßer als Kab nett. Gute Exemplare halten sich mindestens 7 Jahre. In Zukunft werde die meisten VDP-Mitglieder die Bezeichnung »Spätlese trocken« aufg ben – ein Jammer!

Spreitzer Rhg ★★★→★★★★ Andreas und Bernd Spreitzer erzeugen kös lich rassige, harmonische RIESLINGE, die mit Geduld und Liebe zum D tail in FUDERN vinifiziert werden. Weinberglagen in HATTENHEIM, OESTRIC und Winkel.

Staatlicher Hofkeller Fran ★★ Bayerisches Staatsweingut. 120 ha fein te Frankenweinlagen und prachtvolle Keller unter der herrlichen Baroc residenz in WÜRZBURG. Die Qualität ist ordentlich, aber selten besonde aufregend.

Staatsweingut (auch **Staatliche Weinbaudomäne**) Meist Muster- und Leh gut in Staatsbesitz. Einige Staatsweingüter wurden in den letzten Jahr privatisiert.

Steigerwald Fran (r) w – Weinbaubereich im östlichen FRANKEN. Die Weinbe ge in beträchtlicher Höhe liefern kraftvollen SILVANER und RIESLING. Bes Erzeuger: CASTELL, Roth, RUCK, WELTNER, WIRSCHING.

teinberg Rhg ★★★ Berühmter, von einer Mauer umschlossener Weinberg bei HATTENHEIM, eine Art deutscher Clos de Vougeot. Er wurde vor 700 Jahren von Zisterziensermönchen angelegt und befindet sich im Alleinbesitz von KLOSTER EBERBACH.

teinwein Fran – Wein aus der besten Lage von WÜRZBURG, dem Stein. Schon Goethe liebte ihn.

todden, Jean Ahr ★★★ Nachdem Gerhard Stodden infolge eines Herzinfarkts 2013 unerwartet verstarb, setzt Alexander nun das Werk seines Vaters fort: SPÄTBURGUNDER von der AHR mit burgundischem Einschlag.

üdliche Weinstraße Pfz r w – Bereichsname für die südliche PFALZ. In den letzten 25 Jahren hat sich die Qualität bedeutend verbessert. Beste Erzeuger: FRIEDRICH BECKER, Leiner, Münzberg, REBHOLZ, Siegrist, WEHRHEIM.

auberfranken Bad (r) w – Unterbewerteter kühlklimatischer Anbaubereich im nordöstlichen BADEN: SILVANER und RIESLING im fränkischen Stil von Muschelkalkböden. Fröste sind ein Problem. Bester Erzeuger: Schlör.

hanisch, Witwe Dr. H. MM ★★→★★★ 1636 gegründetes Weingut in BERNKASTEL, berühmt für seinen Anteil an der Lage Doctor. Nach der Trennung der Familie 1988 entstanden zwei Güter mit demselben Namen. Zu unterscheiden sind sie nur durch den Zusatz »Erben Müller-Burggraef« bzw. »Erben Thanisch«. In Sachen Qualität sind sie sich recht ähnlich, Letztere vielleicht manchmal einen Tick besser.

raisen Na ★★★ **90 97 01 05 07 08 09 10 11** 12 – Kleiner Ort an der NAHE mit den GROSSEN LAGEN Bastei und Rotenfels. RIESLING mit Konzentration und Klasse von vulkanischen Böden. Spitzenerzeuger: CRUSIUS, von Racknitz.

teillagen erfordern bis zu 2.000 Arbeitsstunden pro Hektar und Jahr, flache Lagen hingegen weniger als 300.

ier M – Bedeutende Stadt an der MOSEL, etwa auf halbem Weg zwischen SAAR und RUWER gelegen. Inmitten der beeindruckenden Ruinen aus römischer Zeit haben die großen Stiftungsweingüter von der Mosel ihre Keller.

rittenheim MM ★★→★★★ **97 01 02 04 05** 07 **08 09 10 11** 12 (13) – Attraktive leichte Weine von der MITTELMOSEL. In der GROSSEN LAGE Apotheke verdienen allerdings nur die besten Parzellen diese Klassifizierung. Erzeuger: ANSGAR CLÜSSERATH, Ernst Clüsserath, CLÜSSERATH-WEILER, GRANS-FASSIAN, Milz.

ocken Traditionell die Bezeichnung für einen Wein mit einem Restzuckergehalt von höchstens 9 g/l, heute dürfen es aufgrund neuer EU-Vorschriften 2 g/l mehr sein. Als Faustregel gilt: Je weiter südlich das Anbaugebiet liegt, desto mehr trockene Weine gibt es.

ockenbeerenauslese Die süßeste und teuerste Kategorie deutscher Weine, von ausgewählten, geschrumpften edelfaulen Trauben bereitet. Ausgesprochene Rarität mit feiner Honigsüße. Die halben Flaschen sind eine gute Idee.

rzig MM ★★★★ **71 83 90 93 94 95 96 97 01 02 04 05** 07 **08 09 10 11** 12 (13) – Ort auf rotem Sandstein und rotem Schiefer, berühmt durch vollen, würzigen RIESLING, wie es ihn anderswo an der MOSEL nicht gibt. GROSSE LAGE: Würzgarten. Erzeuger: Berres, Christoffel, Erbes, LOOSEN, Mönchhof, Pauly-Bergweiler, WEINS-PRÜM. Dies ist die Gegend, die vom Bau der überflüssigen, 160 m hohen Hochmoselbrücke (B50 neu) bedroht ist.

n Volxem M ★★→★★★ Das historische SAAR-Weingut wurde 1999 von dem Brauereierben Roman Niewodniczanski übernommen und wiederbelebt. Aus den sehr geringen Erträgen von Spitzenlagen (SCHARZHOFBERG, KANZEMER Altenberg, Wiltinger Gottesfuß) entstehen vorwiegend

Deutschland

trockene und halbtrockene Weine. Seit Kurzem werden die überreifen Geschmacksnoten etwas zurückgenommen, ebenso wie der Alkoholgehalt und erste Versuche mit edelsüßen und edelfaulen Weinen gemacht.

VDP – Die Prädikatsweingüter Der richtungsweisende Verband von 200 Spitzenwinzern. Achten Sie auf das Emblem mit dem Adler auf dem Etikett und auf das Traubenlogo, das Weine von GROSSEN LAGEN kennzeichnet. Ein VDP-Wein ist in der Regel eine gute Wahl. Bundesvorsitzender ist Steffen CHRISTMANN.

Vollenweider M ★★★ Der Schweizer Daniel Vollenweider hat seit 2000 der Lage Wolfer Goldgrube bei Traben-Trarbach neues Leben eingehaucht. Exzellenter Riesling, leider nur in sehr geringen Mengen.

Spontangärung
Diese »natürliche« Gärung ohne zugesetzte Zuchthefen ist der letzte Schrei. Das Resultat kann himmlisch sein – oder schlicht ungenießbar. Reinhard Löwenstein vom Gut HEYMANN-LÖWENSTEIN hat die Gärvorgänge untersucht und 14 verschiedene Bakterienarten sowie 19 Hefestämme entdeckt. Bei der herkömmlichen Gärung würden diese durch die Zugabe von Schwefel abgetötet und stattdessen Reinzuchthefen zugesetzt.

Wachenheim Pfz ★★★ Der berühmte Weinbauort verfügt über keine vom VDP als GROSSE LAGE ausgewiesenen Rebflächen. Spitzenerzeuger: Bifar, BÜRKLIN-WOLF, ODINSTAL, Karl Schaefer, WOLF.

Wagner, Dr. M ★★→★★★ Das Weingut mit Rebland in SAARSTEIN und OCKFEN (SAAR) wird von der jungen Geisenheim-Absolventin Christiane Wagner geführt. Ihre RIESLINGE präsentieren sich fruchtig und reintönig, z. B. der Saarburger Rausch AUSLESE 2012.

Wagner-Stempel Rhh ★★★ Weingut im kaum bekannten Siefersheim unweit der Grenze zum Anbaugebiet NAHE mit exzellentem RIESLING, sowohl als GROSSES GEWÄCHS wie auch in edelsüßen Versionen.

Walluf Rhg ★★★ Unterschätzter Weinbauort zwischen Wiesbaden und Eltville mit bedeutenden Lagen, darunter die GROSSE LAGE Walkenberg. Erzeuger: J. B. BECKER, JOST.

Wegeler MM, Rhg ★★→★★★ Bedeutende Weingüter in Familienbesitz in OESTRICH und BERNKASTEL; außerdem gehört ein Anteil am berühmten Gut KRONE in ASSMANNSHAUSEN zum Besitz. Weine von guter Qualität in ausreichender Menge. Die Marke Geheimrat J bereitete in den 1970er-Jahren trockenem RIESLING den Weg und hält bis heute sehr hohe Standards aufrecht.

Wehlen MM ★★★→★★★★ **90 93 94 95 96 97 98 01 02 03 04 05 07 08 09 10 11** 12 13 – Weinbauort mit der legendären Steillage SONNENUHR, deren Schieferböden RIESLING in seiner schönsten Ausdrucksform hervorbringen. Die edelsüßen Versionen von der SPÄTLESE aufwärts gleichen einer Eisenfaust im Samthandschuh – und halten sich Jahrzehnte. Beste Erzeuger: Kerpen, KESSELSTADT, LOOSEN, MOLITOR, J. J. PRÜM, S. A. PRÜM, RICHTER, SELBACH-OSTER, Studert-Prüm, WEGELER, WEINS-PRÜM. Wie sich die derzeit im Bau befindliche Hochmoselbrücke (B50 neu) auf die Weinberge auswirken wird, ist ungewiss.

Wehrheim, Dr. Pfz ★★★ Das familiengeführte, ökologisch arbeitende Spitzengut der SÜDLICHEN WEINSTRASSE erzeugt mineralische, sehr trockene Weine, u.a. WEISSBURGUNDER Muschelkalk, RIESLING und SPÄTBURGUNDER aus der GROSSEN LAGE Kastanienbusch.

Weil, Robert Rhg ★★★→★★★★ **17 37 49 59 75 90 97 01 02 04 05 07 08 09 10 11** 12 – Hervorragendes Weingut in KIEDRICH, im Besitz des japanischen Konzerns Suntory. Ausgezeichnete EISWEINE, BEEREN- und TROCKENBEERENAUSLESEN; bei den Basisweinen ist die Qualität uneinheitlicher. Gräfenberg ist die beste der drei klassifizierten Lagen.

Weingart MR ★★★ Hervorragendes Weingut in Spay mit Weinbergbesitz in BOPPARD (v. a. Hammer Feuerlay). Kultivierte, mineralische RIESLINGE, mit geringem technischem Aufwand bereitet, ausgezeichnetes Preis-Leistungs-Verhältnis.

Weins-Prüm, Dr. MM ★★★ Kleines Weingut in WEHLEN mit vorzüglichem Rebland an der MITTELMOSEL. Bert Selbach, Besitzer und Kellermeister, bereitet seine Weine mit äußerster Gewissenhaftigkeit und favorisiert einen straffen, mineralischen Stil.

Weißherbst Heller, sortenreiner Rosé (oft SPÄTBURGUNDER) von höchst unterschiedlicher Qualität.

Weltner, Paul Fran ★★→★★★ Das Familiengut im STEIGERWALD erzeugt dicht gefügten SILVANER zum Einlagern von der unterschätzten Lage Rödelseer Küchenmeister und angrenzenden Parzellen in IPHOFEN.

Wiltingen M ★★→★★★★ **90 97 01 04 05 07 08 09 10 11** 12 (13) – Das Herz des Weinbaus an der SAAR. Der berühmte SCHARZHOFBERG ist die beste einer Reihe GROSSER LAGEN, zu denen auch Braune Kupp, Kupp, Braunfels und Gottesfuß gehören. Spitzenerzeuger: BISCHÖFLICHE WEINGÜTER, LE GALLAIS, EGON MÜLLER, KESSELSTATT, ST. URBANS-HOF, Vols, VAN VOLXEM.

Winning, von Pfz ★★★→★★★★ Gut in DEIDESHEIM, zu dem auch der Traditionserzeuger Dr. DEINHARD gehört. »Von Winning« steht nur auf den Etiketten von Spitzenweinen aus Dr.-Deinhard-Lagen. Riesling von großer Reinheit und schönem Terroircharakter, durch Gärung in neuen FUDERN mit leichter Holznote versehen.

Winningen M ★★→★★★ Stadt an der unteren MOSEL nahe Koblenz; exzellente trockene RIESLINGE und TROCKENBEERENAUSLESEN. GROSSE LAGEN: Röttgen, Uhlen. Spitzenerzeuger: HEYMANN-LÖWENSTEIN, KNEBEL, Kröber, Richard Richter.

Wirsching, Hans Fran ★★★ Das renommierte Weingut in IPHOFEN erzeugt langlebigen trockenen RIESLING und Silvaner mit klassischer Struktur von Keuperböden. Besitzt Anteile an den GROSSEN LAGEN Julius-Echter-Berg und Kronsberg.

Wittmann Rhh ★★★ Philipp Wittmann hat das Bioweingut in die Spitzenriege der deutschen Erzeuger geführt. Kristallklarer, mineralischer trockener RIESLING vom QBA bis zu GROSSEN GEWÄCHSEN und prächtigen TROCKENBEERENAUSLESEN.

Wöhrwag Würt ★★→★★★ Das etwas außerhalb von Stuttgart gelegene Gut erzeugt saftige Rote, vor allem aber elegante trockene RIESLINGE und brillanten EISWEIN.

Wolf, J. L. Pfz ★★→★★★ Das Gut in WACHENHEIM wurde von Ernst LOOSEN aus BERNKASTEL gepachtet und erzeugt trockene PFÄLZER RIESLINGE (v. a. Forster Pechstein). Eher solide und beständig als umwerfend.

Württemberg r (w) **05** 07 **08 09** 10 **11 12 13** – Die Rotweinregion um Stuttgart und Heilbronn produziert traditionell den leichten TROLLINGER. Doch nun ist der Ehrgeiz geweckt – LEMBERGER und SPÄTBURGUNDER können sehr gut sein. RIESLING braucht höhere Lagen.

Würzburg Fran ★★→★★★★ Schöne alte Barockstadt am Main, Mittelpunkt des Weinbaus in FRANKEN: trockener RIESLING und v. a. SILVANER. Klassifizierte Lagen: Innere Leiste, Stein, Stein-Harfe. Weingüter: BÜRGERSPITAL, JULIUSSPITAL, Reiss, STAATLICHERER HOFKELLER, Weingut am Stein.

Zell M ★→★★ Der bekannteste Weinort an der unteren MOSEL, bekannt v. a. für die GROSSLAGE Schwarze Katz. Ein deutlich besserer Weinberg sind die Merler Königslay-Terrassen. Spitzenerzeuger: Kallfelz.

Zeltingen MM ★★→★★★ Bedeutender, wenngleich manchmal unterschätzter Ort an der MOSEL unweit von WEHLEN. Voller und zugleich knackiger RIESLING. GROSSE LAGE: SONNENUHR. Spitzenweingüter: M. MOLITOR, J. J. PRÜM, SELBACH-OSTER.

Ziereisen Bad ★★★ **03 04 05 07 08 09 10 11 12** (13) – Das hervorragende Gut in Efringen-Kirchen im MARKGRÄFLERLAND erzeugt vorwiegend Weine von GUTEDEL und Pinot-Sorten. Der gelernte Zimmermann Hans-Peter Ziereisen ist eine Genie – selbst seine einfachen Weine zeigen Klasse. Am besten sind seine SPÄTBURGUNDER von kleinen Parzellen, in deren Namen der badische Dialekt durchscheint: Schulen, Rhini. Selektionen von alten Reben heißen Jaspis.

Zilliken, Forstmeister Geltz M ★★★→★★★★ **93 94 95 96 97 99 01 02 04 05 07 08 09 10 11** 12 13 – Früher Weingut des königlich-preußischen Forstmeisters mit Weinbergbesitz in SAARBURG und OCKFEN (SAAR). Intensiv mineralischer Riesling vom Saarburger Rausch und dem Ockfener Bockstein, darunter auch köstliche AUSLESEN und EISWEIN mit exzellenter Lagerfähigkeit.

Luxemburg

Luxemburgs Rieslinge sind in stilistischer Hinsicht halb deutsch, halb französisch: in der Nase Elsässer Riesling alter Schule, aber mit der Leichtigkeit und den süßsauren Noten eines halbtrockenen Naheweins.

Die 1270 ha Reben des Anbaubereichs Moselle luxembourgeoise sind indes gemischt. Es gibt mehr Rivaner (Müller-Thurgau, 27 %), Auxerrois (14 %) und Pinot gris (14 %) als Riesling (12 %). Eine Spezialität ist Auxerrois. Gute Exemplare (z. B. Bechelsberg von Stronck-Pinnel, Sunnen-Hoffmann oder Schumacher-Lethal) zeigen eine komplexe Würzigkeit, abgerundeter als der Cousin Pinot blanc. Schlechter Auxerrois ist dagegen nur süßlich und dünn. Pinot gris ist in der Regel extraktreicher und besitzt mehr Tiefe.

Das luxemburgische Weingesetz unterscheidet nicht zwischen trocken und halbtrocken. Die meisten Weißweine sind säurebetont mit leichter Restsüße. Ein häufiger Begriff auf Etiketten (wenn auch von geringer Bedeutung) ist »Premier Grand Cru«. Verlässlicher sind da Winzervereinigungen mit eigener Charta, insbesondere die vor 20 Jahren gegründete Domaine et Tradition mit sieben Mitgliedern. Die »Privatwenzer« stellten 2007 eine eigene Charta auf, und Charta Schengen Prestige wurde gegründet, um auch Erzeuger in den Nachbargebieten von Deutschland und Frankreich aufzunehmen.

Luxemburgs Winzer profitieren eindeutig von der globalen Erwärmung. Jahrgänge wie 2011 und 2009 waren besonders gut, selbst Pinot noir und Riesling erbrachten exzellente Resultate. Auch 2012 und 2008 waren sehr gut, 2010 zeigte sich durchschnittlich, und nur 2013 war schwieriger.

Alice Hartmann ★★★ 09 10 **11** 12 (13) – Perfektionistische Erzeugerin in Wormeldange. Komplexer Riesling von der exzellenten Lage Koeppchen, delikater, überraschender Pinot noir (Clos du Kreutzerberg). Besitzt auch Weinberge in Burgund (St-Aubin) und an der Mittelmosel (Trittenheim) und hat eine kleine Parzelle im Scharzhofberg gepachtet.

Aly Duhr ★★★ 08 09 11 12 (13) – Familiengut in Ahn. Sehr guter Pinot gris von der Lage Ongkäf in Machtum, guter halbtrockener Riesling aus Ahn (Nussbaum und Palmberg) sowie eleganter Riesling Vendage tardive. Ein guter Essensbegleiter ist der fassgereifte Pinot blanc.

Gales ★★→★★★ Vergleichsweise großer, aber verlässlicher Erzeuger in Remich, der die Weinberge von Caves St-Martin mit dem Familiengut vereinigt hat. Am besten von Gales sind Crémant und Weißweine mit dem Etikett Domaine et Tradition; Caves St-Martin hat eine gute Reihe namens De Nos Rochers und produziert Charta Schengen. Der alte, in den Muschelkalk eingegrabene labyrinthische Keller ist sehenswert.

Sunnen-Hoffmann ★★→★★★ Inzwischen auf Bioweinbau umgestiegenes Familiengut in Remerschen mit mustergültigem Auxerrois aus der Lage Wintrange Hammelsberg. Auch guter Riesling und Crémant.

Weitere Erzeuger mit ★★→★★★-Niveau: u. a. Château de Schengen, Cep d'Or, Clos de Rochers, Duhr Frères/Clos Mon Vieux Moulin, Ruppert, Schumacher-Knepper und Stronck-Pinnel.

Junge und ambitionierte Erzeuger, die bald in die Spitzenklasse aufrücken werden: Fränk Kayl, Schmit-Fohl, Château Pauqué und Paul Legill.

Weitere gute Erzeuger: Krier-Welbes (Bio), Mathis Bastian, Charles Decker, Gloden & Fils, Domaine Mathes, Schlink-Hoffeld. Domaines Vinsmoselle ist eine genossenschaftliche Vereinigung. Das Premiumetikett Art+Vin kann gute Weine anzeigen (z. B. der 2011er Schengen Markusberg Pinot gris), doch man sollte gezielt auswählen.

Spanien und Portugal

Die dunklen Flächen bezeichnen die Weinbaugebiete

Die folgenden Abkürzungen werden im Text verwendet:

Spanien:	
Bask	Baskenland
Cas-L	Castilla y León
Cas-La M	Castilla-La Mancha
Cos del S	Costers del Segre
El B	El Bierzo
Emp	Empordà
Gal	Galicien
Kat	Katalonien
La M	La Mancha
Madr	Madrid, Vinos de
Mall	Mallorca
Mur	Murcia
Nav	Navarra
Pen	Penedès
Pri	Priorat
R Ala	Rioja Alavesa
R Alt	Rioja Alta
R Baj	Rioja Baja
Rib del D	Ribera del Duero
Som	Somontano
U-R	Utiel Requeña
Portugal:	
Alen	Alentejo
Bair	Bairrada
Bei At	Beira Atlântico
Lis	Lisboa
Set	Setúbal
Res	Reserva

Womit gewinnt man junge Leute in schweren Zeiten? Im Fall von Rioja, der ältesten DO Spaniens, die demnächst ihr erstes Jahrhundert auf dem Buckel hat, lautet die Antwort: mit günstigen Preisen. Sogar sehr alter Rioja – und es gibt in der Region Sammlungen alter Weine, die mitunter glücklichen Liebhabern zugänglich gemacht werden – ist auffallend billig. Rioja hält sich über viele Jahre hinweg fantastisch: Die Weine sind elegant und delikat und dabei immer noch fruchtig und frisch. Günstige Preise sind das A und O im heutigen Spanien. Das Land bietet Originalität, Vielfalt, Lokalkolorit und höchstes Trinkvergnügen.

In Portugal blüht in schweren Zeiten der Einfallsreichtum. Prickelnde Energie prägt die jüngsten Gemeinschaftprojekte wie Young Winemakers of Portugal oder Simplesmente Vinho (aufs Terroir bedachte Winzer) und sogar Einzelunternehmungen wie die von Susana Esteban, der führenden Weinmacherin Portugals, und Sandra Tavares de Silva, die die wachsende Bedeutung der Frauen in der Weinmacher-Spitzenriege unterstreichen. Und wer sein Geld

gern in daniederliegende Weingüter investieren möchte, kann sehr schnell Erfolg haben, wie die Senkrechtstarter Ideal Drinks und Quinta de Covela beweisen.

Spanien

Neuere Rioja-Jahrgänge

2013 Ernteeinbußen durch späten Frost. Im Sommer gutes Wetter, dann etwas Regen und Hagel zur Lesezeit. Qualität ist eine Frage rigider Auslese. Die Weine werden einen frischeren Stil zeigen, mit etwas geringerem Alkoholgehalt.

2012 Die Qualität ist hervorragend, der Ertrag jedoch zählt zu den niedrigsten der vergangenen 20 Jahre.

2011 Geringere Erträge und konzentriertere Frucht als 2010.

2010 Von offizieller Seite als *»excelente«* deklarierter Jahrgang. Die Spitzenweine zeigen sich noch immer von ihrer besten Seite.

2009 Jetzt trinkreif, wird sich aber noch weiter entfalten.

2008 Die besten Weine sind frisch und aromatisch, mit etwas niedrigerem Alkoholgehalt.

2007 Schwieriger Jahrgang. Die meisten Weine zeigen klare, frische Frucht und sind jetzt trinkreif.

2006 Die Weine sind eher leicht und duften schön; sollten jetzt getrunken werden.

2005 Ein hervorragender Jahrgang, auf Augenhöhe mit 2004; Weine jetzt trinken, die besten können noch im Keller bleiben.

2004 Hervorragender Jahrgang; jetzt trinken, die besten Weine halten sich aber noch.

2003 Der sehr heiße Sommer nahm vielen Weinen die fruchtige Frische. Austrinken.

Aalto, Bodegas y Viñedos Rib del D r ★★★★ Mariano García, früher bei VEGA SICILIA und jetzt Präsident des Consejo Regulador, will den besten TINTO FINO der Region erzeugen. Seine mächtigen Weine im modernen Stil brauchen Zeit, bis sie sich entfalten. Der Aalto 2011 ist tintendunkel mit raffinierter Zedernholznote, der 2011er PS (Pagos Seleccionados, ausgewählte Trauben von 200 Parzellen) dicht und sehr würzig. Zum Familienbesitz zählen auch die Kellereien MAURO und Maurodos (TORO).

Abadía Retuerta Cas-L r ★★→★★★ Erzeuger knapp außerhalb von RIBERA DEL DUERO, berühmt für seinen reifen, modernen Stil, internationale Rebsorten, einflussreiche Weinmacher und das Grand Hotel im einstigen Kloster. Preiswerter Rívola, würzigerer Selección Especial, reinsortiger TEMPRANILLO Pago Negralada und üppiger SYRAH Pago la Garduña.

Agustí Torelló Mata sch ★★→★★★ Der Familienbetrieb konzentriert sich gänzlich auf CAVA und verwendet traditionelle Rebsorten. Hervorragend sind der Kripta (**06**) und der Gran Reserva Barrica (**08**).

Alicante r w; s ★→★★ Wenn Sie Schnäppchen, Originalität und Interessantes suchen, sehen Sie sich an der spanischen Levante um. Die Ostküste bietet hervorragenden süßen MOSCATEL von GUTIÉRREZ DE LA VEGA, oben in den Hügeln gedeihen die Reben für volle, würzige MONASTRELL-Weine. Spitzenerzeuger: Enrique MENDOZA, Bernabé Navarro (mit in tönernen *tinajas* ausgebauten Weinen), ARTADI, Bruno Prats, Salvador Poveda. Primitivo Quiles und Gutiérrez de la Vega hauchen einer historischen Kuriosität neues Leben ein: in der Solera ausgebauter, gespriteter süßer Fondillón; weitere Versionen sind geplant.

Alión Rib del D r ★★★★ **03** 04' 05' 06 07 – Der moderne Cousin und keineswegs der arme Verwandte von VEGA SICILIA. Sortenreiner TINTO FINO mit dichter dunkler Frucht, der in französischer Nevers-Eiche ausgebaut wird.

Die Rebsorte Cabernet franc stammt ursprünglich aus dem Baskenland, wo sie Achéria genannt wurde.

Allende, Finca R Alt r w ★★★★ In jeder Beziehung überragende RIOJA-Bodega in BRIONES: Von der Kuppel auf dem alten Kaufmannshaus hat man einen herrlichen Blick auf die Weinberge. Der Jahrgang 06' ist von erlesener Eleganz und kann jetzt, aber auch erst in einigen Jahren getrunken werden. Der Calvario von einer Einzellage (06') ist ein kompakter und sehr jugendlicher Tropfen, der Aurus (07') üppig mit mineralischer Note. Außerdem zwei Weißweine: der kraftvolle Rioja Blanco und der sehr feine Martires, der ebenso wie der Calvario in neuer Eiche ausgebaut wird. Neue Reihe Finca Nueva mit weniger teuren Weinen. Besitzt auch die Finca Coronado in La MANCHA.

Artadi, Bodegas y Viñedos Alicante, Nav, R Ala r ★★→★★★★ Hervorragender moderner RIOJA: Der kraftvolle El Pisón (Einzellage) braucht 8 bis 10 Jahre, ebenso der würzig-rauchige Pagos Viejos. Dazu sehr guter und ebenso moderner roter El Sequé (ALICANTE) und roter sowie rosé (BV) Artazuri (NAVARRA). Außerdem preiswerter Viñas de Gain.

Baigorri, Bodegas R Ala r w ★★→★★★ Die Weine sind so spektakulär wie die Architektur: ein gläserner Kubus mit freiem Blick auf die Fässer und Tanks im Untergeschoss. Wuchtiger, moderner RIOJA: Primäraromen vo schwarzen Früchten, wuchtige Tannine, üppige Eichenwürze und frischer Abgang. Der Garage räumt alle Preise ab, zugänglicher ist die RESERVA.

Barón de Ley R B r rs w ★→★★ Gut gemachte, preiswerte Weine, die in einem früheren Benediktinerkloster bereitet werden; Experimente mit neuen Rebsorten und Verschnitten. Empfehlenswerter Rosado (BV).

Báscula, La Alicante, Rib del D, Rioja r w; s ★★ Junge Marke mit preiswerten Weinen aus aufstrebenden Bereichen, z. B. ALICANTE, JUMILLA, RIBERA DEL DUERO, RIOJA, Terra Alta und YECLA, geführt von einem südafrikanischen Weinmacher und einem britischen Master of Wine.

Abwechslungsreiche Kost

Der allgegenwärtige Tempranillo trägt verschiedene Namen, je nachdem, wo man sich in Spanien befindet: Tinto fino, Tinta de Toro, Cencibel usw. – siehe Kapitel »Trauben für Rotwein«. Ebenfalls weitverbreitet ist die GARNACHA, auch wenn es für diese Traube nicht ganz so viele Synonyme gibt. Doch Spanien hat eine Fülle weiterer Sorten entdeckt: MENCÍA, Bobal, GRACIANO, Caino, Lado, Juan García, Manto negro, Maturana, Doña Blanca, Albillo, Samsó usw. Inzwischen werden im Land rund 100 verschiedene Sorten angebaut, wenn man die »Ausländer« mitrechnet.

Belondrade Cas-L, Rueda w ★★ Frankreich kommt nach RUEDA: Didier Belondrade ließ sich 1994 hier nieder, jetzt leitet Sohn Jean den Betrieb. Spitzenwein ist der lebhafte, im Eichenfass vergorene Belondrade (11). Zweitetikett: Apollonia (12).

Beronia Rioja r rs w ★→★★★ Kompletter Wandel: Eigentümer GONZÁLEZ BYASS hat in Eichenfässer und Kellertechnik investiert. Das Ergebnis ist eine voller Überzeugung wiederbelebte RESERVA und guter Rosado. In seinem 40. Jahr zeigte sich der 1973er Beronia (der erste überhaupt erzeugte Jahrgang) immer noch sehr lebendig.

Bierzo, El r w ★→★★★ Schieferböden, die knackige, Pinot-noir-artige Mencía und ätherischer weißer GODELLO haben junge Weinmacher auf den Plan gerufen. Spitzenerzeuger: Descendientes de J. PALACIOS, Dominio de Tares, Gancedo, Luna Berberide, Peique und Pittacum. Im Auge behalten sollte man den roten Ultreia Saint Jacques (08) von Castro Ventosa.

Binissalem Mall r rs w ★★ Die bekannteste DO auf MALLORCA, nordöstlich von Palma. Zwei Drittel der Produktion entfallen auf Rotwein, hauptsächlich von der tanninherben Mantonegro-Traube. Am besten: Biniagual, Binigrau, Macià Batle.

Bodega 1. Kellerei; 2. Weinhandlung; 3. eine Firma, die sich mit der Herstellung, dem Verschnitt bzw. dem Versand von Wein befasst.

Bodegas Benjamin de Rothschild Vega Sicilia Rioja, R Alt r – Glamouröses neues Projekt, sortenreiner TEMPRANILLO. Die Reblagen wurden vor 10 Jahren in aller Verschwiegenheit erworben. Der erste auf den Markt gebrachte Jahrgang ist 2009: Macán Clásico und Spitzengewächs Macán.

riones R Alt – Kleines Städtchen nahe Haro oben in den Hügeln des RIOJA-Gebiets, die von Kellern durchlöchert sind. Erzeuger: u. a. Finca ALLENDE, Miguel Merino. Das Weinmuseum von Dinastía Vivanco lohnt einen Abstecher.

alatayud Aragón r rs w ★→★★★ Rasch an Qualität zulegende DO, die ihre alten GARNACHA-Reben wiederentdeckt; bietet Geschmack zum günstigen Preis. Beste Erzeuger: BODEGAS Ateca (siehe Juan GIL), El Escocés Volante (in schottischem Besitz; besonders empfehlenswert sind El Puño und La Multa), Lobban (v. a. der Garnacha El Gordito, bereitet von der Schottin Pamela Geddes) und Virgén de la Sierra (Cruz de Piedra).

Campo de Borja Aragón r rs w ★→★★★ Die Preise klettern langsam nach oben, doch noch ist die DO eine Quelle günstiger, fruchtig-saftiger Weine von GARNACHA und TEMPRANILLO (BV), z. B. von BODEGAS Aragonesas, Borsao oder Alto Moncayo.

Campo Viejo Rioja r rs w ★→★★ Markenschwergewicht in RIOJA mit der ersten klimaneutralen Kellerei Spaniens. Fruchtig-saftige TEMPRANILLO- und GARNACHA-Weine, preiswerte RESERVA und Gran Reserva. Spitzengewächs: Dominio. Gehört zur Pernod-Ricard-Gruppe, die auch die von Santiago Calatrava entworfene Kellerei Ysios besitzt. Erzeugt außerdem CAVA Campo Viejo; will in weitere wichtige Anbaugebiete expandieren.

Cañas, Bodegas Luis R Ala r w ★→★★★ Der vielfach preisgekrönte Familienbetrieb bietet vom JOVEN bis hin zu den »Garagenweinen« echte Qualität. Stets verlässliche RESERVA Selección de la Familia (06), extrem konzentrierter Hiru 3 Racimos (07). BODEGAS Amaren mit vollen, modernen, konzentrierten Weinen gehört ebenfalls dazu.

Capçanes, Celler de Kat r rs w; s ★→★★ Eine der besten Genossenschafter Spaniens. Sehr faire Preise, ausdrucksstarke Weine aus MONTSANT. Auch ein auf koschere Weine spezialisierter Erzeuger mit dem empfehlenswerten Peraj Ha'abib (10).

Cariñena Aragón r rs w ★→★★ Die DO trägt denselben Namen wie die Traube. Solide, wenig aufregende, aber preiswerte Weine; bester Erzeuger is Finca Aylés.

Casa Castillo Mur r ★★→★★★ Abgeschiedenes Gut hoch oben in JUMILLA. Sehr preiswert ist der MONASTRELL (12), der GARNACHA El Molar (11) zeigt strahlende Frische. Außerdem SYRAH Valtosca (10) und sehr mineralische Einzellagenverschnitt Las Gravas (09). Der Pie Franco (08) aus einer klei nen Monastrell-Lage, die der jüngsten Reblausplage entging, ist ausgewo gen mit langem Abgang.

Castaño, Bodegas Mur r rs w; s ★→★★ Die Familie Castaño ist der Inbegrif von YECLA und erzeugt feine MONASTRELL-Weine, angefangen von preis werten Jungspunden bis hin zum exzellenten Casa Cisca. Auch köstliche süßer roter Dulce (10).

Castilla y León r rs w ★→★★★ Der größte Weinbaubereich Spaniens bie tet viel Erfreuliches, worin man sich schnell verlieren kann, und das of zu günstigen Preisen: berühmte und unbekannte Erzeuger, berühmt und unbekannte Rebsorten. Zu den entdeckenswerten DOS zählen Arri bes (v. a. der Erzeuger La Setera), BIERZO, CIGALES, Tierra de León, Tierr del Vino de Zamora sowie der Bereich Valles de Benavente (ansprechen de Qualität). Rote Sorten: u. a. MENCÍA, Juan García, Prieto Picudo, TINT DEL PAÍS; weiße Sorte: Doña Blanca. Guter Rosado von intensiver Farbe.

Castillo Perelada Emp, Pri r rs w; sch ★→★★★ Glamouröses Weingut mi Hotel, Sommerkonzerten und rasch besser werdenden Weinen. Tempe ramentvolle CAVAS, v. a. Gran Claustro, und moderne Rote, z. B. Ex E (MONASTRELL) und Finca Garbet (SYRAH aus küstennahen Lagen). Zuder seltener, 12 Jahre in der Solera gereifter GARNATXA de l'Empordà. Heraus ragend sind der Casa Gran del Siurana und der Gran Cruor, ein Syrah-Ve schnitt aus dem PRIORAT.

Catalunya Kat r rs w; sch – Erst seit 2004 bestehende, sehr große DO, di ganz Katalonien umfasst: Küste, Berge und alles, was dazwischen lieg Hier findet man einige der bekanntesten Namen Spaniens, z. B. TORRES aber auch viele andere, darunter pfiffige Erzeuger, die clevere DO-über greifende Verschnitte bieten.

Cava Der nach der traditionellen Methode bereitete spanische Schaumwein wird immer besser. Erzeugt wird er zum Großteil im PENEDÈS, v. a. in und um Sant Sadurní d'Anoia, aber auch in zahlreichen anderen Gegenden, z. B. RIOJA (v. a. Conde de Haro von MUGA). Marktführer sind FREIXENET und CODORNÍU. Spitzenerzeuger: AGUSTÍ TORELLÓ MATA, Castell Sant Antoni, CASTILLO PERELADA, Cava de Nit, GRAMONA, Parxet, Raventós, Recaredo (biologisch-dynamisch) und Sumarroca. CHARDONNAY und PINOT NOIR finden häufig Eingang in den Verschnitt, neuerdings wird aber viel geforscht, um die Qualität der traditionellen XAREL-LO-Traube zu heben. Eine Handvoll Erzeuger meiden inzwischen die DO Cava wegen ihres in der Vergangenheit schlechten Images.

Chacolí/Txakoli Bask (r) (rs) w; s ★→★★ BV – Der baskische Wein. Die Weinberge liegen unmittelbar westlich von San Sebastián und sind den Winden vom Golf von Biskaya ausgesetzt. Daraus erklärt sich das Aroma und die oft durchdringende knackige Frische des weißen Perlweins, den die Einheimischen in langem Strahl aus der Höhe ins Glas gießen. Spitzenerzeuger: Ameztoi und Txomin Etxaniz. Faszinierend ist die Spätlese Urezti (10) von Itsasmendi, verschwenderisches Edelfäulearoma und zugleich Frische zeigt der Arima (10) von Gorka Izagirre.

Neues aus dem Baskenland: herrlich frische Süßweine von der Chacolí-Traube.

Chivite, Bodegas Julián Nav r rs w; s ★★→★★★ Die alteingesessene BODEGA in NAVARRA erwacht zu neuem Leben. Beliebte Reihe Gran Feudo (BV), v. a. Rosado und Sobre Lías *(sur lie)*. Hervorragende Reihe Colección 125, u. a. mit herausragendem CHARDONNAY, der zu Spaniens besten zählt, und delikatem edelfaulem MOSCATEL Vendimia Tardía. Die jungen PAGO-Weine des herrlichen Guts Arínzano werden immer besser. Seit 2012 gibt es das Zweitetikett Casona. Beratender Önologe ist seit Langem Denis Dubourdieu. Ebenfalls zum Besitz gehören Viña Salceda in RIOJA (sehr guter Conde de la Salceda) und Baluarte in RUEDA (erlesener VERDEJO, BV).

Cigales Cas-L r rs (w) ★→★★★ Die kleine DO zwischen RIBERA DEL DUERO und TORO muss kämpfen, um auf sich aufmerksam zu machen. Dennoch hat sie dank ihrer alten TEMPRANILLO-Reben wesentlich mehr zu bieten als nur kommerzielle Rote (BV). Spitzenweine: sinnlicher César Príncipe sowie zurückhaltenderer Translanzas und Valdelosfrailes.

Clos Mogador Pri r w ★★★→★★★★ In einer mittlerweile vor großen Namen strotzenden Region ist René Barbier eine Art Pate für die jüngeren Weinmacher. Sein Clos Mogador flößt noch immer Respekt ein; der Jahrgang 2005 erhielt als Erster die neue Spitzenklassifikation »Vi de Finca Qualificada«. Der würzige, üppig duftende weiße Clos Nelin mit Honignoten war der Vorreiter einer ganzen Reihe von GARNACHA-BLANCA-Verschnitten.

Codorníu Cos del S, Pen, Pri, Rib del D, Rioja r rs w; sch ★→★★★★ Neben dem Rivalen FREIXENET die größte CAVA-Firma, im Besitz der Familie Raventós; erzeugt guten Reina Maria Cristina, sehr trockenen Non Plus Ultra und PINOT NOIR. Außerdem das hervorragende Trio von Einzellagen-Cavas unter dem Namen Gran Cordoníu; besonders empfehlenswert ist die XAREL-LO-Abfüllung. Ist auf dem Gebiet der Erforschung lokaler Rebsorten führend und kümmert sich um die Wiederbelebung weiterer Firmentöchter. Immer besser werden die Güter Raimat mit ausgedehntem Weinbergbesitz in COSTERS DEL SEGRE und Legaris in RIBERA DEL DUERO, während Bilbaínas in RIOJA mit dem beliebten fruchtigen Viña Pomal punktet. Siehe auch SCALA DEI.

Compañía Vinícola del Norte de España (CVNE) R Alt r rs w ★→★★★★ Die einst traditionsverhaftete RIOJA-BODEGA (gegründet 1879) ist jetzt auf dem aufsteigenden Ast. Verlässliche, fruchtige RESERVA, frische, kultivierte Imperial Gran Reserva (04), grazile Viña Real Gran Reserva (06). Noch immer strahlend trotz seines hohen Alters präsentiert sich der Viña Real (**1964**). CONTINO ist Teil des Unternehmens, arbeitet aber selbstständig.

Conca de Barberà Kat r rs w – In der kleinen katalanischen DO, die früher ausschließlich große Unternehmen mit hochwertigem Traubengut versorgte, arbeiten inzwischen einige exzellente Erzeugerbetriebe, darunter Escoda-Sanahuja (biodynamisch). Die TORRES-Spitzenweine Grans Muralles und Milmanda werden beide in dieser DO erzeugt.

Lust auf eine Reise? Spanien besitzt 17 offiziell anerkannte Weinstraßen. Siehe www.wineroutesofspain.com (nur auf Spanisch und Englisch).

Consejo Regulador Amtliche Organisation für Erhaltung, Kontrolle und Förderung einer Denominación de Origen; jede DO hat ihren eigenen Consejo Regulador. Die Qualität ist so uneinheitlich wie die Weine, die die Organisation vertritt – mal steht Bürokratie, mal unternehmerisches Denken im Vordergrund.

Contino, Viñedos del R Ala r rs w ★★★★ Jesus Madrazo konzentriert sich mit beständigem Erfolg auf seine Einzellagenweine (v. a. RIOJA); so hat etwa die 2007er RESERVA noch ein langes Leben vor sich. In Madrazos GRACIANO findet diese schwierige Sorte ihren perfekten Ausdruck. Spitzenwein ist der frische Viña del Olivo (08) mit Leder- und Lakritznoten. Dazu reifer GARNACHA-BLANCA-Verschnitt mit schöner Textur und aromatischer Rosado. 2013 hatten die Reben schwer unter Hagel zu leiden.

Costers del Segre Kat r rs w; sch ★★→★★★★ Geografisch geteilte DO mit hervorragenden Erzeugern, u. a. das in den Bergen gelegene Gut Castell d'Encus (geleitet von Raül Bobet, früher Technischer Direktor von TORRES, jetzt Miteigentümer von FERRER BOBET, der mit mittelalterlichen, aus Felsen herausgeschlagenen Gärbottichen experimentiert) mit dem Ekus (RIESLING) und dem Thalarn (SYRAH). Auch empfehlenswert: CASTELL DEL REMEI, Cérvoles und Raimat.

Crianza Die »Kinderstube«, in der sich der Wein entwickelt. Neuer oder nicht gealterter Wein ist *sin crianza* oder JOVEN. In der Regel sind Crianza-Weine mindestens 2 Jahre gereift, davon 6–12 Monate im Eichenfass, und dürfen erst ab dem dritten Jahr freigegeben werden. Siehe auch RESERVA.

Cusiné, Tomàs Cos del S r w ★★→★★★ – Einer der innovativsten Weinmacher Spaniens, ursprünglich für CASTELL DEL REMEI und Cérvoles tätig. Individuelle, moderne Weine, darunter der TEMPRANILLO-Verschnitt Vilosell und der originelle Auzells, der aus 10 Rebsorten bereitet wird.

Dehesa La Granja Cas-L r ★★★ Die von der Tochter von Alejandro Fernández (siehe PESQUERA) geleitete Kellerei mit alten Kellerräumen auf dem riesigen Familiengut in Zamora. Sortenreiner TEMPRANILLO; der Jahrgang 2006 zeigt herrliche Dichte und Textur.

Dinastía Vivanco R Alt r w ★★ Bedeutende kommerzielle BODEGA in BRIONES in Familienbesitz mit einigen interessanten sortenreinen Weinen. Das Weinmuseum lohnt einen Umweg.

DO (Denominación de Origen), DOP (Denominación de Origen Protegida) Die bisherigen Herkunftsbezeichnungen Denominación de Origen (DO) und Denominación de Origen Calificada (DOCa) sind jetzt zur Denominación de Origen Protegida (DOP) zusammengefasst. Daneben gibt es noch die Kategorie VINO DE PAGO. Die niedrigere Qualitätsstufe Vinos de Calidad Producidos en Regiones Determinadas (VCPRD) wird sukzessive zu Vinos de Calidad de Indicación Geografica (VCIG).

Domaines Lupier Nav r ★★ Das junge Paar erzeugt nur zwei Weine von alten GARNACHA-Reben: floralen La Dama und dichten, mächtigen El Terroir. Biodynamisch.

Dominio de Tares El B r w ★★★ Die MENCÍA ist eine schwer zu bändigende Rebsorte, aber der dunkle, würzige Bembibre und der Cepas Viejas beweisen, was man mit ihr erreichen kann; sehr gut ist auch der Tares P3. Das Schwestergut Dominio dos Tares (VdT Castilla y León) bereitet eine Reihe von Weinen aus der interessanten dunklen Sorte Prieto picudo, v. a. den mächtigen Cumal.

Dominio de Valdepusa Cas-La M r w ★★→★★★ Carlos Falcó (Marqués de Griñon) beschreitet mit dem Familiengut bei Toledo seit den 1970er-Jahren voller Selbstvertrauen neue Wege: Er baute als erster Spanier SYRAH und PETIT VERDOT an, führte Tropfbewässerung sowie Weinbergmanagement nach wissenschaftlichen Richtlinien ein und beschäftigte erstklassige Berater. Valdepusa ist als VINO DE PAGO klassifiziert. Die Weine sind sehr aromatisch und konzentriert, z. B. der Syrah und der preiswerte Caliza. Auf seinem Gut El Rincón erzeugt Falcó Weine der DO Vinos de MADRID.

Dulce Süß.

El Angosto Val r w ★★ Vielversprechendes Projekt in der sonst eher unbekannten DO VALENCIA. Achten Sie auf den weißen Verschnitt Almendros und den roten Angosto mit der Sorte Marselan im Verschnitt.

Empordà Kat r rs w; s ★→★★ Kleine, sehr angesagte DO nahe der französischen Grenze, ein Zentrum der Kreativität. Die besten Kellereien sind CASTILLO PERELADA, Celler Marti Fabra, Pere Guardiola und Vinyes dels Aspres. Das spleenige junge Weingut Espelt baut stolze 17 Sorten an; probieren Sie den Sauló (GARNACHA/CARIGNAN). Celler Espolla bietet mit dem Solera Gran RESERVA einen üppigen natürsüßen Wein an.

Espumoso Schaumwein, der jedoch – anders als CAVA – nicht nach der traditionellen Methode hergestellt wird und daher in der Regel preiswerter ist.

Ferrer Bobet Pri r ★★→★★★ Auf Anhieb erfolgreiches Projekt von Sergi Ferrer-Salat (Gründer der Vinothek Monvínic in Barcelona) und Raül Bobet (früher Technischer Direktor bei TORRES). Schieferböden und alte Reben zeigen sich aufs Schönste im Selecció Especial Vinyes Velles (10), in dem das PRIORAT herrlich komplex zum Ausdruck kommt.

Finca Landgut, Weingut, ländliches Anwesen.

Fondillón Alicante s ★→★★★ Einst legendärer roter Süßwein aus MONASTRELL-Trauben, der lange Zeit in Eichenfässern lagerte, um Seereisen überstehen zu können. Heute wird er mindestens 10 Jahre in Eiche gereift; einige Soleras (siehe Kapitel »Port, Sherry und Madeira«) sind sehr alt. Wird in kleinen Mengen u. a. von GUTIÉRREZ DE LA VEGA und Primitivo Quiles erzeugt.

Freixenet, Cavas Pen rs w; sch ★→★★★ Sehr großer CAVA-Erzeuger, im Besitz der Familie Ferrer und Erzrivale der ähnlich großen Firma CODORNÍU. Am bekanntesten für den in schwarzen Mattglasflaschen abgefüllten Cordón Negro und den Standardwein Carta Nevada. Die mit CHARDONNAY und PINOT NOIR aufgepeppte Spitzen-Cava Elyssia ist ein echter Schritt nach vorn. Zur Freixenet-Gruppe gehören auch die Erzeuger Castellblanch, Conde de Caralt und Segura Viudas sowie das große Bordeaux-Handelshaus Yvon Mau.

Galicien (r) w – Regenreiche Region in Nordwestspanien, in der einige der besten spanischen Weißweine (siehe MONTERREI, RÍAS BAIXAS, RIBEIRA SACRA, RIBEIRO, VALDEORRAS) und überaus erfrischende Rote entstehen.

Gil, Juan Mur r ★★→★★★ Der alteingesessene Familienbetrieb wurde 2002 von Grund auf reorganisiert mit dem Ziel, in JUMILLA der Beste zu sein.

Gute junge MONASTRELL-Weine (z. B. 4 Meses), dichte, kraftvolle Spitzengewächse Clio und El Nido. Die Familie erzeugt auch moderne Weine in aufstrebenden DOS, u. a. Shaya (RUEDA) und Can Blau (MONTSANT).

Gramona Pen r w; s; sch ★★→★★★★ Der Star unter den CAVA-Kellereien gehört zu den Anführern jener Bewegung, die beweisen will, dass Cava durchaus Charakter besitzt. Erzeugt in fünfter Generation beeindruckende, langlebige Cavas, darunter die Gran RESERVA Imperial (**07**), den III Lustros und den Argent. Dank Forschung und Versuchsanpflanzungen gibt es zudem die gute, von XAREL-LO dominierte Gran Reserva Celler Batle (**01**), Süßweine (einschließlich Eiswein) und den beeindruckenden CHARDONNAY/SAUVIGNON-BLANC-Verschnitt Gra a Gra Blanco Dulce.

Gran Reserva Siehe RESERVA.

Anders als andere Klassiker der Weinwelt kommen Gran Reservas genussreif auf den Markt. Lagern Sie sie trotzdem noch ein Weilchen ein.

Gutiérrez de la Vega, Bodegas Alicante r w; s ★→★★★ Das kleine Weingut mit zwei Stützpunkten im Besitz eines pensionierten Generals und Opernliebhabers erzeugt auch Rotweine, der Schwerpunkt liegt jedoch auf den honigartigen, duftenden süßen MOSCATEL-Weißweinen unter dem Markennamen Casta Diva. Zudem wird die FONDILLÓN-Tradition aufrechterhalten.

Hacienda Monasterio, Bodegas Rib del D r ★★→★★★ Kultweinmacher Peter Sisseck (PINGUS) garantiert den Verschnitten von TINTO FINO, CABERNET SAUVIGNON und MERLOT einen hohen Bekanntheitsgrad. Ihren guten Ruf verdienen die zugängliche RESERVA (08) und die konzentriertere, komplexer strukturierte RESERVA Especial (09).

Haro R Alt – Im malerischen Zentrum von RIOJA Alta sind die großen Namen von Rioja am und um den alten Bahnhof versammelt. Besuchen Sie LÓPEZ DE HEREDIA, MUGA, La RIOJA ALTA oder auch den modernen Betrieb RODA.

Jean León Pen r w ★★→★★★ Bereitete CABERNET SAUVIGNON und CHARDONNAY in Spanien den Weg, seit 1995 im Besitz von TORRES und jetzt unter Mireia Torres wieder auf dem aufsteigenden Ast. Gute, eichenwürzige Chardonnay-Weine, ausdrucksstarker Merlot namens 3055 und eleganter Cabernet Sauvignon Vinya La Scala.

Joven (vino) Junger, nicht in Eiche gereifter Wein, der im Zuge der anhaltenden Wirtschaftskrise immer beliebter wird. Siehe auch CRIANZA.

Jumilla Mur r (rs) (w) ★→★★★ Sehr trockenes Anbaugebiet in den Bergen nördlich von Murcía mit alten MONASTRELL-Reben, die inzwischen von ehrgeizigen Weinmachern wiederentdeckt wurden. Auch TEMPRANILLO, MERLOT, CABERNET SAUVIGNON, SYRAH und PETIT VERDOT spielen eine Rolle. Spitzenerzeuger: Juan GIL mit dem El Nido, gefolgt von Agapito Rico, Casa Castillo, CASTAÑO mit dem Casa Cisca, Carchelo, Luzón, Valle del Carche und Valtosca.

Juvé y Camps Pen w; sch ★★★ Beständig gute CAVA-Firma in Familienbesitz, die ihre erstklassigen Schaumweine von Vorlaufmost erzeugt. Die RESERVA de la Familia ist der Grundpfeiler, ganz oben stehen die Gran Reserva und der Milesimé CHARDONNAY Gran Reserva.

Kanarische Inseln r rs w ★→★★ Die Weinberge, von der Reblaus verschont, erbringen ursprüngliche Weine. Es gibt hier stolze 9 DOS. Am besten sind die MALVASÍA- und MOSCATEL-Dessertweine; fantastisch ist der gespritete süße Malvasía El Grifo (DO Lanzarote). Aber auch die trockenen Weißweine von LISTÁN (PALOMINO) und Marmajuelo sowie die Roten von Listán negro, Negramoll (TINTA NEGRA) und Vijariego bieten erfreulich ursprüngliche Geschmackserlebnisse.

La Calandria Nav r p ★★ Einer der neuen kleinen Erzeuger mit GARNACHA von alten Reben. Sehr günstiger Cientruenos.

López de Heredia R Alt r rs w; s ★★→★★★★ Eindrucksvolles »Château« am Bahnhof von HARO. Die grazilen, im alten Stil bereiteten, langlebigen Weine sind urplötzlich wieder in Mode gekommen. Viña Cubillo heißt die jüngere Reihe mit GARNACHA, dunkler ist Viña Bosconia, delikat und reif der Viña Tondonia (**64 68 70 81 94 95 96 01 04**). Auch die Weißen reifen ausgiebig in Fass und Flasche: Faszinierend sind der Gravonia (**00**) und der Tondonia Gran RESERVA (**87 91 96**). An Pergament erinnert der Gran Reserva Rosado (**00**).

Loxarel Pen sch – Ein Original. Der Cent Nou 109 Brut Nature RESERVA (02) ist ein skurriles Schmankerl für Liebhaber von Naturweinen: nach der traditionellen Methode bereiteter Schaumwein, allerdings verbleibt die Hefe komplett in der Flasche, sodass es sich nicht um CAVA handelt. Komplex, trüb, ungeschwefelt und auch nach 109 Monaten noch immer sehr jugendlich.

Madrid, Vinos de r rs w ★→★★ Traditionell dienten Madrids GARNACHA-Reben zur Versorgung der Hauptstadtlokale mit Wein. Heute sind alte, oft aufgegebene Rebflächen Bestandteil der neuen Qualitätsbestrebungen. Zu den fortschrittlichsten Erzeugern gehört die Bodega Bernabeleva mit Weißwein im burgundischen Stil sowie dem Spitzengewächs Garnacha de Viña Bonita. Weitere gute Erzeuger sind Marañones, Gosálbez-Ortí (geleitet von einem ehemaligen Piloten), Jeromín, Divo, Viñedos de San Martín (Teil der ENATE-Gruppe) und El Regajal.

Málaga Einst berühmte und von TELMO RODRÍGUEZ wiedererweckte DO: Mit seinem subtilen süßen Molino Real hat er der fast schon dem Untergang geweihten MOSCATEL-Erzeugung neues Leben eingehaucht. Der US-Importeur Jorge Ordoñez hat den außergewöhnlichen Moscatel No 3 Viejas Viñas im Programm; bei Bentomiz findet man in der Reihe Ariyanas eine beeindruckende Auswahl an süßen und halbtrockenen Moscatel-Versionen, zudem Rotweine, z. B. von der lokalen Rebsorte Romé.

Mallorca r w ★→★★★ Die einstigen Touristenweine sind inzwischen sehr viel besser geworden und gelten in Barcelona als seriös und schick – und sind teuer. Familienbetriebe halten sich, doch sorgen finanzstarke Neuzugänge wie z. B. 4 Kilos für frischen Wind. Hochinteressant sind die Bodegas Ánima Negra, Sa Vinya de Can Servera (kleine Produktion), Hereus de Ribas, Son Bordils und Can Vidalet; außerdem Biniagual. Die Roten sind Verschnitte von traditionellen Rebsorten (Mantonegro, Callet, Fogoneu) plus CABERNET SAUVIGNON, SYRAH und MERLOT. Die Weißen (meist CHARDONNAY) holen schnell auf. Die beiden DOS heißen BINISSALEM und PLA I LLEVANT.

Mancha, La Cas-La M r rs w ★→★★ Das am wenigsten beeindruckende Anbaugebiet Spaniens, südlich von Madrid gelegen. Die besten Erzeuger sind PESQUERA mit dem El Vínculo, MARTÍNEZ BUJANDA mit dem Finca Antigua und Volver.

Manchuela Cas-La M r w – Die DO zwischen den Flüssen Júcar und Cabriel, einst Quelle von Fassweinen, nimmt eine vielversprechende Entwicklung mit Weinen von u. a. Bobal, MALBEC und PETIT VERDOT. Dem Pioniergut Finca SANDOVAL sind Alto Landón und Ponce nachgefolgt; Letzterer erzeugt *pie franco*-Weine (von wurzelechten Reben).

Marqués de Cáceres, Bodegas R Alt r rs w ★→★★ Der Glanz des einstigen Vorreiters in Sachen französische Weinbereitungsmethoden in RIOJA ist derzeit ein wenig verblasst. Der Stil des Gaudium ist modern, die Gran RESERVA der Klassiker.

Marqués de Murrieta R Alt r rs w ★★★→★★★★ Einer der großen Namen in RIOJA; am berühmtesten ist die prachtvolle, lang gereifte Gran RESERVA Castillo de Ygay. Auch die Reserva Especial ist hervorragend. Das beste Preis-Leistungs-Verhältnis bietet die dichte, hocharomatische Reserva; überraschend, aber ebenfalls überzeugend modern ist der rote Dalmau (wenn auch mit deutlicher Eichennote). Capellania heißt der komplexe Weiße mit schöner Textur – einer von Riojas besten.

Marqués de Riscal R Ala r (rs) w ★★→★★★ Die Traditions-BODEGA, eine der ältesten in RIOJA, ist heute eher wegen ihres von Frank Gehry entworfenen Hotels mit Titaniumdach ein Begriff als wegen ihrer Weine. Schade! Denn die RESERVA Barón de Chirel oder die Gran Reserva ist ebenso kraftvoll-modern. Marqués de Riscal leistet seit 1972 in RUEDA Pionierarbeit und erzeugt dort prickelnd lebhaften SAUVIGNON BLANC (BV) und VERDEJO.

Martínez Bujanda, Familia Cas-La M, Rioja r rs w ★→★★ Clevere Geschäftsidee: gemeinsame Dachmarke von fünf verschiedenen Kellereien, die zudem eigene Weine erzeugen. Am ansprechendsten sind Finca Valpiedra von einer bezaubernden Einzellage in RIOJA sowie FINCA Antigua in La MANCHA.

Mas Alta Kat r ★★ Das 1999 gestartete Projekt im PRIORAT trägt jetzt unter der Anleitung der Rhône-Spezialisten Tardieu und Cambie erste Früchte. Eindrucksvoller La Creu Alta (CARIÑENA/GARNACHA/SYRAH).

Mas Martinet Pri r ★★★→★★★★ Wegbereiter für PRIORAT-Weine mit exzellentem Clos Martinet. Zweitetikett: Martinet Bru (07). Jetzt unter der Leitung der nachfolgenden Generation, die stets offen ist für – wohlbedachte – Neuerungen und die Weine im Weinberg sowie in *tinajas* (großen Tonkrügen) vergärt.

Mauro, Bodegas Cas-L r ★★★ Die New-Wave-BODEGA in Tudela del Duero, einer der Lieblingserzeuger spanischer Sammler, braucht keinen DO-Status – der Name Mariano García (jetzt Teilhaber von AALTO, früher bei VEGA SICILIA) sagt alles. Der Mauro (09) ist köstlich, erdig und voll. Maurodos in TORO ist das Schwesterweingut.

Mendoza, Enrique Alicante r w; s ★★ Pepe Mendoza ist die Schlüsselfigur beim Wiederaufstieg der DO und der MONASTRELL-Traube. Die Weine sind ebenso ausdrucksstark und individuell wie Mendoza selbst. Lebhafter Tremenda (10) und intensiver, hocharomatischer Einzellagenwein Las Quebradas. Außerdem honigartiger süßer MOSCATEL. Die Wiederbelebung der FONDILLÓN-Erzeugung ist in Planung.

Méntrida Cas-La M r rs ★→★★ Früheres Genossenschaftsgebiet südlich von Madrid, erlangt jetzt Bekanntheit dank Erzeugern wie Arrayan, Canopy und dem einflussreichen Daniel Jiménez-Landi (u. a. Piélago und Sotorrondero).

Monterrei Gal w ★→★★★ BV – Kleine, aber wachsende DO in Ourense, Südgalicien, mit geschmacksintensiven, aromatischen Weinen aus den Weißweintrauben Treixadura, GODELLO und Doña blanca. Hier zeigt sich, dass GALICIEN mehr zu bieten hat als nur ALBARIÑO. Bester Erzeuger ist Gargalo.

Montsant Kat r (rs) w ★→★★★ Die das PRIORAT umschließende DO ahmt dessen Weine, aber nicht dessen Preise nach. Feiner GARNACHA BLANCA, v. a. von Acústic. CARIÑENA und GARNACHA liefern dichte, balsamische, mineralische Rote – eindrucksvolle, individuelle Weine von Celler de Capçanes, außerdem preiswert von Celler el Masroig, Can Blau, Dosterras, Étim, Joan d'Anguera, Mas Perinet und Portal del Monsant (auch am Projekt Portal de Priorat beteiligt).

Muga, Bodegas R Alt r rs w; (sch) ★★★→★★★★ Der alteingesessene Familienbetrieb in HARO erzeugt mit die aromatischsten und ausgewogensten Rotweine von RIOJA. Guter fassvergorener, ein wenig an Burgunder erinnernder VIURA (BV), vorbildlicher trockener Rosado und fein gearbeitete, grazile Rote. Am besten sind die herrlich bukettreiche Gran RESERVA Prado Enea (05), der warme, volle Torre Muga (09), der ausdrucksstarke, komplexe Aro und der dichte, reichhaltige, gut strukturierte Selección Especial.

Mustiguillo Val r ★★★ Die gerade mal 10 Jahre alte BODEGA führt mit ihrer gewissenhaften Arbeit in Weinberg und Keller die Wiederentdeckung der ungeliebten BOBAL-Traube an. Einen wunderbaren Einstieg bietet der fruchtig-saftige Junior Mestizaje (11), raffinierter zeigt sich hingegen der Finca Terrerazo (11). Das Spitzengewächs heißt Quincha Corral (07). Man arbeitet auf eine eigene DO hin, die den Namen El Terrerazo tragen soll.

Navarra r rs (w) ★★→★★★ Anbaubereich zwischen RIOJA, in dessen Schatten er noch immer steht, und den Pyrenäen. Dass internationale Rebsorten zugelassen sind, gereicht Navarra mitunter zum Nachteil und verschleiert die wahre Identität. Am besten ist GARNACHA von alten Reben, z. B. von DOMAINES LUPIER. Aufstrebende Erzeuger sind u. a. Pago de Larrainzar und das selbstbewusste jugendliche Team von Tandem; Zorzal ist auf (preiswerten) GRACIANO spezialisiert. Beste Erzeuger: Artazu (im Besitz von ARTADI), Julián CHIVITE, DOMAINES LUPIER, Inurrieta, LA CALANDRIA, Nekeas, OCHOA, Otazu, Pago de Cirsus und Señorio de Sarría (guter Rosado).

Spanien

Nido, El Mur r ★★★ Glamouröser Star im unglamourösen JUMILLA mit Weinen von der bislang eher ungeliebten MONASTRELL-Traube. Beeindruckende Ergebnisse unter der Ägide der Familie (Juan) GIL, die das Ganze mit Ernst betreibt. Clio heißt das Zweitetikett (70 % Monastrell, 30 % CABERNET SAUVIGNON). Der dichte, herrlich duftende El Nido wird mit umgekehrtem Verschnittrezept bereitet und ist das Spitzengewächs von Jumilla.

Ochoa Nav r rs w; s; sch ★→★★ Vater Javier Ochoa Martínez hat einen bedeutenden technischen Beitrag zum Aufstieg der DO NAVARRA geleistet. Nun arbeiten seine Töchter daran, der Familien-BODEGA zu neuem Ruhm zu verhelfen. Sehr guter Rosado, feiner süßer MOSCATEL sowie vergnüglicher, an Asti erinnernder süßer Schaumwein.

Pago siehe VINO DE PAGO.

Pago de Carraovejas Rib del D r ★★★ Res – Sehr guter Tinto CRIANZA, der ungeachtet des Namens weit mehr als Crianza-Qualität bietet. Spitzenwein ist der sehr gute Cuesta da las Liebres.

Palacio de Fefiñanes Gal w ★★★★ Die ätherischste aller ALBARIÑO-Versionen, und der jung zu trinkende Standardwein zählt zu den feinsten überhaupt. Zwei höherwertige Stile sind die cremige, aber leicht anmutende fassvergorene Version »1583« (benannt nach dem Gründungsjahr der Kellerei) sowie der »III« – herrlich duftend, teuer, auf dem Hefesatz gelagert und durchtränkt von Mandarinenaromen.

Palacios, Álvaro Pri r ★★★→★★★★ Der Mann, der das PRIORAT bekannt machte, indem er exorbitante Preise für seine Weine verlangte. Zurzeit entwickelt er Village-Weine im burgundischen Stil und bietet sein Spitzengewächs im *En-primeur*-Verkauf an. Vergleichsweise günstig ist der blumige Einsteigerwein Camins del Priorat, wuchtiger und würziger Les Terrasses. Finca Dofí ist kräftig unterlegt mit CABERNET SAUVIGNON, SYRAH, MERLOT und CARIÑENA. Der superteure L'Ermita von ertragsarmen GARNACHA-Reben zeigt sich kraftvoll und dicht. Palacios ist auch in BIERZO und RIOJA tätig.

Palacios, Descendientes de J. El B r ★★★ Während Álvaro PALACIOS das moderne PRIORAT schuf, tut sein Neffe Ricardo Pérez dasselbe für BIERZO und die schwierige MENCÍA-Traube, deren aromatischen Zauber er herauskitzelt. Die Reben wachsen auf biodynamisch bewirtschafteten Schieferböden. Preiswerter, blumiger Pétalos plus Villa de Corullón (12) und Las Lamas (12), beide ausgezeichnet.

Palacios, Rafael Gal w ★★★ Rafael, Álvaro PALACIOS' jüngerer Bruder, hat sich mit seinem Gut dem Weißwein verschrieben. Zwei verschiedene Stile (beide BV): Im As Sortes mit seinen Zitrus- und Weinbergpfirsichnoten sowie einem sehr schönen Säurespiel kommt die Sorte GODELLO wunderbar zum Ausdruck; außerdem eichengereifter Louro do Bolo mit guter Textur.

Palacios Remondo R B r w ★★→★★★ Mit dem Weingut seiner Familie als Stützpunkt arbeitet PRIORAT-Fürst Álvaro PALACIOS daran, der GARNACHA wieder zu ihrem angestammten Recht in RIOJA zu verhelfen; außerdem setzt er sich für die Einführung eines Village- bzw. Cru-Systems à la Burgund ein. Den Erzeugern in Rioja Baja kommt das zupass, obwohl das Village-Konzept in Rioja kaum bekannt ist, weil man dort seit jeher Verschnitte bereitete. Komplexer, eichenwürziger weißer Plácet, ursprünglich von Álavaros Bruder Ricardo Palacios kreiert. Rote: der rotfruchtige Biowein La Montesa auf Garnacha-Basis und der mächtige Propiedad mit Maulbeeraroma (100% Garnacha von alten Reben). Work in progress – im Auge behalten.

Pariente, José Cas-L, Rueda w ★★ Victoria Pariente erzeugt knackigen VERDEJO (BV) von funkelnder Klarheit. Die neue Cuvée Especial (12) wird in eiförmigen Betontanks vergoren und zeigt faszinierende Komplexität; außerdem seidige Spätlese Apasionado (12).

Pazo de Señorans Gal w ★★★ BV – Außerordentlich intensiv duftende ALBARIÑO-Weine von einer BODEGA, die in RÍAS BAIXAS Maßstäbe setzt. Der sehr feine Selección de Añada (**05**) ist der beste Beweis, dass Albariños sehr wohl alt werden können.

Penedès Kat r w; sch ★→★★★★ Hauptsächlich als CAVA-Lieferant bekanntes DO-Anbaugebiet westlich von Barcelona, das sich bezüglich seiner Identität noch immer nicht ganz sicher ist – vor allem seit es die ausgedehnte DO CATALUNYA gibt. Beste Erzeuger: Albet i Noya, Alemany i Corrio, Can Ràfols dels Caus, GRAMONA, JEAN LEÓN, TORRES und Jané Ventura.

Pesquera Rib del D r ★★★★ Veteran Alejandro Fernández begründete das weltweite Ansehen von RIBERA DEL DUERO, aber auch seiner eigenen Weine, die von den Weinbergen seiner Familie – direkt gegenüber von VEGA SICILIA – stammen. Der Ausbau in Eiche dauert nicht so lang wie beim Nachbarn, doch es entstehen zufriedenstellende CRIANZA, RESERVA und Millenium (96; erzeugt für das Jahr 2000) sowie ausgezeichneter, reifer Janus (86) für Gutsituierte. Condado de Haza, DEHESA LA GRANJA und El Vínculo (La MANCHA) gehören ebenfalls dazu. Die Kellerei mit dem alten steinernen *lagar* lohnt einen Besuch.

Pingus, Dominio de Rib del D r ★★★★ Das noble, biodynamisch arbeitende Gut bietet beständig vortreffliche Qualität, die Produktion des Luxusgewächses Pingus (so wurde der Däne Peter Sisseck als Kind genannt) bleibt gering. Der sehr feine Flor de Pingus stammt von gepachteten Weinbergen; der weiße, nach Sissecks Frau benannte Amelia ist eine Einzelfass-Selektion. Das neueste Projekt ist der Tafelwein PSI.

Pla i Llevant Mall r w ★→★★★ Elf Weinbaubetriebe gibt es in dieser winzigen, quicklebendigen DO auf MALLORCA, die aromatische Weißweine und intensive, würzige Rote hervorbringt. Beste Erzeuger: Toni Gelabert, Jaime Mesquida, Miguel Oliver und Vins Can Majoral. Exportiert wird wenig – machen Sie sich also auf den Weg und genießen Sie die Insel und ihre Weine.

Priorat/Priorato Kat r w ★★→★★★★ Nach einem alten Kloster benannte und für *llicorella*-(Schiefer-)Böden sowie terrassierte (nach dem Spanischen Bürgerkrieg aufgegebene) Weinberge bekannte isolierte Enklave

Wurde von René Barbier von CLOS MOGADOR, Álvaro PALACIOS und anderen wieder zum Leben erweckt. Ihre Weine sind beständig sehr gut und zeigen eine charakteristische mineralische Reinheit. Nach einer anfänglichen Phase eichenüberfrachteter, dicht gewirkter Weine geht man nun zu mehr Eleganz und verbraucherfreundlicheren Preisen über. Palacios hat sich für eine Einführung von »Village«-DOS im Priorat starkgemacht. Weitere Spitzenerzeuger sind Celler del Pont, Cims de Porrera, Clos Erasmus, Clos de l'Obac, Clos Nelin, Clos i Terrasses, MAS MARTINET, SCALA DEI, Terroir al Limit und Val-Lach. Neu dabei sind nun auch FERRER BOBET und TORRES.

Quinta Sardonia Cas-L r ★★★ Einer der strahlenden Nicht-DO-Sterne, ansässig in Sardon de Duero zwischen ABADÍA RETUERTA und MAURO und ins Leben gerufen von einem früheren Kollegen Peter Sissecks bei PINGUS. Der Jahrgang 09' zeigt dichte, pfeffrige Fülle. Mitglied der Gruppe Bodegas Terras Gauda, zu denen u. a. auch die Bodega Pittacum in BIERZO gehört.

Recaredo Pen w; sch ★★★→★★★★ Erstklassiger, biologisch-dynamisch arbeitender CAVA-Erzeuger; auch sehr gute Stillweine. Paradepferd ist der charaktervolle, mineralische Turó d'en Mota von im Jahr 1940 gepflanzten Reben, der hervorragend altert.

Remelluri, La Granja Nuestra Señora R Ala r w ★★→★★★ Prachtvolles Anwesen in den Bergen. TELMO RODRÍGUEZ ist auf das Familiengut zurückgekehrt, wo er den verführerischen trockenen weißen Remelluri Blanco (BV) kreierte, einen Verschnitt aus sechs Rebsorten. Der Betrieb findet zu alter Form zurück.

Reserva Immer mehr Erzeuger gehen dazu über, die Vorschriften einfach zu ignorieren. Nichtsdestotrotz hat das Wort *Reserva* in Spanien tatsächlich etwas zu besagen – eine Seltenheit in der Weinwelt. Rote Reserva muss mindestens 1 Jahr im Fass und 2 Jahre in der Flasche gereift sein, Gran Reserva 2 Jahre im Fass und 3 Jahre in der Flasche. Wegen der Wirtschaftskrise in Spanien kann man Gran-Reserva-Abfüllungen mitunter zu Schnäppchenpreisen erwerben, und einige exzellente Reservas werden jetzt als (preiswertere) CRIANZAS verkauft.

In Rías Baixas, wo es große Miesmuschelzuchten gibt, versetzt man den Weinbergboden mit Muschelschalen, um den pH-Wert zu erhöhen.

Rías Baixas Gal (r) w ★★→★★★★ BV – Der DO-Bereich am Atlantik erzeugt Weißweine, die in den Restaurants von Madrid beliebt und entsprechend teuer sind. Infolge der Wirtschaftskrise sinken jedoch die Preise, während das Exportvolumen steigt. Begann mit ALBARIÑO-Weinen in fünf Unterbereichen: Condado de Tea, O Rosal, Ribeira do Ulla, Soutomaior und Val do Salnés. Die besten Erzeuger sind überragend: Adegas Galegas, As Laxas, Castro Baroña, Castro Celta, Martin Codax, Coto de Xiabre, Fillaboa, Gerardo Méndez, PALACIO DE FEFIÑANES, Pazo de Barrantes, PAZO DE SEÑORANS, Quinta do Lobelle, Santiago Ruíz, Terras Gauda, La Val, Valdamor, Viña Nora und Zarate. Das Interesse an längerer Hefesatzlagerung und Fassausbau wächst.

Ribeira Sacra Gal r w ★★ Die DO im Nordwesten GALICIENS mit ihren terrassierten Weinbergen, die zum Fluss Sil hin abfallen, ist eine Quelle hervorragender Weißweine. Spitzenerzeuger: Dominio do Bibei, Guimaro. Sehr vielversprechend sind die Roten von der MENCÍA-Traube, z. B. der herrlich duftende La Lama (10) von Dominio do Bibei.

Ribeiro Gal (r) w ★→★★★ BV – DO im Westen der Provinz Ourense. Die Weißweine weisen relativ wenig Alkohol und Säure auf, sie werden von Treixadura, TORRONTÉS, GODELLO, LOUREIRO und Lado bereitet. Die Spitzenerzeuger sind Coto de Gomariz, Lagar do Merens, Lagar do Merens und VIÑA MEIN. Ribeiro besitzt mit dem Süßweinstil Tostado eine besondere Spezialität.

Ribera del Duero r rs ★→★★★★ Glamourös und teuer, aber immer noch uneinheitlich: Die DO mit der Hauptsorte Tinto fino (TEMPRANILLO), in der VEGA SICILIA, HACIENDA MONASTERIO, PESQUERA, PINGUS und AALTO beheimatet sind, muss man ernst nehmen, doch bei 250 BODEGAS kann man kaum Einheitlichkeit erwarten. Weitere Spitzenerzeuger: ALIÓN, Astrales, Cillar de Silos, Condado de Haza, Pago de los Capellanes und Pérez Pascuas. Siehe auch die benachbarten Erzeuger ABADÍA RETUERTA und MAURO. Empfehlenswert sind außerdem: Bohórquez, Dehesa de los Canónigos, O. Fournier, Matarromera, Tomás Postigo, Protos, Sastre, Vallebueno und Alonso de Yerro.

Rioja r rs w; sch ★→★★★★ Siehe Kasten S. 243.

Rioja Alta, Bodegas La R Alt r ★★→★★★★ Eine der großen traditionellen RIOJA-BODEGAS mit sehr schönen RESERVAS und zwei herausragenden Gran Reservas. Leicht, charmant und zedernholzwürzig ist der Alberdi, reifer, einen Hauch würziger und dennoch elegant der vor GARNACHA strotzende Ardanza. Weitere Spitzengewächse sind die exzellente, kraftvolle, vanilleduftige Gran Reserva »904« (**68** 01) und die feine, vielschichtige, sechs Jahre in Eiche gereifte Gran Reserva »890« (98). Lagar de Cervera in RÍAS BAIXAS gehört ebenfalls zum Besitz.

Roda, Bodegas R Alt r ★★★ Die moderne BODEGA am Bahnhof von HARO erzeugt seriöse rote RESERVA-Weine von ertragsarmen TEMPRANILLO-Reben, unterstützt durch Klonforschung: Roda, Roda I und Cirsión. Außerdem vorzügliches Olivenöl der Marke Dauro.

Romeo, Benjamín – Bodega Contador Rioja r w ★★→★★★ Romeo, früher bei ARTADI tätig, fühlt sich mit seiner kleinen Produktion dem Terroir verpflichtet. Voller, erstklassiger weißer Que Bonito Cacareaba (12). Aushängeschild ist der rote Contador, der »Superzweitwein« heißt La Cueva del Contador (10). Sehr konzentriert ist La Viña de Andrés Romeo (09) von einer Einzellage.

Rueda Cas-L w ★★→★★★ Spaniens Antwort auf SAUVIGNON BLANC: pikanter VERDEJO. Das Gros der Produktion entfällt auf jung zu trinkende Weiße. Ein »Rueda Verdejo« besteht zu 100 % aus autochthonem Verdejo, beim »Rueda« kommt z. B. Sauvignon blanc oder VIURA dazu. Fassvergorene Versionen sind weiterhin in Mode, preiswertere Exemplare erweisen sich allerdings mitunter als schwächlich. Beste Erzeuger: Alvarez y Diez, Baluarte (siehe CHIVITE), Belondrade, François Lurton, MARQUÉS DE RISCAL, Naia, Ossian, José PARIENTE, Palacio de Bornos, Javier Sanz, SITIOS DE BODEGA, Unzu, Veracruz, Vinos de Nieva und Vinos Sanz.

Sandoval, Finca Cas-La M r ★★→★★★ Weinautor Victor de la Serna meint es ernst mit der Weinerzeugung: Mit seinem Finca Sandoval (SYRAH/MONASTRELL/Bobal) setzt er sich für zwei einheimische Rebsorten des aufstrebenden Anbaubereichs ein. Das Zweitetikett Salia (Syrah/GARNACHA/Bobal) präsentiert sich insgesamt schlichter, kostet aber auch nur die Hälfte

Der Wechsel von amerikanischer zu französischer Eiche in Rioja verleiht den Weinen mehr Eleganz, nimmt ihnen aber vielleicht ein wenig Rioja-»Typizität«.

Scala Dei Pri r ★★★★ Die Weinberge der »Himmelsleiter« ziehen sich an den Hängen oberhalb des alten Klosters entlang. Einer der Klassiker des PRIORAT, heute von Mitbesitzer CODORNÍU sorgfältig gehegt. Fruchtig-saftiger junger Negre, fein und erfrischend. Der Cartoixa ist ein kraftvolle

CABERNET SAUVIGNON/GARNACHA-Verschnitt, der seit 2007 in einem auf mehr Geschmeidigkeit und ausgeprägteres Bukett abzielenden Stil bereitet wird. Sehr vielversprechende Experimente mit Garnacha-Weinen aus Einzellagen.

Sierra Cantabria Rioja r ★★→★★★★ Der seit vier Generationen bestehende Familienbetrieb hat sich auf mit minimalen Eingriffen bereitete Weine von Einzellagen spezialisiert – ein relativ neues Konzept in RIOJA. Der burgundische Ansatz bei der Kellerarbeit mündet in Intensität und Eleganz: weißer Verschnitt Organza, RESERVA Unico, Colección Privada und Amancio. Ähnlich überragend sind die Weine vom Gut Viñedos de Páganos, La Nieta und der prachtvolle El Puntido. Zu den weiteren Besitzungen zählt Teso la Monja in TORO.

Rioja

Rioja hat alles: internationalen Ruhm (unterstützt durch massives Marketing), schöne Landschaften, charmante junge, aber auch 40 Jahre alte TEMPRANILLO-Weine. Nach gut einem Jahrhundert Verschnittpraxis gewinnen Regionalität und Einzellagen jetzt zunehmend an Bedeutung. Der Anbaubereich ist dreigeteilt. Alavesa (Teil des Baskenlands) bietet Frische, praktiziert aber auch fruchtige Weinbereitung à la Beaujolais für saftige JOVEN-Weine. Alta ist die traditionelle Heimat des Rioja und der mit ihm verbundenen großen Namen. Das wärmere Rioja Baja, traditionell Quelle für GARNACHA-Weine, erregt dank der Anstrengungen etwa von Álvaro PALACIOS immer mehr Aufmerksamkeit. Auch in stilistischer Hinsicht lassen sich drei Richtungen ausmachen: die Wiederkehr der Qualität beim Joven, die Betonung der Seriosität mithilfe guter, sauberer Eiche bei der RESERVA sowie auf »Ausdrucksstärke« abzielende, ultramoderne Erzeuger mit entsprechend schicken Kellereien, die nach ihren eigenen Regeln arbeiten. Nur eine Handvoll BODEGAS, v.a. La RIOJA ALTA, MUGA und LÓPEZ DE HEREDIA, erzeugen nach wie vor grazile, aromatische, altmodische Weine. Zu den bedeutenden neuen Projekten zählen BODEGAS BENJAMIN DE ROTHSCHILD VEGA SICILIA (2013 kam der erste Jahrgang heraus) und Phincas des *garagiste* David Sampedro. Die nach burgundischem Vorbild in Eiche ausgebauten Weißen gewinnen auch dank deutlich verbesserter Weinbergarbeit an Qualität.

Somontano r rs w ★→★★★ Kühle DO-Zone an den Ausläufern der Pyrenäen, die allmählich zu einer eigenen Identität findet – erschwert allerdings durch das Vorhandensein so vieler internationaler Rebsorten. Am ehesten zu empfehlen sind MERLOT, GARNACHA, GEWÜRZTRAMINER und CHARDONNAY. Beste Erzeuger: Enate und VIÑAS DEL VERO (im Besitz von González Byass; siehe Kapitel »Port, Sherry und Madeira«). Vom Gut Secastilla kommen Garnacha von alten Reben, GARNACHA BLANCA, strahlender Clarion und Gran Vos sowie die Spitzencuvée Blecua.

Telmo Rodríguez, Compañía de Vinos r w; s ★★→★★★ Telmo Rodríguez hat sich mit dem Aufspüren und Wiederbeleben alter Rebbestände einen Namen gemacht – und viele gute Weine erzeugt. Nun beschafft und erzeugt er ein breites Sortiment herrlicher DO-Weine aus ganz Spanien, u. a. aus MÁLAGA (Molina Real MOSCATEL-Weine), RIOJA (Lanzaga und Matallana), RUEDA (Basa), TORO (Dehesa Gago, Gago, Pago la Jara) und Valdeorras (GODELLO Gaba do Xil BV). Ist jetzt auf das Familiengut REMELLURI in Rioja zurückgekehrt – die Qualität dürfte steigen.

Toro Cas-L r ★→★★★★ Aus der kleinen DO westlich von Valladolid kommen jetzt allmählich Weine, die dem bekannten Namen gerecht werden. Die hiesige Tinta-de-Toro-Traube (TEMPRANILLO) erbrachte früher rustikale und zu alkoholstarke Weine, heute ist der Alkoholgehalt zwar immer noch hoch, aber einige Gewächse zeigen enorme Ausdruckskraft. Probieren Sie von Maurodos (gehört zu AALTO) den frischen, nach schwarzen Früchten duftenden Prima und den dicht gewirkten San Román von alten Reben sowie den zum VEGA-SICILIA-Portfolio gehörenden Pintia. Glamour verströmt die Bodega Teso la Monja. Ebenfalls empfehlenswert: Capo Elieso, Estancia Piedra, Matarredonda, der Pago la Jara von TELMO RODRÍGUEZ, Quinta de la Quietud und Sobreño.

Torres, Miguel Kat, Pri, Rioja r rs w; sw ★★→★★★★ Einzigartig erfolgreiches Familienunternehmen von beständig höchster Qualität. Miguel A. Torres hat die Leitung inzwischen an seinen Sohn Miguel übergeben, die Technische Direktorin ist Tochter Mireia. Aufs Altenteil hat Miguel sich jedoch noch nicht zurückgezogen: Er will demnächst die erste CAVA des Hauses Torres herausbringen und widmet sich mit Verve dem Umweltschutz. Stets einen guten Griff tut man mit dem CATALUNYA Viña Sol (BV), dem traubigen Viña Esmeralda und dem seidigen süßen MOSCATEL. Paradepferde sind der feine CABERNET SAUVIGNON PENEDÈS Mas la Plana sowie das umwerfende CONCA-DE-BARBERÀ-Duo Milmanda (einer der feinsten CHARDONNAY-Weine Spaniens) und Grans Muralles, ein Verschnitt von mehreren lokalen Sorten. Auch vom Weingut JEAN LEÓN gibt es einige sehr gute Angebote. Der Celeste (09) aus RIBERA DEL DUERO wird immer besser; außerdem guter RIOJA- (Ibéricos) und PRIORAT-Wein (Salmos). Zudem stammen einige der besten chilenischen Gewächse von Torres.

Txakoli Bask – Siehe CHACOLÍ.

Utiel-Requena r rs (w) ★→★★ »Satelliten«-Anbaugebiet von VALENCIA, das sich mithilfe seiner Bobal-Traube einen Namen zu machen beginnt – die Erzeuger bekommen die rustikale Rebsorte immer besser in den Griff, das kleine Gut Cerrogallina zeigt, wie's geht. Behindert ist die DO allerdings durch ihre Größe (über 40.000 ha), die sie vorwiegend zum Traubenlieferanten für die Weinindustrie des Nachbarbereichs Valencia abstempelt. Dennoch siedeln sich neue Betriebe wie Álvarez Nölting oder Bodegas Hispano Suizas an.

Valdeorras Gal r w ★→★★★ DO in GALICIEN im Nordwesten der Provinz Ourense, die ihre von Genossenschaftskellereien geprägten Anfänge dank der Weißweinsorte GODELLO (BV) allmählich hinter sich lässt. Beste Erzeuger: Godeval, Rafael PALACIOS, A Tapada und TELMO RODRÍGUEZ.

Valdepeñas Cas-La M r (w) ★→★★ Große DO nahe der andalusischen Grenze, bekannt für preiswerte rote RIOJA-ähnliche Weine, die v. a. von der Sorte Cencibel (TEMPRANILLO) bereitet werden. Gute Erzeuger: Los Llanos, Luis Megía und Félix Solís mit der Marke Viña Albali.

Valencia r rs w; s ★→★★ Großexporteur von Tischwein, daneben eine wichtige Quelle für billigen gespriteten süßen MOSCATEL. Verlässlichster Erzeuger: Murviedro. Interessanter sind die Gebiete landeinwärts mit alten Reben in höheren Lagen und Erzeugern, die nur minimal in die Weinbereitung eingreifen, z. B. der *garagiste* Rafael Cambra, EL ANGOSTO sowie Celler del Roure oder Aranleon – allesamt neue Betriebe, die sich nach alten Reben umtun.

Vega Sicilia Rib del D r ★★★★ Spaniens »Erstes Gewächs« kommt erstaunlicherweise nicht aus der prestigeträchtigen DO RIOJA. Der einzige spanische Wein, der auf dem Zweitauktionsmarkt echten Wert besitzt. Die Weinbereitung ist von penibelster Handarbeit und langer Reifezeit geprägt. Die Weine haben eine kräftige Farbe, einen würzigen Zedernholzduft, einen intensiven, komplexen Geschmack, einen langen Abgang und sind sehr langlebig. Der jugendliche Valbuena (05 06 08) – TINTO FINO mit ein wenig MALBEC und MERLOT – gelangt erst nach mindestens 5-jähriger Reifung im Eichenfass in den Verkauf. Das Aushängeschild, der zurückhaltende, elegante Único (98 00 02 03), reift vor der Abfüllung 6 Jahre in Eiche; die RESERVA Especial verbringt bis zu 10 Jahre im Fass und wird dann ohne Jahrgangsangabe auf den Markt gebracht. Das Verschnittrezept beider Weine sieht ein wenig CABERNET SAUVIGNON und Merlot vor. Alión ist der moderne Cousin: in französischer Nevers-Eiche gereifter sortenreiner Tinto Fino. Pintia (TORO) und Oremus in Tokaji (Ungarn) gehören ebenfalls zum Besitz. Zum neuesten Projekt in Rioja siehe BODEGAS BENJAMIN DE ROTHSCHILD VEGA SICILIA.

Vendimia Weinlese.

Viña Weinberg.

Viña Meín Ribeiro w ★★★ Kleines Weingut in der allmählich sich entwickelnden DO Ribeiro in GALICIEN, das zwei jung zu trinkende, außergewöhnliche Weißweine erzeugt – der eine im Stahltank, der andere im Fass ausgebaut und beide von etwa sieben lokalen Rebsorten bereitet.

Vino de la Tierra (VdT) Tafelwein zumeist höherer Qualität aus einer bestimmten Region ohne DO-Status. Diese Kategorie bietet große geografische Freiheiten, weshalb viele renommierte Erzeuger unter ihr produzieren. Sie stellen sich damit absichtlich außerhalb ihrer DO, um deren oft starren Regeln zu entkommen und die Rebsorten anzubauen, die sie für richtig halten.

Vino de Pago Der Begriff Pago bezeichnet einen Weinberg oder ein umgrenztes Gebiet und besitzt nun einen gesetzlich verankerten Status, der in etwa dem französischen Grand cru entspricht. Kritiker bemängeln jedoch nach wie vor einen Mangel an objektiver Qualität und allzu unterschiedliche Traditionen. Zu den erstklassigen Erzeugern, denen der Status einstweilen verwehrt bleibt, zählen Calvario (Finca ALLENDE), Álvaro PALACIOS' L'Ermita, PINGUS, Viña del Olivo (CONTINO) und verschiedene Güter von TORRES.

Yecla Mur r (rs) w ★→★★ Es tut sich was in der abgeschiedenen Enklave Yecla: Die gerade mal 11 Erzeuger legen sich für die Wiederbelebung des MONASTRELL-Weins ins Zeug, v. a. CASTAÑO.

Portugal

Neuere Jahrgänge

2013 Ein zweigeteilter Jahrgang: Die (meisten) Weißweine sind großartig, ebenso die Roten von Trauben, die vor dem Regen gelesen wurden – danach ist die Qualität durchwachsen.

2012 Konzentrierte Weine mit schöner Balance, v. a. bei den Weißen.

2011 Ausgewogener Jahrgang; hervorragende Douro- und Alentejo-Rotweine.

2010 Überall gute Qualität und Quantität. Ein weiteres hervorragendes Jahr für Bairrada.

2009 Insgesamt ein gutes Jahr, in Bairrada und Lisboa sogar exzellent. Mächtige Weine mit viel Alkohol in den Regionen Douro, Tejo und Alentejo.

2008 Beinahe überall exzellent, insbesondere in Bairrada und im Alentejo. Intensive Frucht, Ausgewogenheit und schöne Aromen.

2007 Aromatische Weißweine und ausgewogene, konzentrierte Rote mit abgerundeten Tanninen.

2006 Früh trinkreife Rotweine mit weicher, reifer Frucht und Weiße mit unterdurchschnittlichem Säuregehalt.

Adega Keller, Weinkellerei.

Alenquer Lis r w ★★→★★★ **09' 10 11** 12 13 – DOC-Bereich für Rotwein in geschützter Lage. Angeführt wird das Feld vom SYRAH-Pionier MONTE D'OIRO und von CHOCAPALHA.

Alentejo r (w) ★→★★★ **05 06 07' 08' 09** 10 11 12 – Riesiger Anbaubereich mit warmem Klima in Südportugal, der in acht subregionale DOCS aufgeteilt ist: Borba, Évora, Granja-Amareleja, Moura, PORTALEGRE, Redondo, Reguengos und Vidigueira. Viele Spitzenerzeuger bringen ihre Weine lieber als VINHO REGIONAL Alentejano heraus. Gehaltvolle, reife Rotweine, v. a. von den Sorten ALICANTE BOUSCHET, SYRAH, TRINCADEIRA und TOURIGA NACIONAL. Die Weißweine legen rasch an Qualität zu. Erzeuger wie CARTUXA, dos Coelheiros, ESPORÃO, MALHADINHA NOVA, MOUCHÃO, MOURO, PESO, JOÃO PORTUGAL RAMOS und Herdade dos Coelheiros bereiten Weine mit Kraft und Stil. Achten sollte man auch auf QUINTA do Centro, Dona Maria, Susana Esteban, do Rocim, SÃO MIGUEL, Terrenus und TIAGO CABAÇO.

Aus einem Ackergaul kann man kein Rennpferd machen? Die bescheidene Languedoc-Rebe Alicante Bouschet ist im Alentejo der strahlende Stern.

Algarve r rs w; sch ★→★★ VINHO-REGIONAL-Bereich an der Südküste. Die ADEGA do Cantor des Rocksängers Cliff Richard führt die Bewegung weg von einfachen Alltags- und hin zu Qualitätsweinen an; die Beteiligung von MALHADINHA NOVA an QUINTA do Convento do Paraiso dürfte die Messlatte noch höher legen. Im Auge behalten: Quinta do Frances, Monte da Casteleja und Quinta dos Vales.

Aliança, Caves Bair r rs w; sch ★★→★★★ Große Firma mit vier Gütern in BAIRRADA, darunter die QUINTA das Baceladas; erzeugt gute Rotweine und Schaumwein in Flaschengärung. Hält auch Anteile an Erzeugern in den Regionen BEIRAS (Casa d'Aguiar), ALENTEJO (Quinta da Terrugem), DÃO (Quinta da Garrida) und DOURO (Quatro Ventos).

Alorna, Quinta de Tejo ★→★★ Alteingesessenes Familiengut mit modernen, hochwertigen, preiswerten Weinen. Weinmacherin Martta Reis Simões setzt auf Delikatesse, v. a. beim roten und weißen Aushängeschild Marquesa de Alorna.

Alves de Sousa Douro r w ★★★ **04' 05' 06 07** 08' 09 – Charaktervolle, am Terroir orientierte Weine von sieben QUINTAS, darunter schroffer roter Abandonado und geschliffenerer Quinta da Gaivosa Vinha de Lordelo Tinto. Die der Tradition verpflichtete Maxime lautet »Spät abfüllen und noch später auf den Markt bringen«, die auch für den auf den Schalen vergorenen Branco da Gaivosa (weiß) gilt. Wachsendes Portweinangebot.

Ameal, Quinta do Minho w; s; sch ★★★ Anselmo MENDES bereitet sehr gute Weine von der LOUREIRO-Traube, darunter alterungsfähiger Escolha mit Holznote, »Special Harvest« (Spätlese) und schäumender ARINTO ESPUMANTE.

Aphros Minho r rs w; sch ★★★ Biologisch-dynamisch bewirtschaftetes Weingut, dessen Rebland von Pferden und Schafen beweidet wird. Das weiße Spitzengewächs Daphne (100% LOUREIRO, Hülsenmaischung) und der rote Silenius (100% Vinhão, in Eiche ausgebaut) passen hervorragend zum Essen.

Aveleda, Quinta da Minho r rs w ★→★★ BV – Der Betrieb bietet sowohl Weine von gutseigenen Trauben als auch die Reihe Casal García – diese wurde 1939 ins Leben gerufen und ist noch heute die verkaufsstärkste aller VINHO-VERDE-Marken.

Bacalhôa, Quinta da Set r w ★★★ **04 05 06 07 08' 09** 10 11 – Das denkmalgeschützte Weingut, jetzt im Besitz von BACALHÔA — VINHOS DE PORTUGAL, gehörte einst der königlichen Familie. Der Fokus liegt auf CABERNET SAUVIGNON (von 1979 angepflanzten Reben). Der fleischigere Palácio da Bacalhôa hat einen höheren MERLOT-Anteil. Zudem guter weißer ALVARINHO-Verschnitt im Bordeaux-Stil.

Bacalhôa – Vinhos de Portugal Alen, Lis, Set r rs w; s; sch ★★→★★★ Hauptmarke und Firmensitz der Berardo-Gruppe des Millionärs José Berardo (aus Madeira), der auch die QUINTAS da BACALHÔA und do Carmo gehören und die zudem Anteile an Caves ALIANÇA, SOGRAPE und Henriques & Henriques hält. Einen Besuch lohnt nicht nur die Kunstsammlung, sondern auch der in Fässern gelagerte köstliche MOSCATEL de SETÚBAL (u.a. seltener Roxo). Modern und gut bereitet sind Serras de Azeitão, Catarina, Cova da Ursa (PENÍNSULA DE SETÚBAL) und TINTO da Ânfora (ALENTEJO).

Bágeiras, Quinta das Bair r w; sch ★★★→★★★★ r Garrafeira **03 04'** 05' 08' 09 – Umwerfender, traditionell bereiteter roter (von der BAGA-Traube) und weißer GARRAFEIRA, auf lange Lebensdauer ausgelegt. Rote Reserva (Baga mit TOURIGA NACIONAL) und früher trinkreifer Pai Abel von jungen Reben. Wilde, unverwechselbare Aromen. Auch feiner, handwerklich bereiteter Schaumwein ohne Dosage, der hervorragend altert.

Spitzentipp: Schaumwein aus Bairrada, rosé oder weiß – herrliche Säure, sehr stilvoll.

Bairrada r rs w; sch ★→★★★★ **03' 04 05' 06 07 08'** 09' 10' 11 12 13 – Vom Atlantik beeinflusster DOC-Bereich, dessen Stärken traditionell bei Schaumweinen mit Alterungspotenzial und Rotweinen von der BAGA-Traube liegen. Für den von Filipa PATO wiederbelebten gespriteten Baga wurde eine eigene DOC beantragt. Zu den erstklassigen Baga-Spezialisten gehören neben ihr die Quinta das BÁGEIRAS, Caves SÃO JOÃO, Luís PATO und Sidónia de Sousa. Im Auge behalten sollte man Quinta de Baixo (jetzt unter der Leitung von NIEPOORT) und Vadio. Ein Händchen für die kürzlich zugelassenen französischen Rebsorten, v.a. CABERNET SAUVIGNON und PINOT NOIR, haben CAMPOLARGO, ALIANÇA und Colinas de São Lourenço (IDEAL DRINKS; insbesondere Pinot noir). Der VINHO-REGIONAL-Bereich heißt Beira Atlântico.

Barca Velha Douro r ★★★★ **82' 83 85 91' 95' 99 00 04** – Portugals Kultrotwein, 1952 von FERREIRA geschaffen, wird nur in besonders guten Jahren erzeugt und reift dann etliche Jahre, bevor er auf den Markt kommt. Intensiv, vielschichtig und mit tiefgründigem Bukett, prägte er den Ruf der DOURO-Region für himmlische Weine. Das Zweitetikett, die Reserva Especial Casa Ferreirinha, ist immer ein guter Griff.

Beira Interior ★→★★ Große DOC zwischen DÃO und der spanischen Grenze. Die alten, bis 700 m hoch gelegenen Weinberge bergen enormes Potenzial, insbesondere für die Weißweinsorten Siria und Fonte Cal. Eindrucksvolle neue Erzeuger sind Beyra sowie die QUINTAS do CARDO und dos Currais.

Branco Weiß.

Brito e Cunha, João Douro r w ★★→★★★ **05 07** 08' 09 10 – Die kleine, am Fluss gelegene QUINTA de San José verfügt auch über Gästehäuser und erzeugt intensive, elegante Rotweine (neuerdings auch Vintage Port); besonders gut ist die Reserva. Ebenfalls sehr gut sind die von zugekauften Trauben bereiteten Weine der Reihe Ázeo.

Buçaco Bei At r w ★★★ r **01 04 05'** 06' 07 10 – Das Palácio Hotel do Buçaco lohnt einen Besuch – seine manuelinische Archtitektur ist ebenso verspielt wie seine Weine streng. Zum Glück können die Gäste gereifte Jahrgänge verkosten (das Angebot reicht bis in die 1940er-Jahre zurück). Die Rotweine sind Cuvées von den Sorten BAGA (BAIRRADA) und TOURIGA NACIONAL (DÃO), die Weißen von Encruzado (Dão) sowie MARIA GOMES und Bical (Bairrada).

Bucelas Lis w ★★ BV (wenn nicht in Eiche ausgebaut) – Aus der winzigen DOC kommen würzige, rassige Weine von der ARINTO-Traube (im England des 19. Jhs. »Lisbon Hock« genannt, also etwa »Rheinwein aus Lissabon«). QUINTA da ROMEIRA ist der überragende Erzeuger.

Cabaço, Tiago Alen – Spannender New-Wave-Erzeuger. Die talentierte Susana Esteban (jetzt mit eigener gleichnamiger Marke) bereitet sachkundig Cuvées von einheimischen und internationalen Rebsorten, darunter der fruchtige ».beb« (abgeleitet von *beber*, »trinken«), der als Essensbegleiter konzipierte ».com« (von *comer*, »essen«) und das kalauernde Aushängeschild ».blog«.

Campolargo Bair r w; sch ★→★★★ Das große Gut war ein Wegbereiter für Bordeaux-Rebsorten und PINOT NOIR in Portugal, erzeugt aber auch charaktervolle Wein von lokalen Sorten, darunter CERCEAL, ARINTO (beide weiß) und Alvarelhão (rot).

Carcavelos Lis br; s ★★★ Die lokale Initiative zur Wiederbelebung der köstlichen traditionellen Aperitif- und Dessertweine in dieser winzigen, praktisch erloschenen DOC ist unter der neuen Marke Conde de Oeiras versammelt.

Cartuxa, Adega da Alen r w; sch ★★→★★★★ Die Keller aus dem 17. Jh. bleiben ein Touristenmagnet, doch hat die moderne Kellerei den Weinen zu mehr Fruchtigkeit und Frische verholfen. Dies gilt für die preiswerten Roten namens EA und die Reserva Cartuxa ebenso wie für das rote Spitzengewächs Pêra Manca (**97 98 01 03 05' 07** 08' 09) und sein an Hermitage erinnerndes weißes Pendant.

Carvalhais, Quinta dos Dão r rs w; sch ★★→★★★ SOGRAPES wichtigste DÃO-Marke. Der kürzlich in den Ruhestand getretene Kellerchef Manuel Vieira hinterlässt ein beträchtliches Erbe, was insbesondere für das Paradepferd Único (TOURIGA NACIONAL) und den sehr guten weißen Encruzado gilt.

Casal Branco, Quinta do Tejo r w; sch ★→★★ Großer Betrieb in Familienbesitz. Solide Weine auf Einsteigerniveau, für die hiesige Trauben mit internationalen Sorten verschnitten werden. Am besten ist die Reihe Falcoaria mit dem roten CASTELÃO (von alten Reben), FERNÃO PIRES (weiß) sowie dem neuen Alicante Bouschet.

Castro, Álvaro de Dão r w ★★★→★★★★ Die Weine von ungewöhnlicher Eigenart und Finesse tragen vorwiegend die Namen der Familien-QUINTAS: de Saes und de Pellada. Hervorragend sind die Reservas Pape (rot) und Primus (weiß). Der dichter gewirkte Carrocel (TOURIGA NACIONAL) braucht Zeit zur Entfaltung. Dado/Doda heißt der in Zusammenarbeit mit NIEPOORT bereitete DÃO/DOURO-Verschnitt. Die neuen Cuvées von alten Reben werden im traditionellen Mischsatz von ausgewählten Lagen vinifiziert.

Chocapalha, Quinta de Lis r rs w ★★→★★★ Sehr moderner Erzeuger, verwendet erstklassige portugiesische und internationale Rebsorten. Sehr gut ist das Aushängeschild »CH by Chocapalha« (sortenreiner TOURIGA NACIONAL).

Chryseia Douro r ★★→★★★ **05' 06 07 08'** 09 11' – Dass das Gemeinschaftsprojekt von Bruno Prats aus Bordeaux und den SYMINGTON FAMILY ESTATES nun bei der QUINTA de Roriz angesiedelt ist, hat diesem geschliffenen Rotwein zu noch mehr Dichte und Mineralität verholfen. Post Scriptum (**07 08 09 10**) ist das Zweiteitkett; außerdem preiswerter Prazo de Roriz.

Churchill Estates Douro r rs w ★★ **05 06 07** 08 09' 10 11' – Fruchtiger Weißwein, ROSADO und TOURIGA NACIONAL (rot). Am besten sind die mineralischen, zupackenden Roten von alten Reben aus den nach Norden ausgerichteten Lagen der QUINTA da Gricha, v. a. der Quinta da Gricha und die Grande Reserva.

Colares Lis r w ★★ Winziger DOC-Bereich mit wurzelechten Ramisco-Reben auf sandigen Böden, die tanninstarke Rote erbringen; außerdem MALVASIA-Weißweine alter Schule. Neuzugänge sind Casal Santa Maria, Fundação Oriente, Stanley Ho und Monte Cascas, die frischen Wind in den von der Genossenschaft Adega Regional de Colares gepflegten traditionellen Stil bringen.

Conceito Douro ★★→★★★ Die junge, talentierte Rita Ferreira Marques sorgt für Stil und Substanz. Die DOURO-Weine mit den originellen Etiketten sind modern in puncto Klarheit und Finesse und traditionell hinsichtlich der Verwendung lokaler Rebsorten, z. B. der ungewöhnliche, an PINOT NOIR erinnernde Bastardo. Außerdem im Angebot: ALVARINHO aus der DOC VINHO VERDE, SAUVIGNON BLANC aus Neuseeland und eine rote Cuvée aus Südafrika.

Covela, Quinta de Minho – Das früher vernachlässigte und dem Konkursverwalter anheimgefallene Gut in der Nähe des Flusses Douro ist unter den neuen Eigentümern, dem Brasilianer Marcelo Lima und dem Briten Tony Smith, schlagartig aus der Versenkung aufgetraucht. Star ist der neue VINHO VERDE von Avesso-Trauben.

Crasto, Quinta do Douro r w ★★→★★★★ r **05'** 06 **07' 08** 09' **10** 11' – Familienbetrieb in Cima Corgo, dessen Kronjuwelen zwei sehr alte, gemischt bestockte Parzellen sind. Von diesen kommen Vinha da Ponte (**01 03 04 07' 10'**) und María Theresa (**03' 05' 06** 07 09' 11). Daneben gibt es preiswerte Reserva sowie sehr gute sortenreine Weine (TOURIGA NACIONAL, TINTA RORIZ). Von einem noch jungen Weinberg im Bereich DOURO Superior stammen der Crasto Superior und der Flor de Crasto. Außerdem guter Portwein.

Dão r rs w; sch ★★→★★★ **03' 04 05 06 07'** 08' 09 10 11' – Historische, jetzt wiederbelebte DOC in Mittelportugal. Die Pioniere des modernen Weinbaus, CARVALHAIS, Álvaro CASTRO, DÃO SUL, QUINTA das MAIAS und Quinta dos ROQUES, erzeugen strukturierte, elegante, duftende Rote und schön texturierte Weiße. Zu den neueren Betrieben zählen Casa da Passarella, CASA DE MOURAZ, JULIA KEMPER, Vinha Paz, die Quintas da Falorca und do Mondego sowie MOB (ein Gemeinschaftsprojekt der Weinmacher von POEIRA, WINE & SOUL und VALE MEÃO). Der neue VINHO-REGIONAL-Bereich heißt Terras do Dão.

Dão Sul Dão r w; sch ★★→★★★★ Wechsel in der Geschäftsleitung haben zu einer Straffung des modernen, aber bunt gewürfelten Angebots geführt: Die QUINTA das Tecedeiras (DOURO) wurde an COVELA verkauft, das Sortiment der Quinta do Encontro (BAIRRADA) gestutzt. Die wichtigsten Marken sind Quinta de CABRIZ, Casa de SANTAR, Quinta do Encontro, Encostas do Douro (Douro), Quinta do Gradil (LISBOA), Quinta dos Grilos, Herdade Monte da Cal (ALENTEJO) und Paco dos Cunhas de Santar (Biowein).

DOC (Denominação de Origem Controlada) Höchste Stufe amtlich anerkannter Weinbaubereiche, unter Aufsicht eines regionalen Ausschusses. Siehe auch VINHO REGIONAL.

Doce (vinho) Süß(wein).

Douro r rs w; s ★★→★★★★ **03' 04' 05' 06 07' 08'** 09' **10** 11' – Aus der Heimat des Portweins kommen inzwischen auch ansprechende rote sowie neuerdings weiße Tischweine, wobei die besten Roten von typischer Frucht und Mineralität geprägt und die erstklassigen Weißen texturiert und komplex sind. Beide Farben können Frische und Ausgewogenheit besitzen. Empfehlenswert: BARCA VELHA, CRASTO, DUAS QUINTAS, NIEPOORT, PASSADOURO, POEIRA, VALE DONA MARIA, VALE MEÃO, VALLADO, WINE & SOUL. Im Auge behalten sollte man João BRITO E CUNHA, CONCEITO, QUINTA de Cottas (weiß), Maritávora (weiß), Muxagat sowie die Quintas do NOVAL und da Touriga. Der Name für den VINHO REGIONAL ist Duriense.

Der Boden im Bereich Douro enthält weniger als 2 % organische Substanzen, im Nachbargebiet Minho sind es hingegen 12 %.

Duas Quintas Douro Douro r w ★★★ r **04 05 06 07' 08** 09' **10** 11' – Das Streben nach Ausgewogenheit und Finesse des Portweinhändlers Ramos Pinto konzentrierte sich zunächst auf das Verschneiden von Lesegut aus den beiden QUINTAS dos Bons Ares (600 m) und Ervamoira (110 bis 340 m). Neue Steckenpferde sind jetzt die traditionellen Rebsorten Tinta da Barca (rot) und Folgasao (weiß), eifömige Betontanks und österreichische Gärbottiche aus Holz.

Duorum Douro r ★★→★★★ Gemeinschaftsprojekt von João Portugal RAMOS und José Maria Soares Franco. Neu sind die Rotweine O Leucura Cota 200 und O Leucura Cota 400 aus 200 bzw. 400 m hoch gelegenen Parzellen, in denen die Verschiedenheit der Terroirs in DOURO zum Ausdruck kommt. Außerdem preiswerte, fruchtbetonte Einsteigerreihe Tons vom neu angelegten Weinberg Castelo Melhor (250 ha) im Bereich DOURO Superior. Auch sehr guter Vintage Port.

Esporão, Herdade do Alen r w; s ★★→★★★ **07' 08'** 09 10 11' 12 – Das riesige Gut erzeugt moderne Weine mit hohem Qualitätsstandard. Preiswert und fruchtig sind die Markenweine auf Einsteigerniveau, v. a. Monte Velho; zunehmend Komplexität bieten die Reihe mit sortenreinen Weinen, die Esporão Reservas, die Private Selection, der GARRAFEIRA und der in kleiner Auflage erzeugte Torre (**04'** 07'). Für zusätzliche Frische sorgen wird das neu erworbene Rebland auf 500 m Höhe in PORTALEGRE. Das DOURO-Gut QUINTA das Murças erweist sich als vielversprechend.

Espumante Schaumwein. Am besten aus den Anbaugebieten BAIRRADA – v. a. von QUINTA das BÁGEIRAS, Colinas São Lourenço (siehe IDEAL DRINKS) und Kompassus –, DOURO (besonders der Vértice von Caves Transmontanas), Távora-Varosa und VINHO VERDE.

Ferreira Douro r w ★→★★★★ Port-Handelshaus im Besitz von SOGRAPE mit einer schwindelerregenden Auswahl an DOURO-Weinen unter dem Etikett Casa Ferreirinha, von der Einsteigerreihe Estava bis hin zum BARCA VELHA. Die Spitzengewächse stammen großteils von QUINTA de Leda, der neue Premiumwein Vinha Grande allerdings profitiert in der weißen und rosé Version von der Höhenlage (650 m) der Quinta do Sairrão.

Fonseca, José Maria da Lis r rs w; tr s; sch ★★→★★★ Historisches Weingut in Familienbesitz; Wegbereiter für gespriteten MOSCATEL de SETÚBAL: Die Kellervorräte wurden mit durchschlagendem Erfolg für den Apoteca, den 20 Jahre alten Alambre und den 20 Jahre alten Roxo genutzt. Sehr beliebt sind die in großen Mengen erzeugten Markenweine LANCERS und PERIQUITA. Einst innovative Marken wie Vinya, Domini und Domini Plus (DOURO) sowie Hexagon wirken heute ein wenig veraltet.

Foz de Arouce Bei At ★★→★★★ Wegen der geschützten, südlichen Lage und João Portugal RAMOS als Kellerchef auf dem Gut seiner Schwiegereltern fallen die roten BAGA-Weine (v. a. der Vinhas Velhas RESERVA de Santa Maria von alten Reben) recht breitschultrig aus. Sehr gut ist der charaktervolle CERCEAL (weiß).

Garrafeira Etikettbegriff. Traditionell die »Privat-Reserva« eines Händlers. Die Mindestausbauzeit beträgt 2 Jahre im Fass und 1 Jahr in der Flasche, oft reift der Wein aber viel länger.

Ideal Drinks Bair, Dão, Minho – Gründer Carlos Dias, Designer von Schweizer Uhren und Unternehmer, lässt seine Erfahrungen in Sachen Vermarktung von Luxusgütern in eine Reihe überaus ambitionierter Weine einfließen, für deren Bereitung Carlos Lucas (früher bei DÃO SUL) und Berater Pascal Chatonnet aus Bordeaux zuständig sind. Bereits jetzt wird hier der beste CABERNET SAUVIGNON Portugals erzeugt sowie stiller und schäumender Rosé mit PINOT-NOIR-Anteil (beide vom Gut Colinas des São Lourenço in BAIRRADA). Der VINHO VERDE (von der Quinta Paço de Palmeira) ist wohl der beste LOUREIRO-Wein, Paradepferd ist der ALVARINHO der Quinta de Pedra. Vielversprechend zeigt sich die Quinta de Bella (DÃO).

Kemper, Júlia Dão ★★★ r w Die Anwältin Júlia de Melo Kemper aus Lissabon hat der QUINTA do Cruzeiro, die ihrer Familie seit 400 Jahren gehört, neues Leben eingehaucht. 15 ha Reben, ökologisch zertifiziert, wurden 2003 gepflanzt, die Kellerei aus den 1950er-Jahren restauriert. Die weißen Verschnitte von Encruzado und MALVASIA fina sind besonders stilvoll, aber auch die fußgestampften Roten sind nicht schlecht.

Lagoalva, Quinta da Tejo r rs w ★★ Die Weinmacher Diogo Campilho und Pedro Pinhão zielen mit ihren fruchtig-frischen Verschnitten von einheimischen und internationalen Rebsorten (CHARDONNAY, SAUVIGNON BLANC, SYRAH) auf ein junges Publikum ab, übertreiben es allerdings manchmal mit der Eichenwürze. Sehr gut sind der sortenreine Alfrocheiro und der gespritete Hobby Abafado (FERNÃO PIRES).

Lancers rs w; sch ★ Hauptsächlich halbtrockener, mit Kohlensäure versetzter ROSADO; wird von José Maria da FONSECA in großem Umfang nach den USA exportiert. Der Rosé Free ist alkoholfrei.

Lavradores de Feitoria Douro r w ★★→★★★ Zusammenschluss von 18 Erzeugern, die ungewöhnliche Stärke in Sachen Weißwein beweisen, v. a. beim SAUVIGNON BLANC und dem Meruge, einem sortenreinen Viosinho. Außerdem gute Rotweine, u. a. Três Bagos Reserva, QUINTA da Costa das Aguaneiras und eleganter Meruge (vorwiegend TINTA RORIZ von einem Weinberg mit Nordausrichtung in 400 m Höhe).

Lisboa VINHO REGIONAL an der Westküste; die bekanntesten DOCS sind ALENQUER, BUCELAS, CARCAVELOS und COLARES. CHOCAPALHA und MONTE D'OIRO führen die stille Revolution der Boutique-Erzeuger an; verwendet werden internationale und portugiesische Spitzensorten. Biomanz (Jampal) und Casal Figueira (Vital) hingegen zeigen die eigentümlicheren Seiten des hiesigen Weinbaus. Im Auge behalten: QUINTA do Convento, João Cabral Almeida (SAUVIGNON BLANC) und Vale da Capuche sowie, ihres PINOT NOIR wegen, Casal Sta. Maria und Quinta de Sant'Ana.

Madeira r w ★→★★★★ Die Atlantikinsel ist weltberühmt für ihre gespriteten Weine, erzeugt aber auch Tischweine von bescheidenem Anspruch (VINHO REGIONAL Terras Madeirenses und DOC Madeirense). Deutlich darüber stehen der Primeira Paixão VERDELHO sowie BRANCO und Rosé von Seiçal.

Maias, Quinta das Dão r w ★★→★★★ Schwestergut der QUINTA dos ROQUES, jetzt mit Ökozertifikat. Der Flor das Maias (05 07) ist ein recht protziger, von TOURIGA NACIONAL dominierter Verschnitt. Sehr gute sortenreine Weine, v. a. Jaen, MALVASIA fina und der einzige VERDELHO aus DÃO.

Malhadinha Nova, Herdade da Alen r rs w; s ★★★ **05 06 07 08'** 09 10' – Hochklassiger Familienbetrieb mit Landhaushotel. Sehr gut ist die Einsteigerreihe da Peceguina (sortenreine Weine und Verschnitte), darunter der neue VIOGNIER. Der Premiumwein Malhadinha Tinto und der Marias da Malhadinha sind voll, würzig und muskulös – modern mit klassischem Einschlag.

Mateus Rosé r rs (w); sch ★ Die Marke des meistverkauften Rosé-Tischweins der Welt – halbtrocken und mit etwas Kohlensäure versetzt – zeigt sich mit den Rotweinen Fabulously Fruity (ARAGONEZ) und Delightfully Dry (BAGA/SHIRAZ) nun von einer neuen, (relativ) seriösen Seite. Zur neuen Reihe Expressions gehören ein MARIA GOMES/CHARDONNAY-Verschnitt und drei Rosés (Baga/Shiraz; Baga/MUSCAT; Aragonez/ZINFANDEL).

Mendes, Anselmo Minho w; s; sch ★★→★★★★ ALVARINHO spielt die Hauptrolle im Angebot, das u. a. Contacto, Muros Antigos und Muros de Melgaço umfasst sowie den erstklassigen, eichengereiften Curtimenta und den Parcela Única (von einer Einzellage). Daneben guter LOUREIRO sowie als Neuzugang seidiger, moderner roter VINHO VERDE namens Pardusco.

Minho Fluss, der die Nordwestgrenze zu Spanien bildet, und VINHO-REGIONAL-Gebiet. Eine Reihe führender VINHO-VERDE-Erzeuger verwenden bevorzugt die Kategorie VR Minho.

Monte d'Oiro, Quinta do Lis r rs w ★★→★★★ Res **04' 05 06' 07** 08' 09 – Der beste SYRAH Portugals, wozu jetzt auch der Rosé Lybra zählt, dank anfänglicher Beratung durch und französischer Stecklinge von Maison Chapoutier (siehe Frankreich) – der Syrah 24 stammt von 60 Jahre alten Hermitage-Reben. Außerdem sehr guter VIOGNIER (Madrigal). Das Bento/Chapoutier-Gemeinschaftsprojekt Ex Aequo, ein Verschnitt von Syrah und TOURIGA NACIONAL, wurde inzwischen dem Monte-d'Oiro-Sortiment eingegliedert.

Moscatel do Douro Douro – Aus dem hoch gelegenen Anbaubereich Favaios kommt überraschend frischer gespriteter MOSCATEL Galego (Muscat à petit grains), der den Vergleich mit Dessertweinen aus SÉTUBAL nicht zu scheuen braucht. Empfehlenswerte Erzeuger: ADEGA Cooperativa Favaios, NIEPOORT, Poças (siehe Kapitel »Port, Sherry und Madeira«), PORTAL.

Mouchão, Herdade do Alen r w ★★★→★★★★ **01 03' 05' 06** 07 08 – Führendes Traditionsgut, spezialisiert auf die Alicante-Bouschet-Traube, u. a. mit Cuvées älterer Spitzenjahrgänge (Colheitas Antigas) und dem Tonel 3–4. Außerdem gespriteter Licoroso und Grappa. Der Ponte das Canas ist ein moderner Verschnitt von Alicante Bouschet mit portugiesischen Sorten und SHIRAZ. Preiswert ist der Dom Rafael.

Mouraz, Casa de Dão ★★ Das erste Weingut in Portugal, das ökologischen Anbau betrieb (zertifiziert seit 1996), erzeugt von einigen in Familienbesitz befindlichen Weinbergen (auf 140 bis 400 m Höhe) moderne, aber charaktervolle und preiswerte Weine. Die Weine der Reihe »alr« werden von zugekauften Biotrauben aus den Bereichen DOURO, VINHO VERDE und ALENTEJO bereitet.

Mouro, Quinta do Alen r ★★→★★★★ **00 04' 05' 06'** 07 08' 09 – Imponierende, konzentrierte Rotweine, vorwiegend von ALENTEJO-Trauben, aber auch von TOURIGA NACIONAL (gut als sortenreine Version) und CABERNET SAUVIGNON. In Spitzenjahren (**99 00 02** 05 06' 07' 08) wird das Nobelgewächs Mouro Gold erzeugt. Modern, zugänglich und preiswert ist der Vinha do Mouro.

Murganheira, Caves ★ Portugals größter Schaumweinproduzent; auch Besitzer von RAPOSEIRA. Gut ist der Jahrgangs-ESPUMANTE Bruto mit PINOT NOIR.

Niepoort Douro r rs w ★★★→★★★★ Port-Familienbetrieb und Wegbereiter des DUORO-Weißweins mit einem beständig wachsenden Angebot an außergewöhnlichen Gewächsen. Der neue Turris (rot) aus einer 125 Jahre alten, gemischt bestockten Einzellage zeigt eine Hinwendung zu größerer Zurückhaltung und stärkerer Terroirbetonung. Dasselbe gilt für den neuen Coche (der einzige Weiße mit biologischem Säureabbau), den roten Bioma aus einer Einzellage und die Kultweine Redoma (rot, rosé, weiß, dazu eine weiße Reserva; **06' 07' 08' 09'** 10 (11)), Robustus (rot; **04 05** 07' 08 09), Batuta (rot; **05'** 07 08' 09' 10' 11') und Charme (rot; **05' 06 07'** 08 09 10' 11') sowie für den weißen Tiara. Unter dem Etikett Projectos wird experimentiert, z. B. mit Douro-RIESLING (!), SAUVIGNON BLANC und PINOT NOIR. Nicht aus dem Bereich Douro stammen u. a. Docil (VINHO VERDE von der LOUREIRO-Traube), Quinta de Baixo (BAIRRADA), da Lomba (Dão) und Ladredo (aus der spanischen DO Ribeira Sacra).

Noval, Quinta do Douro r ★★→★★★ Das Port-Handelshaus im Besitz von AXA erzeugt seit 2004 auch Tischweine in der DOC DOURO (oder VINHO REGIONAL Duriense, wenn SYRAH mit im Spiel ist). Preiswert sind der Cedro und der sortenreine Syrah Labrador (benannt nach dem Hund des Kellermeisters), sehr gut ist der sortenreine TOURIGA NACIONAL.

Palmela Set r w ★→★★★ Auf CASTELÃO konzentrierte DOC. Potenziell langlebige Weine.

Passadouro, Quinta do Douro r w ★★→★★★ Jorge Serôdio Borges, Kellermeister bei WINE & SOUL, bereitet herrlich konzentrierte Gutsweine, darunter Reserva (**05' 06 07'** 08 09' 10 11') von alten Reben. Die TOURIGA-NACIONAL-Trauben stammen von der QUINTA do Sibio, die Weißen von Weinbergen mit Granitböden in höheren Lagen. Dazu die preiswerte Einsteigermarke Passa und sehr guter Port.

Pato, Filipa Bair r w; sch ★★★ Luís PATOS energiegeladene Tochter konzentriert sich mit ihren Roten jetzt voll und ganz auf BAIRRADA und die BAGA-Traube, wie ihr fruchtiger Einsteigerwein FP Baga mit extrem kurzer Einmaischezeit zeigt. Dank Filipas Philosophie der »ungeschminkten Weine« können die beiden Premiumgewächse, der seidige, aber frische rote Nossa Calcario Baga und der burgunderartige weiße Nossa Calcario Bical, ihr Terroir ungehindert zum Ausdruck bringen. Der Espirito de Baga lässt die Tradition der gespriteten Weine wiederauferstehen. Das nächste Projekt ist ein in Amphoren ausgebauter Weißer.

Pato, Luís Bair r w; s; sch ★★→★★★★ **01' 03' 04 05'** 06 07 08' 09' 10 11' – Feine, wahrhaft alterungswürdige Baga-Weine von Einzellagen: Vinha

Portugal

Barrio, Vinha Pan, Vinha Barrosa sowie die Cuvees Pé Franco von wurzelechten Reben aus den Einzellagen Quinta do Ribeirinho (Sandboden) und Valadas (Kreide-Ton-Boden). Zu den früher trinkreifen Roten zählen Vinhas Velhas, Quinta do Ribeirinho First Choice (BAGA/TOURIGA NACIONAL), João Pato (Touriga Nacional), Baga Rebel (auf Bical-Schalen vergoren) und der unkonventionelle, auf Baga-Schalen vergorene und daher rote FERNÃO PIRES. Die Weißen sind ebenfalls gut, v. a. der Vinha Formal von einer Einzellage. Die Schaumweine und die Süßweinreihe Abafado zeigen weniger Nuancenreichtum. Neu ist der ungeschwefelte Baga Natural mit Schraubverschluss.

Pegões, Adega de Set r rs w; s; sch ★→★★ Die dynamische Genossenschaft erzeugt sortenreine Abfüllungen sowie Verschnitte von einheimischen und internationalen Sorten. Die Marke Stella sowie der weiße Nico mit niedrigem Alkoholgehalt bieten schöne, saubere Frucht und die Rot- und Weißweine namens Colheita Seleccionada ein fantastisches Preis-Leistungs-Verhältnis.

Península de Setúbal Set – Die etablierten Erzeuger in dem VINHO-REGIONAL Bereich (früher Terras do Sado) haben ihre Güter auf den sanften Kreidehügeln der Ortschaft Azeitão oder den mineralreichen Sandböden an den Flüssen Sado und Tejo: Adega de PEGÕES, BACALHÔA – VINHOS DE PORTUGAL und Casa Ermelinda Freitas. Weiter westlich und südlich haben sich neue Betriebe angesiedelt. Im Auge behalten: Herdade do Cebolal, Herdade da Comporta und Soberanas.

Periquita Spitzname der CASTELÃO-Traube, aber auch der Name der erfolgreichen Marke von José Maria da FONSECA.

Peso, Herdade do Alen ★→★★★ Das im Besitz von SOGRAPE befindliche Weingut in Vidigueira im südlichen ALENTEJO profitiert vom kühlenden Einfluss des nur 50 km entfernten Atlantik und der Serra de Portel. Entsprechend gelungen ist das Angebot, allen voran das Aushängeschild Ícone und die Reserva.

Als Port dürfen sortenreine gespritete Weine nicht etikettiert werden, aber andernorts sind sie unter dem Namen *Abadafo* oder *Licoroso* schwer en vogue

Poeira, Quinta do Douro r w ★★★→★★★★ **05' 06 07' 08'** 09' **10'** 11' Das eigene Projekt von Jorge Moreira, Kellerchef der QUINTA de la ROSA. Eleganter Rotwein von nach Norden ausgerichteten Hängen und neuer mineralischer, eichengereifter ALVARINHO (VINHO REGIONAL Duriense) von gutseigenen Trauben. Außerdem hochklassiges Zweitetikett Pó de Poeira (rot).

Portal, Quinta do Douro r rs w; s; sch ★★★ **04 05' 06 07 08 09** 10 11 – Das Gut hat sich mit seinen eichenwürzigen, modernen Roten einen Namen gemacht, u. a. Grande Reserva und Spitzengewächs Auru. Außerdem sehr gute Spätlese und süßer gespriteter MOSCATEL do DOURO. Neu sind der Espumante Rosé (Schaumwein) und der Fémina, der erste DOCE (Süßwein) vom Douro.

Portalegre Alen r rs w ★→★★★ Der nördlichste Unterbereich (mit eigener DOC) des ALENTEJO hat Größen wie die Weinpublizisten Richard Mayson (QUINTA do Centro) und João Afonso (Solstício/Equinócio), den Lissabonner Starkoch Vitor Claro, den önologischen Berater Rui Reguinga (Terrenus), Susana Esteban, die frühere Kellerchefin der Quinta do CRASTO, und auch Herdade do ESPORÃO angezogen. Erhöht gelegene Weinberge mit Granit- und Schieferböden, alte Reben (teilweise gemischte Bestockung) und viel Regen – all das sorgt für frische, strukturierte, mineralische Weine. Eine Region, die man im Auge behalten sollte.

Quinta Weingut.

Ramos, João Portugal Alen r w – Das Weingut des führenden Modernisten Portugals. Zum Sortiment fruchtiger, aber stets eleganter ALENTEJO-Weine zählen Vila Santa, Ramos Reserva, QUINTA da Viçosa und Marqués de Borba, besonders empfehlenswert in der Reserva-Version (**05 07** 08 09 11'). Neue Rotweine seit 2011, u. a. sehr guter TOURIGA NACIONAL und das umwerfende Spitzengewächs Estremus (Alicante Bouschet/TRINCADEIRA).

Raposeira Douro w; sch ★★ Bekannter Schaumwein mit Flaschengärung, bereitet aus einheimischen Sorten und CHARDONNAY.

Real Companhia Velha Douro r rs w; s ★★→★★★ Seit Jorge Moeiras (QUINTA do POEIRA) 2010 das Ruder übernommen hat, sind die Weine ebenso präzise und fokussiert wie Moeiras selbst – insbesodere die Roten von den nach Norden ausgerichteten Weinbergen der Quinta das Carvalhas. Der ALVARINHO Delaforce und der GEWÜRZTRAMINER sowie SÉMILLON Quinta de Cidrô offenbaren den gekonnten Umgang mit untypischen Rebsorten.

Reis Simões, Horácio dos Set – Innovativer kleiner Erzeuger von MOSCATEL aus der DOC SETÚBAL; besonders empfehlenswert ist der spät gelesene, gespritete Roxo Moscatel (einschließlich der Einzelfass-Selektion ohne Jahrgangsangabe). Außerdem spannender gespriteter Bastardo.

Romeira, Quinta da w ★★→★★★ Das führende Gut in der DOC BUCELAS bietet honigartige, reife Weiße auf ARINTO-Basis mit Zitrus-, bestenfalls (Regia Premium, in Eiche ausgebaute Reserva Morgado Santa Catherina Reserva) sogar mineralischen Noten. Der preiswerte Prova Regia Arinto ist ein VINHO REGIONAL LISBOA.

Roques, Quinta dos Dão r w; sch ★★★ r **05 06 07' 08'** 09 10 11 – Sehr gute, langlebige rote Cuvées, v. a. Reserva und GARRAFEIRA (**03'** 08'). Maßstäbe setzender sortenreiner Encruzado, TOURIGA NACIONAL, TINTA RORIZ, Tinto Cão und Alfrocheiro Preto. Neue Anpflanzungen in Jaen zeigen das wachsende Interesse an der spanischen Sorte MENCÍA. Günstig sind die Einsteigerweine der Marke Correio.

Rosa, Quinta de la Douro r rs w ★★★ **06 07' 08'** 09' **10** 11' – Üppige, aber elegante Rotweine, v. a. Reserva. Mehr Pep verspricht die Einzellagen-Cuvée aus einem 2007 neu bestockten Weinberg im angesagten Val de Inferno. Würziger ist der Passagem von der QUINTA das Bandeiras aus dem wärmeren Bereich DOURO Superior. Zudem gute Weißweine, u. a. Passagem.

Rosado Rosé. Trotz des Erfolgs des MATEUS ROSÉ eine seltsam unerschlossene Kategorie. IDEAL DRINKS hat mit dem schäumenden trockenen Colinas São Lourenço Principal Tête de Cuvée Rosé neue Maßstäbe gesetzt.

Santar, Casa de Dão r w; sch ★★→★★★ Unter der Leitung von DÃO SUL werden ausgewogene Rote erzeugt sowie schön texturierte und dabei mineralische, frische Encruzado-Weißweine, v. a. das Premiumgewächs Condessa de Santar.

São João, Caves Bair r w; sch ★★→★★★ Der Tradition verpflichteter Familienbetrieb, der sich mit sehr guten Rotweinen im alten Stil einen Namen gemacht hat. Besonders empfehlenswert sind Frei João und Poço de Lobo (beide BAIRRADA) sowie Porta dos Cavalheiros (DÃO); von Letzterem kommen jetzt ältere, seit 1963 eingekellerte Jahrgänge auf den Markt. Unter der neuen Leitung wurde dem Sortiment ein modernerer Anstrich verpasst, u. a. mit guten weißen (ARINTO/CHARDONNAY) und schäumenden Cuvées.

São Miguel, Herdade de Alen r rs w ★★→★★★ Der dynamische Betrieb erzeugt schicke, moderne Weine. Die Einsteigerreihe Ciconia mit u. a. einer Reserva und dem festeren Montinho ist preiswert. Die Marke São Miguel steht für seriöse, schön definierte Gutsweine, v. a. Reserva und die Reihe Dos Descobridores. Glamouröser ist die Reihe Private Collection. Dasselbe Team hat auch den beeindruckenden neuen Herdade da Pimenta kreiert.

Seco Trocken.

Setúbal (r) (w) br; (tr) s ★★★ Winziges DOC-Anbaugebiet südlich des Tejo-Flusses. Vorwiegend gespritete Dessertweine, im Bestfall herrlich ausgewogen, hauptsächlich von MOSCATEL, manchmal auch von der seltener roten Moscatel Roxo bereitet. Die wichtigsten Erzeuger sind BACALHÔA – VINHOS DE PORTUGAL und José Maria da FONSECA. Beachtung verdiener außerdem Horácio dos REIS SIMÕES, António Saramago und Adrianc Tiago.

Soalheiro, Quinta de Minho w; sch ★★★ **06 07' 08' 09 10 11 12** – Spannender, langlebiger ALVARINHO vom ökologisch bewirtschafteten Weinberg Melgaço, darunter fantastischer Primeiras Vinhas von alten Reben, fass vergorene Reserva und halbtrockener Dócil.

Sogrape Minho ★→★★★★ Die größte Weinfirma Portugals hat sowoh MATEUS ROSÉ als auch BARCA VELHA im Portfolio – beides Kronjuwelen, wenngleich aus unterschiedlichen Gründen. Des Weiteren im Angebo sind Weine aus den Bereichen VINHO VERDE (Azevedo, Gazela, Morgadio da Torre), DÃO (CARVALHAIS), ALENTEJO (Herdade do PESO) und DOURO (Barca Velha; außerdem Port von Ferreira, Sandeman und Offley). Zu den zugänglichen, aus Lesegut verschiedener Regionen bereiteten Markenweinen zählen Grão Vasco, Pena de Pato und Callabriga.

Lagares

Die Römer mögen sie eingeführt haben, doch Portugal ist die geistige Heimat der *lagares*. Diese Gärbehälter, in denen die Trauben traditionell mit den Füßen gestampft werden, stehen in der Hochachtung einem Mercedes Benz gleich und existieren ebenfalls in verschiedenen Ausführungen: traditioneller Granit, Marmor und Holz oder schimmernder Edelstahl. Auch das Äquivalent zum Autopiloten ist verfügbar: Roboterfüße zum Stampfen.

Symington Family Estates Douro r w ★★→★★★★ Die Portweinfirma erzeugt seit 2000 auch hochklassige Tischweine, z. B. CHRYSEIA (zusammen mit Bruno Prats) und seit neuerer Zeit Quinta do Vesúvio. Die Trauben für die mächtigeren Weine der Marke Altano stammen von drei ökologisch bewirtschafteten Weinbergen im Vilariça-Tal im Bereich DOURO Superior. Am besten sind der rote Biowein sowie zwei sortenreine TOURIGA-NACIONAL-Gewächse von der Quinta do Ataide: Reserva (in amerikanischer Eiche ausgebaut) und Block 62 (französische Eiche).

Tejo r w – Der DOC- und VINHO-REGIONAL-Bereich am gleichnamigen Fluss ersetzt zunehmend Quantität durch Qualität: Immer mehr Erzeuger geben die fruchtbaren ufernahen Lagen zugunsten kärgerer Böden auf, die jetzt mit TOURIGA NACIONAL, TINTA RORIZ, CABERNET SAUVIGNON, SYRAH, PINOT NOIR, CHARDONNAY und SAUVIGNON BLANC sowie den Lokalhelden CASTELÃO und FERNÃO PIRES bestockt werden. Solide Erzeuger sind QUINTA da Alorna, Quinta de CASAL BRANCO und FALUA. Ambitioniertere Weine bereiten u. a. Quinta da LAGOALVA, Pinhal da Torre, Rui Reguinga (Tributo) und Casca Wines.

Tinto Rot.

Trás-os-Montes DOC im bergigen Landesinnern unmittelbar nördlich des Bereichs DOURO; der VINHO REGIONAL heißt Transmontano. Leitstern i Valle Pradinhos.

Vale Dona Maria, Quinta do Douro r w ★★★→★★★★ **04' 05' 06 07' 08'** 09' **10** 11' – Cristiano van Zeller erzeugt sehr gute opulente, aber dennoch elegante Rotweine, z. B. CV und Casa de Casal de Loivos sowie weißen VZ von subtiler Fülle. Ein gutes Preis-Leistungs-Verhältnis bieten die von zugekauftem Traubengut bereiteten Weine der Reihe Van Zellers. Neu sind der Vinha do Rio und der Vinha da Francisca, zwei Gutsweine von Einzellagen. Außerdem früh trinkreifer, aber eleganter Rufo (rot und weiß).

Vale Meão, Quinta do Douro r ★★★→★★★★ **05 06 07' 08** 09' 10' 11' – Das führende Gut im Bereich DOURO Superior, einst der Traubenlieferant für den BARCA VELHA. Zweitetikett ist der sehr gute Meandro. Ein deutlicher Umschwung in Richtung Eleganz mäßigt die Exzesse bei der Hauptsorte TOURIGA NACIONAL; denselben guten Dienst leistet der Einzellagen-Schieferboden dem F. Olazabal Monte Meão Granito, dem sich jetzt der sortenreine TINTA RORIZ F. Olazabal Monte Meão hinzugesellt hat.

Vallado Douro r rs w ★★★ r **04 05' 06 07 08'** 09' 10 11 – Engagiertes Familienweingut in Regua, das auch Rebland in DOURO Superior (QUINTA do Orgal) besitzt. Luxus pur verströmen die neue Kellerei und das Boutiquehotel sowie der superteure Adelaide Tributa Very Old Port, der noch aus der Zeit vor der Reblausplage stammt und dessen Flaschen einzeln in maßgearbeitete Holzkästchen verpackt sind. Erschwinglich hingegen sind die Douro-Weine, z. B. die sehr gute Reserva, das rote Premiumgewächs Adelaide (**05** 07 08' 09' 11') von alten Reben, sortenreiner Sousão und TOURIGA NACIONAL sowie trockener MOSCATEL.

Vinho Regional Entspricht der französischen Kategorie Vin de pays und bietet mehr Freiraum zum Experimentieren als eine DOC.

Vinho Verde Minho r w; sch ★→★★★ DOC zwischen dem Fluss DOURO und der Nordgrenze zu Spanien; von hier stammt der frische »grüne Wein«. Die großen Marken bieten meist Verschnitte, denen Kohlensäure zugesetzt wird (BV). Die besten Weine stammen von einzelnen Gütern, prickeln nicht und können eingelagert werden, v. a. ALVARINHO aus Monção und Melgaço (z. B. Anselmo MENDES sowie die QUINTAS do Feital, de Melgaço, da Pedra, do Regueiro, do Reguengo, de SOALHEIRO) und LOUREIRO aus Lima (z. B. Quinta do AMEAL, APHROS, NIEPOORTS Dócil oder Paço de Palmeria). Roter Vinho Verde von der Vinhão-Traube ist für den Ausländer gewöhnungsbedürftig, aber durchaus probierenswert (z. B. Aphros).

Vine & Soul Douro r w; r Pintas **06 07' 08'** 09' 10' 11' – Zu den intensiven Gewächsen des Weinmacherpaares Sandra Tavares und Jorge Serôdio Borges zählen der umwerfende weiße Guru, der elegante QUINTA da Manoella Vinhas Velhas und der dichter gewirkte Pintas aus benachbarten Lagen. Sehr gut sind auch die roten Zweitetiketten: Pintas Character und Manoella. Außerdem sehr gute Portweine (siehe Kapitel »Port, Sherry und Madeira«).

Port, Sherry und Madeira

Sherry ist eines der großen traditionellen Getränke. Und doch sprießen in Jerez die neuen Ideen. Nehmen wir beispielsweise En-rama-Sherrys: Sie werden nicht gefiltert, was bedeutet, dass der Wein, wenn wir ihn trinken, fast so schmeckt wie für den Kellermeister, wenn er ihn aus dem Fass verkostet. Die Nachfrage nach gereiften Finos, also fast schon Amontillados, war im vergangenen Jahr enorm; gleichzeitig sind die Weine dieser Kategorie – wie auch die außergewöhnlichen, erst nach 20 oder gar 50 Jahren abgefüllten Amontillados, Palo Cortados und Olorosos – zum Schnäppchenpreis zu haben. Und Pedro Ximénez? Fangen wir an, über diesen supersüßen Sherry-Stil die Nase zu rümpfen? Es sieht nicht so aus.

Auch Portwein hat durchaus Erfolge zu verzeichnen, doch selbst der großartige Jahrgang 2011 und die wachsende Beliebtheit von Spitzen-Tawnys vermag die Probleme der Branche nicht zu kaschieren. Drastische Preiserhöhungen für Spirituosen stellen das Überleben schlichter Alltags-Ports in Frage und untermauern die wachsende wirtschaftliche Bedeutung der Tischweine vom Douro. Zum Glück fühlen sich mehr und mehr Tischweinerzeuger zur Produktion von Premium-Port hingezogen, dem damit verbundenen schwerfälligen (und zunehmend umstrittenen) Bürokratismus zum Trotz.

Obwohl neben den Raritäten Terrantez und Bastardo immer mehr edle Weißweinsorten angepflanzt werden, gilt auf Madeira beruhigenderweise nach wie vor »klein ist schön«. Was leider nicht auf die Preise zutrifft ...

Die folgenden Abkürzungen werden im Text verwendet:

Mad	Madeira
Man	Manzanilla
Mont-M	Montilla-Moriles

Neuere Port-Jahrgänge

Port-Jahrgänge werden »deklariert«, wenn der Wein außergewöhnlich gut ist und die höchsten Qualitätsstandards des Unternehmens erfüllt. In guten aber nicht ganz klassischen Jahren verwenden die meisten Erzeuger nun die Namen ihrer Quintas (Güter) für Single-Quinta-Weine, die sehr viel Charakter besitzen, aber weniger Flaschenreife brauchen. Die Jahrgänge, die man nun trinken sollte, sind 1966, 1970, 1977, 1980, 1983, 1985,1987, 1992, 1994. Allerdings habe ich auch schon einen 2011er Warre zu Schokolade getrunken und war sehr angetan. Versuchen Sie's einfach!

2013 Ein schwieriger Jahrgang, v. a. für Touriga Nacional, weil mitten in die Lesezeit Regen einsetzte.

2012 Single-Quinta-Jahr. Aufgrund von Dürre sehr geringe Erträge.

2011 Klassischer Jahrgang, großteils deklariert. Tintendunkle, Weine mit hervorragender Konzentration und Struktur. Die Stars sind Noval Nacional, Taylors Quinta de Vargellas Vinha Velha und Fonseca.

2010 Single-Quinta-Jahr. Heiß, trocken, aber mit höheren Erträgen als 2009. Vesuvio und Dow da Senhora da Ribeira sind die Stars.

2009 Zwiespältiges Jahr. Deklariert von Fladgate, nicht jedoch von Symington oder Sogrape. Spitzenreiter: Taylor, Niepoort, Fonseca, Warre.

2008 Ein Jahr für Single-Quinta-Weine. Geringer Ertrag, kraftvolle Weine. Spitzenreiter: Noval, Vesuvio, Passadouro, Taylor Terra Feita.

2007 Klassisches Jahr, von den meisten Erzeugern deklariert. Tieffarbige, volle, aber gut ausbalancierte Weine. Taylor und Vesuvio sind die Stars.

2006 Schwierig, nur eine Handvoll Single-Quinta-Weine: Vesuvio, Roriz, Barros Quinta Galeira.
2005 Single-Quinta-Jahr. Stars: Niepoort, Taylor de Vargellas, Dow da Senhora da Ribeira – eine eiserne Faust in einem Samthandschuh.
2004 Single-Quinta-Jahr. Stars: Pintas, Taylor de Vargellas Vinha Velha, Quinta de la Rosa – ausgewogene, elegante Weine.
2003 Klassisches Jahr. Trockener, heißer Sommer. Kraftvoll reife, konzentrierte Weine, durchgehend deklariert. Ab 2015 bis 2020 zu trinken.
2001 Single-Quinta-Jahr. Stars: Noval Nacional, Fonseca do Panascal, do Vale Meão – nasses Jahr, recht geradlinige Weine.
2000 Klassisches Jahr. Ein sehr guter Jahrgang, durchweg deklariert. Volle, ausgewogene Weine für lange Lagerung. Trinkreif ab 2018.

Verweise können sich auch auf das Kapitel »Spanien und Portugal« sowie auf den Kasten »Sherry-Stile« S. 266/267 beziehen.

Almacenista Sherry – Kleiner Erzeuger, wörtlich »Lagerhalter«, der an große Sherry-Bodegas, nicht an Privatkunden verkauft. Oft individuelle, komplexe Sherrys. Einer der ersten Anbieter eines überragenden Sortiments war LUSTAU, u. a. mit dem MANZANILLA PASADA Cuevas Jurado 1/80.

Álvaro Domecq Sherry ★★→★★★ 1998 auf der Basis von SOLERAS von Pilar Aranda, der ältesten Bodega in JEREZ, gegründeter Betrieb mit geschliffen-eleganten Weinen. Guter FINO La Janda, exzellente VORS-Reihe »Linea 1730« (u. a. PALO CORTADO, OLOROSO).

Alvear Mont-M ★★→★★★ Größter Erzeuger in MONTILLA von sehr guten FINO-artigen Weinen, v. a. Fino C.B. Daneben sehr guter, ungemein süßer rosinierter PEDRO XIMÉNEZ und seidig-geschmeidiger SOLERA 1927.

Andresen Port ★★→★★★ Familienbetrieb mit sehr guten fassgereiften Portweinen, v. a. 20-Year-Old TAWNY und Colheita (die Jahrgänge **1900'** und **1910'** werden auf Wunsch immer noch abgefüllt; **80' 91' 97 00**). Wegbereiter des jetzt so trendigen 10-, 20- und 40-Year-Old WHITE PORT. 2011 wurde erstmals VINTAGE PORT erzeugt.

Barbadillo, Bodegas Sherry, Man ★→★★★★ Dass die Bodega im prachtvollen ehemaligen Bischofspalast von SANLÚCAR residiert, unterstreicht ihre Ambitionen. Der gute Ruf gründet sich auf einige der feinsten Sherrys der Stadt, darunter der Solear Manzanilla, wie auch auf den Manzanilla EN RAMA mit viermaliger SACA, den Barbadillo als Erster erzeugte. Überragend ist die Reihe Reliquia, v. a. der AMONTILLADO und der herbe, klar umrissene PALO CORTADO. Demnächst soll ein 100 Jahre alter Amontillado aus einem Einzelfass herauskommen. Außerdem sehr preiswerter Tischwein Castillo San Diego von der PALOMINO-Traube.

Barbeito Mad ★★→★★★ Eleganz und reintönige Frucht zeichnen nicht nur Ricardo Freitas' junge, ohne Karamellzusatz bereitete COLHEITAS (u. a. komplexe Einzelfassabfüllungen) aus, sondern auch seinen 20-, 30- und 40-Year-Old MALVASIA (Letzterer ist neu und nach Ricardos Mutter Mae Manuela benannt) und den FRASQUEIRA (1992).

Barros Almeida Port ★→★★★ Schwerpunkt ist fassgereifter Port: sehr guter 20-Year-Old TAWNY, COLHEITA (**78' 80'**) und WHITE PORTS, darunter Very Old Dry White sowie Colheita (1935). Sehr gut auch der neue VINTAGE PORT (2011). Im Besitz von Sogevinus (zusammen mit BURMESTER, CALEM, KOPKE); erzeugt von allen vieren den strukturiertesten Port.

Barros e Sousa Mad ★★★ Ein weiterer unabhängiger Familienbetrieb musste dran glauben: 2013 wurde er von PEREIRA D'OLIVEIRA aufgekauft. Positiv daran ist immerhin, dass die vollständig im CANTEIRO gereiften Weine – darunter seltener Bastardo Old Reserve und ein ungewöhnlicher 5-Year-Old Listrão-Verschnitt – jetzt einem breiteren Publikum zugänglich werden.

Port, Sherry und Madeira

Blandy Mad ★★→★★★★ Das altehrwürdige Familienunternehmen (unte der Leitung von Chris Blandy) hat 2012 in der MADEIRA WINE COMPAN wieder das Ruder übernommen und zwei Weinberge gekauft sowie eine Auktion seltener, in Ballonflaschen gereifter Weine aus den Jahren 188 bis 1954 veranstaltet. Die große Wine Lodge in Funchal (jetzt mit Übernachtungsmöglichkeit) beschert dem Besucher reiche Ernte, u. a. feine alte Jahrgänge (BUAL **1920' 1969'**, MALMSEY **1985**, Terrantez **1976**, SERCIAL **1910'**), 20-Year-Old Terrantez und jüngere COLHEITA-Weine (Bual **1996** VERDELHO **1998**, Sercial **1998**).

Borges, H. M. Mad ★→★★★ Ausgerechnet während der Reblausplage 187 von Henrique Menezes Borges gegründeter Erzeugerbetrieb mit fruchtigem 10-Year-Old und gutem neuem 20-Year-Old VERDELHO.

Bual (oder **Boal**) Mad – Klassische Madeira-Rebsorte: rauchige, süße Weine mit spritziger Note, nicht so voll wie MALMSEY. Hervorragend zu Käse und leichteren Desserts.

Sherry ist trocken

Mit verführerisch klingenden Bezeichnungen wie »Oloroso Dulce« und »Sweet Amontillado« ist es aus und vorbei. Seit 2012 muss alles, was Sherry heißt, trocken sein. Für Stile, die nicht trocken sind, lautet die Bezeichnung entweder »Medium« (5–115 g/l Restsüße) oder »Cream« (115–140 g/l). Achten Sie mal auf Phrasen wie »ein Verschnitt von Oloroso-Sherrys«.

Burmester Port ★→★★★ Eleganz ist das Markenzeichen des Portweinhauses im Besitz von Sogevinus, insbesondere beim raffinierten 20- und 40-Year-Old TAWNY, den COLHEITA-Weinen (55' 89) und den WHITE PORT mit Jahrgangsangabe (u. a. feiner 40-Year-Old).

Butt Sherry – Fass mit 600 l Fassungsvermögen aus lang gelagerter amerikanischer Eiche, das nur zu fünf Sechsteln gefüllt wird, damit sich eine FLOR-Schicht bilden kann. In Schottland verwendet man gern gebrauchte Sherry-Fässer, um Whisky den letzten Schliff zu verleihen.

Cálem Port ★→★★★ Erzeuger von Portweinen in lebhaft-fruchtigem Stil im Besitz von Sogevinus. Velhotes ist die Hauptmarke. Sehr gute COLHEITA-Weine, 40-Year-Old TAWNY und 10-Year-Old WHITE PORT. Gut ist der neue VINTAGE PORT (2011).

Canteiro Mad – Die natürliche Fassreifung feinster Madeiras in warmen feuchten Lagerhäusern. Die Canteiro-Methode bringt subtilere, komplexere Weine hervor als die ESTUFAGEM-Methode.

Chipiona Sherry – Anbaubereich für MOSCATEL-Trauben für Sherry. Führender Erzeuger ist César Florido.

Churchill Port – Relativer Neuling in einem alten Gewerbe. Sehr guter VINTAGE PORT (**82 85 91 94** 97 00 03 07' 11), Einzellagen-Port QUINTA da Gricha (**0 01 03' 04 05'** 06 07 09') und LBV. Mustergültiger WHITE PORT und eleganter 10-Year-Old TAWNY.

Cockburn Port ★★→★★★ Das historische Portweinhaus wurde 2010 von SYMINGTON FAMILY ESTATES aufgekauft. Der Special RESERVE RUBY wird jetzt länger im Fass gereift, der (lebhaftere) LBV ein Jahr weniger. Daneben sehr guter VINTAGE PORT (**63 67 70 75 83' 91 94** 97 00 03' 07' 11') und Single-QUINTA dos Canais (**01'** 05' 06 07' 08 09').

Colheita Port, Mad – Portwein oder Madeira mit Jahrgangsangabe, der mindestens 7 (Port) bzw. 5 (Madeira) Jahre im Fass gereift ist. Das Abfülldatum ist auf dem Etikett angegeben.

Cossart Gordon Mad – Marke der MADEIRA WINE COMPANY mit trockenerem Stil als bei BLANDY. Sehr gute 5-jährige RESERVA- sowie COLHEITA-Weine – Bual (95 97), VERDELHO (95), MALVASIA (**96 98**), Harvest (**99**) – und alte Jahrgänge: Terrantez (**77**), BUAL (**1908 61**).

Croft Port ★★→★★★ Historisches Portweinhaus im Besitz von FLADGATE. Die Trauben werden seit 2003 wieder mit den Füßen gestampft, was dem süßen, fleischigen VINTAGE PORT (**66 70 75 77 82 85 91 94** 00 03' 07 09' 11') mehr Rückgrat verleiht. Leichter sind die Weine unter dem Etikett Quinta da Roêda. Am erfolgreichsten sind Indulgence, Triple Crown, Distinction und Pink, ein neuartiger ROSÉ PORT.

Crusted Portwein in RESERVE-RUBY-Qualität, meist aus verschiedenen Jahrgängen verschnitten, der jung abgefüllt wird und in der Flasche reift, sodass sich ein Depot, die »Kruste«, bildet. Muss dekantiert werden. Gute Versionen von CHURCHILL, DOW, FONSECA und GRAHAM.

elgado Zuleta Sherry, Man ★→★★ Die älteste Bodega in SANLÚCAR, 1774 gegründet, bietet knackig-zupackende Weine. Der La Goya MANZANILLA PASTRADA EN RAMA XL zeigt die typische Salzigkeit. Paradepferd ist der sehr ursprüngliche Monteagudo AMONTILLADO Viejo, kraftvoll und durchdringend präsentiert sich der 40 Jahre alte Quo Vadis.

íos Baco Sherry ★→★★ Familienbetrieb in JEREZ, benannt nach dem Weingott Bacchus. Angeführt wird das Sortiment von der Reihe Baco Imperial mit VOS- und VORS-Weinen, besonders empfehlenswert ist der PALO CORTADO VORS.

omecq Sherry – Geblieben ist nur der große Name – die SOLERAS wie auch die in der Sherry-Branche tätigen Familienmitglieder wurden im Zuge der Übernahmen auseinanderissen. Die ausgezeichneten VORS-Weine werden jetzt von OSBORNE verkauft, La Ina, Botaina, Rio Viejo und Viña 25 sind an LUSTAU übergegangen.

ouro Der Fluss, der in Spanien als Duero entspringt und der Weinbauregion seinen Namen gibt. Diese besteht aus drei Teilen: Baixo (Unterer) Corgo sowie die für Port am besten geeigneten Bereiche Cima (Oberer) Corgo und Douro Superior.

ow Port ★★★→★★★★ Das historische Portweinhaus gehört zu SYMINGTON FAMILY ESTATES, pflegt beim VINTAGE PORT (**66 70 72 75 77 80 83 85' 91 94** 97 00' 03 07' 11') aber einen trockeneren Stil, vor allem beim Single-QUINTA Bomfim (opulenter ist Senhora da Ribeira). Der Zukauf der Quinta da Sabordela erweitert Bomfim um 30 ha; derzeit entsteht dort ein neues Besucherzentrum.

orum Port ★★→★★★ João Portugal RAMOS und José Maria Soares Franco (der frühere Weinmacher von FERREIRA) erzeugen gemeinsam sehr dicht gewirkten, reinfruchtigen VINTAGE PORT (07 11') von 100-jährigen Reben. Vinha de Castelo Melhor, das Zweitetikett, wird aus Lesegut von alten und jungen Reben aus dem Bereich DOURO Superior verschnitten.

ilio Hidalgo Sherry ★★★→★★★★ Hervorragende kleine Bodega in Familienbesitz. Alle Weine außer PX reifen zunächst unter FLOR. Ausgezeichneter, 15 Jahre gereifter FINO La Panesa, geschmeidiger OLOROSO Gobernador, intensiver AMONTILLADO El Tresillo, seltener Amontillado Tresillo 1874 und PX Santa Ana 1861.

uipo Navazos Sherry ★★★→★★★★ Eine Sammlung feinster Sherrys, geschaffen von einem quasi als Händler agierenden Team *(equipo)*. Jesus Barquín und Eduardo Ojeda spüren nicht nur hervorragende einzelne BUTTS aus SOLERAS auf, sondern auch Sherrys aus Einzellagen (z. B. FINO No. 35 Macharnudo Alto). Ihr hohes Niveau hat junge Leute aus der ganzen Welt angelockt, die sich jetzt in Jerez auf Schatzsuche begeben. Die Nummerierung der Sherrys begann mit 1, z. B. Bota (Butt) No. 1. Außerdem gibt es die eigenständige MANZANILLA-EN-RAMA Reihe »I Think«. Daneben wird in Zusammenarbeit mit Dirk van der NIEPOORT Tischwein von der PALOMINO-Traube erzeugt und gemeinsam mit Sergi Colet Schaumwein im Penedès, wobei Sherry für die *dosage* verwendet wird.

Espiritus de Jerez Sherry ★★ Das Boutiqueangebot von Roberto Anillo enthält nur vier außergewöhnliche Weine, die aus feinen alten SOLERAS in parfümähnlichen Flaschen angeboten werden.

Estufagem Mad – Methode, mit der einfache Madeiras in Tanks langsam erhitzt und wieder abgekühlt werden und dabei den charakteristischen Beigeschmack von verbrannter Erde annehmen; erheblich weniger subtil als die CANTEIRO-Methode. Immerhin sorgt die Tendenz zu niedrigeren Temperaturen (40–50 °C) für mehr Frische.

Ferreira Port ★★→★★★ Altes Portweinhaus, heute im Besitz von SOGRAPE. Bsonders gut sind die RESERVA (Don Antónia) und die 10- und 20-Year-Old TAWNYS (Quinta do Porto und Duque de Bragança). Die VINTAGE PORTS (**66 70 75 77 78 80 82 83 85 87 90 91 94 95'** 97 00 03 07' 11'), darunter sehr guter LBV, sind im Aufwind.

Fladgate Port – Unabhängiges Familienunternehmen, Eigentümer der führenden Port-Häuser TAYLOR, FONSECA GUIMARAENS, CROFT und jetzt auch KROHN, deren feine TAWNY-Lagerbestände Fladgates tragende Rolle bei diesem immer beliebter werdenden Stil weiter untermauern werden. Ebenfalls zum Besitz gehört das Luxushotel »The Yeatman« in Porto.

Flor Das spanische Wort für »Blume« bezeichnet die Schicht aus Saccharomyces-Hefen, die sich auf natürlichem Wege in einem zu fünf Sechsteln gefüllten Fass auf der Oberfläche von FINO- und MANZANILLA-Sherry bildet. Die Flor-Schicht bindet Sauerstoff und weitere Stoffe (ein Vorgang, den man »biologische Reifung« nennt) und bewahrt den Wein vor dem Braunwerden (Oxidation). Traditionell bereitete AMONTILLADOS beginnen als Finos oder Manzanillas, bevor der Flor auf natürliche Weise oder durch die Zugabe von Alkohol abstirbt. In El PUERTO DE SANTA MARÍA und SANLÚCAR, die näher an der Küste liegen, ist die Flor-Schicht dicker, was d leichtere Art der dortigen Sherrys erklärt.

Fonseca Guimaraens Port ★★★→★★★★ Portweinhaus im Besitz von FLADGATE, 1815 gegründet. Von den Weinen sind zu nennen der sehr gute B 27, der ökologisch erzeugte Terra Prima RESERVE und die üppigen, ab strukturierten Fonseca VINTAGE PORTS (**66' 70 75 77' 80 83 85' 92 94'** 9 00' 03' 07 09 11'). In Jahren, in denen kein klassischer Jahrgangs-Port deklariert wird, wird Single-QUINTA do Panascal und verschnittener Guimaraens Vintage Port errzeugt.

Frasqueira Mad – »Vintage Madeira«, also Madeira eines einzigen Jahrgangs, der erst nach 20-jähriger und oft noch viel längerer Fasslagerung abgefüllt wird. Das Datum der Flaschenabfüllung muss angegeben werden; je länger der Wein im Fass liegt, umso konzentrierter und komplexer wird er.

Garvey Sherry ★→★★ Einer der großen alten Namen in JEREZ. Die Bode und ihre Töchter (Soto, Teresa Rivero, VALDIVIA) waren früher im Besitz c Familie RUIZ-MATEOS. Besonders bekannt: FINO San Patricio, AMONTILLA Tío Guillermo und die Reihe »1780« mit Altersangabe.

González Byass Sherry ★★★→★★★★ Familienunternehmen (gegründ 1845), das sich mit Begeisterung selbst erneuert. Der charmante Anton Flores ist seinem Vater als Kellermeister nachgefolgt. Ausgehend vom b rühmtesten aller FINOS, Tío Pepe, hat er ein faszinierendes Portfolio e wickelt: eine EN-RAMA-Abfüllung, die elegante Reihe Palmas – 3 Finos r Altersangabe (6, 8 und 10 Jahre alt) – sowie 40-jährigen AMONTILLA Begleitet werden sie vom stets geschliffenen Amontillado Viña AB, d OLOROSO Matúsalem und dem PX Noë. Außerdem gute Weinbrände, Tis weine, u. a. Beronia (Rioja), Vilarnau (Penedès) und Viñas del Vero (Somontano), sowie Croft Original Pale Cream. Die neueste Unternehmung ist die Finca Moncloa, die Rotweine von lokalem Traubengut erzeugt: Der süße Tintilla de Rota von der gleichnamigen, sonst als GRACIANO bekannten Traube haucht einem traditionellen gespriteten Wein neues Leben ein.

Gould Campbell Port ★★★ Weniger bekannte Port-Firma im Besitz von SYMINGTON FAMILY ESTATES. Da keine Bindung an bestimmte QUINTAS besteht, kann man hier frei schalten und walten – bisweilen mit sehr guten Ergebnissen (z. B. 1977). Günstige, körperreiche VINTAGE PORTS (**70 77' 80 83' 85' 91 94 97** 00 03' 07).

Graham Port ★★★→★★★★ Portweinhaus im Besitz von SYMINGTON FAMILY ESTATES mit umfassendem Sortiment. Besonders gut sind der RESERVE RUBY Six Grapes, die TAWNY-Reihe mit Altersangabe und die seltenen COLHEITAS (**52' 61' 69 82**). Zu den saftigen VINTAGE PORTS (**63 66 70' 75 77' 80 83' 85' 91' 94'** 97 00' 03' 07' 11') zählt der neue Stone Terraces von zwei terrassierten und stets hervorragende Qualität liefernden Parzellen der QUINTA dos Malvedos, von der auch der langlebige Single-Quinta stammt.

Guita, La Sherry ★→★★★ Guter Manzanilla. Im Besitz der Grupo Estévez, der auch VALDESPINO gehört.

Gutiérrez Colosía Sherry ★→★★★ Eine der wenigen am Fluss verbliebenen Bodegas in El PUERTO DE SANTA MARÍA. Ehemaliger ALMACENISTA mit herrlichem altem PALO CORTADO.

arveys Sherry ★→★★★ Einst ein großer Name in Jerez, berühmt für den Bristol Cream. Die VORS-Sherrys zeigen sich in Anbetracht ihres Alters noch recht munter.

enriques & Henriques Mad ★★★→★★★★ Die Madeira-Firma, seit Langem im Besitz eigener Weinberge (11 ha), hat jetzt den größten Bestand von Terrantez-Reben auf der Insel. Wegbereiter für den frischen extratrockenen Aperitif Monte Seco, 20 Jahre alten MALVASIA und Terrantez; verwendet gebrauchte Whisky- und Bourbon-Fässer. Zudem wird hier die Tradition hochgehalten, v. a. mit 15 Jahre alten (Sercial) und Jahrgangsweinen, z. B. VERDELHO (**34**), Terrantez (**54**), Malvasia (**54**), BUAL (**57'**). Neu ist der SERCIAL Single Harvest (2001).

erederos de Argüeso Sherry, Man ★★→★★★ Einer der besten Manzanilla-Erzeuger in SANLÚCAR mit sehr gutem San León und dicht gewirktem, salzigem San León Reserva sowie jugendlichem Las Medallas. Außerdem beeindruckend lebhafter AMONTILLADO Viejo VORS.

idalgo La Gitana Sherry, Man ★★→★★★★ Der 1972 gegründete Familienbetrieb in SANLÚCAR wird von Javier Hidalgo geleitet und ist berühmt für seinen blassen, leichten, grazilen MANZANILLA La Gitana. Wesentlich ausdrucksstärker ist der La Gitana EN RAMA. Daneben intensiver, hocharomatischer gereifter Manzanilla Pasada Pastrana von einer Einzellage. Hervorragende VORS-Reihe, darunter AMONTILLADO Napoleon, PALO CORTADO Wellington und PX Triana.

erez de la Frontera Zentrum der Sherry-Region zwischen Cádiz und Sevilla in Südspanien. Das Wort Sherry ist eine Verballhornung des Namens Jerez, französisch Xérès. Der DO-Name lautet daher Jerez-Xérès-Sherry.

ustino Mad ★→★★★ Das größte Madeira-Unternehmen ist im Besitz des Rum-Giganten La Martiniquaise und erzeugt auch die Weine der Marke Broadbent. Am bekanntesten sind der COLHEITA TINTA NEGRA (**96' 99**) und der Terrantez Old RESERVE (ohne Jahrgangsangabe). Außerdem guter Frasqueira, z. B. SERCIAL (40), VERDELHO (54), BOAL (64).

opke Port ★→★★★ Das älteste Portweinhaus (gegründet 1638); seine Stärken liegen bei COLHEITAS (**35' 41' 66 80' 87 89 91'**) sowie TAWNY und WHITE PORT mit Altersangabe – hervorragend sind die 40-Year-Old-Weine.

2013 kam zum 375. Firmengeburtstag der »375 Anniversary Special Edition Colheita 1940« heraus.

Krohn Port ★→★★★ Port-Firma mit sehr alten, bis 1863 zurückreichenden Lagerbeständen an TAWNY und COLHEITA (**61' 66' 67' 76' 82' 83' 87' 91 97**). Gehört jetzt zu FLADGATE; ein Teil der alten Bestände soll an TAYLOR übergehen. Auch VINTAGE PORTS von steigender Qualität (07' 09 11).

LBV (Late Bottled Vintage) Port – Robuster Portwein mit strahlenderer Frucht aus einem einzigen Jahr, der doppelt so lang wie VINTAGE PORT (etwa 5 Jahre) in Holzfässern gelagert wird. Kommerzielle LBV-Massenerzeugnisse sind ab der Freigabe trinkreif und müssen nicht dekantiert werden. Am besten sind die langlebigen, ungefiltert abgefüllten Versionen, z. B. von CHURCHILL, FERREIRA, NIEPOORT, QUINTA do Nova, Quinta do NOVAL, SMITH WOODHOUSE, WARRE.

Leacock Mad – Madeira-Haus mit einer langen FRASQUEIRA-Erfolgsgeschichte, das seit dem Kauf durch die MADEIRA WINE COMPANY 1981 aber auf Masse macht, v. a. mit der Marke St. John (der 1969er SERCIAL ist allerdings sehr gut).

Lustau Sherry ★★★→★★★★ Die Bodega ist berühmt für ihre Fundgrube an Sherry-Schätzen aus eigenen SOLERAS wie auch von ALMACENISTAS. Star-*capataz* (Weinmacher) Manuel Lozano war einer der Ersten, die Almacenista-Sherrys ausfindig machten und vertrieben. Kosten Sie den FINO La Ina, den AMONTILLADO Botaina oder den East India SOLERA. Der Emilín ist ein erlesener MOSCATEL, der PX VORS herausragend – trotz Alter und Süße kommt er leichtfüßig daher. Eine der wenigen Firmen, die Jahrgangs-Sherry herausbringen, z. B. den tiefgründigen OLOROSO Añada 97.

Madeira Vintners Mad – Das neue Madeirahaus (die erste Ernte 2012 wurde bei Barbeito verarbeitet, die neue Kellerei 2013 in Betrieb genommen) muss, notgedrungen, neue Wege gehen. Da alte Weine zum Verschneiden nicht zu Verfügung stehen (obwohl kürzlich alte Bestände erworben wurden), werden Trauben von ausgewählten Weinbauern mit Langzeitverträgen eingekauft, um Komplexität mithilfe subregionaler und lagenspezifischer Terroir-Weine zu erreichen.

Madeira Wine Company Mad – Nachdem sie 1913 durch zunächst zwei Firmen als Madeira Wine Association gegründet worden war, schlossen sich ihr danach alle 26 britischen Madeira-Unternehmen an. Erzeugt über 50 % aller abgefüllten Madeira-Exporte. Nach einer 20 Jahre währenden Partnerschaft mit den SYMINGTON FAMILY ESTATES wird sie heute wieder allein von der Familie BLANDY geführt. Die wichtigsten Marken sind Blandy, COSSART GORDON, LEACOCK und Miles, die sich alle ihren jeweils eigenen Stil bewahrt haben. Sämtliche Weine – mit Ausnahme der einfachen – sind nach der CANTEIRO-Methode gereift.

Malmsey (Malvasia Candida) Mad – Die süßeste und vollste der traditionellen Madeira-Traubensorten, jedoch mit der für Madeira charakteristischen eigenartigen Schärfe. Passt hervorragend zu reichhaltigen Obst- und Schokoladendesserts.

Montilla-Moriles ★→★★★ Der andalusische DO-Bereich bei Córdoba, früher lediglich für seine billigeren Versionen des FINO-Stils bekannt, erzeugt heute am oberen Ende der Skala herrlich volle, zum Teil lange in SOLERAS gereifte PX-Weine. Spitzenerzeuger: ALVEAR, PÉREZ BARQUERO, Bodegas TORO ALBALÁ. Wichtiger Lieferant von PX-Trauben für die DO JEREZ.

Niepoort Port ★★★→★★★★ Kleines Portweinhaus in Familienbesitz, das auch sensationelle Tischweine erzeugt. Erstklassiges Angebot an VINTAGE PORTS (**66 70' 75 77 78 80 82 83 87** 91 92 94 97 00' 03 05' 07 09' 11'), dazu einzigartige, in Glasballons gereifte GARRAFEIRA und Bioma (früher Pisca) von einer Einzellage. Ausgezeichnete TAWNYS und COLHEITAS sowie der zu

Feier des 170-jährigen Bestehens herausgebrachte »VV«: ein Tawny-Verschnitt auf Basis eines Portweins von 1863 (nur 999 Flaschen). Erzeugt jetzt auch mit EQUIPO NAVAZOS Tischwein.

Noval, Quinta do Port ★★★→★★★★ Elegant strukturierter VINTAGE PORT (**63' 66 67 70 75 78 82 85 87 91 94'** 95 97' 00' 03' 04 07' 08' 11'), darunter intensiver, langsam reifender Nacional von 2,5 ha wurzelechten Reben. Letzterer wird oft in nicht deklarierten Jahren wie z. B. 2004 erzeugt und – noch unkonventioneller – erst 2014 herausgebracht. Zweite Vintage-Port-Marke: Silval. Daneben sehr gute TAWNYS mit Altersangabe und COLHEITA (neueste Version: 2000). Früh trinkreif ist der Noval Black RESERVE; außerdem Tischweine von jüngeren Weinbergen.

Offley Port ★→★★ Die Haupt-QUINTA (Boa Vista) hat Sogrape 2013 verkauft, sodass für die fruchtbetonten Ports der Marke Offley nun 450 ha übrig geblieben sind. Gute TAWNYS sowie Aperitif- bzw. Cocktailweine, darunter WHITE PORT Cachuca RESERVE und ROSÉ PORT.

Osborne Sherry ★★→★★★★ Altehrwürdige, 1772 gegründete Bodega vor den Toren von El PUERTO DE SANTA MARÍA. Der FINO Quinta und der reife Fino Coquinero sind El-Puerto-Klassiker. Zu den ausgezeichneten SOLERA-Weinen zählen der AMONTILLADO AOS, der PALO CORTADO P Δ P, der OLOROSO Seco BC 200 und der PX Solera Vieja. Ist im Besitz einstiger VORS-Stars von DOMECQ, u. a. Amontillado 51-1a. Erzeugt auch Tischweine in Rioja, Rueda, Ribera del Duero und weithin exportierte Brandys. Das Firmenlogo, der schwarze Stier, gilt mittlerweile als nationales Wahrzeichen.

Palomino Neutral schmeckende Rebsorte, Grundlage aller Sherry-Stile mit Ausnahme von MOSCATEL und PX. Früher in ganz Spanien großflächig angepflanzt, spielt sie heute auf den Kanarischen Inseln unter dem Namen Listán blanco noch immer eine große Rolle bei der Tischweinerzeugung.

Passadouro Port – Beständig guter Single-QUINTA VINTAGE PORT, der von 1992 bis 2000 von NIEPOORT und seitdem von Jorge Serôdio Borges (früher bei WINE & SOUL) bereitet wird. Außerdem konzentrierter LBV und RESERVE RUBY von mit den Füßen gestampften Trauben.

Paternina, Federico Sherry ★→★★★ Stützt sich auf die Keller von Diéz Hermanos und bietet leichte, junge sowie hervorragende VORS-Sherrys. Außerdem exzellenter Fino Imperial im Amontillado-Stil, OLOROSO Victoria Regina und PX Vieja SOLERA. Im Besitz von Paternina in Rioja.

Pedro Romero Sherry ★→★★ Führender MANZANILLA-Erzeuger, v. a. mit dem Aurora im PASADA-Stil. Besitzt sehr alte SOLERAS, u. a. von Gaspar Florido. Am ältesten ist der durchdringend konzentrierte Ansar Real PALO CORTADO aus einer seit 1820 bestehenden Solera.

Pereira d'Oliveira Vinhos Mad ★★★ Madeira-Firma in Familienbesitz mit großen Vorräten an seltenem altem FRASQUEIRA (der nur auf Anfrage vom Fass abgefüllt wird). Der Erwerb von BARROS E SOUSA sorgte 2013 zusätzlich für Auftrieb. Kürzlich auf den Markt kamen SERCIAL 1875, Malvazia 1875 und VERDELHO 1912. Weine, die 15 Jahre und älter sind, wurden nach der CANTEIRO-Methode gereift.

Pérez Barquero Mont-M ★→★★★ Einer der Vorreiter bei der Wiederbelebung des PX in MONTILLA. Feiner Gran Barquero FINO, AMONTILLADO und OLOROSO, sehr guter PX La Cañada.

Plá, Pilar – El Maestro Sierra Sherry ★★★ Die kleine, traditionelle Bodega mit exzellenter Qualität wird von Carmen Borrego geleitet, die ihre Mutter Pilar Plá abgelöst hat. Anmutig frischer 12 Jahre alter AMONTILLADO sowie nussig eleganter Amontillado 1830 VORS.

Porto Cruz Port – Die größte Portweinmarke, im Besitz von La Martiniquaise. Das protzige, mit Multimedia ausgestattete Besucherzentrum steht im Kontrast zu den umliegenden Lagerhäusern, ebenso wie die in leichte-

Sherry-Stile

Amontillado Ein Fino, bei dem der FLOR, die schützende Hefeschicht, di sich im Fass auf der Weinoberfläche bildet, abgestorben ist: Der Wein ox diert und gewinnt an Komplexität. Von Natur aus trocken. Beispiel: Lo Arcos von LUSTAU.

Añada Sherry mit Jahrgangsangabe – entgegengesetzt zur Tradition de SOLERA, die verschiedene Jahrgänge verschneidet. Früher nur privat Abfüllungen, jetzt öffentlich anerkannt. Beispiel: süßer Oloroso Añad 1997 von LUSTAU.

Cream Mit Traubenmost, PEDRO XIMÉNEZ und/oder MOSCATEL gesüßte Verschnitt – ein mittelsüßes Getränk zum kleinen Preis und unverhohle kommerziell ausgerichtet. Beispiele sind etwa: Bristol Cream von HARVEY Pale Cream von CROFT. Die überragende Ausnahme ist La Bota No. 21 de EQUIPO NAVAZOS.

En rama MANZANILLA oder FINO, der un- oder kaum gefiltert und ohne Kal stabilisierung vom Fass (BUTT) in die Flasche abgefüllt wird und den unve fälschten Charakter eines Sherry zeigt. Ist zwar aromatischer, aber auc empfindlich und daher bei manchen Händlern unbeliebt. Im Zuge de Trends zu naturbelasseneren Weinen ist der Stil wieder in Mode gekom men. Die SACA, der Abstich, findet statt, wenn der FLOR am dicksten ist. I Kühlschrank aufbewahren und rasch austrinken.

Fino Trockener Sherry, gewichtiger als MANZANILLA; beide müssen minde tens 2 Jahre lagern. Beispiel: Tío Pepe von GONZÁLEZ BYASS. Ebenso servi ren wie Manzanilla. Nicht aufbewahren. Der Trend geht zu 6–12 Jahre lar gereiften Finos; Beispiel: Antique von REY FERNANDO DE CASTILLA.

Manzanilla Derzeit angesagter blasser, nicht sehr intensiver FINO m einem Aroma von frischen grünen Äpfeln; reift im maritimen Klima vo SANLÚCAR DE BARRAMEDA, wo der FLOR eine dickere Schicht bildet und d Wein angeblich eine salzige Note bekommt. Sollte aus einer gekühlte frisch geöffneten Flasche getrunken werden, am besten zu Tapas (od Austern). Nicht aufbewahren. Beispiel: San León Reserva von HEREDER DE ARGÜESO.

rem Stil gehaltenen Ports, die auf eine jüngere und umfangreichere Gemeinde abzielen.

Puerto de Santa María, El Sherry – Eine der drei Städte, die das »Sherry-Dreieck« bilden. Die Produktion geht zurück, zu den verbliebenen Bodegas gehören der ehemalige ALMACENISTA GUTIÉRREZ COLOSÍA, OSBORNE und TERRY. Die Finos aus Puerto werden besonders geschätzt, weil sie leichter sind als die aus JEREZ und weniger »salzig« als die aus SANLÚCAR.

Quinta Port – Portugiesisches Wort für Weingut. Traditionell wird es auch für VINTAGE PORTS aus Einzellagen (Single-Quinta) im Besitz des jeweiligen Handelshauses verwendet, die in guten, aber nicht außergewöhnlichen Jahren deklariert werden. Immer mehr Güter erzeugen jedoch auch in Spitzenjahrgängen Single-Quinta Ports. Zu den aufstrebenden Erzeugern zählen DUORUM, PASSADOURO, Pintas (WINE & SOUL), Romaneira, Alves de SOUSA, Tedo, Vale Meão (Whytingham) und Vale Dona Maria.

Ramos Pinto Port ★★★ Dynamische Port-Firma im Besitz des Champagnerhauses Louis Roederer. Neujustierungen beim VINTAGE PORT haben zu einer besseren Struktur geführt. Sehr feiner Single-QUINTA (Ervamoira) sowie die TAWNY-Reihe »RP« mit Altersangabe in neuer Aufmachung, u. a mit ungewöhnlichem Quinta de Ervamoira (10 Jahre alt) von einer Einzellage und Quinta do Bom Retiro (20 Jahre alt).

Manzanilla Pasada Länger als üblich gelagerter MANZANILLA, sehr trocken und komplex. Beispiel: Einzellagen-Manzanilla Pasada Pastrana von HIDALGO LA GITANA.
Moscatel Aromatisch und ansprechend mit nur etwa halb so viel Zucker wie PX. Beispiele: Emilín von LUSTAU, Toneles von VALDESPINO. Muss anders als PX nicht gespritet werden und darf jetzt »Jerez« genannt werden.
Oloroso Nicht unter FLOR gereift. In der Jugend schwerer und weniger brillant, reift aber zu nussiger Intensität heran. Von Natur aus trocken. Durfte bis vor Kurzem auch mit PX gesüßt und als Oloroso Dulce verkauft werden. Beispiele: Gobernador (trocken) und Old East India (süß), beide von EMILIO HIDALGO. Lagerfähig.
Palo Cortado Derzeit sehr beliebt. Traditionellerweise ein Wein, der seinen FLOR verloren hat und im Stil zwischen AMONTILLADO und OLOROSO steht – heute oft verschnitten, um diesen Stil zu kreieren. Schwer zu identifizieren, auch wenn ihm eine typische »milchige« Note oder ein Hauch »bitterer Butter« nachgesagt wird. Trocken, voll und komplex – äußerst lohnend. Beispiele: Reliquia von BARBADILLO, Antique von REY FERNANDO DE CASTILLA.
Pedro Ximénez (oder **PX**) Rosinensüßer dunkler Wein von teilweise in der Sonne getrockneten Pedro-Ximénez-Trauben. Die Trauben stammen meist aus MONTILLA; der Wein selbst wird in der DO JEREZ erzeugt. Konzentriert, ölig, süffig und relativ günstig, lecker zu Eiscreme. Alles in allem der süßeste Wein der Welt. Beispiele: Santa Anna 1861 von Emilio Hidalgo, VORS von LUSTAU.
VOS/VORS Sherrys (nur AMONTILLADO, OLOROSO, PALO CORTADO und PX) mit Jahrgangsangabe: einige Schätze der Bodegas von JEREZ. Überragende Qualität zu relativ niedrigen Preisen. Weine, die über 20 Jahre alt sind, heißen VOS (Very Old Sherry/Vinum Optimum Signatum), ab 30 Jahren VORS (Very Old Rare Sherry/Vinum Optimum Rare Signatum). Auch 12 und 15 Jahre alte Exemplare sind erhältlich. Beispiel: VOS Jerez Cortado Wellington von HIDALGO. VORS-Weine dürfen mit PX gesüßt werden – gelegentlich übertreiben es die Erzeuger mit der Zugabe von PX.

Rey Fernando de Castilla Sherry ★★→★★★★ Die kleine Bodega wird seit 2000 aufs Schönste wiederbelebt von Jan Pettersen (früher bei OSBORNE). Verlässlich ist die Sherry-Serie Classic, ganz ausgezeichnet die Reihe Antique. Alle Weine wären als VOS oder VORS qualifiziert, aber Pettersen vermeidet das System lieber. Komplexer, 8 Jahre alter FINO, auf die traditionellen, aber unüblichen 17 Vol.-% aufgespritet, sowie grandioser AMONTILLADO, PALO CORTADO, OLOROSO und PX. Daneben sehr feiner Brandy sowie Essig.

Reserve (oder **Reserva**) Port – Premiumportwein, meist Reserve RUBY, manchmal auch Reserve TAWNY oder Reserve WHITE PORT, der ohne Jahrgangs- oder Altersangabe abgefüllt wird, aber besser ist als die normalen Weine.

Rosé Port 2009 offiziell anerkannte, stetig wachsende und inzwischen bei den meisten Port-Häusern vertretene Kategorie, vor allem bei der jüngeren Generation beliebt und initiiert durch den »Pink« von CROFT. Servieren Sie ihn gekühlt, auf Eis oder (wie allgemein üblich) als Cocktail.

Royal Oporto Port ★→★★ Die wichtigste Portweinmarke der REAL COMPANHIA VELHA (der auch QUINTA de Ventozelo und Delaforce gehören). Guter TAWNY, der im Schnitt 5 Jahre im Fass verbringt, COLHEITAS und VINTAGE PORTS.

Rozès Port ★★★ Die Port-Firma gehört zum Champagnerhaus Vranken. Das Lesegut für die VINTAGE PORTS (einschließlich LBV) stammt von drei QUINTAS im Bereich DOURO Superior (Grifo, Anibal, Canameira). Der Vintage Port Terras do Grifo (07 09' 11) ist ein Verschnitt aus den Trauben aller drei Quintas, der sehr gute LBV kommt nur von Grifo.

Ruby Port – Die jüngste und billigste Portweinart: einfach, süß und rot; die besten sind als RESERVE etikettiert.

Ruiz-Mateos, Zoilo Sherry – Das Familienunternehmen hatte in der Stadt JEREZ erhebliche Investitionen getätigt, und nach dem wirtschaftlichen Zusammenbruch 2011 ist das ökonomische Überleben einiger Bodegas und Marken ernstlich infrage gestellt.

Frischer Wind in Madeira

Madeira, einst das Synonym für ruhige Ferien gesetzter Herrschaften, hat von Extremsportarten wie Kitesurfen neue Schubkraft gewonnen. Der frische Wind hat auch die Weinindustrie durchgepustet. Wegweisend sind die MADEIRA WINE COMPANY, deren neuer Chef, der Mittdreißiger Chris Blandy, die ersten Weinberge der Firma gekauft hat, und die MADEIRA VINTNERS, die sich auf terroirbetonten Madeira konzentrieren.

Saca Abstich von Sherry für die Flaschenabfüllung. Die *saca* für EN-RAMA-Sherrys findet üblicherweise im Frühling *(primavera)* und im Herbst *(otoño)* statt, wenn die schützende FLOR-Schicht am dicksten ist.

Sánchez Romate Sherry ★★→★★★ 1781 gegründetes Familienunternehmen mit großem, immer besser werdendem Sherry-Angebot: 8 Jahre alter Fino Perdido, nussiger AMONTILLADO NPU und PALO CORTADO Regente, ausgezeichneter VORS Amontillado und OLOROSO La Sacristía de Romate, üppiger PX Sacristía. Außerdem Brandy der Marke Cardenal Mendoza.

Sandeman Sherry ★→★★ Hat als Portweinhaus einen besseren Ruf denn als Sherry-Erzeuger. Am interessantesten sind die VOS-Weine, z. B. Royal Esmeralda AMONTILLADO oder Royal Ambrosante Corregidor Rich Old OLOROSO.

Sandeman Port Port ★★→★★★ In neuerer Zeit in erster Linie für sehr guten Tawny mit Altersangabe (v. a. 20- und 40-Year-Old) bekannt, doch seit Sogrape 2009 in die Kellerei QUINTA do Seixo investierte, ist der VINTAGE PORT (**63 66** 70 75 77 94 97 00 03 07' 11') der wahre Star. Außerdem LBV, im Jahrgang 2011 dicht strukturiert. Zweitmarke ist der fruchtige Vau Vintage.

Sanlúcar de Barrameda Sherry, Man – Die dritte Stadt des »Sherry-Dreiecks« (neben JEREZ und El PUERTO DE SANTA MARÍA) liegt an der Mündung des Guadalquivir. Die Feuchtigkeit in den tief gelegenen Kellern begünstigt das FLOR-Wachstum, und die Meeresluft verleiht dem MANZANILLA, wie man sagt, eine gewisse Salzigkeit. Letztere lässt sich zwar mit analytischen Mitteln nicht nachweisen, ist aber zweifellos vorhanden. In Sanlúcars Bodegas unter Flor gereifte Weine dürfen die DO Manzanilla-Sanlúcar de Barrameda in Anspruch nehmen.

Sercial Mad – Traditionelle Rebsorte für den gleichnamigen trockensten Wein Madeiras – ein überaus feiner Aperitif und sehr gut auch zu Räucherlachshäppchen oder Sushi. Siehe Kapitel »Rebsorten«.

Silva, C. da Port ★★→★★★ Port-Firma, deren überaus raffinierte neue Reihe Dalva Golden WHITE PORT COLHEITA (**52' 63 71'**) für Aufsehen sorgt. Außerdem sehr guter Tawny.

Smith Woodhouse Port ★★★ Die 1784 gegründete kleine Port-Firma ist im Besitz von SYMINGTON FAMILY ESTATES. Guter ungefilterter LBV und einige sehr feine, ungewöhnlich trockene VINTAGE PORTS (**63 66 70 75 77' 80 83 85 91 94** 97 00' 03 07). Quinta da Madalena ist ein Single-QUINTA VINTAGE PORT.

Solera Sherry, Mad – Beim Ausbau von Sherry und – wenngleich inzwischen nicht mehr so häufig – von Madeira angewandtes System. Es besteht darin, dass Fässer (BUTTS) mit reiferem Wein nach und nach mit etwas jüngerem Wein derselben Sorte aus der nächsten Lage *(criadera)* aufgefüllt werden. Dies erhält die Vitalität des FLORS, garantiert Einheitlichkeit und sorgt für Frische bei den reifen Weinen. Die Mindestreifezeit für FINO und MANZANILLA beträgt 2 Jahre in der Solera.

Sousa, Alves de Port – Domingos Alves de Sousa, früher als Ingenieur tätig, erzeugt nun auf dem Familiengut Douro-Weine. Das vorzügliche und rasch wachsende Portweinsortiment bietet u. a. VINTAGE PORT (09' 11'), 20-Year-Old TAWNY und den WHITE PORT Caldas.

Tawny Port – Portweinstil, bei dem die Lagerung in Holzfässern eine Rolle spielt – daher die bräunliche *(tawny)* Farbe. Tawnys sind trinkreif, wenn sie auf den Markt kommen. Weine mit Altersangabe (10-, 20-, 30-, 40-Year-Old) und RESERVES besitzen deutlich mehr Komplexität. COLHEITAS in limitierter Auflage und Very Old Tawny Ports (siehe GRAHAM, NIEPOORT, TAYLOR, VALLADO, WINE & SOUL) machen den VINTAGE PORTS neuedings Konkurrenz (und kosten erheblich mehr).

Taylor, Fladgate & Yeatman (Taylor's) Port ★★→★★★★ Historisches Portweinhaus und FLADGATES Kronjuwel mit imposanten VINTAGE PORTS (**66 70 75 77' 80 83 85** 92' 94 97 00' 03' 07' 09' 11'). Zu diesen zählen auch Single-QUINTA-Weine (Quintas Vargellas und Terra Feita), darunter der seltene Vargellas Vinha Velha von über 70 Jahre alten Reben. Marktführer bei TAWNY, u. a. sehr gute Versionen mit Altersangabe. Dank des Erwerbs von KROHN und dessen Lagerbeständen gab es einen Nachfolger (1863) für die limitierte Abfüllung Very Old Tawny Scion sowie den COLHEITA 1964 – der erste einer Reihe von 50 Jahre alten Ports.

Toro Albalá Mont-M ★→★★★ Hier dreht sich alles um die Rebsorte PEDRO XIMÉNEZ (PX), und neben den jungen Weinen gibt es auch einige altehrwürdige, wie etwa den lebhaften AMONTILLADO Viejísimo und die prachtvolle, sirupartige Gran Reserva Don PX.

Tradición Sherry ★★→★★★★ Die kleine, anspruchsvolle Bodega (gegründet 1998) hatte sich anfangs ausschließlich auf VOS- und VORS-Weine konzentriert. Inzwischen gibt es aber auch delikaten FINO, ganz leicht salzigen AMONTILLADO und sehr ausgewogenen PX. Außerdem Vinos de Añada (Jahrgangs-Sherrys), z. B. hervorragender OLOROSO 1970, 1975.

Urium Sherry – Der jüngste Erzeugerbetrieb in JEREZ, gegründet 2009: eine kleine Bodega, die hohe Qualität verspricht.

Valdespino Sherry ★★→★★★★ Die berühmte Bodega in JEREZ erzeugt FINO Inocente aus der hochgeschätzten Lage Macharnudo (die EN-RAMA-Version wird von EQUIPO NAVAZOS abgefüllt). Grandiose trockene AMONTILLADOS Tío Diego und Coliseo; außerdem lebhafter OLOROSO Solera 1842 VOS und bemerkenswerter MOSCATEL Toneles (der beste in Jerez). Gehört zur Grupo Estévez, die auch MARQUÉS DEL REAL TESORO und LA GUITA besitzt.

Valdivia Sherry ★★→★★★ Ehemals Sitz der Familie RUIZ-MATEOS; die Zukunft der Bodega ist jetzt allerdings ungewiss. Sehr guter 15 Jahre alter AMONTILLADO Sacromonte, guter OLOROSO.

Vallado, Quinta do Douro – Gut im Besitz der Nachkommen von Dona Antónia Adelaide Ferreira, die im 19. Jh. eine einflussreiche Persönlichkeit am DOURO und in Porto war. Am bekanntesten sind die Douro-Weine, doch der Adelaide Tributa, eine auf 1.300 Flaschen beschränkte Abfüllung von Very Old TAWNY Port (aus der Zeit vor der Reblausplage), ist die Speerspitze der wiederbelebten Portweintradition, die auch mit 10-, 20-, 30- und 40-Year-Old Tawny zum 100-jährigen Firmenjubiläum sowie den neuen VINTAGE PORTS (09 11) zum Ausdruck kommt.

Verdelho Mad – Madeira-Traube für die gleichnamigen halbtrockenen Weine; pikant, aber ohne die strenge Säure der SERCIAL-Traube. Guter Aperitif oder Begleiter zu Paté. Zunehmend auch für Tischweine beliebt.

Vesuvio, Quinta do Port ★★★★ Der Single-QUINTA-Port NOVAL kann mit den besten VINTAGE PORTS mithalten (**91 92 94 95' 96' 97 98' 99** 00' 01 03' 04 05' 06 07' 08' 09 10 11'). Der einzige Portwein von SYMINGTON FAMILY ESTATES, für den die Trauben noch mit menschlichen Füßen (statt von Robotern) gestampft werden. Der Capela da Quinta Vesuvio (07' 11') stammt von einer relativ niedrig gelegenen Parzelle in Flussnähe.

Vila Nova de Gaia Port – Stadt am Ufer des DOURO gegenüber von Porto, in der die größten Portweinfirmen traditionell ihre Lagerhäuser *(lodges)* haben. Allerdings wandern die Port-Häuser zunehmend aus dem Zentrum ab, um anderswo moderne Gebäude zu beziehen.

Eine Flasche Terrantez 1715 kam bei Christie's 2013 für knapp 10.900 € unter den Hammer – das sind rund 36,50 € für jedes Lebensjahr des Weins.

Vintage Port Die besten Weine, die nur in besonders guten, »klassischen« Jahren von den einzelnen Portweinhäusern zwischen dem 1. Januar und dem 30. September des zweiten Jahres nach der Lese »deklariert« werden. Nach 2-jähriger Fasslagerung füllt man sie ungefiltert ab und lässt sie dann sehr langsam in der Flasche reifen. Dabei bilden sie Ablagerungen und sollten daher immer dekantiert werden. Moderne Vintage Ports sind früher zugänglich, die besten halten sich aber über 50 Jahre. Auch Single-QUINTA Vintage Ports sind früher trinkreif; die besten können aber 30 Jahre und mehr überdauern.

Warre Port ★★★→★★★★ Die älteste britische Portweinfirma überhaupt (gegründet 1670), heute im Besitz von SYMINGTON FAMILY ESTATES, erzeugt sehr gute, volle, langlebige VINTAGE PORTS (**63 66 70' 75 77' 80' 83 85 91 94** 97 00' 03 07' 09' 11'). Im eleganten Single-QUINTA und TAWNY Otima (10- und 20-Year-Old) spiegeln sich die erhöhte Lage und das kühle Klima der QUINTA da Cavadinha wider. Außerdem guter Vintage Character (Warrior) und ungefiltert abgefüllter LBV.

White Port Von weißen Trauben hergestellter Port. Die Stile reichen von trocken *(dry)* bis süß *(lagrima)*, meist wird weißer Portwein aber halbtrocken und als Verschnitt mehrerer Jahrgänge bereitet und pur oder mit Tonic Water und frischer Minze als Aperitif getrunken. Wachsende Nischen sind White Port mit Altersangabe (10-, 20-, 30- oder 40-Year-Old), z. B. von ANDRESEN, KOPKE oder QUINTA de Santa Eufemia, sowie die seltenen weißen COLHEITAS, etwa der Dalva Golden White von C. da SILVA.

Williams & Humbert Sherry ★→★★★★ Traditionelle Sherry-Bodega. Einst ein großer Name, dann mit der Erzeugung von Privatmarkenweinen beschäftigt. Wird jetzt aber wieder besser, z. B. mit dem FINO EN RAMA 2006. Zu den Verkaufsschlagern zählen Dry Sack und die AMONTILLADOS der Reihe Winter's Tale. Sehr gut sind die alten Weine, etwa der PALO CORTADO Dos Cortados und der süße alte OLOROSO 1/21 As You Like It.

Wine & Soul Douro – Erzeuger hervorragender Tischweine. Dass Jorge Serôdio Borges die Bestände der QUINTA da Manoella geerbt hat, bedeutet, dass sich zum kraftvollen VINTAGE PORT Pintas jetzt 10-Year-Old TAWNY und der umwerfende 5G Very Old Tawny (300 Flaschen) gesellen.

Schweiz

Die folgenden Abkürzungen werden im Text verwendet:

AG	Aargau
BE	Bern
BL	Basel-Land
BS	Basel-Stadt
FR	Freiburg (Fribourg)
GE	Genf (Genève)
GR	Graubünden
NE	Neuenburg (Neuchâtel)
SG	St. Gallen
SH	Schaffhausen
TG	Thurgau
TI	Tessin (Ticino)
VD	Waadt (Vaud)
VS	Wallis (Valais)
ZH	Zürich

Die dunklen Flächen bezeichnen die Weinbaugebiete

Die Schweiz ist nicht in der EU, aber sie verkörpert die besten Seiten des europäischen Geistes. Seit Jahrhunderten nimmt das Land deutsche, französische und italienische Einflüsse in sein kulturelles Erbe auf, in Politik und Wirtschaft genauso wie beim Essen und beim Wein. Bei Letzterem ist dieser Austausch besonders fruchtbar. Und es handelt sich um einen echten Austausch, nicht um Imitation: Winzer in der französischen Schweiz reden über Terroir, als wären sie Franzosen, und halten an der Chasselas-Traube fest, die sonst kaum angebaut wird, aber genau die verschiedenen Terroirs der französischen Schweiz widerspiegelt.

Das italienischsprachige Tessin musste nach dem Zweiten Weltkrieg die Angewohnheit ablegen, nichts außer Hauswein für den Eigenbedarf zu produzieren – genau wie viele Teile Italiens. Aber dabei führten die Tessiner Merlot in ihre Heimat ein, zig Jahre bevor es Mode wurde, Bordeaux-Sorten überall anzubauen. Und die deutsche Schweiz hat zwar die Vorliebe für Pinot-Weine mit dem benachbarten Baden und mit dem Elsass gemein, die dortigen Winzer gehen jedoch ihren eigenen Weg, wobei sie oft die goldene Mitte zwischen deutschen und französischen Traditionen suchen – und finden. Ihre Weine zeichnen sich daher in der Regel durch große Individualität und Ortsgebundenheit aus.

Das einzige Problem mit Schweizer Wein ist, dass er im Ausland so gut wie nicht erhältlich ist. Die 15.000 ha erbringen äußerst geringe Mengen, und die gefragtesten Spezialitäten sind meist schon wenige Wochen nach der Abfüllung ausverkauft. Sogar für Schweizer ist es manchmal unmöglich, an Schweizer Wein heranzukommen, zumindest an die begehrtesten Flaschen.

Neuere Jahrgänge

2013 Späte und ungleichmäßige Blüte, örtlich Hagel, aber insgesamt scheint die Qualität sehr gut zu sein. Geringe Mengen: bis 50 % weniger als sonst.

2012 Ein Jahrgang für gute Kellermeister – schwierig mit Hagel und Regen, trotzdem vielversprechend.

2011 Sehr guter Jahrgang nach einem ungewöhnlich warmen, langen Herbst.

2010 Klassischer Jahrgang mit sehr eleganten Weinen; geringere Mengen als 2009.

2009 Einer der besten Jahrgänge der letzten Jahre.

2008 Ein schwieriges Jahr mit viel Regen. Passable Qualität, aber keine Spitzenweine.

Ältere gute Jahrgänge: 2005 (alle Weine), 2000 (v. a. Pinot noir, Walliser Rotweine), 1999 (Dézaley), 1997 (Dézaley), 1990 (alle).

Aargau (AG) – Weinbaukanton südöstlich von Basel. Auf 400 ha stehen vorwiegend Blauburgunder (PINOT NOIR) und MÜLLER-THURGAU. Erzeuger: u. a. Weinbaugenossenschaft Döttingen, Haefliger, Hartmann, Litwan, Meier (zum Sternen).

Aigle VD (r) w ★★ Für CHASSELAS bekannte Weinbaugemeinde. Der Les Murailles von BADOUX ist berühmt, kann jedoch sehr leicht sein. Empfehlenswert: Terroir du Crosex Grillé.

AOC Das Äquivalent zur französischen Appellation Contrôlée, das jedoch nicht wie in Frankreich auf nationaler Ebene festgelegt wird, sondern jeder Kanton hat seine eigenen Regeln. Insgesamt gibt es 85 AOCs.

Die Schweiz exportiert nur 1–2 % ihrer Weinproduktion.

Bachtobel, Schlossgut TG ★★★ Hans Ulrich Kesselring war bis zu seinem plötzlichen Tod 2008 einer der anerkanntesten Winzer des Landes. Unter der Leitung seines Neffen erzeugt ein junges Team weiterhin ausgefeilten PINOT NOIR von Hängen bei Weinfelden.

Badoux, Henri VD ★★ Großer Erzeuger von altmodischen kommerziellen Weinen. Sein CHASSELAS AIGLE les Murailles (mit der traditionellen Eidechse auf dem Etikett) ist die beliebteste Schweizer Weinmarke.

Baumann, Ruedi SH ★★★ **00' 03 05' 08 09** 10 11 12 – Führender Erzeuger in Oberhallau mit beerenduftigem, lagerfähigem PINOT NOIR, v. a. -R-, Ann Mee und Zwaa (in Zusammenarbeit mit dem nahegelegenen Gut Bad Osterfingen).

Bern (BE) – Bundesstadt der Schweiz und Kanton. Weinorte am Bielersee (La Neuveville, Ligerz, Schafis, Schernelz, Twann) und am Thunersee (Spiez). 240 ha, hauptsächlich CHASSELAS, PINOT NOIR. Spitzenwinzer: Andrey, Johanniterkeller, Schlössli, Steiner.

Besse, Gérald et Patricia VS ★★★ Führendes Familiengut im Wallis, vorwiegend mit Lagen auf steilen Terrassen. Weine: u. a. FENDANT (Les Bans), GAMAY von Granitböden, kraftvoller Ermitage von alten Reben (MARSANNE).

Bovard, Louis VD r w ★★→★★★★ Seit zehn Generationen bestehender Familienbetrieb in DÉZALEY: Louis-Philippe Bovard ist der *grand seigneur* des CHASSELAS, der mustergültige Dézaley La Médinette hält sich 10 Jahre und länger. Sehr guter EPESSES, ST-SAPHORIN, roter Dézaley. Elegante, klassische Weine mit klarer Persönlichkeit. Wer den Chasselas erkunden will, sollte hier beginnen.

Bündner Herrschaft GR r rs w ★★→★★★★ **02 05' 09' 10** 11 12 (13) – BLAUBURGUNDER mit ausgepräger Frucht und Struktur (milder Südwind und kühles Klima dank der nahen Berge). Individualistische Winzer und nur vier Gemeinden: FLÄSCH, JENINS, MAIENFELD, MALANS.

Calamin VD – GRAND CRU des LAVAUX mit nur 16 ha, Nachbar von EPESSES und DÉZALEY, erzeugt einen herberen CHASSELAS-Stil. Erzeuger: u. a. Dizerens, DUBOUX, Testuz.

Überall Reben
In der Schweiz wird fast überall Wein angebaut, selbst im Bergland der Innerschweiz und im Jura. Die Parzelle mag noch so klein sein, sie wird genutzt. Zu den kleineren Weinbaukantonen gehören Luzern (42 ha), Schwyz (39 ha), Jura (14 ha), Appenzell (beide Halbkantone zusammen 5 ha), Zug (2 ha), Glarus (2 ha), Uri, Ob- und Nidwalden (zusammen 4 ha).

Schweiz

Chablais VD ★★→★★★ Weinbaugebiet am oberen Ende des Genfer Sees; Spitzengemeinden: AIGLE, YVORNE, v. a. bekannt für CHASSELAS. Der Name leitet sich von lat. *caput lacis*, Kopf des Sees, ab.

Chanton, Josef-Marie und Mario VS ★★★ Großartige Walliser Spezialitäten; Weinberge bis in 800 m Höhe: HEIDA, Lafnetscha, Himbertscha, Eyholzer Roter, Plantscher, Resi und Gwäss. Auch guter BLAUBURGUNDER.

Chappaz VS ★★★→★★★★ Das kleine Gut in Fully ist berühmt für großartige Süßweine (GRAIN NOBLE CONFIDENCIEL) von Petite ARVINE und Ermitage (MARSANNE). Schwer aufzutreiben.

Côte, La VD r rs w ★→★★★ Größtes Gebiet im WAADTLAND und AOC (2.000 ha) westlich von Lausanne; hauptsächlich CHASSELAS in sehr leichtem und kommerziellem Stil. Die Spitzenerzeuger (z. B. CRUCHON, DOMAINE LA COLOMBE) verwenden biodynamische Methoden für mehr Tiefe und Charakter. Die bekanntesten Gemeinden sind Mont-sur-Rolle, FÉCHY, Morges.

Cruchon, Henri VD ★★→★★★ Biowinzer mit 36 ha in La CÔTE, sehr beständig, bekannt für CHASSELAS und eine Reihe anderer Sorten (Altesse, CHARDONNAY, SAUVIGNON BLANC, GAMAY, GAMARET, Servagnin alias PINOT NOIR). Spitzen-Cru ist der ausgefeilte, lagernswerte PINOT NOIR Raissennaz.

Dézaley VD (r) w ★★★→★★★★ **83' 90' 97 99 00 03 05' 09'** 10 11 12 (13) – Berühmter GRAND CRU des LAVAUX, der steil zum Genfer See hin abfällt, 50 ha, im 12. Jh. von Zisterziensermönchen urbar gemacht. Mächtige CHASSELAS-Weine, die sich mit der Reifung schön entwickeln. Am besten sind Louis Bovard, DUBOUX, Fonjallaz, Monachon, Testuz, Ville de Lausanne. In Georges Wengers Restaurant in Le Noirmont können Sie alte Jahrgänge (bis 1976) probieren.

Dôle VS ★★ Traditioneller Rotweinverschnitt aus Pinot noir mit etwas Gamay. Die Antwort des Wallis auf den Burgunder Passetoutgrains, aber leichter, weniger tanninhaltig und fruchtiger. Empfehlenswert: BESSE, Gilliard, PROVINS, MERCIER. Der rötliche Dôle Blanche wird aus sofort nach der Lese gepresstem Traubengut hergestellt.

Domaine la Colombe VD w ★★→★★★ Familienbetieb in FÉCHY, La CÔTE, 15 ha, Biodynamisch. Raymond Paccot ist ein Verfechter des CHASSELAS und erzeugt Spitzenversionen in frischem, elegantem, mineralischem Stil (z. B. La Brez).

Duboux, Blaise VD ★★★ 5-ha-Familienbetrieb im LAVAUX. Herausragender DÉZALEY *vieilles vignes* Haut de Pierre (sehr reichhaltiger, aber immer noch mineralischer Stil), CALAMIN Cuvée Vincent. Außerdem Plant Robert, ein örtlicher Klon von GAMAY.

Weinregionen der Schweiz

Die Schweiz ist grob in sechs Weinregionen unterteilt: WALLIS (Valais), WAADTLAND (Vaud), TESSIN (Ticino), Drei-Seen-Land (Neuenburger-, Murten- und Bielersee) und die Deutschschweiz, zu der ZÜRICH, SCHAFFHAUSEN, GRAUBÜNDEN, AARGAU, St. Gallen, der Thurgau und einige kleinere Weinbaukantone gehören. Und trotz des Rufs der Schweiz, hauptsächlich ein Weißweinland zu sein, sind 60% der Weine rot, insbesondere von PINOT NOIR.

Epesses VD (r) w ★→★★★ **09 10 11'** 12 (13) – Bekannte AOC in LAVAUX mit 130 ha rund um den GRAND CRU CALAMIN: robuste, körperreiche Weißweine. Erzeuger: u. a. BOVARD, Luc Massy, DUBOUX, Fonjallaz.

Féchy VD ★→★★ BV – Berühmte, aber nicht sehr verlässliche AOC in La CÔTE, v. a. CHASSELAS. Ein sehr guter Erzeuger ist DOMAINE LA COLOMBE.

Federweisser Ostschweizer Bezeichnung für hellen Rosé- oder sogar Weißwein von BLAUBURGUNDER – analog zum Weißherbst in Deutschland, wo die Bezeichnung Federweißer für gärenden Traubenmost (Sauser) verwendet wird.

Fendant VS w ★→★★★ WALLISER Appellation für CHASSELAS; die ideale Begleitung zu Käsefondue oder Raclette. Empfehlenswert: BESSE, Domaine Cornulus, PROVINS, GERMANIER, Simon MAYE. Im Vergleich zu Chasselas aus dem WAADTLAND ist Fendant lebhafter und mehr fruchtbetont (oft tropische Früchte).

Fläsch GR ★★★→★★★★ Weinort in der BÜNDNER HERRSCHAFT, bekannt für seine Schieferböden und mineralischen, strengen PINOT NOIR, der sehr gut altert. Viele empfehlenswerte Familiengüter, v. a. Mitglieder der Familien Adank, Hermann und Marugg. GANTENBEIN ragt besonders hervor.

flétri/mi-flétri Spät gelesenes Traubengut, aus dem süßer bzw. leicht süßer Wein gekeltert wird, v. a. bei Walliser Spezialitäten üblich.

Fribourg (Freiburg FR) – 115 ha am Ufer des Murtensees (Mont Vully): körperreicher CHASSELAS, eleganter TRAMINER, runder PINOT NOIR. Empfehlenswert: Château de Praz, Cru de l'Hôpital, Derron.

Fromm, Georg Weingut GR ★★★ **02 05' 08 09' 10** 11 12 – Spitzenerzeuger in MALANS, 4 ha, bekannt für duftenden, subtilen BLAUBURGUNDER (z. B. Schöpfliwingert). Georg(e) Fromm gründete auch Fromm in Marlborough, Neuseeland, verkaufte 2007 aber fast alle seine Anteile dort.

Gantenbein, Daniel und Martha GR ★★★★ **05 08 09'** 10' 11 12 (13) – Die (zumindest im Ausland) bekanntesten Winzer der Schweiz mit Sitz in FLÄSCH erzeugen erstklassigen PINOT NOIR von Klonen, die von der Dom. de la Romanée-Conti (siehe Frankreich) bezogen wurden, und Riesling von Klonen, die vom Weingut Dr. Loosen (siehe Deutschland) stammen. Herausragender CHARDONNAY in äußerst limitierten Mengen.

Genève (Genf GE) – Stadt und Weinbaukanton mit 1.400 ha; v. a. anspruchsloser GAMAY und CHASSELAS. Anspruchsvolle Erzeuger erzielen bessere Ergebnisse mit internationalen Sorten und PINOT NOIR, z. B. Domaine des Balisiers, Domaine Grand'Cour (Pellegrin), Novelle, Les Hutins. Die meisten und die besten Weinberge am Genfer See gehören zum Kanton WAADT.

Germanier, Jean-René VS ★★→★★★ Bedeutendes Gut im Wallis, bekannt v. a. für den verlässlichen FENDANT Les Terrasses, den eleganten SYRAH Cayas und den verführerischen Mitis (süßer AMIGNE aus Vétroz).

Glacier, Vin du (Gletscherwein) VS – Fast schon legendärer, aus der seltenen Sorte Rèze gekelterter oxidativer und in Holz ausgebauter Walliser Weißwein aus dem Val d'Anniviers – den es nur leider praktisch nirgends zu kaufen gibt. Geben Sie die Suche trotzdem nicht auf. Wenn Sie Sherry mögen, sollten Sie Gletscherwein nicht verpassen.

Grain Noble ConfidenCiel VS – Qualitätsbezeichnung für ursprüngliche, an der Rebe gereifte Süßweine. Empfehlenswert: Domaine du Mont d'Or, CHAPPAZ, Philippe Darioli, Gérard Dorsaz, GERMANIER, PROVINS.

Grands Crus Valais VS, VD – Uneinheitlich verwendete Bezeichnung; einige WALLISER Gemeinden (z. B. SALGESCH für PINOT NOIR) haben eigene Regelungen. Im WAADTLAND darf »Premier Grand Cru« für eine Vielzahl von Gutsabfüllungen verwendet werden. Die Schweiz besitzt nur zwei Grands Crus im Sinne einer Weinbergklassifikation: CALAMIN und DÉZALEY.

Graubünden (Grisons GR) – Hauptsächlich deutschsprachiger Bergkanton mit einem kleineren italienischsprachigen Teil südlich der Alpen (Misox; v. a. MERLOT). BLAUBURGUNDER ist der Protagonist, der CHARDONNAY ist sehr gut, auch MÜLLER-THURGAU. Siehe BÜNDNER HERRSCHAFT. Die besten Erzeuger in anderen Gebieten: Cicero, Manfred Meier, von Tscharner.

Grünenfelder, Irene GR r ★★★ Die Besitzerin des Weinguts Eichholz in Jenins produziert sehr begrenzte Mengen. Herrlicher Crémant.

Jenins Gemeinde in der BÜNDNER HERRSCHAFT mit flachgründigen, kargen Böden, die ausdrucksstarken, tiefen PINOT NOIR hervorbringen. Gute Erzeuger: u. a. GRÜNENFELDER, Obrecht, Pelizzatti, Sprecher von Bernegg.

Johannisberg Synonym für SILVANER im WALLIS, oft halbtrocken oder süß ausgebaut. Exzellent von der Domaine du Mont d'Or.

Lavaux VD (r) w ★★→★★★ Das beste Gebiet am Genfersee, 30 km steile, nach Süden ausgerichtete Weinbergterrassen östlich von LAUSANNE, jetzt UNESCO-Welterbe. Zwei GRANDS CRUS (DÉZALEY, CALAMIN) und diverse Gemeinde-AOCS.

Maienfeld GR – In dieser Gemeinde der BÜNDNER HERRSCHAFT spielt Johanna Spyris »Heidi«. Aber auch der delikate, fruchtbetonte PINOT NOIR aus Maienfeld verdient Beachtung. Spitzenerzeuger: Lampert, Moehr-Niggli, Schloss Salenegg.

Malans GR – Gemeinde in der BÜNDNER HERRSCHAFT. Spitzenerzeuger des hiesigen PINOT NOIR sind u. a. Donatsch, FROMM, Liesch, Studach, Wegelin. Aus der spät reifenden, nahezu ausgestorbenen Lokalsorte Completer werden eigenwillige, säurebetonte, oft phenolische Weißweine bereitet, die den Mönchen früher als Trunk zum Abendgebet dienten, dem Completorium. Adolf Boner ist hier der Gralshüter.

Maye, Simon et Fils VS r w ★★★ **05' 09' 10 11'** 12 (13) – Perfektionistischer Familienbetrieb in St-Pierre-de-Clages. Kompakter SYRAH *vieilles vignes*, würziger, kraftvoller Païen (HEIDA), konzentrierter PINOT NOIR. FENDANT und DÔLE ebenfalls sehr gut.

Mémoire des Vins Suisses Verband von 50 führenden Erzeugern mit dem Ziel, einen Bestand an Schweizer Weinikonen aufzubauen, um deren Alterungspotenzial nachzuweisen. Die ältesten Weine sind von 1999; jedes Jahr wird eine öffentliche Verkostung durchgeführt.

Mercier, Anne Catherine et Denis VS ★★★ Die Winzer in SIERRE erzeugen auf nur 6 ha einen der gefragtesten CORNALIN-Weine (**99 02 05' 09'** 10 11 12) sowie SYRAH.

Morges VD r rs w ★→★★ BV – Große Appellation mit 39 Gemeinden, bekannt für CHASSELAS und fruchtige Rotweine. Probieren Sie die Weine vom Château de Vufflens.

Gute Nachbarn: Wallis und Aosta-Tal

Bergtäler sind abgeschlossen und isoliert? Mitnichten. Winzer im WALLIS haben herausgefunden, dass sie einige einheimische Rebsorten mit ihren Nachbarn jenseits der Alpen gemeinsam haben: Der CORNALIN aus Aosta heißt im Wallis HUMAGNE rouge – der Walliser Cornalin ist eine andere Sorte. Petite ARVINE hingegen ist nördlich und südlich des Mont Blanc dasselbe. Die Ähnlichkeit, die am tiefsten blicken lässt, ist nach den Worten eines Walliser Winzers: »Nos vâches sont les mêmes« – hüben und drüben weiden die gleichen Kühe.

Neuchâtel (Neuenburg NE) – 595 ha im Umland der Stadt und des Sees. CHASSELAS fällt normalerweise sehr leicht (10–11 %) und etwas perlend aus (meist *sur lie* bereitet). Der PINOT NOIR von einem örtlichen Klon (Cortaillod) kann exquisit sein; auch guter ŒIL DE PERDRIX, PINOT GRIS, CHARDONNAY. Die besten Erzeuger sind Château d'Auvernier, La Maison Carrée, Domaine de Chambleau, Porret, Tatasciore und Ville de Neuchâtel.

Non Filtré Ab Januar erhältliche Spezialität aus NEUCHÂTEL, erzeugt von nicht filtriertem CHASSELAS. Der erste Schweizer Wein des neuen Jahrgangs. Empfehlenswert: Christian Rossel.

Œil de Perdrix NE – Blasser Rosé von PINOT NOIR, angeblich von der Farbe eines Rebhuhnauges. Ursprünglich aus NEUCHÂTEL, jetzt auch anderswo anzutreffen.

Pircher, Urs ZH ★★★→★★★★ **05' 08 09'** 10 11 12 – Spitzenerzeuger in Eglisau an einem steilen Südhang über dem Rhein. Der Stadtberger Barrique von alten Schweizer Klonen ist einer der komplexesten und alterungswürdigsten PINOT-NOIR-Weine der Schweiz. Auch die rassigen Weißen (GEWÜRZTRAMINER, Räuschling, PINOT GRIS) stechen mit ihrer Reinheit der Frucht hervor.

Provins Valais VS ★→★★★ Riesige Winzergenossenschaft und der größte Erzeuger: mehr als 4.000 Mitglieder, 1.500 ha. Gut sind die in Eiche ausgebauten Weine der Reihe Maître de Chai, aber auch verlässliche Qualität auf Einstiegsniveau. Kellermeistein Madeleine Gay macht ihre Sache hervorragend.

Rouvinez Vins VS r w ★→★★★ Gut aufgestellter Erzeuger in SIERRE. Empfehlenswert sind der Château Lichten, der CORNALIN aus Montibeux sowie die Cuvées La Trémaille (weiß) und Le Tourmentin (rot).

St-Saphorin VD (r) w ★★→★★★ **09 10 11'** 12 – Berühmte CHASSELAS-AOC des LAVAUX für Weißweine, die leichter sind als DÉZALEY, aber oft die gleiche mineralische Zartheit besitzen. Empfehlenswert: Les Manchettes von Pierre Monachon.

Salgesch VS ★★→★★★ Deutschsprachige Weinbaugemeinde im WALLIS, BLAUBURGUNDER-Stützpunkt auf kalkhaltigen Böden. Seit 1988 GRAND-CRU-Regelungen (in Bezug auf Erträge und Mostgewicht). Keine Weinbergklassifikation. Erzeuger: u. a. A&D Mathier, Albert Mathier, Cave du Rhodan.

Salvagnin r ★→★★ 10 11 – Appellation für rustikale, leichte Rotweine von GAMAY und/oder PINOT NOIR, eine Spezialität des WAADTLANDES. Empfehlenswert: Uvavins. Bei der jungen Generation nicht populär.

St. Jodern Kellerei VS ★★→★★★ Die 1978 gegründete Genossenschaft in VISPERTERMINEN ist bekannt für ihren HEIDA Veritas von wurzelechten alten Reben, der auf einzigartige wie wunderbare Weise das alpine Terroir widerspiegelt.

Schaffhausen SH ★→★★★ Nahe dem Rheinfall gelegene Hauptstadt des gleichnamigen Ostschweizer Weinbaukantons. Angebaut werden v.a. BLAUBURGUNDER sowie etwas MÜLLER-THURGAU und Spezialitäten. Die bekannteste Gemeinde ist Hallau, doch Vorsicht ist geboten. Spitzenerzeuger: BAUMANN, Bad Osterfingen, Stamm. GVS ist eine gute Winzergenossenschaft.

Schenk S.A. VD ★→★★★ Europaweit agierende große Weinfirma mit Hauptsitz in Rolle (VD), 1893 gegründet. Besitzt Erzeugerbetriebe in Burgund und Bordeaux, Deutschland, Italien und Spanien. Spitzenadresse für Weine im klassischen Schweizer Stil, oft unterschätzt. Gründungsmitglied der Schweizer Winzervereinigung Clos, Domaines & Châteaux, stark involviert in der Bewegung Premiers Grands Crus Vaudois. Exzellente, dabei erschwingliche CHASSELAS-Weine.

Schwarzenbach Weinbau ZH w ★★★ Führender Familienbetrieb am Zürichsee, bekannt v.a. für frische Weißweine, die gut zu Süßwasserfisch passen: die örtliche Spezialität Räuschling, MÜLLER-THURGAU. Außerdem ausgezeichneter Completer, BLAUBURGUNDER.

Sierre VS r w ★★→★★★ Sonnenstadt mit reichhaltigen, üppigen Weinen des WALLIS. Die bekanntesten Namen sind Imesch, MERCIER, ROUVINEZ, Maurice Zufferey.

Sion VS r w ★★→★★★ Hauptstadt des WALLIS und Mittelpunkt seines Weinbaus; Standort großer Erzeuger: Charles Bonvin Fils, PROVINS VALAIS, Robert Gilliard, Varone.

Stucky, Werner TI ★★★→★★★★ Der 1981 aus der Deutschschweiz ins TESSIN eingewanderte Winzer machte aus dem leichten, fruchtigen Merlot del Ticino einen dichten, in Eiche ausgebauten Wein. Heute erzeugt er den Temenos (Completer/SAUVIGNON BLANC), den Tracce di Sassi (MERLOT) und den Conte di Luna (Merlot/CABERNET SAUVIGNON). Eine von Stuckys besten Lagen ist nur per Seilbahn erreichbar.

Tessin (Ticino TI) ★★→★★★ **05' 08** 09' 10 11 (12) – Italienischsprachige Südschweiz. Angebaut wird v.a. MERLOT; der beste ist alles andere als »international« im Stil, z.B. von Gialdi, Huber, Kaufmann, Klausener, Kopp von der Crone Visini, STUCKY, Tamborini, Zanini, ZÜNDEL. Empfehlenswert ist auch Azienda Mondò in Sementina, die auf die alte Bondola-Traube spezialisiert ist.

Vinattieri Ticinesi ★★→★★★★ **09' 10** 11' (12) – Einer der führenden MERLOT-Erzeuger des TESSINS. Luigi Zanini (junior und senior) kreieren eine erstaunliche Vielfalt, vom leichten Grotto-Wein (der in den traditionellen Tavernen getrunken wird) bis zu Gewächsen im Pomerol-Stil. Spitzenweine: Castello Luigi und roter Vinattieri.

Visperterminen VS w ★→★★★ Weinbaugebiet im Oberwallis, bekannt v.a. für HEIDA. Berühmt ist insbesondere die Lage Rieben auf über 1.000 m Höhe, die man aus dem Zug nach Zermatt oder Saas-Fee sehen kann. Empfehlenswert: CHANTON, ST. JODERN KELLEREI.

Waadt (Vaud VD) – Für seine konservative Einstellung bekannter Weinbaukanton mit den Anbaugebieten CHABLAIS, LA CÔTE und LAVAUX sowie kleinen Außenposten am Murtensee und Neuenburgersee. Bedeutende große Erzeuger: Hammel, Bolle, Obrist, Schenk. CHASSELAS gibt den Ton an – aber nur gute Terroirs rechtfertigen die Treue der Winzer.

Wallis (Valais VS) – Größter Weinbaukanton der Schweiz im trockenen, sonnigen oberen Rhône-Tal. Viele einheimische Sorten (z. B. die weißen AMIGNE, HUMAGNE blanche, Petite ARVINE und die roten CORNALIN, HUMAGNE rouge), breites Spektrum an Böden (Granit, Schiefer, Kalk); die Stile reichen von trockenem CHASSELAS (FENDANT) bis zu fassgereiftem Rot- und Süßwein. MARSANNE und SYRAH ergeben sehr gute Weine. Spitzenerzeuger: BESSE, CHANTON, CHAPPAZ, Domaine Cornulus, Darioli, Dorsaz, Didier Joris, SIMON MAYE, MERCIER, Domaine du Mont d'Or, PROVINS VALAIS, La Rodeline, La Romaine, ROUVINEZ, GERMANIER, ST. JODERN KELLEREI, Maurice Zufferey.

Im Wallis teilen sich mehr als 20.000 Landbesitzer 5.000 ha Rebfläche.

Yvorne VD (r) w ★★→★★★ Spitzen-AOC des CHABLAIS für reichhaltigen CHASSELAS. Die besten Rebflächen liegen auf dem Geröll einer im Jahr 1584 niedergegangenen Lawine. Empfehlenswert: Commune d'Yvorne, Château Maison Blanche, Domaine de l'Ovaille.

Zündel, Christian TI ★★★→★★★★ **02 05' 09** 10 11 12 – Deutschschweizer Geologe im TESSIN. Reiner, lagernswerter MERLOT/CABERNET SAUVIGNON Orizzonte. Seit neuestem Fokus auf wunderbarem kühlklimatischem CHARDONNAY.

Zürich (ZH) – Größter Weinbaukanton in der Ostschweiz. Angebaut werden hauptsächlich BLAUBURGUNDER und MÜLLER-THURGAU; Räuschling ist eine örtliche Spezialität. Die besten Erzeuger sind Gehring, Lüthi, PIRCHER, SCHWARZENBACH, Zahner.

Österreich

Die dunklen Flächen bezeichnen die Weinbaugebiete

Die folgenden Abkürzungen werden im Text verwendet:

Bgl	Burgenland
Carn	Carnuntum
M-Bgl	Mittelburgenland
NÖ	Niederösterreich
N'see	Neusiedlersee
N'see-Hü	Neusiedlersee-Hügelland
SO-Stm	Südoststeiermark
S-Stm	Südsteiermark
Stm	Steiermark
S-Bgl	Südburgenland
Therm	Thermenregion
W-Stm	Weststeiermark

In Österreich hat eine beispiellose Erfolgsgeschichte stattgefunden. Noch vor 25 Jahren stand der österreichische Wein nach einem von skrupellosen Massenerzeugern verursachten Skandal mit dem Rücken zur Wand. Doch Hunderte von österreichischen Familiengütern warfen das Steuer herum und erfanden den Wein des Landes neu – als Verkörperung von Individualität, Terroir und Ausdruckskraft. Heute gibt es Dutzende Spitzenerzeuger im Land, deren Weine weltweit anerkannt sind. Ein paar davon sind Kultgewächse, v. a. auf der süßen Seite, die meisten aber sind Weine für jeden Tag, entstanden durch exzellente Arbeit in Weinberg und Keller und mit ausgezeichnetem

Preis-Leistungs-Verhältnis. Besonders gut auf allen Qualitätsstufen macht sich Österreichs Paradetraube, der Grüne Veltliner. Auch die Kategorie DAC ist ein Erfolg: 2012 verkaufte ein DAC allein (Weinviertel) 4 Mio. Flaschen, die alle bei bescheidenen Preisen die hohen Qualitätsstandards erfüllten. Inzwischen finden auch Rotweine von Blauburgunder (Pinot noir), St. Laurent, Blaufränkisch und seine Kreuzung, Zweigelt, ein internationales Publikum.

Neuere Jahrgänge

2013 Ein Achterbahn-Jahrgang. Später Austrieb, ungleichmäßiger Fruchtansatz (v. a. bei Grünem Veltliner), dann ein heißer und trockener Sommer, aber Regen im September und Oktober. Sehr gut für Süßweine.

2012 Kleinere Ernte als 2011; Qualität zufriedenstellend oder besser.

2011 Einer der besten Jahrgänge seit Menschengedenken.

2010 Lese von Hand und peinlich genaues Arbeiten waren erforderlich; die Erträge lagen bis zu 45 % unter dem üblichen Niveau.

2009 Ungleichmäßig, mit einigen herausragenden Weiß- (Niederösterreich, Steiermark) und Rotweinen (Neusiedlersee, Burgenland).

2008 Das kühlste Jahr seit 2004. Einige herausragende Ergebnisse.

2007 Gut in der Steiermark und im Burgenland für Blaufränkisch, Zweigelt und Pinot noir. Besser für Grünen Veltliner als für Riesling.

Achs, Paul N'see r (w) ★★★ **10 11** 12 – Guter Erzeuger in GOLS, besessen von seinem Terroir. Durchweg hohe Qualität, v. a. der BLAUFRÄNKISCH Ungerberg und der elegante PINOT NOIR.

Alphart Therm ★★→★★★ Traditionelles, verlässliches Weingut. Guter PINOT NOIR und v. a. ROTGIPFLER (der **06'** Rodauner Top Selektion ist immer noch unglaublich frisch).

Alzinger Wachau w ★★★★ **05 06 07 08 09** 10 11 12 – Spitzengut mit außerordentlich ausdrucksvollem RIESLING und GRÜNEM VELTLINER, v. a. von der Lage Steinertal.

Angerhof-Tschida N'see w ★★★★ **03 05 06 08** 09 11 12 – Hervorragende edelsüße Weine: MUSKAT-Ottonel, Sämling (SCHEUREBE), WELSCHRIESLING.

Aumann Therm r w – Moderner, ehrgeiziger Erzeuger mit interessantem ST. LAURENT.

Ausbruch Prädikatswein, dessen Süßegrad zwischen Beerenauslese und Trockenbeerenauslese (vgl. Kasten im Kapitel »Deutschland« auf S. 205) liegt. Die Tradition des Ausbruchs wird insbesondere in RUST gepflegt.

Ausg'steckt Ein grüner Buschen (Strauß von Zweigen) wird über das Haustor gesteckt, wenn ein HEURIGER geöffnet ist – die Weinschenke ist also »ausg'steckt«.

Beck, Judith N'see r w ★★→★★★ Aufstrebender biologisch-dynamisch arbeitender Erzeuger. Von fähiger Hand bereitete rote Verschnitte (basierend auf BLAUFRÄNKISCH oder ZWEIGELT), außerdem guter PINOT NOIR und St. Laurent.

Brandl, Günther Kamptal w ★★★ **09 10 11** 12 – Beständig feines Gut im Kamptal, bekannt v. a. für RIESLING und GRÜNEN VELTLINER Novemberlese.

Braunstein, Birgit N'see r w ★★ Bioerzeuger mit gutem BLAUFRÄNKISCH LEITHABERG und der Cuvée Oxhoft.

Bründlmayer, Willi Kamptal r w; s; sch ★★★★ **05 06 07 08 09 10** 11' 12 – Der sehr gewissenhaft arbeitende Willi Bründlmayer erzeugt RIESLING und GRÜNEN VELTLINER von Weltklasse, v. a. Riesling Heiligenstein Alte Reben und Grüner Veltliner Käferberg. Außerdem Österreichs wohl bester Schaumwein nach der traditionellen Methode.

Burgenland Bundesland und Weinbauregion im Osten Österreichs an der ungarischen Grenze. Das warme Klima eignet sich für BLAUFRÄNKISCH wie aus dem Bilderbuch, insbesondere im MITTELBURGENLAND und SÜDBURGENLAND. Um den flachen NEUSIEDLER SEE herrschen auch ideale Bedingungen für edelfaule Süßweine.

Buschenschank Eine Weinschenke; oft auch Bezeichnung für HEURIGEN auf dem Land.

Carnuntum NÖ r w – Dynamisches Weinbaugebiet südöstlich von WIEN, das mittlerweile mit guten Rotweinen, oft auf ST.-LAURENT-Basis, aufwartet. Beste Erzeuger: Glatzer, Grassl, G. MARKOWITSCH, Muhr-van der Niepoort, Netzl.

Christ Wien r w – Verlässlicher Erzeuger in WIEN, führend in der Bewegung für GEMISCHTEN SATZ.

DAC (Districtus Austriae Controllatus) Das Appellationssystem für die typischsten und am besten vermarkteten Weine eines Gebiets trat 2002 in Kraft und findet rasch Anerkennung. Derzeit gibt es neun DACs: EISENBERG, KAMPTAL, KREMSTAL, LEITHABERG, MITTELBURGENLAND, NEUSIEDLERSEE, TRAISENTAL, WEINVIERTEL und Wiener GEMISCHTEN SATZ. In den meisten sind »klassische« und Reserve-Weine definiert, und alle ziehen enge Grenzen bei den zugelassenen Rebsorten.

Domäne Wachau Wachau r w ★★→★★★ Exzellente Genossenschaft (ehemals »Freie Weingärtner«), die ein Drittel aller Weine der WACHAU erzeugt. Kellerei bei Dürnstein, Rebflächen in den besten Lagen, z. B. Achleiten, Singerriedel, Kellerberg, Loibenberg.

Ehmoser Wagram w ★ Kleiner, individueller Erzeuger mit gutem GRÜNEM VELTLINER Aurum und umwerfendem saftig-knackigem Zweigelt.

Eisenberg S-Bgl – Kleiner DAC (seit 2009) um die Lage Eisenberg; eleganter BLAUFRÄNKISCH von Schieferböden.

Erste Lage In die Spitzenkategorie nach der Weinbergklassifikation des ÖTW gehören derzeit etwa 50 Lagen an der Donau. In der STEIERMARK die zweithöchste Stufe (siehe GROSSE LAGE).

Esterhazy Bgl r (w) ★★ Das Fürstenhaus in Eisenstadt (BURGENLAND) ist mit einer neuen Kellerei wieder im Geschäft.

Federspiel Wachau – Mittlere Kategorie der VINEA WACHAU; entspricht in etwa dem Kabinett in Deutschland (siehe Kasten S. 205) und steht für elegante trockene Weißweine, die allerdings nicht wirklich Federgewichte sind. Passend zur österreichischen Küche mit Tafelspitz und Wiener Schnitzel.

Feiler-Artinger N'see r w; s ★★★→★★★★ **03 04 05 06 07 08 09 10** 11 12 – Überragender Weinbaubetrieb in RUST mit Spitzendessertweinen (AUSBRUCH), die oftmals sehr günstig sind. Auch rote Verschnitte. Wunderschönes Barockgebäude.

Gemischter Satz Wien – Ein Verschnitt von weißen Traubensorten, die im selben Weinberg wachsen und gemeinsam vinifiziert werden. Seit 2011 DAC in WIEN. Keine Sorte darf zu mehr als 50 % enthalten sein. Eine traditionelle Methode, die die Risiken verteilt und jetzt wieder in Mode ist.

Gesellmann M-Bgl r w ★★ Berühmt für den BLAUFRÄNKISCH Hochberc und die roten Cuvées Opus Eximium, »G«, Bela Rex. Auch guter CHARDONNAY Steinriegel.

Geyerhof Kremstal r w ★★ Pionier bei Bioweinen; eleganter RIESLING und GRÜNER VELTLINER.

Gols N'see r w – Weinbaugemeinde am Nordufer des NEUSIEDLER SEES, bekannt für mildes Klima und flachgründige Böden. Beste Erzeuger: ACHS, BECK, G. HEINRICH, NITTNAUS, PITTNAUER, PREISINGER, STIEGELMAR.

Graf Hardegg Weinviertel r w ★→★★★ Großes Bioweingut im WEINVIERTEL, bekannt für sehr guten VIOGNIER.

Gross S-Stm ★★★ Perfektionistischer Erzeuger in der SÜDSTEIERMARK, konzentriert sich auf Weine mit Regionalcharakter: v. a. SAUVIGNON BLANC, MUSKATELLER, GEWÜRZTRAMINER und PINOT BLANC – Letzeren mag er selbst am liebsten.

Grosse Lage Stm – Oberste Klassifikationstufe in der STEIERMARK, aber nicht an der Donau (siehe ERSTE LAGE). Vgl. die gleichen Begriffe im Kapitel »Deutschland«.

Gsellmann & Hans N'see r w ★★ Das Bioweingut in GOLS ist bekannt für rote Verschnitte (v. a. den Gabarinza); außerdem guter trockener PINOT BLANC.

Gumpoldskirchen Therm – Berühmter Heurigenort südlich von WIEN und Zentrum des Weinbaugebiets THERMENREGION. Unverwechselbare Weißweine aus den Sorten ZIERFANDLER und ROTGIPFLER. Gute Erzeuger: Biegler, Spaetrot, Zierer.

Gut Oggau N'see r w ★★→★★★ Ambitionierter Winzer (biodynamisch) mit schön ausgewogenem, dezidiert kühlklimatischem BLAUFRÄNKISCH, der nur einen Hauch Eiche aufweist; auch exzellenter trockener GRÜNER VELTLINER und GEWÜRZTRAMINER.

Haider N'see s ★★★ 13 Rebsorten wachsen hier auf 13 ha. Am bekanntesten für seine Trockenbeerenauslesen.

Hajszan Neumann Wien ★★→★★★ Demeter-zertifiziertes Bioweingut mit mineralischem RIESLING Neubergen und GEMISCHTEM SATZ Weissleiten.

Die durchschnittliche Weinberggröße in Österreich beträgt 2,3 ha – für jeden der 20.000 Winzer.

Heinrich, Gernot N'see r w; tr s ★★★★ 06 07 **08 09 10** 11 12 – Fähiger Erzeuger in GOLS und Mitglied der PANNOBILE-Winzervereinigung. Hervorragende rote Einzellagenweine, z. B. der Salzberg.

Heinrich, Johann M-Bgl r w ★★★ 05 06 **08** 09 11 12 – Führender Erzeuger im MITTELBURGENLAND; sehr guter BLAUFRÄNKISCH Goldberg Reserve, saftige Cuvée Cupido.

Heuriger Steht erstens für den Wein der letzten Ernte, zweitens wird damit die Weinschenke bezeichnet, in welcher der »Heurigenwirt« seine Weine glas- und flaschenweise ausschenkt und einfache einheimische Speisen dazu anbietet. Eine wienerische Institution schon vor Beethovens Tagen.

Hiedler Kamptal w; s ★★★ Beständig guter Winzer mit konzentrierten Weinen von steil terrassierten Lagen. Kraftvoller RIESLING Maximum.

Hirsch Kamptal w ★★★ 05 06 09 11 12 – Guter Ökoerzeuger mit Tendenz zur Biodynamie; v. a. feine Weine aus den Lagen Heiligenstein, Lamm und Gaisberg. In Sachen Schraubverschluss ein Vorreiter in Österreich.

Hirtzberger, Franz Wachau w ★★★★ 05 06 07 **08 10** 11' 12 – Führender Erzeuger in SPITZ AN DER DONAU. Ungeheuer ausdrucksstarker, mineralischer Riesling und GRÜNER VELTLINER, v. a. von den Lagen Honivogl und Singerriedel.

Högl Wachau w; s ★★★ Feiner RIESLING und GRÜNER VELTLINER von Steilterrassen auf Urgestein; v. a. die Lagen Schön und Bruck.

Horitschon M-Bgl – Rotweingemeinde im MITTELBURGENLAND. Beste Erzeuger: Iby, WENINGER.

Igler M-Bgl r ★★→★★★ Rotweinspezialist, v. a. verfeinerter PINOT NOIR Ried Fabian, BLAUFRÄNKISCH MITTELBURGENLAND DAC und die Verschnitte Ab Ericio und Vulcano. Sehr sorgfältig in Weinbau und -bereitung.

Illmitz N'see s – Durch Beeren- und Trockenbeerenauslesen bekannter Weinort im SEEWINKEL. Beste Erzeuger: Angerhof, HAIDER, KRACHER, Lang, OPITZ

Jamek, Josef Wachau w ★★→★★★ Traditionsweingut mit angeschlossenem Restaurant und Besitz in einigen der besten Lagen der WACHAU: Klaus, Achleiten, Hochrain.

Johanneshof Reinisch Therm ★★ Familienbetrieb, der einige gute Rotweine erzeugt, v. a. PINOT NOIR und ST. LAURENT, auch ZIERFANDLER und ROTGIPFLER. Beste Lage ist der Ried Spiegel.

Juris (Stiegelmar) N'see ★★→★★★ Angesehener Winzer in GOLS mit CHARDONNAY und SAUVIGNON BLANC sowie guten Rotweinen (ST. LAURENT, PINOT NOIR).

Jurtschitsch Kamptal ★★★ Großer, aber zuverlässiger Betrieb im KAMPTAL, sehr bekannt für den Einsteigerwein GrüVe. Hervorragende Reserve-Weine aus ERSTEN LAGEN, jetzt ökologisch bewirtschaftet.

Kamptal NÖ r w – Weinbaugebiet entlang dem Fluss Kamp nördlich der WACHAU, im Stil ausladender. Wichtigste Lagen: Heiligenstein, Käferberg, Lamm. Beste Erzeuger: BRANDL, BRÜNDLMAYER, Eichinger, HIEDLER, HIRSCH, JURTSCHITSCH, LOIMER, SCHLOSS GOBELSBURG. Das Kamptal ist DAC für GRÜNEN VELTLINER und RIESLING.

Kerschbaum, Paul M-Bgl r ★★★ **03 05 06 07** 08 09 11 12 – Rasch expandierender Spezialist für individualistische und oft faszinierende BLAUFRÄNKISCH-Weine.

Klassifizierte Lage Zweitbeste Kategorie im Klassifikationssystem des ÖTW. Siehe auch ERSTE LAGE.

Klosterneuburg Wagram r w – Traditionsreiche Weinstadt im Donauland mit berühmtem Benediktinerstift und bereits 1860 gegründeter Weinbauschule. Beste Erzeuger: Stift Klosterneuburg, Zimmermann.

KMW Abkürzung für »Klosterneuburger Mostwaage«, in Österreich gebräuchliche Maßeinheit für den Zuckeranteil im Most. 1 Grad KMW entspricht 4,86 Grad Oechsle (siehe Deutschland).

Knoll, Emmerich Wachau ★★★★ **83 86' 88 90 99' 01 03 04 05 06 07** 08 09 10 11 12 – Hervorragender traditionsbedachter Betrieb in Loiben. Delikater, duftender Riesling und komplexer Grüner Veltliner von den Einzellagen Loibenberg und Schütt. Legendär sind die nachhaltigen Vinothekfüllungen.

Kollwentz N'see ★★★★ **05 06 07 08** 09 10 11 12 – Hervorragender Erzeuger mit breitem Angebot: SAUVIGNON BLANC Steinmühle, CHARDONNAY Tatschler, BLAUFRÄNKISCH (Point, Setz), PINOT NOIR Dürr, edelsüßer Sämling (SCHEUREBE). Spitze ist der rote Verschnitt Steinzeiler.

Kracher N'see s ★★★★ **01 02 03 04 05 06 07** 08 09 **10** 11 12 – Spitzenbetrieb in ILLMITZ mit edelfaulen süßen Beeren- und Trockenbeerenauslesen (siehe Kasten im Kapitel »Deutschland« auf S. 205), oft als Verschnitte.

Kremstal (r) w – Weinbaugebiet und DAC für GRÜNEN VELTLINER und RIESLING. Beste Erzeuger: Buchegger, Malat, MOSER, NIGL, SALOMON-UNDHOF, WEINGUT STADT KREMS.

Krutzler S-Bgl r ★★★★ **06 07 08** 09 11' 12 – Ausgezeichnetes südburgenländisches Familiengut (5. Generation). Klassische, auf allen Qualitätsstufen verlässliche BLAUFRÄNKISCH-Weine, ganz oben der Perwolff.

ackner-Tinnacher SO-Stm w; s ★★→★★★ Qualitätserzeuger in der SÜDOSTSTEIERMARK, bekannt für aromatischen trockenen MUSKATELLER und ausgefeilten Einzellagen-SAUVIGNON-BLANC.

aurenz V. ★★ Von Laurenz Maria Moser V. geschaffene Marke mit Weinen, die »Charming«, »Singing«, »Silver Bullet« usw. heißen und den GRÜNEN VELTLINER weltweit populär machen sollen. Die Trauben stammen aus dem KAMPTAL, dem KREMSTAL und dem WEINVIERTEL. International bekannter als in Österreich selbst.

Leithaberg N'see – Zum NEUSIEDLER SEE hin abfallende Weingärten am Nordufer des Sees mit DAC-Status. Interessante Geologie mit Kalkstein und Glimmerschiefer. Auch eine umtriebige Gruppe von Winzern, die das Terroir hier besser zum Ausdruck bringen möchte, trägt diesen Namen.

Lenz Moser Kremstal ★→★★ Der größte Erzeuger im Land (2.700 ha) mit Basis bei Krems.

Loimer, Fred Kamptal w ★★★→★★★★ 05 06 07 09 11 12 – Umsichtiger Bioerzeuger; 50 % GRÜNER VELTLINER (am besten: Spiegel). Auch exzellenter RIESLING (Steinmassl, Heilgenstein).

Mantlerhof Kremstal ★★ Erzeuger mit wohlüberlegtem, traditionsbedachtem Konzept. Guter ROTER VELTLINER.

Mittelburgenland Weinbaugebiet an der ungarischen Grenze, das strukturierten, lagerfähigen BLAUFRÄNKISCH (auch DAC) hervorbringt. Erzeuger: GSELLMANN, J. HEINRICH, Iby, IGLER, KERSCHBAUM, Wellanschitz, WENINGER.

Da ist Musik drin
Sechs Winzer aus der Gegend von Wien haben versuchsweise begonnen, ihre gärenden Grünen-Veltliner-Moste mit Mozarts »Jupitersinfonie« Nr. 41 in C-Dur zu beschallen. Die Protagonisten dieser sogenannten *Sonor Wines* sind davon überzeugt, dass die Schallwellen der in den Tanks installierten Lautsprecher einen positiven Effekt auf die Gärung haben. Kommt vielleicht drauf an, wer spielt.

Moric N'see ★★★★ 05 06 09 10 11 12 – Elegante, tiefgründige Weine von alten BLAUFRÄNKISCH-Reben in Lutzmannsburg und Neckenmarkt.

Morillon Traditioneller Name für CHARDONNAY in der SÜDSTEIERMARK.

Neumayer Traisental w ★★★ Spitzengut mit kraftvollem, sehr prägnantem trockenem GRÜNEM VELTLINER und RIESLING.

Neumeister SO-Stm ★★★ 08 09 11 12 – Modernistischer, minutiös arbeitender Erzeuger; v. a. feiner SAUVIGNON BLANC und CHARDONNAY.

Neusiedler See Bgl – Flacher Steppensee im BURGENLAND an der ungarischen Grenze mit dem größten zusammenhängenden Schilfgürtel in Europa – ein einzigartiges Naturreservat. Herbstnebel begünstigen das Auftreten von Edelfäule.

Neusiedlersee r w; tr s – Weinbaugebiet nördlich und östlich des NEUSIEDLER SEES. Erzeuger: ACHS, BECK, G. HEINRICH, JURIS, KRACHER, NITTNAUS, PÖCKL, UMATHUM, VELICH. Der DAC dieses Namens ist auf ZWEIGELT beschränkt.

Neusiedlersee-Hügelland r w; tr s – Weinbaugebiet westlich des NEUSIEDLER SEES um RUST am Seeufer sowie Eisenstadt an den Ausläufern des Leithagebirges (siehe LEITHABERG DAC). Beste Erzeuger: BRAUNSTEIN, FEILER-ARTINGER, KOLLWENTZ, MORIC, PRIELER, SCHRÖCK, TRIEBAUMER.

Niederösterreich Die Region im Nordosten stellt etwa 58 % der Rebfläche Österreichs und ist in drei Teile geteilt: die Gebiete an der Donau (KAMPTAL, KREMSTAL, TRAISENTAL, WACHAU), das ausgedehnte WEINVIERTEL (Nordosten) und der Süden (CARNUNTUM, THERMENREGION).

Nigl Kremstal ★★★★ Hervorragender Erzeuger in Senftenberg; trocken Weißweine mit bemerkenswert mineralischem Charakter.

Nikolaihof Wachau ★★★ 05 06 07 08 09 10 11 12 – Der Biopionier erzeugt Weine mit Alterungspotenzial, die jung oft noch recht verschlossen sind. Der 1998er RIESLING Steinriesler reifte 13 Jahre im Fass und wurde erst 2012 abgefüllt. Hervorragender Riesling Steiner Hund.

Nittnaus, Anita und Hans N'see r w; s ★★★ Bioweingut im Aufwind: alterungswürdiger BLAUFRÄNKISCH Kalk & Schiefer, Tannenberg, LEITHABERG DAC. Auch sehr gute rote Verschnitte (v.a. der Comondor) und Trockenbeerenauslese.

Ott, Bernhard NÖ w ★★★ Spezialist für GRÜNEN VELTLINER in WAGRAM. Gut zum Essen passende Weine, sowohl elegant (Fass 4) als auch kraftvoll (Rosenberg). Der tanninstarke, in Amphoren vergorene Qvevre braucht etwas Zeit im Dekanter.

ÖTW (Österreichische Traditionsweingüter) Kamptal, Kremstal, Traisental, Wagram – Mit der Klassifikation der ERSTEN LAGEN an der Donau befasste Vereinigung. Hat derzeit 23 Mitglieder, doch keines aus der Wachau.

Pannobile N'see – Zusammenschluss von neun Winzern im Anbaugebiet NEUSIEDLERSEE mit dem Zentrum GOLS, die das milde »pannonische« Klima ihrer Heimat in ihren Weinen ausdrücken wollen. Mitglieder: ACHS, BECK, GSELLMANN, G. HEINRICH, NITTNAUS, PITTNAUER, PREISINGER.

Pfaffl Weinviertel r w ★★★ **07 08** 09 11 12 – Großes Gut mit 75 ha. Tolle RESERVE-Weine aus dem WEINVIERTEL DAC.

Pichler, Franz Xaver Wachau w ★★★★ **05 06 07** 08 09 11 12 – Großer Erzeuger von intensivem Riesling mit Kultstatus (Unendlich, Loibenberg) und GRÜNEM VELTLINER (v.a. Kellerberg).

Pichler, Rudi Wachau w ★★★★ **05 06** 09 **10** 11 12 – Ausdrucksstarker RIESLING und GRÜNER VELTLINER von Spitzenlagen (Achleiten, Steinriegl, Hochrain).

Pittnauer, Gerhard N'see ★★★ Bioerzeuger und Rotweinspezialist im Weinbaugebiet NEUSIEDLERSEE, einer der besten in Österreich für ST. LAURENT.

Pöckl, Josef und René N'see ★★★ **09** 11' 12 – Komplexe rote Verschnitte: Admiral, Rêve de Jeunesse.

Polz, Erich und Walter S-Stm ★★→★★★ **06 08 09 10** 11 12 – Sehr guter großer Weinbaubetrieb mit 70 ha; beste Lage: Hochgrassnitzberg für SAUVIGNON BLANC und CHARDONNAY.

Prager, Franz Wachau ★★★★ 05 06 **07 08** 09 11 12 – RIESLING und GRÜNER VELTLINER von makelloser Eleganz und mineralischer Struktur aus den Spitzenlagen Wachstum Bodenstein, Achleiten, Klaus, Steinriegl.

Preisinger, Claus N'see r ★★★ Der begabte junge Kellermeister produziert mit den besten PINOT NOIR Österreichs. Die Cuvée Paradigma basiert auf BLAUFRÄNKISCH. Stellt gerade auf Biodynamie um.

Prieler N'see r w ★★★ Beständig guter Erzeuger im Bereich NEUSIEDLERSEE. Besonders gut ist der BLAUFRÄNKISCH Goldberg.

Proidl, Weingut Kremstal ★★★ Sehr individualistischer Winzer mit lagerfähigem RIESLING und GRÜNEM VELTLINER.

Reserve Attribut für DAC- und andere Qualitätsweine mit mind. 13 % Alkohol und längerer Fassreifung.

Ried Österreichischer Ausdruck für »Lage«.

Rust N'see r w; tr s – Historisches Städtchen am Ufer des NEUSIEDLER SEES mit wunderschönen Häusern aus dem 17. Jh, die die jahrhundertealte Tradition feiner Weine, v.a. den Ruster AUSBRUCH, aufs Schönste belegen. Beste Erzeuger: FEILER-ARTINGER, Giefing, SCHRÖCK, E. TRIEBAUMER.

Sabathi, Hannes S-Stm w ★★★ Junges, außerordentlich professionell arbeitendes Gut. Feine Weiße von Einzellagen, v.a. der SAUVIGON BLANC Merveilleux.

Salomon-Undhof Kremstal w ★★★ Klassische, gut strukturierte Weiße, sehr verlässlich.

Sattlerhof S-Stm w ★★★★ **07 08 09 10** 11' 12 – Kristalliner, präziser SAUVIGNON BLANC und MORILLON von sehr steilen Lagen.

Schiefer, Uwe S-Bgl r ★★★ Ehemaliger *garagiste* mit komplexem BLAUFRÄNKISCH von mineralischer Eleganz, v. a. von den Lagen Szapary und Reihburg. Hat schon 11 ha.

Schilcher W-Stm – Der rustikale Rosé aus der einheimischen Rebsorte Blauer Wildbacher, eine Spezialität der WESTSTEIERMARK, ist ein guter Durstlöscher. Probierenswert: Domäne Müller, Schilcherei Jöbstl, Reiterer.

Schilfwein (Strohwein) Süßer Wein aus Trauben, die auf Strohmatten luftgetrocknet werden, im Stil von Vin Santo.

Schloss Gobelsburg Kamptal r w; tr s ★★★★ **05 06 07 08 09 10** 11' 12 – Renommiertes Weingut im Besitz des Zisterzienserklosters Zwettl, geführt von Michael Moosbrugger, einem Schüler von Willi BRÜNDLMAYER. Durch die Bank lohnende Weine: exzellenter RIESLING und GRÜNER VELTLINER von Einzellagen; feiner PINOT NOIR; großartige Trockenbeerenauslese.

Schloss Halbturn N'see r w; s ★★★ **06 09 11 12** – Ambitioniertes Gut mit internationaler Interpretation österreichischer Rebsorten und hiesigen Terroirs. Empfehlenswert: Cuvée Imperial, PINOT NOIR.

Schlumberger sch – Größter österreichischer Schaumweinerzeuger; arbeitet auch an der Loire (Frankreich).

Schmelz, Johann Wachau w ★★★ Sehr guter, unterschätzter Erzeuger mit herausragendem RIESLING Dürnsteiner Freiheit und GRÜNEM VELTLINER Pichl Point.

Schröck, Heidi N'see (r) w; s ★★★ Sehr sorgfältige Erzeugerin in RUST mit AUSBRUCH von großer Reinheit und Konzentration.

Schuster, Rosi N'see ★★★ **09** 11 12 – Verfeinerter BLAUFRÄNKISCH und saftiger, komplexer ST. LAURENT.

Seewinkel N'see – Teil des Weinbaugebiets NEUSIEDLERSEE um ILLMITZ ideale Voraussetzungen für Botrytis-Weine.

Smaragd Wachau – Höchste Kategorie der VINEA WACHAU, meist reichhaltiger als eine trockene Spätlese, je nach Erzeuger sogar manchmal mit Edelfäule.

Spätrot-Rotgipfler Therm – Typischer Verschnitt der THERMENREGION. Aromatische, gewichtige Weißweine, oft mit einem Aroma von Orangenschalen Siehe Kapitel »Rebsorten«.

Steiermark Südlichste Weinbauregion Österreichs, bekannt für aromatische frische trockene Weißweine. Siehe SÜDSTEIERMARK, SÜDOSTSTEIERMARK und WESTSTEIERMARK.

Steinfeder Wachau – Kategorie der VINEA WACHAU für leichte, duftende trockene Weine.

Stift Goettweig ★★ Barockes Benediktinerkloster bei Krems. Neue Leitung feine Einzellagenweine.

Südburgenland r w – Kleines Weinbaugebiet im Osten mit sehr gutem BLAUFRÄNKISCH. Beste Erzeuger: KRUTZLER, SCHIEFER, WACHTER-WIESLER.

Südoststeiermark (r) w – Weinbaugebiet in der STEIERMARK mit exzellenten Lagen. Beste Erzeuger: NEUMEISTER, Ploder-Rosenberg, Winkler-Hermaden.

Südsteiermark w – Bestes Weinbaugebiet der STEIERMARK nahe der slowenischen Grenze mit kühlklimatischen Weißweinen (SAUVIGNON BLANC MUSKATELLER). Erzeuger: GROSS, LACKNER-TINNACHER, POLZ, SABATHI SATTLERHOF, TEMENT, Wohlmuth. Ein Insidertipp sind die MORILLON-Weine der Gegend von Muschelkalkböden.

Tegernseerhof Wachau w ★★★ Aufsteigender Erzeuger von sehr interessantem RIESLING und GRÜNEM VELTLINER.

Tement, Manfred S-Stm w ★★★★ **96 97 01 02' 03' 04 05 07 08** 09' 10 11 12 Perfektionistischer Erzeuger, der Weißweine von makelloser Fruchtigke bereitet, v. a. SAUVIGNON BLANC und MORILLON von der Lage Zieregg. Der IZ (intrazelluläre Gärung) hat schon Kultstatus.

Thermenregion Weinbaugebiet östlich von WIEN mit heißen Quellen, in dem einheimische (z. B. ZIERFANDLER und ROTGIPFLER) sowie renommierte rote Sorten (ST. LAURENT, PINOT NOIR) wachsen. Erzeuger: ALPHART, Biegler, Fischer, Reinisch, Stadlmann.

Traisental Kleiner Bezirk südlich von Krems an der Donau. Leichtere Weißweine als in der WACHAU. Spitzenerzeuger: Huber, NEUMAYER.

Triebaumer, Ernst N'see r (w); (s) ★★★★ **05 06 07 08** 09 10 11' 12 – Großartiger Erzeuger in RUST mit BLAUFRÄNKISCH (u. a. der legendäre Mariental) und CABERNET SAUVIGNON/MERLOT-Verschnitt. Auch sehr guter AUSBRUCH.

Uhudler S-Bgl – Lokale Spezialität des SÜDBURGENLANDS. Von den Trauben unveredelter amerikanischer Unterlagsreben bereiteter Wein mit einem »fuchsigen« Erdbeergeschmack.

Umathum, Josef N'see r w; tr s ★★★ Guter, sorgfältiger Erzeuger mit dichten, kraftvollen Roten, u. a. PINOT NOIR und BLAUFRÄNKISCH. Auch die Weißen sind gut.

Velich N'see w; s ★★★→★★★★ Erzeuger mit Kultstatus mit kraftvollem, cremigem CHARDONNAY Tiglat und einigen der besten Süßweine im SEEWINKEL.

Grüner Veltliner und Roter Veltliner sind nicht miteinander verwandt.

Veyder-Malberg Wachau ★★★→★★★★ Der 2008 gegründete Erzeugerbetrieb bewirtschaftet einige der arbeitsintensivsten Lagen der WACHAU und bereitet von Hand Weine von großartiger Reinheit und Finesse.

Vinea Wachau 1983 gegründete Winzervereinigung in der Wachau. Hat keine Lagenklassifikation, aber eine strenge Qualitätscharta und definiert die drei Kategorien für trockene Weine: STEINFEDER, FEDERSPIEL und SMARAGD.

Wachau Weltweit renommierte Weinbauregion an der Donau, Heimat einiger der mineralischsten und langlebigsten RIESLINGE und GRÜNEN VELTLINER Österreichs. Spitzenerzeuger: ALZINGER, Donabaum, DOMÄNE WACHAU, HIRTZBERGER, HÖGL, JAMEK, KNOLL, NIKOLAIHOF, F. PICHLER, R. PICHLER, Pichler-Krutzler, PRAGER, SCHMELZ, TEGERNSEERHOF, VEYDER-MALBERG.

Wachter-Wiesler, Weingut S-Bgl r ★★★ Christoph Wachter, erst Mitte 20, ist mit seinem fruchtbetonten, dichten, nur leicht eichenholzwürzigen BLAUFRÄNKISCH schon ein Star des EISENBERG DAC.

Wagram (r) w – Weinregion westlich von WIEN, zu der auch KLOSTERNEUBURG gehört. Hauptsächlich GRÜNER VELTLINER von Lössböden. Spitzenerzeuger: EHMOSER, Fritsch, Stift Klosterneuburg, Leth, OTT, Wimmer-Czerny, Zimmermann.

Weingut Stadt Krems Kremstal r w ★★ Genossenschaft, deren Leitung in den fähigen Händen von Fritz Miesbauer liegt; v. a. RIESLING und GRÜNER VELTLINER. Miesbauer bereitet auch die Weine für STIFT GÖTTWEIG.

Weinviertel (r) w – Mit 13.000 ha die größte österreichische Weinregion, zwischen der Donau und der tschechischen Grenze gelegen; auch gleichnamiger DAC. In der Regel einfache Weiße, doch ambitionierte Erzeuger können auch Frische mit regionalem Charakter verbinden. Empfehlenswert: Ebner-Ebenauer, GRAF HARDEGG, Gruber, PFAFFL, Weinrieder, Zull.

Weninger, Franz M-Bgl r (w) ★★★★ **05 06 07 08** 09 11' 12 – Spitzengut in Horitschon mit feinen Rotweinen, v. a. Blaufränkisch von ton- und eisenhaltigen Böden (Weingarten Dürrau). Auch in Ungarn vertreten: Weninger-Gere.

Weststeiermark rs – Kleines Weinbaugebiet mit der Spezialität SCHILCHER. Am besten von Domäne Müller, Klug, Lukas, Reiterer, Strohmeier.

Wien (r) w – Weinbaugebiet in den Vororten der Stadt. Meist einfache Weine, die beim Heurigen an Busladungen von Touristen ausgeschenkt werden. Qualitätsbewusste Erzeuger: HAJSZAN NEUMANN, WIENINGER, Zahel.

Wieninger, Fritz Wien r w; s ★★★ **06 07 08 09** 11 12 – Führender Erzeuger mit HEURIGEM: CHARDONNAY, RIESLING, PINOT NOIR, guter GEMISCHTER SATZ. Beste Lagen: Nussberg, Rosengartl.

Winkler-Hermaden SO-Stm r w; s ★★★ Zertifizierter Bioerzeuger; Lagen v. a. auf vulkanischen Böden. Exzellenter SAUVIGNON BLANC, TRAMINER, PINOT GRIS und MORILLON sowie einer der wenigen sehr guten Rotweine der Region, der auf ZWEIGELT basierende Olivin.

Winzer Krems Kremstal – Große Genossenschaft, der 1.300 Weinbauern angehören.

England und Wales

Auch dieses Jahr konzentriert sich dieses Kapitel wieder auf Schaumweine. Nach lauter guten bis sehr guten Jahrgängen zwischen 2003 und 2010 fielen die letzten drei Jahre für die Winzer in England und Wales ausgesprochen schwierig aus. 2011 waren die Erträge mickrig, 2012 noch geringer, und 2013 musste extrem spät gelesen werden, obwohl der Sommer allgemein als gut gegolten hatte. Die Blüte war erst in der letzten Juliwoche zum Ende gekommen, und diese Verspätung konnten die Trauben nicht mehr aufholen. Doch sind geringer Zucker- und hoher Säuregehalt genau das, was man für Schaumweine braucht, zudem war die Ernte eher groß, deshalb klingen die Erzeuger schon wieder viel zuversichtlicher als noch in den letzten Jahren.

Bluebell Estates Ost-Sussex ★ Neuerer Schaumweinerzeuger, der sowohl mit SEYVAL BLANC als auch mit den traditionellen Champagnersorten arbeitet. Beste Weine sind Hindleap Rosé (**10**) und Blanc de Blancs (**09**). Die Touristenattraktion Bluebell Railway (historische Dampflokbahn) ist nicht weit.

Bolney Wine Estate West-Sussex ★ Das 1972 gegründete Gut wird nun von der zweiten Generation geführt und beginnt, einige eindrucksvolle Schaumweine zu erzeugen. Probieren Sie den Blanc de Blancs auf CHARDONNAY-Basis (**08**) und den Rosé (**09**). Gute Besuchereinrichtungen.

Breaky Bottom Ost-Sussex ★★ Einer der ältesten britischen Erzeuger nähert sich nun dem 40. Jahr mit demselben Besitzer/Kellermeister. Beste Weine mit Alterungspotenzial sind die Cuvée Princess Colonna auf CHARDONNAY-Basis (**08**) und die zu 95 % auf SEYVAL BLANC basierende Cuvée Alexandre Schwatschko (**08**).

Camel Valley Cornwall ★★★ Das einzige größere Weingut in Cornwall und eines von Englands besten. Exzellent sind Annie's Anniversary von SEYVAL BLANC (**10**) und der PINOT NOIR Rosé Brut (**09**).

Chapel Down Kent ★★★ Die Schaumweine hier werden immer besser. Der neue Weinberg in Aylesford (30 ha) liefert jetzt Ertrag, sodass der Nachschub besser gesichert ist. Der Brut oJ und der Rosé Brut oJ auf Einsteigerlevel sind beide sehr günstig. Lagerfähiger Pinot Reserve (**06**). Sehr gut sind Restaurant und Shop.

Coates & Seely Hampshire ★★ Relativ neuer Anbieter auf dem englischen Schaumweinmarkt; sehr gute Qualität. Bester Wein ist der Brut Reserve oJ.

Furleigh Estate ★★ Der neue Betrieb in Dorset, der mit Champagnersorten arbeitet, wird immer besser. Großartig sind der Rosé (**10**) und der Blanc de Noirs (**09**). Exzellent auch der Blanc de Blancs (**09**).

Gusbourne Kent ★★ Neuling mit wachsender Reputation; kaufte 2013 den Betrieb und will ein Hauptakteur in der Spitzengruppe werden. Beste Weine: Brut Reserve (**08**) und Blanc de Blancs (**08**).

Hambledon Vineyard Englands ältestes kommerzielles Weingut wurde nun mit massiven Investitionen wiederbelebt und hat große Pläne. Der erste Schaumwein kommt 2014 heraus.

Henners Ost-Sussex – Neuling mit eindrucksvollem erstem Jahrgang. Reserve (**09**) und Vintage (**09**) sind beides exzellente Weine.

Herbert Hall Der 2010er Brut vom Marden Vineyard in Kent ist ein Hochgenuss.

Hush Heath Estate Kent ★★ Spitzenerzeuger mit exzellenten Weinen unter dem Etikett Balfour Brut. Der neue Jahrgang (**10**) hat Gold bei den Decanter World Wine Awards gewonnen. Auch guter Apfelsaft und aromatisierte Ciders.

Jenkyn Place Hampshire – Einige gute Weine aus guten Lagen. Am besten sind der feine Brut mit Toastnote (**09**) und der fruchtige Brut Rosé (**09**).

Nyetimber West-Sussex ★★★ Bekanntester und größter Erzeuger Großbritanniens. Am besten: Classic Cuvée (**09**), Rosé (**09**) und Single Vineyard Tillington (**09**).

Plumpton College Ost-Sussex ★★ Das einzige Wein-College Großbritanniens beginnt jetzt, interessante Weine zu erzeugen. Bester Wein ist The Dean Blush Brut oJ.

RidgeView Ost-Sussex ★★★★ Großartige Qualität, Beständigkeit und ein gutes Preis-Leistungs-Verhältnis machen dieses Gut zu einem der britischen Spitzenerzeuger. Beste Weine: knackiger Grosvenor Blanc de Blancs mit Zitrusnote (**10**) und die klassische Cuvée Cavendish (**09**). Berät auch andere Erzeuger, u. a. Upperton (sehr gut), Wyfold und Theale Vineyard.

Südengland ist im Sommer 1°C kühler als die Champagne, hat aber längere Tage, was mehr phenolische Reife ergibt.

Wiston West-Sussex – Neuer Erzeuger mit 6,5 ha auf Kreideböden; der Kellermeister war früher bei Nyetimber. Am besten: South Down Cellars Bin 3 (**09**) und Blanc de Blancs oJ, allerdings sehr säurereich.

Mittel- und Südosteuropa

)ie folgenden Abkürzungen
verden im Text verwendet:

Jngarn:
3al Balaton
I-Pan Nordpannonien
IU Nordungarn
S-Pan Südpannonien
Tok Tokaj
3ulgarien:
on Donauebene
'hrak Thrakische Ebene
Slowenien:
'od Podravje
os Posavje
rim Primorska
Kroatien:
alm Dalmatien
st Istrien
I-Kr Nordkroatien
schechische Republik:
ö Böhmen
Mäh Mähren
umänien:
ob Dobrogea (Dobrudscha)
Mold Moldau
Munt Muntenien und Oltenien

Die dunklen Flächen bezeichnen die Weinbaugebiete

Ungarn

Endlich erhält Ungarn die internationale Aufmerksamkeit, die seine besten Weine und Kellermeister verdienen. Und, was das Wichtigste ist, das gilt nicht nur für den süßen Tokaji, sondern auch für seriöse Rot- und trockene Weißweine. Dies wiederum bedeutet, dass die Importeure im Ausland diese Weine ordern und sie damit leichter erhältlich werden. Gleichzeitig gibt es eine Fülle von Kleinerzeugern, die niemals exportieren werden, die zu entdecken aber überaus lohnend wäre. Und als Startpunkt für eine Weinreise ist Budapest eine großartige Stadt.

Árvay Tok w; tr s ★★ Familienkellerei mit 17 ha in TOKAJ seit 2009.

Aszú Tok – Von Botrytis befallene und geschrumpfte Trauben sowie der süße Wein, der in TOKAJ daraus gekeltert wird. Der Wein wird nach seinem Süßegrad eingestuft, von 3 bis 6 PUTTONYOS. Es gibt ihn aber nur in manchen Jahrgängen: gute Aszú-Jahre waren 05 06 07 08 09 (11); 2013 ist sehr vielversprechend.

Aszú Essencia Tok – Seit 2010 nicht mehr verwendete Angabe, auf manchen Etiketten aber noch zu finden. War die zweitsüßeste Kategorie des TOKAJERS (7 PUTTONYOS und mehr). Nicht mit ESSENCIA/ESZENCIA verwechseln.

Badacsony Bal w; tr s ★★→★★★ Anbaugebiet auf vulkanischen Hängen am Nordufer des BALATON; volle, reichhaltige Weißweine. Empfehlenswert: Laposa (fein, mineralisch), Szeremley (alterungswürdiger KÉKNYELŰ und Szürkebarát), Villa Sandahl (v. a. mit Magic Rain und Cappucino Oil RIESLING) und Villa Tolnay.

Balaton Der Plattensee, wie der Balaton auf Deutsch genannt wird, ist Europas größter Süßwassersee. Die Bezirke der Weinregion Balaton im Norden heißen BADACSONY, Balatonfüred-Csopak (Béla és Bandi, Feind, Figula, Jasdi mit eindrucksvollem Siralomvágó OLASZRIZLING), Balatonmelléke (Dr. Bussay) und SOMLÓ. Im Süden liegt BALATONBOGLÁR.

Balatonboglár Bal r w; tr ★★→★★★ Name eines Weinbaubezirks am Südufer des BALATON, aber auch eine bedeutende Kellerei im Besitz von TÖRLEY. Gute Erzeuger sind Budjosó, GARAMVÁRI, Ikon, KONYÁRI, Légli Otto, Légli Géza und Pócz.

***Bor* heißt Wein: *vörös* ist rot, *fehér* weiß, *édes* süß, *száraz* trocken, und *válogatás* heißt Auslese.**

Barta Tok w; tr s ★★★ 09 11 – Vom höchstgelegenen Weinberg in TOKAJ erzeugt Weinmacher Attila Hommona eindrucksvollere Weine (v. a. FURMINT Válogatás). Auch sehr guter süßer SZAMORODNI und Furmint Késői Szüret.

Béres Tok w; tr s ★★ Gute ASZÚ-Weine (**06 07** 08) und trockener FURMINT (09), v. a. Lőcse und Diókút HÁRSLEVELŰ.

Bikavér NU r ★→★★★ **07 08 09'** 11 – Wörtlich »Stierblut«. Geschützte Ursprungsbezeichnung nur für Weine aus EGER und SZEKSZÁRD mit mindestens drei Rotweinsorten im Verschnitt und 12 Monaten Ausbau in Eiche. Die örtlichen Vorschriften geben KÉKFRANKOS und KADARKA den Vorzug. Für Supérior müssen mindestens vier Sorten verwendet werden und die Erträge beschränkt sein. Spitzenerzeuger für Egri Bikavér: Bolyki, Demeter, Gróf Buttler, GÁL TIBOR, ST. ANDREA, Thummerer. In Szekszárd empfehlenswert: Eszterbauer, HEIMANN, MeszárosTakler, Sebestyén.

Bock, József S-Pan r ★→★★★ 08 09' 11 – Führender Familienbetrieb in VILLÁNY, bekannt für gewichtige, volle Rote. Beste Weine: CABERNET FRANC Selection, Bock Cuvée, Capella Cuvée, SYRAH.

Bodrogkeresztúr Tok – Ort in der Region TOKAJ. Gute Erzeuger: DERESZLA, Füleky (guter ASZÚ 07), PATRICIUS,Tokaji Nobilis (v.a. der brillante Barakonyi HÁRSLEVELŰ **09'**) und Puklus (v.a. der Kabar).

Bussay, Dr. Bal w ★★ **09** (11) – Erzeuger in Balatonmelléke, der auch als Arzt tätig ist. Intensiver TRAMINI, PINOT GRIS und OLASZRIZLING. Sehr gut sind auch die Kerkaborum-Weine, die zusammen mit HEIMANN erzeugt werden.

Csányi S-Pan r ★→★★ Große Kellerei in VILLÁNY. Die Reihen Csányi Kővilla und Teleki (Spitzenmarke) sind einen Versuch wert.

Degenfeld, Gróf Tok w; tr s ★★→★★★ Großer Erzeuger in TOKAJ mit angeschlossenem Luxushotel; jetzt auch Bioanbau. Die Süßweine sind am besten: 6 PUTTONYOS (08), Andante (08) und auch der hübsche halbtrockene MUSCAT Blanc (BV).

Demeter, Zoltán Tok w; s ★★★→★★★★ **08' 09'** 11 12 – Elegante trockene Weine, v.a. Veres, Lapis (beide FURMINT), auch exzellenter Szerelmi HÁRSLEVELŰ. Sehr gut ist auch der Spätlesewein Eszter.

Dereszla Tok w; tr s ★★★ **05 06 07'** 08 09 10 11 – Seit 2007 wurde die Einrichtung von den Besitzern, der Familie d'Aulan aus der Champagne, runderneuert. Sehr guter ASZÚ und unter Flor gereifter trockener SZAMORODNI Experience. Probieren Sie auch den Kabar und den sehr guten FURMINT Lapis.

Comeback der Kadarka

KADARKA ist wieder da. Vor der Reblausplage eine der wichtigsten Sorten, fiel sie in Ungnade, als robustere, produktivere Trauben das Kommando übernahmen. Heute glänzen die besten Weine mit einer an PINOT NOIR erinnernde Eleganz und Frische. HEIMANN besitzt eine einzigartige Sammlung von Klonen und alten Stecklingen; sein Ivan-Volgyi DŰLŐ gehört zu den besten Kadarka-Weinen. In SZEKSZÁRD sollte man nach dem Nagyapám (»Mein Opa«) von Eszterbauer und dem Remete-Bor von Vesztergombi József Ausschau halten. In EGER erzeugt Gróf Buttler eine elegante Version, während die von SAUSKA im südlichen VILLÁNY reichhaltiger, aber immer noch frisch und lebhaft ist.

DHC (Districtus Hungaricus Controllatus) Begriff für Weine mit geschützter Ursprungsbezeichnung (g.U.), symbolisiert durch eine Krokusblüte auf dem Etikett und der Aufschrift DHC.

Disznókő Tok w; tr s ★★→★★★★ **03' 05 06 07'** (08) – Bedeutendes TOKAJER-Weingut im Besitz der französischen AXA-Versicherung. Feiner, expressiver ASZÚ; Spitzenwein ist der Kapi. Außerdem 2011er Spätlesewein mit gutem Preis-Leistungs-Verhältnis und frischer, stahliger FURMINT.

Dobogó Tok (r) w; tr s ★★★→★★★★ **06' 07' 08** 09 11 – Tadelloses kleines Gut in TOKAJ. Maßstäbe setzender ASZÚ und Spätlese Mylitta, köstlicher Mylitta Álma, spannender trockener 2011er FURMINT (v.a. Betsek DŰLŐ) und wegweisender Pinot noir Izabella Utca.

Dűlő Einzellage, Weinberg mit eigenem Namen.

Duna Die Große Tiefebene mit den Bezirken Hajós-Baja (zu empfehlen: Sümegi), Csongrád (Somodi) und Kunság (Frittmann mit ordentlichem KADARKA und Generosa).

Eger NU r w; tr s ★★→★★★ Erstklassige Rotweinregion Nordungarns; Egri BIKAVÉR ist der bekannteste Wein. CABERNET FRANC, PINOT NOIR und SYRAH gewinnen immer mehr an Bedeutung; für Debrői HÁRSLEVELŰ wurde eine

DHC geschaffen. Spitzenerzeuger: Bolyki, Gróf Buttler, Demeter, Tibor Gál, Kaló Imre, KOVÁCS NIMRÓD, Pók Tamás, ST. ANDREA, Thummerer.

Egri Csillag NU – »Stern von Eger«. Neuer trockener Weißweinverschnitt, der sich am BIKAVÉR orientiert. Mindestens vier Sorten sind vertreten, wenigstens 50 % müssen lokale Trauben aus den Karpaten sein.

Essencia (oder Eszencia) Tok ★★★★ Der dicke, sirupartige, üppige, aromatische Saft, der aus den ASZÚ-Trauben tropft, wird in allen guten Aszú-Jahren produziert, aber nur selten abgefüllt. Nur 2–3 % Alkohol, der Zuckergehalt kann bis zu 800 g/l betragen. Sogar wundertätige Heilkräfte werden Essencia nachgesagt. Nicht mit ASZÚ ESSENCIA verwechseln, der früheren Bezeichnung für Weine von 7 und mehr Puttonyos, die aber seit 2010 außer Gebrauch ist.

Etyek-Buda N-Pan – Dynamische Weinregion, bekannt für ausdrucksstarke, frische Weißweine und feine Schaumweine, v. a. CHARDONNAY, Sauvignon blanc und PINOT GRIGIO, vielversprechend für PINOT NOIR. Führende Erzeuger: Etyeki Kúria (v. a. Pinot noir, SAUVIGNON BLANC), Nyakas (mit der Marke Budai), György Villa (Premiumweine von Törley), Haraszthy, Rókusfalvy und der Neuling Kertész.

Gál Tibor NU r w ★★ Neue Kellerei in Eger mit verbesserten Weinen vom Sohn des verstorbenen Tibor Gál, der es als Kellermeister bei Ornellaia (Toskana, Italien) zu Ruhm gebracht hatte. Empfehlenswert: EGRI CSILLAG (12), PINOT NOIR (09), BIKAVÉR Supérior (09).

Garamvári Bal r rs w; sch ★★ Weinberg in Familienbesitz; guter IRSAI OLIVÉR (BV) und sehr guter Sinai CABERNET SAUVIGNON. Auch Eigentümer von Château Vincent, Ungarns mittels Flaschengärung erzeugtem Top-Schaumwein (v. a. Evolution Rosé, Prestige Brut).

Gere, Attila S-Pan r (rs) ★★★→★★★★ **06' 07' 08** 09' – Der Vorzeigebetrieb in VILLÁNY erzeugt einige der besten Rotweine des Landes, v. a. reichhaltigen MERLOT Solus, intensive Cuvée Kopár und die Attila-Gutsweinselektionen. Günstig und gut lagerfähig ist der Cabernet Sauvignon.

Heimann S-Pan r ★★→★★★ **07 08 09'** 11 – Die Familienkellerei in SZEKSZÁRD bleibt beeindruckend: v. a. großartiger Barbár (09), sehr guter Iván-Volgyi KADARKA (der Kellerei gehört ein einzigartiger Weinberg mit seltenen Kadarka-Klonen) und KÉKFRANKOS Selection.

Hétszőlő Tok w; tr s ★★ Das erstklassige Weingut in TOKAJ wurde 2009 von Michel Rebier, dem Eigentümer von Cos d'Estournel (Bordeaux), gekauft. Ansprechender KÖVÉRSZŐLŐ (07).

Hilltop Neszmély N-Pan r w; tr ★★ 09 11 12 – Kellerei in Neszmély; sorgfältig bereitete sortenreine Weißweine (BV) mit gutem Preis-Leistungs-Verhältnis. Auch sehr gut: ART The Dream, Muzéalis und die Lagen-Selektionen der Premium-Reihe. Probieren Sie auch den PINOT NOIR und den MALBEC.

Homonna Tok w; tr ★★★ **09'** – Feiner, eleganter FURMINT, v. a. von der Lage Hatari.

Kikelet Tok w dr sw ★★★ Die in Bordeaux ausgebildete Kellermeisterin erzeugt inspirierte trockene Weine und exzellenten SZAMORODNI (08).

Királyudvar Tok w; tr s ★★★→★★★★ tr **06' 07'** 08 11 – Ausgezeichnete TOKAJER-Kellerei in den alten königlichen Gewölben in Tarcal; gehört Anthony Hwang (siehe auch »Huet-L'Echansonne« im Kapitel »Frankreich«). Exzellent sind der trockene FURMINT Sec, die Cuvée Ilona (Spätlese), die fantastische Cuvée Patricia und der herrliche ASZÚ Lapis 6 PUTTONYOS.

Konyári Bal r rs w; tr ★★→★★★ **09** 11 (12) – Vater-Sohn-Gespann, das in BALATONBOGLÁR hochklassige Gutsweine bereitet: v. a. fruchtigen Rosé (BV), beständigen Loliense (rot und weiß), exzellenten Szárhegy (weiß), Jánoshegy KÉKFRANKOS und den roten Spitzenwein Pava.

Kovács Nimród NU r w; tr ★★ **09** 11' (12) – Kellerei in Eger; beeindruckt mit Kékfrankos (11), Grand Bleu, Rosé und dem CHARDONNAY Battonage.

Mád Tok – Bedeutende historische Stadt im Herzen der Region TOKAJ mit Spitzenlagen. Gute Erzeuger: Alana-Tokaj, BARTA, OROSZ GABOR, Demetervin, Lenkey, Holdvölgy, KIKELET, ROYAL TOKAJI, SZEPSY, SZENT TAMÁS, Tokaj Classic.

Malatinszky S-Pan r rs w; tr ★★★ **06' 07 08 09'** 11 – Seit 2012 zertifiziert ökologisch. Exzellenter ungefilterter Kúria CABERNET FRANC und CABERNET SAUVIGNON, roter Kövesföld und Pinot bleu. Lecker sind auch Le Sommelier rosé (BV) und Serena (weiß).

Mátra NU (r) w ★→★★ Gutes Gebiet für frische Weißweine. Bessere Erzeuger sind u. a. Benedek, Gábor Karner (beachtlicher KÉKFRANKOS), NAG Szőke Mátyás, Borpalota (mit dem Etikett Fríz) und NAGYRÉDE ESTATE.

Mézes Mály Tok – Spitzenweinberg der Region Tokaj in Tarcal. Gute Erzeuger: ROYAL TOKAJI und das kleine, aber exzellente Balassa.

Mór N-Pan w ★→★★ Die kleine, verschlafene Region wird quasi im Alleingang von der Kellerei Maurus wiedererweckt. Probieren Sie den feurigen Ezerjó sowie den ordentlichen CHARDONNAY, TRAMINI und RIESLING.

Nagyréde Estate NU (r) rs w ★ Preisgünstige kommerzielle Sortenweine (BV) unter den Marken Nagyréde, Mátra Hill und Spice Trail.

Oremus Tok w; tr s ★★→★★★★ **05 06' 07** 08 09 11 – Das historische, von der Familie Rákóczi gegründete TOKAJER-Weingut gehört dem spanischen Erzeuger Vega Sicilia. Erstklassiger ASZÚ und sehr guter trockener FURMINT Mandolás.

Orosz Gábor Tok w; tr s ★★→★★★ **03' 05 06 07** 08 09 11 – Erzeuger im Aufwind, v. a. mit dem exzellenten trockenen Király HÁRSLEVELŰ (09) von einer Einzellage, außerdem exzellenter 6-PUTTONYOS-ASZÚ. Das Zweitetikett heißt Bodvin.

Pajzos-Megyer Tok w; tr s ★★→★★★ **05 06' 07** 08 09 11 – Zwei gemeinsam betriebene TOKAJ-Güter. Megyer liefert im kühleren Norden der Region v. a. trockenen FURMINT sowie trockenen und süßen MUSCAT. Von Pajzos kommen reichhaltigere, lagerfähige Süßweine.

Pannonhalma N-Pan (r) (rs) w; tr ★★→★★★ **11** 12 – Weinregion im Norden, v. a. mit der 800 Jahre alten Abtei Pannonhalma und ihrer Kellerei. Stilvolle, aromatische Weißweine, v. a. OLASZRIZLING, TRAMINI und SAUVIGNON BLANC. Preiswerter Tricollis, schöner Spitzenwein Hemina (weiß).

Patricius Tok w; tr s ★★★ **05 06' 07 08** 09 11 – Beachtliches Weingut in TOKAJ seit 2000. Verlässlicher, günstiger trockener FURMINT, spät gelesener Katinka und 6-PUTTONYOS-ASZÚ (**03**).

Pécs S-Pan (r) w ★→★★ Weinbaugebiet nahe der gleichnamigen Stadt. Bekannt für Weiße, auch von der lokalen CIRFANDL-Traube. Beeindruckend auch der Ebner PINOT NOIR.

Pendits Tok w; tr s ★★ **03 05 06** 09 11 – Einziges Demeter-zertifiziertes Bioweingut Ungarns. Üppiger ASZÚ, attraktiver süßer FURMINT und hübscher trockener MUSCAT.

Puttonyos (Butten) Angabe für den Süßegehalt des TOKAJI ASZÚ. Heute wird die Zuckerkonzentraton pro Liter gemessen, demnach entsprechen 3 Puttonyos 60 g Zucker/Liter, 4 = 90 g/l, 5 =120 g/l, 6 = 150 g/l. Historisch war ein Puttony eine Trage bzw. Butte von 25 kg ASZÚ-Trauben. Die Zahl der einem 136-Liter-Fass Grundwein oder gärendem Most hinzugegebenen Butten bestimmte am Ende den Süßegrad des Weins.

Royal Tokaji Wine Co. Tok tr s **05 06 07'** 08' – Bahnbrechendes Gemeinschaftsunternehmen in MÁD, das 1990 die Renaissance des TOKAJERS eingeläutet hat (ich selbst bin Mitbegründer). Vorwiegend Lagen erster Klasse. 6-PUTTONYOS-Einzellagenabfüllungen: v. a. MÉZES-MÁLY, Betsek,

Szent Tamás und Nyulászó (2008 auch 5 Puttonyos). Seit 2011 auch komplexer trockener FURMINT, Furmint DŰLŐ-válogatás und üppiger, preisgünstiger Late Harvest (in den USA: Mád Cuvée). Vielversprechender neuer beratender Weinmacher.

St. Andrea NU r w; tr ★★★ **06' 07 08 09'** 11 – Spitzenerzeuger in EGER und Wegbereiter für modernen, hochklassigen BIKAVÉR (Merengő, Hangács, Áldás). Außerdem exzellente Weißweinverschnitte (Napbor, Örökké), Biowein Boldogságos sowie sehr guter PINOT NOIR.

Sauska S-Pan, Tok r rs w ★★→★★★★ **07 08 09'** 11' (12) – Tadellose Kellerei in VILLÁNY. Schön ausgewogene Weine von KADARKA, KÉKFRANKOS und CABERNET FRANC sowie eindrucksvolle rote Verschnitte, v. a. Cuvée 7 und Cuvée 5. Der Ableger Sauska-Tokaj konzentriert sich auf sehr gute trockene Weiße, v. a. Cuvée 105, FURMINT Birsalmás und Medve Furmint.

Somló Bal w ★★→★★★ **07** 08 09 11 – Dramatischer Vulkanhügel, berühmt für ausgeprägt mineralische Weiße: v. a. Juhfark (»Schafschwanz«), OLASZRIZLING, FURMINT und HÁRSLEVELŰ. In der Region produzieren kleine Erzeuger langlebige, intensive Weine, v. a Fekete Bela, Györgykovács, Hollóvár, Royal Somló, Spiegelberg, Somlói Apátsági. Auch die größeren Betriebe Tornai (v. a. die Reihe Top Selection und der Grofi HÁRSLEVELŰ) sowie Kreinbacher/St. Ilona sind sehr gut.

Szürkebarát, der ungarische Name für Pinot gris, heißt »grauer Mönch«.

Sopron N-Pan r ★★→★★★ Neuerdings dynamischer Bezirk nahe der der österreichischen Grenze am Fertő-See. KÉKFRANKOS ist die wichtigste Traube, dazu kommen CABERNET SAUVIGNON, SYRAH und PINOT NOIR. Spitzenerzeuger ist der ökologisch arbeitende Weninger; beachtenswert sind auch die sehr charaktervollen Weine von Ráspi (v. a. der Electus ZWEIGELT). Im Auge behalten: Luka, Pfneiszl, Taschner.

Szamorodni Tok – Wörtlich »wie er gewachsen ist«. Bezeichnung für einen TOKAJER, der aus ganzen Trauben ohne separate ASZÚ-Auslese produziert wurde. Kann trocken oder süß (*édes*) sein, je nachdem, wie viele Aszú-Trauben hineingeraten. Die besten trockenen Versionen sind unter Flor gereift; Erzeuger: Tinon, DERESZLA, Karádi-Berger. Gute Süßweine von KIKELET, SZEPSY, Höldvolgy.

Szekszárd S-Pan r ★★→★★★ Aus dem Bereich in Südungarn kommen reife, reichhaltige Rote von KÉKFRANKOS, CABERNET SAUVIGNON, CABERNET FRANC und MERLOT. Auch KADARKA und BIKAVÉR erfahren gerade eine Wiederbelebung. Erzeuger: v. a. Dúszi (bekannt für Rosé in allen Stilen), Domaine Gróf Zichy, Eszterbauer (v. a. Tüke Bikavér, Kadarka), HEIMANN, Lajver (für hellen Rosé), Mészáros, Sebestyén, Szent Gaál, TAKLER, Remete-Bor (Kadarka) und Vida (sehr guter Hidaspetre Kékfrankos).

Szent Tamás Tok w; s ★★ 11 12 – An der neuen Kellerei in MÁD ist ISTVÁN SZEPSY Junior beteiligt. Trockener FURMINT Szent Tamás, HÁRSLEVELŰ und Late Harvest 3909. Nettes Restaurant.

Szepsy, István Tok w; tr s ★★★★ **03' 05 06 07 08'** 09 10 **11'** – Brillanter, Maßstäbe setzender TOKAJI-Erzeuger in MÁD. Gewinner des Winemakers' Oscar 2013. Hervorragende trockene FURMINT-Weine von Einzellagen (DŰLŐ), v. a. Urbán, SZENT TAMÁS und Betsek. Dazu Király HÁRSLEVELŰ und süßer SZAMORODNI (**03 06 08**). Szepsy hat denselben Familiennamen wie der Mann, der im 17. Jh. die ASZÚ-Methode erfand.

Szeremley Bal w; tr s ★★ 09 11' 12 – Pioniergut in BADACSONY. Intensiver mineralischer RIESLING, Szürkebarát (alias PINOT GRIS), KÉKNYELŰ und ansprechender süßer Zeus.

Takler S-Pan r ★★ **07 08** 09' 11' – Bedeutender Familienbetrieb in SZEKSZÁRD, der sehr reife, geschmeidige Rotweine bereitet. Am besten sind die Reserve-Auslesen von CABERNET FRANC, KÉKFRANKOS, SYRAH und BIKÁVER. Sehr angesehen sowohl vor Ort als auch in den USA ist die Super-Cuvée Regnum.

Tibor Gál NU r w; tr ★→★★ Kellerei in EGER, gegründet von dem verstorbenen Tibor Gál, berühmt als Kellermeister bei ORNELLAIA (Toskana). Sein Sohn, der ebenfalls Tibor heißt, baut gerade neue Keller; die eher kleine Palette an Weinen wird besser.

Tinon, Samuel Tok w; tr s ★★→★★★ **00 01 04** 05 07 – Der Mann aus dem Sauternais lebt seit 1991 in TOKAJ. Sehr guter, unverwechselbarer Tokaji ASZÚ, bereitet mit langer Maischestandzeit und Fassausbau. Ausgezeichnet auch der unter Flor gereifte Szamorodni.

Tokaj/Tokaji (Tokajer) Tok w; tr s ★★→★★★★ Nach der Stadt und Weinregion Tokaj wurde der berühmte süße Likörwein Ungarns benannt: Tokaji auf Ungarisch, Tokajer auf Deutsch.

Tokaj Kereskedőház Tok w; tr s ★→★★ Auch Crown Estates genannt. Die immer noch in Staatseigentum befindliche Firma arbeitet mit Trauben von 2.000 kleinen Weinbauern. Der neue Kellermeister Karoly Áts (früher bei Royal Tokaj) könnte die bislang enttäuschende Qualität wieder steigern.

Tokaj Nobilis Tok w dr sw ★★★ Großartiger Kleinerzeuger. Sarolta Bárdos war Kellermeister des Jahres 2012 in Tokaj. Bemerkenswerter ASZÚ (07) und trockene Weine von der Lage Barakonyi.

Tolna S-Pan – Der wichtigste Betrieb des Gebiets ist Tűzkő im Besitz von Antinori (★★). Guter TRAMINI, CHARDONNAY und roter Talentum.

Törley r w; tr ★→★★ Große innovative Firma mit gut bereiteten sortenreinen Weinen von internationalen Rebsorten (PINOT GRIS, CHARDONNAY, PINOT NOIR) sowie von den lokalen Trauben IRSAI OLIVÉR, Zenit und Zefir. Großer Erzeuger von Schaumwein (v. a. mit den Marken Törley, Gala und Hungaria Grande Cuvée); sehr gut François Rosé Brut und President Brut nach dem klassischen Verfahren. Sehr gut gemacht und preisgünstig ist die Marke Chapel Hill; Spitzenauslesen unter dem Etikett György-Villa (v. a. JUHFARK, SYRAH).

Villány S-Pan – Ungarns südlichste Weinbauregion und bestes Gebiet für Rotwein. Bekannt für ernsthafte, reife Weine von Bordeaux-Sorten (v. a. CABERNET FRANC) sowie Verschnitte. Probieren Sie auch die saftigen Weine der lokalen Trauben Kékfrankos und PORTUGIESER. Von kühleren Lagen kommt seit Kurzem auch guter SYRAH und PINOT NOIR. Hohe Qualität u. a. von Bock, CSÁNYI, ATTILA GERE, Tamás Gere, Heumann, Malatinszky, SAUSKA, Tiffán, Vylyan, WENINGER & GERE, Wunderlich.

Vylyan S-Pan r ★★→★★★ **06' 07** 08 09' – Stilvoller PINOT NOIR. Auch CABERNET FRANC, SYRAH und die exzellente Einzellagenselektion MERLOT Pillangó sind einen Versuch wert. Das rote Aushängeschild ist die Cuvée Duennium (CABERNET FRANC, CABERNET SAUVIGNON, Merlot, ZWEIGELT).

Weninger NU r ★★→★★★ **06 07 08 09** 10 11 – Maßstäbe setzender Erzeuger in SOPRON, geleitet von dem Österreicher Franz Weninger jr. Biologisch-dynamisch seit 2006. Der Spern Steiner Kékfrankos von einer Einzellage gehört zu den Besten des Landes. Eindrucksvoll auch SYRAH, PINOT NOIR und der rote Verschnitt Frettner.

Weninger & Gere S-Pan r ★★★ **06' 07' 08 09** – Gemeinschaftsunternehmen des Östereichers Franz Weninger sen. mit Attila GERE. Ausgezeichnet der CABERNET FRANC Selection, günstig die Cuvée Phoenix und der frische Rosé (BV).

Bulgarien

Die gegenwärtige Begeisterung für neue Rebsorten hält an, doch der Trend geht eindeutig dahin, sie mit einheimischen – meist roten – Trauben zu verschneiden. Auch einige alte, fast vergessene Sorten werden wiederbelebt. Cabernet franc hat sich in Bulgarien besonders gut entwickelt und wird immer beliebter, auch wenn Cabernet Sauvignon und Merlot gemeinsam mit den Lokalsorten Mavrud und Melnik immer noch an der Spitze stehen.

Assenovgrad Thrak r ★→★★ Spezialist und größter Erzeuger für die einheimischen Sorten MAVRUD und RUBIN.

Bessa Valley Thrak r ★★★ Die Kellerei nahe Pazardjik wurde von Graf Stephan von Neipperg (vom Bordeaux-Château Canon-la-Gaffelière) und Karl-Heinz Hauptmann gegründet. Weine: Syrah by Enira (**09**), BV by Enira (**09**) und Enira Reserva (**08**). Der einzige in Großbritannien erhältliche bulgarische Qualitätswein.

Black Sea Gold Thrak (Pomorie) (r) w ★ Neue Investitionen haben in dieser Kellerei an der Küste zu besserer Qualität geführt. Empfehlenswert: Villa Ponte CABERNET SAUVIGNON und SYRAH (09) sowie Arte Ante Cabernet Sauvignon (08).

Borovitsa Don r w ★★→★★★ Altes Weingut mit spezifischem Terroir nahe der Donau. Empfehlenswert: der komplexe Dux (**06**) mit ausgewogener Frucht und Eichennote. Auch der Les Amis CHARDONNAY (**08**) und der PINOT NOIR Cuvee Enrique (**09**) sind einen Versuch wert. Interessanter Verschnitt der alten Sorte Evmolpia mit Merlot. Der Sensum (**10**) wurde in den letzten drei Jahren immer zu Bulgariens Wein des Jahre gewählt. Hier verschickt der liebe Gott persönlich seine Botschaften in Flaschen.

Castra Ruba Thrak r ★★ Michel Rolland aus Bordeaux berät das erfolgreiche junge Team. Preisgekrönter Castra Ruba (**09**) und Butterfly's Rock (**09**). Der Via Diagonalis (08) sollte gut altern.

Chateau de Val Don r ★★ Kleiner Erzeuger von markanten Weinen: Grand Claret Reserve (**09**) und Cuvée Trophy (**10**).

Damianitza Thrak r (w) ★★ Spezialist für die MELNIK-Traube im Struma-Tal. Weine: Uniqato RUBIN und Melnik (**08**), eleganter Kometa No Man's Land MERLOT und CABERNET SAUVIGNON (08) sowie der Zungenbrecher Dzindzifkite Cabernet franc (10).

Domaine Boyar Thrak –Großer Exporteur mit den Kellereien Sinite Skali (Blueridge) und Korten. Gute, verlässliche Alltagsqualität, außerdem preisgekrönter Solitaire Grands Cépages (Einzellage, 09); in derselben Reihe auch weicher Cabernet franc (11) und seidiger Merlot (11). Neben der neuen Reihe Platinum mit Chardonnay (11) und Cabernet Sauvignon (11) gibt es auch weiterhin die etablierten Quantum- und Ars-Longa-Weine.

Dragomir Thrak r ★★ Boutiquekellerei mit CABERNET SAUVIGNON UND MERLOT Rezerva (10), Pitos (09) und Karizma (**09**).

Ivo Varbanov Thrak r (w) ★★ Konzertpianist, der feine Weine von einem ökologisch bewirtschafteten Weinberg in Sakar bereitet; u.a. La Puerta del Vino SYRAH (10), Ondine Syrah (09), Wandering Shadows (09).

Katarzyna Thrak r w ★★★ Die Kellerei im Süden mit ihrem eindrucksvollen Le Voyage SYRAH/CABERNET FRANC (11) sollte man im Auge behalten. Außerdem stilvoller CABERNET SAUVIGNON/MERLOT Question Mark (11) und Katarzyna Reserva (**07**).

Levent Don (r) w ★★ Kleiner Erzeugerbetrieb in Russe mit guten, frischen Weißweinen, v.a. Levent Family Selection (**10**). Auch K2 CABERNET SAUVIGNON und CABERNET FRANC (10), Grand Selection CHARDONNAY (**11**) und Grand Selection Cabernet Sauvignon (11).

Logodaj Thrak r w ★→★★ Kellerei im Struma-Tal mit Hypnose Reserve (Einzellagen-Merlot 10). Nach dem fassvergorenen Nobile CHARDONNAY (11) lohnt es sich, Ausschau zu halten, außerdem stilvoller Artis CABERNET SAUVIGNON/CABERNET FRANC (10).

Midalidare Estate Thrak r w ★★ Eindrucksvolle Boutiquekellerei, v. a. mit den Einzellagenweinen Grand Vintage MALBEC Mogilovo (10), Grand Cuvée Mogilovo (10) und RIESLING Mogilovo 11. Eleganter SAUVIGNON BLANC/SÉMILLON (**12**).

Minkov Brothers Thrak r w ★★→★★★ In der Reihe Cycle sortenreine Weine ebenso wie Verschnitte aus zwei (Bicycle) oder drei (Tricycle) Sorten, alle preiswert. Empfehlenswert auch Le Photographe Syrah (12). Der Oak Tree (**10**) zeigt sich subtil, komplex, ausgewogen. Interessant ist auch From the Cellar Merlot/Cabernet Sauvignon (09).

Bulgariens Beste
Diese Weine sollten Sie sich merken:
Chateau Burgozone: Cabernet franc (10), Viognier (11).
Angelus Estates: Stallion (10), Stallion Classic (10). Pferdenamen, französische Inspiration.
Villa Yustina: Weißweine sowie Monogram Mavrud und Rubin (09).
Medi Valley: Incanto Syrah (10).

Miroglio, Edoardo Thrak r w ★★ Italienischer Investor mit Weinbergen in Elenovo. Weine: Soli Invicto (10); Elenovo Cabernet Sauvignon Reserve (09). Der Miroglio Brut Metodo Classico (**07**) (und der Rosé **08**) gilt als Bulgariens bester Schaumwein: zu allen Gelegenheiten passend, trocken, sanft perlend. Für den Bouquet Nouveau (**12**) im Stil eines Beaujolais Nouveau wird die Bouquet-Traube verwendet.

Preslav Thrak (r) w ★→★★ Besonders zu empfehlen: Rubaiyat CHARDONNAY (**09**); außerdem Rubaiyat CABERNET SAUVIGNON, MERLOT, SYRAH (08). Guter TRAMINER Golden Age (11) und RIESLING Novi Pazar (11). Der SAUVIGNON BLANC 13 ist stachelbeerfrisch.

Santa Sarah Thrak r w ★★ Privat MAVRUD/CABERNET SAUVIGNON (08), Bin 49 CABERNET FRANC (11), Bin 41 MERLOT (11), Bin 42 RUBIN (11).

Strymon Thrak r ★→★★ Kellerei im warmen Südwesten. Weicher MERLOT (10), Merlot Reserve (10), CABERNET SAUVIGNON Reserve (11). Vielversprechender Rosé von Cabernet Sauvignon und SYRAH (11).

Terra Tangra Thrak r w ★★ Betrieb im hoch eingeschätzten Sakar-Gebirge. Guter, körperreicher RUBIN (10); MERLOT (10); MAVRUD (10), sehr empfehlenswerter Roto (**09**), komplexer roter Verschnitt (CABERNET SAUVIGNON/Merlot/CABERNET FRANC/SYRAH/Mavrud).

Varna Wine Cellar Don (r) w ★→★★ Kellerei an der Küste; gut für preisgünstigen, vielversprechenden SAUVIGNON BLANC (**12**) und RIESLING/Varnenski MISKET (**12**).

Yamantievi Thrak r w ★→★★ In der Reihe Villa Armira: SHIRAZ und MERLOT Reserve (beide 09); außerdem Marble Land CHARDONNAY (09).

Slowenien

Aus Slowenien kommen einige wunderbar ausgewogene und verführerische Weißweine. Vor allem das früher eher rückständige Gebiet Štajerska im Osten, die slowenische Steiermark, brilliert jetzt mit lebhaften, knackigen aromatischen Weißen und hier und da sogar mit einem eleganten Rotwein. Wirtschaftlicher Druck hilft allerdings nicht weiter.

Batič Prim w; s ★→★★ 09 11 12 – Erzeuger in VIPAVA, berühmt für »Naturweine« (siehe S. 107). Bestseller ist der Zaria.

Bjana Prim sch ★★ Sehr guter PENINA nach der traditionellen Methode aus BRDA, v. a. Cuvée Prestige und Brut Rosé.

Blažič Prim w ★★→★★★ 06 08 11 12 – Erzeuger in BRDA mit beachtlichem REBULA, SAUVIGNONASSE und, in besonders guten Jahren, auch dem komplexen Weißweinverschnitt Blaž Belo.

Brda (Goriška) Prim – Erstklassiger Bezirk in der Region PRIMORSKA; viele führende Erzeuger: u. a. BJANA, BLAŽIČ, EDI SIMČIČ, Dolfo, v. a. schäumender Spirito (10), Erzetič, JAKONČIČ, Klinec, KRISTANČIČ, MOVIA, Prinčič, SIMČIČ MARJAN, ŠČUREK, VINSKA KLET GORIŠKA BRDA, ZANUT. Orange Weine (mit Maischegärung bereitete Weiße) von Kabaj und Klinec.

Burja Prim r w ★★→★★★ 09 11 – Projekt in VIPAVA, konzentriert sich unter dem Etikett Petite Burja auf die lokalen Trauben Zelen und MALVAZIJA. Der Bela Burja ist der traditionelle Verschnitt im modernen Gewand, der Burja Noir einer der besten PINOT-NOIR-Weine des Landes.

Conrad Fürst Pod w ★★ 11 – Newcomer mit wieder instandgesetzten historischen Weinbergen in Familienbesitz nahe Jeruzalem. Bislang sehr guter FURMINT und PINOT BLANC.

Čotar Prim r w ★★ 03 04 06 08 – Pionier für langlebige »Naturweine« (siehe S. 107) in KRAS, v. a. weißer Vitovska, MALVAZIJA, SAUVIGNON BLANC, TERAN und roter Verschnitt Terra Rossa.

Cviček Pos – Traditioneller alkoholarmer, scharfer, hellroter Verschnitt aus POSAVJE; basiert auf der lokalen Žametovka-Traube. Empfehlenswerter Erzeuger: Bajnof.

Dveri-Pax Pod r w; s ★★→★★★ **09** 10 **11** 12 – Kellerei nahe Maribor im Besitz von Benediktinern. Frische, mineralische, preisgünstige Weißweine, v. a. SAUVIGNON BLANC, FURMINT und RIESLING. Exzellente Einzellagenauslesen: Furmint Ilovci, Sauvignon blanc Vagyen, Riesling »M«. Auch großartige Süßweine, etwa der seltene ŠIPON Strohwein (09).

Edi Simčič Prim r w ★★★→★★★★ **06 07** 08 **09** 11 – Perfektionist in BRDA; ein Superstar für Rotweine mit dem Duet Lex und dem Spitzenverschnitt Kolos. Die Weißen werden frischer, reiner. Exzellenter Sivi Pinot (PINOT GRIS), REBULA, weißer Verschnitt Triton Lex. Ausgezeichneter Einzellagen-CHARDONNAY Kozana.

Guerila Prim r w ★★ Biodynsmisch arbeitender Erzeuger in VIPAVA mit Maßstäbe setzendem Wein der Lokalsorten PINELA und Zelen (BV).

Heaps Good Wine Pod r w ★★ Vielversprechender Neuling. Der Neuseeländer Nick Gee und seine Frau Marija erzeugen ansprechenden, fruchtbetonten PINOT NOIR und MODRA FRANKINJA; auch reichhaltiger PINOT GRIS aus der Štajerska.

Istenič Pos sch ★→★★ 03 06 08 – Verlässlicher Schaumwein PENINA mit gutem Alterungspotenzial. Der einfachste ist der No.1, am besten sind der Gourmet Rosé und der Prestige.

Istrien Auch Slovenska Istra genannt. Küstenbezirk auf der Adriahalbinsel, der sich jenseits der Grenze in Kroatien fortsetzt. Bekannt für REFOŠK und

MALVAZIJA. Beste Erzeuger: Bordon (E Vin rosé, Malvazija), Korenika & Moškon (PINOT GRIS, roter Kortinca), Rojac (Renero, Stari d'Or), Pucer z Vrha (Malvazija), SANTOMAS, VINAKOPER.

Jakončič Prim r w; sch ★★★ **09 10** 11 12 – Sehr guter Erzeuger in BRDA mit elegantem Stil, v. a. Bela Carolina (REBULA/CHARDONNAY), PENINA und roter Rdeča Carolina.

Joannes Pod r w; sch ★★ **08' 09' 10** 11 – RIESLING-Spezialist bei Maribor, gut alternde Weine. Auch frischer, leichter PINOT NOIR und vielversprechender PENINA.

Sloweniens Qualitätsweine

Um als Qualitätswein anerkannt zu werden, müssen alle Weine eine Verkostungsprüfung bestehen. *Vrhunsko vino z zaščitenim geografskim poreklom* oder *Vrhunsko vino ZGP* ist der Ausdruck für Qualitätsweine mit geschützter Ursprungsangabe (g.U.), der allerdings wegen der Kosten für die zusätzlichen Weinbergprüfungen nicht häufig verwendet wird. *Kakovostno vino ZGP* ist gebräuchlicher für Qualitätsweine. Weine mit geschützter geografischer Angabe (g.g.A.) heißen *Deželno vino PGO* (Priznano geografsko oznako). Für Qualitätssüßweine sind folgende Begriffe in Gebrauch: *Pozna Trgatev* (Spätlese), *Izbor* (Auslese), *Jagodni Izbor* (Beerenauslese), *Suhi Jagodni Izbor* (Trockenbeerenauslese). *Ledeno vino* ist Eiswein, *Slamno vino* Strohwein von halbgetrockneten Trauben und PENINA ein natürlicher Schaumwein.

Kogl Pod r w; sp ★★ 11 12 – Auf einem Hügel nahe Ormož gelegenes kleines Weingut, dessen Geschichte bis 1542 zurückreicht. Wichtigste Reihe sind die feinen Mea-Culpa-Weine ohne Eichennote.

Kras Prim – Kleiner, aber berühmter Bezirk mit Terra-Rossa-Böden in der Region PRIMORSKA. Am bekanntesten für TERAN und MALVAZIJA.

Kristančič Dusan Prim r w ★★→★★★ **09** 11 – Familienweingut in BRDA. Spannende Spitzenmarke Pavó, v. a. der Bordeaux-Verschnitt Rdeče (09).

Kupljen Pod r w ★★ 11 12 – Pionier bei der Bereitung von zuverlässigen trockenem Qualitätswein nahe Jeruzalem. Guter RENSKI RIZLING, Sivi Pinot, FURMINT und PINOT NOIR. Am besten ist der White Star of Stiria.

Ljutomer Ormož Pod – Berühmter Unterbereich in PODRAVJE, bekannt für frische, delikate Weiße und hervorragende Süßweine. Beste Erzeuger: PRA-VINO, CONRAD FÜRST, HEAPS GOOD WINE, P & F, KOGL, Krainz, KUPLJEN, VERUS.

Marof Pod r w ★★→★★★ **11'** 12 – Aufregende Kellerei in Prekmurje. Klassische Weine (BV): sehr guter LAŠKI RIZLING Bodonci, RENSKI RIZLING. Die Auslesen der Reihe Breg sind hervorragend, v. a. CHARDONNAY und SAUVIGNON BLANC.

Movia Prim r w; sch ★★★→★★★★ **03 05 07** 08 09 11 – Sehr bekanntes biodynamisches Gut unter der Führung des charismatischen Ales Kristančič. Exzellenter weißer Veliko Belo, roter Veliko Rdeče und sehr guter MODRI PINOT. Der Schaumwein Puro ist ein Schmuckstück, doch am orangefarbenen Lunar scheiden sich die Geister.

P & F Pod r w; sch ★★ 11 12 (13) – Der frühere Staatsbetrieb mit Kellerei und Weinbergen ist in die Hände der ursprünglichen Besitzerfamilie Puklavec zurückgegangen und wurde in P & F (Puklavec & Friends) umbenannt. Erzeugt jetzt preiswerte, verlässlich frische aromatische Weißweine in der

P & F-Reihe. Die Gomila-Auslesen mit dem goldenen Etikett sind exzellent, v. a. der FURMINT und der SAUVIGNON BLANC. Die Weine für die lokalen Märkte sind als Jeruzalem Ormož etikettiert.

Penina Bezeichnung für Qualitätsschaumwein (Tankgärung oder traditionelle Methode). Empfehlenswert: RADGONSKE GORICE (der größte), ISTENIČ, BJANA, MOVIA, Vino Gaube (Gaudium Rosé Brut, Chardonnay), Dolfo (Spirito).

Podravje Weinregion im Nordosten. Bekannt für frische trockene Weiße; oft besseres Preis-Leistungs-Verhältnis als im Westen. Auch ein paar leichte Rotweine von PINOT NOIR und MODRA FRANKINJA.

Posavje Weinregion im Südosten. Die besten Weine sind süß, v. a. von PRUS und Šturm (★★★★-Eiswein und edelfaule MUSCAT-Versionen).

PRA-VinO (Čurin-Prapotnik) Pod w; s 06' 07 09 11 12 – War in den 1970er-Jahren der Vorreiter der privaten Weinerzeugung, jetzt haben der Sohn und der Enkel übernommen. Süßweine von Weltklasse (★★★★), u. a. fantastischer Eiswein (*ledeno vino)* und edelfaule Gewächse von ŠIPON, LAŠKI RIZLING und RIESLING. Die trockeneren Stile werden besser.

Primorska Im Südwesten gelegene Region (auch Primorje genannt), die sich vom slowenischen Istrien bis BRDA erstreckt.

Prus Pos w; s – Der kleine Familienbetrieb produziert umwerfende ★★★★-Süßweine (03 04 06 09 11), v. a. Eis- und edelfaule Weine von Rumeni MUŠKAT, RIESLING und SAUVIGNON BLANC.

Pullus Pod r w sp ★★→★★★ **11** 12 13 – Sehr gute, knackige, moderne Weißweine aus der Kellerei in Ptuj, v. a. Pullus SAUVIGNON BLANC und RIESLING. Exzellente Weine mit dem Etikett »G« (v. a. Sauvignon blanc) und wunderbarer süßer RENSKI RIZLING (08).

Radgonske Gorice Pod ★ Erzeuger der slowenischen Schaumwein-Bestseller Srebrna (silberner) PENINA, Zlata (goldener) Penina (nach der klassischen Methode) und des beliebten halbtrockenen TRAMINEC mit schwarzem Etikett.

Santomas Prim r w ★★★ 06 09 10 12 – Das Weingut in ISTRIEN produziert einige der besten Refošk- und REFOŠK/CABERNET-SAUVIGNON-Weine des Landes, v. a. Antonius und Grande Cuvée. Sehr günstig ist der Mezzoforte lecker der Casme Ré Rosé.

Ščurek Prim r w; s ★★→★★★ 07 08 09 10 11 12 – Guter, verlässlicher Erzeuger in BRDA mit sortenreinen Weinen (BV) von BELI PINOT, CHARDONNAY und REBULA. Die besten Weine beruhen auf lokalen Sorten, v. a. Stara Brajda (rot und weiß), Pikolit, Up.

Simičič, Marjan Prim r w; s ★★★★ **07** 08 **09** 10 11 12 – Exzellenter Erzeuger in BRDA. Die Weißweine, v. a. Sivi Pinot, SAUVIGNONASSE, REBULA, CHARDONNAY und SAUVIGNON BLANC Selekcija, beeindrucken. Großartig sind der weiße Teodor Belo und der rote Teodor Rdeče, elegant der MODRI PINOT. Bemerkenswerte Reihe von Einzellagenweinen namens Opoka, v. a. Sauvignon blanc und MERLOT. Der süße Leonardo ist großartig.

Štajerska Slovenija Pod – »Slowenische Steiermark«; seit 2006 ein wichtiger Weinbaubezirk im Osten. Erzeuger: Gaube (v. a. CHARDONNAY Kaspar), Frešer, Kušter, Valdhuber, Miro Vino (v. a. ŠIPON).

Steyer Pod w; s; sch ★★ 10 11 12 – Spezialist für TRAMINER in ŠTAJERSKA: trocken, Schaumwein, mit Eichenausbau, süß. Ordentlicher SAUVIGNON BLANC, CHARDONNAY und Ranina.

Sutor Prim r w ★★★ **09'** 10 **11'** – Ausgezeichneter Erzeuger in VIPAVA. Der CHARDONNAY ist einer der besten des Landes und altert ausgezeichnet. Sehr gut auch der SAUVIGNON BLANC, fein der MALVAZIJA, elegant der Rote auf MERLOT-Basis.

Tilia Prim r w ★★ 09 10 11 12 (13) – Winzerehepaar aus VIPAVA. In der süffigen Reihe Sunshine lohnen sich v. a. der SAUVIGON BLANC und der PINOT GRIS; in der Premiumreihe Golden Tilia v. a. der feine PINOT NOIR.

Valdhuber Pod r w ★ 12 13 – Pionier für trockene Weine in PODRAVJE. Erfrischende, geradlinige Weiße.

Verus Pod r w ★★★ **11' 12'** (**13**) – Feine, fokussierte, mineralische Weiße, v. a. sehr guter FURMINT, knackiger SAUVIGNON BLANC, aromatischer PINOT GRIS und verfeinerter RIESLING. Auch purer feiner PINOT NOIR.

Vinakoper Prim r w ★→★★ 08 09 11 12 (13) – Große Firma mit eigenen Weinbergen in ISTRIEN. Preiswerte Reihe Capris (MALVAZIJA BV und REFOŠK) sowie auf Premiumniveau Capo d'Istria mit SHIRAZ und CABERNET-SAUVIGNON.

Vinska Klet Goriška Brda Prim r w ★→★★★ 08 **09** 11 12 (13) – Zukunftsorientierte große Kellerei in BRDA. Gute, verlässliche Weißweine (BV), v. a. Quercus Sivi Pinot, PINOT BLANC und REBULA. Die Premiumreihe mit Eichennote heißt Bagueri, Krasno Belo ist der sehr gute Verschnitt ohne Holzeinfluss. Die exzellenten Rot- und Weißweine mit dem Namen A+ werden nur in den besten Jahrgängen erzeugt.

Vipava Prim – Das für seine kühlen Brisen bekannte Tal in der Region PRIMORSKA liefert einige der besten Weine Sloweniens. Auch der Name eines ehemaligen großen staatlichen Kellereibetriebs, Vipava 1894, wo ein neuer Kellermeister (von GUERILA) Änderungen vornimmt. Erzeuger: BATIČ, BURJA, GUERILA, Štokelj (v. a. der PINELA), MLEČNIK, SUTOR, TILIA.

Zanut Prim r w ★★ 06 08 11 12 – Familienkellerei in BRDA mit exzellentem SAUVIGNONASSE, intensivem SAUVIGNON BLANC und, in Spitzenjahrgängen, MERLOT Brjač von einer Einzellage.

Zlati Grič Pod w; sch ★ Neuinvestition nahe Maribor mit 75 ha Rebland. Probieren Sie den Konjiška Rosé PENINA.

Teran ist in Kroatien eine einheimische Traubensorte, in Slowenien aber eine geschützte Ursprungsbezeichnung. Alles klar?

Kroatien

Kroatien ist nun ein vollwertiges Mitglied der EU und zeigt sich bereits selbstbewusst mit ein paar schönen eigenen Weinen (und nicht allzu bescheidenen Preisen). Doch die Weinerzeuger haben mit einigen neuen Problemen zu kämpfen. Eines ist der mögliche Verlust des Namens Prošek, der in Kroatien seit Jahrhunderten für einen Süßwein im Passito-Stil verwendet wird, der für die EU aber dem italienischen Perlwein Prosecco zu ähnlich klingt. Ein anderes ist der Disput mit Slowenien über den Namen Teran. Slowenien hat ihn als g.U. für Weine von der Refošk-Traube aus Kras eintragen lassen, doch für Winzer aus Istrien ist Teran der Name der dort heimischen Traubensorte. Diese wiederum heißt in Slowenien Refošk, was das Ganze vereinfacht – oder noch schwieriger macht, je nachdem, wie man es sehen will.

Agrokor r w ★→★★ 09 10 11 12 – Firmengruppe mit über 30 % Marktanteil und etlichen angeschlossenen Kellereien, u. a. Agrolaguna mit dem Markenamen Vina Laguna Festigia (guter MALVAZIJA, Malvazija Riserva, Rosé, Terra Rossa, Castello) und Vina Belje (v. a. MERLOT, Goldberg GRAŠEVINA und Premium-CHARDONNAY).

Arman, Franc Ist r w ★★ 11 12 – Familienkellerei in der sechsten Generation. Sehr gute, präzise Weiße, v. a. CHARDONNAY und klassischer MALVAZIJA.

Badel 1862 Dalm r w ★★ 09 10 11 12 – Vier Kellereien; die besten Weine sind der Korlat SYRAH und die Cuvée von der Kellerei Benkovac. Preisgünstige

Reihe Duravar, v. a. SAUVIGNON BLANC und GRAŠEVINA. Guter PLAVAC und Ivan Dolac von PZ Svirče.

Benvenuti Ist r w ★★ Familienbetrieb in Istrien. Guter MALVAZIJA, sowohl BV- als auch gereift, sehr guter TERAN (09).

Bodren N-Kr w; s ★★→★★★ 10 **11** – Exzellente Süßweine, u. a. CHARDONNAY, TRAMINER, RIESLING und der Verschnitt Tripith. Großartiger Eiswein.

Bolfan N-Kr w; tr ★★ 11 12 – Erzeuger bei Zagreb mit 20 ha Rebland, der Bio- und »Naturweine« (siehe S. 107) produziert. Am besten sind der RIESLING und der PINOT NOIR Rosé.

Bura-Mrgudič Dalm r ★★→★★★ Der komplex DINGAČ (09) ist einer der besten des Landes.

Kroatiens Rebsorten

Kroatien hat 39 indigene Rebsorten, darunter die rote Babič (am besten von GRACIN) sowie die weißen Bogdanuša (aus HVAR), Debit (z. B. von Bibich Lučica), Gegič (z. B. von Boškinac), Grk (z. B. von GRGIČ), Maraština (alias MALVAZIJA; gut von Sladič), Pošip (beachtlich: Krajančič) und Vugava (von STINA).

Capo Ist w r; tr ★★ Neuer qualitätsorientierter Erzeuger in Istrien. Sehr gute Reihe Stella, v. a. SAUVIGNON BLANC Sagittarius, CABERNET FRANC Aries, PINOT NOIR Gemini.

Cattunar Ist r w; tr ★★ 10 11 12 – Familiengut auf einem Hügel. Sehr gut ist der MALVAZIJA, v. a. der reichhaltige Collina.

Coronica Ist r w ★★ 09 11 12 – Beachtliche Kellerei in ISTRIEN, v. a. mit fassgereiftem Gran MALVAZIJA und dem Maßstäbe setzenden Gran TERAN.

Dalmatien (Dalmacija) Die Felsküste mit den Inseln der kroatischen Adria südlich von Zadar mit warmem mediterranem Klima.

***Vrhunsko vino:* Wein von Premiumqualität, *Kvalitetno vino:* Qualitätswein *Stolno vino:* Tafelwein. *Suho:* trocken, *Polsuho:* halbtrocken.**

Dingač Dalm **06 07** 08 09 – War 1961 die erste Qualitätsbezeichnung und ist heute eine geschützte Ursprungsbezeichnung auf der Halbinsel Pelješac im südlichen Dalmatien. Robuster, körperreicher PLAVAC MALI. Empfehlenswerte Erzeuger: BURA-MRGUDIČ, Kiridžija, Lučič, Matuško, Madirazza (**09**), SAINTS HILLS, Vinarija Dingač (Genossenschaft mit 300 ha; sehr guter Dingač und Postup).

Galič N-Kr r w ★★ 09 11 12 – Vielversprechender neuer Erzeuger in SLAWONIEN, vor allem mit GRAŠEVINA, rotem Verschnitt Crno 9 und feinem PINOT CRNI.

Grgič Dalm r w ★★→★★★ 07 08 – Der legendäre Erzeuger aus dem Napa Valley kehrte zu seinen kroatischen Wurzeln zurück und produziert jetzt auf der Halbinsel Pelješac PLAVAC MALI und fülligen POŠIP.

Hvar Dalm – Wunderschöne Insel mit den ältesten kontinuierlich kultivierten Weinbergen der Welt (unter UNESCO-Schutz). Bekannt für PLAVAC MALI einschließlich der Lage Ivan Dolac. Gute Erzeuger: Carič, Plančič, ZLATAN OTOK, PZ Svirče, TOMIČ.

Iločki Podrumi N-Kr r w ★★ 11 12 – Seit der Trennung von Agrokor in Familienbesitz. Europas zweitälteste Kellerei, seit 1450 in Betrieb. Probieren Sie den Premium-GRAŠEVINA, den TRAMINAC und die Reihe Principovac.

Istrien Halbinsel in der nördlichen Adria. MALVAZIJA dominiert; gut auch für CABERNET SAUVIGNON, MERLOT und TERAN. Erzeuger: v. a. ARMAN FRANC, BENVENUTI, CATTUNAR, Clai (orangefarbene Weine, v. a. Sveti Jakov), CAPO, CORONICA, Cossetto (Malvazija Rustica, Mozaik), Degrassi (MUSCAT, Terre Bianche), Gerzinič (Malvazija), Kabola (v. a. Malvazija Amfora), KOZLOVIČ, MATOŠEVIČ, MENEGHETTI, Peršurič (die besten Schaumweine Kroatiens, v. a. Misal Millenium Brut) Pilato (Malvazija, PINOT BLANC) RADOVAN, Ritoša, ROXANICH, SAINTS HILLS, TRAPAN.

Korta Katarina Dalm r w ★★★ 08 **09** 11 12 – Moderne Interpretationen der traditionellen Stile von Korcula. Exzellenter POŠIP und PLAVAC MALI, v. a. Reuben's Reserve.

Kozlović Ist w ★★→★★★ 09 11 12 – MALVAZIJA in allen Spielarten, v. a. der aufregende, komplexe Santa Lucia und der Akacia (in Akazienfässern gereift). Vielversprechend ist auch der neue New Santa Lucia Crno (11).

Krauthaker, Vlado N-Kr r w; s ★★★ 10 **11** 12 – Spitzenerzeuger in KUTJEVO, v. a. CHARDONNAY Rosenberg, GRAŠEVINA Mitrovac und süßer Graševina Izborna Berba. Vielversprechender PINOT NOIR Selekcija (11).

Kutjevo N-Kr – Name einer Stadt in SLAWONIEN (Hochburg der GRAŠEVINA) und der dort ansässigen ★→★★ Kutjevo Cellars.

Matošević Ist r w ★★→★★★ 10 11 12 – Mustergültiger MALVAZIJA, v. a. Alba Antiqua. Auch sehr guter roter und weißer Grimalda.

Meneghetti Ist r w ★★ 09 10 11 – Schlanke rote und weiße Verschnitte, dazu feiner, präziser MALVAZIJA.

Die alte Rotweintraube Babič, die auf den steinigen Küstenterrassen um Šibenik wächst, ist wieder im Kommen.

Miloš, Frano Dalm r; s ★★ 06 09 – Machte sich einen Namen mit dem kraftvollen Stagnum, zugänglicher ist jedoch der PLAVAC.

Postup Dalm – Berühmte Weinberglage nordwestlich von DINGAČ. Körperreiche, füllige Rotweine von PLAVAC MALI. Bekannte Erzeuger sind Donja Banda, Miličič, Mrgudič Marija und Vinarija Dingač.

Prošek Dalm – Der Süßwein im Passito-Stil aus DALMATIEN, bereitet aus getrockneten Trauben der lokalen Sorten Bogdanuša, Maraština und Prč, ist nun wegen seines Namens zum Streitpunkt geworden. Halten Sie Ausschau nach dem Hectorovich von TOMIČ.

Radovan Ist r w ★★→★★★ 09 11 12 – Familienbetrieb mit tadellosen Weißen sowie großartigem CABERNET SAUVIGNON und MERLOT.

Roxanich Ist r w ★★→★★★ **07** 08 – »Natürlich« arbeitender Erzeuger mit kraftvollen, verführerischen bernsteinfarbenen Weinen (MALVAZIJA Antica, Ines U Bijelom) und beeindruckend komplexen Roten, v. a. TERAN Ré, Superistrian Cuvée und MERLOT.

Saints Hills Dalm, Ist r w ★★→★★★ 08 09 10 – Drei Weinberge und zwei Kellereien; Michel Rolland berät. Sehr guter Nevina MALVAZIJA/CHARDONNAY aus Istrien. Der PLAVAC MALI St. Roko zeigt Potenzial. Auch ernst zu nehmender DINGAČ.

Slawonien N-Kr – Region in Nordkroatien; traditionell für Weißweine, inzwischen gibt es aber auch gute Rote, v. a. PINOT NOIR. Erzeuger: u. a. Adzič, Bartolovič, Belje, Enjingi (v. a. GRAŠEVINA, Venje), GALIČ, KRAUTHAKER, Mihalj, Zdjelarevič. Berühmt auch für sein Eichenholz.

Stina Dalm r w ★★ 09 10 11 12 – Markenname der Kellerei Jako Vino auf der Insel Brač. Von den sehr steilen Weinbergen kommt sehr guter POŠIP, PLAVAC MALI, Crljenak und seltener Vugava.

Mittel- und Südosteuropa

Suha Punta Dalm r w ★★→★★★ 08 09' (11) (12) – Die kleine, aber beeindruckende Kellerei bei Primošten erzeugt von steinigen Lagen an der Küste den besten Babič des Landes. Professor Leo Gracin ist Miteigentümer.

Teran REFOŠK-Weine von den karstigen Böden ISTRIENS: rustikal, säurebetont, appetitanregend.

Tomac N-Kr r w; sch ★★ Weingut bei Zagreb mit 200-jähriger Geschichte. Berühmt für Schaumwein und die wegweisenden Amfora-Weine.

Tomić Dalm r w ★★ 08 09 11 – Beeindruckende Persönlichkeit auf der Insel HVAR, setzt sich für den PROŠEK ein (Erzeuger des Hectorovich). Auch gute Rote, v. a. PLAVAC Barrique.

Der ursprünkliche kroatische Name für Zinfandel lautete Tribidrag – »die Frühreifende«. Auch als Crljenak bekannt.

Trapan, Bruno Ist r w ★★ 10 11 12 – Der junge Erzeuger hat sich einen Ruf für MALVAZIJA erworben, u. a. mit dem gereiften Uroboros und dem frischen Ponente. SYRAH-Pionier in ISTRIEN.

Zlatan Otok Dalm r w ★★→★★★ 09 10 – Die Söhne haben das Gut übernommen, es dürfte sich also etwas ändern. War bislang für seine mächtigen Rotweine, insbesondere den Zlatan PLAVAC Grand Cru, ein bewunderter Erzeuger. Die Investitionen in die Weinberge haben sich in besser ausgewogene Weine ausgezahlt: Zlatan Plavac Barrique, Crljenak und exzellenter POŠIP (12).

Bosnien-Herzegowina, Mazedonien, Serbien, Montenegro

Einige bedeutende neue Investitionen und eine immer besser werdende Wein- und Esskultur machen diese Balkanländer zu einer interessanten Region für Weinentdecker.

Bosnien-Herzegowina hat die indigene rote Blatina-Traube mit Pflaumennoten und die weiße Žilavka mit Traubenaroma (für beide empfehlenswert: Hercegovina Produkt) sowie die charaktervollen reifen Weine der roten Vranac (v. a. von Vinarija Vukoje und Kloster Tvrdoš. Weitere neue Namen, die international Beachtung gefunden haben, sind Vilinka, Vinarija Škegro und Podrum Andjelic.

Mazedonien (das aufgrund der Namensstreitigkeiten mit Griechenland auch FYROM = Former Yugoslav Republic of Macedonia genannt wird) zeigt nun die Ergebnisse des beachtlichen Kapitalzuflusses. Die Großkellerei Tikveš hat sich französische Beratung für ihre eindrucksvollen Einzellagenweine Bela Voda und Barovo geholt; gut sind auch der traubige Temjanika und der Vranec Special Selection. Bei Stobi wurden über 20 Mio. investiert; spannend und verfeinert zugleich präsentieren sich PETIT VERDOT und SHIRAZ, sehr gut sind Vranec Veritas, Žilavka, CHARDONNAY und MUSCAT OTTONEL. Im kleineren Boutique-Bereich tut sich Château Kamnik hervor, v. a. mit Chardonnay Barrique, 10 Barrels CABERNET SAUVIGNON und 10 Barrels SYRAH. Der Imperator von Bovin gewinnt regelmäßig Preise, zugänglicher aber ist der Dissan Vranec, zurückhaltender der Alexandar. Dalvina erzeugt angenehmen Župljanka und guten Rotweinverschnitt Armageddon.

In **Serbiens** neun Weinregionen gibt es nun eine Reihe Erzeuger, die globalen Standards standhalten. Klassisch ist der Cabernet Reserve von Radovanovič, und auch Aleksandrovič beeindruckt, v. a. mit den weißen Trijumf-Weinen, dem Trijumf Noir auf PINOT-NOIR-Basis und dem Rodoslov. Weitere interessante Weine sind etwa der Prokupac (eine rote Lokalsorte mit Potenzial) von Ivanovič, der exzellente Kremen Cabernet Sauvignon von Matalj, Triada und Svb Rosa (beides auf Prokupac-Basis) von Vino Budimir; außerdem Spasič (Tamjanika), Vinarija Kovačevič und Zvonko Bogdan.

Die Weinberge **Montenegros** finden sich an der Küste und um den Skutari-See (Skadarsko jezero) herum. Die Firma 13. Jul Plantaže ist ein Großproduzent mit verlässlichen Weinen (probieren Sie den Procorde Vranac); interessant ist auch die erste private Kellerei Milenko Sjekloča (ordentlicher Vranac).

Tschechische Republik und Slowakische Republik

Tschechische Republik

Die Tschechische Republik ist in zwei Weinregionen aufgeteilt, Böhmen und das zwanzigmal so große Mähren. Der Weinkonsum steigt ebenso wie die Preise, auf internationalen Wettbewerben werden Medaillen im Mengen eingeheimst. Praktisch die gesamten Produktion wird im Land konsumiert.

Baloun, Radomil Mäh – Einer der ersten Erzeuger, der 1990 privatisiert wurde. Investiert jetzt mit eigenem (nicht EU-) Geld, um zwei marode ehemalige Genossenschaften stilvoll zu modernisieren.

Bohemia Sekt Group Bö, Mäh – Branchenriese und größter Sektproduzent, dem Víno Mikulov, Habánské Sklepy, Château Bzenec und Pavlov gehören.

Dobrá Vinice Mäh – Vom slowenischen Erzeuger Aleš Kristančič inspirierter Einzelgänger. Mit Sicherheit die besten Weißweine des Landes.

Dva Duby Mäh – Überzeugter Terroirist, der nur 4 ha im Frankovka-Land (BLAUFRÄNKISCH) von Dolní Kounice nach den Prinzipien von Maria Thun anbaut.

Lobkowicz, Bettina Bö – Hat sich jetzt in Mělník nördlich von Prag selbstständig gemacht. Hervorragender PINOT NOIR sowie RIESLING-Schaumwein nach der klassischen Methode.

Sonberk Mäh – Mit slowakischem Geld im Hintergrund gebaute eindrucksvolle Kellerei, bekannt für hochangesehenen Strohwein.

Stapleton & Springer Mäh – Gemeinschaftsunternehmen vonn Jaroslav Springer und dem ehemaligen US-Botschfter Craig Stapleton. Nur vier Sorten, alle rot, mit Schwerpunkt auf PINOT NOIR. Wahrscheinlich die besten Rotweine weit und breit.

Vinselekt Michlovský Mäh – Großunternehmen mit vielen Weinreihen unterschiedlicher Qualität. Der beste der Großen, immer zu Innovationen bereit.

Znovín Mäh – Große Firma unter der Leitung von Pavel Vajčner, mit einem Angebot für alle Bedürfnisse. War 2013 Kellerei des Jahres.

Zum Wettbewerb Ice Wine du Monde in Mähren, subventioniert mit gut 1 Mio. Euro, kamen 86 Bewerber.

Slowakische Republik

Die sechs Weinregionen des Landes liegen in den Ausläufern des zentralen Hochlands und an den Grenzen im Süden und Osten: Malokarpatská (Kleine Karpaten), Juhoslovenská (Südslowakei), Nitrianska (Nitra), Stredoslovenská (Zentralslowakei), Východoslovenská (Ostslowakei) und die kleinste, Tokajská (Tokaj), ganz im Osten, angrenzend an den berühmteren ungarischen Bruder. Neben den internationalen Trauben dominieren die klassischen zentraleuropäischen Sorten. Wie in der Tschechischen Republik ist von Krise hier nicht viel zu spüren. Jede Menge Geld fließt in schicke neue Kellereien wie Elesko, ein im östlichen Mitteleuropa konkurrenzlos großer Betrieb mit Restaurant, Kunstgalerie (Warhol-Originale) und viel ausländischem Geld; als Berater wird der Neuseeländer Nigel Davies eingeflogen. Weitere bemerkenswerte Erzeuger sind u. a.: Château Béla (Mužla), an dem Egon Müller vom Scharzhof (Mosel) beteiligt ist, Karpatská Perla (Šenkvice), Malík & Sons (Modra), Roman Janoušek, Víno Matyšák (beide Pezinok), Vinanza (Vráble), J&J Ostrožovič (Vel'ká Tŕňa in Tokaj). Sekt produziert JE Hubert, inzwischen der größte Erzeuger des Landes, im Besitz des deutschen Konzerns Dr. Oetker.

Rumänien

Rumänien kann sich der am weitesten entwickelten Weinkultur am Schwarzen Meer rühmen – von den Kommunisten heruntergewirtschaftet, in letzter Zeit aber wieder auferstanden. Jüngst wurde ein Wendepunkt erreicht, mit realistischeren Preisen und einem starken Fokus auf den Export. Die 30.000 ha besserer Weinberge, die seit dem EU-Beitritt 2007 angelegt wurden, bringen jetzt Ertrag, und ältere, minderwertige Lagen beginnen zu verschwinden. Schmerzhafte wirtschaftliche Maßnahmen haben dem Weinabsatz im Inland einen Dämpfer verpasst, nur bei Premiumweinen hält das Wachstum unvermindert an. Rumänien ist eines der größten Neumitglieder und bietet der Rebe exzellente natürliche Bedingungen – die Zukunftsaussichten scheinen günstig.

Avincis Munt r w ★→★★ 11 12 – Fortschrittlicher wiederbelebter Familienbetrieb mit talentiertem jungem elsässischem Kellermeister in DRĂGĂŞANI.

Banat Kleine Weinregion im Westen, wo nun auch das neue italienische Gut Petro Vaselo aktiv ist (empfehlenswert: Alb (11), Ovas (09), Melgris (11)). Siehe auch CRAMELE RECAŞ.

Budureasca Munt r w ★→★★ 11 12 – 300-ha-Gut in DEALU MARE mit den Marken Budureasca und Origini; beständige Qualität.

Rumänien hat die fünftgrößte Rebfläche Europas und mit ca. 5,4 Mio. hl die sechstgrößte Weinproduktion.

Cotnari Mold – DOC-Region in der Moldau, seit Jahrhunderten bekannt für Süßweine. Inzwischen meist liebliche bis süße Weine von den Sorten GRASĂ, FETEASCĂ ALBĂ und TĂMÂIOASĂ, dazu trockener Frâncusă. Auch Name der Cotnari Winery (★) mit 1.200 ha Rebland. Sammlerweine, v. a. süße Versionen können langlebig und eindrucksvoll sein.

Crama Girboiu Mold r w ★ 2005 gegründeter Betrieb mit 200 ha Rebland in Vrancea. Am besten ist die Marke Bacanta.

Crama Oprisor Munt r w ★★→★★★ **09** 10 11 12 – Val Duna heißt die preisgünstige Exportmarke. Sehr gute Reihe Crama Oprisor, v. a. La Cetate, Caloian, Maiastru und Smerenie.

Cramele Recaş Banat r w ★★→★★★ 11 12 – Progressives britisch-rumänisches Gut im Banat. Sehr gutes Preis-Leistungs-Verhältnis bei den Sortenweinen unter den Etiketten I heart, Frunza, Castel Huniade und Ter ra Dacica. Exzellent sind die Premiumweine, v. a. Solo Quinta, Sole und Cuvée Überland. Aufregende Rotweine namens Selene, v. a. der Fetească neagră (11), der mit Hilfe von Alesso Planeta erzeugt wurde.

Davino Munt r w ★★★ **07' 09'** 10 11 12 – Einer der besten Erzeuger Rumäniens, mit 68 ha in DEALU MARE. Sehr gut der Domaine Ceptura weiß und rot, exzellent der weiße Revelatio (12) und der Purpura Valahica. Der rote Flamboyant ist exzellent (**09**), der rote Rezerva (**07**) setzt neue Qualitätsmaßstäbe für Rumänien.

Dealu Mare / Dealul Mare Munt – »Der große Berg«. Historisches Qualitätsweinbaugebiet und DOC an Südhängen in Muntenien. Heimat vielversprechender neuer Boutiquekellereien: Lacerta, Rotenberg (MERLOT, v. a. Menestrel, Notorius), Crama Basilescu (Merlot, FETEASCĂ NEAGRĂ).

Dobrogea (Dobrudscha) Sonnige, trockene Schwarzmeerregion. Enthält die DOCs MURFATLAR, Babadag und Sarica Niculitel. Historisch berühmt für süßen Spätlese-CHARDONNAY, heute auch für körperreiche Rote. Vielversprechend das neue Bioweingut Vifrana.

Domeniile Ostrov Dob r w ★ 20 Mio. Euro wurden hier in 1.200 ha Rebland in der DOBROGEA investiert. Kommerzieller CABERNET SAUVIGNON und MUSCAT OTTONEL (beide BV).

DOC

Denumire de Origine Controlată ist der rumänische Ausdruck für geschützte Ursprungsbezeichnung (g.U.). Unterkategorien sind etwa DOC-CMD für Weine aus vollreif gelesenen Trauben, DOC-CT für Spätlesen und DOC-CIB Weine von edelfaulen Trauben. *Vin cu Indicatie Geografica* ist das Äquivalent zur IGP (g.g.A.).

Domeniile Sahateni Munt r w ★→★★ 09 11 12 – Weingut mit 70 ha in DEALU MARE. Empfehlenswert: weißer Artisan und Artisan TĂMÂIOASĂ ROMÂNEASCĂ. Auch vielversprechender Syrah (11).

Domeniul Coroanei Segarcea Munt r w; s ★★ 10 11 12 – Historische Krondomäne. Am besten sind die trockenen aromatische Weißweine, u. a. von SAUVIGNON BLANC und TĂMÂIOASĂ (auch seltener lieblicher Rosé). Dazu ordentlicher CHARDONNAY, CABERNET SAUVIGNON und PINOT NOIR.

Drăgăşani Munt – Dynamische Weinregion am Fluss Olt. Angeführt hat die Widerbelebung PRINCE ŞTIRBEY, jetzt sind auch AVINCIS, Negrini (sehr guter SAUVIGNON BLANC/FETEASCĂ REGALĂ-Verschnitt), Isarescu und Via Sandu dabei. Gut für aromatische frische Weißweine, v. a. die lokale Crâmposie selectionată, TĂMÂIOASĂ, und frischer Sauvignon blanc. Unverwechselbare Rotweine aus lokalen Trauben: Novac, Negru de Drăgăşani.

Halewood Romania Munt r rs w ★→★★ **09 10** 11 12 – Unternehmen in britischem Besitz, seit 2009 mit neuem Fokus auf Qualität. Beste Weine: Hyperion FETEASCĂ NEAGRĂ, CABERNET SAUVIGNON, Chronos PINOT NOIR und Theia CHARDONNAY. Auch sehr gut sind die Einzellagenweine: La Catina Pinot noir, Fetească neagră und Scurta VIOGNIER/TĂMÂIOASĂ. La Umbra ist eine kommerzielle Marke mit einem guten Preis-Leistugs-Verhältnis, v. a. Pinot noir und SHIRAZ.

Jidvei Siebenbürgen w ★ Rumäniens größter Weinbaubetrieb mit 2.460 ha in der Unterregion Jidvei in SIEBENBÜRGEN. Durchwachsene Qualität, am besten ist die Reihe Owner's Choice von Berater Marc Dworkin (auch bei Bessa Valley in Bulgarien), v. a. FETEASCĂ ALBĂ Maria, Mysterium TRAMINER/SAUVIGNON BLANC und CHARDONNAY Ana.

Lacerta Munt r w ★★ 10 11 12 – Neues, auf Qualität ausgerichtetes Gut in DEALU MARE. Empfehlenswert: rote Cuvée IX und weiße Cuvée X, auch SHIRAZ und FETEASCĂ NEAGRĂ.

Liliac Siebenbürgen r w ★★ 11 12 – Vielversprechendes neues 60-ha-Gut in SIEBENBÜRGEN mit raffinierten frischen Weißen, v. a. FETEASCĂ REGALĂ, Crepuscul, Private Selection SAUVIGNON BLANC und dem köstlich süßen Nectar.

Weinregionen

Muntenien & Oltenien ist die wichtigste Weinregion im Süden; zu ihr gehören die DOC-Gebiete DEALU MARE, Dealurile Olteniei, DRĂGĂŞANI, Pietroasa, Sâmbureşti, Stefaneşti und Vanju Mare. Die DOBROGEA (Dobrudscha) erstreckt sich unweit des Schwarzen Meeres; ihre wichtigste DOC ist MURFATLAR. Crişana & Maramures liegt im Nordwesten (mit den deutlich verbesserten Erzeugern Wine Princess und Nachbil). Das BANAT ist eine kleine Weinregion im Westen, SIEBENBÜRGEN ein kühles Hochplateau in der Mitte Rumäniens (Weiße mit guter Säure). Die größte Weinregion ist die MOLDAU (Moldova) nordöstlich der Karpaten. Zu den DOC-Gebieten gehören u. a. Bohotin, Cotnari, Huşi, Iaşi, Odobeşti, Coteşti und Nicoreşti.

Moldau (Moldova) Die größte Weinregion des Landes liegt nordöstlich der Karpaten an der Grenze zu Moldawien und umfasst u. a. die DOC-Gebiete Bohotin, COTNARI, Huşi, Iaşi, Odobeşti, Coteşti, Nicoreşti.

Muntenien und Oltenien Große Weinregion im Süden mit den DOC-Gebieten DEALU MARE, Dealurile Olteniei, DRĂGĂŞANI, Pietroasa, Sâmbureşti, Ştefăneşti und Vânju Mare.

Murfatlar Dob – DOC-Gebiet mit Rebflächen in der DOBROGEA nahe dem Schwarzen Meer. Unterregionen: Cernavodă und Medgidia.

Murfatlar Winery Dob r w ★→★★ Bedeutender Produzent für den Inlandsmarkt in der gleichnamigen Region; am besten ist die Marke Trei Hectare (FETEASCĂ NEAGRĂ, CABERNET SAUVIGNON, CHARDONNAY). Von der neuen Boutiquekellerei M1 Crama Atelier mit dem Kellermeister von Nederburg (siehe Südafrika), Răzvan Macici, kommen die Marken Arezan, Leat 6500 und Sable Noble.

Petro Vaselo Banat r w ★→★★ 11 12 – Vielversprechendes neues italienisches Gut im Banat. Probierenswert: CHARDONNAY, roter Verschnitt Ovas, Melgris FETEASCĂ NEAGRĂ.

Prince Ştirbey Munt r rs w ★★→★★★ 10 11 12 – Pioniergut in DRĂGĂŞANI. Sehr gute trockene Weißweine, v. a. von der lokalen Crâmposie selecționată, SAUVIGNON BLANC, FETEASCĂ REGALĂ und TĂMÂIOASĂ ROMÂNEASCĂ. Leckere Rosés und lokale rote Sorten (Novac und Negru de Drăgăşani); neu ist der sehr gute Schaumwein mit Flaschengärung.

Senator Mold r w ★ Größere Kellerei mit Sitz in Odobeşti und 900 ha Rebland. Etiketten: Private Collection und Monser; am besten ist derzeit der Varius SAUVIGNON BLANC.

S.E.R.V.E. Munt r w; tr ★★→★★★ **08 09'** 10 11 12 – Der Erzeugerbetrieb in DEALU MARE wurde von dem verstorbenen korsischen Grafen Guy de Poix gegründet. Gut sind die Weißweine und Rosés mit dem Etikett Vinul Cavalerului, exzellent die Reihe Terra Romana, v. a. CHARDONNAY, Milenium (rot), Cuvée Amaury (weiß) und der bemerkenswerte rote Flaggschiffwein Cuvée Charlotte.

Siebenbürgen Kühle Hochebene in der Mitte Rumäniens. Meist Weißweine mit guter Säure von FETEASCĂ ALBĂ, FETEASCĂ REGALĂ, MUSCAT, TRAMINER und RIESLING ITALICO.

Villa Vinea Siebenbürgen r w ★★ Neuer Erzeuger (seit 2011) in Siebenbürgen in italienischem Besitz. Gute Weiße, v. a. GEWÜRZTRAMINER, SAUVIGNON BLANC, FETEASCĂ REGALĂ.

Vinarte Munt r w ★★→★★★ 07' **08 09** 10 11 – Sehr gute italienische Investition, zu der drei Weingüter gehören: Villa Zorilor in DEALU MARE, Castel Bolovanu in DRĂGĂŞANI und Terase Danubiane in Vânju Mare. Beste Weine: Soare CABERNET SAUVIGNON und Prince Matei MERLOT. Sehr günstig ist auch die Reihe Castel Starmina, v. a. TĂMÂIOASĂ ROMÂNEASCĂ, SAUVIGON BLANC und Negru de Drăgăşani.

Vincon Vrancea Mold r w; tr s ★ 2.150 ha in Vrancea sowie in der Dobrogea und in DEALU MARE.

Vinia Mold r w; tr s ★ Großerzeuger von COTNARI-Weinen in Iaşi.

Vitis Metamorfosis Munt r w ★★ **09** 10 11 12 – Gegründet als Gemeinschaftsunternehmen der italienischen Winzerdynastie Antinori mit HALEWOOD. Spitzenwein: Cantus Primus CABERNET SAUVIGNON (**09**). Sehr gut auch der Vitis Metamorfosis, v. a. der Weißweinverschnitt, sowie MERLOT und FETEASCĂ NEAGRĂ.

WineRo Dob r ★★ 09 11 – Premium-Weingut im Besitz desselben Teams, das auch den bulgarischen Erzeuger Bessa Valley führt. Verschafft sich jetzt einen Ruf für reichhaltige Rotweine, u. a. Alira MERLOT, CABERNET SAUVIGNON und Grande Vin Cuvée.

Malta

Die Weinberge Maltas werden es wohl nie schaffen, die Nachfrage auf der Insel vollständig selbst zu decken. Malta ist einfach nicht groß genug, und wenn es um Landverteilung geht, erhält der Tourismus in der Regel den Vorzug. Viel des konsumierten Weins ist daher zwar in Malta bereitet, aber von Trauben, die aus Italien importiert werden. Echter Malteser Wein unterliegt den Bestimmungen der *Denominazzjoni ta' Origini Kontrollata* (DOK), die auf einer Linie mit der in der EU vorherrschenden Praxis liegen. Die traditionellen indigenen Rebsorten sind die weiße Girgentina und die rote Gellewza, doch auch viele internationale Rebsorten werden angebaut. Spitzenerzeuger ist die von Antinori unterstützte Firma Meridiana, die die exzellenten Etiketten Isis und Mistral (beides CHARDONNAY aus Malta) produziert, außerdem Astarte (VERMENTINO), Melqart (CABERNET SAUVIGNON/MERLOT), Nexus (Merlot), ausgezeichneten Bel (Syrah) und als Premiumwein den Celsius Reserve (Cabernet Sauvignon). Weitere beachtenswerte Erzeuger mit nennenswerten Mengen sind Delicata, Marsovin und Camilleri.

Griechenland

Wenn Sie bisher noch nicht entdeckt haben, wie gut und originell die griechischen Weine von heute sind, dann ist es jetzt an der Zeit: Die Aromen sind einzigartig, die Weine vom Terroir geprägt und wunderschön ausgewogen. Doch die griechischen Konsumenten trinken heute weniger und billigere Weine, deshalb ist der Export für ambitionierte Erzeuger momentan die einzige Chance. Bislang hat das Image, nicht die Qualität, die Exporte gebremst, doch 2013 stieg der Absatz nach Übersee mengenmäßig um 11 % – und nach Umsatz sogar um 30 % in die USA, um 55 % nach Kanada. Das lässt für die Zukunft hoffen, denn eine Krise wird es nicht immer geben, Assyrtiko und Agiorgitiko aber schon.

Die folgenden Abkürzungen werden im Text verwendet:

Äg	Ägäische Inseln
Ion	Ionische Inseln
Mak	Makedonien
Pelop	Peloponnes
Thess	Thessalien

Aivalis Pelop ★★★ Boutiquekellerei in NEMEA mit tiefdunklen Weinen. Spitzenwein (und entsprechend teuer) ist der »4« von über 120 Jahre alten Reben. Der Monopati ist ein weniger anspruchsvoller Nemea. Interessanter ASSYRTIKO.

Alpha Estate Mak ★★★→★★★★ Eindrucksvolles, hochgelobtes Weingut im kühlen Amindeo. Exzellenter Verschnitt von MERLOT/SYRAH/XINOMAVRO, pikanter SAUVIGNON BLANC, exotischer MALAGOUSIA und ungefilterter XINOMAVRO im Stil der Neuen Welt. Spitzenwein ist der Alpha 1, die Kellermeister-Auslese der Traubenernte, der altern muss.

Amyntaion Mak (POP) – In Griechenlands kühlster Appellation dominiert XINOMAVRO. Frische, aber dichte Rote und hervorragende Rosés, sowohl still als auch schäumend.

Ganz Griechenland erzeugt pro Jahr 35 % weniger Wein als Bordeaux.

Antonopoulos Pelop ★★★ In PATRAS ansässiger Erzeuger: erstklassiger MANTINIA, frischer Adoli Ghis (weiß), Anax CHARDONNAY im Burgunderstil und Nea Dris auf CABERNET-SAUVIGNON-Basis (fantastische Jahrgänge **04** und 06). Spitzenwein ist der nach Veilchen duftende Vertzami/CABERNET FRANC.

Argyros Äg ★★★→★★★★ Spitzenerzeuger auf SANTORINI mit beispielhaftem VINSANTO, der 20 Jahre im Fass reift (★★★★). Außerdem aufregender weißer KTIMA, der 10 Jahre haltbar ist, in Eiche ausgebauter weißer Vareli und süßer Mezzo (leichter als Vinsanto). Beim seltenen roten MAVROTRAGANO lohnt sich eine Reifung von 15 und mehr Jahren.

Avantis Mittelgriechenland ★★★ Boutiquekellerei in Evia, auch mit Weinbergen in Boötien. Im Angebot sind dichter SYRAH, Aghios Chronos Syrah/VIOGNIER, pikanter SAUVIGNON BLANC, reichhaltiger MALAGOUSIA und die interessante preisgünstige Reihe Oneiropagida. Spitzenwein ist der Syrah Collection im Rhône-Stil von einer Einzellage (**03 04 05 06** 07).

Biblia Chora Mak ★★★ Vereint Spitzenklasse mit wirtschaftlichem Erfolg: pikanter SAUVIGNON BLANC/ASSYRTIKO, umwerfender Ovilos CABERNET SAUVIGNON und Areti AGIORGITIKO. Der weiße Ovilos (Assyrtiko/Sémillon) könnte erstklassigem weißem Bordeaux Konkurrenz machen.

Boutari, J. & Sohn ★→★★★ Erzeuger mit verschiedenen Kellereien in ganz Griechenland, der Weine mit ausgezeichnetem Preis-Leistungs-Verhältnis produziert, v. a. den Jahrzehnte haltbaren Grande Reserve Naoussa. Auch sehr beliebter MOSCHOFILERO. Spitzenweine sind außerdem: SANTORINI Kalisti Reserve (Eichennote), roter Skalani aus KRETA und kräuterwürziger roter Filiria aus GOUMENISSA.

Cair Äg – Große Kellerei auf RHODOS, spezialisiert auf Schaumweine (der 96er Rosé ist der beste Schaumwein, der je in Griechenland erzeugt wurde). Aber auch die Stillweinreihe Pathos (rot und weiß) ist gut und ausgesprochen preisgünstig.

Carras, Domaine Mak ★→★★ Pionier in Sithonia, Chalkidike, Nordgriechenland, mit eigener OPAP Côtes de Meliton. Weine: Chateau Carras (**01 02 03** 04 05), anspruchsvoller SYRAH und MALAGOUSIA, das beste Preis-Leistungs-Verhältnis aber hat vielleicht der rote Limnio.

Griechische Appellationen

Im Einklang mit den anderen EU-Staaten ändert Griechenland seine Etikettbegriffe. Die Qualitätskategorien OPAP und OPE werden in der neuen Bezeichnung POP (geschützte Ursprungsbezeichnung) zusammengefasst. Die bisher als TO bekannten Regionalweine heißen nun PGE (geschützte geografische Angabe). Die unterste Stufe der Tafelweine (EO) wird abgeschafft. Das Tempo, mit dem sich die neuen Begriffe durchgesetzt haben, hat alle erstaunt, auch die Griechen selbst.

Daskalaki, Silva ★★ Fantasievoller Erzeuger, der mit der Biodynamie liebäugelt. Probieren Sie den süßen Silva Liatiko oder den trockenen, aber exotischen MALVASIA.

Dougos Thess ★★→★★★ Weinberge an den Hängen des Olymp. Spannendes Sortiment, v. a. mit Opsimo (rote trockene Spätlese) und RAPSANI. Beispielhafter roter Methymon 7 aus sieben Rebsorten (**08** 10).

Douloufakis Kreta ★★→★★★ Ausgezeichneter Erzeuger nahe Heraklion. Die Reihe Dafnios ist ein Schnäppchen. Der Aspros Lagos (rot und weiß) gehört zu den Besten KRETAS.

Driopi Pelop ★★★ Betrieb von TSELEPOS in NEMEA. Seriöse Weine (v. a. der KTIMA von einer Einzellage) in außerordentlich kräftigem Stil. Der Driopi Rosé erinnert an Tavel.

Economou Kreta ★★★ Einer der großen Wein-Kunsthandwerker Griechenlands bereitet die brillanten, esoterischen Sitia-Rotweine. Nicht jedermanns Geschmack und nichts für Angsthasen.

Feggites Mak ★★ Kellerei in Drama im Besitz der Familie Tsalkos. Interessantes Weinangebot, ganz oben stehen der weiße Deka und ein Rosé, der an Bandol erinnert. Die jüngere Generation lässt mit dem Thyrsus aufhorchen, einem VIOGNIER/MALAGOUSIA-Verschnitt.

Gaia Äg, Pelop ★★★ Spitzenerzeuger in NEMEA und auf SANTORINI. Lustige Etiketten in der Reihe Notios. AGIORGITIKO im Neue-Welt-Stil. Zum Nachdenken anregender, erstklassiger trockener weißer Thalassitis Santorini und revolutionärer, mit Wildhefen vergorener ASSYRTIKO. Spitzenwein: Gaia Estate (**99 00 01 03 04** 05 06 07 08). Außerdem umwerfender roter »S« (Agiorgitiko mit einem Schuss SYRAH).

Gentilini Ion ★★→★★★ Erzeuger reizvoller Weißweine auf Kefallonia, u. a. sehr guter Robola. Sehr gut sind auch der trockene MAVRODAPHNE (rot) und der seriöse SYRAH. Der Selection Robola, der die Sorte neu definiert, ist kein Appellationswein, da hierfür Schraubverschlüsse verboten sind. Den seltenen roten Eclipse aufzuspüren ist die Mühe wert.

Gerovassiliou Mak ★★★→★★★★ Perfektionistisches kleines Weingut bei Thessaloniki: Maßstäbe setzender ASSYRTIKO/MALAGOUSIA, weicher SYRAH-MERLOT-Verschnitt, MALAGOUSIA der Spitzenklasse. Außerdem komplexer roter Avaton (**03 04 05 06** 07 08) von seltenen autochthonen Sorten und Syrah (**01 02 03** 04 05 06). Viele halten Gerovassiliou für den führenden Erzeuger in Sachen Qualität.

Goumenissa Mak OPAP ★→★★ Appellation für eichenholzwürzige Rotweine von XINOMAVRO und Negoska, leichter als NAOUSSA. Erzeuger: v.a. Aidarinis (die Einzellagenweine sind ★★★), BOUTARI (v.a. der Filiria) und Tatsis.

Hatzidakis Äg ★★★→★★★★ Erzeuger der Spitzenklasse, der mit geringem Technikaufwand die Appellation SANTORINI neu definiert. Erstaunliches Angebot, z.T. recht experimentell anmutend. Der Nihteri, der Mylos und der Pyrgos ASSYRTIKO können jahrzehntelang altern. Trockene Alltagsweißweine werden Sie hier aber nicht finden.

Hatzimichalis, Domaine Mittelgriechenland ★→★★ Großes Weingut in Atalanti mit breitem Angebot; viele Abfüllungen tragen Lagennamen. Spitzenweine: roter Kapnias CABERNET SAUVIGNON, weißer Veriki. Die interessante Reihe Prima Terra konzentriert sich zunehmend auf griechische Sorten.

Hatzivaritis Mak ★★ Erzeuger, der die POP GOUMENISSA wieder in Mode bringt. Schöne XINOMAVRO-Verschnitte.

Helios Pelop – Neuer gemeinsamer Name für die Weine von Semeli, Nassiakos und Oreinos Helios. Erstklassiger Nassiakos MANTINIA, komplexer NEMEA Grande Reserve.

Karadimos Mittelgriechenland ★★→★★★ Kleines Gut mit neuer Vision. Einer der besten ASSYRTIKOS außerhalb von SANTORINI und einer der besten XINOMAVROS außerhalb Makedoniens.

Karydas Mak ★★★ Kleines Gut mit großartigem Weinberg in NAOUSSA, das klassischen, kompakten, aber immer verfeinerten und edlen XINOMAVRO erzeugt. Hält sich ein Jahrzehnt lang.

Katogi-Strofilia ★★→★★★ Erzeuger mit Weinbergen und Kellereien in Attika, auf dem Peloponnes und im Epirus. Katogi war der erste griechische Premiumwein überhaupt. Spitzenweine: KTIMA Averoff (aus dem ursprünglichen Katogi-CABERNET-SAUVIGNON-Weinberg) und die Reihe Rossiu di Munte aus Höhenlagen von über 1.000 m. Charmanter Strofilia (weiß).

Durch die Krise sind viele Rotweine in weniger neuer Eiche ausgebaut worden Ein Hoch auf die Krise!

Katsaros Thess ★★★ Kleiner Erzeuger am Olymp. Der rote KTIMA, ein CABERNET SAUVIGNON/MERLOT, ist lange haltbar; außerdem esoterischer CHARDONNAY und breitschultriger Merlot. Euripides Katsaros aus der zweiten Generation steht für eine solide Zukunft.

Kefallonia Ion – Große Insel im Ionschen Meer mit drei Appellationen: ROBOLA (weiß), MUSCAT (weiß, süß) und MAVRODAPHNE (rot, süß). Für Weinliebhaber ein Pflichtbesuch.

Kikones ★★→★★★ Melina Tassou, die Besitzerin und Weinmacherin, hat einige Jahre in Burgund gearbeitet, was man ihren Weinen anmerkt. Es sind vielleicht die besten in Thrakien, mit gutem Preis-Leistungs-Verhältnis.

Kir-Yianni Mak ★★→★★★ Weinberge in NAOUSSA und Amindeo. Lebhafte, charmante Weißweine Samaropetra und Tesseris Limnes; der Schaumwein Akakis ist eine Freude. Trendsetter sind auch die Roten Ramnista, Diaporos und Blue Fox.

Kourtakis, D. ★★ Großes, verlässliches Weinhandelshaus, das unter dem Namen Greek Wine Cellars auftritt: Rotweine mit exzellentem Preis-Leistungs-Verhältnis und milder Retsina.

Kreta Sehr spannende, immer besser werdende Weinregion auf der Insel mit jungen Erzeugern, die sich mit frischem Schwung der Tradition neu annehmen. Sie investieren in fast ausgestorbene lokale Rebsorten, etwa die erst jüngst gerettete lokale weiße Vidiano mit Kräuteraroma.

Ktima Gut, Domaine; im weiteren Sinne auch für Gutsweine gebraucht.

Ein vierjähriger Malagousia ist der perfekte Begleiter für Artischocken.

Lazaridi, Domaine Costa Attika, Mak ★★★ Rebflächen und Kellereien in Drama und Attika (unter dem Etikett Oenotria Land). Beliebte Weine unter dem Namen Amethystos. Spitzengewächs ist der erstaunliche Cava Amethystos CABERNET SAUVIGNON (**97 98 99 00 01 02** 03 04), dicht gefolgt vom Oenotria Land CABERNET SAUVIGNON/AGIORGITIKO. Michel Rolland aus Bordeaux berät – probieren Sie den Château Julia MERLOT.

Lazaridi, Nico Mak ★→★★★ Kellereien in Drama und Kavala. Guter Château Nico Lazaridi (weiß, rosé und rot). Die Spitzenweine Magiko Vouno weiß (SAUVIGNON BLANC mit Eichennote) und rot (CABERNET SAUVIGNON) genießen in Griechenland Kultstatus.

Lemnos Äg – Auf der Ägäisinsel entstehen vorwiegend Dessertweine von der köstlichen zitronenduftigen Sorte MUSCAT d'Alexandrie, aber auch einige frische Weißweine. Bester Erzeuger: Hatzigeorgiou mit seinem überzeugenden Moscato d'Asti-Doppelgänger.

Lyrarakis Kreta ★★→★★★ Sehr guter Erzeuger in Heraklion mit köstlichem Angebot. Die Weißweine von den seltenen einheimischen Trauben Plyto und Dafni haben diese Sorten praktisch vor dem Aussterben bewahrt (und die Einzellagenabfüllungen sind hervorragend). Außerdem tiefgründiger, komplexer Rotweinverschnitt (SYRAH/Kotsifali).

Manoussakis Kreta ★★★ Eindrucksvolles Gut mit Verschnitten, die vom Rhône-Stil inspiriert sind. Köstlich das Sortiment der Marke Nostos, angeführt von den lagerfähigen ROUSSANNE- und SYRAH-Weinen.

Mantinia Pelop POP w – Hoch gelegene, kühle Appellation für frischen, knackigen, herrlich charmanten Moschofilero, manchmal auch als Schaumwein. Im Stil eher deutsch als griechisch.

Matsa, Ktima Attika ★★ Das historische kleine Gut ist jetzt im Besitz von BOUTARI, die Leitung hat aber immer noch die legendäre Roxani Matsa inne. Ihr MALAGOUSIA ist ein hervorragender Vertreter dieser Rebsorte.

Mediterra Kreta ★★ Guter Erzeuger großer Mengen in PEZA. Kräuterwürziger Xerolithia (weiß), würziger Mirabelo (rot) sowie alterungswürdiger Nobile (weiß) mit Eichennote.

Mercouri Pelop ★★★ Eines der schönsten Familienweingüter Europas. Sehr guter roter KTIMA, köstlicher RODITIS, lagerfähiger roter Cava. Außerdem erstklassiger roter REFOSCO, umwerfender süßer MALVASIA Belvedere und exzellenter süßer MAVRODAPHNE.

Mitravelas Pelop ★★→★★★ Hervorragender Erzeuger in NEMEA mit vielversprechendem AGIORGITIKO.

Monemvasia-Malvasia Die jüngste POP, in der die Rebsorten Monemvasia, ASSYRTIKO und Kydonitsa zur Neuerschaffung der legendären sonnengetrockneten süßen Weißweine des Mittelalters verwendet werden. Unbedingt im Auge behalten.

Mylonas Attika ★★ Neuer, aufstrebender Erzeuger mit weichen Rot- und köstlichen Weißweinen. Probieren Sie den Savatiano.

Naoussa Mak POP – Qualitätsregion für raffinierten, ausgezeichneten XINOMAVRO. Die besten Exemplare stehen auf einer Stufe mit italienischem Barolo und Barbaresco, manche sind sogar noch langlebiger.

Nemea Pelop POP – Ursprung dunkler, würziger Weine von der AGIORGITIKO-Traube. Hier schlummert ein riesiges Qualitätspotenzial. Das obere Nemea verdient eine eigene Appellation; Koutsi ist erster Anwärter auf einen Cru-Status. Siehe auch GAIA, SKOURAS, NEMEION, PAPAIOANNOU, HELIOS, DRIOPI und MITRAVELAS.

Nemeion Pelop ★★★ KTIMA in NEMEA mit hohen Preisen (v. a. für den roten Igemon), aber auch entsprechenden Weinen. Im Besitz von Vassilou, einem Erzeuger in Attika.

Oenoforos Pelop ★★→★★★ Sehr guter Erzeuger mit fantastischen Höhenlagen. Außerordentlich eleganter RODITIS Asprolithi, delikater weißer Lagorthi, nussiger CHARDONNAY (nur in Magnum-Flaschen) sowie delikate Rot- und Weißweine mit dem Etikett Mikros Vorias. Ianos heißt die Prestige-Reihe – probieren Sie, den CHARDONNAY mindestens fünf Jahre zu lagern.

Palyvos Pelop ★★→★★★ Exzellenter Erzeuger in NEMEA, bekannt für moderne, ausladende Rotweine. Der aus mehreren Jahrgängen gekelterte rote Noima ist sehr teuer, aber auch richtig gut.

Papagiannakos Attika ★★→★★★ Erzeuger, der fest entschlossen ist, wieder Qualitätsweine aus der Savatiano-Traube zu erzeugen, und zwar mittels modernem RETSINA und Vareli: nicht geharzter, sondern in Eiche ausgebauter Savatiano. Lassen Sie ihn ein Jahrzehnt lang reifen und servieren Sie ihn als Burgunder-Doppelgänger.

Papaïoannou Pelop ★★★ Papaïoannou nimmt in NEMEA eine Rolle ein wie Jayer in Burgund. Hochklassige Rote (u. a. PETIT VERDOT) vollaromatische Weiße. Mustergültige Nemea-Weine: KTIMA Papaïoannou Palea Klimata von alten Reben, Microklima von einer winzigen Einzellage und als Spitzenwein der Terroir, absolut kompromisslos in neuem Holz ausgebaut.

Patras Pelop – Weißwein-POP auf RODITIS-Basis von sehr verschiedenen Terroirs – einige Lagen sind großartig, andere weniger. Auch Heimat der POP-Weine MAVRODAPHNE und Rio-Patras (süßer MUSCAT) mit sehr unterschiedlichen Ergebnissen.

Pavlidis Mak ★★★ Ehrgeiziger Erzeuger in Drama. Gefeierter ASSYRTIKO/SAUVIGNON BLANC. Ein Schwerpunkt liegt auf sortenreinen Weinen, u. a. hochklassigem Assyrtiko, SYRAH und TEMPRANILLO. Der rote KTIMA (AGIORGITIKO/Syrah) ist umwerfend. Wirklich erstklassige Weine.

Peza Kreta – POP bei Heraklion mit Vilana (weiß) und Mandilaria/Kotsifali (rot). Müsste eigentlich besser sein.

Pyrgakis Pelop ★★→★★★ Sehr experimentierfreudige KTIMA, die den höchsten Teil der OPAP NEMEA nutzt. Sehr empfehlenswert sind der neue PETIT VERDOT und der CHARDONNAY 24. Opulenter Stil.

Rapsani Thess ★★★ Historischer POP-Wein vom Olymp, in den 1990er-Jahren von TSANTALIS eingeführt; jetzt aber zeigen neue Erzeuger wie DOUGOS, dass in der Appellation auch andere Stile möglich sind. XINOMAVRO, Stavroto und Krasato.

Retsina Eine Spezialität aus Attika: Weißwein mit Zusatz von Harz der Aleppokiefer. Moderne, hochklassige Versionen wie The Tear of the Pine von Kehris sind umwerfend. Das schlechte Image dieses Weins ist wirklich ein Jammer.

Rhodos Äg – Östlichste der griechischen Inseln und POP. Heimat der eleganten, zitronenfrischen Athiri-Weißweine und beliebter Schaumweine. Spitzenklasse ist der Rosé-Schaumwein der Genossenschaft CAIR.

Samos Äg POP – Ägäisinsel vor der türkischen Küste, berühmt für ihren süßen, goldenen MUSCAT. Am besten sind der gespritete Anthemis und der Nectar aus sonnengetrockneten Trauben. Seltene alte Abfüllungen können großartig (★★★★) sein, ohne den entsprechenden Preis zu haben – etwa der seltene Nectar 75.

Santo Äg ★★→★★★ Bedeutende Genossenschaft auf SANTORINI mit gutem Angebot lebhafter Weine, inkl. einer erstaunlichen Grande Reserve und reichhaltigen, aber dennoch frischen VINSANTOS. Sehr günstig sind der einfache ASSYRTIKO und der Nyhteri.

Santorini Äg ★★★★ Vulkaninsel mit dramatischer Landschaft nördlich von KRETA und POP für trockene und süße Weißweine. Üppiger VINSANTO und Mezzo, mineralischer, sehr trockener Weißwein von der ASSYRTIKO-Traube. Auch Exemplare mit Holznote können erstaunlich gut sein. Spitzenerzeuger: ARGYROS, GAIA, HATZIDAKIS, SIGALAS, SANTO. Wo sonst bekommt man ★★★★-Weißweine, die 20 Jahre altern können, so billig?

Sigalas Äg ★★★★ Spitzenerzeuger auf SANTORINI mit feinem, eichenholzwürzigem Santorini Bareli. Außerdem stilvoller VINSANTO und exzellenter roter Mavrotragano (**08 09 10**), der an Mourvèdre erinnert. Einfach erhaben sind der Nyhteri und der Cavalieros.

Skouras Pelop ★★→★★★ Innovatives Weingut, das z. B. Schraubverschlüsse beim CHARDONNAY Dum Vinum Sperum verwendet. Mineralischer, mit Wildhefen vergorener Salto MOSCHOFILERO. Rote Spitzenweine: Grande Cuvée NEMEA von einer Hochlage, Megas Oenos und der in einer Solera gereifte Labyrinth. Sehr stilvoller SYRAH Fleva.

Spiropoulos, Domaine Pelop ★★ Biowinzer in MANTINIA und NEMEA. Roter Porfyros (AGIORGITIKO/CABERNET SAUVIGNON/MERLOT) mit Eichennote; der Schaumwein Odi Panos hat Potenzial. Fester Astala Mantinia von einer Einzellage.

Tetramythos Pelop ★★ Die vielversprechende Kellerei erforscht Lagen mit kühlem Klima. Ausgezeichneter MALAGOUSIA, Mavro Kalavritino und der erste RODITIS-Naturwein (siehe S. 107) Griechenlands.

Tsantalis ★→★★★ Erzeuger in Makedonien, Thrakien und anderen Gebieten. Guter roter Metoxi, RAPSANI Reserve, Grande Reserve, preisgünstiger Biowein von CABERNET SAUVIGNON. Ganz oben stehen die Weine vom Kloster Athos, etwa der exzellente Avaton und der Kultwein Kormilitsa. Groß im Export.

Tselepos Pelop ★★★ Spitzenerzeuger in MANTINIA; Griechenlands bester GEWÜRZTRAMINER und bester MERLOT (Kokkinomylos). Außerdem CHARDONNAY mit Eichennote, sehr guter Schaumwein Amalia und erstaunlicher Avlotopi CABERNET SAUVIGNON von einer Einzellage. Siehe auch DRIOPI.

Vinsanto Äg – Süßwein von der Insel SANTORINI, für den sonnengetrocknete ASSYRTIKO- und Aidani-Trauben verwendet werden. Verdient eine lange Reifezeit, sowohl im Fass als auch in der Flasche. Die besten und ältesten Vinsantos sind ★★★★ und praktisch unsterblich.

Voyatzi, Ktima Mak ★★ Kleiner Erzeuger bei Kozani. Erstklassiger XINOMAVRO und umwerfender CABERNET FRANC unter dem Namen Tsapournakos.

Zafeirakis Thess ★★→★★★ Kleine KTIMA in Tyrnavos mit noch nicht erfasstem Rebland für Qualitätsweinbau und anspruchsvollem Kellermeister. Rotwein von der sehr vielversprechenden und seltenen Sorte Limniona. Großartiger MALAGOUSIA.

Zitsa POP im gebirgigen Epirus. Delikate Weine von der Debina-Traube (still oder schäumend). Am besten von Glinavos.

Östlicher Mittelmeerraum und Nordafrika

Östlicher Mittelmeerraum

Die Weinkultur blickt hier auf eine lange Geschichte zurück. Wenn man vom Islam absieht, ist immer noch jede Menge Potenzial vorhanden, insbesondere in Israel, im Libanon und in der Türkei. Jedes Land hat seine traditionelle Traube: Carignan in Israel, Cinsault im Libanon, Mavro in Zypern und eine ganze Reihe Sorten in der Türkei; doch es scheint, dass Syrah mit ihren fruchtigen, würzigen, komplexen Weinen für das gesamte Gebiet am besten geeignet ist. In Nordafrika gibt es noch viele alte Syrah-Weinberge, im östlichen Mittelmeerraum aber ist die Sorte eine relativ neue Erscheinung.

Zypern

Die Wirtschaft Zyperns wurde vom Kollaps seines Bankensystems schwer getroffen, doch der Tourismus erholt sich bereits wieder, und die Weinindustrie ist in erstaunlich guter Verfassung, insbesondere die innovativeren kleinen Güter. Investitionen in Weinberge heben die Qualität, ebenso wie ein besseres Verständnis, wie man mit den lokalen Trauben umgehen muss, etwa der heiklen Maratheftiko und der dominanten weißen Xynisteri.

Argyrides (Vasa) r w ★★ **09 10** 11 (12) – Tadelloses Pionierweingut mit exzellentem MARATHEFTIKO. Auch sehr guter CHARDONNAY und Rotweinverschnitt Agyrides. VLASSIDES berät.

Ayia Mavri w; s – Wunderbare ★★-Weine von spät gelesenen und halb getrockneten MUSCAT-Trauben.

Constantinou r w ★→★★ Der Autodidakt in der Region Lemesos beeindruckt mit dem XYNISTERI Ayioklima (11) und SHIRAZ (09).

Commandaria

Die Existenz des vielleicht ältesten durchgängig produzierten Weins ist zurück bis 800 v. Chr belegt. Der reichhaltige, dunkle, süße Wein aus sonnengetrockneten XYNISTERI- und MAVRO-Trauben wird in 14 Weinbaugemeinden mit geschützter Ursprungsbezeichnung in den Troodos-Bergen bereitet – traditionell nur von den großen Vier (am besten: 100 % XYNISTERI St. Barnabas von SODAP, St. John (KEO) und Centurion (ETKO). Jüngst habe einige neue Produzenten ihre eigenen Interpretationen auf den Markt gebracht, v. a. das Projekt Anama, KYPEROUNDA und TSIAKKAS.

ETKO r w br ★→★★ Einer der ursprünglichen großen Vier, konzentriert sich jetzt aber auf bessere Qualität von seiner Kellerei Olympus, v. a. SHIRAZ und Rosé. Erzeugt auch die Commandaria-Weine St. Nicholas und Centurion (siehe Kasten oben).

Hadjiantonas r w ★★ 09 10 11 12 – Makellose Familienkellerei im Besitz eines Piloten; sehr guter CHARDONNAY, XYNISTERI, Rosé und SHIRAZ.

KEO ★ Halten Sie sich an die Keo-Mallia-Gutsweine. St. John ist die Marke für ★★-Commandaria (siehe Kasten oben).

Kyperounda r w ★★→★★★ **10 11** 12 – Der auf 1.450 m Höhe gelegene Weinberg ist vielleicht der höchste Europas. Der weiße Petritis ist Zyperns bester XYNISTERI-Wein. Auch sehr guter CHARDONNAY, CABERNET SAUVIGNON, SHIRAZ und roter Andessitis mit hervorragendem Preis-Leistungs-Verhältnis. Einen Versuch wert sind der neu herausgebrachte Spitzenrotwein Epos und der neue Commandaria (siehe Kasten S. 318).

Makkas r w ★→★★ 10 11 12 – Boutiquekellerei in Familienbesitz nahe Paphos; die neue Kellerei soll 2014 fertig werden. Guter MARATHEFTIKO, SHIRAZ und roter Verschnitt.

SODAP r rs w ★→★★ 11 12 – Die Genossenschaft im Besitz ihrer Winzer ist der größte Erzeuger Zyperns. Hochmoderne Kellerei Kamanterena im Gebirgsdorf Stroumbi. Süffig und und günstig sind die Weißweine und lebhaften Rosés (BV). Empfehlenswerte Marken: Island Vines, Mountain Vines (v. a. SÉMILLON) und Kamanterena.

Regionen auf Zypern

Lemesos, Paphos, Larnaca und Lefkosia haben den Regionalwein-Status (geschützte geografische Angabe). Zu den geschützten Ursprungsbezeichnungen gehören COMMANDARIA, Laona-Akamas, Pitsilia, Vouni-Panayias/Ambelitis und die Weindörfer des Bezirks Lemesos (Limassol). Allerdings werden nur 2 % der Weine Zyperns als g.U. erzeugt.

Tsiakkas r w; tr ★★ Ein ehemaliger Banker ist mithilfe von VLASSIDES zum Winzer geworden. Sehr gute pikante Weißweine (BV), v. a. SAUVIGNON BLANC, XYNISTERI und lebhafter Rosé. Auch roter Vamvakada (alias MARATHEFTIKO) und neuer, moderner Commandaria (siehe Kasten S. 318).

Vasilikon, K. & K. r w ★→★★ Eine der größten kleinen Kellereien. Stets verlässlicher XYNISTERI (BV) und ordentliche Rote: Ayios Onoufrios (10) und Methy (09).

Vlassides r w ★★→★★★ **08 09 10** 11 12 – Sophocles Vlassides, der in Davis (Kalifornien) studiert hat, bereitet einige der besten Weine der Insel. Sein SHIRAZ ist der Maßstab für das Potenzial dieser Sorte in Zypern. Auch sehr guter weißer Lefkos (XYNISTERI/SAUVIGNON BLANC), CABERNET SAUVIGNON und Rotwein Private Collection.

Zambartas r rs w ★★→★★★ **09 10 11 12 (13)** – Der Vater und sein in Australien ausgebildeter Sohn erzeugen intensiven Rosé (CABERNET FRANC/LEFKADA), sehr guten roten SHIRAZ/Lefkada, exzellenten MARATHEFTIKO und pikanten XYNISTERI. Interessanter neuer Rotweinverschnitt Epicurean (11).

Israel

Weinberge werden inzwischen eher in den höheren Lagen in Obergaliläa, auf den Golanhöhen und im Judäischen Bergland angelegt als in den heißen Küstengebieten. Die Weine zeigen mehr Eleganz und Ausgewogenheit; aromatische Verschnitte im mediterranen Stil kommen in Mode. Syrah, Carignan und Petite Sirah bringen Lokalcharakter ein, König ist aber immer noch Cabernet Sauvignon. Für koschere Weine gibt es einen weltweiten Markt.

Die folgenden Abkürzungen werden im Text verwendet:

Gal	Galiläa	**O-Gal**	Obergaliläa
Golan	Golanhöhen	**Sam**	Samson
Jud	Judäisches Bergland	**Shom**	Shomrom

Adir O-Gal r ★★ Sehr guter kräuterwürziger, pfeffriger SHIRAZ und körperreicher Plato.

Amphorae Gal r w ★→★★ Michel Rolland aus Bordeaux berät. Guter MERLOT/BARBERA.

Assaf Golan r w ★→★★ Gute Rote, v. a. eleganter, schön bereiteter CABERNET SAUVIGNON.

Barkan-Segal Gal, Sam r w ★★ Im Besitz von Israels größter Brauerei. Die beiden Marken Barkan und Segal werden getrennt vermarktet. Sehr guter PINOTAGE und Segal Argaman (eine israelische Rebsorte). Der Assemblage Reichan ist ein hochwertiger regionaler Verschnitt aus Obergaliläa.

Binyamina Gal, Sam r w ★→★★ Der Cave ist der beste Rote, außerdem köstlicher GEWÜRZTRAMINER-Dessertwein.

Bravdo Sam r w ★→★★ Mächtiger CHARDONNAY, würziger SHIRAZ und guter Verschnitt Coupage auf CABERNET-FRANC-Basis.

Carmel O-Gal, Shom r w; sch ★★→★★★ Gegründet von einem (Lafite) Rothschild, kürzlich von einem internationalen Konsortium gekauft. Besitzt viele Weinberge in Obergaliläa. Eleganter Limited Edition (**05** 07' 08' 09), preisgekrönter SHIRAZ von der Lage Kayoumi. Charaktervoller CARIGNAN und PETITE SIRAH von alten Reben. Komplexer Verschnitt im mediterranen Stil.

Château Golan Golan r (w) ★★ Aromatischer SYRAH. Der Bordeaux-Verschnitt heißt Eliad.

Clos de Gat Jud r w ★★★ Erstklassiges Weingut mit ausladenden, üppigen Weinen. Hervorragend sind der kraftvolle Sycra SYRAH (**06** 07' 09) und der buttrige CHARDONNAY. Preisgünstig ist der Chanson (rot und weiß). Seltener MUSCAT.

Dalton O-Gal r w ★→★★ Neuer, sehr guter Einzellagen-SÉMILLON. Aushängeschild ist der volle Matatia.

Domaine du Castel Jud r w ★★★ Familienbetrieb in den Bergen bei Jerusalem im Besitz des frankophilen Perfektionisten Eli Ben Zaken. Charaktervoller, geschmeidiger Grand Vin (**06'** 07 08' 09' 10). Das Zweitetikett Petit Castel ist äußerst preisgünstig. Sehr guter Rosé.

Ella Valley Jud r w ★→★★ Preisgünstiger, vollmundiger Ever Red.

Flam Jud r (w) ★★★ Im Besitz der Söhne des ehemaligen Kellermeisters von CARMEL. Wunderbar elegant zeigt sich der Bordeaux-Verschnitt Noble (08' 09). Erdiger SYRAH/CABERNET SAUVIGNON. Preisgünstig ist der frische Weiße.

Galiläa Qualitätsanbaugebiet im Norden; v. a. das höher gelegene Obergaliläa hat viel Potenzial.

Galil Mountain O-Gal r w ★★ Gutes Preis-Leistungs-Verhältnis bei den roten Verschnitten Yrion und Meron. Im Besitz von YARDEN.

Golanhöhen Hochplateau mit vulkanischen Tuff- und Basaltböden.

Judäisches Bergland Weinbauregion in den Hügeln von Judäa nördlich von Jerusalem.

Koscher Der Begriff bedeutet »rein«. Die Anforderungen an koscheren Wein beeinträchtigen nicht die Weinbereitung und sollten sich daher auch nicht negativ auf die Qualität auswirken. Nicht alle israelischen Kellereien erzeugen koscheren Wein.

Lewinsohn Gal r w ★★★ »Garagenwein«-Qualitätserzeuger in einer Garage! Exquisiter schlanker CHARDONNAY. Der Rote ist ein extraktreicher mediterraner Verschnitt aus SYRAH, CARIGNAN und PETITE SIRAH.

Margalit Gal r ★★★ Vater und Sohn erzeugen elegante Weine, v. a. den Bordeaux-Verschnitt Enigma (08' 09 10'), charaktervollen CABERNET FRANC und die angesehene Special Reserve.

Mony Jud, Sam r w ★★ Der Erzeuger in israelisch-arabischem Besitz mit kanadischem Kellermeister erzeugt koscheren Wein in einem Kloster. Duftender COLOMBARD, sehr guter CHARDONNAY, vollmundiger SHIRAZ.

Pelter Golan r w; (sch) ★★→★★★ Der Trio ist ein straffer Verschnitt aus CABERNET FRANC, MERLOT und CABERNET FRANC.

Ramot Naftaly O-Gal r ★→★★ Frischer BARBERA mit Kirschnote und dunkler, komplexer PETIT VERDOT.

Recanati Gal r w ★★→★★★ Pionier im mediterranen Stil. Preisgekrönter Special Reserve (07 08' **09'**), komplexer CARIGNAN, extraktreicher PETITE SIRAH und exzellenter SHIRAZ. Wirklich ausgezeichnet für seinen Preis ist der Yasmin (rot und weiß). Vielversprechende Weiße von Marsanne und Roussanne.

Samson Weinbaugebiet, das von der Tiefebene westlich der Hügel von Judäa bis zur Küstenregion südöstlich von Tel Aviv reicht.

Sea Horse Jud r (w) ★→★★ Eigenwilliger kleiner Erzeuger mit exotischen Verschnitten.

Shomron Anbaubereich mit Weinbergen um den Berg Carmel und Zichron Yaakov.

Shvo r w ★★ Rustikaler Rotwein aus Mittelmeersorten, aromatischer CHENIN BLANC.

Sphera Jud w ★★ Stilvoller Start-up, auf Weißwein spezialisiert. Im Auge behalten.

Tabor Gal r w; sch ★★ Unterschätzte Kellerei mit Qualitäts-Weißweinen und sehr günstigen Roten. Der beste SAUVIGNON BLANC Israels. Neuer Roussanne, dunkler, würziger Verschnitt von CABERNET SAUVIGNON und PETITE SIRAH.

Teperberg Jud, Sam r w; sch ★→★★ Israels größter Erzeugerbetrieb in Familienbesitz. Saftiger, fruchtiger MALBEC.

Tishbi Jud, Shom r w; sch ★→★★ Familie von altgedienten Traubenanbauern. Neuer CARIGNAN.

Tzora Jud r w ★★→★★★ Kellerei mit Sinn fürs Terroir und talentiertem Kellermeister. Der Neve Ilan ist ein schön ausgewogener CHARDONNAY, während der Prestigewein Misty Hills ein komplexer Verschnitt aus CABERNET SAUVIGNON und SYRAH ist. Die Rotweine aus dem Judäischen Bergland sind sehr günstig. Berater ist Jean-Claude Berrouet, früher Ch. Petrus.

Vitkin Jud r w ★★ Die kleine Kellerei hat sich auf seltenere Sorten spezialisiert. Sehr guter CARIGNAN.

Yarden Golan r w; sch ★★→★★★★ Wegbereitende Kellerei. Schön ausgewogener CHARDONNAY von der Lage Odem. Aushängeschilder sind der seltene Bordeaux-Verschnitt Katzrin (**00'** 03 04' 07 08') und der Rom (**06'** 07 08). Neu sind der rosé Qualitätsschaumwein, der unvergleichliche Jahrgangs-Blanc-de-Blancs und üppige Dessertwein Heights Wine. Beraterin ist Zelma Long aus Kalifornien.

Yatir Jud, Negev r (w) ★★★→★★★★ Kellerei in der Wüste mit Weinbergen im Wald auf 900 m Höhe. Herausragender reichhaltiger, samtiger, konzentrierter roter Yatir Forest (**05'** 06 07 08' 09 10), kantiger SYRAH, vollmundiger CABERNET SAUVIGNON und kraftvoller PETIT VERDOT. Im Besitz von CARMEL.

Libanon

Libanesische Weine hatten in der Vergangenheit meist einen eher französischen Charakter, doch neue Kellereien erzeugen vollere, internationalere Stile mit mehr Eiche. Die Weißen sind besser als noch vor Kurzem, die Roten schmücken sich mit Sonne, Gewürzen und einem Hauch Geheimnis. Weinberge werden nun auch außerhalb der Bekaa-Ebene angelegt: im Batroun, im Libanongebirge, in Jezzine.

Cave Kouroum r w ★→★★ Lebhafter SYRAH, körperreich, aber schön ausgewogen.

Chateau Belle-Vue r ★★★ Le Chateau und La Renaissance sind Rotweine der Spitzenklasse.

Arabisches Sprungbrett
Einige unerwartet gute Weine entstehen an unerwarteten Orten: exzellenter Domaine Bargylus aus Syrien, die lobenswerten Saint-George-Weine von der Kellerei Zumot in Jordanien, verführerischer palästinensischer Hamdani Jandali vom Klosterweingut Cremisan. Selbst in Ägypten entstehen beachtliche neue Betriebe.

Château Ka r w ★→★★ Rotweinverschnitt von CABERNET SAUVIGNON, MERLOT und SYRAH mit großartigem Preis-Leistungs-Verhältnis.

Château Kefraya r w ★★→★★★ Körperreicher, konzentrierter, würziger Comte de M (07 08 09') von CABERNET SAUVIGNON und SYRAH. Fruchtiger Les Bretèches, vornehmer Vissi d'Arte von CHARDONNAY und VIOGNIER.

Château Ksara r w ★★ Das 1857 von Jesuiten gegründete Gut erzeugt Weine mit exzellentem Preis-Leistungs-Verhältnis, etwa die fruchtige, mundfüllende Reserve du Couvent. Interessanter seidiger Le Souverain (CABERNET SAUVIGNON und Arinarnoa).

Château Marsyas r (w) ★★ Knackiger CHARDONNAY und SAUVIGNON BLANC, dunkler, kraftvoller Roter. Auch Eigentümer des komplexen, mineralischen Domaine Bargylus ★★★ aus Syrien. Stephane Derenoncourt berät.

Château Musar r w ★★★★ Ikonischer Wein des östlichen Mittelmeerraums, erschaffen von Serge Hochar. Sehr lagerfähiger CABERNET SAUVIGNON/CINSAULT/CARIGNAN (**96 97 99 00'** 01' 02 03 04 05' 06'). Einzigartiger, unverwechselbarer Stil. Der rote Hochar reift schneller. Der eichenholzwürzige Weißwein von den autochthonen Sorten Obaideh und Merwah kann sich 40 Jahre lang halten – wenn nicht sogar noch steigern.

Clos St-Thomas r w ★★ Seidige Rotweine; frischer, fruchtiger PINOT NOIR. Der Les Emirs hat ein ausgezeichnetes Preis-Leistungs-Verhältnis.

Domaine de Baal r (w) ★★ Roter Qualitätswein von CABERNET SAUVIGON, MERLOT und SYRAH. Bioweinbau.

Domaine des Tourelles r w ★★→★★★ Offenherziger, fruchtig-fleischiger Syrah, eleganter Marquis des Beys. Eine wiedergeborene Kellerei, die jetzt in voller Blüte steht.

Domaine Wardy r w ★→★★ Private Selection im Neue-Welt-Stil. Knackige frische Weißweine.

IXSIR r w ★★ Ambitionierter Betrieb; Hubert de Bouard vom Ch. Angelus (St Emilion) ist beteiligt. Prestigewein ist der mächtige rote El Ixsir im Neue Welt-Stil.

Karam r w ★→★★ Gute Boutiquekellerei in Jezzine im südlichen Libanon Exotischer MUSCAT.

Massaya r w ★★→★★★ Ein sehr gutes Preis-Leistungs-Verhältnis zeigen die Classic-Weine auf Einsteigerniveau. Der rote Silver Selection ist ein komplexer Verschnitt im Rhône-Stil – ein Wein voll Sonne und Gewürzen. Der Prestigewein Gold Reserve von CABERNET SAUVIGNON, MOURVÈDRE und SYRAH steckt voller Frucht-, Kräuter- und Gewürznoten.

Türkei

Weinkellereien in der Türkei spüren derzeit kräftigen Gegenwind, u. a. durch die staatliche und religiöse Ablehnung von Alkohol (Nationalgetränk ist angeblich Ayran). Und dennoch hat die Türkei einigen Erfolg auf dem internationalen Weinmarkt. Lokale Sorten wie die roten Öküzgözü, Boğazkere und Kalecik Karasi sowie die weißen Narince und Emir stoßen im Ausland auf Interesse, und die Weine werden immer besser.

Büyülübag r (w) ★★ Eine der neuen kleinen Qualitätskellereien. Guter CABERNET SAUVIGNON.

Corvus r w ★★→★★★ Boutiquekellerei auf der Insel Bozcaada. Kraftvoller Corpus.

Doluca r w ★→★★ Der Karma CABERNET SAUVIGNON/ÖKÜZGÖZÜ und der Karma CHARDONNAY/NARINCE sind sehr gute Verschnitte aus lokalen und international Traubensorten.

Kavaklidere r w; sch ★→★★★ Führend im Streben nach Qualität. Die besten Weine sind der ÖKÜZGÖZÜ und der SYRAH vom Gut Pendore. Günstiger Yakut auf Einsteigerniveau. Stephane Derenoncourt aus Bordeaux berät.

Kayra r w ★→★★ Konzentrierter ÖKÜZGÖZÜ für Qualität, und Buzbag für den einfachen Genuss.

Pamukkale r w ★→★★ Preisgünstiger, vollmundiger Anfora CABERNET SAUVIGNON.

Sarafin r w ★→★★ Marke im Besitz von DOLUCA. Guter CABERNET SAUVIGNON und SAUVIGNON BLANC.

Sevilen r w ★→★★ Limettenfrischer FUMÉ BLANC mit wundervoller Säure. Tiefgründiger SYRAH.

Sulva r w ★★ Neue Kellerei mit köstlichem ROUSSANNE/MARSANNE.

Urla r w ★ Dunkler, reichhaltiger NERO D'AVOLA mit Noten von Trockenfrüchten.

Vinkara r w ★ Lebhafter Kalecik Karasi voller Aromen von Gewürzen und roten Früchten.

Nordafrika

Einige Weine sind besser geworden, aber da kein großer Ehrgeiz herrscht, sind sie weitgehend unbekannt geblieben. In diesem Gebiet hat der Weinbau zwar Geschichte, das Potenzial wird aber kaum ausgeschöpft.

Castel Frères r rs ★ Erzeuger in Marokko; preisgünstige Marken wie Bonassia, Sahari, Halana und Larroque.

Celliers de Meknès, Les r rs w ★→★★ Die große Firma dominiert den marokkanischen Markt. Spitzenwein: Château Roslane. Der Riad Jamil CARIGNAN hat das beste Preis-Leistungs-Verhältnis.

Domaine Neferis r rs w ★→★★ Tunesisches Gemeinschaftsunternehmen mit Calatrasi (Italien). Bester Wein: Selian CARIGNAN.

Les Deux Domaines r ★★→★★★ Joint Venture von Gérard Depardieu und Bernard Magrez (Bordeaux) in Meknes (Marokko); SYRAH und GRENACHE werden als Kahina und Lumière verkauft.

Thalvin r rs w ★★ Frische Weißweine. Der SYRAH Tandem (★★★) mit Rosinennote ist Marokkos bester Botschafter im Ausland.

Val d'Argan r rs ★→★★ Betrieb nahe Essaouira an Marokkos Westküste. Aromatischer ROUSSANNE mit Kräuternote.

Vignerons de Carthage r rs w ★ Am besten von der tunesischen Genossenschaft UCCV ist die Rotweinreihe Magon Magnus.

Volubilia r rs w ★★ Vielversprechendes neues Joint Venture in Marokko. Exzellenter VIN GRIS.

Asien und die ehemalige Sowjetunion

Asien

China

Zu glauben, dass China ein seriöses Weinerzeugerland ist, verlangt vom typischen Konsumenten einen ziemlichen Vertrauensvorschuss. Sicher, China hat eine der größten Rebflächen der Welt, größer als die der USA, und produziert atemberaubende 100 Mio. Kisten pro Jahr. Aber wie ist die Qualität? Der Großteil wird im Land verbraucht, doch zunehmend findet man chinesischen Wein auch in Großbritannien, den USA und Kanada. Es werden definitiv Qualitätsweine erzeugt, meist mit Unterstützung von europäischen Wein-Superstars wie den Familien Lurton und Rothschild aus Bordeaux sowie multinationalen Weinkonzernen wie Pernod-Ricard, Torres und Rémy Cointreau. Aus weinbaulicher Sicht bietet China einige Herausforderungen. Die Weinregionen im Süden und Osten haben eine hohe Luftfeuchtigkeit, was Pilzkrankheiten begünstigt, doch die Kellereien in Shandong und Hebei kommen gut damit zurecht.

Zweifellos liegen die führenden Gebiete im Inland: Ningxia und Shanxi halten klimatisch mit Teilen Australiens und Kaliforniens mit. (Die für 70 Mio. Euro gebaute grandiose Kellerei Chateau Changyu Moser XV in Ningxia ist nach dem österreichischen Berater Lenz Moser benannt und produziert Rot-, Weiß- und sehr guten Eiswein.) Auch der Unterbereich der Helan-Berge sollte im Auge behalten werden. Die besten Erzeuger, die seit Jahren beständig gute Weine hervorbringen, sind Grace Vineyards, Catai und Domaine Helan Mountain. Sehen Sie sich nach Cabernet Gernischt um (sicherlich französischen Ursprungs), wenn Sie etwas Einzigartiges suchen.

2016 soll China bereits der weltgrößte Weinkonsument sein.

Indien

Ein Großteil Indiens ist mit langem Sommer-Monsunregen, hoher Luftfeuchtigkeit und Hitze für den Weinbau nicht geeignet. Ernsthafte Weinbereitung findet in Hochlagen des Bundesstaates Maharashtra bei Mumbai, in Karnataka nahe Goa und seit Kurzem auch in den Nandi Hills bei Bangalore statt, was die zweistelligen Wachstumsraten beim Weinkonsum in den letzten 15 Jahren widerspiegelt. In ganz Indien sind 60.000 ha bestockt, über die Hälfte allerdings mit der wenig qualitätvollen Sultana-Traube. Indiens erste kommerzielle Kellerei, Chateau Indage, wurde 1988 eröffnet; mit 800 ha in verschiedenen Teilen Maharashtras ist sie immer noch der größte Betrieb. Sie fand Nachahmer: Sula (730 ha) und seit Kurzem das deutlich kleinere Château d'Ori (160 ha), beide in Nashik. Moët erzeugt zwei Schaumweine, Chandon Brut und Chandon Brut Rosé, ebenfalls in Nashik. Eine weitere bedeutende Kellerei ist Grover Vineyards in den kühleren Nandi Hills; Michel Rolland berät. Indiens beste Trauben scheinen bislang Syrah und Cabernet Sauvignon zu sein, zusammen mit Chardonnay und Sauvignon blanc.

Japan

Japanischer Wein ist voller Widersprüche, doch die Qualität steigt weiter an. Eine moderne Weinbereitung gibt es schon seit 1875, sie wird jedoch immer noch von der Praxis dominiert, das lokale Produkt mit bis zu 95% importiertem Traubenmost oder sogar fertigem Wein zu verschneiden; das Ergebnis darf ganz offiziell »Wine of Japan« genannt werden. Die indigene Koshu-Traube wird gründlich studiert und kräftig gehypt: ihre feinen, angenehmen Weißweine können trocken oder süß sein, im Fass oder auf dem Hefesatz ausgebaut werden. Gute Erzeuger sind Grace und Mercian, ebenso der Lumière-Schaumwein.

Seit die japanischen Behörden Yamanashi zur »Geographical Indication« nach den WTO-Regeln erklärt haben, ist das Vertrauen in »Yamanashi Wine« gewachsen. Auf 500 ha stehen nicht nur Koshu-, sondern auch europäische Reben wie Chardonnay, Merlot und Cabernet Sauvignon für die besseren Weine. Auch Hybridreben wie Yama Sauvignon, Muscat Bailey A und Black Queen sind noch verbreitet, v. a. für den einheimischen Konsum.

Yamanashi, Hokkaido und Nagano sind mit Abstand die Hauptweinbaugebiete, da Japan sonst unter sehr hoher Luftfeuchtigkeit und erheblichen Regenfällen im Sommer leidet. Zusammen mit den nährstoffreichen, aber sauren Böden schränkt das die Produktion ein. Die Zahl der qualifizierten Kellermeister wächst; achten Sie auf Ayana Misawa von Grace Vineyards, die in Bordeaux und Stellenbosch studiert hat. Ihre Weine werden auf der ganzen Welt verkauft. Lohnend sind auch die Weine von Soryu, Kizan und Takahata.

Neu in Japan ist Nyan Nyan Nouveau für Katzen: Cabernet-Sauvignon-Saft, Katzenminze, Vitamin C.

Die ehemalige Sowjetunion

Es geht in die richtige Richtung: Stück für Stück ersetzen moderne Qualitätsweine die drögen Industrieprodukte der sowjetischen Vergangenheit. Die meisten Weinberge liegen rund ums Schwarze Meer, wo geeignete, wenn auch nicht immer risikolose natürliche Bedingungen herrschen. Große Unternehmen dominieren, doch sind auch viele kleine lokale Betriebe hervorgetreten. Mit Ausnahme Georgiens bevorzugen alle Länder internationale Sorten, nicht immer zurecht. Russland entdeckt seine indigenen Trauben wieder; die Weine sind aber noch Nischenprodukte. Georgien ist im Kommen. Armenien könnte das nächste Land mit interessanter Produktion werden: Die internationalen Berater Michel Rolland, Alberto Antonini und Paul Hobbs haben begonnen, hier Wein zu erzeugen.

Georgien

Georgische Weine sind in Russland wieder erlaubt – wird die Qualität bleiben? Georgien hat ein einzigartiges weinbauliches Erbe, das über 7.000 Jahre zurückreicht. Es gibt über 500 einheimische Traubensorten, doch die rote Saperavi (intensiv, tanninstark, mit viel Potenzial, aber oft süß ausgebaut, um dem russischen Geschmack zu gefallen) und die weiße Rkatsiteli (lebhaft, erfrischend) beherrschen den Großteil der Weinberge. Traditionell vergärt man die Weißweine mit den Schalen, meist werden die Weiß- und Rotweine heute aber in modernen Stilen erzeugt. Aus dem südöstlichen Kachetien kommen 70% aller Weine der fünf Weinbaubereiche. 30 der führenden Erzeuger haben sich zu einem Verband zusammengeschlossen, zu dem GWS, Tbilvino, Telavi Wine Cellar, Teliani Valley, Askaneli Brothers, Château Mukhrani, Kindzmarauli Corporation, Mildiani, Pheasant's Tears, Badagoni, Shumi und Schuchmann gehören.

Die seit fast 8.000 Jahren zur Weinbereitung verwendeten *kwevris* Georgiens gehören nun zum UNESCO-Welterbe.

Moldawien

Unter der Zarenherrschaft bereitete Moldawien feine Weine, zu Zeiten der UdSSR kam jede zweite Flasche von hier. Inzwischen haben die Erzeuger wieder mehr Selbstvertrauen. Es gibt vier geografische Bereiche; europäische Trauben werden schon länger angebaut, zusammen mit den Lokalsorten Rara neagră, Plavai, Galbenă, Djiharda, Bătuta neagră und FETEASCA ALBĂ. Die historischen Rotweinverschnitte Roşu de Purcari (CABERNET SAUVIGNON, MERLOT, MALBEC) und Negru de Purcari (Cabernet Sauvignon, Rara neagră, SAPERAVI) werden von der führenden moldawischen Kellerei Vinăria Purcari wiederbelebt. Weitere Qualitätserzeuger sind u.a. Acorex Wine Holding, Vinăria Bostavan, Château Vartely, Dionysos Mereni, DK Intertrade, Lion Gri, Cricova (Schaumwein).

Russland

Russisches Paradoxon: Wein wird nun als landwirtschaftliche Produkt anerkannt, darf als alkoholisches Getränk aber in der Presse nicht erwähnt oder beworben werden. Anonymes Gesöff aus importiertem Massenwein wird ebenso unter russischen Etiketten vertrieben wie echte einheimische Weine – eine Verbrauchertäuschung. Die Kellereien müssen immer noch zu Hause Vetrauen gewinnen, indem sie beständige Qualität produzieren und in Werbung investieren. Die meisten Rebflächen und Kellereien liegen im Südwesten; größter Produzent ist die Region Krasnodar. Ausländische Experten stehen beachtenswerten Erzeugern wie Château le Grand Vostock, Fanagoria, Kuban Vino, Gai-Kodzor, Tsimlianskiye Vina, Abrau-Durso (Tank- und Flaschengärungs-Schaumweine) und Lefkadia zur Seite. Ein neues Phänomen sind russische *garagistes*, doch die Mengen sind gering. Europäische weiße und rote Rebsorten sind weit verbreitet, indigene Trauben wie die roten Krasnostop und Tsimliansky sind Kandidaten für russische Authentizität.

Ukraine

Wein wird rund ums Schwarze Meer angebaut sowie an der Grenze zu Ungarn. Die natürlichen Bedingungen sind günstig, die Produktion hingegen meist industriell. Die Region Odessa produziert die größten Mengen, während die Krim das Potenzial für bessere Qualität besitzt – neue Weine von kleinen Erzeugern, etwa Pavel Shvets, bestätigen das. Historisch wurden die besten (oftmals exzellenten) ukrainischen Weine nach dem Vorbild von Sherry, Port, Madeira und Champagner produziert. Während Shampanskoje aus dem russischen Leben immer noch nicht wegzudenken ist, gehen die Umsätze bei süßen und gespriteten Weinen zurück. Dennoch sollte man bei historischen Erzeugern wie Massandra, Koktebel, Magarach und Solnechnaya Dolina die guten gespriteten Weine nicht außer Acht lassen. Für Schaumweine nach der traditionellen Methode von Großproduzenten sind Novy Svet und Artyomovsk Winery zu empfehlen, für trockene Weine Inkerman und Odessavinprom. Im Auge behalten sollte man Veles (Kolonist) und Guliev Wines.

Vereinigte Staaten

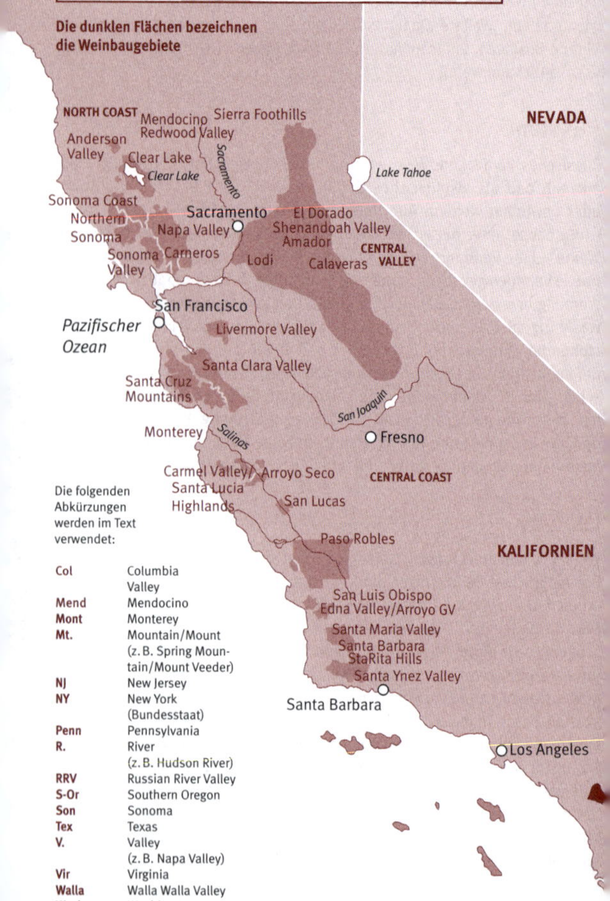

Die dunklen Flächen bezeichnen die Weinbaugebiete

Die folgenden Abkürzungen werden im Text verwendet:

Col	Columbia Valley
Mend	Mendocino
Mont	Monterey
Mt.	Mountain/Mount (z. B. Spring Mountain/Mount Veeder)
NJ	New Jersey
NY	New York (Bundesstaat)
Penn	Pennsylvania
R.	River (z. B. Hudson River)
RRV	Russian River Valley
S-Or	Southern Oregon
Son	Sonoma
Tex	Texas
V.	Valley (z. B. Napa Valley)
Vir	Virginia
Walla	Walla Walla Valley
Wash	Washington

Kalifornien

Über 90 % der Weine der USA kommen aus Kalifornien, das in diesem Jahrhundert von einer außergewöhnlichen Folge hervorragender Jahrgänge profitiert hat. Und damit ist nicht nur Napa gemeint. Der ganzte Bundesstaat, vom Pazifik bis zu den Sierra Foothills, von der mexikanischen Grenze bis zu den Redwood-Wäldern im Norden konzentriert sich (endlich) aufs Terroir, findet die richtige Traube für die richtige Lage und achtet mehr auf seine Reben als auf Zahlenspielchen von Weinkritikern. Mehr und mehr wenden sich die Erzeuger von den superkonzentrierten, marmeladigen Weinen ab, die nur zum Kult wurden, weil sie sich wie Gorillas an die Brust trommeln, und bereiten geschmeidigere, elegantere Weine, die vielfach auch altern können. Heutzutage können Sie fast jede Traubensorte in Kalifornien finden – und Sie sollten danach auch die Augen offen halten. Ausnahmen gibt es natürlich: Die Produzenten in Napa, die eher »Luxusgüter« als Wein herstellen, werden sich so bald nicht ändern. Aber sonst geht es mit Kalifornien nach oben.

Bedeutende Weinbaugebiete in Kalifornien

Es gibt über 100 American Viticultural Areas (AVAs) in Kalifornien. Nachfolgend sind die wichtigsten aufgeführt.

Alexander Valley (Sonoma). Warmer Anbaubereich im oberen Russian River Valley. Guter Sauvignon blanc von Lagen in Flussnähe sowie Cabernet Sauvignon und Zinfandel von Hügellagen.

Anderson Valley (Mendocino). Winde und Nebel vom Pazifik durchziehen das Tal des Navarro-Flusses landeinwärts. Guter Riesling, Gewürztraminer und Pinot noir; sehr guter Zinfandel von den Hanglagen am Ufer.

Arroyo Seco (Monterey). AVA mit warmem Klima. Guter Cabernet Sauvignon und Chardonnay.

Calistoga (Napa). AVA am Nordende des Napa Valley für Rotwein.

Carneros (Napa, Sonoma). Kühle AVA am Nordende der San Francisco Bay. Guter Pinot noir, Chardonnay; Merlot, Syrah und Cabernet Sauvignon aus wärmeren Lagen. Sehr guter Schaumwein.

Dry Creek Valley (Sonoma). Überragender Zinfandel; guter Sauvignon blanc; Cabernet Sauvignon und Zinfandel aus Hanglagen.

Edna Valley (San Luis Obispo). Kühle Winde vom Pazifik. Sehr guter, mineralischer Chardonnay.

Howell Mountain (Napa). Klassischer Napa-Cabernet-Sauvignon von steilen Hanglagen.

Livermore Valley (Alameda). Historischer, großteils von den Vororten der Stadt Livermore geschluckter Bereich, der sich jedoch mit New-Wave-Weinen von Cabernet Sauvignon und Chardonnay einen Namen macht.

Mount Veeder (Napa). Hoch gelegene Rebflächen für Chardonnay und Cabernet Sauvignon.

Napa Valley (Napa). Cabernet Sauvignon, Merlot, Cabernet franc. Halten Sie sich an die Sub-AVAs für aussagekräftige Weine mit Terroircharakter. Achtung: Napa Valley ist ein Teil des Anbaubereichs Napa.

Oakville (Napa). Das Hauptgebiet für Cabernet Sauvignon.

Paso Robles (San Luis Obispo). Hervorragend sind Weine von Zinfandel und Rhône-Rebsorten.

Red Hills (Lake County). Vielversprechender Cabernet Sauvingon und Zinfandel.

Redwood Valley (Mendocino). Warmer Bereich im Landesinneren. Guter Zinfandel, Cabernet Sauvignon, Sauvignon blanc.

Russian River Valley (Sonoma). AVA am Pazifik, oft bis mittags in Nebel gehüllt. Pinot noir, Zinfandel und Cabernet Sauvignon auf höheren Hanglagen.

Rutherford (Napa). Hervorragender Cabernet Sauvignon, v. a. aus Hanglagen.

Saint Helena (Napa). Schön ausgewogener Cabernet Sauvignon; sehr guter Sauvignon blanc.

Santa Lucia Highlands (Monterey). Höher gelegene AVA mit guten Weinen von Pinot noir, Syrah und Rhône-Sorten.

Santa Maria Valley (Santa Barbara). Kühler Bereich an der Küste. Guter Pinot noir, Chardonnay und Viognier.

Sta Rita Hills (Santa Barbara). Exzellenter Pinot noir.

Santa Ynez (Santa Barbara). Am besten sind Weine von Rhône-Rebsorten, Chardonnay und Sauvignon blanc.

Sonoma Coast (Sonoma). Sehr kühles Klima. Kantiger Pinot noir.

Sonoma Valley (Sonoma). Guter Chardonnay, sehr guter Zinfandel; hervorragender Cabernet Sauvignon aus der Sub-AVA Sonoma Mountain. Achtung: Sonoma Valley ist ein Teil des größeren Anbaubereichs Sonoma.

Spring Mountain (Napa). Grandioser Cabernet Sauvignon; sehr guter Sauvignon blanc.

Stags Leap (Napa). Klassischer Cabernet Sauvignon; sehr guter Merlot.

Neuere Jahrgänge

Kalifornien ist zu groß und zu unterschiedlich, als dass allgemeine Übersichten genau sein könnten. Unter diesem Vorbehalt können die folgenden Einschätzungen als grobe Richtschnur dienen.

2013 Wieder eine große Ernte mit exzellenten Aussichten für Qualität.

2012 Cabernet Sauvignon sieht großartig aus. Sehr vielsprechend für die meisten Sorten.

2011 Abermals ein schwieriges Jahr mit unterdurchschnittlichem Ertrag. Wer später las, meldete sehr gute Qualität, v. a. bei Cabernet Sauvignon und Pinot noir.

2010 Ein sehr schwieriges, kaltes und nasses Jahr. Einige Abfüllungen sind jedoch hervorragend, v. a. von Rhône-Rebsorten und Zinfandel.

2009 Rot- und Weißweine zeigen gleichermaßen schöne Ausgewogenheit und gutes Alterungspotenzial. Exzellenter Napa Cabernet Sauvignon.

2008 Durchwachsene Qualität. Der Säuregehalt ist niedrig, in manchen Gebieten reiften die Trauben nicht voll aus.

2007 Regen, daher gemischte Resultate, v. a. bei Cabernet Sauvignon.

2006 Cabernet Sauvignon wird mit der Zeit immer besser. Durchweg überdurchschnittlich.

2005 Cabernet Sauvignon in der Jugend besonders gut, verblasst aber rasch.

2004 Dieser Jahrgang konnte den ersten guten Eindruck letztlich nicht bestätigen. Nur für baldigen Genuss geeignet.

2003 Insgesamt ein schwieriges Jahr. Alles in allem durchwachsene Qualität

Abreu Vineyards Napa V. ★★★ **05 07** 09 10 11 12 – Geschmeidiger CABERNET SAUVIGNON mit kraftvollem Auftakt und langem, vielschichtigem Abgang Kann bis zu 15 Jahre in den Keller.

Acacia Carneros ★★★ Stets gute, mitunter sogar hervorragende CHARDONNAY- und PINOT-NOIR-Weine aus Einzellagen in Carneros (Napa V.). Zudem ausgezeichneter VIOGNIER.

Alante St Helena ★★★ Überragender CABERNET SAUVIGNON in kleinen Mengen von einer Einzellage: schön strukturiert, mit vielschichtigem Abgang und Alterungspotenzial.

Alban Vineyards Edna V. ★★→★★★ Einer der frühen Rhône Rangers und noch immer an der Spitze des Felds. Die besten Weine sind VIOGNIER und GRENACHE.

Alma Rosa Sta Rita Hills ★★★→★★★★ Richard Sanford, ein Meister der PINOT-NOIR-Traube an der Central Coast, hat Neuland betreten mit ökologisch bewirtschafteten Weinbergen und seinem den Gaumen umschmeichelnden Pinot noir, der jetzt besser ist denn je. Auch sehr guter Rosé und CHARDONNAY.

Altamura Vineyards Napa V. ★★★ **01 02 03 04 05 06** 07 08 09 10 – Auf lange Lebensdauer angelegter CABERNET SAUVIGNON. Haben Sie Geduld, und er wird Ihnen schöne Tiefe und lang anhaltende, nachklingende Aromen offenbaren.

Amador Foothills Winery Sierra Foothills ★★→★★★ Der ZINFANDEL ist ein Wein für alle Lebenslagen, der SAUVIGNON BLANC zeigt sich strahlend mineralisch. Die Reihe Katie's Côte mit Rhône-Sorten ist ein echter Renner.

Andrew Murray Santa Barbara ★★→★★★ Auf diesem Gebiet dreht sich alles um Rhône-Trauben, und ein Renner jagt den nächsten – allen voran der SYRAH, doch auch den VIOGNIER und den ROUSSANNE sollte man nicht links liegen lassen.

Anthem Napa V. ★★★ 10 11 12 – Gerade wenn man meint, Napa biete keine Überraschungen mehr, taucht ein Newcomer auf, der kleine Mengen CABERNET SAUVIGNON von Spitzenlagen vinifiziert. Achten Sie v. a. auf den Beckstoffer Las Piedras Vineyard – eine großartige Interpretation des Napa Cabernet Sauvignon.

Antica Napa V. ★★★ 09 10 11 12 – Es hat einige Jahre gedauert, bis die Napa-Weinberge Piero Antinoris (siehe Kapitel »Italien«) dem gewünschten Zustand entsprachen, aber jetzt erfüllen die Weine endlich die Erwartungen: heller, ausgewogener CABERNET SAUVIGNON und hübscher, runder CHARDONNAY.

Araujo Napa V. ★★★★ **01 02 03 04 05 06** 08 09 10 11 12 – Wuchtiger, langlebiger CABERNET SAUVIGNON aus dem historischen Weinberg Eisele. 2013 an die Familie Pinault von Ch. Latour verkauft.

Artesa Carneros ★★→★★★ Verschiedene Weine von Lagen an der North Coast. Aushängeschilder sind die Gutsabfüllungen, v. a. PINOT NOIR und CHARDONNAY. Köstlich ist der neue ALBARIÑO. Im Besitz der katalanischen Familie Raventós (Codorníu).

Au Bon Climat Santa Barbara ★★★→★★★★ Jim Clendenen gehörte zu den treibenden Kräften bei der Durchsetzung des toastwürzigen CHARDONNAY- und reichhaltigen PINOT-NOIR-Stils. Außerdem unbeschwerter PINOT BLANC.

Babcock Vineyards Santa Ynez ★★★ Der Taktgeber an der Central Coast. Hervorragender PINOT NOIR sowie sehr guter CHARDONNAY und SAUVIGNON BLANC aus Reblagen mit kühlem Klima.

Balletto RRV ★★★ Hervorragender Guts-CHARDONNAY und -PINOT-NOIR. Die köstliche neue Abfüllung von Pinot gris nimmt diese Traube ernst. Guter SYRAH von gutseigenen Reben.

Beaulieu Vineyard Napa V. ★★→★★★ **07** 09 10 11 12 – Man möchte sich bei dem einstigen Spitzengut wehmütig für die schönen Erinnerungen bedanken, doch der CABERNET SAUVIGNON Georges de Latour Private Reserve behauptet sich noch. Die Weine der unteren Preisklasse mit dem Namen Beaulieu Coastal Estate sind höchstens passabel.

Beckman Vineyards Santa Ynez ★★★ Biodynamisch abeitender Erzeuger mit hervorragendem SYRAH vom Purisimia Mountain Vineyard im Santa Ynez V. sowie sehr gutem GRENACHE Rosé.

Bella Son ★★★ **09 10** 11 – Der ZINFANDEL-Spezialist bereitet von Lesegut aus ausgesuchten Reblagen in Sonoma prachtvolle Weine; besonders empfehlenswert ist der Zinfandel The Belle Canyon mit der typisch brombeerfruchtigen Art des Dry Creek V. Kraftvoller Widerpart ist der Lily Hill Estate. Jetzt auch exzellenter PINOT NOIR.

Benovia RRV ★★★ Hervorragender PINOT NOIR vom Cohn Vineyard, guter GRENACHE vom Sonoma Mt. und, der Beste, seidiger Russian River V. CHARDONNAY.

Benziger Family Winery Son V. ★★→★★★ Pionier der Biodynamie im Weinbau. Achten Sie auf Gutsabfüllungen, v.a. von CABERNET SAUVIGNON, MERLOT und SAUVIGNON BLANC.

Beringer Blass Napa ★→★★★ Cabernet Sauvignon **01 05** 07 09 10 – Die CABERNET SAUVIGNON Reserves aus Einzellagen des 1876 gegründeten Erzeugerbetriebs sind wuchtig, altern aber auch wunderbar. Sehr gut ist der samtige, kraftvolle MERLOT Howell Mt.; Gutes zum kleinen Preis bietet die Reihe Founder's Estate.

Chardonnay im neuen Gewand

Beim kalifornischen Chardonnay hat sich über die jetzten drei bis vier Jahrgänge ein hochwillkommener Wandel vollzogen, zugunsten eines nuancierteren Ansatzes, weg vom aufdringlich buttrigen Eichenstil. Dieser neue Stil hat mehr straffe Säure und eine erfrischende Mineralität, sodass man gern ein zweites Glas nimmt.

Bernardus Mont ★★→★★★ **07 08 09** 10 11 12 – Der Verschnitt Marinus aus roten Bordeaux-Sorten ist großartig: Schon jung schmeckt er köstlich, man kann ihn aber auch ein paar Jahre einlagern. Außerdem guter SAUVIGNON BLANC und CHARDONNAY.

Blair Vineyards Mont ★★★ Kleine Mengen von PINOT NOIR mit Lagennamen und ein sehr guter Bordeaux-Verschnitt sind die Glanzlichter. Dazu ungewöhnlich komplexer PINOT GRIS aus Arroyo Seco.

Bogle Vineyards Central V. ★→★★★ Beständig gute, manchmal sogar sehr gute und zudem erschwingliche Weine für den Alltagsgenuss, allen voran der Old Vine ZINFANDEL. Favorit ist derzeit der Phantom, ein herrlicher Verschnitt von Zinfandel, MOURVÈDRE und PETITE SIRAH aus Lodi und der Sierra Foothills.

Bokisch Lodi ★★→★★★ Die Familie Bokisch spielte eine wichtige Rolle bei der Wiederbelebung spanischer Traditionen in Kalifornien. Sehr guter TEMPRANILLO, begleitet von hervorragendem GARNACHA und ALBARIÑO

Bonny Doon Mont ★★★→★★★★ Le Cigare Volant **08** – Seit Randall Grahm, ein Verfechter der Terroirphilosophie, seine preiswerten Massenweinmarken verkauft hat, um sich ganz auf biodynamisch bewirtschaftete Einzellagen zu konzentrieren, ist die Qualität sprunghaft gestiegen. Das Aushängeschild Le Cigare Volant hat ★★★★-Niveau erreicht, und der Vin Gris de Cigare zählt zu den kalifornischen Spitzenrosés.

Bonterra Siehe FETZER.

Bouchaine Carneros ★★★ Pionier in Carneros, der beim Guts-PINOT-NOIR und -CHARDONNAY sein Bestes gibt. Der jüngst hinzugekommene Sonoma Coast SYRAH ist exzellent; auch sehr guter RIESLING.

Bronco Wine Company Gegründet von Fred Franzia, dem Neffen des verstorbenen Ernest GALLO. Für seine berühmte Marke Charles Shaw (Spitzname »Two Buck Chuck«) bezieht Franzia preiswertes Traubenmaterial aus dem Central Valley; daneben führt er Dutzende weitere Reihen wie Napa Creek und Napa Ridge. Auf die Qualität kommt es nicht so an: Was Franzia verkauft, ist Wein als populäres Getränk.

Buehler Napa ★★★ **05 07 09** 10 11 12 – Ein unterschätztes Kleinod in Napa: Buehler erzeugt beständig ausgewogenen CABERNET SAUVIGNON in einem schönen brombeerfruchtigen Stil mit guter Struktur. Hervorragend ist auch der ZINFANDEL (von Trauben aus dem Napa V.), sehr gut der CHARDONNAY (Russian River V.).

Burgess Cellars Napa V. ★★★ Cabernet Sauvignon **05 07** 09 10 11 12 – Kraftvoller, langlebiger CABERNET SAUVIGNON aus Trauben vom Howell Mt.

Cain Cellars Napa V. ★★★ **05 07 09** 10 11 12 – Der Cain Five, ein geschmeidiger, vielschichtiger Verschnitt der fünf Bordeaux-Rebsorten aus Lagen am Spring Mt., ist der Klassenprimus: beständig gut und langlebig.

Cakebread Napa V. ★★★→★★★★ **03 05** 06 07 09 10 11 12 – Der Wein, an dem jeder Napa-CABERNET-SAUVIGNON sich messen lassen muss, ist zum Einlagern gemacht, schmeckt aber bereits nach 4 oder 5 Jahren Flaschenreife köstlich. Der SAUVIGNON BLANC zählt zu den besten Kaliforniens, der CHARDONNAY ist sehr gut.

Calera ★★★★ **07 08** 09 10 11 – Josh Jensen, der sich in seiner Zeit in Oxford in PINOT NOIR verliebt hat, bietet ein ausgezeichnetes Sortiment an sortenreinen Weinen, v. a. Reed und Selleck. Außerdem intensiver, blumiger VIOGNIER und hierzulande seltener ALIGOTÉ.

Cass Paso Robles ★★→★★★ Sie sind auf dem Vormarsch: Cass ist ein weiterer auf Rhône-Sorten spezialisierter Erzeuger der Central Coast, der seine Sache richtig gut macht. Der herrliche SYRAH zeigt satte Schokoladen- und Kaffeenoten und einen langen Abgang.

Castoro Cellars Paso Robles ★★★ Wenn Sie mit Weißwein beginnen wollen, ist der ROUSSANE ein super Auftakt. Dann gehen Sie über zum schönen SYRAH und dem herrlichen ZINFANDEL-Verschnitt namens Zinfusion. Eine sehr lohnende Verkostungsreise.

Caymus Napa V. ★★★→★★★★ **01 05 06 07** 09 10 11 12 – Der CABERNET SAUVIGNON Special Selection ist eine Napa-Ikone und regelmäßig einer der beeindruckendsten in Kalifornien: ein voller, intensiver Wein, der langsam reift. Auch mit der Napa-Standardabfüllung zieht man keine Niete. Zudem sehr guter CHARDONNAY der Marke Mer Soleil von Trauben aus Monterey. Conundrum, ein Zweitetikett, bietet feine Qualität zum erschwinglichen Preis.

Chalk Hill Son ★★★ Vom Terroir geprägte Weine aus einem Gut in Sonoma, v. a. CHARDONNAY und Estate Red (roter Verschnitt).

Chalone Mont ★★★ Historisches Weingut am Monterey Mt. mit intensivem, reichhaltigem PINOT NOIR und mineralischem CHARDONNAY.

Chamisal Vineyards Edna V. ★★★ Chamisal erzeugt seit 40 Jahren ausgezeichneten CHARDONNAY und PINOT NOIR an der Central Coast. Die jüngsten Abfüllungen sind noch besser, v. a. der Chardonnay ohne Eichennote und der sehr gute SYRAH.

Chappellet Napa V. ★★★→★★★★ **03 05 06 07** 08 09 10 11 12 – Pionier (gegründet 1969) am Pritchard Hill, St Helena. Der CABERNET SAUVIGNON aus der Reihe Signature kann wirklich alt werden. Außerdem sehr guter CHARDONNAY, CABERNET FRANC und MERLOT sowie guter CHENIN BLANC. Zu Chappellet gehört der auf Chardonnay und PINOT NOIR aus Carneros und dem Russian River V. spezialisierte Erzeuger Sonoma-Loeb.

Charles Krug Napa V. ★★→★★★ Historisch bedeutende Kellerei, deren Comeback von einem geschmeidig-eleganten CABERNET SAUVIGNON angeführt wird. Auch der SAUVIGNON BLANC ist hervorragend.

Château Montelena Napa V. ★★★→★★★★ Cabernet Sauvignon **01 03 05** 06 07 09 10 11; Chardonnay **09** 10 11 – Ausgewogener, geschmeidiger CABERNET SAUVIGNON, den man entweder jung trinken oder aber mindestens ein Jahrzehnt einlagern sollte. Auch der CHARDONNAY ist langlebig.

Chateau St. Jean Son ★★→★★★ Trumpfkarte ist hier der Cinq Cépages, ein Verschnitt aus den fünf roten Bordeaux-Sorten; außerdem guter SAUVIGNON BLANC und CHARDONNAY.

Chimney Rock Stags Leap ★★★ **03 05** 07 09 10 11 – Häufig unterschätzter Erzeuger von ausgewogenem, langlebigem CABERNET SAUVIGNON.

Christopher Creek Dry Creek V. ★★→★★★ Der Spezialist für PETITE SIRAH erlebte kürzlich einen Eigentümerwechsel, scheint aber in guten Händen zu sein. Achten Sie v. a. auf den Dry Creek V. ZINFANDEL und den sehr guten VIOGNIER – und natürlich auf den Petite Sirah.

Claiborne & Churchill Edna V. ★★→★★★ Etliche Abfüllungen von RIESLING und anderen aromatischen Weißen im Elsässer Stil. Achten Sie v. a. auf den Guts-Riesling und den trockenen GEWÜRZTRAMINER. Auch der PINOT NOIR ist einen Versuch wert.

Clark-Clauden Napa V. ★★★→★★★★ **05 07** 09 10 11 12 – Ausgezeichneter CABERNET SAUVIGNON mit prägnanter Frucht und vielfältigen, lang anhaltenden Aromen. Außerdem sehr guter SAUVIGNON BLANC. Ein stark unterschätzter Erzeuger.

Clayhouse Paso Robles ★★→★★★ Der PETITE SIRAH von alten Reben lässt einen wieder Vertrauen fassen zu dieser Rebsorte. Er hat einfach alles: bezaubernde Noten von dunkler Kirsche, Schokolade und schwarzem Pfeffer sowie einen langen Abgang. Empfehlenswert ist auch die köstliche weiße Cuvée Adobe.

Clos du Bois Son ★★→★★★ Der CABERNET SAUVIGNON Briarcrest und der CHARDONNAY Calcaire können sehr gut ausfallen. Das übrige Sortiment besteht aus süffigen Alltagsweinen. Alles in Ordnung hier.

Clos du Val Napa V. ★★★ **05 07** 09 10 11 – Stets ausgezeichnete CABERNET-SAUVIGNON-Gewächse in nie übertriebenem Stil, die unter Wert gehandelt werden. Der CHARDONNAY ist ein Genuss, der Verschnitt Ariadne von SÉMILLON und SAUVIGNON BLANC ein Charmeur.

Conn Creek Napa V. ★★★→★★★★ **03 05** 06 07 09 10 11 12 – CABERNET SAUVIGNON mit schöner Struktur aus Trauben von verschiedenen Weinbergen im Napa V. Ein Kandidat für den Keller, v. a. die Abfüllug aus Rutherford.

Constellation ★→★★★ Global Player mit Kellereien in Kalifornien, New York, Washington, Kanada, Chile, Australien und Neuseeland. Die Firma produziert 90 Mio. Kisten im Jahr und ist damit das größte Weinunternehmen der Welt. Früher bediente man v. a. das untere Marktsegment, jetzt will man höher hinaus, u. a. mit ROBERT MONDAVI, FRANCISCAN VINEYARD, Estancia, Mt. Veeder, Ravenswood und Simi.

Continuum Napa V. ★★★ Tim Mondavi macht wahrscheinlich gerade das, was er schon immer wollte, nämlich einen einzelnen Wein aus Bordeaux-Sorten. Die ersten Resultate sind mehr als vielversprechend, v. a. der 2011er ist geschmeidig und erfreulich. Sollte gelagert werden.

Corison Napa V. ★★★★ **95 96 97 99 00 01 02 05 06 07** 09 10 11 12 – Cathy Corison ist eine Art Nationalheiligtum. Während viel zu viele im Napa V. dem Ruf der (viele Dollars verheißenden) Sirenen folgen und muskelbepackte Extraktbomben produzieren – die hohe Bewertungen erzielen, aber nur geringen Genuss bedeuten – erzeugt Corison weiterhin geschmeidigen, hocharomatischen, langlebigen Cabernet Sauvignon. An der Spitze steht der üppig-samtige Kronos Vineyard.

Cornerstone Cellars Howell Mt. ★★★ **01 02 03** 05 07 09 10 11 – Eindrucksvoller CABERNET SAUVIGNON vom Howell Mt. mit Fokus auf Harmonie und Balance; sehr guter Cabernet Sauvignon vom Talboden.

Cuvaison Napa V. ★★★ **01 03 05** 07 08 09 10 11 – Der CABERNET SAUVIGNON vom Mt. Veeder ist ausgezeichnet; ebenfalls sehr gut sind die CHARDONNAY- und SYRAH-Gewächse.

Dancing Coyote Clarksburg ★★★ GRÜNEN VELTLINER nennt man normalerweise nicht mit »Kalifornien« in einem Atemzug, doch diese Kellerei mit dem witzigen Namen zeigt eindrucksvoll, dass es doch geht. Die Trauben stammen aus der Region Clark im Sacramento-Delta. Diesem Kojoten sollte man weiter beim Tanzen zusehen.

Dashe Cellars Dry Creek V. ★★→★★★ Hier dreht sich alles um ZINFANDEL aus dem Dry Creek V., einschließlich einiger Einzellagenabfüllungen, die den klassischen brombeerfruchtigen Dry-Creek-Stil zeigen.

David Bruce Santa Cruz Mt. ★★★ Chardonnay **09** 10 11 – Das legendäre Gut in den Bergen mischt mit seinem kraftvollen, lange nachschmeckenden CHARDONNAY und dem ausgezeichneten PINOT NOIR ganz oben mit.

Davis Bynum Son ★★★ Sehr guter Einzellagen-PINOT-NOIR aus dem Russian River V. sowie schlanker und zugleich seidiger CHARDONNAY.

Dehlinger RRV ★★★★ Tom Dehlinger behauptet seine Stellung als Meister des ZINFANDEL und bereitet Weine von der gutseigenen Lage im Russian River V., die durchweg 4-Sterne-Qualität besitzen. Auch sehr guter CHARDONNAY und SYRAH.

Delicato Vineyards ★→★★ Der seit acht Generationen bestehende Familienbetrieb geht nun über die Massenweinproduktion hinaus und erzeugt Abfüllungen gehobenerer Qualität von Weinbergen in Napa, Monterey und Lodi. Eine Neuerung, die Anklang findet, ist die Reihe Bota: sortenreine Weine von hochwertigen Sorten in 3-Liter-Schläuchen.

Diamond Creek Napa V. ★★★★ **99 00 01 03** 06 07 09 10 11 – Herbe CABERNET-SAUVIGNON-Weine namens Gravelly Meadow, Volcanic Hill und Red Block Terrace aus Berglagen am Diamond Mt. Die Weine entfalten sich im Alter wunderbar. Eines der Juwelen Napas, das in neuerer Zeit neben einigen auffälliger glitzernden Cabernet-Sauvignon-Kultweinen gern mal übersehen wurde.

Domaine Carneros Carneros ★★★→★★★★ Der Jahrgangs-Blanc-de-Blancs Le Rêve wird regelmäßig als einer der besten Schaumweine Kaliforniens bewertet; auch der Rosé-Schaumwein OJ ist sehr gut. The Famous Gate PINOT NOIR führt die Riege der hervorragenden Pinot-noir- und CHARDONNAY-Weine an.

Domaine Chandon Napa V. ★★→★★★ Schäumendes Spitzengewächs ist der Reserve Étoile OJ; außerdem gibt es einen sehr guten Roséschaumwein und Stillweine, u. a. guten PINOT NOIR aus Carneros.

Dominus Estate Napa V. ★★★★ **97 99 01 02 05** 06 07 08 09 10 11 12 – Elegant-strenge Kellerei und der Wein von Christian Moueix aus Pomerol. Einer der großen Schätze des Napa V. – drängen Sie ihn nicht, denn er belohnt längeres Einkellern großzügig mit geschmeidigen Schichten intensiver Aromen und einem langen, den Gaumen einhüllenden Abgang.

Donum Estate North Coast ★★★ Spezialist für PINOT NOIR und CHARDONNAY mit eigenen Lagen in Carneros, Russian River V. und Anderson V. Seidige, elegante Weine; Aushängeschild ist die Abfüllung aus Carneros.

Dry Creek Vineyard Dry Creek V. ★★→★★★ Spielte eine führende Rolle beim Projekt »The Zinfandel Heritage Vineyard«, das mit dem Aufspüren seltener alter Rebstöcke dem Zinfandel-Erbe Kaliforniens gewidmet war. Sehr beeindruckendes Sortiment von Einzellagenabfüllungen; sehr guter SAUVIGNON BLANC und CHENIN BLANC.

Duckhorn Vineyards Napa V. ★★★→★★★★ Bekannt für dunkle, tanninstarke, pflaumenartig reife Einzellagen-MERLOTS (v.a. Three Palms) und eine Abfüllung vom Howell Mt. auf CABERNET-SAUVIGNON-Basis. Außerdem robuster PINOT NOIR Golden Eye aus einer Kellerei im Anderson V. Zur Reihe Migration sind nun auch exzellenter Chardonnay und Pinot noir aus dem Russian River V. hinzugekommen.

Dunn Vineyards Howell Mt. ★★★★ **91 95 97 99 01 03** 06 07 09 10 11 – Randy Dunn erzeugt aus Lagen am Howell Mt. prachtvollen, intensiven Cabernet Sauvignon. Die Weine entfalten sich im Alter herrlich; Abfüllungen aus der Talsohle sind etwas zurückhaltender und nicht für langes Einlagern gemacht. Einer der wenigen Weinmacher im Napa V., die dem Massenwahn widerstehen, marmeladige, übertrieben üppige Weine zu bereiten, nur um sich bei den Kritikern lieb Kind zu machen.

Dutton-Goldfield Son Coast ★★★→★★★★ Außergewöhnlicher PINOT NOIR und CHARDONNAY mit schönem Terroircharakter aus Lagen in den AVAs Sonoma Coast und Russian River V. Die Weine sind moderne Klassiker Kaliforniens.

Edmunds St. John Ka ★★★ Steve Edmunds durchforstet seit Jahrzehnten die kalifornischen Weinberge und kauft auch manchmal unkonventionelle Traubensorten, aus denen er sehr gute Weine macht – wie jüngst den köstlichen El Dorado Bone-Jolly GAMAY Noir Rosé oder den Basseti Vineyard SYRAH aus San Luis Obispo.

Edna Valley Vineyard Edna V. ★★★ Beginnen Sie mit dem anmutigen, sortentypischen SAUVIGNON BLANC und lassen Sie den knackigen CHARDONNAY mit großzügigen Tropenfruchtaromen folgen. Zum Finale dann der eindrucksvolle SYRAH.

Elizabeth Spencer Napa V. ★★★ Hervorragender CABERNET SAUVIGNON mit gutem Reifepotenzial aus Rutherford. Sehr guter CHARDONNAY vom Russian River V. und schöner CHENIN BLANC aus Mendocino runden das Angebot ab.

Elyse Vineyards Napa V. ★★★ **05** 08 09 10 11 – An der Spitze des interessanten Angebots steht Einzellagen-CABERNET-SAUVIGNON (in kleinen Mengen) mit strahlender Frucht, vielschichtiger Aromatik und hervorragendem Alterungspotenzial. Außerdem sehr guter ZINFANDEL von alten Reben.

Fetzer Vineyards Mend ★★→★★★ Fetzer, ein Vorreiter in Sachen ökologischer Anbau, erzeugt beständig guten Wein – von preiswerten Tropfen (Sundial, Valley Oaks) bis hin zu großartigen Reserve-Abfüllungen. Zum Unternehmen gehört auch Bonterra Vineyards (ein reiner Ökobetrieb), wo Roussanne und Marsanne die Stars sind.

Field Family Lodi ★★→★★★ Erzeuger mit Sitz in Lodi, der für sehr guten CABERNET SAUVIGNON Napa-Trauben vom Dr. Konrad Vineyard am Mt. Veeder bezieht. Auch sehr guter Guts-SYRAH.

Flora Springs Wine Co. Napa V. ★★★ Cabernet Sauvignon **05 06 07** 09 10 11 12 – Ein bisweilen übersehenes Napa-Juwel. Besonders empfehlenswert ist die Reihe Signature mit dem Trilogy, einem verblüffenden Kleinod auf Basis von CABERNET SAUVIGNON aus Hanglagen, dem Soliloquy, einem sehr guten SAUVIGNON BLANC aus der AVA Oakville, sowie feinem CHARDONNAY.

Flowers Vineyard & Winery Son ★★★ Die ersten CHARDONNAY-Reben des Sonoma-Coast-Pioniers wurden 1991 angepflanzt, heute wird das Gut ökologisch bewirtschaftet und hat sich für seine intensiven PINOT-NOIR- und Chardonnay-Weine aus küstennahen Lagen einen guten Ruf erworben.

Foley Johnson Napa V. ★★★ Erzeuger kleiner Mengen aus ausgewählten Weinbergen. Sehr schöner MERLOT, v. a. die samtige Abfüllung aus Rutherford. Auch der CABERNET SAUVIGNON aus der AVA Coombsville ist klasse.

Foppiano Son ★★→★★★ Eine der großen alten Familien im kalifornischen Weingeschäft; der Betrieb wurde bereits 1896 gegründet. Er erzeugt jahraus, jahrein ausgezeichneten ZINFANDEL und ist auch mit seinem fest gefügten PETITE SIRAH führend (auch bekannt als *Petty Sir*). Außerdem ansprechender CABERNET SAUVIGNON, lebhafter SAUVIGNON BLANC und guter Rosé-Gutswein.

Forman Vineyard Napa V. ★★★★ **00 01 03 05** 07 09 10 11 12 – Ric Forman, ein überzeugter (manche würden auch sagen: fanatischer) Anhänger der Terroirphilosophie, erzeugt elegante, langlebige Weine auf Basis von CABERNET SAUVIGNON aus Hanglagen sowie sehr guten CHARDONNAY.

Foxen Canyon Santa Barbara ★★★ Produktiver Erzeuger einer großen Weinauswahl von der Central Coast. Herzstück sind einige sehr gute PINOT-NOIR-Einzellagenabfüllungen.

Franciscan Vineyard Napa V. ★★→★★★ Der rote Bordeaux-Verschnitt Magnificat ist stets hervorragend, und auch der CHARDONNAY Cuvée Sauvage ist ziemlich gut.

Grenache blanc im Kommen

Die Vorzüge von Grenache blanc, die die Erzeuger in Frankreich und Spanien schon lange kennen, sprechen sich jetzt auch in Kalifornien herum. Gute bereitete Weine von dieser Sorte können eine köstliche Kombination von Frucht und würzigen Kräuternoten bieten, die viel Genuss bereitet. Gerade mal 120 ha sind in ganz Kalifornien mit Grenache blanc bepflanzt, aber wo die Traube wächst – von den Sierra Foothills bis zur Küste und sogar in kühleren Teilen des Central Valley wie Lodi – erfreuen ihre Weine mit pikanter Frische und Charme.

Frank Family Vineyards Rutherford ★★★ Fantastischer CABERNET SAUVIGNON, der alle Register zieht. Er ist schon früh trinkreif, wird aber von 10 oder mehr Jahren im Keller profitieren, v. a. der Reserve. Ein Traum ist der dunkle, schwerblütige Winton Hill Cabernet Sauvignon. Auch großartiger SANGIOVESE.

Freemark Abbey Napa V. ★★★→★★★★ **01 03 05** 07 09 10 11 12 – Oft unterbewerteter klassischer Erzeuger von stilvollem, lagerfähigem Cabernet Sauvignon. Besonders empfehlenswert sind die Einzellagenabfüllungen Sycamore und Bosché.

Freestone Son Coast ★★★ Intensiver, aber ausgewogener CHARDONNAY und PINOT NOIR aus küstennahen Lagen mit schöner Struktur und langem Abgang, was insbesondere für den Chardonnay gilt.

Frog's Leap Rutherford ★★★→★★★★ Cabernet Sauvignon **01 02 03 05** 07 09 10 11 – Alles beginnt im Weinberg, sagt John Williams, ein führender Kopf der Ökobewegung. Sein CABERNET SAUVIGNON ist geschmeidig, ausgewogen und zum Einlagern geeignet; außerdem erzeugt er CHARDONNAY mit Röstnote, würzigen ZINFANDEL und schlanken, mineralischen Sauvignon blanc, alle drei exzellent.

Gallo Sonoma Son ★→★★★ Der küstennahe Außenbetrieb des Central-Valley-Giganten bezieht sein Traubenmaterial aus verschiedenen Weinbergen in Sonoma. Der CABERNET SAUVIGNON kann sehr gut ausfallen, ebenso der Einzellagen-CHARDONNAY. Die neue Reihe Gallo Signature Series von Weinmacherin Gina Gallo hat beständig ★★★-Niveau.

Gallo, E. & J. ★→★★ Über Kaliforniens größte Kellerei machen Weinsnobs sich gern mal lustig, und doch hat Gallo womöglich mehr für die Erweiterung des amerikanischen Geschmacks getan als irgendein anderes Unternehmen. Gallos Hearty Burgundy war in den 1960er-Jahren ein bahnbrechender Wein. Es gibt immer noch billige Tropfen, aber auch eine Reihe sortenreiner Regionalweine wie Anapauma, Marcellina, Turning Leaf usw. – alle zwar von bescheidener Qualität, aber verlässlich und erschwinglich.

Gary Farrell Son ★★★ Sehr gute bis ausgezeichnete PINOT-NOIR- und CHARDONNAY-Weine aus Lagen mit kühlem Klima. Der Rocholi Vineyard CHARDONNAY aus dem Russian River V. ist großartig. Außerdem guter ZINFANDEL und ein herrlicher SYRAH.

Geyser Peak Son ★★→★★★ Verlässlicher Erzeuger von CABERNET SAUVIGNON und CHARDONNAY, der nun auch unter der Reihe River Ranches Weine verkauft. SAUVIGNON BLANC steht an der Spitze.

Gloria Ferrer Carneros ★★→★★★ Vom spanischen Cava-Giganten Freixenet gegründeter Betrieb für Schaumwein; inzwischen werden hier aber auch würziger CHARDONNAY, strahlend-seidiger PINOT NOIR und andere sortenreine Stillweine erzeugt, sämtlich von Trauben aus Carneros. Die Schaumweine gehen mittlerweile eher in Richtung lieblich, nicht zuletzt mit dem Va de Vi, einem Verschnitt von Pinot nor, Chardonnay und MOSCATO.

Grace Family Vineyard Napa V. ★★★★ **01 03 05** 06 07 09 10 11 – Überwältigender CABERNET SAUVIGNON, für lange Lagerung gemacht. Der hohe Preis ist mitunter tatsächlich gerechtfertigt – eine der wenigen Ausnahmen unter den Kultweinen.

Grgich Hills Cellars Napa V. ★★★→★★★★ **05 07 08** 09 10 11 12 – Der ganz hervorragende CABERNET SAUVIGNON wird jetzt von biodynamisch angebauten Trauben bereitet. Außerdem geschmeidiger CHARDONNAY mit Alterungspotenzial; interessant auch der SAUVIGNON BLANC (Fumé blanc) und der rustikale ZINFANDEL.

Groth Vineyards Oakville ★★★★ **99 00 01** 05 06 07 09 10 11 – Der CABERNET-SAUVIGNON-Gutswein bietet geschmeidige, gut eingebundene Aromen und ausreichend Struktur für ein langes Leben. Straffer gewirkt ist der Cabernet Sauvignon Reserve. Außerdem exzellenter CHARDONNAY und SAUVIGNON BLANC.

Hahn Mont ★★→★★★ Der Hauptsitz in Monterey bietet eine erstaunliche Menge an Marken, darunter Cycles Gladiator sowie Smith & Hook. Achten Sie unter den Hahn-Weinen auf PINOT NOIR und CHARDONNAY aus den Santa Lucia Highlands.

Hall Napa V. ★★★★ **07** 08 09 10 11 – Der Napa CABERNET SAUVIGNON mit seinen mundfüllenden vielschichtigen Aromen ist prachtvoll. Die Reihe Artisan Collection bietet Einzellagenweine aus kleinen Parzellen wie z. B. den umwerfenden Diamond Mt. District Cabernet Sauvignon und den sehr guten St. Helena Bergfeld Cabernet Sauvignon. Der köstliche SAUVIGNON BLANC zeigt mineralische Noten.

Halter Ranch Paso Robles ★★→★★★ Der Ancestor, ein roter Verschnitt von Bordeaux-Rebsorten, ist überragend. Außerdem sehr guter Côtes de Paso (rot und weiß) und guter ZINFANDEL. Großartig ist der mit GRENACHE und TANNAT verschittene SYRAH.

Hanna Winery Son ★★★ Klassischer Sonoma-Erzeuger mit ausgezeichnetem SAUVIGNON BLANC und PINOT NOIR aus dem Russian River V. sowie hervorragendem CABERNET SAUVIGNON und MERLOT aus Lagen im Alexander V. Der neue Rosé ist ein Schmankerl.

Hanzell Son V. ★★★★ Seit 1957 bestehender, handwerklich arbeitender Erzeugerbetrieb mit überragendem CHARDONNAY und Pinot noir mit Terroircharakter. Beide profitieren von einigen Jahren Kellerreifung. Einer der besten Erzeuger Kaliforniens.

Harlan Estate Napa V. ★★★★ **06** 07 09 10 11 – Konzentrierter, geschmeidiger CABERNET SAUVIGNON mit Kultstatus von einem perfektionistischen Weingut, das Spitzenpreise fordert. Bill Harlan gehört auch das Luxus-Resort Meadowood Club.

Harmony Cellars Santa Barbara ★★→★★★ Neue Boutiquekellerei mit Weinen von der Central Coast. Interessant ist v. a. der BARBERA. Auch exzellenter ZINFANDEL und PETITE SIRAH.

Harney Lane Lodi ★★→★★★ Beginnen Sie mit einem Glas des sehr guten ALBARIÑO oder des schönen TEMPRANILLO Rosé. Gehen Sie dann zum Lizzy's Old-Vine ZINFANDEL über – und lassen Sie sich's einfach schmecken.

HdV Wines Carneros ★★★★ Feiner, kompexer Chardonnay mit mineralischem Biss vom Gut des Winzers Larry Hyde in Zusammenarbeit mit Aubert de Villaine von der Domaine de la Romanée-Conti (siehe Kapitel »Frankreich«). Ebenfalls aus der Lage Hyde Vineyards kommt sehr guter CABERNET SAUVIGNON und SYRAH.

Heitz Cellar Napa V. ★★★ **01 03 05** 07 09 10 11 – Hier wird die Geschichte Napas lebendig, u. a. mit der Weinikone Martha's Vineyard CABERNET SAUVIGNON. Konkurrenz kommt von den jüngsten Abfüllungen des Trailside Vineyard Cabernet Sauvignon mit seiner lebendigen, ausgewogenen Frucht. Übersehen Sie aber nicht den zurückhaltenden, eleganten CHARDONNAY.

Heller Estate Mont ★★★ Der vielschichtige, geschmeidige Cabernet Sauvignon ist sehr gut, was auch für die zauberhaften CHENIN-BLANC- und PINOT-NOIR-Weine gilt. Auch Rosé.

Hess Collection, The Napa V. ★★★ Der CABERNET SAUVIGNON von gutseigenen Reblagen am Mt. Veeder markiert ein neues Qualitätsniveau, v. a. der ausgefallene 19 Block Cuvée, ein Verkaufshit mit angenehmem Auftreten. Sehr gut ist auch der SAUVIGNON BLANC aus dem Lake County, der CHARDONNAY ist glanzhell und frisch. Sehenswerte Kunstgalerie.

Honig Napa V. ★★★ Stetig steigende Qualität, v. a. beim CABERNET SAUVIGNON, der sich reichhaltig und vollaromatisch zeigt und gut altern sollte. Auch köstlicher SAUVIGNON BLANC.

Hoyt Cellars Paso Robles ★★★ Kunsthandwerklich arbeitender Erzeuger von CABERNET SAUVIGNON und TEMPRANILLO. Dazu angenehmer CHARDONNAY mit strahlender Frucht und süffiger PINOT GRIGIO.

Husch Mend ★★→★★★ CABERNET SAUVIGNON, CHARDONNAY und SAUVIGNON BLANC mit außergewöhnlich gutem Preis-Leistungs-Verhältnis. Der jüngst freigegebene Reserve Cabernet Sauvignon aus Gutsabfüllung verspricht noch bessere Dinge für die Zukunft.

Inglenook Oakville ★★★ Als Francis Ford Coppola sagte, er wolle Inglenook wieder zu früherem Glanz verhelfen, ging es ihm nicht um einen neuen Anstrich. Der Rubicon, jetzt unter dem Inglenook-Etikett, markiert eine Rückkehr zum klassischen Napa CABERNET SAUVIGNON – ausgewogen, elegant und der großen Inglenook-Tradition treu. Der Blancaneaux ist ein komplexer, reichhaltiger Verschnitt von ROUSSANNE, MARSANNE und VIOGNIER. Eine Museumumskellerei ist Inglenook wahrhaftig nicht mehr.

Iron Horse Vineyards Son ★★★→★★★★ Der neue jahrgangslose Premiumschaumwein Joy ist eine Schau. Er wird in Magnumflaschen abgefüllt, 10–15 Jahre auf der Hefe gelagert und verbindet Eleganz mit Kraft. Auch der Wedding Cuvée räumt Preise ab. Der jüngst freigegebene 2004er LD Brut ist großartig. Außerdem sehr guter CHARDONNAY und PINOT NOIR; besonders empfehlenswert sind der Corral Vineyard Chardonnay und der erfrischende Chardonnay ohne Eichennote.

Ironstone Sierra Foothills ★★→★★★ Die Kellerei in den Sierra Foothills zeigt mehr als nur ein hübsches Gesicht. Der Old-Vine ZINFANDEL gehört zu den besten des Staats; der CABERNET FRANC ist sehr gut, ebenso wie der bezaubernde Christine Andrew SAUVIGNON BLANC.

Jade Mountain North Coast ★★★ Bester Wein ist der La Provençale, ein Verschnitt roter Rhône-Sorten. Auch sehr guter CABERNET SAUVIGNON von der North Coast und feiner CHARDONNAY.

Jordan Alexander V. ★★★★ Cabernet Sauvignon **98 99 00 01 02** 05 07 09 10 11 12 – Das Vorzeigegut im Alexander V. erzeugt beständig ausgewogene und elegante Weine. Der CABERNET SAUVIGNON ist eine Hommage an Bordeaux und ebenso langlebig. Der köstliche, mineralische CHARDONNAY wird nach Burgunderart bereitet.

Jorian Hill Santa Ynez ★★★ Großartige, von der Rhône inspirierte Weine aus ökologisch bewirtschafteten Weinbergen. Brillanter VIOGNIER, hervorragender rote Rhône-Verschnitt BEEspoke, guter Rosé.

Joseph Phelps Napa V. ★★★★ Insignia **99 00 01 03 05** 06 07 08 09 10 11 12 – Phelps' langlebiger CABERNET SAUVIGNON, ein echter »Premier Cru« aus Napa, zählt immer zu den Besten, v. a. Insignia und Backus. Sehr gut ist auch der CHARDONNAY Ovation.

Joseph Swan Son ★★★ Alteingesessener Erzeuger im Russian River V. mit intensivem ZINFANDEL von alten Reben und PINOT NOIR aus Einzellagen. Auch die (oft übersehenen) Weine von Rhône-Sorten sind sehr gut, v. a. der ROUSSANNE/MARSANNE-Verschnitt aus der Lage Saralee's Vineyard.

J. Vineyards Son ★★★ Hervorragender Schaumweinerzeuger; besonders empfehlenswert sind der cremige Brut, der würzige Brut Rosé und ein üppiger, spät degorgierter Jahrgangswein. Dazu kommen guter PINOT NOIR, CHARDONNAY und erfrischender VIOGNIER.

Kathryn Kennedy Santa Cruz Mt. ★★★ CABERNET-SAUVIGNON-Spezialist in den kühlen Santa Cruz Mountains. Die verlässlichen, alterungswürdigen, zurückhaltenden Weine wurden mit Bordeaux vom Linken Ufer verglichen. Junge Weine sollten dekantiert oder ein Jahrzehnt in den Keller gelegt werden.

Kendall-Jackson ★★→★★★ Legendärer, marktorientierter CHARDONNAY und CABERNET SAUVIGNON. Noch beachtenswerter durch die Entwicklung einer Vielzahl von Kellereien im Rahmen des Projekts Artisans & Estates.

Kent Rasmussen Winery Carneros ★★★→★★★★ Seit mehr als einem Vierteljahrhundert werden hier hervorragende Carneros-Weine erzeugt. Besonders empfehlenswert sind der mineralische CHARDONNAY und der PINOT NOIR mit einer den Mund ausfüllenden Üppigkeit. Das Alternativlabel für kleine limititerte Abfüllungen heißt Ramsay.

Kenwood Vineyards Son ★★→★★★ Jack London Cabernet Sauvignon **03 05** 07 08 09 10 11 – Beständig gute Qualität zu fairen Preisen. Die Krönung ist der CABERNET SAUVIGNON Jack London; auch der Cabernet Sauvignon Artist Series ist sehr gut. Außerdem verschiedene sehr gute ZINFANDEL-Abfüllungen sowie ein köstlich süffiger SAUVIGNON BLANC.

Kistler Vineyards RRV ★★★ Der Spezialist für CHARDONNAY und PINOT NOIR aus Weinbergen mit kühlem Klima im Sonoma County erzeugt Jahr für Jahr mehr als ein Dutzend Weine mit Lagenbezeichnung. Die Nachfrage ist sehr groß.

Konsgaard Napa ★★★★ Umwerfender CHARDONNAY aus der Lage Judge Vineyard, die auch im Herzen Burgunds liegen könnte. Hervorragender CABERNET SAUVIGNON, köstlicher ALBARIÑO.

Korbel ★★ Größter Erzeuger der USA von Schaumwein nach der klassischen Methode; besonderer Nachdruck wird auf Fruchtnoten gelegt. Seit Kurzem gibt es auch eine Bioversion und einen guten Brut Rosé. Perfekt fürs nächste Picknick.

Kosta Browne Son ★★★ PINOT-NOIR-Spezialist mit burgundischem Touch und großem Angebot. Derzeitiger Favorit ist eine Abfüllung von der Sonoma Coast mit intensiven Schwarzkirschnoten. Sehr gut auch die Abfüllung aus dem Russian River V. und der verführerische Pinot noir mit Feuersteinnote aus den Santa Lucia Highlands.

Kunde Estate Son V. ★★★ Hier hat schon das zweite Jahrhundert der Weinbereitung begonnen, fest verankert im historischen Weinberg in Sonoma. Mehrere Weinreihen; an der Spitze steht die Family Estate Selection, v. a. mit CHARDONNAY und sehr gutem CABERNET SAUVIGNON.

La Follette RRV ★★★ Neuling im Russian River V., spezialisiert auf Einzellagen-PINOT-NOIR und -CHARDONNAY. Hervorragend sind der DuNah Vineyard Pinot noir aus einer Hügellage und der Sangiacomo Chardonnay.

La Jota Howell Mt. ★★★→★★★ **01 03** 04 05 07 09 10 11 – Geschmeidiger, alterungswürdiger CABERNET SAUVIGNON und MERLOT; der CABERNET FRANC ist einer der besten des Staates. Alle Weine kommen aus Berglagen.

Lamborn Family Vineyards Howell Mt. ★★★→★★★★ Heidi Barrett, Weinmacherin mit Superstar-Status, erzeugt intensiven, langlebigen CABERNET SAUVIGNON und mächtigen, hocharomatischen ZINFANDEL von gutseigenen Reben.

Lange Twins Lodi ★★ Vom gefälligen SAUVIGNON BLANC nimmt man gern noch ein Glas, vom köstlichen CABERNET SAUVIGNON/ZINFANDEL-Verschnitt Caricature eine ganze Flasche.

Larkmead Napa V. ★★★→★★★★ 10 11 – Das wiederbelebte alte Gut mit Weinbergen aus dem späten 19. Jh. bietet geschmeidigen, ausgewogenen, hervorragenden Cabernet Sauvignon sowie köstlichen, strahlenden SAUVIGNON BLANC. Köstlich ist der neue Tocai FRIULANO.

La Rochelle Santa Lucia Highlands ★★→★★★ Kleine Mengen PINOT NOIR heißt hier das Motto, angeführt von einer exzellenten Gutsabfüllung vom McIntyre Vineyard. Auch sehr guter Soborantes Vineyard und schwungvoller Pinot noir Rosé.

Laurel Glen Son V. ★★★★ **01 03 05** 06 09 10 11 – Der geschmeidige, alterungswürdige CABERNET SAUVIGNON von einer Hügellage am Sonoma Mt. ist drei Jahrzehnte immer nahe der Spitze gewesen. Gründer Patrick Campbell hat die Kellerei 2011 verkauft, aber keine Sorge: Alle Anzeichen deuten darauf hin, dass die neuen Besitzer entschlossen sind, das Niveau zu halten.

Lava Cap Sierra Foothills ★★→★★★ Pionier der Sierra Foothills mit solidem Angebot: u. a. exzellenter ZINFANDEL, sehr guter SYRAH und ansprechender GRENACHE.

Lohr, J. Ka ★★→★★★ Einer der unterbewerteten Schätze Kaliforniens. Die Weine werden von Jahr zu Jahr besser. Exzellenter CABERNET SAUVIGNON; erstklassig ist die Reihe der Meritage-Rotweine, vorwiegend von Lesegut aus Paso Robles. Auch PINOT NOIR sieht gut aus, mit einer exzellenten Version aus Arroyo Seco. Preiswerteres bietet die gute Cypress-Reihe.

Long Meadow Napa V. ★★★→★★★★ Dass die Besucher in Scharen in die Napa-Kellerei strömen, hat den Weinen keinen Abbruch getan: Der geschmeidige, langlebige CABERNET SAUVIGNON, hat ★★★★-Niveau erreicht. Auch lebhafter SAUVIGNON BLANC im Graves-Stil und süffiger Ranch House Red. Ökologischer Anbau.

Louis M. Martini Napa ★★→★★★ **05 06** 07 09 10 11 12 – Dem Napa-Kleinod ist seit dem Erwerb durch Gallo 2002 ein fulminantes Comeback gelungen. Gallo beschloss, sich nicht einzumischen, und ließ Mike Martini freie Hand beim großartigen CABERNET SAUVIGNON und ZINFANDEL von Reblagen, die sich seit Jahrzehnten in Familienbesitz befanden. Besonders empfehlenswert sind die Cabernet-Sauvignon-Abfüllungen aus der

Lage Monte Rosso und dem Alexander V. Der Cabernet Sauvignon aus dem Sonoma County ist ein Alltagsgenuss.

L'Uvaggio Lodi ★★★ Der Spezialist für italienische Rebsorten bietet ausgezeichneten BARBERA; auch VERMENTINO und ein herrlicher, an Nordspanien erinnernder Rosé. Der neue PRIMITIVO ist Spitze. Hier können Sie nichts falsch machen.

MacPhail Son ★★★ Intensiver, straff gewirkter PINOT NOIR, guter CHARDONNAY und ein erfrischender rosé Pinot noir von der Sonoma Coast.

Malk Family Vineyards Stags Leap ★★★ Eleganter, geschmeidiger CABERNET SAUVIGNON, ein hervorragendes Beispiel für einen typischen Stags-Leap-Wein. Altert gut, besorgen Sie sich gleich ein paar Kisten. Auch sehr guter SAUVIGNON BLANC.

Marimar Torres Estate RRV ★★★★ Mehrere Abfüllungen von CHARDONNAY und PINOT NOIR aus der gutseigenen Lage Don Miguel im Green V. Der Chardonnay ist komplex und kann 5 Jahre alt werden. Der nicht in Eiche ausgebaute Chardonnay Acero zeigt sehr schön die Fruchtigkeit, die in der Chardonnay-Traube steckt. Der Pinot noir aus der Lage Doña Margarita in Pazifiknähe ist intensiver und reichhaltig. Auch guter SYRAH/TEMPRANILLO-Verschnitt und würzige ALBARIÑO/Chardonnay-Cuvée. Alle Weinberge werden jetzt ökologisch bewirtschaftet.

Markham Napa V. ★★★ Hervorragender CABERNET SAUVIGNON und MERLOT, beide zurückhaltend und ausgewogen. Genießen Sie sie jung oder kellern Sie sie zehn Jahre ein.

Martinelli RRV ★★→★★★ Der Old-Vine ZINFANDEL vom Jackass Hill hat Kultstatus; auch etliche Einzellagenabfüllungen von intensivem PINOT NOIR.

Mayacamas Vineyards Mt. Veeder ★★★ Bob Travers und seine Frau Elinor erzeugen seit über 40 Jahren von ihrem Weinberg am Mt. Veeder hervorragenden Cabernet Sauvignon, der Jahrzehnte alt werden kann. 2013 hat Charles Banks, früher Partner beim Kultwein Screaming Eagle, Mayacamas gekauft – die Fans halten den Atem an.

McIntire Vineyards Santa Lucia Highlands ★★→★★★ Die Familie McIntire, die sich lange Zeit auf den Traubenanbau beschränkte, erzeugt nun ihre eigenen Weine. Der PINOT NOIR zeigt üppige Kirschfrucht, gestützt von schöner Säure. Der strahlende CHARDONNAY punktet mit tiefgründiger Mineralität und einem langen Abgang. Jetzt auch MERLOT.

Meritage Der Ausdruck bezeichnet einen Verschnitt von roten oder weißen Bordeaux-Sorten. Geprägt wurde er in Kalifornien, hat sich aber inzwischen weiter ausgebreitet. Meritage ist ein geschütztes Markenzeichen und darf nur von Mitgliedern der Meritage Alliance verwendet werden. Sollte sich auf *heritage* (»Erbe«, »Überlieferung«) reimen, tut es aber oft nicht.

Merry Edwards RRV ★★★★ Eine Ehrenbezeugung an Burgund mit kalifornischem Einschlag: Der abgerundete PINOT NOIR zeigt vielschichtige Aromen und einen Hauch dunkler Gewürze. Obendrein gibt's einen hübschen SAUVIGNON BLANC. Merry Edwards, die 2012 in die Vintners Hall of Fame aufgenommen wurde, ist ein Nationalheiligtum.

Merryvale Napa V. ★★★ Der Profile ist ein üppiger und zugleich ausgewogener CABERNET SAUVIGNON, ihm zur Seite steht der Silhouette, ein voller CHARDONNAY. Außerdem guter MERLOT und sehr guter PINOT NOIR. Fruchtbetonte Weine unter dem Etikett Starmont.

Mettler Family Wines Lodi ★★★ Die Familie Mettler erzeugt seit fünf Generationen Wein. Es gibt nur ZINFANDEL, CABERNET SAUVIGNON und PETITE SIRAH, die aber richtig: geschmeidige, ausgewogenen Weine, eine wahre Freude.

Michael David Lodi ★★→★★★ Einer der besten New-Wave-Erzeuger in Lodi. Empfehlenswert v. a. der 7 Deadly Zins (ZINFANDEL), ein leichtfüßiger Wein für Picknick und mehr. Auch ansprechender CHARDONNAY und Petite-Petit, ein ungewöhnlicher Verschnitt von PETITE SIRAH und PETIT VERDOT.

Miner Family Vineyards Oakville ★★★ Besonders empfehlenswert unter den kraftvollen und langlebigen Rotweinen auf CABERNET-SAUVIGNON-Basis ist der Icon, ein Verschnitt von Bordeaux-Rebsorten.

Morgan Santa Lucia Highlands ★★★ Erstklassiger PINOT NOIR und CHARDONNAY aus Einzellagen, v. a. der nicht in Eiche ausgebaute Chardonnay Metallico. Der gutseigene Weinberg Double L wird ökologisch bewirtschaftet. Der Côtes du Crow's ist bezaubernd.

Mount Brave Mt. Veeder ★★★ Der CABERNET SAUVIGNON mit weichen Tanninen, aber guter Balance im runden Abgang, ist großartig. Auch guter MALBEC und MERLOT.

Mumm Napa Valley Napa V. ★★★ Stilvolle Schaumweine, v. a. köstlicher Blanc de Noirs und voller, komplexer DVX von einer Einzellage, dem ein paar Jahre in der Flasche gut bekommen; zudem ein sehr guter Brut Rosé. Von den CHARDONNAY- und PINOT-NOIR-Stillweinen trinkt man gern zwei, drei Gläschen.

Nalle Son ★★★★ Doug Nalle macht seit Jahrzehnten immer alles richtig mit seinen ausgewogenen, köstlichen ZINFANDEL-Weinen, die bereits jung Freude bereiten, gereift aber noch besser sind. Auch exzellenter PINOT NOIR und CHARDONNAY.

Navarro Vineyards Anderson V. ★★★ Sehr guter RIESLING und GEWÜRZTRAMINER vom Kühlklimapionier. Die Starrolle kommt PINOT NOIR zu, der in zwei Stilen bereitet wird: als Hommage an Burgund von gutseigenen Trauben aus dem Anderson V. und als flotte, fruchtig-saftige Abfüllung von zugekauftem Rebgut.

Newton Vineyards Spring Mt. ★★★→★★★★ **03 05** 06 07 09 10 11 12 – The Puzzle, ein geschmeidiger, eleganter Verschnitt von Bordeaux-Sorten mit schönem Alterungspotenzial, verdient ★★★★. Außerdem sehr guter CABERNET SAUVIGNON, MERLOT und CHARDONNAY. Die Reihe Red Label bietet vergnügliche, fruchtbetonte Weine.

Niebaum-Coppola Estate Siehe INGLENOOK.

Oakville Ranch Oakville ★★★ Das Gut am Silverado Trail, ein bisweilen übersehenes Kleinod, erzeugt beständig guten CABERNET SAUVIGNON, cremigen CHARDONNAY und großartigen CABERNET FRANC.

Ojai Santa Barbara ★★★ Adam Tolmach, ehemals Teilhaber von AU BON CLIMAT, bietet ein umfangreiches Sortiment sehr guter Weine von PINOT NOIR, CHARDONNAY und Rhône-Rebsorten; besonders empfehlenswert sind Pinot noir und SYRAH aus der Lage Presidio Vineyard. Köstlicher Rosé auf SYRAH-Basis.

Opus One Oakville ★★★ **05** 07 09 10 11 – Das Mondavi-Rothschild-Unternehmen im Herzen von Napa hat gloriose und manchmal auch nicht ganz so gelungene Weine hervorgebracht. Gegenwärtig hervorragend in Form, was insbesondere für den 2009er gilt, den man schon jetzt trinken kann, aber besser noch ein paar Jährchen in Ruhe lassen sollte.

Ovid Oakville ★★★→★★★ **05** 07 – Spannendes neues Gut in den Hügeln oberhalb von Oakville. Strahlende, geschmeidige Bordeaux-Verschnitte sind die Stars, aber auch der SYRAH ist hervorragend. Bioanbau.

Pahlmeyer Napa V. ★★★ Der Pièce de Résistance auf CABERNET-SAUVIGNON-Basis ist prachtvoll, Right Bank ist ein sehr guter MERLOT/CABERNET FRANC-Verschnitt, die geschmeidigen MERLOT-Weine sind ein Schmankerl. Außerdem ausgezeichneter CHARDONNAY und PINOT NOIR von der Sonoma Coast.

Paloma Vineyard Spring Mt. ★★★→★★★★ Intensiver, massiver MERLOT mit einem Schuss CABERNET SAUVIGNON von einem Weinberg nahe dem Gipfel des Spring Mt. – Kaliforniens bester? Hält sich 10 Jahre und länger. Palomita heißt ein sehr guter Verschnitt auf SYRAH-Basis.

Parducci Mend ★★→★★★ Verlässlich gute und preiswerte Weine von einer alteingesessenen Kellerei. Der PETITE SIRAH True Grit ist brillant.

Wein aus dem Zapfhahn

Wenn Sie in Kalifornien in einer Bar ein Glas Wein bestellen, wundern Sie sich vielleicht darüber, dass das Glas aus einem Zapfhahn gefüllt wird, fast wie Bier. Das ist der neue Trend. Der Wein kommt aus Edelstahlfässern, die mit Schutzgas unter Druck gesetzt werden, sodass der Wein aus dem Zapfhahn fließt. Am besten funktioniert das mit fruchtbetonten Weinen. Sie kommen nicht nur frischer aus dem Fass, das ganze System spart auch einiges an Kosten.

Patianna Vineyards RRV ★★★→★★★★ Patty FETZER bereitet vielleicht den besten SAUVIGNON BLANC des Staats von biodynamisch bewirtschafteten Reblagen im Sonoma County. Auch sehr guter SYRAH mit Reifepotenzial.

Patz & Hall North Coast ★★★→★★★★ Exzellente Reihe mit Einzellagen-PINOT-NOIR und -CHARDONNAY. Spitze ist der Pisoni Vineyard Pinot noir aus den Santa Lucia Highlands, besonders gut sind auch Pinot noir und Chardonnay vom Hudson Vineyard in Carneros.

Paul Hobbs ★★★ Hier wird das Thema Einzellage bis zum Äußersten ausgereizt mit 8 verschiedenen CHARDONNAY-, 5 PINOT-NOIR-, 6 CABERNET-SAUVIGNON- sowie einem einzigen, einsamen SYRAH-Wein. Allen gemeinsam sind Tiefe, Intensität und eine Opulenz, die manchmal fast ans Marmeladenartige grenzt. Sämtliche Weine sind probierenswert.

Pedroncelli Son ★★ Veteran im Dry Creek V. mit strahlendem, sehr süffigem ZINFANDEL, CABERNET SAUVIGNON und einem kompakten CHARDONNAY.

Peju Napa V. ★★★ Hat was von einer Vorzeigekellerei, die wahre Qualität steckt aber in den Flaschen. Gutes Alterungspotenziel beim Rutherford Reserve CABERNET SAUVIGNON.

Periano Lodi ★★→★★★ New-Wave-Erzeuger in Lodi mit hervorragendem ZINFANDEL, sehr gutem VIOGNIER und CHARDONNAY sowie gutem TEMPRANILLO.

Peter Michael Winery Mont, Son ★★★★ Die Triebfeder dieses Erzeugers aus England ist das Einzellagenkonzept: Geboten werden ein Dutzend exzellenter CHARDONNAY- und PINOT-NOIR-Abfüllungen. Flaggschiffwein ist Lex Pavots, ein Verschnitt von Bordeaux-Sorten.

Philip Togni Vineyards Spring Mt. ★★★★ **00 01 03** 05 07 09 10 11 12 – Der erfahrene Weinmacher bereitet feinen Cabernet Sauvignon mit langem Abgang von einer Lage am Spring Mt. Erschwinglicher und früher trinkreif ist der CABERNET SAUVIGNON Tanbark Hill.

Pine Ridge Napa V. ★★★ CABERNET SAUVIGNON in allen Varianten aus verschiedenen Lagen im Napa V. Es gibt tanninbetonte, konzentrierte wie den Fortis und seidige, bezaubernde wie die Abfüllung aus Stags Leap. Der nur in den besten Jahren erzeugte Epitome kann großartig sein.

Quintessa Napa V. ★★★★ Der geschmeidige rote Verschnitt vom biodynamisch bewirtschafteten Weingut in Rutherford zeigt ausgewogene Frucht à la Bordeaux und kann altern.

Quivira Dry Creek V. ★★★ Das biologisch-dynamisch bewirtschaftete Gut bietet ein sehr schönes Sortiment von Weinen aus Rhône-Sorten, v. a. GRENACHE. Exzellenter ZINFANDEL und guter Rosé.

Qupé Santa Barbara ★★★★ Der Schwerpunkt liegt auf dem beachtlichen Angebot an Weinen von Rhône-Sorten, v. a. gibt es einen brillanten Marsanne. Aber auch vom PINOT BLANC und vom SYRAH trinkt man gern ein Gläschen – nicht zu vergessen den PINOT NOIR.

Rafanelli, A. Son ★★★ Die Familie Rafanelli erzeugt seit vier Generationen ZINFANDEL, und das machen sie richtig: die klassischen, intensiven Weine mit strahlender Brombeerfrucht sind langlebig – aber wen kümmert's, wo sie doch in jungen Jahren schon so köstlich sind? Außerdem guter CABERNET SAUVIGNON.

Ravenswood Siehe CONSTELLATION.

Raymond Vineyards and Cellar Napa V. ★★★ **01 03 05** 07 09 10 11 12 – Hier wird die Geschichte von CABERNET SAUVIGNON erzählt, und es ist eine gute Geschichte. Die Weine sind ausgewogen und zurückhaltend, aber potenziell sehr langlebig, v. a. die Vorzeige-Cuvée Generations. Außerdem guter CHARDONNAY.

Ridge Santa Cruz Mt. ★★★★ CABERNET SAUVIGNON **99 00 01 03 05** 07 08 09 10 11 12 – Gutsgründer Paul Draper ist eine der Schlüsselfiguren des modernen kalifornischen Weinbaus. Der geschmeidige, harmonische Gutswein Montebello Cabernet Sauvignon ist grandios. Daneben ausgezeichneter Einzellagen-ZINFANDEL aus Sonoma, dem Napa V., den Sierra Foothills und Paso Robles. Auch den mit Wildhefen vergorenen hervorragenden Chardonnay sollte man nicht links liegen lassen. Chapeau Paul!

Robert Keenan Wines Napa V. ★★★→★★★★ Oft übersehener Erzeuger von geschmeidigem CABERNET SAUVIGNON, MERLOT und CHARDONNAY von gutseigenen Reben am Spring Mt., aber auch vom Talboden. Der Reserve Cabernet Sauvignon ist durchweg ★★★★-Qualität.

Robert Mondavi ★★ Die Napa-Ikone im Besitz von CONSTELLATION liefert durchwachsene Qualität. Der Basis-Napa-CABERNET-SAUVIGNON ist eine Reminiszenz an Napa-Klassiker.

Rochioli Vineyards & Winery Son ★★★ Exzellenter PINOT-NOIR-Gutswein, brillanter CHARDONNAY, sehr guter SAUVIGNON BLANC.

Roederer Estate Anderson V. ★★★★ Einer der drei Spitzenschaumweine Kaliforniens und außerdem der zweifellos beste Rosé. Im Besitz der Champagnerfirma Roederer. Zurückhaltung und geschmeidige Eleganz kennzeichnen den Stil des Hauses, v. a. bei der Luxuscuvée L'Ermitage.

Roger Craig Wines Napa V. ★★★→★★★★ **01 03** 05 07 09 10 11 12 – Der CABERNET-SAUVIGNON-Spezialist konzentriert sich auf kraftvolle, komplexe Weine vom Mt. Veeder, Howell Mt. und Spring Mt. Der Affinity ist eine geschmeidige, elegante Hommage an Bordeaux, der ZINFANDEL vom Howell Mt. ist sehr gut.

Round Pond Estate Rutherford ★★★ Die Reihe Bovet erforscht mit Reserve CABERNET SAUVIGNON das Terroir von Napa. Sehr gut ist der Guts-Cabernet-Sauvignon von Lesegut aus Rutherford mit abgerundetem Geschmacksprofil und strahlender Frucht; auch sehr guter SAUVIGNON BLANC.

Rusack Santa Maria V. ★★★ Kellerei mit kleiner Produktion, aber hervorragendem Reserve CHARDONNAY, sehr gutem Einzellagen-PINOT-NOIR aus dem Santa Maria V. und gutem Rosé.

Saddleback Cellars Napa V. ★★★★ **01 05 06** 07 08 10 11 12 – Kellermeister und Besitzer Nils Venge, eine Legende im Napa V., erzeugt üppigen ZINFANDEL und langlebigen CABERNET SAUVIGNON sowie guten SAUVIGNON BLANC.

St. Clement Napa V. ★★★ **99 00 01** 03 05 06 07 09 10 11 – Die CABERNET-SAUVIGNON-Abfüllungen von Einzellagen zeigen gebändigte Kraft und tiefgründige Aromen, v. a. der Armstrong Vineyards Diamond Mt. District und der Oroppas, ein Verschnitt aus verschiedenen Reblagen. Außerdem sehr guter MERLOT, SAUVIGNON BLANC und CHARDONNAY.

St. Francis Son ★★★ Fruchtbetonte Weine, meist aus dem Sonoma County: v. a. sehr guter VIOGNIER, CABERNET SAUVIGNON und exzellenter ZINFANDEL von alten Reben.

Saintsbury Carneros ★★★ Sehr guter PINOT NOIR und CHARDONNAY aus Carneros mit Terroircharakter. Die Weine sind bei aller Intensität ausgewogen und charmant. Der Vincent Vin Gris ist ein leckerer Rosé.

St. Supéry Napa ★★→★★★ Der SAUVIGNON BLANC ist einer der besten Kaliforniens. Daneben kraftvoller, seidiger MERLOT sowie hervorragender CABERNET SAUVIGNON und CHARDONNAY vom Dollarhide Estate Vineyard.

Santa Cruz Mountain Vineyard Mend, Santa Cruz Mt. ★★★ Intensiver PINOT NOIR mit Alterungspotenzial von gutseigenen Trauben, bemerkenswerter GRENACHE von 100 Jahre alten Reben in der AVA Mendocino sowie guter CABERNET SAUVIGNON in rustikalem Stil.

Sbragia Family Wines North Coast ★★★ Ed Sbragia, ehemals Kellermeister bei Beringer und nun selbstständig, findet gute Weinberge in Napa und Sonoma für hervorragenden CHARDONNAY, ZINFANDEL und CABERNET SAUVIGNON. Seinen vierten Stern kriegt er auch bald.

Scharffenberger Mend ★★★ Der Brut Rosé oJ ist schlicht der beste kalifornische Schaumwein, den man derzeit kriegen kann – komplex mit reichhaltigem, ausgewogen fruchtigem Abgang. Tex Sawyer macht schon seit Jahrzehnten Schaumwein in Mendocino – und er weiß, wie's geht.

Schramsberg Napa V. ★★★★ J. Schram, die cremige und überaus köstliche Luxuscuvée, hat man schon als den Krug-Champagner Kaliforniens bezeichnet. Der Blanc de Noirs ist ausgezeichnet, ebenso der Brut, und die Reserve gehaltvoll und intensiv. Das Zweitetikett Mirabelle ist sehr ansprechend. Außerdem sehr guter roter Stillwein J. Davies (CABERNET SAUVIGNON) von gutseigenen Reblagen in den Bergen. Zeitlos hohe Qualität.

Screaming Eagle Napa V. Kleine Mengen eines Kult-CABERNET-SAUVIGNON zu astronomischen Preisen für Leute, die so etwas mögen und sich leisten können.

Seghesio Son ★★★ Etliche Lagen-Abfüllungen von grandiosem ZINFANDEL: angenehm schon in der Jugend, erlangen jedoch mit dem Alter zusätzliche Tiefe. Der Omaggio, ein Cabernet Sauvignon/SANGIOVESE-Verschnitt, ist interessant. Sehr guter BARBERA, Sangiovese und schöner ARNEIS – eine Seltenheit in Kalifornien.

Selene Napa V. ★★★★ Mia Klein erzeugt ausgezeichnete sortenreine Weine von Bordeaux-Trauben in geringen Mengen. Platzhirsch ist der Dead Fred Vineyard CABERNET SAUVINGON, dem der Hyde Vineyards SAUVIGNON BLANC als manchmal ebenbürtiger Rivale gegenübertritt. Es gibt sogar einen Rosé, hurra!

Sequoia Grove Napa V. ★★★ Durchweg ausgezeichnete CABERNET-SAUVIGNON-Abfüllungen von Einzellagen: intensiv und konzentriert, dabei jedoch ausgewogen und langlebig. Auch der CHARDONNAY ist sehr gut.

Shafer Vineyards Napa V. ★★★→★★★★ Cabernet Sauvignon **01 02 03 05** 07 09 10 11 12 – Familienunternehmen in der 3. Generation, das in Stags Leap kraftvolle Medaillengewinner erzeugt. Reichhaltiger, intensiver CABERNET SAUVIGNON, v. a. Hillside Select, sowie eines der besten MERLOT-Gewächse Kaliforniens.

Sierra Vista Sierra Foothills ★★★ Da ist mehr als nur ein Hauch von Rhône in den Sierra Foothills, u. a. hervorragender MOURVÈDRE und GRENACHE. Interessant ist auch der Old-Vine Own-Root CHARDONNAY (also von wurzelechten alten Reben) ohne Eichennote.

Silverado Vineyards Stags Leap ★★★ Der exzellente CABERNET SAUVIGNON Solo zeigt stolz das Terroir der AVA Stags Leap; außerdem feiner CHARDONNAY und SAUVIGNON BLANC.

Silver Oak Alexander V., Napa V. ★★★ Die beiden Kellereien – die eine im Napa, die andere im Alexander V. – erzeugen ausschließlich CABERNET SAUVIGNON. Die Napa-Weine sind Klassiker dieser Sorte, etwas geschmeidiger präsentieren sich die Gewächse aus dem Alexander V. Beide haben eine treue Gefolgschaft.

Sinskey Vineyards Carneros ★★★ Hervorragender MERLOT sowie Einzellagen-CABERNET-SAUVIGNON und -CHARDONNAY aus Carneros. Außergewöhnlich strahlend und bezaubernd präsentiert sich der PINOT NOIR.

Smith-Madrone Spring Mt. ★★★ Ausgezeichneter RIESLING von strahlend blumig-mineralischer Art; außerdem sehr guter, kraftvoller CABERNET SAUVIGNON aus einem hoch gelegenen, nicht bewässerten Weinberg.

Sodaro Estate Napa V. ★★★ Die Veteranen Bill und Dawnine Dyer sind die önologischen Berater des relativ neuen Familienbetriebs, erwarten Sie also keine Kultweinimitate. Stattdessen sind die Weine elegant und ausgewogen, v.a. der Felicity auf CABERNET-SAUVIGNON-Basis. Außerdem sehr guter MALBEC.

Sonoma-Cutrer Vineyards Son ★★→★★★ Exzellenter CHARDONNAY mit Feuersteinnote und Alterungspotenzial sowie PINOT NOIR aus Lagen mit kühlem Klima im Russian River V. und an der Sonoma Coast.

Spottswoode St Helena ★★★★ **97 00 01** 03 05 06 07 09 10 11 12 – Ein Kandidat für Ihre Bestenliste der kalifornischen »Premiers crus«. Der ausgezeichnete Cabernet Sauvignon ist unwiderstehlich und zudem langlebig. Weiterer Pluspunkt: der strahlende SAUVIGNON BLANC.

Spring Mountain Vineyard Spring Mt. ★★★ Der konzentrierte CABERNET-SAUVIGNON-Verschnitt Signature Elivette mit vielschichtiger Aromatik besitzt Alterungspotenzial. Sehr gut sind auch der Cabernet-Sauvignon-Gutswein sowie der SAUVIGNON BLANC.

Staglin Family Vineyard Rutherford ★★★ **03 05** 07 09 10 11 12 – Der elegante CABERNET SAUVIGNON aus der Lage Rutherford Bench lässt sich gut einlagern. Der Estate CHARDONNAY ist komplex und mineralisch; außerdem guter SANGIOVESE.

Stag's Leap Wine Cellars Stags Leap ★★★★ **00 01** 03 05 07 09 10 11 12 – Hochgelobt für seidige, verführerische Weine von CABERNET SAUVIGNON (SLV, Fay sowie Spitzengewächs Cask 23) und MERLOT. Darüber wird der gute CHARDONNAY häufig übersehen. Auch nachdem der Gründer Warren Winiarski an Chateau Ste. Michelle (Washington) und Marchese Antinori (Italien) verkauft hat, ist die Qualität mustergültig geblieben.

Stags' Leap Winery Napa – Traditionsreiches Gut im Besitz von BERINGER BLASS.

Steele Wines ★★★ Jed Steele ist eine Legende in Kalifornien. Seit über 40 Jahren findet er den richtigen Weinberg für den richtigen Wein, von A wie ALIGOTÉ bis Z wie ZINFANDEL. Geschmeidige, ausgewogene Weine: ein Hochgenuss.

Stephen Ross Edna V. ★★★ Ein angehender Star in Sachen PINOT NOIR und CHARDONNAY. Der burgundische Ansatz verleiht den Einzellagenweinen (vorwiegend aus dem Edna V.) zusätzliche Komplexität. Verpassen Sie aber auch nicht den ZINFANDEL.

Sterling Napa V. ★★→★★★ Die sehenswerte Kellerei aus den 1970ern war ein Wegbereiter für ernst zu nehmendem MERLOT; außerdem guter CHARDONNAY und CABERNET SAUVIGNON.

Stony Hill Napa V. ★★★★ Chardonnay **97 99 00 01 03** 05 06 07 09 10 11 – Legendärer und wegweisender Erzeuger von unglaublich langlebigem CHARDONNAY in anmutigem, geschmeidigem Stil. Neuerdings gibt es auch einen zurückhaltend-ausgewogenen CABERNET SAUVIGNON – ein neuer Napa-Valley-Klassiker.

Sutter Home Siehe TRINCHERO FAMILY ESTATES.

Swanson Oakville ★★★ Der schlanke, geschmeidige CABERNET SAUVIGNON präsentiert sich herrlich fruchtig und mit langem Abgang. Auch der MERLOT ist sehr gut. Außerdem guter SANGIOVESE und Rosato unter dem Etikett Salon.

Tablas Creek Paso Robles ★★★ Heiliger Boden für Rhône-Freunde: Die Weinberge sind großteils mit Stecklingen aus Châteauneuf-du-Pape bepflanzt, da es sich hier um ein Joint Venture der Besitzer von Beaucastel (Frankreich) und des Importeurs Robert Haas handelt. Der Côtes de Tablas ist – rot wie weiß – verblüffend gut, ebenso der Tablas Creek Esprit.

Talbott, R. Mont ★★★ Geschmeidig-charmanter CHARDONNAY und PINOT NOIR aus Einzellagen in Monterey – Burgund lässt grüßen. Besonders empfehlenswert ist der Chardonnay Sleepy Hollow aus den Santa Lucia Highlands.

Talisman North Coast ★★★ PINOT NOIR ist das Thema bei Talisman, mit einem halben Dutzend Abfüllungen aus Weinbergen an der North Coast. Ganz oben steht der Red Dog Vineyard vom Sonoma Mt., gleich danach kommt der Weir Vineyard in den Yorkville Highlands in Mendocino.

Thomas Fogarty Santa Cruz Mt. ★★★ Der würzige, intensive GEWÜRZTRAMINER hier ist so gut, wie er in Kalifornien nur sein kann. Der vielschichtige, komplexe CHARDONNAY von gutseigenen Reben kann einige Jahre alt werden; außerdem guter PINOT NOIR.

Tor Wines Napa V. ★★★ **07** 09 10 11 – Napa-Veteran Tor Kenward erzeugt in seinem eigenen Betrieb eine Reihe von CABERNET-SAUVIGNON-Abfüllungen; die besten Weine kommen aus der berühmten Lage To Kalon: gehaltvoll, intensiv und zum Einlagern gemacht. Auch feiner CHARDONNAY vom Hudson Vineyard. Beachten Sie auch Kenwards Hommage an die Rhône unter dem Etikett Rock. Der GRENACHE ist ein Juwel.

Transcendence Santa Barbara ★★→★★★ Hervorragender Rhône-Verschnitt auf GRENACHE-Basis namens Parea und gleichermaßen exzellenter CHARDONNAY Zotovich Vineyard. Sehr guter PINOT NOIR aus den Sta Rita Hills.

Treana (Hope Family Wines) Paso Robles ★★ Es gibt nur zwei Weine: Treana Red auf CABERNET-SAUVIGNON-Basis und Treana White, ein Verschnitt von VIOGNIER und MARSANNE. Beide sind eine gute Wahl.

Trefethen Family Vineyards Oakville ★★★ **03 04** 05 07 08 10 11 12 – Historischer Familienbetrieb in Napa. Herrlicher lagerfähiger halbtrockene RIESLING. Der CABERNET SAUVIGNON wird seit einigen Jahren immer besser. Der CHARDONNAY kann hervorragend ausfallen und gewinnt zusätzlich durch einige Jahre Flaschenreife. Exzellenter VIOGNIER.

Trinchero Family Estates Napa V. ★→★★★ Der 1948 gegründete Napa-Valley-Erzeuger (man erinnere sich des White ZINFANDEL von Sutter Home) strebt mit einer Reihe von CABERNET-SAUVIGNON-Weinen nach Höherem. Besonders empfehlenswert ist die Abfüllung Chicken Ranch Vineyard. Es gibt auch Cabernet Sauvignon unter der Marke Napa Wine Company.

Trione Son ★★★ Ein erstklassiger Traubenanbauer, der jetzt prachtvolle Weine von gutseigenen Lagen erzeugt. Der samtige Block 21 von CABERNET-SAUVIGNON-Trauben aus dem Alexander V. ist ein künftiger ★★★★-Kandidat mit entsprechendem Alterungspotenzial. Außerdem sehr guter PINOT NOIR, SYRAH und großartiger CHARDONNAY aus dem Russian River V.

Truchard Carneros ★★★ Der Carneros-Veteran bietet nun großartige TEMPRANILLO- und ROUSSANNE-Abfüllungen. Außerdem herber, zitronenfruchtiger CHARDONNAY und aromatischer MERLOT. CABERNET SAUVIGNON und SYRAH sind ebenfalls sehr gut.

Tudal St Helena ★★★ Wunderbar ausgewogener und eleganter CABERNET SAUVIGNON, der sich deutlich länger als ein Jahrzehnt halten könnte. Der

CHARDONNAY aus dem Russinan River V. ist einen Versuch wert, der Flat Bed Red kommt mit zum Picknick.

Turnbull Napa V. ★★★ **05 06** 07 09 10 11 – Der unterbewertete CABERNET SAUVIGNON ist ein Napa-Klassiker: kraftvoll und doch geschmeidig und ausgewogen. Die Reserve-Abfüllung sollte man für mindestens ein Jahrzehnt einlagern. Dazu hervorragender Fortuna MERLOT und sehr guter Napa PETITE SIRAH.

Valley of the Moon Son ★→★★ Verlässliche Alltagsweine; PINOT NOIR und ZINFANDEL können ★★-Niveau erreichen.

Van Ruiten Lodi ★★→★★★ Halten Sie sich hier an den ZINFANDEL von alten Reben. Auch schöner CARIGNANE.

Viader Estate Napa V. ★★★★ **00 01 03** 05 06 07 08 09 10 11 12 – Das Gut am Howell Mt. erzeugt langlebige, kraftvolle Verschnitte auf CABERNET-SAUVIGNON-Basis. Neu ist der Viader Black Label MALBEC von gutseigenen Reben. Empfehlenswert sind auch die in kleinen Mengen erzeugten Abfüllungen der Reihe Dare, u. a. SYRAH und TEMPRANILLO.

Villa Ragazzi Napa V. ★★★ Warum gelingt keiner anderen kalifornischen Kellerei guter SANGIOVESE? Dieser ist klar der beste im Staat. Auch guter CABERNET SAUVIGNON/Sangiovese-Verschnitt.

Volker Eisele Family Estate Napa V. ★★★→★★★★ 00 **01 03** 05 07 09 10 11 12 – Geschmeidige, üppige Verschnitte auf Basis von CABERNET SAUVIGNON; besonders empfehlenswert ist der Terzetto. Neu im Sortiment ist der sortenreine Cabernet Sauvignon Alexander; Gemini heißt der hübsche, lebhafte SAUVIGNON BLANC/SÉMILLON-Verschnitt. Sämtliche Weine stammen aus ökologischem Anbau.

Wente Vineyards Mont ★★→★★★ In dieser historischen Kellerei bemüht man sich spürbar um eine Steigerung der Qualität. Insbesondere die neuen CHARDONNAY-Abfüllungen haben an Komplexität gewonnen. Außerdem sehr guter Livermore Sauvignon blanc und SÉMILLON.

Whitehall Lane Rutherford ★★★★ Kraftvoller und doch eleganter CABERNET SAUVIGNON, der mit dem Jahrgang 2009 an der ★★★★-Kategorie kratzt. Daneben sehr guter SAUVIGNON BLANC.

Williams Selyem Son ★★★ Intensiver, rauchiger PINOT NOIR vom Russian River V., v. a. aus Weinbergen von Rochioli und Allen. Sehr guter CHARDONNAY und ZINFANDEL.

Windward Paso Robles ★★★ Vielversprechender neuer PINOT-NOIR-Erzeuger mit ausgewogenem, burgundischem Stil.

Wine Group, The Central V. ★ Der nach Produktionsvolumen drittgrößte Weinerzeuger der Welt bietet diverse Alltagstropfen wie z. B. Glen Ellen sowie den Schlauchwein Franzia.

Die Firma Woodzee macht Sonnenbrillen aus alten Mondavi-Fässern. Noch mehr Eiche an der Nase?

Woodenhead Son ★★★ Brillanter neuer Erzeuger von Einzellagen-PINOT-NOIR und -ZINFANDEL, v. a. Cinder Cone Pinot noir und Martinelli Road Old-Vine Zinfandel, beide aus dem Russian River V. Eigenwillig, aber lecker sind die Weine von der COLOMBARD-Traube (still und schäumend), ebenfalls aus dem Russian River V.

Zaca Mesa Santa Barbara ★★★ Die Ausrichtung auf Rhône-Sorten (von gutseigenen Reben) zeigt schöne Resultate. Der SYRAH Black Bear Block ist einer der besten Kaliforniens; ebenfalls empfehlenswert ist der Z Three, ein köstlicher Syrah/GRENACHE-Verschnitt, und auch den ROUSSANNE sollte man probieren.

Der pazifische Nordwesten

Kalifornien bekommt die ganze Aufmerksamkeit und macht 90 % des Umsatzes. Die beiden Staaten weiter im Norden dagegen beziehen ihren Reiz teilweise aus der Andersartigkeit, daraus, dass sie immer noch als Geheimtipp gelten. Wer kalifornische Weine ein bisschen, sagen wir, schwer findet, sieht sich dort nach Erfrischenderem um. Und findet eine ganze Menge mehr: Weine mit klar herausgearbeitetem Sortencharakter, unverkennbare Regionalstile und Weinmacher, die sich ihrem Metier voll und ganz hingeben.

Dass plötzlich eine Menge frisches Geld in den Nordwesten gekommen ist, hat nun größeres Interesse an den Weinen geweckt. Die Erfolge Washingtons mit Cabernet Sauvignon und Merlot, etwa der kalifornischen E. & J. Gallo Winery oder von Duckhorn Vineyards, haben zu Aufsehen erregenden Investitionen in den Staat geführt. In Oregon hat der gute Ruf des Pinot noir Louis Jadot aus Burgund (Drouhin sitzt schon seit Jahren hier) und das kalifornische Unternehmen Jackson Family Wines bewogen, Weinberge und Kellereien zu kaufen. Können diese Einflüsse von außen den Charme der Weine aus dem Nordwesten gefährden? Eher nicht. Die genannten Firmen haben gelernt, was die lokalen Weinfreunde schon lange wissen: dass der Nordwesten trotz höchst unterschiedlicher Jahrgänge verlässlich hohe Qualität produziert und auf allen Preisstufen stets ein gutes Preis-Leistungs-Verhältnis hat. Die neuen Investitionen erhöhen die Attraktivität der Region eher noch.

Bedeutende Weinbaugebiete

Columbia Valley Sehr große AVA im mittleren und östlichen Washington sowie einem Eckchen in Oregon. Hochwertiger CABERNET SAUVIGNON, MERLOT, SYRAH, RIESLING und CHARDONNAY. Die wichtigsten Unterbereiche sind die AVAs Red Mountain, Walla Walla und Yakima Valley.

Snake River Valley Die einzige AVA in Idaho ersteckt sich bis ins östliche Oregon.

Southern Oregon Der Bereich mit warmem Klima umfasst die AVAs Rogue, Applegate Valley und Umpqua Valley. TEMPRANILLO, Syrah und VIOGNIER sind sehr gut; es wird viel experimentiert.

Willamette Valley In Oregon die Heimat von PINOT NOIR, PINOT GRIS sowie sehr gutem Chardonnay und trockenem Riesling aus kühlem Klima. Bedeutende Unterbereiche sind u.a. Dundee Hills, Chehalem Mountains, Yamhill-Carlton und Eola-Amity Hills.

Walla Walla Valley Sub-AVA des Columbia Valley mit eigener Identität und Reben in Washington und Oregon. Heimat bedeutender Boutiquemarken und Premiumetiketten mit Schwerpunkt auf hochwertigem Cabernet Sauvignon, Merlot und Syrah.

Neuere Jahrgänge

2013 Warmer Sommer, im September dann ungewöhnlich kühl und regnerisch. Knackige Weiße und ausgewogene Rote in Washington; der Oregon Pinot noir wird wohl gut, aber abhängig von Erzeuger und Lage.

2012 Ausgewogen in Washington, in Oregon reich fruchtige Weine mit schöner Mitte.

2011 Klassischer Jahrgang für Oregon Pinot noir. In Washington führte die späte Lese bei kühler Witterung zu Weinen mit mehr Säure, die sich zum Einkellern eignen.

2010 Überall sehr kühl, deshalb weniger alkoholstarke Weine mit guter Säure und frischem Sortencharakter.

2009 Washington erzeugte konzentrierte Weine. In Oregon nicht einfach, doch die Weine sind reif und ansprechend.

2008 In Oregon üppige Weine, wie sie allgemein beliebt sind; in Washington schlankere und komplexere Rote sowie knackige Weiße.

Oregon

Abacela Vineyards S-Or ★★★ Der Spezialist für spanische Rebsorten ist stets führend bei TEMPRANILLO und ALBARIÑO und erzeugt außerdem sehr guten SYRAH und VIOGNIER. Paramour heißt die ausgezeichnete Cuvée im Rioja-Stil.

Adelsheim Vineyard Wil ★★★→★★★★ **08 09** 10' 11 12' – Pionier und führender Erzeuger mit erstklassigem PINOT NOIR, sehr gutem CHARDONNAY Reserve und vergnüglichem AUXERROIS.

Amalie Robert Estate Wil ★★★ **08'** 09 10 – Familienbertrieb mit einer ganzen Reihe von hervorragenden PINOT-NOIR-Gutsweinen. Außerdem sehr guter CHARDONNAY sowie interessanter VIOGNIER und SYRAH aus dem kühlen Klima des Willamette V.

Anam Cara Cellars Wil ★★★ **08** 09 10' – Der Familienbetrieb erzeugt PINOT NOIR voller Anmut und Tiefe, v. a. Nicholas Estate. Ebenfalls hervorragend ist der Dry RIESLING; der neue CHARDONNAY ist vielversprechend.

Antica Terra Wil ★★★ 08 **09** 10 11' – Maggie Harrison hat der kalifornischen Kellerei Sine Qua Non den Rücken gekehrt, um im Willamette V. PINOT NOIR zu bereiten, der für seine Anhänger schon Kult ist. Neuerdings auch hochgelobter CHARDONNAY in kleinen Mengen.

Archery Summit Wil ★★★ **08** 09' 10 11 – Eindrucksvoller PINOT NOIR von gutseigenen Lagen in den AVAs Dundee Hills und Ribbon Ridge. Zu den neuen Weißweinen gehört auch ein in Beton vergorener PINOT GRIS.

Argyle Wil ★★→★★★ Vielseitiger Erzeuger von verlässlich exzellentem PINOT NOIR, CHARDONNAY, trockenem und süßem RIESLING sowie sehr gutem Schaumwein in diversen Stilrichtungen. Brian Croser aus Australien ist beteiligt.

Beaux Frères Wil ★★★→★★★★ **08 09'** 10 11' – Von dem angesehehen biodynamisch arbeitenden Weingut kommen zunehmend raffinierte und für Sammler interessante PINOT-NOIR-Weine. Der Weinkritiker Robert M. Parker Jr. besitzt Anteile.

Bergström Wines Wil ★★★ **08 09'** 10' 11 12' – Josh Bergströms beliebte, ausdrucksstarke PINOT-NOIR-Weine vom biodynamischen Gut sind echte Leckereien. Auch mit CHARDONNAY ein Meister, v. a. bei der in geringen Mengen erzeugten Abfüllung Sigrid.

Bethel Heights Wil ★★→★★★ 09 10 11 – Der in zweiter Generation bestehende Familienbetrieb ist in Oregon Legende. Er erzeugt würzigen, kultivierten PINOT NOIR, sehr guten Chardonnay, PINOT GRIS und PINOT BLANC.

Brandborg Vineyard & Winery S-Or ★★→★★★ Der PINOT-NOIR-Spezialist im Umpqua V. (u. a. überaus komplexer Ferris Wheel Estate) erzeugt auch geschmeidigen PINOT GRIS sowie sehr guten GEWÜRZTRAMINER und SYRAH.

Brick House Wil ★★★ **08 09'** 10 – Der führende biodynamische Betrieb erzeugt erdigen, kraftvollen PINOT NOIR (v. a. Cuvée du Tonnelier) sowie stilvollen CHARDONNAY. Der sortenreine GAMAY noir ist eine vergnügliche Entdeckung.

Broadley Vineyards Wil ★★★ **08 09'** 10' 11' 12 – Familienbetrieb mit charaktervollem PINOT NOIR von älteren gutseigenen Reben sowie Lesegut aus ausgewählten Lagen. Der einfache Willamette V. Pinot noir ist ein echtes Schnäppchen, Claudia's Choice das Paradepferd am anderen Ende der Preisskala.

Vereinigte Staaten

Brooks Winery Wil ★★★ 09' 10 11 – Führender biodynamisch arbeitender Erzeuger mit pikanten trockenen und ausgewogenen süßen RIESLING-Weinen, die zu den besten Oregons zählen. Auch exzellenter PINOT NOIR, v. a. der Gutwein Rasteban.

Chehalem Wil ★★★ **08** 09' 10' 11 – Erzeuger von wahren PINOT-NOIR-Kraftpaketen und ähnlich mächtigen RIESLING-, CHARDONNAY- und PINOT-GRIS-Weinen. Den Pinot noir Ridgecrest kann man einlagern, der nicht in Eiche ausgebaute Chardonnay Inox ist ein Schnäppchen.

Cowhorn S-Or ★★★ Der SYRAH des Ökopuristen in der AVA Applegate V. haut einen wirklich vom Hocker; ebenfalls sensationell ist die weiße Cuvée Spiral 36. Eine Kultkellerei im Werden.

Cristom Wil ★★★ **08** 09' 10 11' – Steve Doerner erzeugt PINOT-NOIR-Weine, die stets zu den besten in Oregon gehören: Der Jessie's Vineyard zeigt frische Würzigkeit, der Sommers Reserve Anklänge an Trüffel.

Neue Urbanität

Urban wineries, also Kellereien in Großstädten, werden in Seattle und Portland immer mehr. In Portland gibt es Southeast Wine Collective, Bow and Arrow Wines sowie Boedecker Cellars, in Seattle Falling Rain, Cloudlift und Omnivore Cellars. Ausschlaggebend sind die geringeren Kosten und die Nähe zu großen Märkten. 2014 gab es schon über 40 Kellereien in Portland und Seattle.

Dobbes Family Estate Wil ★★→★★★ **08** 09 10' 11' – Der bedeutende Weinmacher Joe Dobbes erzeugt hervorragenden PINOT NOIR aus dem Willamette V. (am besten ist die Abfüllung Meyer Vineyard) sowie SYRAH und GRENACHE BLANC von Reben im südlichen Oregon. Das Zweitetikett Wine by Joe bietet preiswerten Pinot noir und PINOT GRIS.

Domaine Drouhin Oregon Wil ★★★→★★★★ **07** 08 09' 10' 11 – Der Neue-Welt-Ableger der burgundischen Maison Joseph Drouhin erzeugt beständig hervorragenden PINOT NOIR und mineralischen CHARDONNAY. Der in französischer Eiche gereifte Pinot noir Laurène ist verblüffend. Durch den Ankauf des Guts Roserock in den Eola-Amity Hills kommen weitere 50 ha Pinot noir und Chardonnay dazu.

Domaine Serene Wil ★★★ **08'** 09 10 11 – Der erstklassige PINOT NOIR ruft bei Weinkritikern regelmäßig Begeisterungsstürme hervor, der in kleiner Auflage erzeugte CHARDONNAY ist ganz besonders lecker.

Elk Cove Vineyards Wil ★★→★★★ Der Weinmacher in zweiter Generation bietet Weine mit ausgezeichnetem Preis-Leistungs-Verhältnis. Stets an der Spitze stehen PINOT GRIS und RIESLING, während die sieben PINOT-NOIR-Gutsweine eine schöne Auswahl an Willamette-Valley-Terroirs darstellen.

Erath Vineyards Wil ★★→★★★ Eine der ersten Kellereien in Oregon, jetzt im Besitz von Chateau Ste Michelle in Washington (siehe dort). Verlässliche, eher preiswerte Weine der Pinot-Familie, wobei die PINOT-NOIR-Einzellagengewächse fabelhaft, aber selten sind.

Evening Land Wil ★★★→★★★★ 09' 10 – Der Seven Springs PINOT NOIR und der Seven Springs CHARDONNAY sind spektakulär, aber teuer. Die Reihen Silver und Gold stehen für sehr gute Gutsweine, preiswertere Versionen bietet die Marke Blue Label.

Eyrie Vineyards Wil ★★★→★★★★ 09' 10 11 – Prophet David Lett setzte die ersten PINOT-NOIR-Rebstöcke im Willamette Valley – heute führt Sohn Jason sein Werk mit grandiosem Pinot noir im anmutigen klassischen, lagerfähigen Oregon-Stil fort. Außerdem erzeugt er sehr guten CHARDONNAY und PINOT GRIS.

Hyland Estates Wil ★★★ 09 10 – Der Veteran Laurent Montalieu macht aus der Frucht uralter PINOT-NOIR-Reben im Willamette V. saftige, geschliffene Weine. Auch hochklassiger RIESLING, CHARDONNAY und GEWÜRZTRAMINER.

Ken Wright Cellars Wil ★★★ **08** 09' 10 11' – Beliebter Erzeuger großartiger PINOT-NOIR-Gewächse aus Einzellagen, die die Bandbreite der Willamette-Valley-Terroirs zum Ausdruck bringen. Der Canary Hilly ist charmant und offenherzig, der Freedom Hill dicht und straff.

King Estate ★★→★★★ Die Kellerei ist eine der größten in Oregon und bietet u. a. kraftvollen PINOT GRIS (eine Spezialität) und PINOT NOIR. Die Weine sind auf allen Preisstufen ihr Geld wert.

Lange Estate Winery Wil ★★★ 09' 10' 11 – Zwei-Generationen-Familienbetrieb mit köstlichem PINOT NOIR (Lange Estate heißt die üppige Version), fassgereiftem PINOT GRIS Reserve und sehr gutem CHARDONNAY.

Matello Wil ★★★ Handwerklich arbeitende Kellerei mit wachsender Bedeutung, um nicht zu sagen angehendem Starruhm. Die PINOT-NOIR-Weine Lazarus und Souris sind ganz ausgezeichnet, ebenso der kräftige PINOT GRIS und CHARDONNAY.

Phelps Creek Vineyards ★★→★★★ In puncto Qualität führender Erzeuger in der AVA Columbia Gorge mit sehr gutem CHARDONNAY (mit und ohne Eichennote). Der PINOT NOIR zeigt den typisch fruchtigen Charakter von Columbia Gorge.

Ponzi Vineyards Wil ★★★→★★★★ **08** 09' 10' 11 – Der legendäre PINOT-NOIR-Spezialist, jetzt in der zweiten Generation, erzeugt ausgezeichnete Weine. Ein Hammer ist der Pinot noir Aurora, stets ein Spitzenreiter der CHARDONNAY Reserve. Auch den brillanten ARNEIS sollte man sich nicht entgehen lassen.

Quady North S-Or ★★→★★★ Herb Quady bereitet köstlichen CABERNET FRANC aus kühleren Lagen der AVA Rogue V. sowie faszinierende VIOGNIER-Versionen und konzentrierte SYRAH-Gewächse.

Rex Hill Wil ★★★ Biodynamischer Anbau und handwerkliche Bereitungsmethoden bringen ausgezeichneten PINOT-NOIR-Gutswein und beachtlichen CHARDONNAY hervor. Die A to Z Wineworks, vom gleichen Eigentümer, produzieren auf einem populäreren Preisniveau.

Scott Paul Wines Wil ★★★ **08** 09' 10 – Hier wird ausschließlich PINOT NOIR erzeugt, und der Schwerpunkt liegt auf Eleganz, Anmut und raffinierter, von Burgund inspirierter Art. Der Le Paulée ist bereits zugänglich, wenn er auf den Markt kommt, den Audrey kann man gut einlagern.

Sokol Blosser Wil ★★★ Erzeugerbetrieb in zweiter Generation mit hübschem PINOT NOIR und PINOT GRIS aus der AVA Dundee Hills sowie dem preiswerten, vergnüglichen weißen Verschnitt Evolution.

Soter Vineyards Wil ★★★→★★★★ **09'** 10 11 – Der legendäre Weinmacher Tony Soter übersiedelte dem PINOT NOIR zuliebe von Kalifornien nach Oregon. Der Gutswein Mineral Springs Vineyard Pinot noir ist herrlich, doch auch die fantastischen Schaumweine sollte man probieren – vielleicht die besten im Nordwesten.

Spangler Vineyards S-Or ★★★ Sehr gute Rotweine aus warmem Klima, v. a. der CABERNET SAUVIGNON Reserve und der PETITE SIRAH. Stets erstklassig ist der VIOGNIER.

Stoller Family Estate Wil ★★★ 09' 10 11 – Die sehr schön ausgewogenen PINOT-NOIR-Weine zeigen beispielhaft die Eleganz der AVA Dundee Hills; der Cathy's Reserve ist außergewöhnlich. Außerdem sehr guter CHARDONNAY Reserve.

Teutonic Wine Company ★★★ Barnaby und Olga Tuttle sind Bilderstürmer in Oregon mit ihrem köstlichen, von der Mosel inspiriertem RIESLING, den frischen weißen Verschnitten und dem PINOT NOIR im deutschen Stil. Wirklich brillante Aufsteiger.

Willamette Valley Vineyards Wil ★★→★★★ Die beliebte Kellerei erzeugt exzellente Gutweine von PINOT NOIR und CHARDONNAY; auch sehr guter preiswerter RIESLING.

Rot, weiß – und grün

Weinfachleute streiten gern über die Definition und die eventuellen Vorzüge sogenannter Naturweine (minimale oder gar keine künstlichen Eingriffe in Weinberg und Keller), doch in Oregon stellt niemand die Tugenden des »grünen Weinbaus« in Abrede. Fast 47 % der dortigen Weinberge sind in irgendeiner Form für nachhaltiges Wirtschaften zertifiziert. Zu den Siegeln zählen LIVE (Low Input Viticulture and Enology), Oregon Tilth (ökologisch) und Demeter Biodynamic®. Ziel ist es, die Funktionsfähigkeit der Weinberge und der umliegenden Landschaft für die nachfolgenden Generationen zu erhalten – alles andere als ein bloßer Marketingtrick.

Washington/Idaho

Andrew Will Wash ★★★→★★★★ **07'** 08 09' 10 – Chris Camarda bereitet von Trauben aus hervorragenden Lagen im Columbia Valley umwerfende rote Verschnitte. Der Sorella zeigt mächtige Frucht, strukturierter ist der Ciel du Cheval.

Betz Family Winery Wash ★★★→★★★★ **06 07'** 08 09' 10 11 – Master of Wine Bob Betz erzeugt von Lesegut aus Spitzenlagen im Columbia Valley Weine im Rhône-Stil. Sein SYRAH La Serenne ist außergewöhnlich, das Kraftpaket La Côte Patriarche stammt von den ältesten Syrah-Reben des Bundesstaats.

Brian Carter Cellars Wash ★★→★★★ Hier werden ausschließlich – meisterhaft bereitete – Verschnitte erzeugt. Probieren Sie den unkonventionellen Trentenaire auf PETIT-VERDOT-Basis, den Rhône-Verschnitt Byzance oder den aromatischen weißen Oriana.

Cadence Wash ★★★ Unwiderstehliche Verschnitte im Bordeaux-Stil, z. B. der kraftvolle Coda von Lesegut aus der AVA Red Mountain und der würzige, von CABERNET FRANC dominierte Bel Canto.

Cayuse Walla ★★★→★★★★ **06' 07** 08' 09' 10 11 – Die biodynamisch arbeitende Kultkellerei bietet fesselnden Syrah (v. a. den Cailloux) und verblüffenden GRENACHE – allerdings muss man auf der Vertriebsliste stehen, um was davon abzukriegen.

Charles Smith Wines Walla ★★→★★★ Der Händler und Weinmacher Charles Smith erzielt hohe Preise für seine (allzu?) kraftvollen Rotweine. Zu den Favoriten zählt der SYRAH Royal City, aber auch der sehr günstige RIESLING Kung Fu Girl ist empfehlenswert.

Chateau Ste Michelle Wash ★★→★★★★ Die Premiummarke der größten Weinfirma im Nordwesten bietet Weine aller Preisklassen und Stilrichtungen, angefangen von sehr guten Alltagstropfen (ausgezeichneter Columbia V. Dry RIESLING) bis hin zu Raritäten im Stil von Trockenbeerenauslesen (Eroica Single Berry Select). Preiswert ist die Reihe Columbia V. Spitzengewächse tragen das Etikett Ethos Reserve.

Chinook Wines Col ★★★ **08** 09' 10 11 – Das Ehepaar Clay Mackey und Kay Simon (er für die Reben, sie für die Bereitung zuständig) bereitet seit Langem ebenso feinen wie preisgünstigen CABERNET FRANC (der Rosé ist köstlich), MERLOT, CHARDONNAY und SAUVIGNON BLANC.

Cinder Wines Snake R.V., Idaho ★★★ Die bahnbrechende Kellerei in Idaho erzeugt wundervollen VIOGNIER in kleiner Auflage sowie einen einzigartigen MOURVÈDRE/TEMPRANILLO-Verschnitt und sehr guten SYRAH.

Col Solare Col ★★★ **05** 06' 07 08 09' – Gemeinschaftsprojekt von CHATEAU STE MICHELLE und Antinori (Toskana). Die rote Cuvée Col Solare fällt Jahr für Jahr komplex und langlebig aus. Der Verschnitt Shining Hill von derselben Kellerei ist weniger teuer und auch zugänglicher.

Columbia Crest Col ★★→★★★ Washingtons größte Kellerei bietet unter den Etiketten Grand Estates und Two Vines Unmengen guter, erschwinglicher Weine. Die Reserve-Abfüllungen sind prima, v.a. der rote Walter Clore; die »H3«-Weine stammen sämtlich aus der AVA Horse Heaven Hills.

Côte Bonneville Yakima V. ★★★ **06** 07 08 09' – Kerry Shiels verkeltert die Frucht des gutseigenen DuBrul Vineyard auf steilem Basaltgrund für preisgekrönte tiefgründige, schlanke CABERNET-SAUVIGNON-Verschnitte, allen voran der Carriage House. Übersehen Sie aber nicht den RIESLING.

DeLille Cellars Wash ★★★→★★★★ **06** 07' 08 09 10' – Raffinierter Erzeuger alterungswürdiger Rotweine. Eindringlich ist der CABERNET SAUVIGNON Harrison Hill vom zweitältesten Weinberg in Washington, stets ausgezeichnet sind die Verschnitte unter dem Etikett Chaleur Estate. Aushängeschild ist der Grand Ciel.

Doubleback Walla ★★★ 07 08 09 10' – Vom Footballstar Drew Bledsoe gegründeter Betrieb. Der Flaggschiffwein, ein CABERNET-SAUVIGNON-Verschnitt (bereitet von Chris FIGGINS) ist eine schöne Verkörperung der Aromen von Walla Walla.

Dusted Valley Vintners Walla ★★★ Ein rasch aufgehender Stern mit eindrucksvollen Weinen. Berühmt ist der Stained Tooth SYRAH, doch auch den schönen Old Vine CHARDONNAY (alte Reben) sowie alle anderen sortenreinen Gewächse sollte man probieren.

Efeste Wash ★★★ Der brillante Neuling erzeugt leckeren RIESLING und rassigen CHARDONNAY von der kühlklimatischen Lage Evergreen Vineyard sowie sehr gute SYRAH-Weine.

Fidélitas Col ★★★ 07 08' 09 10 – Charlie Hoppes erzeugt gehobene Weine im Bordeaux-Stil, u. a. den üppigen roten Verschnitt Optu und den Ciel du Cheval Vineyard CABERNET SAUVIGNON, in dem sich die Kraft der Trauben aus der AVA Red Mountain offenbart.

FIGGINS Walla ★★★ Chris Figgins wuchs im LEONETTI CELLAR auf, den sein Vater betreibt, doch hat er sich mit rotem Verschnitt und RIESLING vom Figgins Estate eine eigene Identität aufgebaut. Der neue Toil PINOT NOIR (aus Oregon) ist ein Vorgeschmack auf künftige Dinge.

Gramercy Cellars Walla ★★★ 09' 10 11 – Der frühere Meister-Sommelier und jetzige Weinmacher Greg Harrington kreiert sinnliche SYRAH-Weine. Sehr gut kommen auch die Neuzugänge im Sortiment an: ein erdiger TEMPRANILLO und ein kräuterwürziger CABERNET SAUVIGNON.

Hedges Family Estate Red Mt., Wash ★★★ Respektable Familienkellerei für geschliffene, verlässliche Weine, v. a. der rote Gutsverschnitt und der DLD SYRAH.

Hogue Cellars, The Col ★★→★★★ Die Reihe Hogue bietet stilvolle sortenreine Weine zu sehr moderaten Preisen. Schärfer konturiert sind die als »Genesis« und »Reserve« etikettierten Gewächse, die in geringeren Mengen erzeugt werden.

Januik Wash ★★★ Handwerklich bereitete Weine von einem erfahrenen Weinmacher, z.B. ausgezeichneter Cold Creek CHARDONNAY und feinnerviger, einnehmender Champoux Vineyard CABERNET SAUVIGNON.

Koenig Winery Snake R.V., Idaho ★★→★★★ Verlässlicher SYRAH, MERLOT und CHARDONNAY. Der CSPV ist ein ungewöhnlicher Verschnitt von CABERNET SAUVIGNON und PETIT VERDOT.

L'Ecole No 41 Walla ★★★→★★★★ Hier ist einfach alles gut, seien es nun die roten Verschnitte Apogee und Perigee (aus jeweils unterschiedlichen Lagen), weil sie gar so verlockend sind, oder sei's der kultige SÉMILLON, weil er ein so bemerkenswert strahlender, aromatischer Weißer ist.

Das Licht des Nordens

Reben in Washington haben in der Wachstumsperiode etwa zwei Stunden länger Sonne als in Napa (in Oregon eine Stunde). Nachts ist es zudem kühler, sodass die Trauben mehr Säure für frische Aromen bewahren. In fast allen Weinbaugebieten im Nordwesten wird es im Winter sehr kalt; die Reben gehen in Winterruhe. Die Weinberge westlich der Cascade Mountains haben dank der Meeresluft ein kühles Klima. Östlich der Cascades sieht es ganz anders aus: es ist staubtrocken, Bewässerung ist überlegenswichtig.

Leonetti Cellar Walla ★★★→★★★★ **04'** 05 **06** 07' 08 09 10 – Wegen ihrer eleganten, raffinierten und für Sammler interessanten CABERNET-SAUVIGNON-, MERLOT- und SANGIOVESE-Weine legendäre Kellerei mit Kultstatus.

Long Shadows Walla ★★★→★★★★ Allen Shoups einzigartige Unternehmung versammelt sieben Spitzenkellermeister aus aller Welt in Washington, damit jeder seinen ureigenen sortenreinen Wein von Trauben aus dem Columbia Valley bereitet. Darunter der üppige MERLOT Pedestal von Michel Rolland und der raffinierte CABERNET SAUVIGNON Feather des Kaliforniers Randy Dunn – und die übrigen Kreationen sind ähnlich beeindruckend.

McCrea Wash ★★★ Ein Rhône-Pionier im Nordwesten, der erstklassige Weine erzeugt. Der Verschnitt Sirocco zeigt vielschichtige Komplexität, doch auch den exotischen Counoise oder die SYRAH-Weine in unterschiedlichen Stilen sollte man nicht links liegen lassen.

Maison Bleue Col ★★★ Neuere, aufsehenerregende Boutiquekellerei mit dem besonders empfehlenswerten Upland Vineyard GRENACHE sowie auf den Punkt bereitetem MARSANNE und VIOGNIER.

Maryhill Winery Wash ★★→★★★ Beliebter Erzeuger in der AVA Columbia Gorge mit riesigem Angebot. Der ZINFANDEL Reserve und der CABERNET FRANC Reserve sind immer sehr gut, ebenso der RIESLING.

Milbrandt Vineyards Col ★★ Gut bereitete, preiswerte sortenreine Weine mit zuverlässiger Qualität aus den AVAs Wahluke Slope und Ancient Lakes.

Nefarious Cellars Col ★★★ Das Ehepaar Dean und Heather Neff bietet sehr guten, handwerklich bereiteten SYRAH, VIOGNIER und RIESLING aus der AVA Lake Chelan.

Northstar Walla ★★★→★★★★ 06 07' 08 – Weinmacher »Merf« Merfeld ist MERLOT-Experte: Der jüngst herausgekommene Premier Merlot ist einfach umwerfend, der Walla Walla Valley Merlot heißblütig-sinnlich.

Pacific Rim Wash ★★→★★★ Der RIESLING-Spezialist erzeugt Unmengen an leckeren, preiswerten, aber durchaus beredten Weinen in den Versionen Dry und Organic (Ökoanbau). In puncto Tiefgründigkeit sind die Einzellagen-Rieslinge, auch aus biodynamischem Anbau, unschlagbar.

Pepper Bridge Walla ★★★ **06' 07** 08 09 10' – Die gutseigenen Lagen im Pepper Bridge Vineyard und Seven Hills Vineyard liefern mit die besten Weine Washingtons. Der CABERNET SAUVIGNON ist sinnlich und voll, der MERLOT würzig und aromatisch.

Quilceda Creek Wash ★★★★ **01 02' 03'** 04' 05' 06 07 09 – Außergewöhnlicher, oft mit 100 Punkten bewerteter Cabernet Sauvignon von einem der meistgepriesenen Erzeuger in Nordamerika: dicht, intensiv und sagenhaft langlebig. Glücklich, wer ihn auftreiben kann.

Ste Chapelle Snake R.V., Idaho ★★ Die älteste und größte Kellerei Idahos erzeugt süffigen RIESLING, preiswerten Schaumwein sowie Eisweine.

Seven Hills Winery Walla ★★★ Der gute Ruf gründet sich v.a. auf die seidigen CABERNET-SAUVIGNON-Weine (u.a. schöner, wuchtiger Klipsun Vineyards), doch auch der VIOGNIER ist ein Vergnügen.

Snoqualmie Vineyards Col ★★ Innovativer Erzeuger von sehr gutem CABERNET SAUVIGNON und MERLOT. Die Reihe Naked (ohne Eichenausbau) von Bioweinbergen ist sehr beliebt – besonders empfehlenswert ist der üppige Naked RIESLING.

Spring Valley Vineyard Walla ★★★ **06' 07** 08 09 10' – Beim SYRAH Nina Lee läuft einem das Wasser im Munde zusammen, so gut ist er, der MERLOT-Verschnitt Uriah ist tiefgründig-raffiniert und die rote Cuvée Frederick zeigt sich weltmännisch-geschliffen.

Syncline Wash ★★★ James Mantone bereitet von Lesegut aus den AVAs Columbia Gorge und Columbia V. exzellente Weine. Der Subduction Red ist etwas für Genießer, der GRENACHE BLANC einfach klasse.

Waterbrook Walla ★→★★ Großer Erzeugerbetrieb vieler Weine in verschiedenen Stilrichtungen und Preisstufen, aber alle mit gutem Preis-Leistungs-Verhältnis.

Woodward Canyon Walla ★★★→★★★★ CABERNET SAUVIGNON **02** 03 04' 06 07 09 – Der Old Vines Cabernet Sauvignon (alte Reben) ist edel und komplex, der MERLOT Charbonneau fabelhaft und lagerfähig und der Estate BARBERA eine seidige Überraschung.

Nordosten, Südosten und das Landesinnere

Von den eisigen Wintern des Lake Erie bis zu den glühend heißen Sommern in Georgia – der Osten der Vereinigten Staaten ist ein riesiges Gebiet voller Unterschiede. Im Vergleich zum Rest der Weinwelt steckt es noch in der Kinderstube, doch die Fortschritte bei Qualität und Quantiät sind rasch und beeindruckend. Guter Riesling aus dem Staat New York, herzhafter Cabernet Franc von Long Island und komplexe rote Bordeaux-Verschnitte aus Virginia kennzeichnen heute die bemerkenswerte Entwicklung des Ostens der USA.

Neuere Jahrgänge

In einer so großen Region gibt es viele Einzelfälle, doch insgesamt brachte die Weinlese 2013 gute Quantität, Qualität und Aromen, auch wenn der Jahrgang nicht so hervorragend war wie 2010 und 2012 in den meisten Gebieten. Der Sommer zeigte sich vielerorts etwas regnerischer und kühler, doch dass es zur Erntezeit wärmer und trockener wurde, lässt Gutes erwarten. Allgemein startete die Lese zur normalen Zeit, anders als 2012, als sie drei Wochen früher begann.

21 Brix NY ★★★ 12 13 – Junge Kellerei (gegründet 2011) in der New Yorker Appellation am Lake Erie, die sich für ihre erstaunlich guten Weine, u.a. CHARDONNAY, RIESLING und GEWÜRZTRAMINER, schon einen Ruf erworben hat.

Alba NJ ★ Ein einzigartiges Mikroklima bringt guten PINOT NOIR und CABERNET FRANC sowie exzellenten RIESLING hervor.

Anthony Road Finger Lakes, NY ★★★★ 10 12 13 – Der begabte deutsche Kellermeister bereitet einige der besten trockenen und halbtrockenen RIESLINGE der USA; außerdem feinen GEWÜRZTAMINER, PINOT GRIS, Vignoles-Spätlese und CABERNET FRANC.

Barboursville Vir ★★★★ **09 10 11** 12' 13 – Historisches Gut in Virginia, 1976 von der Familie Zonin (Italien) auf einem Anwesen gegründet, in dem Thomas Jefferson früher aus- und einging. Stets ein Spitzenerzeuger im Osten mit saftigem Verschnitt im Bordeaux-Stil, exzellentem CABERNET FRANC und hervorragenden Weinen von italienischen Rebsorten wie BARBERA und NEBBIOLO. Hochinteresant der reichhaltige Malvaxia. Dazu ein elegantes Hotel und Restaurant im toskanischen Stil.

Bedell Long Island, NY ★★★★ **09 10 11** 12' 13 – Stilvolles Gut auf LONG ISLAND, einer der besten Erzeuger im Osten der USA. Der einflussreiche Kellermeister bereitet beachtlichen CHARDONNAY, GEWÜRZTRAMINER und MERLOT sowie großartigen SYRAH, CABERNET und einer Reihe sehr kraftvoller Verschnitte. Sehr sachkundiges Personal im Verkostungsraum, hübscher Garten.

Boxwood Vir ★★★★ 10 12 13 – Erstklassiges kleines Gut, spezialisiert auf Spitzen-Rotweinverschnitte im Bordeaux-Stil.

Breaux Vir ★ 10 12 13 – Das Weingut liegt eine Autostunde von Washington D.C. entfernt auf einem Hügel in VIRGINIA. Guter SAUVIGNON BLANC, VIOGNIER, MERLOT und Nebbiolo.

Casa Larga ★★ **10** 11 12 – Feiner Familienbetrieb an den Finger Lakes mit beachtlichem RIESLING, GEWÜRZTRAMINER, PINOT NOIR und VIDAL-Eiswein.

Channing Daughters Long Island, NY ★★★ **10** (11) **12** 13 – Das Gut im Bereich South Fork bietet sehr guten Tocai FRIULANO, PINOT GRIGIO und einer Reihe saftiger Rosés; außerdem MERLOT, CABERNET FRANC und CABERNET SAUVIGNON sowie sehr kreative Verschnitte.

Chateau O'Brien Vir – Der 2005 gegründete Betrieb erzeugt vielversprechenden MALBEC, PETIT MANSENG, PETIT VERDOT, CABERNET FRANC und TANNAT.

Chester Gap Vir ★★ 11 12 13 – Hoch gelegene Weinberge erbringen exzellente Weine, u.a. außergewöhnlichen PETIT MANSENG und guten VIOGNIER MERLOT, CABERNET FRANC und einen dynamischen roten Verschnitt.

Chrysalis Vir ★★ **10** 12 13 – Maßstäbe setzender VIOGNIER und (einheimischer) Norton sowie sehr guter PETIT MANSENG, ALBARIÑO, TANNAT und PETIT VERDOT.

Delaplane Vir ★★★ **10 12** 13 – Spektakulärer Blick über die Blue Ridge Mts., komplexe Weine, u.a. CHARDONNAY, VIOGNIER, TANNAT, CABERNET FRANC und leckere rote Verschnitte im Bordeaux-Stil.

Finger Lakes NY – Idyllisches Weinbaugebiet im Staat New York mit tiefen Gletscherrandseen, deren Wassermassen dafür sorgen, dass die Reben in strengen Wintern nicht erfrieren. Das Gros der insgesamt 324 Erzeugerbetriebe konzentriert sich rund um um die vier größten Seen. Bekannt ist der Bereich v.a. für RIESLING. Spitzenkellereien: u.a. ANTHONY ROAD, FOX RUN, Dr. Konstantin FRANK, HEART AND HANDS, HERMANN J. WIEMER, KEUKA SPRING, LAMOREAUX LANDING, Ravines, MCGREGOR, Red Tail Ridge, KING FERRY, Silver Thread, STANDING STONE und Swedish Hill. Im Kommen: Kemmeter Wines.

Fox Run Finger Lakes, NY ★★ **10** 12' 13 – Erzeuger an den FINGER LAKES mit gutem RIESLING, CHARDONNAY, GEWÜRZTRAMINER, Rosé und PINOT NOIR. Im Café mit Blick über den Lake Seneca gibt es lokale Käsesorten und anderes.

Frank, Dr. Konstantin (Vinifera Wine Cellars) Finger Lakes, NY ★★★★ **08 09 10** 11 12 13 – Das vor über 50 Jahren gegründete Gut war das erste, das an den FINGER LAKES *Vinifera*-Reben pflanzte. Erzeugt einen der besten Rieslinge der USA sowie exzellenten GEWÜRZTRAMINER. Dazu guter CHARDONNAY, RKATSITELI und PINOT NOIR. Sehr fein ist auch der Schaumwein Château Frank.

Georgia Bundesstaat mit über 15 Kellereien. Empfehlenswert sind Wolf Mt., Frogtown, Three Sisters, Habersham Vineyards und Tiger Mt. In Atlanta erzeugt Château Élan – Konferenzzentrum, Resort und Kellerei in einem – Weine auf Grundlage der einheimischen Muscadine-Traube.

Glen Manor Vineyards Vir ★★ 10 **11** 12 13 – Guter SAUVIGNON BLANC und eindrucksvoller roter Verschnitt im Bordeaux-Stil.

Hamptons, The (auch South Fork) Long Island, NY – Küstennahe Region auf LONG ISLAND mit drei Erzeugern: CHANNING DAUGHTERS, Duckwalk und WÖLFFER ESTATE.

Heart & Hands Finger Lakes, NY ★★★ **09** 10 **11** 12 13 – Kleiner Betrieb (2.000 Kisten), der sehr bewunderten RIESLING und PINOT NOIR produziert.

Hermann J. Wiemer Finger Lakes, NY ★→★★ **08 11 12** 13 – Eines der am höchsten geachteten Weingüter im Osten, 1976 von einem deutschen Kellermeister gegründet. Verblüffender RIESLING, CHARDONNAY und GEWÜRZTRAMINER sowie außergewöhnlicher Schaumwein.

Hillsborough Vir ★★ 12 13 – Kellerei in VIRGINIA mit gutem CABERNET SAUVIGNON und PETIT MANSENG, dazu interessante Verschnitte wie PETIT VERDOT/TANNAT/FER SERVADOU.

Horton Vir 11 12 13 – Früher Visionär in VIRGINIA, der erste Jahrgang war 1991. Flaggschiffwein VIOGNIER und Norton.

Hudson River Region NY – Weinbaugebiet am Ufer des malerischen Hudson River, eineinhalb Autostunden nördlich von Manhattan – Amerikas älteste Weinregion mit derzeit 42 Erzeugerbetrieben.

Keswick Vir ★★ 10 12 13 – Sehr guter VIOGNIER, TOURIGA und CABERNET SAUVIGNON, außerdem einzigartiger, lagerfähiger Spätlese-Norton.

Keuka Spring Finger Lakes, NY ★★ **11** 12 – Seit 25 Jahren einer der verlässlichsten Erzeuger für RIESLING und Vignoles an den FINGER LAKES. Guter CABERNET FRANC, PINOT NOIR und MERLOT.

King Family Vineyards Vir ★★ **10 12** 13 – Guter Meritage, CHARDONNAY, VIOGNIER und CABERNET FRANC sowie ein saftiger Süßwein im *Vin-de-paille*-Stil (Viognier/PETIT MANSENG).

King Ferry/Treleaven Wines Finger Lakes, NY ★★★ 12 13 – Sehr feiner RIESLING, CHARDONNAY, Rosé und Meritage. Außergewöhnliche Süßweine, u. a. Spätlesen von Vignoles und Riesling.

Lake Erie NY, Ohio, Penn – AVA-Bereich, den sich die drei Bundesstaaten NEW YORK, PENNSYLVANIA und OHIO teilen. Hervorragende Erzeuger: 21 BRIX und Mazza Chautauqua Cellars. Empfehlenswert sind RIESLING, PINOT GRIS, CHARDONNAY, Eiswein und der hochwertige Weinbrand.

Lamoreaux Landing Finger Lakes, NY ★★★ **08 10 11 12** 13 – Hübsches Gut mit herrlichem Seeblick. Exzellenter Chardonnay, RIESLING, GEWÜRZTRAMINER, MERLOT und Eiswein.

Linden Vir ★★ **10 12'** 13 – Das Gut, eine Autostunde westlich von Washington D.C., ist eines der besten und einflussreichsten der Region. Zu den beachtlichen Weinen aus Hochlagen zählt der leckere SAUVIGNON BLANC.

Außerdem CABERNET FRANC, PETIT VERDOT, schlanke Verschnitte im Bordeaux-Stil und exzellenter Spätlese-PETIT-MANSENG.

Long Island NY – Weinbaugebiet vor den Toren von New York City, einer der ersten Weinbaubereiche des amerikanischen Ostens (die erste Kellerei wurde 1973 gegründet). 53 Erzeugerbetriebe verteilen sich auf zwei AVAs: Long Island/NORTH FORK – hier befinden sich die meisten Kellereien – und Long Island/THE HAMPTONS (alias The South Fork). Führende Erzeuger: u. a. BEDELL, CHANNING DAUGHTERS, MACARI, PAUMANOK, SHINN ESTATE, SPARKLING POINTE und WÖLFFER.

Macari Long Island, NY ★★★ **07 09 10 11** 12 – Ansehnliches Gut mit saftigem CHARDONNAY, MERLOT und Roten im Bordeaux-Stil.

McCall Long Island, NY ★★★★ 10 11 **12** – Eines der besten neuen Güter auf LONG ISLAND (erster Jahrgang 07), begeistert jetzt schon mit exzellentem PINOT NOIR, CHARDONNAY, MERLOT und Verschnitten im Bordeaux-Stil.

McGregor ★★ **10 11** 12 – Renommierte, 1980 gegründete Kellerei an den FINGER LAKES. Guter CABERNET FRANC, CABERNET SAUVIGNON, PINOT NOIR, RIESLING.

Maryland Die 64 Kellereien des Bundesstaates produzieren erstaunlich feine Weine, vom PINOT GRIGIO bis zu Rotweinen im Bordeaux-Stil. Black Ankle, Knob Hall, Slack und Sugarloaf haben sich auf ein eindrucksvolles Niveau erhoben. Auch Rotweine wie der CABERNET FRANC von Elk Run sind attraktiv.

Michael Shaps/Virginia Wineworks Vir ★★★ **09 10 12** 13 – Großartiger VIOGNIER, einer der besten in VIRGINIA. Außerdem komplexer CHARDONNAY, beachtlicher PETIT VERDOT, CABERNET FRANC und MERLOT sowie feiner Meritage. Der saftige Raisin d'Etre im Dessertweinstil wird von rosinierten Petit-Verdot- und Cabernet-franc-Trauben bereitet.

Michigan Mittlerweile gibt es hier 102 Erzeugerbetriebe. Bel Lago, Black Star, Boathouse, Bowers Harbor, Brys, Chateau Fontaine, Chateau Grand Traverse, Fenn Valley, Tabor Hill, L. Mawby und St Julian führen das Feld an und erzeugen eindrucksvolle Weine von RIESLING, GEWÜRZTRAMINER und PINOT GRIS sowie sehr gute CABERNET-FRANC-Versionen und -Verschnitte. Ebenfalls beachtenswert: Chateau Chantal, 45 North, Lawton Ridge, Left Foot Charley, 2 Lads und Verterra. Aufstrebende Erzeuger sind Hawthorne Vineyards und Laurentide.

Millbrook Hudson R., NY ★★ 12 13 – Gut im Hudson Valley mit ordentlichem CHARDONNAY, FRIULANO und CABERNET FRANC.

Missouri Die University of Missouri hat eine neue Versuchskellerei eingerichtet, um Bereitungsmethoden und Rebsorten unter hiesigen Bedingungen zu testen. Bislang schneiden SEYVAL BLANC, VIDAL, Vignoles (trocken und süß ausgebaut) sowie Chambourcin am besten ab. Stone Hill in Hermann erzeugt sehr guten Chardonel (eine winterharte Hybride von Seyval blanc und CHARDONNAY) und Norton sowie guten Seyval blanc und Vidal blanc. Der Hermannhof erregt Aufsehen mit Vignoles, Chardonel und Norton. Außerdem: St. James mit Vignoles, Seyval blanc und Norton, Mount Pleasant in Augusta mit einem vollen Wein im Port-Stil und Norton, Adam Puchta mit Weinen im Port-Stil, Norton, Vignoles und Vidal blanc, Augusta Winery mit Chambourcin, Chardonel und Eiswein, Les Bourgeois mit gutem SYRAH, Norton und Chardonel sowie Montelle mit sehr gutem Cynthiana und Chambourcin.

New Jersey Die führenden Kellereien in dem kleinen Bundesstaat sind ALBA (hervorragender trockener GEWÜRZTRAMINER, RIESLING und CHARDONNAY nebst dem größten PINOT-NOIR-Rebbestand der gesamten Ostküste), Cape May (Chardonnay, CABERNET SAUVIGNON, CABERNET FRANC, PINOT GRIGIO) und Unionville (Chardonnay, Pinot grigio, Pinot noir).

New York Im Staat New York geht es mit der Weinqualität, der Rebfläche und der Zahl der Kellereien in erstaunlichem Tempo voran. In den letzten fünf Jahren ist die Zahl der Erzeugerbetriebe um 108 auf jetzt 342 gestiegen. Wichtige Anbaubereiche: FINGER LAKES, LONG ISLAND, HUDSON RIVER und Catskills, Central New York, LAKE ERIE, Niagara Escarpment, Greater Adirondacks, Lake Ontario, Lake Champlain, Thousand Islands und New York City.

North Carolina In dem südlichen Staat gibt es mittlerweile 120 Kellereien, darunter Biltmore, Childress, Duplin (Muscadine), Hanover Park, Iron Gate, Laurel Gray, McRitchie, Old North State, Ragapple Lassie, Raffaldini, RayLen, Shelton und Westbend. Die erfolgreichsten Rebsorten sind CHARDONNAY, VIOGNIER, CABERNET FRANC und die einheimische Muscadine.

North Fork Long Island, NY – Noble Sommer-Spielwiese für Manhattaner; auf den ehemaligen Kartoffelfeldern wurden die ersten Rebflächen von LONG ISLAND angelegt. Spitzenerzeuger: u. a. BEDELL, CHANNING DAUGHTERS, MACARI, PAUMANOK, SHINN ESTATE, SPARKLING POINTE, WÖLFFER.

Kalter Norden

Wie kultiviert man Reben an Orten, die einfach zu kalt sind? Nehmen Sie teil am Northern Grapes Project: 12 Universitäten, 19 Erzeugervereinigungen, über 1.200 ha kälteresistenter Reben vom nördlichen Mittleren Westen bis Neuengland. Traubensorten sind u. a. Prairie Star, Petit Amie und Edelweiss.

Ohio 188 Kellereien und fünf AVA-Bereiche. Teils beachtlicher PINOT GRIS, RIESLING, PINOT NOIR und Eiswein, in Süd-Ohio auch CABERNET FRANC. Spitzenerzeuger: Breitenbach, Debonné, Ferrante, Firelands, Harpersfield, Henke, Kinkead Ridge, Markko, Paper Moon, St Joseph und Valley Vineyards.

Paumanok Long Island, NY ★★★ **08 10 12 13** – 1982 gegründeter Familienbetrieb in NORTH FORK (LONG ISLAND) mit hochwertigem RIESLING, CHARDONNAY und von Bordeaux inspirierten roten Verschnitten. Außergewöhnlich guter CHENIN BLANC.

Pennsylvania Von den 170 Kellereien sind Spitzenerzeuger: Allegro (Bordeaux-Verschnitt), Blair (PINOT NOIR, CHARDONNAY), Briar Valley (RIESLING, CABERNET FRANC), Galen Glen (GRÜNER VELTLINER, ZWEIGELT), Galer (rote Bordeaux-Verschnitte), Karamoor (Cabernet franc und rote Verschnitte), Manatawny Creek (Chardonnay, GEWÜRZTRAMINER, PINOT GRIGIO, Cabernet franc, Meritage), Nimble Hill (Riesling, Gewürztraminer), Penns Wood (Chardonnay, Pinot grigio, Merlot, Cabernet-Sorten), Pinnacle Ridge (Bordeaux-Verschnitt, Chardonnay), Waltz (Chardonnay, Cabernet-Sorten) sowie Va La (italienische Rebsorten).

Pollack Vir ★★ **10 12** 13 – Guter Erzeuger in VIRGINIA mit CHARDONNAY, PINOT GRIS, Rosé, CABERNET FRANC, MERLOT, Meritage und VIOGNIER.

Ravines Wine Cellars Finger Lakes, NY ★★★ **10** 11 **12 13** – Weingut im Besitz eines in Frankreich aufgewachsenen Önologen. Gute trockene Rieslinge; die Abfüllungen mit Lagenbezeichnung sind außergewöhnlich.

RDV Vir ★★ **12** 13' – Das junge Gut (2011 eröffnet) erzeugt ernsthafte, intensiv aromatische und komplexe Verschnitte, die von Bordeaux inspiriert sind, aber auch einen kalifornischen Einschlag haben.

Red Tail Ridge Finger Lakes, NY ★★★ **12 13** – Umwerfend gute Weine von dem neuen (2004 gegründeten) Gut, u. a. RIESLING, CHARDONNAY, DORNFELDER, PINOT NOIR.

Shinn Estate Long Island, NY ★★★★ **09 10** 11 12 13 – Herrlicher CHARDONNAY, SAUVIGNON BLANC, MERLOT, MALBEC. Hübsches kleines Gasthaus.

Sparkling Pointe Long Island, NY ★★→★★★ Das Gut hat sich auf Schaumweine spezialisiert, für die der französische Weinmacher Gilles Martin verantwortlich zeichnet – manche mit Flaschenreifung, andere jugendlich und lebhaft.

Swedish Hill Finger Lakes, NY ★★★ 12 13 – Pionier der Weinerzeugung (seit 1969); beständig guter CHARDONNAY, RIESLING, Schaumwein, Spätlese-Vignoles und CABERNET FRANC.

Unionville Vineyards NJ ★ 12 13 – Beachtlicher CHARDONNAY, RIESLING, PINOT GRIS und feiner Rotwein im Bordeaux-Stil.

Veritas Vir ★★ 10 **12** 13 – Guter Erzeuger mit feinem Schaumwein, CHARDONNAY, VIOGNIER, CABERNET FRANC, MERLOT, PETIT VERDOT und roten Verschnitten im Bordeaux-Stil. Eleganter kleiner Gasthof.

Villa Appalaccia Vir ★ **10 12** 13 – Die Kellerei am malerischen Blue Ridge Parkway erzeugt Weine mit italienischem Einschlag, u. a. PRIMITIVO, SANGIOVESE, PINOT GRIGIO, VERMENTINO und einen Verschnitt auf MALVASIA-blanca-Basis.

Virginia Eines der am schnellsten wachsende Weinbaugebiete im amerikanischen Osten mit inzwischen 248 Erzeugerbetrieben. Die Qualität ist überall sprunghaft gestiegen, und die Weine zeigen jetzt echten Stil und wahre Eleganz. Besonders gut sind VIOGNIER, PETIT MANSENG, PETIT VERDOT, CABERNET FRANC und TANNAT.

Wisconsin Der beste Erzeuger ist Wollersheim Winery, der sich auf Variationen von Maréchal Foch spezialisiert hat. Der Prairie Fumé (SEYVAL BLANC) ist ein Verkaufsschlager.

Wölffer Estate Long Island, NY ★★ **10** 12' 13 – Bezauberndes Gut in toskanischem Stil mit feinem CHARDONNAY, lobenswertem CABERNET SAUVIGNON und gutem MERLOT, bereitet vom talentierten deutschstämmigen Kellermeister Christian Wölffer.

Der Südwesten

Hier boomt der Weinbau. In der Region gibt es nun 616 Kellereien – ein Zuwachs um 23 % in zwei Jahren –, was die Konkurrenz angefacht und die Qualität bei den besten Betrieben enorm verbessert hat. Doch es ist ein fragiler Boom. Die letzten Jahrgänge waren heiß und trocken, teilweise mit verheerenden Hagelstürmen. Die dadurch reduzierten Erträge haben Kellereien und Weinbauern gleichermaßen unter Druck gesetzt: Erstere darin, genug brauchbare Trauben aufzutreiben, Letztere, die Preise zu erhöhen. Die Kombination aus teureren Trauben und geringeren Erträgen hat viele Kellereien dazu gebracht, Lesegut aus weniger problematischen Gebieten an der Westküste zu beziehen. Die Kunden verlangen lokale Weine zu vernünftigen Preisen, aber es gibt davon nicht genug. Als Verbraucher sollte man gut hinsehen. Es sagt eine Menge über einen Erzeuger aus, wie genau er seine Weine etikettiert.

Arizona Erzeuger: **Arizona Stronghold** (★★): Ausgezeichneter weißer Verschnitt Tazi und sehr guter roter Verschnitt namens Nachise. **Caduceus Cellars** (★★): Im Besitz von Maynard James Keenan, Sänger der Metal-Band Tool – erstklassige Rotweine Sancha, Anubis, Nagual de la Naga und sehr guter Rosé Lei Li Rose. **Callaghan Vineyards** (★★★): Einer der besten Erzeuger Arizonas; empfehlenswert v. a. die roten Verschnitte Padres und Caitlin's. **Cimarron**: Betrieb von Dick Erath aus Oregon, erzeugt den roten Verschnitt Rojo del Sol. **Dos Cabezas** (★): empfehlenswerter Rosé namens

Pink Wine sowie rote Verschnitte Campo und Aguileon. **Keeling Schaefer Vineyards** (★★): Best Friends VIOGNIER und Three Sisters SYRAH. **Lawrence Dunham Vineyards** (★): Guter Viognier und sehr guter PETITE SIRAH. **Lightning Ridge** (★): sehr guter PRIMITIVO. **Page Springs** (★): Weiß- und Rotweine im Rhône-Stil sowie exzellenter Colibri Syrah, sehr guter Petite Sirah und rosé La Flor Rosa. **Pillsbury Wine Company** (★→★★): Filmregisseur Sam Pillsbury erzeugt exzellenten WildChild White und Ropan Red. **Sand-Reckoner Vineyards**: guter roter Verschnitt »7«.

Becker Vineyards Tex ★★★→★★★★ Ausgezeichnete Auswahl interessanter Weine, v. a. die CABERNET-SAUVIGNON-Gewächse Canada Family und Newsom sowie VIOGNIER, MALBEC Reserve und Clementine.

Bending Branch Tex ★★→★★★ Die junge Kellerei produziert bereits eine Reihe exzellenter Weine, u. a. PICPOUL blanc, PETITE SIRAH und den Newsom Vineyards CABERNET SAUVIGNON.

Brennan Vineyards Tex ★ Ausgezeichneter VIOGNIER, sehr guter CABERNET SAUVIGNON und SYRAH.

Brushy Creek Vineyards Tex – Der Eigentümer ist ein Atomphysiker, der das Experiment liebt. Das Angebot wechselt von Jahr zu Jahr, doch die sortenreinen Weine von Rhône-Trauben sind immer gut.

CapRock Tex – Vielfach preisgekrönte Kellerei in den High Plains mit bemerkenswertem Roussanne.

Colorado Ezeuger: **Bookcliff** (★★): Exzellenter CABERNET FRANC und Bordeaux-Verschnitt namens Ensemble, sehr guter PETITE SIRAH und SYRAH. **Boulder Creek** (★): Ausgezeichneter MERLOT, sehr guter Cabernet franc und Rosé namens Dry Rose. **Canyon Wind**: Exzellenter PETIT VERDOT, Merlot und Bordeaux-Verschnitt IV. **Creekside** (★): Preisgekrönter Cabernet franc und Syrah, exzellenter Rotweinverschnitt Robusto. **Graystone**: Spezialist für drei sehr gute Weine im Port-Stil. **Grande River**: Meritage White, VIOGNIER, Cabernet franc, Petit Verdot und MALBEC. **Guy Drew** (★★★): Exzellenter Viognier, GEWÜRZTRAMINER, CHARDONNAY ohne Eichennote, Syrah und Metate. **Infinite Monkey Theorem** (★★): Hervorragender roter Verschnitt namens 100th Monkey, sehr guter Petit Verdot, Viognier/Roussanne-Verschnitt namens Blind Watchmaker White sowie eine Reihe guter Weine in Dosen. **Jack Rabbit Hill**: PINOT GRIGIO und M&N aus ökologischem Anbau. **Ruby Trust Cellars** (★★): Neue, hochgelobte Kellerei mit drei sehr guten bis exzellenten roten Verschnitten. **Two Rivers** (★): Ausgezeichneter RIESLING, sehr guter Merlot und Syrah. **Winery at Holy Cross** (★): Exzellenter Cabernet franc, sehr guter Syrah, Merlot.

Dotson Cervantes Tex ★ Hervorragender Dessertwein Gotas de Oro.

Duchman Tex ★★★ Einer der besten Erzeuger in Texas: nahezu perfekter VERMENTINO und DOLCETTO sowie exzellenter TREBBIANO.

Fall Creek Vineyards Tex ★★★ Eine der ältesten Kellereien in Texas mit hinreißendem Salt Lick TEMPRANILLO, dem stets ausgezeichneten Bordeaux-Verschnitt Meritus, sehr gutem Reserve CHARDONNAY und fabelhaftem halbtrockenem CHENIN BLANC.

Haak Vineyards & Winery Tex ★ Guter MALBEC und trockener Blanc du Bois sowie eine der besten Madeira-Kopien Nordamerikas.

Inwood Estates Tex ★★★ Außergewöhnlicher TEMPRANILLO und sehr guter PALOMINO/CHARDONNAY-Verschnitt von einem kleinen, aber hervorragenden Erzeuger.

Llano Estacado Tex ★★ Eine der ältesten und größten Kellereien in Texas, erzeugt sehr guten weißen Viviana und roten Viviano sowie Wein im Port-Stil.

Lost Oak Tex ★ Sehr guter VIOGNIER und TEMPRANILLO, guter MERLOT.

McPherson Cellars Tex ★★★ Der erste Erzeuger in Texas, der wichtige Auszeichnungen für seine sortenreinen Weine von Rhône-Trauben erhielt – mit die besten im Staat. Köstlicher Rosé (SYRAH), exzellenter ROUSSANNE.

Messina Hof Wine Cellars Tex ★ Exzellenter RIESLING, v.a. als Spätlese, und sehr gute Weine im Port-Stil unter dem Etikett Papa Paolo.

Nevada Erzeuger: **Churchill Vineyards:** Guter SÉMILLON/CHARDONNAY. **Pahrump Valley Winery:** Sehr guter PRIMITIVO und TEMPRANILLO.

American Viticultural Areas (AVAs)

Die bundesstaatlichen Bestimmungen in Bezug auf geschützte Herkunftsbezeichnungen in den USA wurden 1977 festgelegt. Es gibt zwei Kategorien. Die erste richtet sich schlicht nach den politischen Grenzen und gilt für AVAs, die einen ganzen Bundesstaat umfassen, z.B. Kalifornien, Washington, Oregon usw. Auch einzelne Counties können AVA-Status erhalten, wie etwa Santa Barbara oder Sonoma. In diesem Fall müssen die Weine ausschließlich von Trauben aus dem betreffenden County bereitet werden. Die zweite Kategorie gilt geografischen Bereichen innerhalb eines Bundesstaats, beispielsweise Napa Valley in Kalifornien oder Willamette Valley in Oregon. Diese AVAs sollten theoretisch auf einer Ähnlichkeit der Böden, Wetterbedingungen etc. basieren. In der Praxis schließen sie jedoch eher alles Mögliche ein als weniger Erlesenes aus. Innerhalb dieser Art von AVAs sind weitere Subappellationen möglich. Beispielsweise umfasst die AVA Napa Valley Unterbereiche wie die AVAs Rutherford, Stags Leap und weitere. Auch für diese geografischen AVAs gilt, dass nur Trauben aus dem jeweiligen Bereich verwendet werden dürfen. Ein Erzeuger, der die entsprechenden Vorgaben erfüllt, hat die Wahl, ob er für seine Weine eine »politische« AVA wie etwa Napa oder eine »geografische« AVA wie Napa Valley verwendet.

New Mexico Erzeuger: **Black Mesa** (★★): Coyote, PINOT NOIR, Woodnymph RIESLING. **Gruet** (★★★★): Ausgezeichnete Schaumweine, v.a. Blanc de Noirs, sowie hervorragender CHARDONNAY und Pinot noir. **Luna Rossa** (★★): Sehr guter SHIRAZ, TEMPRANILLO. **Noisy Water**: V.a. Chardonnay und Shiraz. **Ponderosa Valley** (★): Sehr guter Chardonnay und halbtrockener Jemez Red. **Southwest Wines** (★★★): Empfehlenswert v.a. St Clair MALVASIA bianca sowie die Schaumweine DH Lescombes Brut und St Clair Bellissimo.

Oklahoma Erzeuger: **Chapel Creek** (★): Sehr guter MUSCAT, RIESLING und TEMPRANILLO. **Ponderosa Valley** (★): Empfehlenswerter RIESLING und Jemez Red. **Summerside Vineyard** (★★): Sehr guter Cream »Sherry«. **The Range Vineyard**: Guter Weißweinverschnitt namens Jackwagon. **Whispering Meadows** (★): Sehr guter Cabernet.

Pedernales Cellars Tex ★★★ Preisgekrönter VIOGNIER Reserve, exzellenter TEMPRANILLO, VIOGNIER und GARNACHA Dry Rosé. Der MERLOT ist das Schnäppchen des Sortiments.

Spicewood Vineyards Tex ★★ Ungewöhnlicher, an Sancerre erinnernder SAUVIGNON BLANC und sehr guter SÉMILLON.

Val Verde Tex – In fünfter Generation fortgeführte Tradition. Sehr guter Wein im Port-Stil.

William Chris Wines Tex ★ Der Erzeuger im Städtchen Hye gilt allgemein als einer der besten von Texas. Einen guten Griff tut man mit den roten Verschnitten Emotion und Enchante.

Kanada

Gut 600 Kellereien gibt es inzwischen in ganz Kanada. In den bekannten Weinbaugebieten wie der Niagara Peninsula und dem Okanagan Valey in British Columbia werden die Flächen für Neuanlagen von Weinbergen knapp, darum expandieren unternehmungslustige Erzeuger nach Vancouver Island, ins Prince Edward County von Ontario, in die Eastern Townships von Quebec und weiter nach Osten ins atlantische Kanada. Die besten Weine sind meist trocken und haben einen frischen, kühlklimatischen Stil. Im ganzen Land tragen junge Winzer mit Tatkraft und internationaler Erfahrung zur beständigen Steigerung der Produktion und der Qualitätsstandards bei. n Ontario dominieren Chardonnay, Riesling, Pinot noir und Cabernet franc, n British Columbia sind Pinot gris, Chardonnay, Pinot noir, rote Verschnitte und Syrah die Stars. In Nova Scotia an der Atlantikküste werden einige gute Schaum- und geringe Mengen aromatischer Weißweine erzeugt.

ie folgenden Abkürzungen werden im Text verwendet:

iag	Niagara Peninsula
kanagan V.	Okanagan Valley

Ontario

s gibt vier Ursprungsbezeichnungen (Appellations of Origin), alle am Ontaio- oder Erie-See: Niagara Peninsula, Lake Erie North Shore, Pelee Island und rince Edward County. Die Niagara Peninsula ist in zehn Weinbaubereiche nterteilt.

3th Street Niag r w; sch ★★ 07' 10 11 12 (13) – Weinmacher Jean-Pierre Colas verwendet gutseigene und zugekaufte Trauben für seine Weine von GAMAY, CHARDONNAY, RIESLING, SAUVIGNON BLANC, SYRAH und für den Schaumwein. Die besten heißen Old Vines, Reserve und Essence.

ave Spring Niag r w; s; sch ★★★ 10' 11 12 (13) – Kalkstein-, Schiefer- und Sandsteinböden sind das Geheimnis der großartigen RIESLINGE, v. a. mit den Etiketten CSV (alte Reben) und Estate. Auch eleganter CHARDONNAY von alten Reben und außergewöhnliche Spätlese.

hâteau des Charmes Niag r w; s ★★ 09 10' 11 12 (13) – Die 114 ha große Farm der Familie Bosc gehört zur Gruppe Sustainable Winegrowing Ontario. Exzellenter RIESLING von extrem trocken bis Eiswein. Flaggschiff ist der rote Equuleus im Bordeaux-Stil.

reekside Niag r w ★★★ **09 10** 11 (12) – Erzeuger mit gutem Ruf für Broken Press SYRAH und Reserve Shiraz, rote Verschnitte, CHARDONNAY, und exzellenten SAUVIGNON BLANC. Interessante Biowein-Einzelfassabfüllungen namens Undercurrent.

lat Rock Niag r w ★★ 10' 11 12 (13) – 32 ha am Jordan Bench erbringen modernen RIESLING, PINOT NOIR und CHARDONNAY aus kühlem Klima. Am besten ist meist der Einzellagen-Riesling Nadja's Vineyard.

enry of Pelham Niag r w; s; sch ★★ 10' 11 12 (13) – Die familiengeführte Kellerei im Niagara-Gebiet ist auf CHARDONNAY und RIESLING spezialisiert; außerdem eigenwilliger Baco noir und Riesling-Eiswein. Großartig sind der Schaumwein Cuvée Catherine Brut und die Reihe Speck Family Reserve (SFR).

idden Bench Niag r w ★★★★ 09 10' 11 (12) – Weniger ist mehr in der kunsthandwerklich arbeitenden Kellerei Beamsville Bench (40 ha). Hervorragender RIESLING, PINOT NOIR, CHARDONNAY und Weißweinverschnitt Nuit Blanche.

Inniskillin Niag r w; s ★★ 10' 11 12 (13) – Der Eiswein-Pionier entwickelt sich mit Weinmacher Bruce Nicholson weiter. Achten Sie auf den köstlichen RIESLING, PINOT GRIS, PINOT NOIR, hervorragenden CABERNET FRANC sowie als Spezialitäten die Eisweine von Riesling und VIDAL.

Jackson-Triggs Niag r w ★★ 10' 11 12 (13) – Hochmoderne Kellerei; zu den Spitzenmarken gehören die Schaumweine Grand Reserve Entourage sowie CHARDONNAY, PINOT NOIR und SHIRAZ der Reihe Delaine Vineyard.

Le Clos Jordanne Niag r w ★★★ 09 10' 11 12 (13) – Sebastien Jacquey bereitet eleganten CHARDONNAY und PINOT NOIR in burgundischem Stil aus ökologischem Anbau unter den drei Etiketten Village Reserve, Single Vineyard und Grand Clos.

Malivoire Niag ★★→★★★ **07 08 09** 10 11 (12) – Martin Malivoire leitet den umweltfreundlichen Betrieb, der exzellenten GAMAY und CHARDONNAY der Reihe Tête de Cuvée erzeugt; außerdem leckerer PINOT NOIR und GEWÜRZTRAMINER.

Norman Hardie r w ★★★★ 09 10' 11 (12) – Gefeierter Pionier im Prince Edward County, der in Handarbeit CHARDONNAY und PINOT NOIR im burgundischen Stil sowie sehr guten RIESLING bereitet. Spitze ist die in den besten Jahren bereitete Reihe Cuvée L.

Pearl Morissette Niag r w ★★ 10 11 (12) – François Morissette (Kellermeister, Miteigentümer), der bei Frédéric Mugnier gelernt hat, bereitet in *foudre* gereiften RIESLING; dazu CHARDONNAY, CABERNET FRANC und PINOT NOIR.

Ravine Vineyard Niag r w ★★★ 10' 11 12 (13) – Die 14-ha-Lage David's Bench liegt am alten Bett des Niagara River. Sehr gut sind Reserve CHARDONNAY und CABERNET FRANC; Sand und Gravel heißen die Etiketten für sofortigen Genuss.

Stratus Niag r w ★★★ 07 08 09 10 11 (12) – Bilderstürmer Jean-Laurent Groux leitet die LEED-zertifizierte, also umweltfreundliche Kellerei, in der die roten und weißen Verschnitte namens Stratus den Ton angeben. Außerdem sehr guter RIESLING und SYRAH.

Tawse Niag r w ★★★★ 09 10' 11 12 (13) – Das Vorzeigegut für umweltfreundlichen Weinbau produziert hervorragenden CHARDONNAY, RIESLING, hochklassigen PINOT NOIR, CABERNET FRANC und MERLOT. Die Weinberge sind ökologisch und biologisch-dynamisch zertifiziert.

Vineland Niag r w; s ★★★ 09' 10 11 12 (13) – Landgut am Niagara Escarpment mit erstklassigem Restaurant. Feiner RIESLING, Eiswein, SAUVIGNON BLANC und CABERNET FRANC.

Für den Schaumwein Ice Cuvée von Peller Estates wird Eiswein als *liqueur de dosage* verwendet. Warum nicht?

British Columbia

In British Columbia sind fünf Ursprungsbezeichnungen (Appellations of Origin) ausgewiesen: Okanagan Valley, Similkameen Valley, Fraser Valley, Vancouver Island und Gulf Islands.

Blue Mountain Okanagan V. r w; sch ★★★ 09 10 11 12 (13) – Matt und Christie Mavety, die nächste Generation, bringen neue Energie in das großartige Schaumweinprogramm: alterungswürdiger PINOT NOIR, CHARDONNAY und PINOT GRIS. Hervorragender Pinot noir Reserve.

Burrowing Owl Okanagan V. r w ★★ 09 11 12 (13) – Das Weingut, ein Pionier in South Okanagan, erzeugt exzellenten CABERNET FRANC sowie sehr guten PINOT GRIS und SYRAH. Auch hochgelobtes Boutiquehotel mit Restaurant.

CedarCreek Estate Winery Okanagan V. r w ★★ 09 11 12 (13) – Herrlich aromatische, alkoholarme Weine, angeführt von RIESLING, GEWÜRZTRAMINER und Ehrenfelser. Daneben ordentlicher MERLOT sowie die Premiumreihe Platinum mit VIOGNIER, CHARDONNAY, SYRAH und PINOT NOIR.

Church and State Wines Okanagan V. r w ★★ 09 10 11 12 (13) – Die stilvolle Kellerei Coyote Bowl in South Okanagan erzeugt den Verschnitt Tre Bella (weiße Rhône-Sorten) sowie CHARDONNAY, VIOGNIER und SYRAH. Aushängeschild ist der rote Quintessential im Bordeaux-Stil.

Hester Creek Okanagan V. r w ★★ 09 10 11 (12) – Elektrisierender TREBBIANO von 40 Jahre alten Reben; Flaggschiff-Wein ist der rote Verschnitt The Judge. Dazu aromatischer PINOT GRIS, PINOT BLANC und CABERNET FRANC. Gästevilla und Restaurant.

Jackson-Triggs Okanagan Okanagan V. r w; s ★★ 09 11 12 (13) – Weine im beliebten, leicht zugänglichen Stil: exzellenter SHIRAZ und Meritage (roter Verschnitt à la Bordeaux), hervorragender RIESLING-Eiswein. Außerdem eindrucksvoller Shiraz SunRock im Rhône-Stil.

Mission Hill Okanagan V. r w ★★★ 08 09 11 12 (13) – Das wegweisende Gut erzeugt die sehr gute Reihe Reserve (sortenreine Weine) sowie die Reihe Legacy Collection mit den Weinen Perpetua, Oculus, Quatrain und Compendium. Preisgekröntes Terrassenrestaurant.

Nk'Mip Cellars Okanagan V. r w ★★ 09 11 12 (13) – Das Gut gehört zu einer von Ureinwohnern betriebenen millionenschweren Ferienanlage mit Spa. Feiner PINOT BLANC, RIESLING und PINOT NOIR; an besten sind der Qwam Qwmt Pinot noir und SYRAH. Absolut sehenswert ist das Desert Cultural Centre.

Osoyoos Larose Okanagan V. r ★★★ 07 08 09 10 11 12 (13) – Maßstäbe setzender Einzellagen-Verschnitt im Bordeaux-Stil mit Alterungspotenzial, erzeugt vom neuen französischen Kellermeister Mathieu Mercier für die Groupe Taillan.

Painted Rock Okanagan V. r w ★★★ 10 11 12 (13) – Alain Sutre aus Bordeaux ist als önologischer Berater sowohl für den 24-ha-Weinberg (ein Steilhang in Skaha Bench) als auch für die Weinbereitung zuständig. Sehr guter SYRAH, CHARDONNAY und roter Verschnitt.

Pentâge Winery Okanagan V. r w ★★ 10 11 12 (13) – Kleiner Erzeuger (5.000 Kisten) in Skaha Bench mit feinem VIOGNIER, PINOT GRIS, GEWÜRZTRAMINER und Verschnitten (rot und weiß) im Rhône-Stil.

Quails' Gate Okanagan V. r w ★★ 10 11 12 (13) – Das Familiengut erzeugt Terroir-basierten PINOT NOIR und exzellenten CHARDONNAY Reserve sowie aromatischen RIESLING und CHENIN BLANC. Der Old Vines Foch (von alten Reben) genießt Kultstatus.

Red Rooster Okanagan V. r w ★★ 10 11 12 (13) – Frische, angenehme, aromatische Weine sind das Markenzeichen dieses Erzeugers in Naramata Bench. CHARDONNAY, PINOT GRIS, RIESLING und MERLOT sind erste Wahl.

Road 13 Okanagan V. r w ★★★ 10 11 12 (13) – Weinmacher J. M. Bouchard konzentriert sich ganz auf lagenspezifische Weine; die besten tragen das Etikett Jackpot: CHENIN BLANC, VIOGNIER, SYRAH und PINOT NOIR.

Tantalus Okanagan V. r w ★★★ 10 11 12' (13) – Die lagenbesessenen selbsternannten »Neuen Pioniere« arbeiten auf den ältesten (seit 1927) kontinuierlich bewirtschafteten Weinbergen Kanadas. Erzeugt wird PINOT NOIR und RIESLING; der Riesling Reserve ist hervorragend.

Kanada

Mexiko

Weintrauben wachsen in Mexiko auf fast 55.000 ha. Wein wird sei der spanischen Conquista erzeugt; die erste Kellerei, Hacienda Sa Lorenzo, wurde 1597 gegründet. Sie heißt inzwischen Casa Madero und ist ir Valle de Parras in Zentralmexiko immer noch in Betrieb. Die meisten Trauber im Zentrum des Landes gehen in die Weinbrandproduktion. Qualitätswein werden in den Küstentälern im Norden der Halbinsel Baja California erzeug v.a. im Guadalupe-Tal südöstlich von Tijuana. Hier kann es tagsüber zwar bi zu 38° C heiß werden, aber kühlende Winde vom Pazifik drücken die Tem peratur nach Sonnenuntergang um bis zu 16° C. In den letzten Jahrzehnter hat die Menge der Boutiquekellereien sprunghaft zugenommen; einige brin gen gute Qualität hervor.

Bibayoff, Vinos ★★→★★★ Die Weinberge wurden schon im 19. Jh. von rus sischen Immigranten angelegt. Reben in Hanglangen werden im Trocken anbau bewirtschaftet. Hervorragender ZINFANDEL, sehr guter Zinfandel CABERNET-SAUVIGNON-Verschnitt, schwungvoller CHENIN BLANC.

Bodegas Santo Tomas ★★→★★★ Die älteste Kellerei der Baja California gegründet 1888, hat eine beachtliche Bandbreite an Weinen. Am beste sind TEMPRANILLO, CABERNET SAUVIGNON und SAUVIGNON BLANC.

Casa de Piedra ★★★ Der handwerklicher Erzeuger bereitet den Vino d Piedra, einen sehr guten CABERNET SAUVIGNON/TEMPRANILLO-Verschnitt den CHARDONNAY Piedra del Sol und drei Schaumweine.

Chateau Camou ★★→★★★ Die Bestnote gebührt dem Gran Vino Tintc einem samtigen, ausgewogenen Verschnitt auf CABERNET-SAUVIGNON Basis mit geschmeidigem, elegantem Abgang. Der Gran Vino Tinto ZIN FANDEL drückt seine Traubensorte auf kraftvolle Weise aus.

L.A. Cetto hat nicht nur Picknickplätze, sondern auch eine eigene Stierkampf arena.

L.A. Cetto ★→★★★ Die größte Kellerei der Baja, gegründet 1928, bietet vo einfachen Zechweinen bis hin zu komplexerem CABERNET SAUVIGNON un ZINFANDEL aus bestimmten Lagen ein breites Weinangebot. Die Spitzer marke heißt Don Luis mit sehr gutem Cabernet-Sauvignon-Verschnitt un blumigem VIOGNIER.

Monte Xanic ★★→★★★ Das 1987 gegründetete Gut hat sich schnell eine Ruf für beste Qualität erworben. Exzellenter CABERNET SAUVIGNON mi intensiven Aromen und einem langen Abgang; auch sehr guter MERLO Der CHENIN BLANC mit einem Schuss COLOMBARD gibt einen schöne Aperitif ab.

Rognato ★★→★★★ Kleine neue Kellerei mit exzellentem CABERNET SAUVI GNON und dem großartigen Rotweinverschnitt Tramonte, der vielschicht ge Aromen mit einem langen Abgang vereint. Gute Zukunftsaussichten.

Tres Mujeres ★★→★★★ Ein gutes Beispiel für die neue Welle kunsthanc werklich arbeitender Erzeuger auf der Baja. Exzellenter TEMPRANILL und sehr guter GRENACHE/CABERNET-SAUVIGNON-Verschnitt La Mezcla de Rancho.

Viñas de Garza ★★ Newcomer mit sehr guten Roten. Ganz oben steht de Tres Valles, ein bezaubernder Verschnitt von CABERNET SAUVIGNON un GRENACHE.

Vinisterra ★★ Neuer Erzeuger mit Weinen im Rhône-Stil. Am besten ist de intensiv aromatische SYRAH-MOURVÉDRE-Verschnitt Pedegal.

Südamerika

Die folgenden Abkürzungen werden im Text verwendet:

Aco	Aconcagua
Cach	Cachapoal
Casa	Casablanca
Cata	Catamarca
Col	Colchagua
Cur	Curicó
Elq	Elquí
Ley	Leyda
Lim	Limarí
Mai	Maipo
Mau	Maule
Men	Mendoza
Neuq	Neuquén
Pat	Patagonien
Rap	Rapel
Rap	Rapel
Río N	Río Negro
San A	San Antonio
San J	San Juan

Die dunklen Flächen bezeichnen die Weinbaugebiete

Jahrgänge in Südamerika

Die Jahrgänge in Südamerika sind unterschiedlicher als früher – auf jeden Fall in den neueren Weinregionen. Verglichen mit den klassischen Anbaugebieten Europas sind die Unterschiede allerdings immer noch gering. Südamerikas Attraktivität liegt in der Jugend, im Elan, in der Lebendigkeit. Die laufenden Jahrgänge – insbesondere 2013 – sind meist die besten, nur Rotweine der Oberklasse sollten reifen, die besten 5–6 Jahre.

Chile

Die Weinuhr läuft schneller in Südamerika, und in Chile fällt das am meisten auf. Merlot ist schon fast Geschichte. Carmènere ist zwar noch am Laufen, und die Hauptrebsorten sind immer noch Cabernet Sauvignon und Sauvignon Blanc. Aber es gibt zwei neue Themen: Vielfalt und Risiko – wobei Letzteres meint, mehr Säure und kühle Klimata zu riskieren, nicht Eiche und Überreife. Die sind ja sowas von gestern ... Die Weine zeigen sich jetzt frisch und ausgewogen. Zu den Regionen, die derzeit besonders en vogue sind, gehören Lo Abarca, Aconcagua Costa, Elqui und Malleco. Hier entstehen Weine, die ihre Herkunft verraten. Syrah hat Aroma, Pinot noir Leichtigkeit und Frische.

Vielfalt bedeutet, dass neue Rebsorten unübersehbar auf der Bühne erschienen sind. Weine von Carignan, Grenache und Muscat mischen sich unter die alten Favoriten, oft von sehr abgelegenen Weinbergen. Chile ist spannend wie nie.

Aconcagua Warme, klimatisch durch den Fluss gemilderte Region, die traditionell stämmige Rotweine hervorbringt. Die neuen küstennahen Lagen machen einen interessanten Eindruck. SYRAH hat das Zeug zum Star.

Almaviva Mai ★★★★ Teurer, aber erstklassiger Rotwein im Bordeaux-Stil, CABERNET SAUVIGNON dominiert. Joint Venture von CONCHA Y TORO und Baron Philippe de Rothschild. Ebenfalls sehr gut ist der Epu Cabernet Sauvignon und CARMENÈRE.

Altaïr Rap ★★★ Komplexer, präzise gearbeiteter Verschnitt von CABERNET SAUVIGNON/SYRAH/CABERNET FRANC/PETIT VERDOT; Pascal Chatonnet aus Bordeaux berät. Zweitetikett: Sideral, früher trinkreif.

Alto Las Gredas Südchile ★★★ Kellermeisterin María Victoria Petermann, der das Gut auch gehört, erzeugt nur diesen Spitzen-CHARDONNAY von 2 ha in Araukanien: spannend, mineralisch, köstlich.

Antiyal Mai ★★→★★★ Álvaro Espinoza, der Spezialist für biologisch-dynamischen Weinbau, erzeugt feine, komplexe Verschnitte von CARMENÈRE, CABERNET SAUVIGNON, SYRAH und PETIT VERDOT. Sortenreiner Carmenère von der Lage Escorial.

Apaltagua Rap ★★→★★★ Der CARMENÈRE-Spezialist bezieht sein Lesegut von alten Reben in Apalta (Colchagua). Der reichhaltige, kräuterwürzige Spitzenwein heißt Grial (die Reserva ist ebenfalls gut).

Aquitania, Viña Mai ★★★ Das chilenisch-französische Joint-Venture erzeugt exzellenten CHARDONNAY Sol de Sol. Jetzt auch sehr guter SAUVIGNON BLANC aus dem Malleco-Tal und sehr guter gereifter CABERNET SAUVIGNON Lazuli aus Quebrada de Macul.

Arboleda, Viña Aco, Casa, Ley ★★→★★★ Der zu ERRÁZURIZ/CALITERRA gehörende Betrieb erzeugt Weißweine aus Leyda und CASABLANCA. Am besten mit ganz jungem SAUVIGNON BLANC sowie Rotweinen (CABERNET SAUVIGNON, SYRAH, MERLOT) aus ACONCAGUA, darunter hervorragender CARMENÈRE.

Aristos Cach, Mai ★★→★★★ Der Terroirspezialist Pedro Parra und zwei französische Weinmacher erzeugen grandiosen CHARDONNAY Duquesa, erstklassigen Cabernet Sauvignon vom höchsten Weinberg (Duque) und den Verschnitt Barón (CABERNET SAUVIGNON/MERLOT/SYRAH). Schnell wachsendes und sich veränderndes Projekt.

Bío-Bío Region in Südchile, kühl genug für interessanten RIESLING, GEWÜRZTRAMINER und PINOT NOIR. Auch für Schaumweine vielversprechend.

Botalcura Cur ★★ Der französische Weinmacher Philippe Debrus erzeugt mächtige Rotweine, inkl. NEBBIOLO. Probieren Sie den jungen, preisgünstigen Porfía Gran Reserva MALBEC.

Caliboro Mau ★★ Francesco Marone Cinzano ist die Seele des raffinierten Verschnitts Erasmo (CABERNET SAUVIGNON/CABERNET FRANC/MERLOT), und des seltenen Torontel Late Harvest.

Caliterra Casa, Col, Cur, Ley ★→★★ Schwesterbetrieb von ERRÁZURIZ. CHARDONNAY und SAUVIGNON BLANC werden immer besser, die Rotweine vielschichtiger, v.a. die Reihe Tribut und der Spitzenrotwein Cenit. Bio-Sur heißt die Bioweinreihe.

Calyptra Cach ★★★ Der Franzose François Massoc bereitet exzellenten Zahir CABERNET SAUVIGNON und CHARDONNAY Gran Reserva. Sehr gut ist der SAUVINGON BLANC (v.a. Gran Reserva). Einer der besten in Cachapoal.

Carmen, Viña Casa, Col, Elq, Mai ★★→★★★ Wegbereiter des ökologischen Weinbaus mit Augenmerk auf CARMENÈRE. Erzeugt auch reifen, frischen Special Reserve CHARDONNAY aus CASABLANCA sowie sehr gute Rote wie PETITE SIRAH und MERLOT. Spitze ist der CABERNET SAUVIGNON Gold Reserve.

Casablanca Vor 10 Jahren war diese Region so cool wie Chile insgesamt. Jetzt sind andere, neuere Anbaugebiete cooler, und Casablanca gilt praktisch als traditionell. Guter CHARDONNAY und SAUVIGNON BLANC; vielversprechender MERLOT und PINOT NOIR.

Casa Marín San A ★★★ Weißweinspezialist der Spitzenklasse mit sehr gutem RIESLING, GEWÜRZTRAMINER und PINOT GRIS. Der Weinberg Cipreses liegt nur 4 km vom Meer entfernt und bringt herrlichen SAUVIGNON BLANC hervor. Neu ist der edelfaule Spätlese-RIESLING.

Casas del Bosque Cach, Casa ★★→★★★ Seit 2010 ist der Neuseeländer Grant Phelps (früher bei VIU MANENT) hier Kellermeister. Das Sortiment eleganter Weine umfasst u.a. SYRAH Reserva und SAUVIGNON BLANC.

Casa Silva Col ★★★ Weine vom Gut in Colchagua (Verschnitt Altura), und jetzt auch von Lagen im Küstengebiet Paredones (sehr guter SAUVIGNON BLANC). Die Reihen Cool Coast und Gran Terroir halten, was ihre Namen versprechen. Halten Sie die Augen offen nach Sauvignon gris, VIOGNIER, den neuen Lake-Ranco-Weinen (aus dem kalten Süden) und dem delikaten neuen Schaumwein Fervor.

Clos des Fous Cach, Casa, Südchile ★★ Der Spezialist für extrem südliche Terroirs macht Naturweine (siehe S. 107) mit minimalen eigenen Eingriffen. Probieren Sie den CHARDONNAY Locura 1.

Clos Ouvert Mau ★★ Der neue Erzeuger bereitet Naturweine (siehe S. 107), und zwar sehr interessante: Huaso (País), Rotweinverschnitt Otoño und den CARMENÈRE Louis Antoine Luyt (Maule).

Concha y Toro ★→★★★★ Immer noch der Anführer: Kellermeister Ignacio Recabarren bleibt in Chile unerreicht. Sehr zu empfehlen ist die Reihe Terrunyo: hervorragender SAUVIGNON BLANC, plus RIESLING, CABERNET SAUVIGNON, CARMENÈRE und SYRAH. Klassisch sind der Cabernet Sauvignon Marques de Casa Concha (Puente Alto) und der Don Melchor (MAIPO). Außerdem die Weinikone Carmín de Peumo (Carmenère), subtiler CHARDONNAY Amelia (CASABLANCA), bemwekenswerter Maycas Chardonnay und

PINOT NOIR (Limarí), und der neue MALBEC der Serie Riberas (Colchagua). Dazu kommen noch sortenreine Weine und Verschnitte unter den Marken Trio und Casillero del Diablo. Siehe auch ALMAVIVA und TRIVENTO (Argentinien).

Cono Sur Casa, Col, Bío Bío ★★→★★★ Der PINOT NOIR, allen voran der Ocio, ist immer noch gut, wirkt im Vergleich zu neueren Ausgaben der Konkurrenz aber ein bisschen schwer. Außerdem gibt es die Reihe 20 Barrels (MERLOT, CABERNET SAUVIGNON) sowie neue Kreationen unter dem Namen Visión (der RIESLING Single Vineyard Block 23 aus BÍO-BÍO ist hervorragend). Achten Sie bei der Reserva Especial auch auf den kompakten, fruchtigen Cabernet Sauvignon, den köstlichen VIOGNIER, den GEWÜRZTRAMINER mit Rosenblütenduft und den eindrucksvollen SYRAH. Zweitetikett: Isla Negra; im Besitz von CONCHA Y TORO.

Costa del Chile
Chile hat ein neues Appellationssystem (just in dem Moment, da man das alte kapiert hatte), das das Land in die Gebiete Costa (Küste), Entre Valles (Zentraltal) und Andes (Anden) einteilt. Die alten Appellationen werden zum Großteil weiterverwendet, doch es geht darum, dass das Küstengebiet und die Anden meist kühler sind als das Valle Central. Wer also nach Weinen aus kühlerem Klima sucht, könnte sich mit den neuen Bezeichnungen leichter tun als mit den alten.

Cousiño Macul Mai ★★→★★★ Historisches Weingut in Santiago mit verlässlichem MERLOT Antiguas Reserva und schwungvollem Sauvignon gris. Der Spitzenwein Lota ist immer noch einer der besten Verschnitte Chiles.

De Martino Cach, Elq, Mai, Mau, Itata ★★→★★★ Hier wird Wein auf zurückhaltende Art bereitet, z.B. kommen die roten Premiumweine jetzt nicht mehr mit neuer Eiche in Berührung. Der Erzeuger ist v.a. für CARMENÈRE von alten Reben aus Einzellagen (die Spezialität) sowie für CABERNET SAUVIGNON, MALBEC und CHARDONNAY bekannt, beeindruckt aber auch mit der Reihe Legado und dem CARIGNAN Vigno. Der Weinberg Alto Los Toros liegt auf 2.000 m Höhe. Die spannendste Traube ist heute MUSCAT, v.a. der in *tinajas,* riesigen Tonkrügen, bereitete Viejas Tinajas beeindruckt.

Elqui hat im Jahr 300 Sonnentage, 60 Tage mit Wolken und fünf Tage Regen.

Elqui Die Weinberge in dieser sehr trockenen Region in Nordchile liegen auf 350 bis 2.200 m Höhe (die höchstgelegenen des Landes) und werden von Meeresbrisen gekühlt. Brillanter SYRAH, erstklassiger PINOT NOIR und SAUVIGNON BLANC. Empfehlenswerte Erzeuger: Falernia, Mayu (großartig).

Emiliana Casa, Rap, Bío Bío ★→★★★ Spezialist für biologisch-dynamischen Weinbau in Zusammenarbeit mit Álvaro Espinoza (siehe ANTIYAL). Die komplexen, SYRAH-schweren Weine »G« und Coyam weisen schon beinahe Wildheit im mediterranen Stil auf. Erschwingliche Komplexität bieten die preiswerteren, aber sehr guten Reihen Adobe und Novas.

Errázuriz Aco, Casa ★→★★★ Neben dem Spitzenwein Don Maximiano und dem duftenden CARMENÈRE KAI sind die neuen, mit Wildhefen vergorenen Gewächse aus dem Küstenbereich von ACONCAGUA (SAUVIGNON BLANC, PINOT NOIR, SYRAH) sehr zu empfehlen. Spitze ist auch die Reihe The Blend: GRENACHE, MOURVÈDRE, Syrah, ROUSSANNE. Siehe auch ARBOLEDA, CALITERRA, SEÑA und Viñedo CHADWICK.

Fournier, Bodegas O. Ley, Mau ★★→★★★ Schwesterbetrieb des gleichnamigen argentinischen Erzeugers mit sehr gutem SAUVIGNON BLANC aus Leyda und den ebenfalls sehr guten roten Verschnitten Centauri und Alfa Centauri (beide MAULE).

Garcés Silva, Viña San A ★★→★★★ Der Markenname dieses keine Kosten scheuenden Unternehmens lautet Amayna. Weine im vollen, reifen Stil, denen für eine optimale Ausgewogenheit etwas Alkohol entzogen wird. Die beste beider Welten. Der SAUVIGNON BLANC ist besonders gut.

Hacienda Araucano Casa, Rap ★★→★★★ François Lurton aus Bordeaux erzeugt erstklassigen CABERNET SAUVIGNON sowie komplexen SAUVIGNON BLANC Gran Araucano (aus CASABLANCA), den ausgefeilten CARMENÈRE/CABERNET SAUVIGNON-Verschnitt Clos de Lolol und den Carmenère Alka.

Haras de Pirque Mai ★★→★★★ Weingut in Pirque. Topwein ist der SYRAH Character; außerdem rauchiger SAUVIGNON BLANC, stilvoller CHARDONNAY und dicht gewirkter CABERNET SAUVIGNON/MERLOT. Der kompakte Albis (Cabernet Sauvignon/CARMENÈRE) wird gemeinsam mit Antinori (siehe Italien) erzeugt.

Lapostolle Cach, Casa, Col ★★→★★★★ Eindrucksvolles Gut in französischem Besitz; die Weinberge werden biologisch-dynamisch bewirtschaftet. Unter den zunehmend eleganten Weißen ist der SEMILLÓN der beste, bei den Roten stechen MERLOT und SYRAH aus der Reihe Cuvée Alexandre und der Clos Apalta auf CARMENÈRE-Basis hervor. Die neue Reihe Collection glänzt mit Einzellagen-Syrah und Carmenère von Lesegut aus dem ganzen Land.

Leyda, Viña San A ★★→★★★ Pionier in der Küstenregion Leyda. Eleganter Chardonnay (Lot 5 ist am besten), opulenter PINOT NOIR (v. a. Lot 21 Cuvée und lebhafter Rosé) und straffer, würziger SYRAH Canelo. Der SAUVIGNON BLANC Garuma ist zurückhaltend, aber konzentriert. Dazu hübscher Sauvignon gris Kadun und Blanc-de-Blancs-Schaumwein.

Limarí Eine der neuen, kühlen Weinregionen, die derzeit mehr oder weniger Wüsten sind: Was keine Rebe ist, ist wahrscheinlich ein Kaktus. Gut geeignet für SYRAH, SAUVIGNON BLANC und, dank des vielerorts vorkommenden Kalksteinbodens, insbesondere für CHARDONNAY.

Loma Larga Casa ★★→★★★ Chilenischer Spitzen-Malbec, wegen des ozeanischen Einflusses ganz anders als argentinische Versionen. Dazu eindrucksvoller CABERNET FRANC (auch Rosé) und SYRAH.

Maipo Berühmtes Weinbaugebiet nahe Santiago. Die besten CABERNET-SAUVIGNON-Weine Chiles kommen meist aus den höher gelegenen östlichen Subregionen wie Pirque und Puente Alto. Neben den großen Namen ist auch Tres Palacios gut.

Matetic San A ★★★ Die Stars des dynamischen Erzeugers sind der duftende, schwungvolle Sauvignon blanc (zum Einkellern) und der würzige, beerenfruchtige SYRAH EQ. Auch guter PINOT NOIR und CHARDONNAY. Die Marke Corralillo ist sehr verlässlich.

Maule Südlichstes Anbaugebiet des Valle Central. Umfasst die Täler Claro, Loncomilla und Tutuven. CARIGNAN aus Cauquenes ist derzeit schwer en vogue.

Maycas del Limarí Lim ★★→★★★ Tochter von CONCHA Y TORO mit sehr aromatischem und elegantem SAUVIGNON BLANC, CHARDONNAY, PINOT NOIR und SYRAH. Aushängeschild ist der stramme, mineralische Chardonnay Quebrada Seca.

Montes Casa, Col, Cur, Ley ★★→★★★★ Die Glanzlichter des auch sonst erstklassigen (und umfassenden) Angebots dieser Feng-Shui-Kellerei sind der CABERNET SAUVIGNON Alpha, der Bordeaux-Verschnitt Montes Alpha M, der Syrah Folly aus Apalta und der intensive CARMENÈRE Purple

Angel. Zudem sehr guter SAUVIGNON BLANC und PINOT NOIR aus Leyda und dem neuen kühlen Gebiet Zapallar. Achten Sie auch auf die Reihe Outer Limits, v. a. auf Sauvignon blanc und CINSAULT.

Montsecano ★★★ Fünf Chilenen und der Franzose André Ostertag produzieren biodynamischen PINOT NOIR von kühlen Hochlagen – nicht viel, aber vom Feinsten.

Morandé Casa, Mai, Mau ★★→★★★ Ein erstklassiger Schaumwein ist der Brut Nature oJ (CHARDONNAY, PINOT NOIR). Probieren Sie auch den Edición Limitada CARIGNAN (Loncomilla) und den würzigen SYRAH/CABERNET SAUVIGNON. Spitzenwein ist der House of Morandé auf Cabernet-Sauvignon-Basis. Sehr gut ist die saftige Pinot noir Reserva. Und nicht den Vigno (Carignan/Syrah/Chardonnay) auslassen!

Neyen Rap ★★★ Projekt des aus Bordeaux stammenden Patrick Valette in Apalta, erzeugt einen intensiven Verschnitt von alten CARMENÈRE- und CABERNET-SAUVIGNON-Reben. Jetzt im Besitz von VERAMONTE.

Odfjell Mai, Mau ★→★★★ Rotweinspezialist mit sehr gutem CARMENÈRE und CARIGNAN (aus MAULE); nehmen Sie am besten den jungen Orzada Carignan und den Aliara (SYRAH/MALBEC/Carignan).

Pérez Cruz, Viña Mai ★★★ Interessanter PETIT VERDOT Chaski, CÔT Edición Limitada und ausgewogener, klassischer CABERNET SAUVIGNON Waiki.

Ein Hoch auf die Geschichte
Santiago breitet sich aus, Weinberge werden planiert. Um das weinbauliche Erbe zu erhalten, hat Viña Santa Carolina deshalb mit dem US-Ampelographen Dr. Andy Walker ein Projekt gestartet: Im Heritage Foundation Block stehen 40 Selektionen von 17 Rebsorten, alle von alten Reben geschnitten und nicht zu vergleichen mit im Labor gezüchteten Klonen. Auch alte Weinbereitungstechniken sollen wiederbelebt werden: frühere Lese für Frische und weniger Alkohol, weniger Eiche, mehr Wildhefen. Die ersten Ergebnisse sehen gut aus. Zurück in die Zukunft.

Polkura Col ★★ Unabhängiger Erzeuger, der sich auf SYRAH aus Marchigue konzentriert; auch reichhaltiger MALBEC.

Quebrada de Macul, Viña Mai ★★→★★★ Ehrgeiziger Erzeuger mit gutem CHARDONNAY und exzellentem Domus Aurea: einer der elegantesten und klassischsten CABERNET-SAUVIGNON-Weine Chiles.

Rapel Qualitätsweinbaugebiet, unterteilt in die Täler Colchagua und Cachapoal. Am besten sind die herzhaften Rotweine, v. a. von CARMENÈRE und SYRAH, doch man sollte auch die kühleren Unterbereiche Marchihue und Paradones an der Küste im Auge behalten.

RE Mai ★★★ Das neue, innovative Projekt von Pablo MORANDÉ glänzt mit den ungewöhnlichen Verschnitten Cabergnan (CABERNET SAUVIGNON/CARIGNAN) und Pinotel (PINOT NOIR/MOSCATEL). Unorthodoxe Aromen, die man in Chile so noch nicht kannte.

Ribera del Lago Mau – Erstaunlicher junger SAUVIGNON BLANC von Tonböden sowie PINOT NOIR Laberinto.

San Antonio Küstengebiet westlich von Santiago, das vom Seewind profitiert. Am besten sind die Weiß- sowie die SYRAH- und PINOT-NOIR-Weine. Lo Abarca heißt eine bemerkenswerte Lage. Leyda ist eine Unterregion.

San Pedro Cur ★→★★★ Großer Erzeuger mit Sitz in Curicó. 35 South (oder 35 Sur) ist die Marke für erschwingliche sortenreine Weine, Castillo de Molina steht eine Klasse darüber. Am besten sind die Rotweine »1865

Limited Edition«, Kankana del ELQUI (SYRAH) und der elegante Cabo de Hornos. Im selben Besitz wie ALTAÏR, Viña Mar, Misiones de Rengo, Santa Helena und TARAPACÁ.

Santa Alicia Mai ★→★★★ Spezialist für Rotwein. Spitzenweine sind der feste, aber saftige Millantu auf CABERNET-SAUVIGNON-Basis, Aushängeschild des Unternehmens, und der geschmeidige, aber gut strukturierte Anke Blend 1 (CABERNET FRANC/PETIT VERDOT).

Weinbergarbeiter in Chile müssen mit einer Sonnencreme mit Faktor 30 versorgt werden – gesetzlich vorgeschrieben.

Santa Carolina, Viña ★★→★★★ Breit gefächertes Angebot an Weinen aus verschiedenen Anbaubereichen, angeführt von der Reihe Specialties (SAUVIGNON BLANC aus SAN ANTONIO, CHARDONNAY aus LIMARÍ, SYRAH aus MAIPO); besonders zu empfehlen sind der CARIGNAN aus Cauquenes, der MOURVÈDRE aus Cachapoal und der PETIT VERDOT aus Rapel. VSC-Verschnitte in allen Preislagen. Der neue Herencia (CARMENÈRE) aus Peumo ist ausgezeichnet, aber teuer.

Santa Rita Mai ★★→★★★★ Die alteingesessene Bodega in MAIPO arbeitet mit dem Australier Brian Croser zusammen. Bester Wein ist der Cabernet Sauvignon Casa Real, doch Pehuén und Casa Real (CARMENÈRE), Triple C (CABERNET SAUVIGNON/CABERNET FRANC/Carmenère) und die Reihe Floresta (v. a. Cabernet franc, MERLOT, SAUVIGNON BLANC) kommen ihm beinahe gleich. Äußerst günstig ist der Medalla Real CHARDONNAY.

Seña Aco ★★★★ Ursprünglich gemeinsam mit Robert Mondavi ins Leben gerufenes Projekt, jetzt aber im Alleinbesitz der Familie Chadwick von ERRÁZURIZ. Der Wein, ein Verschnitt von Bordeaux-Sorten aus einer Hanglage in ACONCAGUA, schlägt sich wacker bei internationalen Weinverkostungen gegen die Besten der Welt.

Tabalí ★★→★★★ Eine Quelle ausgefeilter Weine aus kühleren Lagen, vielfach mit Kalksteinboden. Die neuen, auf 1.800 m gelegenen Weinberge waren erst für Walnüsse gedacht und tragen jetzt Reben. Einzellagenweine mit Terroircharakter in der Reihe Talinay (CHARDONNAY, SAUVIGNON BLANC, PINOT NOIR). Neuer VIOGNIER.

Tarapacá, Viña Casa, Ley, Mai ★★ Immer besser werdende, alteingesessene Kellerei, im Besitz der VSPT-Gruppe. Spitzenweine: Tara Pakay (CABERNET SAUVIGNON/SYRAH) und Etiqueta Negra Gran Reserva (Cabernet Sauvignon).

Torres, Miguel Cur ★★→★★★★ Frische Weiße (u. a. RIESLING Nectaría) und gute Rote; hervorzuheben sind der stämmige CABERNET SAUVIGNON Manso de Velasco von einer Einzellage (altert vortrefflich) und der Cordillera auf CARIGNAN-Basis. Der Conde de Superunda ist eine Spitzen-Cuvée; außerdem gibt es die Bioreihe Tormenta und den hübschen, aber einfachen Schaumwein Estelado Rosé oJ (in dem sich die Païs-Traube sehr gut macht). Pionierpflanzungen im MAULE-Unterbereich Empedrado.

Undurraga Casa, Ley, Lim, Mai ★★ Mit der Reihe TH (Terroir Hunter) wurde dieser einst hausbackene Erzeuger in MAIPO plötzlich zur Avantgarde. Beste Weine: Altazor (CABERNET SAUVIGNON-Basis), Limarí SYRAH, SAUVIGNON BLANC aus Leyda und CASABLANCA; auch CARIGNAN aus MAULE. Gut sind die lebhaften Schaumweine Brut Royal (CHARDONNAY/PINOT NOIR) und Tiltum sowie der pfirsichduftige SEMILLÓN Late Harvest.

Valdivieso Cur, San A ★→★★★ Großer Erzeuger, der mit seinen Reihen Reserva und Single Vineyard (v. a. CABERNET FRANC und MALBEC) von Spitzenterroirs in ganz Chile zu beeindrucken weiß – besonders gut ist der

Chardonnay aus Leyda. Außerdem roter Verschnitt Caballo Loco oJ und herrlicher Éclat auf CARIGNAN-Basis.

Vascos, Los Rap ★→★★★ Unternehmen im Besitz von Lafite-Rothschild, dessen Weine im Bordeaux-Stil jetzt besser werden. Spitzenreiter: Le Dix und Grande Réserve.

Ventisquero, Viña Casa, Col, Mai ★→★★★ Ehrgeizige, nach einem Gletscher benannte Kellerei, deren Marken u.a. Chilano und Yali heißen. Spitzenweine sind zwei Rote aus Apalta: der füllige, aber duftige SYRAH Pangea und der CARMENÈRE/Syrah-Verschnitt Vertice. Vielversprechender PINOT NOIR Herú aus CASABLANCA. Zur Reihe Grey gehören Pinot noir, Carmenère, Merlot und der besonders saftige Verschnitt aus Mittelmeersorten GCM (GRENACHE, CARIGNAN, MATARÓ). Interessant ist auch der CABERNET SAUVIGNON Enclave (MAIPO).

Veramonte Casa, Col ★★ Reife, aber elegante Rotweine aus Colchagua (mit dem Verschnitt Primus an der Spitze) und Weine in frischerem Stil aus CASABLANCA, unter denen sich der PINOT NOIR Ritual und der Reserva SAUVIGNON BLANC besonders hervortun.

Villard Casa, Mai ★★ Der französischstämmige Thierry Villard bereitet raffinierte Weine: gute Rote aus MAIPO, v.a. PINOT NOIR und MERLOT, CABERNET SAUVIGNON aus Equis und Weißweine aus CASABLANCA.

Viñedo Chadwick Mai ★★★→★★★★ Stilvoller CABERNET SAUVIGNON, der mit jedem Jahrgang besser wird, von Weinbergen im Besitz von Eduardo Chadwick, dem Präsidenten von ERRÁZURIZ.

Der Standardpreis für Païs-Trauben liegt bei € 0,08 pro Kilo. In der Champagne kosten Trauben ca. € 6 pro Kilo.

Viu Manent Col ★★ Die Kellerei in Colchagua ist auf dem Weg nach oben. Konzentration auf MALBEC, u.a. duftender Viu 1, Gran Reserva und Secreto. Außerdem El Incidente auf CARMENÈRE-Basis und sehr guter Late Harvest SEMILLÓN.

Argentinien

Die Aromen Argentiniens sind so ausladend wie immer – und die Weine entsprechend mächtig. Doch selbst hier macht sich der globale Trend zu mehr Ausgewogenheit bemerkbar. Argentinien pflanzt zu diesem Zweck seine Reben in höheren Lagen, wo es kühler ist, insbesondere nachts, damit die Trauben ihre Säure bewahren. Statt »größer ist besser« heißt es nun »höher ist besser«. 1.600 m wie im Valle de Uco ist schon fast normal (gut, eine kleine Übertreibung); in den Valles Calchaquies werden Reben bis auf 2.600 m Höhe gepflanzt. Doch Höhe ist nicht die einzige Möglichkeit: am Río Negro in Patagonien stehen 3.000 ha unter Reben. Wer nicht in die Höhe gehen kann, geht nach Süden.

Achaval Ferrer Men ★★★ Erzeuger mit außerordentlich konzentrierten, aber eleganten Einzellagen-MALBECS von alten Reben: Altamira, Bella Vista und Mirador.

Aleanna Men ★★★ Alejandro Vigil (Kellermeister bei CATENA) und Adrianna Catena erzeugen den innovativen Enemigo und den Verschnitt Gran Enemigo.

Alicia, Viña ★★ Das stilvolle – und teure – Sortiment umfasst NEBBIOLO, PETIT VERDOT (Cuarzo) sowie den Weißweinverschnitt Tiara (RIESLING/ALBARIÑO/SAVAGNIN). Außerdem MALBEC Brote Negro und SYRAH.

Alpamanta Men ★★ Ökobetrieb mit dem Chilenen Álvaro Espinoza (siehe ANTIYAL im Kapitel Chile) als Berater; stellt auf Biodynamie um. Spitzengewächs ist der sehr gute MALBEC, die Reihe Natal bietet gute Qualität für Einsteiger.

Alta Vista Men ★→★★★ Die französische Familie d'Aulan produziert den ausgezeichneten Alto (MALBEC/CABERNET SAUVIGNON) und ein Trio von bahnbrechenden Einzellagen-Malbecs – Alizarine, Serenade (Luján de Cuyo) und Themis (Valle de Uco).

Altocedro Men ★★→★★★ Karim Mussi Saffie, Besitzer und Weinmacher, hält zwei Trumpfkarten in der Hand: MALBEC und TEMPRANILLO – im Verschnitt ergeben sie den Spitzenwein Desnudos.

Altos las Hormigas Men ★★★→★★★★ Erstklassiger Einzellagen-MALBEC, vorwiegend von alten Reben aus dem Valle de Uco. Auch der einfache Malbec und der BONARDA beeindrucken. Italienische Einflüsse durch Weinmacher wie Attilio Pagli und Alberto Antonini; unter der Leitung von Pedro Parra liegt der Fokus inzwischen mehr auf den Böden. Brillante Reihe Appellation.

Anita, Finca La Men ★★→★★★ Hochklassige Rotweine, v. a. CABERNET SAUVIGNON, MALBEC und MERLOT; außerdem SYRAH, reizvolle Weiße und attraktiver PETIT VERDOT. Der neue junge Kellermeister verspricht mehr Eleganz.

Antucura Men ★★→★★★ Mit Beratung von Michel Rolland aus Bordeaux planen die Besitzer, einen Super-Ultra-Premiumwein zu erschaffen. Neben dem Verschnitt Antucura ist auch die neue Reihe Barrandica von Interesse.

Atamisque Men ★→★★★ Eindrucksvolle Rotweine, v. a. der Assemblage (MALBEC/MERLOT/CABERNET SAUVIGNON). Dazu kommen CHARDONNAY und PINOT NOIR. Auch die Reihen Catalpa und Serbal (v. a. der VIOGNIER) haben ein sehr gutes Preis-Leistungs-Verhältnis. Ein paar Malbec-Reben sind schon 80 Jahre alt.

Benegas Men ★★→★★★ Erstklassiger CABERNET FRANC und Meritage unter dem Namen Benegas Lynch. Verwendet die Frucht alter Reben aus dem Weinberg Libertad (Maipú) und dem Valle de Uco. Neuer MALBEC aus Gualtallary.

Bressia Men ★★→★★★ Familienkellerei mit den klassischen, von MALBEC dominierten Verschnitten Profundo und Conjuro. Außerdem die Reihe Monteagrelo und der exzellente Lágrima Canela (CHARDONNAY/SÉMILLON).

Callia San J ★★ Gute und preisgünstige Weine auf SYRAH-Basis. Spitzenwein ist der Verschnitt Grand Callia.

Canale, Bodegas Humberto Río N ★→★★★ Die Kellerei mit der längsten Tradition in Patagonien, jetzt beraten von Susana Balbo (Kellerei; siehe DOMINIO DEL PLATA) und Pedro Marchevski (Weinberge).

Carmelo Patti Men ★★ Die unabhängige Kellerei erzeugt klassischen CABERNET SAUVIGNON und MALBEC.

Caro Men ★★★ Joint Venture von CATENA mit den Rothschilds von Lafite (Frankreich): ernsthafter, hochklassiger Caro und jüngerer Amancaya.

Casa Bianchi Men ★→★★★ Sehr traditionelle Kellerei mit sehr gutem Schaumwein und schön ausgewogener Reihe Famiglia, v. a. CABERNET SAUVIGNON, CHARDONNAY. Ganz oben stehen der Enzo (Rotweinverschnitt) und der María Carmen (CHARDONNAY). Die Marke Leo ist ein Gemeinschaftsunternehmen mit der Stiftung von Lionel Messi.

Casarena Men ★★→★★★ Sehr guter Malbec auf Einsteigerniveau, CABERNET SAUVIGNON und neue Einzellagen-MALBECS aus Agrelo y Perdriel; hervorragender CABERNET FRANC.

Catena Zapata, Bodega Men ★★→★★★★ Ein MALBEC-Pionier. Die stets gute Auswahl reicht von den Marken Alamos, Catena und Catena Alta bis hin zum Flaggschiff Nicolas Catena Zapata und dem Malbec Argentino, plus den Malbec-Weinen Adrianna und Nicasia von Einzellagen. Erzeugt auch die besten lokalen CHARDONNAYS aus Gualtallary: White Stones und White Bones. Gibt sich jetzt auch mit CABERNET SAUVIGNON viel Mühe.

Chacra Río N ★★★ Großartiger, vom Terroir geprägter Pinot noir aus einer winzigen Bodega im Besitz des Sassicaia-Erzeugers Incisa della Rocchetta (Italien). Der Spitzenwein Treinta y Dos kommt aus einem 1932 angelegten Weinberg; außerdem saftiger und dennoch leichter MERLOT Mainqué. Verpassen Sie nicht den Jahrgang 2012.

Chakana Men ★★→★★★ Die Kellerei empfiehlt sich mit sehr guten sortenreinen Weinen, v. a. dem Spitzen-MALBEC Ayni.

Chardonnay in Patagonien reift oft zwei Wochen später als im (hoch gelegenen) Valle de Uco und kann 2 % weniger Alkohol haben.

Clos de los Siete Men ★★ Verlässlicher Verschnitt von MALBEC, MERLOT, SYRAH und CABERNET SAUVIGNON aus Vistaflores (Valle de Uco); Michel Rolland aus Bordeaux überwacht die Weinbereitung (siehe auch DIAMANDES, MONTEVIEJO). 2014 soll ein neuer Weißwein herauskommen.

Cobos, Viña Men ★★★ Unglaublich reichhaltige, aber elegante MALBEC-Weine des Kaliforniers Paul Hobbs; für die besten wird Frucht aus der Lage Marchiori verwendet. Zweit- und Drittweine sind Bramare und Felino, gut v. a. jeweils der CABERNET SAUVIGNON. Sehr lohnend sind auch die Weine namens Marchiori & Barraud, die von den Cobos-Weinmachern auf eigene Rechnung erzeugt werden.

Colomé, Bodega Sal ★★→★★★ Bodega im abgelegenen Valle Calchaquí im Besitz der kalifornischen Hess Collection. Saubere, intensive Rotweine auf MALBEC-Basis aus biodynamischem Anbau, lebhafter TORRONTÉS, rauchiger TANNAT. Der Malbec Auténtico ehrt die Tradition. Neueste Herausforderung: Altura Máxima Malbec aus 3.100 m Höhe.

Decero, Finca Men ★★→★★★ Üppige, aber moderne Rotweine aus dem Weinberg Remolinos in Agrelo. Halten Sie sich an den PETIT VERDOT und den Verschnitt Amano.

DiamAndes Men – Eine der Kellereien von CLOS DE LOS SIETE, im Besitz der Familie Bonnie vom Bordeaux-Château Malartic-Lagravière. Erzeugt solide, fleischige Gran Reserva (MALBEC/CABERNET SAUVIGNON), lebhaften VIOGNIER, CHARDONNAY und jungen Malbec.

Dominio del Plata Men ★★→★★★ Susana Balbo erzeugt sehr gute Weine unter den Etiketten Susana Balbo, BenMarco, Zohar und Anubis. Obenan stehen der wuchtige Nosotros (MALBEC/CABERNET SAUVIGNON) und der Cabernet Sauvignon Signature. Sehr gut sind auch der BenMarco Expresivo und die preisgünstige Reihe Crios (u. a. exzellenter TORRONTÉS).

Doña Paula Men ★→★★★ Weingut im Besitz von SANTA RITA (siehe Chile). Beste Weine sind der Selección MALBEC und CHARDONNAY; dazu kommen die verlässlichen Reihen DP Estate und Los Cardos. Neu sind die Spitzen-Malbecs aus Weinbergen in Gualtallary und Altamira (Valle de Uco). Lebhafter 2012er RIESLING.

Etchart Sal ★★→★★★ Traditioneller Erzeuger mit Weinbergen in Hochlagen. Großartiger TORRONTÉS, guter Rotweinverschnitt Arnaldo B. Neu ist die Reihe Gran Linaje (TORRONTÉS/MALBEC/CABERNET SAUVIGNON).

Fabre Montmayou Men, Río N ★★→★★★ Das 1990 gegründete Unternehmen in französischem Besitz kaufte alte Weinberge in Luján de Cuyo und

RÍO NEGRO (Infinitus). Gute Zweitmarke Phebus; außerdem gibt es die preiswerten Viñalba-Weine, MALBEC der Spitzenklasse, CABERNET SAUVIGNON und Grand Vin.

Fin del Mundo, Bodega del Neuq ★→★★ Das Augenmerk liegt mehr auf Einsteigerweinen. Zu empfehlen: Special Blend (MALBEC/CABERNET SAUVIGNON/MERLOT) und der Fin von einer Einzellage. Michel Rolland (Bordeaux) berät.

Flichman, Finca Men ★★→★★★ Im Besitz von Sogrape (Portugal). Beeindruckender SYRAH. Topwein ist der Verschnitt Dedicado (hauptsächlich CABERNET SAUVIGNON); außerdem Bordeaux-Verschnitt Paisaje de Tupungato und Paisaje de Barrancas auf SYRAH-Basis sowie neuer Spitzen-MALBEC Parcela 26 aus dem Valle de Uco.

Fournier, O. Men ★→★★★ Bodega in spanischem Besitz. Die Reihe Urban Uco bietet ein sehr gutes Einstiegssortiment, dann folgen B. Crux (TEMPRANILLO/MERLOT/MALBEC-Verschnitt, SAUVIGNON BLANC) sowie Alfa Crux (Malbec und Verschnitt). Wunderbarer Ort für einen Besuch im Valle de Uco, sehr gutes Restaurant. Siehe auch Chile.

Kaikén Men ★★→★★★ Im Besitz von Aurelio MONTES (siehe Chile). Das Angebot wird vom Mai MALBEC angeführt, gefolgt vom Ultra (CABERNET SAUVIGNON und Malbec) und dem Verschnitt Corte. Die Trauben stammen aus unterschiedlichen Regionen.

Krontiras Men ★★→★★★ Auf MALBEC spezialisierter Erzeuger mit griechischen Eigentümern; stellt auf Biodynamie um.

Luca/Tikal/Tahuan/Alma Negra Men ★★→★★★ Boutiquekellereien mit echter Klasse im Besitz von Nicolas CATENAS Kindern Laura (Luca) und Ernesto (Tikal/Tahuan/Alma Negra). Auch sehr gute Schaumweine und exzellente Reihe La Posta del Viñatero, Hauptsache ist jedoch der PINOT NOIR.

Luigi Bosca Men ★★→★★★★ Das breite Sortiment wird vom stilvollen Icono (MALBEC/CABERNET SAUVIGNON) und dem klassischen Verschnitt Finca los Nobles (Malbec/PETIT VERDOT) angeführt. Auch der Cabernet Sauvignon/Bouchet (alias CABERNET FRANC) und die Verschnitte namens Gala sind sehr gut, v. a. der weiße (VIOGNIER/CHARDONNAY/RIESLING). Gute Qualität auf Einstiegsniveau bietet die Reihe Finca La Linda. Die Geheimtipps heute sind aber die Unique-Terroir-Weine Malbec, PINOT NOIR und Riesling.

Der Alkoholgehalt der Malbec-Weine ist in den letzten 20 Jahre um 1,5 % gestiegen. Deshalb werden Weinberge in Hochlagen gebraucht.

Manos Negras ★★→★★★ Zwei ehemalige CATENA-Mitarbeiter erzeugen in verschiedenen Regionen Argentiniens Wein. Spitzengewächs ist der MALBEC Altamira. Die Marken TeHo und ZaHa gehören ebenfalls dazu; auch sehr gute Reserva sowie fruchtiger PINOT NOIR und TORRONTÉS.

Masi Tupungato Men ★★→★★★ Ableger des bekannten Valpolicella-Produzenten Masi (siehe Italien). Passo Doble ist ein feiner Verschnitt von MALBEC, CORVINA und MERLOT im Ripasso-Stil, Corbec wird der sogar noch bessere Corvina/Malbec genannt, der einem Amarone sehr nahe kommt.

Mendel Men ★★★ Hochklassiger MALBEC, darunter der Finca Remota aus Altamira und der delikate Verschnitt Unus. Auch hübscher SÉMILLON von 70 Jahre alten Reben und CABERNET SAUVIGNON. Sehr gut ist die Reihe Lunta mit dem neuen TORRONTÉS.

Mendoza Wichtigste Weinprovinz (über 70 % der Rebfläche Argentiniens). Beste Unterregionen: Agrelo, Valle de Uco (einschließlich Gualtallary und Altamira), Luján de Cuyo und Maipú.

Michel Torino Sal ★★ Großes Unternehmen in Cafayate, das in allen Reihen gute bis sehr gute Weine erzeugt, darunter Don David, v. a. MALBEC, und CABERNET SAUVIGNON. Altimus ist der recht holzlastige Spitzenwein.

Moët-Hennessy Argentina Men ★→★★ Erzeuger erstklassiger Schaumweine unter Aufsicht von Moët & Chandon, v. a. Baron B und der innovative Delice. Dazu kommt die gute Reihe mit sortenreinen Weinen. Siehe auch TERRAZAS DE LOS ANDES.

Monteviejo Men ★★→★★★★ Teil von CLOS DE LOS SIETE; die verstorbene Catherine Péré-Vergé aus Pomerol war Gründerin. Marcelo Pelleriti erzeugt die Weine in Frankreich und Argentinien. Aus Mendoza kommen der großartige, in kleinen Mengen bereitete La Violeta, der Lindaflor MALBEC und sehr guter CHARDONNAY. Außerdem der Verschnitt Monteviejo, Petite Fleur und die Reihe Festivo.

Malbec-Stile

Malbec-Weine findet man in vielen Stilen. Aus SALTA und Catamarca kommen Struktur und Kraft; aus RÍO NEGRO und Neuquén mehr Eleganz. Dort ist auch oft ein Schuss PINOT NOIR im Verschnitt. Mendoza ist immer noch die wichtigste Region, doch das hoch gelegene Valle de Uco ermöglicht mehr Frische als Luján de Cuyo oder andere Teile Mendozas. Malbecs auf Einsteigerniveau verkörpern den fröhlichen Stil oft besser als eichenlastige Premiumweine.

Moras, Finca Las San J ★→★★ Führender Erzeuger in San Juan mit solidem Gran SHIRAZ; dazu TANNAT, MALBEC und VIOGNIER. Auch intensiver Malbec/BONARDA-Verschnitt namens Mora Negra.

Nieto Senetiner, Bodegas Men ★★ MALBEC auf jedem Niveau, gut v. a. von der Reserva bis zum Spitzenprodukt Cadus; außerdem neue Einzellagenweine und Verschnitte. Auch BONARDA.

Noemia ★★★→★★★★ Hans Vinding-Diers erzeugt hervorragenden, vom Terroir geprägten MALBEC von alten Reben in Patagonien. Dazu kommen die Weine J. Alberto, A Lisa (auch Rosé) und ein stilvoller Bordeaux-Verschnitt namens »2« (CABERNET SAUVIGNON/MERLOT).

Norton, Bodega Men ★→★★★ Historische Bodega mit sehr guten Rotweinen, v. a. MALBEC und CABERNET SAUVIGNON, den Verschnitten Privada und Gernot Langes (ein Kultwein) sowie vielen guten Schaumweinen. Neu ist der Einzellagen-Malbec Lote Único. Alle kommen aus Luján de Cuyo.

Passionate Wine Men ★★→★★★ Der junge Berater Matías Michelini erzeugt hier Wein mit seiner Familie: Montesco Parral (MALBEC/BONARDA/CABERNET SAUVIGNON), Agua de Roca SAUVIGNON BLANC und lebhafter PINOT NOIR. Dazu junger Bonarda und erstklassiger Malbon (Malbec/Bonarda).

Peñaflor Men ★→★★★ Der größte Weinkonzern Argentiniens mit FINCA LAS MORAS, ANDEAN VINEYARDS (SAN JUAN), MICHEL TORINO (SALTA), SANTA ANA und – auf höherem Niveau – TRAPICHE (MENDOZA).

Piatelli Sal ★→★★ Kellereien in Cafayate und Luján de Cuyo. TORRONTÉS und moderne Rote, v. a. CABERNET SAUVIGNON und MALBEC.

Piedra Negra Men ★→★★★ Spitzenwein ist der Piedra Negra MALBEC. Außerdem Chacayes (Verschnitt auf Malbec-Basis), erdiger CABERNET SAUVIGNON Gran Lurton und duftender weißer Corte Friulano. Es gibt auch viele Weine auf Einsteigerniveau, v. a. PINOT GRIGIO.

Poesia Men ★★→★★★ Im selben Besitz wie Clos L'Eglise in Bordeaux. Spezialisiert auf Rotweine: stilvoller und mundfüllender Verschnitt Poesia

(CABERNET SAUVIGNON/MALBEC), dazu feiner Clos des Andes (Malbec) und saftiger Pasodoble (Malbec/SYRAH/Cabernet Sauvignon).

Portillo, Finca El Men ★★ Sehr gute und preisgünstige sortenreine Weine aus dem Valle de Uco, v. a. MALBEC und SAUVIGNON BLANC.

Porvenir de Cafayate, El Sal ★★→★★★ Junges Weingut in Cafayate mit saftigen, eichenholzwürzigen sortenreinen Weinen unter dem Namen Laborum, u. a. feiner, fester TANNAT. Auch gute Verschnitte namens Amauta und eleganter TORRONTÉS. *Flying winemaker* Paul Hobbs berät.

Pulenta Estate Men ★★→★★★ Jetzt in der Hand der dritten Generation. Sehr guter La Flor auf Einsteigerniveau. Am besten sind der Pulenta Gran Corte (CABERNET SAUVIGNON/MALBEC/MERLOT/PETIT VERDOT) und der CABERNET FRANC.

Renacer Men ★★→★★★ Aushängeschild hier ist der Renacer (vorwiegend MALBEC), sehr gut sind aber auch Malbec und CABERNET SAUVIGNON der Reihe Punto Final. Interessant ist zudem der zusammen mit Allegrini (Italien) erzeugte rote Enamore im Amarone-Stil.

Riglos Men ★★★ Die Reben wachsen bei der Finca Las Divas im Gebiet Gualtallary in Tupungato. Probieren Sie die neu herausgekommenen 2011er-Versionen von Gran Corte (MALBEC/CABERNET SAUVIGNON/CABERNET FRANC), Cabernet franc, Cabernet Sauvignon und Malbec. Sehr guter SAUVIGNON BLANC Quinto.

Riojana, La La R ★→★★ Großer Fairtrade-Erzeuger. Spitzengewächs ist der Malbec Raza Limited Edition, aber auch die anderen Weine bieten gute Qualität zu angemessenen Preisen, v. a. der TORRONTÉS.

Río Negro Das älteste Weinbaugebiet in Patagonien; guter PINOT NOIR und MALBEC, auch SAUVIGNON BLANC und SÉMILLON.

Ruca Malén Men ★★→★★★ Vielversprechender Rotweinspezialist mit Weinbergen in Luján de Cuyo und im Valle de Uco. Die Spitzenmarke heißt Kinién mit MALBEC und CABERNET SAUVIGNON. Außerdem reichhaltiger PETIT VERDOT und SYRAH (under dem Etikett Ruca Malén) sowie guter Schaumwein. Restaurant mit Tourismus-Auszeichnung.

Salentein, Bodegas Men ★★→★★★ Kellermeister José Galante nimmt hier einen Stilwechsel vor. MALBEC, CHARDONNAY und PINOT NOIR der erstklassigen Reihe Primus sind elegant; die neuen Einzellagen-Weine zeigen sich lebhafter. Probieren Sie auch die Reihen Numina, Salentein Reserva und die Schaumweine.

Salta Provinz im Norden Argentiniens, deren Anbauflächen zu den höchstgelegenen der Welt zählen, v. a. im Valle Calchaquí. Die Unterregion Cafayate ist berühmt für TORRONTÉS.

San Juan Zweitgrößter Weinbaubereich Argentiniens mit Schwerpunkt auf SYRAH, BONARDA, PINOT GRIGIO und TANNAT.

San Pedro de Yacochuya Sal ★★★ In Cafayate ansässiges Gemeinschaftsunternehmen von Michel Rolland (Bordeaux) und der Familie ETCHART. Reifer, duftender TORRONTÉS und dichter MALBEC SPY, dazu kraftvoller Yacochuya, ein einzigartiger Malbec von sehr alten Reben.

Schroeder, Familia Neuq ★★ Sehr gute Reihe Saurus Select, v. a. PINOT NOIR und duftender MALBEC. Der Spitzenwein heißt Familia Schroeder (Pinot noir/Malbec). Auch interessanter CABERNET SAUVIGNON und Schaumwein.

Sophenia, Finca Men ★★→★★★ Pionier in Tupungato; gelesen wird der Frische wegen am frühen Morgen. Guter Altosur auf Einsteigerniveau, sehr guter Reserve MALBEC, CABERNET SAUVIGNON und SYRAH im Rhône-Stil. Glanzlichter des Angebots sind der Blend und der SAUVIGNON BLANC der Reihe Synthesis.

Tapiz Men ★★ Schwungvoller SAUVIGNON BLANC (aus La Rioja) und sehr gute Rotweine, allen voran der MALBEC Black Tears und der Selección de Barricas Reserva (CABERNET SAUVIGNON/Malbec/MERLOT). Auch Merlot.

Terrazas de los Andes Men ★★★ Spezialist für erstklassige sortenreine Weine, v. a. MALBEC und CABERNET SAUVIGNON. Ausgezeichnete Einzellagen in Perdriel, Las Compuertas und Altamira. Auch aromatischer TORRONTÉS (SALTA). Im Besitz von MOËT-HENNESSY ARGENTINA; in Gemeinschaft mit Château Cheval Blanc (Bordeaux) wird auch der köstliche Verschnitt Cheval des Andes erzeugt.

Toso, Pascual Men ★★→★★★ Der Kalifornier Paul Hobbs steht an der Spitze eines Teams, das preislich angemessene und sehr schmackhafte Weine erzeugt, allen voran den reifen, aber fein strukturierten Magdalena Toso (hauptsächlich MALBEC) und Finca Pedregal (Malbec/CABERNET SAUVIGNON) von einer Einzellage.

Trapiche Men ★★→★★★ Führend in allen Bereichen, v. a. mit MALBEC. Das Trio der Malbec-Einzellagenweine und der Las Palmas CABERNET SAUVIGNON ragen heraus; auch Verschnitte namens Iscay, v. a. auf SYRAH-Basis. Preiswertere Weine gibt es unter den Etiketten Oak Cask, Fond de Cave, Broquel (guter CABERNET FRANC) und Medalla.

Trivento Men ★→★★ Im Besitz des chilenischen Weingiganten Concha y Toro. Der Eolo MALBEC ist das hochpreisige Aushängeschild, ausgesprochen günstig sind dagegen der Golden Malbec, der SYRAH und der CHARDONNAY.

Val de Flores Men ★★★ Der alte, biodynamisch bewirtschaftete MALBEC-Weinberg gehört Michel Rolland. Dunkle, elegante, erdige Weine mit festen Tanninen; zum Einkellern.

Viña Vida Men ★★★ Erstaunliche Lagen in Vistaflores, u. a. auch eine runde Parzelle auf der Suche nach dem perfekten MALBEC. Luxusweine in kleiner Auflage; Roberto de la Mota berät. Bestes Preis-Leistungs-Verhältnis haben der Malbec, ein Verschnitt und der 2011er PETIT VERDOT. Weitere werden bald folgen.

Zuccardi Men ★→★★★ Das dynamische Weingut in Mendoza erzeugt die recht hochwertige Reihe »Q« (eindrucksvoller MALBEC, CABERNET SAUVIGNON und TEMPRANILLO), den würzigen BONARDA Emma Zuccardi und den ebenso tiefgründigen wie eleganten Verschnitt Zeta. Auch guter gespriteter Malamado (rot und weiß). Die besten der neuen Terroir-Weine heißen Aluvional und kommen aus dem Valle de Uco.

Brasilien

Brasilien ist ein Großproduzent von Wein; die meisten Reben sind allerdings keine *Vitis-vinifera*-Sorten. Viele ordentliche Weine kommen aus der italienisch beeinflussten Region Serra Gaûcha (mit der DO Vale dos Vinhedos und der IGP Pinto Bandeira). Andere Gebiete sind u.a. Campanha (nahe der Grenze zu Uruguay), Serra do Sudeste, Planalto Catarinense und Vale do São Francisco (zwei Ernten pro Jahr). An Trauben findet man die Bordeaux-Sorten, Tannat, Pinot noir, Touriga Nacional, Tempranillo, Alicante Bouschet, Barbera, Malbec, Syrah, Chardonnay, Viognier, Riesling, Sauvignon blanc, Pinot gris, Gewürztraminer und Malvasia. Derzeit wird noch viel experimentiert, doch der Wille ist da.

Cave Geisse ★★ Schaumweinspezialist: Der Chilene Mario Geisse erzeugt Brut Nature und Blanc de Noirs.

Miolo ★→★★★ Pionier und großer Erzeuger, stark bei portugiesischen Trauben wie TINTA RORIZ und TOURIGA NACIONAL. Empfehlenswert: Castas Portuguesas. Michel Rolland berät; auch eleganter Schaumwein

Pizzato Vinhas ★★ Sehr guter Einzellagen-MERLOT DNA 99 aus dem Vale dos Vinhedos. Unter dem Etikett Fausto frische Sortenweine, die Reihe Pizzato hat mehr Tiefe, v.a. der Concentus.

Quinta da Neve ★★ Sehr aromatischer PINOT NOIR aus der kühlsten Region in Santa Catarina.

Salton Großproduzent von Schaum- und Stillweinen. Wechselhafte Qualität. Die Reihe Intenso hat guten CABERNET FRANC und TEROLDEGO.

Valmarino Vinicola ★★ Erstaunlich guter CABERNET FRANC. Probieren Sie den Valmarino aus Serra Gaucha.

Auch gut in Brasilien: Casa Valduga, Dunamis, Lidio Carraro.

Uruguay

Hier gibt es großartigen Tannat für Leute, die sich nicht vor Struktur und Säure scheuen: Weine mit reichhaltiger Brombeerfrucht, Veilchenaromen und einem sehr festen Fahrgestell – herrlich zum einheimischen Grillfleisch. Wenn Sie nichts dazu essen, passt vielleicht Sauvignon blanc oder Albariño besser, eventuell auch ein sanfter Merlot. Das maritime Klima bestimmt den nationalen Stil von Frische und Strahlkraft.

Alto de la Ballena ★→★★ Erzeuger nahe Punta del Este mit jungen, knackigen, vom Ozean beeinflussten Weinen.

Bouza ★→★★★ Beim Besuch dieser Boutiquekellerei erwarten Sie alte Autos, gutes Essen und sehr gute Weine, angeführt vom Parcela Unica TANNAT (A6, B6) und dem reichhaltigen Rotweinverschnitt Monte Vide Eu (Tannat/MERLOT/TEMPRANILLO).

Garzon ★★ Alberto Antonini berät. Zu empfehlen sind TANNAT, SAUVIGNON BLANC und der frische ALBARIÑO. Auch hervorragendes Olivenöl.

Juanico Establecimiento ★→★★★ Der größte Erzeuger des Landes produziert gute bis sehr gute Weine in allen Preislagen. Rotes Spitzenprodukt ist der Preludio Familia Deicas, ein köstlicher komplexer Verschnitt von TANNAT/CABERNET SAUVIGNON/CABERNET FRANC/MERLOT/PETIT VERDOT/Marselan.

Pisano ★→★★ Traditionelle Kellerei mit sehr guten Rot- und Weißweinen, v.a. die Reihe Río de los Pájaros.

Andere Länder in Südamerika

Bolivien

Zentrum der kleinen bolivianischen Weinwirtschaft ist das Taija-Tal. Die Hitze wird durch die Höhenlage gemildert, sodass hier recht ordentlicher SYRAH, CABERNET SAUVIGNON und MALBEC entsteht. Erzeuger wie Kohlberg, Aranjuez, Campos de Solana, La Conception, Casa Grande, Magnus und Uvairenda sind darum bemüht, ihre Weine als Ausdruck der Höhenlage auf dem Markt zu positionieren.

Peru

Wichtigstes Getränk Perus war, ist und wird bleiben: Pisco. Wein wird immerhin langsam, aber beständig interessanter. Exemplare, die gut zur peruanischen Küche passen, sind etwa Tacama Blanco de Blancos, Don Manuel, Gran Blanco Fina Reserva und junger MALBEC/MERLOT von Intipalka.

Australien

Die dunklen Flächen bezeichnen die Weinbaugebiete

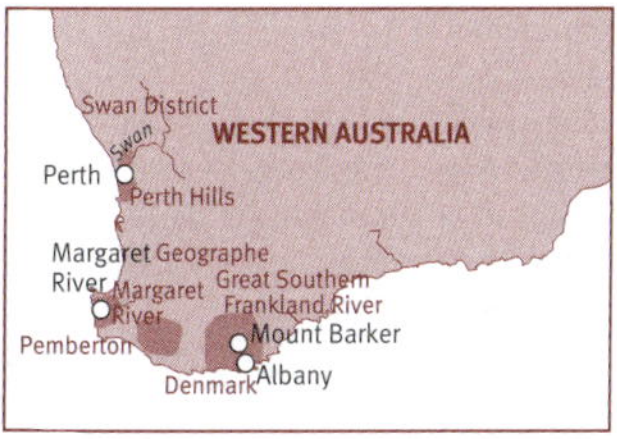

Die folgenden Abkürzungen werden im Text verwendet:

Mt.	Mount (z. B. Mount Barker)
NSW	New South Wales
N-Tas	Nordtasmanien
NO-Vic	Nordostvictoria
Qld	Queensland
R.	River (z. B. Frankland River)
SO-Australien	Südostaustralien
SA	South Australia
S-Tas	Südtasmanien
Tas	Tasmanien
V.	Valley (z. B. Alpine Valley)
Vic	Victoria
WA	Western Australia

Der Sturz wurde im Fernsehen übertragen, die Revolution aber fand hinter der Kamera statt. Die ungebremste Anlage neuer Rebflächen und das daraus folgende Überangebot haben die australische Weinlandschaft in den letzten 15–20 Jahren gekennzeichnet. Es war ja mehr als genug für alle da. Gleichzeitig kletterten die Alkoholpegel nach oben – beide Trends waren nicht direkt miteinander verknüpft, aber auch nicht gänzlich unabhängig voneinander. Doch für beide ist die Uhr nun abgelaufen. Die brustbehaarte Machowelt des australischen Weins macht einer immer noch maskulinen, aber gepflegteren Erscheinung Platz. Eleganz ist kein Schimpfwort mehr. Chardonnay, die Sorte, bei der dieses große Land im Süden bisher besonders den Bizeps schwellen ließ, ist schlanker geworden – manchmal arg schlank, doch im Zweifel entscheiden sich die Erzeuger lieber für die elegante Seite. Pinot noir, früher als Wein für Weichlinge verschrien, ist heute im Kommen. Alle Reben, die in der zweiten Hälfte der 1990er-Jahre gepflanzt wurden, sind nun im guten Alter. Es ist ein anderes Tuch, aus dem man die australischen Weine heute schneidert. Eine spannende Entwicklung.

Neuere Jahrgänge

New South Wales (NSW)

2013 Kurze, heftige Saison. Heiß und kalt. Reichhaltige Rot- und Weißweine. Hunter Semillon und Canberra Riesling sind besonders gut.

2012 Ein nasses, kaltes Jahr. Der Semillon könnte noch einen Trumpf aus dem Ärmel schütteln, und vielleicht auch der Cabernet Sauvignon, aber insgesamt war es enttäuschend.

2011 Das Hunter Valley wurde von den Überschwemmungen der südlicheren Gebiete verschont, aber es war trotzdem ein kühles, feuchtes Jahr.

2010 Regelmäßiger heftiger Regen sorgte in den meisten Gegenden für einen schwierigen Jahrgang. Leichtere Rote, gute Weißweine.

2009 Allgemein ausgezeichneter Jahrgang, noch besser für Rot- als für Weißweine. Insgesamt ein erfolgreiches Jahr.

2008 Gute Weißweine; dann zerstörten sintflutartige Regenfälle beinahe die gesamte Rotweinernte im Hunter Valley. Hervorragende Rote dafür in Canberra.

Victoria (Vic)

2013 Nach einem feuchten Winter folgte ein warmer, trockener Sommer. Rundherum und überall eine gute Saison.

2012 Entpuppte sich als besserer Jahrgang als zunächst gedacht. Rot- und Weißweine von sehr guter bis hervorragender Qualität.

2011 Nass; viele Probleme durch Krankheiten in den Weinbergen. Insgesamt besser für Weiß- als für Rotweine.

2010 Gemäßigtes Jahr ohne große Sorgen und Überraschungen. Sowohl Weiß- als auch Rotweine aus den meisten Gegenden sollten gut sein.

2009 Buschbrände (und dadurch verursachte Rauchnoten in den Trauben), extreme Hitze und Dürre. Am schlimmsten traf es das Yarra Valley. Trotzdem gibt es die eine oder andere positive Überraschung.

2008 Exzellente Rotweine in den Grampians, auf der Mornington Peninsula und im Yarra Valley.

South Australia (SA)

2013 Aufgrund von Wasserproblemen waren die Erträge sehr niedrig. Wird ein durchwachsener Jahrgang werden.

2012 Die Erträge waren niedrig, aber es war insgesamt ein hervorragendes Jahr. Hat sich als großartig für Riesling erwiesen, und der Cabernet Sauvignon sollte besonders hervorstechen.

2011 Furchtbar kühl und nass. Magere Weißweine, kräuterwürzige Rotweine. Einige interessante Ergebnisse.

2010 Ausgezeichnetes Jahr. Clare und Eden Valley Riesling sind sehr gut. Shiraz in allen wichtigen Gebieten der Beste seit 2005. Coonawarra Cabernet Sauvignon in Topform.

2009 Heiß. In Adelaide Hills gute Rote und Weiße; exzellente Rote in Coonawarra. Shiraz-Weine aus dem McLaren Vale und dem Barossa Valley sind insgesamt gut.

2008 Exzellente Gewächse, wenn vor der Hitzewelle im März gelesen wurde; bei Ernte danach gab es an Port erinnernde Weine. Die Rotweine aus Coonawarra sind am besten.

Western Australia (WA)

2013 Sowohl Cabernet Sauvignon als auch Chardonnay haben besonders starke Jahrgänge hinter sich. Am Ende gab es Stress mit Regen, aber erneut meinten es die Götter gut mit ihnen.

2012 Die Trockenheit hielt an und somit auch die Serie wunderschöner, warmer Jahrgänge.

2011 Warm, trocken, frühe Lese. Besonders guter Cabernet Sauvignon. Zarte Weißweine weniger erfolgreich. Westaustraliens Serie guter Jahrgänge hält an.

2010 Rote allgemein besser als Weiße. Manche bekamen späten Regen ab, aber größtenteils sehr gut.

2009 Besonders gutes Jahr für Margaret River (rot und weiß) und Pemberton (weiß). Wie so oft herrschten im Margaret River im Vergleich zu den Staaten im Osten diametral entgegengesetzte Bedingungen.

2008 Der beste Jahrgang seit vielen Jahren in allen Regionen und bei allen Sorten.

Accolade Wines Name für alle Weine/Kellereien, die früher zu HARDYS und CONSTELLATION gehörten. Schlummert seit Langem vor sich hin, jetzt kleine Zeichen des Aufwachens. Es wird auch Zeit!

Adelaide Hills SA – Beste Region für SAUVIGNON BLANC; kühle Lagen auf 450 m Höhe am Mt. Lofty. CHARDONNAY und SHIRAZ sind jetzt die Spitzenweine. ASHTON HILL, MIKE PRESS und SHAW & SMITH legen sich richtig ins Zeug.

Alkoomi Mt. Barker, WA r w ★ Riesling **02' 04' 05' 07'** 10' 11' 12' **13**; Cabernet Sauvignon **01' 02' 05'** 07' 08' – Veteran mit feinem RIESLING und rustikalen, langlebigen Rotweinen. Braucht eine Auffrischung.

All Saints Rutherglen, Vic r w br ★★ Betrieb mit Tradition für großartige gespritete Weine. Der in Holz ausgebaute MARSANNE, CHARDONNAY und der CABERNET-SAUVIGNON-Verschnitt Pierre sind gute Tischweine.

Alpine Valleys Vic – Ähnliche Topografie und Rebsorten wie im KING VALLEY. Die besten Erzeuger sind Feathertop, MAYFORD und Ringer Reef. Aromatische Weißweine, aber TEMPRANILLO ist der Aufsteiger der Region.

Andrew Thomas Hunter V., NSW r w ★★★ Gute Quelle für SEMILLON von alten Reben und seidigen SHIRAZ mit üppiger Eichennote.

Australien

Angove SA r w (br) ★ Der Familienbetrieb im MURRAY VALLEY feierte unlängst sein 125-jähriges Bestehen. Hat jetzt auch Bioweine im Angebot. Die preiswerten Abfüllungen (rot und weiß) sind besser als die allzu bemühten Spitzengewächse.

Annie's Lane Clare V., SA r w ★ Im Besitz von TWE. Beständig gute Weine mit großer Aromenfülle. Das Flaggschiff Copper Trail kann ausgezeichnet sein, v. a. RIESLING und SHIRAZ. Hat sich ein wenig dem Müßiggang verschrieben.

Arrivo Adelaide Hills, SA r ★★ Tanninreicher, minziger NEBBIOLO mit langer Maischestandzeit. Trockener, komplexer, sexy Rosé. Winzige Mengen.

Ashton Hills Adelaide Hills, SA r w; (sch) ★★★ Pinot noir 97' **04' 05'** 08' 09' 10' **12** – Der überaus umsichtige Stephen George bereitet langlebigen RIESLING und überzeugenden PINOT NOIR von 30 Jahre alten Reben.

Baileys of Glenrowan NO-Vic r w br ★★★ Voller SHIRAZ sowie vortreffliche MUSCAT- (★★★★) und TOPAQUE-Dessertweine. Im Besitz von TWE. Die Weinberge werden jetzt ökologisch bewirtschaftet. PETIT VERDOT bereichert das Angebot. Steht jetzt wieder auf den Beinen. Neu ist der RUTHERGLEN Durif.

Balgownie Estate Bendigo, Vic, Yarra V., Vic r w ★★ Alter Name für mittelschweren, schön ausgewogenen, minzigen CABERNET SAUVIGNON aus BENDIGO. Jetzt mit einem Ableger im YARRA VALLEY, darunter Treffer und Fehlschüsse.

Balnaves of Coonawarra SA r w ★★★ Hier wird seit 1975 Wein angebaut und seit 1996 selbst vinifiziert. Massiver CHARDONNAY, sehr guter würziger SHIRAZ mit mittlerem Körper. Flaggschiff ist der volle CABERNET SAUVIGNON Tally.

Bannockburn Vic r w ★★★ Pinot noir **02' 04' 05'** 06' 07' **08'** 10' 11; Chardonnay **05' 06' 08'** 10' **11** – Intensiver, komplexer CHARDONNAY und PINOT NOIR. Aufgepeppter SAUVIGNON BLANC. Kellermeister Michael Glover (»Gloverboy«) – ehemaliger Radprofi – heimst einen Etappensieg nach dem anderen ein.

Banrock Station Riverland, SA r w ★ 1.600 ha großer Besitz am Murray River, davon 243 ha Rebland; im Besitz von ACCOLADE. Gute Weine zu günstigen Preisen. Lässt aber nach.

Barossa verdankt seinen Namen einem Rechtschreibfehler. Es wurde nach der spanischen Schlacht von Barrosa (1811) benannt.

Barossa Valley SA – Die spirituelle Heimat jenes australischen Rotweins, der einen erschlägt. Lokale Spezialitäten: SHIRAZ, MOURVÈDRE, CABERNET SAUVIGNON und GRENACHE von sehr alten Reben. Quicklebendig und sehr flexibel in puncto Geschmackswandel.

Bass Phillip Gippsland, Vic r ★★★ Pinot noir **02' 04'** 10' 11 – Kleine Mengen von nicht immer beständigem, aber manchmal herausragendem PINOT NOIR in drei Qualitätsstufen. Der CHARDONNAY wird besser (der 09er Premium ist sehr gut). Es gibt australischen Pinot noir, und dann gibt es Bass Phillip. Eine Welt für sich.

Bay of Fires N-Tas r w; sch ★★→★★★ Der Außenposten des ACCOLADE-Imperiums am Pipers River; stilvolle Tischweine und erstklassige Schaumwein-Cuvée Arras. Komplexer PINOT NOIR. Accolade will ihn offensichtlich geheim halten.

Beechworth Vic – Region mit kontinentalem Klima im Schatten der Victorian Alps. Raues Hochland. CHARDONNAY und SHIRAZ sind die leistungsfähigsten Reben; daneben sortenreine Italiener (NEBBIOLO und SANGIOVESE) in geringen Mengen. CASTAGNA, GIACONDA, SAVATERRE und SORRENBERG halten die Fahne hoch. A Rodda sollte man im Auge behalten.

Bendigo Vic – Warme bis heiße Region in der Mitte von Victoria mit Dutzenden kleinen Weinbergen. Die besten Erzeuger sind BALGOWNIE ESTATE, Bress, HARCOURT VALLEY VINEYARDS, Sutton Grange, Turner's Crossing und Water Wheel. Verliert an Bodenhaftung.

Best's Grampians, Vic r w ★★★ Shiraz **97' 04' 05'** 09' 10' **11' 12** – Konservativer Familienbetrieb mit sehr guten, mittelschweren Rotweinen. Der Thomson Family SHIRAZ von 120-jährigen Rebstöcken ist überragend. Shiraz im gesamten Angebot in Bestform. Ausgezeichneter PINOT MEUNIER von alten Reben.

Bindi Macedon, Vic r w ★★★→★★★★ Pinot noir **04' 06'** 08' 10' **12** – Überaus gewissenhafter, terroirbewusster Erzeuger von herausragendem, langlebigem PINOT NOIR und CHARDONNAY.

Blue Pyrenees Pyrenees, Vic r w; sch ★ 180 ha gut entwickeltes Rebland. Die Qualität des CABERNET SAUVIGNON wird etwas besser. Rotweine mit ausgeprägten Eukalyptusblätternoten.

Dollarprobleme

Seit einigen Jahren ist der australische Dollar so stark, dass die australische Weinindustrie enorm unter Druck gesetzt wird. Lange sah sich Australien als Weinproduzent mit dem besten Preis-Leistungs-Verhältnis auf der Welt, doch selbst im eigenen Land machte der starke Dollar nicht Halt und öffnete billigen Importen Tür und Tor (und schnürt dem Exportmarkt die Luft ab). Wie lange haben die australischen Erzeuger noch Luft zum Atmen?

Boireann Granite Belt Qld r ★★→★★★ Beständig der beste Rotweinerzeuger in Queensland (mit sehr geringen Mengen). SHIRAZ/VIOGNIER ist der Spitzenreiter. Schwer aufzutreiben.

Brand's of Coonawarra Coonawarra, SA r w ★★ **96' 98'** 05' 09' 10 – Im Besitz von MCWILLIAM'S. Hüter von 100 Jahre alten Reben. Hat mit der Qualität am oberen Ende zu kämpfen, aber die Hauptlinie mit CABERNET SAUVIGNON, SHIRAZ und CHARDONNAY liefert gute, fruchtige, eichenbetonte Weine.

Bremerton Langhorne Creek, SA r w ★★ Seidenweiche Rotweine mit großer Aromenfülle. Gedieh, seit die Willson-Schwestern den Familienbetrieb übernommen hatten. Körperreicher CABERNET SAUVIGNON und SHIRAZ ohne Kompromisse.

Brokenwood Hunter V., NSW r w ★★★ ILR Reserve Semillon **02' 03' 05' 06'**; Graveyard Shiraz **98' 00'** 05' **06'** 07' **09' 11** – Der SEMILLON, der SHIRAZ und der Semillon/SAUVIGNON BLANC Cricket Pitch treiben die Umsatzzahlen in die Höhe. Gallionsfigur des HUNTER VALLEY.

Brookland Valley Margaret R., WA r w ★★ Kellerei mit großem Ausstoß an sehr gutem SAUVIGNON BLANC, CHARDONNAY und CABERNET SAUVIGNON. Vergleichsweise preiswert sind der SEMILLON/Sauvignon blanc Budget Verse 1 und der Cabernet Sauvignon/MERLOT. Gehört ACCOLADE.

Brown Brothers King V., Vic r w br; tr s; sch ★★ Noble Riesling **02'** 04' 05' **08** – Altes Familienunternehmen; reiche Auswahl an gefälligen Stilen und Sorten, mit Schwerpunkt auf Süßwein. Der MONDEUSE/CABERNET SAUVIGNON-Verschnitt ist der beste Rotwein. Ausgedehnte GLERA-Anpflanzungen (wie für Prosecco). Erwarb unlängst ausgedehnte PINOT-NOIR- und andere Rebflächen in Tasmanien, deren Weine jetzt unter dem Etikett TAMAR RIDGE/Devil's Corner angeboten werden.

By Farr/Farr Rising Vic r w ★★★★ **08'** 09' **10' 11' 12** – Die eigenen Marken bzw. die Kellerei von Gary Farr und Sohn Nick nach ihrem Weggang von BANNOCKBURN. Ihre CHARDONNAY- und PINOT-NOIR-Weine können kleine Meisterwerke sein. Hauptsächlich Nick zeichnet jetzt verantwortlich. Weine, die das Herz höher schlagen lassen.

Calabria Estate Riverina, NSW r w ★★ Boomender Familienbetrieb, der schmackhafte Schnäppchen erzeugt, v. a. Private Bin SHIRAZ/Durif. Chef ist der kreative, charismatische Bill Calabria. Die Neuzugänge aus kühlem Klima sind sehr preiswert.

Campbells Rutherglen, Vic r (w) br ★★ Weiche, reife Rotweine (v. a. Bobbie Burns SHIRAZ); außerdem herausragender Merchant Prince Rare MUSCAT und Isabella Rare TOPAQUE (★★★★).

Canberra District NSW – Sowohl qualitativ als auch mengenmäßig auf dem Weg nach oben; Lagenauswahl ist wichtig; kühles Klima. CLONAKILLA ist der bekannteste Erzeuger, COLLECTOR und EDEN ROAD sind die neuen Stars.

Capel Vale WA r w ★★ Gut mit 165 ha und Weinbergen in vier Regionen. Große Vielfalt an Sorten und Preisen. Wechselhafte Qualität, aber wenn sie stimmt, sind die Weine sehr gut.

Cape Mentelle Margaret R., WA r w ★★★★ Cabernet Sauvignon **01'** 07' 08' **10' 11** – In hervorragender Form. Der robuste CABERNET SAUVIGNON hat jetzt einen eleganteren (und weniger alkoholstarken) Stil, der CHARDONNAY ist sehr gut. Ferner ZINFANDEL und sehr populärer SAUVIGNON BLANC/SEMILLON. SHIRAZ im Aufwind. Im Besitz von LVMH Veuve Clicquot (siehe Frankreich).

Capital Wines Canberra, NSW r w ★★ Der gutseigene Weinberg Kyeema bringt seit langer Zeit mit die besten Weine der Region hervor. SHIRAZ (Tisch- und Schaumwein) und RIESLING sind die Spitzenreiter, außerdem sehr guter MERLOT.

Carlei Estate Yarra V., Vic r w ★ Kellermeister Sergio Carlei verarbeitet PINOT NOIR und CHARDONNAY aus kühlen Gebieten zu charaktervollen Weinen. Ökologisch/biodynamisch.

Casella Riverina, NSW r w ★ Das [yellow tail]-Phänomen. Exportiert mehrere Millionen Kisten in die USA. Die Weine sind manchmal wie Limo: weich und süß. Sowohl der 2013er CHARDONNAY als auch der SEMILLON/SAUVIGNON BLANC haben ein sehr gutes Preis-Leistungs-Verhältnis.

Castagna Beechworth, Vic r ★★★★ Syrah **02' 04' 05'** 06' **08' 10'** – Julian Castagna, Filmemacher, Koch und Winzer, ist Anführer der australischen Bio-Bewegung. Ausgezeichnet sind SHIRAZ/VIOGNIER und SANGIOVESE/Shiraz von gutseigenen Trauben. Der Rosé und der Shiraz-Schaumwein gehören oft zu den besten in Australien. In der Reihe Adam's Rib erscheinen die Weine von zugekauftem Rebgut.

Chalkers Crossing Hilltops, NSW r w ★ Weine aus recht kühlen Gebieten, v. a. SHIRAZ, werden von der in Frankreich ausgebildeten Celine Rousseau erzeugt. In letzter Zeit beunruhigend hoher Alkoholgehalt, aber die Qualität stimmt nach wie vor.

Chambers' Rosewood NO-Vic (r) (w) br ★★★ Gilt neben MORRIS als der beste Erzeuger von sehr süßem TOPAQUE und Muscat. Die Tischweine sind weitaus weniger erfolgreich.

Chapel Hill McLaren Vale, SA r (w) ★★→★★★ Führender Erzeuger des MCLAREN VALE. SHIRAZ und CABERNET SAUVIGNON geben den Takt an, aber auch TEMPRANILLO und v. a. GRENACHE sind sehr gut. Der weiße Verschnitt

Il Vescovo ist vielversprechend. Das Angebot wurde in den letzten Jahren beträchtlich erweitert.

Charles Melton Wines Barossa V., SA r w; (sch) ★★★ Kleines Weingut mit kräftigen, üppigen Rotweinen, besonders Nine Popes, ein Verschnitt aus GRENACHE und SHIRAZ von alten Reben. Der Shiraz ist weiterhin ein Glanzstück. Bleibt auch in unruhigeren Zeiten auf Kurs.

Clarendon Hills McLaren Vale, SA r ★★ Die ganze Palette an Rotweinen (hoher Alkoholgehalt, intensive Frucht) von Trauben, die in den Hügeln oberhalb des MCLAREN VALE wachsen. Berühmte Vergangenheit, aber derzeit ist es still geworden.

Clare Valley SA – Kleiner, hübscher Bereich mit erstklassigen Lagen, rund 145 km nördlich von Adelaide. Am besten mit dem Rad zu erkunden. Australiens berühmteste RIESLING-Region; auch eukalyptusduftiger SHIRAZ und erdiger, tanninbetonter CABERNET SAUVIGNON. Wegweisende Erzeuger: GROSSET, MOUNT HORROCKS, Tim Adams, WENDOUREE.

Clonakilla Canberra, NSW r w ★★★★ Shiraz **01' 03' 05'** 06' **07'** 08 **09' 10' 12** – Zu Recht der Anführer der SHIRAZ-VIOGNIER-Truppe. Auch RIESLING und Viognier sind ausgezeichnet.

Coldstream Hills Yarra V., Vic r w; (sch) ★★★ Pinot noir **96' 02' 04' 06' 10' 12**; Chardonnay **02' 03'** 04' 05' **06' 07' 08'** 10' 11' **12** – 1985 von dem Publizisten James Halliday gegründet. Köstlicher PINOT NOIR, jung zu trinken, Reserve zum Altern. Außerdem sehr guter CHARDONNAY (v. a. Reserve). Die neuen Einzellagenweine machen das Angebot noch interessanter. Im Besitz von TWE.

Collector Wines Canberra, NSW r ★★★ Reserve Shiraz **06' 07' 08' 09'** 12 – Die Collector Wines sind in der Tat zu Sammlerstücken geworden. Der Reserve SHIRAZ ist vielschichtig, würzig, duftend und komplex.

Constellation Wines Australia (CWA) Siehe ACCOLADE WINES.

Coonawarra SA – Südlichster Bereich von South Australia. Hier entsteht mit der (in Qualität und Preis) beste australische CABERNET SAUVIGNON. Erfolge auch mit CHARDONNAY und SHIRAZ. WYNNS ist der wichtigste Erzeuger des Bereichs, BALNAVES, BRAND'S, KATNOOK und MAJELLA geben mit den Ton an. Bemerkenswert ist die rote Erde auf einem dicken Kalksteinsockel.

Coriole McLaren Vale, SA r w ★★ Lloyd Reserve Shiraz **98' 02' 04' 06'** 09 – Im Auge behalten, v. a. den SANGIOVESE und den Lloyd Reserve SHIRAZ von alten Reben. Interessanter Weißwein von FIANO-Reben.

Craiglee Macedon, Vic r w ★★★ Shiraz **97' 00' 02'** 06' **08' 10** – Nicht wegzudenkender Betrieb, von der nördlichen Rhône inspiriert. Duftiger, pfeffriger SHIRAZ und alterungswürdiger CHARDONNAY. Neuzugang ist der Shiraz/VIOGNIER.

Crawford River Heathcote, Vic w ★★★ In dieser sehr kühlen Region entstehen beständig einige der besten australischen RIESLINGE.

Cullen Wines Margaret R., WA r w ★★★ Cabernet Sauvignon/Merlot **98'** 04' **05' 07'** 09' **11**; Chardonnay 04' **05' 08' 09' 10'** 11 – Vanya Cullen bereitet gehaltvollen, aber subtilen SEMILLON/SAUVIGNON BLANC, vortrefflichen CHARDONNAY und eleganten, sehnigen CABERNET SAUVIGNON/MERLOT. Biodynamische Bewirtschaftung.

Cumulus Orange, NSW r w ★ Bei Weitem der größte Weinbergbesitzer und Erzeuger in Orange. Qualität durchwachsen.

Curly Flat Macedon, Vic r w ★★★ Pinot noir **05' 06' 07' 10'** 11 – Robuster, aber duftender PINOT NOIR (besonders eindrucksvoll) zweier Preis-/Qualitätsniveaus und vollmundiger CHARDONNAY, beide langlebig.

Dalwhinnie Pyrenees, Vic r w ★★★ Shiraz **04' 05'** 06' **07'** 08' **10'**; Chardonnay **05' 06' 07' 10'** – Reichhaltiger CHARDONNAY, CABERNET SAUVIGNON und SHIRAZ. Der beste Erzeuger in den PYRENEES.

d'Arenberg McLaren Vale, SA r w (br); (s); (sch) ★★★ Prachtvoller SHIRAZ und GRENACHE. Viele andere Sorten und verrückte Namen (z. B. SAGRANTINO The Cenosilicaphobic Cat). Führend in der Region.

Deakin Estate Vic r w ★ Große Mengen äußerst preiswerter sortenreiner Tischweine. Außerordentlich alkoholschwacher MOSCATO. Würziger SHIRAZ. Bemerkenswerte Beständigkeit.

De Bortoli Griffith, NSW, Yarra V., Vic r w (br); tr s ★★★★ Weingut in einem Bewässerungsbereich und führender Erzeuger im YARRA VALLEY. Ausgezeichneter PINOT NOIR aus kühlen Lagen, dazu SHIRAZ, CHARDONNAY und SAUVIGNON BLANC sowie sehr guter süßer edelfauler Noble Semillon im Sauternes-Stil. Hier, beim Ableger im Yarra Valley, spielt jetzt die Musik.

Devil's Lair Margaret R., WA r w ★★★ Opulenter CHARDONNAY und CABERNET SAUVIGNON/MERLOT. Beliebt ist das Zweitetikett Fifth Leg. Der neue 9th Chamber Chardonnay steigert den Qualitätsstandard erheblich. Im Besitz von TWE.

Domaine A S-Tas r w ★★★ Die Schweizer Besitzer und Kellermeister Peter und Ruth Althaus sind Perfektionisten. Sehr guter eichenfassgereifter SAUVIGNON BLANC. Polarisierender CABERNET SAUVIGNON aus kühlem Klima. Charismatisch.

Keiner hat daran geglaubt: Die Weinbauregion Granite Belt im sonnigen Queensland erregt immer mehr Aufsehen.

Domaine Chandon Yarra V., Vic (r) (w); sch ★★ Gute Schaum- und Tischweine von in kühlen Gegenden angebauten Trauben. Im Besitz von Moët & Chandon (siehe Frankreich). In Großbritannien mit der Marke Green Point bekannt. Seit Langem gibt es leider nichts Spannendes zu vermelden.

Eden Road r w ★★★ Tatkräftiger Erzeuger, der Weine der Bereiche Hilltops, TUMBARUMBA und CANBERRA DISTRICT produziert. Sehr guter SHIRAZ, CHARDONNAY und CABERNET SAUVIGNON. Hängt die Messlatte immer höher.

Eden Valley SA – Hügelige, felsige Gegend, in der u. a. HENSCHKE, MATTHEWS, PEWSEY VALE, Radford und TORZI zu Hause sind. Rassiger RIESLING und (duftender, lebhafter) SHIRAZ von ausgezeichneter Qualität.

Elderton Barossa V., SA r w (br); (sch) ★★ Alte Reben; reichhaltiger, eichenholzwürziger CABERNET SAUVIGNON und SHIRAZ. Deckt alle Weinreihen ab. Teilweise biologischer/biodynamischer Anbau.

Eldridge Estate Mornington Peninsula, Vic r w ★★★ Weinmacher David Lloyd ist ein penibler Experimentierer. Sein PINOT NOIR, GAMAY und CHARDONNAY sind es aber wert.

Epis Macedon, Vic r w ★★★ Kann ein ehemaliger Footballspieler feinen PINOT NOIR erzeugen? Alec Epis ist der Beweis dafür. Langlebiger Pinot noir, eleganter CHARDONNAY. Kaltes Klima.

Evans & Tate Margaret R., WA r w ★★ Seit 2007 im Besitz von MCWILLIAM'S. Die Qualität ist in den letzten Jahren sprunghaft gestiegen. SHIRAZ, CABERNET SAUVIGNON und CHARDONNAY sollte man im Auge behalten. Preiswert.

Faber Vineyards Swan V., WA r ★★★ Reserve Shiraz **03' 07'** 08' 09' 10 – John Griffiths ist der Guru der westaustralischen Weinbereitung. Sein Heimatgut bringt qualitätsvollen, konzentrierten SHIRAZ hervor. Hat im heißen Swan Valley neue Maßstäbe gesetzt.

Ferngrove Vineyards Great Southern, WA r w ★ Der Weinbaubetrieb des Rinderzüchters Murray Burton mit 223 ha Rebland. Guter RIESLING, MALBEC und CABERNET SAUVIGNON.

Flametree Margaret R., WA r w ★★★ Außergewöhnlicher CABERNET SAUVIGNON; würziger, verführerischer SHIRAZ. Gelegentlich gibt es einen fesselnden CHARDONNAY.

Fletcher Pyrenees, Vic r – Winzige Produktionsmengen (weniger als 100 Dutzend von jedem Wein). Schwerpunkt NEBBIOLO. Die letzten Abfüllungen haben gezeigt, dass hier ein vielversprechender Debütant am Werk ist.

Fraser Gallop Estate Margaret R., WA r w ★★★ Frisches Blut am MARGARET RIVER; konzentrierter CABERNET SAUVIGNON, CHARDONNAY und SEMILLON/SAUVIGNON BLANC mit Holzeinfluss. Ein Überflieger.

Freycinet Tas r w; (sch) ★★★ Pinot noir **00' 05'** 07' 08' 09' **10'** 11 – Weinbaubetrieb an der Ostküste mit kompaktem PINOT NOIR, gutem CHARDONNAY und ausgezeichnetem Schaumwein Radenti.

Frogmore Creek Tas r w ★★ Halbtrockener RIESLING, langlebiger CHARDONNAY, PINOT NOIR mit Waldbodennoten. Der Inbegriff für australische Weine aus kühlen Lagen.

Geelong Vic – Bereich westlich von Melbourne mit ausgezeichneten Leistungen seit dem Neuaufbau Mitte der 1960er-Jahre. Kühles, trockenes Klima. Am besten von: BANNOCKBURN, Bellarine Estate, BY FARR, LETHBRIDGE, PARADISE IV.

Gemtree Vineyards McLaren Vale, SA r (w) ★★ Warmherziger SHIRAZ sowie TEMPRANILLO und andere Exoten; allen gemein ist die Qualität. Vorwiegend Bioweinbau.

Geoff Merrill McLaren Vale, SA r w ★★ Rühriger Erzeuger der Marken Geoff Merrill und Mount Hurtle. Hier läuft alles rund.

Giaconda Beechworth, Vic r w ★★★★ Shiraz **04'** 06' **08'** 10'; Chardonnay **99' 02' 05'** 06' **08' 10' 11** – Mitte der 1980er-Jahre stieg Rick Kinzbrunner einen steilen, trockenen, felsigen Hügel hinauf und kam als (lebende) Weinmacherlegende wieder herunter. Ist wahrscheinlich Australiens bester CHARDONNAY-Erzeuger. Ausgezeichneter SHIRAZ, vielversprechender NEBBIOLO.

Giant Steps / Innocent Bystander Yarra V., Vic ★★★ Munterer Erzeuger mit Sinn für den Zeitgeist. Die seriösen, ausgezeichneten Einzellagenweine von CHARDONNAY und PINOT NOIR kommen vergnügt und flippig daher. Der 2012er Jahrgang ist ein Höhepunkt.

Glaetzer-Dixon Tas r w ★★★ Der GLAETZER-Clan ist in Australien bekannt für seinen kuscheligen SHIRAZ aus warmem Klima. Dann stellte Nick Glaetzer mit seiner Unternehmung im kühlen TASMANIEN alles auf den Kopf: RIESLING im europäischen Stil, Rhône-artiger Shiraz und fleischiger PINOT NOIR. Aufregend!

Glaetzer Wines Barossa V., SA r ★★ Überaus reichhaltiger, ungefilterter, sehr reifer SHIRAZ von alten Reben, allen voran die Ikone Amon-Ra. Sehr gute Beispiele für einen alkoholstarken Stil.

Goulburn Valley Vic – Die alte Region im gemäßigten Klima von Central Victoria bringt körperreiche, saftige Tischweine hervor. Am besten sind MARSANNE, CABERNET SAUVIGNON und SHIRAZ. Die Kellereien TAHBILK und MITCHELTON sind die Standbeine. Auch unter dem Namen Nagambie Lakes bekannt.

Grampians Vic – Früher als Great Western bezeichnete Region mit gemäßigtem Klima im Nordwesten Victorias. Erstklassiger würziger SHIRAZ und Shiraz-Schaumwein. Heimat von BEST'S, MOUNT LANGI und SEPPELT.

Granite Belt Qld – Hoch gelegene und (relativ) kühle Weinbauregion an der Grenze zwischen Queensland und NSW, die man dort nicht erwarten würde. Würziger SHIRAZ und voller SEMILLON.

Grant Burge Barossa V., SA r w (br); (s); (sch) ★★ Zarte Rot- und Weißweine von Lesegut aus großem, eigenem Weinbergbesitz. Beginnt Aufmerksamkeit zu erregen.

Great Southern WA – Abgelegene kühle Gegend. Die offiziellen Unterregionen heißen Albany, Denmark, Frankland River, Mt. Barker und Porongurup. Erstklassiger RIESLING und SHIRAZ.

Greenstone Vineyard Heathcote, Vic r ★★→★★★ Gemeinschaftsunternehmen von David Gleave MW (London), Alberto Antonini (Italien) und dem australischen Winzer Mark Walpole: sehr guter SHIRAZ, guter SANGIOVESE.

Grosset Clare V., SA r w ★★★ Gaia **98' 99' 02'** 04' **05'**; Riesling **00' 02' 05'** 10' **12' 13** – Penibler Kellermeister. Führender australischer RIESLING, herrlicher CHARDONNAY und sehr guter CABERNET SAUVIGNON/MERLOT namens Gaia. Unbeständiger PINOT NOIR.

Hanging Rock Macedon, Vic r w; sch ★★ Heathcote Shiraz **00' 01' 02'** 04' 06' **08'** – Reüssierte mit dem Schaumwein Macedon und dem SHIRAZ Heathcote, hat jedoch in letzter Zeit nicht mehr von sich reden gemacht.

Harcourt Valley Vineyards Bendigo, Vic r ★★ Dieses Gut hat in den letzten Jahren einen gehörigen Sprung zurück ins Leben gemacht. Kompakter, sirupartiger, verführerischer SHIRAZ, MALBEC, CABERNET SAUVIGNON, denen amerikanische Eiche zur Seite steht.

Hardys r w; (s); sch ★★★ Eileen Shiraz **02' 04' 06'**; Eileen Chardonnay **02' 04' 06' 08' 09' 10'** 12 – Historischer Betrieb, jetzt im Besitz von ACCOLADE. Exzellenter CHARDONNAY, SHIRAZ mit schwankender Qualität. Der neue Eileen PINOT NOIR ist vielversprechend.

Heathcote Vic – In der 500 Mio. Jahre alten Kambrium-Erde steckt ein großartiges Potenzial, um erstklassige Rotweine hervorzubringen, v. a. SHIRAZ. Hinkte lange seinem Ruf hinterher, gibt aber jetzt Gas, um ihm gerecht zu werden.

Heggies Eden V., SA r w; tr (s) ★★ Weinberg in 500 m Höhe, im Besitz von S. Smith & Sons. Erzeugt sehr guten RIESLING und VIOGNIER. Der Chardonnay ist immer noch der Geheimtipp.

Henschke Eden V., SA r w ★★★★ Shiraz **86' 90' 91' 96'** **02' 04'** 06' 09; Cabernet Sauvignon **86' 88 90' 96' 02'** 04' 06' – Herausragender 140 Jahre alter Familienbetrieb, bekannt für köstlichen Hill of Grace (SHIRAZ), sehr guten CABERNET SAUVIGNON, Rotweinverschnitte und gute Weiße. Schwindelerregende Preise.

Hewitson SO-Australien r (w) ★★★ Old Garden Mourvèdre **98'** 99' **02' 05'** 09' **10** – Dean Hewitson spürt Parzellen mit alten Reben auf und bereitet SHIRAZ und eine sortenreine Abfüllung von den »ältesten MOURVÈDRE-Reben der Erde«.

Hollick Coonawarra, SA r w; (sch) ★ Guter CABERNET SAUVIGNON, SHIRAZ. Beliebtes Restaurant mit Blick auf die Weinberge.

Houghton Swan V., WA r w ★★ Berühmter alter Weinbaubetrieb in Western Australia, Teil von ACCOLADE. Verkaufsschlager ist der weiche, reife, lagerfähige Weiße namens Supreme – ein nationaler Klassiker. Sehr guter CABERNET SAUVIGNON, SHIRAZ usw. aus MARGARET RIVER und GREAT SOUTHERN.

Howard Park WA r w ★★★ Cabernet Sauvignon **94' 99' 01'** 05' 07' **09' 10**; Riesling **02' 04'** 07' 08' 11' **12'**; Chardonnay 04 **05'** 07' **08' 10' 11** – Duftender RIESLING, CHARDONNAY und erdiger CABERNET SAUVIGNON. Das Zweitetikett MadFish ist außerordentlich preiswert. Mittlerweile sehr großes Weinangebot, mit zunehmendem Akzent auf PINOT NOIR.

Hunter Valley NSW – Der große Name in NSW; subtropisches Kohlebergbau-Revier, gut 150 km nördlich von Sydney. Mittelschwerer, erdiger SHIRAZ und vornehmer SEMILLON mit 30 Jahren Haltbarkeit. Klassische terroirbetonte Stile. Aushängeschilder sind: BROKENWOOD, MOUNT PLEASANT und TYRRELL'S.

Jacob's Creek (Orlando) Barossa V., SA r w (br); (s); sch ★★ Pionierbetrieb im Besitz von Pernod Ricard. Konzentriert sich fast ausschließlich auf verschiedene Reihen von Jacob's-Creek-Weinen, die alle Rebsorten und Preislagen abdecken. Der CABERNET SAUVIGNON St Hugo, der beste Rotwein im Angebot, feierte 2013 seinen 30. Jahrgang.

Jamsheed Pyrenees, Yarra V., Vic ★★★ Aufregender Erzeuger, v. a. mit SHIRAZ aus dem YARRA VALLEY, aus GRAMPIANS, PYRENEES und BEECHWORTH. Komplexe, schmackhafte Gewächse.

Jasper Hill Heathcote, Vic r w ★★★ Shiraz **99' 02'** 04' 06' 08' **09' 10'** – Emily's Paddock SHIRAZ/CABERNET FRANC und Georgia's Paddock Shiraz aus trockenen Lagen sind intensiv und langlebig. Biodynamischer Anbau.

Jim Barry Clare V., SA r w ★★★ Auf hervorragenden Anbauflächen entstehen sehr guter RIESLING, McCrae Wood SHIRAZ und der reichhaltige, eichenholzbetonte The Armagh Shiraz, der richtig teuer ist.

John Duval Wines Barossa V., SA r ★★★ John Duval, ehemaliger Chefkellermeister von PENFOLDS (und Grange), produziert köstliche Rotweine im Rhône-Stil, die geschmeidig und weich sind und dennoch Struktur haben.

Kaesler Barossa V., SA r (w) ★★ Guter Wein (in erhabenem, vollem Stil) von alten Reben, aber mit schwankender Qualität und häufig grenzwertigem Alkoholgehalt.

Katnook Estate Coonawarra, SA r w; (s); (sch) ★★★ Odyssey Cabernet Sauvignon **91' 96' 98' 99' 00' 04'** 08' 09 – Teure SHIRAZ-Kultweine sind Odyssey und Prodigy. Konzentriert fruchtig und eichenbetont.

Kilikanoon Clare V., SA r w ★★★ RIESLING und SHIRAZ haben in den letzten Jahren ausgezeichnete Erfolge erzielt. Köstlich saftig und wunderbar bereitet. Stilistisch gesehen das ganz große Business.

Kingston Estate SO-Australien r w ★ Ständig wechselnde Auswahl an sortenreinen Weinen. Großer Ausstoß, kleine Preise (meist).

King Valley Vic – Die unterschiedlichen Höhenlagen zwischen 155 und 860 m wirken sich stark auf die angebauten Rebsorten und den jeweiligen Weinstil aus. Rund 30 Marken, allen voran BROWN BROTHERS, Christmont, Dal Zotto und PIZZINI.

Knappstein Wines Clare V., SA r w ★★ Zuverlässiger RIESLING, CABERNET SAUVIGNON/MERLOT, SHIRAZ und Cabernet Sauvignon; im Besitz von LION NATHAN. Neu ist der mittelschwere, duftende Shiraz/MALBEC, der dem Angebot Charme verleiht.

Kooyong Mornington Peninsula, Vic r w ★★★ Kraftvoller, strukturierter PINOT NOIR und CHARDONNAY, charmanter PINOT GRIS; Einzellagenweine. Zählen mittlerweile zu den feinsten Weinen Australien.

Lake Breeze Langhorne Creek, SA r (w) ★★ Saftig-weiche, aromatische, preiswerte Weine von SHIRAZ und CABERNET SAUVIGNON. Noch gelingen keine Spitzengewächse, aber die Beständigkeit des mittleren Qualitätsniveaus ist beeindruckend.

Lake's Folly Hunter V., NSW r w ★★★ Cabernet Sauvignon **00' 01' 05'**; Chardonnay **97' 99' 00' 01' 04' 05' 07'** – Gegründet von Max Lake, dem Pionier des HUNTER VALLEY CABERNET SAUVIGNON. Der CHARDONNAY ist oft besser als der Cabernet-Sauvignon-Verschnitt. Individuell wie eh und je.

Langmeil Barossa V., SA r w ★★ Das Gut besitzt neben anderen alten Weinbergen auch die älteste mit SHIRAZ bestockte Parzelle der Welt (angelegt 1843), von der häufig ein sehr opulenter Shiraz bereitet wird.

Larry Cherubino Wines Frankland R., WA r w ★★★ Intensiver SAUVIGNON BLANC, RIESLING, würziger Shiraz und CABERNET SAUVIGNON mit Rosinennoten. Ehrgeizige Marke mit mehreren Reihen. Schreitet mit großen Schritten voran.

Lazy Ballerina McLaren Vale, SA r ★ – Der junge Winzer James Hook erzeugt robuste, gut geschliffene Rotweine, hauptsächlich von SHIRAZ.

Leasingham Clare V., SA r w ★★ Ehemals bedeutende Marke mit sehr gutem RIESLING, SHIRAZ, CABERNET SAUVIGNON und Cabernet Sauvignon/MALBEC-Verschnitt. Nur noch ein Schatten seiner selbst. Die Marke gehört ACCOLADE; Weinberge und Kellerei wurden verkauft.

Leeuwin Estate Margaret R., WA r w ★★★★ Chardonnay 99' **02' 04' 05' 06' 07' 08' 10'** – Führendes Weingut in Westaustralien. Vorzüglicher, alterungsbeständiger Art Series Chardonnay; SAUVIGNON BLANC und RIESLING können da nicht mithalten. Der Cabernet Sauvignon ist mittlerweile sehr gut.

Rückwärtssalto mit Doppelschraube

Organisierte Weinshows und ihre Prämierungen machten in den letzten 50 Jahren einen Hauptteil der australischen Weinszene aus. Hier wurde der immer mächtiger und ausladender werdende Stil forciert – und zwar derart, dass die vollfruchtigen, extrem eichenbetonten Weine häufig als Weine im »Show-Stil« bezeichnet werden. Nun aber verlangt ein fast dramatisch zu nennender Geschmackswandel das genaue Gegenteil. Schlanke, (oftmals) vegetabile, elegante Gewächse mit wenig Eiche spielen jetzt die erste Geige. Unnötig zu erwähnen, dass Australiens Erzeuger, die im warmen Klima produzieren, diesen Weinen rein gar nichts abgewinnen können.

Leo Buring Barossa V., SA w ★★★ **02' 04' 05' 06'** 08' **13'** – Im Besitz von TWE. Ausschließlich RIESLING; Leonay heißt die Spitzenmarke, die herrlich langlebig ist.

Lethbridge Vic r w ★★★ Stilvoller kleiner Erzeuger mit unkonventionellem CHARDONNAY, SHIRAZ und PINOT NOIR.

Limestone Coast Zone SA – Wichtige Anbauzone, zu der auch Bordertown, COONAWARRA, Mount Benson, Mount Gambier, PADTHAWAY, Robe und WRATTONBULLY gehören.

Lindeman's r w ★★ Im Besitz von TWE. Die preiswerte Reihe Bin ist jetzt Produktionsschwerpunkt. Weit entfernt vom früheren Ruhm. Die Trio-Rotweine aus COONAWARRA sind sehr gut, aber wenig spannend.

Lion Nathan Neuseeländisches Brauereiunternehmen, dem KNAPPSTEIN, PETALUMA, ST HALLETT, STONIER und TATACHILLA gehören.

Macedon und Sunbury Vic – Benachbarte Regionen. Macedon liegt höher als das nahe dem Melbourner Flughafen gelegene Sunbury. Qualität findet man bei Erzeugern wie BINDI, CRAIGLEE, CURLY FLAT, EPIS, Granite Hills und HANGING ROCK.

Mac Forbes Yarra V., Vic ★★★ Besinnliche Einzellagenweine, hauptsächlich PINOT NOIR und RIESLING. Baut sich langsam, aber sicher ein beneidenswertes Renommee auf.

McLaren Vale SA – Historische maritime Region am südlichen Stadtrand von Adelaide. Enorm geschmacksintensive Rotweine, wie geschaffen für den amerikanischen Markt. Erzeuger wie CHAPEL HILL, CORIOLE, GEMTREE, WIRRA WIRRA und eine wachsende Zahl anderer zeigen jedoch auch Eleganz neben Geschmack.

McWilliam's SO-Australien r w (br); (s) ★★★ In Familienbesitz. Hanwood, EVANS & TATE, BRAND'S und MOUNT PLEASANT sind die Säulen, auf denen das auch noch andere Etiketten umfassende Angebot steht. Ist nun endlich aus seinem Dornröschenschlaf erwacht. Hat verstärkt CHARDONNAY aus TUMBARUMBA im Blick.

Main Ridge Estate Mornington Peninsula, Vic r w ★★★ Winziger Betrieb mit reichhaltigem, langlebigem CHARDONNAY und PINOT NOIR. Altmeister der MORNINGTON PENINSULA.

Majella Coonawarra, SA r (w) ★★★ Opulenter und enorm beliebter SHIRAZ und CABERNET SAUVIGNON von hoher Qualität. Ungemein beständig.

Margaret River WA – Anbaugebiet mit gemäßigtem Klima an der Küste, südlich von Perth. Kraftvoller CHARDONNAY, strukturierter CABERNET SAUVIGNON, würziger SHIRAZ. Erzeuger: CULLEN, DEVIL'S LAIR, FLAMETREE, FRASER GALLOP, LEEUWIN, MOSS WOOD, VOYAGER ESTATE und viele andere. Großartige Touristenregion (und ein Surferparadies)

Mayford NO-Vic, Vic r w ★★ Winziges Gut in einem versteckten, in Privatbesitz befindlichen Tal. Hat dem Bereich ALPINE VALLEYS Bedeutung verschafft. SHIRAZ, CHARDONNAY und TEMPRANILLO, der sich schön entwickelt.

Meerea Park Hunter V., NSW r w ★★ Die Brüder Garth und Rhys Eather haben sich 20 Jahre Zeit gelassen, um dann über Nacht Erfolg zu haben. Alterungswürdiger SEMILLON und SHIRAZ.

Mike Press Wines Adelaide Hills, SA r w ★ Winzige Produktion, winzige Preise. SHIRAZ, CABERNET SAUVIGNON, CHARDONNAY, SAUVIGNON BLANC. Wurde rasch zum Liebling von Schnäppchenjägern.

Mitchelton Goulburn V., Vic r w; (s) ★★ Treuer Erzeuger von RIESLING, SHIRAZ und CABERNET SAUVIGNON; Spezialität: Marsanne und ROUSSANNE. Ernsthafte Modernisierungsprozesse wurden in die Wege geleitet.

Mitolo r ★★ SHIRAZ und CABERNET SAUVIGNON von hoher Qualität. Im Stil etwas hochtrabende, aber (oft) unwiderstehliche Weine.

Moorilla Estate Tas r w; (sch) ★★ Betrieb nahe Hobart am Derwent River, produziert sehr guten RIESLING und CHARDONNAY; außerdem PINOT NOIR. Erstklassiges Restaurant und eine außergewöhnliche Kunstgalerie. Hat scharenweise Zulauf aus Nah und Fern.

Moorooduc Estate Mornington Peninsula, Vic r w ★★★ Stilvoller und sehr anspruchsvoller Erzeuger von CHARDONNAY und PINOT NOIR. Hat einigen Einfluss.

Moppity Vineyards Hilltops, NSW r w ★★ Macht sich gerade einen Namen mit seinem Reserve SHIRAZ/VIOGNIER (Hilltops) und dem CHARDONNAY (TUMBARUMBA). Hat in den letzten Jahren exzellente Bewertungen erzielt.

Mornington Peninsula Vic – Spannende kühle Küstengegend, 40 km südöstlich von Melbourne. Hier kann man zahlreiche erstklassige Boutiquekellereien entdecken. Spielwiese für alle, die Wein, Surfen, Strand und Essen mögen.

Morris NO-Vic (r) (w) br ★★★★ Erzeuger in RUTHERGLEN mit den besten MUSCAT- und Tokay/TOPAQUE-Dessertweinen Australiens.

Moss Wood Margaret R., WA r w ★★★ Cabernet Sauvignon **90' 91' 01' 04' 05'** 10 – Erzeugt von seinen 11,7 ha die opulentesten Weine des MARGARET RIVER. SEMILLON, CHARDONNAY und wunderbar weicher Cabernet Sauvignon. Eichenbetont.

Mount Horrocks Clare V., SA r w ★★★ Feiner trockener RIESLING und süßer Cordon Cut Riesling. Der Chardonnay ist der beste der Gegend. SHIRAZ und CABERNET SAUVIGNON werden besser.

Mount Langi Ghiran Grampians, Vic r w ★★★★ Shiraz **96' 04' 05'** 08' **09' 10** – Reichhaltiger, pfeffriger, Rhône-ähnlicher SHIRAZ. Auch sehr guter Shiraz-Schaumwein und hervorragender Cliff Edge Shiraz. Kühlklima-Star in spektakulärer Lage.

Mount Mary Yarra V., Vic r w ★★★ Pinot noir **00' 02' 05' 10'**; Quintet **84' 88' 90' 92' 96' 98'** 04' **10'** – Der verstorbene Dr. John Middleton erzeugte sehr kleine Mengen charmanten CHARDONNAY, lebhaften PINOT NOIR und eleganten CABERNET-SAUVIGNON-Verschnitt. Alle altern makellos. Über die neue Ära lässt sich nach wie vor noch nichts sagen.

Mudgee NSW – Seit Langem bestehendes Weinbaugebiet nordwestlich von Sydney. Ansehnliche Rote, feine SEMILLON- und vollmundige CHARDONNAY-Weine. Hat gerade etwas Mühe, den Anschluss zu halten.

Murray Valley SA, Vic, NSW – Riesige bewässerte Weinbauregion, die sich jetzt als ein vom Klimawandel geschütteltes Krisengebiet wiederfindet.

Ngeringa Adelaide Hills, SA r w ★★ Duftender PINOT NOIR aus Bio-Anbau, dazu Rhône-ähnlicher SHIRAZ und schmackhafter Rosé. Hier regiert Komplexität.

Ninth Island Tas – Siehe PIPERS BROOK (Kreglinger).

Ochota Barrels Barossa V., SA r w ★★★ Don-Quichotte-Erzeuger mit GRENACHE und SHIRAZ von (hauptsächlich) alten Reben aus dem MCLAREN VALE und BAROSSA. Anführer der »neuen Garde« dieser Anbaugebiete.

O'Leary Walker Wines Clare V., SA r w ★★★ Zurückhaltender Auftritt, aber ausgezeichnete Qualität. CLARE VALLEY RIESLING und CABERNET SAUVIGNON sind die Spitzenreiter. Der MCLAREN VALE SHIRAZ ist eichenlastig, aber gut.

Orange NSW – Hoch gelegene Weinbauregion mit kühlem Klima. Lebhafter SHIRAZ (wenn reif) sowie ausgezeichneter (intensiver) SAUVIGNON BLANC und CHARDONNAY.

Padthaway SA – Großes Anbaugebiet, das als Ableger von COONAWARRA entwickelt wurde. Sehr guter SHIRAZ und CABERNET SAUVIGNON. Die Salzigkeit ist ein Problem. Weniger bedeutend als noch vor einem Jahrzehnt.

Pannell, S. C. McLaren Vale, SA r ★★★ Ausgezeichneter SHIRAZ und (v. a.) Weine auf GRENACHE-Basis. Den NEBBIOLO sollte man im Auge behalten. Das Renommee dieses Erzeugers steigt und steigt.

Paringa Estate Mornington Peninsula, Vic r w ★★★★ Erzeuger von spektakulärem PINOT NOIR und SHIRAZ. Fleischige, fruchtige, auffällige Stile. Unwiderstehlich.

Paxton McLaren Vale, SA r ★★ Bedeutender Weinbergbesitzer, der hauptsächlich biologisch arbeitet. Reifer, aber eleganter SHIRAZ und GRENACHE. Äußerst einflussreich (durch seine Aktivitäten) in der australischen Bio-Bewegung.

Pemberton WA – Region zwischen MARGARET RIVER und GREAT SOUTHERN; die anfängliche Begeisterung für PINOT NOIR ist inzwischen auf RIESLING, CHARDONNAY, MERLOT und SHIRAZ übergegangen.

Penfolds r w (br); (sch) ★★★★ Grange **52' 53' 55' 60' 62' 63' 66' 71' 76' 78' 83' 86' 90' 96' 98'** 99' 02' **04'** 05' 06' 08' **09**; Cabernet Sauvignon (Bin 707) 90' **91' 96' 98'** 02' **04'** 06' 08' – Ursprünglich Adelaide, heute überall. Beständig Australiens bester Erzeuger von Rotweinen aus warmem Klima. Der Yattarna CHARDONNAY und der Bin Chardonnay sind jetzt von der Qualität her mit den Roten vergleichbar. Der St Henri SHIRAZ ist äußerst beliebt.

Penley Estate Coonawarra, SA r w ★ Voller, gut gefügter, fruchtiger, eichenholzwürziger CABERNET SAUVIGNON; auch ein SHIRAZ/Cabernet Sauvignon sowie CHARDONNAY. Die Rotweine haben jetzt routinemäßig einen hohen Alkoholgehalt.

Perth Hills WA – Junges Weinbaugebiet 30 km östlich von Perth mit einer großen Anzahl von Winzerbetrieben in milden Berglagen.

Petaluma Adelaide Hills, SA r w; sch ★★★ Coonawarra Cabernet Sauvignon **90' 91' 98' 99' 04' 05'** 07' 08'; Riesling **02' 07' 11' 12' 13**; Chardonnay 05'

06' **07' 12'** – Betrieb, der seinen einstigen Besitzer und Kreativkopf Brian Croser zu vermissen scheint. Wurde 2002 von LION NATHAN gekauft. Seit 1988 sind die Roten voller geworden. Gut, aber jetzt eher zurückhaltend.

Peter Lehmann Wines Barossa V., SA r w (br); (s); (sch) ★★★ Hüter der BAROSSA-VALLEY-Tradition. Preisgünstige Weine, oft in beträchtlichen Mengen. Luxuriöser, reizvoller SHIRAZ Stonewell, daneben viele andere Marken (rot und weiß). Peter Lehmann starb 2013, der Betrieb geht aber weiter.

Pewsey Vale Adelaide Hills, SA w ★★★ Prachtvoller RIESLING, von dem es Standardversionen und eine flaschengereifte Ausgabe namens The Contours gibt. Letztere kommt von einem wunderschön angelegten Weinberg.

Piano Piano Beechworth, Vic r w – Neuer Erzeuger, der einen Weinberg neben GIACONDA bestellt. Kraftvoller CHARDONNAY.

Pierro Margaret R., WA r w ★★ Chardonnay **96' 01' 02' 06' 07' 08' 09' 11'** – Erzeuger von teurem, säurebetontem SEMILLON/SAUVIGNON BLANC und mutigem CHARDONNAY.

Welchen Wein hat die Welt bisher vermisst? Australischen Pinot noir. Qualität (und Interesse) sind quasi durch die Decke geschossen.

Pipers Brook Tas r w; sch ★★ Riesling **02' 04' 06'** 07' **09'**; Chardonnay **00' 02' 05'** 07' 08' – Pionier in einer kühlen Region mit gutem RIESLING sowie zurückhaltendem CHARDONNAY und Schaumweinen aus dem Tamar Valley. Zweitmarke: Ninth Island. Im Besitz der belgischen Familie Kreglinger.

Pirramimma McLaren Vale, SA r w ★ Der jahrhundertealte Familienbetrieb mit großem Weinbergbesitz geht nun auch mit der Zeit: witzige Etiketten und Verpackung.

Pizzini King V., Vic r ★★ Nebbiolo **98' 02' 05'** 10 – Führender Erzeuger in Australien für Weine von italienischen Sorten. Produziert werden NEBBIOLO, SANGIOVESE und Verschnitte. Treibende Kraft im King Valley.

Plantagenet Mt. Barker, WA r w; (sch) ★★★ Große Sortenauswahl, v. a. voller CHARDONNAY, SHIRAZ und lebendiger, kraftvoller, alterungswürdiger CABERNET SAUVIGNON. Ist zwar schon über 40 Jahre, hat aber jugendlichen Schwung.

Primo Estate SA r w; tr (s) ★★★ Zu den vielen erfolgreichen Weinen Joe Grillis zählen ein sehr guter würziger SHIRAZ/SANGIOVESE-Verschnitt (MCLAREN VALE), ein reichhaltiger Shiraz, ein frischer COLOMBARD und der kräftige CABERNET SAUVIGNON/MERLOT Joseph.

Punch Yarra V., Vic r w ★★★★ Die Familie Lance führte jahrzehntelang das Gut Diamond Valley, doch als sie verkaufte, behielt sie den dicht bepflanzten PINOT-NOIR-Weinberg. Er bringt präzise, sehr bestimmte, langlebige Weine hervor. Die Brände im Jahr 2009 bedeuteten einen großen Rückschlag.

Pyrenees Vic – Region in Central Victoria mit reichhaltigen, häufig minzeduftigen Rotweinen. BLUE PYRENEES, DALWHINNIE, Dog Rock, FLETCHER, TALTARNI und Mount Avoca sind Kellereien auf dem Weg nach oben.

Richmond Grove Barossa V., SA r w ★ Guter RIESLING zu Schleuderpreisen, sonst kaum etwas. Im Besitz von JACOB'S CREEK.

Riverina NSW – Massenweinbauzone mit Bewässerung um Griffith.

Robert Oatley Wines Mudgee, NSW r w ★★→★★★ Robert Oatley schuf das ROSEMOUNT ESTATE; jetzt ist sein Ehrgeiz neu entflammt. Die neue Reihe namens Finisterre ist sehr gut.

Rockford Barossa V., SA r w; sch ★→★★★★ Kleiner Erzeuger mit Weinen von alten, ertragsarmen Weinbergen. Die Rotweine sind am besten. Außerdem Schaumwein Black SHIRAZ mit Kultstatus.

Rosemount Estate r w ★★ Produziert enorme Mengen. Stagnierte fast ein Jahrzehnt lang und ist plötzlich auf einen Schlag wieder da. Hat auf australischen Weinmessen abgesahnt, v. a. GRENACHE und SHIRAZ.

Ruggabellus Barossa V., SA r ★★★ Erregt Aufsehen. Peppigere, saftigere Versionen von BAROSSA-Weinen. Alte Eiche, minimale Schwefelung, wilde Hefen, ohne Entrappung. Verschnitte von GRENACHE, SHIRAZ, MATARO, CINSAULT.

Rutherglen und Glenrowan Vic – Zwei von vier Regionen im Nordosten von Victoria; eine Zone, die zu Recht berühmt ist für ihre kräftigen Rotweine und die herrlichen gespriteten Dessertweine.

St Hallett Barossa V., SA r w ★★★ Old Block **90' 91' 98 99' 02'** 04' 06' **08' 10'** – Old Block SHIRAZ ist der Spitzenwein dieses Erzeugers. Das übrige Programm zeichnet sich durch eine weiche, stilvolle Art aus. Im Besitz von LION NATHAN.

Saltram Barossa V., SA r w ★★★ Mamre Brook (SHIRAZ, CABERNET SAUVIGNON) mit hervorragender Preisgestaltung und der angesehene No. 1 Shiraz sind die Spitzenweine. Unterschätzt. Im Besitz von TWE.

Samuel's Gorge McLaren Vale, SA r ★★★ Justin McNamee erzeugt SHIRAZ- und TEMPRANILLO-Weine mit Charakter und Terroirbewusstsein.

Savaterre Beechworth, Vic r w ★★★ Pinot noir **02' 04'** 06' 08' **10' 12** – Auch in schwierigen Jahren bringt dieser Erzeuger exzellenten CHARDONNAY und PINOT NOIR hervor. SHIRAZ-Reben jetzt mit hoher Pflanzdichte. Der 2012er Pinot noir hat sich als der bisher beste erwiesen.

Seppelt Grampians, Vic r w br; (s); sch ★★★ St. Peter's Shiraz **85' 86' 96' 97' 02' 04'** 06 **08'** 09' – Der historische Betrieb ist im Besitz von TWE. Beeindruckende Bandbreite von regionentypischen RIESLING-, CHARDONNAY- und SHIRAZ-Weinen.

Seppeltsfield Barossa V., SA r br ★★ Vom National Trust als nationales Erbe geführte Kellerei, 2007 von KILLKANOON erworben. Die Bestände an gespriteten Weinen gehen bis aufs Jahr 1878 zurück. Die 2012 auf den Markt gebrachten Tischweine sind vielversprechend.

Setanta Wines Adelaide Hills, SA r w ★★ Die ursprünglich aus Irland stammende Familie Sullivan kann wunderbaren RIESLING, CHARDONNAY, SAUVIGNON BLANC, SHIRAZ und CABERNET SAUVIGNON hervorbringen.

Nun haben auch australische Hipsters den »Naturwein« entdeckt. Das Land der richtigen Kerle ist auch nicht mehr das, was es mal war.

Sevenhill Clare V., SA r w (br) ★ Seit 1851 im Besitz der Jesuitical Manresa Society. Beständig guter SHIRAZ; auch RIESLING.

Seville Estate Yarra V., Vic r w ★★★ Shiraz **97' 99' 04' 05'** 06' **10'** – Ausgezeichneter CHARDONNAY, SHIRAZ und PINOT NOIR. Die Roten sind besonders würzig, mit Noten von (weißem) Pfeffer.

Shadowfax Vic r w ★★ Stilvolle Kellerei, Teil des historischen Werribee Park. Sehr guter CHARDONNAY, PINOT NOIR und SHIRAZ.

Shaw & Smith Adelaide Hills, SA (r) w ★★★ Gegründet von Martin Shaw und dem ersten australischen Master of Wine, Michael Hill-Smith. Knackiger, harmonischer Sauvignon blanc, komplexer, fassvergorener CHARDONNAY M3, beide werden vom SHIRAZ aber noch getoppt. PINOT NOIR verbessert sich. Ein Gewinn ist der neu dazugestoßene Kellermeister Adam Wadewitz.

Shelmerdine Vineyards Heathcote, Vic r w ★★ Elegante Weine von Gütern im YARRA VALLEY und in HEATHCOTE. PINOT NOIR, SAUVIGNON BLANC, SHIRAZ und CHARDONNAY können alle sehr gut sein.

Southern NSW Zone NSW – Der südliche Bereich von New South Wales umfasst u. a. CANBERRA, Gundagai, Hilltops und TUMBARUMBA.

Spinifex Barossa V., SA r w ★★★ Kleiner, hochklassiger Erzeuger komplexer SHIRAZ- und GRENACHE-Verschnitte, die alle nichts Übertriebenes haben.

Stanton & Killeen Rutherglen, Vic r br ★★ Der frühe Tod von Chris Killeen im Jahr 2007 war ein schwerer Schlag, doch seine Kinder setzen die Tradition in gutem Stil fort. Star ist der gespritete Jahrgangswein.

Stefano Lubiana S-Tas r w; sch ★★★ Herrliche Weinberge am Ufer des Derwent River, 20 Minuten von Hobart entfernt. Ausgezeichneter PINOT NOIR, Schaumwein, MERLOT und CHARDONNAY.

Stella Bella Margaret R., WA r w ★★★ Wahnsinnsweine: CABERNET SAUVIGNON, SEMILLON/SAUVIGNON BLANC, CHARDONNAY, SHIRAZ und SANGIOVESE/Cabernet Sauvignon. Äußerst individuell; robust und charaktervoll.

Stoney Rise Tas r w ★★★ Einst war Joe Holyman Wicket-Keeper der tasmanischen Cricketmannschaft; er hält den Rekord der meisten gefangenen Bälle bei seinem Debüt. Jetzt kümmert er sich selbst um alle Bereiche der Weinbereitung für seinen herausragenden PINOT NOIR und CHARDONNAY.

Stonier Wines Mornington Peninsula, Vic r w ★★ Pinot noir 00' **02' 04' 06' 08' 09' 12**; Chardonnay 02' 06' **07' 08' 12** – Beständig gut; Reserve-Abfüllungen mit bemerkenswerter Eleganz. Im Besitz von LION NATHAN.

Sunbury Vic – Siehe MACEDON UND SUNBURY.

Swan Valley WA – 20 Minuten nördlich von Perth gelegener Geburtsort des Weins im Westen. Das heiße Klima bringt starke Tischweine mit niedrigem Säuregehalt hervor. Führender Qualitätserzeuger ist FABER VINEYARDS.

Tahbilk Goulburn V., Vic r w ★★★ Shiraz **76' 02' 04' 06' 10**; Marsanne 93' **01' 06'** 08' **13** – Historischer Familienbesitz mit lagerfähigen Rotweinen; außerdem RIESLING und einer der besten Marsanne-Weine Australiens von alten Reben. Der CABERNET SAUVIGNON Reserve kann herausragend sein und ist dennoch preiswert. Seltener 1860 Vines SHIRAZ. Hinreißend!

Taltarni Pyrenees, Vic r w; sch ★★ SHIRAZ und CABERNET SAUVIGNON präsentieren sich in der besten Form seit Jahren. Langlebige Weine, aber man braucht keinen Presslufthammer mehr, um das Tannin vom Zahnfleisch zu lösen.

Tamar Ridge N-Tas r w; (sch) – Mit über 230 ha Rebland gehört dieser Betrieb zu den ganz Großen in TASMANIEN. 2010 von BROWN BROTHERS erworben. Die Abfüllungen unter den neuen Besitzern haben bisher nichts Aufregendes hervorgebracht.

Tapanappa SA r ★★★ Gemeinschaftsprojekt in WRATTONBULLY von Brian Croser, Bollinger und J.-M. Cazes aus Pauillac (Frankreich). Herrlicher CABERNET-SAUVIGNON-Verschnitt, SHIRAZ, MERLOT. Erstaunlicher Pinot noir von der Fleurieu Peninsula.

TarraWarra Yarra V., Vic r w ★★★ Reserve Pinot noir **00' 04' 05' 06' 10'**; Reserve Chardonnay **02'** 04' **05'** 06' **08' 10'** 11 – Hat von stämmig und eigenwillig auf elegant und langanhaltend umgestellt. Der Reserve ist viel besser als der normale Wein. Wunderschönes Weingut.

Tasmanien Kühle Inselregion mit einem hervorragenden Ruf. Herausragende Schaumweine von PINOT NOIR und RIESLING. Dazu CHARDONNAY, SAUVIGNON BLANC und PINOT GRIS, die sehr gut sind.

Tatachilla McLaren Vale, SA r w ★ Bedeutende Produktion von Weiß- und guten Rotweinen. 2002 von LION NATHAN gekauft. Nicht mehr so gut wie früher.

Taylors Wines Clare V., SA r w ★★ Großer Produzent, vor allem von RIESLING, SHIRAZ und CABERNET SAUVIGNON. Exportiert die Weine erfolgreich unter dem Namen Wakefield Wines.

Ten Minutes by Tractor Mornington Peninsula, Vic r w ★★★ Verrückter Name und clevere Etiketten, dafür umso bessere Weine. Chardonnay und Pinot noir sind beide ausgezeichnet und werden sich lange halten.

Teusner Barossa V., SA r ★★★ Alte Reben, kluge Weinbereitung, reine Fruchtaromen. Anführer des Trends gegen zu viel Holzeinfluss, der sich im BAROSSA VALLEY breitmacht. Nur die Trauben zählen.

Tim Adams Clare V., SA ★★ Stets verlässlicher RIESLING, CABERNET SAUVIGNON/MALBEC-Verschnitt, SHIRAZ und neuerdings TEMPRANILLO.

Topaque Vic – Der legendäre süße Tokay aus RUTHERGLEN verdankt seinen unbeholfenen neuen Namen der EU, die den ungarischen Tokajer schützen möchte.

Torbreck Barossa V., SA r (w) ★★★ Die stilvollste der in den USA angehimmelten Kultkellereien mit Schwerpunkt auf alten Reben von Rhône-Sorten, angeführt von SHIRAZ. Voll, süß, alkoholstark. Dave Powell hat nach erbittert geführten Grabenkämpfen das Gut 2013 verlassen.

Die neue Trendsorte heißt Tempranillo. Die Anpflanzungen übertreffen alle Erwartungen.

Torzi Matthews Eden V., SA r ★★ Aromatischer, stilvoller SHIRAZ. Hervorragendes Preis-Leistungs-Verhältnis. Der Torzi Schist Rock Shiraz lässt sich nach ein, zwei Gläsern nicht mehr so leicht aussprechen, aber diese Mühe ist er wert.

TWE (Treasury Wine Estates) Australischer Weinmoloch, eine Fusion der Weinkonzerne Beringer Blass und Southcorp, mit Dutzenden bekannter Marken, u.a. BAILEYS OF GLENROWAN, COLDSTREAM HILLS, DEVIL'S LAIR, LINDEMANS, PENFOLDS, SALTRAM, WYNNS.

Trentham Estate Vic (r) w ★ Boutiquekellerei in Familienbesitz am Ufer des Murray River mit 60.000 Kisten Wein zu angemessenen Preisen.

Tumbarumba NSW – Region mit kühlem Klima in den australischen Alpen in New South Wales; die Weinberge liegen in 500–800 m Höhe. Der Star ist CHARDONNAY.

Turkey Flat Barossa V., SA r rs ★★★ Spitzenerzeuger von glanzhellem Rosé, GRENACHE und SHIRAZ aus dem Herzen eines 150 Jahre alten Weinbergs. Alkoholgehalt und Verwendung von Eichenfässern begrenzt. Neue Einzellagenweine.

Two Hands Barossa V., SA r ★★ Prall-verschwenderische SHIRAZ-Weine aus PADTHAWAY, MCLAREN VALE, Langhorne Creek, BAROSSA VALLEY und HEATHCOTE. Alles drin, was so dazugehört.

Tyrrell's Hunter V., NSW r w ★★★★ Semillon **01' 05'** 08' **09'** 10' 11' **13**; Vat 47 Chardonnay **00' 02' 04' 07' 09' 10' 12** – Hier entsteht Australiens großartigster SEMILLON. Zum Vat 1 hat sich eine Reihe von Einzellagenweinen oder Weinen aus Unterbereichen gesellt. Auch der Vat 47, der erste CHARDONNAY Australiens, trotzt weiterhin den klimatischen Widrigkeiten. Hervorragend sind auch der 4 Acres SHIRAZ von alten Reben und der Vat 9 Shiraz.

Vasse Felix Margaret R., WA r w ★★★★ Cabernet Sauvignon **98' 99' 01 04'** 07' 08' **09' 10** – Zusammen mit CULLEN ein Pionier am MARGARET RIVER. Eleganter, mittelschwerer Cabernet Sauvignon mit bemerkenswerter Ausgewogenheit. Insgesamt im Aufwind; der komplexe CHARDONNAY wird rasch besser.

Voyager Estate Margaret R., WA r w ★★★ Beträchtliche Mengen von reichhaltigem, kräftigem Wein (hauptsächlich) aus eigenem Anbau: SEMILLON, SAUVIGNON BLANC, CHARDONNAY und CABERNET SAUVIGNON/MERLOT. Großartige Qualität.

Wantirna Estate Yarra V., Vic ★★★★ Pionier der Region, der keine Anzeichen von Ermüdung zeigt. Sehr gut sind der CHARDONNAY, PINOT NOIR und die Bordeaux-Verschnitte.

Wendouree Clare V., SA r ★★★★ Hochgeschätzter Erzeuger kraftvoller, tanninreicher, konzentrierter Rotweine (in kleinen Mengen) auf der Basis von SHIRAZ, CABERNET SAUVIGNON, MOURVÈDRE und MALBEC. Hat vor Kurzem auf Schraubverschlüsse umgestellt. Für die nächste Generation kaufen.

West Cape Howe Denmark, WA r w ★★ Hat als Winzling 2009 den Riesen Goundrey Winery (7700 Tonnen, 237 ha Rebland) übernommen. Sehr guter SHIRAZ sowie Cabernet-Sauvignon-Verschnitte.

Willow Creek Mornington Peninsula, Vic r w ★★ Guter Erzeuger v. a. von eindrucksvollem CHARDONNAY und PINOT NOIR. Die ehemalige Weinmacherin von STONIER, Geraldine McFaul, ist am Ruder.

Wirra Wirra McLaren Vale, SA r w; (s); (sch) ★★★ RSW Shiraz **02' 04' 05'** 06' 07' 09' **10'**; Cabernet Sauvignon **02' 04' 05'** 06' 09' **10'** – Hochwertige Weine in peppigem neuem Design. Der RSW SHIRAZ hat im Vergleich zum CABERNET SAUVIGNON leicht die Nase vorn, beide sind aber großartig. Der Cabernet Sauvignon Angelus kommt jetzt unter dem Namen Dead Ringer auf den Exportmarkt.

Wolf Blass Barossa V., SA r w (br); (s); (sch) ★★→★★★ Cabernet-Sauvignon-Verschnitt Black Label **90' 91' 96' 02'** 04' 05 06' **08'** – Im Besitz von TWE. Nicht mehr der Toperzeuger, der er einmal war, aber immer noch ein großer Name. Die Spitzenweine sind nicht mehr ganz so eichenlastig, wenngleich immer noch sehr eichenbetont.

Woodlands Margaret R., WA r (w) ★★★ Mit über 35 Jahre alten Cabernet-Sauvignon-Reben bestockte 7 ha Weinberge, die zu den besten Lagen des Gebiets zählen; außerdem jüngere, aber trotzdem sehr gute Anpflanzungen anderer roter Bordeaux-Sorten. Breit ausladende Rotweine.

Wrattonbully SA – Seit 30 Jahren wichtiges Anbaugebiet an der LIMESTONE COAST. Durch TAPANAPPA und Peppertree ist der Anspruch gestiegen.

Wynns Coonawarra, SA r w ★★★★ Shiraz **55' 86' 90' 91' 96' 98'** 99' 04' 05' 06' **09' 10' 12**; Cabernet Sauvignon **57' 60' 82' 85' 86' 90' 91' 94' 96' 98' 00'** 02' **04'** 05' 06' 09' **10'** 12 – COONAWARRA-Klassiker im Besitz von TWE. RIESLING, CHARDONNAY, SHIRAZ und Cabernet Sauvignon sind alle sehr gut, v. a. der Black Label CABERNET SAUVIGNON und der John Riddoch Cabernet Sauvignon. Die neuen Einzellagenabfüllungen sorgen für zusätzlichen Glanz.

Yabby Lake Mornington Peninsula, Vic r w ★★★★ Gemeinschaftsprojekt des Filmmagnaten Robert Kirby mit Larry McKenna und Tod Dexter. Mit Kellermeister Tom Carson ist die Qualität sprunghaft gestiegen. Ausgezeichneter CHARDONNAY und PINOT NOIR aus Einzellagen. Räumte 2013 bei den wichtigsten Weinprämierungen richtig ab.

Yalumba Barossa V., SA r w; sch ★★★ 163 Jahre junger Familienbetrieb. Volles Spektrum erstklassiger Weine, von preiswerten Abfüllungen bis zu Spitzen-Einzellagengewächsen. Hervorragend in Form. Die Y Series auf Einstiegsniveau ist preiswert.

Der Dornröschenschlaf ist vorbei: Im Yarra Valley ist ein geschäftiger Bienenschwarm an Kleinerzeugern zu vermelden.

Yarra Valley Vic – Historisches Weinbaugebiet nordöstlich von Melbourne. Der Schwerpunkt verlagert sich auf den sehr erfolgreichen PINOT NOIR, CHARDONNAY, SHIRAZ und Schaumweine. Trügerisch guter CABERNET SAUVIGNON.

Yarra Yarra Yarra V., Vic r w ★★ Auf 7 ha angewachsen; Schwerpunkt liegt jetzt mehr auf feinem SEMILLON/SAUVIGNON BLANC und CABERNET SAUVIGNON, jeweils im klassischen Bordeaux-Stil.

Yarra Yering Yarra V., Vic r w ★★★★ Dry-Red-Weine **90' 91' 93' 94 97' 99' 00' 01'** 02' 04' 05' 06' 08' 09' **10** – Die bekannteste der Lilydale-Boutiquekellereien; kraftvoller PINOT NOIR, tiefgründiger, kräuterwürziger CABERNET SAUVIGNON (Dry Red No. 1) und SHIRAZ (Dry Red No. 2). Üppige, gewagte Geschmacksnoten in Rot- und Weißweinen. Der viel bewunderte Gründer Baily Carrodus starb 2008; im Jahr darauf von KAESLER erworben.

Yellow Tail NSW – Siehe CASELLA.

Yeringberg Yarra V., Vic r w ★★★ Cabernet Sauvignon **84' 88' 90 97' 98 00' 04** 05' 06' **08' 10'**; Marsanne/Roussanne **00' 02' 04** 05 **06' 09' 12** – Traumhaftes historisches Weingut, noch immer im Besitz der Gründerfamilie; MARSANNE, ROUSSANNE, CHARDONNAY, PINOT NOIR und CABERNET SAUVIGNON in kleinen Mengen und hoher Qualität.

Yering Station/Yarrabank Yarra V., Vic r w; sch ★★★ Neuanpflanzung an der Stelle, wo sich bis in die 1980er-Jahre der erste Weinberg Victorias befand. Yering Station steht v. a. für exzellente Reserve-Weine von CHARDONNAY, PINOT NOIR, SHIRAZ und VIOGNIER, Yarrabank für die sehr guten Schaumweine aus dem Joint Venture mit Champagne Devaux.

Zema Estate Coonawarra, SA r ★ Eine der letzten Bastionen in COONAWARRA, in denen der Rebschnitt noch von Hand erfolgt. Kraftvolle, geradlinige Rotweine. Bräuchte einen zündenden Funken.

Neuseeland

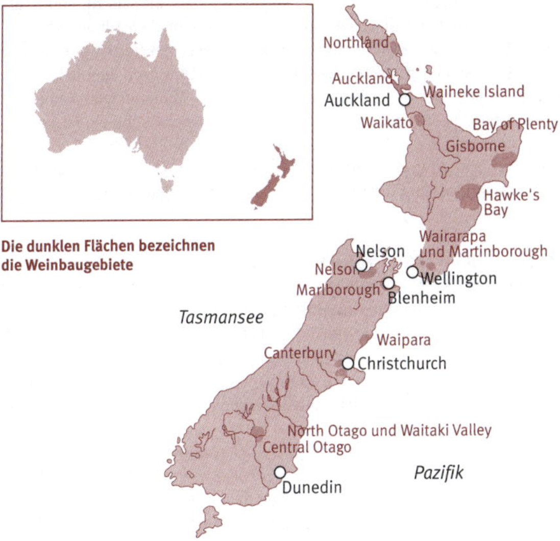

Die dunklen Flächen bezeichnen die Weinbaugebiete

Die folgenden Abkürzungen werden im Text verwendet:

Auck	Auckland	**Hend**	Henderson (Auckland)
Cant	Canterbury	**Marlb**	Marlborough
C-Ot	Central Otago	**Martinb**	Martinborough
Gis	Gisborne	**Nel**	Nelson
Hawk	Hawke's Bay	**Waiheke**	Waiheke Island

Die ca. 700 neuseeländischen Weinerzeuger sind heute viel besserer Stimmung als noch vor ein paar Jahren, als ein »Weinsee« aus Sauvignon blanc die Preise drückte und eine Reihe von Kellereien aus dem Rennen warf. Angebot und Nachfrage haben wieder zu einem Gleichgewicht gefunden, die Exportpreise steigen. Kein Weinbaugebiet der Welt baut so viel Sauvignon blanc an wie Marlborough. In Großbritannien verliert der Marlborough Sauvignon blanc zwar gegenüber billigeren Abfüllungen aus Chile und Südafrika an Boden, doch im heißen Australien ist der aromatische, knackig-frische Weißwein aus Kiwiland extrem populär. Die USA, wo Neuseeland wegen der Hobbit-Filme und des America's Cup ohnehin hoch im Kurs steht, dürften in Kürze zum größten Markt für neuseeländischen Wein werden; vom Kim Crawford Marlborough Sauvignon Blanc wird bereits eine Million Kisten pro Jahr verkauft. Aber Neuseeland hat noch mehr zu bieten. Seine duftenden, geschmeidigen Pinot-noir-Weine gehören zu den feinsten der Neuen Welt, seine aromatischen Weißen von Pinot gris, Riesling und Gewürztraminer schaffen sich Exportnischen – und immer noch gibt es Regionen, die noch nicht die gebührende Anerkennung bekommen haben. Nicht zu vergessen die Märkte, die noch zu erobern sind, darunter China.

Neuere Jahrgänge

2013 Rekordernte, aber überall hohe Qualität aufgrund warmer Tage und klarer, kalter Nächte. Reife, gesunde Trauben, die Frische und Säure bewahrten. Besonders gut auf der Nordinsel und in Marlborough.

2012 Sehr rassiger Marlborough Sauvignon blanc. Am besten ging es den Weißweinen an der Hawke's Bay. In Central Otago rundherum fein.

2011 Die Regionen in der Mitte des Landes – auch Marlborough – kamen am besten davon; anderswo wurden Weinbau- und Weinbereitungskompetenz auf eine harte Probe gestellt.

2010 Aromatischer, geschmacksintensiver Marlborough Sauvignon blanc mit einem festen Säurerückgrat. Herausragender Chardonnay in Hawke's Bay.

Akarua C-Ot r (rs) (w); (sch) ★★★ Renommierter Erzeuger in Bannockburn. Kraftvoller Reserve PINOT NOIR und eindrucksvoller Pinot noir mittleren Rangs; sehr guter, jung zu trinkender Rua. Auch intensiver RIESLING und duftender, körperreicher PINOT GRIS. Lebhafte Schaumweine oJ und Rosé.

Allan Scott Marlb r w; sch ★★ Mittelgroßer Familienbetrieb. Guter RIESLING (teilweise von über 30 Jahre alten Reben), außerdem SAUVIGNON BLANC mit Noten von tropischen Früchten. Neuerdings liegt der Schwerpunkt auf Bio- und Schaumweinen.

Alpha Domus Hawk r w ★★ Sehr guter CHARDONNAY und VIOGNIER. Konzentrierte Rotweine im Bordeaux-Stil, v. a. der saftige The Navigator (**10'**) auf MERLOT-Basis und der bemerkenswert dunkle, volle CABERNET SAUVIGNON namens The Aviator (10'). Die Spitzenreihe heißt AD (herrliche Noble Selection von SEMILLON). Unter dem Namen The Pilot gibt es Alltagsweine.

Amisfield C-Ot r (rs) (w) ★★ Saftiger, weicher PINOT GRIS, dichter, mineralischer RIESLING (trocken und süß), lebhafter, reifer SAUVIGNON BLANC, hochklassiger Pinot-Rosé und dunkler, reichhaltiger PINOT NOIR (der RKV Reserve ist das Rolls-Royce-Modell). Die Weine auf niedrigerer Stufe heißen Lake Hayes.

Ara Marlb r w ★★ Großes Gut im Waihopai Valley, das seit 2011 unter Kellermeister Jeff Clarke (ehemals Montana) einen Qualitätssprung gemacht hat. Trockener, reifer SAUVIGNON BLANC, blumiger, fruchtiger PINOT NOIR. Spitzenreihe: Resolute, gefolgt von Select Blocks, Single Estate und Pathway. Gute Qualität fürs Geld.

Astrolabe Marlb r w ★★ Die Marke gehört zum Teil dem Kellermeister Simon Waghorn. Reichhaltiger, harmonischer SAUVIGNON BLANC Voyage (generös und komplex präsentiert sich der eichenfassgereifte Sauvignon blanc Taihoa). Ebenfalls gut: PINOT GRIS, RIESLING, CHARDONNAY und PINOT NOIR.

Ata Rangi Martinb r (rs) (w) ★★★ Klein und höchst renommiert. Verführerisch duftender, kraftvoller, langlebiger Pinot noir (**09' 10 11**), der zu den besten Neuseelands gehört (die ältesten Reben wurden 1980 gepflanzt). Außerdem köstlicher Crimson PINOT NOIR von jungen Reben. Reichhaltig und komplex der Craighall CHARDONNAY und der halbtrockene Lismore PINOT GRIS.

Auckland Größte Stadt Neuseelands (im Norden; warm und wolkenreich) mit 1% der Gesamtrebfläche. Nahe gelegene Weinbaugebiete sind Henderson, Kumeu/Huapai/Waimauku (beide schon länger etabliert) sowie Matakana, Clevedon und Waiheke Island (in den 1980er-Jahren entstanden). Stilvolle, reife, vollmundige Rotweine von MERLOT/CABERNET SAUVIGNON in trockenen Jahrgängen (**10'** 13'), außerdem muskulöser, pfeffriger SYRAH und reichhaltiger, unterschätzter CHARDONNAY.

Auntsfield Marlb r w ★★ Ausgezeichnete Weine vom ersten Weinberg der Region, der 1873 bestockt, 1931 gerodet und 1999 neu bepflanzt wurde. Gehaltvoller SAUVIGNON BLANC mit Aromen von tropischen Früchten, fülliger, reichhaltiger CHARDONNAY und stämmiger, kompakter PINOT NOIR (der Heritage ist besonders üppig und kraftvoll).

Awatere Valley Marlb – Wichtiger Unterbereich mit wenigen Kellereien, aber ausgedehnten Rebanlagen (mehr als Hawke's Bay). Wegbereiter war 1986 VAVASOUR. Etwas kühler und trockener als das WAIRAU VALLEY, mit rassigem, kräuterwürzigem (»Tomatenrispe«) SAUVIGNON BLANC, dichtem, lebhaftem RIESLING und PINOT GRIS sowie duftendem PINOT NOIR, der oft eine leicht vegetabile Note zeigt.

Babich Hend r w ★★→★★★ Großer Familienbetrieb (1916). Weinberge in HAWKE'S BAY und MARLBOROUGH; neue Kellerei in Marlborough, die ab dem Jahrgang 2014 in Betrieb genommen wird. Sehr feiner, alterungswürdiger Einzellagen-CHARDONNAY Irongate (**10', 11**) und sehr eleganter CABERNET SAUVIGNON/MERLOT/CABERNET FRANC Irongate (**09'** 10'). Der reife, trockene Marlborough SAUVIGNON BLANC verkauft sich sehr gut. Winemakers Reserve ist die mittlere Qualitätsstufe (besonders gut der in Eiche ausgebaute Sauvignon blanc).

Bald Hills C-Ot r (rs) (w) ★★ Weinberg in Bannockburn mit körperreichem, leicht süßem RIESLING und reichhaltigem, saftigem, komplexem PINOT NOIR (12). Der Pinot noir 3 Acres sollte jung getrunken werden.

Bell Hill Cant r w ★★★ Sehr kleines, hoch gelegenes Gut auf Kalkstein. Seltener, aber umwerfend reichhaltiger, fein strukturierter CHARDONNAY und herrlich duftender, kraftvoller, samtiger PINOT NOIR (10'). Zweitmarke: Old Weka Pass.

Bilancia Hawk r (w) ★★★ Kleiner Erzeuger von erstklassigen SYRAH-Weinen, darunter der sehr kraftvolle, nussige, würzige La Collina von einer Hügellage (10' 09' **08 07**) und ein blumig-pfeffriger Syrah mit gutem Preis-Leistungs-Verhältnis. Außerdem saftiger, weicher PINOT GRIS.

Blackenbrook Nel r w ★★ Kleine Kellerei mit hervorragenden aromatischen Weißweinen, v. a. duftendem, vollem GEWÜRZTRAMINER im Elsässer Stil, PINOT GRIS und (seltener) MUSCAT. Dazu ausdrucksstarker SAUVIGNON BLANC und äußerst vielversprechender MONTEPULCIANO. Zweitetikett: St Jacques.

Borthwick Wairarapa r w ★★ Winzer in Gladstone mit lebhaftem, tropenfruchtigem SAUVIGNON BLANC, reichhaltigem, eher trockenem RIESLING, pfirsichduftigem, toastwürzigem CHARDONNAY, fülligem, trockenem PINOT GRIS und duftendem, geschmeidigem PINOT NOIR.

Brancott Estate Marlb r w ★→★★★ Markenname von PERNOD RICARD NEW ZEALAND, der weltweit an die Stelle von Montana getreten ist. Spitzenweine: Letter Series (z. B. SAUVIGNON BLANC »B« Brancott). Verkaufsschlager: lebhafter, grasiger MARLBOROUGH SAUVIGNON BLANC und floraler, unkomplizierter PINOT NOIR South Island. Neue Mittelklassereihe: Special Reserve (voller Sauvignon blanc und PINOT GRIS). Unter dem Etikett Living Land wird Bio-Wein vertrieben, Flight steht für alkoholarme Weine. Chosen Rows ist ein klassischer, kompakter, langlebiger Sauvignon blanc (**10'**).

Brightwater Nel (r) w ★★ Eindrucksvolle Weißweine, v. a. knackiger, geschmacksintensiver SAUVIGNON BLANC, frischer, halbtrockener RIESLING, lebhafter, zitrusfruchtiger CHARDONNAY mit zarter Eichennote und reichhaltiger, zart-süßer PINOT GRIS. Der preisgünstige PINOT NOIR wird immer besser. Spitzenweine: Lord Rutherford.

Brookfields Hawk r w ★★ Alteingesessener Betrieb mit soliden Weinen. Kraftvoller, langlebiger CABERNET SAUVIGNON/MERLOT-Verschnitt Gold

Label, guter CHARDONNAY, PINOT GRIS, GEWÜRZTRAMINER, VIOGNIER und SYRAH (v.a. der robuste, würzige Syrah Hillside **09**). Zufriedenstellender Merlot Burnfoot im mittleren Preissegment und Cabernet Sauvignon Ohiti.

Cable Bay Waiheke r (rs) w ★★ Mittelgroßer Betrieb mit sehr ausgefeiltem CHARDONNAY, robustem, komplexem VIOGNIER und mächtigem, aber stilvollem SYRAH. Dazu subtiler, fein strukturierter MARLBOROUGH SAUVIGNON BLANC. Zweitetikett: Selection.

Canterbury Fünftgrößte Weinbauregion Neuseelands. Fast alle Anbauflächen liegen im relativ warmen, geschützten nördlichen Waipara. Den größten Erfolg hat RIESLING (seit Mitte der 1980er-Jahre), später kam auch PINOT NOIR dazu. Neuerdings guter GEWÜRZTRAMINER und PINOT GRIS. SAUVIGNON BLANC wird ebenfalls verbreitet angebaut.

Carrick C-Ot r w ★★★ Kellerei in Bannockburn mit intensivem RIESLING (trockener und halbtrockener CENTRAL OTAGO sowie lieblicher Josephine), festem, elegantem CHARDONNAY und dicht gefügtem PINOT NOIR (11), der viele Jahre vor sich hat.

Central Otago C-Ot r **10' 12** w **10' 12** 13 – Kühle, regenarme, hochgelegene Region im Landesinneren (nun die drittgrößte des Landes) im Süden der Südinsel; die wichtigste Stadt ist Queenstown. Aromatischer, knackiger RIESLING und PINOT GRIS; der PINOT NOIR (75 % der Anbaufläche) mit ausgeprägtem Duft und lebhafter Fruchtigkeit hat jung schon Charme, Spitzenweine reifen aber 5 Jahre und mehr. Vielversprechend ist der Schaumwein im Champagnerstil.

Chard Farm C-Ot r w ★★ Innovatives Weingut mit üppigem, öligem PINOT GRIS und duftendem, mittelschwerem, geschmeidigem PINOT NOIR (der River Run ist floral und anmutig, der Mata-Au komplexer). Leichter, weicher Pinot noir Rabbit Ranch.

Church Road Hawk r w ★★→★★★ Kellerei im Besitz von PERNOD RICARD NEW ZEALAND mit langer Tradition in Hawke's Bay. Voller CHARDONNAY-Stil; reifer, teilweise in Eiche ausgebauter SAUVIGNON BLANC; PINOT GRIS nach Elsässer Art; dunkler, vollmundiger MERLOT/CABERNET SAUVIGNON (preiswert). Beeindruckende Grand-Reserve-Reihe und roter TOM (**07'** 09') im Stil eines hochklassigen Bordeaux. Die neue Reihe McDonald – zwischen Standard und Grand Reserve angesiedelt – bietet bemerkenswerte Qualität zu günstigen Preisen.

Churton Marlb r w ★★ Von der etwas höheren Lage im Waihopai Valley kommt geschmeidiger, knochentrockener SAUVIGNON BLANC, außerdem stämmiger, cremiger VIOGNIER und duftender, harmonischer PINOT NOIR (**10'** 11), v.a. The Abyss von den ältesten Reben und mit größerer Tiefe. Das Weingut hat Neuseelands ersten PETIT MANSENG (12) herausgebracht.

Clearview Hawk r (rs) w ★★→★★★ Weinberg an der Küste (auch Trauben aus dem Landesinneren werden verwendet): mächtiger, vollmundiger CHARDONNAY Reserve, eindrucksvoller, in Eiche vergorener SAUVIGNON BLANC Reserve, dunkler, voller CABERNET FRANC Reserve, Enigma (auf MERLOT-Basis) und CABERNET SAUVIGNON/Cabernet franc-Verschnitt Old Olive Block. Zweite Riege: Beachhead, Cape Kidnappers.

Clifford Bay Marlb r w ★→★★ Gute, erschwingliche Weine von Foley Family Wines: Am besten ist der SAUVIGNON BLANC mit frischen, rassigen Stachelbeer- und Limettennoten; auch duftender, lebhafter PINOT GRIS und floraler, charmanter PINOT NOIR.

Clos Henri Marlb r w ★★→★★★ Von Henri Bourgeois aus Sancerre gegründet. Gewichtiger, schön abgerundeter SAUVIGNON BLANC (von steinigem Boden), der zu den besten Neuseelands zählt, und robuster, reifer, fester PINOT NOIR (Lehmboden). Zweitmarke: Bel Echo. Drittmarke: preisgünstiger Petit Clos (von jungen Reben).

Cloudy Bay Marlb r w; sch ★★★ In großen Mengen erzeugter SAUVIGNON BLANC (gewichtig, trocken, feine Textur; seit 2010 z. T. im Fass ausgebaut) – Neuseelands berühmtester Wein (**13'**). Der CHARDONNAY (**11**) ist robust, komplex und frisch, der PINOT NOIR (**10' 11**) reichhaltig und geschmeidig; beide sind erstklassig. Außerdem toastwürziger, voller, eleganter Jahrgangs-Schaumwein Pelorus und Schaumwein auf Chardonnay-Basis oJ. Jeweils ihren eigenen ausgeprägten Charakter haben GEWÜRZTRAMINER, Late Harvest RIESLING, fassgereifter halbtrockener Riesling und Te Koko (in Eiche ausgebauter Sauvignon blanc). Seit 2010 kraftvoller, intensiver, jugendlicher PINOT NOIR (Te Wahi) aus CENTRAL OTAGO. Im Besitz von LVMH.

Constellation New Zealand Auck r (rs) w ★→★★ Neuseelands größte Weinfirma, vormals Nobilo Wine Group und jetzt im Besitz von Constellation Brands mit Hauptsitz in den USA. Am stärksten mit soliden Weinen auf mittlerem Preisniveau. Der SAUVIGNON BLANC Nobilo aus MARLBOROUGH (frisch, reif, tropisch) ist ein Bestseller in den USA. Höherwertige Sortenweine tragen das Etikett Nobilo Icon (eindringlicher, grasiger Sauvignon blanc). Sehr guter, süßfruchtiger Sauvignon blanc Drylands. Siehe auch KIM CRAWFORD, MONKEY BAY und SELAKS.

Coopers Creek Auck r w ★★→★★★ Innovativer mittelgroßer Erzeuger mit einem guten Angebot preiswerter Weine aus vier Regionen. Exzellenter CHARDONNAY Swamp Reserve, guter SAUVIGNON BLANC, RIESLING, MERLOT, dazu außerordentlich günstiger VIOGNIER. Die Reihe SV (Select Vineyard) deckt den mittleren Qualitätsbereich ab. Produzierte Neuseelands ersten ARNEIS (2006), GRÜNEN VELTLINER (2008) und ALBARIÑO (2011).

Craggy Range Hawk r w ★★★ Ehrgeizige Kellerei mit großen Rebflächen in HAWKE'S BAY und MARTINBOROUGH. Sehr stilvoller CHARDONNAY und PINOT NOIR, ausgezeichneter, reichhaltiger MERLOT und SYRAH der mittleren Qualitätsstufe aus GIMBLETT GRAVELS, außerdem bemerkenswert dichter, reifer Sophia (Merlot), The Quarry (CABERNET SAUVIGNON) und umwerfender SYRAH Le Sol (**09' 10'** 11). Die meisten neuen Rotweine sind geschmeidiger, ausgefeilter.

Delegat's Auck r w ★★ Sehr großes Unternehmen (2 Mio. Kisten/Jahr) in der Hand der Geschwister Jim und Rose Delegat. Weinberge in HAWKE'S BAY und MARLBOROUGH. Enorm erfolgreich ist die Marke OYSTER BAY. Ab 2012 wurde die Reihe aufpoliert: straffer, knackiger, zitroniger CHARDONNAY, vollmundiger, grasiger SAUVIGNON BLANC und lebhaft fruchtiger, geschmeidiger MERLOT.

Destiny Bay Waiheke r ★★→★★★ Amerikanische Auswanderer erzeugen Rotweine im Bordeaux-Stil: brombeerfruchtig und seidig. Flaggschiff ist der gehaltvolle, tiefe, saftige Magna Praemia (**08'**), hauptsächlich von CABERNET SAUVIGNON. Mittlere Qualitätsstufe: Mystae (**09**). Erstklassig, aber auch sehr teuer.

Deutz Auck sch ★★★ Der Name für kultivierte Schaumweine, die in MARLBOROUGH von PERNOD RICARD NEW ZEALAND produziert werden, kommt vom französischen Champagnerhaus. Der Wein ohne Jahrgangsangabe ist lebhaft und toastwürzig (mindestens zwei Jahre auf dem Hefesatz), während sich der Jahrgangs-Blanc-de-Blancs fein duftend, lebhaft und eindringlich zeigt. Der Rosé ist knackig frisch, mit Toast- und Erdbeernoten. Der erstklassige Prestige von 2005 besteht hauptsächlich aus CHARDONNAY.

Distant Land Auck r w ★★ Recht neue Marke von der alten Familienkellerei Lincoln. Knackiger, kräftiger MARLBOROUGH SAUVIGNON BLANC, angenehm würziger GEWÜRZTRAMINER und duftender, reichhaltiger Malborough PINOT GRIS.

Dog Point Marlb r w ★★★ Winzer Ivan Sutherland und Kellermeister James Healy (beide früher bei CLOUDY BAY) erzeugen komplexen, straffen eichenfassgereiften SAUVIGNON BLANC (Section 94), CHARDONNAY (elegant, zitrusfruchtig, alterungswürdig) und vollen, fein gefügten PINOT NOIR (**10' 11**), einen der besten der Region. Auch gewichtiger, trockener Sauvignon blanc (**12'**) ohne Holznote.

Dry River Martinb r w ★★★ Kleiner Pionierbetrieb, jetzt in US-Besitz. Guter Ruf für eleganten, langlebigen CHARDONNAY, RIESLING, PINOT GRIS (Neuseelands erster herausragender Pinot gris) und GEWÜRZTRAMINER, weiße Spätlesen sowie floralen, süßfruchtigen, sich langsam entwickelnden PINOT NOIR (**09'**, 10, 11) und dicht gefügten, eleganten SYRAH (**11**).

Elephant Hill Hawk r (rs) w ★★ In deutschem Besitz; Rebflächen und stilvolle Kellerei in Te Awanga an der Küste, bezieht aber auch Trauben aus dem Landesinneren. Raffinierte Weine: reiner VIOGNIER, reichhaltiger CHARDONNAY, aromatischer PINOT GRIS und floraler, konzentrierter SYRAH.

Eradus Marlb ★★ Erzeuger im AWATERE VALLEY mit frischem, kräuterwürzigem, intensiv aromatischem SAUVIGNON BLANC, sehr gutem PINOT GRIS und charmantem PINOT NOIR.

Escarpment Martinb r (w) ★★★ Fleischiger, fassvergorener PINOT GRIS und robuster CHARDONNAY; am besten bekannt für komplexen, konzentrierten PINOT NOIR von Larry McKenna (früher bei MARTINBOROUGH VINEYARD). Spitzenwein: Kupe (10' 11). Rotweine von alten Reben aus Einzellagen seit 2006 auf dem Markt. Der Martinborough Pinot noir ist ein regionaler Verschnitt (**10' 11**).

Esk Valley Hawk r rs w ★★→★★★ Im Besitz von VILLA MARIA. Spitzenrotweine auf MERLOT-Basis (v. a. der Verschnitt Winemakers Reserve 11 **10' 09'**), ausgezeichneter Rosé sowie körperreicher, buttriger CHARDONNAY mit Pfirsichnoten, knackiger, recht trockener CHENIN BLANC und VERDELHO. Flaggschiff-Rotwein: The Terraces (kraftvoller, würziger Einzellagenverschnitt von MALBEC, Merlot und CABERNET FRANC; **09' 06'**).

Fairhall Downs Marlb r w ★★ Weine von einer hoch gelegenen Einzellage im Brancott Valley: gewichtiger, trockener PINOT GRIS, vollmundiger CHARDONNAY mit Pfirsich- und Nussnoten, reichhaltiger, süßfruchtiger SAUVIGNON BLANC und duftiger, weicher PINOT NOIR. Zweitmarke: Torea (günstig).

Felton Road C-Ot r w ★★★ Starkellerei in Bannockburn. Mächtiger, gleichwohl anmutiger PINOT NOIR Block 3 und 5 (**10'** 11 12') aus dem Weinberg The Elms; leichter, intensiver RIESLING (trocken und halbtrocken) der Extraklasse; voller, zitroniger, langlebiger CHARDONNAY (v. a. Block 2); Staretikett ist der intensiv duftende, ausgewogene Pinot noir Bannockburn (**12'**). Andere sehr feine Pinot-noir-Weine von Einzellagen: Cornish Point, Calvert.

Forrest Marlb r (rs) w ★★ Mittelgroße Kellerei mit großem Angebot: verlässlicher SAUVIGNON BLANC und RIESLING, fantastischer edelfauler Riesling und sehr schmackhafter Cornerstone (ein Verschnitt im Bordeaux-Stil) vom Newton Forrest Estate in HAWKE'S BAY. Ausgezeichnete Vorzeigereihe mit Namen John Forrest Collection. Beliebte alkoholarme (9%) Weine (Riesling und Sauvignon blanc) unter dem Label The Doctors'.

Framingham Marlb (r) w ★★ Im Besitz von Sogrape (Portugal). Besonders stark bei aromatischen Weißweinen: intensiver, würziger RIESLING (v. a. der reichhaltige Classic) von 30 Jahre alten Reben sowie duftender, üppiger PINOT GRIS und GEWÜRZTRAMINER. Außerdem feiner SAUVIGNON BLANC und duftiger, seidiger PINOT NOIR.

Fromm Marlb r w ★★★ Hervorragender PINOT NOIR, v. a. der dichte, fest strukturierte Fromm Vineyard (**09'** 10') und der aromatischere, geschmeidige Clayvin Vineyard von einer Hügellage (**10'**). Außerdem stilvoller, zitrusfrischer CHARDONNAY Clayvin und RIESLING Dry. Auch die früher zu genießenden Weine der Reihe La Strada sind sehr gut. Clayvin Vineyard ist zwar an GIESEN verpachtet, doch Fromm bezieht weiterhin Traubengut von dort.

Gibbston Valley C-Ot r (rs) w ★★→★★★ Pionierkellerei mit beliebtem Restaurant in Gibbston; die meisten Weinberge liegen in Bendigo. Hervorragender Ruf für PINOT NOIR, v. a. für den reichhaltigen Verschnitt aus CENTRAL OTAGO und den üppig fruchtigen Reserve (**09' 12'**). Rassiger, halbtrockener RIESLING und duftender, körperreicher PINOT GRIS. Der Gold River Pinot noir zeigt jung seinen Charme.

Giesen Cant (r) w ★→★★ Großer Familienbetrieb, hauptsächlich mit reifem, würzigem MARLBOROUGH SAUVIGNON BLANC. Qualität fürs Geld bietet der generöse, leicht süße RIESLING. Dazu kommen der schlagkräftige Sauvignon blanc The Brothers und der gewichtige fassvergorene Sauvignon blanc The August. Immer besser werdender PINOT NOIR (v. a. The Brothers).

Gimblett Gravels Hawk – Weinbaugebiet (800 ha bepflanzt) mit gut wasserableitenden, wenig fruchtbaren Böden; bekannt für volle Rote im Bordeaux-Stil (typischerweise auf MERLOT-Basis, auf steinigen Böden allerdings bevorzugt CABERNET SAUVIGNON) und blumigen, lebhaften SYRAH-Weinen. Die besten davon sind Weltklasse. Auch kraftvoller, langlebiger CHARDONNAY und VIOGNIER.

Gisborne r **10'** 13' w **10' 13'** – Neuseelands viertgrößte Weinregion an der Ostküste der Nordinsel, in den letzten fünf Jahren allerdings mit schrumpfender Rebfläche. Reichlich Sonne, häufig aber auch regnerisch, sowie fruchtbare Böden. Besondere Stärke ist CHARDONNAY (herrlich duftige und in der Jugend weiche Weine; die besten entwickeln sich gut weiter). Ausgezeichnet sind GEWÜRZTRAMINER und VIOGNIER; MERLOT und PINOT GRIS etwas wechselhafter. Interesse an ALBARIÑO. Starkellerei: MILLTON.

Gladstone Vineyard Wairarapa r w ★★ Tropischer SAUVIGNON BLANC, gewichtiger, weicher PINOT GRIS, guter trockener RIESLING, hochklassiger VIOGNIER und sehr anmutiger PINOT NOIR unter der Spitzenmarke Gladstone. 12.000 Miles ist eine Marke im unteren Preissegment.

Grasshopper Rock C-Ot r ★★→★★★ Gutseigene Weinberge in Alexandra, feinster Rotwein des Unterbereichs (**10' 11 12'**): anmutig, harmonisch, mit ausgeprägten Kirsch- und Trockenkräuteraromen. Großartiges Preis-Leistungs-Verhältnis.

Greenhough Nel r w ★★→★★★ Einer der kleinen Toperzeuger der Region mit tadellosem RIESLING, SAUVIGNON BLANC, CHARDONNAY und PINOT NOIR. Spitzenmarke: Hope Vineyard (komplexer Bio-Chardonnay, fülliger PINOT BLANC von alten Reben und Pinot noir mit Pilznoten (**08'** **10**).

Greystone Waipara (r) w ★★★ Spitzenbetrieb, insbesondere für voll entwickelte, reichhaltige aromatische Weißweine (RIESLING, GEWÜRZTRAMINER und PINOT GRIS). Rasch besser werdender CHARDONNAY und SAUVIGNON BLANC sowie PINOT NOIR. Hat 2011 MUDDY WATER gekauft.

Greywacke Marlb r w ★★→★★★ Beeindruckende Weine von Kevin Judd (ehemals CLOUDY BAY). Reiner, eindringlicher SAUVIGNON BLANC, gewichtiger, komplexer CHARDONNAY, fleischiger PINOT GRIS, zart süßer RIESLING und seidiger, vollmundiger PINOT NOIR. Der fassgereifte Wild Sauvignon hat jede Menge Charakter.

Grove Mill Marlb r w ★★ Attraktive Weißweine, v. a. ausdrucksstarker SAUVIGNON BLANC und leicht süßer RIESLING; die Roten sind weniger interessant. Preiswerte Tropfen der unteren Klasse tragen das Etikett Sanctuary. Gehört mittlerweile zu Foley Family Wines.

Hāhā Hawk ★★ Geschmacksintensiver MARLBOROUGH SAUVIGNON BLANC, cremig weicher Marlborough CHARDONNAY sowie Marlborough PINOT NOIR von mittlerer Komplexität – alle zum Schnäppchenpreis.

Hans Herzog Marlb r w ★★★ Der warme, steinige Weinberg in Rapaura liefert kraftvollen, langlebigen MERLOT/CABERNET SAUVIGNON (der großartigste der Region), MONTEPULCIANO, PINOT NOIR, stämmigen trockenen VIOGNIER und PINOT GRIS sowie fülligen, in Eiche ausgebauten SAUVIGNON BLANC. Wird in Europa und den USA unter dem Namen Hans verkauft.

Hawke's Bay r **09' 10'** 13' w **10'** 13' – Das zweitgrößte Anbaugebiet Neuseelands mit einer langen Weinbautradition; sonniges, warmes Klima. In guten Jahren entstehen hier reichhaltige, erstklassige Weine auf MERLOT- und CABERNET-SAUVIGNON-Basis; SYRAH (blumig mit lebhaften Noten von Pflaumen und schwarzem Pfeffer) ist der rasant aufsteigende Star der Region. Auch kraftvoller CHARDONNAY mit Pfirsichnoten, reifer, abgerundeter SAUVIGNON BLANC (passt zur Eiche) und Neuseelands bester VIOGNIER. Die erhöhten, kühleren Lagen im Zentrum der Region eignen sich für PINOT NOIR.

Highfield Marlb r w; sch ★★ Leichter, intensiver RIESLING, zitrusfrischer, zum Essen passender CHARDONNAY, makelloser, rassiger SAUVIGNON BLANC und generöser, saftiger PINOT NOIR. Der Schaumwein Elstree fiel in jüngster Zeit unterschiedlich aus. Zweitmarke: Paua. Vom Turm im toskanischen Stil hat man einen wunderbaren Blick.

Huia Marlb (r) w; (sch) ★★ Befriedigender Bio-SAUVIGNON BLANC, mächtiger, herzhafter PINOT NOIR (**10'**), komplexer Brut (**06**). Im unteren Preissegment ist die Reihe Hunky Dory.

Hunter's Marlb (r) (rs) w; (sch) ★★→★★★ Mittelgroßes Pionier-Weingut mit klassischem trockenem, tropenfruchtigem SAUVIGNON BLANC. Der CHARDONNAY ist lebhaft, mit zartem Eicheneinfluss. Exzellenter Schaumwein (MiruMiru). RIESLING, GEWÜRZTRAMINER und PINOT GRIS lohnen alle einen Versuch und bieten viel für's Geld. Der PINOT NOIR ist ein einladend kurzweiliger Tropfen.

Invivo Auck r w ★★ Energiegeladener Betrieb mit intensivem, mineralischem MARLBOROUGH SAUVIGNON BLANC mit Nesselnote, körperreichem trockenem Marlborough PINOT GRIS und verlässlichem CENTRAL OTAGO PINOT NOIR mittlerer Komplexität.

Isabel Estate Marlb r w ★→★★ Familiengut mit einst überragendem PINOT NOIR, SAUVIGNON BLANC und CHARDONNAY; in letzter Zeit durchwachsene Qualität. Scheint sich seit 2013 aber wieder aufzurappeln. Knackiger, eher trockener PINOT GRIS.

Jackson Estate Marlb r w ★★ Der reichhaltige, reife SAUVIGNON BLANC Stich ist stets hervorragend. Außerdem sehr attraktiver CHARDONNAY mit zarter Eichennote und reichhaltiger, süßfruchtiger PINOT NOIR (**10'**). Meist gutes Preis-Leistungs-Verhältnis.

Johanneshof Marlb (r) w; sch ★★ Kleine Kellerei mit gutem Ruf für überaus duftigen, zart süßen, weichen GEWÜRZTRAMINER (einer der feinsten in Neuseeland). Außerdem lebhafter, frischer trockener Schaumwein, sehr guter RIESLING und PINOT GRIS. Der PINOT NOIR aus kühler, nasser Lage ist weniger aufregend.

Jules Taylor Marlb r rs w ★★ Beeindruckende Reihe mit reichhaltigem, zitrusfrischem, cremigem CHARDONNAY, stämmigem trockenem PINOT GRIS, erstklassigem, intensivem SAUVIGNON BLANC und duftendem, dichtem PINOT NOIR (**11'**). Preisgünstig.

Julicher Martinb r w ★★ Kleiner Erzeuger mit guten Weißweinen (v. a. lebhaftem CHARDONNAY mit Zitrus- und leichten Biskuitnoten) sowie markantem, herzhaftem PINOT NOIR (**10' 11**). Der 99 Rows ist der Pinot noir der zweiten Riege und sehr preiswert.

Kim Crawford Hawk ★★ Die Marke ist im Besitz von CONSTELLATION NEW ZEALAND. Leicht zugängliche Weine, darunter duftiger, schmackhafter MARLBOROUGH SAUVIGNON BLANC (trotz 1 Mio. Kisten/Jahr gute Qualität). Zur Spitzenmarke SP (Small Parcels) gehört auch der gewichtige, reife Sauvignon blanc Spitfire mit tropischen Fruchtnoten.

Kumeu River Auck (r) w ★★★ Der volle, komplexe Estate CHARDONNAY (**10' 11**) stammt aus unterschiedlichen Lagen. Der Einzellagen-Chardonnay Mate's Vineyard (der Weinberg wurde 1990 angelegt) ist noch üppiger (**10' 11**). Aufsteigender Stern ist der Einzellagen-Chardonnay Hunting Hill (**10' 11**): bemerkenswert ausgefeilt und engmaschig gefügt. Außerdem gewichtiger, blumiger PINOT GRIS und robuster, erdiger PINOT NOIR.

Lake Chalice Marlb (r) w ★★ Mittelgroßer Erzeuger mit lebhaftem, cremigem CHARDONNAY, eindringlichem, leicht lieblichem RIESLING und SAUVIGNON BLANC von guter Qualität (v. a. The Raptor: intensiv und schwungvoll). Solider PINOT NOIR. Spitzenetikett: Platinum. Unteres Preissegment: The Nest.

Lawson's Dry Hills Marlb (r) (rs) w ★★→★★★ Weine mit gutem Preis-Leistungs-Verhältnis, u. a. prägnanter SAUVIGNON BLANC mit leichter Eichennote und exotisch duftender, robuster GEWÜRZTRAMINER. Trockener, toastwürziger, flaschengereifter RIESLING und CHARDONNAY. Der PINOT NOIR wird immer besser. Spitzenreihe: The Pioneer.

Lindauer Auck ★★ Die enorm beliebte Schaumweinmarke (v. a. der Lindauer Brut mit Flaschengärung) wurde 2010 von PERNOD RICARD NEW ZEALAND an Lion Nathan (Australien) verkauft. Die neuesten Abfüllungen zeigen Reife und Komplexität und sind preisgünstig.

Lowburn Ferry C-Ot r ★★ Spezialist für PINOT NOIR. Flaggschiff ist The Ferryman (elegant, feminin; **10'**). Außerdem Home Block (fleischig, reichhaltig, seidig; **10' 12**) und Skeleton Creek (nicht immer von gutseigenen Trauben, aber konzentriert und komplex).

Mahi Marlb r w ★★ Stilvolle, komplexe Weine von Brian Bicknell (ehemals SERESIN): süßfruchtiger SAUVIGNON BLANC mit feinem Gefüge (z. T. in Eiche ausgebaut); gewichtiger, lebhafter CHARDONNAY mit leichter Holznote; vollmundiger PINOT NOIR mit Pilznote.

Man O' War Auck r w ★★★ Das größte Gut auf Waiheke Island. Knackige Weiße von CHARDONNAY und SAUVIGNON BLANC, außerdem beeindruckender PINOT GRIS (von Reben, die auf der Nachbarinsel Ponui wachsen). Dichte Rotweine im Bordeaux-Stil, v. a. Ironclad (**10'**), und kraftvoller, würziger, fester SYRAH Dreadnought (**10'**).

Margrain Martinb r w; sch ★★ Die kleine Kellerei erzeugt straffen, langlebigen CHARDONNAY, RIESLING, PINOT GRIS, GEWÜRZTRAMINER und CHENIN BLANC sowie reichhaltigen, komplexen PINOT NOIR. Der River's Edge ist früh trinkreif. Ein schlanker, munterer Schaumwein ist La Michelle.

Marisco Marlb r w ★★ Schnell wachsender Betrieb im Waihopai Valley im Besitz von Brent Marris, früher bei WITHER HILLS, mit den beiden Marken The Ned und (seit Kurzem) Marisco The King's Series. Angesehener SAUVIGNON BLANC, CHARDONNAY, PINOT GRIS, PINOT NOIR.

Marlborough r **10' 12** 13'; w **13'** – Das mit Abstand größte Weinbaugebiet Neuseelands (zwei Drittel der gesamten Rebfläche) an der Spitze der Südinsel. Warme, sonnige Tage und kalte Nächte sorgen für aromatische, frische Weißweine. Intensiver SAUVIGNON BLANC mit variantenreichem

Bukett: von pikanten, an grüne Paprikaschoten erinnernden Noten bis zu reifen Tropenfrüchten. Frischer halbtrockener RIESLING (neue Welle von lieblichen Weinen mit niedrigem Alkoholgehalt), mit der beste PINOT GRIS und GEWÜRZTRAMINER in Neuseeland. Der CHARDONNAY ist schlanker als in HAWKE'S BAY, kann aber gut reifen. Erstklassige Schaumweine, edelfauler Riesling. Der PINOT NOIR wird unterschätzt, die besten Exemplare (von nach Norden ausgerichteten Hügellagen mit Lehmboden) gehören zum Feinsten, was Neuseeland zu bieten hat. Die Aufmerksamkeit richtet sich jetzt auch auf GRÜNEN VELTLINER.

Schaumweine Méthode Marlborough
Der neueste Weinliebling in Marlborough heißt Schaumwein: Neun Erzeuger haben sich zusammengeschlossen, um ihn erfolgreich zu vermarkten. Das Traubengut muss aus Marlborough stammen und darf nur aus PINOT NOIR, CHARDONNAY oder PINOT MEUNIER bestehen. Vorgeschrieben sind ferner Flaschengärung und Hefesatzlagerung von mindestens 18 Monaten. Zu den Hauptmarken zählen CLOUDY BAY Pelorus, Daniel Le Brun (von Lion Nathan) und NAUTILUS. Schäumender Sauvignon blanc ist wohl eher etwas für Kenner ...

Martinborough Wairarapa r **09 10** 13'; w **10' 13'** – Kleiner, renommierter Bezirk im Süden WAIRARAPAs (am Fuß der Nordinsel). Im Sommer warm, im Herbst trocken; kieshaltige Böden. Erfolg mit mehreren weißen Traubensorten (v.a. SAUVIGNON BLANC und PINOT GRIS werden großflächig angebaut). Berühmt wurde das Gebiet jedoch Mitte/Ende der 1980er-Jahre durch seinen robusten, vollen und langlebigen PINOT NOIR.

Martinborough Vineyard Martinb r (rs) (w) ★★★ Bemerkenswerte kleine Kellerei; berühmt ist der würzige, komplexe PINOT NOIR (**07' 10'**) mit Nuss- und Kirschnoten. Außerdem reichhaltiger CHARDONNAY mit Biskuitnote, intensiver RIESLING (trocken und lieblich) und voller, halbtrockener PINOT GRIS. Weitere Marken sind Burnt Spur mit Einzellagengewächsen und Te Tera mit jung zu trinkenden Weinen (u.a. sehr preiswerter Pinot noir).

Matahiwi Wairarapa r w ★→★★ Eine der größeren Kellereien der Region. Die Spitzenreihe Holly bietet u.a. reichhaltigen, pfirsichfruchtigen und toastwürzigen CHARDONNAY, fassvergorenen SAUVIGNON BLANC mit Passionsfrucht- und Limettennoten sowie generösen, schmackhaften PINOT NOIR. Zweitetikett: Mt Hector.

Matawhero Gis r (rs) w ★★ Der einstige Spitzenerzeuger von GEWÜRZTRAMINER in den 1980er-Jahren hat den Besitzer gewechselt. Im Angebot sind jetzt ein guter, fruchtbetonter CHARDONNAY, Gewürztraminer (saftig, weich), ALBARIÑO, ARNEIS und GRÜNER VELTLINER. Topreihe: Church House.

Matua Valley Auck r w ★→★★ Produzierte 1974 den ersten SAUVIGNON BLANC Neuseelands (mit Traubengut aus Auckland). Jetzt im Besitz von Treasury Wine Estates (TWE) mit Anbauflächen in vier Regionen. Weine aus GISBORNE (v.a. Judd CHARDONNAY), HAWKE'S BAY, MARLBOROUGH und CENTRAL OTAGO, die meisten sind angenehm zu trinken und zugänglich. Ein gutes Preis-Leistungs-Verhältnis hat der lebhafte, geschmacksintensive Shingle Peak Sauvignon blanc. Dazu kommt eine Luxus-Reihe mit Einzellagenweinen, u.a. kraftvoller, bemerkenswert komplexer Marlborough Chardonnay (**11'**) und mächtiger MERLOT und SYRAH (**10'**).

Mills Reef Bay of Plenty r w ★★→★★★ Eindrucksvolle Weine aus Lesegut von eigenen Lagen in GIMBLETT GRAVELS und anderem Traubengut aus

HAWKE'S BAY. Das Spitzensortiment Elspeth umfasst reichhaltigen CHARDONNAY, kraftvolle Rotweine im Bordeaux-Stil und SYRAH (die letzten Jahrgänge sind ausgefeilter und geschmeidiger). Die roten Reserve-Weine sind ebenfalls konzentriert und dabei recht preiswert.

Millton Gis r (rs) w ★★→★★★★ Der beste Erzeuger in Gisborne produziert biologisch (zertifiziert). Konzentriert, komplex und charaktervoll präsentiert sich das Sortiment Clos de Ste. Anne (CHARDONNAY, CHENIN BLANC, VIOGNIER, SYRAH, PINOT NOIR) von einer hoch gelegenen Einzellage. Der langlebige Chenin blanc (mit ausgeprägten Honignoten in feuchteren Jahren) ist der feinste Neuseelands. Der Viognier Riverpoint Vineyard ist erstklassig und preisgünstig. Einfachere Weine werden in der Reihe Crazy by Nature angeboten.

Misha's C-Ot r w ★★ Großes Gut in Bendigo. Stets erstklassiger GEWÜRZTRAMINER, PINOT GRIS, RIESLING (trockener Lyric und halbtrockener Limelight), lebhafter, pikanter SAUVIGNON BLANC und herzhafter, komplexer PINOT NOIR (der Verismo liegt länger im Eichenfass).

Mission Hawk r (rs) w ★★ Ältester Weinbaubetrieb Neuseelands, erste Rebpflanzungen 1851, noch immer unter der Leitung der Catholic Society of Mary. Ordentliche sortenreine Weine: der fruchtbetonte SYRAH und der PINOT NOIR (aus MARTINBOROUGH) sind besonders preiswert. Die Reserve-Reihe umfasst u. a. gute Rote im Bordeaux-Stil, dazu Syrah, in Eiche ausgebauter SAUVIGNON BLANC und CHARDONNAY. Die Spitzenweine laufen unter dem Namen Jewelstone (Chardonnay und CABERNET/MERLOT **09'** mit echter Klasse). 2012 Ankauf von ausgedehntem Rebland im AWATERE VALLEY (prägnanter, knackiger MARLBOROUGH SAUVIGNON BLANC).

Mondillo C-Ot r w ★★ Neuer Star in Bendigo mit duftendem, zitrusfruchtigem, leicht süßem RIESLING und verlockend floralem, wuchtigem, schmackhaftem PINOT NOIR (**09' 10** 12).

Monkey Bay r w ★ Marke von CONSTELLATION NEW ZEALAND mit bescheidenen Preisen, beliebt in den USA. Süffiger, relativ trockener CHARDONNAY, frischer, leicht lieblicher SAUVIGNON BLANC, leichter PINOT GRIS; frischer, fruchtiger MERLOT.

Morton Estate Bay of Plenty r w; sch ★→★★ Mittelgroßer Erzeugerbetrieb mit Anbauflächen in HAWKE'S BAY und MARLBOROUGH. Kraftvoller CHARDONNAY Black Label und herausragender Chardonnay Coniglio (**10'**). Gut und preisgünstig sind der Chardonnay White Label und der Schaumwein Premium Brut; ebenso der VIOGNIER und der PINOT GRIS. Die Roten sind weniger interessant.

Mountford Waipara r w ★★→★★★ Kleiner Spitzenerzeuger mit Anbauflächen auf Kalksteinhügeln. Saftiger, reichhaltiger, sehr würziger PINOT NOIR (v. a. The Gradient, The Rise **09'**) und kraftvoller, komplexer CHARDONNAY.

Mount Riley Marlb r w ★★ Mittelgroßer Familienbetrieb. Ausdrucksstarker, preiswerter SAUVIGNON BLANC, fein gefügter PINOT GRIS, jung zu trinkender, guter CHARDONNAY, zugänglicher PINOT NOIR. Die Spitzenweine heißen Seventeen Valley (eleganter, komplexer Chardonnay **11**).

Mt Difficulty C-Ot r (rs) w ★★→★★★ Qualitätserzeuger im warmen Bannockburn. Kraftvoller, konzentrierter PINOT NOIR: der Roaring Meg ist für baldigen Genuss bestimmt, außerdem dichter, nachhaltiger Pipeclay Terrace (**09'**) von einer Einzellage. Erstklassige Weißweine (RIESLING, PINOT GRIS) und erfreulicher Rosé.

Muddy Water Waipara r w ★★→★★★ Der kleine, hochklassige Erzeuger gehört jetzt zu GREYSTONE. Intensiver RIESLING (einer der besten Neuseelands), mineralischer CHARDONNAY und schmackhafter, bemerkenswert komplexer PINOT NOIR (v. a. Slowhand **10'** von den ältesten, ertragsarmen Reben).

Mud House Cant r w ★★ Große Kellerei mit Sitz in MARLBOROUGH mit Weinen von der Südinsel (inkl. WAIPARA und CENTRAL OTAGO); wurde 2013 von Accolade Wines (in Australien ansässig) übernommen. Zu den Marken zählen Mud House, WAIPARA HILLS und Hay Maker (die untere Stufe). Regionale Verschnitte sind z. B. der schwungvolle Marlborough SAUVIGNON BLANC (erstklassig und preiswert). Exzellente Estate-Weine (von Einzellagen) und die Reihe Single Vineyard (aus Trauben von Vertragswinzern).

Nautilus Marlb r w; sch ★★ Mittelgroße, sehr verlässliche Händlergruppe in Neuseeland im Besitz von S. Smith & Sons (Australien). Spitzengewächse sind u. a. der straffe, trockene SAUVIGNON BLANC (kommt mit Flaschenreife auf den Markt), der hochklassige CHARDONNAY (komplex, subtil), der herzhafte PINOT NOIR, der PINOT GRIS im elsässischen Stil und der intensive Schaumwein mit Hefenote. Mittlere Qualitätsstufe: Opawa (fruchtbetont). Unterste Stufe: Twin Islands.

Nelson r **09 10** 13; w **10' 13** – Recht kleine Region westlich von MARLBOROUGH mit etwas feuchterem, aber ebenso sonnigem Klima. Anbauflächen auf Lehmböden in den Upper-Moutere-Hügeln (körperreiche Weine) und der schlammigen WAIMEA-Ebene (aromatischer). Die Stärke liegt bei aromatischen Weißweinen, v. a. RIESLING, SAUVIGNON BLANC, PINOT GRIS und GEWÜRZTRAMINER. Auch guter (manchmal herausragender) CHARDONNAY und PINOT NOIR.

Neudorf Nel r (rs) w ★★★→★★★★ Kleine Spitzenkellerei. Der kraftvolle, mineralische Moutere CHARDONNAY (**10' 11** 12) gehört zu den besten Neuseelands; großartig auch der schmackhafte Moutere PINOT NOIR (v. a. Home Vineyard **10'**). SAUVIGNON BLANC, PINOT GRIS und RIESLING ebenfalls erstklassig. Charmanter trockener Pinot Rosé.

Ngatarawa Hawk r w ★★ Mittelgroße Kellerei im Besitz der Familie Corban. Spitzensortiment Alwyn, u. a. mit kraftvollem CHARDONNAY und dunklem, üppigem MERLOT/CABERNET SAUVIGNON (**09'**). Im mittleren Bereich rangieren die Reihen Glazebroock und Stables Reserve.

No. 1 Family Estate Marlb sch ★★ Familienbetrieb von Daniel Le Brun (ehemals Champagne). Hat keine Eigentumsrechte mehr an der Marke Daniel Le Brun. Spezialist für häufig sehr guten Schaumwein, empfehlenswert sind v. a. der ausgefeilte, straff gewobene Blanc de Blancs oJ und die Cuvée No 1.

Nobilo Marlb – Siehe CONSTELLATION NEW ZEALAND.

Obsidian Waiheke r w ★★→★★★ Sehr stillvoller Bordeaux-Verschnitt (The Obsidian **08' 10'**) sowie VIOGNIER, CHARDONNAY, SYRAH und TEMPRANILLO unter der Spitzenmarke Obsidian Reserve (vormals Obsidian). Eine Stufe darunter gibt es unter dem Etikett Weeping Sands preisgünstige Rotweine aus Waiheke (inkl. MERLOT, Syrah, MONTEPULCIANO und Tempranillo).

Oyster Bay Marlb r w; sch ★★ Die Marke von DELEGAT'S ist ein Triumph des Marketings; die Verkaufszahlen haben 1,5 Mio. Kisten überschritten – es ist die erfolgreichste Weißweinmarke in Australien. Lebendige, fruchtbetonte Weine mit einem Hauch von Klasse aus MARLBOROUGH und HAWKE'S BAY: SAUVIGNON BLANC (eindrucksvoller Verkaufsschlager mit Passionsfrucht- und Limettennoten), zitroniger CHARDONNAY mit zarter Eichennote, PINOT GRIS, PINOT NOIR und MERLOT sowie süffige Schaumweine.

Palliser Martinb r w ★★→★★★ Eine der größten und besten Kellereien des Bereichs. Ausgezeichneter, tropenfruchtiger SAUVIGNON BLANC, CHARDONNAY, RIESLING, PINOT GRIS, Schaumwein (der beste von MARTINBOROUGH) und duftender, voller, harmonischer PINOT NOIR (**09' 10**). Spitzenweine: Palliser Estate; untere Stufe: Pencarrow (äußerst preiswert, wachsender Anteil der Produktion).

Pask Hawk r w ★★ Mittelgroße Kellerei (hieß früher CJ Pask) mit ausgedehnten Rebflächen in GIMBLETT GRAVELS. Die Rotweine von SYRAH, CABERNET SAUVIGNON und auf MERLOT-Basis der mittleren Qualitätsstufe namens Gimblett Road bieten in guten Jahrgängen ein ansehnliches Preis-Leistungs-Verhältnis, CHARDONNAY und VIOGNIER ebenfalls. Die Spitzenreihe namens Declaration überzeugt weniger.

Einzelstücke

Sie wollen sich in Neuseeland auf die Suche machen nach BARBERA, MARSANNE, Marzemino, NEBBIOLO, PETIT MANSENG, PETIT VERDOT, ROUSSANNE, TOURIGA, Würzer und ZINFANDEL? Nun, das wird nicht allzu lange dauern, denn das Land hatte (bei Redaktionsschluss) von jedem dieser Weine gerade mal ein Exemplar zu bieten.

Passage Rock Waiheke r w ★★ Kraftvoller, opulenter SYRAH, v. a. Reserve (der meistausgezeichnete Wein auf Waiheke **10'** 12); aber auch der normale Syrah ist dicht und sehr gut für sein Geld (**10'**). Gute Rotweine im Bordeaux-Stil, solide Weißweine (v. a. der VIOGNIER).

Pegasus Bay Waipara r w ★★★ Pionier-Familienbetrieb mit hervorragendem Sortiment: straffer, sich langsam entwickelnder, komplexer Chardonnay, ein SAUVIGNON BLANC/SEMILLON-Verschnitt, reichhaltiger, schwungvoller, mittelschwerer RIESLING (Verkaufsschlager) und üppiger, seidiger PINOT NOIR (**10' 11**), v. a. Prima Donna (**10'** 11) von ausgereiften Trauben. Zweitmarke: Main Divide; preisgünstige Tropfen, v. a. PINOT GRIS.

Peregrine C-Ot r w ★★ Knackige, konzentrierte Weißweine, v. a. RIESLING (trocken und leicht lieblicher Rastaburn) sowie höchst reizvoller CHARDONNAY (**12'**). Auch fein aromatischer, reichhaltiger, seidiger PINOT NOIR (**09' 11**). Der Pinot noir Saddleback hat ein ausgezeichnetes Preis-Leistungs-Verhältnis.

Pernod Ricard New Zealand Auck r rs w ★→★★★ Neuseelands drittgrößter Erzeuger, früher Montana. Die Änderungen, die seit 2010 in Gang gesetzt wurden, umfassen den Verkauf vieler Marken (v. a. Corbans und LINDAUER), die Aufgabe der Hauptmarke Montana zugunsten von BRANCOTT ESTATE und den Verkauf großer Kellereien in GISBORNE und HAWKE'S BAY. Kellereien in AUCKLAND, Hawke's Bay und MARLBOROUGH. Ausgedehnte Rebflächen in Teilbesitz liefern Marlborough-Weißweine, u. a. den außerordentlich verkaufsstarken Brancott Estate SAUVIGNON BLANC. Die Stärken liegen beim Schaumwein, v. a. DEUTZ Marlborough Cuvée. Erstklassige, reichhaltige, preisgünstige Rotweine unter dem Namen CHURCH ROAD und Qualitäts-CHARDONNAY. Eine weitere wichtige Marke ist STONELEIGH (tropenfruchtiger Sauvignon blanc).

Pisa Range C-Ot r (w) ★★→★★★ Kleines Weingut mit kraftvollem, faszinierend reichhaltigem PINOT NOIR Black Poplar (**10'**), frischem, trockenem PINOT GRIS und reichhaltigem, leicht lieblichem RIESLING.

Puriri Hills Auck r rs ★★→★★★ Erstklassige, seidige, verführerische Rotweine auf MERLOT-Basis aus Clevedon (**08' 10'**). Die Reserve-Weine sind besonders reichhaltig und ausladend, mit kräftigerer Note von neuem Eichenholz.

Pyramid Valley Cant r s ★★→★★★ Von der sehr kleinen, hochgelegenen Rebfläche in Waikari kommt floraler, zunehmend generöser PINOT NOIR (Angel Flower, Earth Smoke **10'**) und beeindruckend körperreicher CHAR-

DONNAY (**10'**) von gutseigenen Trauben. Erstklassige Weine der Reihe Growers Collection aus anderen Regionen – nicht jedermanns Sache, aber mit ganz eigener Persönlichkeit.

Quartz Reef C-Ot r w; sch ★★→★★★ Kleiner Bio-Qualitätserzeuger mit knackig trockenem PINOT GRIS, stämmigem, würzigem PINOT NOIR (**10' 11** 12') – Bendigo Estate ist besonders konzentriert (**10'** 11) – und intensivem, rassigem Schaumwein mit Hefenote (besonders gut der Jahrgangs-Schaumwein).

Rippon Vineyard C-Ot r w ★★→★★★ Herrlich am Ufer des Lake Wanaka gelegenes Pionier-Weingut. Duftender, femininer PINOT NOIR Mature Vine (**10'**), Pinot noir Jeunesse von jüngeren Reben, kraftvoller und komplexer Pinot noir Tinker's Field (von den ältesten Reben; **10'**). Außerdem Weißweine, die sich langsam entwickeln, v. a. herausragender, stahliger, mineralischer RIESLING (**10' 11'**).

Rockburn C-Ot r (rs) w ★★ Frischer, rassiger PINOT GRIS (leicht süß), GEWÜRZTRAMINER, RIESLING (lieblich), SAUVIGNON BLANC. Der duftende, reichhaltige PINOT NOIR (**10'** 12), aus Cromwell-Basin- (Hauptanteil) und Gibbston-Traubengut, ist am besten.

Sacred Hill Hawk r w ★★→★★★ Mittelgroßer Erzeuger, z. T. in chinesischem Besitz. Gefeierter CHARDONNAY Riflemans (**10'** 13'), ein muskulöser, aber ausgefeilter Wein von einer erhöhten Lage im Landesinneren. Kraftvoller, dunkler, langlebiger MERLOT Brokenstone (**09' 10'**), CABERNET SAUVIGNON/Merlot Helmsman (**09' 10'**) und SYRAH Deer Stalkers aus GIMBLETT GRAVELS (**09' 10'**). Schwungvoller MARLBOROUGH SAUVIGNON BLANC. Halo: mittlere Qualitätsstufe. Weitere Marken: Gunn Estate, Wild South (preiswerte Marlborough-Weine).

Saint Clair Marlb r (rs) w ★★→★★★ Der größte Familienbetrieb der Region mit ausgedehnten Anbauflächen. Hochangesehen für zupackenden SAUVIGNON BLANC aus dem unteren Wairau Valley (v. a. der unschlagbar günstige regionale Verschnitt und der erstaunlich reichhaltige Wairau Reserve). Zugänglicher RIESLING, PINOT GRIS, CHARDONNAY, MERLOT und PINOT NOIR. Spitzensortiment sind die Reserve-Weine, gefolgt von der hochklassigen zweiten Reihe namens Pioneer Block mit großer Vielfalt (daraunter ein sehr guter GRÜNER VELTLINER), außerdem gute, preiswerte regionale Verschnitte und die Reihe Vicar's Choice, die das untere Preissegment abdeckt.

Seifried Estate Nel (r) w ★★ Die größte Kellerei der Region ist seit Langem angesehen für guten halbtrockenen RIESLING und GEWÜRZTRAMINER; jetzt auch mit moderaten Preisen. Oft exzellenter SAUVIGNON BLANC und CHARDONNAY, außerdem GRÜNER VELTLINER mit Pfirsich- und würzigen Noten. Am besten: Winemakers Collection. Die dritte Riege heißt Old Coach Road. Die Weißweine sind besser als die Rotweine.

Selaks Marlb r w ★→★★ Alter Betrieb kroatischen Ursprungs, jetzt eine Marke von CONSTELLATION NEW ZEALAND. Solide und leicht zugänglich sind die Weine der Reihe Premium Selection. Reserve-Sortiment: schwungvoller, grasiger MARLBOROUGH SAUVIGNON BLANC. Auch Winemaker's Favourite bietet häufig ein ausgezeichnetes Preis-Leistungs-Verhältnis, v. a. der reichhaltige, cremige HAWKE'S BAY CHARDONNAY.

Seresin Marlb r w ★★→★★★ Mittelgroße Kellerei mit subtilem, raffiniertem SAUVIGNON BLANC (teilweise fassvergoren; zertifiziert biologisch) – einer der besten Neuseelands; sehr straffer, reichhaltiger Sauvignon blanc Reserve von den ältesten Reben (**11'**). Ausgezeichneter CHARDONNAY, PINOT GRIS, PINOT NOIR und RIESLING. Zweitmarke: Momo (gutes Preis-Leistungs-Verhältnis). Alles in allem komplexe Weine mit feinem Gefüge.

Sileni Hawk r (rs) w ★★ Große Kellerei mit CHARDONNAY, MERLOT und MARLBOROUGH SAUVIGNON BLANC. Spitzenweine: EV (Exceptional Vintage Chardonnay **10'**); mittlerer Qualitätsbereich: u.a. üppiger Chardonnay The Lodge und Merlot Triangle (**10'**); es folgt die Reihe Cellar Selection (guter, zugänglicher Merlot und trockener PINOT GRIS). Dazu reichhaltiger, weicher Marlborough Sauvignon blanc (v.a. The Straits).

Spy Valley Marlb r (rs) w ★★→★★★ Sehr erfolgreiche Firma mit ausgedehnten Rebflächen. Die geschmacksintensiven aromatischen Weißweine (RIESLING, GEWÜRZTRAMINER, PINOT GRIS) sind außergewöhnlich günstig; auch sehr eindrucksvoller SAUVIGNON BLANC, CHARDONNAY und PINOT NOIR. Gefälliger trockener Pinot noir Rosé. Erstklassig ist die Spitzenauslese Envoy (u.a. ein voller, subtiler Chardonnay, ein Pinot gris im elsässischen Stil und ein Riesling wie von der Mosel). Zweitmarke: Satellite.

Staete Landt Marlb r w ★★ Weingut in Rapaura (Wairau Valley) mit verfeinertem CHARDONNAY (rund, Biskuitnoten), Spitzen-SAUVIGNON BLANC Annabel (saftig, voll, tropische Frucht) und PINOT GRIS (cremig, komplex, trocken). Auch anmutiger PINOT NOIR. Vielversprechend sind VIOGNIER und SYRAH. Zweitmarke: Map Maker.

Stonecroft Hawk r w ★★ Kleine Kellerei, die als erste in Neuseeland (seit 1989) einen ernst zu nehmenden SYRAH erzeugt, der dem Rhône-Stil näher steht als dem australischen: Reserve (**10'**) und der etwas leichtere Serine. Bekannt für hervorragenden CHARDONNAY und reichhaltigen GEWÜRZTRAMINER Old Vine (von alten Reben). Außerdem einwandfreier SAUVIGNON BLANC. Seit 2010 neuer Eigentümer.

Stoneleigh Marlb r (rs) w ★★ Im Besitz von PERNOD RICARD NEW ZEALAND. Hauptsächlich Rebgut aus warmen Rapaura-Weingärten. Gute, in großen Mengen produzierte Weißweine aus MARLBOROUGH (u.a. schwungvoller, tropenfruchtiger SAUVIGNON BLANC, generöser, blumiger, leicht lieblicher PINOT GRIS) und rasch besser werdender, saftiger PINOT NOIR. Mittlerer Qualitätsbereich: Latitude (u.a. saftiger Sauvignon blanc mit süßen Fruchtnoten). Spitzenweine: Rapaura Series (darunter duftender, voller, pfirsichfruchtiger, toastwürziger Chardonnay **11'**).

Stonyridge Waiheke r w ★★★→★★★★ Boutiquekellerei, berühmt für ihren außergewöhnlichen roten Larose auf CABERNET-SAUVIGNON-Basis (**08'** 09 10' 12): einer der großartigsten Rotweine Neuseelands, der hervorragend reift. Der kleine Bruder des Larose heißt Airfield. Daneben kraftvoller, dichter Pilgrim im Rhône-Stil (12) und unglaublich vollgepackter MALBEC Luna Negra (**10'** 12). Zweitmarke: Fallen Angel.

Te Awa Hawk r w ★★ Gut in GIMBLETT GRAVELS, berühmt für Bordeaux-ähnliche Rotweine auf MERLOT-Basis. Spitzenreihe ist Kidnapper Cliffs: hochklassiger CHARDONNAY, konzentrierter, seidiger Ariki (hauptsächlich von Merlot), eleganter SYRAH (**10'**). 2012 von VILLA MARIA gekauft. Zweitetikett: Left Field.

Te Fortu Auck – Ein Dauerbrenner, der am besten zu Kuchen schmeckt.

Te Kairanga Martinb r w ★→★★ Eine der größten Kellereien des Gebiets, mit bewegter Vergangenheit. 2011 durch den Amerikaner Bill Foley erworben (ihm gehören auch VAVASOUR und GROVE MILL), der entschlossen ist, die Qualität zu steigern (v.a. bei PINOT NOIR). Der einigermaßen komplexe Estate Pinot noir war bisher preisgünstig, Runholder vertritt die mittlere Qualität, der Reserve-Weine heißt John Martin (**12**). Der Estate RIESLING ist kräftig und pikant.

Te Mania Nel r w ★★ Guter kleiner Erzeuger mit frischem, lebhaftem CHARDONNAY, GEWÜRZTRAMINER, PINOT GRIS, RIESLING und rassigem SAUVI-

GNON BLANC (Bio-Wein) sowie großzügigem PINOT NOIR mit Noten von Kirschen, Gewürzen und Kräutern.

Te Mata Hawk r w ★★★→★★★★ Renommierte Kellerei (erster Jahrgang 1895). Von seltener Klasse und Langlebigkeit ist der Coleraine (CABERNET SAUVIGNON/MERLOT/CABERNET FRANC **98' 00 02 04 05'** 06' 07' 08 09' 10' 11); der preiswertere Cabernet/Merlot Awatea (**09' 10'**) ist ebenfalls hochklassig, aber zugänglicher. Der SYRAH Bullnose (**09' 10'**) gehört zu den besten in Neuseeland. Reichhaltiger, eleganter CHARDONNAY Elston (**10' 11**). Die Reihe Estate Vineyards (früher Woodthorpe) bietet jung zu trinkende Weine (sehr guter Chardonnay, SAUVIGNON BLANC, GAMAY noir, Merlot/Cabernet Sauvignon sowie Syrah).

Terra Sancta C-Ot r (rs) (w) ★★ Das erste Gut in Bannockburn, ursprünglich hieß es Olssens, wurde 1991 gegründet. Sehr preisgünstiger, freigebiger, jung zu trinkender PINOT NOIR Mysterious Diggings (**12'**). Die mittlere Qualitätsstufe deckt der Pinot noir Bannockburn (**12'**) ab; von den ältesten Reben stammt der dichte, vollmundige Slapjack Block (**10'** 11). Auch hervorragender RIESLING und Pinot noir Rosé.

TerraVin Marlb r w ★★ Gewichtiger, trockener, tropenfruchtiger SAUVIGNON BLANC, der Schwerpunkt liegt aber auf reichhaltigem, komplexem PINOT NOIR, v. a. Hillside Reserve (jetzt von vielen verschiedenen Lagen). Trotz des kürzlich erfolgten Besitzerwechsels, gehören die Roten wie bisher zu den besten der Region. Neue Reihe im unteren Preissegemt: All That Jazz.

Te Whare Ra Marlb r w ★★ Etikettname: TWR. Die 1979 angelegten Rebflächen sind die ältesten der Region. Am bekanntesten für überaus duftenden, würzigen GEWÜRZTRAMINER. Auch reichhaltiger, lebhafter SAUVIGNON BLANC, RIESLING, PINOT GRIS und PINOT NOIR.

Te Whau Waiheke ★★→★★★ Winziges, angesehenes Gut am Meer mit Restaurant. Erstklassiger, komplexer CHARDONNAY; schmackhafter Verschnitt auf CABERNET-SAUVIGNON-Basis The Point (**05' 08' 10'** 12). Kraftvoller, dicht gefügter SYRAH (**10** 12).

Tiki Marlb (r) w ★★ Die Familie McKean besitzt ausgedehnte Rebflächen in MARLBOROUGH und Waipara. Schwungvoller, lebhafter, ausdrucksstarker SAUVIGNON BLANC, saftiger, weicher PINOT GRIS, fruchtiger PINOT NOIR von mittlerer Komplexität. Zweitetikett: Maui.

Tohu r w ★★ Unternehmen in Maori-Besitz mit ausgedehnten Rebflächen. Rassiger, einprägsamer, sehr preiswerter SAUVIGNON BLANC, gehaltvoller, halbtrockener RIESLING, cremiger CHARDONNAY ohne Eichennote und zunehmend komplexer werdender PINOT NOIR, alle aus MARLBOROUGH (AWATERE VALLEY); dazu duftiger, gewichtiger NELSON PINOT GRIS.

Trinity Hill Hawk r (rs) w ★★→★★★ Innovative Kellerei mit konzentrierten Rotweinen. The Gimblett im Bordeaux-Stil ist reichhaltig, sublim und äußerst preiswert (**09' 10**). Dazu stilvoller CHARDONNAY mit schwarzem Etikett. Außergewöhnlich ist der SYRAH Homage: sehr blumig und dicht (**09' 10'**). Eindrucksvoller TEMPRANILLO mit Pflaumennoten. Der duftende, weiche VIOGNIER gehört zu den besten in Neuseeland.

Tupari Marlb w ★★ Erstklassige Einzellagenweine aus dem AWATERE VALLEY. Mineralischer, rassiger SAUVIGNON BLANC, intensiver, lebhafter, trockener RIESLING; duftender, schwungvoller PINOT GRIS.

Two Paddocks C-Ot r (w) ★★ Der Schauspieler Sam Neill erzeugt leichten, rassigen, halbtrockenen RIESLING und mehrere PINOT-NOIR-Weine, u. a. First Paddock (vegetabiler, von einer Einzellage im kühlen Bezirk Gibbston) und Last Chance (reifer, aus dem wärmeren Alexandra; **10'**). Mit dem Kauf der Lage Desert Heart wird ein weiterer Pinot noir dazukommen. Den Regionalverschntt Picnic by Two Paddocks sollten Sie jung trinken.

Two Rivers Marlb r w ★★ Erzeuger des SAUVIGNON BLANC Convergence – ebenso hochklassige wie tiefgründige Weine aus dem WAIRAU VALLEY und dem AWATERE VALLEY. Sehr guter CHARDONNAY (mundfüllend, reichhaltig, cremig), PINOT GRIS, RIESLING und PINOT NOIR, v. a. der schmackhafte, geschmeidige Altitude (**11'**).

Unison Hawk r (w) ★★ Dunkle, würzige GIMBLETT-GRAVELS-Verschnitte von MERLOT, CABERNET SAUVIGNON und SYRAH. Die eichenholzgereiften Selection-Weine halten am längsten (**07' 08**).

Valli C-Ot ★★→★★★ Großartiger PINOT NOIR von Einzellagen (v.a. aus Gibbston und Bannockburn) und beeindruckend intensiver Old Vine RIESLING (von 1981 gepflanzten Reben).

Neuseelands Weinriesen

Wer ist heute Neuseelands größter Weinproduzent? Über Jahrzehnte war es der Konzern Montana, der im Jahr 2000 seinen größten Konkurrenten Corbans übernahm und mittlerweile PERNOD RICARD NEW ZEALAND heißt. Die richtige Antwort lautet aber: CONSTELLATION NEW ZEALAND, mit Sitz in New York. Führende Marken sind u. a. NOBILO, KIM CRAWFORD, MONKEY BAY, SELAKS und Drylands. DELEGAT'S/OYSTER BAY nimmt den zweiten Platz ein, und der größte Betrieb in Familienbesitz ist VILLA MARIA mit den Marken ESK VALLEY, VIDAL, TE AWA und Thornbury.

Vavasour Marlb r w ★★→★★★ Pflanzte 1986 die ersten Reben im AWATERE VALLEY. Voller, cremiger CHARDONNAY und lebhafter, reiner SAUVIGNON BLANC mit Nesselnote. Außerdem vielversprechender PINOT NOIR und PINOT GRIS. Die Hauptmarke ist Vavasour Awatere Valley; Spitzenweine aus Einzellagen: u. a. herausragender Sauvignon blanc Claudia's und der Chardonnay Anna's. Gleicher Besitzer wie GROVE MILL und TE KAIRANGA.

Vidal Hawk r w ★★→★★★ 1905 gegründet und seit 1976 im Besitz von VILLA MARIA. Großartiger Legacy Series CHARDONNAY (duftend, straff, nachhaltig; **10' 11** 12) und CABERNET SAUVIGNON/MERLOT (intensiv, komplex; **09' 10**). Mittlere Preislage: Reserve Series. Niedrige Stufe: White Series. Eindrucksvoller SYRAH (v. a. Legacy **09' 10'** 11).

Villa Maria Auck r (rs) w ★★→★★★ Die größte Kellerei Neuseelands, die vollständig in Familienbesitz ist, wird geführt von Sir George Fistonich. Zur Firma gehören auch VIDAL, ESK VALLEY und TE AWA. Große Erfolge bei Wettbewerben, insbesondere mit CHARDONNAY. Die Spitzenweine laufen unter der Bezeichnung Reserve (ausgeprägter Regionalcharakter) und Single Vineyard (hebt die einzelnen Lagen hervor). Zur (oft exzellenten) Mittelklasse gehört Cellar Selection (mit weniger Eichenholzeinfluss), und auch die Weine der dritten Marke Private Bin können sehr gut und preiswert sein (v. a. SAUVIGNON BLANC, aber auch GEWÜRZTRAMINER, PINOT GRIS, VIOGNIER und PINOT NOIR). Unter der Marke Thornbury gibt es vollen, weichen MERLOT und sehr duftigen, geschmeidigen Pinot noir.

Vinoptima Gis w ★★→★★★ Kleiner Spezialist für GEWÜRZTRAMINER im Besitz von Nick Nobilo (ehemals NOBILO Wines). Die Spitzenjahrgänge (**06' 08**) sind kostspielig, aber kraftvoll und voller Individualität. Zweitetikett: Bond Road.

Voss Martinb r ★★ Kleiner, angesehener Erzeuger von duftendem, gewichtigem Reserve PINOT NOIR (**10' 11'**).

Waimea Nel r (rs) w ★★ Einer der größten und besten Weißweinerzeuger der Region. Schwungvoller SAUVIGNON BLANC, reichhaltiger, abgerundeter PINOT GRIS und GEWÜRZTRAMINER, lebhafter VIOGNIER, sehr guter RIESLING (der Classic ist in einem mittelsüßen Stil mit Honignote gehalten). Zweite Garde: Spinyback.

Waipara Hills Cant r w ★★ Eine Marke von MUD HOUSE. Reifer MARLBOROUGH SAUVIGNON BLANC mit Noten von Passionsfrucht und Limette. Zur Spitzenreihe der Einzellagenweine gehören u. a. der hervorragende, eher trockene Waipara PINOT GRIS, der sehr blumige, geschmeidige Waipara PINOT NOIR und der reichhaltige Waipara RIESLING mit Honignote.

Waipara Springs Cant r w ★★ Kleiner Erzeuger mit gehaltvollem, rassigem lieblichem RIESLING und gutem SAUVIGNON BLANC. Beeindruckende Spitzenreihe Premo (u. a. duftender, konzentrierter PINOT NOIR (**10'**) von den ältesten Pinot-noir-Reben des Gebiets).

Wairarapa Neuseelands siebtgrößte Weinregion (nicht zu verwechseln mit Waipara, Canterbury). Siehe MARTINBOROUGH. Umfasst auch den Unterbereich Gladstone im Norden (etwas höher gelegen, kühler, feuchter). Das trockenste und kühlste Anbaugebiet auf der Nordinsel, mit besonderer Stärke bei Weißweinen und v. a. PINOT NOIR (körperreich, warm, herzhaft, von vergleichsweise alten Reben).

Wairau River Marlb r (rs) w ★★ Reifer, tropenfruchtiger SAUVIGNON BLANC, körperreicher, abgerundeter PINOT GRIS, leicht lieblicher RIESLING Summer. Spitzenweine: Reserve (gewichtiger, voller PINOT NOIR, reichhaltiger, honigsüßer edelfauler Riesling).

Wairau Valley Marlb – Größte Unterregion in MARLBOROUGH (die ersten Reben wurden 1873 gepflanzt, die moderne Ära begann 1973), in der sich immer noch die meisten Kellereien der Region befinden. Drei bedeutende Seitentäler im Süden: Brancott, Omaka und Waihopai. SAUVIGNON BLANC gedeiht auf steinigen Ebenen mit Silt-Untergrund, PINOT NOIR auf tonigen Nordhängen.

Waitaki Valley C-Ot – Sich langsam ausdehnende Unterregion in North Otago. Kalksteinböden; kühles Klima mit Frostgefahr. Sehr vielversprechender PINOT NOIR, PINOT GRIS und RIESLING. Mehrere Erzeuger, aber nur eine Kellerei.

Whitehaven Marlb r (rs) w ★★ Mittelgroßer Erzeuger. Der geschmacksintensive, harmonische SAUVIGNON BLANC ist am preiswertesten und ein Bestseller in den USA. Reichhaltiger, weicher GEWÜRZTRAMINER, zitrusfrischer, leicht buttriger CHARDONNAY, eher trockener PINOT GRIS und ein überaus anmutiger PINOT NOIR. Gallo (siehe Kalifornien) ist Miteigentümer. Spitzenreihe: Greg.

Wither Hills Marlb r w ★★→★★★ Großer Erzeuger im Besitz von Lion Nathan (Australien). Zum Angebot zählen ein beliebter SAUVIGNON BLANC mit Stachelbeer- und Limettennoten, ein generöser CHARDONNAY mit leichter Holznote sowie ein duftender, weich texturierter PINOT NOIR. Intensiver Einzellagen-Sauvignon-blanc Rarangi (rassig, nachhaltig) und duftender, ausgewogener PINOT GRIS. Mittlere Qualitätsreihe: Two Tracks.

Wooing Tree C-Ot r (rs) w ★★ Einzellagen-Weine mit Schwerpunkt auf Roten. Mächtiger, dunkler, sehr fruchtbetonter PINOT NOIR (Beetle Juice mit weniger neuer Eiche). Sandstorm Reserve: ertragsarme Reben, länger in Eiche ausgebaut.

Woollaston Nel r (rs) w ★★ Kleines Bio-Weingut. In der Spitzenreihe Mahana finden sich ein konzentrierter, trockener PINOT GRIS, ein lebendiger, leichter, lieblicher RIESLING, ein reichhaltiger, in Eiche ausgebauter SAUVIGNON BLANC und ein duftender, fruchtintensiver PINOT NOIR. Zweitetikett: Tussock.

Yealands Marlb r (rs) w ★★ Einer der größten Weinberge Neuseelands ist in Privatbesitz und liegt im AWATERE VALLEY. Zur Estate-Reihe gehören schwungvoller, grasiger, reiner SAUVIGNON BLANC, verfeinerter halbtrockener RIESLING, sehr vielversprechender trockener GRÜNER VELTLINER mit Zitronen- und Gewürznoten, blumiger, geschmeidiger PINOT NOIR. Hochklassig sind die Sauvignon-blanc-Weine der Reihe Single Block. Preiswerteres gibt es in der Reihe Peter Yealands.

Zephyr Marlb r w ★★ Familiengut am Opawa River. Intensiver, eher trockener RIESLING, überaus geschmacksintensiver GEWÜRZTRAMINER; ausdrucksstarker trockener SAUVIGNON BLANC und duftender, seidiger PINOT NOIR.

Südafrika

Die dunklen Flächen bezeichnen die Weinbaugebiete

Die folgenden Abkürzungen werden im Text verwendet:

Coast	Coastal Region	**Rob**	Robertson
Con	Constantia	**Stel**	Stellenbosch
Fran	Franschhoek	**Swart**	Swartland
Hem	Hemel-en-Aarde	**W-Cape**	Western Cape

Gie Weinberge Südafrikas werden im Durchschnitt älter, während das Personal in den Kellereien jünger wird – kein Wunder, dass sich immer mehr Winzer der neuen Generation für alte Reben begeistern. Sie entdecken sie – manchmal an entlegenen oder unerwarteten Orten –, päppeln sie wieder auf und vinifizieren ihre kostbare Frucht so einfach und natürlich wie möglich. In diesem Prozess der Rettung und Rehabilitierung werden Sorten, die schon aus dem Repertoire der feinen Weine verschwunden waren oder früher kein großes Ansehen hatten, nun anerkannt und mit Respekt behandelt. Als Resultat findet man »Opa-Sorten« wie Palomino nicht mehr nur in Massenweinverschnitten wie früher, sondern auch stolz in Flaggschiff-Weinen und Reserveabfüllungen für prestigeträchtige Auktionen. Es sind nostalgische Zeiten für Leute, die alt genug sind, um sich noch an Rust en Vrede Cinsault oder Simonsig Clairette Blanche erinnern zu können, vor allem aber ist es ein großes Comeback für den Chenin blanc, der einst als »Steen« angebaut, missbraucht und verschleudert wurde. Alte Chenin-blanc-Reben und moderne Philosophie vereinen sich heute für einige der interessantesten vollmundigen trockenen Weißweine der Welt.

Aus der Philosophie von alten Reben und natürlicher Weinbereitung ergeben sich winzige Erträge – es ist ein auf Marktnischen mit geringen Mengen ausgerichtetes Unterfangen und sicherlich nicht für jedermann. Die Erzeuger am anderen Ende des Spektrums, die sich auf industrielle Produktion verlegt haben, exportieren immer mehr – doch der Absatz vor Ort bewegt sich kaum. Angesichts dieser Wirtschaftslage sollten die Freunde feiner, interessanter südafrikanischer Weine alles tun, um jene passionierten Winzer zu unterstützen, die sich, jung wie alt, der Rettung alter Reben und der Produktion natürlicher, authentischer Weine verschrieben haben.

Neuere Jahrgänge

2013 Rekordernte, sowohl mengenmäßig als auch qualitativ, für Rot- und Weißweine, dabei erfreulicherweise mäßiger Alkoholgehalt.

2012 Guter bis sehr guter Jahrgang für Rote wie Weiße mit geringeren Alkoholgraden.

2011 Uneinheitlicher Jahrgang. Man sollte sich in puncto Einkauf und Lagerung vom Renommee des Erzeugers leiten lassen.

2010 Bunt gemischter Jahrgang, wobei später reifende (rote und weiße) Sorten in der Regel am besten abgeschnitten haben.

2009 Südafrikas 350. Jahrgang und einer seiner besten. Die Weißweine sind großartig, die meisten Roten ebenfalls.

2008 Ein schwieriges, wenngleich kühles Jahr: reife, aber elegante Weine mit einem geringeren Alkoholgehalt als sonst.

Die meisten trockenen Weißweine sollten innerhalb von zwei bis drei Jahren getrunken werden.

A. A. Badenhorst Family Wines Coast r (rs) w; (sch) ★★→★★★ Der neue Schaumwein nach der *méthode ancestrale* verkörpert die seriöse und dennoch verspielte und experimentierfreudige Herangehensweise der Cousins Hein und Adi Badenhorst in SWARTLAND, die vornehmlich Rebsorten aus dem Mittelmeerraum und CHENIN BLANC für ihre Weine der Marken A. A. Badenhorst und Secateurs verarbeiten.

Alheit Vineyards W-Cape w ★★★→★★★★ Die Alheits haben sich alten Reben verschrieben, und das mit hinreißenden Ergebnissen: Der multiregionale CHENIN BLANC/SÉMILLON Cartology und der etwas neuere Radio Lazarus (ein Chenin blanc aus STELLENBOSCH) sind die ersten einer Reihe von Einzellagen-Weinen, die noch folgen sollen.

Anthonij Rupert Wines W-Cape r w, (sch) ★→★★★ Das Weinangebot der nahe FRANSCHHOEK ansässigen Firma ist nach dem verstorbenen Bruder des Eigentümers Johann Rupert benannt: wuchtige Rote in der Premiumreihe Anthonij Rupert. Außerdem Terroir-Erkundungen unter dem Namen Cape of Good Hope, gute Essensbegleiter in der italienisch inspirierten Serie Terra del Capo und Alltagstropfen namens Protea.

Anwilka W-Cape r ★★★ Der auf Rotwein spezialisierte Bruder von KLEIN CONSTANTIA ist jetzt teilweise in Bordeaux-Besitz. Spitzenetikett ist der SHIRAZ/CABERNET SAUVIGNON Anwilka (05 **06** 07 08 09' 10 11).

Ashbourne Siehe HAMILTON RUSSELL.

Ataraxia Wines W-Cape r w ★★★ Hoch bewerteter CHARDONNAY, SAUVIGNON BLANC und roter Serenity (ohne Rebsortenangabe) von Kevin Grant (früher HAMILTON RUSSELL), die er aus der Frucht eigener Rebflächen in HEMEL-EN-AARDE sowie aus zugekauften Trauben aus WALKER BAY bereitet.

Avondale Paarl r rs w; sch ★★→★★★ Der Ökopionier in Familienbesitz erzeugt mit ökologischen (ORGANIC), biodynamischen (BIODYNAMIC) und wissenschaftlichen Methoden eindrucksvolle Rotweine im Bordeaux- und Rhône-Stil, dazu Rosé, einen weißen Verschnitt, CHENIN BLANC und Schaumwein MÉTHODE CAP CLASSIQUE.

Axe Hill Calitzdorp r br; s ★→★★★ Bekannter Spezialist für Wein im Port-Stil, u.a. auf TOURIGA NACIONAL basierender Cape Vintage (**01 02' 03' 04 05'** 06 07 08 09 11' 12 13). Seit Kurzem auch ungespriteter SHIRAZ und Verschnitte von Portweintrauben.

Bamboes Bay Winziger WARD (6 ha) in der Region OLIFANTS RIVER. Fryer's Cove, die erste und bisher einzige Kellerei, erzeugt SAUVIGNON BLANC und PINOT NOIR.

Beaumont Wines Walker Bay r (rs) w (br); (s) ★→★★★ Der historische Familienbetrieb (mit einer 200 Jahre alten Wassermühle) erzeugt ausdrucksvollen CHENIN BLANC, PINOTAGE, reinsortigen und verschnittenen MOURVÈDRE sowie den roten Ariane im Bordeaux-Stil.

Bellingham W-Cape r (rs) w ★→★★★ Etablierte Marke der Firma DGB mit der Reihe Bernard in limitierter Auflage und den in größerem Umfang erzeugten Reihen Insignia (süffig), Ancient Earth (neuer) und The Tree.

Beyerskloof W-Cape r (rs) (w) (br) ★→★★★ Südafrikas PINOTAGE-Champion, nahe STELLENBOSCH: Acht Versionen mit dieser Sorte sind im Angebot, darunter der reinsortige Diesel (**06** 07' 08' 09 10 11), verschiedene CAPE BLENDS und Wein im Port-Stil. Auch klassischer CABERNET SAUVIGNON/MERLOT namens Field Blend (**00 01 02 03' 04 05** 07 08).

Biodynamic Bezeichnung für den anthroposophisch beeinflussten biologisch-dynamischen Weinbau, den eine kleine, aber wachsenden Gruppe von Erzeugern in Südafrika praktiziert, u.a. FABLE, REYNEKE und WATERKLOOF. Siehe auch ORGANIC.

Black Economic Empowerment (BEE) Die Organisation setzt sich für eine höhere Beteiligung vormals benachteiligter Bevölkerungsgruppen in der Weinbaubranche ein. Seit New Beginnings und Fairvalley Ende der 1990er-Jahre den Betrieb aufnahmen, ist die Zahl der ganz oder teilweise im Besitz von Schwarzen befindlichen Kellereien stetig gestiegen, darunter jetzt auch große Firmen wie KWV.

Boekenhoutskloof Winery W-Cape r w; s ★→★★★★ Beständig hervorragender Erzeuger mit Kellereien in FRANSCHHOEK, STELLENBOSCH und SWARTLAND. Würziger SYRAH (**01' 02' 03 04' 05 06'** 07 08 09' 10 11 12 13), intensiver CABERNET SAUVIGNON (**01' 02' 03 04' 05 06'** 07' 08' 09' 10 11' 12 13). Auch feiner Sémillon und roter The Chocolate Block im Mittelmeerstil, dazu SHIRAZ Porseleinberg (ORGANIC) sowie die preiswerten Marken Porcupine Ridge, Wolftrap und Helderberg Wijnmakerij.

Bon Courage Estate Rob r (rs) w (br); s (lbl); sch ★→★★★ Familienbetrieb mit umfassendem Angebot aus eigenem Anbau, angeführt von den Inkará-Rotweinen, einem stilvollen Trio von Schaumweinen MÉTHODE CAP CLASSIQUE brut und aromatischen RIESLING- und MUSCAT-Dessertweinen.

Boplaas Family Vineyards W-Cape r w br; (sch) ★→★★★ Das Familienunternehmen in sechster Generation in CALITZDORP ist vorwiegend für Weine im Port-Stil bekannt, v.a. Vintage Reserve (**99' 01 03 04' 05'** 06' 07' 08 09' 10) und Cape Tawny. Die Reihe Cool Bay (ungespritet) stammt von Parzellen direkt an der Küste.

Boschendal Wines W-Cape r (rs) w; (s); sch ★→★★★ Berühmtes altes Weingut bei FRANSCHHOEK, im Besitz von DGB. Visitenkarten sind SHIRAZ, SAUVIGNON BLANC, der Bordeaux-Shiraz-Verschnitt Grand Reserve sowie der nach der MÉTHODE CAP CLASSIQUE erzeugte Schaumwein. Die neue ELGIN-Reihe widmet sich Weinen aus kühlen Lagen.

Botanica Wines Elgin, Stel, Citrusdal r w ★★★→★★★★ Auf Anhieb eingesetzter Starkult um CHENIN BLANC von 50 Jahre alten Buschreben an der

Westküste, bereitet von der Eigentümerin Ginny Povall. Wird jetzt ergänzt von einem eleganten PINOT NOIR und Rotweinen im Bordeaux-Stil aus STELLENBOSCH und ELGIN.

Bot River Siehe WALKER BAY.

Bouchard Finlayson Walker Bay r w ★★→★★★★ Ausgezeichneter Erzeuger von PINOT NOIR in Hermanus mit Galpin Peak (**01 02' 03 04 05 07 08** 09 10 11 12 13) und der Fassauswahl Tête de Cuvée (**99 01' 03' 05' 07** 09 10 12). Außerdem eindrucksvoller CHARDONNAY, SAUVIGNON BLANC und exotischer roter Hannibal.

Breedekloof Großer DISTRICT (12.700 ha) im Binnenland in der REGION Breede River Valley, der hauptsächlich Massenwein hervorbringt. Löbliche Ausnahmen sind die Erzeuger Bergsig, Deetlefs, Du Preez, Merwida, Opstal und Silkbush (in US-Besitz); die Kellerei Du Toitskloof ist ein Musterbeispiel für preiswerte Weine guter Qualität.

Buitenverwachting W-Cape r (rs) w; s; (sch) ★★→★★★ Erstklassige Weinberge, Kellerei und Restaurant in Familienbesitz in CONSTANTIA. Mustergültiger SAUVIGNON BLANC, CABERNET FRANC, roter Bordeaux-Verschnitt Christine (**00 01' 02 03 04 06** 07 08 09' 10 11) und neuer VIOGNIER.

Calitzdorp DISTRICT in der REGION KLEIN KAROO, klimatisch dem Douro-Tal ähnlich und folgerichtig für Weine im Port-Stil bekannt. Die besten Erzeuger sind AXE HILL, BOPLAAS, DE KRANS, Peter Bayly und Quinta do Sul. Die ungespriteten »Calitzdorp Blends« aus Port-Trauben haben Potenzial.

Cape Agulhas Siehe ELIM.

Südafrikas meist angebaute Rebsorte ist gleichzeitig auch die am häufigsten gerodete: Chenin blanc.

Cape Blend »Kap-Verschnitt«. Meist ein Rotweinverschnitt mit einem Anteil PINOTAGE. Bemerkenswerte Versionen von ASHBOURNE, BEAUMONT, BEYERSKLOOF, GRANGEHURST, KAAPZICHT, MEINERT, SPIER und WARWICK.

Cape Chamonix Wine Farm Fran r w; (sch) ★★→★★★★ Die neueren Jahrgänge bestätigen die Qualität der vom Weinmacher selbst bewirtschafteten Reblagen. Charakteristischer PINOT NOIR, PINOTAGE, CHARDONNAY, SAUVIGNON BLANC und Rot- und Weißwein im Bordeaux-Stil. Alle zum Einkellern.

Cape Point Sehr kleiner (31 ha) küstennaher DISTRICT an der Südspitze der Kap-Halbinsel. Vornehmlich Weißweinsorten. Die einzige Kellerei, CAPE POINT VINEYARDS, liefert beständig Spitzenqualität.

Cape Point Vineyards W-Cape (r) w ★→★★★★ Spannender und verlässlicher Erzeuger von komplexen, alterungswürdigen SAUVIGNON BLANC/SÉMILLON-Verschnitten, CHARDONNAY, SAUVIGNON BLANC und gelegentlich edelfaulem Dessertwein. Preiswert ist die Marke Splattered Toad.

Cape South Coast Appellation innerhalb des WINE-OF-ORIGIN-Systems, die die DISTRICTS CAPE AGULHAS, ELGIN, Overberg, Plettenberg Bay, Swellendam und WALKER BAY sowie die unabhängigen WARDS Herbertsdale, Napier and Stilbaai East zu einer »Super-REGION« mit kühlem Klima vereint.

Cape Winemakers Guild (CWG) Der unabhängige Verband mit gegenwärtig 45 Mitgliedern, dem man nur auf Einladung beitreten kann, veranstaltet alljährlich eine Maßstäbe setzende Auktion für limitierte Spitzenabfüllungen und leistet über eine Stiftung mit Stipendien und Mentoren Aufbauhilfe für Erfolg versprechende Weinmacher.

Cederberg Hoch gelegener eigenständiger WARD (kaum 70 ha) in den abgelegenen Cederberg Mountains, vornehmlich weiße Rebsorten. Driehoek und CEDERBERG PRIVATE CELLAR sind die einzigen Erzeuger.

Cederberg Private Cellar Cederberg, Elim r (rs) w; (sch) ★★→★★★ Verbindet kühlklimatische mineralische Noten mit konzentrierter Geschmacksintensität in Weinen von SHIRAZ, CABERNET SAUVIGNON, SAUVIGNON BLANC, SÉMILLON, CHENIN BLANC und der seltenen Bukettraube. Neu eingeführter PINOT NOIR unter dem Spitzenetikett Five Generations sowie die Reihen Ghost Corner (mit Trauben aus ELIM) und Cederberg.

Central Orange River Eigenständiger »Mega-WARD« (11.200 ha) in der GEOGRAPHICAL UNIT Northern Cape. Heiß, trocken, bewässerungsbedürftig; hauptsächlich Weiße und gespritete Weine. Der größte Erzeugerbetrieb ist Orange River Cellars.

Coastal Große REGION (30.000 ha), die die küstennahen DISTRICTS CAPE POINT, DARLING, Tygerberg, STELLENBOSCH und SWARTLAND umfasst, dazu die eigenständigen WARDS CONSTANTIA und Hout Bay an der Küste, aber auch die landeinwärts gelegenen Districts FRANSCHHOEK, PAARL, TULBAGH und WELLINGTON.

Weinbergschädlinge: Paviane prüfen, ob sie es mit Elektrozäunen zu tun haben, indem sie ihre Jungen danach werfen.

Colmant Cap Classique & Champagne W-Cape sch ★★★ Spannender Schaumweinspezialist in FRANSCHHOEK. Brut Reserve, Brut Rosé, Brut Chardonnay und der neue Sec Reserve: alle nach der MÉTHODE CAP CLASSIQUE bereitet, ohne Jahrgangsangabe, preiswert und exzellent.

Company of Wine People, The Siehe STELLENBOSCH VINEYARDS.

Constantia Kühler, landschaftlicher reizvoller WARD (429 ha) am Constantiaberg. Das ursprüngliche Anbaugebiet Südafrikas für feine Weine wurde in den letzten Jahren von GROOT und KLEIN CONSTANTIA, Beau Constantia, BUITENVERWACHTING, Constantia Glen, CONSTANTIA UITSIG, Eagles' Nest sowie STEENBERG wieder zum Leben erweckt.

Constantia Uitsig Con r w br; sch ★★→★★★ Erstklassige Weinberge und Restaurants (vinifiziert wird beim Nachbarn STEENBERG). Hauptsächlich Weiße und MÉTHODE-CAP-CLASSIQUE-Schaumweine, durchweg sorgfältig bereitet.

Creation Wines Walker Bay r w ★★→★★★ Erzeugerbetrieb in Familienbesitz mit eleganten, modernen Weinen, v.a. von Bordeaux-, Rhône- und burgundischen Sorten (sortenrein und im Verschnitt). Das abwechslungsreiche Angebot für Besucher lohnt eine Reise dorthin.

Crystallum Overberg, Hem r w ★★★ Der Burgunder-Spezialist Peter-Allan Finlayson bereitet hier erstklassigen PINOT NOIR und zwei unterschiedliche CHARDONNAY-Weine von kühlen Lagen in HEMEL-EN-AARDE und Overberg. Außerdem duftender SHIRAZ/MOURVÈDRE unter der Marke Paradisum.

Dalla Cia Wine & Spirit Company Stel r w ★★→★★★ Familienpatriarch Giorgio Dalla Cia erzeugt CABERNET SAUVIGNON, PINOT NOIR, den roten Bordeaux-Verschnitt Giorgio, CHARDONNAY und SAUVIGNON BLANC. Außerdem berät er ausgewählte Klienten wie den Neuling 4G Wines (STELLENBOSCH).

Danie de Wet Siehe DE WETSHOF.

Darling DISTRICT rund um die gleichnamige Stadt an der Westküste, dessen beste Lagen sich in dem hügeligen WARD Groenekloof befinden. Cloof, Darling Cellars, Groote Post, Ormonde und Lanner Hill füllen selbst ab; ein Großteil des übrigen Leseguts fließt in Fremdmarken.

David Swart r w ★★★→★★★★ Die beiden Newcomer, das Ehepaar David und Nadia Sadie, folgen den Prinzipen natürlicher Weinbereitung der Gruppe Swartland Independent und produzieren die außergewöhnlichen Verschnitte Elpidios und Aristargos im Rhône-Stil sowie sortenreinen GRENACHE noir und CHENIN BLANC von alten Reben.

De Krans W-Cape r (rs) w br; (s); (sch) ★→★★★ Der Betrieb der Familie Nel in CALITZDORP ist bekannt für Weine im Port-Stil, v. a. Vintage Reserve (**01 02 03' 04' 05'** 06' 07 08' 09' 10' 11' 12 13) und gespritete MUSCAT-Weine. Gehörte zu den ersten, die einen »Calitzdorp Blend« herausbrachten (ungespriteter TOURIGA NACIONAL/TEMPRANILLO/Tinta Barroca).

Delaire Graff Estate W-Cape r (rs) w (br); s ★★→★★★ Hoch gelegene Weinberge, dazu eine Kellerei und ein Luxusresort im Besitz des Diamantenhändlers Laurence Graff nahe STELLENBOSCH. Kronjuwel ist die CABERNET-SAUVIGNON-Auslese Laurence Graff Reserve.

Delheim Wines Coast r (rs) w; lbl s ★★→★★★ Ökologisch ausgerichteter Familienbetrieb in den Ausläufern des Simonsbergs nahe STELLENBOSCH. SHIRAZ Vera Cruz und CABERNET SAUVIGNON Grand Reserve mit Kellerpotenzial (**00 01 03 04' 05 06** 07' 08 09).

DeMorgenzon W-Cape r (rs) w ★★→★★★★ Hylton und Wendy Appelbaums Betrieb ist nicht das, was man sich unter einem Durchschnittsbetrieb in STELLENBOSCH vorstellt – so beschallen sie etwa ihre Reben rund um die Uhr mit Barockmusik. Der Fokus liegt auf Sorten und Verschnitten im Bordeaux- und Rhône-Stil sowie CHENIN BLANC. Kellermeister Carl van der Merwe leistet hier ganze Arbeit.

De Toren Private Cellar Stel r ★★→★★★ Stets aromatischer roter Bordeaux-Verschnitt Fusion V (**02 03' 04 05' 06'** 07 08 09' 10 11 12 13) und der auf MERLOT basierende, früher trinkreife Verschnitt »Z«. Neu ist der rote La Jeunesse Délicate im leichteren Stil.

De Trafford Wines Stel, Malgas r rs w; s ★★→★★★★ Die Boutiquekellerei von David Trafford hat Erfolgsgeschichte geschrieben mit mächtigen und doch eleganten Weinen: Bordeaux/SHIRAZ-Verschnitt Elevation 393 (**01 03' 04 05 06** 07 08 09 10 11), CABERNET SAUVIGNON (**01 03' 04 05 06** 07 08 09 10 11 12), Shiraz und Strohwein von CHENIN BLANC. Charakter zeigen die Sijnn-Weine (rot und weiß) sowie der Rosé aus dem maritimen WARD Malgas.

De Wetshof Estate Rob r (rs) w (br); s; (sch) ★→★★★ Der bekannte CHARDONNAY-Pionier erzeugt acht Versionen: mit und ohne Eiche, sortenrein und im Verschnitt, still und schäumend in den Reihen De Wetshof und Danie de Wet.

DGB W-Cape – Etablierter Erzeuger und Großhändler mit Sitz in Wellington; zu den hauseigenen Marken gehören BELLINGHAM, BOSCHENDAL, Brampton und Douglas Green.

Diemersdal Estate W-Cape r (rs) w ★★→★★★ Das Familiengut wird jetzt von der jüngeren Generation geführt, die sich v. a. mit SAUVIGNON BLANC, roten Verschnitten, PINOTAGE und CHARDONNAY hervortut. Wachsender Beliebtheit erfreut sich die Marke Sauvignon.com mit gleichnamiger Website. Beteiligung am Westküsten-Joint-Venture Sir Lambert.

Diemersfontein Wines Wellington r w ★→★★★ Familiengut mit Restaurant und Gästehaus, v. a. bekannt für seine kraftstrotzenden Weine in der Reihe Carpe Diem: MALBEC, CHENIN BLANC und VIOGNIER. Der Diemersfontein PINOTAGE mit seiner Espressonote hat den viel kopierten »Kaffeestil« hervorgebracht. Die BLACK-ECONOMIC-EMPOWERMENT-Marke heißt Thokozani.

Distell W-Cape – Das größte Getränkeunternehmen Südafrikas mit Sitz in STELLENBOSCH nennt unzählige Marken in allen Stilen und Qualitätsstufen sein Eigen. Ist auch an den BLACK-ECONOMIC-EMPOWERMENT-Marken Earthbound, DURBANVILLE HILLS, dem CAPE-AGULHAS-Weingut Lomond und über die Firma Lusan Premium Wine an vielen Spitzenkellereien von Stellenbosch beteiligt.

District Siehe GEOGRAPHICAL UNIT.

Durbanville Der kühle, hügelige WARD in der Nähe von Kapstadt ist für pikanten SAUVIGNON BLANC und MERLOT bekannt. Heimat von DURBANVILLE HILLS und vieler Familienbetriebe sowie einer wachsenden Zahl von »Garagenwein«-Erzeugern.

Durbanville Hills Durbanville r (rs) w; (s) ★→★★★ Erzeugerbetrieb im kühleren Küstengebiet mit Restaurant und Verkostungsraum; Eigentümer sind DISTELL, örtliche Winzer und ein Mitarbeiter-Trust. Am besten sind die Reihen Vineyard Selection und Rhinofields.

Edgebaston W-Cape r w ★★→★★★ Kellerei der (von GLEN CARLOU bekannten) Familie Finlayson in der Nähe von STELLENBOSCH mit sehr gutem CABERNET SAUVIGNON GS (**05' 06** 07 08 10 11 12 13), PINOT NOIR, SHIRAZ und CHARDONNAY, außerdem erstklassige, jung zu trinkende Weine, darunter der Berry Box White.

Eikendal Vineyards W-Cape r (rs) w ★→★★★ Etablierter Betrieb in der Nähe von STELLENBOSCH in Schweizer Hand. Hat durch Kellermeister und Winzer Nico Grobler neuen Schwung bekommen. Die traditionellen Weine des Guts (roter Classique im Bordeaux-Stil, MERLOT, CHARDONNAY) haben zu ihrer einstigen Stärke zurückgefunden, neue Wege werden u. a. mit dem mehrsortigen roten Charisma eingeschlagen.

Elgin Kühlklimatischer DISTRICT der REGION CAPE SOUTH COAST, erntet Anerkennung für seine Weine von SAUVIGNON BLANC, CHARDONNAY, PINOT NOIR, MERLOT und Bordeaux-Verschnitte. Vorwiegend Boutiquekellereien in Familienbesitz, u. a. die Newcomer Lothian, Richard Kershaw und Spioenkop.

Elim Von Meerwinden gekühlter WARD im südlichsten DISTRICT Südafrikas, Cape Agulhas, mit aromatischem SAUVIGNON BLANC, weißen Verschnitten und SHIRAZ. Liefert auch Trauben an große Erzeuger wie FLAGSTONE und CEDERBERG.

Ernie Els Wines W-Cape r (w) ★→★★★★ Weinbaubetrieb in STELLENBOSCH des südafrikanischen Golfstars Ernie Els. Paradepferde sind der superteure rote Ernie Els Signature im Bordeaux-Stil (**01 02' 03 04' 05 06** 07' 08 09' 10 11 12) und in der Reihe Proprietor's der neue Blockbuster von 100 % CABERNET SAUVIGNON.

Estate Wine Amtliche Bezeichnung für Weine, die auf »für die Produktion von Estate Wine registrierten geografischen Einheiten« angebaut, bereitet und abgefüllt sein müssen. Keine Qualitätsbezeichnung.

Fable Mountain Vineyards W-Cape, Tulbagh r w ★★★→★★★★ BIODYNAMIC-Erzeuger in TULBAGH, Ableger von MULDERBOSCH, im Besitz der kalifornischen Terroir Capital. Überragender SHIRAZ (sortenrein und verschnitten) sowie strukturierter weißer Verschnitt Jackal Bird.

Fairtrade Das internationale Fairtrade-Netzwerk, das sich für nachhaltige Entwicklung und ein faires Einkommen der Erzeuger einsetzt, gewinnt in Südafrika immer mehr Anhänger, darunter große Firmen wie Du Toitskloof, Group CDV und Riebeek Cellars.

Fairview W-Cape r (rs) w (br); (lbl) (s); (sch) ★→★★★★ Der dynamische und innovative Eigentümer Charles Back produziert eine bunte Mischung an preiswerten verschnittenen, sortenreinen, Einzellagen- und terroirspezifischen Weinen, u. a. Fairview, Spice Route, Goats do Roam, La Capra und Leeuwenjacht. Besitzt auch Anteile an Six Hats (FAIRTRADE), Juno und Land's End.

FirstCape Vineyards W-Cape r (rs) w; sch; BV – Die meistverkaufte südafrikanische Weinmarke in Großbritannien. Joint Venture von fünf örtlichen

Genossenschaften und dem britischen Weinhandelsunternehmen Brand Phoenix mit Weinen auf Einstiegsniveau in etlichen Reihen, darunter einige mit Trauben von außerhalb Südafrikas.

Flagstone Winery W-Cape r w (br) ★→★★★ Premium-Kellerei in Somerset West im Besitz (über Accolade Wines) der australischen CHAMP Private Equity. Ist mit den Marken Fish Hoek (mittleres Niveau) und KUMALA (Einstiegsniveau) verschwistert. Am besten: die Reihe Flagstone und das neue Etikett Time Manner Place.

Fleur du Cap W-Cape r w; s ★→★★★ Spitzenmarke von DISTELL, u. a. die sehr gute Reihe Unfiltered Collection und der immer großartige edelfaule Noble Late Harvest aus der Bergkelder Selection.

Franschhoek Valley Von französischen Hugenotten gegründeter DISTRICT in der COASTAL REGION. Die 1.200 ha sind überwiegend mit CABERNET SAUVIGNON, CHARDONNAY, SAUVIGNON BLANC und SHIRAZ bestockt. Von den vielen Kellereien (und Restaurants) empfehlen sich besonders ANTHONIJ RUPERT, BOEKENHOUTSKLOOF, BOSCHENDAL, COLMANT, CAPE CHAMONIX und LA MOTTE.

Geographical Unit (GU) Geografisch größter Bereich innerhalb des WINE-OF-ORIGIN-Klassifikationssystems. Derzeit gibt es fünf GUs: Eastern, Northern und Western Cape, KwaZulu-Natal und Limpopo. Die anderen Bezeichnungen lauten (in absteigender Größe des Gebiets): REGION, DISTRICT und WARD.

Glen Carlou Coast r w; (s); (sch) ★★→★★★ Spitzenkellerei mit eigenen Lagen, Kunstgalerie und Restaurant nahe PAARL; im Besitz von Donald Hess. Würziger SYRAH, feiner roter Bordeaux-Verschnitt Grand Classique und CHARDONNAY.

Glenelly Stel r w ★★→★★★ Die Weinberge und die Kellerei gehören der einstigen Besitzerin des Bordeaux-Château Pichon Lalande, May-Eliane de Lencquesaing. Eindrucksvolle Flaggschiffgewächse: Lady May (v. a. CABERNET SAUVIGNON) sowie das Duo Grand Vin (Bordeaux/SHIRAZ und CHARDONNAY). Die Glass Collection ist früher trinkreif.

Graham Beck Wines W-Cape r (rs) w; (s); sch ★→★★★ Erstklassiger Erzeuger mit mehr als 25 Weinen, darunter ausgezeichnete Schaumweine sowie sortenreine und verschnittene Rote und Weiße, allen voran die herrliche Cuvée Clive (MÉTHODE CAP CLASSIQUE), der CABERNET SAUVIGNON/SHIRAZ Ad Honorem und der SAUVIGNON BLANC Pheasants' Run.

Grangehurst Stel r rs ★★→★★★ Kleiner, auf Rotwein und Rosé spezialisierter erstklassiger Betrieb mit sehr gutem CAPE BLEND Nikela (**98 99 00 01 02 03' 05 06**) und PINOTAGE (**97 98 99 01 02 03' 05 06**).

Südafrikas ältestes Weingut mit eigenem Traubenanbau ist Groot Constantia, das 1685 gegründet wurde.

Groot Constantia Estate Con r (rs) w (br); s; (sch) ★→★★★ Historisches Gut und Touristenziel in Südafrikas ursprünglicher Qualitätsweinregion – mit entsprechend ernsthaften Gewächsen wie z. B. dem Grand Constance, der die Tradition der MUSCAT-Dessertweine von Weltklasseformat aufrecht hält.

Guardian Peak Siehe RUST EN VREDE ESTATE.

Hamilton Russell Vineyards Walker Bay r w ★★→★★★★ Pionier des kühlklimatischen Weinbaus und beständiger Burgunderspezialist in Hermanus. Feiner PINOT NOIR (**01' 03' 04 05 06 07 08** 09' 10 11 12') und außergewöhnlicher CHARDONNAY. Unter den Etiketten Southern Right und Ashbourne auch ausgezeichneter SAUVIGNON BLANC, PINOTAGE und Weißweinverschnitte.

Hartenberg Estate Stel r w ★★→★★★★ Zuverlässiger Spitzenerzeuger. Herausragendes SHIRAZ-Quartett: extrovertierter The Stork von einer Einzellage (**03 04' 05' 06** 07 08 09' 10 11), saftiger Gravel Hill, stets ernst zu nehmender Shiraz (**01 02 03 04' 05 06** 07 08 09 10 11) und neu auf Einsteigerniveau der Doorkeeper. Außerdem feiner MERLOT, CHARDONNAY und RIESLING.

Haskell Vineyards W-Cape r w ★★★ Die Weinberge und die Kellerei nahe STELLENBOSCH sind in amerikanischem Besitz; begeisterte Kritiken gibt es für die beiden SYRAH-Weine Pillars und Aeon, die roten Verschnitte und den CHARDONNAY. Die Schwestermarke Dombeya wird immer besser.

Hemel-en-Aarde Trio von kühlklimatischen WARDS (Hemel-en-Aarde Valley, Upper Hemel-en-Aarde Valley, Hemel-en-Aarde Ridge) im DISTRICT WALKER BAY, die einige ausgezeichnete Weine von PINOT NOIR, CHARDONNAY und SAUVIGNON BLANC hervorbringen. Spitzenerzeuger: ATARAXIA, BOUCHARD FINLAYSON, CREATION, HAMILTON RUSSELL, NEWTON JOHNSON.

Hermanuspietersfontein Wynkelder W-Cape r (rs) w ★★→★★★ Führender Spezialist für SAUVIGNON BLANC und rote Bordeaux-Verschnitte, der die faktischen und historischen Verbindungen zum Seebad Hermanus kreativ vermarktet.

Iona Vineyards Elgin, Stel r (rs) w ★→★★★ Pionier-Betrieb in ELGIN, der von Andrew und Rozanne Gunn und ihrem Team als »shared ownership« geführt wird. Umjubelter CHARDONNAY und SAUVIGNON BLANC. Neueren Datums sind Rotweine im Bordeaux/Rhône-Stil und ein PINOT NOIR. Für Einstiegsweine stehen die Marken Sophie und Mr P. Die hoch gelegenen Weinberge werden derzeit auf BIODYNAMIC umgestellt.

J. C. le Roux, The House of W-Cape sch ★★ Südafrikas größter auf Schaumwein spezialisierter Erzeuger, im Besitz von DISTELL. Am besten sind PINOT NOIR, Scintilla (CHARDONNAY/Pinot noir) und der Brut oJ (alle MÉTHODE CAP CLASSIQUE).

Jean Daneel Wines W-Cape r w (br); (sch) ★→★★★ Familienbetrieb in Napier. Hervorragend ist die Reihe Signature, v. a. der Red (Bordeaux/SHIRAZ) und CHENIN BLANC. Das Traubengut der heimischen Lagen in Napier debütierte vor Kurzem unter dem Etikett Le Grand Jardin.

Jordan Wine Estate Stel r (rs) w; (s) ★→★★★★ Beständigkeit, Qualität und gutes Preis-Leistungs-Verhältnis der Reihen Bradgate und Chameleon auf Einstiegsniveau bis hin zu makellosen Abfüllungen, die auf den Auktionen der CAPE WINEMAKERS GUILD versteigert werden. Aushängeschild ist der CHARDONNAY Nine Yards; außerdem gibt es den Bordeaux-Verschnitt Cobblers Hill (**00 01 03 04' 05' 06** 07 08 09 10 11 12) sowie CABERNET SAUVIGNON, MERLOT, SAUVIGNON BLANC (mit und ohne Eiche) und den edelfaulen RIESLING-Dessertwein Mellifera.

Kaapzicht Wine Estate Stel r w (br); (s) ★→★★★ Familienbetrieb mit international anerkannter Spitzenreihe Steytler: CAPE BLEND Vision (**01' 02' 03' 04 05'** 06 07 08 10 12), PINOTAGE und roter Bordeaux-Verschnitt Pentagon.

Kanonkop Estate Stel r (rs) ★★→★★★★ Großes regionales Renommee seit drei Jahrzehnten, v. a. mit PINOTAGE (**01 02 03' 04 05 06** 07 08 09' 10' 11 12 13), dem Bordeaux-Verschnitt Paul Sauer (**01 02 03 04' 05 06'** 07 08 09 10 11 12) und CABERNET SAUVIGNON. Das Zweitetikett Kadette umfasst einen roten Verschnitt und einen Pinotage Dry Rosé.

Ken Forrester Wines W-Cape r (rs) w; (lbl) s ★→★★★ Gemeinschaftsprojekt des Weinhändlers und Gastronomen Ken Forrester und des Winzers Martin MEINERT in STELLENBOSCH mit dem Ziel, internationale Anerkennung für CHENIN BLANC (trocken, halbtrocken, edelfaul) und Rotweine im mediterranen Stil zu erlangen. Ungemein süffige und preiswerte Weine bietet die Reihe Petit.

Klein Constantia Estate W-Cape r (rs) w; s; sch ★★→★★★ Historisches Gut mit Kultstatus, wiederbelebt durch ausländische Eigentümer. Der (nicht edelfaule) Vin de Constance zum Einkellern (**00' 01 02' 04 05 06' 07'** 08) ist eine überzeugende Wiedergeburt des legendären Constantia-MUSCAT-Dessertweins aus dem 18. Jh. Außerdem eleganter neuer Rotweinverschnitt aus der Reihe Estate, hochklassiger SAUVIGNON BLANC, MÉTHODE-CAP-CLASSIQUE-Schaumwein und die früher trinkreife Reihe KC. Das Geschwistergut ist ANWILKA in STELLENBOSCH.

Kleine Zalze Wines W-Cape r (rs) w ★→★★★ Starerzeuger in STELLENBOSCH mit brillantem CABERNET SAUVIGNON, SHIRAZ, CHENIN BLANC und SAUVIGNON BLANC unter den Etiketten Family Reserve und Vineyard Selection. Sehr leckere und erschwingliche Weine bieten die Reihen Cellar Selection, Foot of Africa und Zalze.

Parallelwelten

Ein neuer Trend unter den Weinmachern greift um sich, den man als »zweites Leben« bezeichnen könnte. Sie stehen als Kellermeister bei einem Weingut unter Vertrag und handeln nach »Börsenschluss« mit eigenen Optionsscheinen: Nico van der Merwe (Kellermeister bei SAXENBURG) mit seinem Etikett gleichen Namens, Duncan Savage (bei CAPE POINT VINEYARDS) mit seiner Marke Savage Wines, Margaux Nel (BOPLAAS) mit dem MUSCAT-Dessertwein namens Hatchi unter der Flagge The Fledge & Co und Marelise Jansen van Rensburg (BEAUMONT) mit dem Momento. Diese Weinmacher erzeugen Weine von in Vergessenheit geratenen Rebsorten, die sie wieder hochziehen und ihnen die Hauptrolle zuweisen. Welche Vorteile haben die Leute dabei? Sie können in aller Freiheit mit Sorten und Weinbereitungstechniken experimentieren, die sich erheblich von den vorgegebenen Pfaden als angestellte Kellermeister unterscheiden.

Klein Karoo Die halbwüstenartige REGION ist bekannt für gespritete Weine, v. a. im Port-Stil, im DISTRICT CALITZDORP. Guter PINOT NOIR, SHIRAZ und SAUVIGNON BLANC aus den höher gelegenen WARDS Tradouw, Tradouw Highlands, Outeniqua und Upper Langkloof.

Krone, The House of W-Cape (w); sch ★★★ Elegante Brut-Schaumweine nach der MÉTHODE CAP CLASSIQUE, u. a. Prestige-Cuvée Nicolas Charles Krone oJ, der bei Twee Jonge Gezellen in TULBAGH bereitet wird. Neu ist der Stillwein aus PINOT NOIR und CHARDONNAY.

Kumala W-Cape r (rs) w; (lbl) BV – Die sehr erfolgreiche Exportmarke auf Einstiegsniveau gehört wie ihre Geschwister FLAGSTONE (Premiumgewächse) und Fish Hoek (mittleres Niveau) zu der in Sydney ansässigen CHAMP Private Equity.

KwaZulu-Natal Provinz und GEOGRAPHICAL UNIT an der Ostküste des Landes mit Regen im Sommer und subtropischem oder tropischem Klima in den Küstengebieten. Auf dem kühleren, hügeligen zentralen Midlands-Plateau ist eine Qualitätsweinproduktion im Entstehen; führender Erzeuger ist Abdington Estate.

KWV W-Cape r (rs) w (br); (s); sch ★→★★★ Die ehemalige nationale Winzergenossenschaft und Aufsichtsbehörde ist heute eine teilweise im Besitz von schwarzen Südafrikanern befindliche börsennotierte Gesellschaft mit Sitz in PAARL. 80 Rot-, Weiß- und Schaumweine, Weine im Port-Stil sowie gespritete Dessertweine in 10 Reihen werden erzeugt; am besten sind Mentors, Cathedral Cellar, KWV Reserve, Laborie und Roodeberg. Bonne

Esperance, Café Culture (»Kaffee«-PINOTAGE, still und schäumend) und Pearly Bay sind süffige Weine, die auf den Massengeschmack zielen.

Lamberts Bay 22 ha großer WARD an der Westküste, nah am Atlantik gelegen. Prägnanter SAUVIGNON BLANC und pfeffriger SHIRAZ von Sir Lambert, einem lokalen Gemeinschaftsprojekt mit DIEMERSDAL.

Lammershoek Winery Swart r (rs) w ★★→★★★ Traditionell bereitete, hocharomatische Verschnitte im Rhône-Stil und CHENIN BLANC, die die Großzügigkeit und Konzentration von SWARTLAND-Weinen modellhaft verkörpern. Das LAM-Quartett von jüngeren Reben ist ganz hervorragend.

MCC Siehe MÉTHODE CAP CLASSIQUE.

Meerlust Estate Stel r w ★★★★ Renommierte Weinberge und Kellerei in Familienbesitz. Eleganz und Zurückhaltung prägen das Aushängeschild Rubicon (**99 00 01' 03' 04 05 06** 07' 08 09' 10), einen der ersten Bordeaux-Verschnitte Südafrikas. Auch hervorragender MERLOT, CABERNET SAUVIGNON, CHARDONNAY und PINOT NOIR.

Meinert Wines Elgin, Devon Valley r (rs) w ★→★★★ Der bedächtige Erzeuger und Berater Martin Meinert ist v.a. für den feinen CAPE BLEND Synchronicity bekannt. Neuerdings schenkt er auch Weißen (darunter ein neuer halbtrockener RIESLING) und Rosés mehr Beachtung.

Méthode Cap Classique (MCC) EU-kompatible Bezeichnung für Schaumweine mit Flaschengärung, eine der größten Erfolgsgeschichten Südafrikas. Inzwischen gibt es 200 Etiketten, Tendenz steigend. Empfehlenswerte Erzeuger: Ambeloui, BON COURAGE, BOSCHENDAL, COLMANT, ELGIN-Newcomer Charles Fox, Graham Beck, J. C. LE ROUX, KRONE, SALTARE, Silverthorn, SIMONSIG, VILLIERA.

Morgenster Estate Stel r (rs) w ★★→★★★ Erstklassiger Betrieb mit Wein- und Olivenanbau nahe Somerset West, in italienischem Besitz; Pierre Lurton (vom Bordeaux-Château Cheval Blanc) berät. Traditioneller Morgenster (**00 01 03 04 05' 06'** 08 09 10 11), Zweitetikett ist Lourens River Valley (beides Rote im Bordeaux-Stil), außerdem ein neuerer weißer Verschnitt im Bordeaux-Stil. Die Italian Collection umfasst Verschnitte von SANGIOVESE und NEBBIOLO.

Motte, La W-Cape r w; (s); (sch) ★★→★★★ Vorzeigekellerei mit Verkostungsraum der Familie Rupert in FRANSCHHOEK. Bioweinbau (ORGANIC) bringt Sorten und Verschnitte im klassischen Bordeaux- und Rhône-Stil hervor, dazu CHARDONNAY, SAUVIGNON BLANC und Schaumwein nach der MÉTHODE CAP CLASSIQUE.

Mulderbosch Vineyards W-Cape r rs w; (s) ★★→★★★ Kellerei in STELLENBOSCH, im Besitz der kalifornischen Investmentgesellschaft Terroir Capital. Wiedererwachtes Interesse an CHENIN BLANC, dazu trockener sowie edelfauler SAUVIGNON BLANC, CHARDONNAY und saftiger CABERNET SAUVIGNON Rosé.

Mullineux Family Wines Swart r w; s ★★★→★★★★ Das erstklassige Erzeuger-Ehepaar Chris und Andrea Mullineux ist auf schöne, generöse, sorgfältig bereitete (rote und weiße) Verschnitte im Rhône-Stil, SYRAH und CHENIN BLANC spezialisiert. Vor Kurzem wurde der indische Geschäftsmann Analjit Singh als Investor gewonnen.

Mvemve Raats Stel r ★★★ Mzokhona Mvemve, Südafrikas erster schwarzer Kellermeister mit Universitätsabschluss, und Bruwer Raats (siehe RAATS FAMILY WINES) erzeugen den gefeierten roten Bordeaux-Verschnitt MR De Compostella.

Nederburg Wines W-Cape r (rs) w; lbl s; (sch) ★→★★★★ Eine der größten (2,8 Mio. Kisten) und bekanntesten Marken Südafrikas, im Besitz von DISTELL und mit Sitz in PAARL. Außergewöhnlicher Ingenuity Red (05 **06** 07'

08 09 10 11) und White, ausgezeichnet das Label Manor House, neu das Quintett Heritage Heroes, eine Hommage an bedeutende Persönlichkeiten aus der Vergangenheit der Kellerei. Daneben preiswerte Still- und Schaumweine für den Alltagsgebrauch. In kleinen Mengen werden die für die jährlich stattfindende Nederburg Auction vorgesehenen, manchmal spektakulären Weine der Reihe Private Bin erzeugt, darunter der edelfaule CHENIN BLANC Edelkeur (**02 03' 04' 05 06 07' 08 09' 10'** 11 12').

Neil Ellis Wines W-Cape r w ★★→★★★★ Der altgediente Kellermeister Neil Ellis und sein Sohn Warren, Winzer und Weinmacher, verarbeiten ausgesuchte Trauben aus kühleren Parzellen, um ihren Weinen die spezifische Lagencharakteristik mitzugeben: erstklassiger CABERNET SAUVIGNON Vineyard Selection (**99 00' 01 03 04' 05 06** 07 09 10' 11), neuer roter Rodanos im Rhône-Stil und sensationeller Grenache noir von alten Reben aus dem WARD Piekenierskloof.

Newton Johnson Wines Cape South Coast r (rs) w ★★★→★★★★ Kellerei und Restaurant im malerischen Upper HEMEL-EN-AARDE Valley. Herausragender PINOT NOIR, CHARDONNAY, SAUVIGNON BLANC und Rotweine im Rhône-Stil von eigenem und zugekauftem Lesegut. Hübscher edelfauler CHENIN BLANC L'illa. Die Trauben für die Einstiegsreihe Felicité stammen aus verschiedenen Gebieten.

Olifants River REGION an der Westküste (10.000 ha), deren Weinberge über warme, trockene Talböden verteilt sind und sich für den ökologischen Anbau (siehe ORGANIC) eignen. Außerdem kühlere Lagen für feine Weine im gebirgigen WARD Piekenierskloof sowie, näher am Atlantik, in BAMBOES BAY und Koekenaap.

Organic Der Ökoweinbau wächst, die Qualität bleibt unterschiedlich. Etiketten, die schon Erfolge vorzuweisen haben sind u. a. AVONDALE, Bon Cap, FABLE, Groot Parys, Laibach, Lazanou, Org de Rac, REYNEKE, Stellar, Earthbound, Upland und Waverley Hills. Siehe auch BIODYNAMIC.

Outeniqua Siehe KLEIN KAROO.

Paarl Stadt und geografisch festgelegter Wein-DISTRICT, gut 50 km nordöstlich von Kapstadt. Unterschiedliche Weinstile und Philosophien; am besten geraten Weine von roten und weißen Rebsorten aus dem Mittelmeerraum sowie CABERNET SAUVIGNON und PINOTAGE. Etablierte und gewichtige Erzeuger sind u. a. KWV, FAIRVIEW, NEDERBURG und VILAFONTÉ. Die Neulinge Doran, Eenzaamheid und Ayama (mit italienischem Eigentümer) lohnen einen Versuch.

Paul Cluver Estate Wines Elgin r w; lbl s ★★★→★★★★ Das Gut im Besitz der Familie Cluver hält das Niveau in ELGIN hoch. Überzeugender PINOT NOIR, eleganter CHARDONNAY sowie stets fantastischer Gewürztraminer und umwerfender RIESLING (edelfaul: **03' 04 05' 06' 07 08' 09 10** 11' 12, außerdem zwei trockenere Versionen).

Raats Family Wines Coast r w ★★→★★★ CABERNET FRANC, reinfruchtiger CHENIN BLANC (mit und ohne Eichenholznote) und neuerer Bordeaux-Verschnitt Red Jasper – alle erzeugt von Bruwer Raats in STELLENBOSCH, der auch Partner des Boutiquebetriebs MVEMVE RAATS ist.

Region Siehe GEOGRAPHICAL UNIT.

Reyneke Wines W-Cape r w ★★→★★★ Führender ökologisch und biodynamisch arbeitender Erzeuger mit glänzendem Reserve Red (hauptsächlich SHIRAZ), CHENIN BLANC und Reserve White (SAUVIGNON BLANC).

Riche Wines, Le Stel r (w) ★★★ Der angesehene Kellermeister Etienne Le Riche und seine Familie bereiten in dieser Boutiquekellerei feine Weine auf der Basis von CABERNET SAUVIGNON sowie eleganten CHARDONNAY.

Rijk's Coast r w ★★→★★★ Pionierkellerei in TULBAGH mit den Etiketten Estate, Reserve, Private Cellar und Touch of Oak, fokussiert auf SHIRAZ, PINOTAGE und CHENIN BLANC, sortenrein und verschnitten.

Robertson District Im Landesinneren gelegenes Tal (14.000 ha) mit geringen Niederschlägen, Kalksteinboden und günstigem Klima für ökologischen Anbau (ORGANIC). Schon immer guter CHARDONNAY und Dessertweine (v.a. MUSCAT), neuerdings auch SAUVIGNON BLANC, SHIRAZ und CABERNET SAUVIGNON. Die wichtigsten Kellereien sind BON COURAGE, DE WETSHOF, GRAHAM BECK, ROBERTSON WINERY, Rooiberg, SPRINGFIELD; auch viele Familienbetriebe.

Robertson Winery Rob r (rs) w (br); lbl s; (sch) ★→★★ Kellerei mit durchweg beständiger Qualität und gutem Preis-Leistungs-Verhältnis in ihrem umfangreichen Angebot. Am besten ist der SHIRAZ No. 1 Constitution Road, sehr gut auch die Reihe Vineyard Selection.

Rupert & Rothschild Vignerons W-Cape r w ★★★ Spitzenlagen und Kellerei bei PAARL im Besitz der Familie Rupert und Baron Benjamin de Rothschild. Stets beeindruckender Bordeaux-Verschnitt Baron Edmond (**98 00 01 03' 04 05 07** 08 09 10' 11 12) und anmutiger CHARDONNAY Baroness Nadine.

Rustenberg Wines W-Cape r w; (s) ★→★★★★ Berühmter Familienbetrieb bei STELLENBOSCH. Flaggschiff ist der CABERNET SAUVIGNON Peter Barlow (**99' 01' 03 04 05 06** 07 08 09 10). Dazu herausragender Bordeaux-Verschnitt John X. Merriman, schmackhafter SYRAH sowie der Einzellagen-CHARDONNAY Five Soldiers. Produziert auch einen der wenigen reinsortigen ROUSSANNE-Weine des Landes.

Stilbaai East ist mit 0,15 ha Südafrikas kleinste Appellation.

Rust en Vrede Estate Stel r w ★★→★★★ Besitzer Jean Engelbrecht erzeugt kraftvolle, hochpreisige Weine, u.a. Rust en Vrede SYRAH und neuen CABERNET SAUVIGNON (beides Einzellagenweine). Cirrus Syrah ist ein Gemeinschaftsunternehmen mit Silver Oaks aus Kalifornien, Stellenbosch Ridge eine Hommage an die Stadt STELLENBOSCH und ihre Bewohner. Außerdem CHENIN BLANC Donkiesbaai (trocken und als *vin de paille*) sowie sehr gute Weine unter dem Etikett Guardian Peak.

Sadie Family Wines Stel, Swart, Olifants River r w ★★★→★★★★ Der ökologisch angebaute und traditionell bereitete SHIRAZ/MOURVÈDRE Columella (**01 02' 03 04 05' 06** 07' 08 09' 10' 11 12 13) setzt Maßstäbe in Südafrika. Außerdem komplexer, verführerischer Weißweinverschnitt Palladius und die bahnbrechende Reihe Old Vines, die das südafrikanische Weinerbe feiert. Der hochangesehene Eben Sadie erzeugt in Zusammenarbeit mit Cornel Spies, seines Zeichens Cape Wine Master, auch den roten und weißen Sequillo.

Saronsberg Cellar Coast r (rs) w; (s); (sch) ★→★★★ Mit Kunst geschmückte Sehenswürdigkeit in TULBAGH; das Gut erzeugt preisgekrönte rote Bordeaux-Verschnitte, sortenreine und Verschnittweine von weißen und roten Rhône-Trauben sowie neuerdings Schaumwein nach der MÉTHODE CAP CLASSIQUE unter den Namen Saronsberg und Provenance.

Saxenburg Wine Farm Stel r (rs) w; (sch) ★★→★★★ Weinberge, Kellerei und Restaurant in Schweizer Besitz. Rotweine mit harmonischer Eichennote, SAUVIGNON BLANC und CHARDONNAY in der hochklassigen Private Collection. Flaggschiffwein ist der außerordentlich teure SHIRAZ Select (**00 01 02 03' 05' 06'** 07' 09).

Secateurs Siehe A.A. BADENHORST FAMILY.

Sequillo Siehe SADIE FAMILY WINES.

Shannon Vineyards Elgin r w; (s) ★★★ Vorbildlicher MERLOT, PINOT NOIR, SAUVIGNON BLANC, neuer SÉMILLON sowie als Rarität ein edelfauler Pinot noir. Die Brüder James und Stuart Downes sind für die Reben, die Kellerei NEWTON JOHNSON ist für die Vinifikation zuständig.

Sijnn Siehe DE TRAFFORD WINES.

Simonsig Landgoed W-Cape r w (br); (lbl s); sch ★→★★★ Die Kellerei der Familie Malan bei STELLENBOSCH wird für ihre Beständigkeit, die angemessenen Preise und die hohen Standards innerhalb des breiten Angebots bewundert. Ganz oben stehen der SYRAH Merindol (**01 02' 03 04 05 06** 07 08 10' 11 12) und der PINOTAGE Red Hill (**01 02 03' 04 05 06** 07' 08 09 10 11 12). War vor über 40 Jahren die erste Kellerei, die mit dem Kaapse Vonkel einen flaschenvergorenen Schaumwein bereitete, und ist hier immer noch führend.

Solms-Delta W-Cape r (rs) w (br); (sch) ★→★★★ Weine, die auf höchst angenehme Weise anders sind, von einem teilweise im Besitz der Mitarbeiter befindlichen historischen Gut in FRANSCHHOEK: SHIRAZ im Amarone-Stil, eleganter trockener Rosé, weißer Verschnitt mit Moschusnote und ein perlender SHIRAZ.

Southern Right Siehe HAMILTON RUSSELL.

Spice Route Winery Siehe FAIRVIEW.

Spier W-Cape r w; (sch) ★→★★★ Große, vielfach ausgezeichnete Kellerei und Touristenmekka bei STELLENBOSCH. Aushängeschild ist der tiefgründige CAPE BLEND Frans K. Smit (**04 05' 06'** 07 08 09); die Marken Spier und Savanha, die beide auch hochwertige Weine umfassen, zeugen von überaus sorgfältigem Anbau. Die ausdrucksvollen Weine der beiden Serien 21 Gables und Creative Block sind probierenswert.

Springfield Estate Rob r w ★★→★★★ Der Kult-Kellermeister Abrie Bruwer bereitet traditionell Doppelpacks von CABERNET SAUVIGNON (Méthode Ancienne und Whole Berry), CHARDONNAY (Méthode Ancienne und Wild Yeast) und SAUVIGNON BLANC (Special Cuvée und Life from Stone). Alle strotzen nur so vor Klasse und Persönlichkeit.

Stark-Condé Wines Elgin, Stel r w ★★→★★★★ Akribisch arbeitende Boutiquekellerei des Weinmachers José Condé im alpinen Jonkershoek in STELLENBOSCH. Großartiger CABERNET SAUVIGNON und SYRAH in den Reihen Three Pines und Stark-Condé sowie besser werdender PINOT NOIR und CHENIN BLANC der Serie Pepin Condé.

Steenberg Vineyards W-Cape r (rs) w; sch ★→★★★★ Spitzenkellerei mit Weinbergen und schicken Verkostungsräumen in CONSTANTIA, bekannt für SAUVIGNON BLANC, Sauvignon blanc/SÉMILLON-Verschnitte und Schaumwein nach der MÉTHODE CAP CLASSIQUE. Auch feine Rotweine, darunter ein rarer sortenreiner NEBBIOLO.

Stellenbosch Universitätsstadt und Weinbaugebiet (13.600 ha), Herz des Weinbaus am Kap – sozusagen das Napa Südafrikas. Viele Spitzenweingüter, besonders für Rotwein, liegen verstreut in den zur Region gehörenden Tälern und Vorgebirgen. Zahlreiche Weinverkostungs- und Unterkunftsmöglichkeiten sowie feine Restaurants bereichern das touristische und gastronomische Angebot.

Stellenbosch Vineyards W-Cape r (rs) w; (s); (sch) ★→★★ Große Kellerei, früher bekannt als The Company of Wine People, mit dem Spitzenetikett Credo sowie den zugänglicheren Marken Arniston Bay, Versus, Welmoed und der neuen Reihe Four Secrets.

Swartland Angesehener hügeliger DISTRICT mit warmem Klima in der COASTAL Region. Auf 11.000 ha stehen vorwiegend ertragsarme, unbewässerte Buschreben, die konzentrierte, herzhafte, aber frische Weine hervorbringen. Erzeuger: A. A. BADENHORST, LAMMERSHOEK, MULLINEUX, Porseleinberg, SADIE FAMILY, SPICE ROUTE. Preiswerte Weine bieten Riebeek Cellars und Swartland Winery.

Thelema Mountain Vineyards W-Cape r (rs) w; (lbl) ★→★★★★ Der Pionier des modernen südafrikanischen Wein-Revivals gehört immer noch zur ersten Riege mit Cabernet Sauvignon (**00' 03 04 05 06** 07 08 09 10), CABERNET SAUVIGNON The Mint (**05 06'** 07 08 09 10 11) und anderen Weinen. Die Reihe Sutherland (Trauben aus ELGIN) erweitern das Angebot (z. B. um einen neuen Rosé von SHIRAZ/GRENACHE).

Tokara W-Cape r (rs) w; (s) ★→★★★★ Wein, Essen und Kunst auf höchstem Niveau bei STELLENBOSCH. Weinberge auch in ELGIN und WALKER BAY. Großartige, unverwechselbare Verschnitte (rot und weiß) namens Director's Reserve, kraftvoller neuer SYRAH sowie reintöniger, eleganter CHARDONNAY und SAUVIGNON BLANC.

Tulbagh DISTRICT im Landesinneren (1.200 ha), der ursprünglich mit Weiß- und Schaumwein assoziiert wurde, seit Kurzem aber auch für fleischige Rotweine, einige süßere Gewächse und ORGANIC-Weinbau bekannt ist. Erzeuger: FABLE, KRONE, der wiedererstandene Lemberg, RIJK'S, SARONSBERG und Waverley Hills.

Twee Jonge Gezellen Siehe KRONE.

Vergelegen Wines W-Cape r w; (sch) ★★★→★★★★ Historisches Gutshaus, makellose Weinberge und Weine sowie ein stilvoller Kellereiverkauf in Somerset West; im Besitz einer angloamerikanischen Aktiengesellschaft. Kraftvoller CABERNET SAUVIGNON V (**01' 03 04 05** 06 07 08 09' 11), opulenter Red G.V.B im Bordeaux-Stil, mineralischer Sauvignon blanc/Sémillon White G.V.B, neuer SÉMILLON *vin de paille*.

Vilafonté Paarl r ★★★ Die beiden gefeierten Kalifornier Zelma Long (ehemals Kellermeisterin bei Simi) und Phil Freese (früher bei Mondavi für die Reben zuständig) haben sich mit Mike Ratcliffe vom WARWICK ESTATE zusammengetan. Zwei ausgezeichnete Bordeaux-Verschnitte: der fest strukturierte Series C und der fleischigere Series M.

Villiera Wines W-Cape r w (br); (s); sch ★★→★★★ Weinberge und Kellerei bei STELLENBOSCH der Familie Grier mit exzellentem Preis-Qualitäts-Verhältnis. Die Sahnestücke aus dem (umfangreichen) Weinangebot: roter Bordeaux-Verschnitt Monro, Bush Vine SAUVIGNON BLANC, CHENIN BLANC aus der Reihe Traditional und fünf Schaumweine nach der MÉTHODE CAP CLASSIQUE (einschließlich dem neuen, alkoholarmen Starlight). Die Familie betreibt auch die kleine Domaine Grier in der Nähe von Perpignan (Frankreich).

Walker Bay Kleiner (970 ha), aber hoch angesehener DISTRICT mit maritimem Klima. Die Unterbereiche heißen HEMEL-EN-AARDE, Bot River, Sunday's Glen und Stanford Foothills (neu). PINOT NOIR, SHIRAZ, CHARDONNAY und SAUVIGNON BLANC ragen heraus. Spitzenerzeuger: ATARAXIA, BEAUMONT, BOUCHARD FINLAYSON, CREATION, Gabriëlskloof, HAMILTON RUSSELL, HERMANUSPIETERSFONTEIN, NEWTON JOHNSON, Luddite, Raka.

Ward Das geografisch kleinste der WINE-OF-ORIGIN-Gebiete. Siehe auch GEOGRAPHICAL UNIT.

Warwick Estate W-Cape r w ★★★ Das besucherfreundliche Gut der Familie Ratcliffe am Rand von STELLENBOSCH bietet den sehr feinen Bordeaux-Verschnitt Trilogy, die neu herausgebrachte Fassauslese CABERNET SAUVIGNON Blue Lady, duftenden Cabernet franc und opulenten CHARDONNAY (mit und seit Kurzem auch ohne Holznote).

Waterford Estate W-Cape r w; (s) ★→★★★ Erstklassiger Familienbetrieb bei STELLENBOSCH mit preisgekröntem Kellereiverkauf. Pikanter SHIRAZ Kevin Arnold (**01 02' 03 04 05 06** 07 08 09), mineralischer CABERNET SAUVIGNON

(**01 02 03' 04 05 06** 07 08 09) und das ziemlich teure Flaggschiff The Jem auf Basis von Cabernet Sauvignon.

Waterkloof Stel r (rs) w ★→★★★ Weinberge (BIODYNAMIC) und architektonisch spektakuläre Kellerei mit Restaurant in der Nähe von Somerset West, im Besitz des britischen Weinimporteurs Paul Boutinot. Spitzenmarken sind Waterkloof, Circle of Life und Circumstance; ein gutes Preis-Leistungs-Verhältnis haben die Reihen False Bay und Peacock Ridge.

Wellington An PAARL angrenzender DISTRICT mit warmem Klima. Gewinnt zunehmende Anerkennung für PINOTAGE, SHIRAZ, stämmige rote Verschnitte und CHENIN BLANC. Erzeuger: Bosman/De Bos, DIEMERSFONTEIN, Doolhof, Jacaranda, Lazanou, Mont du Toit, Nabygelegen, Napier, Val du Charron, Welbedacht.

Wine of Origin (WO) Das südafrikanische Gegenstück zum französischen Appellationssystem, jedoch ohne dessen Beschränkungen im Hinblick auf Ertrag usw. Bescheinigt werden mit diesem Siegel der Jahrgang, die Rebsorte(n) und das Herkunftsgebiet des Weins. Die optionale *sustainability*-Zertifizierung garantiert zusätzlich eine nachhaltige, umweltbewusste Produktion von der Rebe bis ins Glas. Siehe auch GEOGRAPHICAL UNIT.

Winery of Good Hope, The W-Cape r w; (s) ★★→★★★ Glänzender Betrieb in STELLENBOSCH, so vielseitig wie seine australisch-französisch-südafrikanisch-britischen Eigentümer. Kreativer, aber durchaus zusammenpassender Mix von Stilen, Einflüssen, Rebsorten und Terroirs in den Reihen Winery of Good Hope, Radford Dale, Vinum und Land of Hope.

Worcester In diesem DISTRICT wird vorwiegend Massenwein von Genossenschaften erzeugt; Ausnahmen sind Alvi's Drift, Leipzig (seit Kurzem wiederbelebt) und New Cape/Eagle's Cliff.

Die englische Originalausgabe ist unter dem Titel »Hugh Johnson's Pocket Wine Book 2015« beim Verlag Mitchell Beazley, einem Imprint von Octopus Publishing Group Ltd., Endeavour House, 189 Shaftesbury Avenue, London WC2 8JY, erschienen.
www.mitchell-beazley.co.uk

First edition published 1977
Revised editions published 1978, 1979, 1980, 1981, 1982, 1983, 1984, 1985, 1986, 1987, 1988, 1989, 1990, 1991, 1992, 1993, 1994, 1995, 1996, 1997, 1998, 1999, 2000, 2001, 2002, 2003, 2004, 2005, 2006, 2007, 2008, 2009, 2010, 2011, 2012, 2013, 2014

36., neu überarbeitete, ergänzte und aktualisierte Ausgabe, 2014, auf der Grundlage der 38. Originalausgabe, 2014

Übersetzung aus dem Englischen: Renate Haen, Britta Nord, Martin Waller
Projektleitung: Anne-Sophie Zähringer
Herstellung: Markus Plötz

Redaktion: Werkstatt München · Buchproduktion
Satz: Anja Dengler, Werkstatt München

Umschlaggestaltung: independent Medien-Design,
Horst Moser, München
Umschlagfoto: ® Denis Nidos

Printed and bound in China

HALLWAG ist ein Unternehmen des GRÄFE UND UNZER VERLAGS,
München, GANSKE VERLAGSGRUPPE
www.hallwag.de
leserservice@graefe-und-unzer.de

ISBN 978-3-8338-4198-9

Hallwag

GRÄFE UND UNZER

Ein Unternehmen der
GANSKE VERLAGSGRUPPE

Spezial

Trauben, Reben und ihre Sorten

Warum schmeckt Wein nicht nach Trauben – oder zumindest nicht so direkt, wie Apfelkuchen nach Äpfeln schmeckt? Traubensaft enthält Zucker, darunter Glukose und Fruktose (die unterschiedlich schmecken), Wein-, Apfel und Zitronensäure (ebenfalls mit anderem Geschmack), Farbstoffe und Tannine, Aminosäuren, Peptide und Proteine, Aromaverbindungen (z. B. die grüne Paprikanote bei Cabernet Sauvignon oder Sauvignon blanc oder die Terpene, die Muscat und Riesling kennzeichnen), Mineralien, u. a. Kaliumverbindungen, Pektine – und Wasser. Die Schalen haben mehr, die Kerne andere Tannine. Auf den Schalen leben auch wilde Hefen, die so komplex und vielfältig sind, dass man einzelne Weinberge an den in ihnen lebenden Hefefamilien identifizieren könnte. Hefen, wilde wie kultivierte, wirken sich ebenfalls – und unterschiedlich – auf den Weingeschmack aus. Und schließlich der Weinberg: dieselbe Traubensorte aus einem anderen Weinberg schmeckt anders.

Ich hoffe, Sie lesen noch mit. Traubensaft wird zu Wein vergoren, doch wenn das nun alles wäre, wäre Wein zu kaufen nicht komplizierter oder spannender als etwa Äpfel. Doch es gibt etwa 10.000 Traubensorten auf der Welt, die alle zu anderen Klimata und Böden passen.

Im Wein spiegelt sich der Weinberg wider: je besser die Lage, desto (potenziell) besser der Wein. Wenn Weinliebhaber einen Wein bewundern, dann nicht, weil er so ähnlich wie seine Traube schmeckt, sondern weil er Distanz zu ihr hält. In Burgund soll der Wein nach einer bestimmten Parzelle in einem bestimmten Hang schmecken: seinem Boden, seinen Steinen, seiner Sonne, seinem Regen – nicht einfach nach Pinot noir. Wir leisten uns einen Pauillac, weil wir die Komplexität suchen, die seine Kieshügel hervorbringen, sonst würde es ein billiger Cabernet Sauvignon auch tun.

Und doch: Ganz am Anfang steht die Traube. Auf den nächsten Seiten möchte ich ihr Wie, Wo und Warum erforschen. Je besser man Weintrauben kennenlernt, desto faszinierender werden sie.

Die Herkunft der Weinrebe

Die Kultivierung der Weinrebe ist eng mit der Ausbreitung der menschlichen Zivilisation und der Wanderung der Völker verbunden. Alle kultivierten Reben – ca. 10.000 Sorten sind bekannt – stammen von Wildreben ab. Und auch wenn es (noch) keine »Eva-Theorie« der Rebe gibt (parallel zur Theorie aufgrund von Studien zur Mitochondrien-DNA, nach der die Menschheit auf eine einzige Urmutter zurückgeht), haben DNA-Untersuchungen gezeigt, wo zum ersten Mal Reben kultiviert wurden.

Genauer gesagt geben diese Untersuchungen Hinweise auf die beiden wahrscheinlichsten Orte, beide in Westasien gelegen: den Südostens Anatoliens und den Südkaukasus, sprich das Gebiet um die Oberläufe von Euphrat und Tigris, das Taurusgebirge. Den Ausschlag gab teilweise die enorme Menge der einheimischen Reben, die in diesem Gebiet kultiviert werden, teilweise aber auch die enge Verwandtschaft zwischen der DNA der lokalen Wildreben (die hier noch üppig wuchern) und jener der örtlichen Kulturreben.

Wann begann diese Kultivierung? Vermutlich einige Zeit nachdem der Mensch entdeckt hatte, dass Wein – der sich ganz von selbst bilden kann, wenn man reife Trauben ein paar Tage unter warmen Bedingungen sich selbst überlässt – einen angenehmen Geschmack hat und einen nach einem harten Tag wieder aufmuntern kann. Wilde Trauben gab es wohl im Überfluss, und sicher waren sie auch ein wertvoller Teil der Nahrung. Von der Traube zum Wein ist es nur ein kleiner Schritt.

Größer ist da schon der Schritt von der Wildrebe zur Kulturrebe. Wildreben gibt es als weibliche und männliche Pflanzen, Kulturreben sind Zwitter. Die unterschiedliche Form der Traubenkerne ist für Archäologen ein wertvoller Hinweis darauf, ob die Bewohner einer frühen Siedlung Reben kultivierten oder nicht – doch warum sollten Reben diesen Sprung machen?

Auch bei Wildreben gibt es einen kleinen Anteil Zwitter, vielleicht zwei oder drei Prozent. Diese Zwitterpflanzen waren einfacher zu kultivieren und lieferten sicherere Ernten, was ein unbestreitbarer Vorteil war. Und da es nur einen Weg gibt, Reben so zu vermehren, dass sie mit ihren Elternpflanzen identisch sind, nämlich Stecklinge zu schneiden, entstand jedes Mal, wenn eine Weinbeere zu Boden fiel, die Samen keimten und Wurzeln schlugen, eine neue Rebsorte. An einigen fanden steinzeitliche Bauern Gefallen, weil ihre Trauben süß schmeckten und leckeren Wein lieferten, andere blieben unbeachtet. Und schon sind wir auf dem Weg zu den heutigen ca. 10.000 Rebsorten.

Bestimmt haben Menschen in verschiedenen Teilen der Welt dies alles unabhängig voneinander entdeckt? Das ist schon möglich, doch im Moment sieht es eher danach aus, also ob andere Zentren früher Rebenkultur – die Iberische Halbinsel etwa oder Sardinien – nicht bei Null angefangen hätten, denn dort findet sich keine DNA-Verwandtschaft zwischen frühen Kulturreben und lokalen Wildreben.

Goldenes Trinkgefäß aus dem persischen Achämenidenreich, 6.–5. Jh. v. Chr.

Ein Datum für die erste Kultivierung der Rebe oder die erste Erzeugung von Wein zu nennen ist derzeit noch Rätselraten – oder Romantik. Es gibt Hinweie für die Existenz von Wild- und Kulturreben in jungsteinzeitlichen (8500–4000 v. Chr.) und späteren Orten in Südostanatolien und dem Südkaukasus. Die Überreste einer Flüssigkeit, in denen Weinsäure enthalten war – identifiziert durch Infrarotspektrometrie –, wurden in jungsteinzeitlichen Siedlungen ab dem 6. Jahrtausend v. Chr. im Nordiran gefunden; das Vorhandensein von Weinsäure ist ein starker Hinweis auf Trauben. Die Flüssigkeit war in verschlossenen, auf der Seite liegenden Gefäßen enthalten gewesen; als Konservierungsmittel hatte man Terebinthenharz hinzugefügt.

Dass die Weinrebe zuerst an den Quellen von Euphrat und Tigris kultiviert wurde, überrascht nicht. Von hier, aus dem Fruchtbaren Halbmond, stammen viele der sogenannten *founder crops*, erste Nutzpflanzen, die in die Landwirtschaft der ganzen Welt eingegangen sind: Kichererbsen, Linsen, Roggen, Erbsen, Emmer und Einkorn. Nicht anders ist es mit den Sprachen: alle indoeuropäischen Sprachen haben in diesem Gebiet ihren Ursprung. Dass die Rebe und der Wein ein Ausdruck der menschlichen Zivilisation sind, ist keine Übertreibung.

Die Reisenden

Einige Traubensorten haben sich über die ganze Welt ausgebreitet und in Weinbaugebieten auf jedem Kontinent Wurzeln geschlagen. Andere haben sich von ihrer heimischen Erde kaum wegbewegt – und manche sind dem Aussterben so nahegekommen, das die Wiederentdeckung vergessener Sorten heute ein viel betriebener Sport ist.

Wenn das Weinpendel schwingt, tut es das mit erstaunlicher Geschwindigkeit. In den 1980-Jahren war die Welt verrückt nach Cabernet Sauvignon und Chardonnay. Warum gerade diese beiden? Es gibt mehrere Gründe. Roter Bordeaux und weißer Burgunder waren die klassischen Tischweinstile, die jeder Weintrinker kannte; sie wurden, insbesondere Ersterer, in die ganze Welt exportiert. (Historisch gesehen war es eine Frage der Verkehrswege, des Zugangs zur Fluss- und Seeschifffahrt, oft auch der Politik, ob ein Wein international berühmt wurde – und er musste auch robust genug sein, die Reise zu überstehen.) Diesen Stilen also eiferten die Weinmacher in der Neuen Welt nach und importierten die dazugehörigen Stecklinge. Dazu kam der glückliche Umstand, dass es sich um zwei der entgegenkommendsten Sorten der Welt handelte. Man kann sie fast überall anbauen, und sie bringes etwas Wiedererkennbares hervor. Die internationalen Weinstile waren geboren.

Wir liebten sie. Sie waren üppig, saftig, toastwürzig, reif und voller Frucht. Sie wurden zum neuen Ideal. Winzer in Italien, Spanien, Frankreich, Bulgarien, Chile und vielen anderen Ländern folgten auf dem Fuße. Zwar verboten die Appellationsregeln in Ländern wie Frankreich oder Italien diese Stile, doch ignorierten die Erzeuger dann lieber die AC und verkauften ihren Cabernet als Vin de pays oder Ähnliches, manchmal zu aberwitzigen Preisen. Dem Cabernet Sauvignon folgten Merlot und, in geringerem Maß, Cabernet franc; bei den Weißen hatte Chardonnay kaum Konkurrenz, bis Neuseeland von Sauvignon überrollt wurde.

Es gab aber auch andere Reisende. Manche hatten die Ozeane und Kontinente viel früher überquert, lange bevor »international« ein Begriff wurde. Die ältesten Shiraz-Reben (alias Syrah) stehen im

Shiraz-Weinberg im Barossa Valley, Australien

Barossa Valley in Australien; in Chile gibt es ein paar 200 Jahr alte Carignan-Stöcke und in Kalifornien sehr alten Zinfandel. Syrah zeigt sein internationales Potenzial nun in Neuseeland (wunderbar: Gimblett Gravels), Chile (Elqui und Limarí) und vielen anderen Orten. Wenn Boden und Klima stimmen, kann Syrah viel interessanter sein als der Großteil des Cabernet Sauvignon. Der Anbau von Pinot noir wird, wie im letztjährigen Spezial gezeigt, in immer mehr Ländern beherrscht. Bei den Weißen sind Riesling, Pinot blanc, Gewürztraminer und Viognier auch weit weg von zu Hause erfolgreich.

Aber was heißt »zu Hause«? Dort, wo Rebsorten die größte genetische Vielfalt zeigen, haben sie die längste Zeit verbracht und stammen wahrscheinlich von dort. Syrah gehört zur Rhône, Garnacha wohl nach Spanien, vielleicht aber auch nach Sardinien. Die Traube wird aber seit dem 18. Jh. in Frankreich angebaut und gilt dort sicher nicht als Import. Riesling stammt wahrscheinlich aus dem Rheingau und hat sich über ganz Mittel- und Osteuropa verbreitet. Selbst in Australien feiert er Erfolge. Lokale Namen weisen oft auf seinen Ursprung am Rhein hin: Renski Rizling in Slowenien, Riesling renano in Italien. Ähnlich Blaufränkisch: vielleicht aus Franken stammend, gelangte die Rebe über Lemberg in der Steiermark und Limberg in Niederösterreich in andere Teile Deutschlands und heißt deshalb jetzt dort Lemberger oder Limberger.

Andere Reben haben neue Namen angenommen, wo immer es sie hin verschlug. Ugni blanc aus Frankreich ist der italienische Trebbiano. Mindestens sechs verschiedene Sorten in Norditalien heißen Bonarda. Die Fernão Pires aus Bairrada in Portugal wird dort auch Maria Gomes genannt. Zu den Aliasen von Negroamaro gehören Abruzzese, Albese, Jonico, Lacrima, Purcinara und Uva Olivella: nicht schlecht für eine Rebe, die es lange nur in Apulien gab. Kürzlich erst fand der Valpolicella-Erzeuger Rizzardi eine Rebe in seinem Weinberg, die er nicht kannte – also nannte er sie einfach Marcobono, nach dem Leiter des Weinbergs. Das ist eine alte Tradition.

Einheimische Sorten

Die Daheimgebliebenen

Man kann in die Welt hinausgehen, um Ruhm zu finden – oder zu Hause bleiben und warten, bis der Ruhm einen findet.

Einheimische Trauben werden auch als indigene oder autochthone Trauben bezeichnet – mit einem solchen Begriff kann man auf einer Party gut Eindruck schinden. Er umfasst alle Rebsorten, die – aus dem einen oder anderen Grund – niemals weit entfernt von der Stelle angepflanzt wurden, an der sie zuerst wuchsen. Es gibt sie in allen europäischen Ländern, einfach deshalb, weil jeder Sämling einer Rebe sich von den beiden Elternpflanzen unterscheidet. In den Tausenden von Jahren der Rebenkultivierung sind immer wieder neue Sämlinge aus spontaner Befruchtung entstanden.

Man könnte meinen, dass es die besten Reben waren, die auf Reisen gingen, und die weniger guten, die zurückblieben. Doch so einfach ist es nicht. Straßen, Flüsse, politische Bindungen und die Migration der Völker bestimmten, was in der Vergangenheit wohin gelangte. Barolo wäre viel früher berühmt geworden, hätte er zum Rest der Welt bessere Verbindungen gehabt. Umgekehrt wurde das Hunter Valley als Weinbaugebiet nicht wegen seines perfekten Klimas oder der Böden ausgewählt, sondern weil es nahe bei Sydney liegt und ergiebige Kohleminen hatte. Warum schaffte es die wunderbare Sorte Petit Manseng aus Südwestfrankreich nie weiter als bis ins spanische Baskenland, während Côt aus dem nahegelegenen Cahors nach Argentinien kam und dort unter dem Namen Malbec glänzte? Ganz einfach. Côt wuchs auch in Bordeaux und kam von dort als Steckling (wahrscheinlich in einer bunten Mischung) nach Argentinien. Dass wir die Sorte heute nicht mehr mit Bordeaux verbinden, liegt daran, dass sie nach dem Frost 1956 nicht mehr nachgepflanzt wurde: Sie reifte immer gefährlich spät. Um in der Fremde erfolgreich zu sein, müssen Reben anpassungsfähig sein. Argentinien, so stellte sich heraus, war besser für Côt bzw. Malbec geeignet als Bordeaux. Nebbiolo und Sangiovese dagegen, die beiden roten Stars Italiens, zeigten sich in anderen Ländern extrem zickig. Manche Reben mögen ihre heimischen Bedingungen einfach zu sehr.

Reben, die im Anbau schwierig sind – weil sie zu wenig Ertrag bringen, krankheitsanfällig sind oder im lokalen Klima zu spät reifen –, werden von Winzern selten favorisiert. (Die Ausnahme ist Pinot noir, bei dem die Anzahl der Edikte, die den Burgundern den Anbau von Gamay an der Côte d'Or untersagten, nahelegt, dass jene ebendies am liebsten getan hätten.) Wie viele Sorten im Lauf der Jahrhunderte ausgestorben sind, wissen wir nicht, doch es ist erstaunlich, wie viele derzeit gerettet werden. Teilweise haben die Erzeuger die internationalen Sorten hinter sich und sehnen sich selbst nach etwas Neuem, teilweise suchen sie eine Nische in einem gesättigten Markt. Die Champagne hat Arbane, Italien die roten Sorten Casetta, Ciliegiolo und Foglia tonda sowie die weiße Cococciola. In Ungarn gibt es die rote Csókaszőlő, in der Schweiz die weiße Himbertscha, in Griechenland die rote Limniona. In Katalonien findet der Erzeugerbetrieb Torres vergessene Trauben und erzielt hervorragende Ergebnisse mit ihnen. Und die Liste ist noch viel, viel länger. In der Türkei und in Georgien wachsen zig einheimische Sorten, die noch kaum erforscht sind. Verkostungen der Branche zeigen immer mehr Wiederentdeckungen, und Weingüter haben immer mehr Versuchsparzellen mit Reben aus Stecklingen, die an allen möglichen Orten geschnitten wurden. Oft können sorgfältige Weinbergpflege das Problem der Krankheitsanfälligkeit vermindern und bessere Weinberglagen die Traubenreife beschleunigen.

Vielleicht schaffen nur wenige dieser wiederentdeckten Sorten den Sprung in die Wirtschaftlichkeit, doch einige von ihnen sind wirklich sehr gut. Zumindest korrigiert die Faszination für autochthone Sorten den Drang nach allzu viel Internationalität. Das Weinpendel ist gerade zur rechten Zeit umgeschwungen.

Im Le Nombre d'Or sind Arbane, Pinot Meslier und Fromenteau (Pinot gris) verschnitten

Was ist perfekte Reife?

Fragen Sie einen Winzer: Perfekte Reife ist das, wofür er ein ganzes Leben lang rackert, wonach er sich richtet, wann und wie er isst, schläft und atmet. Den Zeitpunkt zu finden, seine Trauben mit perfekter Reife zu lesen – den es vielleicht nur an einem einzigen Tag gibt –, ist der Höhepunkt des Jahres eines Weinmachers und die Grundlage für alles, was danach in der Kellerei stattfindet. Das gilt für die besten Betriebe. Viele Weinfabriken kommen auch mit ganz ordentlicher Reife zurecht und vertrauen auf die Zauberkünste der Kellertechnik, um den Unterschied wettzumachen.

Die Definition der perfekten Reife hängt davon ab, was man machen möchte: Perfekte Trauben für einen Champagner würden im Napa Valley als unreif angesehen werden. Im Idealfall sind die Traubenkerne braun und nicht grün, und der Stiel ist bis zur ersten Verzweigung verholzt. (Letzteres geschieht nicht in der Champagne.) Wenn man in eine perfekt reife Rotweinbeere beißt, sollten die Tannine der Schale weich und nicht bitter, Zucker und Säure ausgewogen sein. Und all das soll zur gleichen Zeit eintreten. Das ist nicht einfach, nein, keineswegs.

Es gibt Zuckerreife und physiologische Reife. Zuckerreife ist ein Kinderspiel, wenn es nicht zu kalt ist: Wärme lässt den Zuckergehalt emporschießen. Die physiologische Reife dagegen braucht Zeit. Man möchte aber beides zur selben Zeit haben, man möchte nicht auf die physiologische Reife warten, während der Zuckergehalt steigt und steigt und steigt – außer man kann mit 15 % Alkohol leben. Auch das gibt es. Für manche ist die physiologische Reife erst gegeben, wenn die Trauben rosiniert und die Tannine wie geschmolzene Schokolade sind. Wer so lange wartet, bekommt fast immer Weine mit extrem viel Alkohol. Aber wie gesagt, manche mögen das.

Bei der Lese von Hand kann der Winzer jede Traube mit perfekter Reife ernten

Dass in warmen Klimata die Zuckerreife oft vor der physiologischen Reife eintritt, werden Sie nun schon erraten haben. Deshalb bevorzugen die Winzer in warmen Gebieten die kühleren Hänge anstatt der heißen Talböden – um die Zuckerreife zu bremsen. Auch mit Rebschnitt und Erziehung lässt sich einiges erreichen – mehr Blätter, die die Trauben beschatten etwa. Unsere Vorstellung, was physiologische Reife bedeutet, hat sich außerdem verändert: Die Tannine in rotem Bordeaux der 1970er-Jahre würde man heute als grün bezeichnen. Dank Kalifornien und Australien haben wir uns an reife Tannine gewöhnt.

Dann gibt es die Frage der Säure. Ihr Gehalt sinkt, wenn der Zuckergehalt steigt. Extreme Reife bedeutet schwächliche Säure – und solche Weine sind nicht nur langweilig zu trinken, sie halten auch nicht lange. Man kann in der Kellerei Säure zusetzen (falls das in der Erzeugerregion erlaubt ist), wie man auch unreife Trauben aufzuckern kann. Beides verschleiert, dass der Winzer gescheitert ist, Zuckerreife und physiologische Reife auf einen Punkt zu bringen.

Das kann natürlich daran liegen, dass die Rebsorte nicht gut zum Terroir passt. In Bordeaux baut man beispielsweise Cabernet Sauvignon kaum in St-Émilion an, weil er dort nicht reif genug wird – anders als der früher reifende Merlot. In einem heißen Klima wird wiederum Merlot ziemlich fade Weine ergeben.

Heute ist dank der warmen Sommer Überreife häufiger als zu geringe Reife. Einen klassischen Weinstil, der auf unreifen Trauben basiert, gibt es allerdings: neuseeländischen Sauvignon blanc. Viele mögen seine scharfen grünen Aromen – und immerhin haben sie das Spektrum dessen erweitert, was Weinmacher als »perfekte Reife« ansehen.

Warum mögen manche Trauben Eiche?

Um genau zu sein, müsste die Frage lauten: Warum mögen manche Trauben neue Eiche und manche nicht? Alte Eiche ist ein ganz anderes Paar Stiefel. Nach fünf, sechs Jahren in Gebrauch gibt ein Holzfass keine Noten von Vanille, Toast oder Kaffee mehr ab – nichts mehr von den wärmenden Verwöhnaromen, für die neue Fässer bekannt sind. Was noch stattfindet, ist eine sanfte, minimale Oxidation durch die Holzporen. So reifte deutscher Riesling in der Vergangenheit: in riesigen, oft Jahrzehnte alten Eichenfässern, die die Weine wunderbar abrundeten, insbesondere, wenn sie in kühlen Jahren sehr säurehaltig geraten waren. Neue Eiche passt zu Riesling gar nicht – ich würde, hätte ich die Macht dazu, derlei Frevel sogar strengstens bestrafen –, alte Eiche aber sehr wohl.

Aromatische Weißweintrauben büßen in neuer Eiche leicht ihr Aroma ein oder werden von der ganzen Vanille und sonstigem Kram übertrumpft. Wer Aroma sucht, wird von dem Ergebnis enttäuscht sein Sauvignon blanc in neuer Eiche, sofern sie nicht mit äußerster Zurückhaltung eingesetzt wird und nur etwas Gewicht hinzufügt, anstatt das Kommando zu übernehmen (was ein paar Jahre alte Eichenfässer höchstwahrscheinlich besser können), ist ein Problem. In Bordeaux funktioniert es, doch der Sauvignon dort besitzt nicht die scharfe Aromatik wie der Kollege aus Neuseeland oder von der Loire (der hier außerdem mit Sémillon verschnitten wird). Dazu wirken viele »Sauvignons« aus Bordeaux, die auf Alterung ausgelegt sind, in der Jugend überholzt – entwickeln sich dann aber innerhalb vieler Jahre ganz wunderbar. In Eiche ausgebauter Viognier ist gerade gefragt, doch auch hier ist die Eiche meist nicht völlig neu – und muss ebenfalls mit leichter Hand verabreicht werden.

Dabei ist Eiche nicht das einzige verwendete Holz. Für Valpolicella wird traditionell Kirsche eingesetzt (dort wachsen viele Kirschbäume), doch halten die Fässer nicht immer dicht, weshalb die meisten Erzeuger Eiche bevorzugen. Akazienholz, das man in den Chenin-blanc-Regionen der Loire findet, auch weil es zusätzliches Aroma verleihen soll, ist nun auch anderswo in Mode gekommen. Sauvignon blanc mit einem Hauch Akazie kann köstliche Quittennoten annehmen, wenn die Trauben reif genug sind, auf Malvasia istriana in Kroatien wirkt das Holz geradezu magisch, und auch zu Chardonnay passt es gut.

Doch mit Chardonnay funktioniert sowieso alles. Es ist die Weißweintraube mit der größten Eichenholzaffinität – was viele Jahre lang missbraucht wurde. Nun sind endlich die übermäßig eichenlastigen Chardonnays großteils verschwunden, Zurückhaltung ist wieder gefragt. Ein subtiles Eichenaroma steht der nichtaromatischen Nussigkeit und der Pfirsichnote des Chardonnay gut an. Selbst in Chablis, wo Chardonnay stahlig und mineralisch ausfällt, verleiht ein wenig Eiche (nicht zu viel und nicht zu neu) den hochwertigeren Weinen ausgleichendes Gewicht und Substanz.

Bei Rotweinen ist Eiche eher normal, doch auch hier wird zuweilen des Guten zu viel getan, v. a. in den rustikaleren Weinen Spaniens und

Portugals – und in Kalifornien. Neue Eiche bändigt rasch raue Tannine, was viele Erzeuger etwa in Toro nutzen, das Ergebnis aber wirkt eher unelegant. Bei Rotweinen sind die Tannine der Schlüssel. Junge, frische, tanninarme Weine, die bald getrunken werden sollen, sind ohne Eichennote besser – saftiger junger Malbec etwa oder Tempranillo. Tannine aus der Eiche sind nämlich etwas anderes als Tannine aus der Traube, gut ausgewogen jedoch stützen sie gemeinsam den Wein und lassen ihn besser altern. (Pinot noir mit zu viel Eiche zu traktieren ist eine Todsünde.)

Doch auch Eiche ist nicht gleich Eiche. Manche Fassbauer sind für Rotweinfässer berühmt, andere für Weißweinfässer – anscheinend mit dem gleichen Holz. Um die Auswahl der Möglichkeiten zu vergrößern, werden verschiedene Grade der »Anröstung« angeboten, von ein bisschen angewärmt bis dunkelbraun. Wenn das dunkelbraune Fass verwendet wurde, werden Sie es merken. Und natürlich spielt auch die Fassgröße eine Rolle – doch das ist wieder ein anderes Thema.

Kleine Eichenfässer in einem Weinkeller im spanischen Castilla y Léon

Tannine und was man von ihnen erwartet

Manchmal kann man sich fragen, ob Tannine wirklich so großartig sind. »Hart « und »bitter« hört man oft im Zusammenhang mit ihnen. Man könnte meinen, dass sie mit Misstrauen oder sogar echter Angst beargwöhnt werden, als ob sie eine Art Teenager-Gang oder ein überraschender Steuerbescheid wären. Im Bestfall versuchen die Erzeuger, sie strikt unter Kontrolle zu halten.

Das liegt teilweise daran, dass man sie nicht wirklich versteht. Es gibt viele unterschiedliche Arten von Tanninen – manche sind pigmentiert und geben dem Rotwein seine Farbe –, die auch anders schmecken, je nachdem, ob sie aus der Schale, den Kernen oder den Stielen stammen. Genauer gesagt: sich anders anfühlen, denn Tannine sprechen eher den Tast- als den Geschmackssinn an. Derzeit wird viel geforscht, wie man die verschiedenen Tannine messen kann, damit die Kellermeister zumindest sehen können, womit sie arbeiten. Die Tannine der Kerne sind herber und bitterer als die der Schalen, weshalb man mit den Kernen bei der Weinbereitung sehr vorsichtig umgehen sollte. Auch Stiele haben im Gärbottich nichts zu suchen, allerhöchstens, wenn sie sehr, sehr reif sind.

Doch Tannine haben eine Funktion, und ohne sie wäre Wein – insbesondere Rotwein – eine armselige Sache. Er wäre, zum Allermindesten, noch nicht einmal rot.

Dass Tannine dem Wein Struktur geben, ist offensichtlich. Das macht zwar auch die Säure, doch Tannine tun mehr. Wenn Rotwein altern soll, braucht er Tannine. Sie sind ein hervorragendes Antioxidans und helfen, den Wein frisch zu halten. Mit der Zeit verlängert sich ihre Molekülstruktur, wodurch sie sich im Mund weicher anfühlen. Längerkettige Moleküle fallen zudem nach und nach aus dem Wein aus und bilden am Boden ein Depot: der wichtigste, manchmal der einzige Grund, warum alte Rotweine dekantiert werden sollten.

Tannine reagieren mit Proteinen, weshalb sie im Mund auch dieses austrocknende Gefühl erzeugen, und unreife Tannine, hart und »grün«, können sich wirklich sehr trocken anfühlen. Doch aus demselben Grund passt tanninreicher Rotwein so gut zu Fleisch, und je schmuckloser das Fleisch zubereitet ist – rosa Rindfleisch beispielsweise –, umso besser kann es auch mit ausgeprägten Tanninen umgehen.

Ausgeprägte Tannine sind allerdings nicht überall auf der Welt beliebt. In Kalifornien sind samtweiche Tannine das Ideal, die superreife Trauben auf dem Weg zur Rosinierung liefern. Ihre Kehrseite sind ein hoher Alkohol- und geringer Säuregehalt. In Italien, wo man Säure mehr schätzt, können die Tannine straffer und griffiger sein – grün müssen sie aber auch dort heute nicht mehr sein. Wir sind wieder bei der Frage, was perfekte Reife ist – auf die es, wie gezeigt, keine einfache Antwort gibt.

Können auch weiße Trauben Tannine haben? In der Tat, und ein langer Schalenkontakt vor der Gärung oder eine Gärung auf den Schalen der weißen Trauben können recht griffige Weißweine hervorbringen.

Saftiges, rosa gebratenes Rindfleisch: perfekt zu Weinen mit Tannin

In Amphoren vergorene Weiße im Stil Georgiens sind manchmal so – nicht jedermanns Geschmack, aber eine faszinierende Alternative.

In Rotweinen ist Tannin jedoch von fundamentaler Bedeutung. Verschiedene Sorten enthalten unterschiedlich viel Tannin: Cabernet Sauvignon hat es im Überfluss, ebenso Syrah, Nebbiolo, Tannat und die portugiesische Baga. Pinot noir hat viel weniger – was die Traube nicht besser oder schlechter macht, nur anders.

Trauben mit Schwung

Warum Säure gut ist

Wein ohne Säure? Ungenießbar. Je weniger Säure ein Wein enthält, umso größer wird die Gefahr, dass er klebrig, langweilig und überhaupt nicht erfrischend schmeckt. Das gilt für Rote wie für Weiße. Nichts gegen Coca-Cola, aber als Vorbild für Wein taugt es nicht.

Verschiedene Traubensorten enthalten unterschiedlich viel Säure und werden jeweils anders behandelt. Die scharfe Säure des Furmint kann durch mehr Süße ausgewogen werden (wie im Tokaji), die Säure des Rieslings durch Restzucker, wie manchmal an der Mosel, oder durch mehr Gewicht und Extrakt, wie in den trockenen Weinen des Rheingaus. Muscat hat weniger Säure; hier können intensive Fruchtaromen die Balance herstellen.

Es gibt auch nationale Trends. Italienische Weiße, oft nicht sehr säurehaltig, brauchen ein festes Rückgrat, weshalb die Italiener lange Zeit Weißweine mit fast rotweinähnlicher Struktur bevorzugt haben. Italienische Rote dagegen sind meist säurereich, und zwar überall auf der Halbinsel. Diese Weine passen gut zu schwerem Essen. Umgekehrt wünscht man sich in Spanien oft mehr Säure und findet sie in Trauben wie Graciano und Mencía, oder, bei den Weißen, im Albariño im feuchten Nordwesten. Bordeaux mit seinem kühleren maritimen Klima hat reichlich Säure in den Cabernet-Sorten und findet Weichheit beim Merlot.

Warum aber sollten die Italiener über die Jahrhunderte säurereiche Rotweinsorten selektiert haben, die Spanier aber eher nicht? Wir dürfen nicht vergessen, dass sich auch in der Vergangenheit Klimata und Moden änderten, und dass der Traubenmix von heute das Resultat dessen ist, was sich nach der Reblaus gut veredeln ließ und in den hungrigen Jahrzehnten der ersten Hälfte des 20. Jhs. eine verlässliche Ernte versprach – abgeschwächt durch die Nachfrage

Riesling-Rebhang über der Mosel

seitdem. Der Rebenmix des 17., 18. und 19. Jhs. war ein anderer, aus verschiedenen Gründen. Am Douro führten beispielsweise britische Winzer im 19. Jh. säurearme *tintorera-* (rotfleischige) Trauben ein – Alicante Bouschet und Grand noir –, um auszugleichen, dass die Farbe laut Gesetz nun nicht mehr mit Holunderbeeren verbessert werden durfte. Portugiesische Erzeuger zogen Rufete vor: viel weniger Farbe, aber jede Menge Säure. Sie alle sind seitdem fast verschwunden.

Auch in der Neuen Welt war die Rebsortenwahl eine Frage von Zweckmäßigkeit und eigener Auswahl. Stecklinge mussten an unbekannten Orten gedeihen. Die frühe Weinindustrie Australiens basierte auf gespriteten Weinen, da sie sich im heißen Klima, wo die Säure gering ausfiel, besser hielten. Als Cabernet und Chardonnay in der Neuen Welt angepflanzt wurden, zog das eine Umwälzung in der ganzen Weinwelt nach sich. Konsens war, dass Europa die Welt jahrhundertelang mit säurelastigen Weinen versorgt und man nun die Nase voll davon hatte. Üppige Frucht war nun angesagt.

Das ist erst kürzlich anders geworden. Inzwischen wird wieder mehr Balance und Frische verlangt, und Chardonnay hat zu Säuregraden zurückgefunden, die seine Anhänger schon vergessen hatten. Welche Reben man jetzt in den USA, in Australien, Neuseeland, Chile, Argentinien und anderswo pflanzt, bestimmt weniger die Zweckmäßigkeit als die Leidenschaft, die der Winzer für sie empfindet. Deshalb wird er auch Orte finden, an denen sie gedeihen. Die Säurebalance ist immer noch entscheidend, doch die Erzeuger haben inzwischen ganze Länder als Spielwiesen. Außerdem können viele den Säuregehalt ihrer Weine auf eine Weise anpassen, wie es in Nordeuropa verboten wäre. Der Säuregehalt ist immer noch der Schlüssel zum Wein, aber nicht länger sein Sklaventreiber.

Farbenspiele

Schwarz, rot, weiß, braun, grau und orange

Trauben teilen sich nicht säuberlich in zwei Farben auf. Täten sie es, gälte das auch für die Weine, und das ist definitiv nicht so. Die Farbe von Weißweinen hat wenig mit den Traubenschalen zu tun (ausgenommen orange Weine, davon später), doch Rote verdanken ihre Farbe eindeutig den Schalen. Ausnahmen sind jene Weine der Neuen Welt, die ihre tiefdunkle Farbe dem sogenannten Mega Purple verdanken: Saftkonzentrat von (rotfleischigen) Trauben. Es sollte verboten werden.

Dass manche Weinmacher so tricksen liegt am tiefverwurzelten Glauben, dass Farbe Qualität bedeutet und dunkler besser ist. Das ist jedoch Unsinn. Pinot noir ist von Haus aus weniger farbintensiv, und große Pinot-Weine können recht blass ausfallen, selbst in jungen Jahren. Es macht aber nichts, ebensowenig wie beim Nebbiolo, einer anderen relativ blassen Sorte, die nichtsdestoweniger kraftvolle Weine mit beachtlichem Rückgrat liefert.

Fast schwarze Traubenschalen haben beispielsweise Aglianico, Agiorgitiko und Cabernet Sauvignon. Dann kommen Cinsault, Malbec, Mourvèdre und viele weitere. In der Mitte sind Pinot gris, Moschofilero, Roditis, Roter Veltliner, Gewürztraminer und einige andere – sie haben eine rötliche bis hellviolette Farbe, liefern aber Weißweine, da nur ihr Saft ohne die Schalen vergoren wird. Wenn man dem Saft vor der Gärung aber eine Zeitlang mit den Schalen in Kontakt lässt, um die Aromatik zu verstärken, kann der Wein einen leichten Kupfer- oder sehr hellen Roséton annehmen. Der alte Ausdruck dafür ist *vin gris*.

Weißweintrauben werden bei der Reifung meist schön goldgelb; wenn einige dunkler sind, kann ein Sonnenbrand der Grund dafür sein. Wird der Wein aber in Amphoren mit vielleicht sechs Monaten Schalenkontakt bereitet (was immer mehr Erzeuger tun), entstehen orange Weine: sehr forsch, sehr modern – und wunderbar altmodisch.

WEIN
BIBLIOTHEK
2014/2015
Hallwag

HUGH JOHNSON errang 1966 bereits mit seinem ersten Buch „Wine“ einen Platz in der vordersten Reihe der Weinautoren; es folgten viele weitere. Nach zahlreichen internationalen Ehrungen verlieh ihm Königin Elisabeth II. den „Officer of the Order of the British Empire“ für seine Verdienste um die Wein- und Gartenbaukunst.

JANCIS ROBINSON, Weinexpertin mit internationalem Ruf, schreibt für die „Financial Times“ und ist täglich auf ihrer Website aktiv. Ihre preisgekrönten Titel „Das Oxford Weinlexikon“ und „Wine Grapes“ sind Meilensteine der Weinliteratur. 2003 ehrte Königin Elisabeth II. sie mit dem „Officer of the Order of the British Empire“, 2010 zeichnete der französische Landwirtschaftsminister sie mit dem “Officier de l´Ordre du Mérite Agricole“ aus.

- Mit den aktuellsten Entwicklungen der Weinwelt
- Rund 215 – überarbeitete und neue – detaillierte und einzigartige Karten
- Das Standardwerk mit modernerem Layout und aktueller Fotografie

GERD RINDCHEN, Hamburger Weinhändler aus Passion, begann seine Weinkarriere 1977 mit einem VW-Bus für seine Weinreisen und der Garage seiner Eltern als Lagerplatz. Aus jugendlicher Begeisterung wurde eine Passion fürs Leben: Heute führt er elf „Rindchen´s Weinkontore“ in und um Hamburg, München und Berlin.

GOTTHARD SCHOLZ liebt die minimalistische Küche und gradlinige Weine. Diese Leidenschaft verfolgt er auch in seinem tonkombinat, ein Hörbuchlabel u. a. für Wein und Whisky. Zudem veröffentlicht er in namhaften Tageszeitungen und Magazinen wie „Süddeutsche Zeitung“ oder „Savoir Vivre“.

- Endlich: der Nachfolgetitel zum erfolgreichen „Crashkurs Wein“
- Spielerisch und unterhaltsam mehr über die Kombination von Essen und Wein erfahren
- Zentrale Hilfestellungen klar strukturiert und alltagstauglich

ISBN 978-3-8338-3847-7
www.teubner-verlag.de

Jancis Robinson

DAS HALLWAG HANDBUCH WEIN

Der echte Wein-Allrounder.

384 Seiten, Hardcover / ISBN 978-3-8338-1980-3
25,00 € [D] / 25,70 € [A] / 42,90 sFr

- Umfassende und kompetente Vermittlung von Weinwissen
- Aktualisierte und ergänzte Neuauflage der legendären Einführung „Der Weinkurs“
- Neu im handlichen Format mit übersichtlichem Layout und stimmungsvollen Bildern

Dave Broom

DER WHISKYATLAS

International führend und renommiert: Whiskyexperte Dave Broom lädt ein zu einer Reise durch die Welt des Trendgetränks Whisky.

320 Seiten, ca. 350 Fotos / 24 Übersichtskarten
Hardcover mit Schutzumschlag / ISBN 978-3-8338-2636-8
49,90 € [D] / 51,30 € [A] / 66,90 sFr

- Alle wichtigen Informationen rund um Whisky
- Verkostungsnotizen zu mehr als 350 ausgewählten Whiskysorten
- Entdecken Sie Ihren Geschmackstil mit der „Flavour Map“

Ulrich Sautter

WEIN A–Z

Mehr wissen mit dem praktischen *Wein A-Z*.

160 Seiten, Klappenbroschur / ISBN 978-3-8338-2302-2
9,90 € [D] / 10,20 € [A] / 17,90 sFr

- Die 400 zentralen Begriffe der Weinsprache – kompetent erklärt und komplett aktualisiert
- NEU: Länder-Sonderseiten mit Steckbriefen und Karten zu den wichtigen Weinländern
- Zahlreiche Querverweise zu weiterführenden Informationen

Reinhardt Hess / Isabel Gänkler

KNIGGE FÜR WEINTRINKER

Alltagstaugliche Infos zum Umgang mit Wein
in allen Lebenslagen.

160 Seiten, Klappenbroschur / ISBN 978-3-8338-2634-4
9,90 € [D] / 10,20 € [A] / 17,90 sFr

- Alles über den richtigen Umgang mit Wein
- Kompaktes Hintergrundwissen für Weinkäufer und Weingenießer
- Extra: Weinnamen und ihr Aussprache sowie die wichtigsten Fachbegriffe der Weinsprache

Liebe Leserin und lieber Leser,

wir freuen uns, dass Sie sich für ein HALLWAG-Buch entschieden haben. Mit Ihrem Kauf setzen Sie auf die Qualität, Kompetenz und Aktualität unserer Bücher. Dafür sagen wir Danke! Ihre Meinung ist uns wichtig, daher senden Sie uns bitte Ihre Anregungen, Kritik oder Lob zu unseren Büchern. Haben Sie Fragen oder benötigen Sie weiteren Rat zum Thema? Wir freuen uns auf Ihre Nachricht!

Wir sind für Sie da!
Montag – Donnerstag:
8.00 – 18.00 Uhr
Freitag: 8.00 – 16.00 Uhr

Tel.: 0800-723 73 33
(kostenfreie Servicenummer)
Fax: 0800-501 20 54
(kostenfreie Servicenummer)

E-Mail:
leserservice@graefe-und-unzer.de

GRÄFE UND UNZER VERLAG
Leserservice
Postfach 86 03 13
81630 München